Kassenführung

Aufzeichnung – Aufbewahrung – Vorlagepflichten

Praxishandbuch

Von

Dipl.-Finanzwirt (FH) Gerd Achilles

ERICH SCHMIDT VERLAG

Bibliografische Information der Deutschen Nationalbibliothek
Die Deutsche Nationalbibliothek verzeichnet diese Publikation in der Deutschen Nationalbibliografie; detaillierte bibliografische Daten sind im Internet über http://dnb.dnb.de abrufbar.

Weitere Informationen zu diesem Titel finden Sie im Internet unter
https://ESV.info/978-3-503-20084-9

Zitiervorschlag:
Achilles, Kassenführung

ISBN 978-3-503-20084-9 (gedrucktes Werk)
ISBN 978-3-503-20085-6 (eBook)
DOI https://doi.org/10.37307/b.978-3-503-20085-6

Alle Rechte vorbehalten
© Erich Schmidt Verlag GmbH & Co. KG, Berlin 2024
www.ESV.info

Die Nutzung für das Text und Data Mining ist ausschließlich dem Erich Schmidt Verlag GmbH & Co. KG vorbehalten. Der Verlag untersagt eine Vervielfältigung gemäß § 44b UrhG ausdrücklich.

Druck: C. H. Beck, Nördlingen

Vorwort

Trotz vieler ehrlicher Unternehmer: Die Palette bereits aufgedeckter Manipulations- und Betrugsmuster im Zusammenhang mit der Erfassung von Bargeschäften ist vielfältig und zieht sich durch Aufzeichnungssysteme aller Couleur. Vor diesem Hintergrund war die mit dem Gesetz zum Schutz vor Manipulationen an digitalen Grundaufzeichnungen eingeführte Verpflichtung zur Nutzung einer technischen Sicherheitseinrichtung (TSE) ein erster wichtiger Schritt.

Allerdings ist dadurch auch die Einrichtung einer ordnungsmäßigen Kassenführung und deren Prüfung anspruchsvoller geworden. Während sich Anforderungen an Papieraufzeichnungen kaum gewandelt haben, hat die in § 146a AO normierte Pflicht zur Implementierung einer TSE zu laufend veränderten Anforderungen an IT-gestützte Geschäftsprozesse geführt. Das komplexe Regelwerk, teils mit nur kurzer Halbwertzeit, stellt Unternehmer, Angehörige steuer- und rechtsberatender Berufe, Kassendienstleister, Prüfungsdienste der Finanzverwaltung und Richterschaft vor große Herausforderungen.

Auf Seiten der Finanzverwaltung werden zu befolgende Gesetze und Verordnungen mit norminterpretierenden Verwaltungsvorschriften des Bundes und der Länder, neuerlich auch mit FAQ-Katalogen ausgelegt. Wenngleich für Steuerbürger nicht bindend, entfalten sie doch eine gewisse Strahlwirkung, die viele Unternehmer dazu bewegt, sie als Orientierungshilfe anzunehmen und sich möglichst compliant zu verhalten. Dies erfordert besonders bei Ersteinrichtung von Kassen(systemen) enge Bündnisse zwischen Stpfl., Steuerberatung und Kassenfachhandel, um von Beginn an die Weichen zu stellen. Wird die Datenqualität schon bei Erfassung der Geschäftsvorfälle vernachlässigt, fördert spätestens der Datenexport formelle oder gar materielle Mängel zutage.

Zum Einstieg in die Thematik bieten die Kapitel 1-4 des vor Ihnen liegenden Praxishandbuchs einen leicht verständlichen Überblick über die Arten der Kassenführung und dabei zu beachtende allgemeine Grundsätze aus handels- und steuerrechtlicher Sicht.

Kapitel 5 befasst sich eingehend mit der Frage, ob und in welchem Umfang die Anfertigung und Aufbewahrung von Organisationsunterlagen zur Kassenführung („Verfahrensdokumentation") erforderlich ist, die seit Veröffentlichung der GoBD im Jahre 2014 mehr und mehr in den Fokus rückten. Beleuchtet wird insbesondere das Interne Kontrollsystem (IKS), dem nicht nur angesichts möglicher deliktisch handelnder Mitarbeiter große Bedeutung beigemessen werden sollte.

Nicht nur Unternehmer stehen häufig vor der Frage, wie bestimmte Geschäftsvorfälle abzubilden sind, z. B. Gutscheine, Trinkgelder oder Kassenfehlbeträge. In Kapitel 6 wird auf diese Fragestellungen eingegangen und zudem aufgezeigt, welche Arbeiten nach Geschäftsschluss durchgeführt und wie sie dokumentiert

Vorwort

werden müssen, um den Anforderungen an ordnungsmäßig geführte Kassenbücher und -aufzeichnungen gerecht werden zu können.

Ausführlich befassen sich die Kapitel 7 und 8 mit der Zulässigkeit und den Inhalten von Papieraufzeichnungen mittels offener und geschlossener Ladenkassen. Auf „exotische" Sonderfälle wird ebenso eingegangen wie auf Fragestellungen, die sich beim Nebeneinander von elektronischen Aufzeichnungssystemen und Papieraufzeichnungen aufdrängen.

Zu den Besonderheiten bei Gewinnermittlung nach § 4 Abs. 3 EStG gibt Kapitel 9 entsprechende Hinweise.

Schwerpunktthema des Praxishandbuchs ist der Manipulationsschutz elektronischer Aufzeichnungssysteme mittels zertifizierter, technischer Sicherheitseinrichtung nach § 146a AO (TSE). Damit einhergehend haben sich zahlreiche veränderte Abläufe im Umfeld von Kassen-Nachschauen und Datenzugriffsrechten ergeben. Die Kapitel 10-12 stellen sowohl die aktuelle als auch die historische Rechtslage für die unterschiedlichsten elektronischen Aufzeichnungssysteme dar. Hilfreiche Unterstützung bieten Matrizes zu den Datenzugriffsrechten der Finanzverwaltung oder den Mindestinhalten von Kassenbelegen im Kontext einer neuen Prüfsoftware der Finanzverwaltung (AmadeusVerify).

In Schätzungsfällen bedarf es hinreichender Dokumentation der Schätzungsbefugnisse durch die Prüfungsdienste, nicht selten aber auch der Abwehrberatung durch Angehörige steuer- und rechtsberatender Berufe. Die in Kapitel 13 umfassend dargestellten Schätzungsthematiken berücksichtigen sowohl die Verwaltungsauffassung als auch abweichende Literaturmeinungen namhafter Autoren. Ergänzend wurde eine chronologisch sortierte Übersicht von über 160 Urteilen und Beschlüssen der Finanz- und Zivilgerichtsbarkeit eingefügt.

Das nach Gewerbezweigen sortierte ABC in Kapitel 14 soll dazu beitragen, spezielle Fragestellungen ausgewählter Branchen beantworten zu können. Im abschließenden Anlagenteil des Praxishandbuchs finden sich u.a. wichtige BMF-Schreiben, hilfreiche Synopsen und diverse Ausfüllhilfen zur Erleichterung einer zielgerichteten Kassendokumentation.

Unter ganzheitlicher Darstellung der Rechtslage für sämtliche steuer- und strafrechtlich noch nicht verjährten Zeiträume bietet das Praxishandbuch auch durch zahlreiche Grafiken, tabellarische Darstellungen sowie ausführliche Inhalts- und Stichwortverzeichnisse eine schnelle Orientierung über das im Einzelfall geltende Regelwerk. Dabei wurden die Änderungen durch das sog. DAC7-Umsetzungsgesetz sowie die seit 01.01.2024 geltende Neufassung des AEAO zu § 146a berücksichtigt, ferner alle relevanten bis zum 15.04.2024 ergangenen Verwaltungsanweisungen. Eingeflossen sind auch (Prüf-)Standards der Wirtschaft sowie die Ergebnisse des Round Table zur Fiskalisierung von Aufzeichnungssystemen nach § 146a AO vom 23.02.2023 und der Bundestagung des Deutschen Fachverbands für Kassen- und Abrechnungssystemtechnik – DFKA e.V. – vom 27.07.2023.

Das Werk wurde nicht in dienstlicher Eigenschaft angefertigt. Es gibt die persönliche Rechtsauffassung des Autors wieder. Alle Ausführungen sind mit größter Sorgfalt bearbeitet worden, erfolgen aber ohne Haftung und ohne Gewähr der Vollständigkeit und Richtigkeit. Das Werk kann eine für den Einzelfall erforderliche Beratung durch Angehörige der steuer- oder rechtsberatenden Berufe nicht ersetzen. Ausschließlich aus Gründen der besseren Lesbarkeit wird meist das generische Maskulinum verwendet. Dies geschieht selbstverständlich wertneutral. Ansprechen möchte ich Menschen jederlei Geschlechts.

Allen Leserinnen und Lesern wünsche ich gewinnbringende Lektüre. Möge Ihnen das Praxishandbuch als wertvolles Nachschlagewerk in Ihrer täglichen Arbeit dienen. Kritische Anmerkungen oder Ideen zur Optimierung des Werks sind jederzeit willkommen.

Duisburg, im April 2024   Gerd Achilles

Herzlicher Dank

Die Prophezeihung, dass die Anfertigung eines Standardwerks über Aufzeichnungs-, Aufbewahrungs- und Vorlagepflichten in der Kassenführung zwangsläufig zu Verzweiflung, Wahnsinn oder Einsamkeit führen wird, hat sich glücklicherweise nicht bewahrheitet.

Ein Grund dafür liegt in den vielen Impulsen, die ich in konstruktiven, teils auch kontroversen Gesprächen mit Beschäftigten der Finanzverwaltung, Vertretern aus Wirtschaft und Verbänden oder Angehörigen steuerberatender Berufe erhalten habe. Diesen Menschen bin ich ebenso dankbar wie alljenen, die Motor und Antrieb waren, trotz Pandemie und ständiger Veränderung der Rechtslage die sprichwörtliche Flinte nicht ins Korn zu werfen.

Rückblickend auf meine Jahre im „Dschungel der Kassenführung" bin ich für viele Begegnungen besonders dankbar. Stellvertretend für alle und in der Hoffnung, niemanden vergessen zu haben, gilt mein herzlicher Dank für das Miteinander und den Austausch

„Registrierkassen-Team" der Oberfinanzdirektion NRW I Stefanie Boeck I Daniela Jope I Dr. Franziska Peters I Claudia Thaller-Birkigt I Martina Tomasetig I Lisa Wittmeier I Michael Abt I Dr. Bernhard Bellinger I Michel Birnbacher I Dr. Sascha Bleschick I Michael Brinkmann I Peter Brinkmann I Dr. Jens-Peter Damas I Gregor Danielmeyer I Edo Diekmann I Martin Gerster I Simon Hansel I Martin Henn I Erich Huber I Dr. Christian Kläne I Bernd Kreutzer I Thomas Neubert I News-Ticker „Mombi" I Hermann Pump I Viktor Rebant I Jens Reckendorf I Michael Ripinski I Gerhard Schmidt I Dr. Jan Christoph Schumann I Prof. Dr. Roman Seer I Thorsten Specht I Ralf Steinhäuser I Tobias Teutemacher I Dr. Mirco Till I Andreas Wähnert I "Jimmy" Zimmermann

Mein großer Dank richtet sich auch an die Mitarbeiterinnen und Mitarbeiter des ESV-Verlags für die Umsetzung des Praxishandbuchs. Namentlich erwähnen möchte ich Stefan Daniel Littnanski und Dr. Stefan Lorenz.

Mein allerherzlichster Dank aber gebührt Petra. Ohne ihre Unterstützung und ihre Geduld wäre dieses Buch nicht realisierbar gewesen.

Duisburg, im April 2024   Gerd Achilles

Inhaltsverzeichnis

Vorwort	5
Herzlicher Dank	9
Verzeichnis der Anhänge	23
Tabellenverzeichnis	25
Abbildungsverzeichnis	27
Abkürzungsverzeichnis	29

1		**Arten der Kassenführung**	**39**
1.1		Einführung	39
1.2		Erfordernis einer Geschäftskasse	42
1.3		Offene Ladenkasse (OLK)	43
1.4		Mechanische Registrierkassen	44
1.5		Elektronische Registrierkassen	45
	1.5.1	Elektronische Registrierkassen ohne Einzelaufzeichnungen	45
	1.5.2	Elektronische Registrierkassen mit Einzelaufzeichnungen	50
1.6		PC- und App-Kassen	51
1.7		Besonderheiten in bargeldlosen Unternehmen	52
2		**Buchführungs- und Aufzeichnungspflichten**	**55**
2.1		Begriffsdefinitionen	55
	2.1.1	Bücher	55
	2.1.2	Aufzeichnungen	55
	2.1.3	Grund(buch)aufzeichnungsfunktion	56
2.2		Buchführungspflicht nach Handelsrecht	58
2.3		Buchführungspflicht nach Steuerrecht	59
	2.3.1	Abgeleitete Buchführungspflicht (§ 140 AO)	59
	2.3.2	Originäre Buchführungspflicht (§ 141 AO)	60
	2.3.3	Freiwillige Führung von Büchern	61
3		**Grundsätze ordnungsmäßiger Buchführung (GoB)**	**63**
3.1		Definition	63
3.2		Systematik des handels- und steuerrechtlichen Regelwerks	65
	3.2.1	Handelsrecht	65
	3.2.2	Abgabenordnung	66
	3.2.3	Umsatzsteuer	70
	3.2.4	Einkommensteuer	72

		3.2.5	Außersteuerliche Buchführungs- und Aufzeichnungspflichten	72
		3.2.6	Branchenspezifische Einzelfälle	72
3.3			Verantwortung für die Einhaltung der GoB	73
4	**Steuerliche Ordnungsvorschriften (§§ 145–147 AO)**			**77**
4.1	Allgemeine Anforderungen an Buchführung und Aufzeichnungen (§ 145 AO)			77
		4.1.1	Grundsatz der Übersichtlichkeit	77
		4.1.2	Grundsatz der Nachvollziehbarkeit	77
4.2	Ordnungsvorschriften für die Buchführung und für Aufzeichnungen (§ 146 AO)			80
		4.2.1	Grundsatz der Einzelaufzeichnungspflicht	80
		4.2.2	Grundsatz der Vollständigkeit	98
		4.2.3	Grundsatz der Richtigkeit	100
		4.2.4	Grundsatz der Zeitgerechtheit	100
		4.2.5	Grundsatz der Wahrheit	102
		4.2.6	Grundsatz der Geordnetheit	102
		4.2.7	Grundsatz der Unveränderbarkeit	103
4.3	Ordnungsvorschriften für die Aufbewahrung von Unterlagen (§ 147 AO)			107
		4.3.1	Aufbewahrungspflichten	107
		4.3.2	Aufbewahrungsfristen	109
		4.3.3	Grundsatz der Akzessorietät	115
		4.3.4	Aufbewahrung auf Bild- und anderen Datenträgern	116
		4.3.5	Ort der Aufbewahrung	117
		4.3.6	Aufbewahrungsmängel durch Thermobelege	122
		4.3.7	Aufbewahrung von Lieferscheinen	122
		4.3.8	Aufbewahrung von EC- und Kreditkartenbelegen	123
		4.3.9	Aufbewahrung von Pfandbons aus Leergutomaten	125
		4.3.10	Verlust von Unterlagen	125
4.4	Anwendbarkeit auf Non-Profit-Organisationen (NPO)			127
5	**Verfahrensdokumentation – Kasse braucht ein Konzept**			**131**
5.1	Historische Entwicklung und gesetzliche Vorgaben			131
		5.1.1	§ 145 Abs. 1 AO, § 238 Abs. 1 HGB (Anforderungen an die Nachvollziehbarkeit und Nachprüfbarkeit)	132
		5.1.2	§ 145 Abs. 2 AO	134
		5.1.3	§ 146 Abs. 1 Satz AO (Anforderungen an die Nachvollziehbarkeit und Nachprüfbarkeit)	134
		5.1.4	§ 146 Abs. 3 Satz 3 AO, § 239 Abs. 1 Satz 2 HGB	134
		5.1.5	§ 146 Abs. 4 AO (Anforderungen an die Unveränderbarkeit)	134

	5.1.6	§ 146 Abs. 5 Satz 1 AO; § 239 Abs. 4 HGB	134
	5.1.7	§ 22 Abs. 1 Satz 1 UStG i. V. m. § 63 Abs. 1 Umsatzsteuer-Durchführungsverordnung (UStDV) zu den umsatzsteuerlichen Anforderungen	135
5.2	Konkretisierungen aus handels- und steuerrechtlicher Sicht		139
5.3	Rechtliche Verpflichtung, GoBD-Compliance oder Gewinnbringer?		143
5.4	Inhalte von Verfahrensdokumentationen		145
	5.4.1	Allgemeine Beschreibung	146
	5.4.2	Anwenderdokumentation	147
	5.4.3	Technische Systemdokumentation	148
	5.4.4	Betriebsdokumentation	150
5.5	Aufbewahrungspflicht und -frist		151
5.6	Bedeutung von Testaten		152
5.7	Einsatz elektronischer Archivierungsverfahren		152
5.8	Besonderheiten bei Speicherung von Daten in der Cloud/Outsourcing		153
5.9	Internes Kontrollsystem (IKS)		154
	5.9.1	Allgemeines	154
	5.9.2	Bestandteile eines IKS	155
	5.9.3	Zugriffsbeschränkungen (Schlüssel, Codes)	161
	5.9.4	Kassieranweisung	162
	5.9.5	Digitale Bonanalyse (Continuous Monitoring)	162
	5.9.6	Auswirkungen auf § 153 AO	165
	5.9.7	Einführung eines Steuerkontrollsystems ab 01.01.2023	165
5.10	Mitgeltende Unterlagen		167
5.11	Muster-Verfahrensdokumentationen		167
	5.11.1	Muster-Verfahrensdokumentation DFKA e. V.	167
	5.11.2	Sonstige Muster-Verfahrensdokumentationen	167
	5.11.3	Muster-Datenblatt zur Vorbereitung der Anfertigung einer Verfahrensdokumentation für Kassen(systeme)	168
5.12	Verfahrensdokumentation bei offener Ladenkasse?		168
5.13	Schätzungsbefugnis bei fehlender/nicht ausreichender Verfahrensdokumentation?		169
5.14	Haftungsrisiken		169
5.15	Generierung von Betriebseinnahmen durch neue Beratungsfelder		170
6	**Der Tagesabschluss – abends muss es passen**		**173**
6.1	Unterschiede und Verwendungsmöglichkeiten		173
6.2	Begriffsdefinitionen		174
	6.2.1	Kassenbuch	174
	6.2.2	Kassenbestandsrechnung	178
	6.2.3	Kassenbericht	179

Inhaltsverzeichnis

6.3		Tägliche Geldzählung	182
	6.3.1	Pflicht oder Kür?	182
	6.3.2	Kassenanfangsbestand bei Neugründung	182
	6.3.3	Führung mehrerer Kassen	183
	6.3.4	Filialkassen	184
	6.3.5	Zählprotokolle	184
	6.3.6	Rundungen	186
	6.3.7	Kassendifferenzen	186
	6.3.8	Aufrundung des Kunden zugunsten gemeinnütziger Einrichtungen	188
6.4		Kassenverluste	188
6.5		Kassenfehlbeträge	190
	6.5.1	Allgemeines	190
	6.5.2	Echte Kassenfehlbeträge	190
	6.5.3	Unechte Kassenfehlbeträge	191
	6.5.4	Auflösung von Kassenfehlbeträgen	191
	6.5.5	Untertägige Kassenfehlbeträge	192
6.6		EC- und Kreditkarten	193
6.7		Gutscheine	194
6.8		Fremdwährungen	195
6.9		Durchlaufende Posten	196
6.10		Trinkgeld	197
	6.10.1	Allgemeines	197
	6.10.2	Behandlung beim Trinkgeldnehmer	198
	6.10.3	Behandlung beim Trinkgeldgeber	205
	6.10.4	Rechtsfolgen bei nichtordnungsmäßiger Dokumentation	206
6.11		Hohe Kassenbestände	206
6.12		Eigenbelege	206
	6.12.1	Grundsatz	206
	6.12.2	Privatentnahmen und -einlagen	209
	6.12.3	Geldtransit	210
	6.12.4	Verschiebungen zwischen mehreren Kassen	211
	6.12.5	Aufbewahrung im Safe	211
	6.12.6	Dokumentation von Sachentnahmen und Geschenken	211
6.13		Vereinnahmung von Betriebseinnahmen durch Boten	212
6.14		Privat verauslagte Aufwendungen	212
6.15		Ausgaben-/Festbestandskasse	213
6.16		Scheckzahlungen	214
6.17		Pfandgelder	214
6.18		Kassensturzfähigkeit	215
	6.18.1	Kassensturzfähigkeit bei Gewinnermittlung nach § 4 Abs. 1 EStG	215
	6.18.2	Kassensturzfähigkeit bei Gewinnermittlung nach § 4 Abs. 3 EStG	217

6.19	Inhalt und Bedeutung von Tagesendsummenbons (Z-Bons)	218
	6.19.1 Inhalte	218
	6.19.2 Aussagekraft von Z-Bons	219
	6.19.3 Der Z-Bon als Thermobeleg	220
6.20	Bilanzausweis von Kassenbeständen	220
	6.20.1 Allgemeines	220
	6.20.2 Kassenkonto	221
	6.20.3 Nachbuchung von Betriebseinnahmen	221
7	**Offene Ladenkasse**	**223**
7.1	Einführung in die Thematik	223
7.2	Offene Ladenkasse mit Einzelaufzeichnungen	224
7.3	Offene Ladenkasse ohne Einzelaufzeichnungen	225
	7.3.1 Einführung in die Thematik	225
	7.3.2 Anwendbarkeit auf Warenverkäufe	228
	7.3.3 Anwendbarkeit auf Dienstleistungen	228
	7.3.4 Vielzahl nicht bekannter Personen	229
	7.3.5 Erbringung der Leistung gegen Barzahlung	229
	7.3.6 Trennung der Entgelte	229
7.4	Rechtsfolgen des § 146 Abs. 1 Satz 3 AO	230
	7.4.1 Allgemeines	230
	7.4.2 Berechnungsschema des retrograden Kassenberichts	230
	7.4.3 Formerfordernisse des Kassenberichts	232
	7.4.4 Punktuelle Verpflichtung zur Führung von Einzelaufzeichnungen	232
	7.4.5 Verfahrensdokumentation	232
7.5	Nebeneinander von OLK und elektronischem Aufzeichnungssystem	233
	7.5.1 Offene Ladenkasse und elektronische Aufzeichnungssysteme mit Einzelaufzeichnungen	233
	7.5.2 Offene Ladenkasse und Waagen mit Registrierkassenfunktion	234
	7.5.3 Offene Ladenkasse und Waagen ohne Registrierkassenfunktion	234
	7.5.4 Notbetrieb bei Ausfall des elektronischen Aufzeichnungssystems	235
7.6	Kritische Betrachtung	235
	7.6.1 Wortlaut des § 146 Abs. 1 Sätze 3 und 4 AO	235
	7.6.2 Gefahr der Überbesteuerung	237
	7.6.3 Kassenberichte bei Gewinnermittlung nach § 4 Abs. 3 EStG unzulässig?	239
	7.6.4 Offene Ladenkasse – künftiger Prüfungsschwerpunkt?	240
7.7	Fallstudie (Offene Ladenkasse)	240
	7.7.1 Aufgabenstellung	240
	7.7.2 Lösungshinweise	240

8	**Geschlossene Ladenkasse**	**241**
8.1	Elektronische Systeme	241
8.2	Manuelle Systeme	241
8.3	Vertrauenskassen	242
8.4	Sonderfälle	242
9	**Gewinnermittlung nach § 4 Abs. 3 EStG**	**245**
9.1	Allgemeines	245
9.2	Pflicht zur Einzelaufzeichnung	247
9.3	Aufbewahrungspflichten	248
10	**Manipulationsschutz ab 01.01.2020 (§ 146a AO)**	**251**
10.1	Rechtliche Grundlagen, Beteiligte am Verfahren und Begriffsdefinitionen	251
	10.1.1 Bekannte Manipulationsmuster	253
	10.1.2 Rechtliche Grundlagen	255
	10.1.3 Begriffsdefinitionen	257
10.2	Betroffene Aufzeichnungssysteme	260
	10.2.1 Allgemeines	260
	10.2.2 Definition der PC-Kasse	261
	10.2.3 Definition der App-Kasse	261
	10.2.4 Mobile Endgeräte	261
	10.2.5 Registrierkassen	262
	10.2.6 Übergangsregel für Registrierkassen	265
	10.2.7 Ausgenommene Systeme (Negativabgrenzung)	266
10.3	Anzahl der TSE im Unternehmen	280
	10.3.1 Grundsatz	280
	10.3.2 Befreiungsmöglichkeiten (§ 148 AO)	280
	10.3.3 Ausnahmeregeln für Verbundsysteme	281
10.4	Architektur und Funktionsweise der TSE	281
	10.4.1 TSE-Typen	281
	10.4.2 Bausteine der TSE	283
	10.4.3 Funktionsweise der TSE (Protokollierung)	292
	10.4.4 Grundlagen des Zertifizierungsverfahrens und kritische Betrachtung	294
10.5	Belegausgabepflicht	301
	10.5.1 Allgemeines	301
	10.5.2 Abdruck eines QR-Codes anstelle der Klarschriftangaben	306
	10.5.3 Befreiung von der Belegausgabepflicht	308
	10.5.4 Mindestinhalte von Kassenbelegen	310
	10.5.5 Aufbewahrung von Rechnungen	327
	10.5.6 Branchenspezifische Sonderfälle	327
	10.5.7 Besonderheiten bei Non-Profit-Organisationen (NPO)	328
10.6	Mitteilungspflicht für elektronische Aufzeichnungssysteme	329

10.7	Dokumentation technischer Störungen	333
	10.7.1 Ausfall des elektronischen Aufzeichnungssystems	334
	10.7.2 Ausfall der technischen Sicherheitseinrichtung (TSE)	335
	10.7.3 Ausfall der Druck-/Übertragungseinheit	335
10.8	Anpassung der Verfahrensdokumentation	336
10.9	Nichtbeanstandungsregeln des Bundes (bis 30.09.2020)	336
10.10	Nichtbeanstandungsregeln der Länder (bis 31.03.2021)	337
10.11	Fristverlängerung nach § 148 AO (ab 01.04.2021)	352
10.12	Sonderfälle im Umfeld der Nichtbeanstandungsregeln	354
10.13	Anschaffung und Veräußerung einer TSE	354
	10.13.1 Marktüberblick	354
	10.13.2 Steuerliche Behandlung der Aufwendungen für elektronische Aufzeichnungssysteme sowie Implementierung von TSE, DSFinV-K und DSFinV-TW	355
	10.13.3 Veräußerung und Erwerb einer gebrauchten TSE	355
10.14	Bußgeld bei Verstößen gegen § 146a AO	356
10.15	Datenzugriffsrechte ab 01.01.2020	357
10.16	Im Dschungel der Kassenführung – wo finde ich was?	357
10.17	Evaluierung des Gesetzes zum Schutz vor Manipulationen an digitalen Grundaufzeichnungen	358
11	**Kassen-Nachschau (§ 146b AO)**	**367**
11.1	Allgemeines	367
11.2	Kombi-Nachschau	369
11.3	Anlassbezogene Kassen-Nachschau	369
	11.3.1 Anlässe für eine Nachschau	369
	11.3.2 Vermeidung einer Nachschau	372
11.4	Unzulässigkeit einer Kassen-Nachschau	372
11.5	Betraute Amtsträger	373
11.6	Betroffene Systeme	374
	11.6.1 Manuelle Kassenführung	374
	11.6.2 Elektronische Kassenführung	374
11.7	Vorermittlungen und Fallauswahl	375
	11.7.1 Allgemeines	375
	11.7.2 Testkäufe	378
11.8	Durchführung der Nachschau	379
	11.8.1 Beginn der Nachschau	379
	11.8.2 Abwesenheit des Steuerpflichtigen	380
	11.8.3 Teilnahmerecht der Angehörigen steuerberatender Berufe	381
	11.8.4 Antrag auf zeitliche oder räumliche Verlegung	381
	11.8.5 Betretungsrecht	382
	11.8.6 Legitimation des Amtsträgers	385
	11.8.7 Vorlage von Unterlagen und Erteilung von Auskünften	389
	11.8.8 Systemprüfung	394
	11.8.9 Kassensturz	394

Inhaltsverzeichnis

	11.8.10 Agenturkassen	396
	11.8.11 Anfertigung von Fotografien und Scans	397
	11.8.12 Kosten einer Nachschau	398
	11.8.13 Was darf der Prüfer – was darf er nicht?	398
11.9	Übergang zur Außenprüfung	399
11.10	AmadeusVerify – die neue Prüfsoftware der Finanzverwaltung	403
	11.10.1 Einführung	403
	11.10.2 Prüfung von Kassenbelegen	403
	11.10.3 Optionale Prüfschritte unter Ausübung von Datenzugriffsrechten	407
	11.10.4 Prüfung weiterer Vor- und Nebensysteme und offener Ladenkassen	413
11.11	Selbstanzeige (§ 371 AO)	413
11.12	Abschluss der Kassen-Nachschau	413
	11.12.1 Ergebnislose Kassen-Nachschau	413
	11.12.2 Änderung von Besteuerungsgrundlagen	414
	11.12.3 Auswertung von Zufallsfunden	415
	11.12.4 Datenlöschung nach Abschluss der Nachschau	416
11.13	Rechtsbehelfe	416
	11.13.1 Einspruch	416
	11.13.2 Anfechtungsklage	417
	11.13.3 Fortsetzungsfeststellungsklage	417
11.14	Zwangsgeld	418
12	**Datenzugriffsrechte der Finanzverwaltung**	**419**
12.1	Allgemeine Grundsätze	419
12.2	Matrix der Datenzugriffsrechte (§§ 147 Abs. 6, 146b AO, 27b UStG)	427
12.3	Ort des Datenzugriffs	432
12.4	Aufbewahrung der Daten bei Dritten	433
12.5	Aufbewahrung der Hardware bei Systemwechseln	434
12.6	Gewinnermittlung nach § 4 Abs. 3 EStG	435
12.7	Berufsgeheimnisträger	436
	12.7.1 Allgemeines	436
	12.7.2 Verstöße gegen § 203 Strafgesetzbuch (StGB)	438
12.8	Verwertungsverbot	439
12.9	Datenlöschung	439
12.10	Vorbereitungsmaßnahmen des Steuerpflichtigen	439
12.11	Kosten des Datenzugriffs	440
13	**Schätzung der Besteuerungsgrundlagen**	**443**
13.1	Einführung	443
13.2	Schätzungsvermeidung im Vorfeld – nehmen Sie sich aus dem Fokus!	444
	13.2.1 Transparenz im Veranlagungsverfahren	444
	13.2.2 Vorsorgemaßnahmen im Betrieb	446

	13.2.3	Verzicht auf Bargeld	447
	13.2.4	Erstellung aussagekräftiger Belege (AmadeusVerify)	447
13.3	Schätzungsanlässe		448
13.4	Beweiskraft der Buchführung (§ 158 AO)		448
13.5	Schätzungsbefugnis dem Grunde nach		452
	13.5.1	Schätzung bei formell ordnungsmäßigen Büchern und Aufzeichnungen!?	452
	13.5.2	Schätzung bei formell nicht ordnungsmäßigen Büchern und Aufzeichnungen	453
	13.5.3	Mängel der Buchführung	454
	13.5.4	Dokumentation der Mängel	463
	13.5.5	Konkrete Angabe der verletzten Rechtsnorm vs. „bloßem" Verstoß gegen Verwaltungsanweisungen	464
13.6	Schätzungsbefugnis der Höhe nach		465
	13.6.1	Auswahl einer geeigneten Schätzungsmethode	465
	13.6.2	Vorrangige und nachrangige Schätzungsmethoden	465
	13.6.3	Nachkalkulation/Ausbeutekalkulation	467
	13.6.4	Schätzung nach Anteilen (30/70-Kalkulation)	468
	13.6.5	Geldverkehrsrechnung (GVR)	470
	13.6.6	Vermögenszuwachsrechnung (VZR)	471
	13.6.7	Zeitreihenvergleich (ZRV)	472
	13.6.8	Summarische Risikoprüfung (SRP) – mehr als eine Verprobungsmethode?	476
	13.6.9	Monetary Unit Sampling (MUS)	477
	13.6.10	Schätzung nach Amtlicher Richtsatzsammlung	477
	13.6.11	Schnittstellen-Verprobung (SSV)	483
	13.6.12	Pauschale Sicherheitszuschläge	484
	13.6.13	Schätzung von Trinkgeldern	486
	13.6.14	Schätzungsunschärfen	487
	13.6.15	Mitteilung von Kalkulationen in elektronischer Form	488
13.7	Schätzungsrahmen		488
	13.7.1	Allgemeines	488
	13.7.2	Verschulden des Steuerpflichtigen	491
	13.7.3	Nichtigkeit von Schätzungsbescheiden	491
13.8	Maßnahmen zur Schätzungsbegrenzung		492
	13.8.1	Schutz durch Aufzeichnungen auf Artikelebene	492
	13.8.2	Berücksichtigung betrieblicher Besonderheiten	493
	13.8.3	Freiwillige Aufzeichnungen	495
	13.8.4	Führung eines Betriebstagebuchs	499
	13.8.5	(Nachträgliche) Anfertigung einer Corona-Dokumentation	500
13.9	Hinzuschätzung bei Kapitalgesellschaften		500
13.10	Grundsatz der Abschnittsbesteuerung		502
13.11	Grundsatz von Treu und Glauben		503
13.12	Das Instrument der tatsächlichen Verständigung (TV)		503

Inhaltsverzeichnis

13.13	Unzulässigkeit von Auflagen im BP-Bericht	505
13.14	Einleitung von Steuerstrafverfahren – wann besteht ein Anfangsverdacht?	506
13.15	Richterliche Entscheidungen zu Schätzungsfällen (chronologisch/tabellarisch)	508
13.16	Wenn der Vorbehalt der Nachprüfung (VdN) nicht greift: Achten Sie auf die Berichtigungsvorschriften!	543
13.17	Minimierung des Kostenrisikos im Klageverfahren	543
13.18	Anhängige Verfahren (BFH) – wo sich Rechtsbehelfe nachträglich lohnen könnten	544
14	**Branchen-ABC**	547

Anhang		593
Anhang 1:	Glossar	595
Anhang 2:	BMF-Schreiben vom 09.01.1996 – 1. Kassenrichtlinie	603
Anhang 3:	BMF-Schreiben vom 26.11.2010 – 2. Kassenrichtlinie	605
Anhang 4:	Arten von Storni	609
Anhang 5a:	BMF-Schreiben vom 06.11.2019 – Nichtbeanstandungsregelung bei Verwendung elektronischer Aufzeichnungssysteme	611
Anhang 5b:	BMF-Schreiben vom 18.08.2020 – Nichtbeanstandungsregelung bei Verwendung elektronischer Aufzeichnungssysteme	613
Anhang 6:	BMF-Schreiben vom 13.10.2023 – Nichtbeanstandungsregelung bei Verwendung von EU-Taxametern und Wegstreckenzählern ohne zertifizierte technische Sicherheitseinrichtung nach dem 31. Dezember 2023	615
Anhang 7:	Buchungsbeleg zur Dokumentation von Kassendifferenzen	617
Anhang 8:	Trinkgeld-Vereinbarung (Muster)	619
Anhang 9:	Dokumentation technischer Störungen bei Verwendung von Kassen(systemen) i. S. d. § 146a AO	621
Anhang 10:	Betriebstagebuch (Muster)	625
Anhang 11:	Fallstudie Offene Ladenkasse (Aufgabe)	627
Anhang 12:	Fallstudie Offene Ladenkasse (Lösung)	631
Anhang 13:	Muster-Datenblatt Verfahrensdokumentation und Meldeverfahren	633
Anhang 14:	Meldepflichtige Daten i. S. d. § 146a Abs. 4 AO für Kassen(systeme); Ausfüllhilfe	647
Anhang 15a:	BMF-Schreiben vom 21.08.2020 – Steuerliche Behandlung der Kosten der erstmaligen Implementierung einer zertifizierten technischen Sicherheitseinrichtung	649
Anhang 15b:	BMF-Schreiben vom 30.08.2023 – Steuerliche Behandlung der Kosten der erstmaligen Implementierung einer zertifizierten technischen Sicherheitseinrichtung bei EU-Taxametern und Wegstreckenzählern	651

Anhang 16:	Anweisung zur Kassen-Nachschau bei Abwesenheit des Unternehmers (Muster)	653
Anhang 17:	Synopse zur Kassensicherungsverordnung – was gilt in welchem Zeitraum?	655
Anhang 18:	Im Dschungel der Kassenführung – wo finde ich was?	665
Anhang 19:	Steuerliche Anerkennung von Aufwendungen für die Bewirtung von Personen aus geschäftlichem Anlass in einem Bewirtungsbetrieb als Betriebsausgaben	689
Anhang 20:	AEAO zu § 146a AO (Neufassung ab 01.01.2024)	693

Literaturverzeichnis ... 721

Stichwortverzeichnis ... 733

Zum Autor ... 761

Verzeichnis der Anhänge

Anhang 1	Glossar
Anhang 2	BMF-Schreiben vom 09.01.1996 – Verzicht auf die Aufbewahrung von Kassenstreifen bei Einsatz elektronischer Registrierkassen (1. Kassenrichtlinie)
Anhang 3	BMF-Schreiben vom 26.11.2010 – Aufbewahrung digitaler Unterlagen bei Bargeschäften (2. Kassenrichtlinie)
Anhang 4	Arten von Storni
Anhang 5a	BMF-Schreiben vom 06.11.2019 – Nichtbeanstandungsregelung bei Verwendung elektronischer Aufzeichnungssysteme
Anhang 5b	BMF-Schreiben vom 18.08.2020 – Nichtbeanstandungsregelung bei Verwendung elektronischer Aufzeichnungssysteme
Anhang 6	BMF-Schreiben vom 13.10.2023 – Nichtbeanstandungsregelung bei Verwendung von EU-Taxametern und Wegstreckenzählern ohne zertifizierte technische Sicherheitseinrichtung nach dem 31. Dezember 2023
Anhang 7	Buchungsbeleg zur Dokumentation von Kassendifferenzen
Anhang 8	Trinkgeld-Vereinbarung (Muster)
Anhang 9	Dokumentation technischer Störungen bei Verwendung von Kassen(systemen) i.S.d. § 146a AO
Anhang 10	Betriebstagebuch (Muster)
Anhang 11	Fallstudie Offene Ladenkasse (Aufgabe)
Anhang 12	Fallstudie Offene Ladenkasse (Lösung)
Anhang 13	Muster-Datenblatt Verfahrensdokumentation und Meldeverfahren für Kassen(systeme)
Anhang 14	Meldepflichtige Daten i.S.d. § 146a Abs. 4 AO für Kassen(systeme); Ausfüllhilfe
Anhang 15a	BMF-Schreiben vom 21.08.2020 – Steuerliche Behandlung der Kosten der erstmaligen Implementierung einer zertifizierten technischen Sicherheitseinrichtung
Anhang 15b	BMF-Schreiben vom 30.08.2023 – Steuerliche Behandlung der Kosten der erstmaligen Implementierung einer zertifizierten technischen Sicherheitseinrichtung bei EU-Taxametern und Wegstreckenzählern
Anhang 16	Anweisung zur Kassen-Nachschau bei Abwesenheit des Unternehmers (Muster)
Anhang 17	Synopse zur Kassensicherungsverordnung – was gilt in welchem Zeitraum?
Anhang 18	Im Dschungel der Kassenführung – wo finde ich was?

Verzeichnis der Anhänge

Anhang 19	BMF-Schreiben vom 30.06.2021 – Steuerliche Anerkennung von Aufwendungen für die Bewirtung von Personen aus geschäftlichem Anlass in einem Bewirtungsbetrieb als Betriebsausgaben
Anhang 20	AEAO zu § 146a (Neufassung ab 01.01.2024)

Tabellenverzeichnis

Tabelle 1:	Aufbewahrungspflicht von Kundendaten unter Berücksichtigung betrieblicher Abläufe	94
Tabelle 2:	Aufbewahrungsfristen nach Handels- und Steuerrecht	109
Tabelle 3:	ABC der Aufbewahrungsfristen	111
Tabelle 4:	Übersicht über gängige Zugriffsberechtigungen	161
Tabelle 5:	Literaturhinweise zum Aufbau eines IKS	164
Tabelle 6:	Möglichkeiten des Tagesabschlusses in Abhängigkeit von Aufzeichnungssystem und Gewinnermittlungsart	173
Tabelle 7:	Dokumentation von Trinkgeldern in Abhängigkeit vom Aufzeichnungssystem	201
Tabelle 8:	Berichte und Abfragemöglichkeiten elektronischer Aufzeichnungssysteme	218
Tabelle 9:	Fallauswahl: Filterkriterien bei offenen Ladenkassen	240
Tabelle 10:	Anwendungszeitpunkte im Umfeld des § 146a AO	252
Tabelle 11:	Klassifizierung der Aufzeichnungssysteme und deren Zulässigkeit seit 01.01.2017	263
Tabelle 12:	Module der DSFinV-K	290
Tabelle 13:	Absicherungsschritte der Protokollierung (Kassensysteme)	293
Tabelle 14:	Mindestinhalte von Kassenbelegen (Matrix)	311
Tabelle 15:	Meldepflichtige und nichtmeldepflichtige Systeme (§ 146a Abs. 4 AO)	331
Tabelle 16:	Meldepflichtige Daten bei Kassensystemen (§ 146a Abs. 4 AO)	332
Tabelle 17:	Nichtbeanstandungsregeln der Länder (§ 146a AO)	339
Tabelle 18:	Bußgeldtatbestände bei Verstößen gegen § 146a AO und Höhe der Sanktionierung (§ 379 AO)	356
Tabelle 19:	Kassen-Nachschau: Was darf der Prüfer – was darf er nicht?	398
Tabelle 20:	Datenzugriffsrechte in der Außenprüfung (§ 147 Abs. 6 AO)	422
Tabelle 21:	Matrix der Datenzugriffsrechte in Abhängigkeit von Aufzeichnungssystem, Prüfungszeitraum und Verwaltungsverfahren	428

Tabelle 22:	Unterrichtungspflicht des Amtsträgers bei strafrechtlichem Anfangsverdacht	507
Tabelle 23:	Rechtsprechungsübersicht zu Schätzungsfällen	508

Abbildungsverzeichnis

Abbildung 1:	Wahl des Aufzeichnungsmittels	40
Abbildung 2:	Progressive und retrograde Prüfbarkeit	78
Abbildung 3:	Gewährleistung der Unveränderbarkeit	105
Abbildung 4:	Grundsatz der Akzessorietät	116
Abbildung 5:	Nachverfolgung von Eigenbelegen	132
Abbildung 6:	Datentrichter	136
Abbildung 7:	Sachlogische Prozesse	138
Abbildung 8:	Lebenszyklus eines Geschäftsvorfalls	140
Abbildung 9:	Bestandteile einer Verfahrensdokumentation zur Kassenführung	145
Abbildung 10:	Prüfung der Aufbewahrungsfristen für Organisationsunterlagen	151
Abbildung 11:	Verzahnung der Kontrollen im Rahmen des IKS	158
Abbildung 12:	Sofort-Storni nach Mitarbeitern	163
Abbildung 13:	Verwechselungsgefahr – Systemgerechte und systemwidrige Kassenberichte	179
Abbildung 14:	Dokumentation von Trinkgeldern (Taxiquittung)	200
Abbildung 15:	Musterbeleg zur Dokumentation von Geldflüssen	208
Abbildung 16:	Prüfschema Einzelaufzeichnungspflicht	223
Abbildung 17:	Umfrage zur Einzelaufzeichnungspflicht (BFH 12.05.1966)	227
Abbildung 18:	Risikopotenzial offener Ladenkassen ohne Einzelaufzeichnungen	237
Abbildung 19:	Begriffsdefinitionen (Vorgang/Transaktion)	258
Abbildung 20:	Arten der Kassenführung im Licht von Einzelaufzeichnungspflichten (EA), TSE-Pflicht und bestehenden Erleichterungen (Stand 31.12.2023)	264
Abbildung 21:	Elemente der einheitlichen digitalen Schnittstelle (EDS)	286
Abbildung 22:	Grundschema der Protokollierung	292
Abbildung 23:	Prüfschema zur Aufrüstungsverpflichtung für PC- und App-Kassen (§ 146a AO)	350

Abbildung 24: Prüfschema zur Aufrüstungsverpflichtung für Registrierkassen (§ 146a AO) 351
Abbildung 25: Balkendiagramm zur Auslastung eines Unternehmens 378
Abbildung 26: Ablaufschema einer Belegprüfung mit *AmadeusVerify* 405
Abbildung 27: TSE-Architekturen (SMAERS/CSP) 412
Abbildung 28: Schnittstellenverprobung von Kasseneinzeldaten und Daten des Zählwerks einer Barista-Kaffeemaschine 426
Abbildung 29: Mindestanforderungen an Schätzungen 452
Abbildung 30 Dokumentation der Einrichtung eines Kassensystems 461
Abbildung 31: Schätzung nach Anteilen in der Gastronomie (30/70) 469
Abbildung 32: Prüfschema zur Anwendbarkeit des Zeitreihenvergleichs (Drei-Stufen-Theorie) 474
Abbildung 33: Begründunganforderungen an Richtsatzschätzungen 482
Abbildung 34: Schnittstellen-Verprobung (SSV) 484
Abbildung 35: Begründungsanforderungen an griffweise Schätzungen 485
Abbildung 36: Nichtaussagekräftige Einzelaufzeichnungen (Negativbeispiel) 493
Abbildung 37: Verbrauchszeitreihe bei Abhängigkeiten zwischen Umsatz und Energiekosten 499

Abkürzungsverzeichnis

a. A.	anderer Auffassung
ABDA	ABDA – Bundesvereinigung Deutscher Apothekerverbände e. V.
Abg.	Abgeordnete(r)
Abs.	Absatz
Abschn.	Abschnitt
ADM	Anwendervereinigung Dezentrale Messsysteme e. V.
a. F.	alte Fassung
AG	Aktiengesellschaft
AEAO	Anwendungserlass zur Abgabenordnung
AEUV	Vertrag über die Arbeitsweise der Europäischen Union
AfA	Absetzung für Abnutzung
AktG	Aktiengesetz
AlkStV	Alkoholsteuerverordnung
Anh.	Anhang
AO	Abgabenordnung
AO-StB	AO-Steuerberater (Zeitschrift)
ApBetrO	Verordnung über den Betrieb von Apotheken (Apothekenbetriebsordnung)
API	Application Programming Interface (Schnittstelle zur Anwendungsprogrammierung)
ApoG	Apothekengesetz
ArbZG	Arbeitszeitgesetz
AStBV (St)	Anweisungen für das Straf- und Bußgeldverfahren (Steuer)
Az.	Aktenzeichen
BAG	Bundesarbeitsgericht
BAIT	Bankaufsichtliche Anforderungen an die IT
BBankG	Gesetz über die Deutsche Bundesbank
BBK	Bilanzierung Buchführung Kostenrechnung (Zeitschrift)
BBP	Betriebswirtschaft im Blickpunkt (Zeitschrift)
BDSG	Bundesdatenschutzgesetz
BFH	Bundesfinanzhof
BFH/NV	Sammlung der nichtamtlich veröffentlichten Entscheidungen des Bundesfinanzhofs (Zeitschrift)
BgA	Betrieb gewerblicher Art
BGB	Bürgerliches Gesetzbuch
BGBl.	Bundesgesetzblatt

BilMoG	Bilanzrechtsmodernisierungsgesetz
BMF	Bundesministerium der Finanzen
BMF-FAQ	FAQ des BMF: Orientierungshilfe für die Anwendung des § 146a AO und der KassenSichV
BOKraft	Verordnung über den Betrieb von Kraftfahrunternehmen im Personenverkehr
BoStB	Satzung über die Rechte und Pflichten bei der Ausübung der Berufe der Steuerberater und der Steuerbevollmächtigten – Berufsordnung (BOStB)
BP	Betriebsprüfung
BpO	Betriebsprüfungsordnung
BR	Bundesrat
BR-Drucks.	Bundesratsdrucksache
BRH	Bundesrechnungshof
BSI	Bundesamt für Sicherheit in der Informationstechnik
BSI-FAQ	FAQ des BSI: Häufig gestellte Fragen und Antworten zum Thema Digitale Grundaufzeichnungen bei Kassen und Kassensystemen
Bsp.	Beispiel
bspw.	beispielsweise
BStBl. I (II)	Bundessteuerblatt Teil I (Teil II)
BStBK	Bundessteuerberaterkammer
BT	Bundestag
BT-Drucks.	Bundestagsdrucksache
BtMG	Betäubungsmittelgesetz
BtMVV	Betäubungsmittel-Verschreibungsverordnung
BuStra	Bußgeld- und Strafsachenstelle
BVerfG	Bundesverfassungsgericht
BVerwG	Bundesverwaltungsgericht
BZSt	Bundeszentralamt für Steuern
bzw.	beziehungsweise
ca.	circa
CC	Common Criteria for Information Technology Security Evaluation (Kriterien für die Bewertung der Sicherheit von Informationstechnologie)
ChemVerbotsV	Chemikalienverbotsverordnung
CRL	Certificate-Revocation-List
CSP(-L)	Cryptographic Service Provider (-Light)
CSV	Comma-separated values (Dateiformat)
DB	Der Betrieb (Zeitschrift)
DEHOGA	Deutscher Hotel- und Gaststättenverband e. V.

DFKA	Deutscher Fachverband für Kassen- und Abrechnungssystemtechnik im bargeld- und bargeldlosen Zahlungsverkehr e. V.
DFKA-FAQ	FAQ des DFKA: Neue gesetzliche Anforderungen für Kassensysteme (Stand 28.09.2020)
d. h.	das heißt
DIHK	Deutsche Industrie- und Handelskammer
DMS	Dokumentenmanagementsystem
DSFinV-K	Digitale Schnittstelle der Finanzverwaltung für Kassensysteme
DSFinV-TW	Digitale Schnittstelle der Finanzverwaltung für EU-Taxameter und Wegstreckenzähler
DSGVO	Datenschutz-Grundverordnung
DStV	Deutscher Steuerberaterverband e. V.
DStR	Deutsches Steuerrecht (Zeitschrift)
DStZ	Deutsche Steuerzeitung (Zeitschrift)
DV	Datenverarbeitung
EAL	Evaluation Assurance Level (Vertrauenswürdigkeitsstufe)
EAN	European Article Number (intern. Produktkennzeichnung für Handelsartikel, im Jahr 2009 abgelöst durch GTIN)
EAP	Einzelaufzeichnungspflicht
eAS	elektronisches Aufzeichnungssystem
ECR	Electronic Cash Register
EDI	Electronic Data Interchange
EDS	Einheitliche digitale Schnittstelle
EDV	Elektronische Datenverarbeitung
EFG	Entscheidungen der Finanzgerichte (Zeitschrift)
EGAO	Einführungsgesetz zur Abgabenordnung
EKaBS	Elektronischer Kassenbeleg Standard gem. DFKA e. V.
ELV	Elektronisches Lastschriftverfahren
engl.	englisch
EPROM	Erasable Programmable Read Only Memory; wörtlich: löschbarer programmierbarer Nur-Lese-Speicher (nichtflüchtiger Speicherbaustein); später abgelöst durch EEPROM-, SRAM- und Flashspeicher
ERD	Entity-Relationship-Diagramm
ERiC	Elster Rich Client (Schnittstelle)
ERP	Enterprise Resource Planning
EStG	Einkommensteuergesetz
EStR	Einkommensteuerrichtlinien
etc.	et cetera
EÜR	Einnahmeüberschussrechnung

evtl.	eventuell
expl.	exemplarisch
f., ff.	folgend, folgende
FA	Finanzamt
FahrlG	Gesetz über das Fahrlehrerwesen
FAIT	Fachausschuss für Informationstechnologie
FAQ	Frequently Asked Questions
FG	Finanzgericht
FGO	Finanzgerichtsordnung
Fn.	Fußnote
FN-IDW	IDW-Fachnachrichten
FR	Finanz-Rundschau (Zeitschrift)
FVG	Finanzverwaltungsgesetz
GastG	Gaststättengesetz
GbR	Gesellschaft bürgerlichen Rechts
GDPdU	Grundsätze zum Datenzugriff und zur Prüfbarkeit digitaler Unterlagen
gem.	gemäß
GewO	Gewerbeordnung
GewStG	Gewerbesteuergesetz
ggf.	gegebenenfalls
ggü.GKV	Gesetzliche Krankenversicherung
gl. A.	gleicher Auffassung
GmbH	Gesellschaft mit beschränkter Haftung
GmbHG	Gesetz betreffend die Gesellschaften mit beschränkter Haftung
GoB	Grundsätze ordnungsgemäßer Buchführung
GoBD	Grundsätze zur ordnungsmäßigen Führung und Aufbewahrung von Büchern, Aufzeichnungen und Unterlagen in elektronischer Form sowie zum Datenzugriff
GoBIT	Grundsätze ordnungsmäßiger Buchführung beim IT-Einsatz (Entwurf)
GoBS	Grundsätze ordnungsgemäßer EDV-gestützter Buchführungssysteme
GoS	Grundsätze ordnungsgemäßer Speicherbuchführung
GrS	Großer Senat
GStB	Gestaltende Steuerberatung (Zeitschrift)
GT	Grand Total: Gesamtsummenspeicher über Erlös- und ggf. Stornobuchungen seit Inbetriebnahme oder der letzten Rücksetzung (Reset) der Kasse
GTIN	Global Trade Item Number (intern. Produktkennzeichnung für Handelsartikel)

GuV	Gewinn- und Verlustrechnung
GV	Geschäftsvorfall
GVR	Geldverkehrsrechnung
GwG	Gesetz über das Aufspüren von Gewinnen aus schweren Straftaten (Geldwäschegesetz)
HDE	Handelsverband Deutschland – HDE e. V.
HFR	Höchstrichterliche Finanzrechtsprechung (Zeitschrift)
HGB	Handelsgesetzbuch
HmbSpVStG	Hamburgisches Spielvergnügungssteuergesetz
Hs.	Halbsatz
HSS	Herstellerspezifische Schnittstelle
HWK	Handwerkskammer
IDEA	Interactive Data Extraction and Analysis (Prüfsoftware)
i. d. F.	in der Fassung
i. d. R.	in der Regel
IDW	Institut der Wirtschaftsprüfer in Deutschland e. V.
IDW PS	Institut der Wirtschaftsprüfer, Prüfungsstandard
IDW RS	Institut der Wirtschaftsprüfer, Stellungnahme zur Rechnungslegung
i. e. S.	im engeren Sinn(e)
IGeL	Individuelle Gesundheitsleistungen
IHK	Industrie- und Handelskammer
i. H. v.	in Höhe von
IKR	Industriekontenrahmen
IKS	Internes Kontrollsystem
IMEI	International Mobile Equipment Identity Number
INSIKA	Integrierte Sicherheitslösung für messwertverarbeitende Kassensysteme
InsO	Insolvenzordnung
i. R. d.	im Rahmen des/der
i. S. d.	im Sinne des/der
i. S. v.	im Sinne von
i. V. m.	in Verbindung mit
JPG/JPEG	Joint Photographic (Experts) Group (Dateiformat)
JSON	JavaScript Object Notation (Datenaustauschformat)
JStG	Jahressteuergesetz
Kap.	Kapitel
KassenSichV	Verordnung zur Bestimmung der technischen Anforderungen an elektronische Aufzeichnungs- und Sicherungssysteme im Geschäftsverkehr (Kassensicherungsverordnung)
KG	Kommanditgesellschaft

Abkürzungsverzeichnis

KI	Künstliche Intelligenz
KM	Kontrollmitteilung
KMU	Kleine und mittelständische Unternehmen
KOMET	Konsens Mitteilung elektronische Aufzeichnungssysteme
KSt	Körperschaftsteuer
LAN	engl.: Local Area Network (lokales Netzwerk)
lat.	lateinisch
lfd.	laufend(e)
LfSt	Landesamt für Steuern
lit.	littera
lt.	laut
MaRisk	Mindestanforderungen an das Risikomanagement
MiLoG	Gesetz zur Regelung eines allgemeinen Mindestlohns (Mindestlohngesetz)
MPBetreibV	Medizinprodukte-Betreiberverordnung
MPG	Medizinproduktegesetz
MünzG	Münzgesetz
mtl.	monatlich
MUS	Monetary Unit Sampling
m. w. N.	mit weiteren Nachweisen
MwSt	Mehrwertsteuer
NE	Neueinlage
n. F.	neue Fassung
NFC	Near Field Communication
NPO	Non-Profit-Organisation
Nr.	Nummer
n. v.	nicht veröffentlicht
NWB	Neue Wirtschaftsbriefe (Zeitschrift)
NZB	Nichtzulassungsbeschwerde
o. ä.	oder ähnlich
OECD	Organization for Economic Co-operation and Development
OFD	Oberfinanzdirektion
o. g.	oben genannt
OHG	Offene Handelsgesellschaft
OLG	Oberlandesgericht
OLK	Offene Ladenkasse
OWiG	Gesetz über Ordnungswidrigkeiten
p. a.	per annum
PAngV	Preisangabenverordnung
PBefG	Personenbeförderungsgesetz

PBZugV	Berufszugangsverordnung für den Straßenpersonenverkehr
PC	Personal Computer
PDF	Portable Document Format (Dateiformat)
PE	Privatentnahme
PIN	Personal Identification Number
PKI	Public Key Infrastructure (engl.)
PLU	Price Look Up
PNG	Portable Network Graphics (Dateiformat)
POR	Point of reordering (engl.)
POS	Point of sale (engl.)
PP	Protection Profile (Schutzprofil)
ProstSchG	Prostituiertenschutzgesetz
PStR	Praxis Steuerstrafrecht (Zeitschrift)
PTB	Physikalisch-Technische Bundesanstalt
PUK	Personal Unblocking Key
PZN	Pharmazentralnummer
RAM	Random Access Memory; Arbeitsspeicher
RAS	Rohgewinnaufschlagsatz
RET	Rethinking:Tax (Zeitschrift)
Rev.	Revision
RFH	Reichsfinanzhof
rkr.	rechtskräftig
RKSV	Registrierkassensicherheitsverordnung (Österreich)
RStBl.	Reichssteuerblatt
Rz.	Randziffer
S.	Seite(n)
SAM	Steueranwaltsmagazin (Zeitschrift)
SchutzmV	Verordnung zum Anspruch auf Schutzmasken zur Vermeidung einer Infektion mit dem Coronavirus SARS-CoV-2 (Coronavirus-Schutzmasken-Verordnung)
SchwarzArbG	Gesetz zur Bekämpfung der Schwarzarbeit und illegalen Beschäftigung
SGB	Sozialgesetzbuch
SKR	Spezialkontenrahmen
SMA	Sicherheitsmodulanwendung
SMAERS	Security Module Application for Electronic Record-keeping Systems (Schutzprofil)
sog.	sogenannte(r)
SRP	Summarische Risikoprüfung
StBerG	Steuerberatungsgesetz
Stbg	Die Steuerberatung (Zeitschrift)

StBp	Die steuerliche Betriebsprüfung (Zeitschrift)
StEd	Steuer-Eildienst (Zeitschrift)
StGB	Strafgesetzbuch
Stpfl.	Steuerpflichtige(r)
StPO	Strafprozessordnung
str.	streitig/strittig
StuB	Unternehmensteuern und Bilanzen (Zeitschrift)
SvEV	Verordnung über die sozialversicherungsrechtliche Beurteilung von Zuwendungen des Arbeitgebers als Arbeitsentgelt (Sozialversicherungsentgeltverordnung)
TAR	Packprogramm (engl.: tape archiver); Archivdatei
TPM	Trusted Platform Module
TR	Technische Richtlinie(n)
TS	Testspezifikation
TSE	Technische Sicherheitseinrichtung
TV	Tatsächliche Verständigung
Tz./Tzn.	Textziffer(n)
u. a.	unter anderem
USt	Umsatzsteuer
UStAE	Umsatzsteuer-Anwendungserlass
UStDV	Umsatzsteuer-Durchführungsverordnung
UStG	Umsatzsteuergesetz
UStID	Umsatzsteuer-Identifikationsnummer
usw.	und so weiter
UTC	Coordinated Universal Time (koordinierte Weltzeit)
u. U.	unter Umständen
v.	von/vom
VdN	Vorbehalt der Nachprüfung
Vfg.	Verfügung
VG	Verwaltungsgericht
vGA	verdeckte Gewinnausschüttung
vgl.	vergleiche
v. H.	von Hundert
VOI	Verband Organisations- und Informationssysteme e. V.
VZR	Vermögenszuwachsrechnung
WaWi	Warenwirtschaftssystem
WDA	Waren- und Dienstleistungsautomat
WEK	Wareneinkauf
WES	Wareneinsatz
wistra	Zeitschrift für Wirtschaft, Steuer und Strafrecht

WLAN	engl.: Wireless Local Area Network (drahtloses lokales Netzwerk)
Wpg	Die Wirtschaftsprüfung (Zeitschrift)
WSZ	Wegstreckenzähler
WUS	Warenumsatz
z. B.	zum Beispiel
ZDH	Zentralverband des Deutschen Handwerks e. V. (ZDH)
ZPO	Zivilprozessordnung
ZRV	Zeitreihenvergleich
Zs.	Zeitschrift
zzgl.	zuzüglich

1 Arten der Kassenführung
1.1 Einführung

Anders als in vielen europäischen Ländern[1] existiert in Deutschland grundsätzlich keine Verpflichtung, ein elektronisches Aufzeichnungssystem zu verwenden. Wie Kassenaufzeichnungen zu führen sind, ist gesetzlich nicht vorgegeben. Insbesondere existiert keine Registrierkassenpflicht[2], womit der Stpfl. auch über den 01.01.2020 hinaus in der Wahl seines Aufzeichnungsmittels frei war und bleibt. Es obliegt seiner Entscheidungshoheit, ob er Geschäftsvorfälle mit Hilfe elektronischer Aufzeichnungssysteme oder in Papierform (offene Ladenkasse) festhält.[3] Ausnahmen gelten für Taxi- und Mietwagenunternehmen, die den überwiegenden Teil ihrer Betriebseinnahmen nach außersteuerlichen Vorschriften in Taxametern oder Wegstreckenzählern aufzeichnen müssen, ggf. ergänzt durch handschriftlich geführte Aufzeichnungen (z.B. Schichtzettel, Beförderungsaufträge).[4] Darüber hinaus besteht in den meisten Restaurationsbetrieben[5] seit dem 01.01.1995 eine faktische Registrierkassenpflicht, weil Bewirtungskostenbelege beim Leistungsempfänger seither nur noch bei maschineller Registrierung als Betriebsausgabe anerkannt werden.[6] Eine generelle Registrierkassenpflicht ließ sich bisher politisch nicht durchsetzen.[7]

1

---

1 Vgl. nur für Österreich § 131b BAO.
2 AEAO zu § 146, Nr. 3.1.
3 Vgl. nur BFH vom 16.12.2014 – X R 42/13, BStBl. II 2015, 519, Rz. 22; BFH vom 23.08.2017 – X R 11/16.
4 Siehe hierzu Kap. 14: Stichworte „Taxiunternehmen" und „Mietwagenunternehmen".
5 Siehe hierzu Kap. 14: Stichwort „Gastronomie".
6 BMF, Schreiben vom 21.11.1994, BStBl. I 1994, 855, aufgehoben durch BMF, Schreiben vom 30.06.2021 – IV C 6 – S 2145/19/10003 :003, BStBl. I 2021, 908, Rz. 20 (Abdruck in Anhang 19). Anderer Ansicht FG Berlin-Brandenburg vom 08.11.2021 – 16 K 11381/18, EFG 2022, 575, NZB eingelegt, BFH-Az. VI B 3/22. Das FG begründet seine Auffassung mit der fehlenden gesetzlichen Grundlage.
7 Kritisch *Rebant*, RET 3/2021, 61 (67). Vgl. dazu auch Kap. 10.17.

1 Arten der Kassenführung

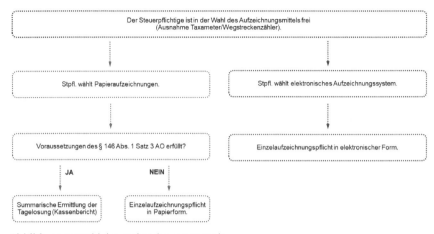

Abbildung 1: Wahl des Aufzeichnungsmittels
(Quelle: Eigene Darstellung)

2 Der weitaus überwiegende Teil der Stpfl. kann seine Kasseneinnahmen und -ausgaben damit sowohl auf Papier als auch elektronisch festhalten, soweit das eingesetzte Verfahren den Grundsätzen ordnungsmäßiger Buchführung (GoB) entspricht. Zu diesem Zweck hat der Stpfl. Form, Umfang und Inhalt seiner Bücher und Aufzeichnungen und die zu ihrem Verständnis erforderlichen Unterlagen unter Berücksichtigung der Erfordernisse seines Betriebs und im Einklang mit den Vorgaben der GoB sowie den steuerlichen Ordnungsvorschriften (§§ 145–147 AO) selbst festzulegen. Nach aktueller Rechtslage stehen ihm dafür, abhängig von weiteren Voraussetzungen, nachfolgende Möglichkeiten zur Verfügung:

a) Papieraufzeichnungen ohne Einsatz technischer Hilfsmittel

3 – offene Ladenkasse mit Einzelaufzeichnungen auf Papier (z. B. Bierdeckel, Bedienerzettel im Friseurhandwerk, Bestellzettel eines Pizza-Taxis),
  – offene Ladenkasse ohne Einzelaufzeichnungen,
  – geschlossene Ladenkasse ohne Einzelaufzeichnungen (z. B. manuell betriebener Waren- oder Dienstleistungsautomat, Vertrauenskasse ohne Verkaufspersonal für Blumenverkauf am Feldrand),
  – mechanische Registrierkasse.

Als offene Ladenkassen gelten nur solche, die ohne Einsatz technischer Hilfsmittel verwendet werden. Taschenrechner gelten nicht als technische Hilfsmittel.[8]

---

8   AEAO zu § 146, Nr. 2.1.4; vgl. dazu auch *Achilles*, DB 2018, 2454 unter II.

b) Elektronische Aufzeichnungssysteme, z. B.

- (proprietäre) Registrierkassen,
- PC- oder Appkassen sowie sonstige Barzahlungsmodule mit Einzelaufzeichnungen einschließlich sonstiger Geräte mit in- und externer Geldaufbewahrung (z. B. Waagen), wobei die Speicherung der Kassendaten lokal auf Festplatten, Flash-Speichern oder in der Cloud erfolgt,
- geschlossene Ladenkassen mit Einzelaufzeichnungen (z. B. elektronische Waren- oder Dienstleistungsautomaten, Geldspielgeräte[9], Fahrschein- oder Zigarettenautomaten etc.),
- (EU-)Taxameter, Wegstreckenzähler (Hardware und Appsysteme),
- etc.

4

Für weitergehende Informationen zu den einzelnen Kassenarten vgl. Kap. 1.3 ff.

5

Nach der allgemeinen Verkehrsanschauung versteht man unter elektronischen Aufzeichnungssystemen im Umfeld der Kassenführung DV-gestützte Geräte zur Erfassung des Verkaufs von Waren oder Dienstleistungen und zur Erstellung von Belegen. Klassischen Registrierkassen folgten im Laufe der Zeit leistungsfähigere Aufzeichnungssysteme in Form von PC-Kassen, komplexen Kassensystemen oder App-Kassen. Je nach verwendetem System bietet der Markt ein breites Spektrum von Ausstattungsvarianten, mit dem sich maßgeschneiderte Lösungen finden und bei Bedarf über Schnittstellen anbinden lassen, z. B. ERP-/Warenwirtschaftssysteme, Self-Scanning-Systeme, Funkboniersysteme (Handhelds), Rechnungs- oder Bondrucker, separate Kundendisplays, Wiegesysteme, Kartenlesegeräte (EC-, Kredit- oder Kundenkarten)[10], (Hand)Scanner zur Erfassung von Barcodes über EAN/GTIN[11], Schankanlagen, Geräte zur Aufzeichnung von Arbeitszeiten, elektronisch geführte Kassenbücher oder diverse Backoffice-Systeme.

6

Die Industrie hat sich auf die Bedürfnisse ihrer Kundschaft eingestellt und bietet neben einzelnen stationären und mobilen Systemen komplette Branchenlösungen und Spezialsoftware an. Die Ablage der teils umfangreichen Datenmengen in verschiedenen Datenbanken ermöglicht den Unternehmern eine Vielzahl von Berichts-, Auswertungs- und Kontrollmöglichkeiten, sei es für fiskalische Zwecke, zur Personalsteuerung oder zur Lagerhaltung. Die Kommunikation der Geräte untereinander erfolgt auf vielfältige Weise, etwa per LAN-Connector, Internetrouter für Fernwartung und Datenaustausch[12], WLAN[13], Bluetooth oder

7

---

9   Ausführlich dazu *Krullmann/Marrek*, BBK 2021, 1064.
10 Bidirektionale Schnittstellen sind zu bevorzugen, weil sie Zahlungsdaten an das Kassensystem zurückspiegeln (*Achilles/Rebant*, Elektronische Kassenführung – auf den Punkt gebracht, 1. Aufl. 2024, S. 26 f.).
11 European Article Number, Global Trade Item Number. Internationale Produktkennzeichnungen für Handelsartikel. Die EAN wurde im Jahr 2009 durch die GTIN abgelöst.
12 Zum Bsp. zur Datenübermittlung an Angehörige der steuerberatenden Berufe für Zwecke der Finanzbuchhaltung (elektronisches Kassenbuch, Kasseneinzeldaten).
13 Wireless Local Area Network (drahtloses lokales Netzwerk).

1 Arten der Kassenführung

anderer Schnittstellen.[14] Auch künstliche Intelligenz (KI) hält mehr und mehr Einzug, indem etwa bei Eingabe von Rezepten im Backoffice Waren(gruppen)bezeichnungen vorgeschlagen oder zutreffende Steuersätze ermittelt werden, z. B. für Milchmischgetränke.

8 *Beachte:*

In diversen Normen und Verwaltungsvorschriften wird der Begriff „Registrierkasse" verwendet, obgleich in **technischer Hinsicht** entscheidende Unterschiede vorhanden sind. Durch die steuerliche Brille geschaut ist Registrierkasse nicht gleich Registrierkasse. Wer das nicht beachtet, gelangt regelmäßig zu irrigen Beurteilungen im Rahmen der Prüfung der Ordnungsmäßigkeit von Kassenaufzeichnungen. Gemeint sind

- im BMF-Schreiben vom 09.01.1996 (BStBl. I 1996, 34) Registrierkassen ohne dauerhafte Speicherung von Einzelaufzeichnungen, auch bekannt unter „summenspeicherbasierten Registrierkassen" oder „Z-Bon-Kassen",
- im BMF-Schreiben vom 26.11.2010 (BStBl. I 2010, 1342) Registrier-, PC- und Cloudkassen mit dauerhafter Speicherung von Einzelaufzeichnungen (lokal oder in der Cloud),
- in Art. 97 § 30 EGAO Registrierkassen mit lokaler Speicherung von Einzelaufzeichnungen auf Festplatten oder Flashspeichern, die bauartbedingt nicht mit einer technischen Sicherheitseinrichtung i. S. d. § 146a AO aufgerüstet werden können, umgangssprachlich auch „Übergangskassen" genannt.

Darauf gilt es für **Besteuerungszeiträume bis zum 31.12.2022** zu achten, um die jeweiligen Anforderungen an ordnungsmäßige Kassenaufzeichnungen bestimmen zu können. Erst für **Besteuerungszeiträume ab 01.01.2023** wird diese Unterscheidung obsolet. Seither unterliegen alle Registrierkassen den gleichen Anforderungen (vgl. § 146a AO i. V. m. § 1 KassenSichV)."

9 Künftig muss nur noch zwischen

- **lokalen elektronischen Aufzeichnungssystemen** als Oberbegriff für alle Registrier-, PC- und Appkassen einschließlich der Barverkaufsmodule mit lokaler Speicherung der Grundaufzeichnungen und
- **cloudbasierten elektronischen Aufzeichnungssystemen** (vollständige oder teilweise Speicherung der Grundaufzeichnungen in der Cloud)

unterschieden werden.

1.2 Erfordernis einer Geschäftskasse

10 Buchführungspflichtige sind verpflichtet, eine physische Geschäftskasse zu führen (vgl. § 240 HGB). Nur wenn der bare Geschäftsverkehr keine ins Gewicht fallende Rolle spielt, kann das Fehlen einer Geschäftskasse je nach Umständen des Einzelfalls unschädlich sein.[15] Streng vertritt der BFH in seinem Urteil vom 21.02.1990 die Auffassung, dass eine Geschäftskasse nur fehlen dürfe, wenn sämtliche betrieblichen Gelder untrennbar mit privaten Geldern vermischt

---

14 Zum Bsp. RS 232-Schnittstelle, (micro)SD-Karte, USB.
15 BFH vom 12.01.1968 – VI R 33/67, BStBl. II 1968, 341.

sind, sämtliche Bareinnahmen sogleich entnommen und sämtliche Barausgaben über Einlagen bestritten werden. Ein solcher Ausnahmefall – so der BFH weiter – sei aber selbst bei Einmann-Betrieben nur schwer vorstellbar.[16] Auf gleicher Linie sieht *Drüen* in Tipke/Kruse, Kommentar zur AO, Rz. 29 zu § 146 AO einen fehlenden „Kassenbehälter" als wesentlichen Mangel an, ohne zwischen bargeldintensiven und bargeldarmen Betrieben zu differenzieren. Die Betriebseinnahmen und Betriebsausgaben bei Bilanzierenden ausschließlich als Privatentnahmen und Privateinlagen darzustellen, widerspricht jedenfalls den Grundsätzen ordnungsmäßiger Buchführung.[17] Ein Verstoß gegen die GoB liegt auch vor, wenn in einer Geldbörse oder einer Brieftasche privates und betriebliches Geld vermischt werden.[18] Nach diesseitiger Auffassung muss bei **Gewinnermittlung nach §§ 4 Abs. 1, 5 EStG** immer eine physische Geschäftskasse vorhanden sein. Äußere Gestalt oder Beschaffenheit sind irrelevant, auch die „Hosentasche" kann eine Geschäftskasse darstellen.[19] Ohne physisches Kassenbehältnis fehlt ein wichtiges Kontrollmittel zur Verifikation der Ordnungsmäßigkeit der Buchführung bzw. der Kassenaufzeichnungen.

Dagegen kennt die Kassenführung bei **Gewinnermittlung nach § 4 Abs. 3 EStG** keine physische Geschäftskasse. Betriebseinnahmen werden sofort Privatvermögen, Betriebsausgaben werden aus dem Privatvermögen bestritten. Eine Ausnahme von diesem Grundsatz stellt die offene Ladenkasse ohne Einzelaufzeichnungen dar. Hier ist die Nutzung eines Kassenbehälters unumgänglich. Umstritten ist allerdings die Frage, ob eine nur summarische Tageslosungsermittlung unter Verzicht auf Einzelaufzeichnungen bei Gewinnermittlung nach § 4 Abs. 3 EStG überhaupt zulässig ist.[20]

11

1.3 Offene Ladenkasse (OLK)

Auch wenn ein Stpfl. sich für Papieraufzeichnungen entscheidet, besteht grundsätzlich Einzelaufzeichnungspflicht. Das gilt nicht, soweit die Fiktion des § 146 Abs. 1 Satz 3 AO zur Anwendung kommt. Trotz fortschreitender Digitalisierung begegnet man in der Praxis noch immer zahlreichen offenen Ladenkassen in verschiedensten Ausprägungen, z. B.

12

– mit Einzelaufzeichnungen (Kap. 7.2),
– ohne Einzelaufzeichnungen (Kap. 7.3),
– als Ausgaben-/Festbestandskassen (Kap. 6.15),
– in Form manueller, geschlossener Ladenkassen (Kap. 8.2),
– als sog. Vertrauenskassen (Kap. 8.3),
– in Form mechanischer Registrierkassen (Kap. 1.4).

---

16 BFH vom 21.02.1990 – X R 54/87, BFH/NV 1990, 683.
17 FG Nürnberg vom 24.05.2011 – 2 K 449/2008.
18 BFH vom 21.02.1990 – X R 54/87, BFH/NV 1990, 683.
19 FG Hamburg vom 28.02.2020 – 2 V 129/19, BBK 11/2020, 501.
20 Siehe dazu im Einzelnen Kap. 7.6.3.

1 Arten der Kassenführung

13   Der Oberbegriff der OLK umfasst die summarische retrograde Ermittlung der Tageseinnahmen mittels Kassenbericht sowie manuelle Einzelaufzeichnungen **ohne Einsatz technischer Hilfsmittel**.[21] Auf letzteres gesondert hinzuweisen, erscheint erforderlich, weil einige Stpfl. offene Ladenkassen führen und dabei „historische", summenspeicherbasierte Registrierkassen ohne Speicherung der Einzelaufzeichnungen, vorgeblich als „Rechenhilfe", nutzen. Dies wird von der Finanzverwaltung schon seit dem 01.01.2017 nicht mehr akzeptiert.[22]

14   *Beachte:*
Wird zunächst ein elektronisches Aufzeichnungssystem genutzt und später zur Aufzeichnung der Geschäftsvorfälle mit einer offenen Ladenkasse übergegangen (sog. **Downsizing**), stellt sich die Frage der Zulässigkeit. Während Einzelaufzeichnungen auf Papier immer zulässig sind, ist der Weg für eine Rückkehr zur offenen Ladenkasse *ohne* Einzelaufzeichnungen häufig versperrt. Zwar ist der Stpfl. in der Wahl seines Aufzeichnungsmittels grundsätzlich frei[23], er wird sich dann aber

– für Zeiträume *vor* Inkrafttreten des Gesetzes zum Schutz vor Manipulationen an digitalen Grundaufzeichnungen am strengen Wortlaut des BFH-Urteils vom 12.05.1966[24],
– für Zeiträume *nach* Inkrafttreten des Gesetzes zum Schutz vor Manipulationen an digitalen Grundaufzeichnungen an den Tatbestandsmerkmalen des § 146 Abs. 1 Satz 3 AO

messen lassen müssen. Auch § 63 Abs. 4 UStDV kann der vereinfachten Tageslosungsermittlung entgegenstehen.[25] Die Finanzverwaltung wird in Fällen des Downsizings immer prüfen, ob und in welchem Umfang dem Stpfl. händische Einzelaufzeichnungen zuzumuten gewesen wären.[26]

1.4 Mechanische Registrierkassen

15   Die Registrierkasse wurde im Jahr 1879 vom Barbesitzer James Ritty (Dayton/Ohio) erfunden, der durch das bekannte „Klingelgeräusch" beim Öffnen der Schublade Diebstähle durch sein Personal verhindern wollte. Zweifelsohne könnte darin sogar die **Geburtsstunde des internen Kontrollsystems (IKS)** gesehen werden. Heutzutage werden mechanische Registrierkassen nur noch selten zur Einnahmeermittlung verwendet. Es liegt in der Natur der Sache, dass die auf elektronische Aufzeichnungssysteme anwendbaren Vorschriften für mechanische Registrierkassen keine Anwendung finden, d.h. insbesondere die

---

21   AEAO zu § 146 Nr. 2.1.4; *Schumann*, AO-StB 2018, 246 (248).
22   Vgl. BMF, Schreiben vom 26.11.2010, BStBl. I 2010, 1342; AEAO zu § 146 Nr. 2.1.4, letzter Satz; anderer Ansicht *Kulosa*, SAM 1/2017, 9. Nach Auffassung von *Kulosa* ist die Verwendung bis 31.12.2019 zulässig. Zur gleichen Auffassung kam das FG Köln für das Streitjahr 2017 in seinem Urteil vom 04.08.2022 – 3 K 2129/20. Zur Reaktion der Finanzverwaltung s. Kap. 7.5.1.
23   Vgl. nur BFH vom 16.12.2014 – X R 42/13, BStBl. II 2015, 519, Rz. 22.
24   BFH vom 12.05.1966 – IV 472/60, BStBl. III 1966, 371.
25   Vgl. dazu im Einzelnen Kap. 7.3.6.
26   *Achilles*, DB 2018, 2454 (2459).

GoBD[27] und die Kassenrichtlinien vom 09.01.1996[28] und 26.11.2010[29] sind ohne Bedeutung. Mechanische Registrierkassen unterliegen damit den althergebrachten Grundsätzen ordnungsmäßiger Buchführung (GoB), die bei manueller Kassenführung zu beachten sind.

Verfügt die mechanische Registrierkasse über ein noch **funktionierendes Druckwerk** und werden damit Bons und/oder Journalrollen erzeugt, handelt es sich bei diesen Unterlagen um Grundaufzeichnungen i. S. d. § 147 Abs. 1 AO, die chronologisch und nachvollziehbar aufzubewahren und im Rahmen von Außenprüfungen und Nachschauen vorlagepflichtig sind. Das auf Kassenbelegen ausgewiesene Zahlenwerk muss sodann einzeln oder summarisch in ein Kassenbuch oder vergleichbare Aufzeichnungen bei Gewinnermittlung nach § 4 Abs. 3 EStG übertragen werden. Zu bedenken ist allerdings, dass ein Betriebsprüfer die Vollständigkeit der Ausdrucke ggf. nur schwer überprüfen kann, sodass sich zur Vermeidung von Streitpotential anbietet, neben der Aufbewahrung der Bons oder Journalrollen ggf. retrograde Kassenberichte anzufertigen. Dabei muss die rechnerische Ermittlung der Tageslosung mittels Kassenbericht mit den Einnahmen lt. gedruckten Kassenbelegen identisch sein. Differenzen sind zu dokumentieren und zu den Kassenunterlagen zu heften. 16

Ohne Druckwerk ist eine mechanische Registrierkasse nicht zur Einnahmeermittlung geeignet („Show-Kasse"). Infolgedessen sind die Betriebseinnahmen zwingend anhand von Einzelaufzeichnungen (z. B. Rechnungen, handschriftliche Quittungen) oder – im Fall des § 146 Abs. 1 Satz 3 AO – summarisch mittels retrograder Kassenberichte zu ermitteln. Die Rückausnahme des § 146 Abs. 1 Satz 4 AO gilt für mechanische Registrierkassen nicht. 17

1.5 Elektronische Registrierkassen

1.5.1 Elektronische Registrierkassen ohne Einzelaufzeichnungen

1.5.1.1 Einführung

Bei diesen „historischen" Aufzeichnungssystemen handelt es sich um einfache, kostengünstige Registrierkassen mit meist fixer Programmierung und i. d. R. herstellerspezifischen Betriebssystemen. Elektronische Registrierkassen (ECR) ohne Einzelaufzeichnung der Geschäftsvorfälle verfügen über einen sog. EPROM[30]-Speicherbaustein mit je nach Typ und Hersteller unterschiedlichen Summenspeichern, z. B. für 18

---

27 Grundsätze zur ordnungsmäßigen Führung und Aufbewahrung von Büchern, Aufzeichnungen und Unterlagen in elektronischer Form sowie zum Datenzugriff, BMF, Schreiben vom 14.11.2014, BStBl. I 2014, 1342, geändert durch BMF, Schreiben vom 28.11.2019, BStBl. I 2019, 1269.
28 BStBl. I 1996, 34; Abdruck in Anhang 2.
29 BStBl. I 2010, 1342; Abdruck in Anhang 3.
30 Erasable Programmable Read Only Memory; wörtlich: löschbarer programmierbarer Nur-Lese-Speicher (nichtflüchtiger Speicherbaustein); später abgelöst durch EEPROM-, SRAM- und Flashspeicher.

- Tagesumsätze, ggf. getrennt nach Steuersätzen,
- Summen je Bediener,
- Gesamtsummen (GT-Speicher[31]),
- Stornobuchungen[32],
- Zahlungswege (bar, EC, Kredit).

System- und Bedienereinstellungen liegen auf einem flüchtigen RAM[33]-Speicher, sodass Stromausfälle zu Datenverlusten führen können. Gelöst wurde die Problematik, indem solche Kassen mit einem Batteriefach zwecks permanenter Stromversorgung ausgestattet waren. Die ersten Kassen dieser Art verfügten über zwei Trommel- oder Thermodruckwerke, eins für die ständig mitlaufende Journalrolle, ein weiteres zum Ausdruck von Kassenbons. Die Nachfolgegeneration verfügte nur noch über ein Drucklaufwerk. Eine zweite Rolle zum Ausdruck des Papierjournals war nicht mehr erforderlich, da die einzelnen Geschäftsvorfälle in einem begrenzten elektronischen Journal gespeichert wurden, das nachträglich ausgedruckt werden konnte. Insoweit boten die letztgenannten Registrierkassen eine Umschaltmöglichkeit vom Kassenbon- zum (nachträglichen) Journaldruck an.

19 Mangels digitaler Einzelaufzeichnungen auf Artikelebene und fehlender Schnittstellen können die hier in Rede stehenden Registrierkassen die steuerlichen Anforderungen spätestens seit dem 01.01.2017 nicht erfüllen. Denn die Daten der einzelnen Geschäftsvorfälle werden zwar durch entsprechende Tastatureingaben elektronisch erzeugt, im Gerät aber nicht dauerhaft gespeichert. Sie fließen in fortlaufend aufaddierte Tages- und Periodenspeicher, deren Summen mit Erstellung des Z-Bons abgerufen werden. Bauartbedingt löscht die Kasse im Zeitpunkt des Abrufs die Daten (unter Erhöhung des Z-Zählers um +1) mit der Folge, dass Datenzugriffsrechte der Finanzverwaltung hier schon immer ins Leere liefen. Der Weiterverwendung solcher Registrierkassen hat das BMF mit Erlass vom 26.11.2010[34] einen Riegel vorgeschoben. Die Aufbewahrungserleichterungen des BMF-Schreibens vom 09.01.1996[35] sind seit dem 01.01.2017 nicht mehr anwendbar mit der Folge, dass diese Kassen die Gewähr der Vollständigkeit der Tageseinnahmen spätestens ab diesem Zeitpunkt nicht mehr erbringen können.[36]

---

31 Grand Total; Gesamtsummenspeicher über Erlös- und ggf. Stornobuchungen seit Inbetriebnahme oder der letzten Rücksetzung (Reset) der Kasse.
32 Siehe hierzu die Auflistung verschiedener Stornotypen in Anhang 4.
33 Random Access Memory; Arbeitsspeicher.
34 BStBl. I 2010, 1342; Abdruck in Anhang 3.
35 BStBl. I 1996, 34; Abdruck in Anhang 2.
36 Anderer Ansicht *Kulosa*, SAM 1/2017, 9. Nach Auffassung von *Kulosa* ist die Verwendung bis 31.12.2019 zulässig. Zur gleichen Auffassung kam das FG Köln für das Streitjahr 2017 in seinem Urteil vom 04.08.2022 – 3 K 2129/20. Zur Reaktion der Finanzverwaltung s. Kap. 7.5.1.

1.5 Elektronische Registrierkassen

Hinweis:
Angesichts manipulativer Einstellmöglichkeiten dürften EPROM-Kassen entgegen BMF-Schreiben vom 09.01.1996[37] noch nie in der Lage gewesen sein, die Vollständigkeit der Tageseinnahmen zu gewährleisten.

1.5.1.2 Rechtslage 01.01.2002–25.11.2010

Seit dem 01.01.2002 verstieß der Stpfl. gegen das zu diesem Stichtag eingeführte Datenzugriffsrecht des § 147 Abs. 6 AO, was Prüfungsdienste mangels anderslautender Weisung aus dem Hause des Bundesfinanzministeriums (BMF) häufig geduldet haben. Sie gaben sich meist mit der Vorlage der Z-Bons zufrieden, ohne sich intensiv mit System- und Verfahrensprüfungen oder Verfahrensdokumentationen zu befassen, die als weitere Voraussetzung für die Gewährleistung der Vollständigkeit der Tageseinnahmen hätten vorgelegt werden müssen.

Im Rahmen von Betriebsprüfungen vorgefundene Mängel durch fehlerhafte Z-Bons konnten nur selten durch Vorlage ordnungsgemäßer Journalrollen geheilt werden und führten daher massenhaft zu Schätzungen, die häufig mit zu geringen oder überhöhten pauschalen Sicherheitszuschlägen unter Abschluss tatsächlicher Verständigungen geendet haben dürften. Ohne Nachkalkulationen wird man der Wahrheit möglichst nahe liegende Schätzungen allenfalls per Zufall erreicht haben.

1.5.1.3 Rechtslage 26.11.2010–31.12.2016

Seit Veröffentlichung des BMF-Schreibens vom 26.11.2010[38] war der Unternehmer mehr oder weniger auf der sicheren Seite. Zwar verstieß er mit der Verwendung seiner summenspeicherbasierten Kasse weiterhin gegen § 147 Abs. 6 AO, ihm wurde durch die im BMF-Schreiben niedergelegte Übergangsregel aber ausdrücklich gestattet, die Registrierkasse noch bis zum 31.12.2016 in seinem Betrieb einzusetzen. Dies unter der Voraussetzung, dass die Speicherung der Einzeldaten nicht durch technisch mögliche Software-Anpassungen oder Speichererweiterungen erreicht werden konnte (sog. Aufrüstungsverpflichtung) und die Anforderungen des BMF-Schreibens vom 09.01.1996[39] weiterhin voll umfänglich beachtet wurden. Im Ergebnis wurden die bis zum 25.11.2010 geduldeten Kassen damit nachträglich „legalisiert".

Zwar stellt die in der Kassenrichtlinie vom 26.11.2010 geforderte Aufrüstung (nur) eine norminterpretierende Verwaltungsanweisung dar, an die Stpfl. grundsätzlich nicht gebunden sind. Nach diesseitiger Auffassung hat das BMF mit der Kassenrichtlinie vom 09.01.1996 aber lediglich eine Befreiung von der schon immer bestandenen Einzelaufzeichnungspflicht (§ 148 AO) eingeräumt. Dass diese mit der 2. Kassenrichtlinie vom 26.11.2010 widerrufen wird, begegnet keinen rechtlichen Bedenken. Damit gilt spätestens ab 01.01.2017 das zum 01.01.2002 eingeführte Datenzugriffsrecht der Finanzverwaltung grundsätzlich

---
37 BStBl. I 1996, 34; Abdruck in Anhang 2.
38 BStBl. I 2010, 1342; Abdruck in Anhang 3.
39 BStBl. I 1996, 34; Abdruck in Anhang 2.

1 Arten der Kassenführung

auch für diese Aufzeichnungssysteme.[40] So haben auch die Finanzgerichte Berlin-Brandenburg und Hamburg in richtungsweisenden Entscheidungen dahingehend geurteilt, dass ein Stpfl. sich nicht auf die Unzumutbarkeit der Vorlage von Kasseneinzeldaten berufen kann, wenn die von ihm verwendete Registrierkasse nach Herstellerangaben durch ein einfaches Software-Update in der Lage gewesen wäre, diese Daten zur Verfügung zu stellen.[41]

24 *Tipp:*
Prüfungsdienste der Finanzverwaltung haben über diverse Informationsportale die Möglichkeit, Angaben des Stpfl. zur Umrüstbarkeit (ob, wann, wie) zu überprüfen. In Fällen noch anhängiger Einspruchs- und Klageverfahren oder verlängerter Festsetzungsfristen sollten Stpfl. ggf. noch die nötige Beweisvorsorge (Unmöglichkeit der Aufrüstung) durch eine Negativbescheinigung des Herstellers treffen. In Zweifelsfällen wird die Finanzbehörde von ihrem Recht Gebrauch machen, sich an den Kassenhersteller zu wenden. Er ist zwar kein Beteiligter am Besteuerungsverfahren, kann über entsprechende Auskunftsersuchen jedoch zum Sachverhalt befragt werden.[42]

25 Das Gesetz zum Schutz vor Manipulationen an digitalen Grundaufzeichnungen ließ die Frist bis zum 31.12.2016 unberührt. Dem Begehren verschiedener Standesorganisationen nach einer Verlängerung der Aufbewahrungserleichterungen über den 31.12.2016 hinaus ist der Gesetzgeber nicht gefolgt.

1.5.1.4 Rechtslage ab 01.01.2017

26 Spätestens seit 01.01.2017 sind summenspeicherbasierte Registrierkassen nicht mehr zulässig.[43] Die Gewähr der Vollständigkeit der Tageseinnahmen kann damit spätestens ab diesem Zeitpunkt nicht mehr erbracht werden.[44]

27 Erschreckenderweise sind aktuell noch immer Registrierkassen ohne Speicherung der Einzelaufzeichnungen im Einsatz, die von Kassenspezialisten der Finanzverwaltung bereits an der Typenbezeichnung erkannt werden. Damit bekommt ein mit verdeckten Beobachtungen betrauter Amtsträger die Nichtordnungsmäßigkeit der Bücher und Aufzeichnungen quasi auf dem silbernen Tablett serviert.[45] Die Finanzverwaltung wird aus der Nutzung solcher Kassen spätestens für Besteuerungszeiträume ab 01.01.2017 i.d.R. die Schätzungsbe-

---

40 So im Ergebnis auch *Märtens* in Gosch, AO/FGO, 171. Lfg. 2022, § 146a, Rz. 7.
41 FG Berlin-Brandenburg vom 24.08.2016 – 5 V 5089/16, EFG 2017, 12; FG Hamburg vom 07.02.2019 – 6 V 240/18.
42 Vgl. §§ 88, 93 AO.
43 BMF-Schreiben vom 09.01.1996, BStBl. I 1996, 34 (Abdruck in Anhang 2) i.V.m. BMF-Schreiben vom 26.11.2010, BStBl. I 2010, 1342 (Abdruck in Anhang 3).
44 Anderer Ansicht *Kulosa*, SAM 1/2017, 9. Nach Auffassung von *Kulosa* ist die Verwendung bis 31.12.2019 zulässig. Zur gleichen Auffassung kam das FG Köln für das Streitjahr 2017 in seinem Urteil vom 04.08.2022 – 3 K 2129/20. Zur Reaktion der Finanzverwaltung s. Kap. 7.5.1.
45 Einnahme des Augenscheins (§ 98 AO). Siehe auch AEAO zu § 146b, Nr. 4 zur Zulässigkeit verdeckter Beobachtungen im Zuge von Vorermittlungen bei Kassen-Nachschauen.

fugnis dem Grunde nach herleiten, weil zumindest im Fall der Nichtaufbewahrung der Kassenbons, hilfsweise der Journalrollen gegen die Anforderungen des § 146 Abs. 1 AO (Einzelaufzeichnungspflicht) verstoßen wurde, zudem die Datenzugriffsrechte der Finanzverwaltung[46] missachtet worden sind.

Die (unzulässige) Weiterverwendung solcher Kassen zieht im Übrigen eine Aufbewahrungspflicht der Papier-Kassenbons nach sich. Das gilt auch für Kleinbetragsrechnungen i. S. d. § 33 UStDV. Nach § 14b UStG muss der Unternehmer ein Rechnungsdoppel zehn Jahre aufbewahren. Längstens bis zum 31.12.2016 hat das BMF-Schreiben vom 09.01.1996 den Stpfl. davon befreit (vgl. Abschn. 14b.1 UStAE). Neben Schätzungen drohen damit auch Bußgelder nach § 26a Abs. 2 Nr. 2 UStG. 28

1.5.1.5 Physische Aufbewahrungspflicht und Kassenauslesung

Wird/wurde eine summenspeicherbasierte Kasse außer Betrieb genommen, darf/durfte sie nicht achtlos entsorgt werden. Zwar ist ein Z3-Datenzugriff mittels Daten(träger)überlassung[47] nicht möglich, die Finanzbehörde hat aber das Recht, unmittelbar oder mittelbar Zugriff auf die Registrierkasse selbst zu nehmen.[48] Dass der Datenzugriff auf Einzelaufzeichnungen bauartbedingt ausgeschlossen ist, rechtfertigt nicht, auch den unmittelbaren oder mittelbaren Datenzugriff zu verhindern (Z1, Z2), indem die Kasse entsorgt wird. Gerade Kassenauslesungen besitzen einen hohen Beweiswert[49] durch wertvolle Einblicke in Kassenfunktionen und Umsatzdaten. Besonders das Auslesen eines GT-Speichers[50] kann Anhaltspunkte über die Vollständigkeit der erklärten Betriebseinnahmen liefern. Können die nach § 147 Abs. 1 Nr. 1 AO erforderlichen Organisationsunterlagen nicht vorgelegt werden, gewährt eine Kassenauslesung unter Verwendung des Programmierschlüssels oder -codes auch Einblicke in die Grundprogrammierung der Kasse (z. B. über die Einrichtung von Trainingsspeichern, Unterdrückung des GT-Speichers oder von Stornoinhalten). Ergänzend können Amtsträger von der Möglichkeit Gebrauch machen, „Testumsätze" und „Teststornierungen" zu generieren, um durch anschließendes Erzeugen diverser Transaktionsberichte die zutreffende Verarbeitung der eingegebenen Daten im System zu überprüfen (System- und Verfahrensprüfung). Insbesondere bei fehlenden Verfahrensdokumentationen kommt dem Stpfl. dabei eine erhöhte Mitwirkungspflicht zu.[51] 29

---

46 Im Einzelnen § 147 Abs. 6 AO zur Außenprüfung, § 146b Abs. 2 AO zur Kassen-Nachschau, § 27b UStG zur Umsatzsteuer-Nachschau.
47 Vgl. GoBD, Rz. 167.
48 Vgl. GoBD, Rz. 166, 167; FG Sachsen vom 24.11.2006 – 4 V 1528/06.
49 FG Bremen vom 17.01.2007 – 2 K 229/04 (5), EFG 2008, 8.
50 Grand Total; Gesamtsummenspeicher über Erlös- und ggf. Stornobuchungen seit Inbetriebnahme oder der letzten Rücksetzung (Reset) der Kasse. Der Ausdruck auf dem Tagesendsummenbon war möglich, wurde aber meist unterdrückt. Vgl. dazu BFH vom 28.11.2023 – X R 3/22.
51 *Drüen* in Tipke/Kruse, Kommentar zur AO/FGO, 173. Lfg. 2022, § 147 AO Rz. 14.

30 **Beispiel:**
Der Stpfl. H. Vogel hat seine summenspeicherbasierte Registrierkasse am 29.11.2016 gegen eine PC-Kasse ausgetauscht. Die Steuererklärungen für 2016 wurden im Jahr 2018 im Finanzamt Duisburg-Süd eingereicht. Die Registrierkasse ist bis zum **31.12.2028** aufzubewahren, sofern keine Erleichterung i.S.v. 148 AO in Betracht kommt (vgl. GoBD, Rz. 143). Da die System- und Bedienereinstellungen auf einem flüchtigen RAM-Speicher liegen, muss zur Vermeidung von Datenverlusten bis zum Ablauf der zehnjährigen Aufbewahrungsfrist für eine permanente Stromzufuhr Sorge getragen werden (Batterie- und Netzbetrieb). Einen irreparablen Systemabsturz innerhalb der Aufbewahrungsfrist sollte man gemeinsam mit dem Kassendienstleister beweiskräftig dokumentieren.

1.5.2 Elektronische Registrierkassen mit Einzelaufzeichnungen

31 Proprietäre Registrierkassen laufen unter Einsatz spezieller Mikroprozessoren mit herstellereigenen Betriebssystemen und geschlossener Firmware.[52] Die Firmware ist mit der Hardware funktional fest verbunden, d.h. jede Komponente ist ohne die jeweils andere nicht nutzbar. Proprietäre Registrierkassen erfreuen sich großer Beliebtheit, da sie sehr robust und frei von äußeren Einflüssen (Computer-Würmer, Trojaner etc.) sind. Bei diesen sog. Embedded[53] – Lösungen, die häufig in den POS[54] – Kassen Anwendung finden, konnten Gerätehersteller auch vor Einführung der technischen Sicherheitseinrichtung bestimmte Zugriffsmöglichkeiten einschränken, verhindern oder Programmierungen so vornehmen, dass nachträgliche Änderungen sichtbar wurden.

32 Bei den aufgezeichneten Daten handelt es sich nicht um freiwillige, sondern um zumutbare Einzelaufzeichnungen i.S.d. §22 UStG, die der Aufbewahrungspflicht nach §147 Abs.1 Nr.1 AO unterliegen. Verwendet der Stpfl. freiwillig eine Registrierkasse, kommt er damit seiner Einzelaufzeichnungspflicht nach. §144 AO steht dem nicht entgegen.[55] Die Daten unterliegen einer zehnjährigen Aufbewahrungspflicht[56] und den Datenzugriffsrechten der Finanzverwaltung.[57] Zur Dauer der physischen Aufbewahrung der Hardware bei Systemwechseln vgl. Kap. 12.5.

33 Ihre Anforderungen an die Ordnungsmäßigkeit der Kassenführung hat die Finanzverwaltung u.a. im BMF-Schreiben vom 26.11.2010[58] und in den GoBD niedergelegt. Danach musste bereits für Zeiträume vor Implementierung der TSE i.S.d. §146a AO gewährleistet sein, dass

---

52 Firm = fest; Software, die in das Kassensystem eingebettet ist.
53 Engl.: Eingebettet.
54 Point of Sale (Verkaufsstelle).
55 BFH vom 16.12.2014 – X R 42/13, BStBl. II 2015, 519.
56 Siehe dazu im Einzelnen Kap. 4.3.
57 Siehe dazu im Einzelnen Kap. 12.
58 BStBl. I 2010, 1342, Anhang 3.

- sich ein sachverständiger Dritter in angemessener Zeit in das verwendete System einarbeiten kann,
- sich die Geschäftsvorfälle in ihrer Entstehung und Abwicklung verfolgen lassen (progressive und retrograde Prüfbarkeit),
- die Kassenbewegungen einzeln, vollständig, richtig, zeitgerecht und geordnet aufgezeichnet, insbesondere die Tageseinnahmen täglich festgehalten werden,
- die Kassensturzfähigkeit jederzeit hergestellt werden kann,
- bei veränderten Buchungen der ursprüngliche Inhalt feststellbar bleibt,
- bestimmte Geschäftsvorfälle im Rahmen bestehender Einzelaufzeichnungspflichten gesondert dokumentiert bzw. durch ergänzende Aufzeichnungen komplettiert werden (z. B. Aufzeichnungen nach außersteuerlichen Vorschriften, Namen der Vertragspartner, Dokumentationen nach den Vorschriften des Geldwäschegesetzes[59]),
- abgerufene Finanzberichte aufbewahrt werden und innerhalb der gesetzlichen Aufbewahrungsfristen lesbar bleiben, soweit es sich um Buchungsbelege oder sonstige für die Besteuerung bedeutsame Unterlagen i. S. d. § 147 Abs. 1 Nr. 4, 5 AO handelt.

Beachte:
Für Zeiträume nach Implementierung der TSE i. S. d. § 146a AO verlor das BMF-Schreiben vom 26.11.2010 weitgehend seine Wirkung. Ab diesem Zeitpunkt gelten die in Kap. 10 dargestellten Regelungen des Gesetzes zum Schutz vor Manipulationen an digitalen Grundaufzeichnungen. Die Verpflichtung zur Vorlage der Organisationsunterlagen bleibt unberührt.

1.6 PC- und App-Kassen

Bei PC-gestützten Kassen oder Kassensystemen handelt es sich prinzipiell um mit spezieller Kassensoftware ausgestattete Personalcomputer. Die Bedienung erfolgt regelmäßig über Touchscreens. Dabei findet man sowohl Systeme, bei denen Touchscreen und Rechner getrennt aufgestellt werden (Split-Systeme) als auch sog. All-in-One-Systeme vor. PC-Kassen(systeme) basieren auf handelsüblichen Betriebssystemen und Programmen. Einzelaufzeichnungen und Berichtsdaten sind in Datenbanken (z. B. Access, SQL) abgelegt und können beliebig gefiltert und abgefragt werden. Bei App-Kassen (Betriebssysteme Android, iOS, u. a.) werden die Geschäftsvorfälle häufig über mobile Eingabegeräte erfasst und in der Cloud gespeichert.

Zu den steuerlichen Anforderungen vor Implementierung der zertifizierten technischen Sicherheitseinrichtung (§ 146a AO) vgl. Kap. 1.5.2.

---

59 Vgl. §§ 2 Abs. 1 Nr. 16 i. V. m. § 1 Abs. 9, § 4 Abs. 5 Nr. 1, §§ 5, 6, 10, 11 Abs. 4, 12 Abs. 1 GwG, Anlage 2 Satz 1 Nr. 1e i. V. m. § 15 GwG.

1 Arten der Kassenführung

1.7 Besonderheiten in bargeldlosen Unternehmen

37 Als Bollwerk gegen Schätzungen der Finanzverwaltung kann sich der vollständige Verzicht auf Bargeld erweisen. Für Bargeld besteht als anerkanntes Zahlungsmittel zwar grundsätzlich Annahmepflicht[60], jedoch geht das Prinzip der Vertragsfreiheit diesem Grundsatz vor. Der Unternehmer muss daher in seinen AGB und möglichst auch mündlich und/oder auf einem deutlich sichtbaren Schild die eingeschränkten Zahlungsmethoden bekannt machen. Wenn daraufhin kein Vertrag zustande kommt, kann auch keine Geldschuld entstehen, die in bar angenommen werden müsste.[61]

38 Erfahrungsgemäß bietet sich an, eine Umstellungsphase zu bestimmen, damit sich Kunden auf die Veränderungen einstellen können. Die betrieblichen Abläufe im Zusammenhang mit bargeldlosen Zahlungen, Bargeld-Annahmeverboten oder Trinkgeld-Handling sollten in Kassieranweisungen für Mitarbeiter bzw. in der Verfahrensdokumentation (s. Kap. 5) hinreichend beschrieben werden.

39 *Hinweis:*
Als zusätzlicher – auch monetärer – Vorteil erweist sich, dass Kassensysteme ohne Möglichkeit der Barzahlung oder vergleichbarer Zahlungsarten keine Anbindung an eine TSE erfordern. Sie gelten nicht als Aufzeichnungssysteme i. S. d. § 146a AO.[62] Bestehende Einzelaufzeichnungs- und Aufbewahrungspflichten sowie (vom jeweiligen Verwaltungsverfahren abhängige) Datenzugriffsrechte[63] bleiben unberührt.

40 Im Zuge der geplanten Einführung des „digitalen Euro"[64] hat die EU-Kommission den Mitgliedsstaaten am 28.06.2023 einen (bisher nur in englischer Sprache abgefassten) Vorschlag zum europaweiten Erhalt des Bargelds unterbreitet.[65] Damit soll auch für die Zukunft sichergestellt werden, dass Bargeld trotz fortschreitender Digitalisierung der Zahlungsmethoden als gesetzliches Zahlungsmittel erhalten bleibt und grundsätzlich verpflichtend angenommen werden muss. Artikel 7 des Vorschlags zielt darauf ab, sicherzustellen, dass Unternehmen diese Verpflichtung nicht durch Ablehnung von Bargeld **einseitig** unterlaufen können, z.B. durch Aufstellen eines Hinweisschildes „Barzahlung nicht möglich." Dagegen soll die Ablehnung von Bargeld (weiterhin) zulässig bleiben, wenn der Zahlungsempfänger vor der Zahlung mit dem Zahlenden eine

---

60 §§ 14 Abs. 1 Satz 2 BBankG i. V. m. 3 Abs. 1 Satz 2 MünzG; Art. 128 Abs. 1 Satz 3 AEUV.
61 Fälle, in denen der Kunde trotz Einigkeit über die unbare Zahlung nach Erhalt der Leistung Bargeld hingeben möchte, sind zivilrechtlich umstritten und sollen hier nicht thematisiert werden. Insoweit wird auf die einschlägige Rechtsprechung, u. a. zu § 307 BGB, verwiesen.
62 Vgl. AEAO zu § 146a Nr. 1.2.
63 Vgl. dazu Kap. 12.2.
64 Vgl. dazu Kap. 10.5.4.2 unter Stichwort „Zahlart".
65 Proposal for a REGULATION OF THE EUROPEAN PARLIAMENT AND OF THE COUNCIL on the legal tender of euro banknotes and coins, *https://economy-finance.ec.europa.eu/system/files/2023-06/COM_2023_364_1_EN_ACT_part1_v6.pdf* (abgerufen am 09.07.2023).

1.7 Besonderheiten in bargeldlosen Unternehmen

andere Zahlungsmethode **einvernehmlich** vereinbart hat. Die weitere Entwicklung bleibt abzuwarten.

Für die Erfassung und Verbuchung anfallender **Barausgaben** bestehen abhängig von der Gewinnermittlungsart mehrere Möglichkeiten: 41

- Einrichtung einer sog. Ausgaben- oder Festbestandskasse,[66]
- Zahlung aus privaten Mitteln bei natürlichen Personen (Aufwand an Privateinlage),[67]
- Buchung gegen Gesellschafter-Verrechnungskonto bei Kapitalgesellschaften.

Bei Gewinnermittlung nach § 4 Abs. 3 EStG muss die Erfassung zwingend über Privateinlage erfolgen. 42

---

66 Vgl. dazu im Einzelnen Kap. 6.15.
67 Vgl. dazu im Einzelnen Kap. 6.14.

2 Buchführungs- und Aufzeichnungspflichten

Steuerliche und außersteuerliche Buchführungs- und Aufzeichnungspflichten sind öffentlich-rechtliche Pflichten des Stpfl., die unmittelbar kraft Gesetzes entstehen. Das Finanzamt ist nicht verpflichtet, den Stpfl. über Art und Weise der Aufzeichnung von Bargeschäften oder andere bestehende Buchführungs- und Aufzeichnungspflichten zu informieren. Es ist deshalb allein Aufgabe des Stpfl., sich über seine im Rahmen der Kassenführung bestehenden Obliegenheiten zu informieren bzw. sich sachkundigen Rat bei einem Angehörigen der steuerberatenden Berufe einzuholen.[1] Ungeachtet dessen erscheint unter Compliance-Gesichtspunkten sinnvoll, sog. „Begrüßungs-Nachschauen"[2] bei Existenzgründern zu forcieren, um ihnen die wichtigsten Rechtsgrundlagen mit auf den Weg zu geben. Viele Stpfl. würden ein solches „Angebot" dankend annehmen.

43

2.1 Begriffsdefinitionen

2.1.1 Bücher

Der Begriff ist funktional unter Anknüpfung an die handelsrechtliche Bedeutung zu verstehen. Die äußere Gestalt (gebundenes Buch, Loseblattsammlung, Datenträger) ist unerheblich. Der Begriff Bücher umfasst sowohl die Handelsbücher der Kaufleute (§§ 238 ff. HGB) als auch die diesen entsprechenden Aufzeichnungen von Geschäftsvorfällen der Nichtkaufleute. Bei Gewinnermittlung nach § 4 Abs. 3 EStG und jährlichen Umsätzen bis 17.500 € sollen die Anforderungen an Aufzeichnungen offenbar großzügiger bewertet werden.[3]

44

2.1.2 Aufzeichnungen

Aufzeichnungen sind alle dauerhaft verkörperten Erklärungen über Geschäftsvorfälle in Schriftform oder auf Medien mit Schriftersatzfunktion, z. B. auf Datenträgern wie Disketten, CD, DVD, Bluray, Festplatten, USB-Sticks, (micro)SD-Karten oder mikroverfilmtes Schriftgut. Umfasst sind Darstellungen in Worten, Zahlen, Grafiken und Symbolen.[4] Sind Aufzeichnungen nach unterschiedlichen Rechtsnormen zu führen, müssen sie den unterschiedlichen Zwecken genügen. Bei gleichartigen Aufzeichnungen ist eine mehrfache Aufzeichnung für jede Rechtsnorm nicht erforderlich.[5] Im Zweifel gilt die Norm mit den höchsten Anforderungen als Beurteilungsmaßstab für die Ordnungsmäßigkeit.

45

---

1 BFH vom 14.08.2014 – X B 174/13, BFH/NV 2014, 1725.
2 Zu weiteren Anlässen von Kassen-Nachschauen vgl. Kap. 11.3.1.
3 GoBD, Rz. 14, 15. Es ist zu erwarten, dass die Betragsgrenze im Rahmen einer künftigen Überarbeitung der GoBD angehoben wird.
4 *Drüen* in Tipke/Kruse, Kommentar zur AO und FGO, 173. Lfg. 2022, Vor § 140 AO Rz. 9 ff.; GoBD, Rz. 12.
5 GoBD, Rz. 13.

2.1.3   Grund(buch)aufzeichnungsfunktion

46 Grundbücher beinhalten Grund(buch)aufzeichnungen, in denen Geschäftsvorfälle laufend, zeitgerecht, vollständig und richtig festgehalten werden müssen. Mit ordnungsgemäßen Eintragungen in den Grundbüchern ist gewährleistet, dass der einzelne Geschäftsvorfall nicht verloren geht und noch nach Jahren bis hin zum Beleg zurück identifizierbar und leicht auffindbar ist. Art und Anzahl der zu verwendenden Grundbücher lassen sich nicht generalisiert festlegen. Die Entscheidung darüber liegt beim Stpfl., ausgerichtet an der Zweckmäßigkeit und den technischen und organisatorischen Anforderungen des jeweiligen Unternehmens.

47 Das wichtigste Grundbuch in bargeldintensiven Betrieben ist das Kassenbuch, ggf. in Form aneinandergereihter Kassenberichte.[6] Daneben häufig verwendete Grundbücher sind Bankbücher für die unbaren Geschäftsvorfälle sowie Rechnungseingangs- und Ausgangsbücher.[7] Klassische Rechnungseingangs- und Ausgangsbücher in Papierform werden zwar immer seltener geführt. Sind jedoch vergleichbare Aufzeichnungen vorhanden, etwa im Fakturaprogramm eines Warenwirtschaftssystems, kann diesen sog. **Grundbuch*ersatz*funktion** zukommen. Die gleiche Funktion erlangen geordnet und übersichtlich abgelegte Kontoauszüge eines Kreditinstituts.[8]

48 Zutreffende Eintragungen in Grundbüchern erfordern eine chronologische Aufzeichnung[9], d.h. die Erfassung sämtlicher Geschäftsvorfälle in ihrer zeitlichen Reihenfolge und materiell mit ihrem richtigen und erkennbaren Inhalt.[10] Grundlage der Eintragungen in den Grundbüchern sind die nach Datum sortierten unternehmensinternen und -externen Belege (z.B. Tagesendsummenbons, Rechnungen). Ein bestimmtes Ordnungssystem wird vom Gesetzgeber nicht vorgegeben. Jedes System, durch das die Geschäftsvorfälle fortlaufend, vollständig und richtig festgehalten werden, sodass die Grund(buch)aufzeichnungs*funktion* erfüllt wird, ist ordnungsmäßig.[11] Andernfalls sind die Aufzeichnungen wertlos, sie machen die Buchführung unglaubwürdig und nehmen ihr die Beweiskraft.[12]

49 Durch die zeitnahe und chronologische Aufzeichnung in den Grundbüchern soll auch verhindert werden, dass sich ein Stpfl. erst im Nachhinein Gedanken darüber machen kann, ob er einen bestimmten Geschäftsvorfall der unterneh-

---

6   Vgl. dazu im Einzelnen Kap. 6.
7   Vgl. §§ 143, 144 AO.
8   Vgl. §§ 239 Abs. 4 HGB, 146 Abs. 5 AO.
9   BFH vom 26.03.1968 – IV 63/63, BStBl. II 1968, 527, s.a. *Märtens* in Gosch, AO/FGO, 171. Lfg. 2022, § 146, Rz. 15 m.w.N.
10 GoBD, Rz. 85.
11 GoBD, Rz. 86 unter Verweis auf BFH vom 26.03.1968 – IV 63/63, BStBl. II 1968, 527 (für Buchführungspflichtige).
12 BFH vom 26.03.1968 – IV 63/63, BStBl. II 1968, 527, Rz. 37–40; BFH vom 02.10.1968 – I R 8/66, BStBl. II 1969, 157.

2.1 Begriffsdefinitionen

merischen oder der privaten Sphäre zuordnet.[13] So z.B. wenn er erst später erkennen kann, ob der Geschäftsvorfall zu einem Ertrag oder zu einem Verlust führt, etwa beim An- und Verkauf von Wertpapieren, Edelmetallen oder anderen Wertschwankungen unterliegenden Wirtschaftsgütern.

Eine planlose Sammlung und Aufbewahrung der Geschäftsunterlagen[14] widerspricht den Grundsätzen ordnungsmäßiger Buchführung und den steuerlichen Ordnungsvorschriften i.S.d. §§ 145–147 AO. Eine solche Handhabung würde mit zunehmender Zahl und Verschiedenartigkeit der Geschäftsvorfälle zur Unübersichtlichkeit der Buchführung führen, einen jederzeitigen Abschluss unangemessen erschweren und die Gefahr erhöhen, dass Unterlagen verloren gehen oder später leicht aus dem Buchführungs- oder Aufzeichnungswerk entfernt werden können. Daraus folgt, dass Bücher und Aufzeichnungen nach bestimmten Ordnungskriterien geführt sowie Belege gesammelt und aufbewahrt werden müssen, durch die im Rahmen des Möglichen gewährleistet wird, dass die Geschäftsvorfälle leicht und identifizierbar feststellbar und für einen die Lage des Vermögens darstellenden Abschluss unverlierbar sind.[15] Der Stpfl. muss sowohl für die Belegsicherung als auch für die Unverlierbarkeit der Geschäftsvorfälle hinreichend Sorge tragen. Praktische Schwierigkeiten, einzelne Geschäftsvorfälle zu erfassen, rechtfertigen keinen Verzicht auf Grundaufzeichnungen.[16]

50

Ebenso wie für andere Geschäftsvorfälle gilt auch für Bareinnahmen, dass deren Erfassung in Grundaufzeichnungen erst die sog. Grund(buch)aufzeichnungsfunktion erlangt, wenn jeder Geschäftsvorfall durch Erstellung von Belegen dokumentiert und anschließend zeitnah, unverlierbar und leicht auffindbar so gesichert wird, dass er bis zum Ablauf der geltenden Aufbewahrungsfristen nicht verloren geht. Dem können Unternehmer durch digitale Erfassung der Geschäftsvorfälle, z.B. in Registrier- oder PC-Kassen oder durch Papieraufzeichnungen mit geordneter Belegablage nachkommen.

51

Tipp:
Zu den Grund(buch)aufzeichnungen in elektronischer Form gehören auch Einzelaufzeichnungen aus Vor- und Nebensystemen.[17] Gelingt es, sämtliche baren Geschäftsvorfälle (Betriebseinnahmen und -ausgaben, Privatentnahmen und -einlagen, Geldtransit etc.) ordnungsmäßig in einem solchen System zu führen und nimmt das System damit auch die Geschäftsvorfälle auf, die gewöhnlich – neben dem Z-Bon als Buchungsbeleg – in einem Kassenbuch erfasst werden, ist

52

---

13 GoBD, Rz. 47.
14 Umgangssprachlich auch „Schuhkarton-Prinzip" genannt.
15 BFH vom 26.03.1968 – IV 63/63, BStBl. II 1968, 527; GoBD, Rz. 54.
16 FG Berlin-Brandenburg vom 17.03.2009 – 6 K 4146/04 B, EFG 2009, 1514 (zur Schwierigkeit der Erfassung von Betriebseinnahmen bei einer überfüllten Tanzveranstaltung).
17 Vgl. BFH vom 16.12.2014 – X R 42/13, BStBl. II 2015, 519.

2 Buchführungs- und Aufzeichnungspflichten

die zusätzliche Führung eines elektronischen oder papierbasierten Kassenbuchs entbehrlich (Erfüllung der Grund[buch]aufzeichnungsfunktion im Vorsystem).[18]

53 Die **Erfassung** der Geschäftsvorfälle in elektronischen Grund(buch)aufzeichnungen und deren **Verbuchung** im Journal können organisatorisch und zeitlich auseinanderfallen. Erfüllen die Erfassungen Belegfunktion bzw. dienen sie der Belegsicherung, ist eine unprotokollierte Änderung nicht mehr zulässig. In diesen Fällen gelten die Ordnungsvorschriften bereits mit der ersten Erfassung der Geschäftsvorfälle und der Daten, die bei Übergabe an nachfolgende Systeme erhalten bleiben müssen.[19] Progressive und retrograde Prüfbarkeit, z.B. bei Übergabe von Daten einer Schankanlage an eine PC-Kasse, sind zu gewährleisten (Transparenz der Datenwege).

2.2 Buchführungspflicht nach Handelsrecht

54 Nach § 238 Abs. 1 Satz 1 HGB ist jeder Kaufmann verpflichtet, Bücher zu führen und in diesen seine Handelsgeschäfte und die Lage seines Vermögens nach den Grundsätzen ordnungsgemäßer Buchführung ersichtlich zu machen.[20] Gemäß § 1 Abs. 1 HGB ist Kaufmann, wer ein Handelsgewerbe betreibt (Kaufmann kraft Betätigung). Handelsgewerbe ist nach § 1 Abs. 2 HGB jeder Gewerbebetrieb, es sei denn, dass das Unternehmen nach Art und Umfang seiner Tätigkeit einen in kaufmännischer Weise eingerichteten Geschäftsbetrieb nicht erfordert.

55 Der Terminus „in kaufmännischer Weise eingerichteter Geschäftsbetrieb" ist ein unbestimmter Rechtsbegriff, der gesetzlich nicht näher definiert und daher abhängig von den Gesamtumständen des Einzelfalls auszulegen ist.[21] Zu berücksichtigen sind u.a. die Branche, die Größe des Betriebs einschl. Anzahl der Betriebsstätten, die Höhe der Umsatzerlöse, die Größe der Belegschaft, die Anzahl der Geschäftsbeziehungen, die Höhe des Anlagevermögens und die Menge der Lieferungen und Leistungen des Unternehmens. Für das Nichtvorhandensein eines in kaufmännischer Weise eingerichteten Geschäftsbetriebs trägt der Stpfl. die Feststellungslast (Beweislast). Im Zweifel sollte Rücksprache mit den zuständigen Handwerkskammern (HWK) oder den Industrie- und Handelskammern (IHK) gehalten werden.

56 Neben dem in § 1 geregelten **Ist-Kaufmann** kennt das HGB weitere Arten der Kaufmannseigenschaft:
- Wird der Betrieb in Form einer Handelsgesellschaft betrieben (z.B. OHG, KG, KGaA, AG oder GmbH), unterliegt diese als **Kaufmann kraft Rechtsform** dem Handelsrecht (§ 6 HGB).

---

18 Vgl. GoBD, Rz. 86 m.w.N. Siehe dazu auch Kap. 6.1.
19 GoBD, Rz. 84.
20 GoBD, Rz. 15.
21 BFH vom 21.04.1998 – XI B 16/98, BFH/NV 1998, 1220.

- Erfordert ein Gewerbebetrieb (Einzelunternehmen, GbR) nach Art und Umfang keinen in kaufmännischer Weise eingerichteten Geschäftsbetrieb, besteht die Möglichkeit, sich freiwillig ins Handelsregister eintragen zu lassen (**Kann-Kaufmann** i. S. d. § 2 HGB).
- Land- und Forstwirte bei in kaufmännischer Weise eingerichtetem Geschäftsbetrieb und Eintragung im Handelsregister (**Kann-Kaufmann** i. S. d. § 3 HGB).

Durch das Gesetz zur Modernisierung des Bilanzrechts (BilMoG) vom 25.05.2009[22] wurden die §§ 241a und 242 Abs. 4 neu ins HGB aufgenommen. Danach brauchen Einzelkaufleute, deren Gewinnermittlungen an den Abschlussstichtagen von zwei aufeinanderfolgenden Geschäftsjahren nicht mehr als 600.000 € Umsatzerlöse[23] **und** nicht mehr als 60.000 € Jahresüberschuss ausweisen (kumulativ), die §§ 238–241 HGB nicht anzuwenden.[24] Liegen die Voraussetzungen vor, können Gewinne vorbehaltlich des § 141 AO[25] nach § 4 Abs. 3 EStG ermittelt werden. Kaufmannseigenschaft und Buchführungspflicht sind in diesen Fällen voneinander abgekoppelt.[26]

2.3 Buchführungspflicht nach Steuerrecht

2.3.1 Abgeleitete Buchführungspflicht (§ 140 AO)

Da das HGB kein Steuergesetz ist, bedarf es einer Vorschrift, mit der sich handelsrechtliche Buchführungspflichten auf das Steuerrecht übertragen lassen. Diese Aufgabe übernimmt § 140 AO. Dort heißt es:

> „Wer nach anderen Gesetzen als den Steuergesetzen Bücher und Aufzeichnungen zu führen hat, die für die Besteuerung von Bedeutung sind, hat die Verpflichtungen, die ihm nach den anderen Gesetzen obliegen, auch für die Besteuerung zu erfüllen."

Durch § 140 AO werden nicht nur handelsrechtliche, sondern sämtliche außersteuerliche Buchführungs- und Aufzeichnungspflichten, die (auch) für die Besteuerung von Bedeutung sind, für das Steuerrecht nutzbar gemacht. Hierunter fallen zunächst inländische Bundes- und Landesgesetze sowie kommunale Satzungen (§ 4 AO), insbesondere Buchführungs- und Aufzeichnungspflichten aus dem Handels-, Gesellschafts- und Genossenschaftsrecht, aber auch branchenspezifische Vorschriften für bestimmte Betriebe und Berufe, die sich aus einer Vielzahl von Gesetzen und Verordnungen ergeben.[27] Ferner können ausländi-

---

22 BGBl. I 2009, 1102; BStBl. I 2009, 650.
23 Zur Berechnungsmethode vgl. BMF, Schreiben vom 05.07.2021 – IV A 4 – S 0310/19/10001:004.
24 Durch das Gesetz zur Stärkung von Wachstumschancen, Investitionen und Innovation sowie Steuervereinfachung und Steuerfairness (Wachstumschancengesetz) wurden die Schwellenwerte auf 800.000 €/80.000 € angehoben. Anwendbar für Wirtschaftsjahre, die nach dem 31.12.2023 beginnen.
25 AEAO zu § 141, Nr. 1. Siehe dazu auch Kap. 2.3.2.
26 *Drüen* in Tipke/Kruse, Kommentar zur AO/FGO, 173. Lfg. 2022, § 140 AO Rz. 11a.
27 GoBD, Rz. 3.

sche Gesetze eine Buchführungs- und/oder Aufzeichnungspflicht begründen, soweit sie für die deutsche Besteuerung von Bedeutung sind[28], ebenso Richtlinien des Rates der EU.

60 Damit ist ein Kaufmann, der handelsrechtlich nach § 238 HGB Bücher zu führen hat und nicht nach § 241a HGB von der Buchführungspflicht befreit ist, über § 140 AO auch steuerrechtlich zur Führung von Büchern verpflichtet. Die Gewinne sind im Wege des Betriebsvermögensvergleichs gem. §§ 4 Abs. 1 i. V. m. 5 EStG zu ermitteln.

61 *Beachte:*
Verstößt der Stpfl. gegen außersteuerliche Buchführungs- und Aufzeichnungspflichten, stehen die Pflichtverletzungen den Verstößen gegen steuerrechtliche Buchführungs- und Aufzeichnungspflichten gleich.[29]

2.3.2 Originäre Buchführungspflicht (§ 141 AO)

62 Soweit sich die Buchführungspflicht nicht aus § 140 AO ableiten lässt, kann sich aus § 141 AO eine steuerliche, sog. originäre Buchführungspflicht ergeben. Sinngemäß heißt es dort:

63 Hat ein **gewerblicher Unternehmer**[30] oder ein Land- und Forstwirt nach den Feststellungen der Finanzbehörde Umsätze[31] von mehr als 600.000 € im Kalenderjahr **oder** einen Gewinn aus Gewerbebetrieb von mehr als 60.000 € im Wirtschaftsjahr[32], ist er auch dann verpflichtet, für diesen Betrieb Bücher zu führen und aufgrund jährlicher Bestandsaufnahmen Abschlüsse zu machen, wenn sich eine Buchführungspflicht nicht aus § 140 AO ergibt.

64 Stellt das Finanzamt fest, dass die genannte Umsatz- oder Gewinngrenze überschritten ist, wird der Stpfl. schriftlich über den Beginn seiner Buchführungspflicht unterrichtet. Sie ist vom Beginn des Wirtschaftsjahres an zu erfüllen, das

---

28 AEAO zu § 140 unter Hinweis auf BMF, Schreiben vom 16.05.2011, Rz. 3 (BStBl. I 2011, 530); BFH vom 14.11.2018 – I R 81/16; vom 20.04.2021 IV R 3/20, BFH/NV 2021, 1256. Von deutschem Recht abweichende Aufbewahrungsfristen nach ausländischen Normen sind zu beachten und ggf. in der Verfahrensdokumentation gesondert zu vermerken.
29 AEAO zu § 140 AO.
30 Gewerbliche Unternehmer sind solche, die einen Gewerbebetrieb i. S. d. § 15 Abs. 2, 3 EStG bzw. des § 2 Abs. 2, 3 GewStG ausüben (AEAO zu § 141, Nr. 1).
31 Ermittlung des Grenzbetrags einschließlich steuerfreier Umsätze; für Berechnungszwecke ist der Gesamtumsatz um Umsätze i. S. d. § 4 Nr. 8–10 UStG zu mindern (Umsätze über bestimmte Geldmarktgeschäfte, unter das Grunderwerbsteuergesetz fallende Umsätze, bestimmte unter das Rennwett- und Lotteriegesetz fallende Umsätze, bestimmte Umsätze aus Versicherungsleistungen und aus der Gewährung von Versicherungsschutz).
32 Die Buchführungsgrenzen beziehen sich i. d. R. auf den einzelnen Betrieb, auch wenn der Stpfl. mehrere Betriebe der gleichen Einkunftsart führt (AEAO zu § 141, Nr. 3). Die Schwellenwerte wurden durch das Wachstumschancengesetz auf 800.000 €/80.000 € angehoben. Anwendbar für Wirtschaftsjahre, die nach dem 31.12.2023 beginnen.

auf die Bekanntgabe der Mitteilung über die Verpflichtung zur Führung von Büchern folgt. Das bloße Überschreiten der Buchführungsgrenze(n) allein reicht nicht aus, erst die Mitteilung des Finanzamts löst die Buchführungspflicht aus.[33] Sie soll dem Unternehmer mindestens einen Monat vor Beginn des Wirtschaftsjahres bekannt gegeben werden, von dessen Beginn an die Pflicht zu Führung von Büchern zu erfüllen ist.[34]

Tipp: 65
Werden die steuerlichen Buchführungsgrenzen des § 141 AO nur einmalig überschritten und ist zu erwarten, dass der Stpfl. die Grenzen später nicht mehr erreichen wird, soll das Finanzamt ihn auf dessen Antrag von der Buchführungspflicht befreien (§ 148 AO).[35] Das Finanzamt ist dagegen nicht befugt, eine Befreiung von handelsrechtlichen Buchführungspflichten auszusprechen.[36]

2.3.3 Freiwillige Führung von Büchern

Gewerbetreibende, die weder nach handelsrechtlichen noch nach steuerlichen 66 Vorschriften zur Führung von Büchern verpflichtet sind, diese aber freiwillig führen, haben ihre Gewinne wie ein Buchführungspflichtiger im Wege des Betriebsvermögensvergleichs zu ermitteln (vgl. Wortlaut des § 4 Abs. 3 EStG). Für den Schluss des Wirtschaftsjahrs ist das Betriebsvermögen anzusetzen, das nach den handelsrechtlichen Grundsätzen ordnungsmäßiger Buchführung auszuweisen ist, es sei denn, im Rahmen der Ausübung eines steuerlichen Wahlrechts wird oder wurde ein anderer Ansatz gewählt.[37] Auch freiwillig Bücher führende Stpfl. haben § 146 Abs. 6 AO entsprechend die allgemeinen steuerlichen Ordnungsvorschriften zu beachten.[38] Um Aussagefähigkeit und Verlässlichkeit der freiwilligen Buchführung zu gewährleisten bzw. deren Beweiskraft zu wahren, sind Einschränkungen der Ordnungsmäßigkeitsmaßstäbe nicht akzeptabel.[39] Die Anwendung der §§ 145, 146 AO auch auf freiwillig geführte Bücher und Aufzeichnungen soll verhindern, dass die Finanzbehörde durch freiwillig, aber unrichtig geführte Bücher getäuscht wird.[40]

---

33 BFH vom 16.12.1982 – IV R 6/82, BStBl. II 1983, 257; BFH vom 31.08.1994 – X R 110/90, BFH/NV 1995, 390.
34 AEAO zu § 141, Nr. 4.
35 AEAO zu § 141, Nr. 4.
36 AEAO zu § 148, 1.
37 Vgl. § 5 Abs. 1 EStG.
38 FG Hessen vom 26.03.1997 – 1 K 3108/93, EFG 1998, 252.
39 Entwurf der Grundsätze ordnungsmäßiger Buchführung beim IT-Einsatz (GoBIT) vom 13.10.2012, Version 5.1, Tz. 1.2, Abs. 3, Abruf unter *https://www.awv-net.de/upload/pdf/GoBIT_Entwurf_V_5_0_2012_10_13_final.pdf* (abgerufen am 13.10.2023).
40 FG Köln vom 02.07.2010 – 11 K 3676/06, Rz. 37.

3 Grundsätze ordnungsmäßiger Buchführung (GoB)

3.1 Definition

Die zu beachtenden GoB sind ein unbestimmter Rechtsbegriff, der insbesondere durch Rechtsnormen und Rechtsprechung geprägt ist und von der Rechtsprechung und Verwaltung jeweils im Einzelnen auszulegen und anzuwenden ist.[1] Mit Hinblick darauf, dass die GoB insbesondere durch die stetige organisatorische und technische Weiterentwicklung einem ständigen Wandel unterliegen[2], wird eine vollständige Festschreibung sämtlicher GoB wohl niemals möglich sein. Die Rechtsprechung sieht in den GoB Regeln, nach denen ein Kaufmann zu verfahren hat, um zu einer dem gesetzlichen Zweck entsprechenden Bilanz zu gelangen.[3] Das Gesamtwerk der GoB lässt sich einteilen in die

- Grundsätze ordnungsgemäßer Buchführung im engeren (formellen) Sinn,
- Grundsätze ordnungsgemäßer Inventur[4],
- Grundsätze ordnungsgemäßer Bilanzierung und die
- Grundsätze ordnungsgemäßer Buchführung bei der Bewertung.

Die GoB enthalten sowohl formelle als auch materielle Anforderungen an eine Buchführung. Die formellen Anforderungen ergeben sich insbesondere aus den §§ 238 ff. HGB für Kaufleute und aus den §§ 145 bis 147 AO für Buchführungs- und Aufzeichnungspflichtige. Materiell ordnungsmäßig sind Bücher und Aufzeichnungen, wenn die Geschäftsvorfälle einzeln, nachvollziehbar, vollständig, richtig, zeitgerecht und geordnet in ihrer Auswirkung erfasst und anschließend gebucht bzw. verarbeitet sind.[5]

67

68

---

1 BFH vom 12.05.1966 – IV 472/60, BStBl. III 1966, 371; BVerfG vom 10.10.1961 – 2 BvL 1/59, BVerfGE 13, 153.
2 GoBD, Rz. 18.
3 BFH vom 12.05.1966 – IV 472/60, BStBl. III 1966, 371; BFH vom 31.05.1967 – I 208/63, BStBl. III 1967, 607; BFH vom 03.02.1969 – GrS 2/68, BStBl. II 1969, 291.
4 Mangelhafte Inventuren haben keine unmittelbaren Auswirkungen auf die Ordnungsmäßigkeit der Kassenführung. Gleichwohl können wesentliche Buchführungsmängel vorliegen, z. B. bei Inventur ohne Mengenangaben, nicht unterschriebenen Aufnahmelisten ohne Datum, nicht aufgegliederte Inventur bei Briefmarkenhändler, Inventur mittels Fotografien, die nur von Sachverständigen des betreffenden Gewerbezweigs in angemessener Frist nachgeprüft werden kann; *Drüen* in Tipke/Kruse, AO/FGO, 173. Lfg. 2022, § 146 Rz. 75a m. w. N.
5 § 239 Abs. 2 HGB; § 145 AO; § 146 Abs. 1 AO; GoBD, Rz. 19.

3 Grundsätze ordnungsmäßiger Buchführung (GoB)

69 Inhaltlich bestimmt werden die GoB durch
- Gesetze und Durchführungsverordnungen, insbesondere
  - §§ 238 ff. HGB für Kaufleute,
  - §§ 145–147 AO als steuerliche Ordnungsvorschriften für Buchführungs- und Aufzeichnungspflichtige[6],
  - §§ 22 UStG i. V. m. 63–68 UStDV für Unternehmer i. S. d. Umsatzsteuerrechts,
- Verwaltungsvorschriften/Erlasse,
- gutachterliche Stellungnahmen,
- wissenschaftliche Abhandlungen,
- Empfehlungen von Verbänden und Behörden,
- kaufmännische Übung,
  - Handelsbrauch,
  - Gewohnheit,
  - Verkehrsanschauung,
- technischen Fortschritt,
- organisatorische Änderungen *und* die
- Rechtsprechung der Gerichte (z. B. BVerfG, BFH, FG).

70 *Definitionen:*
Gesetzen und Verordnungen kommt Gesetzesrang zu. Sie sind allgemein verbindlich und gelten für jedermann. **Entscheidungen des Bundesverfassungsgerichts (BVerfG)** binden Verfassungsorgane, Gerichte und Behörden. Einzelnen Urteilen kommt ausdrücklich Gesetzesrang zu. **BMF-Schreiben** einschl. AEAO, GoBD und u. a. Richtlinien und Erlasse sind allgemeine Weisungen i. S. d. § 21a Abs. 1 Finanzverwaltungsgesetz (FVG), die Vollzugsgleichheit im Bereich der von den Ländern im Auftrag des Bundes verwalteten Steuern gewährleisten sollen. Als norminterpretierende Verwaltungsvorschriften binden sie nur die Finanzbehörden, nicht aber Stpfl. oder die Gerichtsbarkeit. Mittelbar können Stpfl. sich auf BMF-Schreiben berufen. Ungeachtet dessen entfalten Verwaltungsanweisungen eine gewisse Strahlwirkung und werden ebenso wie Verlautbarungen aus der Wirtschaft nicht selten von Gerichten zur Auslegung der Gesetze und Verordnungen herangezogen.

71 Nach der Rechtsprechung ist eine Buchführung ordnungsgemäß, wenn
- die für die kaufmännische Buchführung erforderlichen Bücher geführt werden,
- die Bücher formell in Ordnung sind *und*
- der Inhalt sachlich richtig ist.[7]

---

6 GoBD, Rz. 19.
7 BFH, Gutachten vom 25.03.1954 – IV D 1/53 S, BStBl. III 1954, 195; BFH vom 24.06.1997 – VIII R 9/96, BStBl. II 1998, 51.

Materiell ordnungsmäßig sind Bücher und Aufzeichnungen, wenn die Geschäftsvorfälle einzeln, nachvollziehbar, vollständig, richtig, zeitgerecht und geordnet in ihrer Auswirkung erfasst und anschließend gebucht bzw. verarbeitet sind.[8] Dabei spielt grundsätzlich keine Rolle, wie der Stpfl. seine organisatorischen Abläufe im Betrieb geregelt hat oder welche Technologie er zur Erfüllung seiner Pflichten einsetzt, weil die allgemein normierten GoB für Papier- und elektronische Aufzeichnungen gleichermaßen anwendbar sind.

3.2 Systematik des handels- und steuerrechtlichen Regelwerks

3.2.1 Handelsrecht

Die im Rahmen der Kassenführung zu beachtenden GoB ergeben sich für **Kaufleute** zunächst insbesondere aus dem Handelsrecht (§§ 238 ff. HGB). Bei Kaufleuten werden handelsrechtliche Vorschriften kraft Gesetzes für das Steuerrecht nutzbar gemacht (§ 140 AO). Da sich die Normen trotz fortschreitender Digitalisierung kaum verändert haben, finden sich umfangreiche Konkretisierungen **aus handelsrechtlicher Sicht** u. a.

- in den Grundsätzen ordnungsmäßiger Buchführung bei Einsatz von Informationstechnologie vom 24.09.2002 (IDW RS FAIT 1)[9],
- in den Grundsätzen ordnungsmäßiger Buchführung bei Einsatz von Electronic Commerce vom 29.09.2003 (IDW RS FAIT 2)[10],
- in den Grundsätzen ordnungsmäßiger Buchführung beim Einsatz elektronischer Archivierungsverfahren vom 11.09.2015 (IDW RS FAIT 3)[11],
- in den Anforderungen an die Ordnungsmäßigkeit und Sicherheit IT-gestützter Konsolidierungsprozesse vom 08.08.2012 (IDW RS FAIT 4)[12],
- in den Grundsätzen ordnungsmäßiger Buchführung bei Auslagerung von rechnungslegungsrelevanten Prozessen und Funktionen einschließlich Cloud Computing vom 04.11.2015 (IDW RS FAIT 5)[13],
- im Entwurf der Grundsätze ordnungsmäßiger Buchführung beim IT-Einsatz vom 13.10.2012 (GoBIT)[14],
- im IDW Prüfungshinweis IDW PH 9.860.4 (07.2021): Die Prüfung der Einhaltung der Grundsätze der ordnungsmäßigen Führung und Aufbewahrung von

---

8 GoBD, Rz. 19.
9 Wpg 21/2002, 1157, FN-IDW 11/2002, 649.
10 Wpg 22/2003, 1258, FN-IDW 11/2003, 559.
11 Wpg 22/2006, 1465, FN-IDW 11/2006, 768, Wpg Supplement 4/2015, 48, FN-IDW 10/2015, 538.
12 Wpg Supplement 4/2012, 115, FN-IDW 10/2012, 552.
13 IDW Life 1/2016, 35.
14 Die von der AWV e.V. entwickelten GoBIT sind über das Entwurfsstadium nicht hinausgekommen. Zur Auslegung der GoB können sie gleichwohl dienlich sein. Abruf unter *https://www.awv-net.de/upload/pdf/GoBIT_Entwurf_V_5_0_2012_10_13_final.pdf* (abgerufen am 13.10.2023).

Büchern, Aufzeichnungen und Unterlagen in elektronischer Form sowie zum Datenzugriff (GoBD-Compliance) vom 14.06.2021[15], aktualisiert durch IDW PH 9.860.4 (08.2023) vom 17.08.2023.[16]

3.2.2 Abgabenordnung

3.2.2.1 Allgemeines

74 Einzelne dem Handelsrecht entstammende GoB wurden – teils wortgleich – in steuerliche Ordnungsvorschriften, z. B. in

- § 145 AO: Allgemeine Anforderungen an Buchführung und Aufzeichnungen,
- § 146 AO: Ordnungsvorschriften für die Buchführung und für Aufzeichnungen,
- § 147 AO: Ordnungsvorschriften für die Aufbewahrung von Unterlagen,

übernommen. Die genannten Ordnungsvorschriften gelten unabhängig davon, ob sich eine Verpflichtung zur Führung von Büchern aus § 140 AO (abgeleitete Buchführungspflicht) oder § 141 AO (originäre Buchführungspflicht) ergibt. Der Geltungsbereich erstreckt sich zudem auf Stpfl., die weder nach Handels- noch nach Steuerrecht buchführungspflichtig sind. §§ 145–147 AO sind auf sämtliche Aufzeichnungen i. S. d. §§ 140–144 AO als auch auf alle weiteren im Interesse der Besteuerung zu führenden Aufzeichnungen (z. B. §§ 22 UStG, 63 ff. UStDV, § 145 Abs. 2 AO) anzuwenden.

75 **Aus steuerrechtlicher Sicht** sind u. a. die für die Kassenführung relevanten GoB und steuerlichen Ordnungsvorschriften in diversen Erlassen und Verwaltungsanweisungen konkretisiert worden, u. a. in

- den Grundsätzen ordnungsgemäßer EDV-gestützter Buchführungssysteme (**GoBS**), die Mitte der 90er-Jahre von der Arbeitsgemeinschaft für wirtschaftliche Verwaltung e. V. (AWV) in Eschborn ausgearbeitet worden sind. Zu deren Anwendung hat das Bundesministerium der Finanzen im BMF-Schreiben vom 07.11.1995 ergänzend Stellung genommen und beide Dokumente gemeinsam veröffentlicht.[17] Mit Erlass der GoBD am 14.11.2014 wurden die GoBS aufgehoben. Für Besteuerungszeiträume nach dem 31.12.2014 sind sie nicht mehr anwendbar.[18]
- den Grundsätzen zum Datenzugriff und zur Prüfbarkeit digitaler Unterlagen (**GDPdU**).[19] Sie dienten der Konkretisierung des Datenzugriffsrechts der Finanzverwaltung (§ 147 Abs. 6 AO). Mit Veröffentlichung der GoBD am

---

15 IDW Life 8/2021, 865. Der IDW Prüfungshinweis basiert auf dem IDW Prüfungsstandard IDW PS 860: IT-Prüfung außerhalb der Abschlussprüfung (Stand 02.03.2018).
16 IDW Life 10/2023, 897.
17 BMF, Schreiben vom 07.11.1995 einschl. Anlage, BStBl. I 1995, 738.
18 GoBD vom 14.11.2014, Rz. 183.
19 BMF, Schreiben vom 16. Juli 2001, BStBl. I 2001, 415.

3.2 Systematik des handels- und steuerrechtlichen Regelwerks

14.11.2014 wurden auch die GDPdU aufgehoben. Für Besteuerungszeiträume nach dem 31.12.2014 sind sie ebenfalls nicht mehr anwendbar.[20]

- den Grundsätzen zur ordnungsmäßigen Führung und Aufbewahrung von Büchern, Aufzeichnungen und Unterlagen in elektronischer Form sowie zum Datenzugriff (GoBD) vom 14.11.2014[21], geändert durch GoBD vom 28.11.2019[22] und 11.03.2024.[23]
- den ergänzenden Informationen zur Datenträgerüberlassung vom 14.11.2014, geändert am 28.11.2019[24] und 11.03.2024.[25]
- dem BMF-Schreiben zum Verzicht auf die Aufbewahrung von Kassenstreifen bei Einsatz elektronischer Registrierkassen vom 09.01.1996[26], aufgehoben zum 31.12.2016.[27]
- dem BMF-Schreiben zur Aufbewahrung digitaler Unterlagen bei Bargeschäften vom 26.11.2010.[28]
- dem Anwendungserlass zur Abgabenordnung (AEAO) zu §146 AO unter Berücksichtigung nachfolgender Änderungen.
- dem Anwendungserlass zur Abgabenordnung (AEAO) zu §146a AO unter Berücksichtigung nachfolgender Änderungen.[29]
- dem Anwendungserlass zur Abgabenordnung (AEAO) zu §146b AO unter Berücksichtigung nachfolgender Änderungen.
- Fragen- und Antwortenkatalog des Bundesfinanzministeriums, auch bezeichnet als" Orientierungshilfe zu §146a AO und zur KassenSichV" (BMF-FAQ).[30]

---

20 GoBD vom 14.11.2014, Rz. 183.
21 BMF, Schreiben vom 14.11.2014, BStBl. I 2014, 1450.
22 BMF, Schreiben vom 28.11.2019, BStBl. I 2019, 1269.
23 BMF, Schreiben vom 11.03.2024, BStBl. I 2024, 374.
24 Abruf unter *https://www.bundesfinanzministerium.de/Content/DE/Standardartikel/Themen/Steuern/Weitere_Steuerthemen/Abgabeordnung/2019-11-28-GoBD-Ergaenzende-Informationen-zur-Datentraegerueberlassung.pdf?__blob=publicationFile&v=8* (abgerufen am 06.07.2022).
25 BMF, Schreiben vom 11.03.2024, BStBl. I 2024, 374.
26 Abdruck in Anhang 2.
27 Aufhebung durch BMF, Schreiben vom 26.11.2010, BStBl. I 2010, 1342, Abdruck in Anhang 3.
28 Abdruck in Anhang 3. Aufhebung durch BMF, Schreiben vom 11.03.2024, BStBl. I 2024, 367.
29 Die für die Zeiträume ab 01.01.2024 anzuwendende Neufassung ist in Anhang 20 abgedruckt.
30 Der BMF-FAQ stellt eine Orientierungshilfe zu §146a AO und zur KassenSichV dar, die rechtlich nicht bindend ist. Die Entscheidung im Einzelfall bleibt dem zuständigen Finanzamt vorbehalten. Abruf des FAQ unter *https://www.bundesfinanzministerium.de/Content/DE/FAQ/2020-02-18-steuergerechtigkeit-belegpflicht.html* (abgerufen am 01.10.2023). Für Änderungen und Erweiterungen der FAQ wäre eine Änderungshistorie wünschenswert.

- Fragen- und Antwortenkatalog des Bundesamts für Sicherheit in der Informationstechnik (BSI-FAQ).[31]

Zur chronologischen Übersicht der insgesamt für die Kassenführung relevanten Anweisungen siehe Anhang 18.

76 Mit Ausnahme des § 146a AO gibt der Gesetzgeber zur Führung von Büchern und Aufzeichnungen grundsätzlich keine technischen Vorgaben oder Standards, z. B. zu Archivierungsmedien oder Kryptographieverfahren, vor.[32] Im Zeitalter zunehmender Digitalisierung kann deshalb schwierig sein, die (althergebrachten) Grundsätze ordnungsgemäßer Buchführung auszulegen und auf neue Technologien anzuwenden. Die GoBD sehen dazu sog. **Analogieschlüsse**[33] als hilfreich an, z. B. den Vergleich

- zwischen der Aufbewahrung handschriftlicher Aufzeichnungen in einem verschlossenen Schrank und dem Zugriffsschutz elektronischer Aufzeichnungen in einem Archivsystem[34] oder
- zwischen einem Papierbriefumschlag und einer E-Mail. Zur Frage der Aufbewahrungspflicht nach § 147 AO kommt es auf den Inhalt und die Funktion der E-Mail an. Sie kann z. B. Handels- oder Geschäftsbrief, Buchungsbeleg, eine sonstige für die Besteuerung bedeutsame Unterlage oder auch nur „Transportmittel" für eine angehängte elektronische Rechnung sein. Dient die E-Mail nur als Transportmittel, ist das elektronische Dokument zwar aufzubewahren, nicht aber die E-Mail an sich, wenn sie keine weiteren aufbewahrungspflichtigen Unterlagen enthält. Die (zulässige) Vernichtung birgt allerdings den Nachteil, dass Absender und Zeitpunkt des Zugangs nicht bewiesen werden könnten.[35] Abhängig vom Einzelfall sollte dann auch die E-Mail selbst aufbewahrt werden.

77 *Tipp:*
Soweit die Neufassung der GoBD vom 28.11.2019 günstigere Regelungen als die GoBD vom 14.11.2014 vorsehen, können Stpfl. sich auch für Zeiträume vor dem 28.11.2019 darauf berufen.[36]

---

31 Abruf unter *https://www.bsi.bund.de/DE/Themen/Unternehmen-und-Organisationen/ Standards-und-Zertifizierung/Schutz-vor-Manipulation-an-digitalen-Grundaufzeichnungen/Fragen-und-Antworten/fragen-und-antworten_node.html* (abgerufen am 01.10.2023). Für Änderungen und Erweiterungen der FAQ wäre eine Änderungshistorie wünschenswert.
32 Anders verhält es sich bei der *Übermittlung* von Büchern und Aufzeichnungen an die Finanzverwaltung (u. a. E-Bilanz, Digitale Lohnschnittstelle DLS, Einheitliche digitale Schnittstelle i. S. d. §§ 146a, 147b AO).
33 GoBD, Rz. 121. Zu weiteren Analogieschlüssen vgl. *Huber/Reckendorf/Zisky*, BBK 2013, 567 (574).
34 GoBD, Rz. 10.
35 GoBD, Rz. 121, 129.
36 GoBD, Rz. 183.

3.2 Systematik des handels- und steuerrechtlichen Regelwerks

3.2.2.2 Aufzeichnung des Wareneingangs (§ 143 AO)

Zur Aufzeichnung des Wareneingangs gem. § 143 AO sind nur gewerbliche Unternehmer verpflichtet. Auf die Gewinnermittlungsart kommt es nicht an, sodass auch bei Gewinnermittlung nach § 4 Abs. 3 EStG entsprechende Aufzeichnungen vorliegen müssen. Bei Buchführungspflichtigen ist es ausreichend, wenn sich die geforderten Angaben aus der Buchführung ergeben. Besondere Aufzeichnungspflichten nach steuerlichen, außersteuerlichen oder branchenspezifischen Regelungen bleiben unberührt.[37] Das Fehlen des Wareneingangsbuchs stellt einen wesentlichen Mangel der Buchführung dar[38], der nach diesseitiger Auffassung auch eine Bußgeldfestsetzung auslösen kann (§ 379 Abs. 1 Nr. 3 AO).[39]

78

3.2.2.3 Aufzeichnung des Warenausgangs (§ 144 AO)

Gewerbliche Unternehmer und buchführungspflichtige Land- und Forstwirte, die nach Art ihres Geschäftsbetriebs Waren regelmäßig an andere gewerbliche Unternehmer zur Weiterveräußerung oder zum Verbrauch als Hilfsstoffe liefern, müssen den erkennbar für diese Zwecke bestimmten Warenausgang gesondert aufzeichnen (§ 144 Abs. 1 AO). Die Warenausgangsbücher müssen die folgenden Angaben enthalten:

79

- den Tag des Warenausgangs oder das Datum der Rechnung,
- den Namen oder die Firma und die Anschrift des Abnehmers,
- die handelsübliche Bezeichnung der Ware,
- den Preis der Ware,
- einen Hinweis auf den Beleg (§ 147 Abs. 3 AO).

Gegenüber dem Abnehmer gilt Belegerteilungspflicht, wenn nicht nach § 14 Abs. 2 UStG per Gutschrift abgerechnet wird. Die im Umsatzsteuerrecht normierten Erleichterungen nach § 14 Abs. 6 UStG für die Ausstellung von Rechnungen (z. B. nach §§ 31, 33 UStDV) gelten ausschließlich für die Erteilung des Belegs. Auf die Aufzeichnungspflichten des § 144 finden sie keine Anwendung.[40] Verstöße können als Ordnungswidrigkeit i. S. d. § 379 Abs. 2 Nr. 1a AO mit Bußgeld geahndet werden.

80

> *Hinweis:*
> Kleinbetriebe erwerben ihre Waren häufig in großen Mengen bei Discountern. Zur Eindämmung des Schwarzeinkaufs bzw. der doppelten Verkürzung sind die Discounter m. E. zur Aufzeichnung der Identität des Abnehmers zumindest dann verpflichtet, wenn Waren in großen Mengen **erkennbar** für Zwecke des Weiterveräußerung oder -bearbeitung erworben werden.

81

---

37 Vgl. AEAO zu § 143.
38 FG München vom 14. 10. 2004 – 15 K 728/02.
39 Anderer Ansicht *Drüen* in Tipke/Kruse, AO/FGO, § 143 AO, Rz. 19.
40 AEAO zu § 144.

82 **Beispiel:**
A erwirbt bei einem Lebensmittel-Discounter 300 Pakete Zucker. Der Einkauf geht erkennbar über haushaltsübliche Mengen hinaus. Daraus erwächst die Pflicht des Discounters, Name und Anschrift des Kunden festzuhalten.

83 *Hinweis:*
Coronabedingt haben Supermärkte und Discounter temporär sog. Hamsterkäufe unterbunden und bestimmte Verbrauchsgüter wie Zucker, Mehl oder Toilettenpapier nur in haushaltsüblichen Mengen abgegeben. Aufgrund dessen könnten bei „Schwarzeinkäufern" gestiegene Wareneinkäufe im Großhandel zu Auffälligkeiten in den Büchern und Aufzeichnungen führen.

3.2.2.4 Aufzeichnungen nach § 90 Abs. 3 AO

84 Auf die Verwaltungsgrundsätze 2020 vom 03.12.2020 wird hingewiesen.[41]

3.2.3 Umsatzsteuer

3.2.3.1 Allgemeine Aufzeichnungspflichten

85 Aus umsatzsteuerlicher Sicht sind die §§ 22 UStG i.V. m. 63–68 UStDV zu beachten. Die umsatzsteuerliche Aufzeichnungsverpflichtung des § 22 UStG wirkt unmittelbar für alle Besteuerungszwecke, demnach auch für die Einkommen-, Körperschaft- und Gewerbesteuer. Dabei müssen die Aufzeichnungen so beschaffen sein, dass es einem sachverständigen Dritten innerhalb angemessener Zeit möglich ist, einen Überblick über die Umsätze des Unternehmens und die Grundlagen für die Steuerberechnung festzustellen (§ 63 UStDV). Daraus folgt, dass die allgemeinen Vorschriften über das Führen von Büchern und Aufzeichnungen der §§ 140–148 AO auch für Aufzeichnungen zu umsatzsteuerlichen Zwecken gelten.[42] Gehen die in § 22 UStG geforderten Angaben bereits eindeutig und leicht nachprüfbar aus dem Rechnungswesen oder aus Aufzeichnungen hervor, die für andere Zwecke gefertigt werden, brauchen sie nicht zusätzlich gesondert aufgezeichnet zu werden.[43]

86 § 22 UStG verpflichtet Unternehmer, zur Feststellung der Umsatzsteuer und der Grundlagen ihrer Berechnung Aufzeichnungen zu machen. Aus den Aufzeichnungen müssen insbesondere ersichtlich sein:
- die vereinbarten oder vereinnahmten[44] Entgelte für die vom Unternehmer ausgeführten Lieferungen und sonstigen Leistungen. Dabei ist ersichtlich zu machen, wie sich die Entgelte auf die steuerpflichtigen und die steuerfreien Umsätze – getrennt nach Steuersätzen – verteilen,
- die Bemessungsgrundlagen für den Eigenverbrauch,

---

41 BMF, Schreiben vom 03.12.2020 – IV B 5 – S 1341/19/10018 :001 DOK 2020/1174240, BStBl. I 2020, 1325.
42 Abschn. 22.1 Abs. 1 Satz 1 UStAE.
43 Abschn. 22.2 Abs. 1 Satz 2 UStAE.
44 §§ 22 Abs. 2 Nr. 1 Satz 5 i.V. m. 20 UStG.

- die Entgelte für steuerpflichtige Lieferungen und sonstige Leistungen, die an den Unternehmer für sein Unternehmen ausgeführt worden sind,
- die Vorsteuerbeträge.

Wird eine offene Ladenkasse i. S. d. § 146 Abs. 1 Satz 3 AO geführt, ist im Falle mehrerer Steuersätze § 63 Abs. 4 UStDV i. V. m. dem Merkblatt der Finanzverwaltung zur erleichterten Trennung der Entgelte zu beachten.[45]

3.2.3.2 Besonderheiten im Reisegewerbe

Unternehmer, die ohne Begründung einer gewerblichen Niederlassung oder außerhalb einer solchen von Haus zu Haus oder auf öffentlichen Straßen oder an anderen öffentlichen Orten Umsätze ausführen, haben **für umsatzsteuerliche Zwecke** zusätzlich zu den sonst erforderlichen Kassenaufzeichnungen ein Steuerheft nach amtlich vorgeschriebenem Vordruck zu führen (§ 22 Abs. 5 UStG). Nach § 68 Abs. 1 UStDV sind Unternehmer davon befreit,

- wenn sie im Inland eine gewerbliche Niederlassung besitzen und ordnungsgemäße Aufzeichnungen nach § 22 UStG i. V. m. den §§ 63–66 UStDV führen[46] oder
- soweit sie aufgrund gesetzlicher Vorschriften verpflichtet sind, Bücher zu führen, oder ohne eine solche Verpflichtung Bücher führen.

Eintragungen in das Umsatzsteuerheft sind mit Tinte, Tintenstift oder Kugelschreiber vorzunehmen. Irrtümliche oder unrichtige Eintragungen sind so durchzustreichen, dass sie weiterhin gelesen werden können. Unzulässig ist es, Eintragungen auszuradieren oder auf sonstige Weise unleserlich zu machen. Wird das Umsatzsteuerheft nicht geführt, kann Zwangsgeld festgesetzt werden. Werden Eintragungen in das Umsatzsteuerheft nicht ordnungsgemäß vorgenommen, erlangt die Finanzbehörde die Schätzungsbefugnis dem Grunde nach. Das Umsatzsteuerheft und die dazugehörigen Belege sind zehn Jahre aufzubewahren, mindestens jedoch bis zum Ablauf der Festsetzungsfrist für die Steuern, für die sie Bedeutung haben.[47]

> *Hinweis:*
> Die Führung des Umsatzsteuerhefts befreit nicht von den allgemein bestehenden Einzelaufzeichnungspflichten. Belegsicherung und Unverlierbarkeit der Geschäftsvorfälle sollten möglichst schon vor Ort beim Kunden erfüllt werden.[48]

---

45 Abruf unter *https://www.bundesfinanzministerium.de/Content/DE/Downloads/BMF_Schreiben/Steuerarten/Umsatzsteuer/Merkblaetter/065_a.pdf?__blob=publicationFile&v=3* (abgerufen am 12.10.2023). Vgl. auch Kapitel 7.3.6.
46 Die Befreiung wird von der Finanzbehörde bescheinigt; vgl. § 68 Abs. 2 UStDV.
47 BMF, Schreiben vom 30.03.2020 – III C 3 – S 7532/20/10001 :001, DOK 2020/0309229, BStBl. I 2020, 505.
48 Siehe dazu auch Kap. 14, Branchen-ABC, Stichwort „Auslieferungsfahrer".

3.2.4 Einkommensteuer

91 Einkommensteuerliche Aufzeichnungspflichten ergeben sich insbesondere aus

- § 4 Abs. 3 Satz 5 EStG (Führung von Verzeichnissen für das Anlage- und Umlaufvermögen);
- § 4 Abs. 4a Satz 6 EStG (Aufzeichnung von Entnahmen und Einlagen im Rahmen des Schuldzinsenabzugs);
- § 4 Abs. 7 EStG (getrennte Aufzeichnung bestimmter Betriebsausgaben i. S. d. § 4 Abs. 5 EStG).

3.2.5 Außersteuerliche Buchführungs- und Aufzeichnungspflichten

92 Außersteuerliche Buchführungs- und Aufzeichnungspflichten werden über § 140 AO in das Steuerrecht transformiert, d. h. für das Steuerrecht nutzbar gemacht.[49] Danach zu führende Aufzeichnungen sind zwar nicht darauf angelegt, steuerlich relevante Sachverhalte auszuweisen, haben aber den **Nebeneffekt**, dass ihnen für die Besteuerung bedeutsame Sachverhalte entnommen werden können. Häufig eignen sie sich als Ausgangspunkt für Nachkalkulationen und ggf. Schätzungen von Besteuerungsgrundlagen.[50]

93 *Hinweis:*

Verstöße gegen außersteuerliche Buchführungs- und Aufzeichnungspflichten stehen den Verstößen gegen steuerrechtliche Buchführungs- und Aufzeichnungspflichten gleich (AEAO zu § 140).

3.2.6 Branchenspezifische Einzelfälle

94 Unter dem Gesichtspunkt der Zumutbarkeit sind u. a. Angehörige nachstehender Branchen entweder für bestimmte oder für sämtliche Geschäftsvorfälle zur Einzelaufzeichnung ihrer Betriebseinnahmen verpflichtet (keine abschließende Aufzählung):

- Hotel- und Beherbergungsgewerbe (Meldescheine bei Übernachtungen innerhalb der für sie geltenden engen Aufbewahrungsfristen)[51],
- Kraftfahrzeug-Reparaturwerkstätten[52],

---

49 Vgl. an dieser Stelle nur exemplarisch: §§ 91 ff. AktG, §§ 41 ff. GmbHG, § 16 Abs. 2 ArbZG, § 17 MiLoG, § 18 FahrlG.
50 Kap. 13.
51 Vgl. § 30 Abs. 4 Bundesmeldegesetz. Aktuell geplante Änderungen zur Abschaffung der Meldepflicht für deutsche Staatsangehörige bleiben abzuwarten (Stand 01.04.2024).
52 Vgl. BFH vom 09.10.1958 – IV 119/57; differenzierend BFH vom 07.12.2010 – III B 199/09, BFH/NV 2011, 411.

- Juweliere für Einzelanfertigungen von Schmuckgegenständen im Kundenauftrag und Nachweise über die Einschmelzung von Schmuckgegenständen[53],
- Restaurants und Gaststätten in Bezug auf Familienfeiern, Betriebsveranstaltungen, Seminare, Tagungen, Außer-Haus-Bestellungen, Partyservice, 2-für-1-Gutscheine, Abrechnungen über sog. Wirteanteile bei Automatenaufstellung durch Dritte, Rückvergütungen von Lieferanten, Speise- und Getränkekarten[54],
- Taxiunternehmen (mit abweichenden, branchenspezifischen Mindestanforderungen an Einzelaufzeichnungen)[55],
- Mietwagenunternehmen[56],
- Automatenaufsteller (Statistikstreifen der einzelnen Geräte)[57],
- Bestellzettel (z. B. Pizza-Taxi)[58],
- u. v. w.[59]

Hinweis: 95
Zwar sieht die Preisangabenverordnung (PAngV) selbst keine Aufbewahrungspflicht für Preisverzeichnisse oder **Speise- und Getränkekarten** vor. Die Rechtsprechung geht aber von einer Aufbewahrungspflicht für solche Unterlagen nach § 147 Abs. 1 Nr. 5 AO aus.[60] Nach diesseitiger Auffassung entfällt die Aufbewahrungspflicht, wenn sich die erforderlichen Angaben einschließlich historisierter Preisänderungen unveränderbar und zweifelsfrei aus den Stammdaten eines Vorsystems ergeben. Entsprechendes gilt für Sonderaktionen, die in Flyern, Zeitungsannoncen oder im Internet beworben werden.

3.3 Verantwortung für die Einhaltung der GoB

Die alleinige Verantwortung für die Einhaltung der Ordnungsmäßigkeit der 96
Bücher und sonst erforderlichen Aufzeichnungen einschließlich der eingesetz-

---

53 FG Düsseldorf vom 15.04.2008 – 10 K 4875/05 U.
54 Vgl. aber den nachfolgenden gesonderten Hinweis.
55 BFH vom 26.02.2004 – XI R 25/02, BStBl. II 2004, 599 (sog. „Schichtzettelurteil"). Das Urteil ist aufgrund der Neufassung des § 146 Abs. 1 Satz 1 AO seit 01.01.2017 überholt.
56 Beförderungsaufträge i. S. d. § 49 PBefG; zur Aufbewahrungsdauer s. § 147 Abs. 3 Satz 2 AO.
57 Vgl. FG Niedersachsen vom 25.03.2003 – 6 K 961/99, EFG 2003, 1215; FG Sachsen-Anhalt vom 15.03.2001 – 1 V 78/00, EFG 2001, 802. Vgl. dazu auch ausführlich *Krullmann/Marrek*, BBK 2021, 1064.
58 Vgl. FG Münster vom 23.06.2010 – 12 K 2714/06 E,U. So im Ergebnis auch BFH vom 28.11.2023 – X R 3/22, Rz. 99, m. w. N.
59 Siehe dazu im Einzelnen auch Kap. 14, Branchen-ABC.
60 S. FG München vom 14.10.2005 – 10 V 1834/05; FG München vom 29.10.2009 – 15 K 219/07, EFG 2011, 10; FG Baden-Württemberg vom 18.02.1997 – 6 V 49/96, EFG 1997, 928; FG Münster vom 26.07.2012 – 4 K 2071/09 E,U; zur Bedeutung von Speisekarten für die zutreffende Trennung der Entgelte vgl. BFH vom 14.12.2011 – XI R 5/10, BFH/NV 2012, 1921.

ten Verfahren liegt beim Stpfl. bzw. deren gesetzlichen Vertretern. In Personenhandelsgesellschaften obliegt die Organisation und Überwachung der Buchführung den Teilhabern, den persönlich haftenden und den geschäftsführenden Gesellschaftern.[61] Bei Körperschaften haben diese Aufgaben die geschäftsführenden Vertretungsorgane (Vorstand und Geschäftsführer) wahrzunehmen.[62] Im Rahmen ihrer Kontrollpflichten haben sich die Aufsichtsgremien bei den geschäftsführenden Organen über die Organisation der Buchführung und mögliche Risiken in diesem Bereich zu informieren und die Ordnungsmäßigkeit der Buchführung zu kontrollieren.[63] Wird eine Handelsgesellschaft liquidiert, geht die Verantwortung auf die Liquidatoren über, bei Eröffnung eines Insolvenzverfahrens auf den Insolvenzverwalter. Zur Absicherung von Überwachungsorganen im Innen- und Außenverhältnis bietet sich der Abschluss einer D&O-Versicherung an.[64]

97 Die vorgenannten Grundsätze gelten auch bei einer teilweisen oder vollständigen organisatorischen und technischen Auslagerung von Buchführungs- und Aufzeichnungsaufgaben auf Dritte (z.B. auf Angehörige der steuerberatenden Berufe, Rechenzentren oder Anbietern von Cloud-Diensten).[65] Verstärktes Augenmerk muss der Stpfl. darauf legen, dass Dienstleister als Erfüllungsgehilfen die Anforderungen an Aufbewahrung, Lesbarkeit und Auswertbarkeit aufzeichnungs-, aufbewahrungs- und vorlagepflichtiger Daten einhalten. Ob und inwieweit der Stpfl. Schuld an vorhandenen Fehlern trägt, ist ohne Bedeutung[66], d.h. er kann zwar die erforderlichen Tätigkeiten in organisatorischer und technischer Hinsicht auf Dritte übertragen, sich seiner höchstpersönlichen Verantwortung für die Einhaltung der GoB dadurch aber nicht entziehen, insbesondere bei:

- Unkenntnis über das Regelwerk,
- Nichtvorlage von Unterlagen, weil sie sich bei einem Dritten zur Aufbewahrung befinden (z.B. Konfigurationsprotokolle einer Registrierkasse, die vom Kassendienstleister verwahrt werden),

---

61 Vgl. z. B. für die OHG §§ 114ff. HGB, für die KG §§ 114 i. V. m. 161 Abs. 2, 164 HGB.
62 Vgl. z. B. §§ 41 GmbHG, 91 AktG, 33 GenG.
63 Vgl. z. B. §§ 52 GmbHG, 111 AktG, 38 GenG.
64 Vgl. dazu ausführlich *Hülsberg/Fassbach*, Wpg 2023, 479.
65 Vgl. nur IDW RS FAIT 1, Tzn. 6, 17, 21; GoBD, Rz. 21.
66 BFH vom 19.07.2010 – X S 10/10 (PKH), BFH/NV 2010, 2017 m. w. N.

- Verlust von Unterlagen[67] (auch bei versehentlicher Vernichtung[68]),
- Nichteinhaltung der GoB oder Nichtvorlage von Unterlagen
  - durch Angehörige steuerberatender Berufe[69],
  - durch beauftragte Dienstleistungsunternehmen (z.B. bei Abwicklung von Geschäftsvorfällen durch Rechnungszentren, bei IT-Outsourcing[70]; bei fehlenden/nicht vorgelegten Verfahrensdokumentationen[71] oder fehlender Bereitstellung/Übermittlung von Daten),
  - bei Irrtum über Buchführungspflichten, einzelne GoB oder Aufbewahrungspflichten, selbst wenn sie entschuldbar erscheinen.[72]

Die Organisation der Kassenführung gehört regelmäßig zu der vom Stpfl. beherrschten Informations- und Tätigkeitssphäre. Ihn trifft deshalb unter Beachtung seiner Möglichkeiten der Einflussnahme einerseits und der (ohne vollständige Kassenunterlagen fast unmöglichen) Sachverhaltsermittlung andererseits eine im Vergleich zu den allgemeinen Beweislastregeln größere Sachaufklärungspflicht.[73] Selbst, wenn er persönlich nicht in der Lage ist, ordnungsgemäße Kassenaufzeichnungen zu führen, rechtfertigt das nicht, verminderte Anforderungen an die Aufzeichnungen zu stellen. Insbesondere Alter, Krankheit und Unvermögen des Stpfl. oder seines gesetzlichen Vertreters rechtfertigen regelmäßig keine Erleichterungen.[74] Dem Stpfl. oder seinem gesetzlichen Vertreter ist zuzumuten, dann sachkundige Hilfe eines Dritten einzuholen. Wird die Verantwortung im Innenverhältnis auf Hilfspersonen delegiert, obliegt dem Stpfl. oder dem gesetzlichen Vertreter die sorgsame Auswahl zuverlässiger Personen und deren regelmäßige Überwachung. Andernfalls kann je nach Umständen des Einzelfalls ein haftungsbegründendes „Überwachungsverschulden" vorliegen.[75]

98

Nur in seltenen Ausnahmefällen können Verstöße gegen die GoB und die steuerlichen Ordnungsvorschriften aufgrund sachlicher oder persönlicher Billigkeitsgründe zu einer Reduzierung des Ausmaßes steuerlicher Nachforderungen führen. Im Festsetzungsverfahren kann die Vorschrift über die sog. abweichende Festsetzung von Steuern aus Billigkeitsgründen, im Erhebungsverfahren die Vorschrift über den Erlass von Ansprüchen aus dem Steuerschuldverhältnis in Betracht kommen.[76]

99

---

67 Vgl. IDW RS FAIT 1, Tz. 83.
68 BFH vom 14.06.2006 – XI B 130–132/05, BFH/NV 2006, 2023 (zur Vernichtung von Schichtzetteln im Taxigewerbe).
69 GoBD, Rz. 21.
70 IDW RS FAIT 1, Tz. 113 ff.; IDW RS FAIT 3, Tz. 86 ff.; GoBD, Rz. 21.
71 IDW RS FAIT 1, Tz. 66 (Pflicht zur Beweisvorsorge).
72 BFH vom 14.06.2006 – XI B 130–132/05, BFH/NV 2006, 2023; FG Niedersachsen vom 25.03.2003 – 6 K 961/99, EFG 2003, 1215.
73 BFH vom 11.02.1993 – V R 128/89, BFH/NV 1994, 109 m.w.N.
74 AEAO zu § 148; BFH vom 15.11.2022 – VII R 23/19, DB 2023, 1072.
75 Vgl. §§ 93 Abs. 2 AktG, 43 Abs. 2 GmbHG; BFH vom 15.11.2022 – VII R 23/19, DB 2023, 1072.
76 Vgl. §§ 163, 227 AO.

100 Der Grundsatz der Wirtschaftlichkeit rechtfertigt nicht, dass Grundprinzipien der Ordnungsmäßigkeit verletzt und die Zwecke der Buchführung erheblich gefährdet werden. Die zur Vermeidung einer solchen Gefährdung erforderlichen Kosten muss der Stpfl. genauso in Kauf nehmen wie alle anderen Aufwendungen, die die Art seines Betriebes mit sich bringt.[77] Entsprechendes gilt für den Einsatz einer Software, die den Anforderungen zur Daten(träger)überlassung nicht oder nur teilweise genügt und damit den Datenzugriff einschränkt.[78]

101 Aufgrund der Technologieoffenheit eingesetzter Systeme ist es Aufgabe der Kassen- und TSE-Hersteller, Lösungen zu entwickeln und so zu implementieren, dass den gesetzlichen Anforderungen einschl. der Technischen Richtlinien und Schutzprofile des BSI Rechnung getragen wird.[79] Ob die Anforderungen durch Kassen- und TSE-Hersteller und dem Kassendienstleister vor Ort tatsächlich in vollem Umfang umgesetzt wurden, wird der Stpfl. aufgrund der Komplexität technischer Systeme und Sicherheitseinrichtungen kaum selbst prüfen können.

102 *Tipp:*
Es ist bekannt, dass in die Schätzung führende Fehler bereits bei Entstehung bzw. erstmaliger Erfassung der Geschäftsvorfälle im Unternehmen gemacht werden.[80] Umso wichtiger ist es für Angehörige steuerberatender Berufe, vor Ort die betrieblichen Abläufe zu ermitteln und dem Mandanten eine umfassende Beratung anzubieten, um die Kassenführung ggf. gemeinsam mit dem Kassendienstleister rechtskonform einzurichten.

---

77 BFH vom 26.03.1968 – IV 63/63, BStBl. II 1968, 527; GoBD, Rz. 29.
78 GoBD, Rz. 177.
79 Kritisch *Wagner*, RET 1/2022, 85, RET 3/2022, 60; *Bron/Schroeder*, BB 2022, 279.
80 Vgl. dazu ausführlich Kap. 13.

4 Steuerliche Ordnungsvorschriften (§§ 145–147 AO)

4.1 Allgemeine Anforderungen an Buchführung und Aufzeichnungen (§ 145 AO)

4.1.1 Grundsatz der Übersichtlichkeit

Die Buchführung muss so beschaffen sein, dass sie einem sachverständigen Dritten innerhalb angemessener Zeit einen Überblick über die Geschäftsvorfälle und über die Lage des Unternehmens vermitteln kann.[1] Sachverständiger Dritter i.d.S. kann ein Angehöriger steuerberatender Berufe (z.B. Steuerberater oder Wirtschaftsprüfer) oder ein Bediensteter der Finanzverwaltung sein, der für den Prüfungsdienst ausgebildet wurde und ausreichende Sachkunde über das im Einzelfall verwendete Buchführungssystem hat (z.B. Betriebs- oder Fahndungsprüfer). Ein etwa in der Veranlagung eines Finanzamts tätiger Sachbearbeiter gilt grundsätzlich nicht als sachverständiger Dritter i.S.d. § 145 AO, weil steuerrechtliche Kenntnisse allein nicht genügen.

103

Welche Zeit als angemessen anzusehen ist, bestimmt sich nach Art und Umfang der Buchführung und der Sachkunde des Dritten. Die Grenze der Übersichtlichkeit ist jedenfalls erreicht, wenn ausgewiesene Summenwerte nicht oder nur unter großem Zeitaufwand in ihre Einzelbeträge aufgelöst werden können oder zahlreiche Belege zu Prüfungsbeginn unsortiert in einem „Schuhkarton" übergeben werden. Eine ungeordnete Belegsammlung (Zettelwirtschaft) stellt einen Verstoß gegen die GoB dar.[2] Die bloße Sammlung von Belegen kann ohnehin den buchmäßigen Nachweis nicht ersetzen, denn Belege allein sind keine Aufzeichnungen.[3]

104

4.1.2 Grundsatz der Nachvollziehbarkeit

Geschäftsvorfälle müssen sich in ihrer Entstehung und Abwicklung lückenlos verfolgen lassen.[4] Aus diesem Grundsatz leitete die Rechtsprechung schon immer die Pflicht zur Führung von Einzelaufzeichnungen ab (seit dem 29.12.2016 zudem klargestellt durch Aufnahme des Wortes „einzeln" in § 146 Abs. 1 AO n.F.). Auch die Verarbeitung der einzelnen Geschäftsvorfälle sowie das dabei angewendete Buchführungs- oder Aufzeichnungsverfahren müssen nachvollziehbar sein.[5] Buchungen und sonst erforderliche Aufzeichnungen müssen durch einen Beleg nachgewiesen werden können (Belegprinzip). Gefordert wird die **progressive und retrograde Prüfbarkeit**, für Papieraufzeichnun-

105

---

1 §§ 238 HGB, 145 AO; GoBD, Rz. 32, 56.
2 BFH vom 22.02.1973 – IV R 69/69, BStBl. II 1973, 480.
3 BFH vom 18.07.1985 – V B 7/85, BFH/NV 1986, 244.
4 GoBD, Rz. 32, 36.
5 GoBD, Rz. 30.

gen ebenso wie für DV-gestützte Bücher und Aufzeichnungen sowie sonst erforderliche elektronische Aufzeichnungen.[6]

Abbildung 2: Progressive und retrograde Prüfbarkeit
(Quelle: Eigene Darstellung)

106 Die progressive Prüfung beginnt beim Beleg, geht über das Grundbuch/die Grundaufzeichnungen und das Journal zum Hauptbuch (Konten) und in die Bilanz sowie die Gewinn- und Verlustrechnung, von dort weiter in die Steueranmeldungen bzw. in die Steuererklärungen. Die retrograde Prüfung verläuft umgekehrt, d.h. von der Steuererklärung/-anmeldung bis hin zurück zum ursprünglichen Beleg. Progressive und retrograde Prüfbarkeit müssen während der gesamten Dauer der Aufbewahrungspflicht und in jedem Verfahrensschritt gewährleistet sein.[7]

---

6 GoBD, Rz. 146, 147.
7 GoBD, Rz. 33.

4.1 Allgemeine Anforderungen an Buchführung und Aufzeichnungen

Die **Transparenz der Datenwege** beginnend bei Erfassung eines Geschäftsvorfalls in einem elektronischen Aufzeichnungssystem muss über alle nachfolgenden Prozesse bis zur Übernahme der verdichteten Zahlen in die Bilanz gewährleistet sein.[8] Die gesetzliche Vermutung der Richtigkeit der Kassenbuchführung erfordert einen schlüssigen Nachweis hinsichtlich der Unveränderbarkeit der Einzelbuchungen und deren Zusammenführung bei der Erstellung steuerlicher Abschlüsse.[9] Vor diesem Hintergrund umfasst der Grundsatz der Nachvollziehbarkeit beim Einsatz von IT-Technologie auch das Erfordernis aussagekräftiger und vollständiger **Verfahrensdokumentationen**[10] und die Einrichtung eines internen Kontrollsystems (IKS)[11]. Dies beinhaltet die Erstellung einer Kassieranweisung für Mitarbeiter.[12]

107

In elektronischen Aufzeichnungssystemen lässt sich für Betriebsprüfer hier schnell der erste „Fallstrick" finden. Denn als sachverständiger Dritter muss er auch ohne Kenntnis der Programmiersprache in die Lage versetzt werden, die programminterne Verarbeitung, insbesondere die Verarbeitungsfunktionen und -regeln, in angemessener Zeit nachzuvollziehen. Ihm muss eine Einzelfall- und eine Systemprüfung ermöglicht werden. Über allgemeinen DV-Sachverstand hinaus können von ihm spezielle, produktabhängige System- oder Programmierkenntnisse aber nicht erwartet werden.[13] Eine Verfahrensdokumentation muss deshalb vor allem aussagekräftig, vollständig, verständlich und für einen sachverständigen Dritten in angemessener Zeit nachprüfbar sein. Das bedingt, insbesondere Dokumentationsunterlagen über die Grundeinstellungen der Kasse, Bedienerprogrammierung, Artikel- und Warengruppeneinstellungen etc. vorzulegen. Andernfalls kann die progressive und retrograde Prüfbarkeit eingeschränkt sein mit der Folge, dass dem Prüfer die Schätzungsbefugnis dem Grunde nach eröffnet wird.[14]

108

Der Grundsatz der Nachprüfbarkeit beinhaltet auch die **Belegfunktion** der Buchführung, d.h. Geschäftsvorfälle sind in Übereinstimmung mit den tatsächlichen Verhältnissen und im Einklang mit den rechtlichen Vorschriften inhaltlich zutreffend durch Belege abzubilden. Es gilt der Grundsatz, dass keine Buchung ohne Beleg erfolgen darf. Nur im Zusammenhang mit Belegen sind Bücher und Aufzeichnungen ordnungsgemäß und beweiskräftig. Zur Belegsicherung und Unverlierbarkeit der Geschäftsvorfälle (Grundbuch(aufzeichnungs)funktion) s. Kap. 2.1.3.

109

---

8 GoBD, Rz. 84.
9 AEAO zu § 158, Satz 8 i. d. F. bis 10.03.2024.
10 Siehe dazu ausführlich Kap. 5; Henn, DB 2016, 254; GoBD, Rz. 34, 145.
11 Siehe dazu ausführlich Kap. 5.9.
12 *Achilles/Pump*, Lexikon der Kassenführung, 230. Vgl. dazu auch Kap. 5.9.4.
13 GoBD, Rz. 148.
14 FG Hessen vom 24.03.2014 – 4 K 2340/12; BFH vom 25.03.2015 – X R 20/13, BStBl. II 2015, 743.

110 Da bei internen Vorgängen naturgemäß Fremdbelege fehlen, z. B. für Privatentnahmen und Privateinlagen, müssen hierfür taggenaue **Eigenbelege**[15] angefertigt werden. Eine nur summarische Zusammenfassung dieser Geschäftsvorfälle am Monatsende ist nicht zulässig. Auch für Schenkungen von Dritten, Darlehen oder Geldverschiebungen zwischen mehreren Kassen sind Belege ein Muss. Das Belegprinzip dient auch der Herstellung der Kassensturzfähigkeit. Fehlen Eigenbelege, handelt es sich nicht nur um einen formellen, sondern um einen schwerwiegenden materiellen Mangel.[16]

4.2 Ordnungsvorschriften für die Buchführung und für Aufzeichnungen (§ 146 AO)

4.2.1 Grundsatz der Einzelaufzeichnungspflicht

4.2.1.1 Vorbemerkungen

111 Aus dem in § 238 Abs. 1 Satz 3 HGB, § 145 Abs. 1 Satz 2 AO normierten Erfordernis, dass sich Geschäftsvorfälle in ihrer Entstehung und Abwicklung verfolgen lassen müssen, erwuchs seit jeher die Verpflichtung, Betriebseinnahmen einzeln aufzuzeichnen, soweit aus Zumutbarkeits- und Praktikabilitätserwägungen keine Erleichterungen in Betracht kamen.[17] Die Aufnahme des Wortes „einzeln" in § 146 Abs. 1 Satz 2 AO durch das Gesetz zum Schutz vor Manipulationen an digitalen Grundaufzeichnungen vom 22. 12. 2016[18] diente insoweit nur der Klarstellung.[19] Umsatzsteuerlich folgt die Pflicht zur Einzelaufzeichnung aus den §§ 22 UStG i. V. m. 63-68 UStDV (ggf. mit geringeren Mindestinhalten). Weitere Einzelaufzeichnungspflichten resultieren aus außersteuerlichen Normen.[20] Ob der Stpfl. sich eines elektronischen Aufzeichnungssystems bedient oder Einzelaufzeichnungen in Papierform anfertigt (z. B. bei Führung einer offenen Ladenkasse mit Einzelaufzeichnungen), ist grundsätzlich ohne Bedeutung.[21]

112 *Hinweis:*
Die Pflicht zur Einzelaufzeichnung besteht aus Zumutbarkeitsgründen bei Verkauf von Waren an eine Vielzahl von nicht bekannten Personen gegen Barzahlung nicht (§ 146 Abs. 1 Satz 3 AO). Das gilt entsprechend für Dienstleistungen,

---

15 Siehe dazu ausführlich Kap. 6.12.
16 FG Münster vom 23. 03. 2000 – 5 V 7028/99 E,G,U.
17 BFH vom 12. 05. 1966 – IV 472/60, BStBl. III 1966, 371; BFH vom 16. 12. 2014 – X R 42/13, BStBl. II 2015, 519. Zur rechtsgeschichtlichen Entwicklung vgl. *Jansen*, StBp 2022, 214 (215).
18 BGBl. I 2016, 3152.
19 BR-Drucks. 407/16, 1.
20 Vgl. exemplarisch § 49 PBefG, § 31 FahrlG; § 2 Abs. 1 Nr. 16 i. V. m. § 1 Abs. 9, § 4 Abs. 4, § 8, § 10 Abs. 6 GwG, die über § 140 AO auch für das Steuerrecht gelten.
21 AEAO zu § 146, Nr. 2.1.4.

4.2 Ordnungsvorschriften für die Buchführung und für Aufzeichnungen

wenn der Kundenkontakt im Wesentlichen auf die Bestellung und den kurzen Bezahlvorgang beschränkt ist.[22] Das gilt nicht, wenn der Stpfl. ein elektronisches Aufzeichnungssystem i. S. d. § 146a AO verwendet (§ 146 Abs. 1 Satz 4 AO).[23]

Die Grundsätze ordnungsmäßiger Buchführung erfordern grundsätzlich die Aufzeichnung jedes einzelnen Geschäftsvorfalls (Betriebseinnahmen, Betriebsausgaben, Entnahmen, Einlagen) unmittelbar nach seinem Abschluss und in einem Umfang, der einem sachverständigen Dritten in angemessener Zeit eine lückenlose Überprüfung seiner Grundlagen, seines Inhalts, seiner Entstehung und Abwicklung und seiner Bedeutung für den Betrieb ermöglicht.[24] Das gilt auch für Bareinnahmen und Barausgaben.[25] Art und Umfang sind unter Berücksichtigung branchenspezifischer Besonderheiten und dem Aspekt der Zumutbarkeit und Praktikabilität zu bestimmen. In der Regel sind folgende Aufzeichnungen erforderlich: 113

- Inhalt des Geschäfts (Liefergegenstand, Art der Dienstleistung),[26]
- die in Geld bestehende Gegenleistung,[27]
- Name des Vertragspartners (Identität)[28] und, soweit zumutbar,
- ausreichende Bezeichnung des Geschäftsvorfalls.[29]

Das gilt für jeden, der eine gewerbliche, berufliche oder land- und forstwirtschaftliche Tätigkeit selbständig ausübt[30], unabhängig von der Gewinnermittlungsart.[31] Mithin sind auch Gewinnermittler nach § 4 Abs. 3 EStG daran gehalten.[32] Der Umstand der sofortigen Bezahlung rechtfertigt keine Ausnahmen von diesen Grundsätzen.[33] 114

Die in den Regelungen der AO, des AEAO, der KassenSichV und des UStG verwendeten Tatbestandsmerkmale in Bezug auf ausreichende Einzelaufzeichnungen beim Warenverkauf erscheinen nicht nur auf den ersten Blick verwirrend. Nach der **Abgabenordnung** wird die *handelsübliche Bezeichnung*, wie sie aus § 14 Abs. 4 Satz 1 Nr. 5 UStG bekannt ist, nur im Zusammenhang mit der Aufzeichnung des Wareneingangs und des Warenausgangs bei gewerblichen Unternehmern verwendet (vgl. §§ 143 Abs. 3 Nr. 3, 144 Abs. 3 Nr. 3 AO). Dagegen verlangt der AEAO zu § 146, Nr. 2.1.3 für Warenlieferungen die Aufzeichnung 115

---

22 AEAO zu § 146, Nr. 2.2.6.
23 Vgl. ausführlich Kap. 7.
24 AEAO zu § 146, Nr. 2.1.2.
25 BFH vom 12.05.1966 – IV 472/60, BStBl. III, 371; BFH vom 01.10.1969 – I R 73/66, BStBl. II 1970, 45.
26 Siehe Kap. 4.2.1.3 ff.
27 Siehe Kap. 4.2.1.7 und 4.2.1.8.
28 Siehe Kap. 4.2.1.11 ff.
29 BFH vom 01.10.1969 – I R 73/66, BStBl. II 1970, 45; GoBD, Rz. 37.
30 AEAO zu § 146, Nr. 2.1.2.
31 AEAO zu § 146, Nr. 2.1.7.
32 Vgl. dazu nur Überschrift des § 146 AO („Aufzeichnungen"), § 145 Abs. 2 AO, § 146 Abs. 5 Satz 1, 2. Halbsatz, AEAO zu § 146, Nr. 2.1.1 und 2.1.7, BFH-Beschluss vom 08.08.2019 – X B 117/18.
33 Vgl. BFH vom 26.02.2004 – XI R 25/02, BStBl. II 2004, 599.

des *„eindeutig bezeichneten Artikels"*, während auf dem Beleg i. S. d. § 146a Abs. 2 AO die Menge und die *„Art der gelieferten Gegenstände"* abzubilden sind (§ 6 Satz 1 Nr. 3 KassenSichV), offenbar angelehnt an den Wortlaut des § 33 Satz 1 Nr. 3 UStDV. Dass aus Vereinfachungsgründen nicht einheitlich die Begrifflichkeit der *handelsüblichen Bezeichnung* verwendet wird, erschließt sich nicht. Zumindest scheint das BMF aber davon auszugehen, dass die *„Art gelieferter Gegenstände"* regelmäßig mit der *„handelsüblichen Bezeichnung"* übereinstimmt.[34]

116 Im Rahmen der Einzelaufzeichnungspflicht gestattet § 146 Abs. 1 AO nach Verwaltungsauffassung zudem bei *„der Art nach gleichen Waren mit demselben Einzelverkaufspreis"* eine Zusammenfassung in *Warengruppen*, sofern die verkaufte Menge bzw. Anzahl ersichtlich ist (AEAO zu § 146, Nr. 2.1.3). Auch hier sind Kollisionen mit dem Umsatzsteuerrecht durchaus denkbar, weil dort zum einen nach niedrig- bis hochpreisigen Waren differenziert wird (s. Kap. 4.2.1.3), zum anderen umsatzsteuerlich unbedenkliche Leistungsbezeichnungen zugelassen werden, die im Licht der Einzelaufzeichnungspflicht nach AO oder unter ertragsteuerlichen Gesichtspunkten eher kritisch zu betrachten sind. Beispielhaft sei erwähnt, dass es aus umsatzsteuerlicher Sicht für Rechnungserteilung und Vorsteuerabzug ausreicht, wenn eine Bewirtungskostenrechnung die Angabe „Speisen und/oder Getränke" enthält und eine Gesamtsumme ausweist. Für den Betriebsausgabenabzug nach § 4 Abs. 5 Satz 1 Nr. 2 EStG genügt das indes nicht. Ertragsteuerlich würden nur detailliertere Angaben wie „Menü1", „Tagesgericht2" oder „Lunch-Buffet" unbeanstandet bleiben. In analoger Anwendung gilt dies nach hier vertretener Auffassung auch für die Artikelbezeichnung „Getränkepauschale", die zumindest bei Catering-Veranstaltungen, Hochzeitsfeiern u. ä. handelsüblich i. S. d. BFH-Rechtsprechung ist.[35] Buchstaben, Zahlen oder Symbole, wie sie für umsatzsteuerliche Zwecke ausreichen, genügen für den Bewirtungskostenabzug nicht.[36]

117 Ebenfalls nicht ausreichend ist mit Hinblick auf die Bestimmung des zutreffenden Umsatzsteuersatzes die Warenbezeichnung „Geschenkartikel". Dagegen soll „Präsentkorb" als ausreichende Bezeichnung des Liefergegenstands i. S. d. Umsatzsteuerrechts gelten, ohne dass Mengen oder handelsübliche Bezeichnungen der im Präsentkorb enthaltenen Gegenstände angegeben werden müssten.[37] Die Auffassung der Finanzverwaltung ist abzulehnen, da Präsentkörbe häufig Waren zum ermäßigten und zum Regelsteuersatz enthalten (z. B. Schokolade, Wein) und eine zutreffende Trennung der Entgelte zumindest in diesen Fällen kaum möglich ist. Ähnliche Problematiken ergeben sich aus einzelfallabhängig zulässigen Warengruppenbezeichnungen (s. Kap. 4.1.4), die im Rahmen des Vorsteuerabzugs i. S. d. § 15 UStG als nicht *„handelsüblich"* eingestuft werden

---

34 BMF vom 01.12.2021 – III C 2 – S 7280-a/19/10002 :001, BStBl. I 2021, 2486.
35 Anderer Ansicht *Janßen*, StBp 2022, 214 (218) unter Verweis auf AEAO zu § 146, Nr. 2.1.3.
36 BMF vom 21.11.1994 – IV B 2 – S 2145 – 165/94, BStBl. I 1994, 855, Nr. 1.3; Amtliches Einkommensteuer-Handbuch 2019, R 4.10 (8) Satz 9.
37 Abschn. 14.5 Abs. 15 UStAE.

4.2 Ordnungsvorschriften für die Buchführung und für Aufzeichnungen

könnten. Eine „Harmonisierung" der bestehenden Regelungen würde hier zur deutlichen Vereinfachung und mehr Rechtssicherheit beitragen.

Tipp: 118
Zumindest für KMU erscheint wenig praxisgerecht, dass eine nach Gewerbezweigen katalogisierte Vorgabe weder gesetzlich noch in Verwaltungsanweisungen geregelt ist.[38] Sinnvoll erscheint jedenfalls, ergänzende Erläuterungen über die Zusammensetzung verkaufter Produkte in der DSFinV-K über die Datei „Bonpos_Zusatzinfo" (subitems.csv) zu dokumentieren. Die umsatzsteuerliche Bemessungsgrundlage wird durch Sub-Items nicht berührt.

Beispiel: 119
Menü 1 besteht aus Cola, Hamburger und Pommes.

Item	Menü 1
SubItem 1	Cola
SubItem 2	Hamburger
SubItem 3	Pommes Frites

Darüber hinaus können hier von Standardbestellungen abweichende Bestellungen berücksichtigt werden, um den tatsächlichen Warenverbrauch festzuhalten (Beispiel: Gyros-Teller mit Pommes Frites anstatt mit Reis). Neben der Erfüllung steuerlicher Anforderungen können spätere Auswertungen der Datei subitems.csv auch aus betriebswirtschaftlicher Sicht interessante Hinweise für den Unternehmer liefern. 120

4.2.1.2 Einzelaufzeichnungen im Licht der AO

Der AEAO zu § 146, Nr. 2.1.3 konkretisiert die Anforderungen der Finanzverwaltung wie folgt: 121

„Zeitnah", d. h. möglichst unmittelbar zu der Entstehung des jeweiligen Geschäftsvorfalles aufzuzeichnen sind

– der verkaufte, eindeutig bezeichnete Artikel,[39]
– der endgültige Einzelverkaufspreis,[40]
– der dazugehörige Umsatzsteuersatz und -betrag,[41]
– vereinbarte Preisminderungen,[42]
– die Zahlungsart,

---

38 Auch *Jope/Teutemacher* haben sich diesem Thema angenommen und in BBK 2023, 543 (555 f.) einen exemplarischen Katalog geeigneter und ungeeigneter Bezeichnungen für Bäckereien, Friseure, u. a. veröffentlicht.
39 Siehe dazu Kap. 4.2.1.3 ff.
40 Siehe dazu Kap. 4.2.1.7 f.
41 Siehe dazu Kap. 4.2.1.9.
42 Siehe dazu Kap. 4.2.1.8.

4 Steuerliche Ordnungsvorschriften (§§ 145–147 AO)

122 – Datum und Zeitpunkt des Umsatzes[43] sowie
– die verkaufte Menge bzw. Anzahl.

122 Zur Dokumentation der Veränderung des Anlage- und Umlaufvermögens sind **Mengenangaben** zwingend.[44] Sie können z. B. als Stückzahl oder als Gewichtseinheit angegeben werden (AEAO zu § 146, Nr. 2.2.4). Auch andere Einheiten sind denkbar (z. B. Liter, qm, ccm, sonstige Gebindegrößen). Der Menge nach nicht abschätzbare Einheiten, z. B. „Paletten", genügen mangels bestimmbarer Leistung i. d. R. nicht.[45] Fehlen Angaben über die Menge der gelieferten Gegenstände, können sie (auch für Zwecke des Vorsteuerabzugs[46]) anhand sonstiger Geschäftsunterlagen ergänzt bzw. nachgewiesen werden, z. B. durch Lieferscheine.

123 *Beachte:*
Angesichts der kurzen Aufbewahrungsfrist für Lieferscheine (vgl. Kap. 4.3.7) muss darauf geachtet werden, dass sich die Mengenangaben im Falle der Vernichtung aus den Rechnungen ergeben.

4.2.1.3 Einzelaufzeichnungen im Licht des UStG

124 Das Umsatzsteuerrecht fordert Angaben über Menge und Art (handelsübliche Bezeichnung) der gelieferten Gegenstände oder Umfang und Art der sonstigen Leistung (§ 14 Abs. 4 Satz 1 Nr. 5 UStG). Ergänzend tritt hinzu, dass für den Vorsteuerabzug des Leistungsempfängers (§ 15 UStG) die Leistungsbezeichnung eine eindeutige und leicht nachprüfbare Feststellung der Leistung, über die abgerechnet wird, ermöglichen muss. Zur Frage, was als „*handelsübliche Bezeichnung*" i. S. d. § 14 Abs. 4 Satz 1 Nr. 5 UStG anzusehen ist, hält der BFH insbesondere eine Unterscheidung nach verschiedenen Verkehrskreisen für erforderlich, und zwar zum einen nach Waren im mittleren und oberen Preissegment[47], zum anderen nach Waren im Niedrigpreissegment[48]. Jedoch sei nicht nur auf den Wert der Waren abzustellen, sondern auch – abhängig von den Umständen des Einzelfalls – auf die Handelsstufe sowie auf Art und Inhalt des Geschäfts. Allgemeingültige Aussagen, wann eine Bezeichnung „handelsüblich" ist und wann nicht, seien nicht möglich[49], in Zweifelsfällen müsse ein Sachverständiger hin-

---

43 Siehe dazu Kap. 4.2.1.10.
44 GoBD, Rz. 77 unter Verweis auf BFH vom 12.05.1966, BStBl. III 1966, 371.
45 Auf Angaben wie „Bund" oder „Kiste" z. B. bei Schnittblumen, Obst oder Gemüse, sollte so weit wie möglich verzichtet werden, um im Rahmen von Kalkulationen aussagekräftige Schätzungsparameter vorweisen zu können.
46 Abschn. 15.11 Abs. 3 UStAE.
47 Zu den Anforderungen bei hochpreisigen Uhren und Armbändern vgl. BFH vom 29.11.2002 – V B 119/02.
48 Zu den Anforderungen im Niedrigpreissegment vgl. BFH vom 10.07.2019 – XI R 28/18 m. w. N.
49 BFH vom 10.07.2019 – XI R 28/18, BStBl. II 2021, 961. Vgl. auch BFH vom 14.03.2019 – V B 3/19, BStBl. II 2021, 948; BFH vom 16.05.2019 – XI B 13/19, BStBl. II 2021, 950.

4.2 Ordnungsvorschriften für die Buchführung und für Aufzeichnungen

zugezogen werden.[50] Insgesamt muss die handelsübliche (Sammel-)Bezeichnung einer Lieferung in der Rechnung

- den Abgleich zwischen gelieferter und in Rechnung gestellter Ware ermöglichen,
- die Entrichtung der geschuldeten Steuer und das Bestehen des Vorsteuerabzugsrechts ermöglichen (Kontrollfunktion der Rechnung[51]), einschließlich Sicherstellung der Nachprüfbarkeit der Anwendung des zutreffenden Steuersatzes,
- den Erfordernissen eines ordentlichen Kaufmanns i. S. d. HGB genügen,
- so gewählt werden, dass eine mehrfache Abrechnung ausgeschlossen werden kann,
- eine eindeutige und leicht nachprüfbare Feststellung der Leistung ermöglichen,
- von Unternehmern in den entsprechenden Geschäftskreisen allgemein (d. h. nicht nur gelegentlich) verwendet werden, z. B. auch eine Markenartikelbezeichnung.[52]

Unrichtige oder ungenaue Angaben genügen diesen Anforderungen nicht.[53] Abkürzungen, Buchstaben, Zahlen oder Symbole können verwendet werden, wenn ihre Bedeutung in der Rechnung oder in anderen Unterlagen eindeutig festgelegt ist. Die erforderlichen anderen Unterlagen müssen sowohl beim Aussteller als auch beim Empfänger der Rechnung vorhanden sein (§ 31 Abs. 3 UStDV). 125

Bloße Gattungsbezeichnungen wie T-Shirt, Bluse o. ä. sind ebenfalls unzulässig, es sei denn, der Stpfl. kann nachweisen, dass die verwendete Gattungsbezeichnung auf der betreffenden Handelsstufe handelsüblich ist.[54] Sinnvoll erscheint, weitere Angaben festzuhalten (z. B. Markenbezeichnung, Modelltyp, Konfektionsgröße, Farbe, Material, Artikel- oder Chargennummer). 126

Hinsichtlich der Detailtiefe kommt es m. E. auch darauf an, ob die Aufzeichnungen elektronisch oder in Papierform erstellt werden. So ist z. B. die Angabe einer Chargennummer oder Global Trade Item Number (GTIN) als international eindeutige Produktkennzeichnung für Handelsartikel bei elektronischen Aufzeichnungen üblich, in Papierform eher nicht. Die Nichtaufzeichnung einer üblicherweise – u. a. zur Identifizierung der Ware bei Rücklieferung und in Garantiefäl- 127

---

50 BFH vom 10.07.2019 – XI R 28/18 m. w. N.
51 Vgl. Abschn. 14.5 Abs. 1 UStAE unter Hinweis auf EuGH vom 15.09.2016 – C-516/14, Barlis 06.
52 BMF, Schreiben vom 01.12.2021 – III C 2 – S 7280-a/19/10002 :001, BStBl. I 2021, 2486.
53 BFH vom 01.03.2018 – V R 18/17, BStBl. II 2021, 644; BMF, Schreiben vom 09.09.2021, BStBl. I 2021, 1593.
54 BMF, Schreiben vom 01.12.2021 – III C 2 – S 7280-a/19/10002 :001, BStBl. I 2021, 2486.

len⁵⁵ – in der Lieferkette weitergegebenen Geräteidentifikationsnummer, z. B. der IMEI-Nummer⁵⁶ bei der Lieferung von Mobiltelefonen, kann daran zweifeln lassen, dass tatsächlich eine Lieferung an den Rechnungsempfänger ausgeführt wurde und ein Indiz für eine nicht ausgeführte Lieferung sein. Soweit vorhanden, sollten Geräteidentifikationsnummern daher möglichst mit abgedruckt sein. Die Versagung des Vorsteuerabzugs allein wegen des Fehlens der Geräteidentifikationsnummer ist jedoch nicht zulässig.[57] Entsprechendes gilt für verwendete EAN, GTIN oder andere Artikelnummern wie z. B. die in der Pharmazie verwendeten Pharmazentralnummern (PZN). In der DSFinV-K erfolgt die Abbildung solcher und ähnlicher Identifikationsnummern in der Datei „Bonpos". Artikel- oder Seriennummern sind als Ergänzung zu verstehen – ihre Angabe allein genügt den Anforderungen auch deshalb nicht, weil sich die Aufzeichnungen, insbesondere bei umfangreichem Beleganfall, nicht in angemessener Zeit prüfen lassen (§§ 145 Abs. 1 AO, 63 Abs. 1 UStDV). Ausreichend, aber auch erforderlich ist, den Leistungsgegenstand zweifelsfrei identifizieren und die Warenströme nachverfolgen zu können. Im Idealfall weisen Artikelbezeichnungen aus Wareneinkaufsrechnungen und Warenverkaufsrechnungen identische Merkmale auf. Ist ein Abgleich bspw. mit der Prüfsoftware IDEA möglich, kann damit der Nachweis der sachlichen Richtigkeit von Büchern und Aufzeichnungen i. S. d. § 158 AO erbracht werden. Vgl. dazu Kap. 13.4 ff.

128 Anders als bei Lieferungen kommt es bei **Dienstleistungen** nach dem insoweit eindeutigen Wortlaut des § 14 Abs. 4 Satz 1 Nr. 5 UStG nicht auf die Handelsüblichkeit der Bezeichnung an. Hinsichtlich Art und Umfang müssen dennoch präzise Bezeichnungen gewählt werden, die eine eindeutige Identifizierung der abgerechneten Leistungen ermöglichen. Sie erschöpfend zu beschreiben, ist nicht erforderlich.[58]

129 Die vorstehenden Ausführungen gelten auch für Kleinbetragsrechnungen (vgl. § 33 Satz 1 Nr. 3 UStDV) und Rechnungen über Voraus- oder Anzahlungen (Abschn. 14.8. Abs. 4 UStAE[59]).

4.2.1.4 Verwendung von Warengruppen

130 Werden der Art nach *gleiche* Waren mit *demselben* Einzelverkaufspreis in einer Warengruppe zusammengefasst, wird dies vor dem Hintergrund der Einzelaufzeichnungspflicht i. S. d. § 146 Abs. 1 AO von der Finanzverwaltung nicht beanstandet, sofern die verkaufte Menge bzw. Anzahl ersichtlich bleibt. Dies gilt entsprechend für Dienstleistungen.[60] Ungeachtet dessen empfehlen sich detail-

---

55 In Garantiefällen sind exakte Artikelbezeichnungen schon im Eigeninteresse des Unternehmers (und des Kunden) erforderlich. So im Ergebnis auch *Jope/Teutemacher*, BBK 2023, 543 (554).
56 IMEI=International Mobile Equipment Identity Number.
57 Vgl. BMF, Schreiben vom 01.04.2009, BStBl. I 2009, 525.
58 BFH vom 15.10.2019 – V R 29/19 (V R 44/16), BStBl. II 2021, 646 unter Bezug auf EuGH vom 15.09.2016 – C-516/14, Barlis 06.
59 Mit Hinweis auf BFH vom 24.08.2006 – V R 16/05, BStBl. II 2007, 340.
60 AEAO zu § 146, Nr. 2.1.3.

lierte Leistungsbeschreibungen schon mit Hinblick auf Schätzungsrisiken. Je exakter aufgezeichnet wird, umso einfacher lässt sich die Vollständigkeit der Tageseinnahmen belegen (Abgleich des Wareneinkaufs mit dem Warenverkauf unter Berücksichtigung vorhandener Inventurwerte). Es liegt auf der Hand, dass mit Warengattungen wie „Brot" oder „Getränke" in der Lebensmittelbranche der Nachweis der Vollständigkeit deutlich schwieriger zu erbringen ist als etwa in einer Apotheke, in der für jeden einzelnen Artikel eine PZN-Nummer[61] vergeben ist.

Mit einem „einfachen" elektronischen Aufzeichnungssystem lässt sich das Erfordernis detaillierter Einzelaufzeichnungen schon aus technischen Gründen nicht erfüllen, wenn nur wenige PLU[62]-Tasten zur Verfügung stehen. Der Grundsatz der Wirtschaftlichkeit rechtfertigt jedoch nicht, dass Grundprinzipien der Ordnungsmäßigkeit verletzt werden. Die zur Vermeidung einer solchen Gefährdung erforderlichen Kosten muss der Stpfl. genauso in Kauf nehmen wie alle anderen Aufwendungen, die die Art seines Betriebs mit sich bringt. Hält der Stpfl. gleichwohl an seinem „einfachen" Aufzeichnungssystem fest, dürfte die Erfassung von Warengruppen auch bei unterschiedlichen Einzelpreisen jedenfalls dann keinen Mangel mit sachlichem Gewicht darstellen, wenn nur wenige Warengruppen vorliegen (z. B. Marktstand mit Obst- und Gemüsehandel)[63] oder als Warengruppe zusammengefasste Einzelaufzeichnungen aus einem anderen elektronischen Aufzeichnungssystem/Vorsystem (z. B. Waage) oder anderen Primäraufzeichnungen in Papierform, z. B. nummerierte, geordnet aufbewahrte **Verzehrkarten**, ersichtlich sind und die Bücher und Aufzeichnungen insgesamt noch in angemessener Zeit prüfbar sind.[64] Vgl. dazu die Beispiele in Kap. 4.2.1.5 und 4.2.1.6.

131

4.2.1.5 Wiegesysteme

Waagen mit Registrierkassenfunktion

Werden elektronische Einzelaufzeichnungen in einer Waage (Artikel, Gewicht, Menge, Preis) erfasst, handelt es sich um aufzeichnungs- und aufbewahrungspflichtige Daten, die dem Datenzugriffsrecht der Finanzverwaltung unterliegen.[65] Erfolgt nach dem Wiegevorgang und der Belegausgabe eine erneute Aufzeichnung der Einzeldaten in einem elektronischen Kassensystem („Hauptkasse"), brauchen die Einzeldaten der Waage nicht zusätzlich aufbewahrt zu werden.[66] Werden die Einzelaufzeichnungen der Waage dagegen nur als Summe im Kassensystem erfasst, z. B. unter der Warengruppenbezeichnung

132

---

61 PZN=Pharmazentralnummer.
62 PLU=Price Look Up.
63 So wohl auch *Jope/Teutemacher*, BBK 2023, 543 (554), die Warengruppenbezeichnungen wie „Äpfel, Kohlgemüse, Blattsalate als zulässig erachten.
64 Vgl. §§ 145 Abs. 1 AO, 238 HGB, 63 UStDV.
65 BMF, Schreiben vom 26. 11. 2010, BStBl. I 2010, 1342.
66 AEAO zu § 146, Nr. 2.2.4, 1. Absatz.

"Fleisch", ist die Aufbewahrung der Mengen- und Wertangaben aus der Waage dagegen zwingend erforderlich.[67]

Zu den Besonderheiten des § 146a AO im Zusammenhang mit Wiegesystemen s. Kap. 10.

Waagen ohne Registrierkassenfunktion

133 Wird eine Waage verwendet, die nur das Gewicht und/oder den Preis anzeigt und über die Dauer des einzelnen Wiegevorgangs hinaus über keine Speicherfunktion verfügt[68], kann nach Auffassung des BMF unter den weiteren Voraussetzungen des § 146 Abs. 1 Satz 3 AO eine offene Ladenkasse geführt werden. Mit der Erleichterung hat die Finanzverwaltung eine Ausnahme vom eigenen Grundsatz statuiert, dass eine offene Ladenkasse begrifflich nur dann vorliegen soll, wenn keine technischen Hilfsmittel eingesetzt werden.[69]

Erfüllt die Waage hingegen die Funktion eines elektronischen Aufzeichnungssystems mit Kassenfunktion, ist der Nachweis der Betriebseinnahmen ausschließlich mit einer offenen Ladenkasse unzulässig.[70] Das gilt auch bei externer Geldaufbewahrung.[71]

4.2.1.6 Online-Bestellsysteme

134 Vermehrt nutzen Stpfl. Online-Bestellsysteme, mit denen Kunden etwa Speisen und Getränke vorbestellen und später abholen können. Fraglich ist, ob die im Bestellsystem gespeicherten Artikel (Einzelaufzeichnungen) bei Abholung erneut in das Kassensystem eingegeben werden müssen oder ein Verweis auf die Online-Bestellung genügt.

135 **Beispiel:**

Kunde A bestellt online eine Pizza Tonno, eine Lasagne, Pizzabrötchen und zwei Flaschen Wasser. Der Rechnungsbetrag beläuft sich auf 28,70 € und wird bei Abholung der Ware bezahlt. Für diese Zwecke wird dem Kunden die Bestellnummer „47249" übermittelt. Artikel, Datum, Uhrzeit, Bestellnummer etc. werden im Online-Bestellsystem gespeichert.

Lösung:

Nach diesseitiger Auffassung ist eine mehrfache Einzelaufzeichnung im Online-Bestellsystem und im Kassensystem nicht erforderlich. Über eine am Kassensystem eingerichtete Tastenbelegung, z. B. „Online-Bestellung" und ergänzender Freihandeingabe der Bestellnummer „47249" kann der Rechnungsbetrag i. H. v. 28,70 € erfasst werden. Der Einzelaufzeichnungspflicht und der Nachvollziehbarkeit der Geschäftsvorfälle ist durch die Kombination aus beiden Systemen ent-

---

67 GoBD, Rz. 77; *Achilles/Pump*, Lexikon der Kassenführung, 319 f.
68 Darunter fallen auch historische manuelle Waagen.
69 AEAO zu § 146, Nr. 2.1.4.
70 AEAO zu § 146, Nr. 2.2.4.
71 AEAO zu § 146, Nr. 2.1.4.

4.2 Ordnungsvorschriften für die Buchführung und für Aufzeichnungen

sprochen. Die Aufzeichnungen des Stpfl. ließen sich durch eine Schnittstellen-Verprobung über die gemeinsamen Kriterien „Datum" und/oder „Bestellnummer" belastbar auf Vollständigkeit prüfen, sofern auch die übrigen Anforderungen, u. a. an
- Unveränderbarkeit (§ 146 Abs. 4 AO),
- Dokumentation der Zahlungswege (GoBD, Rz. 55; DSFinV-K),
- Beschreibung der Abläufe in der Verfahrensdokumentation,

eingehalten werden. Eine für Prüfungsdienste bindende Verwaltungsanweisung zu dieser Thematik liegt derzeit nicht vor. Sollte die o. g. Handhabung als formeller Mangel angesehen werden, hätte dieser bei Prüfbarkeit der Vollständigkeit kein sachliches Gewicht.

Nach Verwaltungsauffassung sind die Geschäftsvorfälle und sonstigen Vorgänge aus beiden Systemen mit der technischen Sicherheitseinrichtung i. S. d. § 146a AO abzusichern. Für das Online-Bestellsystem gilt das nur dann nicht, wenn keine baren Zahlungsvorgänge vor Ort möglich sind (BMF-FAQ). 136

4.2.1.7 Aufzeichnung der Gegenleistung

Gefordert wird die Aufzeichnung der in Geld bestehenden Gegenleistung, bestehend aus dem (endgültigen) Einzelverkaufspreis, vereinbarten Preisminderungen[72] und dem dazugehörigen Umsatzsteuerbetrag.[73] Aus umsatzsteuerlicher Sicht ist das nach Steuersätzen und einzelnen Steuerbefreiungen aufgeschlüsselte Entgelt für die Lieferung oder sonstige Leistung sowie jede im Voraus vereinbarte Minderung des Entgelts, sofern sie nicht bereits im Entgelt berücksichtigt ist, aufzuzeichnen. Zu den Erleichterungen vgl. 32 ff. UStDV. Soweit Kosten für Nebenleistungen, z. B. für Beförderung, Verpackung, Versicherung, besonders berechnet werden, sind sie ggf. den unterschiedlich besteuerten Hauptleistungen anhand geeigneter Merkmale zuzuordnen, z. B. nach dem Verhältnis der Werte oder Gewichte. Aufzeichnungspflichtig sind auch Währungseinheit (lokale Währung, ggf. Fremdwährung) und Umrechnungskurse bei Fremdwährungen.[74] 137

Für Zwecke der Preisermittlung können weitere Aufzeichnungen erforderlich sein. So müssen z. B. in Apotheken ergänzende Angaben zur Verkaufsart vorliegen (GKV, PKV, Freiverkauf). Eine Übernahme auf den Kundenbeleg (PKV oder Freiverkauf) ist m. E. indes ist nicht erforderlich. 138

> *Hinweis:* 139
> Unter die Preisangabenverordnung (PAngV) fallende Stpfl. haben ihre Preise anzugeben, die einschließlich der Umsatzsteuer und sonstiger Preisbestandteile vom Verbraucher zu zahlen sind. Zu diesem Zweck ist in den Geschäftsräumen und soweit vorhanden, zusätzlich im Schaufenster oder im Schaukasten, ein

---

72 Kap. 4.2.1.8.
73 Vgl. AEAO zu § 146, Nr. 2.1.2 und 2.1.3; GoBD Rz. 79.
74 Vgl. Kap. 6.8 und 6.20.

4 Steuerliche Ordnungsvorschriften (§§ 145–147 AO)

Preisverzeichnis anzubringen.[75] Verstöße dagegen können mit einem Bußgeld bis 1.000 Euro geahndet werden.[76] Ob die Regelungen eingehalten werden, liegt in der Prüfkompetenz der Kommunen. Steuerliche Bußgeldvorschriften bleiben unberührt. Zu den seit dem 28.05.2022 geltenden Regelungen vgl. Verordnung zur Novellierung der Preisangabenverordnung vom 12.11.2021[77].

140 Zwar sieht die PAngV selbst keine Aufbewahrungspflicht für Preisverzeichnisse oder Speise- und Getränkekarten (vgl. §§ 12, 13 PAngV) vor. Jedoch geht die Rechtsprechung von einer solchen aus und begründet dies regelmäßig über § 147 Abs. 1 Nr. 5 AO.[78] Aufbewahrungspflicht gilt auch für Sonderaktionen, die in Flyern, Zeitungsannoncen, auf der eigenen Homepage oder in sozialen Netzwerken beworben werden, soweit die Unterlagen für die Besteuerung bedeutsam sind.

141 Auch Inhaber einer Fahrschulerlaubnis haben die vom Fahrschüler zu entrichtenden Entgelte mit den Geschäftsbedingungen durch Aushang bekanntzugeben[79] und aufzubewahren.

4.2.1.8 Vereinbarte Preisminderungen

142 Es ist darauf zu achten, dass Entgeltsminderungen mit dem zutreffenden Umsatzsteuersatz berücksichtigt werden. Sie müssen möglichst dem jeweiligen Einzelumsatz direkt zugeordnet werden (Entgeltsminderung auf Artikelebene). Ändern sich Entgelte im Nachhinein, z.B. durch gewährte Boni, Skonti oder direkt gewährte Preisminderungen, sind diese Vorgänge aufzeichnungspflichtig und umsatzsteuerlich grundsätzlich der jeweiligen Position direkt zuzuordnen und auf dem Bon darzustellen (Entgeltsminderung auf Artikelebene).[80] Besonderheiten ergeben sich bei der Aufteilung von Gesamtkaufpreisen (z.B. sog. Spar-Menüs).[81]

143 § 9 Abs. 1 Nr. 2 der Preisangabenverordnung (PAngV) lässt eine zeitlich befristete, prozentuale Rabattierung der Endsumme des Kassenbons zu. Zwar verlangt der AEAO zu § 146 Nr. 2.1.3 die Aufzeichnung der endgültigen Einzelverkaufspreise. Als norminterpretierende Verwaltungsvorschrift steht er aber hinter der PAngV zurück. Es verbietet sich daher, Verstöße gegen den AEAO insoweit als formellen Mangel zu werten. Einzelfallabhängig muss dennoch eruiert

---

75 Vgl. nur §§ 10, 12, 13 PAngV n. F.
76 § 56 FahrlG n. F.
77 BGBl. I 2021, 4921.
78 § 147 Abs. 1 Nr. 5 AO; s. a. FG München vom 14.10.2005 – 10 V 1834/05; FG München vom 29.10.2009 – 15 K 219/07, EFG 2011, 10; FG Baden-Württemberg vom 18.02.1997 – 6 V 49/96, EFG 1997, 928; FG Münster vom 26.07.2012 – 4 K 2071/09 E,U; zur Bedeutung von Speisekarten für die zutreffende Trennung der Entgelte vgl. BFH vom 14.12.2011 – XI R 5/10, BFH/NV 2012, 1921.
79 § 32 FahrlG n. F.
80 Abschn. 22.2 Abs. 2 UStAE.
81 Vgl. BFH vom 03.04.2013 – V B 125/12, BStBl. II 2013, 973; BMF vom 28.11.2013 – IV D 2 – S 7200/13/10004, BStBl. I 2013, 1594. Zur Anwendbarkeit der sog. „Food and Paper"-Methode vgl. FG Baden-Württemberg vom 09.11.2022 – 12 K 3098/19, Rev. XI R 19/23.

werden, ob Gesamtrabattierungen zu umsatzsteuerlichen Fehlberechnungen oder intransparenten Auswertungen und Deutungen von Kassendaten führen könnten.[82] Zu den seit dem 28.05.2022 bestehenden besonderen Dokumentationspflichten bei Preisermäßigungen für Waren vgl. § 11 der Verordnung zur Novellierung der Preisangabenverordnung vom 12.11.2021.[83]

4.2.1.9 Umsatzsteuersatz und Umsatzsteuerbetrag

Ein Ausweis des Steuerbetrags in einer Summe nach § 32 UStDV in der Rechnung und die Zusammenfassung des Entgelts und des darauf entfallenden Steuerbetrags in einer Summe nach § 33 Satz 1 Nr. 4 UStDV in der Rechnung ist zulässig. Für umsatzsteuerrechtliche Zwecke können weitere Rechnungsangaben erforderlich sein (vgl. §§ 14, 14a UStG, 33 UStDV) Branchenspezifische Mindestaufzeichnungspflichten und Zumutbarkeitsgesichtspunkte sind zu berücksichtigen.[84] Zu den Mindestangaben im Rahmen der Belegausgabepflicht nach § 146a Abs. 2 AO vgl. Kap. 10.5.4.   144

4.2.1.10 Datum und Zeitpunkt des Umsatzes

Die Finanzverwaltung fordert für jeden Geschäftsvorfall grundsätzlich die Aufzeichnung des Datums und der Uhrzeit des Umsatzes[85], ohne zwischen elektronischen Aufzeichnungen und Papieraufzeichnungen zu unterscheiden. In elektronischen Aufzeichnungssystemen und technischen Sicherheitseinrichtungen i. S. d. § 146a AO geschieht dies automatisiert. Zur Abbildung des Datums, der lokalen Uhrzeit sowie der koordinierten Weltzeit (UTCTime) auf Kassenbelegen i. R. d. Belegausgabepflicht nach § 146a Abs. 2 AO vgl. Kap. 10.5.4.   145

Die Finanzverwaltung verlangt im AEAO zu § 146, Nr. 2.1.3 auch für handschriftlich erstellte Papieraufzeichnungen Angaben zur Uhrzeit, was für gewöhnlich zwar nicht dem Handelsbrauch entspricht, zumindest bei umfangreichem Beleganfall zwecks Nachweises chronologischer Erfassung der Geschäftsvorfälle aber unabdingbar sein kann. Branchenspezifische Mindestaufzeichnungspflichten und Zumutbarkeitsgesichtspunkte sind zu berücksichtigen.[86] Uhrzeiten auf handschriftlichen Belegen sind jedenfalls dann erforderlich, wenn die Chronologie der Aufzeichnungen anderweitig nicht prüfbar ist[87], z. B. im Taxi- und Mietwagengewerbe[88], in dem zulässigerweise nur ein Teil der Geschäftsvorfälle elektronisch durch Taxameter oder Wegstreckenzähler erfasst   146

---

82 *Achilles/Danielmeyer*, RET 4/2020, 18 (22).
83 BGBl. I 2021, 4921.
84 AEAO zu § 146, Nr. 2.1.5; GoBD, Rz. 37.
85 AEAO zu § 146, Nr. 2.1.3.
86 AEAO zu § 146, Nr. 2.1.5.
87 Vgl. GoBD, Rz. 77 unter Stichwort „Belegdatum".
88 Taxameter und Wegstreckenzähler bilden die Geschäftsvorfälle nicht chronologisch ab, weil z. B. für Kranken- oder Festpreisfahrten keine Verpflichtung zum Anschalten der Geräte besteht.

wird, während andere Geschäftsvorfälle (z. B. Krankenfahrten) i. d. R. über Papieraufzeichnungen festgehalten werden.[89]

147 *Tipp:*
Über Uhrzeiten in Terminkalendern lässt sich z. B. im Friseurhandwerk glaubhaft machen, dass die Umsätze vollständig erfasst sind, etwa durch Gegenüberstellung von Dienstleistungen, Personaleinsatz und Anzahl vorhandener Stuhlplätze.

4.2.1.11 Name des Vertragspartners

148 Ob Kundendaten aufgezeichnet, aufbewahrt und vorgelegt werden müssen, kann nur jeweils abhängig vom Einzelfall entschieden werden. Zu prüfen sind (in dieser Reihenfolge)

– steuerliche und außersteuerliche Aufzeichnungspflichten,
– Branchenüblichkeit/Zumutbarkeit,
– Aufzeichnungserleichterungen, z. B. nach § 33 UStDV, § 148 AO.

149 Wird die Aufzeichnungspflicht (Name, ggf. Anschrift) bejaht, sind die Daten grundsätzlich auch aufzubewahren. Zu beachten sind Auskunftsverweigerungsrechte und Besonderheiten bei Fristberechnungen, die nachfolgend noch im Einzelnen dargestellt werden.

Steuerliche und außersteuerliche Aufzeichnungspflichten

150 Die Verpflichtung zur Aufzeichnung von Kundennamen und deren Anschriften kann sich aus einer Vielzahl steuerlicher und außersteuerlicher Aufzeichnungspflichten oder aus den Vorgaben der Rechtsprechung ergeben.

151 **Beispiele (nicht abschließend):**

152 – Von Güterhändlern sind Einzelaufzeichnungen mit Hinblick auf die Identität jedenfalls immer dann erforderlich, wenn Bargeld im Wert ab 10.000 € angenommen wird[90], z. B. bei Juwelieren oder Gebrauchtwagenhändlern. Die Abfrage der Identität ist zu dokumentieren und innerhalb der Aufbewahrungsfrist (10 Jahre) aufzubewahren und ggf. lesbar zu machen. Der im Geldwäschegesetz genannte Betrag schließt nicht aus, dass auch bei geringeren Beträgen Kundennamen dokumentiert sein müssen. Die bewusste Zerlegung von Geschäftsvorfällen in Teil-Geschäftsvorfälle mit dem Ziel der Umgehung des GwG ist unzulässig. Mehrere Transaktionen einer Person oder Transaktionen in engem zeitlichem Zusammenhang, zwischen denen eine Verbindung zu bestehen scheint, sind zusammenzurechnen (sog. Smurfing).[91] Sonstige

---

[89] *Achilles*, DB 2018, 2454 (2456), dortige Fn. 29.
[90] Vgl. §§ 2 Abs. 1 Nr. 16 i. V. m. § 1 Abs. 9, § 4 Abs. 5 Nr. 1, §§ 5, 6, 10, 11 Abs. 4, 12 Abs. 1 GwG, Anlage 2 Satz 1 Nr. 1e i. V. m. § 15 GwG.
[91] § 1 Abs. 5 GwG.

4.2 Ordnungsvorschriften für die Buchführung und für Aufzeichnungen

steuerliche oder außersteuerliche Aufzeichnungspflichten bleiben unberührt.

- Beförderungsaufträge im Mietwagengewerbe sind nach § 49 Abs. 4 PBefG ein Jahr lang aufzubewahren. Mangels außersteuerlichem Vernichtungszwang verlängert sich die Frist für steuerliche Zwecke auf 10 Jahre (§§ 147 Abs. 3 Satz 2 AO, § 140 AO). 153

- Fahrschulen müssen u.a. die Namen ihrer Fahrschüler aufzeichnen. Nach § 18 Abs. 4 FahrlG können die Unterlagen nach vier Jahren vernichtet werden, für steuerliche Zwecke greift die steuerliche Frist von 10 Jahren (§§ 147 Abs. 3 Satz 2 AO, 140 AO). 154

- Meldescheine im Beherbergungsgewerbe sind vom Tag der Anreise des Gastes ein Jahr aufzubewahren und innerhalb von drei Monaten nach Ablauf der Aufbewahrungspflicht zu vernichten (§ 30 Abs. 4 Bundesmeldegesetz). § 147 Abs. 3 Satz 2 AO steht der Vernichtung hier nicht entgegen; es besteht **Vernichtungszwang.**[92] 155

- Rechnungen über Bewirtungsaufwendungen müssen den Namen der bewirtenden Person enthalten. Eine Besonderheit gilt für Rechnungen über 250,00 €. Hier ist der Name **durch den Gastwirt** aufzutragen.[93] Ein handschriftlicher Vermerk ist ausreichend.[94] Der Gastwirt hat den Bewirtungskostenbeleg aufzubewahren und vorzulegen, ihm steht kein Auskunftsverweigerungsrecht über die Namen seiner Gäste zu (Gastwirte sind in § 102 AO nicht genannt). 156

- Rechnungen nach § 14 Abs. 2, 14b UStG. 157

- Aufzeichnung des Wareneingangs nach § 143 AO. 158

- Aufzeichnung des Warenausgangs an gewerbliche Wiederverkäufer nach § 144 AO. 159

- Aufzeichnungen nach dem Medizinproduktegesetz (MPG), etwa bei der Anfertigung einer Korrektionsbrille durch einen Augenoptiker. 160

- Aufzeichnungen nach § 28 ProstSchG. 161
  Nach § 5 Abs. 6 Prostituiertenschutzgesetz (ProstSchG) kann ein **Aliasname** für in der Prostitution tätige Personen eine ausreichende Angabe zum Vertragspartner sein. Aufzuzeichnen ist der Alias, die Verwaltungsnummer einer von der jeweiligen Kommune ausgestellten pseudonymisierten Anmeldebescheinigung (sog. Aliasbescheinigung) sowie die ausstellende Behörde. Unter diesen Voraussetzungen ist die Aufzeichnung des bürgerlichen Namens nicht erforderlich und darf auch nicht verlangt werden.[95] Gemäß § 28 Abs. 7

---

92 *Henn/Kuballa*, NWB 2017, 2648 (2659). Aktuell geplante Änderungen im Regierungsentwurf des BEG IV bleiben abzuwarten (Stand 01.04.2024).
93 BFH vom 18.04.2012 – X R 57/09, BStBl. II 2012, 770.
94 BMF vom 30.06.2021 – IV C 6 – S 2145/19/10003 :003, BStBl. I 2021, 908 (Abdruck in Anhang 19).
95 BMF vom 25.10.2021 – IV A 4 – S 0316/19/10006: 009, BStBl. I 2021, 1870.

ProstSchG können die Unterlagen zwei Jahre nach dem Tag der Aufzeichnung vernichtet werden, für steuerliche Zwecke greift die Frist von 10 Jahren (§§ 147 Abs. 3 Satz 2 AO, 140 AO). Zu weiteren Aufzeichnungs- und Aufbewahrungspflichten für Betreiber eines Prostitutionsgewerbes s. § 28 ProstSchG.

Branchenüblichkeit/Zumutbarkeit

162 In Fällen, in denen keine gesetzliche Aufzeichnungspflicht für den Kundennamen besteht, kann unter Berücksichtigung branchenspezifischer Mindestaufzeichnungspflichten, dem Aspekt der Zumutbarkeit und abhängig vom tatsächlichen Betriebsablauf auf die Aufzeichnung der Identität der Kunden verzichtet werden, soweit sie zur Nachvollziehbarkeit und Nachprüfbarkeit des Geschäftsvorfalls nicht benötigt werden. Das gilt auch, wenn ein elektronisches Aufzeichnungssystem eine Kundenerfassung und Kundenverwaltung zwar zulässt, die Kundendaten aber tatsächlich nicht oder nur teilweise erfasst werden. Werden Aufzeichnungen über Kundendaten jedoch tatsächlich geführt, sind sie aufbewahrungspflichtig, sofern gesetzliche Vorschriften dem nicht entgegenstehen.[96]

163 **Beispiel:**

Dem Friseur- und Kosmetikhandwerk sind i. d. R. große Teile der Kundschaft namentlich bekannt. Nur soweit die Namen der Kunden tatsächlich aufgezeichnet werden, sind sie aufbewahrungs- und vorlagepflichtig.

164 **Tabelle 1:** Aufbewahrungspflicht von Kundendaten unter Berücksichtigung betrieblicher Abläufe

Tatsächlicher Betriebsablauf	Aufbewahrungspflicht	Hinweis
Führung einer Kundenkartei mit Namen und Anschrift.	ja	
Kundenname wird (nur) im Terminkalender erfasst.	ja	Kunde muss nicht nach der Anschrift befragt werden.
Kundenname ist nicht bekannt (Laufkundschaft).	nein	Kunde muss nicht nach Namen und Anschrift befragt werden.

(Quelle: Eigene Darstellung)

165 Die Aufbewahrung von Kundenkarteien und Terminkalendern sollte schon im Eigeninteresse des Friseur- und Kosmetikhandwerks liegen. Unter dem Aspekt von Verprobungen und Schätzungen der Finanzverwaltung können sie erhebliches Gewicht erlangen, das bei plausiblen Eintragungen zu Gunsten des Stpfl. ausschlagen kann. Ob über den Namen hinausgehende persönliche Daten des Kunden vorlagepflichtig sind, ist einzelfallabhängig zu prüfen.

---

96 AEAO zu § 146, Nr. 2.1.5; GoBD, Rz. 37.

4.2 Ordnungsvorschriften für die Buchführung und für Aufzeichnungen

Beispiel: 166
Friseur A zeichnet in seiner Kundenkartei Anschriften und Geburtsdaten seiner Kunden auf. Zu runden Geburtstagen versendet er Gutscheine über 10,00 €, ferner erhalten Senioren ab dem 70. Lebensjahr eine Ermäßigung von 20 % auf alle Dienstleistungen. Zur Überprüfung der Vollständigkeit der Tageseinnahmen ist m. E. in diesem Fall die Vorlage der weiteren Kundendaten erforderlich und verhältnismäßig. Andernfalls wäre die Höhe des erklärten Umsatzes ins unüberprüfbare Ermessen des Stpfl. gestellt.[97]

Hinweis: 167
Während der steuerlichen Aufbewahrungsfristen besteht keine Löschungsverpflichtung gem. Datenschutz-Grundverordnung, auch dann nicht, wenn der betroffene Kunde dies verlangen sollte (Art. 17 Abs. 3b DSGVO). Anders verhält es sich bei *Kundenkontaktdaten*, die im Zusammenhang mit dem Infektionsschutzgesetz erhoben wurden. Sie sind innerhalb der gesetzlichen Fristen datenschutzkonform[98] zu löschen.

4.2.1.12 Besonderheiten bei Berufsgeheimnisträgern

Bestehende Aufzeichnungs- und Aufbewahrungspflichten implizieren nicht zwingend eine Vorlagepflicht gegenüber der Finanzbehörde. So gehört es zu den Aufgaben der in § 102 AO katalogisierten Berufsgeheimnisträger, z. B. Rechtsanwälte, Steuerberater, Ärzte (nicht: Heilpraktiker), ihre Datenbestände so zu organisieren, dass beim Datenzugriff keine gesetzlich geschützten Bereiche tangiert werden.[99] Welche konkreten Angaben bzw. Unterlagen verlangt werden können, ist im Wege einer Güterabwägung zwischen der Schweigepflicht der Berufsgeheimnisträger und der Gleichmäßigkeit der Besteuerung unter Berücksichtigung des Prinzips der Verhältnismäßigkeit zu entscheiden.[100] So dürfen Berufsgeheimnisträger i. S. d. § 102 AO etwa die nach § 4 Abs. 5 Satz 1 Nr. 2 EStG erforderlichen Angaben zu Teilnehmern und Anlass einer Bewirtung in der Regel nicht unter Berufung auf ihre Schweigepflicht verweigern.[101] 168

Die in § 102 AO genannten Personen sind grundsätzlich berechtigt und verpflichtet, bei der Vorlage von Papierunterlagen die geschützten Bereiche zu schwärzen oder beim Datenzugriff die geschützten Daten zu unterdrücken, z. B. durch Einrichtung eines geeigneten Zugriffsberechtigungssystems (Datentrennung) oder durch „digitales Schwärzen" geschützter Informationen.[102] Trotz zulässiger Schwärzungen müssen sich aus den vorgelegten Unterlagen Möglichkeiten ergeben, die Art der erbrachten Leistung festzustellen und umsatzsteuer- 169

---

97 *Achilles*, Kassenführung in Friseurbetrieben, 1. Aufl. 2018, 43.
98 Gem. DIN 66399 sind für die Löschung personenbezogener Daten auf Papier Aktenvernichter der Sicherheitsstufe 4 oder höher zu verwenden.
99 GoBD, Rz. 172; AEAO zu § 146, Nr. 1.3.
100 BFH vom 26.02.2004 – IV R 50/01, BStBl. II 2004, 502; FG Baden-Württemberg vom 16.11.2011 – 4 K 4819/08, EFG 2012, 577.
101 BFH vom 26.02.2004 – IV R 50/01, BStBl. II 2004, 502.
102 AEAO zu § 146, Nr. 1.3; FG Nürnberg vom 30.07.2009 – 6 K 1286/2008.

lich zutreffend einzuordnen.¹⁰³ So muss etwa in Heilberufen die Abgrenzung zwischen umsatzsteuerfreien und umsatzsteuerpflichtigen Leistungen trotz Anonymisierung der Patientennamen möglich bleiben (vgl. § 4 Nr. 14 UStG).

170 Für versehentlich überlassene Daten besteht kein Verwertungsverbot.¹⁰⁴ Das zeigt gerade in sensiblen Bereichen des Stpfl. die Notwendigkeit, sich mit betrieblichen Abläufen zu befassen und diese möglichst in der Verfahrensdokumentation zu beschreiben.

171 *Hinweis:*
Beabsichtigt die Finanzbehörde, im Rahmen der Außenprüfung eines Berufsgeheimnisträgers Kontrollmitteilungen zu fertigen, ist der Stpfl. hierüber rechtzeitig vorher zu informieren, um ihm die Möglichkeit gerichtlichen Rechtsschutzes zu eröffnen.¹⁰⁵ Verstöße dagegen sollen ein unmittelbares Verwertungsverbot zur Folge haben.¹⁰⁶

4.2.1.13 Verhältnis zum Strafrecht (§ 203 StGB)

172 § 203 StGB stellt die Verletzung von Privatgeheimnissen unter Strafe. Wer z. B. als Arzt unbefugt ein ihm anvertrautes oder bekanntgewordenes Betriebs- oder Geschäftsgeheimnis offenbart, kann mit Freiheitsstrafe bis zu zwei Jahren oder mit Geldstrafe bestraft werden (§ 203 Abs. 1, 6 StGB). Unproblematisch ist die Weitergabe von Patientendaten an Personen, die als berufsmäßige Gehilfen i. S. d. § 203 Abs. 3 gelten, z. B. Steuerberater, Rechtsanwälte oder Buchhalter. Auch die Weitergabe der Geheimnisse an IT- oder Abrechnungsdienstleister wie etwa privatärztliche Verrechnungsstellen ist im Licht des § 203 StGB strafrechtlich grundsätzlich nicht relevant. Demgegenüber gelten Angehörige der Finanzverwaltung nicht als Hilfspersonen in diesem Sinne. Diesem Personenkreis die Identität der Patienten preiszugeben, ist von § 203 StGB nicht gedeckt, es sei denn, dass Patienten der Herausgabe ausdrücklich zugestimmt haben. Das Spannungsfeld zwischen Mitwirkungspflichten im Rahmen der Betriebsprüfung und § 203 StGB lässt sich nur lösen, indem der Stpfl. seine Datenbestände so organisiert, dass er einerseits seine öffentlich-rechtlichen Verpflichtungen gegenüber der Finanzbehörde erfüllen kann und andererseits die Verschwiegenheitspflichten gegenüber seinen Patienten/Mandanten wahrt. Trennt er die Daten nicht entsprechend, muss er sie der Finanzbehörde im vorliegenden Bestand – einschließlich der geschützten Daten – übergeben.¹⁰⁷ Letzteres sollte angesichts möglicher Rechtsfolgen i. S. d. § 203 StGB unbedingt vermieden werden.¹⁰⁸

---

103 BFH vom 18.02.2008, BFH/NV 2008, 1001.
104 GoBD, Rz. 172.
105 BFH vom 08.04.2008 – VIII R 61/06, BStBl. II 2009, 579; AEAO zu § 194, Nr. 7.
106 FG Berlin-Brandenburg vom 04.04.2022 – 7 V 7031/22, EFG 2022, 1000; vom 27.02.2023 – 7 K 7160/21.
107 Vgl. nur BFH vom 28.10.2009 – VIII R 78/05; FG Baden-Württemberg vom 16.11.2011 – 4 K 4819/08; FG Rheinland-Pfalz vom 20.01.2005 – 4 K 2167/04.
108 *Achilles/Wittmeier*, Kassenführung in Heilberufen, 1. Aufl. 2020, 70 f.

Gerade in sensiblen Bereichen des Stpfl. zeigt sich die Notwendigkeit, sich mit betrieblichen Abläufen zu befassen und diese möglichst in der Verfahrensdokumentation zu beschreiben. 173

Beispiel: 174
Die in der Apotheke angestellte PTA erwirbt dort Waren oder nimmt eine Dienstleistung in Anspruch. Sie erhält einen Mitarbeiterrabatt i. H. v. 25 %.

Der Apotheker kommt hier in die Bredouille, da die PTA nicht nur seine Mitarbeiterin, sondern zugleich seine Kundin/Patientin ist. Einerseits besteht die Verpflichtung zur Herausgabe des Namens, z. B. für Zwecke der Prüfung des IKS oder zur Prüfung des Rabattfreibetrags nach § 8 Abs. 3 EStG, andererseits hat der Apotheker die o.g. Auskunftsverweigerungsrechte und -pflichten. Deshalb sollte hier mit einer Mitarbeiter-ID gearbeitet und die Herausgabe des zugehörigen Namens mit dem Betriebsprüfer „verhandelt" werden, es sei denn, die PTA stimmt der Weitergabe ihres Namens ausdrücklich zu. 175

4.2.1.14 Eigenbelege

Für verschiedene unternehmensinterne Geschäftsvorfälle sind Eigenbelege anzufertigen. Vgl. dazu ausführlich Kap. 6.12. 176

4.2.1.15 Verdichtung von Einzelaufzeichnungen

Werden Zahlen auf den Sach- oder Personenkonten des Hauptbuchs verdichtet dargestellt, erfordert die Ordnungsmäßigkeit der Buchführung aus handels- und steuerrechtlicher Sicht die Möglichkeit des Nachweises der in den verdichteten Zahlen enthaltenen Einzelpositionen des Journals oder der Grund(buch)aufzeichnungen.[109] Andernfalls ist die Nachvollziehbarkeit und Nachprüfbarkeit nicht gewährleistet. Bei Übernahme verdichteter Zahlen aus vor- und nebengelagerten Systemen ins Hauptsystem müssen die zugehörigen Einzelaufzeichnungen aus den Vor- und Nebensystemen erhalten bleiben oder – z. B. bei nur begrenzten Speicherkapazitäten – durch Auslagerung gesichert werden. 177

Unternehmer und Angehörige steuerberatender Berufe verdichten Einzelaufzeichnungen über die einzelnen Geschäftsvorfälle schon aus praktischen Gründen (z. B. zwecks Eintragung im Kassenbuch). Unproblematisch ist die Verdichtung der Geschäftsvorfälle zu einer Tagessumme, wenn der verdichtete Betrag in angemessener Zeit in seine Einzelbestandteile aufgelöst werden kann. Die geltende Pflicht zur Einzelaufzeichnung der Bareinnahmen bedeutet nicht, dass diese einzeln gebucht werden müssen. Ausreichend ist insoweit die Verbuchung der zusammengefassten Tageslosung. Entscheidend ist, dass diese sich auf die einzeln erfassten Verkäufe zurückführen lässt, die ihrerseits – ggf. unter 178

---

109 IDW RS FAIT 1, Rz. 50; GoBD, Rz. 99.

4 Steuerliche Ordnungsvorschriften (§§ 145–147 AO)

Zuhilfenahme des Warenwirtschaftssystems – nachweisbar sind.[110] Auch die (weitere) Verdichtung der Tagessummen zu einer Monatssumme ist zulässig (GoBD, Rz. 42), begegnet aber folgenden Bedenken:

179 Werden die Tageseinnahmen am letzten Geschäftstag des Monats in einer Summe gebucht, ist eine Überprüfung der Kassensturzfähigkeit durch den steuerlichen Berater kaum möglich. Bietet das Finanzbuchhaltungsprogramm eine Kassenminus-Prüfung an, läuft diese bei bloßer Verbuchung der Summe am Monatsende ins Leere. Hier besteht die latente Gefahr, dass (erst) der Betriebsprüfer durch Aufgliederung der Summen in die Einzelbeträge Kassenfehlbeträge feststellt und beanstandet.

4.2.2 Grundsatz der Vollständigkeit
4.2.2.1 Allgemeines

180 Ein Jahresabschluss ist vollständig, wenn alle Aktiv- und Passivposten sowie Aufwendungen und Erträge, Privatentnahmen und Privateinlagen vollständig und lückenlos erfasst sind. Insbesondere bei den Betriebseinnahmen dürften Aufzeichnungen mit (mindestens) einem Vollständigkeitsmerkmal gefordert werden können, z. B. handschriftliche, fortlaufende Nummerierung auf Papierbelegen.[111] Die **Vergabesystematik** der Nummerierung muss klar erkennbar und belastbar prüfbar sein. Werden in einem elektronischen Aufzeichnungssystem keine fortlaufenden Nummerierungen genutzt, ist in der Verfahrensdokumentation zu erläutern, wie die Vollständigkeit der aufzeichnungs- und aufbewahrungspflichtigen Daten überprüfbar gewährleistet wird.[112] Lücken in der fortlaufenden Nummerierung sind zu begründen, soweit die Gründe nicht bereits aus der Verfahrensdokumentation hervorgehen (z. B. Dokumentation der Vergabe laufender Sequenznummern bei Öffnung/Schließung des Geldbehältnisses).

181 Das Gebot der Vollständigkeit verpflichtet den Unternehmer, bei Ermittlung des Kassenbestands sowohl Papier- als auch **Münzgeld** exakt zu zählen. Rundungen sind nicht zulässig. Wird das „Kleingeld" zunächst gesammelt und erst später kassenmäßig erfasst, unterliegt die Kassenführung einem schweren Mangel, weil die gebotene Kassensturzfähigkeit nicht gegeben ist. Zur exakten Erfassung sämtlicher Bargeldbestände bietet sich die (freiwillige) Verwendung eines **Zählprotokolls** an.[113]

4.2.2.2 Fortlaufende Nummerierung

182 Aus umsatzsteuerlicher Sicht erscheint eine fortlaufende Nummerierung zunächst nicht zwingend erforderlich. Zwar werden grundsätzlich Rechnungsnummern gefordert, die jedoch nur „Einmaligkeit", nicht aber „Lückenlosigkeit"

---

110 BFH vom 16.12.2014 – X R 29/13.
111 Siehe aber Kap. 4.2.2.2.
112 Vgl. DSFinV-K, Version 2.3 vom 04.03.2022, Tz. 2.3.
113 Siehe dazu ausführlich Kap. 6.3.

4.2 Ordnungsvorschriften für die Buchführung und für Aufzeichnungen

im Sinne fortlaufender Nummerierungen verlangen (§ 14 Abs. 4 Nr. 4 UStG), sodass auch mehrere Nummernkreise gebildet werden dürfen. Für Kleinbetragsrechnungen bis 250,00 € entfällt die umsatzsteuerliche Pflicht zur Nummerierung sogar gänzlich (§ 33 UStDV).

Ungeachtet der umsatzsteuerlichen Aufzeichnungsverpflichtungen fordert die Finanzverwaltung vor dem Hintergrund der Vollständigkeit und Geordnetheit (§ 146 Abs. 1 Satz 1 AO) für jeden Geschäftsvorfall (Beleg) eine eindeutige Belegnummer als Kriterium für die Vollständigkeitskontrolle, insbesondere bei umfangreichem Beleganfall.[114] Zur Lückenlosigkeit im Kontext des § 146a AO vgl. *Bron/Schroeder*, BB 2022, 279 (281); *Drüen/Dübeler*, Ubg 2022, 569 (572). 183

Belege in Papierform oder elektronischer Form sind zeitnah, d.h. möglichst unmittelbar nach Eingang oder Entstehung gegen Verlust zu sichern[115], bei Papierbelegen z.B. durch fortlaufende Nummerierung, durch laufende Ablage in besonderen Mappen und Ordnern oder durch zeitgerechte Erfassung in Grundaufzeichnungen.[116] 184

Bei elektronischen Belegen kann die laufende Nummerierung automatisch vergeben werden.[117] Automatisierte Vergabe von Datensatznummern dient der organisatorischen Kontrolle der vollständigen und lückenlosen Erfassung und Wiedergabe der Geschäftsvorfälle, etwa durch Lücken- oder Mehrfachbelegungsanalysen.[118] Werden in einem elektronischen Aufzeichnungssystem keine fortlaufenden Nummerierungen genutzt, ist in der Verfahrensdokumentation zu erläutern, wie die Vollständigkeit der aufzeichnungs- und aufbewahrungspflichtigen Daten überprüfbar gewährleistet wird.[119] 185

> *Hinweis:* 186
> Das FG Köln[120] hat im Falle einer nicht fortlaufenden Nummerierung der Belege bei Gewinnermittlung nach § 4 Abs. 3 EStG keine Schätzungsbefugnis des Finanzamts gesehen. Es sei höchstrichterlich nicht hinreichend geklärt, so das FG, ob bei Gewinnermittlung nach § 4 Abs. 3 EStG eine Pflicht zur Vergabe numerisch fortlaufender und systembedingt zugleich lückenloser (und damit „nachprüfbarer") Rechnungsnummern besteht, insbesondere ob eine solche Pflicht aus dem Vollständigkeitsgebot des § 146 AO oder aus umsatzsteuerlichen Pflichten (§§ 22, 14 UStG) hergeleitet werden kann. Auch sei höchstrichterlich nicht geklärt, ob allein ein solcher Mangel eine Hinzuschätzung rechtfertigen würde. Revision wurde nicht eingelegt, gleichwohl wird die Finanzverwaltung aus o.g. Gründen weiterhin eine fortlaufende Nummerierung der Belege fordern.

---

114 GoBD, Rz. 77, 94.
115 GoBD, Rz. 67.
116 GoBD, Rz. 68.
117 GoBD, Rz. 69.
118 GoBD, Rz. 40.
119 DSFinV-K, Version 2.3 vom 04.03.2022, Tz. 2.3. Anm.: Positivbeispiele werden leider nicht genannt.
120 FG Köln vom 07.12.2017 – 15 K 1122/16.

187 Lücken in der Rechnungsnummernfolge können im Einzelfall eine Hinzuschätzung in Form eines Sicherheitszuschlags rechtfertigen, jedenfalls dann, wenn aufgrund der Vielzahl von Lücken in Kombination mit nachweisbar nicht verbuchten Rechnungen die Vollständigkeit der Tageseinnahmen als nicht mehr gewährleistet angesehen werden kann.[121] Schon der Vorsicht halber sollte auf die fortlaufende Nummerierung deshalb nicht verzichtet werden.

4.2.3 Grundsatz der Richtigkeit

188 Der Grundsatz der Richtigkeit verlangt, dass Geschäftsvorfälle in Übereinstimmung mit den tatsächlichen Verhältnissen und im Einklang mit den rechtlichen Vorschriften inhaltlich zutreffend durch Belege abzubilden sind, der Wahrheit entsprechend aufzuzeichnen und bei kontenmäßiger Abbildung zutreffend zu kontieren sind (GoBD, Rz. 44). Auslassungen (z. B. Lücken in Kassenbüchern) und nachträgliche Hinzufügungen sind der Erfüllung des Grundsatzes der Richtigkeit abträglich.

4.2.4 Grundsatz der Zeitgerechtheit

4.2.4.1 Allgemeines

189 Der Grundsatz der Zeitgerechtheit verlangt, dass ein zeitlicher Zusammenhang zwischen der Entstehung eines Geschäftsvorfalls und seiner buchmäßigen Erfassung besteht (GoBD, Rz. 45). Geschäftsvorfälle sind möglichst nach ihrer Entstehung in einer Grundaufzeichnung oder in einem Grundbuch zu erfassen und anschließend grundsätzlich laufend zu buchen (Journal). Sich auf die Sammlung von Belegen zu beschränken, um die ihnen zugrundeliegenden Geschäftsvorfälle erst nach Ablauf einer langen Zeit in die Grundbücher oder Grundaufzeichnungen einzutragen, widerspricht dem Wesen einer kaufmännischen Buchführung (GoBD, Rz. 46).

190 Beim Einsatz elektronischer Aufzeichnungssysteme ist eine Verbuchung im Journal des Hauptsystems bis zum Ablauf des folgenden Monats nicht zu beanstanden, wenn die einzelnen Geschäftsvorfälle bereits im Vor- oder Nebensystem die Grund(buch)aufzeichnungsfunktion erlangen und die Einzeldaten aufbewahrt werden (GoBD, Rz. 87). Unter diesen Voraussetzungen erscheint auch eine über diesen Zeitraum hinausgehende Verbuchung ordnungsgemäß (GoBD, Rz. 52), etwa bei Dauerfristverlängerung zur Abgabe der Umsatzsteuer-Voranmeldungen.

4.2.4.2 Kasseneinnahmen und Kassenausgaben

191 Bis zum 28.12.2016 galt die Regelung, dass Kasseneinnahmen und Kassenausgaben täglich festgehalten werden *sollen*.[122] Durch das Gesetz zum Schutz vor

---

[121] Vgl. BFH vom 07.02.2017 – X B 79/16, BFH/NV 2017, 774; FG Saarland vom 30.06.2005 – 1 K 141/01; FG Hamburg vom 28.08.2017 – 2 K 184/15.
[122] § 146 Abs. 1 Satz 2 AO i. d. F. der Bekanntmachung vom 01.10.2002, BGBl. I 2002, 3866.

4.2 Ordnungsvorschriften für die Buchführung und für Aufzeichnungen

Manipulationen an digitalen Grundaufzeichnungen gilt seit dem 29.12.2016, dass Kasseneinnahmen und Kassenausgaben täglich festzuhalten *sind*.[123] Damit erfährt die Vorschrift des § 146 Abs. 1 Satz 1 AO, nach der Buchungen und die sonst erforderlichen Aufzeichnungen u.a. zeitgerecht vorgenommen werden müssen, eine (weitere verschärfende) Ergänzung in Bezug auf die baren Geschäftsvorfälle. Mit der Neufassung wird verdeutlicht, dass vom täglichen Festhalten der Kasseneinnahmen und Kassenausgaben nur in Ausnahmefällen abgesehen werden kann. So ist eine Verzögerung der Aufzeichnungen **bis zum Abschluss des folgenden Geschäftstages** dann hinnehmbar, wenn

- zwingende geschäftliche Gründe einer Aufzeichnung am gleichen Tag entgegenstehen *oder*
- eine Aufzeichnung am gleichen Tag unzumutbar erscheint
- *und* den Buchungsunterlagen (z.B. Kassenstreifen, Quittungen, Zwischenaufzeichnungen, sonstige Belege) sicher entnommen werden kann, wie sich der sollmäßige Kassenbestand seit Beginn des vorangegangenen Geschäftstages ermittelt hat.[124]

Festhalten im Sinne des § 146 Abs. 1 Satz 2 AO ist jede Maßnahme, die es ermöglicht, die Geschäftsvorfälle abrufbereit zu konservieren. Tägliches Festhalten der Kasseneinnahmen und Kassenausgaben i.S.d. § 146 Abs. 1 Satz 2 AO besagt nicht, dass das **Kassenbuch** täglich anzufertigen wäre. Ungeachtet dessen kann letzteres nur empfohlen werden, um die Kassensturzfähigkeit zu gewährleisten und im Falle einer unangekündigten Kassen-Nachschau[125] nicht in Erklärungsnot zu geraten, etwa bei unaufgeklärten Kassendifferenzen.[126]

192

Das Kassenbuch täglich zu schreiben, ist zwar empfehlenswert, eine Verpflichtung dazu wird durch die Norm aber nicht begründet. Auch bei Abwesenheit des Inhabers (z.B. durch Urlaub) muss der Vertreter zwar die Geschäftsvorfälle täglich festhalten und für die jederzeitige Kassensturzfähigkeit Sorge tragen, nicht aber das Kassenbuch anfertigen.[127] Obgleich des geänderten Gesetzestextes besteht die bisherige Vereinfachung, Betriebseinnahmen bei **Nachtbetrieben** erst am Folgetag rechnerisch zu ermitteln, aus Gründen der Praktikabilität weiter. Es ist nicht erforderlich, um 24:00 Uhr eine Zwischenabrechnung zu erstellen. Bei Kassen ohne Verkaufspersonal (sog. **Vertrauenskassen**, wie z.B. beim Gemüseverkauf am Feldrand, Fahrscheinautomaten sowie Waren- und Dienstleistungsautomaten) wird es nicht beanstandet, wenn diese nicht täglich, sondern erst bei Leerung ausgezählt werden.[128] Wann der Stpfl. zählt bzw. die

193

---

123 § 146 Abs. 1 Satz 2 AO i.d.F. der Bekanntmachung vom 22.12.2016, BGBl. I 2016, 3152.
124 AEAO zu § 146, Nr. 3.4; BFH vom 31.07.1974 – I R 216/72, BStBl. II 1975, 96., BStBl. II 1974, 96.
125 Siehe dazu ausführlich Kap. 11.
126 Zur zutreffenden Erfassung bietet sich die in Anhang 7 abgedruckte Hilfestellung (Buchungsbeleg zur Dokumentation von Kassendifferenzen) an.
127 Anderer Ansicht *Märtens* in Gosch, AO/FGO, 171. Lfg. 2022, § 146, Rz. 31.
128 AEAO zu § 146, Nr. 3.4.

Einnahmen ermittelt, steht ihm – abhängig vom Umsatzsteuer-Voranmeldungszeitraum – grundsätzlich frei.

194 *Beispiel:*
Ein Süßwarenhandel betreibt zahlreiche Warenautomaten im Umkreis von 50 km. In den Automaten selbst werden die Geschäftsvorfälle nicht digital festgehalten. Die durchschnittliche Tageseinnahme je Automat liegt zwischen 5,00 und 10,00 €. Aus Zumutbarkeitsgründen erscheint hier nicht durchführbar, jeden Automaten täglich anzufahren, um die Höhe der Betriebseinnahmen festzuhalten.

4.2.5 Grundsatz der Wahrheit

195 Eintragungen in Büchern und Aufzeichnungen müssen vollständig, richtig und lückenlos sein. Jede Buchung muss formell und sachlich richtig und mit ihrer zutreffenden Gewinnauswirkung dargestellt werden. Jeder Geschäftsvorfall ist wahrheitsgetreu in Übereinstimmung mit den tatsächlichen Verhältnissen und im Einklang mit den rechtlichen Vorschriften zu erfassen und zu verbuchen. Er darf gem. § 146 Abs. 4 AO anschließend nicht mehr unterdrückt werden (können). Aus dem Gedanken der Beweisnähe gilt dies auch für Geldbewegungen im alleinigen Verantwortungsbereich des Unternehmers, etwa für Barerlöse. So ist z. B. eine Bon- oder Rechnungserteilung ohne Registrierung der bar vereinnahmten Beträge (Abbruch des Vorgangs) unzulässig (GoBD, Rz. 43). Nach dem Gebot der Richtigkeit dürfen weder Geschäftsvorfälle ausgelassen noch mehrfach gebucht (GoBD, Rz. 41) oder fingierte Geschäftsvorfälle hinzugefügt werden (z. B. „Luftbuchungen" zur Vermeidung von Kassenfehlbeträgen). Ferner dürfen wahrheitsgemäße Werte, z. B. über die Höhe der Tageseinnahmen, nicht durch erdachte, falsche Werte ersetzt werden. Das Wahrheitsgebot betrifft die gesamte Buchführung. Durch ordnungsmäßige Grundaufzeichnungen soll sichergestellt werden, dass sämtliche Belege vorhanden sind und kein Geschäftsvorfall verloren geht oder später leicht aus dem Buchführungswerk entfernt werden kann (GoBD, Rz. 85).

4.2.6 Grundsatz der Geordnetheit

196 Der Begriff *geordnet* beinhaltet jede sinnvolle Ordnung, die

- dem Unternehmer selbst jederzeit einen Überblick über die Lage seines Unternehmens ermöglicht *und*
- einen sachverständigen Dritten in den Stand versetzt, sich in angemessener Zeit einen Überblick über die Geschäftsvorfälle und über die Lage des Unternehmens zu verschaffen.[129]

197 Dies erfordert eine systematische Erfassung der Geschäftsvorfälle sowie übersichtliche, eindeutige und nachvollziehbare Buchungen.[130] Die geschäftlichen Unterlagen dürfen nicht planlos gesammelt und aufbewahrt werden. Ansonsten

---

129 AEAO zu § 146, Nr. 1; GoBD, Rz. 32, 56 (zur doppelten Buchführung).
130 GoBD, Rz. 53.

würde dies mit zunehmender Zahl und Verschiedenartigkeit der Geschäftsvorfälle zur Unübersichtlichkeit der Buchführung führen, einen jederzeitigen Abschluss unangemessen erschweren und die Gefahr erhöhen, dass Unterlagen verlorengehen oder später leicht aus dem Buchführungswerk entfernt werden können. Hieraus folgt, dass die Bücher und Aufzeichnungen nach bestimmten Ordnungsprinzipien geführt werden müssen und eine Sammlung und Aufbewahrung der Belege notwendig ist, durch die im Rahmen des Möglichen gewährleistet wird, dass

– die Geschäftsvorfälle leicht und identifizierbar feststellbar *und*
– für einen die Lage des Vermögens darstellenden Abschluss unverlierbar sind.[131]

Geordnete Verbuchung erfordert die Verwendung eines Kontenplans/-rahmens, in dem die Geschäftsvorfälle nach Sach- und Personenkonten geordnet dargestellt werden können. Werden Verrechnungs- oder Zwischenkonten genutzt, sind sie im Kontenplan aufzuführen.[132] Der Grundsatz der geordneten Verbuchung nach einem systematischen, zeitlichen und sachlichen Ordnungsprinzip verlangt die Erfüllung der Beleg-, Journal- und Kontenfunktion.

Bare und unbare Vorgänge müssen ebenso getrennt gebucht bzw. gekennzeichnet werden wie nicht steuerbare, steuerfreie und steuerpflichtige Umsätze.[133] In der DSFinV-K können bare und unbare Geschäftsvorfälle sowie steuerbare, nicht steuerpflichtige und steuerfreie Umsätze in einem Vorgang abgebildet werden. Über die eindeutige Datenstruktur ergeben sich im Kassenabschluss dennoch getrennte Summen für die Verbuchung in der Finanzbuchhaltung. Diese Darstellung entspricht den gesetzlichen Anforderungen durch eine „genügende Kennzeichnung" i. S. d. GoBD, Rz. 55.[134]

4.2.7 Grundsatz der Unveränderbarkeit

Unveränderbarkeit liegt vor, wenn Unterlagen dem Zugriff des Stpfl. und seiner Erfüllungsgehilfen in der Form endgültig entzogen sind, dass sie nicht mehr spurenlos geändert oder gelöscht werden können.

Aufzeichnungen in Papierform

Eine Buchung oder eine Aufzeichnung darf nicht in einer Weise verändert werden, dass der ursprüngliche Inhalt nicht mehr feststellbar ist. Auch solche Veränderungen dürfen nicht vorgenommen werden, deren Beschaffenheit es ungewiss lässt, ob sie ursprünglich oder erst später gemacht worden ist.[135] In Papieraufzeichnungen sind Durchstreichungen, Radierungen, Rasuren, Über-

---

131 BFH vom 26.03.1968 – IV 63/63, BStBl. II 1968, 527; GoBD, Rz. 53, 54.
132 GoBIT vom 13.10.2012, Tz. 2.5, Abs. 1.
133 Zu elektronischen Grundbuchaufzeichnungen vgl. Rz. 55 GoBD.
134 DSFinV-K vom 04.03.2022, Version 2.3, Tz. 2.5.
135 §§ 239 Abs. 3 HGB, 146 Abs. 4 AO.

klebungen, Löschungen, Weißungen oder Überschreibungen[136] unzulässig. Die Korrektur fehlerhafter Buchungen, Eintragungen oder Aufzeichnungen hat vielmehr durch belegmäßig nachgewiesene Änderungen zu erfolgen, ohne den ursprünglichen Inhalt der Aufzeichnung unlesbar zu machen. Die Tatsache, dass eine Änderung stattgefunden hat, deren zeitliche Abfolge und Wirkung müssen sichtbar bleiben und nachvollzogen werden können (Datum und Autorisierung).

202 Für handschriftliche Aufzeichnungen dürfen nur solche Schreibmaterialien verwendet werden, die gewährleisten, dass die Schrift nicht spurlos beseitigt oder verändert werden kann. Die Verwendung von Stiften, die das leichte Entfernen der Schrift ermöglichen, ist grds. nicht zulässig (z. B. Bleistifte).[137] Unzulässig ist auch, Zwischenräume in für gewöhnlich fortlaufenden Aufzeichnungen frei zu halten, um sich nachträgliche Einfügungen oder Ergänzungen vorzubehalten, z. B. „Platzhalter" für Entnahmen und Einlagen in Kassenbüchern, um eventuell entstehende Kassendifferenzen oder -fehlbeträge nachträglich kaschieren zu können.

Aufzeichnungen in elektronischer Form

203 Besondere Bedeutung erlangt das Erfordernis der Unveränderbarkeit für Vorsysteme wie elektronische Registrier- und PC-Kassen oder Taxameter. Auch hier gilt, dass eine Buchung oder eine Aufzeichnung nicht in einer Weise verändert werden darf, dass der ursprüngliche Inhalt nicht mehr feststellbar ist (GoBD, Rz. 58, 107). Veränderungen und Löschungen von und an elektronischen Buchungen, Aufzeichnungen oder sonstigen Unterlagen müssen so protokolliert sein, dass die §§ 146 Abs. 4 AO und 239 Abs. 3 HGB nicht verletzt werden, d. h. der ursprüngliche Inhalt feststellbar bleibt (elektronisches Radierverbot). Ursprüngliche Datenbestände sind zeitnah festzuschreiben und zu verbuchen – sie dürfen nach dem Buchungszeitpunkt ausschließlich über belegmäßig nachgewiesene Umbuchungen oder Stornierungen verändert werden. Dabei muss sowohl der ursprüngliche Inhalt als auch die Tatsache, dass überhaupt Änderungen erfolgt sind, sichtbar sein und bleiben (GoBD, Rz. 111). Stornobuchungen sind belegmäßig nachzuweisen.[138]

204 Bei Verwendung elektronischer Aufzeichnungssysteme muss die Unveränderbarkeit bereits bei Beginn der Buchungskette sichergestellt sein (z. B. Festschreibung des Geschäftsvorfalls mit Öffnung der Geldschublade). Durch organisatorische Maßnahmen muss sichergestellt werden, dass sämtliche Belege vorhanden sind und kein Geschäftsvorfall verloren geht oder später leicht aus dem Buchführungswerk entfernt werden kann. Die Systeme müssen die Gewähr

---

136 FG München vom 14.10.2004 – 15 K 728/02, zu Weißungen/Überschreibungen mit Tipp-Ex.
137 Siehe dazu einschränkend BFH vom 04.08.2010 – X B 19/10, BFH/NV 2010, 2229, wenn bei Bleistiftaufzeichnungen keine Änderungen oder Radierungen erkennbar sind.
138 Siehe hierzu die Auflistung verschiedener Stornotypen in Anhang 4.

4.2 Ordnungsvorschriften für die Buchführung und für Aufzeichnungen

dafür bieten, dass alle Informationen (Programme und Datenbestände), die einmal in den Verarbeitungsprozess eingeführt werden, anschließend nicht mehr unterdrückt oder ohne Kenntlichmachung überschrieben, gelöscht, geändert, verfälscht oder durch neue Daten ersetzt werden können (GoBD, Rz. 108). Es gilt die Pflicht zur Festschreibung unter Angabe des Festschreibedatums, bei Verstößen ist die Kassenführung mängelbehaftet.

Ungeachtet der Besonderheiten des § 146a AO[139] kann die Unveränderbarkeit von Daten, Datensätzen, elektronischen Dokumenten und Unterlagen sowohl 205

- **hardwaremäßig**, z. B. durch unveränderbare und fälschungssichere Datenträger (WORM-Medien wie CD, DVD oder festplattenbasierte Systeme mit Software-Schutz) als auch
- **softwaremäßig** (Sicherungen, Sperren, Festschreibung, automatische Protokollierung, Historisierungen, Versionierungen) *oder*
- **organisatorisch**, z. B. durch Zugriffsberechtigungskonzepte, gewährleistet werden (GoBD, Rz. 110).[140] Die Unveränderbarkeit muss bereits vom Zeitpunkt der ersten Speicherung an (Beginn der Buchungskette) sichergestellt sein.[141]

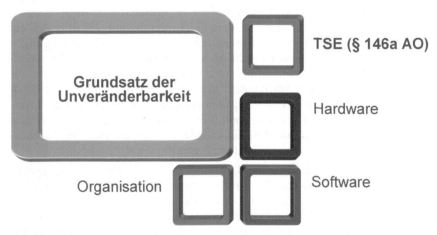

Abbildung 3: Gewährleistung der Unveränderbarkeit
(Quelle: Eigene Darstellung)

Besondere Bedeutung kommt der Unveränderbarkeit und Historisierung von **Stammdaten** zu (Grundinformationen über Namen und Adressen von Kunden oder Lieferanten, Umsatzsteuer-Identifikationsnummern, Kontenbezeichnungen, Abkürzungen, Umsatzsteuerschlüssel und -sätze etc.). Bei Änderungen muss die eindeutige Bedeutung in den entsprechenden Bewegungsdaten erhal- 206

---
139 Kap. 10.
140 Beispiele finden sich in *Henn/Kuballa*, DB 2016, 2749 unter V.2a.
141 FG Düsseldorf vom 15.02.2007 – 16 V 4691/06 A (E,U,F), EFG 2007, 814.

ten bleiben. Ggf. müssen Stammdatenänderungen ausgeschlossen oder Stammdaten mit Gültigkeitsangaben historisiert werden, um mehrdeutige Verknüpfungen zu verhindern. Auch eine Änderungshistorie darf nicht nachträglich veränderbar sein.[142] Der Umgang mit Stammdaten, insbesondere zur Frage, wer Stammdaten anlegen oder ändern darf, ist in der Verfahrensdokumentation zu beschreiben. Ergänzend sind im Zuge der Beschreibung des internen Kontrollsystems (IKS) Ausführungen darüber zu machen, wie Löschungen und ggf. versehentliche Doppelerfassungen vermieden werden. Da mängelbehaftetes Stammdatenmanagement nicht selten zu formellen oder gar materiellen Mängeln führt[143], sollte bei mehreren Systemen *ein* führendes System bestimmt werden. Zusätzliche Sicherheit schafft, die für Aufnahme und Änderung von Stammdaten verantwortlichen Personen klar zu benennen und unbefugte Zugriffe durch ein Berechtigungskonzept technisch zu unterbinden.

207 Die bloße Ablage von Daten und elektronischen Dokumenten in einem **Dateisystem** (File-System) erfüllt die Anforderungen der Unveränderbarkeit regelmäßig nicht, soweit nicht zusätzliche Maßnahmen ergriffen werden, die die Unveränderbarkeit gewährleisten (GoBD, Rz. 110).

208 Das Führen von Kassenbüchern mit Hilfe handelsüblicher **Tabellenkalkulationsprogramme** (z. B. Excel, Numbers[144]) ist grundsätzlich nicht zulässig. Excel-Tabellen fehlt es an der geforderten Journalfunktion. Mit Hinblick auf § 146 Abs. 4 AO kann auch nicht festgestellt werden, wann die Eintragungen gemacht wurden bzw. ob oder welche Änderungen nach dem erstmaligen Festhalten eines Geschäftsvorfalls erfolgt sind.[145] Das gilt auch, wenn dem Prüfer die Tabellen in ausgedruckter Form vorgelegt werden, da selbst dann nicht prüfbar ist, zu welchem Zeitpunkt Dateneingaben erfolgten und ob ggf. vor dem Ausdruck noch Veränderungen vorgenommen worden sind. Ungeachtet dessen können Aufzeichnungen aus Tabellenkalkulationsprogrammen den Datenzugriffsrechten der Finanzverwaltung unterliegen.[146]

209 Wird ein Excel-Kassenbuch laufend unmittelbar im Anschluss an die tägliche Erfassung der Geschäftsvorfälle GoBD-konform in einem Dokumenten-Management-System (DMS) abgelegt, kann dies abhängig von weiteren Voraussetzungen ordnungsgemäß sein.[147] Die Verwendung einer ausgedruckten Excel-Vorlage i. S. e. Blanko-Vordrucks, in dem handschriftliche Eintragungen vorgenommen werden, ist nicht zu beanstanden. Gleiches gilt, wenn eine Maske zur Rechnungserstellung genutzt und für jede weitere Rechnung überschrieben

---

142 GoBD, Rz. 111.
143 Vgl. GoBD, Rz. 59, 76, 89, 111, 142.
144 FG Münster vom 20.12.2019 – 4 K 541/16 E,G,U,F.
145 FG München vom 04.05.2010 – 13 V 540/10.
146 Vgl. Kap. 12.
147 Für den Einsatz von Dokumentenmanagement-Systemen empfiehlt sich die „GoBD-Checkliste für Dokumentenmanagement-Systeme, Version 2.1" des Bundesverbands Informationswirtschaft, Telekommunikation und neue Medien e. V. (Bitkom e. V.), abrufbar unter *https://www.bitkom.org/Bitkom/Publikationen/GoBD-Checkliste-fuer-Dokumentenmanagement-Systeme* (abgerufen am 13.10.2023).

wird und die Papierrechnung nach den Vorgaben der steuerlichen Ordnungsvorschriften aufbewahrt wird.

Jeder Einsatz von Systemfunktionalitäten oder **Manipulationsprogrammen**, der den Anforderungen der §§ 146 Abs. 4 AO, 239 Abs. 3 HGB entgegenwirkt, führt zur Ordnungswidrigkeit elektronischer Bücher und Aufzeichnungen (GoBD, Rz. 112) und i. d. R. zur Einleitung von Steuerstrafverfahren. Zu bekannten Manipulationsmustern s. Kap. 10.1.1.

210

Besonders kriminelle Energie ist strafschärfend zu berücksichtigen. In Anbetracht gestiegener Sicherheitsvorkehrungen durch § 146a AO wird höherer Aufwand als bisher erforderlich sein, solche Manipulationen vorzunehmen. Dies spricht nach zutreffender Auffassung von *Gehm* zu einem gesteigerten Grad an krimineller Energie, was zu empfindlicheren Strafen als bisher führen wird.[148]

211

> *Hinweis:*
> Weitere Informationen zur weltweiten Betrugsbekämpfung finden sich z. B. im OECD-Bericht 2013 – Umsatzverkürzung mittels elektronischer Kassensysteme[149] und im OECD-Bericht 2017 – Technische Lösungen zur Bekämpfung von Steuerhinterziehung und Steuerbetrug.[150]

212

Der Unternehmer hat für die Einhaltung der Ordnungsvorschriften im Rahmen der Führung von Büchern und Aufzeichnungen in elektronischer Form **Kontrollen** einzurichten, auszuüben und zu protokollieren (GoBD, Rz. 100). Hersteller elektronischer Aufzeichnungssysteme und Unternehmer stehen gemeinsam in der Pflicht, Möglichkeiten zur Veränderung von Daten auszuschließen. Die dafür getroffenen Vorkehrungen müssen in einer Verfahrensdokumentation festgehalten und erläutert werden.[151]

213

4.3 Ordnungsvorschriften für die Aufbewahrung von Unterlagen (§ 147 AO)

4.3.1 Aufbewahrungspflichten

Aufbewahrungspflichten sind Bestandteil der Buchführungs- und Aufzeichnungspflichten.[152] Wer nach handels- oder steuerrechtlichen Vorschriften zum Führen von Büchern und Aufzeichnungen verpflichtet ist, hat die Unterlagen geordnet aufzubewahren, um ihren Beweiszweck sicherzustellen. Aufbewahrungspflichten treffen Kaufleute i. S. d. HGB ebenso wie andere nicht im Handelsregister eingetragene Gewerbetreibende und Freiberufler, unabhängig von

214

---

148 *Gehm*, BBP 2023, 181.
149 Abruf unter *https://www.oecd.org/ctp/crime/Sales_suppression_German_website.pdf* (abgerufen am 27. 12. 2023).
150 Abruf unter *https://www.oecd.org/tax/crime/technology-tools-to-tackle-tax-evasion-and-tax-fraud-DE.pdf* (abgerufen am 27. 12. 2023).
151 Siehe dazu ausführlich Kap. 5. Zum internen Kontrollsystem im Einzelnen s. Kap. 5.9.
152 AEAO zu § 147, Nr. 1; GoBD, Rz. 114.

der Gewinnermittlungsart. Sie gelten mithin auch für Stpfl., die ihre Gewinne im Wege von Einnahmeüberschussrechnungen nach §4 Abs. 3 EStG ermitteln.[153]

215 Nach §147 Abs. 1 AO sind die nachfolgenden Unterlagen gesondert aufzubewahren:
1. Bücher und Aufzeichnungen, Inventare, Jahresabschlüsse, Lageberichte, die Eröffnungsbilanz sowie die zu ihrem Verständnis erforderlichen Arbeitsanweisungen und sonstigen Organisationsunterlagen[154],
2. die empfangenen Handels- oder Geschäftsbriefe[155],
3. Wiedergaben der abgesandten Handels- oder Geschäftsbriefe[156],
4. Buchungsbelege[157],
4a. Unterlagen nach Artikel 15 Absatz 1 und Artikel 163 des Zollkodex der Union,
5. sonstige Unterlagen, soweit sie für die Besteuerung von Bedeutung sind.

216 § 147 Abs. 1 Nr. 5 AO ist eine unbestimmte, steuerrechtliche Norm, der keine entsprechende handelsrechtliche Regelung gegenübersteht und im Einzelfall auszulegen ist. Neben den außersteuerlichen und steuerlichen Büchern, Aufzeichnungen und Unterlagen zu Geschäftsvorfällen sind alle Unterlagen aufzubewahren, die zum Verständnis und zur Überprüfung der für die Besteuerung gesetzlich vorgeschriebenen Aufzeichnungen im Einzelfall von Bedeutung sind. Grundsätzlich sind alle Bücher und Aufzeichnungen für die Besteuerung von Bedeutung, die Sachverhalte festhalten, die – ggf. zusammen mit anderen – geeignet sind, den Tatbestand eines Steuergesetzes zu erfüllen oder für die Überprüfung der Besteuerungsgrundlagen zweckdienliche Anhaltspunkte liefern. Dazu zählen Unterlagen sowohl auf Papier als auch in Form von Daten, Datensätzen und elektronischen Dokumenten, die dokumentieren, dass die Ordnungsvorschriften umgesetzt und deren Einhaltung überwacht wurde (GoBD, Rz. 5). Zum Erfordernis von Verfahrensdokumentationen s. Kap. 5.

217 Sind Unterlagen i. S. d. § 147 Abs. 1 AO in Form von Daten, Datensätzen oder als elektronisches Dokument im Unternehmen entstanden oder dort eingegangen, sind sie grundsätzlich auch in dieser Form aufzubewahren. Sie dürfen dann nicht mehr ausschließlich in ausgedruckter Form aufbewahrt werden und müssen für die Dauer der Aufbewahrungsfrist unveränderbar erhalten bleiben. Zu den Ausnahmen s. GoBD, Rz. 120.

---

153 GoBD, Rz. 115 m. w. N.
154 Vgl. § 257 Abs. 1 Nr. 1 HGB.
155 Vgl. § 257 Abs. 1 Nr. 2 HGB.
156 Vgl. § 257 Abs. 1 Nr. 3 HGB.
157 Vgl. § 257 Abs. 1 Nr. 4 HGB.

4.3 Ordnungsvorschriften für die Aufbewahrung von Unterlagen (§ 147 AO)

4.3.2 Aufbewahrungsfristen

4.3.2.1 Allgemeine Grundsätze

Aufbewahrungsfristen können insbesondere den §§ 257 und 261 HGB, 147 und 147a AO sowie 14, 14 b UStG[158] entnommen werden. Die handels- und steuerrechtlichen Vorschriften zur Aufbewahrung von Unterlagen ähneln sich. Jedoch sind die steuerlichen Regelungen hinsichtlich des betroffenen Personenkreises, des Umfangs der Aufbewahrungspflichten und der Dauer der Aufbewahrungsfristen weitergehender. So kennt das Handelsrecht u. a. keine Aufbewahrungspflichten für sonstige für die Besteuerung bedeutsame Unterlagen i. S. d. § 147 Abs. 1 Nr. 5 AO. Unterschiede finden sich z. B. auch in den Regelungen zum jeweiligen Fristende.

218

Tabelle 2: Aufbewahrungsfristen nach Handels- und Steuerrecht

219

Art der Unterlagen/ Dauer der Aufbewahrung	Steuerrecht	Handelsrecht
(Handels)Bücher und Aufzeichnungen, Inventare, Jahresabschlüsse, Lageberichte, Eröffnungsbilanz sowie die zu ihrem Verständnis erforderlichen Arbeitsanweisungen und sonstigen Organisationsunterlagen	10 Jahre (§ 147 Abs. 3 Satz 1 AO)	10 Jahre (§ 257 Abs. 4 HGB)
Empfangene Handels- oder Geschäftsbriefe	6 Jahre (§ 147 Abs. 3 Satz 1 AO)	6 Jahre (§ 257 Abs. 4 HGB)
Wiedergaben der abgesandten Handels- oder Geschäftsbriefe	6 Jahre (§ 147 Abs. 3 Satz 1 AO)	6 Jahre (§ 257 Abs. 4 HGB)
Buchungsbelege	10 Jahre (§ 147 Abs. 3 Satz 1 AO)	10 Jahre (§ 257 Abs. 4 HGB)
Unterlagen zur Zollanmeldung	10 Jahre (§ 147 Abs. 3 Satz 1 AO)	-
Sonstige Unterlagen, soweit sie für die Besteuerung von Bedeutung sind	6 Jahre (§ 147 Abs. 3 Satz 1 AO)	-
Ausnahme	Sind in *anderen Steuergesetzen* kürzere Aufbewahrungsfristen vorgesehen, gelten die verkürzten Fristen (§ 147 Abs. 3 Satz 1, 2. Halbsatz AO).	
Vorrang des Steuerrechts	Sind in *anderen außersteuerlichen Gesetzen* kürzere Aufbewahrungsfristen vorgesehen, lässt das die o. g. Fristen unberührt (§ 147 Abs. 3 Satz 2 AO).	

---

158 Vgl. GoBD, Rz. 116.

4 Steuerliche Ordnungsvorschriften (§§ 145–147 AO)

Art der Unterlagen/ Dauer der Aufbewahrung	Steuerrecht	Handelsrecht
Beginn der Frist	Mit dem Schluss des Kalenderjahres, in dem die letzte Eintragung in das Buch gemacht, das Inventar, die Eröffnungsbilanz, der Jahresabschluss oder der Lagebericht aufgestellt, der Handels- oder Geschäftsbrief empfangen oder abgesandt worden oder der Buchungsbeleg entstanden ist, ferner die Aufzeichnung vorgenommen worden ist oder die sonstige Unterlage entstanden ist (§ 147 Abs. 4 AO).	Mit dem Schluss des Kalenderjahres, in dem die letzte Eintragung gemacht, das Inventar aufgestellt, die Eröffnungsbilanz oder der Jahresabschluss festgestellt, …, der Handelsbrief empfangen oder abgesandt worden oder der Buchungsbeleg entstanden ist (§ 257 Abs. 5 HGB).
Ende der Frist	Nach 6 bzw. 10 Jahren, jedoch nicht, soweit und solange die Unterlagen für Steuern von Bedeutung sind, für die die Festsetzungsfrist noch nicht abgelaufen ist (§§ 147 Abs. 3 Satz 3 AO, 171 AO).	Nach 6 bzw. 10 Jahren.

(Quelle: Eigene Darstellung)

220 Zu verkürzten Aufbewahrungsfristen, z. B. für Lieferscheine vgl. Kap. 4.3.7, zur Verkürzung der Aufbewahrungsfrist für Hardware bei Systemwechseln vgl. Kap. 12.5.

221 Über gesetzliche Fristen hinaus sind Unterlagen aufzubewahren, wenn und soweit sie z. B.

- für eine begonnene Betriebsprüfung,
- für eine vorläufige Steuerfestsetzung nach § 165 AO,
- für anhängige Straf-/Bußgeldverfahren bzw. Ermittlungen,
- für schwebende oder zu erwartende Rechtsbehelfsverfahren,
- zur Begründung von Anträgen des Stpfl.,
- zwecks Nachweises bestimmter Sachverhalte (Urkundencharakter),
- zum Nachweis von Dauersachverhalten[159] (z. B. AfA)

von Bedeutung sind.

4.3.2.2 ABC der Aufbewahrungsfristen

222 Nach § 147 Abs. 3 AO gelten die in der nachfolgenden tabellarischen Übersicht genannten Fristen für die jeweils genannte Unterlage, sofern nicht in anderen Steuergesetzen kürzere Aufbewahrungsfristen zugelassen sind. Kürzere Aufbewahrungsfristen nach außersteuerlichen Gesetzen lassen die genannte Frist unberührt, es sei denn, dass nach diesen Vernichtungszwang besteht (Gesetzeskonkurrenz).

---

159 GoBD, Rz. 81.

4.3 Ordnungsvorschriften für die Aufbewahrung von Unterlagen (§ 147 AO)

Tabelle 3: ABC der Aufbewahrungsfristen

Art der Unterlage	Frist	Bemerkungen
Abrechnungsunterlagen	10 Jahre	soweit Buchungsbelege
Angebote, die zum Auftrag geführt haben	6 Jahre	Kommt es nicht zum Auftrag, können die Unterlagen vernichtet werden.
Artikelberichte	6 Jahre	soweit für die Besteuerung von Bedeutung, 10 Jahre bei Buchungsbelegen.
Auftrags- und Bestellunterlagen/-bücher	6 Jahre	
Ausgangsrechnungen	10 Jahre	
Bankbelege/-auszüge	10 Jahre	
Bediener-/Kellnerberichte	10 Jahre	
Bedienungsanleitungen elektronischer Aufzeichnungssysteme	10 Jahre	
Beförderungsaufträge im Mietwagengewerbe	10 Jahre	vgl. §§ 49 Abs. 4 PBefG, 140, 147 Abs. 3 Satz 2 AO
Betriebswirtschaftliche Kennzahlen	6 Jahre	soweit für die Besteuerung von Bedeutung
Bewirtungskostenrechnungen	6 Jahre	10 Jahre bei Buchungsbelegen
Buchungsanweisungen	10 Jahre	
Buchungsbelege	10 Jahre	
COM-Verfahrensbeschreibungen	10 Jahre	
Datenträger von Buchungsbelegen	10 Jahre	
Datenträger von Handelsbriefen	6 Jahre	
Datenträger von Unterlagen i. S. d. § 147 Abs. 1 Nr. 1 AO	10 Jahre	
EC- und Kreditkartenbelege	10 Jahre	soweit Buchungsbelege, siehe dazu auch Kap. 4.3.8
Eigenbelege (PE, NE, Geldtransit)	10 Jahre	
Eingangsrechnungen	10 Jahre	
Einrichtungsprotokoll elektronischer Aufzeichnungssysteme	10 Jahre	s. a. Programmierunterlagen elektronischer Aufzeichnungssysteme
Einzahlungsbelege	10 Jahre	
Elektronische Aufzeichnungssysteme		s. Hard- und Software elektronischer Aufzeichnungssysteme
Fahrtkostenerstattungen	10 Jahre	
Fehlerjournale	10 Jahre	soweit Buchungsbelege
Gehaltszahlungen an Ehegatten (Barquittungen)[160]	10 Jahre	
Geschäftsbriefe (ohne Rechnungen/Gutschriften)	6 Jahre	
Geschenknachweise	6 Jahre	

---

160 BFH vom 26.08.2004, BFH/NV 2005, 553.

4 Steuerliche Ordnungsvorschriften (§§ 145–147 AO)

Art der Unterlage	Frist	Bemerkungen
Getränkekarten		s. Speise- und Getränkekarten
Grundbücher	10 Jahre	
Gutschriften	10 Jahre	
Handelsbriefe (außer Rechnungen/Gutschriften)	6 Jahre	
Handelsbücher	10 Jahre	
Hard- und Software elektronischer Aufzeichnungssysteme	10 Jahre	Zu kürzeren Aufbewahrungsfristen im Einzelfall vgl. § 147 Abs. 6 Satz 5 AO[161], GoBD, Rz. 142, 143.
Hauptbücher	10 Jahre	
Journale	10 Jahre	
Journalrollen (Papierform)	10 Jahre	Digitale Reproduzierbarkeit der Einzeldaten ist ausreichend. Zu den Besonderheiten bis 31.12.2016 vgl. BMF-Schreiben vom 09.01.1996, BStBl. 1996 I S. 34.
Kassenabrechnungen	10 Jahre	
Kassenbelege	10 Jahre	Ausnahme: BMF-Schreiben vom 09.01.1996, BStBl. 1996 I S. 34 (aufgehoben zum 31.12.2016)
Kassenberichte	10 Jahre	
Kassenbons (elektronische Form)	10 Jahre	
Kassenbons (Papierform)	10 Jahre	Digitale Reproduzierbarkeit ist ausreichend. Das gilt auch für in Papierform ausgegebene und vom Kunden liegen gelassene Belege i. S. d. § 146a Abs. 2 AO. Zu den Besonderheiten bis 31.12.2016 vgl. BMF-Schreiben vom 09.01.1996, BStBl. 1996 I S. 34.
Kassenbücher und -blätter	10 Jahre	
Kellnerbericht		s. Bediener-/Kellnerberichte
Kreditkartenbelege		s. EC- und Kreditkartenbelege
Leergut (Pfandbons)	10 Jahre	vgl. auch Kap. 4.3.9
Lieferscheine	10 Jahre	soweit Buchungsbelege[162]
Mahnungen/Mahnbescheide	6 Jahre	

---

161 § 147 Abs. 6 Satz 5 i. d. F. des DAC7-Umsetzungsgesetzes vom 20.12.2022, BGBl. I, 2730.
162 Zu den Voraussetzungen vorzeitiger Vernichtung von Lieferscheinen nach Erhalt der Rechnung s. § 147 Abs. 3 Satz 3 ff. AO und Kap. 4.3.7.

4.3 Ordnungsvorschriften für die Aufbewahrung von Unterlagen (§ 147 AO)

Art der Unterlage	Frist	Bemerkungen
Meldescheine im Beherbergungsgewerbe	> 1 Jahr	Nach § 30 Abs. 4 Bundesmeldegesetz sind Meldescheine vom Tag der Anreise des Gastes ein Jahr aufzubewahren und innerhalb von drei Monaten nach Ablauf der Aufbewahrungsfrist zu vernichten. § 147 Abs. 3 Satz 2 AO steht der Vernichtung nicht entgegen; es besteht Vernichtungszwang.[163]
Nebenbücher	10 Jahre	
Offene-Posten-Listen	10 Jahre	soweit Bilanzunterlage
Organisationsunterlagen für elektronische Aufzeichnungssysteme		s. Verfahrensdokumentation
Pfandbons		s. Leergut (Pfandbons)
Preislisten und -verzeichnisse[164]	10 Jahre	soweit Buchungsunterlage für EDV-Kasse
Privateinlagen (Eigenbelege)	10 Jahre	
Privatentnahmen (Eigenbelege)	10 Jahre	
Programmierunterlagen elektronischer Aufzeichnungssysteme	10 Jahre	s. a. Einrichtungsprotokoll
Provisionsabrechnungen (z. B. Zigaretten, Spielautomaten)	10 Jahre	
Quittungen	10 Jahre	soweit Buchungsbelege
Rechnungen	10 Jahre	
Registrierkasse		s. Hard- und Software elektronischer Aufzeichnungssysteme
Registrierkassenstreifen		s. Journalrolle
Repräsentationsaufwendungen	10 Jahre	

---

163 *Henn/Kuballa*, NWB 2017, 2648 (2659).
164 Zwar sieht die Preisangabenverordnung (PAngV) selbst keine Aufbewahrungspflicht für Preisverzeichnisse oder Speise- und Getränkekarten vor (vgl. §§ 1, 12, 13 PAngV). Die Rechtsprechung geht aber von einer Aufbewahrungspflicht für solche Unterlagen nach § 147 Abs. 1 Nr. 5 AO aus; vgl. BFH vom 17.11.1981 – VIII R 174/77, BStBl. II 1982, 430; FG München vom 01.06.2005 – 9 K 4739/02; FG München vom 14.10.2005 – 10 V 1834/05; FG München vom 29.10.2009 – 15 K 219/07, EFG 2011, 10; FG Baden-Württemberg vom 18.02.1997 – 2 V 3/97, EFG 1997, 928; FG Münster vom 26.07.2012 – 4 K 2071/09 E,U. Zur Bedeutung von Speisekarten für die zutreffende Trennung der Entgelte (§ 22 UStG) vgl. BFH vom 14.12.2011 – XI R 5/10, BFH/NV 2012, 1921. Nach diesseitiger Auffassung entfällt die Aufbewahrungspflicht, wenn sich die erforderlichen Angaben einschließlich der historisierten Preisänderungen zweifelsfrei aus den Stammdaten des Vorsystems ergeben. Empfehlenswert ist es dennoch, Speise- und Getränkekarten immer aufzubewahren, z.B. zwecks Überprüfung der zutreffenden Trennung der Entgelte oder um den Verdacht nachträglicher Manipulation der Verkaufspreise entkräften zu können. Entsprechendes gilt für Sonderaktionen, die in Flyern, Zeitungsannoncen oder im Internet (z.B. Facebook) beworben werden.

4 Steuerliche Ordnungsvorschriften (§§ 145–147 AO)

Art der Unterlage	Frist	Bemerkungen
Sachkonten	10 Jahre	
Schecks	10 Jahre	soweit Buchungsbelege
Schichtzettel (Taxigewerbe)	10 Jahre	
Speise- und Getränkekarten		s. Preislisten und -verzeichnisse
Spendenbescheinigungen	10 Jahre	
Statistiken	6 Jahre	soweit für die Besteuerung von Bedeutung
Statistikstreifen über Röhrenfüllungen bei Geldspielgeräten	10 Jahre	
Stornobelege[165]	10 Jahre	
Stundenlohnzettel	10 Jahre	soweit Buchungsbelege
Tagesendsummenbons	10 Jahre	soweit Buchungsbelege
TAR-Archiv (TAR-Files)	10 Jahre	
Technische Sicherheitseinrichtung i. S. d. § 146a AO (Speichermedium)	10 Jahre	Sofern noch nicht mit einer Außenprüfung begonnen wurde, ist es im Fall eines Wechsels des Datenverarbeitungssystems oder im Fall der Auslagerung von aufzeichnungs- und aufbewahrungspflichtigen Daten aus dem Produktivsystem in ein anderes Datenverarbeitungssystem ausreichend, wenn der Stpfl. nach Ablauf des fünften Kalenderjahres, das auf die Umstellung oder die Auslagerung folgt, diese Daten ausschließlich auf einem maschinell lesbaren und maschinell auswertbaren Datenträger vorhält (§ 147 Abs. 6 Satz 5 AO). Für eine physische TSE kann die Regelung allenfalls anwendbar sein, wenn die TAR-Files verlustfrei archiviert wurden und der Datenzugriff durch die Finanzverwaltung auch ohne das originäre Speichermedium gewährleistet ist.
Umbuchungsbelege	10 Jahre	
Umsatzrückvergütungen	10 Jahre	soweit Buchungsbelege
Umsatzsteuerheft	10 Jahre	
Unterlagen i. S. d. § 147 Abs. 1 Nr. 5 AO (sonstige für die Besteuerung bedeutsame Unterlagen)	6 Jahre	10 Jahre (ggf. länger, soweit notwendiger Teil einer Verfahrensdokumentation)

---

165 Siehe hierzu die Auflistung verschiedener Stornotypen in Anhang 4.

4.3 Ordnungsvorschriften für die Aufbewahrung von Unterlagen (§ 147 AO)

Art der Unterlage	Frist	Bemerkungen
Verfahrensdokumentation	min. 10 Jahre	Die Aufbewahrungsfrist läuft nicht ab, soweit und solange die Aufbewahrungsfrist für die Unterlagen noch nicht abgelaufen ist, zu deren Verständnis sie erforderlich ist.[166]
Verkaufsbücher/-Journale	10 Jahre	
Wareneingangs-/Ausgangsbücher	10 Jahre	
Z-Bons		s. Tagesendsummenbons

(Quelle: Eigene Darstellung)

4.3.3 Grundsatz der Akzessorietät

Die in § 147 Abs. 1 AO normierten Aufbewahrungspflichten werden grundsätzlich sachlich begrenzt durch die Reichweite der zugrunde liegenden Aufzeichnungspflichten. Die Pflicht zur Aufbewahrung ist akzessorisch, d. h. sie setzt stets eine Aufzeichnungspflicht voraus. Eine Pflicht zur Aufbewahrung von Unterlagen kann deshalb grundsätzlich nicht bestehen, wenn der Stpfl. nicht bereits zur (vorangegangenen) Aufzeichnung verpflichtet war.[167] Die Rechtsprechung verlangt daher eine konkrete Zuordnung angeforderter Unterlagen zu den Tatbestandsmerkmalen des § 147 Abs. 1 Nr. 1–5 AO.[168]   224

Der Aufbewahrungspflicht unterliegen grundsätzlich auch alle Unterlagen und Daten, die zum Verständnis und zur Überprüfung der gesetzlich vorgeschriebenen Aufzeichnungen von Bedeutung sind.[169] Nicht dazu gehörig sind Unterlagen und Daten, die private, nicht aufzeichnungspflichtige Vorgänge betreffen. Gleiches gilt für Unterlagen und Daten, die freiwilligen, also über die gesetzliche Pflicht hinaus reichenden Aufzeichnungen zuzuordnen sind. Soweit sich für sie eine Aufzeichnungspflicht nicht aus anderen Gesetzen ergibt, können sie vom Stpfl. jederzeit vernichtet oder gelöscht werden.[170] Liegen solche Unterlagen tatsächlich vor, bleibt die Pflicht zu deren Vorlage in Papierform zwecks Erfüllung der Mitwirkungspflichten unberührt.   225

---

166 GoBD, Rz. 154.
167 BFH vom 24.06.2009 – VIII R 80/06, BStBl. II 2010, 452; GoBD, Rz. 113.
168 BFH vom 24.06.2009 – VIII R 80/06, BStBl. II 2010, 452; GoBD, Rz. 113.
169 GoBD, Rz. 7.
170 BFH vom 24.06.2009 – VIII R 80/06, BStBl. II 2010, 452.

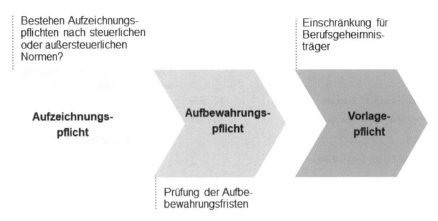

Abbildung 4: Grundsatz der Akzessorietät
(Quelle: Eigene Darstellung)

4.3.4 Aufbewahrung auf Bild- und anderen Datenträgern

226 Mit Ausnahme der Jahresabschlüsse, der Eröffnungsbilanz und bestimmter Unterlagen nach § 147 Abs. 1 Nr. 4a AO (amtliche Urkunden oder handschriftlich zu unterschreibende, nicht förmliche Präferenznachweise), die im Original aufzubewahren sind, können aufbewahrungspflichtige Unterlagen auch als Wiedergabe auf einem Bildträger oder auf anderen Datenträgern aufbewahrt werden, wenn dies den Grundsätzen ordnungsmäßiger Buchführung entspricht und sichergestellt ist, dass die Wiedergabe oder die Daten

- mit den empfangenen Handels- oder Geschäftsbriefen und den Buchungsbelegen *bildlich* und mit den anderen Unterlagen *inhaltlich* übereinstimmen, wenn sie lesbar gemacht werden,
- während der Dauer der Aufbewahrungsfrist jederzeit verfügbar sind, unverzüglich lesbar gemacht und maschinell ausgewertet werden können.[171]

227 Bildträger i.S.d. § 147 Abs. 2 AO sind z.B. Fotokopien oder Mikrofilme.[172] Als andere Datenträger kommen Magnetbänder, Magnetplatten, CD, DVD, Blu-ray-Discs oder Flash-Speicher in Betracht.[173] Ungeachtet der zulässigen Aufbewahrung auf Bild- oder anderen Datenträgern ist es ratsam, bestimmte Unterlagen aus Gründen der Beweissicherung bzw. einer höheren Beweiskraft im Vergleich zu ihrer bildlichen Reproduktion im Original vorzuhalten (z.B. notarielle Ur-

---

[171] §§ 147 Abs. 2 AO, 239 Abs. 4 HGB; GoBD, Rz. 27, 118.
[172] AEAO zu § 147, Nr. 3; BMF, Schreiben vom 01.02.1984, BStBl. I 1984, 155 (Verwendung von Mikrofilmaufnahmen zur Erfüllung gesetzlicher Aufbewahrungspflichten).
[173] AEAO zu § 147, Nr. 3.

4.3 Ordnungsvorschriften für die Aufbewahrung von Unterlagen (§ 147 AO)

kunden, Vollmachten, letztwillige Verfügungen, Wertpapiere, sonstige Dokumente unter Siegelverwendung).[174]

4.3.5 Ort der Aufbewahrung

4.3.5.1 Aufbewahrung im Inland

§ 146 Abs. 2 Satz 1 AO bestimmt, dass Bücher und die sonst erforderlichen Aufzeichnungen grundsätzlich im Geltungsbereich der AO (Inland) zu führen und aufzubewahren sind. Nach Satz 2 der Norm gelten Ausnahmen für bestimmte ausländische Betriebsstätten und Organgesellschaften. Innerhalb des Geltungsbereiches der AO ist der Stpfl. frei in seiner Entscheidung, an welchem Ort er die Unterlagen aufbewahren will, sie müssen der Finanzbehörde nur in angemessener Zeit in seinen Geschäftsräumen, seinen Wohnräumen, an Amtsstelle (vgl. § 200 Abs. 2 AO) oder hilfsweise in den Räumlichkeiten eines Angehörigen rechtsberatender Berufe zugänglich gemacht werden können. Teilt der Stpfl. der Finanzbehörde mit, dass sich seine Daten bei einem Dritten befinden, so hat der Dritte 228

– der Finanzbehörde Einsicht in die für den Stpfl. gespeicherten Daten zu gewähren oder
– diese Daten nach den Vorgaben der Finanzbehörde maschinell auszuwerten oder
– ihr nach ihren Vorgaben die für den Stpfl. gespeicherten Daten in einem maschinell auswertbaren Format zu übertragen.[175]

In diesen Fällen hat der mit der Außenprüfung betraute Amtsträger den in § 3 und § 4 Nummer 1 und 2 des Steuerberatungsgesetzes bezeichneten Personen sein Erscheinen in angemessener Frist anzukündigen. Obgleich die Kassen-Nachschau keine Außenprüfung und § 147 Abs. 6 AO mithin nicht anwendbar ist, kann die Regelung der Ankündigung analog angewendet werden, soweit die Ziele der unangekündigten Nachschau dadurch nicht konterkariert werden.[176] 229

4.3.5.2 Aufbewahrung in Wohnräumen

Vor allem mit Hinblick auf die unangemeldete Kassen-Nachschau i. S. d. § 146b AO[177] erhält die Frage, an welchem Ort Unterlagen aufzubewahren sind, besondere Bedeutung. Es besteht kein Rechtssatz dahingehend, dass Papierunterlagen oder elektronische Unterlagen dauerhaft in den Geschäftsräumen vorzuhalten sind. Einer Aufbewahrung im Ladenlokal könnten insbesondere Bestimmungen zum internen Kontrollsystem entgegenstehen (Schutz von Unterlagen vor Ver- 230

---

174 Zur Vernichtung von Originaldokumenten siehe auch Muster-Verfahrensdokumentation der Bundessteuerberaterkammer und des Deutschen Steuerberaterverbandes e. V. zur Digitalisierung und elektronischen Aufbewahrung von Belegen inkl. Vernichtung der Papierbelege.
175 § 147 Abs. 6 AO i. d. F. des DAC7-Umsetzungsgesetzes vom 20. 12. 2022, BGBl. I 2022, 2730.
176 *Schumann*, AO-StB 2017, 151 (158); *Becker*, BBK 2017, 143.
177 Kap. 11.

lust, Diebstahl etc. durch Aufbewahrung an sicheren Orten).[178] Das gilt auch für gespeicherte Daten eines elektronischen Aufzeichnungssystems, die unter Beachtung weiterer Vorgaben ausgelagert werden dürfen. Abzulehnen ist daher die im Urteil des FG Hamburg vom 30.08.2022 vertretene Rechtsauffassung, dass die Nichtübergabe angeforderter Unterlagen im Zeitpunkt der Kassen-Nachschau von der Wirkung her ähnlich zu beurteilen ist wie die Versagung des Zutritts zu den Büroräumen des Steuerpflichtigen.[179]

231 Was vor dem Hintergrund des Überraschungseffekts einer unangekündigten Kassen-Nachschau (sofort) in Augenschein genommen werden kann, wird unter dem Aspekt der Zumutbarkeit, der Verdunkelungsgefahr und der räumlichen Nähe des Betriebs zum Ort der Aufbewahrung im konkreten Einzelfall zu entscheiden sein. Befinden sich die Unterlagen in der Wohnung des Stpfl., erscheint deren Vorlage innerhalb eines Arbeitstages zumutbar und verhältnismäßig.[180] Andernfalls wären plausible Hinderungsgründe vorzutragen. Die Wohnung des Stpfl. zu betreten, ist gegen seinen Willen nur in eng gesteckten Grenzen zulässig (vgl. § 146b Abs. 1 Satz 3 AO).[181]

4.3.5.3 Aufbewahrung bei Dritten

232 Befinden sich vorlagepflichtige Unterlagen bei Dritten, wird grundsätzlich zu verlangen sein, diese sofort und ohne schuldhafte Verzögerung beizubringen. Die akzeptable Zeitspanne zwischen Auskunfts- oder Vorlageverlangen und deren Erfüllung hat sich auch daran zu orientieren, ob die Sachaufklärung gefährdet oder ggf. sicher vereitelt werden würde. Dabei ist zu unterscheiden, ob die Unterlagen bei einem

– Angehörigen der rechtsberatenden Berufe oder
– anderen Dritten, z. B. beim Kassendienstleister,

aufbewahrt werden.

233 Insbesondere Angehörige der steuerberatenden Berufe sind verpflichtet, Geschäftsbücher und sonstige Aufzeichnungen, die sie für den Stpfl. aufbewahren oder führen, auf Verlangen der Finanzbehörde unter den gleichen Voraussetzungen vorzulegen wie der Stpfl. selbst.[182] Schuldrechtlich begründete Zurückbehaltungsrechte des Steuerberaters, die im Innenverhältnis zwischen Berater und Mandant bestehen, sind unbeachtlich.[183]

---

178 Siehe GoBD, Rz. 100 ff.
179 FG Hamburg vom 30.08.2022 – 6 K 47/22; NZB BFH-Az.: XI B 93/22. Im entschiedenen Fall war nur der im Zeitpunkt der Nachschau nicht anwesende Geschäftsführer im Besitz des Büroschlüssels.
180 So auch *Brinkmann*, Schätzungen im Steuerrecht, 4. Auflage, 2017, dort Fn. 643.
181 Siehe dazu auch Kap. 11.8.5.
182 § 104 Abs. 2 AO; AEAO zu § 104.
183 Vgl. *Wacker*, DStR 2021, 1172 (1173).

4.3 Ordnungsvorschriften für die Aufbewahrung von Unterlagen (§ 147 AO)

Beispiel: 234
Am 17.04.2023 erscheint ein Amtsträger zur Kassen-Nachschau und fordert den Stpfl. auf, die im März 2023 geführten Kassenberichte vorzulegen. Der Stpfl. trägt vor, diese befänden sich zwecks Erstellung der Umsatzsteuer-Voranmeldung bei einem Angehörigen der rechtsberatenden Berufe in Bearbeitung.

Nach diesseitiger Auffassung ist es geboten und für den Vertreter zumutbar, die Kassenberichte unverzüglich zur Verfügung zu stellen (ggf. per E-Mail, Telefax). Bei Einräumung einer Frist von 2 bis 4 Wochen würde dem Stpfl. ausreichend Gelegenheit gegeben, seine Kassenaufzeichnungen „in Ordnung zu bringen", womit das Ziel der unangekündigten Nachschau verfehlt wäre. Anderseits sollen Angehörige rechtsberatender Berufe *im Rahmen von Außenprüfungen* Gelegenheit haben, Vorkehrungen zu treffen, um vorlagepflichtige Daten von fremden Geschäfts-, Betriebs- oder sonstigen Geheimnissen, die ihnen anvertraut oder bekannt geworden sind, zu trennen. Obgleich die Nachschau keine Außenprüfung darstellt und § 147 Abs. 6 AO mithin nicht anwendbar ist, sollen die Vorlagefristen i. S. d. §§ 147 Abs. 6 AO i. V. m. 5 Abs. 4 Satz 2 BpO analog anwendbar sein, soweit die Ziele der unangekündigten Nachschau hierdurch nicht konterkariert werden.[184] 235

Das gilt nicht für Unterlagen, die sich bei „anderen" Dritten, z. B. beim Kassendienstleister, befinden. Hier erscheint es ebenso wie bei der Aufbewahrung von Unterlagen in der Wohnung des Stpfl. zumutbar, diese innerhalb eines Arbeitstages zur Verfügung zu stellen[185] oder nachvollziehbare Hinderungsgründe vorzutragen. 236

4.3.5.4 Aufbewahrung in einem oder mehreren Mitgliedstaaten der EU

Der Stpfl. kann elektronische Bücher und sonstige erforderliche elektronische Aufzeichnungen oder Teile davon in einem anderen Mitgliedstaat der Europäischen Union führen und aufbewahren. Eines gesonderten Antrags bei der Finanzbehörde bedarf es seit dem 29.12.2020 nicht (mehr).[186] Mit der durch das DAC7-Umsetzungsgesetz vom 20.12.2022 ab 01.01.2023 neu geschaffenen Möglichkeit, Bücher und Aufzeichnungen in *mehreren* Mitgliedstaaten zu führen und aufzubewahren, wurde der zunehmenden Verteilung von Aufzeichnungs- und Sicherungssystemen Rechnung getragen.[187] Die Neuregelung ist auf alle am 01.01.2023 anhängigen Verfahren anzuwenden.[188] Dabei ist sicherzustellen, dass der Datenzugriff nach § 146b Absatz 2 Satz 2, § 147 Absatz 6 AO und § 27b Absatz 2 Satz 2 und 3 UStG in vollem Umfang möglich ist. 237

---

184 *Schumann*, AO-StB 2017, 151 (158); *Becker*, BBK 2017, 143.
185 So auch *Brinkmann*, Schätzungen im Steuerrecht, 4. Auflage, 2017, dortige Fn. 643.
186 § 146 Abs. 2a AO i. d. F. des JStG 2020 vom 21.12.2020, BGBl. I 2020, 3096.
187 § 146 Abs. 2a AO i. d. F. des DAC7-Umsetzungsgesetzes vom 20.12.2022, BGBl. I 2022, 2730.
188 Art. 97 § 37 Abs. 1 EGAO.

4 Steuerliche Ordnungsvorschriften (§§ 145–147 AO)

238 *Hinweis:*
Nach dem ausdrücklichen Wortlaut des § 146 Abs. 2a AO ist eine Verlagerung von **Papierunterlagen** nicht zulässig. Kurzzeitige Verbringung, z. B. zwecks Ersetzendem Scannen, ist nicht zu beanstanden.

239 Unberührt bleibt die Verpflichtung des Unternehmers, bei im übrigen Gemeinschaftsgebiet elektronisch aufbewahrten **Rechnungen**

- die vollständige Fernabfrage (Online-Zugriff) der betreffenden Daten und deren Herunterladen und Verwendung zu gewährleisten bzw. sicherzustellen,
- der Finanzverwaltung unaufgefordert den Aufbewahrungsort der Rechnungen schriftlich mitzuteilen (§ 14b Abs. 2 und 3 UStG; Abschn. 14b.1 Abs. 8 UStAE).

4.3.5.5 Aufbewahrung in einem oder mehreren Drittstaaten

240 Nach § 146 Abs. 2b AO kann die zuständige Finanzbehörde im Rahmen ihres Ermessens auf schriftlichen oder elektronischen Antrag des Stpfl. bewilligen, dass elektronische Bücher und sonstige erforderliche elektronische Aufzeichnungen oder Teile davon in einem Drittstaat geführt und aufbewahrt werden können. Mit der durch das DAC7-Umsetzungsgesetz vom 20. 12. 2022 ab 01. 01. 2023 neu geschaffenen Möglichkeit, Bücher und Aufzeichnungen in *mehreren* Drittstaaten zu führen und aufzubewahren, wurde der zunehmenden Verteilung von Aufzeichnungs- und Sicherungssystemen Rechnung getragen.[189] Die Neuregelung ist auf alle am 01. 01. 2023 anhängigen Verfahren anzuwenden.[190] Die Bewilligung kann von Nebenbestimmungen i. S. d. § 120 AO abhängig gemacht werden. Der Grundsatz der Verhältnismäßigkeit ist zu beachten.

241 Zu den allgemeinen Voraussetzungen der Bewilligung gehört, dass

1. der Stpfl. der zuständigen Finanzbehörde den Standort des Datenverarbeitungssystems *und* bei Beauftragung eines Dritten dessen Namen und Anschrift mitteilt bzw. ab 01. 01. 2023 den Standort des Datenverarbeitungssystems *oder*[191] bei Beauftragung eines Dritten dessen Namen und Anschrift mitteilt,
2. der Stpfl. seinen sich aus den §§ 90, 93, 97, 140 bis 147 und 200 Absatz 1 und 2 AO ergebenden Pflichten ordnungsgemäß nachgekommen ist,

---

189 § 146 Abs. 2b AO i. d. F. des DAC7-Umsetzungsgesetzes vom 20. 12. 2022, BGBl. I 2022, 2730.
190 Art. 97 § 37 Abs. 1 EGAO.
191 Die Ersetzung des Wortes „und" durch das Wort „oder" durch das DAC7-Umsetzungsgesetz vom 20. 12. 2022 (BGBl. I 2022, 2730) ist eine Erleichterung für Stpfl., da viele Betreiber aus Sicherheitsgründen und zum Schutz ihrer Anlagen den Standort ihres Datenverarbeitungssystems nicht preisgeben. Die Nennung des Namens und der Anschrift des Betreibers ist deshalb künftig ausreichend. Die Neuregelung ist auf alle am 01. 01. 2023 anhängigen Verfahren anzuwenden (Art. 97 § 37 Abs. 1 EGAO).

4.3 Ordnungsvorschriften für die Aufbewahrung von Unterlagen (§ 147 AO)

3. der Datenzugriff nach § 146b Absatz 2 Satz 2 AO, § 147 Absatz 6 AO und § 27b Absatz 2 Satz 2 und 3 UStG in vollem Umfang möglich ist *und*
4. die Besteuerung hierdurch nicht beeinträchtigt wird.[192]

Im Rahmen der Antragstellung sollte exakt beschrieben werden, welche Teile der elektronischen Bücher und Aufzeichnungen nach welchem Verfahren in einen oder mehrere Drittstaaten verlegt werden. Ferner sollten Angaben darüber gemacht werden, aus welchen Gründen eine Beeinträchtigung der Besteuerung nicht zu erwarten ist. Ist es bereits vor Antragstellung zu steuerlichen Verfehlungen gekommen (z. B. Nichteinhaltung der Ordnungsvorschriften, Verletzung von Mitwirkungspflichten, Einleitung von Steuerstrafverfahren, wiederholt unpünktliches Abgabe- oder Zahlungsverhalten), sind Anträge auf Verlagerung i. d. R. negativ zu bescheiden. 242

Hinweis: 243
Nach dem ausdrücklichen Wortlaut des § 146 Abs. 2b AO ist eine Verlagerung von **Papierunterlagen** nicht zulässig. Kurzzeitige Verbringung, z.B. zwecks Ersetzendem Scannen, ist nicht zu beanstanden.

Werden der Finanzbehörde nachträglich Umstände bekannt, die zu einer Beeinträchtigung der Besteuerung führen, hat sie die Bewilligung zu widerrufen und die unverzügliche Rückverlagerung der elektronischen Bücher und sonstigen erforderlichen elektronischen Aufzeichnungen in einen oder mehrere Mitgliedsstaaten der Europäischen Union[193] zu verlangen. Kommt der Stpfl. der Aufforderung zur Rückverlagerung seiner elektronischen Buchführung oder seinen Pflichten nach § 146 Abs. 2b Satz 4 AO zur Einräumung des Datenzugriffs nach § 147 Abs. 6 AO, zur Erteilung von Auskünften oder zur Vorlage angeforderter Unterlagen im Sinne des § 200 Abs. 1 AO im Rahmen einer Außenprüfung innerhalb einer ihm bestimmten angemessenen Frist nach Bekanntgabe durch die zuständige Finanzbehörde nicht nach oder hat er seine elektronische Buchführung ohne Bewilligung der zuständigen Finanzbehörde in einen oder mehrere Drittstaaten verlagert, kann ein Verzögerungsgeld von 2 500 Euro bis 250 000 Euro festgesetzt werden.[194] Die Rückverlagerung ist innerhalb angemessener Frist durch den Stpfl. nachzuweisen. Dabei kann er sich nicht auf Bestimmungen berufen, die ausschließlich im Drittland gelten, z. B. Regelungen des Datenschutzes. 244

---

192 § 146 Abs. 2b AO i. d. F. des JStG 2020 vom 21. 12. 2020, BGBl. I 2020, 3096.
193 Mit der durch das DAC7-Umsetzungsgesetz vom 20.12.2022 ab 01.01.2023 neu geschaffenen Möglichkeit der unmittelbaren Rückverlagerung in einen oder mehrere Mitgliedsstaaten der EU ist eine Vereinfachung für Stpfl. eingetreten. Bisher musste in einem Zwischenschritt durch vorherige Rückverlagerung in den Geltungsbereich der AO erfolgen. Die Änderung ist auf alle am 01.01.2023 anhängigen Verfahren anwendbar (Art. 97 § 37 Abs. 1 EGAO).
194 § 146 Abs. 2c AO i. d. F. des DAC7-Umsetzungsgesetzes vom 20. 12. 2022, BGBl. I 2022, 2730.

4 Steuerliche Ordnungsvorschriften (§§ 145–147 AO)

4.3.6 Aufbewahrungsmängel durch Thermobelege

245 Eine Vielzahl von Belegen wird im Thermodruck-Verfahren erstellt. Auch Registrierkassenausdrucke[195] erfolgen heutzutage regelmäßig auf Thermopapier. Insoweit besteht die Problematik, dass Haltbarkeit bzw. Lesbarkeit der Ausdrucke je nach Qualität des verwendeten Thermopapiers begrenzt sind.

246 Für leistende Unternehmer (Rechnungsaussteller) existiert einerseits z. B. nach §§ 14, 14b UStG und/oder 368 BGB die Verpflichtung, dem Leistungsempfänger eine Rechnung oder einen Beleg zu erteilen, der (auch) für das Besteuerungsverfahren geeignet ist. Daraus erwächst die Aufgabe des Rechnungsausstellers, diese Belege in einer technischen Qualität zu erstellen, welche den Rechnungsempfängern ermöglicht, ihren Aufbewahrungspflichten nachzukommen.[196]

247 Zum anderen müssen auch die für eigene Zwecke gefertigten Kassenausdrucke (z. B. Tagesendsummenbons, sonstige Berichte) die Haltbarkeit bis zum Ablauf der gesetzlichen Aufbewahrungsfristen gewährleisten. Es empfiehlt sich daher, auf den Gebrauch hochwertigen Thermopapiers zu achten sowie mit Hinblick auf eine ausreichende Beweisvorsorge ggf. Kopien der Ausdrucke anzufertigen, ohne dass die Originale, selbst wenn sie unlesbar geworden sind, vernichtet werden dürften.[197] Um die Lesbarkeit der Belege langfristig zu gewährleisten, sollte der Kontakt mit Klarsichtfolien wegen der darin enthaltenen Weichmacher ebenso vermieden werden wie der längere Verbleib in Lederbörsen (Gerbmittel). Auch direktes Sonnen- oder Neonlicht, Feuchtigkeit, Abrieb oder der Kontakt mit Fetten, Ölen und Chemikalien können die Haltbarkeit von Thermobelegen deutlich verkürzen. Zudem sollte darauf geachtet werden, dass – wie in der Praxis oft üblich – auf losen Blättern aufgeklebte Thermobelege nicht durch das im Kleber enthaltene Lösungsmittel unleserlich werden. Im Rahmen von Außenprüfungen und Nachschauen nicht mehr lesbare Ausdrucke stellen Belegmängel dar, die meist nicht nachträglich heilbar sind. Sie gehen zu Lasten des Stpfl. mit der Gefahr, dass die Besteuerungsgrundlagen ggf. schon aus diesem Grund geschätzt werden.[198] Zum sog. ersetzenden Scannen vgl. GoBD, Rz. 130, 136 ff.

4.3.7 Aufbewahrung von Lieferscheinen

248 Lieferscheine stellen Handelsbriefe i. S. d. § 257 HGB dar, die von Kaufleuten innerhalb der handelsrechtlichen Aufbewahrungsfristen aufzubewahren sind. Steuerlich gilt seit dem 01.01.2017:

---

195 Die Ausführungen gelten für Ausdrucke aus Taxametern, Waagen mit Registrierkassenfunktion, EC- und Kreditkartenerfassungsgeräten etc. entsprechend.
196 §§ 145 Abs. 2 AO; 14 b UStG; Abschn. 14 b.1 UStAE; zur Echtheit und Unversehrtheit von Rechnungen s. Abschn. 14.4 UStAE.
197 Rechnungen auf Thermopapier können dagegen u. U. vernichtet werden; s. Abschn. 14 b.1 Abs. 5 UStAE.
198 Vgl. FG Münster vom 16.05.2013 – 2 K 3030/11, EFG 2014, 86.

4.3 Ordnungsvorschriften für die Aufbewahrung von Unterlagen (§ 147 AO)

„Bei empfangenen Lieferscheinen, die keine Buchungsbelege i. S. d. § 147 Abs. 1 Nr. 4 sind, endet die Aufbewahrungsfrist mit dem Erhalt der Rechnung. Für abgesandte Lieferscheine, die keine Buchungsbelege sind, endet sie mit dem Versand der Rechnung. Die Aufbewahrungsfrist läuft jedoch nicht ab, soweit und solange die Unterlagen für Steuern von Bedeutung sind, für welche die Festsetzungsfrist noch nicht abgelaufen ist; § 169 Abs. 2 Satz 2 gilt nicht."[199]

Tipp: 249
Auch nach neuem Recht ist die vorzeitige Vernichtung der Lieferscheine unzulässig, wenn aus den empfangenen oder abgesandten Rechnungen die Lieferzeitpunkte und die Art und Menge der gelieferten Gegenstände nicht ersichtlich sein sollten. Derartige Angaben sind zwecks progressiver und retrograder Prüfbarkeit erforderlich und spätestens dann existenziell, wenn sich bei Durchführung von Verprobungen[200] Auffälligkeiten ergeben, die nur unter Vorlage der Lieferscheine entkräftet werden können. Zu diesen Zwecken bedarf es zusätzlicher Zuordnungs- und Identifikationsmerkmale für die Verknüpfung zwischen Lieferschein, Rechnung und der Grund(buch)aufzeichnung oder Buchung.[201] Zur Ermöglichung der progressiven und retrograden Prüfbarkeit sind die Zuordnungs- und Identifizierungsmerkmale aus dem Beleg bei der Aufzeichnung oder Verbuchung in die Bücher oder Aufzeichnungen zu übernehmen.[202]

4.3.8 Aufbewahrung von EC- und Kreditkartenbelegen

Die von Kassen- oder Kartenterminals erstellten und ggf. unterschriebenen EC- oder Kreditkartenbelege sind grundsätzlich aufbewahrungspflichtig. Handelt es sich um Buchungsbelege i. S. d. § 147 Abs. 1 Nr. 4 AO, beträgt die Aufbewahrungsfrist 10 Jahre. 250

Eine Aufbewahrung der Belege war in der Vergangenheit nicht erforderlich, wenn der Aufbewahrungszweck auf andere Weise gesichert und die Gewähr der Vollständigkeit gegeben war. Die Verwaltung hat die Zulässigkeit der Vernichtung der *Einzelbons* in der Vergangenheit an die Bedingung geknüpft, dass die Voraussetzungen des BMF-Schreibens vom 09.01.1996[203] erfüllt und die sog. *Kassenabschlüsse* aufbewahrt werden, wenn diese den Abgleich mit den Abrechnungen der Kreditkartenunternehmen und den Kontoauszügen der Kreditinstitute zur Überprüfung der Betriebseinnahmen auf ihre Vollständigkeit ermöglichen.[204] Im Ergebnis hatte man die Funktion des Kassenabschlusses damit der Funktion des Tagesendsummenbons gleichgestellt. 251

---

199 § 147 Abs. 3 Sätze 3–5 AO i.d.F. des Zweiten Bürokratieentlastungsgesetzes vom 30.06.2017, BGBl. I 2017, 2143.
200 Summarische Risikoprüfung (SRP), Zeitreihenvergleiche, Warenbestandsverprobungen, u. a.
201 GoBD, Rz. 71.
202 GoBD, Rz. 72.
203 BStBl. I 1996, 34.
204 OFD Düsseldorf vom 20.11.2000 – S 0317 – 14 – St 411 – K, DB 2000, 2562.

252 Seit Aufhebung des BMF-Schreibens vom 09.01.1996[205] durch das BMF-Schreiben vom 26.11.2010[206] lässt sich die genannte Verfügung der OFD Düsseldorf nicht mehr nutzbar machen, weil Tagesendsummenbons (spätestens) zum 31.12.2016 ihren Beweiswert verloren haben.

253 Erstaunlicher Weise galt aus Sicht der Umsatzsteuer noch **bis zum 31.12.2021**, dass soweit der Unternehmer Rechnungen mithilfe elektronischer Registrierkassen erteilt, es hinsichtlich der erteilten Rechnungen im Sinne des § 33 UStDV ausreichend ist, **wenn** (abweichend von obigen Ausführungen) **Tagesendsummenbons aufbewahrt werden, die die Gewähr der Vollständigkeit bieten** und den Namen des Geschäfts, das Ausstellungsdatum und die Tagesendsumme enthalten; im Übrigen waren die im BMF-Schreiben vom 26.11.2010[207] genannten Voraussetzungen zu erfüllen.[208]

254 **Seit dem 01.01.2022** gilt umsatzsteuerlich, dass soweit der Unternehmer Rechnungen mithilfe elektronischer oder computergestützter Kassensysteme oder Registrierkassen erteilt, es hinsichtlich der erteilten Rechnungen im Sinne des § 33 UStDV ausreichend ist, **wenn ein Doppel der Ausgangsrechnung (Kassenbeleg) aus den unveränderbaren digitalen Aufzeichnungen reproduziert werden kann**, die auch die übrigen Anforderungen der GoBD erfüllen, insbesondere die Vollständigkeit, Richtigkeit und Zeitgerechtigkeit der Erfassung (siehe auch § 146 Abs. 1 und 4 AO). Die Grundsätze sind auf alle offenen Fälle anzuwenden. Für Zeiträume bis zum 31.12.2021 wird es nicht beanstandet, wenn die Aufbewahrungspflicht nach der bisherigen Regelung in Abschnitt 14b.1 Abs. 1 Satz 2 UStAE[209] erfüllt wird (s. o).[210]

255 Nach diesseitiger Auffassung sind die umsatzsteuerlichen Grundsätze zur elektronischen Aufbewahrung von Kleinbetragsrechnungen i.S.d. §§ 33 UStDV auf EC- und Kreditkartenbelege übertragbar, sodass die Vernichtung der Papierausdrucke (Einzelbons) unter folgenden Voraussetzungen möglich ist:

- Doppel des EC-/Kreditkartenbelegs kann aus den unveränderbaren digitalen Aufzeichnungen reproduziert werden;
- die elektronischen Daten werden im Ursprungsformat (vgl. GoBD, Rz. 132) im Inland, in einem oder mehreren Mitgliedsstaaten der EU oder auf Antrag in einem oder mehreren Drittländern aufbewahrt (vgl. § 146 Abs. 2a und 2b AO);[211]

---

205 BStBl. I 1996, 34.
206 BStBl. I 2010, 1342.
207 BStBl. I 2010, 1342.
208 Abschn. 14b.1 Abs. 1 Satz 2 UStAE i.d.F. vom 01.10.2010, zuletzt geändert durch BMF, Schreiben vom 27.10.2021 – III C 2 – S7287-a/21/10001:001 (2021/1126691).
209 Abschn. 14b.1 Abs. 1 Satz 2 UStAE i.d.F. vom 01.10.2010, zuletzt geändert durch BMF, Schreiben vom 27.10.2021 – III C 2 – S7287-a/21/10001:001 (2021/1126691).
210 BMF, Schreiben vom 16.11.2021 – III C 2 – S 7295/19/10001:001, BStBl. I 2021, 2329; Abschn. 14b.1 Abs. 1 UStAE.
211 § 146 Abs. 2a und 2b AO i.d.F. des DAC7-Umsetzungsgesetzes vom 20.12.2022, BGBl. I 2022, 2730.

4.3 Ordnungsvorschriften für die Aufbewahrung von Unterlagen (§ 147 AO)

- Aufbewahrungspflichten nach anderen Vorschriften werden nicht verletzt;
- vertragliche Aufbewahrungspflichten und -fristen gegenüber den Clearingstellen und/oder Versicherungsunternehmen werden eingehalten;[212]
- Aufbewahrungszweck des Papierbelegs ist auf andere Weise gesichert (vgl. § 146 Abs. 1 und 4 AO);
- Abgleich zwischen elektronisch reproduzierbaren Einzelbons, Kassenabschluss (Kartenterminal), Abrechnung des Kreditkartenunternehmens und Kontoauszügen des Stpfl. ist in angemessener Zeit progressiv und retrograd möglich (§ 145 Abs. 1 AO).

Unter analoger Anwendung der o. g. Grundsätze können auch die Kassenabschlüsse des Kartenterminals (Tagesabrechnungen) in elektronischer Form aufbewahrt werden (vgl. § 146 Abs. 5 AO). 256

Die Möglichkeit, Einzelbons und tägliche Kassenabschlüsse des Kartenterminals elektronisch **bildlich** mit Smartphones, Scannern, Multifunktionsgeräten o. ä. zu erfassen und die elektronischen Dokumente so aufzubewahren, dass die Wiedergabe mit dem Original bildlich übereinstimmt, wenn es lesbar gemacht wird, bleibt unberührt. Zu den weiteren Voraussetzungen des sog. ersetzenden Scannens aus Sicht der Finanzverwaltung vgl. GoBD, Rz. 130, 136 ff. 257

4.3.9 Aufbewahrung von Pfandbons aus Leergutautomaten

Nach diesseitiger Auffassung kann das BMF-Schreiben vom 16.11.2021[213] analog angewendet werden, sodass es ausreicht, wenn ein Doppel des Pfandbons aus den unveränderbaren digitalen Aufzeichnungen reproduziert werden kann, die auch die übrigen Anforderungen der GoBD erfüllen, insbesondere die Vollständigkeit, Richtigkeit und Zeitgerechtigkeit der Erfassung. Der Grundsatz der Einzelaufzeichnungspflicht und das Datenzugriffsrecht nach § 147 Abs. 6 AO auf den Leergutautomaten bleiben unberührt. Letzteres besteht im Rahmen der Kassen-Nachschau nicht, da Leergutautomaten von der TSE-Pflicht befreit sind und die Daten mithin nicht nach den Vorgaben der einheitlichen digitalen Schnittstelle zur Verfügung gestellt werden können. 258

4.3.10 Verlust von Unterlagen

Im Interesse der Gleichmäßigkeit der Besteuerung hat die Finanzverwaltung einen gesetzlich normierten Anspruch auf Vorlage nachprüfbarer Bücher und Aufzeichnungen. Sind aufbewahrungspflichtige Unterlagen verloren gegangen, nicht mehr lesbar oder ist eine Prüfung extrem verschmutzter Unterlagen nicht zumutbar, ist das Finanzamt zur Schätzung der Besteuerungsgrundlagen befugt. Dabei ist auch eine Schätzung am oberen Rand der Richtsätze zulässig.[214] Werden Daten, Datensätze, elektronische Dokumente und andere elektronische 259

---

[212] Beachte: Beweiswert der Unterschrift des Kunden im Original, soweit diese nicht ebenfalls elektronisch gespeichert oder per Sign-Pad geleistet wurde.
[213] BMF vom 16.11.2021 – III C 2 – S 7295/19/10001 :001, BStBl. I 2021, 2329.
[214] BFH vom 19.09.2001 – XI B 6/01, BStBl. II 2002, 4.

Unterlagen nicht ausreichend geschützt und können deswegen nicht vorgelegt werden, ist die Buchführung formell nicht mehr ordnungsmäßig.[215]

260 Das gilt auch bei unverschuldetem Verlust durch Brand- und Wasserschäden oder Naturkatastrophen,[216] weil es auf den Grund des Verlustes oder der Beschädigung der Unterlagen nicht ankommt. Entscheidend ist allein der objektive Zustand der Unterlagen im Zeitpunkt der Prüfung.[217] Insoweit hat der Stpfl. ausreichende Vorsorge zu treffen, insbesondere gegen Unauffindbarkeit, Vernichtung oder Diebstahl. Die Beschreibung der Vorgehensweise zur Datensicherung ist Bestandteil der Verfahrensdokumentation. Deren Ausgestaltung ist abhängig von der Komplexität und Diversifikation der Geschäftstätigkeit und der Organisationsstruktur sowie des eingesetzten DV-Systems.[218] Sind Unterlagen verloren gegangen, sollten Vernichtung oder Verlust zeitnah dokumentiert und soweit wie möglich nachgewiesen oder glaubhaft gemacht werden können.

261 Zu den notwendigen Sicherheitsvorkehrungen gehören je nach Erforderlichkeit z. B. physische Sicherungsmaßnahmen wie der Schutz durch Baumaßnahmen, Zugangskontrollen, Feuerschutzmaßnahmen, Sicherung von Stromzufuhr und Kühlung, Diebstahlsicherungen, ferner Sicherungsmaßnahmen in Form von Zugriffskontrollen, z.B. die Verhinderung nichtautorisierter Datenzugriffe durch Passwörter, Benutzer-IDs, aber auch die Installation von Firewall-Systemen oder Virenschutzprogrammen. Schließlich ist der Schutz vor Verlust von Unterlagen durch geeignete Tages-, Monats- und Jahresdatensicherungsverfahren sowie regelmäßige Lesbarkeits- und sog. Restore[219]-Tests zu gewährleisten.[220]

262 *Tipp:*
Bei Verlust von Buchführungsunterlagen durch höhere Gewalt kann eine unbillige Härte i.S.d. § 163 AO vorliegen.[221] Unbilligkeit kann sich aus sachlichen oder persönlichen Gründen ergeben. Zur Übertragbarkeit auf die Gewerbesteuer vgl. § 184 Abs. 2 AO. Für Billigkeitsmaßnahmen im Erhebungsverfahren ist § 227 AO (Erlass) einschlägig. Bei Verlust von Buchführungsunterlagen durch die Flutkatastrophe im Jahr 2021 sind länderabhängige Regelungen zu beachten.

---

215 GoBD, Rz. 104.
216 BFH vom 28.06.1972 – I R 182/69, BStBl. II 1972, 819; BFH vom 14.08.1974 – I R 189/72, BStBl. II 1974, 728; BFH vom 20.06.1985 – IV R 41/82, BFH/NV 1985, 12; BFH vom 09.03.1994 – VIII S 9/93, BFH/NV 1995, 28; BFH vom 26.10.2011 – X B 44/11, BFH/NV 2012, 168.
217 BFH vom 14.08.1974 – I R 189/72, BStBl. II 1974, 728; BFH vom 20.06.1985 – IV R 41/82, BFH/NV 1985, 12.
218 GoBD, Rz. 103 ff.; zum Erfordernis einer Verfahrensdokumentation im Allgemeinen siehe Kap. 5.
219 D.h. Wiederherstellen.
220 GoBIT vom 13.10.2012, Tz. 3.2, Abs. 7; Tz. 3.4, Abs. 5; Tz. 5.4, Abs. 5.
221 BFH vom 14.08.1974 – I R 189/72, BStBl. II 1974, 728.

Bei **Datenverlusten** wird allerdings immer zu prüfen sein, ob und inwieweit der Unternehmer (zumutbare) Sicherheitsvorkehrungen[222] unterlassen hat, die den endgültigen Verlust hätten vermeiden können.

4.4 Anwendbarkeit auf Non-Profit-Organisationen (NPO)

Ebenso wie bei steuerpflichtigen Einzelunternehmen, Personengesellschaften und Körperschaften kann die Ordnungsmäßigkeit der Kassenführung auch in der Gemeinnützigkeit ein lohnenswerter Prüfungsaufgriff sein, vor allem bei wirtschaftlichen Geschäftsbetrieben (z. B. Restaurationsbetriebe, Museumsshops, Campingplätze, Beherbergungsbetriebe, Kioske, Merchandising, u. v. m.), weil die Kassenführung (auch) hier häufig nur stiefmütterlich behandelt wird. 263

Es gibt keinen Rechtssatz dahingehend, dass steuerbefreite Körperschaften den §§ 145–147 AO nicht oder nur eingeschränkt unterliegen. Gerade im Bereich der Gemeinnützigkeit kommt es darauf an, mit Hinblick auf den Nachweis der tatsächlichen Geschäftsführung insbesondere den steuerlichen Ordnungsvorschriften der §§ 145–147 AO genügende Aufzeichnungen zu führen.[223] § 64 Abs. 3 AO bestimmt, dass auch für wirtschaftliche Geschäftsbetriebe ordnungsmäßige Aufzeichnungen über Einnahmen und Ausgaben zu fordern sind. 264

Im Rahmen der Nutzung elektronischer Aufzeichnungssysteme sieht schließlich auch § 146a AO keine Erleichterungen für gemeinnützige Körperschaften vor. Mithin unterliegen auch sie grundsätzlich der Verpflichtung zur Implementierung einer technischen Sicherheitseinrichtung (TSE). Dass ggf. ehrenamtlich tätige Mitarbeiter die elektronischen Aufzeichnungssysteme bedienen, ist ohne Bedeutung. Ob Zuwiderhandlungen gegen die Belegausgabepflicht als Verstoß gegen die Anforderungen an die tatsächliche Geschäftsführung zu sehen sind und damit ggf. zum Entzug der Gemeinnützigkeit führen, ist von den Gesamtumständen abhängig und im Einzelfall zu prüfen.[224] 265

Im Bereich der **Umsatzsteuer** sind ebenfalls keine Vereinfachungen hinsichtlich der Aufzeichnungspflichten erkennbar. Die §§ 22 UStG, 63 ff. UStDV gelten für gemeinnützige Körperschaften ebenso wie für andere Unternehmer. Zur Bestimmung des zutreffenden Steuersatzes sind insbesondere die §§ 4 und 12 Nr. 8a UStG einschlägig. 266

Tipp: 267
Unterliegt ein Zweckbetrieb weder der Körperschaftsteuer noch der Gewerbe- und Umsatzsteuer, beispielsweise in einem Museum (vgl. § 5 Abs. 1 Nr. 9 KStG, § 4 Nr. 20a UStG), kann die Implementierung einer TSE eine überbordende Anforderung sein. Eine Befreiung kommt allerdings nur über einen Antrag auf Erleichte-

---

222 IDW RS FAIT 1, Tz. 80 ff.
223 § 63 AO, AEAO zu § 63, Nr. 1.
224 Vgl. Antrag der Abg. Dr. *Erik Schweickert* u. a. FDP/DVP und Stellungnahme des Ministeriums für Finanzen zu den Auswirkungen der Belegausgabepflicht auf Vereine und karitative Einrichtungen, Landtag von Baden-Württemberg, 16. Wahlperiode, Drucks. 16/7689 vom 04.02.2020.

rung nach § 148 AO in Betracht. Der in diesen Fällen entstehende finanzielle Aufwand für die TSE stellt nach diesseitiger Auffassung einerseits eine sachliche Härte dar, andererseits wird die Besteuerung nicht beeinträchtigt, womit beide Grundvoraussetzungen des § 148 AO erfüllt wären.

268 Nachlässigkeiten beim Bargeld-Handling sind mit erheblichen Risiken für die Körperschaft verbunden. Würde ein (scheinbar) steuerlich unbeachtlicher Zweckbetrieb im Rahmen einer Außenprüfung in einen steuerpflichtigen wirtschaftlichen Geschäftsbetrieb umqualifiziert, unterläge die Körperschaft einem hohen Schätzungsrisiko.

269 Kassenmängel gefährden zudem die Gemeinnützigkeit. Nach § 55 Abs. 1 Nr. 1 Satz 1 AO müssen sämtliche Mittel einer steuerbegünstigten Körperschaft für die satzungsmäßigen Zwecke – also für den ideellen Bereich bzw. Zweckbetrieb – verwendet werden. Bei einem Verstoß gegen den Grundsatz der zeitnahen Mittelverwendungspflicht kann abhängig von Verhältnismäßigkeitsprinzip und sog. Bagatellvorbehalt für den bzw. die Veranlagungszeiträume, in denen dieser Verstoß festgestellt wurde, die Steuerbegünstigung aberkannt werden. Daneben kann von einer Förderung der Allgemeinheit nicht mehr ausgegangen werden, wenn sich die tatsächliche Geschäftsführung nicht im Rahmen der allgemeinen Rechtsordnung hält. Im Zusammenhang mit der Frage nach dem Entzug der Gemeinnützigkeit ist das BFH-Urteil vom 12.03.2020 zu beachten, wonach eine Verhältnismäßigkeitsprüfung anzustellen ist.[225]

270 Auch über einen Verstoß gegen die Anforderungen an die tatsächliche Geschäftsführung (§ 63 Abs. 1 AO) lässt sich der Entzug der Gemeinnützigkeit begründen. Dem in einschlägiger Literatur vertretenen Ansinnen, der Gesetzgeber möge durch ein abgestuftes Sanktionssystem für mehr Rechtssicherheit in der Gemeinnützigkeit Sorge tragen, ist dieser bislang nicht nachgekommen. Zur einheitlichen Rechtsanwendung können Verwaltungsvorschriften einzelner Bundesländer dienlich sein.[226]

271 Auch außersteuerliche Rechtsfolgen können durchaus gravierend sein, etwa der drohende Verlust eines Spendensiegels. So erfordert die Erteilung des Spendensiegels des Deutschen Zentralinstituts für soziale Fragen (DZI) neben der gemeinnützigen Anerkennung nach steuerlichen Vorschriften, dass bargeldgebundene Sammlungen in angemessener Weise gegen unberechtigte Geldentnahmen gesichert sind, eine Sicherung der zweckgerichteten Mittelverwendung gegeben ist und die Rechnungslegung ordnungsgemäß erfolgt.[227]

---

[225] BFH vom 12.03.2020 – V R 5/17, BStBl. II 2021, 55, AEAO zu § 63 AO, Nr. 6.
[226] Vgl. dazu *Seeck/Wackerbeck*, DStR 2022, 633; Ministerium der Finanzen Sachsen-Anhalt vom 01.03.2022 – 42-S 0182-1, FMNR202200396.
[227] DZI-SpS-Leitlinien 2019, *https://www.dzi.de/wp-content/pdfs_DZI/DZI-SpS-Leitlinien_2019.pdf* (abgerufen am 12.02.2023).

4.4 Anwendbarkeit auf Non-Profit-Organisationen (NPO)

Beachte: 272

Liegen erhebliche Kassenmängel vor, können Vereinsvorstände gem. §§ 34, 69 ff. AO in Haftung genommen werden, bei unentgeltlich tätigen bzw. ehrenamtlich tätigen Vereinsvorständen ggf. beschränkt auf Vorsatz oder grobe Fahrlässigkeit (§ 31a Abs. 1 BGB).

5 Verfahrensdokumentation – Kasse braucht ein Konzept

5.1 Historische Entwicklung und gesetzliche Vorgaben

Seit Veröffentlichung der GoBD im Jahr 2014 ist der Begriff der (steuerlichen) Verfahrensdokumentation[1] mehr und mehr in den Fokus gerückt. Aus steuerlicher Sicht lässt sich auf den ersten Blick zunächst keine gesetzliche Norm erkennen, die eine Pflicht zur Anfertigung einer Verfahrensdokumentation begründen könnte (**Aufzeichnungspflicht**). Im Gegenteil – der Begriff der Verfahrensdokumentation wird im Umfeld der gesetzlichen Aufzeichnungspflichten nirgends expressis verbis genannt.[2] Insbesondere § 147 Abs. 1 Nr. 1 AO und 257 Abs. 1 Nr. 1 HGB regeln lediglich eine **Aufbewahrungspflicht** für die zum Verständnis von Büchern und Aufzeichnungen erforderlichen Arbeitsanweisungen und sonstigen Organisationsunterlagen, ohne die „Verfahrensdokumentation" ausdrücklich zu nennen. Daraus ließe sich im ersten Schritt schlussfolgern, dass es einer solchen nicht bedarf. Dem ist entgegen zu treten, da die Dokumentation funktional verstanden werden muss, auf die tatsächliche Bezeichnung kommt es nicht an.[3]

273

Auch die Gerichtsbarkeit tut sich mit dem Begriff schwer. Soweit ersichtlich, erwähnte erstmals das FG Berlin-Brandenburg in seinem Beschluss vom 13.12.2018 den Begriff, ohne dass der dort nicht ausreichenden Verfahrensdokumentation entscheidungserhebliche Bedeutung zukam.[4] Das ist insoweit erstaunlich, als dass der Terminus alles andere als neu ist. Bereits in den Grundsätzen ordnungsgemäßer Speicherbuchführung (GoS) vom 05.07.1978[5], also vor über 40 Jahren (!), ist die Verfahrensdokumentation erwähnt worden, nachfolgend in den Grundsätzen ordnungsmäßiger DV-gestützter Buchführungssysteme (GoBS) vom 07.11.1995[6], dem folgend 2001 in den Grundsätzen zum Datenzugriff und zur Prüfbarkeit digitaler Unterlagen (GDPdU)[7] und schließlich 2014 in den Grundsätzen zur ordnungsmäßigen Führung und Aufbewahrung von Büchern, Aufzeichnungen und Unterlagen in elektronischer Form sowie zum Datenzugriff (GoBD).[8] Ferner findet sich die Begrifflichkeit u. a. in verschiedenen handelsrechtlich geprägten Verlautbarungen der Arbeitsgemeinschaft

274

---

1 Im hier verwendeten Kontext ist die *steuerliche* Verfahrensdokumentation gemeint.
2 Zur Notwendigkeit von Verfahrensdokumentationen nach außersteuerlichen Rechtsnormen s. *Henn*, DB 2016, 254; s. a. §§ 130 OWiG, 76, 93 AktG.
3 Häufig findet man auch die Bezeichnungen Prozessbeschreibung, Prozessdokumentation, u. a.
4 FG Berlin-Brandenburg vom 13.12.2018 – 7 V 7137/18, EFG 2019, 317.
5 BStBl. I 1978, 250.
6 BStBl. I 1995, 738.
7 BStBl. I 2001, 415.
8 BMF vom 14.11.2014, BStBl. I 2014, 1450; BMF vom 28.11.2019, BStBl. I 2019, 1269.

für wirtschaftliche Verwaltung (AWV)[9] und des Instituts der Wirtschaftsprüfer (IDW).[10]

275 Hierbei handelt es sich zwar lediglich um norminterpretierende Vorschriften, die Pflicht zur Anfertigung einer Verfahrensdokumentation lässt sich jedoch schon aus zahlreichen Gesetzen herleiten, die im Zusammenhang mit den Mitwirkungspflichten des Stpfl. (§ 90 AO) zu interpretieren sind:[11] Im Einzelnen:

5.1.1 § 145 Abs. 1 AO, § 238 Abs. 1 HGB (Anforderungen an die Nachvollziehbarkeit und Nachprüfbarkeit)

276 Die Buchführung muss so beschaffen sein, dass sie einem sachverständigen Dritten innerhalb angemessener Zeit einen Überblick über die Geschäftsvorfälle und über die Lage des Unternehmens vermitteln kann. Die Geschäftsvorfälle müssen sich in ihrer Entstehung und Abwicklung verfolgen lassen.[12] Gefordert wird die sog. progressive und retrograde Prüfbarkeit.

277 Idealerweise orientiert sich eine Dokumentation entlang der Prozesskette, mit der sich mehrere „Spuren" unter Beschreibung der Schnittstellen verfolgen ließen („End-to-End"):

– Spur der Geschäftsvorfälle einschl. der Belege (von der Entstehung bzw. vom Eingang im Unternehmen über deren Verarbeitung, Aufbewahrung, Archivierung bis hin zur Vernichtung),
– Spur der schriftlichen oder elektronischen Aufzeichnung im Licht des Grundsatzes der Akzessorietät (Aufzeichnungspflicht, Aufbewahrungspflicht, Vorlagepflicht),
– Spur des Geldes (von der Vereinnahmung über Privatentnahmen, Geldtransit oder Diebstahl bis hin zur GuV/Bilanz).

278 **Beispiel 1: Nachverfolgbarkeit einer Privatentnahme aus der Kasse**

Abbildung 5: Nachverfolgung von Eigenbelegen
(Quelle: Eigene Darstellung)

---

9 Entwurf der Grundsätze ordnungsmäßiger Buchführung beim IT-Einsatz vom 13.10.2012 (GoBIT); Abruf unter *https://www.awv-net.de/upload/pdf/GoBIT_Entwurf_V_5_0_2012_10_13_final.pdf* (abgerufen am 13.10.2023).
10 Vgl. nur IDW RS FAIT 1, 3 und 5.
11 Kritisch *Brete*, DStR 2019, 258 mit Replik von *Hruschka*, DStR 2019, 260; *Bleschick*, steuertip vom 13.06.2019, Beilage 24/19; *Peters*, DB 2018, 2846; *Peters*, DB 34/2019 vom 26.08.2019, M4-M5; *Loll*, NWB 2015, 2242; *Schäfer/Bohnenberger*, StB 2019, 131; *Goldshteyn/Thelen*, DStR 2015, 326; *Kulosa*, SAM 2017, Ausgabe 1, 9.
12 §§ 145 Abs. 1 u. 2 AO, 63 UStDV; IDW RS FAIT 1, Rz. 52.

Im Regelfall wird eine Verfahrensdokumentation hier am (zwingend zu erstellenden) Beleg ansetzen und die nachfolgenden Prozesse beschreiben. Dabei muss sie bereits vorher ansetzen, nämlich bei **Entstehung** des Geschäftsvorfalls (vgl. § 145 AO), verbunden mit der Frage, wer im Unternehmen überhaupt Geld entnehmen darf und – mit Blick auf das IKS – wie und von wem die Einhaltung innerbetrieblicher Vorgaben kontrolliert wird.

Beispiel 2: Auftragsvergabe und -abwicklung

Bestellung einer Maschine[13]	15.09.2022 (Beginn der Dokumentation)
Genehmigung durch Geschäftsführung (IKS)	15.09.2022
Lieferung (Prüfung Lieferschein/Ware)	19.09.2022
Rechnungseingang (elektronisch)	25.09.2022
Rechnungseingangsbuch (Papier)	26.09.2022
Zahlungsfreigabe durch Geschäftsführung	29.09.2022
[...]	

Für Bestellvorgänge empfiehlt sich die Anfertigung einer unternehmensinternen Investitions-Richtlinie einschließlich einer Genehmigungs- und Kontrollmatrix.

Beispiel 3: Entstehung eines Geschäftsvorfalls im Friseurhandwerk

Eintrag im Terminbuch des Friseurs	22.09.2022 (Beginn der Dokumentation)
Dienstleistung/Papierbeleg/Barzahlung	26.09.2022
Aufzeichnung im (elektronischen) Kassenbuch	26.09.2022
[...]	

Die händische Übernahme von Papieraufzeichnungen in elektronische Aufzeichnungen und umgekehrt gilt als jeweils eigene Schnittstelle und ist in der Verfahrensdokumentation entsprechend zu beschreiben. Dabei entstehende **Medienbrüche** bergen Risiken der Ordnungsmäßigkeit, die besonderer Beachtung bedürfen.[14] Sie erfordern zusätzliche Arbeitsschritte und erschweren i.d.R. die Prüfungshandlungen, stellen für sich allein genommen jedoch keine formellen Mängel dar. Anders liegt es, wenn die Nachprüfbarkeit aufgrund fehlerhafter oder nicht zeitgerechter Überträge von einem Medium in ein anderes Medium eingeschränkt wird und/oder die Bücher und Aufzeichnungen für einen sachverständigen Dritten nicht mehr in angemessener Zeit prüfbar sind.

---

13 Bei Aufnahme der Wirtschaftsgüter in Anlageverzeichnisse lässt sich die Zuordenbarkeit ggf. durch Erstellung von Verknüpfungen vereinfachen (z.B. Verknüpfung von PC, Drucker, Monitor und Software durch standortbezogene Verkennzifferung).
14 GoBIT, Präambel, Tz. 15.

5.1.2 § 145 Abs. 2 AO

284 **Aufzeichnungen** sind so vorzunehmen, dass der Zweck, den sie für die Besteuerung erfüllen sollen, erreicht wird.

5.1.3 § 146 Abs. 1 Satz AO (Anforderungen an die Nachvollziehbarkeit und Nachprüfbarkeit)

285 Die Buchungen und die sonst erforderlichen Aufzeichnungen sind einzeln, vollständig, richtig, zeitgerecht und geordnet vorzunehmen (mit Ausnahme der Einzelaufzeichnungspflicht wortgleich niedergelegt in § 239 Abs. 2 HGB).

5.1.4 § 146 Abs. 3 Satz 3 AO, § 239 Abs. 1 Satz 2 HGB

286 Werden Abkürzungen, Ziffern, Buchstaben oder Symbole verwendet, muss im Einzelfall deren Bedeutung eindeutig festliegen.

5.1.5 § 146 Abs. 4 AO (Anforderungen an die Unveränderbarkeit)

287 Eine Buchung oder eine Aufzeichnung darf nicht in einer Weise geändert werden, dass der ursprüngliche Inhalt nicht mehr feststellbar ist. Auch solche Veränderungen dürfen nicht vorgenommen werden, deren Beschaffenheit es ungewiss lässt, ob sie ursprünglich oder erst später gemacht worden sind. Eine fast wortgleiche Formulierung („Eintragung" statt „Buchung") findet sich in § 239 Abs. 3 HGB.

288 *Hinweis:*

Die Ablage von Daten und elektronischen Dokumenten in einem Dateisystem erfüllt die Anforderungen an die Unveränderbarkeit nicht. Es müssen zusätzliche Maßnahmen ergriffen werden, die die Unveränderbarkeit gewährleisten, z. B. die Ablage in einem Dokumenten-Managementsystem (DMS).[15] Auch diese Maßnahmen sind in einer Verfahrensdokumentation zu beschreiben.[16]

5.1.6 § 146 Abs. 5 Satz 1 AO; § 239 Abs. 4 HGB

289 Die Bücher und die sonst erforderlichen Aufzeichnungen können auch [...] auf Datenträgern geführt werden, sofern diese Formen der Buchführung einschließlich des dabei angewandten Verfahrens den Grundsätzen ordnungsmäßiger Buchführung entsprechen; bei Aufzeichnungen, die allein nach den Steuergesetzen vorzunehmen sind, bestimmt sich die Zulässigkeit des angewendeten Verfahrens nach dem Zweck, den die Aufzeichnungen für die Besteuerung erfüllen sollen.

---

15 GoBD, Rz. 110.
16 Für den Einsatz von Dokumenten-Management-Systemen empfiehlt sich die „GoBD-Checkliste für Dokumentenmanagement-Systeme, Version 2.1" des Bundesverbands Informationswirtschaft, Telekommunikation und neue Medien e. V. (Bitkom e. V.), kostenlos abrufbar unter *https://www.bitkom.org/Bitkom/Publikationen/ GoBD-Checkliste-fuer-Dokumentenmanagement-Systeme* (abgerufen am 13.10.2023).

5.1.7 § 22 Abs. 1 Satz 1 UStG i. V. m. § 63 Abs. 1 Umsatzsteuer-Durchführungsverordnung (UStDV) zu den umsatzsteuerlichen Anforderungen

Der Unternehmer ist verpflichtet, zur Feststellung der Steuer und der Grundlagen ihrer Berechnung Aufzeichnungen zu machen (§ 22 Abs. 1 Satz 1 UStG). Die Aufzeichnungen müssen so beschaffen sein, dass es einem sachverständigen Dritten innerhalb angemessener Zeit möglich ist, einen Überblick über die Umsätze des Unternehmers und die abziehbaren Vorsteuern zu erhalten und die Grundlagen für die Steuerberechnung festzustellen (§ 63 Abs. 1 UStDV).[17] 290

Darüber hinaus kann sich die Verpflichtung zur Anfertigung von Verfahrensdokumentationen aus **außersteuerlichen Normen** ergeben.[18] 291

Problematisch ist, dass Prüfungsdienste im Rahmen ihrer Datenzugriffsrechte regelmäßig nur eine Teilmenge des gesamten Datenbestands erhalten. Sie muss geeignet sein, die Einhaltung der Grund(buch)aufzeichnungsfunktion (Belegsicherung, Unverlierbarkeit der Geschäftsvorfälle) prüfen zu können. (vgl. Abb. 6). 292

---

17 Die allgemeinen Vorschriften über das Führen von Büchern und Aufzeichnungen der §§ 140–148 AO gelten in Übereinstimmung mit § 63 Abs. 1 UStDV auch für die Aufzeichnungen für Umsatzsteuerzwecke (Abschn. 22.1. Abs. 1 Satz 1 UStAE). Umsatzsteuerliche Aufzeichnungspflichten wirken nach ständiger Rechtsprechung auch für andere Steuergesetze, z. B. EStG, KStG, GewStG.

18 Vgl. nur § 91 Abs. 2 AktG; IDW PS 340 n. F.; bei börsennotierten Aktiengesellschaften Hinweis auf § 317 Abs. 4 HGB.

5 Verfahrensdokumentation – Kasse braucht ein Konzept

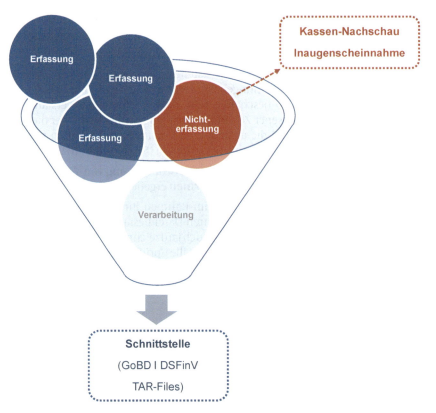

Abbildung 6: Datentrichter
(Quelle: Eigene Darstellung)[19]

293 Es kann keinem Zweifel unterliegen, dass dies auch für das „Innenleben" des elektronischen Aufzeichnungssystems hinsichtlich der Frage gilt, wie die eingegebenen Geschäftsvorfälle verarbeitet werden. Einem sachverständigen Dritten kann jedoch nicht zugemutet werden, sich **ohne zusätzliche Informationen**
a) mit zahlreichen Softwaresystemen *und*
b) mit jeder einzelnen Branche auszukennen.[20]

294 Prüfungsdienste der Finanzverwaltung finden in jedem Unternehmen neben unbekannten Kassensystemen unterschiedlichste Abläufe, Belegflüsse, Regelwerke und Prozesse vor. Aufgabe der jeweiligen Verfahrensdokumentation ist, die bei Prüfungsbeginn vorhandenen „Wissenslücken" zu schließen[21], um die

---

19 Der Datentrichter soll veranschaulichen, dass den Prüfungsdiensten im Rahmen des Datenzugriffs immer nur ein Extrakt zur Verfügung gestellt wird, gewollt oder ungewollt.
20 *Damas*, DB 2020, 1536 (1537).
21 *Peters*, DB 2018, 2846 (2849).

geführten Bücher und Aufzeichnungen in allgemein verständlicher Form nachvollziehbar zu erklären. Mindestens zu beschreiben sind die Kernprozesse. Das (möglichst schriftlich niedergelegte) Soll-Verfahren muss dem tatsächlichen „gelebten" Ist-Verfahren entsprechen – ein überbordendes Dokument, das jeden auch noch so kleinen Handgriff beschreibt, ist im täglichen Geschäft nicht umsetzbar. Wesentliche Prozesse müssen einzelfallbezogen an Prüfbarkeit, Nachvollziehbarkeit und Steuerausfallrisiko ausgerichtet ermittelt werden. Prognosen über die Eintrittswahrscheinlichkeit von Fehlern und das mögliche Schadensausmaß können als Gradmesser dienen. Insbesondere zur Detailtiefe macht die Finanzverwaltung keine exakten Vorgaben, auch eine Zertifizierung von Verfahrensdokumentationen oder internen Kontrollsystemen ist verwaltungsseitig nicht vorgesehen.

Bei erstmaliger Anfertigung einer Verfahrensdokumentation empfiehlt sich grundsätzlich, mit dem IKS zu beginnen, um anschließend „saubere" Prozesse abbilden zu können. Vor der eigentlichen Bestandsaufnahme im Betrieb sollten die wesentlichen Prozessabläufe sowie die darin enthaltenen Risiken dokumentiert und ggf. visualisiert werden, um den roten Faden nicht zu verlieren (Dokumentation der sachlogischen Prozesse vom Groben ins Detail). Zur visuellen Darstellung von Geschäftsprozessen (Modellierung) bieten sich sog. EPK[22]- oder BPM[23]-Softwaresysteme an, z. B. MS Visio, Signavio, Doxis4, ViFlow, u. v. m. Allgemeine Informationen zur Modellierung von Geschäftsprozessen und Tutorials stehen im Internet zur Verfügung (Stichwort BPM oder EPK). Hier findet man auch zahlreiche Anbieter. 295

Die zur Kassenführung ergangene Muster-Verfahrensdokumentation des DFKA e. V. spricht von der Pflicht zur Darstellung der **sachlogischen Prozesse**. Wer nun für den etwas sperrigen Terminus „sachlogisch" Erklärungen sucht, wird überraschender Weise weder im Duden noch in den GoBD fündig. Soweit ersichtlich, entspringt die Begrifflichkeit den GoS aus dem Jahr 1978. Allgemein handelt es sich um den Gesamtprozess eines Unternehmens, der in unterschiedliche (sachlogische) Teil- und Einzelprozesse aufgegliedert wird mit dem Ziel, die handels- und steuerrechtlichen Anforderungen an die Einzelprozesse zu ermitteln und deren Umsetzung in einer Verfahrensdokumentation zu verschriftlichen. 296

---

22   Ereignisgesteuerte Prozesskette.
23   Business Process Management.

5 Verfahrensdokumentation – Kasse braucht ein Konzept

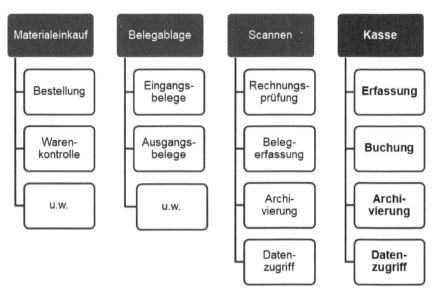

Abbildung 7: Sachlogische Prozesse
(Quelle: Eigene Darstellung)

297 Für jeden der (sachlogischen) Teilprozesse sind die nachstehenden **Anforderungen** (ggf. unter Berücksichtigung von Erleichterungen i. S. d. § 148 AO) zu ermitteln. Anschließend ist zu dokumentieren, wie die **Umsetzung** der Anforderungen erfolgt.

Nachvollziehbarkeit	§ 145 Abs. 1 AO
Nachprüfbarkeit	§ 145 Abs. 1 AO (progressive und retrograde Prüfbarkeit)
Einzelaufzeichnungspflicht	§§ 146 Abs. 1 (mit Ausnahmeregel), 146a Abs. 1 AO
Vollständigkeit	§§ 146 Abs. 1, 146a Abs. 1 AO (vollzählig, lückenlos)
Richtigkeit	§§ 146 Abs. 1, 146a Abs. 1 AO
Lesbarkeit	§§ 146 Abs. 5, § 147 Abs. 2, 5 u. 6 AO
Masch. Auswertbarkeit	§ 147 Abs. 2 u. 6 AO
Zeitgerechte Belegsicherung	§§ 146 Abs. 1, 146a Abs. 1 AO
Ordnung	§§ 146 Abs. 1 u. 5, 146a Abs. 1, 147 Abs. 1 AO
Unveränderbarkeit	§ 146 Abs. 4 AO
Verfügbarkeit	§ 146 Abs. 5, 147 Abs. 2 AO
Integrität	Unversehrtheit des Inhalts
Authentizität	Echtheit der Herkunft
Vertraulichkeit	Schutz vor fremden Zugriffen

5.2 Konkretisierungen aus handels- und steuerrechtlicher Sicht

Zu Konkretisierungen der gesetzlichen Vorschriften **aus handelsrechtlicher Sicht** s. Kap. 3.2.1. 298

Aus steuerrechtlicher Sicht finden sich Konkretisierungen vorwiegend in den Grundsätzen zur ordnungsmäßigen Führung und Aufbewahrung von Büchern, Aufzeichnungen und Unterlagen in elektronischer Form sowie zum Datenzugriff (GoBD)[24] sowie in den ergänzenden Informationen zur Datenträgerüberlassung, beide vom 28.11.2019. Darüber hinaus sind zu beachten: 299

– Anwendungserlass (AEAO) zu den §§ 145–147 AO.
– BMF-Schreiben vom 26.11.2010 zur Aufbewahrung digitaler Unterlagen bei Bargeschäften.[25]
  – Einzelfall- und bundeslandbezogen ist das BMF-Schreiben gültig bis zur Implementierung der TSE:
– Bremen: längstens bis 30.09.2020, soweit nicht auf Antrag Fristverlängerung gewährt wurde (§ 148 AO).
– Übrige Bundesländer: längstens bis 31.03.2021, soweit nicht auf Antrag Fristverlängerung gewährt wurde (§ 148 AO).
– Für nicht mit der TSE aufrüstbare Registrierkassen i.S.d. Art. Art. 97 § 30 EGAO gilt es bis zum 31.12.2022.
– BMF-Schreiben vom 09.01.1996 zum Verzicht auf die Aufbewahrung von Kassenstreifen bei Einsatz elektronischer Registrierkassen[26] (gültig bis längstens 31.12.2016).

Finanzverwaltung und Wirtschaft (!) leiten aus dem Gesamtwerk der gesetzlichen Regelungen nachfolgende grundsätzliche Anforderungen an Erstellung, Pflege und Aufbewahrung von Verfahrensdokumentationen ab: 300

Die Prüfung der Ordnungsmäßigkeit der Bücher und sonst erforderlichen Aufzeichnungen erfordert eine übersichtlich gegliederte[27], verständliche[28], aussagekräftige und vollständige Verfahrensdokumentation, die sowohl die aktuellen als auch die historischen Verfahrensinhalte für die Dauer der Aufbewahrungsfrist nachweist und den in der Praxis eingesetzten Versionen des DV-Systems entspricht.[29] Die Beurteilung der Ordnungsmäßigkeit – insbesondere komplexer Verfahren – ist für einen sachverständigen Dritten nur dann möglich, wenn ihm neben den Eingabedaten und Verarbeitungsergebnissen eine aussagefähige, der Komplexität entsprechend detaillierte Dokumentation zur Verfügung 301

---

24 BMF vom 14.11.2014, BStBl. I 2014, 1450; BMF vom 28.11.2019, BStBl. I 2019, 1269.
25 BMF vom 26.11.2010, BStBl. I 2010, 1342, Anhang 3.
26 BMF vom 09.01.1996, BStBl. I 1996, 34, Abdruck in Anhang 2.
27 GoBD, Rz. 151.
28 GoBD, Rz. 151.
29 GoBD, Rz. 34.

steht.³⁰ **System- bzw. Verfahrensänderungen** sind inhaltlich und zeitlich lückenlos zu dokumentieren.³¹ Änderungen einer Verfahrensdokumentation müssen historisch nachvollziehbar sein. Dem wird genügt, wenn die Änderungen versioniert sind und eine nachvollziehbare Änderungshistorie vorgehalten wird.³²

Abbildung 8: Lebenszyklus eines Geschäftsvorfalls
(Quelle: Eigene Darstellung)

302   Die Verfahrensdokumentation soll den organisatorisch und technisch gewollten Prozess beschreiben, z. B. bei elektronischen Dokumenten von der Entstehung der Informationen über die Indizierung, Verarbeitung und Speicherung, dem eindeutigen Wiederfinden und der maschinellen Auswertbarkeit, der Absicherung gegen Verlust und Verfälschung und der Reproduktion.³³ Damit erzählt die Verfahrensdokumentation den gesamten **Lebenszyklus eines Geschäftsvorfalls** von seiner Entstehung und IT-gestützten Aufzeichnung über dessen Verarbeitung und Aufbewahrung unter Berücksichtigung der Anforderungen an die Ordnungsmäßigkeit und Sicherheit der Daten bis hin zur Löschung.³⁴ Inhalt, Aufbau, Ablauf und Ergebnisse des DV-Verfahrens sind vollständig und schlüssig darzustellen.³⁵ Es ist ersichtlich zu machen, wie die Geschäftsvorfälle erfasst, empfangen, verarbeitet, ausgegeben und aufbewahrt werden.³⁶ Aus der Verfahrensdokumentation muss sich ergeben, wie die handelsrechtlichen Vorschriften (§§ 238 ff. HGB), die sonstigen außersteuerlichen Vorschriften, die

---

30   IDW RS FAIT 1, Rz. 53.
31   GoBD, Rz. 150.
32   GoBD, Rz. 154.
33   GoBD, Rz. 152.
34   AWV e. V., GoBD – Ein Praxisleitfaden für Unternehmen, Version 2.0, 147.
35   GoBD, Rz. 151.
36   GoBD, Rz. 66.

5.2 Konkretisierungen aus handels- und steuerrechtlicher Sicht

steuerlichen Ordnungsvorschriften (§§ 145 ff. AO) und deren Konkretisierungen, z. B. durch die IDW RS FAIT, die GoBIT und die GoBD beachtet werden.[37]

303 Aus der Verfahrensdokumentation muss sich ferner ergeben, dass das Verfahren entsprechend seiner Beschreibung durchgeführt worden ist, d.h. die Verfahrensdokumentation muss der gelebten Praxis entsprechen. Das beschriebene Soll-Verfahren muss mit dem tatsächlichen Ist-Verfahren übereinstimmen. Dies gilt insbesondere für die eingesetzten Versionen der Programme (Programmidentität).[38] Verfahrensdokumentationen erfordern mithin **kontinuierliche Pflege bzw. Aktualisierung** als Voraussetzung für die Erfüllung der Grundsätze ordnungsmäßiger Buchführung. Vor diesem Hintergrund empfiehlt sich, einen regelmäßigen **Review-Prozess** zur Sicherstellung der Identität zwischen tatsächlichem Prozess und Verfahrensdokumentation vorzusehen.[39] Das Ergebnis der Überprüfung sollte zumindest in einem kurzen Bericht dokumentiert sein.

304 Die Prüfbarkeit der formellen und sachlichen Richtigkeit bezieht sich sowohl auf einzelne Geschäftsvorfälle (**Einzelprüfung**) als auch auf die Prüfbarkeit des gesamten Verfahrens (**Verfahrens- oder Systemprüfung**) anhand einer Verfahrensdokumentation.[40] Die Beschreibung von Teilbereichen allein genügt nicht. Zu beschreiben sind insbesondere Hardware, Software und die für den Aufbau interner und externer Netze erforderlichen Kommunikationseinrichtungen sowie technische Lösungen für die Abwicklung und Unterstützung des IT-Betriebs.[41] Die Verfahrensdokumentation selbst wird dadurch ein eigenständiges Prüffeld innerhalb der steuerlichen Betriebsprüfung. Dabei kann der Stpfl. schnell an seine Grenzen stoßen (z. B. bei Entstehung von Geschäftsvorfällen per SMS- oder WhatsApp-Nachricht, Chatbot oder Anrufbeantworter), sodass die Messlatte an dieser Stelle nicht zu hochgelegt werden darf.[42]

305 Der Umfang der im Einzelfall erforderlichen Dokumentation wird dadurch begrenzt, was zum Verständnis des DV-Verfahrens, der Bücher und Aufzeichnungen sowie der aufbewahrten Unterlagen notwendig ist.[43] Die konkrete Ausgestaltung der Beschreibung ist abhängig von der Komplexität und Diversifikation der Geschäftstätigkeit und der Organisationsstruktur sowie des eingesetzten DV-Systems.[44] Dokumentationstechnik und formale Gestaltung liegen im Ermessen des Dokumentationspflichtigen. Er trägt die Verantwortung für deren Erstellung, Inhalte, Aktualität und Aufbewahrung.

---

37 Vgl. zu den GoBD: Rz. 154.
38 GoBD, Rz. 154.
39 AWV e. V., GoBD – Ein Praxisleitfaden für Unternehmen, Version 2.0, S. 161.
40 GoBD, Rz. 145, 151.
41 IDW RS FAIT 1, Rz. 13.
42 Zur Frage der Aufbewahrungspflicht von Sprachnachrichten s. *Danielmeyer*, BBK 2023 S. 452.
43 GoBD, Rz. 151.
44 § 146 Abs. 3 Satz 3 AO; GoBD, Rz. 100, 106, 151.

306 *Tipp:*
Die gemäß § 147 Abs. 1 Nr. 1 AO aufzubewahrenden Organisationsunterlagen können gemäß § 147 Abs. 2 AO auch auf Datenträgern aufbewahrt werden.[45] Eine Aufbewahrung innerhalb des Kassensystems, z. B. Konfigurationsprotokolle, ist ebenfalls zulässig.[46]

307 Neben den Daten müssen insbesondere auch die Teile der Verfahrensdokumentation auf Verlangen zur Verfügung gestellt werden können, die einen vollständigen Systemüberblick ermöglichen und für das Verständnis des DV-Systems erforderlich sind. Dazu gehört auch ein Überblick über alle im DV-System vorhandenen Informationen, die aufzeichnungs- und aufbewahrungspflichtige Unterlagen betreffen; z. B. Beschreibungen zu Tabellen, Feldern, Verknüpfungen und Auswertungen. Diese Angaben sind erforderlich, damit die Finanzverwaltung das durch den Stpfl. ausgeübte Erstqualifikationsrecht prüfen und Aufbereitungen für die Daten(träger)überlassung erstellen kann.[47]

308 Empfehlenswert ist ein sog. **Dach- oder Masterdokument**, unter dem die unterschiedlichen Teile der Verfahrensdokumentation, ggf. getrennt nach Erstellern, untergeordnet werden. Letzteres vereinfacht die Pflege der Verfahrensdokumentation, wobei Zuständigkeiten und stellvertretende Zuständigkeiten für Erstellung und Pflege klar definiert werden sollten. Dafür bietet sich an, allgemein veröffentlichte Muster-Verfahrensdokumentationen zu verwenden. Als Teil eines solchen Masterdokuments bietet sich das in **Anhang 13** abgedruckte **Muster-Datenblatt** zur Vorbereitung der Anfertigung einer Verfahrensdokumentation für Kassen(systeme) an.

309 **Verweise auf mitgeltende Unterlagen** sind sinnvoll und zulässig. In mittelständischen oder Groß- und Konzernbetrieben werden zumeist schon Dokumentationen aller Art vorliegen (z. B. Arbeitsanweisungen, Bedienungsanleitungen, Unterlagen zum Qualitätsmanagement, Regelungen zur DSGVO etc.). Vorhandene Lücken müssen sodann durch eine Analyse der im Betrieb eingesetzten Hard- und Software sowie der ablaufenden Prozesse geschlossen werden.

310 **Verschriftlichung** sämtlicher Abläufe wird nicht zwingend gefordert. Der Stpfl. kann durchaus auf Einfachheit setzen, etwa mit aussagekräftigen Stichworten, Grafiken oder Ablaufplänen. Verschriftlichung kann dagegen zwingend sein, wenn es gesetzlich gefordert ist, etwa nach § 62a StBerG bei Abschluss von Dienstleistungsverträgen zwischen Angehörigen steuerberatender Berufe und externen Dritten oder wenn statt mündlicher Auskünfte schriftliche Auskunftserteilung sachdienlich ist (vgl. § 93 Abs. 4 AO). Mithin ist grundsätzlich durchaus zulässig, die Nachvollziehbarkeit der Geschäftsvorfälle – bis zum Abschluss eines erstinstanzlichen Klageverfahrens –mündlich zu beschreiben. Schriftlichkeit ist aus Gründen der Beweissicherung dennoch zu empfehlen. Die Vorgänge

---
45 BFH vom 23.02.2018 – X B 65/17.
46 BFH vom 11.01.2017 – X B 104/16, BFH/NV 2017, 561.
47 GoBD, Rz. 160, 161.

vollständig mündlich zu beschreiben, ist praxisfern. Denn eine Verfahrensdokumentation ist immer nur eine Momentaufnahme im Zeitpunkt der Niederlegung. Einrichtungsanleitungen, Programmier-/Konfigurationsprotokolle, Stammdatenänderungen, Historisierung etc. rückwirkend zu beschreiben oder zu rekonstruieren, erscheint kaum möglich.[48] Auskunftspflichtige, die nicht aus dem Gedächtnis Auskunft geben können, haben Bücher, Aufzeichnungen, Geschäftspapiere und andere Urkunden, die ihnen zur Verfügung stehen, einzusehen und, soweit nötig, Aufzeichnungen daraus zu entnehmen (§ 93 Abs. 3 Satz 2 AO). Auf solche Unterlagen sollte der Stpfl. im Zweifel zurückgreifen können. Nicht dokumentationspflichtig sind selbsterklärende Verfahrensabläufe.

Fehlen Teile einer Verfahrensdokumentation, gilt (im Rahmen der Zumutbarkeit und begrenzt durch die Mitwirkungspflichten des Stpfl.) der den Finanzbehörden auferlegte Amtsermittlungsgrundsatz.[49] Mithin können beispielsweise Unterlagen aus Datenbanken der Finanzverwaltung, mündliche Befragungen von Unternehmern, Betriebsangehörigen[50] oder Kassendienstleistern ebenso wie Betriebsbesichtigungen[51] zu einem vollständigen Überblick führen. 311

Hinweis: 312

Eine Verfahrensdokumentation muss ermöglichen, Geschäftsvorfälle und andere Vorgänge in ihrer Entstehung und Abwicklung verfolgen zu können (§ 145 Abs. 1 AO, § 238 HGB, § 146a Abs. 1 AO). Damit beauftragte **sachverständige Dritte** sind z. B. Angehörige der steuerberatenden Berufe, Betriebsprüfer der Finanzverwaltungen des Bundes und der Länder oder die in der Finanzgerichtsbarkeit beschäftigten Gerichtsprüfer und Richter. Von einem sachverständigen Dritten kann zwar Sachverstand hinsichtlich der Ordnungsvorschriften der §§ 145 bis 147 AO und allgemeiner DV-Sachverstand erwartet werden, nicht jedoch spezielle, produktabhängige System- oder Programmierkenntnisse.[52] Verfahrensdokumentationen müssen auch ohne Kenntnis einer Programmiersprache verständlich und in angemessener Zeit prüfbar sein.[53]

5.3 Rechtliche Verpflichtung, GoBD-Compliance oder Gewinnbringer?

Erstellung und Pflege einer Verfahrensdokumentation kosten den Stpfl. Zeit und Geld. Sie führen aber nicht nur zu einem Mehr an Sicherheit in Bezug auf ggf. bestehende Schätzungsbefugnisse der Finanzverwaltung (§§ 158, 162 AO). Ungeachtet der ohnehin bestehenden Leitungs- und Organisationsverantwortung des Stpfl. ergibt sich aus der intensiven Beschäftigung mit den betrieblichen Abläufen **auf Seiten der Mandanten** auch 313

---

48 So auch *Henn*, DB 2016, 254 (257).
49 Vgl. dazu §§ 88, 89, 199 AO, 8 Abs. 2 BpO, AEAO zu § 88, Nr. 3 und Nr. 7; BMF vom 03.12.2020 – IV B 5 – S 1341/19/10018 :001, DOK 2020/1174240, BStBl. I 2020, 1325, Rz. 68.
50 Zur Befragung von Betriebsangehörigen vgl. § 200 Abs. 1 Satz 3 AO.
51 *Peters*, DB 2018, 2846 (2849).
52 GoBD, Rz. 148.
53 GoBD, Rz. 152.

5 Verfahrensdokumentation – Kasse braucht ein Konzept

- Einsparpotenzial, in dem betriebliche Prozesse auf den Prüfstand gestellt und im Bedarfsfall organisatorische Veränderungen eingeleitet werden,
- ein erhöhter Schutz vor Sicherheitslücken, Datenmanipulation und Mitarbeiterbetrug,
- eine transparente Darstellung des Unternehmens mit klarer Regelung der Arbeitsabläufe, auch zur Vermeidung von Fehlbeurteilungen und Missverständnissen,
- die Sicherstellung personenunabhängiger Funktionsfähigkeit (Wissenstransfer, Know-How) bei Vertretungsregelungen, Personalwechsel, Geschäftsveräußerung, Krankheit, Erbfall, Insolvenzverfahren (vgl. §§ 20 Abs. 1, 97, 101 InsO) etc.,
- Minimierung des Schätzungsrisikos,
- transparente Darstellungen des Unternehmens,
- Mitarbeiterschutz in Bezug auf Verantwortlichkeiten,
- mögliche Exkulpation in Steuerstraf- und Ordnungswidrigkeitenverfahren[54] oder in Haftungsfällen,
- Vorteile beim Rating, Darlehensvergaben etc.,
- Möglichkeit verbindlicher Prüfungserleichterungen bei „anerkanntem" Steuerkontrollsystem.[55]

314 **Auf Seiten der steuerberatenden Berufe** bieten Verfahrensdokumentationen ebenfalls ihre Vorteile: Neben allgemeinem Branchenwissen erlangt man vertiefte Kenntnisse über

- Aufbau und Struktur des Unternehmens,
- Art der eingesetzten Vorsysteme und offene Ladenkassen,
- (teils komplexe) steuerlich zu beurteilende innerbetriebliche Abläufe.

315 Wissen um die Abläufe im Betrieb ist enorm wichtig für eine intensive Auseinandersetzung mit dem Unternehmen, um Schwachstellen rechtzeitig zu erkennen und den Mandanten auf Prüfungshandlungen im Rahmen von Außenprüfungen und Nachschauen optimal vorzubereiten. Zum Verhältnis zwischen Angehörigen steuerberatender Berufe und ihren Mandanten vgl. §§ 33, 57 StBerG, § 4 BOStB. Die Vorschriften zeigen, dass eine Aufgabenerfüllung ohne Verfahrensdokumentation kaum möglich ist. Berufsrechtlich besteht mindestens die Verpflichtung, den Mandanten auf das Erfordernis hinreichender Organisationsunterlagen hinzuweisen, um Schaden von ihm abzuwenden.[56]

316 Eine Verfahrensdokumentation ist nicht zuletzt Eigenschutz, da das Regelwerk zur Kassenführung ständig komplexer wird und die Prüfungsmethoden der Finanzverwaltung, einhergehend mit höherer Entdeckungswahrscheinlichkeit,

---

54 Vgl. AEAO zu § 153 Nr. 2.6.
55 Art. 97 § 38 EGAO i.d.F. des DAC7-Umsetzungsgesetzes vom 20.12.2022, BGBl. I 2022, 2730.
56 BGH vom 18.12.1997 – IX ZR 153/96; BGH vom 20.02.2003 – IX ZR 384/99; BGH vom 16.10.2003 – IX ZR 167/02.

laufend optimiert werden (Stichwort: Digitale Betriebsprüfung[57]). Nicht zuletzt führen aussagekräftige Verfahrensdokumentationen für Steuerberater, Unternehmer und Finanzverwaltung zu ökonomischeren Betriebsprüfungen im Sinne besserer Prüfbarkeit, Setzen von Prüfungsschwerpunkten und Rationalität. Vgl. dazu auch Art. 97 § 38 EGAO n. F.

> *Tipp:* 317
> Angehörige der steuerberatenden Berufe können für gleichgelagerte Fälle (z. B. Friseure mit elektronischem Kassensystem) eine eigene „Muster-Verfahrensdokumentation" erstellen und diese in den Betrieben implementieren. Das macht zwar ggf. Änderungen betrieblicher Abläufe in den einzelnen Unternehmen erforderlich, ist auf Seiten der Mandanten aber eine vergleichsweise **kostengünstige Lösung** für Mandanten. Effektiv sind auch Partnerschaften mit anderen Angehörigen steuerberatender Berufe, die ähnliche Mandate betreuen. So lassen sich im Laufe der Zeit auch **Best Practises** herausarbeiten.

5.4 Inhalte von Verfahrensdokumentationen

Steuerliche Verfahrensdokumentationen bestehen in der Regel aus einer allgemeinen Beschreibung[58], einer Anwenderdokumentation, einer technischen Systemdokumentation und einer Betriebsdokumentation.[59] 318

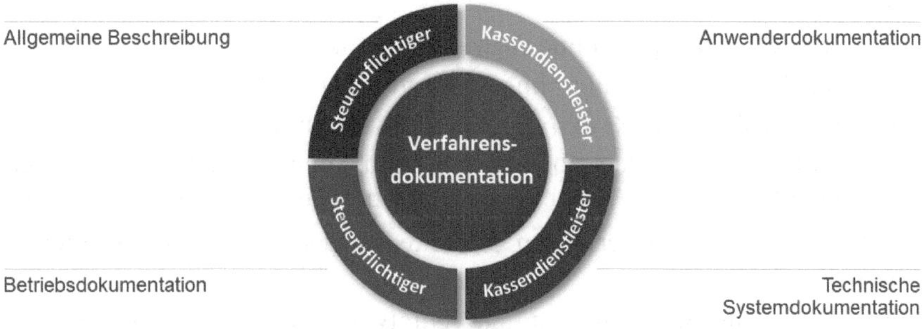

Abbildung 9: Bestandteile einer Verfahrensdokumentation zur Kassenführung
(Quelle: Eigene Darstellung)

Starre Grenzen zwischen den einzelnen Bestandteilen existieren nicht.[60] Form, Umfang und Inhalt der nach außersteuerlichen und steuerlichen Rechtsnormen aufzeichnungs- und aufbewahrungspflichtigen Unterlagen (Daten, Datensätze sowie Dokumente in elektronischer oder Papierform) und der zu ihrem Verständnis erforderlichen Unterlagen werden in die Hände des Stpfl. gelegt.[61] 319

---

57 Ausführlich dazu *Danielmeyer*, Die Digitalisierung der Betriebsprüfung, 1. Aufl. 2022.
58 Handelsrechtlich wird die „allgemeine Beschreibung" nicht explizit benannt, sondern als Teil der Anwenderdokumentation beschrieben (IDW RS FAIT 1, Rz. 54, 55).
59 GoBD, Rz. 152, 153; IDW RS FAIT 1, Rz. 54.
60 *Henn*, DB 2016, 254 (258).
61 GoBD, Rz. 6.

Überschneidungen, Dopplungen in den verschiedenen Teilen oder Beschreibungen der Abläufe in einem anderen Teil als durch die GoBD/IDW RS FAIT vorgesehen sind unschädlich, solange die verpflichtenden Inhalte in einer gewissen Ordnung abgebildet sind und die Nachprüfbarkeit nicht wesentlich eingeschränkt wird.

5.4.1 Allgemeine Beschreibung

320 Die allgemeine Beschreibung ist regelmäßig **durch den Stpfl. selbst oder einen damit beauftragten Dritten** zu erstellen und beinhaltet aufbau- und ablauforganisatorische Grundlagen des Unternehmens. Dies beinhaltet eine gegliederte Darstellung des Gesamtprozesses eines Unternehmens, der in unterschiedliche (sachlogische) Teil- und Einzelprozesse aufgegliedert wird mit dem Ziel, die handels- und steuerrechtlichen Anforderungen jedes Einzelprozesses zu ermitteln und deren Umsetzung in der Verfahrensdokumentation (möglichst) zu verschriftlichen. An dieser Stelle muss in die Überlegungen einbezogen werden, ob ggf. gesonderte Verfahrensdokumentationen erforderlich sind, etwa zur Belegablage[62], zum ersetzenden Scannen[63] oder separate Dokumentationen für weitere vor- und nachgelagerte Systeme (z. B. Schankanlagen, elektronische Terminkalender, digitale Reservierungs- oder Bestellsysteme etc.). In einem „Dachdokument"[64] sollten alle verwendeten Systeme kurz beschrieben werden, z. B.

- Registrierkasse [Typ] mit/ohne Verwendung einer TSE,
- Software [Bezeichnung] mit/ohne Verwendung einer TSE,
- Offene Ladenkasse (OLK) mit/ohne Einzelaufzeichnungen,
- Agenturkassen (z. B. Ausgabenkassen, Lotto-Annahmestelle, Schmuckverkauf oder Heißmangel-Annahme im Namen und für Rechnung eines Dritten).

321 Anschließend kann mit Verweisen gearbeitet werden, um Wiederholungen zu vermeiden.

322 Die Festlegung der Kompetenzen und Verantwortlichkeiten (Rollen) sind hier ebenfalls verortet, insbesondere mit Hinblick auf Regelungen für die Entwicklung, Einführung und Änderung eines IT-Systems einerseits sowie Regelungen für deren Steuerung andererseits.[65] Auch hierfür bieten sich tabellarische Übersichten[66] und die Erstellung von Organigrammen an.

---

[62] Für die Belegablage ist eine gesonderte VD erforderlich (Hinweis auf die Muster-VD der Arbeitsgemeinschaft für wirtschaftliche Verwaltung (AWV).

[63] Für bildliche Erfassung und ersetzendes Scannen ist eine gesonderte VD erforderlich (Hinweis auf die Muster-VD der Bundessteuerberaterkammer (BStBK) und des Deutschen Steuerberaterverbands e. V. (DStV) zum ersetzenden Scannen (Version: 2.0; Stand: 29.11.2019).

[64] Zu einer Mustervorlage s. Anhang 13.

[65] IDW RS FAIT 1, Rz. 9.

[66] Vgl. dazu das in Anhang 13 abgedruckte Muster-Datenblatt zur Vorbereitung der Anfertigung einer Verfahrensdokumentation für Kassen(systeme).

5.4 Inhalte von Verfahrensdokumentationen

Tipp: 323

Die Finanzverwaltung hat sich bisher nicht abschließend dazu geäußert, ob in einer Verfahrensdokumentation zuständige Personen namentlich zu benennen sind. Sofern sich der Anwender gegen eine namentliche Benennung von Personen entscheidet, sollten stattdessen andere eindeutige Zuordnungskriterien, z. B. Personalnummern, verwendet werden, um Verantwortlichkeiten und Zuständigkeiten abzugrenzen. Das gilt vor allem, wenn Kontrollen im Rahmen des IKS[67] durchgeführt werden, ohne den Mitarbeitern deren Art, Umfang, Funktionsweise und die Namen der kontrollierenden Arbeitskollegen (vollständig) offenlegen zu wollen.

Ein weiterer Teil der allgemeinen Beschreibung dreht sich um das rechtliche Umfeld. Hier sollten die steuerlichen und außersteuerlichen Buchführungs- und Aufzeichnungspflichten beschrieben werden, die sorgfältig zu ermitteln sind. 324

Zu den mitgeltenden Unterlagen vgl. Kap. 5.10. 325

5.4.2 Anwenderdokumentation

Zur Anwenderdokumentation gehören alle Unterlagen, die für eine sach- und ordnungsmäßige Bedienung des Systems erforderlich sind. Deren Erstellung ist **überwiegend Aufgabe des Kassenherstellers.** Dazu gehören z. B. Benutzerhandbücher, Bedienungsanleitungen und Programmierhandbücher, Programmieranleitung[68] der Kasse, ferner Installations- und Einrichtungsanleitungen sowie die dazu gehörigen Protokolle über die Grundeinstellungen und betriebsspezifischen Anpassungen (sog. Customizing; z. B. Bediener, Einrichtung von Verkäufer-, Kellner- und Trainingsspeichern, Umfang der Zugriffsrechte des Einzelnen, Waren-/Warengruppen, Artikel und Preise, Druck- und Exporteinstellungen, Verwendung der Eingabefelder, Schlüsselsystematiken etc.) einschließlich der Programmabrufe nach jeder Änderung. Hier muss der Kassenhersteller bzw. Kassenaufsteller um Mithilfe ersucht werden, soweit die Unterlagen nicht bereits vorliegen. Sie können im Verweis auf „mitgeltende Unterlagen" aufgenommen werden. Zum Umfang aus Sicht der Finanzverwaltung s. a. BMF-Schreiben vom 09. 01. 1996[69] und vom 26. 11. 2010.[70] 326

Herstellerseitig gelieferte Dokumentationen sind um die Dokumentation des im Unternehmen eingerichteten internen Kontrollsystems zu ergänzen.[71] **Kassieranweisungen** für den laufenden Betrieb und Verhaltensregeln für Betriebsprüfungen und Nachschauen sollten eine Selbstverständlichkeit sein. 327

---

[67] Siehe im Einzelnen Kap. 5.9.
[68] In der Regel wird der Unternehmer aus Gründen des Urheberrechts nicht über eine Programmieranleitung verfügen. Ggf. steht der Finanzbehörde diese aber schon zur Verfügung (z. B. in Nordrhein-Westfalen über die Datenbank „KTZ-WIKI") oder kann vom Amtsträger im Wege eines Auskunftsersuchens beim Kassendienstleister angefordert werden.
[69] BStBl. I 1996, 34, Abdruck in Anhang 2.
[70] BStBl. I 2010, 1342, Abdruck in Anhang 3.
[71] IDW RS FAIT 1, Rz. 56.

328 Die Anwenderdokumentation beinhaltet auch
- eine Erläuterung der Beziehungen zwischen den einzelnen Anwendungsmodulen;
- Art und Bedeutung der verwendeten Eingabefelder;
- Angaben zur programminternen Verarbeitung (insbesondere maschinelle Verarbeitungsregeln);
- Vorschriften zur Erstellung von Auswertungen;[72]
- Darstellung der Maßnahmen zur Einhaltung der Ordnungsvorschriften **aus Anwendersicht**;[73]
- Hinweise zum Ablageort der einzelnen Dokumente.[74]

329 Neben Kassier- und Nachschau-Anweisungen[75] sollte eine Übersicht über die unterrichteten Mitarbeiter erstellt werden. Das Datum der Bekanntgabe sollte mit aufgeführt werden, weil sich daraus Schulungsbedarf für bestimmte Mitarbeiter ablesen lässt, was nicht zuletzt mit Hinblick auf Vorsatz und Leichtfertigkeit bei straf- oder bußgeldrechtlich relevanten Feststellungen Bedeutung erlangt.[76]

330 *Tipp:*
Gerade die Anwenderdokumentation hat häufig eine nur kurze Halbwertzeit. Verweise auf Änderungen per E-Mail, Newsletter oder FAQ-Kataloge sind zulässig. Stehen die Unterlagen nur temporär zur Verfügung (z. B. im Internet), müssen für Zwecke der Beweissicherung Ausdrucke oder Screenshots angefertigt werden.

331 Zu den mitgeltenden Unterlagen vgl. Kap. 5.10.

5.4.3 Technische Systemdokumentation

332 Die technische Systemdokumentation enthält eine technische Darstellung der IT-Anwendung. Sie ist Grundlage für die Einrichtung eines sicheren und geordneten IT-Betriebs und die Wartung der IT-Anwendung durch den Programmersteller. Die Beschreibung der Hard- und Software (u. a. Registrier-, PC oder App-Kassen, Warenwirtschaftssysteme, mobile Eingabegeräte, Bondrucker, Küchendrucker, Waagen, Schanksysteme, Kartenlesegeräte, Speichermedien (USB, SD, Cloud etc.), Datenbanktabellen und -prozeduren sowie Beschreibung der

---

72 IDW RS FAIT 1, Rz. 55.
73 *Henn*, DB 2016, 254 (258).
74 Fälschlicherweise wird häufig behauptet, die Unterlagen müssten im Betrieb aufbewahrt werden. Aus Sicht der Finanzverwaltung ist das z. B. für Nachschauen zwar wünschenswert, aber nicht zwingend erforderlich (vgl. §§ 146, 147 AO: „Inland", „Mitgliedstaat der EU", „Drittland"). Unter Umständen kann das IKS einer Aufbewahrung im Betrieb sogar entgegenstehen. Siehe dazu im Einzelnen Kap. 4.3.5.
75 Vgl. dazu das Muster in Anhang 16, das als Anlage zur Kassieranweisung genommen werden kann. Vgl. dazu auch Kap. 5.9.4.
76 Vgl. AEAO zu § 153, Nr. 2.6.

5.4 Inhalte von Verfahrensdokumentationen

Schnittstellen/Netzinfrastruktur[77] ist **überwiegend Aufgabe des Kassendienstleisters**.

Art und Umfang der technischen Dokumentation sind abhängig von der Komplexität der IT-Anwendung. Dokumentationstechnik und formale Gestaltung liegen im Ermessen des Programmerstellers. Die Dokumentation muss in einer Weise zur Verfügung gestellt werden, die einem sachverständigen Dritten den Nachvollzug der programminternen Verarbeitung, insbesondere der Verarbeitungsfunktionen und -regeln in angemessener Zeit ohne Kenntnis der Programmiersprache erlaubt. Angesichts der Vielzahl von Programmiersprachen ist eine nur auf den Programm-Quellcode gestützte Dokumentation zur Sicherstellung der Nachvollziehbarkeit des Buchführungs- bzw. Rechnungslegungsverfahrens nicht ausreichend.[78]

333

Die technische Systemdokumentation soll über folgende Bereiche informieren:

334

- Aufgabenstellung der IT-Anwendung im Kontext der eingesetzten Module (unter Darstellung der Hard- und Softwarekomponenten, LAN-/WLAN[79]-Netze);
- Datenorganisation und Datenstrukturen (Datensatzbeschreibung, Tabellenaufbau bei Datenbanken);
- veränderbare Tabelleninhalte, die bei der Erzeugung einer Buchung herangezogen werden;
- programmierte Verarbeitungsregeln einschließlich der implementierten Eingabe- und Verarbeitungskontrollen (Datenflüsse, ggf. in Form von Diagrammen, Prozeduren, Ablaufpläne zur visualisierten Darstellung);
- programminterne Fehlerbehandlungsverfahren;
- Schlüsselverzeichnisse;
- Schnittstellen zu anderen Systemen[80];
- Darstellung der Maßnahmen zur Einhaltung der Ordnungsvorschriften **aus Anbietersicht**.[81]

Im Rahmen der technischen Systemdokumentation werden zudem Speicherorte dokumentiert (z. B. elektronisches Aufzeichnungssystem, TSE i. S. d. § 146a AO, Server, Cloud) und **maschinelle** Kontrollen im Rahmen des IKS beschrieben. Dagegen sind personelle Kontrollen Teil der Betriebsdokumentation.

335

---

77 Angaben über Netzwerke, LAN-, WLAN- oder Bluetooth-Verbindungen der Geräte untereinander oder der Verbindungen zu einem Backoffice-System.
78 IDW RS FAIT 1, Rz. 57.
79 (Wireless) Local Area Network [(drahtloses) lokales Netzwerk].
80 Vgl. IDW RS FAIT 1, Rz. 58. Zur Beschreibung von Schnittstellen vgl. *Webel/Danielmeyer*, StBp 2015, 353. Zur Schnittstellenverprobung als Verprobungs- und Schätzungsmethode vgl. Kap. 13.6.11.
81 *Henn*, DB 2016, 254 (258).

336 Nach Auffassung der Oberfinanzdirektion Frankfurt ist zudem ein **ER-Diagramm**[82] über die Art und Weise der Datenverarbeitung und Datenspeicherung in der hinterlegten Datenbank anzufertigen.[83]

337 Zu den mitgeltenden Unterlagen vgl. Kap. 5.10.

5.4.4 Betriebsdokumentation

338 Die Anfertigung einer Betriebsdokumentation ist Aufgabe des Steuerpflichtigen. Sie dient der Dokumentation der ordnungsgemäßen Anwendung des Verfahrens. Insbesondere werden innerhalb dieses Kapitels die sachlogischen Prozesse und Verfahren einer ordnungsmäßigen Kassenführung **detailliert** ausgeführt und den Prozessen und Verfahren die jeweiligen Zuständigkeiten zugewiesen.[84]

339 Die Betriebsdokumentation enthält z. B.
- Aussagen über Berechtigungen auf Vorgesetzten- und Mitarbeiterebene (Einrichtung, Zuständigkeiten, Verantwortung),[85]
- Verarbeitungs- und Abstimmprotokolle,
- Beschreibung der Vorgehensweise zur Datensicherung/Datensicherungsmethoden (Archivierung), Umgang mit Datenträgern (z. B. doppelte Sicherung, Aufbewahrungsorte und Konzepte zur Sicherung vor versehentlichem Löschen, Vernichten oder unbefugtem Zugriff),
- Art und Inhalt des Freigabeverfahrens für neue und geänderte Programme,
- Auflistung der verfügbaren Programme einschl. Änderungshistorie (Versionsnachweise),[86]
- Angaben zur Belegorganisation und Belegablage,
- Beschreibung der Maßnahmen der **personellen** Kontrollen im Rahmen des IKS (die maschinellen Kontrollen sind Teil der technischen Systemdokumentation).

340 *Tipp:*
Durch die mit § 146a AO eingeführte **Standardisierung** (Verwendung einer technischen Sicherheitseinrichtung TSE, Datenkranz der DSFinV-K/DSFinV-TW) wird die Anfertigung von Verfahrensdokumentationen deutlich vereinfacht. Das dürfte auch zur Folge haben, dass die Schätzungsbefugnis der Finanzverwaltung in puncto Verfahrensdokumentation künftig höheren Hürden unterliegt als bisher.

341 Zu den mitgeltenden Unterlagen vgl. Kap. 5.10.

---

82 Entity-Relationship-Diagramm. Dabei handelt es sich um ein Diagramm (auch Modell, Grafik) zur Darstellung von Objekten und deren Beziehungen untereinander einschließlich einer Beschreibung der verwendeten Elemente.
83 Oberfinanzdirektion Frankfurt vom 16.03.2022 – S 0316 A-010-St 3a, juris.
84 Vgl. DFKA-Musterverfahrensdokumentation zur Kassenführung, Tz. 5.1.1.
85 Vgl. dazu Muster-Datenblatt zur Vorbereitung der Anfertigung einer Verfahrensdokumentation für Kassensysteme (Anhang 13).
86 Vgl. GoBD, Rz. 106; IDW RS FAIT 1, Rz. 59.

5.5 Aufbewahrungspflicht und -frist

Die Nachvollziehbarkeit und Nachprüfbarkeit von Büchern und Aufzeichnungen muss für die Dauer der Aufbewahrungsfrist gegeben sein. Dies gilt auch für die zum Verständnis der Buchführung oder Aufzeichnungen erforderliche Verfahrensdokumentation.[87] Sie unterliegt als Arbeitsanweisung und sonstige Organisationsunterlage den Aufbewahrungsvorschriften der §§ 147 Abs. 1 Nr. 1 AO und 257 Abs. 1 Nr. 1 HGB. Die Aufbewahrungsfrist beträgt (mindestens) 10 Jahre. Die Frist beginnt für die jeweils versionierte Fassung mit dem Schluss des Kalenderjahres, in dem die jeweilige Fassung letztmalig angewandt wurde. Die Aufbewahrungsfrist für eine Verfahrensdokumentation läuft nicht ab, soweit und solange die Aufbewahrungsfrist für die Unterlagen noch nicht abgelaufen ist, zu deren Verständnis sie erforderlich ist.[88]

342

Abbildung 10: Prüfung der Aufbewahrungsfristen für Organisationsunterlagen
(Quelle: Eigene Darstellung)

Zu beachten ist, dass einer aufbewahrungspflichtigen Unterlage mehrere Funktionen innewohnen können. So können Handels- und Geschäftsbriefe nach § 147 Abs. 1 Nr. 2 und 3 AO, Buchungsbelege gem. Nr. 4 oder sonstige für die Besteuerung bedeutsame Unterlagen im Sinne der Nr. 5 (auch) notwendiger Teil einer Verfahrensdokumentation sein. Insoweit gilt es darauf zu achten, Unterlagen nicht verfrüht zu vernichten, bspw. Unterlagen zum Qualitätsmanagementsystem (QMS)[89] oder den Lieferschein für ein Backup des Kassensystems[90].

343

---

87 GoBD, Rz. 35.
88 GoBD, Rz. 154.
89 Die Implementierung eines QMS kann verpflichtend sein (vgl. z. B. für Apotheken § 2a ApBetrO).
90 Erfolgt ein Backup des Kassensystems (z. B. Programmänderung, Änderung der Oberfläche etc.), erhält der Unternehmer grundsätzlich einen aufbewahrungspflichtigen „Lieferschein" mit den erforderlichen Angaben.

5.6 Bedeutung von Testaten

344 Die zur Erfüllung außersteuerlicher oder steuerlicher Aufzeichnungs- und Aufbewahrungspflichten vorhandene Vielzahl, unterschiedliche Ausgestaltung und Kombination von DV-Systemen lassen keine allgemein gültigen Aussagen der Finanzbehörde zur Konformität der verwendeten oder geplanten Hard- und Software zu. Dies gilt umso mehr, als weitere Kriterien (z. B. Releasewechsel, Updates, Vergabe von Zugriffsrechten oder Parametrisierungen, Vollständigkeit und Richtigkeit der eingegebenen Daten) erheblichen Einfluss auf die Ordnungsmäßigkeit eines DV-Systems und damit auf Bücher und die sonst erforderlichen Aufzeichnungen haben können.[91] Positivtestate zur Ordnungsmäßigkeit der Buchführung – und damit zur Ordnungsmäßigkeit DV-gestützter Buchführungssysteme – werden weder im Rahmen einer steuerlichen Außenprüfung noch im Rahmen einer verbindlichen Auskunft erteilt.[92] Das gebietet auch die auf Seiten der Finanzverwaltung zu beachtende Wettbewerbsneutralität.[93]

345 Zahlreiche Kassenhersteller bieten kaufinteressierten Unternehmern Systeme mit Testaten an[94], die den Anforderungen der GoBD entsprechen (sollen). Die Prüfung erfolgt mit einem bestimmten Versionsstand in einer Testumgebung, jedoch losgelöst vom organisatorischen Umfeld im Unternehmen. Über die sachgerechte Anwendung der Hard- und Software im einzelnen Unternehmen kann ein solches Testat naturgemäß keine Aussagen treffen.

346 „Zertifikate" oder „Testate" Dritter können Unternehmern bei der Auswahl eines Softwareproduktes allenfalls als Entscheidungskriterium dienen, entfalten jedoch gegenüber der Finanzbehörde keine Bindungswirkung.[95] Die Finanzverwaltung wird die Frage, ob das eingesetzte System den Anforderungen der GoB genügt, deshalb regelmäßig erst im Rahmen einer Außenprüfung oder Nachschau treffen können. Das gilt mit Hinblick auf die nach § 146 Abs. 4 AO geforderte Unveränderbarkeit auch für die Feststellung, ob die – ggf. in einem Archivsystem vorgehaltenen – Kassendaten tatsächlich mit den Primäraufzeichnungen im Produktivsystem übereinstimmen (Integrität und Authentizität der Daten). In einer Verfahrensdokumentation (nur) auf ein ggf. vorliegendes Testat zu verweisen, ist daher riskant.

5.7 Einsatz elektronischer Archivierungsverfahren

347 Beim Einsatz eines elektronischen Archivierungssystems muss sichergestellt sein, dass die Speicherung der einzelnen Geschäftsvorfälle über die Dauer der Aufbewahrungsfrist sowie das angewandte Archivierungsverfahrens gesetzesform ist. Dies gilt auch für die zum Verständnis des elektronischen Archivie-

---

91 GoBD, Rz. 179.
92 GoBD, Rz. 180.
93 *Achilles*, Kassenführung in bargeldintensiven Unternehmen, 1. Aufl. 2014, 219.
94 Zum Bsp. Softwareprüfungen nach IDW PS 880; IDW EPS 880 n. F. (03.2021), abgedruckt in IDW Life Heft 8/2021.
95 GoBD, Rz. 181; GoBIT, Tz. 3.3, Abs. 5.

5.8 Besonderheiten bei Speicherung von Daten in der Cloud/Outsourcing

rungsverfahrens erforderliche und aufbewahrungspflichtige Verfahrensdokumentation.[96]

Die Beschreibung der Archivierungsprozesse ist schriftlich festzulegen.[97] Insbesondere die folgenden Bereiche sind für alle archivierungspflichtigen und archivierten Daten und Dokumente im Rahmen der Ablauforganisation zu regeln:

- Identifikation der aufbewahrungspflichtigen Dokumente und Daten.
- Bestimmung der Dauer der Speicherung von Daten und Dokumenten im IT-gestützten Rechnungslegungssystem (Produktivsystem).
- Festlegung des Archivierungszeitpunktes, der Archivierungsfrequenz und der Archivierungsprozesse.
- Festlegung der Aufbewahrungsfristen für die elektronisch zu archivierenden Daten und Dokumente.
- Gewährleistung der erforderlichen Differenzierung zwischen bildlich oder inhaltlich zu archivierenden Dokumenten.
- Sicherstellung der Vollständigkeit und Richtigkeit der Archivierung sowie der Wiedergabequalität.
- Beschreibung des Indexierungsverfahrens und der eindeutigen Zuordnungsfähigkeit der archivierten Dokumente und Daten zur Rechnungslegung.
- Verfahren und Techniken zur nachprüfbar vollständigen und richtigen Erfassung, Archivierung, Löschung und Lesbarmachung archivierter Dokumente und Daten.
- Sicherung archivierter Datenbestände.
- Verfahren zum Zugriff auf Dokumente und Daten in ausgelagerten Archivdatenbeständen (z. B. Kasseneinzeldaten, TAR-Archive).
- Verfahren zum nachprüfbaren und vollständigen Wiederanlauf von gesicherten Archivdatenbeständen bei fehlgeschlagenen Archivierungsläufen.
- Festlegung der Verantwortlichkeiten und Kompetenzen in Archivierungsprozessen.[98]

348

Zur Implementierung eines rechtskonformen Archivierungsverfahrens wird idealerweise ein digitaler Workflow erstellt, der im Tagesgeschäft keinen oder nur noch geringen personellen Aufwand erfordert.

349

5.8 Besonderheiten bei Speicherung von Daten in der Cloud/Outsourcing

Hinweis auf IDW RS FAIT 5; GoBIT, Tz. 6.2

350

---

96 IDW RS FAIT 3, Rz. 43, 50.
97 IDW RS FAIT 3, Rz. 50.
98 IDW RS FAIT 3, Rz. 51.

5.9 Internes Kontrollsystem (IKS)

5.9.1 Allgemeines

351 Die Beschreibung des internen Kontrollsystems (IKS) ist Bestandteil der Verfahrensdokumentation.[99] Unter einem IKS versteht man die Gesamtheit der aufeinander abgestimmten und miteinander verzahnten maschinellen und manuellen Kontrollen, Regelungen und Maßnahmen mit dem Ziel der Erfassung, Sicherung und Unverlierbarkeit der Geschäftsvorfälle. Das IKS ist Teil des betrieblichen Risikomanagements und soll letztendlich die Beweiskraft der Bücher und Aufzeichnungen sicherstellen.[100] Nebeneffekt kann die Prävention vor strafrechtlich relevanten Handlungen (z. B. Unterschlagung, Diebstahl, Korruption) sein. Je mehr Kontrollen dabei bereits durch eingesetzte Software erfolgen, umso weniger müssen personelle Ressourcen eingesetzt werden.[101]

352 Die konkrete Ausgestaltung des Kontrollsystems ist abhängig von der Komplexität und Diversifikation der Geschäftstätigkeit und der Organisationsstruktur sowie des eingesetzten DV-Systems[102] und liegt abhängig von Risikobewusstsein, Risikotragfähigkeit und Akzeptanz im Unternehmen im Ermessen des Steuerpflichtigen. Abhängig von den betrieblichen Abläufen kommen manuelle und/oder automatisierte Kontrollen in Betracht. Während in KMU stichprobenartige, periodische Kontrollen häufig ausreichen werden, bedienen sich Großbetriebe und Konzerne zumeist dem sog. Continuous Monitoring („digitale Bonanalyse"). BP-Simulationen oder vollumfängliche Kontrollen bis ins letzte Detail werden auch von der Finanzverwaltung nicht eingefordert. Dennoch kann die Simulation einer Betriebsprüfung oder Kassen-Nachschau dem Stpfl. helfen, um

- Kassen- und TSE-Daten auf Exportierbarkeit, Lesbarkeit und Auswertbarkeit zu prüfen,
- über Datenanalysetools Schwachstellen und Auffälligkeiten im Vorfeld zu erkennen

und ggf. abstellen zu können. Auch bieten sich Schnittstellen-Verprobungen an, die einen Abgleich der Daten aus Vorsystemen mit den FiBu-Daten ermöglichen.[103] Zahlreiche externe Dienstleister bieten solche Services an. Darüber hinaus kann etwa eine interne Revision turnusmäßig einzelne Prüfungsschwerpunkte setzen (sachverhalts- oder mitarbeiterbezogen). Die im Rahmen der Mitarbeiterkontrolle zu prüfenden Sachverhalte, Perioden (Tage, Wochen, Monate) und Schwellenwerte sollten im Vorhinein klar definiert werden, ohne sie an die Beschäftigten zu kommunizieren. Im Rahmen externer Benchmarkings

---

99 GoBD, Rz. 102.
100 GoBD, Rz. 104.
101 Zur digitalen Unterstützung lassen sich auf den Homepages *www.taxpunk.de* und *www.solon-x.de* aktuell über 250 nach Steuerarten und aktuellen Themen sortierte TaxTech-Lösungen finden (abgerufen am 13.10.2023).
102 GoBD, Rz. 100.
103 Kap. 13.6.11.

könnte das Thema IKS regelmäßig in ERFA[104]-Kreisen auf die Tagesordnung kommen, um Best Practises-Lösungen auch im eigenen Unternehmen umzusetzen.

Nach Identifizierung der einzelnen oder im Zusammenwirken bestehenden Risiken sind die Maßnahmen darauf auszurichten, nicht nur Gesetzesverstöße zu vermeiden, sondern auch die betriebswirtschaftlich gesteckten Ziele des Unternehmens zu erreichen. Dabei müssen die Gesamtprozesse im Unternehmen auf jeder einzelnen Hierarchiestufe nach ihrem Risikopotenzial bewertet werden. Vollumfängliche oder gar überspitzte Kontrollmaßnahmen sind nicht erforderlich. Zu bedenken ist aber auch, dass ein nicht ausreichendes IKS einen formellen Mangel darstellt, der sachliches Gewicht erlangt, wenn dadurch die Nachvollziehbarkeit und Nachprüfbarkeit der Geschäftsvorfälle beeinträchtigt wird.[105]

353

Hinweis:
Zur Erfüllbarkeit bestehender Vorlagepflichten und zur Wahrung von Geschäftsgeheimnissen ist die Verfahrensdokumentation selbst ebenfalls durch ein ausreichendes IKS zu schützen.

354

5.9.2 Bestandteile eines IKS

Ein IKS besteht aus technischen und organisatorischen Maßnahmen, die abhängig vom Einzelfall, den jeweiligen Gegebenheiten des Betriebs und dem eingesetzten DV-System einzurichten sind. Dazu gehören beispielsweise

355

- Systemprüfung auf Eignung, Fehlerfreiheit und Manipulationsmöglichkeiten Dritter;
- Zugangs- und Zugriffsberechtigungskontrollen auf Basis entsprechender Zugangs- und Zugriffsberechtigungskonzepte[106];
- Funktionstrennungen[107] (Trennung von Anweisung, Vollzug und Kontrolle);
- Erfassungskontrollen[108] (Fehlerhinweise, Plausibilitätsprüfungen);
- Abstimmungskontrollen bei der Dateneingabe[109];
- Verarbeitungskontrollen[110];
- Übertragungskontrollen[111];

---

104 Erfahrungsaustauschkreise („Round Table"). ERFA-Kreise bestehen bundesweit in zahlreichen Branchen, u. a. bei Bäckern oder Apothekern.
105 GoBD, Rz. 101, 102, 155.
106 GoBD, Rz. 100, 103 (z. B. durch PIN, Fingerprint).
107 GoBD, Rz. 100.
108 GoBD, Rz. 40, 88, 100.
109 GoBD, Rz. 100.
110 GoBD, Rz. 60, 88, 100.
111 GoBD, Rz. 88.

5 Verfahrensdokumentation – Kasse braucht ein Konzept

- Schutzmaßnahmen gegen die beabsichtigte und unbeabsichtigte Verfälschung von Programmen, Daten und Dokumenten[112];
- Plausibilitätskontrollen bei Dateneingaben[113];
- Vollständigkeitskontrollen, z. B. durch automatisierte Vergabe von Datensatznummern[114];
- Lückenanalysen;
- Mehrfachbelegungsanalysen;
- Datensicherungen.

356 Vgl. dazu auch das in Anhang 13 abgedruckte Muster-Datenblatt zur Vorbereitung der Anfertigung einer Verfahrensdokumentation für Kassen(systeme).

357 *Hinweis:*
Mit Hinblick auf Diebstähle oder eventuelle Naturkatastrophen (z. B. Blitzeinschlag, Brand, Hochwasser) empfiehlt sich einzelfallabhängig, Datensicherungen im Interesse multipler Verfügbarkeit an verschiedenen Orten aufzubewahren.

358 Das IKS ist grundsätzlich schriftlich (beweiswerterhaltend) niederzulegen und kann sich an folgendem Aufbau orientieren:
- Welche Risiken bestehen oder haben sich ggf. signifikant verändert (technisch, menschlich)?
- Wie hoch ist die Wahrscheinlichkeit des Schadenseintritts und welches Schadensausmaß ist zu erwarten?
- Mit welchen Maßnahmen wird den Risiken entgegengewirkt?
- Dokumentation der Einrichtung des IKS und der geplanten Kontrollen.
- Wurden zur Überprüfung der Wirksamkeit der Maßnahmen Kontrollen eingerichtet, ausgeübt und protokolliert (Soll-/Ist-Vergleich)?
- Haben festgestellte Schwachpunkte des IKS zu einer Nachjustierung (Fehlerkorrektur) geführt?
- Ist ein regelmäßiges Reporting an Geschäfts-/Konzernleitung, Vorstand, Aufsichtsgremien etc. eingerichtet (vorrangig bei Großunternehmen)?[115]
- Wurden die Fehlerkorrekturen dokumentiert, historisiert und ggf. innerbetrieblich ausreichend kommuniziert?

359 Kontrollen ohne Protokollierung (Verschriftlichung) sind nicht ausreichend.[116] Der Nachweis der Durchführung der in dem jeweiligen Verfahren vorgesehenen

---

112 GoBD, Rz. 100.
113 GoBD, Rz. 40.
114 GoBD, Rz. 77.
115 Werden Koordination und Überwachung interner Kontrollsysteme delegiert, ist regelmäßiges Reporting an den/die Verantwortlichen unabdingbar. Bei Auswahl der mit der internen Revision beauftragten Personen muss darauf geachtet werden, dass sie im Rahmen ihrer Tätigkeiten keinen Interessenskonflikten unterliegen.
116 GoBD, Rz. 100.

Kontrollen ist u. a. durch Verarbeitungsprotokolle sowie durch die Verfahrensdokumentation zu erbringen.[117]

Auch aus Sicht der Bundessteuerberaterkammer[118] müssen bei Implementierung und ggf. Nachjustierung des IKS berücksichtigt werden: 360

Angemessenheit	Das Steuer-IKS muss so einfach sein, dass es vom Unternehmen auch im täglichen Geschäftsbetrieb umgesetzt und gelebt werden kann (Stichwort „Effizienz"). Um nicht unnötig Personal zu binden, empfehlen sich überwiegend automatisierte, EDV-gestützte, Kontrollen. Manuelle Kontrollen sollten ergänzend hinzutreten.
Verantwortlichkeit	Verantwortlichkeiten schaffen, benennen und nach innen und außen kommunizieren. Die notwendigen Überwachungsmaßnahmen werden im Wesentlichen durch den Stpfl., seine gesetzlichen Vertreter[119], durch die interne Revision und ergänzend durch den Software-Anbieter bestimmt und vorgenommen. Die Verantwortung bleibt immer beim Stpfl., ihm obliegt es, für die Einhaltung der Ordnungsvorschriften Kontrollen einzurichten, auszuüben und zu protokollieren.[120] Wird die Verantwortung im Innenverhältnis auf Arbeitnehmer delegiert, bleibt zumindest die Pflicht zur regelmäßigen Überwachung durch die Verantwortlichen.
Risikoadäquanz	Identifizierung und Bewertung der wesentlichen steuerlichen Risiken und Belegung mit entsprechenden Maßnahmen. Es empfiehlt sich, vorrangiges Augenmerk auf Massen-Sachverhalte zu legen, die bei fehlerhafter Beurteilung erhebliche steuerliche Schäden verursachen können (z. B. im Bereich der umsatzsteuerlichen Trennung der Entgelte) sowie auf Einzelsachverhalte mit erheblicher steuerlicher Auswirkung (z. B. Datensicherungen, Warenbestandskontrollen).
Kontinuität	Das Steuer-IKS ist kein einmaliger, sondern ein fortlaufender Prozess.
Nachvollziehbarkeit	Nachvollziehbare und prüfbare Beschreibung der Prozesse, Kontrollen und Überwachungsmaßnahmen.

Die Kontrollen im Rahmen eines IKS lassen sich wie in Abbildung 11 dargestellt einteilen. 361

---

117 GoBD, Rz. 60.
118 Vgl. Hinweise der Bundessteuerberaterkammer für ein steuerliches innerbetriebliches Kontrollsystem – Steuer-IKS, Tz. 24.
119 Vgl. § 34 AO, § 43 Abs. 1 GmbHG, § 91 Abs. 1 AktG.
120 GoBD, Rz. 100 ff.

5 Verfahrensdokumentation – Kasse braucht ein Konzept

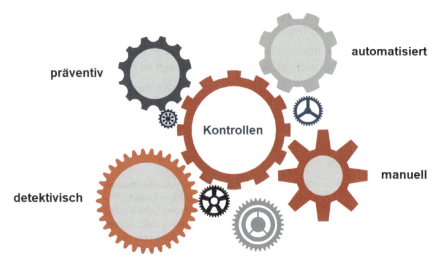

Abbildung 11: Verzahnung der Kontrollen im Rahmen des IKS
(Quelle: Eigene Darstellung)

362 **Präventive Kontrollen** sollen nicht gewünschte Verhaltensweisen der Mitarbeiter von Beginn an im Keim ersticken, z. B.
  - Funktionstrennungen,
  - Zugriffsbeschränkungen auf Unterlagen und Daten,
  - Verbot der Annahme von Geldscheinen > 100,00 €,
  - Verbot der Mitnahme von privatem Geld in den Verkaufsraum,
  - Verbot von Rabattgewährungen > 10 %,
  - Verbot, eigene Wareneinkäufe ebenso wie Einkäufe von Familienmitgliedern und Freunden selbst zu kassieren,
  - Pflicht zur getrennten Aufbewahrung vereinnahmter Trinkgelder,
  - Annahmeverbote für Schecks,
  - Anweisungen zur Ablage von Belegen und Bonrollen.

363 Dazu ist u. a. die Erstellung von Kassieranweisungen oder Anweisungen zur Pflege von Stammdaten einschließlich Kommunikation der Anweisungen im Rahmen von Schulungsmaßnahmen erforderlich.

364 **Detektivische Kontrollen** können einzelne Mitarbeiter in konkreten Verdachtsfällen, aber auch alle Mitarbeiter und sogar Kunden betreffen, z. B.
  - Testkäufe durch eine Wirtschaftsdetektei in Verdachtsfällen,
  - Beschäftigung von Hausdetektiven oder Sicherheitsdiensten an den Ein- und Ausgängen,
  - Überprüfung sog. „1-Cent-Verkäufe" oder „Tüten-Verkäufe",

- Warenbestandskontrollen,
- Videoüberwachung, soweit gesetzlich zulässig.[121]

Automatisierte Kontrollen betreffen meist das IT-Kontrollsystem als Bestandteil des IKS. Es umfasst diejenigen Grundsätze, Verfahren und Maßnahmen (Regelungen), die zur Bewältigung der Risiken aus dem Einsatz von IT eingerichtet werden. Hierzu gehören Regelungen zur Steuerung des Einsatzes von IT im Unternehmen (internes Steuerungssystem) und Regelungen zur Überwachung der Einhaltung dieser Regelungen (internes Überwachungssystem). Zu ihnen zählen die in IT-Anwendungen enthaltenen Eingabe-, Verarbeitungs- und Ausgabekontrollen sowie alle im IT-System vorgesehenen prozessintegrierten Kontrollen und organisatorischen Sicherungsmaßnahmen wie z. B. Zugriffskontrollen oder Netzwerkkontrollen auf Ebene der IT-Infrastruktur einschl. Zugangskontrollen, Passwortschutz, Lücken- oder Mehrfachbelegungsanalysen usw. 365

Zu den IT-Kontrollen gehören auch solche Maßnahmen, die sich unabhängig von der jeweiligen IT-Anwendung als generelle Kontrollen auf das gesamte IT-System auswirken (z. B. Kontrollen der Entwicklung, Einführung und Änderung von IT-Anwendungen (Change-Management).[122] 366

Flankiert werden können die Maßnahmen durch zusätzliche Kontrollen, die in ähnlicher Weise von den Prüfungsdiensten der Finanzverwaltung durchgeführt werden: 367

- betriebswirtschaftliche Auswertungen (ggf. mitarbeiter- bzw. produktivitätsbezogen)
- Zeitreihenvergleiche
- Lücken- oder Mehrfachbelegungsanalysen
- Verprobung von Warenbeständen
- Ziffernanalysen/stochastische Auswertungen (Chi-Quadrat-Test, Benford's Law)[123]
- Continuous Monitoring (Kap. 5.9.5)

Nachstehend sind einige Beispiele aufgeführt, die in der Praxis durchaus vorkommen, dem Stpfl. mangels ausreichender oder effektiver Kontrollen jedoch häufig nicht auffallen: 368

a) Die angestellte Friseurin A erzielt im Damenfach einen durchschnittlichen Umsatz je Kundin i. H. v. 54,00 € (Anm.: Dieser Wert entspricht dem Wert laut Jahresbericht 2019 des Zentralverbands des Friseurhandwerks, Köln).

---

121 Zur Verwertbarkeit verdeckt aufgenommener Überwachungsvideos bei Diebstahlsvorwurf vgl. *Wolfgramm/Redeker*, DB 2021, 1541. *Jesgarzewski*, NWB 2024, 483. Vgl. auch BAG, Urteile v. 29.06.2023 – 2 AZR 296-298/22.
122 IDW RS FAIT 1, Rz. 8.
123 Zur Erläuterung der Prüfungsmethoden s. BMF, Schreiben vom 05.09.2023, BStBl. I 2023, 1594.

Die im gleichen Salon angestellte Friseurin B erreicht im Durchschnitt (nur) 42,50 €.
b) Der Stpfl. beschäftigt 80 Aushilfskräfte für den Verkauf von Erdbeeren und Spargel am Straßenrand. Im Rahmen eines Chi-Quadrat-Tests für die zurückliegenden drei Jahre (ausreichende Datenmenge vorausgesetzt) ergibt sich für den Mitarbeiter X ein auffällig hoher Chi-Wert von 39.
c) In einem Supermarkt liegen die durchschnittlichen Kassendifferenzen je Kassenabschluss im Durchschnitt zwischen./. 3,50 € und + 2,20 €. Jeder Mitarbeiter erzeugt durchschnittlich 7 Sofortstorni und 1,3 Bonstorni pro Schicht. Kassierer X hat im Schnitt 13 Sofortstorni, 3,5 Bonstorni und tägliche Kassenfehlbeträge von durchschnittlich 6,30 €.[124]
d) In einem Handelsbetrieb für Kfz-Ersatzteile werden 37 % der Umsätze bar bezahlt. Der Angestellte X hat im Jahresdurchschnitt nur 21 % Barzahlungen.
e) In einem Handel für Gebrauchtfahrzeuge sind zwölf Mitarbeiter beschäftigt. Der Betriebsprüfer stellt im Rahmen einer Benford-Analyse fest, dass Mitarbeiter X überdurchschnittlich viele Fahrzeuge in der Preisspanne zwischen 4.700,00 € und 4.900,00 € verkauft hat. Es stellt sich heraus, dass das Zeichnungsrecht für Kaufverträge bei 5.000,00 € liegt.

369 **Manuelle Kontrollen** umfassen bspw. den Grundsatz des Vier-Augen-Prinzips (z. B. bei Stornobuchungen) oder die Nachprüfung von Zählprotokollen, Kassenbeständen, Kassenfehlbeträgen oder Fehlbons durch den Kassierleiter, ferner die Überwachung der Belegausgabepflicht (§ 146a AO)[125]. Im Zuge manueller Kontrollen sind auch „Randgebiete" ordnungsmäßiger Kassenführung zu beachten, z. B.

- Wareneingangskontrollen (z. B. Abgleich Bestellungen/Lieferscheine/Warenwirtschaft),
- Dokumentation von Fehlmengen, falsch gelieferter oder defekter Ware auf dem Lieferschein,
- Kontrolle der Eingangsrechnungen auf Echtheit, Unversehrtheit und langfristige Lesbarkeit (Thermobelege),
- Prüfung der Voraussetzungen für den Vorsteuerabzug bei Barbelegen.[126]

370 Formal oder sachlich falsche Rechnungen sollten konsequent an den Rechnungsaussteller zurückgesandt, zumindest zeitnah reklamiert werden, nicht zuletzt aufgrund der Anforderungen an rückwirkende Rechnungsberichtigungen (Gefahr der Zinsfestsetzung nach § 233a AO).

371 Zu Aufbewahrungsmängeln im Zusammenhang mit Thermobelegen vgl. Kap. 4.3.6.

---

[124] Siehe hierzu Anhang 4 (Arten von Storni).
[125] Kap. 10.5.
[126] Vgl. dazu auch die § 25f UStG innewohnenden Risiken.

5.9 Internes Kontrollsystem (IKS)

Während in KMU periodische Kontrollen häufig ausreichen werden, bedienen sich Großbetriebe und Konzerne zumeist permanenter Überwachung (Continuous Monitoring, digitale Bonanalysen). Die Mitarbeiter sollten darauf aufmerksam gemacht werden, dass Kontrollen durchgeführt werden, ohne deren Art, Umfang und Funktionsweise (vollständig) offenzulegen.

Für ein funktionsfähiges IKS ist es unerlässlich, anlassbezogen zu prüfen, ob das eingesetzte DV-System tatsächlich (noch) dem dokumentierten DV-System entspricht. Anlässe für solche Überprüfungen können z.B. Systemwechsel oder Updates sein.[127]

Zur Haftung eines Geschäftsführers bei nicht ausreichenden Kontrollen vgl. OLG Nürnberg, Urteil vom 30.03.2022 – 12 U 1520/19, BFH, Beschluss v. 15.11.2022 – VII R 23/19, DB 2023, 1072.[128]

5.9.3 Zugriffsbeschränkungen (Schlüssel, Codes)

Vor dem Hintergrund der Notwendigkeit interner Kontrollsysteme dürfen Schlüssel und Codes nur abhängig von Hierarchieebenen an die Mitarbeiter ausgegeben werden und sind darüber hinaus unter Verschluss zu halten. Fortlaufend nummerierte Codes zu vergeben, ist fahrlässig und kann vor deliktischen Handlungen Dritter nicht ausreichend schützen (Negativbeispiel: Code 0001 für Bediener 1, 0002 für Bediener 2 usw.). Aus Tabelle 4 sind die üblichen Schlüssel und Codes ersichtlich.

Tabelle 4: Übersicht über gängige Zugriffsberechtigungen

Kellnerschlüssel	Berechtigen zur Registrierung von Umsätzen in den Umsatzspeichern der Kasse. Nach Abschluss einer Eingabe wird der Schlüssel abgezogen, um die Kasse für den nächsten Bediener freizugeben.
Trainingsschlüssel	Dienen der Erfassung von fiktiven Umsätzen, um neuem Personal oder Auszubildenden Übungsmöglichkeiten zu schaffen. Um Missbrauch zu vermeiden, sind die Inhalte der Trainingsspeicher – ggf. mit 0,00 € – zwingend auf dem Tagesendsummenbon abzubilden. Auch wenn es sich bei ordnungsgemäßer Anwendung nur um Testumsätze handelt, unterliegen die Eingaben ebenso wie Echtumsätze den allgemeinen GoB und den dazu ergangenen Regelungen wie den GoBD und den BMF-Schreiben vom 09.01.1996[129] und 26.11.2010[130]. Mit Implementierung der TSE/DSFinV-K werden sie als „anderer Vorgang" signiert.

---

127 GoBD, Rz. 101.
128 Vgl. dazu ausführlich *Hamminger*, NWB 2023, 829.
129 Abdruck in Anhang 2.
130 Abdruck in Anhang 3.

Managerschlüssel	Befinden sich grundsätzlich im Besitz des Unternehmers oder Geschäftsführers. Sie berechtigen z. B. zur Programmierung der Kasse (z. B. zwecks Eingabe geänderter Preislisten/PLUs), zur Eingabe von Umsätzen, zur Buchung von Nach-, Posten- oder Managerstorni, zum Abruf von Zwischenberichten (X-Abfragen), der Tagesendsummenbons (Z-Abfragen) und ggf. weiterer Berichte (Kellnerberichte, Tischberichte, Warengruppenberichte, Periodenberichte, Stundenberichte etc.).
Programmierschlüssel	Ermöglichen die Grundprogrammierung (einschl. Änderungen), soweit sie nicht bereits über den Managerschlüssel möglich ist. Programmierschlüssel befinden sich nicht immer beim Unternehmer, häufig werden sie beim Kassendienstleister aufbewahrt. Gleichwohl muss der Unternehmer im Falle eines Datenzugriffs Z1/Z2 der Finanzverwaltung auch den Zugriff auf die Programmierebene sicherstellen.
Zahlen- und Buchstabencodes	Anstelle von Schlüsseln ermöglichen sie den Zugang für einen größeren Personenkreis (meist vierstellig). Vor Eingabe eines Umsatzes oder Abruf eines Berichts gibt der Bediener seinen ihm zugeteilten Code ein, womit sich die Umsätze und Programmänderungen später eindeutig dem jeweiligen Bediener zuordnen lassen (z. B. beim Ausdruck von Kellnerberichten).

(Quelle: Eigene Darstellung)

377 Vgl. dazu auch das in Anhang 13 abgedruckte Muster-Datenblatt zur Vorbereitung der Anfertigung einer Verfahrensdokumentation für Kassen(systeme).

5.9.4 Kassieranweisung

378 Ein wirksames IKS erfordert die Erstellung einer Kassieranweisung für Mitarbeiter. Für eine professionelle Unternehmensführung sind eindeutige Anweisungen an das Kassenpersonal unabdingbar. Je exakter einzelne Vorgänge und Betriebsabläufe niedergeschrieben sind, umso mehr schützt sich der Unternehmer vor unehrlichen Kunden und Mitarbeitern.

379 Zu möglichen Inhalten einer verbindlichen Kassieranweisung im Rahmen des internen Kontrollsystems (IKS) vgl. ausführlich **Anhang 13, Tz. 11a**.

380 *Tipp:*
Zur Vermeidung von Streitpotenzial empfiehlt sich, die Kassieranweisung zum Bestandteil des Arbeitsvertrags oder der Arbeitsplatzbeschreibung zu machen und deren Bekanntgabe/Schulung vom Kassenpersonal unterschreiben zu lassen. Da die Kassieranweisung ein „lebendes" Dokument ist, könnte Mitarbeitern im Rahmen des betrieblichen Vorschlagwesens Gelegenheit zur Mitgestaltung gegeben werden.

5.9.5 Digitale Bonanalyse (Continuous Monitoring)

381 Mit digitalen Bonanalysen (Software) lassen sich insbesondere deliktische Vorgänge der Mitarbeiter erkennen. Die erzeugten Kassenbons werden nach bestimmten Kriterien gefiltert, sodass sich „kritische" Mitarbeiter schnell identifizieren lassen. Beispiele für häufige Betrugsmuster und Auffälligkeiten sind z. B.

5.9 Internes Kontrollsystem (IKS)

- Gewährung von Nachlässen und Rabatten an Freunde, nahe Angehörige etc.,
- Stornobuchungen zur Umsatzverkürzung[131],
- Bonabbrüche wegen angeblicher Nichtzahlung des Kunden,
- Tüten-/1-Cent-Verkäufe, häufiger Verkauf anderer geringwertiger Waren,
- Öffnungen der Geldlade ohne Verkaufsvorgang (KV-Taste),
- Bonreste.[132]

Zur Analyse werden die Bondaten getrennt nach Mitarbeitern digital aufbereitet und über sog. „Ampelfunktionen" dargestellt. Langzeituntersuchungen klären zudem über ein verändertes Kassierverhalten einzelner Mitarbeiter auf.

Beispiel:
Ein langjähriger, erfahrener Mitarbeiter erzeugt plötzlich auffällig viele Sofort-Storni.

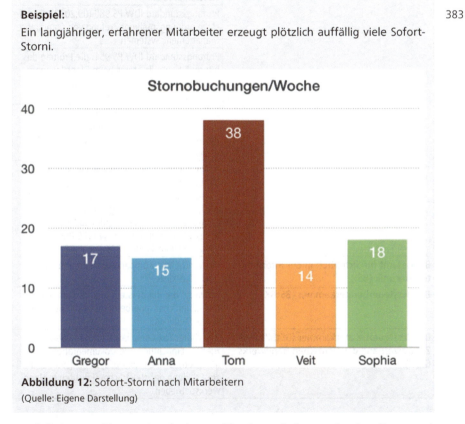

Abbildung 12: Sofort-Storni nach Mitarbeitern
(Quelle: Eigene Darstellung)

Vordefinierte Frühwarnsignale (zu prüfende Perioden und Schwellenwerte) sollten klar festgelegt werden, ohne diese nach außen zu kommunizieren. Zur Vermeidung von Streitigkeiten sind datenschutzrechtliche Belange der Mitar-

---

131 Siehe hierzu Anhang 4 (Arten von Storni).
132 Nach Löschung einzelner Artikel (z.B. 1 Stück Kuchen) bleibt ein unplausibler Bon/Geschäftsvorfall übrig (z.B. 1 Glas Wasser und eine Portion Sahne).

beiter in die Überlegungen einzubeziehen. Besonders zu beachten ist, dass Personal- und Betriebsräten je nach Ausgestaltung der „Kontrolle" Anhörungs- oder Mitbestimmungsrechte zustehen.

385 *Tipp:*
Für den Aufbau eines IKS können den nachfolgenden Publikationen wertvolle Hinweise entnommen werden.

386 **Tabelle 5:** Literaturhinweise zum Aufbau eines IKS

Institut der Wirtschaftsprüfer IDW	Prüfungsstandard IDW PS 880: die Prüfung von Softwareprodukten
	Prüfungsstandard IDW PS 980 (09.2022): Grundsätze ordnungsmäßiger Prüfung von Compliance Management Systemen
	Prüfungsstandard IDW PS 951: die Prüfung des internen Kontrollsystems beim Dienstleistungsunternehmen für auf das Dienstleistungsunternehmen ausgelagerte Funktionen
	Prüfungsstandard IDW PS 261: Feststellung und Beurteilung von Fehlerrisiken und Reaktionen des Abschlussprüfers auf die beurteilten Fehlerrisiken
	IDW PH 9.860.4 (07.2021): die Prüfung der Einhaltung der Grundsätze der ordnungsmäßigen Führung und Aufbewahrung von Büchern, Aufzeichnungen und Unterlagen in elektronischer Form sowie zum Datenzugriff (GoBD-Compliance), aktualisiert durch IDW PH 9.860.4 (08.2023) vom 17.08.2023.[133]
Bundesamt für Sicherheit in der Informationstechnik (BSI)	IT-Grundschutz-Kompendium – Edition 2023 (inkl. Checkliste)[134]
Bundessteuerberaterkammer (BStBK)	Hinweise der Bundessteuerberaterkammer für ein steuerliches innerbetriebliches Kontrollsystem – Steuer-IKS
Bundessteuerberaterkammer (BStBK) und Zentralverband des Deutschen Handwerks (ZDH)	Broschüre: Tax Compliance für Handwerksbetriebe – Einrichtung und Dokumentation eines innerbetrieblichen Kontrollsystems („Steuer-IKS") zur Erfüllung der steuerlichen Pflichten in Handwerksbetrieben

---

133 IDW Life 10/2023, 897.
134 Das Kompendium ist kostenfrei auf der Homepage des Bundesamts für Sicherheit in der Informationstechnik unter *https://www.bsi.bund.de/DE/Themen/Unternehmen-und-Organisationen/Standards-und-Zertifizierung/IT-Grundschutz/IT-Grundschutz-Kompendium/it-grundschutz-kompendium_node.html* abrufbar (abgerufen am 26.10.2023).

Zentralverband des Deutschen Handwerks (ZDH)	„Corona-Dokumentation" – Gut gerüstet bei zukünftigen Betriebsprüfungen und Nachschauen[135]
Peters, Schönberger & Partner mbB	GoBD Leitfaden: Die GoBD in der Praxis – Ein Leitfaden für die Unternehmenspraxis – Version 4.0 (2023)[136]
Arbeitsgemeinschaft für wirtschaftliche Verwaltung e. V. (AWV)	Entwurf der Grundsätze ordnungsmäßiger Buchführung beim IT-Einsatz (GoBIT) vom 13.10.2012, Version 5.1[137]
	Handreichung für KMU: Dokumentation steuerlich relevanter betrieblicher Besonderheiten[138]
COSO – Committee of Sponsoring Organizations of the Treadway Commission	International anerkannter Standard für interne Kontrollen (COSO I – Modell aus dem Jahr 1992, Erweiterung durch COSO II im Jahr 2004)
Bitkom e. V. Bundesverband Informationswirtschaft, Telekommunikation und neue Medien e. V.	GoBD-Checkliste für Dokumenten-Management-Systeme, Version 2.1[139]
Darüber hinaus lassen sich zur digitalen Unterstützung unter www.taxpunk.de und www.solon-x.de zahlreiche nach Steuerarten und aktuellen Themen sortierte TaxTech- bzw. Software- und Service-Lösungen finden.[140]	

(Quelle: Eigene Darstellung)

5.9.6 Auswirkungen auf § 153 AO

Als Nebeneffekt kann die Implementierung eines IKS den Stpfl. vom Verdacht der leichtfertigen oder vorsätzlichen Steuerverkürzung entlasten: 387

> *„Hat der Steuerpflichtige ein innerbetriebliches Kontrollsystem eingerichtet, das der Erfüllung der steuerlichen Pflichten dient, kann dies ggf. ein Indiz darstellen, das gegen das Vorliegen eines Vorsatzes oder der Leichtfertigkeit sprechen kann, jedoch befreit dies nicht von einer Prüfung des jeweiligen Einzelfalls."[141]*

5.9.7 Einführung eines Steuerkontrollsystems ab 01.01.2023

Mit dem sog. DAC7-Umsetzungsgesetz vom 20.12.2022[142] hat der Gesetzgeber auf Initiative der Länder beschlossen, vom 01.01.2023 – 31.12.2029 alternative Prüfungsmethoden zu erproben und dafür in Art. 97 § 38 EGAO das Rechtsinsti- 388

---

135 Abruf unter *https://www.zdh.de/ueber-uns/fachbereich-steuern-und-finanzen/kassenfuehrung/aktuelles/corona-dokumentation/* (abgerufen am 13.10.2023).
136 Abruf unter *https://www.psp.eu/de/gobd-leitfaden* (abgerufen am 13.10.2023).
137 Abruf unter *https://www.awv-net.de/upload/pdf/GoBIT_Entwurf_V_5_0_2012_10_13_final.pdf* (abgerufen am 13.10.2023).
138 Abruf unter *https://www.awv-net.de/aktuelles/meldungen/dokumentation-steuerlich-relevanter-betrieblicher-besonderheiten.html* (abgerufen 13.10.2023).
139 Abruf unter *https://www.bitkom.org/Bitkom/Publikationen/GoBD-Checkliste-fuer-Dokumentenmanagement-Systeme* (abgerufen am 13.10.2023).
140 Abgerufen am 13.10.2023.
141 AEAO zu § 153, Tz. 2.6.
142 BGBl. I 2022, 2730. Zur Gesetzesbegründung und Empfehlung des Finanzausschusses vgl. BR-Drucks. 409/1/22.

tut des „Steuerkontrollsystems" (SKS) als Grundlage dafür geschaffen, dem Stpfl. Beschränkungen von Art und Umfang der Ermittlungen für die nächste Außenprüfung verbindlich zuzusagen. Erleichterungen für die nächste Außenprüfung kann ein Unternehmen auf Antrag erlangen, wenn durch innerbetriebliche Maßnahmen

- die steuerlichen Risiken laufend abgebildet werden;
- die Besteuerungsgrundlagen zutreffend aufgezeichnet und Eingang in die Steuererklärungen finden;
- die daraus resultierenden Steuern fristgerecht und vollständig abgeführt werden *und*
- dadurch im Ergebnis feststeht, dass kein oder ein nur unbeachtliches Steuerrisiko für die in § 149 Abs. 3 AO genannten Steuern und gesonderten Feststellungen besteht.

389 Die Neuregelung ist begrüßenswert, weil sie die häufig noch vernachlässigte Anfertigung von Verfahrensdokumentationen inkl. IKS befeuern kann und zu beschleunigten, voraussichtlich auch zeitnäheren Außenprüfungen führen wird. Sie kann auch dazu genutzt werden, Erleichterungen im Prüffeld „Kassenführung" zu erhalten (z. B. in der Systemgastronomie, in Einzelhandelsketten, Großbäckereien, gemeinnützigen Körperschaften oder Betrieben gewerblicher Art). Die Betriebsgrößenklasse ist unbeachtlich, sodass grundsätzlich auch gegenüber Klein- und Mittelbetrieben Erleichterungen ausgesprochen werden können.

390 Die Entscheidung über Erleichterungen im Anschluss an die Systemprüfung obliegt der Finanzbehörde im Rahmen einer laufenden Außenprüfung nach den §§ 193–202 AO[143] und im Benehmen mit dem Bundeszentralamt für Steuern. Sie steht unter dem Vorbehalt des Widerrufs. Ein Fall des Widerrufs kann vorliegen, wenn seit der Entscheidung bis zur folgenden Außenprüfung Änderungen der Verhältnisse eintreten. Insoweit trifft den Stpfl. eine gesetzliche Mitteilungspflicht, er muss Veränderungen des SKS dokumentieren und der Finanzbehörde unverzüglich schriftlich oder elektronisch mitteilen. Regelmäßige Review-Prozesse erscheinen hier unerlässlich.

391 Spannend zu beobachten wird die Frage sein, inwieweit die Finanzverwaltung zur Prüfung der SKS künftig in- und ausländische „Anleihen" aus Wirtschaft und Verwaltung nimmt (z. B. IDW PS 980, IDW PH 9.860.4 (08.2023), ISO 37301, SKS-Prüfungsverordnung Österreich u. a.) oder eigene Prüfungsleitfäden entwickelt. Offen ist auch, bis zu welcher „Schmerzgrenze" die Finanzverwaltung trotz teilweise unzutreffender Aufzeichnungen ein nur „unbeachtliches steuerliches Risiko" sieht.

---

143 Die Prüfung eines SKS im Rahmen einer abgekürzten Außenprüfung (§ 203 AO) ist nicht möglich, denkbar ist aber eine abgekürzte Anschluss-BP bei positiver Prüfung des SKS.

SKS-Systemprüfungen und den Stpfl. zugesagte Erleichterungen sind von den Landesfinanzbehörden bis zum 30.04.2029 zu evaluieren. Die Ergebnisse sind dem BMF bis zum 30.06.2029 mitzuteilen.[144] Abzuwarten bleibt, ob im Anschluss daran eine dauerhafte gesetzliche Regelung – ggf. unter Auswirkung auf den Vertrauensschutz des § 158 Abs. 1 AO – geschaffen wird.

5.10 Mitgeltende Unterlagen

Die Verfahrensdokumentation ist kein isoliertes Dokument. Zahlreiche Prozessbeschreibungen sind in den Unternehmen bereits vorhanden. Zulässig und ausreichend ist, auf solche Unterlagen zu verweisen.

Eine Auflistung möglicher mitgeltender Unterlagen ist in Anhang 13, Tz. 12 abgedruckt.

> *Tipp:*
> Sind Teile einer Verfahrensdokumentation nach außersteuerlichen Vorschriften anzufertigen, aufzubewahren und sind die Unterlagen für die Besteuerung bedeutsam, kann die Finanzverwaltung sich diese für das Steuerrecht nutzbar machen (vgl. § 140 i.V.m. § 147 AO). Hinsichtlich der Aufbewahrungsfrist solcher Unterlagen ist § 147 Abs. 3 Satz 2 AO zu beachten.

5.11 Muster-Verfahrensdokumentationen

5.11.1 Muster-Verfahrensdokumentation DFKA e.V.

Der DFKA e.V.[145] bietet eine Muster-Verfahrensdokumentation zur ordnungsmäßigen Kassenführung einschließlich eines Beiblatts zur Verwendung der TSE an. Sie kann als bearbeitbares Word-Dokument auf der Homepage des DFKA e.V. abgerufen bzw. bestellt werden (teils gegen Entrichtung einer Schutzgebühr).[146]

5.11.2 Sonstige Muster-Verfahrensdokumentationen

Neben der o.g. Muster-Verfahrensdokumentation des DFKA e.V. stehen verschiedene weitere Muster-VD zum kostenlosen Abruf zur Verfügung:

---

[144] DAC7-Umsetzungsgesetz, a.a.O., Art. 6 i.V.m. Art. 9 Abs. 3; Art. 97 § 38 Abs. 3 EGAO.
[145] Deutscher Fachverband für Kassen und Abrechnungssystemtechnik im bargeld- und bargeldlosen Zahlungsverkehr e.V., Berlin.
[146] Muster-Verfahrensdokumentation zur ordnungsmäßigen Kassenführung, Version V2.0 einschl. ergänzender Prozessbeschreibung zur Technischen Sicherheitseinrichtung bei elektronischen Aufzeichnungssystemen, abrufbar unter *https://www.dfka.net/Muster-VD-Kasse* (abgerufen am 13.10.2023). Aktuell wird an einer Neufassung gearbeitet (Stand 27.12.2023).

- Muster-Verfahrensdokumentation der Bundessteuerberaterkammer (BStBK) und des Deutschen Steuerberaterverbands e.V. (DStV) zum ersetzenden Scannen (Stand: 29.11.2020)[147]
- Muster-Verfahrensdokumentation der Arbeitsgemeinschaft für wirtschaftliche Verwaltung e.V. (AWV) zur geordneten Belegablage[148]
- Muster-Verfahrensdokumentation für Ärzte und Zahnärzte, die auch für andere Heilberufe, z.B. Physiotherapeuten oder Heilpraktiker, Verwendung finden kann.[149]

5.11.3 Muster-Datenblatt zur Vorbereitung der Anfertigung einer Verfahrensdokumentation für Kassen(systeme)

398 Das in Anhang 13 abgedruckte Datenblatt soll Sie dabei unterstützen, eine Verfahrensdokumentation zur ordnungsmäßigen Kassenführung zu erstellen.[150] Das Datenblatt kann als Dachdokument in die Verfahrensdokumentation integriert werden, was den Vorteil bietet, dass bei Änderungen nicht die einzelnen Teile der Verfahrensdokumentation selbst, sondern nur das Datenblatt selbst geändert und versioniert werden muss. Anhang 13 dient zugleich als „Datensammler" für im Meldeverfahren nach § 146a Abs. 4 AO benötigte Angaben (vgl. Kap. 10.6).

5.12 Verfahrensdokumentation bei offener Ladenkasse?

399 Ein sachverständiger Dritter muss sich innerhalb angemessener Zeit einen Überblick über die Geschäftsvorfälle verschaffen können. § 145 Abs. 1 AO sieht deren Abbildung von der **Entstehung** bis zur Abwicklung vor, ohne zwischen elektronischen Aufzeichnungen und Papieraufzeichnungen zu unterscheiden. Wenn auch die GoBD für Papieraufzeichnungen grundsätzlich nicht gelten, ist es nicht ausreichend, in seiner Dokumentation erst bei der **Erfassung** der Geschäftsvorfälle (z.B. im Kassenbuch oder Kassenbericht) oder – noch später – bei der **Verbuchung** durch den steuerlichen Vertreter anzusetzen. Eine solche Teildokumentation lässt das erforderliche Verständnis für den Gesamtprozess nicht zu. So sieht es offenbar auch der DFKA e.V. in seiner Muster-Verfahrensdokumentation. Abweichend vertritt *Damas* die Auffassung, dass der Stpfl. vom

---

147 Abruf für Verbandsmitglieder unter *www.stbdirekt.de* (StBdirekt-Nr. 208918). Ergänzend dazu kann ein FAQ-Katalog abgerufen werden (StBdirekt-Nr. 373302). Er bietet u.a. Antworten auf Fragen zur Einführung des sog. Mobilen Scannens und ergänzt insoweit die Muster-VD vom 29.11.2020.
148 Abruf als PDF- oder Word-Dokument unter *https://www.awv-net.de/fachergebnisse/themenfokus5/musterverfahrensdoku/musterverfahrensdokumentation.html* (abgerufen am 13.10.2023).
149 Die VD kann per E-Mail an jens.damas@me.com kostenlos angefordert werden (Stichwort: „Verfahrensdokumentation – Standard des Arbeitskreises").
150 Quellen: DFKA e.V.: Muster-Verfahrensdokumentation, a.a.O.; *Achilles*, Verfahrensdokumentation – Kasse braucht ein Konzept (Seminarunterlage); *Teutemacher/Krullmann*, BBK 2022, 405.

Erfordernis einer Verfahrensdokumentation für den Bereich „Kasse" in diesen Fällen entlastet sei.[151]

Schriftformerfordernis besteht mangels gesetzlicher Regelung nicht. Eine professionelle Unternehmensführung benötigt aber zumindest eindeutige Anweisungen an das Kassierpersonal im Rahmen des internen Kontrollsystems (IKS). Je exakter Regularien niedergeschrieben sind, umso mehr schützt der Unternehmer sich vor unehrlichen Kunden und Mitarbeitern. Insbesondere in Kleinstbetrieben sind stichprobenartige, periodische Kontrollen i.d.R. ausreichend. Zu weiteren Einzelheiten und möglichen Inhalten einer Kassieranweisung s. Kap. 5.9.2. Um Streitpotenzial zu vermeiden, empfiehlt sich, die Anleitung sowie eventuelle Änderungen (unter Historisierung) zum Teil des Arbeitsvertrags oder der Arbeitsplatzbeschreibung zu machen und auch eventuelle Änderungen vom Kassenpersonal unterschreiben zu lassen. Als Nebeneffekt kann die Implementierung eines IKS den Stpfl. vom Verdacht der leichtfertigen oder vorsätzlichen Steuerverkürzung entlasten.[152]

400

5.13 Schätzungsbefugnis bei fehlender/nicht ausreichender Verfahrensdokumentation?

Hinweis auf Kap. 13.5.3.3.

401

5.14 Haftungsrisiken

Steuerberater sind verpflichtet, die für eine **gewissenhafte Berufsausübung**[153] erforderlichen fachlichen, personellen und sonstigen organisatorischen Voraussetzungen zu gewährleisten; sie dürfen einen Auftrag nur annehmen, wenn sie über die **dafür erforderliche Sachkunde** verfügen[154] und den Auftrag unter **Beachtung der Verlautbarungen und Hinweise der Bundessteuerberaterkammer** ausführen.[155] Damit der Steuerberater seine Aufgaben erfüllen kann, trifft den Mandanten die Pflicht zur Mitwirkung, soweit dies zur ordnungsgemäßen Erledigung des Auftrags erforderlich ist. Insbesondere hat er dem Steuerberater nach üblichen allgemeinen Geschäftsbedingungen (AGB) unaufgefordert alle für die Ausführung des Auftrags notwendigen Unterlagen vollständig zu übergeben und den Steuerberater **über alle Vorgänge und Umstände, die für die Ausführung des Auftrags von Bedeutung sein können**, rechtzeitig zu unterrichten. Mandanten und Steuerberater verletzten diese Pflichten, wenn Themen wie betriebliche Prozesse, Verfahrensdokumentationen einschl. interner Kontrollsysteme vernachlässigt oder vollständig ausgeblendet werden.

402

Werden Bücher und Aufzeichnungen aufgrund nicht ausreichender Verfahrensdokumentationen verworfen mit der Folge von Schätzungen der Finanz-

403

---

151 *Damas*, DB 2020, 1536 (1537 f.).
152 Vgl. AEAO zu § 153, Nr. 2.6.
153 Vgl. § 57 Abs. 1 StBerG.
154 § 4 Abs. 2 BOStB.
155 § 13 Abs. 1 BOStB.

verwaltung, könnte daraus ein Haftungsfall für den steuerlichen Vertreter entstehen. Wenngleich die Verantwortung für Erstellung und Richtigkeit einer Verfahrensdokumentation dem Stpfl. obliegt, ist es Aufgabe des steuerlichen Vertreters, seine Mandanten über die Anforderungen hinsichtlich der Verfahrensdokumentation und die mit dem Fehlen der Dokumentation verbundenen Risiken in Kenntnis zu setzen. Dahingehende Beratungsgespräche oder Mandanten-Rundschreiben sollten ausreichend dokumentiert werden. Bei mündlicher Aufklärung erscheinen Gesprächsprotokolle für die Handakte sinnvoll, in denen auch die Reaktion des Mandanten auf die gegebenen Hinweise dokumentiert werden sollte.

404 Wirkt der Steuerberater an der Erstellung von Verfahrensdokumentationen beratend, analysierend, moderierend, dokumentierend oder prüfend mit, sollten Leistungsart und Art und Weise der Tätigkeit möglichst vorab konkret definiert werden, weil sich daraus unterschiedliche Folgen für Verantwortung und Haftung ergeben.[156] Die im jeweiligen Verfahren zuständigen oder verantwortlichen Personen sollten namentlich (oder anonymisiert mit der jeweiligen Personalnummer) dokumentiert werden. Im Bedarfsfall können diese Angaben für die Anerkennung von Schadensersatzansprüchen oder zur Vermeidung strafrechtlicher Konsequenzen bedeutsam sein.[157]

5.15 Generierung von Betriebseinnahmen durch neue Beratungsfelder

405 Für Angehörige der steuerberatenden bieten sich u. U. lukrative Beratungsfelder an, auf die in einer „Mandantenansprache" hingewiesen werden könnte[158]:
- Kritische Sachverhalte (u. a. Gutscheine, In-/Außer-Haus-Verkauf, Dokumentation von Störungen und Fehlern, artikelgenaue Erfassung);
- Hilfestellung bei Umrüstung auf neue Kassen(systeme), Taxameter und Wegstreckenzähler und/oder bei Implementierung der TSE/DSFinV-K/DSFinV-TW;
- Unterstützung bei Erstellung und Anpassung von Verfahrensdokumentationen einschl. IKS;

---

156 Vgl. zur Ersatzpflicht bei einem „Schätzungsschaden" des Mandanten OLG Hamm vom 19.09.2021 – I-25 U 58/20, StBg 2023, 236, m. w. N. (nachfolgend NZB BGH IX ZR 158/21, anhängig). Vgl. dazu auch Hinweise der Bundessteuerberaterkammer für ein steuerliches innerbetriebliches Kontrollsystem – Steuer-IKS, Tz. 20 Bstb. a.
157 *Henn*, DB 2016, 254 ff.
158 Unter anderem das Bundesamt für Wirtschaft und Ausfuhrkontrolle (BAFA) bezuschusst Beratungskosten zur Erstellung von Verfahrensdokumentationen. Vgl. dazu den sog. „Förderkompass" des BAFA und die Förderrichtlinie Förderung von Unternehmensberatungen für KMU vom 14.12.2022, abrufbar unter *https://www.bundesanzeiger.de/pub/publication/O6UQel9YOyz3NM3rUzA/content/O6UQel9YOyz3NM3rUzA/BAnz%20AT%2023.12.2022 %20B1.pdf?inline* (abgerufen am 13.10.2023). Ferner bestehen Förderprogramme in den einzelnen Bundesländern.

5.15 Generierung von Betriebseinnahmen durch neue Beratungsfelder

- Aufklärung über technische Anforderungen einschl. (der immer wieder vernachlässigten) Datensicherung;
- Aufklärung über Nachschauen, Außenprüfung und deren veränderte Abläufe aufgrund § 146a AO;
- „Generalprobe" Nachschau/Außenprüfung (Simulation):
- Überprüfung der Datenbereitstellung,
- korrekte Verifikation der Daten,
- Prüfung der Primärdatenqualität (z.B. Deckungsgleichheit Kassenführung und Buchhaltung)[159] und Klärung von Schnittstellen zu anderen Systemen, z.B. zur Vereinfachung des Datentransfers zwischen Mandanten, Angehörigen steuerberatender Berufe und Rechenzentren. Bereits heute ist abzusehen, dass durchgängige Prozesse mehr und mehr Einzug halten werden.[160]

---

159 DFKA-FAQ, *https://dfka.net/recht/neue-gesetzliche-anforderungen-fuer-kassensysteme* (abgerufen am 13.10.2023).
160 Vgl. dazu auch Kap. 13.6.11 (Schnittstellen-Verprobung [SSV]).

6 Der Tagesabschluss – abends muss es passen
6.1 Unterschiede und Verwendungsmöglichkeiten

Die nachfolgende Übersicht zeigt abhängig von Aufzeichnungssystem und Gewinnermittlungsart die verschiedenen Möglichkeiten auf, in welcher Form ein Tagesabschluss angefertigt werden kann bzw. muss.

Tabelle 6: Möglichkeiten des Tagesabschlusses in Abhängigkeit von Aufzeichnungssystem und Gewinnermittlungsart

Aufzeichnungssystem/Art d. Gewinnermittlung	Bilanzierung (§ 4 Abs. 1, § 5 EStG)	EÜR (§ 4 Abs. 3 EStG)
Offene Ladenkasse ohne Einzelaufzeichnungen (§ 146 Abs. 1 Satz 3 AO)	Pflicht zur Führung von Kassenberichten	Pflicht zur Führung von Kassenberichten[1]
Geschlossene Ladenkasse ohne digitale Einzelaufzeichnungen (§ 146 Abs. 1 Satz 3 AO) – Sonnenbänke – Warenautomaten – Vertrauenskassen	Pflicht zur Führung von Kassenberichten	Pflicht zur Führung von Kassenberichten[2]
Offene Ladenkasse mit Einzelaufzeichnungen in Papierform	Pflicht zur Führung von Kassenbuch, Kassenbestandsrechnung oder Kassenbericht	Pflicht zum Eintrag der Tageslosung in einer handschriftlichen Liste[3] oder auf einem Kassenkonto oder freiwillige Führung von Kassenbuch, Kassenbestandsrechnung oder Kassenbericht
Elektronische Aufzeichnungssysteme m. digitalen Einzelaufzeichnungen – Registrier- und PC- Kassen – „App"-Systeme – Waagen – Taxameter, Wegstreckenzähler – geschlossene Ladenkassen mit digitalen Einzelaufzeichnungen – etc.	Pflicht zur Führung von Kassenbuch, Kassenbestandsrechnung oder Kassenbericht oder freiwillige Führung der Grundbücher/-aufzeichnungen im Vorsystem	Pflicht zum Eintrag der Tageslosung in einer handschriftlichen Liste[4] oder auf einem Kassenkonto oder freiwillige Führung von Kassenbuch, Kassenbestandsrechnung oder Kassenbericht oder freiwillige Führung der Grundaufzeichnungen im Vorsystem

(Quelle: Eigene Darstellung)

---

1   Anderer Ansicht *Henn*, DB 2019, 1816 (1817): Summarische Ermittlung der Tageslosung bei Gewinnermittlung nach § 4 Abs. 3 EStG unzulässig (s. Kap. 7.6.3).
2   Anderer Ansicht *Henn*, DB 2019, 1816 (1817): Summarische Ermittlung der Tageslosung bei Gewinnermittlung nach § 4 Abs. 3 EStG unzulässig (s. Kap. 7.6.3).
3   Vgl. Kap. 9.1, am Ende.
4   Vgl. Kap. 9.1, am Ende.

6.2 Begriffsdefinitionen

6.2.1 Kassenbuch

6.2.1.1 Allgemeines

408 Das Kassenbuch ist das buchmäßige Abbild der Geschäftskasse. Es beinhaltet sämtliche Bargeldbewegungen des Unternehmers. Bei Buchführungspflichtigen erfüllt das Kassenbuch Grundbuchfunktion. Im Kassenbuch werden i.d.R. folgende Informationen dokumentiert:

- organisatorische Angaben (Kopfzeilen),
- Datum des Geschäftsvorfalls,
- fortlaufende Belegnummern,
- Buchungstexte mit ausreichender Bezeichnung der Geschäftsvorfälle[5],
- Betrag und ggf. Währung der Einnahmen, Ausgaben, Einlagen und Entnahmen,
- Steuersatz und die daraus resultierende Umsatzsteuer (soweit erforderlich),
- Angaben zur Kontierung (Gegenkonto),
- Kassenbestand
  - täglich zum Abgleich Kassen-Soll/Kassen-Ist *oder*
  - zumindest am Anfang und am Ende eines jeden Kassenbuchblatts (Übertrag), spätestens zum Monatsende (Monatsabschluss),
- Angaben zur Autorisierung (Namenszeichen bei Prüfung und Buchung).

Kassenbücher sehen keine gesetzlich bestimmte Form vor. Sie können

- in *Papierform*[6]
  - gebunden,
  - als Loseblattsystem, entweder
    - durch monatliche Kassenbuchblätter *oder*
    - durch tägliche aneinander gereihte Kassenbestandsrechnungen *oder*
    - durch tägliche aneinandergereihte Kassenberichte[7] *oder*
- in *elektronischer Form*

geführt werden. Klassisches Kassenbuch und **Kassenbestandsrechnung** sind **progressiv** aufgebaut. Beide Formen weisen die gleiche Systematik auf. Der Unterschied besteht darin, dass Kassenbücher bzw. deren Kassenbuchblätter die Kassenbewegung monatlich abbilden, während die Bargeldbewegungen in einer Kassenbestandsrechnung (Kap. 6.2.2) für jeden Geschäftstag einzeln auf einem gesonderten Blatt dargestellt werden.

---

[5] FG Saarland vom 24.09.2003 – 1 K 246/33, EFG 2003, 1750.
[6] BFH vom 13.07.1971 – VIII 1/56, BStBl. II 1971, 729; BFH vom 07.07.1977 – IV R 205/72, BStBl. II 1978, 307.
[7] AEAO zu § 146, Nr. 1.4; BFH vom 25.10.2012 – X B 133/11.

6.2 Begriffsdefinitionen

Alternativ kann das Kassenbuch in Form **retrograd** aufgebauter Kassenberichte (Kap. 6.2.3) geführt werden. Es bedarf dann keiner zusätzlichen Führung eines progressiv aufgebauten Kassenbuchs.[8]

409

Berechnungsschema Kassenbuch/Kassenbestandsrechnung:

410

Kassenendbestand des Vortages	**123,50 €**
+ Bareinnahmen (Tageslosung)[9]	438,30 €
+ Privateinlagen	200,00 €
+ sonstige Einnahmen (z. B. Geldtransit)	30,00 €
./. Wareneinkäufe/Nebenkosten	217,95 €
./. Geschäftsausgaben	39,90 €
./. Privatentnahmen	55,80 €
./. sonstige Ausgaben (z. B. Geldtransit)	300,00 €
= Kassenendbestand bei Geschäftsschluss	**178,15 €**

Elektronische Kassenbücher können anerkannt werden, soweit sichergestellt ist, dass angefertigte Aufzeichnungen nicht veränderbar (§ 146 Abs. 4 AO), mithin festgeschrieben sind. Bei Verwendung eines elektronischen Kassenbuchs sollte nach Möglichkeit ein Zertifikat oder Testat zur Ordnungsmäßigkeit vorliegen. Ist die Finanzverwaltung an ein solches Testat auch nicht gebunden[10], so verschafft es dem Unternehmer doch ein gewisses Vertrauen in die Ordnungsmäßigkeit seiner Aufzeichnungen.

411

Werden sämtliche baren Geschäftsvorfälle (Erlöse, Betriebsausgaben, Privatentnahmen, Privateinlagen, Geldtransit etc.) ordnungsmäßig in einem elektronischen Aufzeichnungssystem (z. B. PC-Kasse) geführt und nimmt dieses damit auch die Geschäftsvorfälle auf, die gewöhnlich in einem Kassenbuch erfasst werden, ist die zusätzliche Führung eines elektronischen oder papierbasierten Kassenbuchs entbehrlich (Erfüllung der Grundbuchfunktion im Vorsystem).

412

> *Hinweis:*
> Einnahmeüberschussrechner nach § 4 Abs. 3 EStG sind nicht verpflichtet, ein Kassenbuch zu führen. Hier genügen Grundaufzeichnungen in vereinfachter Form, z. B. handschriftliche Aufstellungen über die Betriebseinnahmen und -ausgaben (vgl. Kap. 9).

413

6.2.1.2 Kontierungen und Buchungstexte

Aus ertrag- und umsatzsteuerlicher Sicht müssen Bücher und Aufzeichnungen so beschaffen sein, dass sie einem sachverständigen Dritten innerhalb angemessener Zeit einen Überblick über die Geschäftsvorfälle und über die Lage des Unternehmens vermitteln können.[11] Das gilt für die Gewinnermittlung nach § 4

414

---

8 AEAO zu § 146, Nr. 1.4; BFH vom 25.10.2012 – X B 133/11.
9 Es genügt die Eintragung der Tagessumme. Alternativ kann jede Betriebseinnahme einzeln in das Kassenbuch eingetragen werden; BFH vom 16.12.2014 – X R 29/13.
10 GoBD, Rz. 179 ff.
11 §§ 238 Abs. 1 Satz 2, 243 Abs. 2 HGB, 145 Abs. 1 Satz 1 AO; 63 Abs. 1 UStDV.

Abs. 1 i. V. m. 5 EStG und die Gewinnermittlung nach § 4 Abs. 3 EStG gleichermaßen.

415 Die Grundsätze ordnungsgemäßer Buchführung erfordern das Vorhandensein eines Belegs zu jeder Buchung oder Aufzeichnung (Belegfunktion).[12] Die Erfüllung der Belegfunktion ist Grundvoraussetzung für die Beweiskraft einer Buchführung. Sie ist der nachvollziehbare Nachweis über den Zusammenhang zwischen den unternehmensexternen und -internen Vorgängen in der Realität einerseits und dem gebuchten Inhalt in den Geschäftsbüchern andererseits. Die Erfüllung der Belegfunktion wird bei manueller und DV-gestützter Erfassung von Geschäftsvorfällen gleichermaßen gefordert. Um den Zusammenhang zwischen Buchung und Beleg sichtbar zu machen, sind

- Angaben zur Kontierung,
- eine hinreichende Erläuterung des Geschäftsvorfalls im Hauptbuch durch Verwendung von Buchungstexten oder -schlüsseln,
- Angaben zum Ordnungskriterium für die Ablage (z. B. Belegnummer, Index) und
- Angaben zum Buchungsdatum

erforderlich. Fehlen diese Angaben, kann die progressive und retrograde Prüfbarkeit eingeschränkt sein mit der Folge, dass ein sachverständiger Dritter die Unterlagen nicht oder nicht in angemessener Zeit prüfen kann. Daraus kann sich abhängig vom Beleganfall ein formeller Mangel mit sachlichem Gewicht ergeben.

416 Prüfungserfahrungen zeigen, dass aus Kostengründen immer mehr auf Buchungstexte und Kontierungen verzichtet wird. Wirtschaftliche Gründe rechtfertigen jedoch nicht, dass Grundprinzipien der Ordnungsmäßigkeit verletzt und die Zwecke der Buchführung erheblich gefährdet werden. Die zur Vermeidung einer solchen Gefährdung erforderlichen Kosten muss der Unternehmer genauso in Kauf nehmen wie alle anderen Aufwendungen, die die Art seines Betriebes mit sich bringt.[13]

6.2.1.3 Tabellenkalkulationsprogramme

417 Das Führen von Kassenbüchern mit Hilfe handelsüblicher Tabellenkalkulationsprogramme (z. B. Excel, OpenOffice, Numbers[14]) ist grundsätzlich nicht zulässig. Excel-Tabellen fehlt es an der geforderten Journalfunktion. Mit Hinblick auf § 146 Abs. 4 AO kann auch nicht festgestellt werden, wann die Eintragungen gemacht wurden bzw. ob oder welche Änderungen nach dem erstmaligen Festhalten eines Geschäftsvorfalls erfolgt sind.[15] Das gilt auch, wenn dem Prüfer die Tabellen in ausgedruckter Form vorgelegt werden, da selbst dann nicht prüfbar ist, zu welchem Zeitpunkt Dateneingaben erfolgten und ob ggf.

---
12 Vgl. BFH vom 24.06.1997 – VIII R 9/96, BStBl. II 1998, 51, Rz. 18.
13 Vgl. nur BFH vom 26.03.1968 – IV 63/63, BStBl. II 1968, 527, Rz. 45.
14 FG Münster vom 20.12.2019 – 4 K 541/16 E,G,U,F.
15 FG München vom 04.05.2010 – 13 V 540/10.

vor dem Ausdruck noch Veränderungen vorgenommen worden sind. Etwas anderes kann gelten, wenn ein Excel-Kassenbuch laufend unmittelbar im Anschluss an die tägliche Erfassung der Geschäftsvorfälle unveränderbar in einem Dokumenten-Management-System (DMS)[16] oder anderweitig bspw. bei einem Cloud-Dienstleister abgelegt wird.

Die bloße Ablage von Daten und elektronischen Dokumenten in einem Dateisystem erfüllt die Anforderungen der Unveränderbarkeit regelmäßig nicht, soweit nicht zusätzliche Maßnahmen ergriffen werden, die eine Unveränderbarkeit gewährleisten.[17] Erstellt der Unternehmer für jeden Tag zeitgerecht eine Excel- oder Word-Datei, ließe sich zwar am Änderungsdatum der Datei erkennen, ob sie anschließend erneut geöffnet wurde, um Änderungen vorzunehmen. Da es sich aber nicht um eine Festschreibung i. e. S. handelt und auch das Änderungsdatum Manipulationen unterliegen kann, wird diese Art der Aufbewahrung zurecht beanstandet. 418

Jüngst hat das FG Münster zur Gewinnermittlung nach § 4 Abs. 1 EStG (!) in einem Irish Pub geurteilt, dass die Erfassung von Bareinnahmen in einer Excel-Tabelle bei Verwendung einer elektronischen Registrierkasse keinen Kassenführungsmangel darstellt, wenn ansonsten alle Belege in geordneter Form vorliegen.[18] Angesichts der besonderen Umstände im entschiedenen Fall, nämlich 419

– Streitjahre 2011–2013 lagen im Gültigkeitszeitraum der sog. 1. Kassen-Richtlinie vom 09.01.1996[19];
– Datenzugriffsrecht nach § 147 Abs. 6 AO wurde nicht ausgeübt;
– keine bzw. nicht ausreichende Feststellungen des Finanzamts zu Falschprogrammierungen, unerkannten Stornierungen oder zur Manipulierbarkeit der Registrierkasse im Ganzen;
– keine Feststellungen zur Veränderbarkeit der Belege, u. a. der Tagesendsummenbons (§ 146 Abs. 4 AO);
– beanstandungsfreie geordnete Belegablage (§ 146 Abs. 5 AO);
– Schätzung der Besteuerungsgrundlagen (§ 162 AO) anhand „überschlägiger Getränkekalkulation"

handelt es sich um eine Einzelfallentscheidung. Gerade wenn Excel-Dokumente verwendet werden, sind je nach Art des Aufzeichnungssystems Inhalt und Funktion der Excel-Tabellen zu ermitteln und Feststellungen zum sachlichen Gewicht des Verstoßes gegen § 146 Abs. 4 AO zu treffen. Im hier entschiedenen Fall sah der erkennende Senat die (überobligatorische) Führung von Kassenbe-

---

16 Für den Einsatz von Dokumentenmanagement-Systemen empfiehlt sich die „GoBD-Checkliste für Dokumentenmanagement-Systeme, Version 2.1" des Bundesverbands Informationswirtschaft, Telekommunikation und neue Medien e. V. (Bitkom e. V.), abrufbar unter *https://www.bitkom.org/Bitkom/Publikationen/GoBD-Checkliste-fuer-Dokumentenmanagement-Systeme* (abgerufen am 13.10.2023).
17 GoBD, Rz. 110.
18 FG Münster vom 29.04.2021 – 1 K 2214/17 E,G,U,F.
19 BStBl. I 1996, 34.

richten mit Excel nicht als Aufzeichnungsmangel an, da die Klägerin ihre Aufzeichnungs-, Aufbewahrungs- und Dokumentationspflichten bereits ohne die Excel-Tabelle erfüllt habe.[20] Ungeachtet der Nachvollziehbarkeit der Urteilsgründe wird man die Entscheidung für Besteuerungszeiträume ab 01.01.2017 kaum nutzbar machen können.

420 Zum Datenzugriffsrecht der Finanzverwaltung auf mit handelsüblichen Tabellenkalkulationsprogrammen erstellte Dateien vgl. Rz. 1151.

6.2.1.4 Schriftbild

421 Verschiedene äußerliche Merkmale können Indizien dafür sein, dass Kassenaufzeichnungen nicht zeitgerecht geführt oder durch einen Dritten erstellt wurden:
- auffallend gleichmäßiges Schriftbild[21];
- Farbe der verwendeten Tinte ändert sich ausschließlich am Wochen- oder Monatsanfang;
- Handschrift der Eintragungen entspricht der Handschrift der Kontierungsvermerke (Indiz für unzulässige Kassenführung durch den steuerlichen Berater, da die zutreffende Kontierung buchhalterische Kenntnisse voraussetzt).

422 Zahlreiche und laufend wechselnde Handschriften führen zu Nachfragen der Prüfungsdienste, wer die Unterlagen geführt hat. Kassenbücher und Kassenberichte sollten daher täglich unterschrieben oder mit einem Namenskürzel versehen werden (Autorisierung).

6.2.2 Kassenbestandsrechnung

423 Kassenbestandsrechnungen unterscheiden sich vom gebundenen Kassenbuch insbesondere dadurch, dass täglich ein **separates** Kassenbuchblatt erstellt wird. Sie sind eine Alternative zu Kassenbüchern, ersetzen aber keinesfalls ggf. erforderliche Kassenberichte, die bei der offenen Ladenkasse ohne Einzelaufzeichnungen Verwendung finden, d.h. zur **Ermittlung der Einnahmen** sind sie nicht geeignet. Leider findet man in der Praxis vereinzelt noch *Kassenbestandsrechnungen*, die irreführend unter der Handelsbezeichnung *Kassenbericht* angeboten werden. Beim Erwerb ist dringend darauf zu achten, dass mit dem erworbenen *Kassenbericht* die Einnahmen auch tatsächlich retrograd ermittelt werden. Den Unterschied kann schon der Laie auf den ersten Blick erkennen: Systemgerechte Kassenberichte enden mit der Tageseinnahme (Tageslosung), systemwidrige „Kassenberichte" (Kassenbestandsrechnungen) mit dem Kassenbestand bei Geschäftsschluss.

---

20 *Peters*, jurisPR-SteuerR 43/2021 Anm. 1; *Peters*, DB 2021, 1776.
21 FG Münster vom 19.08.2004 – 8 V 3055/04 G, EFG 2004, 1810; FG Saarland vom 13.01.2010 – 1 K 1101/05, EFG 2010, 772.

6.2 Begriffsdefinitionen

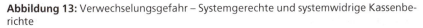

Kassenbericht	Kassenbestandsrechnung
Kassenendbestand bei Geschäftsschluss (**ausgezählt**)	Kassenendbestand des Vortages
+ Wareneinkäufe/Nebenkosten + Geschäftsausgaben + Privatentnahmen + sonstige Ausgaben (Geldtransit) ./. Kassenendbestand des Vortages = Kasseneingang ./. Privateinlagen ./. sonstige Einnahmen (Geldtransit)	+ Bareinnahmen + Privateinlagen + sonstige Einnahmen (Geldtransit) ./. Wareinkäufe/Nebenkosten ./. Geschäftsausgaben ./. Privatentnahmen ./. sonstige Ausgaben (Geldtransit)
= Bareinnahmen	= Kassenendbestand (**rechnerisch**)

Abbildung 13: Verwechselungsgefahr – Systemgerechte und systemwidrige Kassenberichte
(Quelle: Eigene Darstellung)

Kassenbücher und Kassenbestandsrechnungen können retrograde Kassenberichte selbst dann nicht ersetzen, wenn in einer gesonderten Spalte Kassenendbestände ausgewiesen sind.[26] Denn nach dem Aufbau eines Kassenbuchs bzw. einer Kassenbestandsrechnung werden die Endbestände dort nur rechnerisch ermittelt. Die Einnahmen werden nicht nach der retrograden Methode aus den Beständen ermittelt, sondern die Bestände aus den Einnahmen. Damit ist die Ermittlung der Betriebseinnahmen regelmäßig nicht nachvollziehbar.

6.2.3 Kassenbericht

6.2.3.1 Allgemeines

Kassenberichte dienen vorrangig der summarischen Ermittlung der Tageseinnahmen bei offenen Ladenkassen ohne Einzelaufzeichnungen.[27] Um den formellen Anforderungen zu genügen, müssen sie eine bestimmte, rechnerische Systematik aufweisen. Dies liegt darin begründet, dass Bargeld bei offenen Ladenkassen häufig ohne Belege vereinnahmt und verausgabt wird (vgl. § 146 Abs. 1 Satz 3 AO). Dabei besteht die Gefahr, dass tagsüber vereinnahmtes Bargeld beim Auszählen am Ende des Tages nicht berücksichtigt wird, weil davon betriebliche Ausgaben oder Privatentnahmen getätigt worden sind. Die Rechtsprechung verlangt daher die tägliche Einnahmeermittlung anhand der sog. retrograden Methode („Rückwärtsrechnung").

Die Ermittlung der Einnahmen durch einen Kassenbericht geht vom ausgezählten Kassenbestand bei Geschäftsschluss aus, von dem zur Berechnung der Tageseinnahme der Kassenanfangsbestand und die Bareinlagen abgezogen und die im Laufe des Tages getätigten Ausgaben und Barentnahmen sowie die Bank-

---

26 FG Münster vom 31.08.2000 – 14 K 3305/98 G,U,F.
27 Siehe dazu im Einzelnen Kap. 7.

einzahlungen zugerechnet werden.²⁸ Ein Kassenbericht dokumentiert diesen Rechenprozess und macht ihn – nach der Rechtsprechung – für einen sachkundigen Dritten nachprüfbar. Nach diesseitiger Auffassung sind Kassenberichte nicht belastbar nach*prüfbar*, allenfalls nach*rechenbar*.

428 Der geschäftliche Bargeldendbestand ist centgenau auszuzählen. Die Feststellung des Kassenendbestandes ist eine unentbehrliche Grundlage für die Berechnung der jeweiligen Tageslosung.²⁹ Werden Kassenberichte nachträglich und nur rechnerisch erstellt (progressive Methode wie bei der Kassenbestandsrechnung³⁰), ist die Kassenführung nicht ordnungsgemäß.³¹

429 Im Unterschied zu Kassenbüchern und Kassenbestandsrechnungen sind Kassenberichte **retrograd** aufgebaut.

430 **Berechnungsschema Kassenbericht:**

Kassenendbestand bei Geschäftsschluss	178,15 €
+ Wareneinkäufe/Nebenkosten	217,95 €
+ Geschäftsausgaben	39,90 €
+ Privatentnahmen	55,80 €
+ sonstige Ausgaben (z. B. Geldtransit)	300,00 €
= Kasseneingang	791,80 €
./. Kassenendbestand des Vortages	123,50 €
./. Privateinlagen	200,00 €
./. sonstige Einnahmen (z. B. Geldtransit)	30,00 €
= Bareinnahmen (Tageslosung)	**438,30 €**

431 Schecks, Fremdwährungen und Kassenschnitte von Kartenerfassungsgeräten müssen zusätzlich dokumentiert werden, um zu verhindern, dass bare und unbare Einnahmen vermischt werden.

6.2.3.2 Formerfordernisse des Kassenberichts

432 Kassenberichte sind mit Hinblick auf die in § 146 Abs. 4 AO geforderte Unveränderbarkeit der Aufzeichnungen handschriftlich auszufüllen. Der Kassenbestand muss vollständig gezählt werden, ggf. unter freiwilliger Verwendung eines Zählbretts und Zählprotokollen. Zur Prüfung der Vollständigkeit sollten Kassenberichte eine fortlaufende Nummerierung aufweisen, zumindest muss die Vollständigkeit aus der jeweiligen Datumsangabe und den übertragenen Kassenbeständen (Kassenendbestand des Vortages = Kassenanfangsbestand des Folgetages) erkennbar sein. Für Entnahmen, Einlagen und Geldtransit sind Eigenbelege anzufertigen, die bloße Dokumentation dieser Geschäftsvorfälle im Kassenbericht allein genügt nicht. Abgesehen von regelmäßigen Ruhetagen sollten Tage, an denen keine oder nur sehr geringe Einnahmen erzielt wurden, besonders

---

28 Vgl. Abbildung 13, Rz. 424, linke Spalte.
29 BFH vom 01.10.1969 – I R 73/66, BStBl. II 1970, 45.
30 Vgl. Abbildung 13, Rz. 424, rechte Spalte.
31 FG Münster vom 19.08.2004 – 8 V 3055/04 G, EFG 2004, 1810.

dokumentiert werden, um im Rahmen einer Außenprüfung oder Nachschau nicht in Beweisnot zu kommen. Auch Notizen über abweichende Öffnungszeiten, Urlaub, Krankheit oder pandemiebedingte Besonderheiten können hier hilfreich werden, weil ein Amtsträger Lücken oder Auffälligkeiten in den Tageseinnahmen schnell erkennt und sich der Stpfl. ohne entsprechende Aufzeichnungen ggf. nicht mehr an die Gründe erinnern wird.[32] Jeder Kassenbericht ist zu autorisieren, sodass erkennbar ist, wer ihn angefertigt und wer nach den Vorgaben des jeweiligen internen Kontrollsystems die sachliche und rechnerische Richtigkeit geprüft und protokolliert hat.

6.2.3.3 Punktuelle Verpflichtung zur Führung von Einzelaufzeichnungen

Von der Vereinfachung der summarischen Ermittlung der Tageslosung mittels Kassenberichten dürfen Stpfl. keinen Gebrauch machen, **soweit** in ihrem Betrieb 433

- Einzelaufzeichnungen
  - zwingend sind[33] oder tatsächlich angefertigt werden[34],
  - für bestimmte Geschäftsvorfälle nach außersteuerlichen Normen anzufertigen sind,
  - (freiwillig) zur Beweisvorsorge oder aus haftungsrechtlichen Gründen gefertigt werden,
- branchenspezifische Besonderheiten vorliegen, aus denen die Rechtsprechung bestimmte Einzelaufzeichnungspflichten hergeleitet hat,
- Waren nach Art des Geschäftsbetriebs regelmäßig an andere gewerbliche Unternehmer erkennbar zur Weiterveräußerung oder zum Verbrauch als Hilfsstoffe geliefert werden (§ 144 AO),
- sonstige freiwillige, übliche oder automatisierte Einzelaufzeichnungen angefertigt werden, z. B. Warenannahme und Warenverkauf in Second-Hand-Shops.

Bei punktueller Verpflichtung zur Führung von Einzelaufzeichnungen sind die zugehörigen Belege aufzubewahren. Im Interesse einer sinnvollen Ordnung der Geschäftsvorfälle sollten sie an den Kassenbericht geheftet werden (z. B. Bestellzettel in einem Floristikbetrieb). 434

Zur kritischen Betrachtung der offenen Ladenkasse ohne Einzelaufzeichnungen s. Kap. 7.6. 435

---

32 Vgl. dazu Stichwort „Betriebstagebuch".
33 § 146 Abs. 1 Satz 3 AO, AEAO zu § 146, Nr. 2.2.1 u. 2.2.2.
34 § 146 Abs. 1 Satz 4 AO.

6.3 Tägliche Geldzählung

6.3.1 Pflicht oder Kür?

436 Werden Einnahmen und Ausgaben zeitgerecht in ein **Kassenbuch** übertragen, soll das tägliche Zählen des Kassenbestandes nach Auffassung des BFH entbehrlich sein. In diesen Fällen sei die Kassensturzfähigkeit auch ohne tägliches Festhalten der Kassenendbestände möglich. Dann genüge es, so der BFH, wenn Kassen-Soll und Kassen-Ist **in regelmäßigen Abständen** abgeglichen werden, spätestens beim Übertrag der Kassenbestände auf die Folgeseite. Eine nur quartalsmäßige Überprüfung des Kassenbestands reicht aber nicht aus.[35] Quartalsmäßige Kontrollen des Kassenbestands bei nur geringfügigen Barumsätzen i. H. v. 10 % des Gesamtumsatzes hat der BFH jedoch als unschädlich angesehen.[36]

437 Nach diesseitiger Auffassung müssen Kassenbestände **immer täglich** gezählt werden, um die Kassensturzfähigkeit nicht zu gefährden und Fehlberechnungen der Umsatzsteuer zu verhindern.

438 **Beispiele:**
- Rechenfehler
- fehlerhafte Wechselgeldrückgaben
- Diebstähle
- Abweichungen zwischen tatsächlicher Tageseinnahme und Einnahme laut Z-Bon

439 Andernfalls sind später festgestellte, fehlersaldierte Kassdifferenzen nicht mehr hinreichend aufklärbar.[37] Bei Einnahmeermittlung mittels retrograd aufgebauter Kassenberichte ist das tägliche Zählen schon systembedingt unentbehrliche Voraussetzung für die zutreffende Ermittlung der Tageslosung. In Unternehmen mit mehreren offenen Ladenkassen sind Aufzeichnungen für jede einzelne Kasse erforderlich.[38]

6.3.2 Kassenanfangsbestand bei Neugründung

440 Jeder Kaufmann hat zu Beginn seines Handelsgewerbes den Betrag seines baren Geldes genau zu verzeichnen (§ 240 HGB). Beginnen die Kassenaufzeichnungen am Tag der Geschäftseröffnung ohne Wechselgeldbestand, erscheint das nicht glaubhaft. Dann spricht eine große Wahrscheinlichkeit dafür, dass auch die nachfolgenden Kassenbestände nicht wahrheitsgemäß deklariert wurden. Bei Gewinnermittlung nach § 4 Abs. 3 EStG ist die Dokumentation des Anfangsbestands nur erforderlich, wenn die Tageslosungen summarisch mittels retrograd aufgebauten Kassenberichten ermittelt werden.

---

[35] *Drüen* in Tipke/Kruse, Kommentar zur AO/FGO, 173. Lfg. 2022, § 146 AO Rz. 27.
[36] BFH vom 07.06.2000 – III R 82/97, BFH/NV 2000, 1462, Rz. 29.
[37] Vgl. im Einzelnen Kap. 6.3.7, 6.4, 6.5.
[38] Vgl. BFH vom 13.03.2013 – X B 16/12, BFH/NV 2013, 902. Vgl. auch Kap. 6.3.3.

6.3.3 Führung mehrerer Kassen

Die Anforderungen an die Aufzeichnung von baren Geschäftsvorfällen sind für die Hauptkasse und jede Unter- und Nebenkasse (Sonderkassen) zu beachten. Dies erfordert grundsätzlich die Führung mehrerer Kassenbücher oder diesen entsprechenden Aufzeichnungen bei Nichtbuchführungspflichtigen.[39] Handelt es sich bei den Sonderkassen um Registrier-, PC- oder Appkassen, müssen auch diese Tagesendsummenbons aufbewahrt werden[40], sofern es sich um Buchungsbelege oder sonstige für die Besteuerung bedeutsame Unterlagen handelt.[41] Auch **Geldverschiebungen** zwischen mehreren Kassen sind buchmäßig festzuhalten[42], es sei denn, es handelt sich um bloße Tauschvorgänge („Geldwechsel").

441

> *Tipp:*
> Bei reinen **Geldwechselvorgängen** wird häufig die sog. K/V-Taste benutzt (Kein Verkauf). Das führt im Rahmen der Auswertung von Kassendaten nicht selten zu Diskussionen darüber, ob es sich tatsächlich um solche handelte oder die Taste manipulativ eingesetzt wurde (Vereinnahmung von Bargeld ohne Registrierung). *Brinkmann* empfiehlt zu Recht, die Taste möglichst zu sperren und den Geldwechselvorgang erst vorzunehmen, wenn die Kasse für den Bezahlvorgang des nächsten Kunden ohnehin geöffnet wird.[43]

442

Grundsätzlich ist jede Kasse einzeln auszuzählen[44], insbesondere wenn elektronische Aufzeichnungssysteme und offene oder geschlossene Ladenkassen nebeneinander geführt werden. Andernfalls liegen formelle Mängel vor. Ob diesen bei zutreffender Addition und Kassensturzfähigkeit der Gesamtkasse sachliches Gewicht zukommt, hängt von den Umständen des Einzelfalls ab. Beim Einsatz wechselnder **Kassenladen** eines elektronischen Aufzeichnungssystems ist zwar ratsam, aber nicht zwingend erforderlich, für jede Schublade einen separaten Kassenabschluss zu erstellen. Die Kassensturzfähigkeit kann u. a. dadurch hergestellt werden, dass beim DSFinV-K-Export in der Datei „Bonkopf_Zahlarten" die jeweilige Schubladennummer als zusätzliches Feld exportiert wird. Auf die Besonderheit eines gemeinsamen Bargeldbestands ist in der Verfahrensdokumentation hinzuweisen.[45]

443

---

39 BFH vom 20.10.1971 – I R 63/70, BStBl. II 1972, 273.
40 FG Berlin-Brandenburg vom 17.03.2009 – 6 K 4146/04 B; *Drüen* in Tipke/Kruse, Kommentar zur AO/FGO, 173. Lfg. 2022, § 147 AO Rz. 24.
41 Vgl. § 147 Abs. 1 Nr. 4 u. 5 AO.
42 BFH vom 17.11.1981 – VIII R 174/77, BStBl. II 1982, 430.
43 *Brinkmann*, Schätzungen im Steuerrecht, 4. Aufl. 2017, S. 207.
44 Vgl. FG Nürnberg vom 27.04.2004 – II 8/2003; anderer Ansicht *Bellinger*, BBK 2017, 912; *Wacker/Högemann*, BBK 2013, 624.
45 Vgl. BMF, Abruf unter *https://www.bundesfinanzministerium.de/Content/DE/FAQ/2020-02-18-steuergerechtigkeit-belegpflicht.html* (abgerufen am 04.07.2022).

6.3.4 Filialkassen

444 In Filialbetrieben ist zwischen zentraler und dezentraler Kassenführung zu unterscheiden.

445 Eine **zentrale Kassenführung** kann noch ordnungsgemäß sein, wenn in den Filialbetrieben zwar keine Kassenbücher, aber Aufzeichnungen geführt werden, die es dem Unternehmer erlauben, die Tageseinnahmen noch am gleichen Tage, spätestens am folgenden Geschäftstag in einem gemeinsamen Kassenbuch festzuhalten. Voraussetzung für die Ordnungsmäßigkeit ist, dass die Aufzeichnungen der Filialen aufbewahrt werden und so beschaffen sind, dass sie eine Überprüfung des sollmäßigen Kassenbestands der Hauptkasse ermöglichen.[46] Die Zusammenfassung von Tageseinnahmen mehrerer Betriebsstätten, Filialen oder Verkaufsständen zu einer Summe ist nur dann zulässig, soweit auch später noch eine Trennung bzw. Rückrechnung auf die Einzelbeträge möglich ist.[47]

446 Werden mehrere Tageseinnahmen umfassende Geldbeträge aus Neben- oder Unterkassen erst nach längerer Zeit in die Hauptkasse überführt und in ein Kassenbuch übertragen, ist die Führung von Nebenkassenbüchern oder entsprechenden Aufzeichnungen bei Nichtbuchführungspflichtigen in den Filialen unerlässlich (**dezentrale Kassenführung**). Fehlen solche Grundaufzeichnungen, ist die Kassenführung nicht ordnungsgemäß.[48]

447 Grundsätzlich ist eine dezentrale Kassenführung vorzugswürdig. Anders als bei einer mängelbehafteten Gesamtkasse (= Schätzungsbefugnis für den gesamten Betrieb) lassen Mängel in einzelnen Filialen die übrigen Filialen, in denen die Ordnungsvorschriften eingehalten wurden, aufgrund „kassenscharfer" Betrachtungsweise i. d. R. unberührt.

6.3.5 Zählprotokolle

448 Die Anfertigung von Zählprotokollen zur Ermittlung der Kassenendbestände ist gesetzlich nicht vorgeschrieben, erleichtert jedoch den Nachweis des tatsächlichen Auszählens[49] und dient der Stärkung der Beweiskraft. Auch die Rechtsprechung verneint eine Verpflichtung zur Anfertigung solcher Protokolle.[50]

449 Insbesondere bei Kassenführung durch fremde Dritte sollte der Stpfl. dennoch schon zu Kontrollzwecken (IKS) ein hohes Eigeninteresse an derartigen Aufzeichnungen haben. Neben der Anzahl an Münzen und Scheinen können auch erhaltene Schecks, Kassenschnitte von Kartenzahlungsgeräten und Einnahmen in ausländischer Währung zeitgerecht dokumentiert werden. Damit wird zu-

---

46 BFH vom 31.07.1974 – I R 216/72, BStBl. II 1975, 96., BStBl. II 1975, 96; BFH vom 03.05.1983 – VIII R 222/81; FG Sachsen vom 24.11.2006 – 4 V 1528/06.
47 FG Hamburg vom 04.12.1990 – II 104/88, EFG 1991, 507; FG Nürnberg vom 27.04.2004 – II 8/2003.
48 BFH vom 20.10.1971 – I R 63/70, BStBl. II 1972, 273.
49 AEAO zu § 146, Nr. 3.3.
50 BFH vom 16.12.2016 – X B 41/16, BFH/NV 2017, 310.

6.3 Tägliche Geldzählung

gleich der Gefahr entgegengewirkt, tatsächliche Bargeldbestände mit unbaren Einnahmen zu „vermischen".

Nur mit Zählprotokollen kann glaubhaft gemacht werden, dass die Kassenendbestände tatsächlich gezählt und nicht erdacht wurden. Deren Anfertigung ist auch bei Verwendung elektronischer Aufzeichnungssysteme sinnvoll. Unstimmigkeiten zwischen der Tageseinnahme laut Tagesendsummenbon und dem tatsächlichen Kassenbestand (z. B. bei Diebstahl, Erfassungsfehlern, Fehlern bei Wechselgeldrückgaben, Vereinnahmung von Trinkgeldern etc.) können so zeitnah festgestellt werden 450

Idealerweise ist erkennbar, wer gezählt hat und wie eventuelle Differenzen ausgeglichen und buchhalterisch erfasst worden sind. Für diese Zwecke bietet sich das in **Anhang 7** abgedruckte Muster (Buchungsbeleg zur Dokumentation von Kassendifferenzen) an. 451

> *Tipp:* 452
> Bei Kassenführung durch Dritte sollten Geldzählungen nach dem Vier-Augen-Prinzip vorgenommen werden (Autorisierung mit zwei Unterschriften). Damit lässt sich ggf. auch der Verdacht auf nachträgliche Manipulationen **durch den Unternehmer** entkräften.

Einige moderne Kassensysteme sehen ein **elektronisches Zählprotokoll** im Kassensystem selbst vor. Der Bediener erhält den Z-Bon erst im Anschluss an die manuelle Erfassung der im Zeitpunkt des Tagesabschlusses vorhandenen Scheine und Münzen. Das hat den Vorteil, dass überzählige Geldbeträge nicht unentdeckt „unterschlagen" werden können. 453

Der Bundesfinanzhof hat entschieden, dass die Aufbewahrung von Einnahmeursprungsaufzeichnungen in Form von „Schmierzetteln" (Zwischenaufzeichnungen) nicht erforderlich ist, wenn deren Inhalt nach Auszählung der Tageskasse in das in Form aneinander gereihter Tageskassenberichte geführte Kassenbuch übertragen wird.[51] So ist eine im Ladenlokal des Erdgeschosses angefertigte Zwischenaufzeichnung nicht aufbewahrungspflichtig, wenn der sich daraus ergebende Kassenendbestand zeitnah in der darüber liegenden Privatwohnung in Grundaufzeichnungen (z. B. Kassenbuch) übernommen wird. Dieser Zwischenaufzeichnung kommt lediglich eine **Transportfunktion** zu. 454

Gleiches gilt bei Verwendung von **Geldzählmaschinen.** Wird die abgelesene Gesamtsumme zunächst nur auf einem Zettel aufgezeichnet, um den Betrag später in die Grundaufzeichnung zu übertragen, ist dessen Aufbewahrung ebenfalls nicht erforderlich. Auch einem solchen Zettel kommt nur „Transportfunktion" zu.[52] 455

---

51 BFH vom 13.07.1971 – VIII 1/65, BStBl. II 1971, 729; BFH vom 07.07.1977 – IV R 205/72, BStBl. II 1978, 307.
52 *Achilles*, DB 2018, 2454 (2460).

6.3.6 Rundungen

456 Bei der täglichen Ermittlung des Kassenendbestandes sind sowohl Papier- als auch Münzgeld täglich exakt zu zählen, ggf. mit Hilfe eines Zählprotokolls und/oder eines Zählbretts. Das gilt auch in den Fällen, in denen das Kleingeld, z. B. alle Münzen mit einem Wert bis 10 Cent, als Wechselgeld in der Kasse verbleibt. Selbst wenn das „Kleingeld" zunächst gesammelt und später kassenmäßig erfasst wird, sobald eine bestimmte Menge aufgelaufen ist, würde es der Kasse an der erforderlichen (jederzeitigen) Kassensturzfähigkeit fehlen.

6.3.7 Kassendifferenzen

6.3.7.1 Allgemeines

457 Abweichungen zwischen Kassen-Soll und Kassen-Ist können auf mehreren Ursachen beruhen (z. B. Wechselgeldfehler, Annahme von Falschgeld, Diebstahl, vergessene(r) PE/NE/Geldtransit). Im Rahmen erforderlicher Korrekturen sind die unterschiedlichen steuerlichen Auswirkungen zu beachten.

458 **Beispiel (Kassendifferenz ./. 50,00 €):**

Steuerliche Behandlung als	Kassendifferenz	Änderung des Entgelts	Umsatzsteuer (19 %)	Gewinnauswirkung
a) Privatentnahme	./. 50,00	–	-	-
b) Wechselgeldfehler/Falschgeldannahme	./. 50,00	./. 42,01	./. 7,99	./. 42,01
c) Diebstahl	./. 50,00	-	-	./. 50,00

459 Umsatzsteuerliches Entgelt für eine Leistung i. S. d. § 10 Abs. 1 UStG ist alles, was der Leistungsempfänger aufwendet, um die Leistung zu erhalten, abzüglich der Umsatzsteuer. Zahlt ein Kunde versehentlich zu viel, ist der überhöhte Betrag das Entgelt[53], zahlt er zu wenig, ist der verminderte Betrag das Entgelt. Wer das nicht beachtet, läuft Gefahr, seine Einnahmen falsch aufzuzeichnen und die Kassensturzfähigkeit zu gefährden.

460 Eine Vielzahl von Bargeschäften bedingt immer ein tägliches Zählen, obwohl das beim Übertrag von Einzelaufzeichnungen oder Z-Bons in ein Kassenbuch nach der BFH-Rechtsprechung als nicht erforderlich erachtet wird. Korrekturen erst im Nachhinein erscheinen nicht möglich, weil sich nicht mehr unterscheiden lässt, ob die summarisch aufgelaufenen Differenzbeträge auf fehlerhaften Wechselgeldrückgaben, nicht erfassten Privatentnahmen, Diebstählen o. ä. beruhen. Ohne tägliche Aufzeichnung der Differenzen fehlt es auch an einem geeigneten Schätzungsmaßstab, um sie nachträglich zutreffend berücksichtigen zu können.[54]

---

53 BFH vom 19.07.2007 – V R 11/05, BStBl. II 2007, 966.
54 FG Köln vom 23.10.2013 – 4 K 266/10, EFG 2014, 504.

Beachte: 461

Der Unternehmer wird häufig vor der Problematik stehen, dass er die Ursachen für positive oder negative Differenzen meist nur vermuten kann, gleichwohl bei Anfertigung des Tagesabschlusses ertrag- und umsatzsteuerliche Differenzierungen vornehmen, entsprechend dokumentieren und entstandene Differenzen zur Wiederherstellung der Kassensturzfähigkeit ggf. ausgleichen muss. Dafür bietet sich der in **Anhang 7** abgedruckte **Buchungsbeleg zur Dokumentation von Kassendifferenzen** an. Die Behauptung, Kassendifferenzen aus fehlerhaften Wechselgeldrückgaben habe es in einem Prüfungszeitraum von drei Jahren nie gegeben, erscheint nicht glaubhaft.

Beachte: 462

Seit Einführung der Belegausgabepflicht zum 01.01.2020 (§ 146a AO) wird häufig übersehen: Ergibt sich ein negativer Differenzbetrag zwischen Kassen-Soll und Kassen-Ist aufgrund eines vermuteten Wechselgeldfehlers, darf die Umsatzsteuer nicht gemindert werden, wenn sie aufgrund Beleg- oder Rechnungsausgabe offen ausgewiesen wurde oder Kleinbetragsrechnungen i.S.d. § 33 UStDV erteilt worden sind.

6.3.7.2 Fehlgeldentschädigung

Unterlaufen einem Arbeitnehmer Fehler, die zur Entstehung von Kassenfehlbeträgen führen, z.B. durch überhöhte Herausgabe von Wechselgeld, kann er zivilrechtlich verpflichtet sein, dem Arbeitgeber die Fehlbeträge zu erstatten. Grundsätzlich unterliegt Kassierpersonal arbeitsvertraglich der Pflicht, für den richtigen Kassenbestand Sorge zu tragen. Abhängig vom Grad der Vorwerfbarkeit besteht nach der Rechtsprechung des Bundesarbeitsgerichts jedoch keine uneingeschränkte Haftung für Mankobeträge. Bei Vorsatz oder grober Fahrlässigkeit kann vollständige Haftung eintreten, bei mittlerer Fahrlässigkeit greift eine anteilige Haftung. Mankoabreden sind jedenfalls dann zulässig, wenn der Arbeitnehmer alleine Zugriff auf die Kasse hat. 463

Tipp: 464

Arbeitnehmern im Kassen- und Zähldienst, u.a. Kassierern in Warenhäusern und Supermärkten[55] oder Arzthelferinnen, die IGeL[56]-Leistungen vereinnahmen, können pauschale Fehlgeldentschädigungen (Mankogeld) bis zu 16,00 € monatlich steuerfrei gezahlt werden.[57] Sie sind durchaus eine Win-Win-Situation, weil der Arbeitnehmer sorgfältiger auf seinen Kassenbestand achten wird.

6.3.7.3 Münzrestbeträge

Wird bei Automatenbenutzung (z.B. Fernsprecher) das eingeworfene Geld gebührenmäßig nicht vollständig verbraucht und verfallen verbleibende Gutha- 465

---

55 Vfg. der OFD Düsseldorf (heute: OFD Nordrhein-Westfalen) vom 27.03.1962, DB 1962, 522.
56 Individuelle Gesundheitsleistungen (Behandlungen, die im Leistungskatalog von Krankenkassen oder anderen privaten/öffentlichen Trägern nicht enthalten sind).
57 R 19.3 Abs. 1 Satz 2 Nr. 4 LStR 2017; *Schönfeld/Plenker*, Lexikon für das Lohnbüro, Stichwort: „Fehlgeldentschädigungen".

ben zugunsten des Unternehmers, handelt es sich auch hinsichtlich der Münzrestbeträge um Entgelt (§ 10 Abs. 1 Satz 1 UStG).[58]

6.3.8 Aufrundung des Kunden zugunsten gemeinnütziger Einrichtungen

466 Unternehmer bieten ihren Kunden manchmal an, den Zahlbetrag zugunsten einer gemeinnützigen Einrichtung aufzurunden. Die Umsatzsteuer-Referatsleiter der obersten Finanzbehörden des Bundes und der Länder haben sich mit Verlautbarung vom 03.05.2013 auf nachfolgende Handhabung verständigt:

Die Aufrundungsbeträge sind bei Gewinnermittlung nach § 4 Abs. 1, § 5 EStG als Betriebseinnahme zu erfassen und zugleich als Verbindlichkeit gegenüber der gemeinnützigen Organisation zu passivieren. Bei Gewinnermittlung nach § 4 Abs. 3 EStG gilt das Zu- und Abflussprinzip (§ 11 EStG). Umsatzsteuer fällt nicht an.

6.4 Kassenverluste

467 Kassenverluste durch Diebstahl beeinträchtigen i.d.R. die Beweisvermutung einer ordnungsgemäßen Kassenführung. Grundsätzlich ist davon auszugehen, dass Geld, das sich in der Geschäftskasse befindet, zum Betriebsvermögen des Unternehmers gehört. Wird es gestohlen, kann eine Berücksichtigung als Betriebsausgabe in Betracht kommen, wenn entsprechende Nachweise dafür erbracht werden. Daran werden strenge Voraussetzungen gestellt, um Missbräuche durch bloße Behauptungen zu vermeiden. Anhaltspunkte für die Glaubhaftigkeit können Nachweise darüber sein, dass

- gegen den Täter Strafanzeige gestellt worden ist (ggf. gegen unbekannt),
- Ersatzansprüche geltend gemacht wurden,
- Regressansprüche in der Bilanz erfasst und später ggf. ausgebucht worden sind,
- gegenüber einem Mitarbeiter eine Abmahnung oder Kündigung[59] ausgesprochen worden ist,
- einem beschuldigten Kunden Hausverbot erteilt wurde oder
- in anderer zumutbarer Weise ausreichende Beweisvorsorge getroffen wurde (z.B. durch Aufbewahrung von Versicherungsunterlagen).

468 Liegen die o.g. Voraussetzungen vor, können verlorene Gelder zu dem Zeitpunkt als Betriebsausgabe berücksichtigt werden, wenn feststeht, dass Ersatzansprüche gegen den Täter nicht geltend gemacht werden können, etwa bei Anzeigen gegen unbekannt oder wenn die Geltendmachung von Ersatzansprüchen erfolglos erscheint, weil sie wegen Vermögenslosigkeit des Täters nicht durch-

---

58 FG Hamburg vom 14.01.2005 – I 280/04, EFG 2005, 488.
59 Eine Kündigung kann bereits dann gerechtfertigt sein, wenn der Arbeitnehmer bewusst auch nur geringfügig erscheinende Gelder ohne Bonierung vereinnahmt; BAG vom 27.09.2022 – 2 AZR 508/21, DB 2023, 78.

setzbar sind. Lässt sich das Datum eines Geldverlustes nicht mit hinreichender Sicherheit feststellen, ist für die steuerliche Berücksichtigung der Zeitpunkt der Entdeckung der Tat ausschlaggebend.[60] Der Abzug als Betriebsausgabe kann ausscheiden, soweit der Verlust des Geldes durch nachlässige Kassenführung begünstigt worden ist oder wenn auf Ersatzansprüche aus privaten Gründen verzichtet wurde. Bei Diebstählen durch Familienangehörige kann endgültig verlorenes Geld als Privatentnahme zu behandeln sein, wenn ihnen der Diebstahl leichter gemacht wurde als fremden Mitarbeitern.[61]

469 Steht die Höhe des gestohlenen Geldes nicht fest, ist der Betrag ggf. zu schätzen (z. B. anhand der sonst üblichen Tageseinnahmen), der Umsatzsteuer zu unterwerfen und im Gegenzug als Betriebsausgabe abzuziehen bzw. bei Diebstahl durch einen nahen Angehörigen ggf. als Privatentnahme zu behandeln. Da gestohlenes oder unterschlagenes Geld zunächst eine Betriebseinnahme war, mindert der Verlust des Geldes nicht die umsatzsteuerliche Bemessungsgrundlage (§ 10 UStG), weil das Umsatzsteuerrecht auf das tatsächlich vereinnahmte Entgelt abstellt. Dass die Zahlung u. U. nicht unmittelbar an den Unternehmer geleistet wurde, ist für die umsatzsteuerlichen Konsequenzen unbeachtlich. Auch Zahlungen an einen empfangsberechtigten Angestellten oder nahen Angehörigen führen mittelbar zu einer Vereinnahmung des Geldes durch den Unternehmer.

470 Nach Kassenverlusten hat der Unternehmer durch Korrekturbuchungen dafür Sorge zu tragen, dass der tatsächliche Ist-Bestand der Kasse frühestmöglich (wieder) mit dem buchmäßigen Bestand des Kassenkontos in der Finanzbuchführung übereinstimmt.[62] Bei korrekter buchmäßiger Erfassung von Diebstählen sind spätere Regresszahlungen durch den Schädiger als nicht umsatzsteuerbarer Erlös (Schadenersatz) zu behandeln.

471 *Hinweis:*
Bei Gewinnermittlung nach § 4 Abs. 3 EStG muss die Zugehörigkeit der verlorenen Gelder zur betrieblichen Sphäre dokumentiert und nachprüfbar sein. Dies kann durch eine geschlossene Kassenführung, eine klare Trennung zwischen betrieblichem und privatem Geld[63], aber auch durch die beabsichtigte Einzahlung auf ein betriebliches Konto dargelegt werden.[64] Der betriebliche (räumliche und sachliche) Zusammenhang muss anhand konkreter und objektiv greifbarer Anhaltspunkte festgestellt werden können.[65] Den gegenüber der Polizeibehörde oder einer Versicherungsgesellschaft gemachten Angaben kann indizielle Wirkung zukommen. Bei Unterschlagung von Geldern durch Arbeitnehmer wird der Verlust regelmäßig dem betrieblichen Bereich zuzuordnen sein.[66]

---

60 RFH vom 03.09.1930 – VI A 1473/30, RStBl. 1930, 810.
61 Vgl. BFH vom 25.10.1989 – X R 69/88, BFH/NV 1990, 553 zur Unterschlagung durch Ehegatten.
62 Hinweis auf Anhang 7 (Buchungsbeleg zur Dokumentation von Kassendifferenzen).
63 BFH vom 25.01.1962 – IV 221/60 S, BStBl. III 1962, 366.
64 BFH vom 12.12.2001 – X R 65/98.
65 BFH vom 28.11.1991 – XI R 35/89, BStBl. II 1992, 343.
66 BFH vom 06.05.1976 – IV R 79/73, BStBl. II 1976, 560.

6.5 Kassenfehlbeträge

6.5.1 Allgemeines

472 Von Kassenfehlbeträgen spricht man, wenn nach den Kassenaufzeichnungen die Barausgaben den Kassenanfangsbestand zuzüglich der Kasseneinnahmen übersteigen und die Kasse damit einen Minusbestand aufweist. Sie können bei Geschäftsschluss, aber auch im Laufe des Tages auftreten. Wird der Geldbestand bei Geschäftsschluss gezählt, können echte Kassenfehlbeträge (negative Kassenbestände) nicht auftreten. Gezählte Geldbeträge können naturgemäß nicht negativ sein. Daher wird mit der Aufdeckung von Kassenfehlbeträgen nachgewiesen, dass betriebliche Geldbewegungen unrichtig verbucht worden sind.[67] Dann kann die Kassenführung nur noch als akzeptabel angesehen werden, wenn sich die negativen Bestände auf ein geringes Maß beschränken und der Unternehmer sie innerhalb einer angemessenen Frist beseitigt. Bei höheren oder häufig auftretenden Fehlbeträgen kann nicht mehr von einer ordnungsmäßigen Kassenführung ausgegangen werden.[68]

473 Je nach Ursache der Kassenfehlbeträge ergeben sich unterschiedliche steuerliche Auswirkungen (s. Kap. 6.3.7.1), sodass diese, soweit möglich, ermittelt werden muss. Häufig fallen dem Stpfl. – aufgrund nachlässiger Kassenführung – die Fehlbeträge auch nicht zeitnah auf, sie treten erst nach Verprobungen zutage. Im Nachhinein können Kassenfehlbeträge dann meist nicht mehr aufgeklärt werden, da sich der Stpfl. (nach Jahren) nicht mehr an den Grund für deren Entstehung erinnern kann.

474 Zu unterscheiden ist zwischen echten und unechten Kassenfehlbeträgen.

6.5.2 Echte Kassenfehlbeträge

475 Die Ursachen echter Kassenfehlbeträge sind vielfältig, sie entstehen etwa durch
- nicht zeitgerechte Aufzeichnungen,
- inhaltlich unrichtige Aufzeichnungen,
- Buchungsfehler[69],
- Buchung überhöhter oder fingierter Betriebsausgaben,
- unvollständige Erfassung von Betriebseinnahmen,
- unzureichende Trennung von betrieblicher und privater Sphäre (Verlust des Überblicks über die Geldbewegungen),
- unrichtige Entnahme- und Einlageaufzeichnungen,

---

67 BFH vom 21.02.1990 – X R 54/87, BFH/NV 1990, 683.
68 BFH vom 10.06.1954 – IV 68/53 U, BStBl. III 1954, 298; BFH vom 26.08.1975 – VIII R 109/70, BStBl. II 1976, 210; FG Sachsen-Anhalt vom 22.05.2014 – 1 K 515/11.
69 BFH vom 21.02.1990 – X R 54/87, BFH/NV 1990, 683.

- vorausgegangene Kassenfehlbeträge (d. h. einmal entstandene Kassenfehlbeträge „ziehen sich durch") oder
- versehentlich überhöhte Wechselgeldrückgaben[70].

6.5.3 Unechte Kassenfehlbeträge

Von unechten Kassenfehlbeträgen spricht man, wenn die Fehlbeträge auch nach Verprobungen zunächst nicht erkennbar sind. Sie fallen erst auf, wenn die Kassenaufzeichnungen um bestimmte Positionen „bereinigt" werden. Beispiele für unechte Kassenfehlbeträge sind 476

- Einlagen mit ungeklärter Herkunft (z. B. aus dem Ausland oder aus bisher unversteuerten Einnahmen),
- Einlagen, die bewiesenermaßen nachträglich eingetragen wurden[71],
- geschätzte Entnahmen oder Einlagen[72],
- Einlagen und Entnahmen in unverständlich raschem Wandel (wenn ohne die Einlagen ein Kassenfehlbetrag entstehen würde),
- zweifelhafte Darlehen von nahen Angehörigen (unklare Vereinbarungen über Geldfluss, Tilgung, Verzinsung)[73],
- im Bargeldbestand enthaltene Schecks (davon können keine Betriebsausgaben bezahlt worden sein!) *oder*
- sog. Luftbuchungen (Buchung fingierter Einlagen zur Vermeidung von Kassenfehlbeträgen, ohne dass tatsächlich Geld geflossen ist)[74].

6.5.4 Auflösung von Kassenfehlbeträgen

Die Auflösung von Kassenfehlbeträgen soll anhand des nachfolgenden Beispiels erläutert werden: 477

Im Zuge der Buchungen für den Monat August 2022 am 07.10.2022 (Dauerfristverlängerung) wird festgestellt, dass am 04.08.2022 ein Kassenfehlbetrag i. H. v. 238,50 € entstanden ist. Lassen sich Kassenfehlbetrag und ggf. weitere Fehlbeträge oder Folge-Fehlbeträge nicht mehr hinreichend aufklären, muss der aktuelle Kassenbestand ermittelt (Kassensturz) und durch Korrekturbuchungen buchhalterisch richtiggestellt werden, um zumindest ab dem 07.10.2022 mit dem zutreffenden Kassen-Ist fortfahren zu können. Dabei sind u. U. eigene Schätzungen anzustellen, die nachvollziehbar zu dokumentieren sind. Zulässig ist, nachfolgende Konsequenzen aus dem Sachverhalt zu ziehen: 478

---

70 FG Köln vom 23.10.2013 – 4 K 266/10, EFG 2014, 504.
71 BFH vom 20.09.1989 – X R 39/87, BStBl. II 1990, 109.
72 BFH vom 18.12.1984 – VIII R 195/82, BStBl. II 1986, 226.
73 BFH vom 07.06.2006 – IX R 4/04, BStBl. II 2007, 294.
74 FG Münster vom 17.09.2010 – 4 K 1412/07, EFG 2011, 506.

1. Ermittlung der (vermutlich zusätzlichen) Betriebseinnahmen

479	Korrektur für den 04.08.2022	Kassenfehlbetrag	238,50 €	
		+ durchschnittlicher Kassenbestand bei Geschäftsschluss (bezogen auf einen repräsentativen Zeitraum)	652,30 €	**890,80 €**
	Sonstige Korrekturen zwecks Abgleichs von Kassen-Soll/Kassen-Ist am 07.10.2022	buchmäßiger Kassenbestand bei Geschäftsschluss 07.10.2022 (laut Kassenbuch)	598,90 €	
		tatsächlicher Kassenbestand bei Geschäftsschluss am 07.10.2022 (ermittelt durch Kassensturz)	702,30 €	**103,40 €**

2. Buchungen

480	04.08.2022	PE	890,80 €	Erlöse	748,57 €
				USt 19 %	142,23 €
	07.10.2022	Kasse	103,40 €	Erlöse	86,89 €
				USt 19 %	16,51 €

481 Je nach Einzelfall sind andere Lösungen denkbar (Korrekturen über Entnahmen und Einlagen). Von entscheidender Bedeutung ist die frühestmögliche Wiederherstellung der Kassensturzfähigkeit.

3. Prüfung auf Plausibilität

482 Sind mit den Korrekturbuchungen weitere ggf. entstandene „Folge-Kassenfehlbeträge" im Zeitraum 05.08.2022 bis 06.10.2022 kompensiert bzw. erklärbar?

4. Abgabe einer berichtigten Umsatzsteuer-Voranmeldung (August 2022)

483 *(nicht belegt)*

6.5.5 Untertägige Kassenfehlbeträge

484 Betriebsprüfer legen ihr Augenmerk auch auf untertägige Kassenfehlbeträge, über die sich Unternehmer bei der Erstellung von Kassenaufzeichnungen häufig keine Gedanken machen. Würde ein Prüfer anhand von Uhrzeiten auf den Belegen feststellen können, dass etwa Wareneinkäufe und Bankeinzahlungen noch *vor Öffnung* des Ladenlokals getätigt wurden (aus Mitteln, die erst im Laufe des Tages eingenommen werden), können sich untertägige Kassenfehlbeträge ergeben. Derartige Sachverhalte deuten darauf hin, dass die ausgewiesenen Kassenbestände falsch sind oder privates und betriebliches Geld vermischt wurde.

> **Beispiel:** 485
> Der Kassenanfangsbestand lt. Kassenbericht (offene Ladenkasse ohne Einzelaufzeichnungen) beträgt 200,00 €. Es werden Waren i. H. v. 400,00 € eingekauft. Der Kassenendbestand beläuft sich auf 1.000,00 €. Daraus ergibt sich eine retrograd ermittelte Tageslosung i. H. v. 1.200,00 € (Kassenendbestand 1.000,00 € + Wareneinkauf 400,00 € – Kassenendbestand des Vortages 200,00 €).

Auf den ersten Blick ergeben sich keine Auffälligkeiten, auch weil im Kassenbericht i. d. R. keine chronologischen Aufzeichnungen erfolgen. Wären die Waren vor Öffnung des Ladenlokals eingekauft worden (sichtbar an Belegdatum und an der Uhrzeit laut Einkaufsbeleg), hätte der Anfangsbestand von 200,00 € für den Wareneinkauf nicht ausgereicht. Betriebliche Erlöse konnten vor Öffnung des Ladenlokals noch nicht vereinnahmt gewesen sein kann. Mithin ist zum Zeitpunkt des Wareneinkaufs ein untertägiger Kassenfehlbetrag entstanden (./. 200,00 €).

6.6 EC- und Kreditkarten

Die Ordnungsmäßigkeit der Kassenführung ist u. a. an eine klare und eindeutige Trennung zwischen baren und unbaren Geschäftsvorfällen geknüpft. Lange bestand Uneinigkeit darüber, ob Kartenumsätze im Kassenbuch erfasst und anschließend über das Konto Geldtransit wieder ausgebucht werden dürfen. Erst ein Schreiben des BMF an den Deutschen Steuerberaterverband e. V. vom 29.06.2018[74a] sorgte für Rechtssicherheit. Dessen Tenor ist inzwischen in den (neuen) GoBD vom 28.11.2019, Rz. 55 verankert worden: 486

> *„In der Regel verstößt die nicht getrennte Verbuchung von baren und unbaren Geschäftsvorfällen oder von nicht steuerbaren, steuerfreien und steuerpflichtigen Umsätzen ohne genügende Kennzeichnung gegen die Grundsätze der Wahrheit und Klarheit einer kaufmännischen Buchführung. […].*
>
> *Eine kurzzeitige gemeinsame Erfassung von baren und unbaren Tagesgeschäften im Kassenbuch ist regelmäßig nicht zu beanstanden, wenn die ursprünglich im Kassenbuch erfassten unbaren Tagesumsätze (z. B. EC-Kartenumsätze) gesondert kenntlich gemacht sind und nachvollziehbar unmittelbar nachfolgend wieder aus dem Kassenbuch auf ein gesondertes Konto aus- bzw. umgetragen werden, soweit die Kassensturzfähigkeit der Kasse weiterhin gegeben ist."*[75]

In der DSFinV-K können bare und unbare Geschäftsvorfälle sowie steuerbare, nicht steuerpflichtige und steuerfreie Umsätze in einem Vorgang abgebildet werden. Über die eindeutige Datenstruktur ergeben sich jedoch im Kassenabschluss getrennte Summen für die Verbuchung in der Finanzbuchhaltung. Diese Darstellung entspricht den gesetzlichen Anforderungen durch eine „genügende Kennzeichnung" i. S. d. GoBD, Rz. 55.[76] 487

74a BMF v. 29.06.2018, DStR 2018, 1975.
75 So bereits *Bellinger*, BBK 2017, 369.
76 DSFinV-K, Version 2.3 vom 04.03.2022, Tz. 2.5.

488 *Hinweis:*
Zum Bilanzstichtag sind EC- und Kreditkartenzahlungen nicht als Geldtransit zu verbuchen, sondern als Forderung zu aktivieren.

489 Zur Aufbewahrungspflicht von EC- und Kreditkartenbelegen s. Kap. 4.3.8. Zu den Risiken bei Aufbewahrung auf Thermopapier s. Kap. 4.3.6.

6.7 Gutscheine

490 Mit dem Jahressteuergesetz 2018 ist die europäische Gutschein-Richtlinie[77] in nationales Recht umgesetzt worden. Einschlägige Vorschriften sind die §§ 3 Abs. 13–15, 10 Abs. 1 und 27 Abs. 23 UStG. Danach wird unterschieden in

- Einzweckgutschein (bisher: Leistungs- oder Sachgutschein, der eine bestimmte Leistung schon benennt) und
- Mehrzweckgutschein (bisher: Wertgutschein, der nur einen Geldbetrag benennt und für das gesamte Leistungssortiment gilt).

491 Wichtigste Änderung ist, dass ab 01.01.2019 die Umsatzsteuer bei einem Einzweck-Gutschein bereits entsteht, wenn der Ort der Lieferung oder sonstigen Leistung und die geschuldete Mehrwertsteuer feststeht (§ 3 Nr. 14 UStG). Dann gilt schon die Übertragung des Gutscheins als Lieferung oder sonstige Leistung. Die tatsächliche Lieferung oder sonstige Leistung bei Einlösung des Gutscheins stellt keine Leistung dar. Bei Nichteinlösung oder Verfall von Einzweck-Gutscheinen ist § 17 UStG nicht anwendbar. Eine Berichtigung der Umsatzsteuer nach § 17 UStG kommt nicht in Betracht.

492 Aus der Neuregelung folgt, dass in Fällen unterschiedlicher Umsatzsteuersätze keine Einzweck-, sondern einem Zahlungsmittel vergleichbare Mehrzweckgutscheine vorliegen. Faktisch bleibt es hier bei der bisherigen Rechtslage. Da es sich mangels konkreten Leistungszusammenhangs nicht um Anzahlungen i. S. d. § 13 Abs. 1 Satz 1 Buchst. a Satz 4 UStG handelt, darf bei Belegerteilung im Zeitpunkt der Gutscheinausgabe keine Umsatzsteuer ausgewiesen sein.[78]

493 Für beide Gutscheinformen gilt, dass Verkauf, Einlösung und ggf. Verfall progressiv und retrograd prüfbar sein müssen. Es empfiehlt sich,

- nummerierte, zweiteilige Gutscheine zu verwenden,
- in elektronischen Aufzeichnungssystemen entsprechende Tastenfelder und Eingabemöglichkeiten einzurichten, die einen jederzeitigen Abgleich zwischen verkauften und eingelösten Gutscheinen ermöglichen. Die Dokumentation der Gutscheine in einem Zählprotokoll erscheint sinnvoll. In der DSFinV-K erfolgt die Abbildung über diverse Geschäftsvorfalltypen. Der Bezug zwischen Gutscheinkauf und Gutscheineinlösung sollte idealerweise

---

77 Richtlinie 2016/1065 vom 27.06.2016 zur Änderung der Mehrwertsteuer-Systemrichtlinie 2006/112/EG vom 28.11.2006 (s. hier Art. 30a, 30b, 73a).
78 § 3 Abs. 15 Satz 2 UStG.

über das Feld GUTSCHEIN_NR erfolgen.[79] Äußerst hilfsweise könnte eine handschriftliche Liste über Verkauf und Einlösung unter Angabe der jeweiligen Gutscheinnummer geführt werden.

Spätestens zum Bilanzstichtag muss feststellbar sein, welche Gutscheine sich noch in Umlauf befinden. Als Nebenzweck erleichtert die einwandfreie Nachvollziehbarkeit von Gutscheinen, Auffälligkeiten im Rahmen von Zeitreihenvergleichen erklären zu können: 494

Geschäftsvorfall	„Auffälligkeit"
Gutscheinverkauf	Einnahme ohne Wareneinsatz
Gutscheineinlösung	Wareneinsatz ohne Einnahme

Der Erwerber eines Gutscheins braucht grundsätzlich nicht namentlich festgehalten zu werden, wenn sich eine solche Verpflichtung nicht aus steuerlichen (z. B. § 14 UStG) oder außersteuerlichen Normen ergibt (z. B. bei Aufzeichnungspflichten nach dem Geldwäschegesetz[80]). Für die Feststellung der Identität des Einlösenden gelten die allgemeinen Grundsätze. 495

Bei sog. 2-für-1-Gutscheinen, wie sie häufig in der Gastronomie Verwendung finden, sind zunächst beide Gerichte einzubuchen, anschließend ist ein Gericht unter Hinweis auf den Gutschein zu stornieren. Diese Behandlungsweise dient dem Gastwirt als Nachweis für seinen Wareneinsatz (= Betriebsausgabe). Da es sich hierbei um eine steuermindernde Tatsache handelt, trägt er dafür die Feststellungslast.[81] Zur umsatzsteuerlichen Behandlung des Verkaufs sog. Gutscheinbücher s. Urteil des Finanzgerichts Münster vom 25.02.2021[82]. 496

> *Beachte:* 497
> Ist es möglich, das Zahlungsinstrument jederzeit umzutauschen und den Geldbetrag zurückzuerhalten, liegt kein Gutschein, sondern eine **Guthabenkarte** und damit ein bloßes Zahlungsmittel vor, auf das die o. g. Regelungen nicht anwendbar sind.

6.8 Fremdwährungen

Ausländische Zahlungsmittel sind gesondert aufzuzeichnen. Dabei muss erkennbar sein, ob und in welcher Höhe sie bereits in der Tageslosung enthalten oder ggf. noch separat als Betriebseinnahme zu erfassen sind. Insoweit ist eine eindeutige und klare Trennung in den Kassenaufzeichnungen nötig. 498

Die Umrechnung zum Tageskurs ist durch die Aufbewahrung von Bankmitteilungen oder Kurszetteln nachzuweisen. Das Finanzamt kann aus Vereinfa- 499

---

79 Vgl. DSFinV-K vom 04.03.2022, Version 2.3, Anhang C unter „EinzweckgutscheinKauf", „EinzweckgutscheinEinloesung", „MehrzweckgutscheinKauf" und „MehrzweckgutscheinEinloesung".
80 Vgl. §§ 2 Abs. 1 Nr. 16 i. V. m. § 1 Abs. 9, § 4 Abs. 5 Nr. 1, §§ 5, 6, 10, 11 Abs. 4, 12 Abs. 1 GwG, Anlage 2 Satz 1 Nr. 1e i. V. m. § 15 GwG.
81 BFH vom 24.06.1997 – VIII R 9/96, BStBl. II 1998, 51.
82 FG Münster vom 25.02.2021 – 5 K 2839/18 U.

chungsgründen auch gestatten, dass die Umrechnung regelmäßig nach den Durchschnittskursen vorgenommen wird, die das BMF für den der Leistungsausführung oder Entgeltsvereinnahmung vorangegangen Monat veröffentlicht hat.[83] Dabei bleiben Kursänderungen zwischen der Ausführung der Leistung und der Vereinnahmung des Entgelts unberücksichtigt.[84] Leistender und Leistungsempfänger sind nicht verpflichtet, die gleiche Umrechnungsart zu verwenden.[85]

500 Werden Fremdwährungen nicht zeitnah in Euro umgetauscht, können sich nachträglich Kursgewinne oder Kursverluste ergeben, die buchhalterisch gesondert zu erfassen sind.[86]

501 **Beispiel:**
Einzelhändler A in Lindau verkauft am 01.08.2022 einen Pullover an den Schweizer B zum Preis von 40,00 €. B zahlt mit einem Geldschein über CHF 50,00. Der Umrechnungskurs beträgt 1,0802. A zahlt das Wechselgeld in Euro aus (6,29 €). Am 26.08.2022 tauscht A den Geldschein um (Umrechnungskurs 1,0952) und legt den von der Bank erhaltenen Betrag i. H. v. 45,65 € in die Geschäftskasse.

Der entstandene Kursverlust hat keinen Einfluss auf die Höhe der Umsatzsteuer. Es ergeben sich nachfolgende Buchungen (in €):

01.08.22	Fremdwährung	46,29	Erlöse	33,61
			USt 19 %	6,39
			Kasse	6,29
26.08.22	Kasse	45,65	Fremdwährung	46,29
	Kursverlust	0,64		

502 Bei Annahme von Fremdwährungen ist fast unvermeidlich, Zählprotokolle zu verwenden, aus denen alle erforderlichen Angaben ersichtlich sind (Angabe der Währungseinheit und des Wechselkurses[87] sowie Höhe der Wechselgeldrückgabe in Euro zwecks Sicherstellung der Kassensturzfähigkeit). Bei Umrechnung von **Kryptowährungen** gilt der Tageskurs.

6.9 Durchlaufende Posten

503 Durchlaufende Posten gehören weder zu den Betriebseinnahmen noch zum umsatzsteuerpflichtigen Entgelt.[88] Sie liegen vor, wenn der Unternehmer im Zahlungsverkehr lediglich die Funktion einer Mittelsperson ausübt, ohne selbst

---

83 Vgl. § 16 Abs. 6 UStG. Die monatlichen Umsatzsteuerumrechnungskurse sind unter *www.bundesfinanzministerium.de* abrufbar.
84 § 16 Abs. 6 UStG i. V. m. Abschn. 16.4 UStAE.
85 Vgl. OFD Saarbrücken vom 21.05.1990, UR 1991, 31.
86 Zur Zugangs- und Folgebewertung bei Währungsumrechnungen nach Handels- und Steuerrecht vgl. *Zimmermann/Wrede/Ludwig*, NWB 2022, 1839.
87 Vgl. GoBD, Rz. 77, 94.
88 § 10 Abs. 1 UStG i. V. m. Abschn. 10.4 UStAE.

Anspruch auf den Betrag zu haben und auch nicht zur Zahlung an den Empfänger verpflichtet ist. Unmittelbare Rechtsbeziehungen bestehen nur zwischen dem Zahlungsverpflichteten und dem Zahlungsberechtigten.[89] Liegen durchlaufende Posten vor, ist eine klare und eindeutige Trennung zwischen eigenem Geld und Fremdgeld erforderlich. Durchlaufende Posten müssen daher gesondert gezählt und festgehalten werden.[90]

Auch bei einem **Agenturgeschäft** sind Betriebseinnahmen und deren Weiterleitung an den Dritten buchhalterisch als durchlaufende Posten zu behandeln. Diesem Umstand trägt die DSFinV-K dahingehend Rechnung, dass es möglich ist, mehrere Agenturen für eine Kasse zu definieren und zu referenzieren. Die Stammdaten des Auftraggebers werden in der Datei „Stamm_Agenturen.csv" erfasst. In der Einzelbewegung kann für jede Positionszeile die Agenturzuordnung durch die Angabe der AGENTUR_ID vorgenommen werden. Bei Berechnung der Umsatzsteuer-Zahllast können die Agenturumsätze ausgenommen werden. Ferner lassen sich bei dieser Handhabung die von der Agentur zu verbuchenden Summen korrekt ermitteln. Im Rahmen des Kassenabschlusses werden die Agenturumsätze für Zwecke der Verbuchung von den übrigen Umsätzen getrennt aufsummiert.[91] 504

6.10 Trinkgeld

6.10.1 Allgemeines

Ob Kellner, Friseur, Taxifahrer oder Gast im Restaurant – das Thema Trinkgeld ist ein Dauerbrenner. Im allgemeinen Sprachgebrauch handelt es sich um ein „Dankeschön" an einen oder mehrere Dritte, mit dem sich erbrachte Leistungen in besonderem Maße honorieren lassen. Formaler klingt es im Gesetz: § 107 Abs. 3 Satz 2 Gewerbeordnung (GewO) sieht das Trinkgeld als einen Geldbetrag[92] an, den ein Dritter ohne rechtliche Verpflichtung dem Arbeit*nehmer* zusätzlich zu einer dem Arbeitgeber geschuldeten Leistung zahlt. Schon auf den ersten Blick fällt auf, dass Arbeit*geber* als Trinkgeldempfänger an dieser Stelle nicht erwähnt werden. 505

Prüfungserfahrungen der Finanzämter zeigen, dass Arbeitgeber bzw. Unternehmer ihr eigenes Trinkgeld häufig nicht aufzeichnen bzw. versteuern. Bei den einen mag es Unwissenheit sein, andere sehen die Nichtversteuerung von Trinkgeldern noch immer als Kavaliersdelikt an. Dabei führen Nachlässigkeiten bei 506

---

89 BFH vom 24.02.1966 – V 135/63, BStBl. III 1966, 263, Rz. 7.
90 Zum Bsp. Spendensammlung im Namen und für Rechnung einer gemeinnützigen Organisation; Kurtaxe bei Vereinnahmung im Namen und für Rechnung der hebeberechtigten Kommune.
91 DSFinV-K vom 04.03.2022, Version 2.3, Tz. 3.2.5 und Anhang A Begriffsdefinitionen, Stichwort „Agenturinformation".
92 Zur Frage, ob „Trinkgelder" auch aus Sachleistungen bestehen können (z.B. einer Flasche Wein), finden sich in der Literatur gegensätzliche Meinungen.

der Aufzeichnung von Betriebseinnahmen häufig zu Schätzungen oder gar zur Einleitung von Steuerstraf- oder Ordnungswidrigkeitenverfahren.

507 Anders bei Arbeitnehmern: Hier war die Nichtaufzeichnung bisher unproblematisch, weil der Gesetzgeber deren Trinkgelder seit dem 01.01.2002 vollumfänglich steuerfrei gestellt hat. Seit Einführung der zertifizierten technischen Sicherheitseinrichtung (vgl. § 146a AO) sind auch diese Trinkgelder wieder gewissen Aufzeichnungspflichten unterworfen. Führt der Arbeitgeber zur Ermittlung seiner Betriebseinnahmen dagegen ausschließlich Papieraufzeichnungen ohne technische Hilfsmittel (sog. offene Ladenkasse), ist jegliche Dokumentation der den Arbeitnehmern zuzurechnenden Trinkgelder entbehrlich.

6.10.2 Behandlung beim Trinkgeldnehmer

6.10.2.1 Trinkgeld der Arbeitnehmer

508 Grundsätzlich gelten Trinkgelder als steuerpflichtig, da sie als Entgelt für eine erbrachte Leistung gezahlt werden. Nach § 3 Nr. 51 Einkommensteuergesetz (EStG) stellt der Gesetzgeber jedoch solche Trinkgelder steuerfrei,

- die anlässlich einer Arbeitsleistung dem Arbeitnehmer (einschl. GmbH-Geschäftsführer und entgeltlich beschäftigten nahen Angehörigen)
- von Dritten freiwillig,
- ohne dass ein Rechtsanspruch auf sie besteht *und*
- zusätzlich zu dem Betrag gegeben werden, der für diese Arbeitsleistung zu zahlen ist.[93]

509 Obgleich der BFH verfassungsrechtliche Bedenken hat[94], gilt die Steuerfreiheit seit dem 01.01.2002 grundsätzlich ohne betragsmäßige Begrenzung.[95] Das ist insbesondere im Niedriglohnsektor zu begrüßen. Ungewöhnliche „Trinkgeld"-Zahlungen i. H. v. 50.000 € und 1.300.000 € eines Unternehmens an Prokuristen einer konzernverbundenen GmbH hat das FG Köln gleichwohl bereits aufgrund ihrer Höhe als steuerpflichtigen Arbeitslohn qualifiziert.[96]

510 Die Art der Zahlung, sprich bar oder unbar, ist ohne Bedeutung. Ein persönlicher Kontakt zum Trinkgeldgeber wird nicht zwingend gefordert, sodass „anonymes" Küchenpersonal ebenso wie Servicekräfte in den Genuss der Steuerbefreiung kommen können. Umsatzsteuerlich rechnen die an das Bedienungspersonal gezahlten freiwilligen Trinkgelder nicht zum Entgelt für die Leistungen des Unternehmers.[97]

---

93 BFH vom 18.06.2015 – VI R 37/14, BStBl. II 2016, 751.
94 BFH vom 18.12.2008 – VI R 49/06, BStBl. II 2009, 820. Vgl. dazu ausführlich *Hilbert*, BBK 2018, 667 (675) m. w. N.
95 Die Freibetragsgrenze lag zuvor bei 1.224 €.
96 FG Köln, Urteile vom 14.12.2022 – 9 K 2507/20 und 9 K 2814/20, rkr.
97 Abschn. 10.1. Abs. 5 Satz 3 UStAE.

Beachte: 511
Bestimmt der Arbeitgeber allein, wem welche Anteile an den Trinkgeldzahlungen innerhalb des Unternehmens zustehen, liegt kein steuerfreies Trinkgeld mehr vor.

Gemäß bisheriger Rechtslage brauchten Trinkgelder von Arbeitnehmern weder in handschriftlichen Aufzeichnungen noch in der Registrier- oder PC-Kasse des Arbeitgebers aufgezeichnet zu werden.[98] Mit der verpflichtenden Implementierung der zertifizierten technischen Sicherheitseinrichtung (TSE) in elektronische Aufzeichnungssysteme des Arbeitgebers (vgl. § 146a Abgabenordnung) hat sich die Rechtslage verändert. Seither müssen **bar erhaltene Trinkgelder** an Angestellte unter dem Aspekt der Kassensturzfähigkeit als separater Geschäftsvorfall im elektronischen Aufzeichnungssystem erfasst werden, wenn und soweit die Trinkgelder nicht physisch getrennt vom betrieblichen Bargeldbestand aufbewahrt werden. Sofern Trinkgelder in den Geldbestand der Geschäftskasse aufgenommen werden, sind deren Vereinnahmung und deren spätere Auszahlung an den Arbeitnehmer mit der TSE abzusichern.[99] In tatsächlicher Hinsicht ist die Regelung kaum vollständig umsetzbar, weil bare Trinkgelder dem Grunde und der Höhe nach i.d.R. erst nach Belegerteilung feststehen, d.h. erneut zur Belegausgabepflicht oder Rechnungsberichtigung führen würden. Will man sich hier „compliant" verhalten, erscheint die **physische Trennung** der Arbeitnehmer-Trinkgelder vom betrieblichen Bargeldbestand unmittelbar nach Vereinnahmung der einzig gangbare Weg. 512

Beachte: 513
Soweit Trinkgelder der Arbeitnehmer im Kassensystem aufgezeichnet werden, hat die Finanzverwaltung das Recht, die daraus gewonnenen Erkenntnisse zu verwerten, etwa als Kontrollmaterial zu den Steuerakten einer unterstützenden Person i.S.d. § 33a EStG. Im Rahmen der Ermittlung steuermindernder Unterstützungsleistungen sind Trinkgelder der unterstützten Person als Bezüge anzurechnen.

Werden **unbare Trinkgelder** eines Arbeitnehmers über ein elektronisches Aufzeichnungssystem des Arbeitgebers verbucht (z.B. bei EC- oder Kreditkartenzahlung), ist der Geschäftsvorfall zwingend mittels TSE abzusichern. Die nachgelagerte Auszahlung der Trinkgelder durch den Arbeitgeber (Kontoinhaber) sperrt grundsätzlich nicht deren Steuerfreiheit auf Seiten des Arbeitnehmers.[100] 514

Jeglicher Aufwand für die Trinkgeldverwaltung lässt sich durch Verwendung innovativer Apps vermeiden, auf die Trinkgeldgeber per Tisch-oder Thekenaufsteller hingewiesen werden. Durch Scannen eines QR-Codes können einzelne 515

---

98 FG Köln vom 27.01.2009 – 6 K 3954/07, EFG 2009, 1092.
99 Vgl. DSFinV-K vom 04.03.2022, Version 2.3, Anhang C unter den Stichwörtern „TrinkgeldAG" und „TrinkgeldAN"; BMF-FAQ zum Kassengesetz, Abruf unter *https://www.bundesfinanzministerium.de/Content/DE/FAQ/2020-02-18-steuergerechtigkeit-belegpflicht.html* (abgerufen am 13.10.2023).
100 BFH vom 18.06.2015 – VI R 37/14, BStBl. II 2016, 751.

oder mehrere Mitarbeiter angeklickt werden, um Trinkgeld unmittelbar auf deren privates Konto zu überweisen, ohne dass das elektronische Aufzeichnungssystem des Unternehmers angesprochen wird.

516 Quittiert der Angestellte gegenüber dem Kunden neben der Hauptleistung auch sein Trinkgeld, muss dieser Teil des Gesamtentgelts ohne Umsatzsteuer ausgewiesen werden. Andernfalls wird dem Finanzamt ggf. die Umsatzsteuer nach § 14c UStG geschuldet.[101] Das gilt auch für sog. Kleinbetragsrechnungen i. S. d. § 33 UStDV. Zu Rechnungsstellungen ausschließlich an nicht vorsteuerabzugsberechtigte Endverbraucher vgl. EuGH, Urteil vom 08.12.2022 – C-378/21(hier: Indoor-Spielplatz); BMF, Schreiben vom 27.02.2024, BStBl. I 2024, 361.

517 **Beispiel zur möglichen Dokumentation des Fahrpreises/Trinkgeldes im Taxigewerbe:**

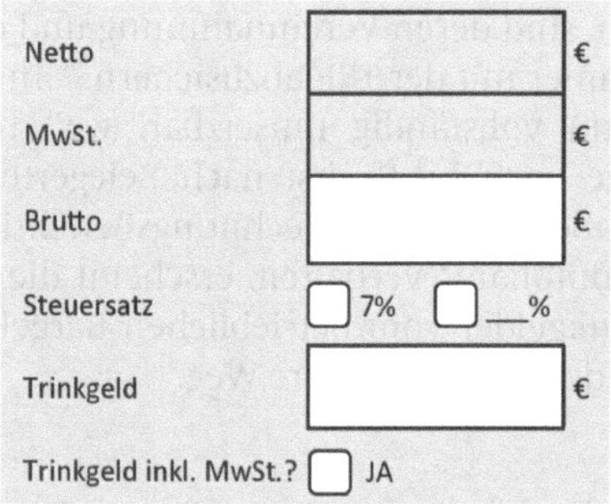

Abbildung 14: Dokumentation von Trinkgeldern (Taxiquittung)
(Quelle: Abbildung mit freundlicher Genehmigung der TAXinside UG (haftungsbeschränkt), Schwerte, *www.taxi-druckerei.de*).

518 *Tipp:*
Um für alle Beteiligten eine rechtskonforme Lösung zu erreichen, sollte das Trinkgeld-Handling in einer verbindlichen Kassieranweisung als Bestandteil der Verfahrensdokumentation beschrieben werden.

Im Anhang 8 finden Sie einen Mustervordruck für eine Trinkgeld-Vereinbarung im Unternehmen, der – um individuelle Angaben ergänzt – zu den Unterlagen der Verfahrensdokumentation genommen werden kann.

6.10.2.2 Trinkgeld der Unternehmer

519 Trinkgelder der Unternehmer und der für sie unentgeltlich mitarbeitenden Familienangehörigen[102] für persönlich erbrachte Leistungen unterliegen der Einkommensteuer des Betriebsinhabers. Insofern liegen seit jeher aufzeichnungs-

---

101 So ist es häufig auf Taxiquittungen zu sehen.
102 *Assmann*, Besteuerung des Hotel- und Gaststättengewerbes, 6. Aufl. 2011, Rz. 1408.

6.10 Trinkgeld

pflichtige Geschäftsvorfälle vor.[103] Soweit keine Kleinunternehmerschaft i. S. d. § 19 Umsatzsteuergesetz (UStG) besteht, sind die vereinnahmten Trinkgelder als Nebenleistung der Umsatzsteuer zu unterwerfen, wenn zwischen der Nebenleistung und der Hauptleistung eine innere Verknüpfung besteht.[104] Hinsichtlich des Umsatzsteuersatzes teilt das Trinkgeld das Schicksal der Hauptleistung.

Beispiel:
Lisa ist Inhaberin einer kleinen Trattoria in Düsseldorf. Sie berechnet für eine Bewirtung in ihrem Restaurant insgesamt 200,00 €. Davon entfallen 100,00 € auf den Speiseumsatz (Steuersatz 7 %) und 100,00 € auf den Getränkeumsatz (Steuersatz 19 %). Die Rechnung wird bar bezahlt. Lisa erhält zusätzlich ein Trinkgeld i. H. v. 20,00 €.

Abhängig vom verwendeten Aufzeichnungssystem ist die Vereinnahmung des Trinkgelds wie folgt zu dokumentieren:

Tabelle 7: Dokumentation von Trinkgeldern in Abhängigkeit vom Aufzeichnungssystem

Aufzeichnungssystem	Erfassung
Elektronisches Aufzeichnungssystem ohne TSE (unter weiteren Voraussetzungen längstens zulässig bis 31.12.2022; vgl. Art. 97 § 30 Abs. 3 EGAO)	Pflicht zur Bonierung im elektronischen Aufzeichnungssystem (vgl. AEAO zu § 146, Nr. 2.2.3)
Elektronisches Aufzeichnungssystem mit TSE	Pflicht zur Bonierung im elektronischen Aufzeichnungssystem unter Protokollierung innerhalb der TSE
Offene Ladenkasse mit Einzelaufzeichnungen in Papierform	Dokumentation auf dem Ursprungsbeleg
Offene Ladenkasse ohne Einzelaufzeichnungen (Ermittlung der Tageslosung unter Verwendung eines retrograd aufgebauten Kassenberichts)	Zählung des gesamten Kassenbestands einschließlich der Trinkgelder und entsprechende Dokumentation im Kassenbericht. Empfohlen wird, die Trinkgelder zusätzlich separat zu dokumentieren, um Verzerrungen der Rohgewinnaufschlagsätze oder Streitpotenzial im Rahmen von Nachkalkulationen der Finanzverwaltung zu vermeiden.

(Quelle. Eigene Darstellung)

Unter Aufteilung des Trinkgelds auf die einzelnen Steuersätze könnte die spätere **Verbuchung** beim Steuerberater wie folgt vorgenommen werden (SKR 03):

KTO	KTO_BEZ	SOLL	GKTO	GKTO_BEZ	HABEN
1000	Kasse	220,00 €	8400	Erlöse 19 %	84,03 €
			1776	USt 19 %	15,97 €
			8300	Erlöse 7 %	93,46 €
			1771	USt 7 %	6,54 €

---

103 Vgl. nur AEAO zu § 146a i.d.F. bis 31.12.2023, Nr. 1.8.2; AEAO zu § 146a i.d.F. ab 01.01.2024, Nr. 1.10.2 (Abdruck in Anhang 20).
104 BFH vom 17.02.1972 – V R 118/71, BStBl. II 1972, 24.

KTO	KTO_BEZ	SOLL	GKTO	GKTO_BEZ	HABEN
			8401	Trinkgeld 19 %	8,40 €
			1776	USt 19 %	1,60 €
			8301	Trinkgeld 7 %	9,35 €
			1771	USt 7 %	0,65 €
		220,00 €			220,00 €

524 Ungeachtet rechtlicher Vorgaben empfiehlt sich zwecks Stärkung der Beweiskraft von Büchern und Aufzeichnungen immer die Führung von Einzelaufzeichnungen über erhaltene Trinkgelder. Deren Nachvollziehbarkeit sollte zur Vermeidung von Problemen in Betriebsprüfungen und Kassen-Nachschauen schon im eigenen Interesse des Unternehmers liegen.

6.10.2.3 Trinkgeld-Pool

525 Noch immer ein Klassiker ist das „Sparschwein" auf der Theke. Häufig profitiert davon die gesamte Belegschaft. Ist auch der Arbeitgeber daran beteiligt, sind die Gesamtbeträge zeitgerecht zu zählen und anteilig aufzuteilen.

526 **Beispiel:**
Birgit betreibt einen mobilen Imbissstand auf verschiedenen Wochenmärkten. 80 % ihrer Umsätze entfallen auf Speisen, 20 % auf Getränke. Mit ihren drei Angestellten Petra, Babette und Andrea hat sie vereinbart, sämtliche Trinkgelder an einen gemeinnützigen Karnevalsverein zu spenden (hier: 400,00 €).

Die Versteuerung stellt sich wie folgt dar:

	Birgit	Petra	Babette	Andrea
steuerfrei	0,00 €	100,00 €	100,00 €	100,00 €
steuerpflichtig	100,00 €	0,00 €	0,00 €	0,00 €
Bruttoumsatz 7 %	80,00 €			
Bruttoumsatz 19 %	20,00 €			
Spendenabzug nach § 10b EStG (unter weiteren Voraussetzungen)	100,00 €	100,00 €	100,00 €	100,00 €

527 Um Streitigkeiten zu vermeiden, sollte eine klare und eindeutige Trinkgeld-Anweisung erstellt, von allen Beteiligten unterschrieben und zum Bestandteil der Verfahrensdokumentation und/oder arbeitsvertraglicher Regelungen gemacht werden. Siehe dazu das Muster einer Trinkgeld-Vereinbarung in Anhang 8.

528 *Beachte:*
Leitet ein Arbeitgeber seine persönlich erhaltenen Trinkgelder freiwillig an Arbeitnehmer weiter, bleibt die einkommen- und umsatzsteuerliche Behandlung bei ihm unverändert. Auf Arbeitnehmerseite führt der Zufluss zu steuerpflichtigem Arbeitslohn.

Bei Bilanzierenden sind sämtliche Kassenbestände zum Abschlussstichtag in die Bilanz zu übernehmen. Dazu gehören auch Trinkgeldkassen, soweit deren Bestände dem Stpfl. vollständig oder anteilig zuzurechnen sind. Fremdgeld ist ggf. gesondert auszuweisen.

6.10.2.4 Einzelfälle

Ein im Gaststätten- und Beherbergungsgewerbe erhobener **Bedienungszuschlag** ist kein Trinkgeld. Er ist Teil des vereinnahmten Entgelts, auch wenn das Bedienungspersonal den Zuschlag nicht abführt, sondern vereinbarungsgemäß als Entlohnung zurückbehält.[105]

Wer nach Vereinbarung mit dem Unternehmer die Aufbewahrung der **Garderobe** besorgt und dafür (nur) ein ins Belieben der Gäste gestelltes Trinkgeld erhält, ist als Angestellter des Unternehmers zu behandeln, auch wenn er einen Teil der Trinkgelder als „Pachtzahlung" an den Unternehmer abliefern muss.[106]

Croupiers in **Spielbanken** unterliegen einem gesetzlichen Trinkgeld-Annahmeverbot. Die im Gewinnfall dennoch üblicherweise zugewendeten Jetons fließen zulässiger Weise in den sog. Spielbank-Tronc. Zuwendungen des Arbeitgebers an Croupiers aus dem Tronc-Aufkommen stellen Arbeitslohn dar.[107] Gleiches gilt, wenn der Arbeitnehmer einer Spielbank zum nichtspieltechnischen Personal gehört.[108] Anders verhält es sich bei Zuwendungen an die Saalassistenten für das Servieren von Speisen und Getränken, insbesondere, da insoweit eine typische persönliche, unmittelbare Leistungsbeziehung zwischen dem Saalassistenten und dem Gast zu bejahen ist und kein gesetzliches Trinkgeld-Annahmeverbot besteht. Die Steuerfreiheit entfällt nicht dadurch, dass der Arbeitgeber als eine Art Treuhänder bei der Aufbewahrung und Verteilung der Gelder eingeschaltet ist.[109]

Die in einer **Table Dance Bar** üblichen „Vergnügungsgeldscheine", welche den darbietenden TänzerInnen zugesteckt werden, stellen kein Trinkgeld dar. Der Rücktausch der Scheine in Eurowährung erfolgt zu einem Kurs, der unterhalb des Erwerbskurses der Gäste liegt. Die TänzerInnen erhalten das Geld mithin nicht von den Gästen, der Auszahlungsanspruch beruht allein auf den arbeitsvertraglichen Regelungen mit dem Arbeitgeber.[110]

Erhält ein nichtselbständig tätiger **Notarassessor** für Vertretungstätigkeiten freiwillige Zahlungen des Notars, handelt es sich nicht um steuerfreie Trinkgelder, sondern um steuerpflichtigen Arbeitslohn.[111]

---

105 BFH vom 19.08.1971 – V R 74/68, BStBl. II 1972, 24.
106 *Assmann*; Besteuerung des Hotel- und Gaststättengewerbes, 6. Aufl. 2011, Rz. 1459 mit Verweis auf das Urteil des RFH vom 26.11.1926 – V A 848/26, RStBl. 1927, 41.
107 BFH vom 18.12.2008 – VI R 49/06, BStBl. II 2009, 820.
108 BFH vom 25.11.2009 – VI B 97/09, BFH/NV 2010, 632.
109 BFH vom 18.06.2015 – VI R 37/14, BStBl. II 2016, 751.
110 FG Hamburg vom 20.04.2010 – 3 K 58/09; FG Hamburg vom 30.03.2010 – 6 K 87/09.
111 Vgl. BFH vom 10.03.2015 – VI R 6/14, BStBl. II 2015, 767.

535 Werden Speisen und Getränke in einem **Pizza-Taxi** (oder vergleichbaren Gewerbezweigen) durch den Unternehmer persönlich ausgeliefert, dürfen vor Ort erhaltene Trinkgelder nicht im elektronischen Aufzeichnungssystem des Ladenlokals nachboniert werden. Zum einen gilt Belegausgabepflicht in unmittelbarem zeitlichem Zusammenhang mit dem Geschäftsvorfall „Trinkgeld", zum anderen würde die Belegausgabe eine erneute Fahrt zum Kunden erforderlich machen. Beides erscheint bereits praktisch kaum möglich, es sei denn, die Dokumentation erfolgt über mobile Peripherie (elektronisches Aufzeichnungssystem und Drucker) beim Kunden vor Ort. Andernfalls müssen Trinkgelder einzeln auf Papier aufgezeichnet, bei Geschäftsschluss addiert und anschließend im Kassenbuch oder in vergleichbaren Grundaufzeichnungen bei Einnahmeüberschussrechnern (§ 4 Abs. 3 EStG) erfasst werden. Die umsatzsteuerliche Trennung der Entgelte ist anteilig anhand der gelieferten Speisen (ermäßigter Steuersatz) und Getränke (Regelsteuersatz) vorzunehmen. Ursprungsaufzeichnungen über Trinkgelder der Unternehmer sind geordnet und unverlierbar abzulegen und zehn Jahre aufzubewahren.

536 Besonderheiten ergeben sich bei Beauftragung von **Lieferplattformen** (z.B. Lieferando u.a.). Hier hängt die steuerliche Behandlung des Trinkgelds u.a. von den jeweiligen Vertragsbeziehungen und der gewählten Zahlart ab (bar/unbar).

537 Gelegentliche Zuwendungen an angestellte **Post- oder Paketboten** und Bedienstete der Städte und Gemeinden (z.B. Müllabfuhr, Straßenreinigung) sind nach § 3 Nr. 51 EStG steuerfrei. Dagegen ist das **Treppengeld** im Kohlen-/Brennstoffhandel ebenso steuerpflichtig wie das tarifvertraglich verankerte **Metergeld** im Möbeltransportgewerbe.[112] Erbringt ein Arbeitnehmer dem Kunden gegenüber eine vor Ort vereinbarte **Zusatzleistung**, die nicht zu den Pflichten oder Nebenpflichten seines Dienstverhältnisses zählt, wird zwischen ihm und dem Kunden ein eigenes (ggf. kurzzeitiges) Dienstverhältnis begründet. Das dafür erhaltene Entgelt ist kein Trinkgeld.[113] Insoweit liegen Einkünfte aus Gewerbebetrieb (§ 15 EStG), aus selbständiger Arbeit (§ 18 EStG) oder sonstige Einkünfte (§ 22 Nr. 3 EStG) vor.

538 In Geld bestehende **Belohnungen des Arbeitgebers** „bar auf die Hand" des Arbeitnehmers für eine besonders zu honorierende Leistung sind ebenfalls kein Trinkgeld, sondern steuerpflichtiger Arbeitslohn. Der Arbeitgeber kann schon denklogisch nicht als „Dritter" i. S. d. § 3 Nr. 51 EStG auftreten.

539 **Schmier- oder Bestechungsgelder** stellen ungeachtet einer strafrechtlichen Würdigung kein Trinkgeld, sondern sonstige Einkünfte dar (§ 22 Nr. 3 EStG).

540 Bei Trinkgeldern, die an (Reise-)**Omnibusfahrer** für den Getränkeverkauf hingegeben werden, ist zu prüfen, in wessen Namen und Rechnung die Getränke

---

112 Vgl. BFH vom 09.03.1965 – VI 109/62 U, BStBl. III 1965, 426.
113 *Hilbert*, BBK 2018, 667 (672) mit anschaulichem Beispiel.

verkauft werden.[114] Sind dem Fahrer die Einnahmen aus Getränkeverkäufen persönlich zuzurechnen, liegt kein steuerfreies Trinkgeld vor.

> *Tipp:* 541
> Bestehen Zweifel an der lohnsteuerlichen Behandlung von Trinkgeldern, kann unter Schilderung des Sachverhalts eine kostenlose **Anrufungsauskunft** beim zuständigen Finanzamt eingeholt werden (§ 42e EStG).[115]

6.10.3 Behandlung beim Trinkgeldgeber

Erzielt der Trinkgeldgeber Einkünfte aus Gewerbebetrieb oder aus selbständiger Arbeit, kann er u. a. **Bewirtungskosten** und die damit in Zusammenhang stehenden Trinkgelder unter weiteren Voraussetzungen als Betriebsausgabe abziehen. Nach § 4 Abs. 5 Satz 1 Nr. 2 EStG dürfen jedoch nicht abgezogen werden Aufwendungen für die Bewirtung von Personen aus geschäftlichem Anlass, soweit sie 70 Prozent der Aufwendungen übersteigen, die nach der allgemeinen Verkehrsauffassung als angemessen anzusehen und deren Höhe und betriebliche Veranlassung nachgewiesen sind. Zu den Bewirtungsaufwendungen in diesem Sinne gehören auch Trinkgelder oder Garderobengebühren.[116] In welcher Höhe Trinkgelder gewinnmindernd berücksichtigt werden können, hängt damit von verschiedenen Faktoren ab. Der Abzug ist insbesondere begrenzt 542

- auf betrieblich veranlasste Aufwendungen, d. h. privat veranlasste Anteile sind von vornherein auszuscheiden,
- auf die angemessenen, branchenüblichen Aufwendungen,
- auf nachgewiesene Aufwendungen (Nachweis der Höhe und der betrieblichen Veranlassung auf der Rechnung oder einem gesonderten Schriftstück).

Für den Nachweis der Trinkgeldzahlungen gelten die allgemeinen Regelungen über die Feststellungslast, die beim bewirtenden Stpfl. liegt. Der Nachweis kann z. B. dadurch geführt werden, dass der Empfänger das Trinkgeld auf der Rechnung quittiert.[117] Auch ein Eigenbeleg kann anerkannt werden, sofern keine Anhaltspunkte für seine Unrichtigkeit bestehen. 543

> *Beachte:* 544
> Die Abzugsbeschränkung für Bewirtungskosten auf 70 Prozent gilt nicht für Trinkgelder.[118] Jedoch sind besondere Aufzeichnungspflichten zu beachten, um den Betriebsausgabenabzug nicht insgesamt zu gefährden (vgl. § 4 Abs. 7 EStG).

---

114 Vgl. dazu OFD Koblenz vom 20.10.1987, Steuerliche Behandlung von Getränkeverkäufen durch Fahrer von Reisebussen – S 7104/S 7100/S 2331 A – St 51 2/St 33 2, UR 1988, 26.
115 Zum Widerruf einer Anrufungsauskunft vgl. *Krüger*, DB 2022, 26.
116 Vgl. Amtliches Einkommensteuer-Handbuch 2021, R 4.10 Abs. 5 Satz 4.
117 BMF vom 21.11.1994, BStBl. I 1994, 855; BMF vom 30.06.2021 – IV C 6 – S 2145/19/10003 :003, BStBl. I 2021, 908 (Abdruck in Anhang 19).
118 Amtliches Einkommensteuer-Handbuch 2021, R 4.10 Abs. 6 Satz 5 Nr. 5.

545 Übliche **Trinkgelder im Gesundheitsdienst**, z. B. an das Personal in Arztpraxen, Pflegekräfte, Physiotherapeuten usw. gelten nicht als zwangsläufig i. S. d. § 33 Abs. 2 EStG und können daher keine Berücksichtigung als außergewöhnliche Belastung finden. Ob die Krankheitskosten selbst als außergewöhnlich zu beurteilen sind, ist ohne Bedeutung.[119]

6.10.4 Rechtsfolgen bei nichtordnungsmäßiger Dokumentation

546 Erklärt ein Stpfl. seine Trinkgelder nicht oder nicht ordnungsmäßig, handelt es sich nicht nur um einen formellen, sondern um einen materiellen Mangel der Bücher und Aufzeichnungen. Für sich allein genommen berechtigt der Mangel aber nicht zur Schätzung der Hauptkasse; die Berichtigungsmöglichkeit erstreckt sich lediglich punktuell auf die Trinkgelder.[120] Wer Trinkgelder nicht oder nicht vollständig erklärt, riskiert zudem die Einleitung eines Ordnungswidrigkeitenverfahrens. Hier drohen Geldbußen bis zu 25.000 € (§ 379 AO). Auch die Einleitung eines Steuerstrafverfahrens liegt im Bereich des Möglichen (§ 370 ff. AO).

6.11 Hohe Kassenbestände

547 Besonders hohe buchmäßige Kassenbestände stellen häufig ein Indiz für die unterlassene Buchung von Privatentnahmen dar. Zum Teil werden Kassenbestände auch dauerhaft bewusst außergewöhnlich hochgehalten, um Kassenfehlbeträge zu vermeiden. Ein solches Vorgehen stellt die Ordnungsmäßigkeit der Kassenführung in Frage.[121] Dann ist die Durchführung eines Kassensturzes für den Prüfer ein probates Mittel der Kontrolle, insbesondere wenn die ausgewiesenen Kassenbestände astronomische Höhen erreichen und in keinem Verhältnis mehr zu den Tageseinnahmen stehen. Ein Kassensturz ist auch im Rahmen einer Kassen-Nachschau oder außerhalb des eigentlichen Prüfungszeitraums einer BP zulässig und kann die Finanzverwaltung berechtigen, daraus Rückschlüsse für den Prüfungszeitraum zu ziehen.

6.12 Eigenbelege

6.12.1 Grundsatz

548 Bei internen Vorgängen fehlen dem Stpfl. naturgemäß Fremdbelege. Jedoch gilt auch für interne Geschäftsvorfälle der Grundsatz: „keine Buchung ohne Beleg". Mithin sind sog. Eigenbelege anzufertigen.[122] Die Verpflichtung ergibt sich aus

---

119 BFH vom 30.10.2003 – III R 32/01, BStBl. II 2004, 270; BFH vom 19.04.2012 – VI R 74/10, BStBl. II 2012, 577.
120 BFH vom 23.02.2018 – X B 65/17, BFH/NV 2018, 517. Zur Höhe einer solchen Schätzung vgl. Kap. 13.6.13.
121 FG Saarland vom 24.05.2005 – 1 K 161/01; FG Saarland vom 13.01.2010 – 1 K 1101/05, EFG 2010, 772.
122 GoBD, Rz. 61.

6.12 Eigenbelege

§ 22 Abs. 2 Nr. 1 UStG[123] und den Dokumentationspflichten für Entnahmen und Einlagen nach § 4 Abs. 4a EStG. Sie dient auch der Herstellung der Kassensturzfähigkeit.[124] Eigenbelege sind insbesondere anzufertigen
- für Privateinlagen und Privatentnahmen[125], auch bei Gewinnermittlung nach § 4 Abs. 3 EStG,
- für den Geldtransit, d. h. für
  - Entnahmen zwecks Einzahlung auf das Geschäfts- oder Privatkonten,
  - Abhebungen von Geschäfts- oder Privatkonten zwecks Einlage in die Geschäftskasse,
  - Verschiebungen zwischen mehreren Kassen.

Eigenbelege kommen auch für Trinkgeldzahlungen im Rahmen von Bewirtungskosten aus geschäftlichem Anlass in Betracht.[126] 549

Bei papierbasierter Erfassung der Geldflüsse kann der in Abbildung 15 ersichtliche **Musterbeleg** verwendet werden. Als Nebeneffekt dient er der Erstellung von Quittungen i. S. d. § 368 BGB (z. B. bei technischem Ausfall eines Belegdruckers oder auf Kundenwunsch) oder zur Dokumentation der Mittelherkunft bei Privateinlagen (s. Rz. 552). 550

---

123 BFH vom 02. 09. 2008 – V B 4/08.
124 BFH vom 21. 02. 1990 – X R 54/87, BFH/NV 1990, 683.
125 FG Münster vom 23. 03. 2000 – 5 V 7028/99 E,G,U; FG Thüringen vom 20. 06. 2002 – II 664/00.
126 Vgl. BMF vom 30. 06. 2021 – IV C 6 – S 2145/19/10003 :003, BStBl. I 2021, 908 (Abdruck in Anhang 19).

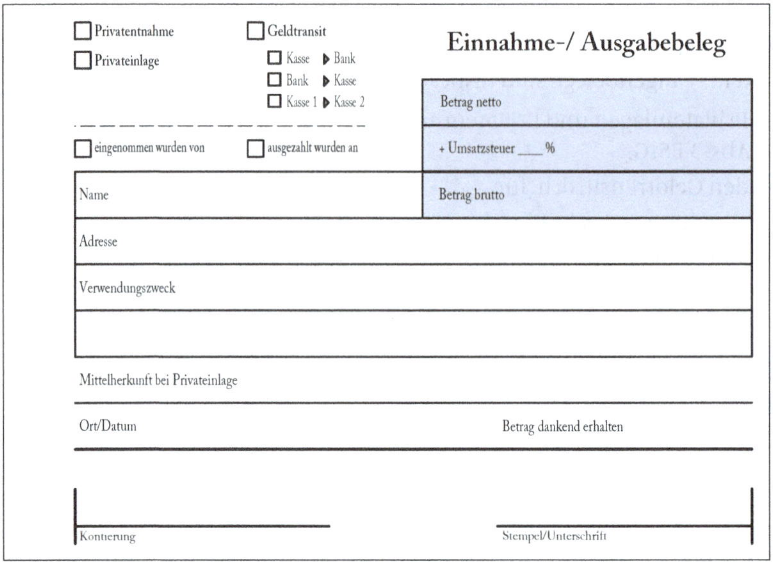

6 Der Tagesabschluss – abends muss es passen

Abbildung 15: Musterbeleg zur Dokumentation von Geldflüssen
(Quelle: Eigene Darstellung)

551 Zur Erfassung von Entnahmen, Einlagen und Geldtransit in elektronischen Kassen(systemen) s. DSFinV-K vom 04.03.2022, Version 2.3, Anhang C. Dabei entfällt die Belegausgabepflicht des § 146a Abs. 2 AO für Privatentnahmen und Privateinlagen[127], nach diesseitiger Auffassung i.d.R. auch für Vorgänge des Geldtransits.

552 *Tipp:*
Bei höheren Privateinlagen aus eigenem Vermögen oder dem Vermögen Dritter, insbesondere bei Geldflüssen unter nahen Angehörigen, empfiehlt sich für Zwecke der Beweissicherung, die Geldbeträge unbar in den Betrieb zu überführen. Eigenbelege sollten zum **Nachweis der Mittelherkunft** mit handschriftlichen Vermerken versehen sein („vom Privatkonto", „Schenkung von Angehörigen"[128] etc.), um im Rahmen einer BP nicht in Erklärungsnot zu geraten. Den Stpfl. trifft

---

[127] AEAO zu § 146a i.d.F. bis 31.12.2023, Nr. 6.5; AEAO zu § 146a i.d.F. ab 01.01.2024, Nr. 2.5.5 (Abdruck in Anhang 20).
[128] Vgl. dazu FG Hamburg vom 07.04.2005 – VI 376/03; FG Hamburg vom 16.09.2005 – VI 117/03.

insoweit eine erhöhte Mitwirkungspflicht an der Aufklärung der Herkunft des Geldes.[129] Bei deren Verletzung oder widersprüchlichen Angaben ist die Finanzverwaltung berechtigt, Privateinlagen als Betriebseinnahmen zu behandeln.[130]

6.12.2 Privatentnahmen und -einlagen

Privateinlagen und Privatentnahmen sind ebenso wie andere Kasseneinnahmen- und ausgaben täglich einzeln unter exakter Datumsangabe festzuhalten (§ 146 Abs. 1 AO) und mit einer Autorisierung zu versehen, entweder in Papier- oder in elektronischer Form. Saldierungen sind unzulässig, auch wenn sich Entnahme und anschließende gleich hohe Wiedereinlage in rascher Zeitfolge abspielen. Es handelt sich um zwei Geschäftsvorfälle, die auch mit Hinblick auf die Kassensturzfähigkeit einzeln aufzuzeichnen sind. 553

Fehlen Belege über Privatentnahmen und Privateinlagen, liegt darin nicht nur ein formeller, sondern ein schwerwiegender materieller Mangel.[131] Während nicht oder nicht zeitgerecht dokumentierte Privatentnahmen die Versagung der Ordnungsmäßigkeit aus formellen Gründen zur Folge haben können[132], führen undokumentierte Privatentnahmen bei summarischer Tageslosungsermittlung zu einer Verkürzung von Einnahmen und damit immer zu einem materiellen Mangel. Dies liegt darin begründet, dass im retrograd aufgebauten Kassenbericht fehlende Privatentnahmen systembedingt eine Minderung der Tageslosung zur Folge haben. Der Verzicht auf unmittelbar im zeitlichen Zusammenhang mit den Entnahmen angefertigte Belege birgt die Gefahr, dass Geschäftsvorfälle verloren gehen, weil der Stpfl. sich bei Erstellung des Kassenberichts nicht mehr an einzelne Entnahmen erinnert. 554

Erfassung und Buchung von Privatentnahmen in einer Gesamtsumme am Monatsende sind ungewöhnlich und entsprechen nicht dem normalen Lebenssachverhalt. Bei der Unterschiedlichkeit der Lebensgestaltung und der Erfüllung des persönlichen Bedarfs kann nicht schematisch mit buchmäßigen Entnahmen gearbeitet werden. Ebenfalls nicht ordnungsgemäß ist eine Kassenführung, bei der die Privatentnahmen und Privateinlagen im Büro des Steuerberaters – ggf. anhand telefonischer Angaben des Stpfl. aus der Erinnerung heraus – ohne Eigenbelege erfasst und gebucht werden.[133] Die Zusammenfassung von Privatentnahmen verstößt auch gegen Rz. 85 der GoBD, wonach Geschäftsvorfälle 555

---

129 BFH vom 13.06.2013 – X B 132/12 und BFH vom 13.06.2013 – X B 133/12, jeweils m.w.N.
130 BFH vom 07.05.2004 – IV R 221/02, BFH/NV 2004, 1367; BFH vom 13.06.2013 – X B 132/12 u. 133/12; FG Münster vom 09.06.2021 – 13 K 3250/19 E, EFG 2021, 477; ungeklärter Mittelzufluss i. H. vom 70.000 € wurde als Betriebseinnahme behandelt. Die hiergegen eingelegte NZB wurde mit BFH-Beschluss vom 17.01.2022 – X B 101/21 als unzulässig verworfen.
131 FG Münster vom 23.03.2000 – 5 V 7028/99 E,G,U; FG München vom 14.10.2004 – 15 K 728/02, Rz. 24.
132 BFH vom 18.12.1984 – VIII R 195/82, BStBl. II 1986, 226.
133 BFH vom 18.12.1984 – VIII R 195/82, BStBl. II 1986, 226.

nicht zuletzt zur Herstellung der Kassensturzfähigkeit chronologisch abgebildet werden müssen.

6.12.3 Geldtransit

556 Entnimmt der Stpfl. Gelder aus der Kasse, um sie auf dem Bankkonto einzuzahlen, muss der zeitliche Zusammenhang zwischen Kassenentnahme und Gutschrift auf dem Bankkonto ersichtlich sein. Die Einzahlungsbelege sind aufzubewahren. Fehlende Belege stellen einen wesentlichen Mangel der Kassenführung dar.[134] Kassenentnahmen sind taggenau aufzuzeichnen, auf den Zahlungseingang bzw. die Wertstellung beim Geldinstitut kommt es nicht an. Größere zeitliche Verschiebungen, etwa bei zwischenzeitlicher Deponierung des Geldes in einem Safe, machen das Führen einer Nebenkasse erforderlich (s. Kap. 6.12.5).

557 Häufig finden Betriebsprüfer auf Bankkonten Bareinzahlungen, deren Herkunft ungewiss ist, d.h. es ist nicht ohne weiteres erkennbar, ob die eingezahlten Gelder

A. aus der Kasse stammen, die korrespondierende Aufzeichnung im Kassenbericht (Geldtransit) aber **unterblieben** ist *oder*

B. die Einzahlung aus anderen Quellen, z.B. Sparguthaben, erfolgte.

558 Dem Stpfl. obliegt die Nachweispflicht, aus welchen Mitteln die Beträge stammen.[135] Angehörige der steuerberatenden Berufe sollten derartige Sachverhalte deshalb nur nach Rücksprache mit ihm in die Finanzbuchhaltung übernehmen. Andernfalls könnten sich etwa bei versehentlich unterbliebener Erfassung im Kassenbericht systembedingt Einnahmeverkürzungen ergeben.

559 Das folgende Beispiel einer Einzahlung auf dem Bankkonto über 3.000,00 € macht die Auswirkungen im Kassenbericht deutlich:

Berechnungen	Kassenbericht A	Kassenbericht B
Kassenendbestand	5.000,00 €	5.000,00 €
Geld stammt aus der Geschäftskasse (Fall A)	+ 3.000,00 €	
Geld stammt vom Sparbuch (Fall B)		0,00 €
Kassenbestand Vortrag	./. 1.000,00 €	./. 1.000,00 €
Tageslosung	**7.000,00 €**	**4.000,00 €**

560 Würde die Bankeinzahlung hier ohne Rückfrage beim Stpfl. als Privateinlage gebucht, obwohl sie tatsächlich aus der Geschäftskasse stammte, käme es zu einer Einnahmeschmälerung i.H.v. 3.000,00 €. Für Abhebungen vom Bankkonto zwecks Einlage in die Kasse gelten die Ausführungen entsprechend.[136]

---

134 BFH vom 02.02.1982 – VIII R 65/80, BStBl. II 1982, 409, Rz. 24.
135 FG Hamburg vom 26.06.2006 – 2 V 82/06.
136 *Achilles/Pump*, Lexikon der Kassenführung, 1. Aufl. 2018, 123.

6.12.4 Verschiebungen zwischen mehreren Kassen

Bei Führung mehrerer Geschäftskassen oder Kassenladen sind Geldverschiebungen untereinander belegmäßig festzuhalten.[137] Reine **Tauschvorgänge**, z. B. fünf 20-Euro-Banknoten gegen eine 100-Euro-Banknote sind nicht aufzeichnungspflichtig.

561

6.12.5 Aufbewahrung im Safe

Zur Sicherung von Bargeldbeständen werden betriebliche Gelder häufig in Safes oder Schließfächern aufbewahrt. Dabei handelt es sich um Nebenkassen. Geldverschiebungen zwischen Haupt- und Nebenkassen sind beleg- und buchmäßig festzuhalten. Andernfalls ist die Abstimmung der Kasse nicht möglich. Erforderlich, aber auch ausreichend ist, wenn

562

– für Geldverschiebungen zwischen zwei Kassen ein formloser Beleg angefertigt wird (Datum, Betrag, Autorisierung)[138] *und*
– für die Bargeldbestände in der Nebenkasse ein Nebenkassenbuch oder eine handschriftliche Liste mit den Zu- und Abgängen erstellt wird. Eines retrograden Kassenberichts bedarf es nicht.

> *Hinweis:*
> Die Pflicht zur Anfertigung von Eigenbelegen setzt voraus, dass der Stpfl. gedanklich Geld verschieben will. Deshalb sind derartige Aufzeichnungen m. E. entbehrlich, wenn ein verschlossener Kassenbehälter mit bereits gezählten Beständen nur kurzfristig, z. B. über Nacht, aus Sicherheitsgründen in einem Safe deponiert wird.

563

6.12.6 Dokumentation von Sachentnahmen und Geschenken

Wird ein Artikel aus dem eigenen Warensortiment entnommen, sei es als Privatentnahme (Sachentnahme) oder als Geschenk an einen Dritten, kann die Dokumentation in Papierform erfolgen, alternativ im elektronischen Aufzeichnungssystem über besondere Eingabefelder in der DSFinV-K oder über eine hundertprozentige Rabattierung. Der Kassenbeleg über 0,00 € sollte ausgedruckt und mit einem entsprechenden Vermerk versehen („Privatentnahme" oder „Geschenk" inkl. Name/Anschrift des Beschenkten) als Eigenbeleg in die Bücher und Aufzeichnungen übernommen werden. Bei Geschenken an Arbeitnehmer, Kunden, Geschäftsfreunde und deren Arbeitnehmer sind Wertgrenzen und besondere Dokumentationspflichten für den Betriebsausgabenabzug i. S. d. § 4 Abs. 5 Satz 1 Nr. 1 i. V. m. Abs. 7 EStG zu beachten. Zur einzelfallabhängig

564

---

137 BFH vom 17.11.1981 – VIII R 174/77, BStBl. II 1982, 430.
138 Siehe dazu den Musterbeleg zur Dokumentation von Geldflüssen (Abbildung 15, Rz. 550).

möglichen Pauschalierung der Einkommensteuer bei Sachzuwendungen vgl. § 37b EStG.[139]

6.13 Vereinnahmung von Betriebseinnahmen durch Boten

565 Betriebseinnahmen müssen einzeln, vollständig, richtig, zeitgerecht und geordnet aufgezeichnet werden. Kasseneinnahmen und Kassenausgaben sind täglich festzuhalten. Festhalten in diesem Sinne ist jede Maßnahme, die es ermöglicht, die Daten abrufbereit zu konservieren. Die Erfüllung dieser Anforderung muss je nach Umständen des Einzelfalls ausgestaltet sein, ggf. auch an einen mit der Vereinnahmung des Geldes beauftragten Boten/Fahrer delegiert werden.[140] Betriebseinnahmen sind dabei in einer Art und Weise festzuhalten, dass Belegsicherung und Unverlierbarkeit der Geschäftsvorfälle (= Grund(buch)aufzeichnungsfunktion) gewährleistet sind. Je nach Beleganfall bieten sich für eine geordnete Belegablage Hefter oder Ordner und eine handschriftliche Liste über die vereinnahmten Gelder an.[141]

566 Liefert ein Bote/Fahrer das Geld erst später ab, liegt die nachgelagerte, zeitversetzte Erfassung der Kasseneinnahme z. B. im Kassenbuch des Stpfl. in der Natur der Sache. Insoweit hat der BFH zutreffend entschieden, dass es mit Hinblick auf das Merkmal der Zeitgerechtheit auf die Ablieferung des Geldes durch den Boten/Fahrer ankommen kann. Es empfiehlt sich, in der Verfahrensdokumentation exakt zu beschreiben, wie die geforderte Grund(buch)aufzeichnungsfunktion gewährleistet wird.

6.14 Privat verauslagte Aufwendungen

567 Privat verauslagte Aufwendungen dürfen den Kassenbestand erst dann mindern, wenn sie tatsächlich mit der Kasse abgerechnet worden sind. Der Beleg sollte einen handschriftlichen Hinweis enthalten, um die Kassensturzfähigkeit nicht zu gefährden, bspw.

„privat verauslagt, Entnahme aus der Kasse (erst) am 17. 04. 2023".

568 *Tipp:*

Fehler in den Kassenaufzeichnungen lassen sich vermeiden, indem für privat verauslagte Aufwendungen

- eine von der Hauptkasse getrennte Ausgaben- oder Festbestandskasse eingerichtet wird *oder*
- die verauslagten Aufwendungen als Privateinlagen und mithin ohne Auswirkung auf den Kassenbestand verbucht werden (Buchungssatz: Aufwand/USt an Privateinlage).

---

139 Zu weiteren Einzelheiten vgl. BMF, Schreiben vom 19.05.2015, BStBl. I, 468 unter Berücksichtigung der Änderungen durch BMF vom 28.06.2018, BStBl. I 2018, 814. Zur umsatz- und ertragsteuerlichen Behandlung von Geschenken s. a. *Pieske-Kontny*, StBp 2021, 190; *Hage/Hoffmann/Sinne*, Stbg 2023, 181.
140 FG Hamburg vom 08.01.2018 – 2 V 144/17.
141 Vgl. Kap. 9.1, am Ende.

6.15 Ausgaben-/Festbestandskasse

Ähnlich der typischen „Haushaltskasse" im privaten Bereich können auch in der betrieblichen Sphäre Ausgaben- oder Festbestandskassen eingerichtet werden. Dabei handelt es sich meist um Neben- oder Unterkassen, denen der Stpfl. in zeitlichen Abständen oder anlassbezogen Geldbeträge zuführt, um davon ausschließlich bestimmte Ausgaben zu bestreiten (Portokasse, Spesenkasse). Die Geldzuführungen können aus privaten Mitteln (Einlagen), aus betrieblichen Bankbeständen oder aus weiteren Kassen des Unternehmers stammen. Sie sind hinreichend zu dokumentieren. Voraussetzung für die ordnungsgemäße Kassenführung einer solchen Geschäftskasse ist, dass

569

– nachprüfbare Aufzeichnungen vorliegen (z.B. durch ein separates Kassenbuch oder formlose Aufzeichnungen über Zu- und Abgänge unter regelmäßigem Soll-/Istvergleich der Kassenbestände),
– Ausgabenbelege geordnet aufbewahrt werden,
– die Eintragungen zeitgerecht erfolgen[142] *und*
– die jederzeitige Kassensturzfähigkeit gewährleistet ist.

Ferner dürfen Ausgabenkassen nur Geldbeträge mit dem Zweck der Wiederauffüllung zugeführt werden. Andere Zahlungseingänge dürfen nicht einfließen, weil die auf Festbestand geführte Kasse damit in eine solche mit „variablem" Bestand umgewandelt wird.[143]

570

Fehlende Belege führen zu punktueller Kürzung der Betriebsausgaben oder pauschalen Unsicherheitsabschlägen.[144] Abschläge sind auch dann gerechtfertigt, wenn Belege nicht zeitgerecht in Grundaufzeichnungen eingetragen werden und/oder Anhaltspunkte dafür vorliegen, dass es sich um Barausgaben Dritter handelt. Klassiker sind Kassenbelege von Freunden und Verwandten aus gastronomischen Betrieben, Baumärkten oder Tankstellen. Leider auch keine Seltenheit ist, dass eine Vielzahl von Kassenzetteln aus Einkaufswagen entnommen oder entgeltlich erworben werden[145], um sie in betrügerischer Absicht als Betriebsausgabe geltend zu machen.

571

> *Hinweis:*
> Erfasst ein Stpfl. ausschließlich Bar*ausgaben* elektronisch, liegt keine offene Ladenkasse, sondern ein elektronisches Aufzeichnungssystem vor. Hier besteht keine Verpflichtung zur Verwendung einer TSE i.S.d. §146a AO. Ein solches System ist nicht für den Verkauf von Waren oder die Erbringung von Dienstleistungen und deren Abrechnung spezialisiert.[146]

572

---

142 BFH vom 07.07.1977 – IV R 205/72, BStBl. II 1978, 307.
143 *Drüen* in Tipke/Kruse, Kommentar zur AO/FGO, 173. Lfg. 2022, § 146 AO Rz. 30.
144 FG Nürnberg vom 14.04.2021 – 3 K 791/20; die hiergegen eingelegte Nichtzulassungsbeschwerde wurde mit BFH vom 11.11.2022 – VIII B 97/21, BFH/NV 2023, 113 als unbegründet zurückgewiesen.
145 Nach § 379 Abs. 1 Nr. 2, Abs. 4 AO kann entgeltliches Inverkehrbringen von Belegen mit einem Bußgeld bis zu 5.000 € geahndet werden.
146 AEAO zu § 146a, Nr. 1.2; ebenso FAQ DFKA e.V.

6.16 Scheckzahlungen

573 Erhaltene Schecks gehören zwar handelsrechtlich zum Kassenbestand, sind aber kein Bargeld und dürfen daher auch nicht mit dem Bargeldbestand vermischt werden. Angenommene Schecks sind gesondert zu dokumentieren (z.B. nachrichtlich auf der Rückseite des Tagesabschlusses) und zu verbuchen. Sie sind im Regelfall bereits am Tag ihrer Entgegennahme als Betriebseinnahme zu erfassen (§ 11 EStG), nicht erst mit Gutschrift auf dem Bankkonto.[147] Es empfiehlt sich, in der Finanzbuchhaltung ein gesondertes Konto einzurichten, mit Hilfe dessen sich ein zuverlässiger Abgleich zwischen erhaltenen und eingelösten Schecks erreichen lässt, ähnlich dem Konto „Geldtransit".

574 Werden Schecks mit dem Bargeldbestand vermischt, ist die Kassenführung nicht ordnungsmäßig. Das gilt erst recht, wenn auf diese Art und Weise Kassenfehlbeträge verschleiert werden.[148]

6.17 Pfandgelder

575 Aus umsatzsteuerlicher Sicht ist zu differenzieren, ob es sich bei Hingabe eines Transportbehältnisses gegen gesondert vereinbartes Pfandgeld um ein (selbstständiges) Transporthilfsmittel oder lediglich um eine sog. Warenumschließung handelt. Während Transporthilfsmittel grundsätzlich der Vereinfachung des Warentransports und der Lagerung dienen (z.B. Paletten, Kisten), handelt es sich bei Warenumschließungen um innere/äußere Behältnisse, welche für die Lieferungen der Waren an den Endverbraucher notwendig sind (z.B. Flaschen, Becher). Die Hingabe von Transporthilfsmitteln gegen Pfandgeld stellt aus umsatzsteuerlicher Sicht eine eigenständige Lieferung dar, die dem allgemeinen Steuersatz gem. § 12 Abs. 1 UStG unterliegt.

576 Hingegen teilen Warenumschließungen als unselbständige Nebenleistung das Schicksal der Hauptleistung (z.B. Lieferung von Milch 7 % USt, Pfand Milchflasche ebenfalls 7 % USt). Abweichend davon können bei Online-Lieferdiensten (z.B. sog. E-Food) selbständige Leistungen vorliegen, wenn Lebensmittellieferung und Transportleistung durch unterschiedliche Unternehmer erbracht werden.[149]

577 Pfandgelder sind gesondert auszuweisen.[150] Die Aufzeichnungen müssen eindeutig, leicht nachprüfbar und fortlaufend geführt werden; mit Ausnahme der Fälle des § 146 Abs. 1 Satz 3 AO gilt Einzelaufzeichnungs- und ggf. Belegausgabepflicht.[151] Nicht zulässig ist, Pfandgelder durch Addition oder Subtraktion zu verschleiern bzw. in den Gesamtpreis einzubeziehen. Dabei ist zu beachten, dass bei Pfandrücknahme grundsätzlich derselbe Umsatzsteuersatz anzuwen-

---

147 BFH vom 30.10.1980 – IV R 97/78, BStBl. II 1981, 305.
148 *Brinkmann*, Schätzungen im Steuerrecht, 4. Aufl. 2017, 213.
149 Ausführlich: *Oldiges/Brockerhoff*, DStR 2022, 1084.
150 Vgl. auch § 7 PAngV n.F.; kritisch *Bauer*, DB 2022, 1444 (1445).
151 §§ 22 Abs. 1 UStG, 63 Abs. 1 UStDV, 146 Abs. 1, 146a Abs. 1 AO.

den ist, der bei der Pfandabgabe galt. Unterliegen Pfandbeiträge in einem Betrieb unterschiedlichen Steuersätzen, muss nach § 22 Abs. 2 Nr. 1 UStG ersichtlich sein, wie sich diese auf die einzelnen Steuersätze verteilen. Dies kann zu praktischen Problemen führen, wenn bei Pfandrückzahlung nicht bekannt ist, mit welchem Steuersatz der Pfandgegenstand einst im Umsatz erfasst wurde. Da Unternehmen ihre Becher häufig personalisieren lassen, z. B. mit Firmenlogo/-slogan, sollte es keinen größeren zusätzlichen Kostenfaktor darstellen, Becher für Getränke mit dem ermäßigten Steuersatz und Becher für Getränke mit dem Regelsteuersatz zu kennzeichnen und entsprechend zu verwenden (z. B. durch farbliche Unterscheidungen, Markierungen oder Aufdruck von Codes). Zu Vereinfachungen s. Abschn. 10.1. Abs. 8 UStAE.

Bei den im Rahmen eines bargeldlosen Zahlungssystems für die Überlassung elektronischer Zahlungskarten in Stadien erhobenen Kartenpfand handelt es sich um eine steuerbare sonstige Leistung, die nach § 4 Nr. 8d UStG steuerfrei ist, wenn der leistende Unternehmer selbst die Übertragung von Geldern vornimmt.[152]

6.18 Kassensturzfähigkeit

6.18.1 Kassensturzfähigkeit bei Gewinnermittlung nach § 4 Abs. 1 EStG

Kassenaufzeichnungen müssen so beschaffen sein, dass es einem sachverständigen Dritten jederzeit möglich ist, den durch Kassensturz festgestellten Ist-Betrag mit dem Soll-Betrag der Kasse zu vergleichen. Der Abgleich muss

- zu Beginn des Geschäftstages,
- am Ende des Geschäftstages und
- im Laufe des Geschäftstages (soweit Einzelaufzeichnungen geführt werden)

möglich sein. Der Kassensturz dient der Finanzverwaltung als Kontrollmöglichkeit, von der im Rahmen des Ermessens Gebrauch gemacht werden kann. Er ist ein wesentliches Element der Nachprüfbarkeit von Kassenaufzeichnungen jedweder Form[153] und auch außerhalb des Prüfungszeitraums einer BP zulässig.[154] Besonders hohe buchmäßige Kassenbestände stellen dabei häufig ein Indiz für die unterlassene Buchung von Privatentnahmen dar. Prüfungserfahrungen zeigen, dass Kassenbestände teils absichtlich außergewöhnlich hochgehalten werden, um Kassenfehlbeträge zu vermeiden.[155]

---

152 BFH vom 26.01.2022 – XI R 19/19 (XI R 12/17), BStBl. II 2022, 582; Abschn. 4.8.7 Abs. 2 i. V. m. Abschn. 3.10 Abs. 6 Nr. 18 UStAE.
153 Vgl. BFH vom 20.09.1989 – X R 39/87, BStBl. II 1990, 109; BFH vom 26.08.1975 – VIII R 109/70, BStBl. II 1976, 210; BFH vom 31.07.1974 – I R 216/72, BStBl. II 1975, 96., BStBl. II 1975, 96; BFH vom 31.07.1969 – IV R 57/67, BStBl. II 1970, 125.
154 BFH vom 26.01.1984 – IV R 96/81.
155 FG Saarland vom 24.09.2003 – 1 K 246/00, EFG 2003, 1750.

580 Häufige Feststellungen sind auch:
- Die Kasse wurde lediglich rechnerisch geführt. Kassen-Soll und Kassen-Ist sind nur selten und ohne Protokollierung oder nie abgeglichen worden.
- Dokumentierte Bargeldbestände verteilen sich auf mehrere Aufbewahrungsorte (weitere Kassen, Safe), Geldverschiebungen wurden aber weder belegmäßig noch in separaten Grund(buch)aufzeichnungen, z. B. in Nebenkassenbüchern, festgehalten.
- Kasseneinnahmen aus unbaren Geschäftsvorfällen werden nicht gesondert erfasst.
- Zur Vermeidung von Kassenfehlbeträgen werden wahllos fiktive Bareinlagen erfasst (Luftbuchungen).

581 Vor diesem Hintergrund ist die Durchführung eines Kassensturzes ein probates Mittel der Kontrolle, insbesondere wenn die ausgewiesenen Kassenbestände astronomische Höhen erreichen und in keinem Verhältnis mehr zu den Tageseinnahmen stehen.[156]

582 Stellt der Betriebsprüfer Abweichungen zwischen Kassen-Soll und Kassen-Ist fest, ist der Sachverhalt weiter aufzuklären. Liegt der tatsächliche Istbestand unter dem Sollbestand, wurden laufende dem Lebensunterhalt dienende Privatentnahmen eventuell nicht erfasst oder z. B. Gelder auf Konten transferiert, die aus der Buchhaltung nicht ersichtlich sind. Bewegt sich der Istbestand dagegen über dem Sollbestand, kann die Vermutung aufkommen, dass ein Teil der Einnahmen keinen Eingang in die Aufzeichnungen gefunden hat oder tatsächlich nicht entstandene Ausgaben nur fingiert wurden.

583 Kassenaufzeichnungen müssen zumindest bei Gewinnermittlung nach § 4 Abs. 1 EStG grundsätzlich für jeden Betrieb, jede Filiale oder Betriebsstätte des Unternehmers die Kassensturzfähigkeit gewährleisten.[157] Sie kann auch durch Aufbewahrung der Einzelaufzeichnungen hergestellt werden.[158] Geldverschiebungen zwischen mehreren Kassen sind beleg- und buchmäßig festzuhalten[159], weil andernfalls eine Abstimmung nicht möglich wäre.[160]

584 Nach der Rechtsprechung genügt Kassensturzfähigkeit, ein täglicher Kassensturz soll ebenso wenig erforderlich sein[161] wie Kassenstürze in kurzen Abstän-

---

[156] FG Saarland vom 13.01.2010 – 1 K 1101/05, EFG 2010, 772.
[157] FG Sachsen vom 24.11.2006 – 4 V 1528/06.
[158] FG Köln vom 20.01.2005 – 13 K 12/02, EFG 2005, 986 zu Einzelaufzeichnungen eines Bordellbetriebs.
[159] BFH vom 17.11.1981 – VIII R 174/77, BStBl. II 1982, 430.
[160] BFH vom 26.08.1975 – VIII R 109/70, BStBl. II 1976, 210; BFH vom 17.11.1981 – VIII R 174/77, BStBl. II 1982, 430; BFH vom 20.09.1989 – X R 39/87, BStBl. II 1990, 109; FG Sachsen vom 04.04.2008 – 5 V 1035/07, mit umfangreichen Ausführungen zur Kassenführung bei Gewinnermittlung nach § 4 Abs. 3 EStG.
[161] BFH vom 01.10.1969 – I R 73/66, BStBl. II 1970, 45; BFH vom 17.11.1981 – VIII R 174/77, BStBl. II 1982, 430; BFH vom 21.02.1990 – X R 54/87, BFH/NV 1990, 683; BFH vom 23.12.2004 – III B 14/04, BFH/NV 2005, 667.

den.[162] Unabhängig von der Gewinnermittlungsart besteht eine Verpflichtung zur täglichen Bestandsaufnahme nur, wenn die Tageseinnahmen summarisch mittels retrogradem Kassenbericht ermittelt werden.

Betriebsprüfer achten besonders auf die Buchungen der letzten Tage eines Monats oder Jahres, weil gerade in diesen Zeiträumen häufig „Korrekturen" vorgenommen werden, z. B. 585

- Nachbuchung von Einnahmen aufgrund eines sonst zu niedrigen Richtsatzes,
- erstmalige Buchung oder Anpassung von (zusammengefassten) Barentnahmen,
- Berichtigung von Kassenverlusten oder Kassenfehlbeträgen.

Wird der Kassensturz vor Geschäftsöffnung oder nach Geschäftsschluss durchgeführt, darf die Abstimmung der Kasse zu keinen (undokumentierten) Differenzen führen. Erfolgt der Kassensturz dagegen im laufenden Geschäftsbetrieb, sind Differenzen, etwa durch Wechselgeldfehler, in geringem Umfang unschädlich, weil ein „Permanent-Abgleich" zwischen Kassen-Soll und Kassen-Ist nicht gefordert werden kann. 586

Hinweis: 587
Beim Kassensturz auf Ersuchen eines Angehörigen der Finanzverwaltung zählt möglichst der Stpfl. oder ein von ihm beauftragter Dritter das Bargeld getrennt nach Münzen und Scheinen. Der Amtsträger überwacht den Zählvorgang und dokumentiert dessen Ergebnis in einem Zählprotokoll. Er darf keinesfalls selbst in Berührung mit dem Bargeld kommen, um über jeden Verdacht erhaben zu sein. Soweit möglich, sollte ein Zeuge der Auszählung beiwohnen, um die korrekte Durchführung der Zählung und die rechnerische Richtigkeit des Additionsergebnisses bestätigen zu können.

6.18.2 Kassensturzfähigkeit bei Gewinnermittlung nach § 4 Abs. 3 EStG

Einzelfallabhängig muss auch bei Gewinnermittlung nach § 4 Abs. 3 EStG die Kassensturzfähigkeit gewährleistet sein.[163] Zwar kann einer Entscheidung des BFH vom 16.02.2006[164] entnommen werden, dass es bei der Gewinnermittlung nach § 4 Abs. 3 EStG keine Bestandskonten und kein Kassenkonto gibt, vereinnahmtes Geld sofort Privatvermögen wird und eine Feststellung des Kassenbestands somit nicht in Betracht kommt. Es gäbe somit keinen geschäftlichen Bargeldbestand, der mit dem Sollbestand verglichen werden könnte. Daraus kann nicht geschlossen werden, dass das Erfordernis der jederzeitigen Kassensturzfähigkeit bei Gewinnermittlung nach § 4 Abs. 3 EStG *generell* entfällt. Das gilt nämlich nicht, wenn – anders als im entschiedenen Fall – keine Einzelaufzeichnungen angefertigt werden, sondern sich der Stpfl. vereinfachter Dokumentationsmethoden bedient. Werden bei Gewinnermittlung nach § 4 Abs. 3 588

---

162 FG Sachsen vom 24.11.2006 – 4 V 1528/06.
163 FG Bremen vom 16.03.1979 – I 146/77, EFG 1979, 449.
164 BFH vom 16.02.2006 – X B 57/05, BFH/NV 2006, 940.

EStG Bargeldbestände zur Anfertigung retrograd aufgebauter Kassenberichte tatsächlich ermittelt (offene Ladenkasse), stehen sie auch bei Gewinnermittlung nach § 4 Abs. 3 EStG für eventuelle Kassenstürze zur Verfügung.[165]

6.19 Inhalt und Bedeutung von Tagesendsummenbons (Z-Bons)

6.19.1 Inhalte

589 Ausstattungsabhängig lassen sich meist zahlreiche finanz- und betriebswirtschaftliche Daten aus den Speichern abrufen (Reports). Dies geschieht im Laufe eines Geschäftstages (z. B. Kellnerberichte, X-Berichte), bei Geschäftsschluss am Ende des Tages (z. B. Tagesendsummenbon, Warengruppenbericht, PLU-Bericht) oder nach Ablauf bestimmter Zeiträume (z. B. Periodenbericht). Alle Berichte können einzeln oder als sog. Ketten- oder Kombiberichte abgerufen und über das Druckwerk der Kasse oder einen externen Drucker ausgegeben werden.

590 **Tabelle 8:** Berichte und Abfragemöglichkeiten elektronischer Aufzeichnungssysteme

Abfrageart	Was wird abgefragt?	Wirkung der Abfrage/Hinweise
Z 1	Die Z 1-Abfrage zeigt die Umsätze/Daten eines Tages nach Geschäftsschluss. Für die Abfrage werden diverse Bezeichnungen verwendet (Z 1, Z-Bon, Z-Abschlag, Tagesendsummenbon Transaktionsbericht, Finanzbericht, Kassenabschluss).	– bewirkte bei **Registrierkassen ohne Einzelaufzeichnungen**[166] die Löschung des Tagesspeichers und die Erhöhung des Nullstellungszählers (Z1-Zähler) um eine Ziffer je Abfrage – Übernahme des ausgedruckten Zahlenwerks in Grundaufzeichnung (unter Aufteilung der Umsätze nach Steuersätzen und Zahlungswegen) – grundsätzlich Buchungsbeleg i. S. d. § 147 Abs. 1 Nr. 4 AO
X 1	Zwischenabfrage, z. B. über Umsätze einer Schicht (vormittags/nachmittags/abends); dient häufig der Umsatzkontrolle bei Bedienerwechseln	– steuerlich grundsätzlich ohne Bedeutung, soweit dem Bericht nicht die Funktion eines Kellnerberichts zukommt (s. u.)
Z 2	Umsätze/Daten einer bestimmten Periode (z. B. Woche, Monat, Jahr)	– bewirkte bei **Registrierkassen ohne Einzelaufzeichnungen** die Löschung des Periodenspeichers und die Erhöhung des Nullstellungszählers (Z2-Zähler) um eine Ziffer je Abfrage

---

165 FG Sachsen vom 04.04.2008 – 5 V 1035/07, mit umfangreichen Ausführungen zur Kassenführung bei Gewinnermittlung nach § 4 Abs. 3 EStG.

166 Der Einsatz von Registrierkassen ohne Einzelaufzeichnungen ist spätestens seit dem 31.12.2016 nicht mehr zulässig. Der Vollständigkeit halber sind die Systeme hier noch erwähnt, weil aktuelle Außenprüfungen in diese Zeiträume hineinreichen können.

6.19 Inhalt und Bedeutung von Tagesendsummenbons (Z-Bons)

Abfrageart	Was wird abgefragt?	Wirkung der Abfrage/Hinweise
X 2	Zwischenabfrage, z. B. Umsätze/Daten einer beliebigen Periode	– steuerlich grundsätzlich ohne Bedeutung
GT (Grand Total)	Gesamtumsätze seit Inbetriebnahme der Kasse	– bewusste Unterdrückung des GT-Speichers oder Löschung kann bei **Registrierkassen ohne Einzelaufzeichnungen** zur Nichtordnungsmäßigkeit führen[167]
Warengruppenbericht	Anteil der Warengruppen (z. B. Getränke-/Speisenanteile) am Gesamtumsatz in % oder Euro Bei exakter Spezifizierung auch **PLU-Bericht** genannt.	– Abfrage in allen X- und Z-Modi möglich – Nutzbarmachung der ausgewiesenen Daten als Verprobungsgrundlage, z. B. für sog. 30/70-Kalkulationen
Kellnerbericht	Tages-/Stundenumsatz der einzelnen Mitarbeiter	– Abrechnungsunterlage, z. B. für Kellner in Gaststätten – Abfrage in allen X- und Z-Modi – Kellnerberichte sind aufbewahrungspflichtige Unterlagen[168]
Tischbericht	Umsätze je Tisch (z. B. in Gaststätten)	– Nutzbarmachung der ausgewiesenen Daten z. B. zur Planung von Umstrukturierungen (z. B. Umsatzübersichten getrennt nach Raucher- und Nichtraucherbereichen/Biergarten/Kegelbahnen)
Stundenbericht Zeitzonenbericht	Umsätze je Stunde Umsätze beliebiger Perioden	– Nutzbarmachung der ausgewiesenen Daten ggf. zur Planung künftiger Öffnungszeiten oder Einsatzzeiten der Mitarbeiter

(Quelle: Eigene Darstellung)

6.19.2 Aussagekraft von Z-Bons

Anders als noch im BMF-Schreiben vom 09.01.1996[169] ist der Begriff des Z-Bons oder Tagesendsummenbons weder im BMF-Schreiben vom 26.11.2010[170] noch in den GoBD vom 28.11.2019[171] genannt (!). Historisch betrachtet entstammen die Begrifflichkeiten einer Zeit, in der **Registrierkassen ohne Einzelaufzeichnungen** den Markt beherrscht haben. Bei (noch) zulässiger Anwendung des BMF-Schreibens vom 09.01.1996 längstens für Besteuerungszeiträume bis 31.12.2016 soll der Z-Bon die Gewähr der Vollständigkeit der Tageseinnahmen erbringen können, wenn auch die übrigen Anforderungen des genannten BMF-Schreibens erfüllt waren. Praxiserfahrungen zeigen jedoch, dass die Ordnungsmäßigkeit der Kassenführung gerade daran regelmäßig scheitert, z. B. durch

---

[167] FG Münster vom 23.03.2000 – 14 K 4134/97 F; vgl. dazu auch BFH vom 28.11.2023 – X R 3/22.
[168] BFH vom 30.11.1989 – I R 225/84, BFH/NV 1991, 356; FG Münster vom 16.05.2013 – 2 K 3030/11 E,U, EFG 2014, 86.
[169] BStBl. I 1996, 34; Anhang 2.
[170] BStBl. I 2010, 1342; Anhang 3.
[171] BStBl. I 2019, 1269.

Nichtaufbewahrung der Organisationsunterlagen oder Unterdrückung von Stornobuchungen. Angesichts zahlreich angetroffener Verstöße gegen das BMF-Schreiben vom 09.01.1996 und bekannt gewordenen Betrugsmustern ist fraglich, ob Z-Bons entgegen des Wortlauts des BMF-Schreibens vom 09.01.1996 je geeignet waren, die Vollständigkeit der Tageseinnahmen zu belegen. Wurden vorhandene Manipulationsmöglichkeiten an summenspeicherbasierten Kassen genutzt, z.B. bei manueller Verstellung des Z-Zählers, täuschte ein „unauffälliger" Z-Bon die Ordnungsmäßigkeit oft nur vor. Um Schätzungen zu vermeiden, wird bei Betriebsprüfungen für Veranlagungszeiträume bis zum 31.12.2016 häufig die Vorlage der Journalrollen und/oder der Kassenbons (Einzelaufzeichnungen in Papierform) erforderlich sein.

592 Seit Einführung des Datenzugriffsrechts am 01.01.2002 kam dem Z-Bon von **Registrier- oder PC-Kassen mit Einzelaufzeichnungen** keinerlei Beweiskraft zu. Die Kassenrichtlinie vom 09.01.1996 war in diesen Fällen noch nie anwendbar, da sie nach ihrem eindeutigen Wortlaut allein für Unterlagen in Papierform galt. Gleichwohl durfte auch hier der Z-Bon i.d.R. nicht vernichtet werden, da er als Buchungsbeleg i.S.d. § 147 Abs. 1 Nr. 4 AO oder als sonstige für die Besteuerung bedeutsame Unterlage i.S.d. § 147 Abs. 1 Nr. 5 AO zu den aufbewahrungs- und vorlagepflichtigen Unterlagen gehört. Er braucht nur dann nicht aufbewahrt zu werden, wenn alle zur Erstellung des Abschlusses notwendigen Einzelaufzeichnungen per Schnittstelle unmittelbar in das Finanzbuchhaltungssystem übernommen werden – dann käme dem Z-Bon keine Funktion mehr zu.

6.19.3 Der Z-Bon als Thermobeleg

593 Auf die Ausführungen in Kap. 4.3.6 wird hingewiesen.

6.20 Bilanzausweis von Kassenbeständen

6.20.1 Allgemeines

594 Zum Abschlussstichtag sind sämtliche Kassenbestände des Stpfl. in die Bilanz zu übernehmen. Dazu gehören:

- Kassenbestände sämtlicher Hauptkassen (in Euro),
- Bestände ausländischer Zahlungsmittel (Fremdwährung)[172],
- Kurrente in- und ausländische Münzen[173],
- Bestände von Neben- und Unterkassen, z.B. aus
  - Geldspiel-, Zigaretten-, Waren- und sonstigen Münzautomaten[174],

---

172 Umrechnung zum Kurs am Bilanzstichtag (§ 256a HGB).
173 Bei Münzhändlern hat der Bilanzausweis nicht im Kassen-, sondern im Warenbestand zu erfolgen.
174 Das gilt nur bei Betrieb in eigenem Namen und auf eigene Rechnung. Im Regelfall zahlen die Automatenaufsteller nur den sog. Wirteanteil für die Gestattung der Aufstellung des Automaten (vgl. Abschn. 3.7 Abs. 8 UStAE). Zu den Anforderungen der Finanzverwaltung an den Datenabruf über sog. Auslesestreifen s. *Krullmann/Marrek*, BBK 2021, 1064.

- Trinkgeldkassen des Stpfl. („Sparschwein"),
- Tresoren, Safes und Bankschließfächern,
- unbare Bestände wie
  - Bar-, Verrechnungs- und Reiseschecks,
  - Postwertzeichen,
  - Guthaben aus Frankiermaschinen und
  - Steuer-, Stempel-, Gerichtskosten- und Beitragsmarken.

Gesperrte Guthaben, z. B. beschlagnahmte Gelder, sind gesondert im Anlage- oder Umlaufvermögen auszuweisen bzw. zu kennzeichnen.

6.20.2 Kassenkonto

Unter dem Kassenkonto versteht man das Bestandskonto *Kasse* innerhalb der Finanzbuchführung, wofür je nach verwendetem Kontenrahmen unterschiedliche Kontonummern und Bezeichnungen vorgesehen sind. Hier findet sich die buchhalterische Wiedergabe der baren Geschäftsvorfälle aus

- den geführten Einzelaufzeichnungen,
- dem Kassenbericht oder
- dem Kassenbuch bzw. der Kassenbestandsrechnung.

Das Kassenkonto ist kein Ersatz für die genannten Unterlagen, es kann deren Funktionen nicht übernehmen.[175]

Werden mehrere Konten benötigt, etwa für Nebenkassen, für im Safe oder in Schließfächern aufbewahrte Geldbestände, für den Kasseninhalt von Automaten o. ä., können zusätzlich individuelle Kontenbezeichnungen vergeben werden. Wenn mehrere Kassen(bücher) geführt werden, deren Aufzeichnungen in einem einheitlichen Kassenkonto zusammenlaufen, muss nicht das Kassenkonto, sondern jedes einzelne Kassenbuch die geforderte Kassensturzfähigkeit gewährleisten.

6.20.3 Nachbuchung von Betriebseinnahmen

Werden zunächst unverbuchte Bareinnahmen erst im Rahmen späterer Abschlussbuchungen erfasst, ist die Kassenführung wegen Verstoßes gegen die Zeitgerechtheit nicht ordnungsgemäß.[176] Der formelle Mangel entfällt nicht, weil das Buchführungsergebnis im Anschluss an die Nachbuchung materiell zutreffend ist oder sein könnte. Beruhen Nachbuchungen auf vorheriger versehentlicher Nichtbuchung, kann der Mangel einzelfallabhängig jedoch als nicht wesentlich erscheinen.

Identifizieren Angehörige steuerberatender Berufe bspw. durch Kassenfehlbeträge, auffallend niedrige Rohgewinnaufschlagsätze oder sonstige Vorkommnisse die Notwendigkeit einer Nachbuchung, muss der Mandant umfassend

---

175 *Brinkmann*, Schätzungen im Steuerrecht, 4. Aufl. 2017, 202.
176 BFH vom 26.10.1994 – X R 114/92, BFH/NV 1995, 373.

über die Rechtsfolgen aufgeklärt werden, etwa über straf- und bußgeldrechtliche Konsequenzen oder seine Verpflichtung zur Nacherklärung i. S. v. § 153 AO für *alle* betroffenen Veranlagungszeiträume der Vergangenheit unter Beachtung der verlängerten Festsetzungsfristen in Fällen der Steuerhinterziehung oder leichtfertiger Steuerverkürzung.

600 Ohne Wissen des Mandanten dürfen keine Nachbuchungen in Form eigener Sicherheitszuschläge vorgenommen werden. Nachbuchungen über den Kopf des Mandanten hinweg können Haftungstatbestände auslösen. Um als Angehöriger der steuerberatenden Berufe nicht in den Verdacht der Beihilfe oder Mittäterschaft zu geraten, müssen Nachbuchungen transparent gemacht werden. Hierzu sollten der Finanzbehörde die Gründe für die Nachbuchung und deren Höhe unverzüglich angezeigt werden. Beigefügt werden sollten

- eine Aufstellung des Mandanten über bisher fehlende Einnahmen und
- eine aktuelle Vollständigkeitserklärung des Mandanten, aus der hervorgeht, dass mit der Nacherklärung nunmehr sämtliche Betriebseinnahmen erfasst sind.

7 Offene Ladenkasse
7.1 Einführung in die Thematik

Es gibt keine gesetzliche Vorgabe, wie Kassenaufzeichnungen zu führen sind.[1] Insbesondere existiert keine Registrierkassenpflicht, womit der Stpfl. auch über den 01.01.2020 hinaus in der Wahl seines Aufzeichnungsmittels frei bleibt.[2] Grundsätzlich kann jeder Stpfl. frei entscheiden, ob er seine Geschäftsvorfälle

- mit Hilfe elektronischer Aufzeichnungssysteme *oder*
- in Form von Papieraufzeichnungen festhält (Offene Ladenkasse – OLK –).[3]

601

Auch wenn der Stpfl. sich für Papieraufzeichnungen entscheidet, gilt der der Grundsatz der Einzelaufzeichnungspflicht. Ausnahmen gelten, soweit § 146 Abs. 1 Satz 3 AO zur Anwendung kommt oder die Finanzverwaltung Erleichterungen gewährt hat (§ 148 AO).

602

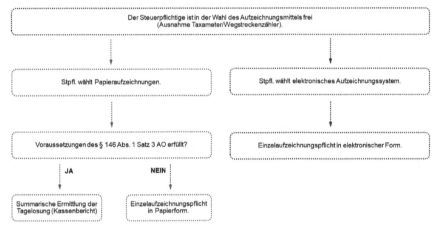

Abbildung 16: Prüfschema Einzelaufzeichnungspflicht
(Quelle: Eigene Darstellung)

Als OLK gelten eine summarische retrograde Ermittlung der Tageseinnahmen mittels Kassenbericht sowie manuelle Einzelaufzeichnungen *ohne Einsatz technischer Hilfsmittel*.[4] Registrierkassen alter Bauart ohne dauerhafte Speicherung der Einzelaufzeichnungen gelten nicht als OLK. Diese weiter zu verwenden, ist

603

---

1 BFH vom 23.08.2017 – X R 11/16.
2 Vgl. nur BFH vom 16.12.2014 – X R 42/13, BStBl. II 2015, 519, Rz. 22.
3 Ausnahmen gelten für Taxi- und Mietwagenunternehmen, die einen Teil ihrer Betriebseinnahmen zwingend elektronisch mit Taxametern oder Wegstreckenzählern aufzeichnen müssen.
4 AEAO zu § 146 Nr. 2.1.4.

aus Sicht der Finanzverwaltung bereits seit dem 01.01.2017 unzulässig.[5] Sie gelten nicht als bloße „Rechenhilfe" unter Verwendung einer offenen Ladenkasse.[6] Wer ein elektronisches Aufzeichnungssystem nutzt, muss auch die daraus folgenden Pflichten erfüllen. Der Wortlaut der §§ 146a Abs. 1 und 146 Abs. 1 Satz 4 AO ist insoweit eindeutig.

604 *Hinweis:*
Selbst wenn ein Stpfl. seine Geschäftsvorfälle bisher einzeln über ein elektronisches Aufzeichnungssystem erfasst und mit der zertifizierten technischen Sicherheitseinrichtung abgesichert hat, darf er jederzeit zu Papieraufzeichnungen zurückkehren (sog. „Downsizing"). Die Einführung des § 146a AO zum 01.01.2020 hat hieran nichts geändert. Für eine Rückkehr zur offenen Ladenkasse *ohne* Einzelaufzeichnungen könnte der Weg jedoch versperrt sein. Der Stpfl. wird sich an den strengen Voraussetzungen der §§ 146 Abs. 1 Satz 3 AO und ggf. 63 Abs. 4 UStDV messen lassen müssen. Die Finanzverwaltung wird in diesen Fällen verstärkt prüfen, ob und in welchem Umfang dem Stpfl. händische Einzelaufzeichnungen aufgebürdet werden können.

605 Offene Ladenkassen (OLK) kommen in verschiedenen Ausprägungen vor:
– mit Einzelaufzeichnungen (Kap. 7.2),
– ohne Einzelaufzeichnungen (Kap. 7.3),
– Ausgaben-/Festbestandskassen (Kap. 6.1.5).

606 Zur Sonderform der **geschlossenen Ladenkassen** in manueller oder elektronischer Form einschließlich der sog. „Vertrauenskassen" siehe Kap. 8.

7.2 Offene Ladenkasse mit Einzelaufzeichnungen

607 Tätigt ein Unternehmer nur verhältnismäßig wenige Geschäftsvorfälle, die das Führen von Einzelaufzeichnungen in Papierform möglich erscheinen lassen, kann diese Methode einen sehr hohen Schutz vor Schätzungen der Finanzverwaltung bieten. Die Erfüllung der Grundaufzeichnungsfunktion (Belegsicherung, Unverlierbarkeit der Geschäftsvorfälle) erfordert dazu zunächst die Erstellung aussagekräftiger Belege, ferner
– eine (fortlaufende) Nummerierung der Belege, z.B. vorgedruckt, händisch oder mittels Paginierstempel,
– eine Heftung der Belege mit Additionsstreifen,
– eine geordnete Belegablage (z.B. in einem Stehordner),
– keine „lose Zettelwirtschaft".

608 Zu den Anforderungen an (Kleinbetrags-)Rechnungen s. §§ 14 UStG, 33 UStDV.

609 Im Zuge des Tagesabschlusses sollte das Geld zum Abgleich der Einzelaufzeichnungen mit dem tatsächlichen Kassenbestand gezählt werden, um ggf. erforder-

---

5 BMF, Schreiben vom 26.11.2010, BStBl. I 2010, 1342; anderer Ansicht *Kulosa*, SAM 1/2017, 9 (Verwendung bis 31.12.2019 zulässig).
6 AEAO zu § 146 Nr. 2.1.4, letzter Satz.

liche Korrekturen vorzunehmen, z. B. bei Wechselgeldfehlern. Anschließend muss – abhängig von Rechtsform und Gewinnermittlungsart – die Erfassung der tatsächlichen Tageseinnahme sowie der Privatentnahmen, Privateinlagen und des Geldtransits in einem Kassenbuch, Kassenbericht oder – bei Gewinnermittlung nach § 4 Abs. 3 EStG – in handschriftlichen Zusammenstellungen erfolgen. Vgl. dazu im Einzelnen Kap. 6.1.

Werden die Aufzeichnungen formell ordnungsmäßig geführt, genießt der Stpfl. einen hohen Vertrauensvorschuss i. S. d. § 158 AO, der sich i. d. R. nur durch beweiskräftige Nachkalkulationen widerlegen lässt. 610

Tipp: 611
Anstelle der Eintragung in ein Kassenbuch, eine Kassenbestandsrechnung oder eine handschriftliche Liste (bei Gewinnermittlung bei § 4 Abs. 3 EStG)[7] wird empfohlen, ggf. einen retrograd aufgebauten Kassenbericht anzufertigen. Er bietet den Vorteil, dass ein sofortiger Abgleich zwischen den Betriebseinnahmen laut Addition der Quittungen und den Betriebseinnahmen laut Kassenbericht möglich ist (doppelte Kontrolle zur Gewährleistung der Kassensturzfähigkeit). Eines (zusätzlichen) Kassenbuchs bedarf es in diesem Fall nicht, es kann auch in Form aneinandergereihter Kassenberichte geführt werden.[8]

7.3 Offene Ladenkasse ohne Einzelaufzeichnungen

7.3.1 Einführung in die Thematik

Seit Veröffentlichung des Gesetzes zum Schutz vor Manipulationen an digitalen Grundaufzeichnungen im Dezember 2016 war vor dem Hintergrund des Wortlauts des § 146 Abs. 1 Satz 3 AO („aus Zumutbarkeitsgründen") strittig, ob Stpfl. nur dann auf Einzelaufzeichnungen verzichten können, wenn diese technisch, betriebswirtschaftlich und praktisch unmöglich sind (Prüfung der Zumutbarkeit i. S. d. BFH-Urteils vom 12.05.1966[9]). Falls bejahend, wäre der in § 146 Abs. 1 Satz 3 AO manifestierte Wille des Gesetzgebers, Ausnahmen von der Einzelaufzeichnungspflicht zuzulassen, bereits an dieser Stelle ausgehebelt. Denn es ist kaum ein Gewerbe vorstellbar, in dem Einzelaufzeichnungen tatsächlich unmöglich wären. Technisch unmöglich erscheint in der heutigen Zeit nichts mehr. So sind nur sehr wenige Geschäftsvorfälle denkbar, in denen Einnahmen in technischer Hinsicht nicht einzeln erfasst werden könnten. Damit käme man in den meisten Fällen zu einer faktischen Registrierkassenpflicht, die der Gesetzgeber ausdrücklich nicht gewollt hat. 612

Das Dilemma lag im Ursprung. Bereits in der BT-Drucks. 18/10667 vom 14.12.2016, Beschlussempfehlung und Bericht des Finanzausschusses, unter B. Besonderer Teil, S. 26 ist irriger Weise ausgeführt: 613

---

7 Vgl. Kap. 9.1, am Ende.
8 AEAO zu § 146, Nr. 1.4.
9 BFH vom 12.05.1966 – IV 472/60, BStBl. III 1966, 371.

> „§ 146 Absatz 1 Satz 3 AO stellt klar, dass eine Einzelaufzeichnungspflicht aus Zumutbarkeitsgründen bei Verkauf von Waren an eine Vielzahl von nicht bekannten Personen gegen Barzahlung nicht besteht. Die in § 146 Absatz 1 Satz 3 AO geregelte Ausnahme von der Einzelaufzeichnungspflicht dient der Klarstellung und entspricht der Rechtsprechung des Bundesfinanzhofs [...] (BFH-Urteil vom 12.05.1966 – IV 472/60, BStBl. III 1966 S. 371). Dies betrifft offene Ladenkassen."

614 Richtig aber ist, dass der in § 146 Absatz 1 Satz 3 AO geregelte Dispens von der Einzelaufzeichnungspflicht gerade **nicht** der Rechtsprechung des Bundesfinanzhofs entspricht. Tragend für die Entscheidung vom 12.05.1966 war, dass der BFH bei Verkauf von Waren geringen Werts an eine Vielzahl nicht bekannter Personen technische, betriebswirtschaftliche und praktische Unmöglichkeit angenommen hat. Bezogen auf das Streitjahr 1956 (!) mag das zutreffend gewesen sein. Angesichts der technischen Entwicklung liegen die Dinge heute sicher anders. Soweit der Gesetzgeber mit dem gewählten Wortlaut des § 146 Abs. 1 Satz 3 AO die BFH-Rechtsprechung vom 12.05.1966 umsetzen wollte, muss die Formulierung als legislatives Missgeschick eingeordnet werden.

615 Erst durch Änderung des AEAO zu § 146, Nr. 2.2.2 am 12.01.2022 besteht nun für alle Beteiligten zwar keine vollständige, so doch mehr Rechtssicherheit. Das BMF hat klargestellt, dass die Zumutbarkeit von Einzelaufzeichnungen bei Vorliegen der übrigen Voraussetzungen des § 146 Abs. 1 Satz 3 AO nicht gesondert zu prüfen ist.[10] Als gesetzlich normierte Ausnahme von der Einzelaufzeichnungspflicht wird nach § 146 Abs. 1 Sätze 3 und 4 AO i.V.m. AEAO zu § 146, Nr. 2.2.2 nun quasi fingiert, in welchen Fällen diese aus Zumutbarkeitsgründen nicht gilt (Unzumutbarkeit als Rechtsfolge, nicht als Tatbestandsmerkmal). Nach diesseitiger Auffassung ist die Klarstellung durch die Verwaltung in allen offenen Fällen anzuwenden, sodass die bisherige BFH-Rechtsprechung vom 12.05.1966[11] obsolet geworden ist.[12]

---

10 BMF vom 12.01.2022 – IV A 3 – S 0062/21/10007 :001, BStBl. I 2022 S. 82 (88).
11 BFH vom 12.05.1966 – IV 472/60, BStBl. III 1966, 371 (sog. „Einzelhandelsrechtsprechung").
12 Siehe dazu Wortlaut der GoBD, Rz. 39, 183.

7.3 Offene Ladenkasse ohne Einzelaufzeichnungen

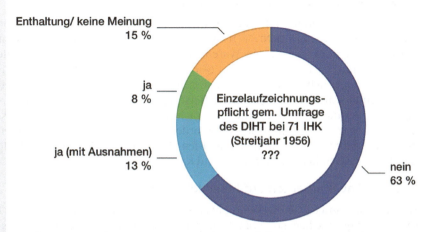

Abbildung 17: Umfrage zur Einzelaufzeichnungspflicht (BFH 12.05.1966)
(Quelle: Eigene Darstellung)

Erstaunlich ist, dass der BFH am 12.05.1966[13] geurteilt hat, dass Einzelaufzeichnungen in einer Bäckerei mit Lebensmitteleinzelhandel **unmöglich** sind. Wie Abbildung 17 zeigt, sind dieser restriktiven Auffassung ausweislich der Urteilsgründe nur 63 % der im Laufe des Verfahrens befragten Industrie- und Handelskammern uneingeschränkt gefolgt. Ebenso bemerkenswert ist, dass die Gerichtsbarkeit das Urteil vom 12.05.1966[14] in den vergangenen Jahrzehnten bis heute gebetsmühlenartig zitiert bzw. zur Entscheidungsfindung heranzieht, obwohl es bedingt durch veränderte Geschäftsprozesse und fortschreitende Digitalisierung schon lange nicht mehr ohne weiteres anwendbar ist (Streitjahr: 1956). Damals mag die Entscheidung des BFH, Bäckereien und den Lebensmitteleinzelhandel von der Einzelaufzeichnungspflicht auszunehmen, richtig gewesen sein. Jedoch haben sich die Dinge im Laufe der Zeit erheblich verändert. Gewerbezweige, denen man die Anschaffung einer Registrierkasse damals nicht zumuten konnte oder wollte, zeichnen ihre Betriebseinnahmen teils schon seit Jahrzehnten digital auf. So kommt heute bereits in mehr als 75 % der Bäckereien ein elektronisches Aufzeichnungssystem zum Einsatz, im Lebensmitteleinzelhandel nahezu zu 100 %. Gleichwohl sind die tragenden Gründe des BFH-Urteils vom 12.05.1966 in nachfolgenden Entscheidungen – soweit ersichtlich – nie geprüft worden. Warum die Rechtsprechung das Urteil bei der Frage nach der Zumutbarkeit bis heute heranzieht, erschließt sich nicht.

Macht der Stpfl. von der Ausnahmeregel des § 146 Abs. 1 Satz 3 AO Gebrauch, werden die Prüfungsdienste der Finanzverwaltung bei Prüfung der Tatbestandsmerkmale der Norm genau hinsehen. Vgl. dazu Kap. 7.3.2 ff.

---

13 BFH vom 12.05.1966 – IV 472/60, BStBl. III 1966, 371.
14 BFH vom 12.05.1966 – IV 472/60, BStBl. III 1966, 371.

7.3.2 Anwendbarkeit auf Warenverkäufe

618 Der Begriff der Waren ist handelsrechtlich auszulegen (Vorräte i. S. v. § 266 Abs. 2 B. I Nr. 1–3, § 275 II Nr. 5a HGB, die typischerweise im Handelsverkehr umgesetzt werden). Neben den Waren i. e. S. (angeschaffte Gegenstände, die ohne oder nur nach geringfügiger Be- oder Verarbeitung verkauft werden) fallen hierunter auch selbst hergestellte Erzeugnisse. Abgrenzungsschwierigkeiten zwischen Warenverkauf und **Dienstleistung** müssen zwingend gelöst werden, ggf. über die umsatzsteuerliche Betrachtungsweise (Lieferung oder sonstige Leistung).[15] Die Abgrenzung ist erforderlich, weil die Hürden für einen Verzicht auf Einzelaufzeichnungen bei Dienstleistungen im Rahmen des § 146 Abs. 1 Satz 3 AO höher liegen (Hinweis auf Kap. 7.3.3).

7.3.3 Anwendbarkeit auf Dienstleistungen

619 Trotz des eindeutigen Gesetzeswortlauts überträgt das BMF die dem § 146 Abs. 1 Satz 3 AO zugrunde liegenden Überlegungen eingeschränkt auch auf Dienstleistungen.

620 Das ist insofern erstaunlich, als dass diese Übertragung vom Gesetzestext nicht gedeckt ist und der Warenverkauf bis dahin als „einzige Ausnahme" von der Einzelaufzeichnungspflicht galt.[16] Die Übertragbarkeit wird jedoch an folgende Kriterien geknüpft:

– Dienstleistungen an eine Vielzahl von nicht bekannten Personen gegen Barzahlung.
– Geschäftsbetrieb ist auf eine Vielzahl von Kundenkontakten ausgerichtet.
– Kundenkontakt des Dienstleisters und seiner Angestellten ist im Wesentlichen auf die Bestellung und einen kurzen Bezahlvorgang beschränkt.
– Es werden tatsächlich keine Einzelaufzeichnungen geführt (AEAO zu § 146, Nr. 2.2.6).

Beispiele sind mobile WC-Anlagen, Fahrgeschäfte auf Volksfesten, Garderoben, u. ä.

621 Für Zwecke einer eventuellen Nachkalkulation empfiehlt es sich, Einnahmen aus dem Betrieb einer **Garderobe** separat zu dokumentieren. Einnahmen aus der kurzfristigen Aufbewahrung von Garderobe teilen umsatzsteuerlich das Schicksal der Hauptleistung, d. h. stehen die Einnahmen etwa in Zusammenhang mit einer umsatzsteuerbegünstigten Konzert- oder Theatervorführung, ist auch auf das Garderobengeld der ermäßigte Umsatzsteuersatz anzuwenden.[17] Wer nach Vereinbarung mit dem Unternehmer die Aufbewahrung der Garde-

---

15 So hat der BFH in der Dienstleistung „Darreichung von Speisen und Getränken" eine erhebliche Nähe zum Verkauf von Waren in einer Bäckerei gesehen, BFH vom 12.07.2017 – X B 16/17, Rz. 71. Zum Begriff der Restaurant- und Verpflegungsdienstleistungen s. a. EuGH vom 22.04.2021 – C-703/19, HFR 2021, 732.
16 Vgl. BR-Drucks. 407/16, 13.
17 § 12 Abs. 2 UStG; Abschn. 12.6. Abs. 3 UStAE.

robe besorgt und dafür (nur) ein ins Belieben der Gäste gestelltes Trinkgeld erhält, ist als Angestellter des Unternehmers zu behandeln, auch wenn er einen Teil der Trinkgelder als „Pachtzahlung" an den Unternehmer abliefern muss.[18]

7.3.4 Vielzahl nicht bekannter Personen

Das Tatbestandsmerkmal „Vielzahl" ist ein unbestimmter Rechtsbegriff, der im Einzelfall auszulegen ist. Nach AEAO zu § 146, Nr. 2.2.5 ist von einem Verkauf von Waren an eine Vielzahl nicht bekannter Personen auszugehen, wenn nach der typisierenden Art des Geschäftsbetriebs alltäglich Barverkäufe an namentlich nicht bekannte Kunden getätigt werden.[19] Dies setzt voraus, dass die Identität der Käufer für die Geschäftsvorfälle regelmäßig nicht von Bedeutung ist. Unschädlich ist, wenn der Verkäufer aufgrund außerbetrieblicher Gründe tatsächlich viele seiner Kunden namentlich kennt. 622

Meines Erachtens liegt die Messlatte bei der Auslegung des Tatbestandsmerkmals „Vielzahl" recht hoch. Der Stpfl. sollte möglichst darlegen können, dass ihm angesichts zahlreicher Kunden eine Einzelaufzeichnung – z. B. aus zeitlichen Gründen – nicht möglich ist. Als Kriterien können herangezogen werden:

- Definition Vielzahl (Masse, Unmenge)
- Verweildauer der Kunden
- geordnetes Nacheinander der Kunden
- erhebliche Verzögerungen der Verkaufsvorgänge
- Stoßgeschäft (z. B. Bierstand, Schulkiosk)

Einzelfallabhängig könnte ein Antrag nach § 148 AO Rechtssicherheit bringen.

7.3.5 Erbringung der Leistung gegen Barzahlung

Nach eindeutigem Wortlaut des § 146 Abs. 1 Satz 3 AO gilt die Vereinfachung nur in Fällen der Barzahlung. Wer Kartenzahlungsgeräte nutzt, begibt sich unabhängig von der Betriebsgröße in die Einzelaufzeichnungspflicht. 623

7.3.6 Trennung der Entgelte

Ungeachtet des § 146 Abs. 1 Satz 3 AO bleiben umsatzsteuerliche Aufzeichnungs- und Aufbewahrungspflichten unberührt (AEAO zu § 146, Nr. 3.5). In diesem Zusammenhang häufig übersehen wird, dass der BFH im Urteil vom 12.05.1966 keine umsatzsteuerliche Würdigung vorgenommen hat.[20] Bei Warenverkäufen zu unterschiedlichen Steuersätzen tritt zu den obigen Kriterien damit ein weiteres hinzu. Unternehmer müssen in ihren Aufzeichnungen ersichtlich machen, wie sich die Entgelte auf die einzelnen Steuersätze verteilen 624

---

18 *Assmann*, Besteuerung des Hotel- und Gaststättengewerbes, 6. Aufl. 2011, Rz. 1459 mit Verweis auf RFH vom 26.11.1926 – V A 848/26, RStBl 1927, 41.
19 Vgl. BFH vom 12.05.1966 – IV 472/60, BStBl. III 1966, 371 und BFH vom 16.12.2014 – X R 29/13, BFH/NV 2015, 790.
20 §§ 22 UStG und 63 ff. UStDV sind erst zum 01.01.1968 eingeführt worden.

(§ 22 Abs. 2 UStG). Einem Unternehmer, dem wegen der Art und des Umfangs seines Geschäfts eine Trennung der Entgelte und Teilentgelte bzw. der Bemessungsgrundlagen nach Steuersätzen in seinen Aufzeichnungen nicht zuzumuten ist, kann das Finanzamt auf Antrag Erleichterungen gewähren. Die Anwendung des Verfahrens kann auf einen in der Gliederung des Unternehmens gesondert geführten Betrieb beschränkt werden.[21] An dieser Stelle könnte die Finanzverwaltung § 146 Abs. 1 Satz 3 AO ggf. aushebeln, weil die Zumutbarkeit **umsatzsteuerlich** weiterhin zu prüfen ist. Wird kein Antrag gestellt oder ein gestellter Antrag abschlägig beschieden, gilt zwingend Einzelaufzeichnungspflicht.[22] Aufgrund des § 140 AO sind zudem die für den jeweiligen Stpfl. geltenden außersteuerlichen Aufzeichnungs- und Aufbewahrungspflichten zu beachten.[23] Fehlen Aufzeichnungen zur Trennung der Entgelte oder sind diese unzutreffend, ist das Finanzamt zur Schätzung der Besteuerungsgrundlagen berechtigt.[24]

625 *Hinweis:*
Zeichnet der Stpfl. seine Umsätze trotz Verpflichtung vorsätzlich oder leichtfertig nicht einzeln auf und ermöglicht dadurch, Steuern zu verkürzen, liegt eine Ordnungswidrigkeit nach § 379 Abs. 1 Nr. 3 AO vor, die mit einer Geldbuße bis zu 25.000,00 € belegt werden kann, wenn die Handlung nicht nach § 378 AO (leichtfertige Steuerverkürzung) geahndet werden kann. Zur zeitlichen Anwendung s. Art. 97 § 30 Abs. 1 Satz 1 EGAO.

7.4 Rechtsfolgen des § 146 Abs. 1 Satz 3 AO

7.4.1 Allgemeines

626 Wird nach vorgenannten Grundsätzen zulässiger Weise eine offene Ladenkasse ohne Einzelaufzeichnungen geführt, sind die Kasseneinnahmen summarisch durch Verwendung retrograd aufgebauter Kassenberichte zu ermitteln. Tägliche Geldzählungen sind systembedingte unentbehrliche Voraussetzung für die zutreffende Ermittlung der Tageslosung. In Betrieben mit mehreren offenen Ladenkassen sind Aufzeichnungen für jede einzelne Kasse erforderlich.[25] Punktuelle Einzelaufzeichnungspflichten bleiben unberührt (vgl. Kap. 7.4.4).

7.4.2 Berechnungsschema des retrograden Kassenberichts

627 Die Ermittlung der Einnahmen durch einen Kassenbericht geht vom ausgezählten Kassenbestand bei Geschäftsschluss aus, von dem zur Berechnung der Tageseinnahme der Kassenanfangsbestand und die Bareinlagen abgezogen und die im Laufe des Tages getätigten Ausgaben und Barentnahmen sowie die Bank-

---

21 § 63 Abs. 4 UStDV; Abschn. 22.6. UStAE; BMF vom 06. 05. 2009, BStBl. I 2009, 681. Zur Trennung der Entgelte in der Gastronomie vgl. Abschn. 3.6. UStAE.
22 *Achilles*, DB 2018, 2454 (2458), Tz. V.5.
23 GoBD, Rz. 3.
24 BFH vom 30.06.2011 – V R 18/10, BStBl. II 2013, 246; FG Rheinland-Pfalz vom 01.04.2008 – 6 K 1108/07, Rz. 24.
25 Vgl. BFH vom 13.03.2013 – X B 16/12.

7.4 Rechtsfolgen des § 146 Abs. 1 Satz 3 AO

einzahlungen zugerechnet werden. Vgl. dazu beispielhaft das **Berechnungsschema** retrograder Kassenberichte in Kap. 6.2.3.1.

Ein Kassenbericht dokumentiert diesen Rechenprozess und macht ihn – nach der Rechtsprechung – für einen sachkundigen Dritten *nachprüfbar*. Nach diesseitiger Auffassung geht das fehl, unter Berücksichtigung falsch dokumentierter Kassenendbestände (bewusst oder unbewusst) sind Kassenberichte allenfalls *nachrechenbar*. Die Nachprüfung der Vollständigkeit ist systembedingt nicht möglich. 628

Der geschäftliche Bargeldendbestand ist geschäftstäglich auszuzählen. Die Feststellung des Kassenendbestandes ist unentbehrliche Grundlage für die Berechnung der jeweiligen Tageslosung.[26] Werden Kassenberichte nachträglich und nur rechnerisch erstellt (progressive Methode), ist die Kassenführung nicht ordnungsgemäß.[27] 629

Schecks, Fremdwährungen und Kassenschnitte von Kartenerfassungsgeräten sind gesondert zu dokumentieren, um zu verhindern, dass bare und unbare Geschäftsvorfälle vermischt werden. 630

> *Hinweis:* 631
>
> Für unternehmensinterne Geschäftsvorfälle sind **Eigenbelege** anzufertigen. Die Verpflichtung dazu ergibt sich aus § 22 Abs. 2 Nr. 1 UStG.[28] Sie dient auch der Herstellung der Kassensturzfähigkeit.[29] Fehlen solche Belege, handelt es sich nicht nur um einen formellen, sondern um einen schwerwiegenden materiellen Mangel.[30] Der Nachweis von Entnahmen und Einlagen durch Eigenbelege ist nicht zuletzt aufgrund § 4 Abs. 4a EStG (Schuldzinsenabzug) auch im Rahmen der Einnahmeüberschussrechnung nach § 4 Abs. 3 EStG erforderlich. Eigenbelege, insbesondere Einnahme- und Ausgabebelege sind z. B. anzufertigen für
>
> - den **Geldtransit**, d. h. für
>   - Entnahmen zwecks Einzahlung auf das Geschäftskonto,
>   - Abhebungen zwecks Einlage in die Geschäftskasse oder
>   - Verschiebungen zwischen mehreren Kassen,
> - die **Privateinlagen** und **Privatentnahmen**[31].

Hierfür bietet sich der in Abbildung 15 dargestellte Beleg (Rz. 550) zur Dokumentation von Geldflüssen an. Die bloße Dokumentation dieser Geschäftsvorfälle im Kassenbericht allein genügt nicht, da solche Geldbewegungen gedanklich verloren gehen können, wenn der Stpfl. sie erst nach Geschäftsschluss aus der Erinnerung heraus aufzeichnet. 632

---

26 BFH vom 01.10.1969, BStBl. II 1970, 45.
27 FG Münster vom 19.08.2004, EFG 2004, 1810.
28 BFH vom 02.09.2008 – V B 4/08.
29 BFH vom 21.02.1990 – X R 54/87, BFH/NV 1990, 683.
30 FG Münster vom 23.03.2000 – 5 V 7028/99 E,G,U.
31 FG Münster vom 23.03.2000 – 5 V 7028/99 E,G,U; FG Thüringen vom 20.06.2002 – II 664/00.

7.4.3 Formerfordernisse des Kassenberichts

633 Kassenberichte sind mit Hinblick auf die in § 146 Abs. 4 AO geforderte Unveränderbarkeit der Aufzeichnungen **handschriftlich** auszufüllen. Der Kassenbestand muss vollständig gezählt werden (ggf. mit Zählbrett und Anfertigung von Zählprotokollen). Zur Prüfung der Vollständigkeit sollten Kassenberichte eine fortlaufende Nummerierung aufweisen. Zumindest muss die Vollständigkeit aus der jeweiligen Datumsangabe und den übertragenen Kassenbeständen (Kassenendbestand des Vortages = Kassenanfangsbestand des Folgetages) erkennbar sein.

7.4.4 Punktuelle Verpflichtung zur Führung von Einzelaufzeichnungen

634 Die summarische Ermittlung der Tageslosung mittels Kassenberichten befreit nicht von ggf. bestehenden außersteuerlichen oder branchenspezifischen Einzelaufzeichnungspflichten. Von der Vereinfachung der summarischen Ermittlung der Tageslosung mittels Kassenberichten dürfen Stpfl. deshalb keinen Gebrauch machen, **soweit** in ihrem Betrieb

- Einzelaufzeichnungspflichten für bestimmte Geschäftsvorfälle nach außersteuerlichen Vorschriften bestehen,
- branchenspezifische Besonderheiten vorliegen, aus denen die Rechtsprechung bestimmte Einzelaufzeichnungspflichten hergeleitet hat,
- Waren nach Art des Geschäftsbetriebs regelmäßig an andere gewerbliche Unternehmer erkennbar zur Weiterveräußerung oder zum Verbrauch als Hilfsstoffe geliefert werden (§ 144 AO),
- Einzelaufzeichnungen aus haftungsrechtlichen Gründen gefertigt werden,
- sonstige freiwillige, übliche oder automatisierte Einzelaufzeichnungen angefertigt werden, z. B. Warenannahme und Warenverkauf in Second-Hand-Shops.

635 Angefertigte Belege sind aufzubewahren und sollten – bei Barzahlung – an den Kassenbericht geheftet werden. Dabei ist kenntlich zu machen, ob sie in der summarisch ermittelten Tageslosung enthalten sind.

7.4.5 Verfahrensdokumentation

636 Zum Erfordernis einer Verfahrensdokumentation bei offenen Ladenkassen s. Kap. 5.12, zum internen Kontrollsystem allgemein s. Kap. 5.9, zur Anfertigung von Kassieranweisungen s. Kap. 5.9.4.

7.5 Nebeneinander von OLK und elektronischem Aufzeichnungssystem

7.5.1 Offene Ladenkasse und elektronische Aufzeichnungssysteme mit Einzelaufzeichnungen

Bei Verwendung elektronischer Aufzeichnungssysteme (eAS) lässt die Rückausnahme des § 146 Abs. 1 Satz 4 AO den Verzicht auf Einzelaufzeichnungen grundsätzlich nicht zu. Praktikabilitätsgründe stehen einer restriktiven Auslegung allerdings entgegen, sodass die Verwaltung einzelne Stpfl. von der Verpflichtung suspendiert, das elektronische Aufzeichnungssystem für *jeden* Geschäftsvorfall zu nutzen. Im AEAO zu § 146, Nr. 2.2.3 heißt es: 637

> „[1]*Werden eines oder mehrere elektronische Aufzeichnungssysteme verwendet, sind diese grundsätzlich zur Aufzeichnung sämtlicher Erlöse zu verwenden.* [2]*Ist für einen räumlich oder organisatorisch eindeutig abgrenzbaren Bereich aus technischen Gründen oder aus Zumutbarkeitserwägungen eine Erfassung über das vorhandene elektronische Aufzeichnungssystem nicht möglich, wird es nicht beanstandet, wenn zur Erfassung dieser Geschäftsvorfälle eine offene Ladenkasse verwendet wird.*"

Isoliert betrachtet lässt Satz 1 der Verwaltungsauffassung nach seinem Wortlaut („grundsätzlich") schon erste Ausnahmen zu, etwa für Catering-Umsätze in der Gastronomie, die mittels gesonderter Rechnung abgerechnet werden. Gleiches gilt für Agenturgeschäfte bei Verkauf von Waren, die sich im Eigentum eines Dritten befinden (z. B. Café mit Schmuckverkauf im Namen und für Rechnung eines Dritten).[32] Einzelfallabhängig ist nicht zu beanstanden, wenn die genannten oder ähnlichen Geschäftsvorfälle ordnungsmäßig in *anderen* Grundaufzeichnungen erfasst werden (z. B. Kassenbericht[33], Kassenbuch, Rechnungsausgangsbuch). Der zusätzlichen Erfassung des Rechnungsbetrags im elektronischen Aufzeichnungssystem bedarf es insoweit nicht. Die betriebliche Übung sollte jedoch klar in einer Verfahrensdokumentation beschrieben werden.[34] 638

Einschränkend verfolgt Satz 2 der Verwaltungsregelung wohl das Ziel, für einen Teil der Geschäftsvorfälle der Flucht in die offene Ladenkasse vorzubeugen. Einzelfallabhängig ist zu prüfen, ob im räumlich oder organisatorisch abgrenzbaren Bereich Einzelaufzeichnungen möglich sind. Nur wenn dem Stpfl. dies aus technischen, betriebswirtschaftlichen oder praktischen Erwägungen verwehrt ist (in elektronischer, hilfsweise in Papierform), kommt insoweit eine summarische Erfassung der Tageseinnahmen mittels Kassenberichten in Betracht. Steht etwa in einer Eisdiele hinter der Eistheke genügend Raum zur Verfügung, um sowohl für den Inhouse-Bereich als auch für den Fensterverkauf zur Straße hin ein vorhandenes Kassensystem zu erreichen und zu bedienen, 639

---

32 *Achilles*, Kassenführung in der Gastronomie, 3. Auflage, S. 58.
33 Vgl. hierzu das Beispiel in Kap. 8.4, am Ende (Sonderveranstaltung in der Gastronomie).
34 *Achilles*, DB 2018, 2454, (2460).

sind selbst bei räumlicher Enge sämtliche Umsätze elektronisch zu erfassen.[35] Der in Eisdielen immer noch weit verbreitete Fensterverkauf über eine Schublade (OLK) muss damit der Vergangenheit angehören, um der Finanzverwaltung nicht die Tore für Schätzungen und Bußgeldverfahren zu öffnen.

640 Davon zu unterscheiden sind Fälle, in denen Stpfl. für sämtliche Geschäftsvorfälle offene Ladenkassen führen und gleichzeitig Registrierkassen – vorgeblich nur als „**Rechenhilfe**" – nutzen. Insbesondere, wenn es sich dabei um „historische" Kassen ohne Speicherung der Einzeldaten handelt, werden diese von der Finanzverwaltung spätestens seit dem 01.01.2017 nicht mehr akzeptiert[36] und die Nichtvorlage der Kasseneinzeldaten als gravierender Mangel angesehen.[37] Abweichend von der Rechtsauffassung der Finanzverwaltung entschied jüngst das FG Köln in einer Entscheidung vom 04.08.2022, indem es eine solche Art der Kassenführung auch für das Jahr 2017 noch als zulässig erachtete.[38] Unter Berücksichtigung der Urteilsbegründung ist davon auszugehen, dass die Finanzverwaltung das Urteil nicht anwenden wird. Ihrer Auffassung zufolge umfasst der Oberbegriff der OLK nur die summarische retrograde Ermittlung der Tageseinnahmen mittels Kassenbericht sowie manuelle Einzelaufzeichnungen **ohne Einsatz technischer Hilfsmittel.**[39] Seit 01.01.2020 ist das Problem entschärft, weil §146 Abs.1 Satz 4 AO solche Parallelsysteme grundsätzlich ausschließt.

7.5.2 Offene Ladenkasse und Waagen mit Registrierkassenfunktion

641 Werden elektronische Einzelaufzeichnungen in einer Waage (Artikel, Gewicht, Menge, Preis) erfasst, handelt es sich um aufzeichnungs- und aufbewahrungspflichtige Daten, die dem Datenzugriffsrecht der Finanzverwaltung unterliegen.[40] Das gilt auch bei externer Geldaufbewahrung.[41] Ausschließlich unter Vorlage retrograder Kassenberichte kann der Nachweis der Vollständigkeit der Betriebseinnahmen nicht gelingen.[42]

7.5.3 Offene Ladenkasse und Waagen ohne Registrierkassenfunktion

642 Wird eine Waage verwendet, die nur das Gewicht und/oder den Preis anzeigt und über die Dauer des einzelnen Wiegevorgangs hinaus über **keine Speicher-**

---

35 FG Hamburg vom 16.01.2018 – 2 V 304/17 zur Einzelaufzeichnungspflicht einer Eisdiele bei Verwendung eines modernen PC-Kassensystems.
36 Vgl. dazu BMF-Schreiben vom 26.11.2010, BStBl. I 2010 S. 1342.
37 A.A. *Kulosa*, SAM 1/2017 S. 9. Nach Auffassung von *Kulosa* ist die Verwendung solcher Kassen bis 31.12.2019 zulässig.
38 FG Köln vom 04.08.2022 – 3 K 2129/20, EFG 2023, 196, rkr. (Streitjahre 2015–2017).
39 AEAO zu §146 Nr. 2.1.4; *Schumann*, AO-StB 2018, 246, 248.
40 BMF vom 26.11.2010, BStBl. I 2010, 1342.
41 AEAO zu §146, Nr. 2.1.4.
42 AEAO zu §146, Nr. 2.2.4.

funktion verfügt, kann unter den Voraussetzungen des § 146 Abs. 1 Satz 3 AO eine offene Ladenkasse geführt werden.

7.5.4 Notbetrieb bei Ausfall des elektronischen Aufzeichnungssystems

Fällt ein elektronisches Aufzeichnungssystem ganz oder teilweise aus (z. B. Stromausfall, technischer Defekt), ist während dieser Zeit eine Aufzeichnung auf Papier zulässig. Die Aufzeichnungspflichten bei Verwendung einer offenen Ladenkasse gelten insoweit entsprechend.[43] Ein Ausfall gilt nur dann als solcher, wenn das System vorher störungsfrei in Betrieb war. Selbstverständlich gilt auch bewusstes Ausschalten nicht als Ausfall. 643

Erfahrungen zeigen, dass Stpfl. sich im Vorfeld nur selten Gedanken darüber machen, was bei technischen Problemen oder Totalausfällen des Vorsystems aufgezeichnet werden muss. Dabei müssen für den Ernstfall Überlegungen angestellt werden, ob dann 644

– Einzelaufzeichnungen auf Papier angefertigt werden müssen *oder*
– die Einnahmen mit Hilfe retrograder Kassenberichte ermittelt werden dürfen (§ 146 Abs. 1 Satz 3 AO).

Zumindest letzteres erfordert im Zeitpunkt des Ausfalls eine **sofortige Geldzählung** (= Anfangsbestand für den Kassenbericht). Als Hilfestellung für den Unternehmer wird auf das Dokumentationsblatt in Anhang 9 hingewiesen. 645

7.6 Kritische Betrachtung

7.6.1 Wortlaut des § 146 Abs. 1 Sätze 3 und 4 AO

Der unbefriedigende Gesetzestext des § 146 Abs. 1 Satz 3 AO hat zu großer Verunsicherung und fehlender Rechtssicherheit beigetragen. Die aus der Gesetzesbegründung zu § 146 ersichtliche Absicht des Gesetzgebers, das vielzitierte BFH-Urteil vom 12.05.1966[44] umzusetzen, hat sich im Wortlaut des § 146 Abs. 1 Satz 3 AO nicht niedergeschlagen. Ganz im Gegenteil: Während die Aufzeichnungspflichten für elektronische Aufzeichnungssysteme in den vergangenen Jahren drastisch verschärft wurden, war es scheinbar noch nie so einfach, in die summarische Tageslosungsermittlung zu kommen. 646

Während die Klarstellung des BMF zur Prüfung der Zumutbarkeit von Einzelaufzeichnungen überwiegend Anerkennung gefunden hat, hält insbesondere *Pump* mit erstaunlicher Beharrlichkeit an seinem Petitum fest, § 146 Abs. 1 Satz. 3 AO zu streichen und eine generelle Einzelaufzeichnungspflicht zu statuieren.[45] 647

---

43 AEAO zu § 146, Nr. 3.2 und 3.3.
44 BFH vom 12.05.1966 – IV 472/60, BStBl. III 1966, 371.
45 Vgl. expl. m.w.N. *Pump*, DStZ 2014, 648; *Pump*, StBp 2015, 1; *Pump*, StBp 2016, 199; *Pump*, StBp 2017, 150; *Pump*, StBp 2017, 213; *Pump*, StBp 2020, 120; *Pump*, StBp 2022, 287. Zu Marktbeschickern vgl. auch *Pump/Heidl*, StBp 2019, 213.

648 Im Ergebnis ist angesichts zahlreicher Prüfungserfahrungen jedenfalls nur allzu verständlich, dass die die OLK ohne Einzelaufzeichnungen nicht als „Kasse des Vertrauens" gelten kann. In aller Regel lässt sich der erklärte Umsatz nicht belastbar auf seinen Wahrheitsgehalt prüfen. Dass sich die Prüfung der Tatbestandsmerkmale des § 146 Abs. 1 Satz 3 AO und § 63 Abs. 4 UStDV zu einem Schwerpunkt in Außenprüfungen und Nachschauen entwickeln muss und wird, liegt auf der Hand. Stpfl. und Angehörigen steuerberatender Berufe wird daher empfohlen, bestehende Einzelaufzeichnungspflichten zu prüfen, um Bücher und Aufzeichnungen erforderlichenfalls umzustellen. Wer dagegen stoisch am Kassenbericht festhält, läuft Gefahr, der Finanzverwaltung aufgrund fehlender Einzelaufzeichnungen die Schätzungsbefugnis zu eröffnen (§§ 158, 162 AO). Sich im Wege der „**Abwehrberatung**" auf § 146 Abs. 1 Satz 3 AO zu berufen, mag erfolgversprechend sein, birgt angesichts noch fehlender „Absegnung" durch den BFH aber steuer- und haftungsrechtliche[46] Risiken. Das gilt auch vor dem Hintergrund der seit 01.01.2020 möglichen Festsetzung erhöhter Geldbußen.[47]

649 Rechtssicherheit werden alle Beteiligten wohl erst erlangen, wenn sich der BFH abschließend mit den bestehenden Regelungen auseinandergesetzt hat. In seiner Entscheidung X B 16/17 (Rz. 86, 88) hat er jedenfalls zumindest kritisiert, dass der Gesetzgeber die offene Ladenkasse ohne Einzelaufzeichnungen weiter toleriert, die Gewähr der Vollständigkeit bei Wahl dieser Methode aber nicht gegeben sein kann. In diesem Zusammenhang wies er aber auch darauf hin, dass die Aufzeichnungen zwar Manipulationsmöglichkeiten böten, es darauf jedoch nicht ankäme. Entscheidend sei allein, ob sie den gesetzlichen Anforderungen genügen. In diesem Zusammenhang beachtenswert ist eine Passage im BFH-Urteil vom 12.02.2020, in dem der X. Senat obiter dictum[48] feststellt, dass eine elektronische Aufzeichnung von Geschäftsvorfällen heute einfacher möglich ist und damit auch für einen Stpfl., der seinen Gewinn nach § 4 Abs. 3 EStG ermittelt, zumutbar erscheint (!).[49] Ein strukturelles Vollzugsdefizit sieht der BFH aktuell (noch) nicht, auch weil im Rahmen von Außenprüfungen ein angemessenes Entdeckungsrisiko für manipulative Handlungen bestehe. Dennoch – so der BFH – habe der Gesetzgeber eine Beobachtungs- und ggf. auch Nachbesserungspflicht.[50] Kritisch äußerte sich auch der Finanzausschuss.[51] Somit bleibt auch vor dem Hintergrund der Aussagen im Koalitionsvertrag der „Ampel-Regierung" vom 24.11.2021 zum Themenkomplex Steuerhinterzieh-

---

46 Vgl. Kap. 5.14.
47 Zeichnet der Stpfl. seine Umsätze trotz Verpflichtung vorsätzlich oder leichtfertig nicht einzeln auf und ermöglicht dadurch, Steuern zu verkürzen, liegt eine Ordnungswidrigkeit nach § 379 Abs. 1 Nr. 3 AO vor, die mit einer Geldbuße bis zu 25.000,00 € geahndet werden kann, wenn die Handlung nicht nach § 378 AO (leichtfertige Steuerverkürzung) geahndet werden kann. Zur zeitlichen Anwendung s. Art. 97 § 30 Abs. 1 Satz 1 EGAO.
48 Lat.: das nebenbei Gesagte.
49 BFH vom 12.02.2020 – X R 8/18, BFH/NV 2020, 1045, Rz. 26.
50 Vgl. BFH vom 16.09.2021 – IV R 34/18, BFH/NV 2022, 181.
51 BT-Drucks. 18/10667, 22.

ung, Fairness und Gerechtigkeit abzuwarten, ob man sich nicht ebenso wie in anderen europäischen Ländern doch zu einer Registrierkassenpflicht durchringt. Spätestens die nächste Evaluierung des „Kassengesetzes" wird für mehr Klarheit sorgen. Mit dem Abschlussbericht ist im Jahr 2025 zu rechnen. Zu dieser Thematik vgl. auch Kap. 10.17.

Abbildung 18: Risikopotenzial offener Ladenkassen ohne Einzelaufzeichnungen
(Quelle: Eigene Darstellung)

Bei der Verwendung von Kassenberichten muss der Stpfl. die Ermittlung der Tageslosung lediglich **dokumentieren**, nicht **belegen** (was er aufgrund fehlender Belege auch nicht kann). Zeichnet er in Betrugsabsicht bewusst einen falschen (geminderten) Kassenendbestand auf, täuscht er die Ordnungsmäßigkeit seiner Kassenaufzeichnungen nur vor. Selbst ein (scheinbar) formell ordnungsgemäßer Kassenbericht kann die Vollständigkeit und Richtigkeit nicht gewährleisten.[52] Kassenberichte bieten nur die Möglichkeit der **Nachrechenbarkeit**, nicht aber die der **Nachprüfbarkeit**. Unter dem Aspekt der Steuergerechtigkeit drängt sich zwangsläufig die Frage auf, ob es angesichts verschärfter Ordnungsmäßigkeitsanforderungen i. S. d. § 146a AO noch vertretbar ist, dass täglich nur ein (ggf. erdachter) Kassenendbestand dokumentiert wird, während für elektronische Aufzeichnungssysteme i. S. d. § 146a AO ein umfassendes Regelwerk zu beachten ist, dass es einzuhalten gilt, um die Vollständigkeit der Tageseinnahmen zu gewährleisten.[53]

650

7.6.2 Gefahr der Überbesteuerung

Ungeachtet der Zulässigkeit offener Ladenkassen i. S. d. § 146 Abs. 1 Satz 3 AO gilt: Ehrliche Stpfl. lassen sich mit einer nur summarischen Ermittlung der Tageseinnahmen nicht ausreichend vor Schätzungen bewahren. Es besteht eine hohe Fehleranfälligkeit, weil Kassenberichte meist nicht ordnungsgemäß ausgefüllt und ggf. punktuell zumutbare Einzelaufzeichnungs- und Aufbewahrungspflichten nicht beachtet werden, z. B. Bestellzettel für Außer-Haus-Liefe-

651

---

52 Vgl. dazu BFH vom 12.07.2017 – X B 16/17.
53 Siehe dazu im Einzelnen Kap. 10.

rungen eines Imbiss-Betriebs („Pizza-Taxi")[54]. Erlangt die Finanzverwaltung aufgrund der vorgefundenen Mängel die Schätzungsbefugnis, hat der Stpfl. mit Kassenberichten allein kein wirksames Mittel in der Hand, mit dem sich eine Kalkulation der Höhe nach entkräften ließe. Er hat täglich nur eine Summe aufgezeichnet, ohne dass sich diese in ihre Einzelbestandteile (Anzahl der verkauften Artikel, Einzelpreise, Rabatte etc.) zerlegen ließe. Zwar können auch detaillierte Einzelaufzeichnungen allein die Schätzungsbefugnis der Finanzverwaltung nicht vollauf verhindern[55], durch exakten Abgleich von Wareneinkauf und Warenverkauf auf Artikelebene und ggf. ergänzende freiwillige Aufzeichnungen (s. Kap. 13.8) vermag man die Schätzungshöhe aber durchaus auf null zu reduzieren.

652 *Tipp:*

Im Ergebnis setzen sich Unternehmer mit der Verwendung von Kassenberichten erheblichen Risiken aus (**Gefahr der Überbesteuerung**). Um das zu vermeiden, kann ihnen nur angeraten werden, ihre Kassenaufzeichnungen mit Hilfe papierbasierter Einzelaufzeichnungen (Quittungen, Rechnungen) oder digitaler Einzelaufzeichnungen in einem elektronischen Aufzeichnungssystem zu führen. Ergäben sich trotz aller Vorkehrungen dennoch formelle Mängel im Rahmen einer Prüfung, hätten diese unter Umständen kein sachliches Gewicht, wenn sich durch einen Abgleich von Wareneinkauf und Warenverkauf nachweisen ließe, dass der Warenumsatz vollständig ist (unter Berücksichtigung von Eigenverbrauch, Bruch, Verderb, Schwund und Inventurwerten). Mit Kassenberichten allein beraubt der Stpfl. sich dieser Möglichkeit. Als Nebeneffekt ließen sich summarische Aufzeichnungen zurückliegender Zeiträume durch Einzelaufzeichnungen späterer Perioden ggf. plausibilisieren.[56] Werden trotz aller hier geäußerten Bedenken ausschließlich Kassenberichte geführt, empfiehlt sich die zusätzliche Aufbewahrung von

- Strichlisten, Bierdeckeln oder ähnlichen Uraufzeichnungen, die eine Überprüfung der Kassenführung ermöglichen[57],
- Lieferscheinen,
- Bestückungs- und Retourenlisten bei Marktständen, Erdbeer- u. Spargelverkauf etc.,
- Unterlagen über Eigenverbrauch, Bruch, Schwund, Diebstahl, Personalbeköstigung[58], Gratisabgaben etc.,
- Zählprotokollen mit Autorisierung des/der Mitarbeiter (ggf. Vier-Augen-Prinzip).[59]

---

54 FG Münster vom 23.06.2010 – 12 K 2714/06 E, U. So im Ergebnis auch BFH vom 28.11.2023 – X R 3/22, Rz. 99, m. w. N.
55 Vgl. nur BFH vom 25.03.2015 – X R 20/13, BStBl. II 2015, 743 zur Schätzungsbefugnis bei fehlenden Programmierprotokollen eines elektronischen Aufzeichnungssystems.
56 *Reckendorf*, BBK Sonderausgabe 2016, Kassenprüfungen und Zeitreihenvergleich in der Praxis – Das Spannungsfeld von Registrierkassen und Betriebsprüfungen, 12.
57 Vgl. FG Berlin-Brandenburg vom 17.03.2009 – 6 K 4146/04 B zur Schwierigkeit der Erfassung von Bareinnahmen in einer Diskothek.
58 Zur lohnsteuerlichen Behandlung ab 01.01.2023 s. BMF vom 23.12.2022 – IV C 5 – S 2334/19/10010:004.
59 Vgl. dazu ausführlich Kap. 6.3.5.

7.6 Kritische Betrachtung

Hinweis:
Nach Auffassung des Finanzgerichts Köln soll ein im Kassenbericht im Feld Kassenbestand dokumentierter Geldbetrag in Euro und Cent nach der allgemeinen Lebenserfahrung den Beweis des ersten Anscheins dafür erbringen, dass die eingetragene Summe durch tatsächliche Geldzählung ermittelt wurde.[60] Aufgrund von Prüfungserfahrungen kann dem nicht gefolgt werden. Chi-Quadrat-Tests belegen immer wieder, dass auch hinter dem Komma Phantasiezahlen eingetragen werden.

653

Auf weitere freiwillige Aufzeichnungen zur Schätzungsvermeidung wird in Kap. 13.8 ausführlich eingegangen.

654

7.6.3 Kassenberichte bei Gewinnermittlung nach § 4 Abs. 3 EStG unzulässig?

Ausgelöst durch einen Fachaufsatz von *Henn*[61] wird bereits länger diskutiert, ob ein Einnahmeüberschussrechner per se zur Einzelaufzeichnung verpflichtet sein kann. Fraglich ist, warum der BFH bei Gewinnermittlung nach § 4 Abs. 3 EStG die Ermittlung der Tageslosung durch Kassenberichte zulässt.[62] Ergibt sich doch aus seiner ständigen Rechtsprechung in den Fällen der Gewinnermittlung nach § 4 Abs. 3 EStG auch aus §§ 22 UStG i. V. m. 63 UStDV keine Verpflichtung zur Führung eines Kassenbuchs. Es gibt keine Geschäftskasse, keine Bestandskonten und somit auch kein Kassenkonto. Vereinnahmtes Geld wird sofort (!) Privatvermögen. Die Feststellung eines Kassenbestands, für den bei einer Gewinnermittlung durch Bestandsvergleich ein Kassenbuch erforderlich ist, kommt nicht in Betracht.[63]

655

Henn vertritt dazu die Auffassung, dass eine summarische Ermittlung der Tageslosung durch Auszählung privater Geldbestände undenkbar sei, auch bei tatsächlicher Führung einer physischen „Geschäftskasse". Nach Geschäftsschluss würde durch Vergleich von Anfangs- und Endbeständen (die es laut BFH nicht gibt) Geld einer Geschäftskasse (die es laut BFH nicht gibt) gezählt, das unmittelbar im Zeitpunkt der Vereinnahmung Privatvermögen geworden ist. Mithin sei die Führung von Kassenberichten bei Gewinnermittlung nach § 4 Abs. 3 EStG unzulässig.[64] Abzuwarten bleibt, ob die Finanzverwaltung sich diese Auffassung zu eigen macht und diese Frage demnächst in einem finanzgerichtlichen Verfahren verhandelt wird.

656

---

60 FG Köln vom 04.08.2022 – 3 K 2129/20, EFG 2023, 196, rkr.
61 *Henn*, DB 2019, 1816 (1817).
62 Vgl. nur BFH vom 12.07.2017 – X B 16/17, Rz. 86, 88.
63 BFH vom 22.02.1973 – IV R 69/69, Rz. 14.
64 *Henn*, DB 2019, 1816 (1817). Die Möglichkeit der Bildung gewillkürten Betriebsvermögens auch bei Gewinnermittlung nach § 4 Abs. 3 EStG könnte dieser Auffassung entgegenstehen.

7.6.4 Offene Ladenkasse – künftiger Prüfungsschwerpunkt?

657 Wenngleich auch mit Einführung des § 146a AO Manipulationen nicht gänzlich verhindert werden können (hier reicht die Palette von der Nichteingabe von Umsätzen bis hin zu Angriffen auf die zertifizierte technische Sicherheitseinrichtung), wird durch die Neuregelung ein erheblich höheres Sicherheitsniveau als bisher erreicht. Dies verstärkt sich dadurch, dass am 31.12.2022 auch die letzte Übergangsregelung für elektronische Kassen ohne zertifizierte technische Sicherheitseinrichtung auslief. Vor diesem Hintergrund ist möglich, dass sich die Prüfungsdienste der Finanzverwaltung künftig verstärkt auf die offenen Ladenkassen (ohne Einzelaufzeichnungen) konzentrieren werden. Diese Fälle (nach Meldung der elektronischen Aufzeichnungssysteme) im Rahmen des Risikomanagements herauszufiltern, ist mit technischer Unterstützung relativ unproblematisch, wie das nachfolgende Beispiel verdeutlichen soll.

658 **Beispiel:**
Filterung prüfungsbedürftiger Fälle, die eine unzutreffende Trennung der Entgelte vermuten lassen (§ 63 Abs. 4 UStDV).

Tabelle 9: Fallauswahl: Filterkriterien bei offenen Ladenkassen

Filterkriterien Finanzamt A-Stadt	Fallzahl
Betriebe mit Gewerbekennzahlen sog. bargeldintensiver Betriebe	453
davon: Meldung elektronisches Aufzeichnungssystem (§ 146a AO)[65]	278
verbleibende Fälle	175
davon: Betriebe mit mehreren Steuersätzen (7 %, 19 %, ggf. steuerfreie Umsätze)	94
davon: Betriebe mit Antrag auf erleichterte Trennung der Entgelte und entsprechender Genehmigung des Finanzamts (§ 63 Abs. 4 UStDV)	82
verbleiben für nähere Betrachtung, ggf. BP/Nachschau	**12**

(Quelle: Eigene Darstellung)

7.7 Fallstudie (Offene Ladenkasse)

7.7.1 Aufgabenstellung

659 Hinweis auf Anhang 11.

7.7.2 Lösungshinweise

660 Hinweis auf Anhang 12.

---

65 Die Meldung wird voraussichtlich erst 2025 möglich sein (vgl. Kap. 10.6).

8 Geschlossene Ladenkasse

Eine Sonderform der Kassenführung bilden sog. geschlossene Ladenkassen. Hierunter fallen z. B. Sonnenbänke, Warenautomaten (Getränke, Süßigkeiten, Zigaretten), Unterhaltungsgeräte (Geldspielgeräte[1], Kicker, Flipper, Billard, Snooker, Dart), Golfballautomaten[2] und sog. „Vertrauenskassen". Betreibt der Stpfl. mehrere Geräte, ist jedes für sich eine in sich geschlossene Kasse.[3] Hinsichtlich der steuerlichen Beurteilung einer geschlossenen Ladenkasse kommt es insbesondere darauf an, ob Primäraufzeichnungen elektronisch oder in Papierform geführt werden. 661

8.1 Elektronische Systeme

Geschlossene Ladenkassen zählen als Vorsysteme i. S. d. GoBD, Rz. 20, wenn mit ihrer Hilfe aufzeichnungspflichtige Daten erfasst, erzeugt, empfangen, übernommen, verarbeitet, gespeichert oder übermittelt werden. Es gilt Einzelaufzeichnungspflicht. Den steuerlichen Ordnungsvorschriften genügen Geräte nicht, wenn nur Summen ausgelesen werden können, die zudem veränderbar sind (z. B. Auslesung der buchhaltungsrelevanten Daten mittels EVA-DTS-Standard).[4] Warenbestückung, Warenauswurf, Röhrenentnahmen und Röhrenfüllungen sind aufzeichnungspflichtige Vorgänge. Tägliches Leeren des Geldbehälters und tägliches Auslesen sind ratsam, aber nicht zwingend erforderlich.[5] Zur Frage, welche Geräte mit einer zertifizierten technischen Sicherheitseinrichtung i. S. d. § 146a AO i. V. m. § 1 KassenSichV ausgerüstet werden müssen, vgl. Kap. 10.2. 662

8.2 Manuelle Systeme

Sind Betriebseinnahmen manuell zu ermitteln, weil das Gerät diese Aufgabe mangels digitaler Funktionen nicht übernimmt, sind sie mit Hilfe retrograd aufgebauter Kassenberichte zu berechnen.[6] Die Ordnungsvorschrift der Zeitgerechtheit (§ 146 Abs. 1 AO) ist abhängig von der Entleerungsfrequenz des Geldbehälters zu beurteilen. Tägliche Geldzählung ist nicht zwingend erforderlich.[7] Spätestens mit Ablauf des Voranmeldungszeitraum muss gezählt werden. 663

---

1 Zu den Anforderungen der Finanzverwaltung an den Datenabruf über sog. Auslesestreifen s. *Krullmann/Marrek*, BBK 2021, 1064.
2 Zur Wettbewerbswidrigkeit sog. Apotheken-Automaten s. OLG Karlsruhe vom 29.05.2019 – 6 U 36–39/18.
3 BFH vom 20.03.2017 – X R 11/16.
4 Vgl. dazu ausführlich *Lüngen/Resing*, StBp 2015, 300, die einen kryptographischen Manipulationsschutz für Warenautomaten einfordern.
5 Vgl. insoweit zur Zeitgerechtheit Kap. 8.2.
6 BFH vom 16.12.2016 – X B 41/16, BFH/NV 2017, 310, Rz 25 f.
7 AEAO zu § 146, Nr. 3.4. BFH vom 20.03.2017 – X R 11/16.

664 Unmittelbar nach Öffnung des Geräts muss die Zählung durch den Stpfl. oder einen von ihm beauftragten Dritten erfolgen. Eines Zählprotokolls bedarf es nicht[8], wenngleich ein solches sinnvoll sein kann. Eine erst zeitverzögerte Zählung durch ein Bankinstitut im Moment der Einzahlung des entnommenen Geldes genügt den steuerlichen Anforderungen nicht.[9] Anderes könnte im Fall einer Verplombung des Kassenbehälters gelten.[10]

8.3 Vertrauenskassen

665 Ein weiterer Ausnahmefall, der Einzelaufzeichnungen entbehrlich macht, sind sog. „Vertrauenskassen ohne Verkaufspersonal" (z. B. Blumen- oder Gemüseverkauf am Feldrand, mechanische Warenautomaten[11]). Hier genügt es, wenn die darin enthaltenen Geldbestände nicht täglich festgehalten, sondern erst bei Leerung des Kassenbehälters ausgezählt werden, um anschließend die Betriebseinnahmen periodenweise mittels retrogradem Kassenbericht festzuhalten.[12]

8.4 Sonderfälle

666 Münzautomaten sind besonders manipulationsanfällig und stehen daher immer im Fokus der Prüfungsdienste. Ist der Nachweis der Vollständigkeit der Betriebseinnahmen nicht oder nur schwer möglich, etwa bei Kickern, Flippern oder Golfballautomaten, sollten solche Geräte möglichst auf bargeldlose Zahlungsmethoden[13] umgestellt werden, um eventuellen Schätzungen der Finanzverwaltung wirksam begegnen zu können. Schätzungen aufgrund formeller Mängel lässt sich nur durch exakte Aufzeichnungen über Warenbestückung, Röhrenentnahmen, Röhrenfüllungen und ggf. Warenverderb begegnen. Gerätedefekte, Geld- und Warendiebstähle (z. B. durch gewaltsamen Aufbruch) oder Manipulationen durch Fremdbediener (z. B. bei Falschgeld-Einwurf) benötigen zur Beweisvorsorge hinreichende Dokumentation.

667 Werden Automaten nicht im eigenen Namen und für eigene Rechnung betrieben, genügen ordnungsgemäße Aufzeichnungen über die sog. **Wirteanteile**.[14] In der Regel werden die Vergütungen unbar gezahlt. Die Gutschriften des Automatenaufstellers und die dazugehörigen Kontoauszüge sind aufbewahrungspflichtig. Bei Barzahlung des Wirteanteils muss der Nachweis erbracht werden können, dass er in den gebuchten Betriebseinnahmen enthalten ist. Zu diesem Zweck muss eine kassenscharfe Trennung bei Aufzeichnung der Einnahmen erfolgen, das gilt insbesondere bei nur summarischer Ermittlung der Tageseinnahmen mittels Kassenbericht.

---

8   BFH vom 16.12.2016 – X B 41/16, BFH/NV 2017, 310, Rz 25 f.
9   BFH vom 20.03.2017 – X R 11/16.
10 BFH vom 20.03.2017 – X R 11/16.
11 Klassischer Fall ist der mechanische Kaugummiautomat.
12 AEAO zu § 146, Nr. 3.4.
13 Vgl. Kap. 1.7.
14 Vgl. Abschn. 3.7 Abs. 8 UStAE.

668 Wird ein Unternehmer vom Automatenaufsteller mit **Automatenware** beliefert, die dem ermäßigten Steuersatz unterliegt (z. B. Süßigkeiten) und werden die Kosten für den zur Verfügung gestellten Automaten eingepreist, ist die „kostenlose" Überlassung des Automaten keine unselbständige Nebenleistung zur steuerbegünstigten Lieferung der Ware. Es liegt keine einheitliche Leistung im Sinne des Umsatzsteuerrechts vor. Vielmehr werden zwei Leistungen erbracht. Die Überlassung des Automaten unterliegt dem Regelsteuersatz. Das gezahlte Gesamtentgelt ist aufzuteilen.[15] Ggf. müssen berichtigte Rechnungen beim Automatenaufsteller angefordert werden.

669 Einen weiteren Sonderfall der geschlossenen Ladenkasse stellt die typische „**Zigarrenbox**" dar.

670 **Beispiel:**
Ein Gastronom nutzt für die Aufzeichnung seiner Geschäftsvorfälle ein elektronisches Aufzeichnungssystem. Monatlich findet ein von Auszubildenden zubereitetes „Testessen" für Stammkunden statt. Die Bezahlung erfolgt freiwillig durch Einwurf eines Obolus in eine verschlossene Kiste.

Da keine Einzelaufzeichnungen vorliegen und hier auch nicht verlangt werden können, müssen die Betriebseinnahmen mittels retrogradem Kassenbericht ermittelt werden, wobei der zu dokumentierende Anfangsbestand (Kassenbestand des Vortags) in aller Regel 0,00 € betragen dürfte.

---

15 OFD Niedersachsen vom 20.05.2016, StEd 2016, 395; Abschn. 10.1 Abs. 11 UStAE.

9 Gewinnermittlung nach § 4 Abs. 3 EStG
9.1 Allgemeines

Nach § 4 Abs. 3 EStG können Stpfl., die nicht aufgrund gesetzlicher Vorschriften verpflichtet sind, Bücher zu führen und regelmäßig Abschlüsse zu machen, als Gewinn den Überschuss der Betriebseinnahmen über die Betriebsausgaben ansetzen (Einnahmeüberschussrechnung – EÜR). Förmliche Aufzeichnungspflichten über Betriebseinnahmen und Betriebsausgaben normiert § 4 Abs. 3 EStG nicht. Festgeschriebene Regularien über die „Ordnungsgemäße Überschussrechnung" gibt es nicht und die für Buchführungspflichtige geltenden handelsrechtlichen Vorschriften zur Aufzeichnung von Betriebseinnahmen und Ausgaben sind bei einem Einnahmeüberschussrechner gerade nicht anwendbar. Anwendbar sind dagegen die steuerlichen Ordnungsvorschriften der §§ 145–147a AO.[1]

671

Die EÜR kennt grundsätzlich keine Bestandskonten[2], es gibt keine geschlossene Kassenbuchführung, nur Kassenaufzeichnungen, d. h. eine Aufzeichnung von Bareinnahmen und -ausgaben.[3] Einer Geschäftskasse bedarf es nicht. Vereinnahmtes Geld wird unmittelbar Privatvermögen, Betriebsausgaben werden aus privaten Mitteln bezahlt.[4] Die Feststellung eines Kassenbestands kommt mit Ausnahme der summarischen Tageslosungsermittlung mittels retrogradem Kassenbericht nicht in Betracht, ein Kassenbuch braucht nicht geführt zu werden.[5] Eine solche Verpflichtung ergibt sich auch nicht aus § 22 UStG i. V. m. § 63 UStDV.[6] Dennoch setzt auch eine EÜR voraus, dass die Betriebseinnahmen und Betriebsausgaben nachgewiesen werden, damit das Finanzamt sie auf Richtigkeit und Vollständigkeit überprüfen kann. Darüber hinaus sind die der Gewinnermittlung zugrundeliegenden Aufzeichnungen und Unterlagen aufzubewahren.[7]

672

Auch bei Ermittlung des Gewinns im Rahmen einer EÜR sind typischerweise Aufzeichnungen nötig. Die Gewinnermittlung nach § 4 Abs. 3 EStG erfordert, dass Stpfl. als Gewinn den Überschuss der Betriebseinnahmen über die Betriebsausgaben ansetzen. Soll dieses Ansetzen nicht nur ein Schätzen sein, müssen Stpfl. gewisse Mindestanforderungen wie das Erstellen und Sammeln von Einnahme- und Ausgabebelegen erfüllen. Dieses Erfordernis ergibt sich un-

673

---

1 BFH vom 12.07.2017 – X B 16/17, Rz. 60. Anderslautenden Darstellungen von *Kulosa*, SAM 1/2017, 9 (21) und *Nöcker*, NWB 2017, 492 (493) folgt die Finanzverwaltung nicht.
2 BFH vom 16.02.2006 – X B 57/05, BFH/NV 2006, 940 m. w. N.
3 BFH vom 22.02.1973 – IV R 69/69, BStBl. II 1973, 480; BFH vom 16.02.2006 – X B 57/05, BFH/NV 2006, 940 m. w. N.
4 BFH vom 22.02.1973 – IV R 69/69, BStBl. II 1973, 480, Rz. 15.
5 BFH vom 16.02.2006 – X B 57/05, BFH/NV 2006, 940 m. w. N.
6 BFH vom 12.07.2017 – X B 16/17, Rz. 61.
7 GoBD, Rz. 115 m. w. N.

mittelbar aus § 4 Abs. 3 EStG. Grundsätzlich bestehende Erleichterungen bei dieser Gewinnermittlungsart dürfen jedoch nicht dazu führen, dass die Höhe erklärter Betriebseinnahmen ins unüberprüfbare Ermessen des Stpfl. gestellt wird. Nur bei Vorlage geordneter und vollständiger Belege verdient eine EÜR Vertrauen und kann für sich die Vermutung der Richtigkeit in Anspruch nehmen.[8] Dafür ist sicherzustellen, dass die für die Besteuerung maßgeblichen Vorgänge vollständig erfasst sind. Die Geschäftsvorfälle müssen nachprüfbar festgehalten werden und den Zweck, den sie für die Besteuerung erfüllen sollen, erreichen (§ 145 Abs. 2 AO).

674 Dies geschieht durch Aufzeichnungen einschließlich Belegsammlung oder durch eine geordnete Belegablage, wenn diese ebenso wie Kassenaufzeichnungen geprüft werden kann.[9] Der in § 158 Abs. 1 AO normierte Vertrauensvorschuss erfordert im Regelfall die geordnete, vollständige (und im eigenen Interesse liegende) Aufbewahrung aller Belege und – kumulativ – deren Eintragung in Grundaufzeichnungen.

675 Stpfl., die ihren Gewinn nach § 4 Abs. 3 EStG ermitteln, sind zwar nicht verpflichtet, ein gesondertes Kassenbuch zu führen (s. o.), haben aber gleichwohl Aufzeichnungen zu führen, die über eine bloße Belegsammlung hinausgehen. Kassenbelege allein können ordnungsgemäße Kassenaufzeichnungen nicht ersetzen, sodass zumindest erforderlich ist, die Belege chronologisch abzulegen und in (handschriftlich oder elektronisch geführten) Listen einzutragen.[10] Andernfalls ist die Gefahr zu groß, dass nicht sämtliche Belege Eingang in das Aufzeichnungswerk gefunden haben, verloren gegangen oder nachträglich entfernt worden sind, insbesondere bei „loser Zettelwirtschaft", in Form unsortierter Belegsammlungen in Ablagekörben oder nicht fortlaufend nummerierten Belegen. Liegen entsprechende Zusammenstellungen nicht vor, muss der Stpfl. anderweitig nachweisen, in welcher Art und Weise er die Grundaufzeichnungsfunktion (=Belegsicherung und Unverlierbarkeit der Geschäftsvorfälle) sichergestellt hat.

676 **Beispiel:**
Ein nichtbuchführungspflichtiger Friseur erstellt für jeden Kunden einen sog. Bedienerzettel, aus denen der Kundenname (oder der Hinweis „Laufkundschaft"), die erbrachte Dienstleistung und das vereinnahmte Entgelt hervorgehen. Die Belege bewahrt er chronologisch nach dem Tag des Geldeingangs in einem Ordner auf. Hier verlangt die Erfüllung der Grundaufzeichnungsfunktion

---

8 BFH vom 15.04.1999 – IV R 68/98, BStBl. II 1999, 481, Rz. 16.
9 BFH vom 12.07.2017 – X B 16/17, Rz. 59; BFH vom 13.03.2013 – X B 16/12, BFH/NV 2013, 902.
10 BFH vom 02.09.2008 – V B 4/08; BFH vom 16.02.2006 – X B 57/05, BFH/NV 2006, 940; BFH vom 13.03.2013 – X B 16/12, BFH/NV 2013, 902. Anderer Ansicht BFH vom 12.07.2017 – X B 16/17. Im letztgenannten Beschluss ist allerdings fraglich, ob der BFH die im Streitfall fehlenden Einzelaufzeichnungen über Speisen und Getränke aus dem Blick verloren oder nicht für entscheidungserheblich gehalten hat.

eine fortlaufende Nummerierung[11], die tägliche Heftung der Belege mitsamt Additionsstreifen (oder entsprechender Zusammenstellung) und zumindest die Eintragung der Tagessumme in eine handschriftliche Liste, auf einem Kassenkonto oder freiwillig in einem Kassenbuch.[12] Dabei werden die im Zusammenhang mit Nichtbuchführungspflichtigen verwendeten Begriffe „Kassenkonto" und „Kassenbuch" nicht formal, sondern funktional i. S. v. Grundaufzeichnungen verstanden und angewandt.[13]

9.2 Pflicht zur Einzelaufzeichnung

Für Stpfl., die ihren Gewinn nach § 4 Abs. 3 EStG ermitteln, ergibt sich die steuerliche Verpflichtung zur Einzelaufzeichnung der Geschäftsvorfälle aus den § 146 Abs. 1, 146a Abs. 1 AO, ferner aus dem Umsatzsteuerrecht[14], unabhängig davon, welche Arten von Umsätzen getätigt oder erwartet werden.[15] Umsatzsteuerrechtliche Aufzeichnungspflichten sind zwar keine Aufzeichnungen nach anderen Gesetzen als den Steuergesetzen i. S. d. § 140 AO. Die Aufzeichnungspflicht aus einem Steuergesetz wirkt aber, sofern dieses Gesetz keine Beschränkung auf seinen Geltungsbereich enthält oder sich eine solche Beschränkung aus der Natur der Sache ergibt, unmittelbar für andere Steuergesetze, mithin auch für das Einkommensteuergesetz (EStG).[16]

677

Nach § 63 Abs. 1 UStDV müssen die Aufzeichnungen so beschaffen sein, dass es einem sachverständigen Dritten innerhalb angemessener Zeit möglich ist, einen Überblick über die Umsätze des Unternehmens und die abziehbaren Vorsteuern zu erhalten. Das Umsatzsteuerrecht übernimmt die allgemeinen in §§ 145–147 AO normierten Anforderungen an Aufzeichnungen. Zu diesen Aufzeichnungen gehören auch Kassenaufzeichnungen. Folglich ist es auch für einen Einnahmeüberschussrechner notwendig, seine Bareinnahmen und Barausgaben nachvollziehbar aufzuzeichnen bzw. zu dokumentieren.[17] Die erhöhten Anforderungen an die Dokumentation von Bargeschäften sind erforderlich, weil hier –

678

---

11 Das FG Köln hat im Falle der nicht fortlaufenden Nummerierung der Belege bei Gewinnermittlung nach § 4 Abs. 3 EStG eine Schätzungsbefugnis des Finanzamts verneint; FG Köln vom 07.12.2017 – 15 K 1122/16. Mit Hinblick auf Vollständigkeitsprüfungen empfiehlt sich gleichwohl, fortlaufende Belegnummern zu verwenden; siehe dazu auch GoBD, Fn. 3, Rz. 50.
12 BFH vom 16.02.2006 – X B 57/05, BFH/NV 2006, 940; BFH vom 13.03.2013 – X B 16/12, BFH/NV 2013, 902; BFH vom 02.09.2008 – V B 4/08; FG Sachsen vom 04.04.2008 – 5 V 1035/07, FG Saarland vom 13.01.2010 – 1 K 1101/05, EFG 2010, 772; FG Saarland vom 21.06.2012 – 1 K 1124/10, EFG 2012, 1816; vgl. auch Kap. 9.1, am Ende.
13 Vgl. *Henn*, DB 2015, 2660 ff.
14 §§ 22 UStG i. V. m. 63–68 UStDV.
15 FG Saarland vom 21.06.2012 – 1 K 1124/10, EFG 2012, 1816.
16 Sog. Erst-Recht-Schluss aus § 140 AO; BFH vom 02.03.1982 – VIII R 225/80, BStBl. II 1984, 504; BFH vom 15.04.1999 – IV R 68/98, BStBl. II 1999, 481; BFH vom 26.02.2004 – XI R 25/02, BStBl. II 2004, 599 (sog. „Schichtzettel-Urteil").
17 FG Sachsen vom 04.04.2008 – 5 V 1035/07; FG Saarland vom 17.12.2008 – 1 K 2011/04, EFG 2009, 307.

anders als etwa bei Banküberweisungen – echte Fremdbelege fehlen und damit eine Kontrollmöglichkeit anhand unternehmensexterner Belege fehlt.[18] Nur durch die nachvollziehbare Dokumentation von Betriebseinnahmen und Betriebsausgaben können Manipulationen zumindest erschwert und die Gefahr des Verlustes von Unterlagen minimiert werden.[19] Das gilt vor allem in Betrieben, in denen der Bargeldverkehr im Mittelpunkt der geschäftlichen Betätigung steht.

9.3 Aufbewahrungspflichten

679 Stpfl., die ihren Gewinn nach § 4 Abs. 3 EStG ermitteln, sind zur Aufbewahrung der ihrer Gewinnermittlung zugrunde liegenden Belege verpflichtet. Das ergibt sich in der Regel aus § 147 AO, aber auch aus der dem Unternehmer obliegenden Feststellungslast. Die (ggf. freiwillige und im eigenen Interesse liegende) Aufbewahrung aller Belege ist im Regelfall notwendige Voraussetzung für den Schluss, dass nicht nur die geltend gemachten Betriebsausgaben als durch den Betrieb veranlasst angesehen werden, sondern auch die Betriebseinnahmen vollständig erfasst sind.[20]

680 Werden die erforderlichen Aufzeichnungen nicht aufbewahrt (oder erst gar nicht geführt), trägt der Einnahmeüberschussrechner wie jeder andere Stpfl. die Gefahr, dass das Finanzamt die Besteuerungsgrundlagen nicht ermitteln oder berechnen kann und deshalb die Voraussetzungen für eine Schätzung nach § 162 AO erfüllt sind. Denn nicht ordnungsgemäße oder fehlende Aufzeichnungen können nach den Umständen des Einzelfalls den Schluss rechtfertigen, dass nicht alle Bareinnahmen erklärt worden sind[21], insbesondere wenn die Barkasse ein erhebliches Gewicht für den Betrieb darstellt.[22]

681 *Hinweis:*
Im bargeldintensiven Gewerbe sind die Unterschiede zwischen Bilanzierenden und Einnahmeüberschussrechnern allenfalls marginal. Hinsichtlich der **Ermittlung** der Tageseinnahmen unterliegen sie den gleichen Regeln. Insbesondere die BMF-Schreiben vom 09.01.1996[23] (aufgehoben zum 31.12.2016) und vom 26.11.2010[24] unterscheiden nicht zwischen der Gewinnermittlung nach § 4 Abs. 1 und § 4 Abs. 3 EStG. Auch bei einer Gewinnermittlung nach § 4 Abs. 3 EStG können außersteuerliche oder steuerliche Aufzeichnungspflichten zur Anwendung kommen. Erfasst ein Einnahmeüberschussrechner seine Tageseinnahmen

---

18 FG Sachsen vom 04.04.2008 – 5 V 1035/07.
19 FG Saarland vom 17.12.2008 – 1 K 2011/04, EFG 2009, 307.
20 FG Niedersachsen vom 08.12.2011 – 12 K 389/09, EFG 2013, 291.
21 BFH vom 20.09.1989 – X R 39/87, BStBl. II 1990, 109.
22 BFH-Beschlüsse vom 02.12.2008 – X B 69/08; BFH vom 25.01.1990 – IV B 140/88, BFH/NV 1990, 484 unter Bezug auf BFH vom 14.06.1963 – VI 2/63, HFR 1964, 8.
23 Abdruck in Anhang 2.
24 Abdruck in Anhang 3.

9.3 Aufbewahrungspflichten

papierbasiert in einer Summe, muss auch er das Zustandekommen dieser Summe durch retrograd aufgebaute Kassenberichte nachweisen können.[25] Zur Frage der Zulässigkeit s. Kap. 7.6.3.

---

25 BFH vom 13.03.2013 – X B 16/12, BFH/NV 2013, 902; BFH vom 12.07.2017 – X B 16/17.

10 Manipulationsschutz ab 01.01.2020 (§ 146a AO)

10.1 Rechtliche Grundlagen, Beteiligte am Verfahren und Begriffsdefinitionen

Mit dem Gesetz zum Schutz vor Manipulationen an digitalen Grundaufzeichnungen vom 22.12.2016[1] hat der Gesetzgeber u.a. § 146a in die AO eingefügt, um die Integrität, Authentizität und Vollständigkeit digitaler Grundaufzeichnungen ab 01.01.2020[2] durch eine zertifizierte technische Sicherheitseinrichtung (nachfolgend: TSE) abzusichern. Kernpunkte der Norm sind die zwingende Implementierung einer TSE in bestimmten elektronischen Aufzeichnungssystemen (nachfolgend: eAS), die Einführung einer Belegausgabepflicht sowie einer Mitteilungspflicht von eAS gegenüber der Finanzverwaltung. Daraus resultieren über die allgemeinen Grundsätze der Ordnungsmäßigkeit i.S.d. §§ 145–147 AO hinaus zusätzliche, verschärfende Regeln für Steuerpflichtige.[3]

682

> *Hinweis:*
> § 146a AO normiert eine öffentlich-rechtliche Verpflichtung, die weder durch Verwaltungsakt noch durch Auflagen im BP-Bericht angeordnet werden kann. Die Anwendung von Zwangsmitteln nach §§ 328 ff. AO ist grundsätzlich unzulässig.
>
> Verstöße führen i.d.R. jedoch zur Schätzungsbefugnis dem Grunde nach (§§ 158 i.V.m. 162 AO) und zur Weitergabe der Feststellungen an die zuständige Straf- und Bußgeldsachenstelle, um sie bei Vorliegen der Voraussetzungen als Ordnungswidrigkeit zu ahnden (§ 379 AO) oder zumindest eine Verwarnung auszusprechen.

683

Die im Umfeld des § 146a AO wesentlichen Regelungen knüpfen an unterschiedliche Zeitpunkte an.[4]

684

---

1 BGBl. I 2016, 3515.
2 Zum Anwendungszeitpunkt vgl. Art. 97 § 30 EGAO.
3 Vgl. Hinweis auf GoBD im AEAO zu § 146a i.d.F. ab 01.01.2024, Nr. 1.1 (Abdruck in Anhang 20).
4 Vgl. Art. 97 § 30 EGAO. Teilweise ausgesetzt durch BMF-Schreiben und Ländererlasse.

Tabelle 10: Anwendungszeitpunkte im Umfeld des § 146a AO

Regelung	Grundsatz	Ausnahmen
TSE-Implementierung in elektronische Aufzeichnungssysteme i. S. d. § 1 Satz 1 KassenSichV (u. a. Registrier-, PC- und Appkassen)	01.01.2020	Verlängerung durch – Nichtbeanstandungsregeln des Bundes und der Länder, längstens bis 30.09.2021 – Übergangsregel für Registrierkassen i. S. d. Art. 97 § 30 Abs. 3 EGAO bis 31.12.2022. Ausdehnung der Norm auf EU-Taxameter und Wegstreckenzähler frühestens ab 01.01.2024 (s. u.).
Belegausgabepflicht gem. § 146a Abs. 2 AO	01.01.2020	Antrag und Bewilligung einer Befreiung nach § 148 AO.
Mitteilungspflicht für elektronische Aufzeichnungssysteme gem. § 146a Abs. 4 AO	31.01.2020	Aussetzung bis voraussichtlich 2025. Der Zeitpunkt wird im BStBl. I veröffentlicht.
Ordnungswidrigkeiten im Umfeld des § 146a AO (§ 379 AO)	01.01.2020/01.01.2023	Keine Ordnungswidrigkeit liegt vor, **soweit** die Verstöße durch Nichtbeanstandungs- und Übergangsregeln gedeckt sind.
Aufdruck der Sicherheitsmerkmale auf dem Beleg in Klarschrift **oder** als QR-Code im Format der DSFinV-K	01.01.2020	Verlängerung durch – Nichtbeanstandungsregeln des Bundes und der Länder, längstens bis 30.09.2021 oder – Übergangsregel für Registrierkassen i. S. d. Art. 97 § 30 Abs. 3 AO. Seit dem 10.08.2021 kann auf die Klarschriftangaben verzichtet werden, wenn ein QR-Code im Format der DSFinV-K abgedruckt wird.[5]
Erweiterung der TSE-Pflicht auf EU-Taxameter und Wegstreckenzähler	01.01.2024	Verlängerung durch – Übergangsregel für Geräte, die fristgemäß mit der sog. INSIKA[6]-Technik ausgerüstet wurden. – Nichtbeanstandungsregel für bestimmte EU-Taxameter und Wegstreckenzähler bis längstens 31.12.2025.[7]
Erweiterung der Pflichtangaben auf dem Beleg bei Klarschriftangaben (§ 6 Nr. 6 u. 7 KassenSichV)	01.01.2024	In freiwillig abgedruckten QR-Codes im Format der DSFinV-K sind die Angaben schon vor dem genannten Stichtag enthalten.

(Quelle: Eigene Darstellung)

685 Vgl. dazu ergänzend die Synopse zur Kassensicherungsverordnung (Anhang 17).

---

[5] Ergänzend zum QR-Code muss ggf. die Uhrzeit der ersten Bestellung in Klarschrift ausgegeben werden (s. Rz. 894).
[6] Siehe Glossar, Anhang 1.
[7] BMF-Schreiben vom 13.10.2023, BStBl. I 2023, 1718, Abdruck in Anhang 6.

10.1 Rechtliche Grundlagen, Beteiligte am Verfahren und Begriffsdefinitionen

10.1.1 Bekannte Manipulationsmuster

Die Finanzverwaltung legt auf mögliche (spurenlose) Löschungen und Veränderungen von Daten in digitalen Erlöserfassungssystemen immer stärkeres Augenmerk, insbesondere vor dem Hintergrund kritischer Systemfunktionalitäten und dem Einsatz in- und externer Programme zur bewussten Datenmanipulation. 686

Sind Systemfunktionalitäten wie Löschungen oder Veränderungen einzelner Daten oder gar ganzer Datensätze spurenlos, d. h. ohne Protokollierung möglich, nimmt das den Büchern und Aufzeichnungen regelmäßig die Beweiskraft, insbesondere bei Verwendung von Manipulationsprogrammen. Jeder Einsatz von Systemfunktionalitäten oder Manipulationsprogrammen, der den Anforderungen der §§ 239 Abs. 3 HGB und 146 Abs. 4, 146a AO entgegenwirkt, führt zur Ordnungswidrigkeit elektronischer Bücher und Aufzeichnungen[8] und i.d.R. zur Einleitung von Steuerstrafverfahren. Ferner droht zivilrechtliche Verfolgung bei bewusster Manipulation, etwa wegen der im Strafgesetzbuch normierten Tatbestände der Fälschung technischer Aufzeichnungen, der Beweismittelunterdrückung oder der Urkundenfälschung. 687

Die Palette in den vergangenen Jahrzehnten aufgetretener Manipulations- und Betrugsmuster ist vielfältig, mitunter abenteuerlich und zieht sich durch Vorschaltsysteme aller Couleur (Registrier- und PC-Kassen, Warenwirtschaftssysteme, Taxameter etc.).[9] 688

Beispiele: 689
- Nichteingabe von Umsätzen in Registrierkassen, z. B. durch alleinige Dokumentation auf Handzetteln oder Bierdeckeln, offene Schublade, Nutzung von KV (kein Verkauf)- oder NL (nur Lade)-Tasten[10]
- Führen separater „Schwarzkassen" als offene Ladenkasse, z. B. beim Thekenverkauf in Eisdielen oder Biergärten (offene Ladenkasse)
- Manipulative Nutzung von Inforechnungen, Zwischenrechnungen
- Manipulationen über Druckeinstellungen (z. B. Nichtausweis von Storni[11], Retouren, Trainingsumsätzen mit oder ohne Wissen des Bedieners)
- „Taste ins Nichts" (Umsätze werden boniert, im Speicher aber nicht aufgezeichnet)
- Geschäftsvorfälle werden nicht mit ihrem tatsächlichen Inhalt dokumentiert (falsche Mengen- oder Preisangaben)

---

8 GoBD, Rz. 112.
9 Umfangreiche Informationen zu weltweiten Manipulationen an Kassensystemen und deren Bekämpfung finden sich im OECD-Bericht 2013 – Umsatzverkürzung mittels elektronischer Kassensysteme und im OECD-Bericht 2017 – Technische Lösungen zur Bekämpfung von Steuerhinterziehung und Steuerbetrug. Zu den Fundstellen s. Anhang 18 unter „Verschiedenes".
10 Zur Absicherung solcher Vorgänge vgl. AEAO zu § 146a i.d.F. ab 01.01.2024, Nr. 2.2.3.6.3 (Abdruck in Anhang 20).
11 Siehe hierzu die tabellarische Auflistung verschiedener Stornotypen in Anhang 4.

- Unterdrückung oder Veränderung der Z-Bon-Nummerierung („Mehrfacherstellung")
- Erfassung der Speiseumsätze über ein elektronisches Aufzeichnungssystem, reine Getränkeumsätze (nur) über „Kellner-Block" (häufig anzutreffen in Biergärten)[12]
- Programmierung von Warengruppen, deren Ausdruck auf dem Z-Bon unterdrückt wurde (z. B. saisonale Eissorten)
- Programmierung negativer Preise (Minderung des Gesamtumsatzes)
- Nachträgliche Veränderung von Mengen oder Preisen zwecks Vermeidung von Lücken in fortlaufenden Sequenznummern (Brötchen statt 0,40 € nur 0,30 €; 3 Brötchen statt 5 Brötchen)
- Einsatz von zwei baugleichen Kassen, eine zur Erfassung der Echtumsätze, eine zur Nacherstellung der Tagesendsummenbons (sog. „Double Till")
- Einsatz von Springern (Jumper); wechselnde Bediener mit eigenem Schlüssel, Umsätze fehlen auf dem Tagesendsummenbon
- Verwendung eines „Kassen-Klons" (Kasse, in der zwei Betriebe angelegt werden können, sodass z. B. 3 Kellner auf Betrieb 1 registrieren, 1 Kellner „schwarz" auf Betrieb 2)
- Nutzung sog „to and back"-Funktionen
- Fehlende Konsolidierung von Handhelds mit der Hauptkasse: Handhelds laufen als separate Kassen ohne Funkverbindung oder mit Funkverbindung nur zu Küche/Theke
- Einsatz von Selfhelp- oder Factory installed-Phantomware
- Einsatz von Zappern (USB, CD, DVD, online)
- Einrichtung sog. „Fake-Accounts"[13] oder Nutzung von Demo-Versionen bei Appkassen[14]
- Umgehung der Synchronisation zwischen lokalem Datenbestand und Cloud-Datenbestand[15]
- Entfernung der TSE (USB-Stick, SD-Karte)
- Temporäre Unterbrechung der Kommunikation zwischen elektronischem Aufzeichnungssystem und lokaler technischer Sicherheitseinrichtung auf Knopfdruck, z. B. mit Data-Stream Disabler Software[16]

690 Vor diesem Hintergrund war die Einführung des § 146a AO zwar ein erster wichtiger Schritt, beruht aber insoweit auf Freiwilligkeit, als dass die Regelung weder von einer Registrierkassenpflicht begleitet wird noch permanente, flächendeckende Kassen-Nachschauen zur Kontrolle der Einhaltung der Bonierpflicht in ausreichendem Maß stattfinden. Stpfl. können weiterhin auf ein elektronisches Aufzeichnungssystem verzichten und sogar von einem solchen zurückkehren zu Papieraufzeichnungen (sog. Downsizing). Geschützt wird damit nur, was der Stpfl. zu schützen bereit ist. Wie aktuelle Prüfungserfahrungen

---

12 Vgl. zur Nutzung sog. Kellner-Blocks im Allgemeinen auch Rz. 987.
13 *Teutemacher*, Handbuch der Kassenführung, 3. Aufl. 2020, 149.
14 *Rebant*, RET, 03/2021, 61 (64).
15 *Teutemacher*, AO-StB 2020, 124 f.
16 *Teutemacher*, PStR 2023, 34.

zeigen, vermag die zertifizierte technische Sicherheitseinrichtung daran nicht viel zu ändern, auch weil weitere flankierende Maßnahmen fehlen.[17]

10.1.2 Rechtliche Grundlagen

Wer ab 01.01.2020 aufzeichnungspflichtige Geschäftsvorfälle oder andere Vorgänge mit Hilfe eines elektronischen Aufzeichnungssystems (eAS) erfasst, hat ein solches zu verwenden, das jeden aufzeichnungspflichtigen Geschäftsvorfall und anderen Vorgang einzeln, vollständig, richtig, zeitgerecht und geordnet aufzeichnet (§ 146a Abs. 1 Satz 1 AO). Das eAS und die digitalen Aufzeichnungen sind durch eine zertifizierte TSE zu schützen. Die Sicherheitseinrichtung muss aus einem Sicherheitsmodul, einem Speichermedium und aus einer einheitlichen digitalen Schnittstelle bestehen. Die digitalen Aufzeichnungen sind auf dem Speichermedium zu sichern und für Nachschauen sowie Außenprüfungen durch elektronische Aufbewahrung verfügbar zu halten (§ 146a Abs. 1 Sätze 2 bis 4 AO). § 146a Abs. 2 AO normiert zudem eine Belegausgabepflicht[18], § 146a Abs. 4 AO eine Mitteilungspflicht[19] für eAS. 691

Zur weiteren Ausgestaltung des § 146a AO wurde das Bundesministerium der Finanzen (BMF) in § 146a Abs. 3 AO ermächtigt, durch **Rechtsverordnung** zu bestimmen: 692

1. die eAS, die über eine zertifizierte TSE verfügen müssen,
2. die Anforderungen
   a) an das Sicherheitsmodul,
   b) das Speichermedium,
   c) die einheitliche digitale Schnittstelle,
   d) die elektronische Aufbewahrung der Aufzeichnungen,
   e) die Protokollierung von digitalen Grundaufzeichnungen zur Sicherstellung der Integrität und Authentizität sowie der Vollständigkeit der elektronischen Aufzeichnung,
   f) den Beleg und
   g) die Zertifizierung der TSE.

Dieser Verordnungsermächtigung folgend wurde vom BMF am 26.09.2017 die „Verordnung zur Bestimmung der technischen Anforderungen an elektronische Aufzeichnungs- und Sicherungssysteme im Geschäftsverkehr (Kassensicherungsverordnung – KassenSichV)" erlassen.[20] Per Subdelegation[21] hat das Bundesamt für Sicherheit in der Informationstechnik (BSI) in Technischen Richtlinien (TR) und Schutzprofilen die technischen Anforderungen an das Sicher- 693

---

17 Vgl. dazu im Ganzen Kap. 10.17.
18 Kap. 10.5.
19 Kap. 10.6.
20 BGBl. I 2017, 3515.
21 Vgl. Art. 80 Abs. 1 Satz 4 GG, §§ 146a Abs. 3 Satz 3 AO, 5 KassenSichV.

heitsmodul, das Speichermedium und die einheitliche digitale Schnittstelle festgelegt, zunächst u. a. in der

- BSI-TR 03153 – Technische Sicherheitseinrichtung für elektronische Aufzeichnungssysteme;
- BSI TR-03151 Secure Element API (SE API), Veröffentlichung ausschließlich in englischer Sprache[22];
- BSI TR-03116 Kryptographische Vorgaben für Projekte der Bundesregierung Teil 5 – Anwendungen der Secure Element API.

694 Ziel der Regelungen ist, **verbindliche technische Anforderungen** zu definieren, mit denen digitale Grundaufzeichnungen elektronischer Aufzeichnungssysteme i. S. d. § 146a AO zu schützen sind. Die jeweils gültigen Versionen veröffentlicht das BSI auf seiner Homepage. Änderungen macht das BMF im Bundessteuerblatt Teil I bekannt.[23]

695 Fortgeschriebene Gesetze und Verordnungen, Praxiserfahrungen sowie (teils sehr kritische) Rückmeldungen von Finanzbehörden, Herstellern technischer Sicherheitseinrichtungen, Kassendienstleistern und TSE-Nutzern nahm das BSI zum Anlass, die Technischen Richtlinien umfassend zu überarbeiten (vgl. § 146a Abs. 3 AO i. V. m. § 5 KassenSichV). Hierzu hatte das BMF mit Schriftsatz vom 03.06.2022 eine Verbandsanhörung eingeleitet.[24] Nach über einem Jahr erfolgte schließlich am 29.06.2023 die Veröffentlichung der

- BSI TR-03153 Technische Sicherheitseinrichtung für elektronische Aufzeichnungssysteme Teil 1: Anforderungen an die Technische Sicherheitseinrichtung, Version 1.1.0,
- BSI TR-03153 Regelung zur übergangsweisen Aufrechterhaltung der gesetzlich erforderlichen Zertifizierung von Technischen Sicherheitseinrichtungen in begründeten Ausnahmefällen Teil 2, Version 1.0.0,
- BSI TR-03151 Secure Element API (SE API) Part 1: Interface Definition, Version 1.1.0,
- BSI TR-03151 Secure Element API (SE API) Part 2: Interface Mapping, Version 1.1.0,
- BSI TR-03145 Secure CA Operation Part 5: Specific requirements for a Public Key Infrastructure for Technical Security Systems, Version 1.0.1,

---

22 Die Veröffentlichung in englischer Sprache mag in der EDV-Welt üblich sein und potentiellen ausländischen TSE-Anbietern den Zugang zur Rechtslage in Deutschland erleichtern. Nicht zuletzt aus Sicht der Anwender sowie den Angehörigen der steuerberatenden Berufe und der Finanzverwaltung steht das BSI nach diesseitiger Auffassung in der Bringschuld, Übersetzungen in die deutsche Sprache anzubieten (vgl. § 87 AO).
23 Eine chronologische Auflistung der Veröffentlichungen ist in Anhang 18 abgedruckt.
24 BMF-Schreiben vom 03.06.2022 – IV A 4 – S 0316a/19/10012 :004, n. v.

10.1 Rechtliche Grundlagen, Beteiligte am Verfahren und Begriffsdefinitionen

- BSI TR-03116 Kryptographische Vorgaben für Projekte der Bundesregierung Teil 5 – Anwendungen der Secure Element API, Stand 2023.[25]

Gleichzeitig wurden die BMF-Schreiben vom 28.02.2019 (BStBl. I 2019, 206), vom 16.12.2019 (BStBl. I 2020, 58), vom 24.02.2022 (BStBl. I 2022, 179) und vom 24.03.2023 (BStBl. I 2023, 607) vollständig aufgehoben.[26] Die neuen Richtlinien sollen mehr Klarheit schaffen, den Aufwand für Zertifizierungen minimieren und für eine bessere Prüfbarkeit des gesetzeskonformen Einsatzes technischer Sicherheitseinrichtungen sorgen.[27] Ferner sind notwendig gewordene Neuregelungen für Taxameter und Wegstreckenzähler sowie Übergangsfristen für Erst- und Rezertifizierungen aufgenommen worden.

Unmittelbar im Anschluss veröffentlichte das BMF die ab 01.01.2024 anzuwendende Neufassung des AEAO zu § 146a.[28]   696

> **Beachte:**   697
>
> Mit Schreiben vom 28.06.2022 wurde den Verbänden Gelegenheit gegeben, zu geplanten Änderungen des AEAO zu § 146a Stellung zu nehmen.[29] Kernpunkte des ursprünglichen Entwurfs waren
> - Verortung der SMAERS (SMA) bei cloud-basierten (verteilten) Systemen,
> - Betrieb von Cloud-Lösungen im Offline-Modus (Notfall-Szenarien),
> - Verpflichtung der Nachsignierung bei TSE-Ausfällen einschl. Übergangsregelungen und zeitlicher Befristung.

In den letztlich veröffentlichten ab 01.01.2024 geltenden AEAO zu § 146a haben die genannten Inhalte jedoch keinen Eingang gefunden.

Die nachfolgenden Ausführungen berücksichtigen die o.g. Änderungen. Erste Praxiserfahrungen bleiben abzuwarten, insbesondere mit Blick auf EU-Taxameter und Wegstreckenzähler, die ab 01.01.2024 in den Anwendungsbereich der KassenSichV fallen.   698

10.1.3 Begriffsdefinitionen

Neben der althergebrachten Begrifflichkeit des **Geschäftsvorfalls** werden im Umfeld des § 146a AO die neuen Begrifflichkeiten des **Vorgangs**, des **anderen Vorgangs**, der **Transaktion** und der **technischen Prozesse (Events)** verwendet, auf die nachfolgend näher eingegangen wird.   699

---

[25] BMF-Schreiben vom 29.06.2023 – IV D 2 – S 0316a/19/10012 :005, BStBl. I 2023, 1075.
[26] BMF-Schreiben vom 29.06.2023, a.a.O.; Vgl. dazu auch die chronologische Übersicht in Anhang 18.
[27] Technische Richtlinien und Schutzprofile treffen vermehrt auf den Einwand, das BSI betreibe eine Überregulierung und überschreite zudem seine in § 5 KassenSichV normierte Regelungskompetenz. Die weitere Entwicklung bleibt abzuwarten.
[28] BMF-Schreiben vom 30.06.2023 – IV D 2 – S 0316-a/20/10003 :006, BStBl. I 2023, 1076, Abdruck in Anhang 20.
[29] BMF vom 28.06.2022 – IV A 4 – S 0316-a/20/10003 :005, DOK 2022/0646306. Die Verbände hatten Gelegenheit, sich bis zum 03.08.2022 hierzu zu äußern.

10 Manipulationsschutz ab 01.01.2020 (§ 146a AO)

700 **Geschäftsvorfälle** sind alle rechtlichen und wirtschaftlichen Vorgänge, die innerhalb eines bestimmten Zeitabschnitts den Gewinn bzw. Verlust oder die Vermögenszusammensetzung in einem Unternehmen dokumentieren oder beeinflussen bzw. verändern (z. B. zu einer Veränderung des Anlage- und Umlaufvermögens sowie des Eigen- und Fremdkapitals führen).[30]

701 Im Kontext der DSFinV-K wird der Begriff des Geschäftsvorfalls pro Einzelposition verstanden mit der Folge, dass ein Vorgang aus mehreren Geschäftsvorfällen bestehen kann. Konkretisierungen der Geschäftsvorfalltypen sind in der DSFinV-K, Anhang C, abgebildet. Weitere Individualisierungen bzw. Untergliederungen durch den Stpfl. sind zulässig und können und in punkto Nachvollziehbarkeit und Nachprüfbarkeit erhebliche Vorteile mit sich bringen.

702 Ein **Vorgang** ist ein zusammengehörender Aufzeichnungsprozess, der bei Nutzung oder Konfiguration eines eAS eine Protokollierung durch die TSE auslösen muss. Der Begriff des Vorgangs bezieht sich ausschließlich auf Aufzeichnungsprozesse **innerhalb des eAS**. Dagegen wird im Rahmen der Protokollierung des Vorgangs **innerhalb der TSE** von einer **Transaktion** gesprochen.

Elektronisches Aufzeichnungssystem		Zertifizierte technische Sicherheitseinrichtung
Vorgang AEAO zu § 146a, Nr. 1.8		
		Transaktion Absicherung in der TSE AEAO zu § 146a, Nr. 1.9
Geschäftsvorfall AEAO zu § 146a, Nr. 1.10 GoBD, Rz. 18	**Anderer abzusichernder Vorgang** AEAO zu § 146a, Nr. 1.11	

Abbildung 19: Begriffsdefinitionen (Vorgang/Transaktion)
(Quelle: Eigene Darstellung)

703 **Beispiel:**

Kunde A erwirbt in einem Einzelhandel für Grillzubehör einen Smoker, eine Gasflasche und einen Geschenkgutschein über 100 €. Eine leere Gasflasche gibt er zurück. Der Einzelhändler gewährt A einen Preisnachlass i. H. v. 10 %. Nach der DSFinV-K handelt sich um 6 Geschäftsvorfälle (Umsatz Smoker, Umsatz Gasflasche, Pfand Gasflasche, MehrzweckgutscheinKauf, PfandRückzahlung Gasflasche, Rabatt), jedoch nur um *einen* Vorgang.

---

30 GoBD, Rz. 16. Beispiele finden sich im AEAO zu § 146a i. d. F. bis 31.12.2023, Nr. 1.8.2 sowie im AEAO zu § 146a i. d. F. ab 01.01.2024, Nr. 1.10.2 (Abdruck in Anhang 20).

10.1 Rechtliche Grundlagen, Beteiligte am Verfahren und Begriffsdefinitionen

Neu ist der Begriff der **anderen Vorgänge**. Dies sind Aufzeichnungsprozesse, die keinen Geschäftsvorfall bewirken, sondern durch andere Ereignisse im eAS oder in der TSE ausgelöst werden und zur nachprüfbaren Dokumentation der ordnungsmäßigen Erfassung der Geschäftsvorfälle notwendig sind, z. B. Trainingsbuchungen, Sofort-Storni[31], Belegabbrüche, erstellte Angebote oder nicht abgeschlossene Geschäftsvorfälle (Bestellungen).[32] 704

Hinweis: 705
Trainingsbuchungen sind zulässig (z. B. zu Übungszwecken für Auszubildende), wurden in der Vergangenheit aber häufig dazu genutzt, Bareinnahmen nicht zu deklarieren. Mit Implementierung der TSE werden Trainingsbuchungen weder kassenwirksam noch umsatzsteuerbehaftet über die DSFinV-K, hier BON_TYP „AV Training" erfasst und als anderer Vorgang abgesichert. Zur Verwendung von „AV Training" ist die Kasse aktiv anzusteuern. Eine Bezahlung an der Kasse darf im Zusammenhang mit diesem Vorgangstypen nicht erfolgen.[33]

Als **technische Prozesse** sind weitere sog. **Events** abzusichern, die hauptsächlich durch den Aufruf von Funktionen zum Management bzw. zur Konfiguration der TSE erzeugt werden (System-Events) oder Ereignisse im Sicherheitsmodul protokollieren (Audit-Events).[34] Das Bundesamt für Sicherheit in der Informationstechnik (BSI) sieht darin z. B. technische Vorgänge wie das Setzen der Uhrzeit.[35] Zur Erreichung der Schutzziele irrelevante Vorgänge, z. B. „Bildschirmeinstellung heller/dunkler" oder die Überwachung der Prozessor-Temperatur müssen nicht abgesichert werden.[36] 706

Hinweis: 707
Die Aufzeichnung der „anderen Vorgänge" und „technischen Prozesse" ist vorrangig Aufgabe der Kassen- und TSE-Hersteller. Angehörige steuerberatender Berufe werden sich damit eher weniger befassen müssen.

Nach der jeweiligen DSFinV (-K, -TW) werden die vom Aufzeichnungssystem über die TSE abzusichernden Daten durch *processType*[37] und *processData*[38] beschrieben, wobei *processType* das Format der in *processData* enthaltenen abzusichernden Daten darstellt. 708

Zu den weiteren Einzelheiten für Kassen(systeme) s. AEAO zu § 146a i. d. F. bis 31.12.2023, Nr. 3.6.5 und 3.6.6. bzw. AEAO zu § 146a i. d. F. ab 01.01.2024, 709

---

31 Siehe hierzu die Auflistung verschiedener Stornotypen in Anhang 4.
32 Zur Kritik an der Aufzeichnung anderer Vorgänge mangels ausreichender Bestimmtheit der Norm s. *Becker*, BBK 2017, 803 (811), Tz. III.2.2; *Bellinger*, DB 2019, 1292 (1294).
33 DSFinV-K, Version 2.3 vom 04.03.2022, Tz. 4.2.6 und Anhang B unter „AVTraining".
34 BSI TR-03153-1, Version 1.1.0, Kap. 3.6 und 3.7.
35 AEAO zu § 146a i. d. F. bis 31.12.2023, Nr. 1.9.3; AEAO zu § 146a i. d. F. ab 01.01.2024, Nr. 1.11.3 (Abdruck in Anhang 20).
36 AEAO zu § 146a i. d. F. bis 31.12.2023, Nr. 1.9.2; AEAO zu § 146a i. d. F. ab 01.01.2024, Nr. 1.11.2 (Abdruck in Anhang 20).
37 Glossar, Anhang 1.
38 Glossar, Anhang 1.

Nr. 2.2.3.5 und 2.2.3.6. Zu den Einzelheiten des Aufbaus von *processType* und *processData* für Taxameter und Wegstreckenzähler s. DSFinV-TW Anhang B, AEAO zu § 146a, Nr. 3.2.3.5 (Taxameter) bzw. Nr. 4.2.3.5 (Wegstreckenzähler).[39]

10.2 Betroffene Aufzeichnungssysteme

10.2.1 Allgemeines

710 Eine Legaldefinition für elektronische Aufzeichnungssysteme (eAS) lässt sich § 146a AO nicht entnehmen. Sie werden auch vom Bundesamt für Sicherheit in der Informationstechnik (BSI) nicht näher definiert. Nach § 1 Abs. 1 KassenSichV handelt es sich um elektronische oder computergestützte Kassensysteme und Registrierkassen. Darunter fällt jede zur elektronischen Datenverarbeitung eingesetzte Hard- und Software, die elektronische Aufzeichnungen zur Dokumentation von Geschäftsvorfällen und somit Grundaufzeichnungen erstellt, mithin auch App-Kassen sowie bestimmte mobile Endgeräte (z. B. Tablets). Als eAS gelten auch solche mit externer Geldaufbewahrung (z. B. Wiegesysteme).[40] Auf eine Aufbewahrungsmöglichkeit des verwalteten Bargeldbestandes, z. B. in einer Kassenschublade, kommt es nicht an.[41]

711 Elektronische oder computergestützte Kassensysteme und Registrierkassen sind nach Verwaltungsauffassung für den Verkauf von Waren oder die Erbringung von Dienstleistungen und deren Abrechnung spezialisierte eAS, die „**Kassenfunktion**" haben, d. h. die Erfassung und Abwicklung von zumindest teilweise baren oder anderen Zahlungsvorgängen (EC- und Kreditkarten, virtuelle Konten, Bonuspunktesysteme von Drittanbietern z. B. Payback, Punktkarten an Tankstellen, Gutscheine, Guthabenkarten, Bons, u. ä.) ermöglichen.[42] „Ermöglichen" genügt, tatsächliche Nutzung ist nicht erforderlich. Die Finanzverwaltung stellt damit nicht nur auf die Art des elektronischen Aufzeichnungssystems, sondern auch auf die Art der Bezahlmöglichkeiten ab.

712 In den Anwendungsbereich fallen damit auch Kassenmodule innerhalb komplexer Softwaresysteme, z. B.

– Warenwirtschafts- oder Faktura-Systeme mit Barzahlungsfunktion,
– Hotel-Software,
– Kassenmodule der Heilberufler (Ärzte, Zahnärzte, Physiotherapeuten, u. w.) innerhalb komplexer Abrechnungssysteme,

---

39 Abdruck in Anhang 20.
40 AEAO zu § 146 Nr. 2.1.4; AEAO zu § 146a, Nr. 1.2.
41 AEAO zu § 146a, Nr. 1.2.
42 AEAO zu § 146a, Nr. 1.2.

- Laptop des Apothekers mit Remote-Zugriff auf das Kassensystem in der Offizin,
- elektronisches Kassenbuch bei sofortigen Eingaben in unmittelbarem zeitlichem Zusammenhang mit der Entstehung des Geschäftsvorfalls.[43]

Sobald die Systeme in der Lage sind, bare Zahlungsvorgänge zu erfassen und abzuwickeln, fällt dieser Teil – jedoch nicht das gesamte System – unter die Anforderungen des § 146a AO. Es müssen nur die Geschäftsvorfälle abgesichert werden, die zu einem kassenrelevanten oder kassensturzrelevanten Vorgang gehören oder zu einem solchen werden könnten. 713

Zur Aufnahme der **Taxameter** und **Wegstreckenzähler** in den Anwendungsbereich der KassenSichV sowie zur am 13.10.2023 ergangenen Nichtbeanstandungsregelung des BMF vgl. **Synopse zur KassenSichV** (Anhang 17) und Kap. 14 unter den Stichwörtern „Taxiunternehmen" und „Mietwagenunternehmen". 714

10.2.2 Definition der PC-Kasse

Bei PC-gestützten Kassen(systemen) handelt es sich prinzipiell um mit spezieller Kassensoftware ausgestattete Personalcomputer. Die Bedienung erfolgt regelmäßig über Touchscreens. Dabei findet man sowohl Systeme, bei denen Touchscreen und Rechner getrennt aufgestellt werden (sog. Split-Systeme) als auch sog. All-in-One-Systeme vor. PC-Kassen(systeme) basieren auf handelsüblichen Betriebssystemen (Windows, MacOS, Linux). Sie funktionieren ähnlich einem normalen PC, d.h. mit Hinblick auf die Datensicherheit, dass der nachträglichen Veränderung von Kassendaten quasi keine Grenzen gesetzt sind. Offene Systeme haben keine Summenspeicher und damit auch keine X/Z-Technik im eigentlichen Sinne, die Einzelumsätze und Berichtsdaten sind in Datenbanken (z.B. Access, SQL) abgelegt und können beliebig gefiltert und abgefragt werden. Immer häufiger liegen die Kasseneinzeldaten in der Cloud. 715

10.2.3 Definition der App-Kasse

Hierbei handelt es sich um ein Endgerät, das mit einer Kassen-Software bespielt wird (z.B. Android, iOS). Bei Datenspeicherung in der Cloud sind u.a. § 146 Abs. 2a bis 2c AO und § 14b Abs. 2 UStG zu beachten, aus handelsrechtlicher Sicht ferner die IDW RS FAIT 5. Zur steuerlichen Einordnung s. auch Kap. 10.2.4. 716

10.2.4 Mobile Endgeräte

Mobile Endgeräte sind dahingehend zu unterscheiden, ob sie 717
a) ein eigenständiges Aufzeichnungssystem darstellen oder
b) als bloße Eingabehilfe zu qualifizieren sind.

---

43 *Achilles/Danielmeyer*, RET 4/2020, 18 (20). In diesen Fällen kommt dem Kassenbuch „Kassenfunktion" i.S.d. AEAO zu § 146a, Nr. 1.2 zu.

718 Kann das Gerät offline, ohne Anbindung an eine andere zentrale, die Aufzeichnungen führende Kasse betrieben werden, handelt es sich um ein **selbständiges Aufzeichnungssystem**, das unmittelbar an eine TSE anzubinden ist. Zu diesem Zweck werden z. B. Fiskaldrucker mit integrierter TSE angeboten, die ggf. am Gürtel des Bedieners befestigt werden können, um Laufwege im Rahmen des Bezahlvorgangs einzusparen.

719 Gehen die Funktionen des Geräts hingegen nicht über die Funktionen einer Tastatur hinaus (z. B. Dateneingabe und -anzeige nur bei Verbindung mit Host), handelt es sich um ein **Eingabegerät** (Eingabehilfe).[44] In diesem Fall werden die generierten Geschäftsvorfälle unmittelbar nach Erfassung an ein mit einer TSE verbundenes Aufzeichnungssystem übergeben. Einer zusätzlichen Absicherung der Eingabehilfe mittels TSE bedarf es dann nicht.[45]

10.2.5 Registrierkassen

720 Proprietäre Kassen laufen unter Einsatz spezieller Mikroprozessoren mit herstellereigenen Betriebssystemen und geschlossener Firmware.[46] Die Firmware ist mit der Hardware funktional fest verbunden, d. h. jede Komponente ist ohne die jeweils andere nicht nutzbar. Proprietäre Kassensysteme erfreuen sich großer Beliebtheit, da sie sehr robust und frei von äußeren Einflüssen (Würmer, Trojaner etc.) sind. Bei diesen sog. Embedded[47] – Lösungen, die häufig in den POS[48] – Kassen Anwendung finden, kann der Gerätehersteller bestimmte Zugriffsmöglichkeiten einschränken, verhindern oder Programmierungen so vornehmen, dass nachträgliche Änderungen sichtbar gemacht werden. Häufig wurde für die Daten(träger)überlassung eine spezielle Software benötigt.

721 Die Klassifizierung der Aufzeichnungssysteme und deren Zulässigkeit ab 01.01.2017 stellt sich wie folgt dar:

---

44 Übliche Bezeichnungen: Fernbedienung, Satellit.
45 BMF, *https://www.bundesfinanzministerium.de/Content/DE/FAQ/2020-02-18-steuergerechtigkeit-belegpflicht.html*, (abgerufen am 14.10.2023).
46 Firm = fest; Software, die in das Kassensystem eingebettet ist.
47 D. h. eingebettet.
48 Point of Sale (Verkaufsstelle).

10.2 Betroffene Aufzeichnungssysteme

Tabelle 11: Klassifizierung der Aufzeichnungssysteme und deren Zulässigkeit seit 01.01.2017

Oberbegriff	Einteilung	Unterart	Zulässigkeit bis 31.12.2016	Zulässigkeit seit 01.01.2017
Mechanische Registrierkasse		Mechanische Registrierkassen mit/ohne funktionierendem Druckwerk zur Erzeugung von Bons/Journalrollen	einzelfallabhängig	einzelfallabhängig
Elektronische Aufzeichnungssysteme Kassenführung mit zur elektronischen Datenverarbeitung eingesetzter Hard- und Software, die elektronische Aufzeichnungen zur Dokumentation von Geschäftsvorfällen und somit Grundaufzeichnungen erstellt. Als elektronische Aufzeichnungssysteme gelten auch elektronische Vorsysteme mit externer Geldaufbewahrung. Welche der elektronischen Aufzeichnungssysteme zusätzlich die besonderen Anforderungen des § 146a AO erfüllen müssen, bestimmt sich nach § 1 KassenSichV.*	EDV-Registrierkassen ohne Einzelaufzeichnungen	EDV-Registrierkasse mit 2 Druckwerken (Bon und Journalrolle), Datenexport nicht möglich	einzelfallabhängig	nein
		EDV-Registrierkasse mit einem Druckwerk (Bon oder Journalrolle), elektronisches Journal mit begrenztem Speicher, nachträglicher Ausdruck der Journalrolle möglich, Datenexport nicht möglich	einzelfallabhängig	nein
	EDV-Registrierkassen mit Einzelaufzeichnungen (ab 01.01.2020 ist Art. 97 § 30 Abs. 3 EGAO zu beachten).	EDV-Registrierkasse mit einem Druckwerk (Bon oder Journalrolle), elektronischem Journal mit begrenztem Speicher, Datenexport von Einzelaufzeichnungen über Backoffice-System möglich	ja	ja*
		EDV-Registrierkasse mit einem Druckwerk (Bon oder Journalrolle), elektronisches Journal, Datenexport von Einzelaufzeichnungen über Schnittstellen (z.B. Speicherkarte, USB) möglich	ja	ja*
		Proprietäres Kassensystem mit herstellereigenem Betriebssystem („Embedded"-Technologie), Datenexport von Einzelaufzeichnungen über Schnittstellen (z.B. Speicherkarte, USB, WLAN) möglich	ja	ja*
	PC-Kassen	PC-Kassen mit handelsüblichem Betriebssystem (z.B. Windows, Linux, MacOS), nahezu unbegrenzte Speichermöglichkeiten, Datenexport von Einzelaufzeichnungen über Schnittstellen (z.B. Speicherkarte, USB, WLAN) möglich	ja	ja*
	App-Kassen	App-Kassen (Android, iOS) unter Verwendung von Tablets/Handys und einer App (Speicherung der Daten häufig in der Cloud), Datenexport über Schnittstellen (z.B. Speicherkarte, WLAN) möglich	ja	ja*
	Sonstige elektronische Aufzeichnungssysteme	Kassenautomaten, Fahrscheinautomaten, Taxameter einschl. App-Systemen, Wegstreckenzähler einschl. App-Systemen, Waren- und Dienstleistungsautomaten, Parkscheinautomaten, Ladesäulen etc.	ja	ja*
Mischformen		Nebeneinander mehrerer Systeme (Offene Ladenkasse, elektronische Aufzeichnungssysteme)	einzelfallabhängig	einzelfallabhängig

* Seit 01.01.2020 muss geprüft werden, ob und ab wann das Aufzeichnungssystem ggf. mit einer technischen Sicherheitseinrichtung (TSE) i. S. d. § 146a AO auszurüsten ist.

(Quelle: Eigene Darstellung)

10 Manipulationsschutz ab 01.01.2020 (§ 146a AO)

723

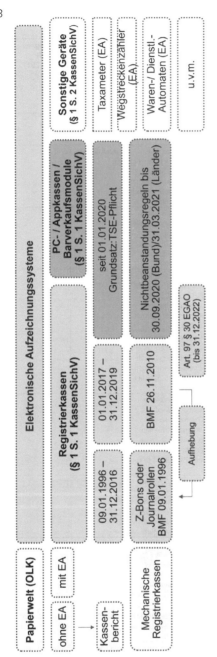

Abbildung 20: Arten der Kassenführung im Licht von Einzelaufzeichnungspflichten (EA), TSE-Pflicht und bestehenden Erleichterungen (Stand 31.12.2023)
(Quelle: Eigene Darstellung)

10.2.6 Übergangsregel für Registrierkassen

Aus Gründen des Investitionsschutzes hat der Gesetzgeber im Wissen, dass einige Registrierkassen nicht mit einer zertifizierten technischen Sicherheitseinrichtung i. S. d. § 146a AO aufgerüstet werden können, eine zeitlich befristete Übergangsregel nachfolgenden Inhalts geschaffen[49]:

> „Hat der Stpfl. nach dem 25. November 2010 und vor dem 01. Januar 2020 eine Registrierkasse **angeschafft**, die den Anforderungen des BMF-Schreibens vom 26.11.2010 (BStBl. I 2010 S. 1342) entspricht und **bauartbedingt** nicht mit einer TSE aufrüstbar ist, darf er sie abweichend von den §§ 146a und 379 Abs. 1 Satz 1 und Absatz 4 der Abgabenordnung bis zum **31. Dezember 2022** weiter verwenden."

Einer coronabedingten Verlängerung der Übergangsregel für Registrierkassen über den 31.12.2022 hinaus hat der Gesetzgeber sich verschlossen.[50]

> *Beachte:*
>
> Spätestens seit dem **01.01.2023** macht es steuerlich keinen Unterschied, ob der Stpfl. eine Registrierkasse oder eine PC-/App-Kasse nutzt.

Als **Anschaffung** gelten neben dem Kauf auch Leihe, Miete oder Leasing (Verschaffung der Verfügungsmacht). Begünstigt sind „Bestandskassen", die zum 01.01.2020 bereits im Betrieb vorhanden waren. Deshalb fallen z. B. nach dem 01.01.2020 ausgeliehene Kurzfrist-Leihgeräte, etwa bei Defekt des eigenen Kassensystems, nicht in den Anwendungsbereich der Übergangsregel. Würde ein solches dennoch genutzt, läge ein Verstoß gegen die steuerlichen Ordnungsvorschriften vor.

Eine gesetzliche Definition des Begriffs „**bauartbedingt**" existiert nicht. Es handelt sich um einen unbestimmten, auslegungsbedürftigen Rechtsbegriff. Nach allgemeinem Verständnis muss die Bauart, d. h. die Auslegung des Systems wie z. B.

- Ausstattung mit Schnittstellen,
- Prozessorleistung,
- Speicherkapazität,
- Funktionen des Betriebssystems,
- fehlende Internet- oder Netzwerkfähigkeit,
- nicht nachrüstbare Slots für USB- oder (Micro-)SD-Karten

eine Nachrüstung mit der TSE technisch **unmöglich** machen. Tatsächliche Verfügbarkeit von Updates/Upgrades oder Investitionskosten einer solchen Aufrüstung spielen keine Rolle.[51]

---

[49] Art. 97 § 30 Abs. 3 EGAO.
[50] Zuletzt: BT-Drucks. 19/21351 vom 29.07.2020.
[51] AEAO zu § 146a i. d. F. bis 31.12.2023, Nr. 2.2.2; DFKA e. V., Neue gesetzliche Anforderungen für Kassensysteme, Stand 28.09.2020, Abruf unter *https://dfka.net/recht/neue-gesetzliche-anforderungen-fuer-kassensysteme* (abgerufen am 17.10.2023).

729 Nach Auffassung der Finanzverwaltung ist der Stpfl. für das Vorliegen der Voraussetzungen nachweispflichtig, die Nachweise sind der Verfahrensdokumentation (Systemdokumentation) beizufügen, z. B. durch eine Bestätigung des Kassenherstellers.[52] Offen lässt der AEAO, ob der Hersteller nur bescheinigen muss, dass die Registrierkasse nicht mit einer TSE aufgerüstet werden kann oder auch, dass sie den Anforderungen des BMF-Schreibens vom 26.11.2010 entspricht. Letzteres kann der Hersteller i. d. R. nicht, da das sog. Customizing (Einstellungen des Stpfl. nach Auslieferung der Registrierkasse) erheblichen Einfluss auf die Ordnungsmäßigkeit der Kassenaufzeichnungen hat. Auch der Stpfl. wird den Nachweis nur selten erbringen können, insbesondere vor dem Hintergrund der regelmäßig fehlenden Programmier-/Konfigurationsprotokolle.[53] Im Ergebnis vermag jegliche „Bescheinigung" in analoger Anwendung der GoBD, Tz. 179–181 keinen verlässlichen Nachweis zu erbringen. Eine solche kann bestenfalls als **Anhaltspunkt** dienen. Gesicherte Erkenntnisse über die zutreffende Inanspruchnahme der Übergangsregel werden Stpfl. daher erst im Verlauf einer Außenprüfung oder Nachschau erhalten. Dieser Umstand ist nicht nur in Bezug auf die Schätzungsbefugnis der Finanzverwaltung risikobehaftet. § 379 Abs. 1 Satz 1 Nr. 5 i. V. m. Abs. 6 AO sieht für solche Fälle Bußgelder bis zu 25.000 € vor, unabhängig davon, ob tatsächlich manipuliert oder Steuern verkürzt wurden. Ungeachtet dessen: Im Übergangszeitraum 01.01.2020–31.12.2022 wurden die hier in Rede stehenden Registrierkassen ohne jegliche Art von Schnittstellen weniger. Mithin wird die Anzahl der Aufzeichnungssysteme, die unter die Übergangsregel fallen, überschaubar sein.

730 Die Übergangsregel gilt nach Auffassung der Finanzverwaltung, die vom DFKA e. V. geteilt wird, **nicht** für PC-Kassen[54], da deren Bauart eine Nachrüstung regelmäßig zuließ. Ob der Hersteller eine Nachrüstungsoption angeboten hat, ist ohne Bedeutung.

731 *Hinweis:*
Auch Stpfl., die sog. „Übergangskassen" verwendet haben, unterlagen seit dem 01.01.2020 der Belegausgabepflicht.

10.2.7 Ausgenommene Systeme (Negativabgrenzung)

10.2.7.1 Einführung

732 Nach § 1 Satz 2 KassenSichV sind aktuell[55] Fahrscheinautomaten, Fahrscheindrucker, Kassen- und Parkscheinautomaten der Parkraumbewirtschaftung, Ladepunkte für Elektro- und Hybridfahrzeuge, elektronische Buchhaltungsprogramme, Waren- und Dienstleistungsautomaten, Taxameter[56] und Wegstre-

---

52 AEAO zu § 146a i. d. F. bis 31.12.2023, Nr. 2.2.2.
53 Vgl. nur BFH vom 25.03.2015 – X R 20/13, BStBl. II 2015, 743 zur Schätzungsbefugnis bei fehlenden Programmierprotokollen; kritisch *Reckendorf*, BBK 2017, 796 (801).
54 AEAO zu § 146a i. d. F. bis 31.12.2023, Nr. 2.2.2.
55 Rechtsstand 15.10.2023.
56 Sog. EU-Taxameter sind frühestens ab 01.01.2024 mit einer TSE abzusichern. Vgl. dazu Kap. 14, Stichwort „Taxameter" u. Anhang 17 (Synopse zur KassenSichV).

ckenzähler⁵⁷, Geldautomaten sowie Geld- und Warenspielgeräte (noch) von der TSE-Pflicht ausgenommen. Weitere Aufzeichnungssysteme hat das BMF über den AEAO zu § 146a und den BMF-FAQ⁵⁸ von der TSE-Pflicht suspendiert.

Zahlreiche elektronische Aufzeichnungssysteme können trotz einiger Klarstellungen des BMF noch nicht hinreichend sicher kategorisiert werden. Im Licht der Kassen- und Automatenvielfalt ist die hinreichende Bestimmbarkeit der Aufrüstungsverpflichtung mit einer TSE jedoch von erheblicher Relevanz⁵⁹, da im Rahmen von Außenprüfungen Schätzungsbefugnisse und Ordnungswidrigkeitenverfahren⁶⁰ im Raum stehen können. Besteht Unklarheit darüber, ob die Grundaufzeichnungen eines Aufzeichnungssystems gem. § 146a AO abgesichert werden müssen, empfiehlt sich unter Darlegung der Manipulationsrisiken, technischer Abläufe und Spezifikationen, bestehender Bauartzulassungen oder eingerichteter interner Kontrollsysteme eine „Absicherung" unter Antragstellung nach § 148 AO.⁶¹

733

> *Tipp:*
> Ungeachtet des Negativkatalogs sind gesetzliche Einzelaufzeichnungspflichten⁶² zu prüfen und bestehende Datenzugriffsrechte der Finanzverwaltung⁶³ zu wahren. Die Nutzung der standardisierten Digitalen Schnittstelle der Finanzverwaltung für Kassensysteme (DSFinV-K) ist für TSE-befreite Systeme nicht verpflichtend⁶⁴, erleichtert jedoch den Export der Kasseneinzeldaten auf Seiten des Stpfl. und den Import der Daten auf Seiten der Finanzverwaltung enorm.

734

10.2.7.2 Fahrscheinautomaten und Fahrscheindrucker

Fahrscheinautomaten sind feststehende Selbstbedienungsautomaten⁶⁵, an denen ausschließlich Fahrscheine des öffentlichen oder privaten Personenverkehrs einschl. Zusatzkarten (z. B. Fahrrad- oder Tiertransport) erworben werden können, die zur Beförderung mit dem **Beförderungsmittel eines Dritten** berechtigen. Hierzu zählt insbesondere der Schienenbahnenverkehr mit U-, S-, Stadt-, Straßen- und Eisenbahnen einschließlich der Hoch-, Untergrund-,

735

---

57 Wegstreckenzähler sind frühestens ab 01.01.2024 mit einer TSE abzusichern. Vgl. dazu Kap. 14, Stichwort „Wegstreckenzähler" u. Anhang 17 (Synopse zur KassenSichV).
58 BMF, *https://www.bundesfinanzministerium.de/Content/DE/FAQ/2020-02-18-steuergerechtigkeit-belegpflicht.html* (abgerufen am 15.10.2023).
59 Vgl. zum Bestimmtheitsgebot Art. 103 Abs. 2 GG. Im Ordnungswidrigkeitenverfahren kann ggf. Tatbestandsirrtum vorliegen. Siehe dazu exemplarisch OLG Oldenburg vom 09.07.2010 – 2 SsRS 220/09 zur fehlenden Bestimmbarkeit des Begriffs „Winterreifen".
60 Vgl. BVerfG vom 17.11.2009 – 1 BvR 2717/08, NJW 2010, 754; BVerfG vom 23.10.1985 – 1 BvR 1053/82, NJW 1986, 1671.
61 *Achilles/Jope*, BBK 2021, 1012 (1020).
62 §§ 146 AO, 22 UStG i. V. mit 63 ff. UStDV.
63 §§ 146b Abs. 2, 147 Abs. 6 AO, 27b Abs. 2 UStG im Einklang mit *Lüngen/Resing*, StBp 2015, 300.
64 DSFinV-K, Version 2.3 vom 04.03.2022, Tz. 2.6.
65 AEAO zu § 146a i. d. F. ab 01.01.2024, Nr. 1.5.1 (Abdruck in Anhang 20).

Schwebe- und ähnlichen Bahnen besonderer Bauart[66], ferner der genehmigte Linienverkehr mit Omnibussen einschl. der Oberleitungsomnibusse sowie der Verkehr mit Schiffen, Fähren, Drahtseil-, Kabinen-, Sessel- und Bergbahnen, Sessel- und Skiliften oder Kleinbahnen, die in Freizeitparks, Tierparks oder innerhalb eines Ausstellungsgeländes verkehren.

736 Bieten die hier in Rede stehenden Geräte über den Verkauf von Fahrausweisen hinaus den Erwerb **weiterer Leistungen** an oder werden **eigene Beförderungsmittel** genutzt, ist zu prüfen, ob es sich **insoweit** um einen Waren- oder Dienstleistungsautomaten oder um einen Bezahlautomaten (s. Rz. 761 ff.) handelt. Beispielhaft genannt sei der Erwerb eines Kombitickets für eine Drahtseilbahn, mit dem der Erwerber neben der Beförderungsleistung auch eine gebührenpflichtige Rodelbahn in Anspruch nehmen kann. In diesem Fall dürfte TSE-Pflicht ausgelöst werden. Entsprechendes gilt für ggf. mobile Fahrscheindrucker.[67]

10.2.7.3 Kassen- und Parkscheinautomaten der Parkraumbewirtschaftung

737 Kassen- und Parkscheinautomaten der Parkraumbewirtschaftung sind Geräte, die der Bezahlung und Inanspruchnahme eines zur Verfügung gestellten Parkraums dienen.[68] Obgleich Parkscheinautomaten sowohl nach der Verkehrsanschauung als auch in der strafrechtlichen Beurteilung schon in die Kategorie der Dienstleistungsautomaten fallen dürften, nahm der Verordnungsgeber diese aufgrund funktioneller und technischer Vergleichbarkeit mit Fahrscheinautomaten und Fahrscheindruckern gesondert aus dem Anwendungsbereich der KassenSichV aus.[69] Im Interesse der Rechtssicherheit und im Vorgriff auf die geänderte KassenSichV hatte das BMF diese Geräte bereits vorab von der TSE-Pflicht suspendiert.[70] Mangels eindeutiger Festlegung fällt unter den Begriff der Parkraumbewirtschaftung nach hier vertretener Auffassung sowohl öffentlicher als auch privater Straßenraum.

738 *Hinweis:*
Die mitunter schwierige Einordnung eines Aufzeichnungssystems unter die Rubrik „Dienstleistungsautomat" oder unter die Rubrik „Parkscheinautomat" lässt sich am Beispiel einer „**Parkuhr**" verdeutlichen. Sie gilt nicht als Dienstleistungsautomat, da sie – anders als Schranken, die einen Parkraum erst freigeben – das Parken nicht tatsächlich ermöglicht, sondern die Entrichtung der Gebühr lediglich das an sich bestehende Parkverbot befristet aufhebt. Zur Vermeidung solcher Abgrenzungsschwierigkeiten ist die explizite Aufnahme der Kassen- und Parkscheinautomaten der Parkraumbewirtschaftung in den Katalog des § 1 Satz 2 KassenSichV zu begrüßen.[71]

---

66 Vgl. § 4 Abs. 2 PBefG.
67 So auch AEAO zu § 146a i. d. F. ab 01.01.2024, Nr. 1.5.1 (Abdruck in Anhang 20).
68 AEAO zu § 146a i. d. F. ab 01.01.2024, Nr. 1.5.2 (Abdruck in Anhang 20).
69 BT-Drucks. 19/29085, 19/29474 Nr. 2.1, 19/29841, BR-Drucks. 438/21.
70 BMF vom 03.05.2021 – IV A 4 – S 0319/21/10001 :001, BStBl. I 2021, 679.
71 *Achilles/Jope*, BBK 2021, 1012 (1016) m. w. N.

Zur zutreffenden Aufzeichnung der Betriebseinnahmen bei Leerung des Geldspeichers vgl. Kap. 6.1 und 8.1.

10.2.7.4 Ladepunkte für Elektro- und Hybridfahrzeuge

Die Befreiung von Geräten zur Inanspruchnahme und Bezahlung von Stromlieferungen erfolgte durch Änderung der KassenSichV. Im Interesse der Rechtssicherheit und im Vorgriff auf die Änderung hatte das BMF diese Geräte bereits vorab von der TSE-Pflicht suspendiert.[72] Zur zutreffenden Aufzeichnung der Betriebseinnahmen bei Leerung des Geldspeichers vgl. Kap. 6.1 und 8.1. Zur umsatzsteuerlichen Beurteilung des Ladevorgangs und der damit verbundenen Dienstleistungselemente (E-Charging) vgl. EuGH, Urteil vom 20.04.2023 – C-282/22, DB 2023, 1065. Zu den umsatzsteuerlichen Folgen des E-Charging s.a. *Fietz/Brohl*, NWB 2023, 2682. Zum kostenlosen E-Charging im Einzelhandel vgl. *Oldiges*, DStR 2021, 1988.

10.2.7.5 Elektronische Buchhaltungsprogramme

Nach Auffassung des BMF erfüllen elektronische Buchhaltungsprogramme hinsichtlich barer Geschäftsvorfälle keine Grund(buch)aufzeichnungsfunktion und sind mithin nicht mittels TSE abzusichern. Dem ist zuzustimmen, soweit nur täglich saldierte Bareinnahmen und Barausgaben übertragen werden, die zuvor in anderen Grundbüchern-/aufzeichnungen festgehalten wurden (z.B. im Kassenbuch oder vergleichbaren Aufzeichnungen bei Gewinnermittlung nach § 4 Abs. 3 EStG, im Kassenbericht oder in einem elektronischen Vorsystem).[73]

Nach hier vertretener Auffassung kann das nicht gelten, wenn der Stpfl. das Buchhaltungsprogramm verwendet, um seine baren Geschäftsvorfälle einzeln und zeitnah bei Entstehung dort festzuhalten. In diesem Fall erlangen die Einzelaufzeichnungen Grundbuch(aufzeichnungs)funktion und das Buchhaltungsprogramm „Kassenfunktion".

Zur einheitlichen digitalen Schnittstelle für elektronische Buchhaltungsprogramme vgl. § 147b AO i.V.m. Art. 97 § 37 EGAO. Die hierzu im Entwurf vorliegende Buchführungsdatenschnittstellenverordnung (DSFinVBV) wird voraussichtlich jedoch nicht vor dem 01.01.2028 in Kraft treten.

10.2.7.6 Waren- und Dienstleistungsautomaten

Vorbemerkungen

Nach dem insoweit eindeutigen Gesetzes- und Verordnungswortlaut der §§ 146a AO i.V.m. 1 Abs. 1 KassenSichV lassen sich **mechanische Automaten**[74] und elektronische Automaten ohne Barzahlungsmöglichkeit bereits vorab von

---

72 BMF vom 03.05.2021 – IV A 4 – S 0319/21/10001 :001, BStBl. I 2021, 679.
73 Vgl. AEAO zu § 146a i.d.F. ab 01.01.2024, Nr. 1.5.3 (Abdruck in Anhang 20).
74 Zum Bsp. Kaugummiautomat. Zur zutreffenden Aufzeichnung der Betriebseinnahmen bei Leerung des Geldspeichers s. Kap. 6.1 und 8.2.

der TSE-Pflicht ausschließen. Bei anderen Automaten sind einige offene Fragen zwar inzwischen geklärt, dennoch besteht bei bestimmten Geräten weiterhin Rechtsunsicherheit.

744 Einleitend ist zunächst festzuhalten, dass Automaten im Gegensatz zu offenen Ladenkassen in die Kategorie sog. geschlossener Ladenkassen einzuordnen sind. Allgemein versteht man unter Automaten technische Geräte, bei denen durch die Entrichtung eines Entgelts, Einwurf von Wertmünzen oder Eingabe einer Codierung (z. B. bei Kraftfahrzeug-Waschanlagen) ein mechanisches oder elektronisches Steuerungssystem in Gang gesetzt wird, das bestimmte Verrichtungen selbsttätig (ohne Beteiligung eines Dritten[75]) vornimmt. Während Warenautomaten Kaufvorgänge ermöglichen, werden über Dienstleistungsautomaten i. d. R. Leih- und Mietvorgänge abgewickelt oder sie berechtigen dazu, eine bestimmte Dienstleistung in Anspruch zu nehmen.

745 *Hinweis:*
Wenngleich der Verordnungsgeber sowohl Waren- als auch Dienstleistungsautomaten von der TSE-Pflicht suspendiert hat, muss in Einzelfällen zunächst eine exakte Abgrenzung vorgenommen werden, da BMF-FAQ und nachfolgend der AEAO zu § 146a i. d. F. vom 01.01.2024 (Abdruck in Anhang 20) die Geräte getrennt definieren (s. u.).

746 Das Gemeinschaftsrecht erläutert den Begriff der Dienstleistung in Art. 24 Abs. 1 Mehrwertsteuer-Systemrichtlinie (MwStSystRL) als Umsatz, der keine Lieferung von Gegenständen ist. Die Abgrenzung einer Lieferung von einer sonstigen Leistung richtet sich danach, welche Leistungselemente aus der Sicht des Durchschnittsverbrauchers und unter Berücksichtigung des Willens der Vertragsparteien den wirtschaftlichen Gehalt der Leistung bestimmen.[76] Abgrenzungsschwierigkeiten können insbesondere dann entstehen, wenn ein Automat sowohl die Funktion eines Waren- als auch die eines Dienstleistungsautomaten erfüllt,[77] z. B. wenn einer Warenabgabe lediglich eine dienende Funktion für die eigentliche Dienstleistung als Hauptleistung zukommt.

747 *Beispiele:*
Ausgabe von Fotopapier bei Fotoautomaten, Waschmaschinen eines Waschsalons in Bezug auf Wasser und Waschmittelabgaben[78], Ladepunkte für Elektro- und Hybridfahrzeuge als Kombination aus Parkdienstleistung und Energielieferung.

---

[75] Zum Bsp. Kassierpersonal. Nicht als Dritter i. d. S. gilt eine Person, die einen Warenautomaten lediglich bestückt und in den eigentlichen Verkaufsvorgang nicht eingebunden ist.
[76] Abschn. 3.6 Abs. 1 UStAE; Abschn. 3.5 Abs. 1 UStAE.
[77] *Hefendehl* in Münchener Kommentar zum StGB, 4. Aufl. 2021, § 265a Rz. 36 ff.
[78] *Perron* in Schönke/Schröder, Strafgesetzbuch Kommentar, 30. Aufl. 2018, § 265a Rz. 4.

10.2 Betroffene Aufzeichnungssysteme

Warenautomat

Der Begriff des Warenautomaten ist im Steuerrecht nicht legal definiert. Insbesondere in der Abgabenordnung findet sich die Begrifflichkeit nicht.[79] Nach Auffassung des BMF, erstmals veröffentlicht in den BMF-FAQ und nachfolgend im AEAO zu § 146a i.d.F. ab 01.01.2024, handelt es sich bei Warenautomaten i.S.d. § 1 Abs. 1 Satz 2 Nr. 4 KassenSichV um Automaten, die nach dem Bezahlvorgang, ohne Zutun von Mitarbeitenden, automatisch einen selbständigen technischen Vorgang ausführen und hierdurch die Ware zur Verfügung stellen (z. B. Zigaretten[80]- oder Getränkeautomat[81]).

748

> *Hinweis:*
> Neben den beispielhaft genannten Getränkeautomaten dürften sämtliche mit Lebensmitteln bestückte Warenautomaten (sog. Vending-Automaten) von der TSE-Pflicht befreit sein.[82]

749

Zur zutreffenden Aufzeichnung der Betriebseinnahmen (spätestens) bei Leerung des Geldspeichers vgl. Kap. 6.1 und 8.1, zur umsatzsteuerlichen Behandlung der Automatenware vgl. Rz. 668 (hier: Einpreisung der Gerätemiete). Schätzungen der Finanzverwaltung aufgrund formeller Mängel lässt sich nur durch exakte Aufzeichnungen über Warenbestückung, Röhrenentnahmen, Röhrenfüllungen und Warenverderb begegnen. Gerätedefekte, Geld- und Warendiebstähle (z. B. durch gewaltsamen Aufbruch) oder Manipulationen durch Fremdbediener (z. B. bei Falschgeld-Einwurf) benötigen zur Beweisvorsorge hinreichende Dokumentation.

750

Auch bei *Tankautomaten* und *Tanksäulen*, an denen eine Bezahlung nur dort möglich ist, handelt es sich um Warenautomaten, die nicht mit einer TSE geschützt werden müssen. Unerheblich ist, ob die Geräte Bargeld annehmen (BMF-FAQ[83]). Die Herausnahme aus dem Anwendungsbereich der KassenSichV

751

---

79 Isoliert betrachtet lässt sich allenfalls der Begriff der Waren in Anlehnung an §§ 143, 144 AO nach handelsrechtlichen Grundsätzen auslegen. Danach handelt es sich um Vorräte i.S. von § 266 Abs. 2 B.I.1–3, § 275 Abs. 2 Nr. 5 Buchst. a HGB, die typischerweise im Handelsverkehr umgesetzt werden. Neben den Waren im eigentlichen Sinne als angeschaffte Gegenstände, die ohne oder nur nach geringfügiger Be- oder Verarbeitung über einen Automaten abgegeben werden, fallen hierunter auch selbst hergestellte Erzeugnisse.
80 So auch *Perron* in Schönke/Schröder, Strafgesetzbuch Kommentar, 30. Aufl. 2018, § 265a; *Koch* in Erman, BGB, 16. Aufl. 2020, § 312 Rz. 57; siehe auch Tz. 7.4 der amtlichen AfA-Tabelle für allgemein verwendbare Wirtschaftsgüter.
81 AEAO zu § 146a i.d.F. ab 01.01.2024, Nr. 1.5.4, 2. Absatz. So auch *Koch* in Erman, BGB, 16. Aufl. 2020, § 312 Rz. 57.
82 Vgl. Vendinglexikon, *www.walczak-gmbh.de/vendinglexikon/W.*: „Warenautomaten sind alle Geräte, die mit einem Warenangebot befüllt sind und diese automatisiert und ohne Bedarf eines menschlichen Einsatzes gegen Bezahlung individuell ausgeben können." *https://www.walczak-gmbh.de/vendinglexikon/44-warenautomat* (abgerufen am 20.10.2023).
83 BMF, *https://www.bundesfinanzministerium.de/Content/DE/FAQ/2020-02-18-steuergerechtigkeit-belegpflicht.html* (abgerufen am 11.02.2023).

ist gerechtfertigt, da das Risiko der Manipulation relativ gering ist. Mineralölkonzerne, in dessen Namen und für Rechnung der Kraftstoff abgegeben wird, haben regelmäßig bereits engmaschige interne Kontrollsysteme (IKS) eingerichtet.[84]

Dienstleistungsautomat

752   Dienstleistungsautomaten im Sinne des § 1 Abs. 1 Satz 2 Nummer 4 KassenSichV sind nach Auffassung des BMF Geräte, die gegenüber Kunden und Kundinnen, ohne Zutun eines Mitarbeitenden, durch einen selbständigen technischen Vorgang eine Dienstleistung erbringen und deren Abrechnung ermöglichen (z. B. Waschsalonautomaten oder Zugangssysteme bei öffentlich zugänglichen WC-Anlagen).[85]

Die vorgenommene Einordnung von *Zugangssystemen bei öffentlich zugänglichen WC-Anlagen* in die Gruppe der Dienstleistungsautomaten führt zu Rechtssicherheit, erscheint jedoch etwas überraschend, da die eigentliche Dienstleistung nicht durch den Automaten erbracht wird.[86] Fraglich ist daher, ob es sich nicht eher um einen sog. Bezahlautomaten handelt.[87]

753   *Hinweis:*
Vielfach wird im Zusammenhang mit dem Bezahlvorgang an WC-Anlagen ein Wertgutschein ausgegeben, der in teilnehmenden Unternehmen eingelöst werden kann (z. B. in Bahnhofspassagen oder Autobahn-Raststätten). Die Einlösung des Gutscheins stellt einen Geschäftsvorfall dar, der grundsätzlich nach den Vorgaben der DSFinV-K zu erfassen und mittels TSE zu sichern ist.[88]

754   Unter die Definition eines Dienstleistungsautomaten fallen auch:
- Automaten in Sonnenstudios,[89]
- Ferngläser mit Münzeinwurf an Aussichtspunkten,[90]
- Fotoautomaten[91],
- Visitenkartenautomaten,
- Musikautomaten („JukeBox"),

---

84 *Achilles/Jope*, BBK 2021, 1012 (1017) mit Ausführungen zu Parallelen im Strafrecht.
85 BMF-FAQ; nachfolgend AEAO zu § 146a i. d. F. ab 01.01.2024, Nr. 1.5.4, 1. Absatz.
86 *Achilles/Jope*, BBK 2021, 1012 (1017).
87 Siehe unter Stichwort „Bezahlautomat".
88 *Achilles/Jope*, BBK 2021, 1012 (1017).
89 So auch *Koch* in Erman, BGB, 16. Aufl. 2020, § 312 Rz. 57.
90 So auch *Hefendehl* in Münchener Kommentar zum StGB, 4. Aufl. 2021, § 265a Rz. 31.
91 So auch *Hellmann* in Kindhäuser/Neumann/Paeffgen, StGB, 5. Aufl. 2017, § 265a Rz. 18.

- Stromanlagen mit Münzkassiergeräten[92], z. B. auf Campingplätzen,
- sonstige Unterhaltungsautomaten, z. B. Dart- oder Tischfußballautomaten (Kicker).[93]

Automatische Zugangssysteme ohne Verbindung zu einem Abrechnungs- bzw. Bezahlsystem brauchen mangels Kassenfunktion bereits nach § 1 Abs. 1 Satz 1 KassenSichV nicht mit einer TSE geschützt zu werden.[94]   755

Zur zutreffenden Aufzeichnung der Betriebseinnahmen bei Leerung des Geldspeichers vgl. Kap. 6.1 und 8.1. Neben exakten Aufzeichnungen über Röhrenfüllungen und -leerungen benötigen Gerätedefekte, Gelddiebstähle (z. B. durch gewaltsamen Aufbruch) oder Manipulationen durch Fremdbediener (z. B. bei Falschgeld-Einwurf) hinreichende Dokumentation (Beweisvorsorge).   756

Sonderfälle:

Nach § 17 Abs. 1b Apothekenbetriebsordnung (ApBetrO) sind **automatisierte Ausgabestationen in Apotheken** zur Bereitstellung, Aushändigung und Ausgabe von Arzneimitteln nur zulässig, wenn sie sich innerhalb der Betriebsräume einer Apotheke befinden, einen Zugriff von außen für den Empfänger ermöglichen – sofern eine Ausgabe außerhalb der Betriebszeiten dieser Apotheke vorgesehen ist –, und erst durch Personal dieser Apotheke bestückt werden, nachdem   757

- die Bestellung des Arzneimittels oder der Arzneimittel bei dieser Apotheke erfolgt ist,
- bereits eine Beratung, die auch im Wege der Telekommunikation durch diese Apotheke erfolgen kann, stattgefunden hat und
- bei Arzneimitteln, die der Verschreibungspflicht nach § 48 des Arzneimittelgesetzes unterliegen, die Verschreibung im Original gemäß den Dokumentationspflichten nach den Absätzen 5 und 6 geprüft, geändert und abgezeichnet worden ist.

Da die Arzneimittel für jeden Empfänger getrennt zu verpacken, jeweils mit dessen Namen und Anschrift zu versehen sind und eine individuelle Freigabe erforderlich ist, funktionieren sie nicht selbsttätig und dürften damit vom Begriff des Waren- und Dienstleistungsautomaten nicht erfasst sein. Offen und zu prüfen bleibt, ob die Funktionsweise der Automaten und deren Kommunikation mit dem Hauptsystem einzelfallabhängig zu einer anderen Beurteilung führen kann. Klassische Warenautomaten, die ausschließlich freiverkäufliche Produkte feilbieten, z. B. Tees, Hustenbonbons, Taschentücher, sind dagegen regelmäßig von der TSE-Pflicht befreit.[95]

---

92 So auch *Perron* in Schönke/Schröder, Strafgesetzbuch Kommentar, 30. Aufl. 2018, § 265a.
93 *Achilles/Jope*, BBK 2021, 1012 (1015).
94 BMF-FAQ; nachfolgend AEAO zu § 146a i. d. F. ab 01.01.2024, Nr. 1.5.4, 1. Absatz.
95 *Achilles/Jope*, BBK 2021, 1012 (1016).

10 Manipulationsschutz ab 01.01.2020 (§ 146a AO)

758 Rechtliche Unsicherheiten ergaben sich in der Vergangenheit bei **Geldeinwurfautomaten an Videokabinen eines Erotikmarktes**, da die Rechtsprechung die Geräte in der Vergangenheit eher als geschlossene „Kassen" denn als „Dienstleistungsautomaten" eingestuft hat.[96] Qua Definition geht die Finanzverwaltung wohl von Dienstleistungsautomaten aus. Zum gleichen Ergebnis dürfte man anhand der Verkehrsanschauung, hilfsweise der Tz. 7.5 der amtlichen AfA-Tabelle für allgemein verwendbare Wirtschaftsgüter, gelangen (Unterhaltungsautomaten).[97]

759 Die Verordnungsbegründung zu § 1 Satz 1 KassenSichV ließ zunächst darauf schließen, dass **Pfandautomaten** mit einer technischen Sicherheitseinrichtung zu schützen seien.[98] Nach entsprechendem Hinweis der Verbände[99] stellte das BMF in einer Protokollerklärung im Finanzausschuss des Bundestags klar, dass es sich um ein redaktionelles Versehen gehandelt habe. Pfandautomaten seien keine auf den Verkauf von Waren oder Dienstleistungen spezialisierte Datenerfassungsgeräte, sondern ein Beispiel für Waren- und Dienstleistungsautomaten.[100]

760 Ob es sich bei **Auflade- und Entnahmeterminals für Geldkarten** im weitesten Sinne um Dienstleistungsautomaten handelt, kann dahingestellt bleiben. Der Auflade- und Entladevorgang stellt nach Auffassung des BMF keinen Zahlungsvorgang i.S.d. § 146a AO dar, weshalb die Verpflichtung zur TSE-Absicherung bereits aus diesem Grund entfällt.[101]

761 Hinsichtlich sog. **Bezahlautomaten** hatten die betroffenen Spitzenverbände der deutschen gewerblichen Wirtschaft in ihrer Stellungnahme zum Referentenentwurf der Verordnung zur Änderung der KassenSichV dafür geworben, klarstellende Abgrenzungen zwischen Waren- und Dienstleistungsautomaten, Gebührenkassen und Kassenautomaten vorzunehmen. Nach den Ausführungen in den BMF-FAQ handelt es sich bei Bezahlautomaten um

„Automaten, die ausschließlich der baren und unbaren Bezahlung von Waren und Dienstleistungen dienen. Für den Kassiervorgang werden Mitarbeitende für die Besorgung der Zahlungsabwicklung durch den Bezahlautomaten ersetzt."

Diese Ausführungen sind nur bedingt geeignet, eine rechtssichere Beurteilung und deren korrekte technische Umsetzung in den Unternehmen zu gewährleisten.

---

96 Zur Aufzeichnung der Betriebseinnahmen bei Leerung des Geldspeichers s. Kap. 6.1 und 8.1. Siehe auch *Becker*, BBK 2017, 803, Fn. 35, m.w.N.
97 *Achilles/Jope*, BBK 2021, 1012 (1016).
98 BT-Drucks. 18/12221, B. Besonderer Teil zu § 1 Satz 10.
99 BMF, Schreiben vom 21.05.2017, Anlage zu § 1 unter (3).
100 *Achilles/Jope*, BBK 2021, 1012 (1017). Kritisch: *Becker*, BBK 2017, 803.
101 *Achilles/Jope*, BBK 2021, 1012 (1018).

10.2 Betroffene Aufzeichnungssysteme

Beispiel: 762

In der Bedienstraße eines Lebensmitteleinzelhandels, bestehend aus Fleisch-, Wurst- und Käsetheke, erfolgt die Bedienung der Kunden in Form des sog. Durchbedienens.[102] Neben drei Waagen kommt eine PC-Kasse (alternativ eine Waage mit Kassenfunktion), die mit einer cloudbasierten TSE gesichert ist, sowie – aus hygienischen Gründen – ein Bezahlautomat zum Einsatz.

Sowohl für Stand-alone-Geräte als auch für Verbundsysteme drängen sich bereits in diesem Beispielsfall Fragen auf, für die derzeit keine verlässlichen Antworten möglich scheinen: 763

- Wann ist der Bezahlautomat separat mit einer TSE zu sichern und steht die Beurteilung der Sicherungsverpflichtung in Abhängigkeit von der Kommunikation der Peripherie der einzelnen Aufzeichnungsgeräte untereinander?
- Welche Grundaufzeichnung ist an welcher Stelle mit Hilfe einer TSE zu protokollieren?
- Das elektronische Aufzeichnungssystem und die Schutzprofile (SMAERS[103], CSP[104]) müssen ausweislich des BSI[105] in der gleichen Einsatzumgebung betrieben werden. In welcher Einsatzumgebung welchen elektronischen Aufzeichnungssystems müssen welche Schutzprofile liegen, um die TSE im Rahmen der erteilten Zertifizierung zu verwenden?
- Wäre es zulässig, den Bezahlautomaten autark zu betreiben, d. h. die zu protokollierenden Daten nach dem Bezahlvorgang zeitversetzt mit den Einzeldaten der Waagen/PC-Kasse (alternativ der Waage mit Kassenfunktion) zusammenzuführen (z. B. durch Scannen eines auf dem Zahlungsbeleg abgedruckten QR-Codes)?

Gebührenkassen im hoheitlichen Bereich kommen u. a. in Kommunalverwaltungen und öffentlichen Einrichtungen z. B. bei Zulassungsstellen in Straßenverkehrsämtern, Führerscheinstellen oder Bürgerbüros zum Einsatz, ferner auf Wertstoffhöfen der Städte und Gemeinden. Zu Gebührenkassen, die *ausschließlich* im hoheitlichen Bereich eingesetzt werden, führen die BMF-FAQ wie folgt aus: 764

> „Eine Pflicht zum Einsatz einer TSE besteht nicht, soweit das System nicht zur Abwicklung steuerlich aufzeichnungspflichtiger Geschäftsvorfälle verwendet wird."

Eine solche Negativabgrenzung erscheint wenig hilfreich. Vielmehr wäre eine Positivliste mit erläuternden Beispielen im Umfeld der §§ 4 KStG, 2b UStG oder 140 AO wünschenswert. Auch hinsichtlich der Frage, wie mit Gebührenkassen umzugehen ist, die *nicht ausschließlich* im hoheitlichen Bereich verwendet wer- 765

---

102 Vgl. DSFinV-K vom 04.03.2022, Version 2.3, Nr. 2.7.1 und 2.7.2.
103 Glossar, Anhang I.
104 Glossar, Anhang I.
105 Schutzprofil BSI-CC-PP-0105-V2-2020.

den, sollte mangels gesetzlicher Regelung zumindest im BMF-FAQ oder im AEAO zu § 146a, nachgeschärft werden.[106]

766 *Beispiel:*
Ein von einer juristischen Person des öffentlichen Rechts unterhaltener Gebührenautomat dient der Zahlungsabwicklung sowohl für hoheitliche Tätigkeiten als auch für wirtschaftliche Tätigkeiten im Rahmen eines Betriebs gewerblicher Art (§ 4 KStG), z.B. Sondernutzungsgebühren für die Überlassung von Standplätzen auf einem Marktplatz (Marktstand), Verkauf von Feinstaubplaketten.

767 In der Praxis lassen sich verschiedenste Fallkonstellationen der Verwendung von Kassen- oder Bezahlautomaten beobachten. Aller Voraussicht nach werden mit zunehmender Digitalisierung der Prozesse noch einige rechtliche und technische Fragen zu klären sein. Die weitere Entwicklung bleibt abzuwarten.

10.2.7.7 Geldautomat

768 Geldautomaten i.S.d. § 1 Satz 2 Nr. 6 (ab 01.01.2024 § 1 Satz 2 Nr. 5) KassenSichV sind nach Auffassung des BMF technische Anlagen, die ein Betreiber bereitstellt, damit ein Nutzer Bargeld von einem Zahlungskonto abheben, auf ein Zahlungskonto einzahlen, auf ein anderes Zahlungskonto überweisen und/oder die Barauszahlung an einen Dritten veranlassen kann. Dabei ist es ausreichend, wenn die technische Anlage bereits über eine der genannten Funktionen verfügt.[107]

769 Bargeldabhebungen durch händische Herausgabe von Bargeld an einer Kasse, wie es u.a. im Lebensmitteleinzelhandel inzwischen üblich ist, gelten nicht als Vorgänge an einem Geldautomaten. Anders als am Geldautomaten erfolgen Bargeldabhebungen zum einen hier nicht durch den Nutzer selbst, zum anderen sind sie im bargeldausgebenden Unternehmen kassensturzrelevant und mithin gem. § 146a AO abzusichern.

10.2.7.8 Geld- und Warenspielgeräte

770 Bei den gem. § 1 Satz 2 Nr. 7 (ab 01.01.2024 § 1 Satz 2 Nr. 6) KassenSichV von der TSE-Pflicht ausgenommenen Geräten handelt es sich nach Verwaltungsanweisung um Geräte mit gültiger Bauartzulassung i.S.d. §§ 11–16 der Verordnung über Spielgeräte und andere Spiele mit Gewinnmöglichkeit (SpielV).[108] Der Empfehlung des federführenden Finanzausschusses und des Verkehrsausschusses vom 14.6.2021, den Anwendungsbereich der KassenSichV auf Geldspielgeräte i.S.d. SpielV zu erweitern, wurde nicht gefolgt.[109] Auch ein sog. Maßgabe-

---

106 *Achilles/Jope*, BBK 2021, 1012 (1018).
107 AEAO zu § 146a i.d.F. ab 01.01.2024, Nr. 1.5.5.
108 AEAO zu § 146a i.d.F. ab 01.01.2024, Nr. 1.5.6. Zur Ermittlung und Buchung der Umsatzerlöse sowie der Anforderungen der Finanzverwaltung an den Datenabruf über sog. Auslesestreifen s. *Krullmann/Marrek*, BBK 2021, 1064.
109 BR-Drucks. 438/1/21.

vorbehalt des Bundesrates mit dem Ziel, Geldspielgeräte ab 01.01.2025 in den Anwendungsbereich des § 146a AO aufzunehmen, blieb bisher erfolglos.[110]

10.2.7.9 Ausgabenkassen

Elektronisch geführte Kassen, denen per Privateinlage oder Geldtransit Barbeträge zugeführt werden, um davon bestimmte Ausgaben zu tätigen, sind nicht auf den Verkauf von Waren oder die Erbringung von Dienstleistungen und deren Abrechnung spezialisierte Systeme. Die Absicherung mit einer TSE entfällt.[111] 771

10.2.7.10 Cash-free-Unternehmen

Handelt es sich um ein bargeldloses Unternehmen[112] (cashless payment), d. h. kann ausschließlich mit Kredit- oder Debitkarte gezahlt werden, entfällt die TSE-Pflicht, wenn das Barzahlungsmodul in der Software herstellerseits deaktiviert ist.[113] 772

10.2.7.11 Kreditinstitut

Sofern ein elektronisches Aufzeichnungssystem mit Kassenfunktion die Erfordernisse der „Mindestanforderungen an das Risikomanagement – MaRisk" und der „Bankaufsichtlichen Anforderungen an die IT" (BAIT) der Bundesanstalt für Finanzdienstleistungsaufsicht in der jeweils geltenden Fassung erfüllt und von einem Kreditinstitut i. S. d. § 1 Absatz 1 KWG betrieben wird, unterliegt dieses ebenfalls nicht den Anforderungen des § 146a AO.[114] 773

10.2.7.12 Online-Shop

Unter der Voraussetzung, dass Barzahlungen vor Ort nicht möglich sind, sollen auch Online-Shops (Webshops) von der Absicherung mittels TSE befreit sein.[115] Besonderheiten ergeben sich z. B. bei click & collect-Systemen, wenn der Stpfl. vor Ort ein vom Online-Shop getrenntes elektronisches Aufzeichnungssystem, z. B. eine PC-Kasse, nutzt. Dann ist nur diese mit TSE abzusichern. Um den jeweiligen Geschäftsvorfall innerhalb angemessener Zeit in seiner Entstehung und Abwicklung progressiv und retrograd prüfen zu können, sollte eine Referenznummer angegeben werden, die auf die Buchungsquelle (Journal Source) verweist. Bei Nutzung eines elektronischen Aufzeichnungssystems i. S. d. § 146a AO kann die Referenzierung innerhalb der DSFinV-K über die Datei *Bon_Referenzen* erfolgen.[116] Zu den Besonderheiten bei Verbundsystemen s. Kap. 10.3.3. 774

---

110 Vgl. BT-Drucks. 20/2185, 20/2618; BR-Drucks. 353/22, 353/1/22.
111 AEAO zu § 146a, Nr. 1.2.
112 Vgl. Kap. 1.7.
113 BMF, *https://www.bundesfinanzministerium.de/Content/DE/FAQ/2020-02-18-steuergerechtigkeit-belegpflicht.html* (abgerufen am 11.02.2023).
114 AEAO zu § 146a, Nr. 1.2.
115 BMF, *https://www.bundesfinanzministerium.de/Content/DE/FAQ/2020-02-18-steuergerechtigkeit-belegpflicht.html* (abgerufen am 11.02.2023).
116 Vgl. DSFinV-K, Version 2.3 vom 04.03.2022, Tz. 3.1.2.4 und Anhang E.

Zu den umsatzsteuerlichen Konsequenzen aus dem Betrieb von Online-Lieferdiensten in der Gastronomie oder im Lebensmittelhandel s. *Oldiges/Brockerhoff*, DStR 2022 S. 1084.

10.2.7.13 Taxameter

775 Sog. EU-Taxameter sind grundsätzlich ab 01.01.2024 mit einer TSE abzusichern.[117] „Schonfristen" gelten für sog. INSIKA-Taxameter.[118] Für andere EU-Taxameter kann die am 13.10.2023 veröffentlichte Nichtbeanstandungsregel des BMF in Anspruch genommen werden.[119]

776 Ein Taxameter fällt nach § 1 Abs. 2 Nr. 1 KassenSichV i.d.F. ab 01.01.2024 dann in den Anwendungsbereich des § 146a AO, wenn dieses konformitätsbewertet ist nach Anhang IX der Richtlinie 2014/32/EU des Europäischen Parlaments und des Rates vom 26.2.2014 zur Harmonisierung der Rechtsvorschriften der Mitgliedstaaten über die Bereitstellung von Messgeräten auf dem Markt (ABl. L 96 vom 29.3.2014, S. 149; L 13 vom 20.1.2016, S. 57), die durch die Richtlinie 2015/13 (ABl. L 3 vom 07.01.2015, S. 42) geändert worden ist, („MID") in der jeweils geltenden Fassung („EU-Taxameter"). Das elektronische Aufzeichnungssystem „EU-Taxameter" besteht sowohl aus dem Fahrpreisanzeiger, weiteren Aufzeichnungssystemen, die neben dem Taxameter i.S.d. MID in dem Gehäuse integriert sind, als auch aus dem Wegstreckensignalgeber.

777 Sofern anstelle eines beleuchtbaren Fahrpreisanzeigers ein zugelassenes App-basiertes System nach § 28 Abs. 1 Satz 2 der Verordnung über den Betrieb von Kraftfahrunternehmen im Personenverkehr (BOKraft) eingesetzt wird, so besteht das elektronische Aufzeichnungssystem aus dem App-basierten System und dem Wegstreckensignalgeber.

778 Gesonderte Aufzeichnungssysteme außerhalb des EU-Taxameters i.S.d. § 1 Abs. 2 Nr. 1 KassenSichV, die z.B. zur Abrechnung oder Weiterverarbeitung der Daten des EU-Taxameters dienen, sind nicht Teil des EU-Taxameters. Bei diesen Systemen ist zu prüfen, ob diese ein elektronisches Aufzeichnungssystem mit Kassenfunktion i.S.d. AEAO zu § 146a, Nr. 1.2 darstellen.[120]

779 Für ergänzende Informationen s. Kap. 14 unter Stichwort „Taxiunternehmen".

10.2.7.14 Wegstreckenzähler

780 Wegstreckenzähler i.S.d. § 1 Abs. 2 Nr. 2 KassenSichV i.d.F. ab 01.01.2024 sind frühestens ab 01.07.2024 mit einer TSE abzusichern.

---

[117] Zur steuerlichen Behandlung der Kosten der erstmaligen Implementierung einer TSE s. BMF,-Schreiben vom 30.08.2023, BStBl. I 2023 S. 1579 (Abdruck in Anhang 15b).
[118] Vgl. Synopse zur KassenSichV (Anhang 17); AEAO zu § 146a i.d.F. ab 01.01.2024, Nr. 3.1.2 (Abdruck in Anhang 20).
[119] Abdruck in Anhang 6.
[120] AEAO zu § 146a i.d.F. ab 01.01.2024, Nr. 1.3 (Abdruck in Anhang 20).

Zu weiteren Einzelheiten vgl. Rz. 1515 ff., Synopse zur KassenSichV (Abdruck in Anhang 17) und AEAO zu § 146a i. d. F. ab 01.01.2024 (Abdruck in Anhang 20).   781

Wegstreckenzähler sind Messgeräte, welche die vom Kraftfahrzeug zurückgelegte, durch Abrollen von Fahrzeugrädern bestimmten Umfangs gemessene Wegstrecke anzeigen. Das Aufzeichnungssystem „Wegstreckenzähler" besteht aus einem Anzeiger, weiteren Aufzeichnungssystemen, die neben dem konformitätsbewerteten Wegstreckenzähler in dem Gehäuse integriert sind, als auch aus Wegstreckensignalgeber. Sofern zwischen dem Anzeiger und Wegstreckensignalgeber sog. zwischengeschaltete Einrichtungen, wie z. B. Signalverstärker, Impulsteiler, Impulsfilter, Steuergeräte, Kommunikationsadapter oder Wegstreckensignalkonverter, eingesetzt werden, ist die zwischengeschaltete Einrichtung auch Teil des Aufzeichnungssystems „Wegstreckenzähler".   782

Sofern anstelle eines beleuchtbaren Anzeigers ein zugelassenes App-basiertes System nach § 30 Abs. 1 Satz 2 der BOKraft eingesetzt wird, besteht das elektronische Aufzeichnungssystem aus dem App-basierten System und dem Wegstreckensignalgeber.   783

Gesonderte Aufzeichnungssysteme außerhalb des Wegstreckenzählers i. S. d. § 1 Abs. 2 Nr. 2 KassenSichV, die z. B. zur Abrechnung oder Weiterverarbeitung der Daten des Wegstreckenzählers dienen, sind nicht Teil des Wegstreckenzählers. Bei diesen Systemen ist zu prüfen, ob diese ein elektronisches Aufzeichnungssystem mit Kassenfunktion i. S. d. AEAO zu § 146a, Nr. 1.2 darstellen.[121]   784

Einstweilen frei.   785

10.2.7.15 Messgeräte in Tankwagen

Die eichrechtlich in der Europäischen Messgeräte-Richtlinie 2004/22/EG (MID) geregelte Nutzung von Messgeräten in Tankwagen (z. B für Lieferungen von Heizöl, Flüssiggas, Kerosin, Diesel-, Otto- und Biokraftstoffen) führt nach Abschluss eines Betankungsvorgangs regelmäßig zur Belegausgabe über ein Druckwerk, u. a. unter Ausweis von Liefervolumen, tagesaktuellen Abgabepreisen, des Rechnungsbetrags einschl. der Höhe der geschuldeten Umsatzsteuer.[122] Lieferant und Abnehmer quittieren anschließend üblicherweise die Lieferung bzw. den Erhalt der Lieferung, ferner ggf. die Zahlart. Da zur Abwicklung der Geschäftsvorfälle Messgeräte als technische Hilfsmittel[123] genutzt werden, dürfte es sich ähnlich wie bei anderen Messinstrumenten i. S. d. MID (z. B. Taxameter, Wegstreckenzähler, elektronische Waagen) begrifflich nicht um offene Ladenkassen handeln. Vielmehr könnte es sich um elektronische Aufzeichnungssysteme mit „Kassenfunktion" i. S. d. § 146a Abs. 1 AO handeln, die *mangels Aufnahme in den Negativkatalog des § 1 Satz 2 KassenSichV* mit einer zertifizierten technischen Sicherheitseinrichtung auszurüsten sind. Dass die Zahlart   786

---

121 AEAO zu § 146a i. d. F. ab 01.01.2024, Nr. 1.4 (Abdruck in Anhang 20).
122 Teilweise kommuniziert das Messgerät über Datenschnittstellen mit nachgelagerter Bürosoftware.
123 Vgl. AEAO zu § 146, Nr. 2.1.4.

10 Manipulationsschutz ab 01.01.2020 (§ 146a AO)

ebenso wie bei Taxametern und Wegstreckenzählern im Messgerät nicht erfasst wird (bar, Debit-/Kreditkarte, Kauf auf Rechnung, u.a.), ist für die Frage der „Kassenfunktion" ebenso ohne Bedeutung wie der Ort der Geldaufbewahrung.

10.3 Anzahl der TSE im Unternehmen

10.3.1 Grundsatz

787 Im Normalbetrieb, d.h. bei störungsfreier Verwendung, muss ein elektronisches Aufzeichnungssystem genau einer TSE zugeordnet sein. Zulässig ist, dass diese TSE von mehreren elektronischen Aufzeichnungssystemen und ggf. weiteren Eingabegeräten des Stpfl. angesprochen wird.[124] Der Stpfl. muss sicherstellen, dass alle Aufzeichnungen unmittelbar mit der TSE abgesichert werden können.

Jede Transaktion darf immer nur mit *einer* eindeutig zugeordneten TSE durchgeführt werden.[125] Die Absicherung einer Transaktion mit mehreren TSE ist aufgrund der Sicherheitsanforderungen nicht möglich. Im Störungsfall darf auf eine zweite TSE zugegriffen werden. Procedere und Fehlerbehandlungsmethoden sollten in einer Verfahrensdokumentation beschrieben sein. Als mitgeltende Unterlage umfasst die Verfahrensdokumentation auch die zwingend vom TSE-Hersteller an den Stpfl. herauszugebende **Herstellerdokumentation** mit Angaben zu Durchführungszeiten und möglichen Verzögerungen der Absicherung paralleler Transaktionen, z.B. hinsichtlich der Dauer einer Signaturerstellung bei gleichzeitiger TSE-Nutzung durch mehrere Aufzeichnungssysteme.[126]

10.3.2 Befreiungsmöglichkeiten (§ 148 AO)

788 Im Zuge der Beratungen des Finanzausschusses im Bundestag wurde darauf hingewiesen, dass es Stpfl. unbenommen bliebe, sich auf entsprechenden Antrag nach § 148 AO von der Verwendung einer TSE befreien zu lassen. Dies sei z.B. möglich, wenn geschlossene Warenwirtschaftssysteme verwendet würden, bei denen Manipulationen an digitalen Grundaufzeichnungen mit an Sicherheit grenzender Wahrscheinlichkeit ausgeschlossen seien und die Besteuerung durch die Erleichterung nicht beeinträchtigt werde. Die Entscheidung über einen Antrag nach § 148 AO liege im pflichtgemäßen Ermessen der zuständigen Finanzbehörde.[127] Befreiungen kommen auch in Betracht, wenn die mit dem elektronischen Aufzeichnungssystem generierten Einnahmen zu keiner Besteuerung führen. Vgl. dazu Kap. 10.5.7.

789 Die seitens der Verbände eingeforderte Planungssicherheit, die sich etwa durch Änderung des AEAO zu § 148 herbeiführen ließe, besteht jedenfalls derzeit noch nicht (Stand 20.10.2023). So wird in der Antwort der Bundesregierung auf eine

---

124 Vgl. Kap. 10.3.3.; BSI TR-03153-1, Version 1.1.0, Kap. 3.2, Abb. 3.
125 AEAO zu § 146a, Nr. 1.3.
126 Vgl. BSI TR-03153-1, Version 1.1.0, Kap. 3.9.3.
127 BT-Drucks. 18/10667 vom 14.12.2016, 21.

Kleine Anfrage der Abgeordneten Katja Hessel, Christian Dürr, [...], und der Fraktion der FDP[128] ausgeführt:

> „Im Rahmen der Erörterung der obersten Finanzbehörden des Bundes und der Länder [...] sind u. a. Aspekte der Anwendung des § 148 AO intensiv diskutiert worden. Mangels derzeit ersichtlicher Kriterien für die Bewilligung von Erleichterungen im Einzelfall oder für bestimmte Gruppen hinsichtlich der sich aus den §§ 140 ff. AO ergebenden Pflichten, ist gegenwärtig noch nicht absehbar, ob und wann mit einem Anwendungserlass zu § 148 AO zu rechnen ist."[129]

10.3.3 Ausnahmeregeln für Verbundsysteme

Werden mehrere einzelne elektronische Aufzeichnungssysteme eines Stpfl., z. B. Verbundwaagen, Bestellsysteme ohne Abrechnungsteil oder App-Systeme mit einem Kassensystem i. S. d. § 146a AO i. V. m. § 1 KassenSichV verbunden, lässt die Finanzverwaltung bei störungsfreier Verwendung zu, dass alle im Verbund geführten digitalen Aufzeichnungen mit *einer* (eindeutig zugeordneten) TSE abgesichert werden.[130] Das soll nach Auffassung der Finanzverwaltung nicht für eine Registrierkasse i. S. d. Art. 97 § 30 Abs. 3 AO im Verbund gelten. Nicht beanstandet wird hingegen, wenn TSE-geschützte Aufzeichnungssysteme und Registrierkassen, die die Voraussetzungen des Art. 97 § 30 Abs. 3 AO erfüllen, bis zum 31. 12. 2022 innerhalb einer Filiale **separat** betrieben wurden.[131]

790

10.4 Architektur und Funktionsweise der TSE

10.4.1 TSE-Typen

Am Markt lassen sich zahlreiche TSE-Anbieter finden, die hardware- oder cloudbasierte technische Sicherheitseinrichtungen anbieten. Die technische Umsetzung kann **grundsätzlich wahlfrei** (s. u.) lokal in der operativen Umgebung des Stpfl. als Hardware-TSE (via USB, SD-Karte, microSD-Karte) oder fernverbunden mittels Cloud-TSE erfolgen, solange die notwendigen Sicherheits- und Interoperabilitätsanforderungen des BSI erfüllt sind und im Rahmen der Zertifizierung nachgewiesen werden. Vgl. dazu im Einzelnen Kap. 10.4.4.

791

Grundsätzlich sind folgende TSE-Typen möglich:

792

a) **Einfache TSE** zur Verwendung durch eine oder einige wenige Kassen (je nach Leistung der TSE und der Auslastung wird die Grenze vermutlich bei etwa 10 Kassenplätzen liegen). In der Regel erfolgt die Implementierung in

---

128 BT-Drucks. 19/7974 vom 21. 02. 2019.
129 BT-Drucks. 19/8684 vom 22. 03. 2019.
130 AEAO zu § 146a i. d. F. bis 31. 12. 2023, Nr. 1.3; AEAO zu § 146a i. d. F. ab 01. 01. 2024, Nr. 1.6 (Abdruck in Anhang 20); BSI TR-03153-1, Version 1.1.0, Kap. 3.2, Abb. 3; BSI-FAQ, https://www.bsi.bund.de/DE/Themen/Unternehmen-und-Organisationen/Standards-und-Zertifizierung/Schutz-vor-Manipulation-an-digitalen-Grundaufzeichnungen/Fragen-und-Antworten/fragen-und-antworten_node.html (abgerufen am 11. 02. 2023).
131 BMF, https://www.bundesfinanzministerium.de/Content/DE/FAQ/2020-02-18-steuergerechtigkeit-belegpflicht.html (abgerufen am 11. 02. 2023).

der operativen Einsatzumgebung des Stpfl. als **Hardware-TSE** (USB oder (Micro)SD-Slot). Sie kann sich auch außerhalb des eigentlichen Aufzeichnungssystems befinden, z. B. verbaut in einem **Bondrucker**, was sich vor allem für mobile Kassensysteme in der Gastronomie anbietet.

b) **Mehrplatz-TSE** bei Verwendung mehrerer elektronischer Aufzeichnungssysteme (auch „Netzwerk-TSE", „LAN-TSE" oder „Konnektor" genannt). Mit Hinblick auf die Erfordernisse an die Einsatzumgebung wird nicht beanstandet, wenn sich die elektronischen Aufzeichnungssysteme im Verkaufsraum und die TSE im benachbarten Büroraum befindet.

c) **Cloud-TSE/Online-TSE**, bei der die Signaturerstellungseinheit (CSP)[132] über eine internetbasierte Verbindung bereitgestellt wird („fernverbundene" TSE). Die sog. SMAERS[133]-Komponente muss sich in der Einsatzumgebung des Stpfl. befinden.

Die Implementierung technischer Sicherheitseinrichtungen in elektronische Aufzeichnungssysteme (Architektur) wird vom BSI vorgegeben. Sie darf entweder nach dem „**Plattform-Modell**"[134] oder dem „**Client-Server-Modell**"[135] erfolgen. Beim Plattform Modell laufen die Schutzprofile SMAERS und CSP auf der gleichen Plattform, beim Client-Server-Modell können sie auf getrennten Plattformen betrieben werden.

793 Die Wahlfreiheit des Stpfl. wird eingeschränkt, wenn die gewählte Architektur für den stabilen und störungsfreien Betrieb der TSE nicht geeignet ist. Sind bereits bei Planung und Einrichtung einer TSE längere oder wiederholte Ausfälle absehbar (z. B. fehlende Netzabdeckung) und treten diese ein, führt dies zur Nichtordnungsmäßigkeit der Bücher und Aufzeichnungen.[136] Das BSI hat in einer nicht abschließenden Liste aufgezählt, in welchen Fällen damit gerechnet werden muss, dass keine ausreichend störungsfreie Verbindung besteht. Auf Fernverbindungen basierende Client-Server-Architekturen können z. B. ungeeignet sein

– in fahrenden, schwimmenden oder fliegenden Objekten,
– in unterirdischen Lagen ohne eine den Gegebenheiten angepasste Netzwerkanbindung,
– in Örtlichkeiten, in denen schon im Regelfall keine vollständige Abdeckung der Netzwerkverbindung gegeben ist.

Gleiches gilt für Plattform-Architekturen, bei denen zur Abdeckung der vollen Funktionalität der TSE eine Netzwerkverbindung erforderlich ist.[137]

794 Lang andauernde oder ständig wiederkehrende Ausfälle führen zur Nichtordnungsmäßigkeit der Kassenführung und ziehen unter den Voraussetzungen des

---

[132] Glossar, Anhang 1.
[133] Glossar, Anhang 1.
[134] BSI TR-03153-1, Version 1.1.0, Kap. 4.2.1.1.
[135] BSI TR-03153-1, Version 1.1.0, Kap. 4.2.1.2.
[136] Vgl. *Drüen/Dübeler*, Ubg 2022, 569 (574, 575); *Bron/Schroeder*, BB 2022, 279 (286).
[137] BSI TR-03153-1, Version 1.1.0, Kap. 4.2.1.3.

§ 379 AO bußgeldrechtliche Konsequenzen nach sich. Im Falle einer Störung muss dann – ggf. automatisiert – auf eine zweite TSE zugegriffen werden (s. Kap. 10.3.1).

Ungeachtet der gewählten Architektur muss sichergestellt sein, dass in der Kommunikation zwischen SMAERS- und CSP-Einheit keine Daten verloren gehen oder fehlerhaft übertragen werden und hierdurch Lücken in den Zählerständen des Transaktions- und/oder Signaturzählers entstehen. TSE-Hersteller sind verpflichtet, den Stpfl. die Anforderungen an einen stabilen und störungsfreien Betrieb in einer Herstellerdokumentation darzulegen. Sie sollte als mitgeltende Unterlage zur Verfahrensdokumentation genommen werden.

10.4.2 Bausteine der TSE
10.4.2.1 Sicherheitsmodul

Die Architektur des Sicherheitsmoduls wird durch die Technische Richtlinie BSI TR-03153-1 vorgegeben. Sie besteht aus zwei Komponenten:

- **Sicherheitsmodulanwendung (SMA)**, bestehend aus *einer* SMAERS-Einheit[138] inkl. *einem* Transaktionszähler für Zwecke sicherheitsrelevanter, anwendungsspezifischer Funktionen. Die SMA muss sich zwingend in der operativen Umgebung des Stpfl. befinden.
- **Kryptokern**, bestehend aus *einer* CSP-Einheit[139] inkl. *einem* Signaturschlüssel und *einem* zugehörigem Signaturzähler zur Bereitstellung kryptographischer Funktionen.[140] Der Kryptokern kann sich in der operativen Umgebung des Stpfl. befinden oder „fernverbunden" über einen sog. Trusted Channel mit der SMA kommunizieren (bspw. Cloud-/Online-TSEn).

Ein Überlauf der Transaktions- und Signaturzähler ist nicht zulässig, ggf. muss zu gegebener Zeit ein Fehler ausgegeben werden. Ferner darf der Stpfl. keine manipulativ nutzbaren Zugriffsrechte auf die in der TSE enthaltenen Zähler und Signaturschlüssel haben.

Zur Erfüllung der gesetzlichen Anforderung, dass aufzeichnungspflichtige Vorgänge zeitnah erfasst werden sollen, muss das Sicherheitsmodul zudem über eine interne Zeitquelle verfügen, um Manipulationen an den Erfassungszeitpunkten zu erschweren. Mit der internen Zeitführung kann jeder Absicherungsschritt eindeutig einer Zeit zugeordnet und in die abgesicherten Protokolldaten aufgenommen werden.[141]

---

138 Engl.: Security Module Application for Electronic Record-keeping Systems (Schutzprofil).
139 Engl.: Cryptographic Service Provider (Schutzprofil).
140 Zu den Besonderheiten der Zusammenfassung mehrerer SMAERS- und CSP-Einheiten bei Nutzung verschiedener Technischer Sicherheitseinrichtungen s. BSI TR-03153-1, Version 1.1.0, Kap. 4.2.
141 Siehe dazu auch AEAO zu § 146a i.d.F. bis 31.12.2023, Nr. 3.2.5; AEAO zu § 146a i.d.F. ab 01.01.2024, Nr. 1.12.2.5 (Abdruck in Anhang 20). Vgl. ergänzend BSI TR-03153-1, Version 1.1.0, Kap. 4.1 und Kap. 9.

10.4.2.2 Nichtflüchtiges Speichermedium

799 Das Speichermedium dient der Speicherung der abgesicherten Anwendungsdaten und Protokolldaten. Vorgaben zur Speicherkapazität existieren nicht, TSE-Hersteller müssen aber Angaben zur Anzahl möglicher Transaktionen bereitstellen. Da Speicherkapazitäten naturgemäß begrenzt sind, dürfen die Daten unter weiteren Voraussetzungen in ein oder mehrere externe Aufbewahrungssystem(e) ausgelagert werden. Unabhängig vom Ort der Datenspeicherung muss jederzeit gewährleistet sein, dass die Daten den Prüfungsdiensten der Finanzverwaltung in Form sog. TAR-Container nach den Vorgaben der Technischen Richtlinie BSI TR-03151-1, Version 1.1.0, zur Verfügung gestellt werden können. Es genügt, wenn die Daten in anderen Formaten gespeichert werden und erst beim Abruf in das geforderte Format formatiert werden. Gefordert wird zudem eine Herstellererklärung zur Zuverlässigkeit des Speichermediums, die das BSI im Rahmen der Zertifizierung bzw. Konformitätsprüfung einer TSE zumindest einer Schlüssigkeitsprüfung unterzieht.[142] Im Einzelnen gilt das Folgende:

1. Aufbewahrung der Daten innerhalb der TSE

800 Geschäftsvorfälle oder andere Vorgänge im Sinne des 146a Absatz 1 Satz 1 AO müssen mit ihren Anwendungs- und zugehörigen Protokolldaten vollständig, unverändert und manipulationssicher auf einem nichtflüchtigen[143] Speichermedium gespeichert werden (§ 3 Abs. 1 KassenSichV). Über die Transaktions-Nr. und den Signaturzähler hat eine **Verkettung** der Transaktionen zu erfolgen, damit Lücken in den Aufzeichnungen erkennbar sind.[144] Speichermedium und Sicherheitsmodul brauchen keine physikalische Einheit zu bilden, weshalb die Datenspeicherung auf herkömmlichen Datenträgern (Festplatte, USB, SD, microSD o. ä.) oder in der Cloud erfolgen kann. Befindet sich der Server in einem oder mehreren EU- oder Drittländern, ist § 146 Abs. 2a und Abs. 2b AO zu beachten.[145] Andernfalls besteht die Gefahr der Festsetzung von Verzögerungsgeld gem. § 146 Abs. 2c AO.

2. Auslagerung der Daten in ein externes Aufbewahrungssystem

a) Daten der TSE (TAR-Archiv)

801 Abgesicherte Anwendungsdaten und Protokolldaten können aus der TSE exportiert und auf ein externes Medium ausgelagert werden. Festlegungen zu den Eigenschaften eines externen Aufbewahrungssystems trifft das BSI nicht, es muss nur einen späteren Export der Daten in der vorgeschriebenen Form (TAR-

---

142 BSI TR-03153-1, Version 1.1.0, Kap. 6.2.
143 Nichtflüchtig bedeutet, dass die Daten bei Strom- oder Netzausfällen vollständig erhalten bleiben.
144 § 3 Abs. 2 KassenSichV; AEAO zu § 146a i. d. F. bis 31.12.2023, Nr. 8.1; AEAO zu § 146a i. d. F. ab 01.01.2024, Nr. 1.15.1 (Abdruck in Anhang 20).
145 AEAO zu § 146a i. d. F. bis 31.12.2023, Nr. 3.2.7; AEAO zu § 146a i. d. F. ab 01.01.2024, Nr. 1.12.2.7 (Abdruck in Anhang 20).

10.4 Architektur und Funktionsweise der TSE

Container) ermöglichen und die in den Technischen Richtlinien definierten Datenfelder vorhalten. Zur Erhaltung der o.g. Verkettung ist die vollständige Archivierung der Log-Nachrichten aller Absicherungsschritte (Start, Update und Beendigung des Vorgangs) erforderlich.[146] Im Zuge des Exports muss sichergestellt sein, dass keine Datensätze hinzugefügt, verändert oder gelöscht werden.[147] Zudem sind die steuerlichen Aufbewahrungsfristen i.S.d. §147 AO zu beachten. Der TSE-Hersteller hat dafür Sorge zu tragen, dass Datenlöschungen ohne vorherigen Export technisch nicht möglich sind.

TSE-Hersteller sind verpflichtet, Hilfsmittel (z.B. Software) und die passende Anleitung zur Verfügung zu stellen, damit der Datenexport der TAR-Dateien mit allen regulären Inhalten i.S.d. Technischen Richtlinie BSI TR-03153-1, Version 1.1.0, Kap. 5.2 i.V.m. BSI TR-03151-1, Version 1.1.0, auch ohne Aufzeichnungssystem durchgeführt werden kann, selbst nach evtl. Deaktivierung des Sicherheitsmoduls. Die Hilfsmittel müssen im Rahmen des Zertifizierungsverfahrens an das BSI übergeben, von diesem auf Funktionsfähigkeit getestet und an die Finanzbehörden weitergeleitet werden.[148]

802

b) Daten des elektronischen Aufzeichnungssystems

Werden auch die übrigen Daten des elektronischen Aufzeichnungssystems in ein Archivsystem überführt, muss dies den Anforderungen des §147 AO genügen[149] und den Datenexport im DSFinV-K-Format ermöglichen (vgl. nachfolgende Ausführungen zur einheitlichen digitalen Schnittstelle EDS).

803

10.4.2.3 Einheitliche digitale Schnittstelle

Die einheitliche digitale Schnittstelle (nachfolgend EDS) ist eine Datensatzbeschreibung für die Anbindung der zertifizierten technischen Sicherheitseinrichtung an ein elektronisches Aufzeichnungssystem sowie für die standardisierten Datenexporte aus dem elektronischen Aufzeichnungssystem und dem Speichermedium der TSE zur Übergabe an den mit der Außenprüfung oder Kassen-Nachschau betrauten Amtsträger der Finanzbehörde. Die Vorgaben der aus zwei Teilen bestehenden Technischen Richtlinie „Technical Guideline BSI TR-03151 Secure Element API (SE API)"[150] sind zu beachten.

804

---

146 AEAO zu §146a i.d.F. bis 31.12.2023, Nr.8.2; AEAO zu §146a i.d.F. ab 01.01.2024, Nr.1.15.2 (Abdruck in Anhang 20).
147 Vgl. dazu auch GoBD, Rz. 103, 104.
148 BSI TR-03153-1, Version 1.1.0, Kap. 3.8.
149 AEAO zu §146a i.d.F. bis 31.12.2023, Nr.8.3; AEAO zu §146a i.d.F. ab 01.01.2024, Nr.1.15.3 (Abdruck in Anhang 20).
150 Part 1: Interface Definition, Version 1.1.0 v. 30.05.2023; Part 2: Interface Mapping, Version 1.1.0 v. 13.02.2023.

10 Manipulationsschutz ab 01.01.2020 (§ 146a AO)

SICHERHEITS-MODUL	NICHTFLÜCHTIGES SPEICHERMEDIUM	EINHEITLICHE DIGITALE SCHNITTSTELLE
Transaktionszähler	Datenaufbewahrung innerhalb der TSE	Einbindungsschnittstelle
Signaturzähler		Exportschnittstelle
Systemzeit	Auslagerung in ein externes System	DSFinV-K

Abbildung 21: Elemente der einheitlichen digitalen Schnittstelle (EDS)
(Quelle: Eigene Darstellung)

805   Die **Einbindungsschnittstelle** dient der Integration der TSE in das elektronische Aufzeichnungssystem (eAS), d.h. der Kommunikation des Sicherheitsmoduls mit dem eAS.[151] Die Implementierung muss nach den Vorgaben der Technischen Richtlinien BSI TR-03151-1 und BSI TR-03151-2 erfolgen. Dabei ist jede TSE einmalig mit ihren sog. Personalisierungsdaten zu initialisieren (Hersteller, Modell, Versionsstand, Zertifizierungs-ID, Beschreibung der TSE).[152] Die Funktionen der Einbindungsschnittstelle werden in der Technischen Richtlinie BSI TR-03153, Kap. 5.2 bzw. in der Technischen Richtlinie BSI TR-03153-1, Version 1.1.0, Kap. 5.1 beschrieben.

806   *Hinweis:*
Der berechtigte Administrator soll mit einer einzigartigen Kennung (UserID) identifiziert werden können. Zu diesem Zweck soll für noch nicht initialisierte TSE eine PIN[153] zur Nutzerauthentifizierung sowie eine PUK[154] zwecks Entsperrung bei aufeinanderfolgenden Falscheingaben vergeben werden.[155] Bei Veräußerung einer gebrauchten TSE sind dem Erwerber UserID, PIN und PUK zugänglich zu machen. Je nach TSE-Anbieter weist die PIN mindestens 5 oder 8 Stellen auf, die PUK mindestens 6 oder 10 Stellen.

807   Die **Exportschnittstelle** besteht aus einer einheitlichen Datensatzbeschreibung und dient dem standardisierten Datenexport der gespeicherten, abgesicherten Anwendungsdaten (Log-Nachrichten), etwa zur Verifikation der Protokollierung (§ 3 KassenSichV) oder für die externe Aufbewahrung in einem Archivsystem außerhalb der TSE. Der Export muss gem. Technischer Richtlinie BSI TR-03151-1 in sog. *TAR-Archiven* (Komprimierungs-/Packprogramm) erfolgen.

---

151 AEAO zu § 146a i.d.F. bis 31.12.2023, Nr. 3.2.9; AEAO zu § 146a i.d.F. ab 01.01.2024, Nr. 1.12.2.9 (Abdruck in Anhang 20).
152 BSI TR-03153-1, Version 1.1.0, Kap. 3.9.2.
153 Engl.: Personal Identification Number.
154 Engl.: Personal Unblocking Key.
155 Technical Guideline BSI TR-03151 Secure Element API (SE API), Version 1.0.1 vom 20.12.2018, Tz. 4.1 f.

10.4 Architektur und Funktionsweise der TSE

Sie enthalten die abgesicherten Anwendungsdaten (Log-Nachrichten[156]) zur Prüfung von Integrität und zeitgerechter Erfassung sowie die zur Verifikation der Prüfwerte notwendigen Zertifikate.[157]

TAR-Archive enthalten nicht sämtliche für eine umfängliche Kassen-Nachschau erforderliche Daten, insbesondere keine Einzelaufzeichnungen auf Artikelebene, sondern nur die Summen des einzelnen Kassenbons, getrennt nach Umsatzsteuersätzen und Zahlarten. Der Zugriff auf die TAR-Archive ist deshalb zwar als Einstieg in eine Prüfung geeignet, Kasseneinzeldaten im Format der DSFinV-K müssen dennoch vorgelegt werden, z. B. für rechnerische oder visualisierte Vergleiche zwischen Kasseneinzeldaten gem. DSFinV und aufsummierten Daten aus TAR-Archiven. Einzelfallabhängig lassen sich weitere Vor- und Nebensysteme über Schnittstellen-Verprobungen einbeziehen (z. B. Warenwirtschaft, Schankanlagen u. a.), um Unregelmäßigkeiten zu erkennen.

808

Tipp:
Es genügt nicht, die Speichereinheit der zertifizierten technischen Sicherheitseinrichtung nur zu kopieren, da die gesicherten Anwendungsdaten erst beim Export entschlüsselt werden und das vorgegebene Dateiformat (TAR-Archivdatei) erzeugt wird.[158] Daher sollte eine verständliche Exportanleitung zur Verfahrensdokumentation genommen werden. Empfehlenswert ist, den Export möglichst gemeinsam (Mandant, Steuerberater, Kassendienstleister) vorab zu testen, um die Daten im Prüfungsfall ohne Verzögerungen zur Verfügung stellen zu können. Denn je nach Kassenhersteller kann zusätzliche Software oder die Kenntnis eines Passwortes (PIN) nötig sein, um die verkrypteten Rohdaten des TSE-Speichermediums in ein lesbares TAR-Archiv zu schreiben.[159] Zur Pflicht der TSE-Hersteller, geeignete Hilfsmittel für den Datenexport zur Verfügung zu stellen, vgl. Kap. 11.10.3, unter b). Eine Selbstverständlichkeit sollten zudem regelmäßige Backups sein, um Datenverlusten vorzubeugen. Vorzugsweise sollten die Daten routinemäßig automatisiert gesichert werden.[160]

809

Nicht im Regelungsbereich der Technischen Richtlinien des BSI liegen Festlegungen zu Art und Umfang der im elektronischen Aufzeichnungssystem aufzuzeichnenden Geschäftsvorfälle und anderen Vorgänge sowie die Strukturierung der zugrundeliegenden **steuerfachlichen** Daten eines Vorgangs[161], insbesondere der Einzelaufzeichnungen mit den notwendigen Mindestinhalten aus steuerlicher Sicht. Für Kassen(systeme) wird diese Aufgabe von der **Digitalen Schnittstelle der Finanzverwaltung für Kassensysteme (DSFinV-K)** als selbständigem Bestandteil der einheitlichen digitalen Schnittstelle übernommen.

810

---

156 Zu Format und notwendigem Inhalt der Log-Nachrichten von Transaktions-Absicherungsschritten sowie System- und Audit-Events s. BSI TR-03153-1, Version 1.1.0, Kap. 5.2.1.-5.2.3.
157 AEAO zu §146a i.d.F. bis 31.12.2023, Nr. 3.2.10; AEAO zu §146a i.d.F. ab 01.01.2024, Nr. 1.12.2.10 (Abdruck in Anhang 20).
158 *Teutemacher/Krullmann*, BBK 2021, 822 (823).
159 *Teutemacher/Krullmann*, BBK 2021, 822 (830). Vgl. auch Kap. 11.10.3, unter b).
160 *Achilles* in Amadeus360/Stefanie Milcke, Restaurant 2.0, Seite 230.
161 BSI TR-03153-1, Version 1.1.0, Tz. 1.2.

10 Manipulationsschutz ab 01.01.2020 (§ 146a AO)

811 *Beachte:*

Die DSFinV-**K** gilt nicht für EU-Taxameter und Wegstreckenzähler. Hier sind die Vorgaben der Digitalen Schnittstelle der Finanzverwaltung für EU-Taxameter und Wegstreckenzähler (**DSFinV-TW**) zu beachten.[162]

Die mit Einführung digitaler Schnittstellen verfolgte Datenstandardisierung hat durchaus sinnvolle Ziele:

- einheitliche Datenbereitstellung für die Außenprüfung sowie für Kassen-Nachschauen durch
    - definierte Kasseneinzelbewegungen,
    - Stammdaten und
    - Kassenabschlüsse,

    sodass eine progressive und retrograde Prüfbarkeit zwischen den Grundaufzeichnungen und der Erfassung im Hauptbuch (Finanzbuchhaltung) gewährleistet ist.
- Ermöglichung der Auslagerung aller im jeweiligen System erfassten Daten in ein Archivsystem.
- Ermöglichung einer vereinfachten Überprüfung der in die FiBu übertragenen strukturierten Kassendaten.
- Möglichkeit der automatisierten, medienbruchfreien Übernahme der Kassenabschlüsse in die Finanzbuchhaltung.
- erhebliche Vereinfachungen bei der Erstellung von Verfahrensdokumentationen.

812 *Hinweis:*

Die DSFinV-K in der Version 2.3 vom 04.03.2022 ist für Aufzeichnungen, die seit dem 01. Juli 2022 erfolgen, anzuwenden, kann aber auch schon vorher angewendet werden.[163] Kassenhersteller kritisieren an dieser Stelle vielfach, dass die Zeit für den Rollout zu knapp bemessen gewesen sei. Kann dem Stpfl. eine eventuell verspätete Umstellung nicht angelastet werden, könnte in Bezug auf die Feststellung formeller Mängel insoweit großzügig verfahren werden.

---

[162] AEAO zu § 146a i.d.F. ab 01.01.2024, Nr. 1.1.3, 1.3, 1.4, 2.3, 3.3., 4.3 (Abdruck in Anhang 20). Abruf der DSFinV-TW unter *https://www.bzst.de/DE/Unternehmen/ Aussenpruefungen/DigitaleSchnittstelleTaxameter/digitaleSchnittstelleTaxameter_node. html* (abgerufen am 20.10.2023).

[163] BMF, Schreiben vom 21.04.2022 – IV A 4 – S 0316-a/19/10007 :004, BStBl. I 2021, 575. Zur Unterstützung internationaler Kassenhersteller und Anbieter bietet die Finanzverwaltung eine englische Übersetzung der für das Verständnis wichtigsten Kapitel und Anhänge an.

813 Über die DSFinV-K sind jeweils verpflichtend die erforderlichen Daten sowie Formate definiert. Durch Aufteilung in die nachfolgend aufgeführten drei Bereiche soll redundante Datenhaltung vermieden werden.[164]

---

[164] Inhaltlich beruht die DSFinV-K auf der „DFKA-Taxonomie Kassendaten" (JSON-Format). Letztere ist von Februar 2018 bis Oktober 2018 von sieben Kassenherstellern im Rahmen eines Feldversuchs erfolgreich getestet worden. Weitergehende Informationen können auf der Homepage *www.dfka.net* abgerufen werden.

814 **Tabelle 12:** Module der DSFinV-K

Einzelaufzeichnungsmodul	Stammdatenmodul	Kassenabschlussmodul
Bonpos[165], u. a. – Aufzeichnungen auf Artikelebene (Menge und Art) – Umsatzsteuer – Preis und Preisfindung (Rabatte, Aufschläge) – Zusatzinfos **Bonkopf**[166], u. a. – Elektronisches Rechnungsdoppel – Abrechnungskreis (z. B. Tischnummer)[167] – Zahlart[168] – Daten aus der TSE[169]	– Datum, Uhrzeit – Start-/End-ID – Daten des Unternehmens und der Betriebsstätten – Stammdaten des elektronischen Aufzeichnungssystems (Master, Slave/Terminal)[170] einschl. Marke der Kasse/Software inkl. Version, Bezeichnung des Kassenmodells, Seriennummer – Stammdaten der TSE[171] – Angaben zu Agenturen (Agenturgeschäfte, durchlaufende Posten) – Umsatzsteuer – u. w.	Summenbildungen, u. a. zur automatischen Übernahme ins Kassenbuch, u. a. – GV-Typ[172] – Vorgangs-Typ[173] – Zahlart – Währungen – Trainingsbuchungen – Entnahmen, Einlagen, Geldtransit – rechnerische Abbildung des Kassenbestands – u. w. Einzelheiten zum Kassenabschlussmodul können der DSFinV-K, Version 2.3, Tz. 3.3 entnommen werden.

(Quelle: Eigene Darstellung)

815 Bei Konvertierungen aus einem originären JSON-Format in das für Prüfzwecke der Finanzverwaltung erforderliche Format der DSFinV-K werden beliebig viele

---

165 Zu den Einzelheiten s. DSFinV-K, Version 2.3 vom 04.03.2022, Tz. 3.1.1.
166 Zu den Einzelheiten s. DSFinV-K, Version 2.3 vom 04.03.2022, Tz. 3.1.2.
167 Vgl. DSFinV-K vom 04.03.2022, Version 2.3, Tz. 2.7.1.
168 Vorgesehen sind die Zahlarten bar, keine, ECKarte, Kreditkarte, EIZahlungsdienstleister, Guthabenkarte. Ferner wird die Zahlart „unbar" als zusammenfassende Form für alle unbaren Zahlarten angeboten für solche Aufzeichnungssysteme, die unbare Zahlarten nicht weiter differenzieren können (DSFinV-K vom 04.03.2022, Version 2.3, Anhang D ZAHLART_TYP).
169 Die Übernahme der Daten aus der TSE ist erforderlich, damit die Prüfungsdienste abgesicherte Protokolldaten ohne Export der TAR-Files verifizieren und die Gültigkeit der eingesetzten TSE-Zertifikate zum Zeitpunkt der Protokollierung prüfen zu können (DSFinV-K vom 04.03.2022, Version 2.3, Tz. 3.1.2.5).
170 Zu Master-Slave-Beziehungen in Kassen und deren Abbildung in den Kassendaten vgl. auch DSFinV-K, Version 2.3 vom 04.03.2022, Anhang A Begriffsdefinitionen. Danach werden in jeder einzelnen Aufzeichnung, z. B. bei der Bonierung eines Artikels, sowohl die zuliefernden Terminals (Slave) als auch die abrechnende Kasse (Master) aufgezeichnet.
171 Siehe dazu auch Kap. 10.6.
172 Eine abschließende Aufzählung der Geschäftsvorfall-Typen getrennt nach allgemeinen GV-Typen und solchen, die ausschließlich den Kassenbestand betreffen, kann der DSFinV-K, Version 2.3 vom 04.03.2022, Tz. 4.1.3. sowie dem dortigen Anhang C unter „GV_TYP (Geschäftsvorfalltypen)" entnommen werden. Zur weiteren Aufgliederung zwecks inhaltlicher Aussagekraft kann die Datei GV_Name verwendet werden (s. DSFinV-K, Version 2.3 vom 04.03.2022, Tz. 4.1.4).
173 Eine abschließende Aufzählung der Vorgangs-Typen getrennt nach allgemeinen GV-Typen (Beleg, andere Vorgänge), kann der DSFinV-K, Version 2.3 vom 04.03.2022, Tz. 4.1.1. entnommen werden.

JSON-Dateien zusammengefasst und anschließend als CSV-Dateien exportiert. In diesem Zug wird eine zusätzliche beschreibende index.xml-Datei für den Import in IDEA beigefügt.[174] Durch die Komplexität aufzuzeichnender Daten wurde erforderlich, mehrere CSV-Dateien zu definieren. Bei einer Außenprüfung oder einer Nachschau ist jedoch nicht zwingend erforderlich, alle Dateien in die Prüfsoftware zu importieren. Abhängig von der beabsichtigten Prüfungstiefe reicht auch ein selektiver Import der Daten aus. Detailinformationen zu den einzelnen Datenfeldern sind in Anhang E der DSFinV-K dargestellt.[175]

Der DSFinV-K-Export lässt die Verpflichtung, ggf. auch die TAR-Archive im Rahmen der Datenzugriffsrechte der Finanzverwaltung zur Verfügung zu stellen, unberührt. Dasselbe gilt für andere Teilbereiche komplexer Systeme, die nicht mit einer technischen Sicherheitseinrichtung ausgestattet sein müssen, gleichwohl zu den aufbewahrungspflichtigen Unterlagen i. S. d. § 147 AO zählen (z. B. Daten aus Warenwirtschaftssystemen).[176] 816

Die Erfassung von **Betriebsausgaben** kann in der DSFinV-K über den Geschäftsvorfalltyp „Auszahlung" erfolgen. Es ist nicht erforderlich, an dieser Stelle bereits eine Aufschlüsselung in Entgelte und die darauf entfallende Umsatzsteuer vorzunehmen. Die Abflüsse müssen beim Tagesabschluss im Kassenbuch oder den sonstigen erforderlichen Aufzeichnungen für Zwecke der Einzelaufzeichnung jedoch weiter differenziert und dokumentiert werden. Die ertrag- und umsatzsteuerliche Qualifikation ist bezogen auf den jeweiligen Sachverhalt zu prüfen, die jeweiligen steuerlichen Konsequenzen zu ziehen und ggf. in nachgelagerten Systemen zu dokumentieren.[177] 817

> *Tipp:* 818
> Häufig werden nur die Betriebseinnahmen in der Kasse erfasst. Die Erfassung der Betriebsausgaben (Entnahmen, Einlagen, Geldtransit, Betriebsausgaben) erfolgt zeitversetzt z. B. über ein elektronisches oder papiergeführtes Kassenbuch. Nach strenger Lesart der DSFinV-K wären die Geschäftsvorfälle damit nicht vollständig abgesichert.[178] Teils wird auch die Auffassung vertreten, dass nur die **Erlöse zwingend** über das elektronische Aufzeichnungssystem zu erfassen seien.[179] Ungeachtet dessen sollten Stpfl. anstreben, die Eingabemöglichkeiten des Aufzeichnungssystems und der DSFinV-K vollumfänglich zu nutzen. Das ist insoweit vorteilhaft, als dass die Erfassung sämtlicher baren Geschäftsvorfälle im elektronischen Aufzeichnungssystem das bei Gewinnermittlung nach §§ 4 Abs. 1, 5 EStG erforderliche Kassenbuch entbehrlich machen kann (Führung des Kassenbuchs

---

174 DSFinV-K vom 04.03.2022, Version 2.3, Anhang G Mapping-Tabelle DFKA-Taxonomie/DSFinV-K unter Verweis auf Datei „Anhang_G_Uebersicht.xlsx".
175 DSFinV-K vom 04.03.2022, Version 2.3, Tz. 3.
176 AEAO zu § 146a i. d. F. bis 31.12.2023, Nr. 4.3; AEAO zu § 146a i. d. F. ab 01.01.2024, Nr. 1.13 und 2.3 (Abdruck in Anhang 20).
177 DSFinV-K vom 04.03.2022, Version 2.3, Anhang C unter „Auszahlung".
178 So *Levenig/Reckendorf*, BBK 2020, 65.
179 Vgl. Wortlaut des § 146a Abs. 1 Satz 1 AO, AEAO zu § 146, Nr. 2.2.3: Im AEAO zu § 146 werden nur die Erlöse, nicht aber die anderen Geschäftsvorfälle genannt. Anderer Ansicht *Teutemacher*, BBP 2020, 210 (212).

10 Manipulationsschutz ab 01.01.2020 (§ 146a AO)

im Vorsystem). Voraussetzung dafür ist, dass das Aufzeichnungssystem (bei Gewinnermittlung nach §§ 4 Abs. 1, 5 EStG) auch die Kassenbestände verwaltet und die Kassensturzfähigkeit gewährleistet ist. Auf diese Art und Weise können auch fehleranfällige **Medienbrüche** vermieden werden.

10.4.3 Funktionsweise der TSE (Protokollierung)

819 Nach § 2 KassenSichV muss für jede Aufzeichnung eines Geschäftsvorfalls oder anderen Vorgangs im Sinne des § 146a Absatz 1 Satz 1 AO von einem elektronischen Aufzeichnungssystem (eAS) unmittelbar eine neue Transaktion mit nachfolgenden Mussinhalten gestartet werden:[180]

1. *den Zeitpunkt des Vorgangbeginns,*
2. *eine eindeutige und fortlaufende Transaktionsnummer,*
3. die Art des Vorgangs (Kassenbeleg, Bestellung, sonstiger Vorgang),
4. die Daten des Vorgangs (Einzelaufzeichnungen),
5. die Zahlungsarten,
6. *den Zeitpunkt der Vorgangsbeendigung oder des Vorgangsabbruchs,*
7. *einen Prüfwert sowie*
8. die Seriennummer des elektronischen Aufzeichnungssystems **oder** (ab 01.01.2024 „**und**") *die Seriennummer des Sicherheitsmoduls.*[181]

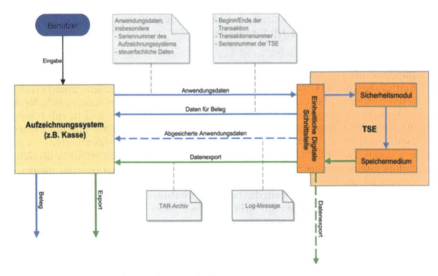

Abbildung 22: Grundschema der Protokollierung
(Quelle: BSI)

---

180 Kursiv gekennzeichnete Daten entstammen der TSE, die übrigen Daten dem elektronischen Aufzeichnungssystem.
181 Vgl. Synopse zur KassenSichV (Abdruck in Anhang 17).

10.4 Architektur und Funktionsweise der TSE

Bei Kassen(systemen) erfolgt die Protokollierung nach § 2 KassenSichV in **drei** (Absicherungs-)Schritten. **Tabelle 13** verschafft einen ersten Überblick über die einzelnen Schritte. Weitere Einzelheiten können dem AEAO zu § 146a i. d. F. ab 01.01.2024, Nr. 1.12.3 und Nr. 2.2.2 ff. (Abdruck in Anhang 20) entnommen werden. Umfangreiche, technische Details zu den Absicherungsschritten, insbesondere zu Schritt 2, Variante B, sind in der Technischen Richtlinie BSI TR-03153-1, Version 1.1.0 vom 30.05.2023, Kap. 3.5 niedergelegt. Für nicht nach dieser Richtlinie zertifizierte TSEn gelten noch die Ausführungen im AEAO zu § 146a i. d. F. bis 31.12.2023, Nr. 3.3 ff. i. V. m. Technischer Richtlinie BSI TR-03153, Version 1.0.1 vom 20.12.2018.

820

Tabelle 13: Absicherungsschritte der Protokollierung (Kassensysteme)

	Aufgaben der TSE		
	Vergabe Transaktionsnummer	Erhöhung Signaturzähler	Erzeugung Prüfwert (Signatur)
1. **Beginn der Transaktion (startTransaction)**	ja	+1	ja
Mit Beginn eines aufzuzeichnenden Vorgangs startet das eAS die Protokollierung in der TSE. Hierzu übermittelt das eAS Anwendungsdaten (Seriennummer des eAS, Art des Vorgangs, Daten des Vorgangs) an die TSE.			
Die TSE führt unter Festlegung des Vorgangsbeginns unmittelbar einen Absicherungsschritt mit den bei Beginn des Vorgangs übermittelten Anwendungsdaten durch, berechnet den Prüfwert über die Anwendungs- und Protokolldaten und speichert die Daten (Log-Nachricht).			
Die TSE muss den Zeitpunkt des Vorgangsbeginns, die Transaktionsnummer, den Signaturzähler, die Seriennummer der TSE und den Prüfwert (Signatur) an das eAS zurückgeben.			
2. **Aktualisierung der Transaktion (updateTransaction)**			
Entstehen im Rahmen einer Transaktion neue Anwendungsdaten, sendet das eAS die aktualisierten Daten an die TSE. Spätestens nach 45 Sekunden nach Änderung der Vorgangsdaten ist die Transaktion zu aktualisieren.	Transaktionsnummer bleibt erhalten.		
Die TSE muss eine der folgenden Aktionen durchführen:			
Variante A: Die TSE führt je einen Absicherungsschritt mit jedem Update (übernommene, noch ungesicherte Anwendungsdaten) unter Festlegung des Update-Beginns durch, berechnet den Prüfwert über die Anwendungs- und Protokolldaten und speichert die Daten (Log-Nachricht).	Transaktionsnummer bleibt erhalten.	+1 (je Update)	ja (je Update)
Die TSE muss den Zeitpunkt des Updates, den Signaturzähler und den Prüfwert an das eAS zurückgeben.			

10 Manipulationsschutz ab 01.01.2020 (§ 146a AO)

	Aufgaben der TSE		
	Vergabe Transaktionsnummer	Erhöhung Signaturzähler	Erzeugung Prüfwert (Signatur)
Variante B: Die TSE sammelt mehrere Updates für eine spätere Absicherung und erstellt für die gesammelten Updates eine gemeinsame signierte Log-Nachricht. Zu den einzelnen Schritten der Absicherung s. umfangreiche Ausführungen in der Technischen Richtlinie BSI TR-03153-1, Version 1.1.0, Tz. 3.5.2.2. Die TSE muss den/die Zeitpunkt/e der Absicherung/en, den Signaturzähler und den/die Prüfwerte an das eAS zurückgeben.	Transaktionsnummer bleibt erhalten.	+1	ja
3. **Beendigung der Transaktion (finishTransaction)**	Transaktionsnummer bleibt erhalten.	+1	ja
Mit Beendigung des Vorgangs schließt das eAS die Protokollierung in der TSE ab. Die TSE führt einen Absicherungsschritt mit den Anwendungsdaten durch und speichert die abgesicherten Daten unter Erstellung einer signierten Log-Nachricht. Erst bei diesem Schritt wird der Zeitpunkt der Beendigung des Vorgangs in die Protokolldaten aufgenommen. Die TSE muss den/die Zeitpunkt/e der Vorgangsbeendigung, den/die Signaturzähler und den/die Prüfwerte an das eAS zurückgeben.			

(Quelle: eigene Darstellung)

821 Schlägt ein Bearbeitungsschritt durch die TSE fehl, muss das elektronische Aufzeichnungssystem (eAS) den Schritt wiederholen, z. B. bei fehlgeschlagener Funktion *startTransaction*. Bei Wiederholung des Schritts wird eine neue Transaktionsnummer vergeben. Nur erfolgreich gestartete Transaktionen können zur weiteren Absicherung genutzt werden.[182]

Soll oder muss das erneute Zuführen von Daten an die TSE, also das mehrfache Aufrufen von *startTransaction*, *updateTransaction* und *finishTransaction* mit inhaltlich identischen Daten kenntlich gemacht werden, muss dies in den vom eAS kommenden Vorgangsdaten geschehen.[183]

10.4.4 Grundlagen des Zertifizierungsverfahrens und kritische Betrachtung

822 Hersteller Technischer Sicherheitseinrichtungen sind nach § 146a Abs. 3 AO i. V. m. § 5 KassenSichV in der Nachweispflicht, dass die Konformitäts- und Sicherheitsanforderungen des Bundesamts für Sicherheit in der Informationstechnik (BSI) eingehalten werden. Nach § 5 KassenSichV legt das BSI im Beneh-

---

[182] BSI TR-03153-1, Version 1.1.0, Kap. 9.4.
[183] BSI TR-03153-1, Version 1.1.0, Kap. 9.4.

10.4 Architektur und Funktionsweise der TSE

men mit dem BMF die **technischen** Anforderungen an TSEn in Technischen Richtlinien und Schutzprofilen fest, entsprechend derer TSE-Hersteller ihre Produkte entwickeln müssen.

Es dürfen keine (ergänzenden) Funktionen durch die TSE oder Schnittstellen implementiert oder angeboten werden, welche den in den Technischen Richtlinien und Schutzprofilen vorgegebenen Methoden, Abläufen, Grundideen und Sicherheitsvorgaben zuwiderlaufen. Andere ergänzende Funktionen müssen mit dem BSI abgestimmt und freigegeben worden sein.[184] 823

Zu gegebener Zeit vereinbart der Hersteller mit einer anerkannten Prüfstelle die Prüfung seines Produkts und leitet beim BSI das Zertifizierungsverfahren in die Wege. Das BSI bewertet den Bericht der Prüfstelle und stellt bei positiver Bewertung die erforderlichen Zertifikate aus. Die Zertifizierung ist fortlaufend aufrecht zu erhalten (§ 146a Abs. 3 Satz 2 AO). Die Kosten trägt der Antragsteller.[185] 824

Im Verlauf des Zertifizierungsprozesses müssen TSE-Hersteller alle Dokumente einreichen, die von den Prüfungsdiensten der Finanzverwaltung benötigt werden, um die Korrektheit der TSE-Verwendung nachvollziehen zu können, u.a. Zertifikate, Reporte und Konzepte. Zusätzlich ist eine deutschsprachige Übersicht eingereichter Dokumente unter Angabe des Datums und der Versionsnummer des jeweils einzeln aufgelisteten Dokuments zu erstellen, welche auch den Inhalt der Dokumente knapp beschreibt. Neben Prüfung der Dokumente leitet das BSI leitet die Unterlagen (mit Ausnahme vertraulicher Inhalte) u.a. an das BMF weiter, damit dieses die Unterlagen den Prüfungsdiensten der Finanzverwaltung (indirekt) zur Verfügung stellen kann.[186] Zu den einzureichenden Unterlagen gehört auch eine geeignete Anleitung zum Datenexport der TAR-Container (Exportanleitung). Wird ein Hilfstool benötigt, um die Daten exportieren zu können, muss die Anleitung auch die Inbetriebnahme und Nutzung des Hilfstools in einer Bedienungsanleitung schildern.[187] 825

Beachte: 826
Zertifizierungen sind auf die TSE beschränkt. Elektronische Aufzeichnungssysteme selbst unterliegen nicht dem Zertifizierungsprozess.

Rechtskonform betriebene TSEn i. S. d. § 146a AO müssen mehrere Zertifizierungen durchlaufen, eine für das grundsätzliche Verhalten der Einrichtung gegenüber dem Aufzeichnungssystem und zusätzlich mehrere Sicherheitszertifizierungen. Produkte und Produktversionen, die (noch) nicht sämtliche Zertifizierungen erhalten haben, jedoch schon im **Testbetrieb** eingesetzt werden, erfüllen die Anforderungen nicht. Der Einsatz einer solchen TSE führt zur Annahme 827

---

184 BSI TR-03153-1, Version 1.1.0, Kap. 9.9.
185 § 7 Abs. 2 KassenSichV i.d.F. bis 31.12.2023; § 11 Abs. 2 KassenSichV i.d.F. ab 01.01.2024.
186 BSI TR-03153-1, Version 1.1.0, Kap. 9.12.
187 BSI TR-03153-1, Version 1.1.0, Kap. 9.12.1, 10.6.

10 Manipulationsschutz ab 01.01.2020 (§ 146a AO)

gravierender formeller Mängel i.S.d. § 158 AO. Eine Heilung durch nachträgliche Zertifizierung scheidet aus.[188]

828 Nur die sog. **Konformitätszertifizierung** erbringt den Nachweis der „Gesamt-Zertifizierung" einschließlich der PKI-Zertifikate und stellt damit die funktionale TSE-Zertifizierung bzw. die **„Betriebserlaubnis"** für die jeweilige TSE dar. Nicht zwingend erforderlich ist, dass die TSE auf der Homepage des BSI veröffentlicht ist.[189]

829 Die von der Zertifizierungsstelle erteilten Zertifikate sind grundsätzlich auf acht Jahre befristet. Sie beinhalten die Auflage, nach fünf Jahren eine Neubewertung durchzuführen.[190] Läuft eine Zertifizierung mangels Anschlusszertifizierung aus, weil die Vorgaben nicht mehr erfüllt werden, erfolgt die Bekanntmachung eines entsprechenden Hinweises im Bundessteuerblatt, Teil I.[191]

830 Mit Schreiben vom 29.06.2023 gab das BMF **neue Technische Richtlinien** bekannt[192] und übernahm deren Kernpunkte mit Schreiben vom 30.06.2023 in die ab 01.01.2024 geltende **Neufassung des AEAO zu § 146a**.[193] Daraus darf nicht der Rückschluss gezogen werden, dass die neuen TR erst ab diesem Zeitpunkt gelten, sie sind vielmehr bereits seit ihrer Veröffentlichung anzuwenden, soweit keine der **Übergangsfristen** greift, auf die im Folgenden noch eingegangen wird. Im Einzelnen handelt es sich um die TR

---

188 BSI TR-03153-1, Version 1.1.0, Kap. 10.5.
189 BSI, Technische Sicherheitseinrichtungen für elektronische Aufzeichnungssysteme; *https://www.bsi.bund.de/DE/Themen/Unternehmen-und-Organisationen/Standards-und-Zertifizierung/Zertifizierung-und-Anerkennung/Listen/Zertifizierte-Produkte-nach-TR/Technische_Sicherheitseinrichtungen/TSE_node.html* (abgerufen am 20.10.2023). Die Liste erhebt keinen Anspruch auf Vollständigkeit, da TSE-Hersteller der Veröffentlichung auf der Homepage des BSI widersprechen können.
190 BSI, Anforderungen an die Zertifizierungen, *https://www.bsi.bund.de/DE/Themen/Unternehmen-und-Organisationen/Standards-und-Zertifizierung/Schutz-vor-Manipulation-an-digitalen-Grundaufzeichnungen/Informationen-zur-Zertifizierung/informationen-zur-zertifizierung_node.html* (abgerufen am 20.10.2023).
191 Vgl. beispielhaft zum Auslaufen des Zertifikats BSI-K-TR-0491-2021 der *„Bundesdruckerei D-TRUST TSE, Version 1.0"* der cv cryptovision GmbH mit Ablauf des 07.01.2023 die BMF-Schreiben vom 08.07.2022 – IV A 4 – S 0316-a/19/10006 :036, BStBl. I 2022, 1170, vom 13.10.2022 – IV A 4 – S 0319/20/10002/:009, BStBl. I 2022, 1436 und vom 16.03.2023 – IV A 4 – S 0319/20/10002 :009, BStBl. I 2023, 606. Im vorliegenden Fall wurden die Anforderungen nach der TR-03153-2, Regelung 1 erfüllt, die Voraussetzungen für eine Anschlusszertifizierung nach Regelung 2 lagen jedoch nicht vor. Seit Zertifizierung der TSE-Version v2 am 15.05.2023 sind Stpfl. verpflichtet, diese schnellstmöglich gegen die nicht mehr zertifizierte Vorgängerversion auszutauschen (Zertifikat Nr. BSI-K-TR-0482-2023, gültig bis 14.05.2031). Kassendienstleister bemängeln regelmäßig, dass Umstellungsfristen angesichts der Anzahl betroffener Fälle unter Berücksichtigung des auch in ihrer Branche bestehenden Fachkräftemangels i.d.R. nicht ausreichen.
192 BMF-Schreiben vom 29.06.2023 – IV D 2 – S 0316-a/19/10012 :005, BStBl. I 2023, 1075.
193 BMF-Schreiben vom 30.06.2023, BStBl. I 2023, 1076 (Abdruck in Anhang 20).

10.4 Architektur und Funktionsweise der TSE

- BSI TR-03153 Technische Sicherheitseinrichtung für elektronische Aufzeichnungssysteme Teil 1[194]: Anforderungen an die Technische Sicherheitseinrichtung, Version 1.1.0
- BSI TR-03153 Regelung zur übergangsweisen Aufrechterhaltung der gesetzlich erforderlichen Zertifizierung von Technischen Sicherheitseinrichtungen in begründeten Ausnahmefällen Teil 2, Version 1.0.0,
- BSI TR-03151 Secure Element API (SE API) Part 1: Interface Definition, Version 1.1.0,
- BSI TR-03151 Secure Element API (SE API) Part 2: Interface Mapping, Version 1.1.0,
- BSI TR-03145 Secure CA Operation Part 5: Specific requirements for a Public Key Infrastructure for Technical Security Systems, Version 1.0.1,
- BSI TR-03116 Kryptographische Vorgaben für Projekte der Bundesregierung Teil 5 – Anwendungen der Secure Element API, Stand 2023.

Zur erneuten Änderung der Technischen Richtlinien s. BMF-Schreiben vom 29.12.2023, BStBl. I 2024, 27. 831

Alle relevanten Technischen Richtlinien (TR) und Schutzprofile sind auf der Homepage des BSI veröffentlicht und können dort in ihrer jeweils gültigen Version abgerufen werden.[195] Aufgrund bestehender **Übergangsfristen** (Rz. 837 ff.) im Zusammenhang mit der Neufassung der TR sind auch die grundsätzlich abgelösten Vorgängerversionen dort noch abrufbar. 832

Maßgebend für die o.g. Konformitätserklärung ist seit dem 30.06.2023 grundsätzlich die Technische Richtlinie BSI TR-03153-1, Version 1.1.0 i.V.m. Anhang A. Danach muss das Sicherheitsmodul gem. der folgenden Common Criteria (CC) Schutzprofile evaluiert und zertifiziert werden: 833

- CC-Zertifizierung der **Sicherheitsmodulanwendung** (SMA) gemäß Schutzprofil BSI-CC-PP[196]-0105 -V2 durch eine anerkannte CC-Zertifizierungsstelle gem. SOGIS-MRA/CCRA[197]
- CC-Zertifizierung des **Kryptokerns** gemäß Schutzprofil BSI-CC-PP-0104 (CSP[198]) in der Konfiguration gemäß Schutzprofil BSI-CC-PP-0107 (Time Stamp Service and Audit) oder gemäß Schutzprofil BSI-CC-PP-0108 (Time Stamp Service, Audit and Clustering) durch eine anerkannte CC-Zertifizierungsstelle gemäß SOGIS-MRA.

---

194 Technische Richtlinien und Schutzprofile werden von BMF/BSI, aber auch in der Fachliteratur z.T. unterschiedlich bezeichnet, in diesem Fall z.B. als BSI TR-03153-1.
195 https://www.bsi.bund.de/DE/Themen/Unternehmen-und-Organisationen/Standards-und-Zertifizierung/Schutz-vor-Manipulation-an-digitalen-Grundaufzeichnungen/schutz-vor-manipulation-an-digitalen-grundaufzeichnungen_node.html; (abgerufen am 20.10.2023).
196 PP = Protection Profile (Schutzprofil).
197 Zukünftig: CSA.
198 Glossar, Anhang 1.

Wird der Kryptokern in einem zentralen, sicheren Rechenzentrum betrieben, kann alternativ eine CC-Zertifizierung nach Schutzprofil BSI-CC-PP-0111 (CSP Light[199]) in der Konfiguration nach BSI-CC-PP-0113 (Time Stamp Service, Audit and Clustering) erfolgen, wenn der Betreiber für das Rechenzentrum ein hinreichend hohes physikalisches und organisatorisches Sicherheitsniveau belegen kann. Letzteres muss durch eine entsprechende Zertifizierung nach ISO/IEC 27001 nachgewiesen werden. Weitere Voraussetzung ist, dass die Plattform, auf der ein CSP-Light betrieben wird, selbst über ein Zertifikat verfügen muss.[200]

834 Ferner sind im Rahmen der (Teil-)Zertifizierung des Sicherheitsmoduls folgende **Konzepte der Schutzprofile** zu erbringen und deren Eignung durch die jeweilige CC-Prüfstelle oder übergangs-/ersatzweise durch das BSI anhand neuer Anforderungen im Supporting Dokument BSI-CC-SUP-SMA[201] zu bestätigen:
- Provisionierungskonzept,
- Umgebungsschutzkonzept,
- Updatekonzept,
- CSP-Konfigurationskonzept.[202]

Die eingereichten Konzepte müssen formal und inhaltlich sowohl für den Prozess der Zertifizierung als auch in Qualität und Erscheinung für die Weitergabe vom BSI an die Finanzverwaltung geeignet sein, damit die Prüfungsdienste den korrekten Einsatz der TSE einfach nachvollziehen können. Andernfalls erfüllt die TSE die Vorgaben der Zertifizierung nicht und der Stpfl. nutzt keine gesetzeskonforme TSE. Gleiches gilt, wenn die Konzepte ein Update erfordert haben und keine Erneuerung der Sicherheitszertifizierung und damit einhergehend der Konformitätszertifizierung erfolgte.[203] In begründeten Ausnahmefällen besteht die Möglichkeit der übergangsweisen Aufrechterhaltung der Zertifizierung.[204]

835 Problematisch erscheint aus Sicht der Stpfl., dass ihnen o.g. Konzepte i.d.R. nicht bekannt sind, geschweige denn deren Umsetzung nach Konfiguration der TSE geprüft werden könnte. Welche Rechtsfolgen die Finanzverwaltung insoweit aus ggf. vorhandenen, formellen Mängeln zieht, bleibt abzuwarten. Hürden für die Einleitung von Bußgeld- oder Steuerstrafverfahren werden sich ebenfalls erst in der Praxis herauskristallisieren.

---

199 Des Öfteren auch als CSPL oder CSP-L bezeichnet.
200 Zu den alternativ möglichen Zertifikaten s. BSI TR-03153-1 Anhang A, Kap. 3.
201 BSI: Supporting Document for Common Criteria Protection Profile SMAERS, Version 1.0. Noch unklar ist, welche Bedeutung dem Dokument in Bezug auf die Ordnungsmäßigkeit von Aufzeichnungen zukommt (Stand 01.12.2023).
202 BSI TR-03153-1 Anhang A, Kap. 3.1.
203 BSI TR-03153-1, Version 1.1.0, Kap. 8.2.3 und 8.2.4 i.V.m. BSI TR-03153-1 – Anhang A, Kap. 3.1.
204 BSI TR-03153-1, Version 1.1.0, Kap. 8.2.5.

10.4 Architektur und Funktionsweise der TSE

Zur (Teil-)Zertifizierung der PKI s. BSI TR-03153-1, Version 1.1.0, Kap. 8.3. Zur Ausstellung von Zertifikaten durch eine sog. Übergangs-PKI bis längstens 31.12.2025 vgl. BSI TR-03153-1 Anhang A, Kap. 4. 836

Für die oben dargestellten Grundsätze der Zertifizierung i.S.d. der am 29.06.2023 bekanntgegebenen Technischen Richtlinien bestehen **Übergangsfristen**. Insbesondere kann in Fällen bisher noch nicht zertifizierter TSEn und Rezertifizierungen im Feld befindlicher TSEn unter nachfolgenden Bedingungen und zeitlich befristet weiter nach der Vorgängerversion BSI TR-03153, Version 1.0.1 vom 20.12.2018, inklusive zugehöriger Ergänzungen, zertifiziert werden. 837

Eine **noch nicht zertifizierte TSE** kann das Zertifizierungsverfahren noch nach der Vorgängerversion durchlaufen, wenn 838

- der Antrag auf initiale Zertifizierung bis zum **29.10.2023** erfolgreich durch das BSI angenommen wurde *und*
- die Zertifizierung spätestens am **29.12.2024** abgeschlossen ist oder das BSI aufgrund eines begründeten Ausnahmefalls eine Verlängerung über den 29.12.2024 hinaus bewilligt hat.[205]

Bei **Rezertifizierungen** ist zu unterscheiden, ob Änderungen funktionaler oder ausschließlich sicherheitsrelevanter und/oder formaler Natur sind. 839

Haben sich gegenüber dem vorausgehenden Zertifizierungsverfahren **funktionale Änderungen** ergeben, kann grundsätzlich noch nach der Technischen Richtlinie BSI TR-03153, Version 1.0.1 vom 20.12.2018, inklusive zugehöriger Ergänzungen, rezertifiziert werden, wenn die Rezertifizierung **spätestens am 29.12.2024** abgeschlossen ist oder das BSI aufgrund eines begründeten Ausnahmefalls eine Verlängerung über den 29.12.2024 hinaus bewilligt hat.[206]

Haben sich gegenüber dem vorausgehenden Zertifizierungsverfahren **ausschließlich sicherheitsrelevante** und/oder **formelle Änderungen** ergeben, kann die TSE grundsätzlich auch noch **nach dem 29.12.2024** nach der Technischen Richtlinie BSI TR-03153, Version 1.0.1 vom 20.12.2018, inklusive zugehöriger Ergänzungen, rezertifiziert werden. Voraussetzung dafür ist, dass im Vergleich zum vorherigen Zertifizierungsstand keine Veränderungen durchgeführt wurden, die nicht reine sicherheitsrelevante Verbesserungen oder rein formelle Änderungen darstellen.[207]

Nach dem 29.12.2024 sind keine Laufzeitverlängerungen durch Rezertifizierungsverfahren für nach der Technischen Richtlinie BSI TR-03153, Version 1.0.1 vom 20.12.2018 zertifizierte TSEn mehr möglich. Mit jedem Rezertifizierungsverfahren nach BSI TR-03151, Version 1.0.1 wird das Gültigkeitsende des Zertifi- 840

---

[205] BSI TR 03153-1, Version 1.1.0, Kap. 8.1.3. i.V.m. BSI TR 03153-1 Anhang A, Kap. 2.1.1. und 2.1.4.
[206] BSI TR-03153-1, Version 1.1.0, Anhang A, Kap. 2.1.2. und 2.1.4.
[207] BSI TR-03153-1, Version 1.1.0, Anhang A, Kap. 2.1.3. und 2.1.4.

kats der Rezertifizierung höchstens auf das Laufzeitende des vorhergehenden Zertifikats terminiert.[208]

841 Werden o. g. Übergangsfristen in Anspruch genommen, müssen TSE-Hersteller wie bisher nachweisen, dass

   a) die TSE die **Interoperabilitätsanforderungen** der TR-03153, TR-03151 und TR-03116-5 einhält. Der Nachweis ist durch Zertifizierung nach der Technischen Richtlinie BSI TR-03153-TS[209] (Konformitätszertifizierung) zu erbringen.

   b) die TSE die notwendigen **Sicherheitsanforderungen** erfüllt. Der Nachweis ist durch folgende Sicherheitszertifizierungen nach CC[210] zu erbringen:
   - CC-Zertifizierung der **Sicherheitsmodulanwendung** (SMA) gemäß Schutzprofil BSI-CC-PP[211]-0105 (PP-SMAERS[212]),
   - CC-Zertifizierung des **Kryptokerns** gemäß Schutzprofil BSI-CC-PP-0104 (CSP[213]) in der Konfiguration nach BSI-CC-PP-0107 (Time Stamp Service and Audit) oder BSI-CC-PP-0108 (Time Stamp Service, Audit and Clustering).

   Wird der Kryptokern in einem zentralen, sicheren Rechenzentrum betrieben, kann alternativ eine CC-Zertifizierung nach Schutzprofil BSI-CC-PP-0111 (CSP Light) in der Konfiguration nach BSI-CC-PP-0113 (Time Stamp Service, Audit and Clustering) erfolgen, wenn der Betreiber für das Rechenzentrum ein hinreichend hohes physikalisches und organisatorisches Sicherheitsniveau belegen kann. Letzteres muss durch eine entsprechende Zertifizierung nach ISO/IEC 27001 nachgewiesen werden.

842 Ist eine Zertifizierung nicht mehr vollumfänglich konform zu den Schutzprofilen PP-SMAERS oder PP-CSP, besteht per Regelung zur übergangsweisen Aufrechterhaltung der Zertifizierung in begründeten Ausnahmefällen die Möglichkeit der Rückkehr in einen hinreichend zertifizierten Regelbetrieb bzw. eine geordnete Außerbetriebnahme der jeweiligen TSE.[214] Zur Planungssicherheit fehlt an dieser Stelle eine gesetzliche Vertrauensschutzregelung, die ermöglicht, sich auf eine erteilte „Betriebserlaubnis" bis zum Ablauf der ursprünglichen Gültigkeitsdauer berufen zu können (Bestandsschutz).

843 Im Rahmen der Einführungsphase der TSEn ermöglichte das BSI eine befristete Übergangsregelung für die Zertifizierung. Innerhalb derer konnte eine noch nicht abgeschlossene CC-Zertifizierung des Sicherheitsmoduls nach dem Schutzprofil PP-CSP durch ein positives Gutachten des BSI ersetzt werden (vorläufige Zertifizierung). Dabei wurden die kryptographischen Verfahren mit

---

208 BSI TR-03153-1, Version 1.1.0, Anhang A, Kap. 2.1.5.
209 TS=Testspezifikation.
210 CC = Common Criteria for Information Security Evaluation; Glossar, Anhang 1.
211 PP = Protection Profile (Schutzprofil).
212 Glossar, Anhang 1.
213 Glossar, Anhang 1.
214 BSI TR-03153-1, Version 1.1.0, Kap. 8.2.5 i. V. m. BSI TR-03153-2.

10.5 Belegausgabepflicht

einer wesentlich geringeren Prüftiefe evaluiert.[215] Die Regelung ist inzwischen ausgelaufen und nicht mehr anwendbar.[216]

Laufend aktualisierte Informationen zum Thema „Zertifizierung" können auch im BSI-FAQ nachgelesen werden.[217]   844

Zur kritischen Würdigung der Technischen Richtlinien und Schutzprofile vgl. auch *Wagner*, RET 1/2022, 84, RET 3/2022, 60; *Bron/Schroeder*, BB 2022, 279.   845

10.5 Belegausgabepflicht

10.5.1 Allgemeines

Wer aufzeichnungspflichtige Geschäftsvorfälle im Sinne des § 146a Abs. 1 Satz 1 AO erfasst, hat dem an diesem Geschäftsvorfall Beteiligten in unmittelbarem zeitlichem Zusammenhang mit dem Geschäftsvorfall unbeschadet anderer gesetzlicher Vorschriften einen Beleg über den Geschäftsvorfall auszustellen und dem an diesem Geschäftsvorfall Beteiligten zur Verfügung zu stellen (Belegerstellungs- und Ausgabepflicht).[218] Es existiert keine Bagatellgrenze. Folglich sind auch für 0,00-Euro-Vorgänge Belege zu erteilen (z. B. Freigetränke, Rabattierungen auf zuzahlungsfreie Rezepte in Apotheken). Anders als bei der Rechnungserteilungspflicht nach § 144 Abs. 4 AO entfällt die Pflicht nach § 146a Abs. 2 AO selbst dann nicht, wenn sich die Beteiligten auf eine Abrechnung per Gutschrift i. S. d. § 14 Abs. 2 UStG verständigen.   846

Auf die Bezeichnung als Beleg kommt es nicht an.[219] Mangels Rechtsgrundlage bedarf es keiner *bestimmten* Bezeichnung des Kassenbelegs (z. B. Rechnung, Kleinbetragsrechnung, Bewirtungskostenrechnung). Nach § 14 Abs. 1 Satz 1 UStG ist eine Rechnung jedes Dokument, mit dem über eine Lieferung oder sonstige Leistung abgerechnet wird, gleichgültig, wie es im Geschäftsverkehr benannt wird.   847

Nach § 146a Abs. 2 Satz 1 AO i. V. m. AEAO zu § 146a[220] trifft die Belegausgabepflicht alle Stpfl., die Vorgänge mittels elektronischem Aufzeichnungssystem (mit Kassenfunktion) i. S. d. § 146 Abs. 1 Satz 1 AO erfassen. Sie galt damit auch für die unter Art. 97 § 30 Abs. 3 EGAO fallenden nicht mit technischen Sicher-   848

---

215 BT-Drucks. 19/7974; 19/8684, Antwort zu Frage 4.
216 Zu den Einzelheiten s. BSI, Anforderungen an die Zertifizierung, Abruf unter *https://www.bsi.bund.de/DE/Themen/Unternehmen-und-Organisationen/Standards-und-Zertifizierung/Schutz-vor-Manipulation-an-digitalen-Grundaufzeichnungen/Informationen-zur-Zertifizierung/informationen-zur-zertifizierung_node.html* (abgerufen am 20. 10. 2023).
217 Abruf unter *https://www.bsi.bund.de/DE/Themen/Unternehmen-und-Organisationen/Standards-und-Zertifizierung/Schutz-vor-Manipulation-an-digitalen-Grundaufzeichnungen/Fragen-und-Antworten/fragen-und-antworten_node.html* (abgerufen am 20. 10. 2023).
218 § 146a Abs. 2 Satz 1 AO.
219 GoBD, Rz. 61.
220 AEAO zu § 146a i. d. F. bis 31. 12. 2023, Nr. 6.1; AEAO zu § 146a i. d. F. ab 01.01.2024, Nr. 2.5.1 (Abdruck in Anhang 20).

heitseinrichtungen aufrüstbaren Registrierkassen. Ohne Bedeutung ist, dass nicht sämtliche Mindestangaben i. S. d. § 6 KassenSichV bereitgestellt werden konnten (z. B. die Seriennummer einer TSE). Für Taxameter und Wegstreckenzähler (WSZ) gelten Sonderregelungen.[221]

849 Die Belegausgabepflicht entfällt
- im Fall einer schriftlich erteilten Befreiung i. S. d. §§ 146a Abs. 2 i. V. m. 148 AO durch die zuständige Finanzbehörde *oder*
- bei vollumfänglichem Ausfall des elektronischen Aufzeichnungssystems *oder*
- bei Ausfall der Druck- oder Übertragungseinheit.[222]

850 Zur Klarstellung sei darauf hingewiesen, dass u. a. offene Ladenkassen, Geld-, Waren- und Dienstleistungsautomaten, Fahrscheinautomaten und Fahrscheindrucker von der Belegausgabepflicht i. S. d. § 146a *nicht* betroffen sind. Die Verpflichtung des Stpfl., **Belege nach anderen Vorschriften** zu erstellen, bleibt unberührt.[223] Insbesondere besteht seit jeher der im Bürgerlichen Gesetzbuch (BGB) verankerte Anspruch gegen den Gläubiger, auf Verlangen ein schriftliches Empfangsbekenntnis (Quittung) zu erhalten. Hat der Schuldner ein rechtliches Interesse, dass die Quittung in anderer Form erteilt wird, so kann er die Erteilung in dieser Form verlangen (§ 368 BGB). Unberührt bleiben auch die Vorschriften zur Rechnungserteilung nach §§ 14, 14b UStG und § 144 Abs. 4 AO[224] mit den jeweils erforderlichen Pflichtangaben. Zu den Besonderheiten der zum 01.01.2025 eingeführten E-Rechnung siehe Rz. 856.

851 Der Beleg i. S. d. § 146a Abs. 2 AO gilt als zur Verfügung gestellt, wenn er erstellt und dem Kunden die Möglichkeit der Entgegennahme gegeben wurde, tatsächliche Entgegennahme durch den Kunden ist nicht erforderlich.[225] Teilweise sind Aufzeichnungssysteme so programmiert, dass die Belegausgabe automatisiert erfolgt, z. B. in Supermärkten oder Tankstellen. Mangels gesetzlicher Grundlage stellt es keinen Verstoß dar, wenn der Stpfl. die Belegausgabe für jeden Kunden händisch anstößt. Entscheidend ist allein, ob der Beleg unaufgefordert ausgegeben wird.

852 Den Belegaussteller trifft keine Aufbewahrungspflicht für nicht entgegengenommene Belege. Der Beleg kann in Papierform oder mit formloser Zustimmung des Belegempfängers elektronisch in einem kostenfreien, standardisierten Datenformat (z. B. JPG, PNG, PDF) ausgegeben werden.

853 Weitere technische Vorgaben bestehen nicht. Es ist z. B. zulässig, wenn der Kunde unmittelbar über eine Bildschirmanzeige (z. B. in Form eines

---

221 Vgl. AEAO zu § 146a i. d, F. ab 01.01.2024, Nr. 3.4 – 3.6 für Taxameter; Nr. 4.4 – 4.6 für WSZ (Abdruck in Anhang 20).
222 AEAO zu § 146a i. d. F. bis 31.12.2023, Nr. 7.4; AEAO zu § 146a i. d. F. ab 01.01.2024, Nr. 1.14 und 2.7 (Abdruck in Anhang 20).
223 AEAO zu § 146a i. d. F. bis 31.12.2023, Nr. 5.2 und 5.3; AEAO zu § 146a i. d. F. ab 01.01.2024, Nr. 2.4.2 und 2.4.3 (Abdruck in Anhang 20).
224 Siehe dazu im Einzelnen Kap. 3.2.2.3.
225 Kritisch *Rebant*, RET 3/2021, 61 (69).

10.5 Belegausgabepflicht

QR-Codes[226]) den elektronischen Beleg entgegennehmen kann. Eine Übermittlung kann auch als Download-Link, per Near-Field-Communication (NFC), per E-Mail oder direkt in ein Kundenkonto erfolgen.[227] Dementgegen soll nach Auffassung des VG Osnabrück bei Waage-Kassensystemen, z. B. im Lebensmitteleinzelhandel, weiterhin ein Papierbeleg zwingend sein. Hier genüge den eichrechtlichen Bestimmungen der Physikalisch-Technischen Bundesanstalt (PTB) nicht, nur einen Digitalbon auszugeben.[228]

Ist kein Dritter am Geschäftsvorfall beteiligt, entfällt die Verpflichtung zur Belegausgabe, z. B. bei Entnahmen und Einlagen.[229] 854

Eine elektronische Bereitstellung des Belegs bedarf der Zustimmung des Kunden. Die Zustimmung bedarf keiner besonderen Form und kann auch konkludent erfolgen.[230] Besteht der Kunde ausdrücklich auf einen Papierbeleg, stimmt er nicht zu mit der Folge, dass zwingend ein Papierbeleg ausgehändigt werden muss. Ein elektronischer Beleg gilt als bereitgestellt, wenn dem Kunden die Möglichkeit der Entgegennahme des elektronischen Belegs durch **Übermittlung** gegeben wird. Die bloße Sichtbarmachung an einem Bildschirm des Stpfl. (Terminal/Kassendisplay) allein, ohne die Möglichkeit der elektronischen Entgegennahme auf einem Endgerät des Kunden nach Abschluss des Vorgangs, genügt nicht.[231] Die Gelegenheit zum Abfotografieren oder Scannen des Kassenbons ist damit nicht ausreichend, weil es an der erforderlichen „Übermittlung" an den Stpfl. mangelt. Sichtbarmachung ist mithin nicht gleichzusetzen mit Übermittlung. 855

Zur Klarstellung gegenüber Kunden könnten Stpfl. einen entsprechenden Hinweis an der Kasse anbringen, z. B.

„Sehr geehrte Kunden,

zum Schutz der Umwelt stellen wir unsere Kassenbons grundsätzlich elektronisch über einen QR-Code zur Verfügung, den Sie mit einem handelsüblichen QR-Code-Scanner Ihres Smartphones von unseren Displays einlesen können. Sollten Sie einen Papierbeleg wünschen, sprechen Sie uns gerne an."

Durch das Wachstumschancengesetz wurde die **E-Rechnung** im B2B-Bereich verpflichtend eingeführt.[232] Danach sind Unternehmer verpflichtet, unabhän- 856

---

226 Beachte: Der QR-Code zur Übermittlung eines Kassenbons ist nicht identisch mit dem QR-Code i. S. d. § 6 Satz 2 Nr. 2 KassenSichV. Dies wird häufig verwechselt.
227 AEAO zu § 146a i. d. F. bis 31.12.2023, Nr. 6.6; AEAO zu § 146a i. d. F. ab 01.01.2024, Nr. 2.5.6 (Abdruck in Anhang 20).
228 VG Osnabrück, Urteile vom 28.06.2023 – 1 A 52/22, 1 A 68/22.
229 AEAO zu § 146a i. d. F. bis 31.12.2023, Nr. 6.5; AEAO zu § 146a i. d. F. ab 01.01.2024, Nr. 2.5.5 (Abdruck in Anhang 20).
230 AEAO zu § 146a i. d. F. bis 31.12.2023, Nr. 6.3; AEAO zu § 146a i. d. F. ab 01.01.2024, Nr. 2.5.3 (Abdruck in Anhang 20).
231 § 6 Satz 2 KassenSichV, AEAO zu § 146a i. d. F. bis 31.12.2023, Nr. 6.3, 6.4 und 6.6; AEAO zu § 146a i. d. F. ab 01.01.2024, Nr. 2.5.3, 2.5.4 und 2.5.6 (Abdruck in Anhang 20).
232 BGBl. I 2024 Nr. 108.

gig von Betriebsgröße, Kleinunternehmerschaft (§ 19 UStG), Steuerfreiheit (§ 4 UStG) oder Rechnungsbetrag ab dem 01.01.2025 den *Empfang elektronischer Rechnungen* zu gewährleisten. Dagegen wurden für die *Ausstellung elektronischer Rechnungen* zeitlich gestaffelte Übergangsregelungen bis längstens 31.12.2027 geschaffen. Um den Unternehmern ausreichend Zeit zur Umstellung auf die E-Rechnung zu geben, können sie unabhängig von Betriebsgröße und Rechnungsbetrag bis zum 31.12.2026 ihre gewohnten Rechnungsformate einschl. Papierrechnungen beibehalten. Für Unternehmen, deren Vorjahresumsatz 800.000 € nicht überschreitet, verlängert sich die Frist bis zum 31.12.2027. Kleinbetragsrechnungen (§ 33 UStDV) und Fahrausweise (§ 34 UStDV) sind von den Übergangsregelungen nicht betroffen, sie dürfen unbefristet weiter in Papierform ausgestellt werden. Letzteres stellt eine große Erleichterung für typische Bargeldbranchen wie Fleischereien, Bäckereien, Gastronomiebetriebe etc. dar, weil zumindest für den weitaus überwiegenden Teil der Rechnungen nicht ermittelt werden muss, ob der Leistungsempfänger ein Unternehmer ist, der den Umsatz für sein Unternehmen tätigt.[233] Nach alledem sind vorbehaltlich gesetzlicher Änderungen zumindest bis zum 31.12.2026 keine zwingenden Änderungen am Belegausgabeverhalten oder in der Kassenprogrammierung des Beleg-/Rechnungsausstellers notwendig.

857 Wurde der Beleg per QR-Code übermittelt, muss dieser im Anschluss an das erstmalige Abscannen aus Sicherheitsgründen unbrauchbar gemacht werden. Andernfalls läuft der Stpfl. Gefahr, dass der Code mehrfach genutzt wird, was Umsatzsteuerfestsetzungen nach § 14c UStG auslösen könnte. Gleiches gilt, wenn neben dem Beleg nach § 146a AO zusätzlich Sammelrechnungen erstellt werden und die Umsatzsteuer ggf. mehrfach ausgewiesen wird.

858 Die unterschiedlichen Systeme führen dazu, dass Belege nicht einheitlich sind und mithin nicht einheitlich verwaltet und automatisiert ausgewertet werden können. Diesem Manko haben sich der DFKA e. V. als Lizenzgeber in der Arbeitsgruppe „Elektronischer Beleg", der Zentralverband des Deutschen Handwerks (ZDH), der Handelsverband Deutschland (HDE) und der Deutsche Hotel- und Gaststättenverband (DEHOGA) angenommen und den sog. EKaBS[234] entwickelt.

859 *Hinweis:*
In der kontrovers geführten Diskussion um Für und Wider der Belegausgabepflicht wird häufig übersehen: Die Belegausgabepflicht ist ein wichtiger Bestandteil des Gesamtkonzepts, da die Nutzung von Zweitkassen oder die Nichteingabe von Geschäftsvorfällen (auch durch Mitarbeiter!) auch nach Einführung des § 146a AO im Bereich des Möglichen liegt. Zudem macht die Belegausgabe unter

---

233 Vgl. dazu ausführlich *Prätzler*, StuB 2024, 329.
234 Elektronischer Kassen-Beleg Standard, Version 1.0.0 (Stand 01.04.2021). Der Beleg wird als PDF/A-ISO-Standard ausgegeben. Auswertbare Daten werden als Anhang im JSON-Format in die PDF-Datei eingebettet (Datei „ekabs.json"). Abruf unter *https://dfka.net/wp-content/uploads/2021/04/EKaBS-Elektronischer-Kassen-Beleg-Standard_1.0.0_Stand_14.04.2021.pdf* (abgerufen am 21.10.2023).

Abdruck eines QR-Codes im Format der DSFinV-K eine schnelle und einfache Prüfung möglich (Belegkontrolle statt Datenzugriff).[235] Nicht zuletzt kann die Belegausgabe auch dem eigenen internen Kontrollsystem des Unternehmers dienen.

Nach § 6 KassenSichV in der bis 31.12.2023 geltenden Fassung muss der Beleg mindestens enthalten: 860

1. den vollständigen Namen und die vollständige Anschrift des leistenden Unternehmers,
2. das Datum der Belegausstellung und den Zeitpunkt des Vorgangbeginns sowie den Zeitpunkt der Vorgangsbeendigung,
3. die Menge und die Art der gelieferten Gegenstände oder den Umfang und die Art der sonstigen Leistung,
4. die Transaktionsnummer,
5. das Entgelt und den darauf entfallenden Steuerbetrag für die Lieferung oder sonstige Leistung in einer Summe sowie den anzuwendenden Steuersatz oder im Fall einer Steuerbefreiung einen Hinweis darauf, dass für die Lieferung oder sonstige Leistung eine Steuerbefreiung gilt und
6. die Serien-Nr. des elektronischen Aufzeichnungssystems *oder* die Serien-Nr. des Sicherheitsmoduls.

Zu den erhöhten Anforderungen ab 01.01.2024 s. Synopse zur KassenSichV (Abdruck in Anhang 17).

Genannte Pflichtangaben enthalten keine durch die DSGVO geschützten Daten. Enthält der Beleg darüber hinaus (freiwillige) Angaben, ist der Stpfl. selbst für die Einhaltung der DSGVO verantwortlich.[236] 861

> *Beachte:* 862
> Aus Sicht der Finanzverwaltung verlangt der AEAO zu § 146a i.d.F. bis 31.12.2023, Nr. 5.4 über die Pflichtangaben des § 6 KassenSichV hinaus die Angabe des Betrags je Zahlungsart, des Signaturzählers und der Signatur (Prüfwert). Aufgrund der bestehenden Rechtslage kann dies für Zeiträume bis zum 31.12.2023 nur bei Abdruck des (freiwilligen) QR-Codes im Format der DSFinV-K gefordert werden.[237]

> *Hinweis:* 863
> Enthält ein ausgegebener Beleg nicht alle in § 14 Abs. 4 Satz 1 UStG aufgeführten Pflichtangaben, gilt dies nicht als Ordnungswidrigkeit im Sinne des § 26a Abs. 2 Nr. 1 UStG.[238] Wenn erst gar kein Beleg ausgegeben wird, kann dies weder als Straftat noch als Ordnungswidrigkeit sanktioniert, allenfalls als Indiz dafür ge-

---

235 Vgl. Kap. 11.10.
236 BT-Drucks. 19/21351 vom 29.07.2020, unter Frage 13.
237 Vgl. dazu im Ganzen Kap. 10.5.4.
238 Abschn. 14.5 Abs. 1 UStAE.

wertet werden, dass den Aufzeichnungspflichten nicht entsprochen wurde.[239] Während die Befolgung der Belegausgabepflicht als Handlungspflicht des Stpfl. nicht durch Verwaltungsakt angeordnet werden kann, bleiben Zwangsgelder i. S. d. §§ 328 ff. dagegen möglich.[240] § 379 AO bleibt unberührt. Im Ergebnis führt das zum paradoxen Ergebnis, dass Stpfl., die *leichtfertig* unrichtige Belege ausstellen, bußgeldrechtlich schlechter gestellt werden als diejenigen, die sich *vorsätzlich* über die Belegausgabepflicht hinwegsetzen.

10.5.2 Abdruck eines QR-Codes anstelle der Klarschriftangaben

864 Der Abdruck der Sicherheitsmerkmale in Form eines QR-Codes ist nicht verpflichtend. Während er ursprünglich freiwillig und **zusätzlich** zu den Klarschriftangaben abgedruckt werden konnte[241], kann bei Abdruck im Format der DSFinV, die für die jeweilige Art des Aufzeichnungssystems vorgeschrieben ist, seit dem 10.08.2021 auf die Klarschriftangaben verzichtet werden.[242] Aktuell wird die Versionsnummer „V0" verwendet (Stand 27.12.2023). Der QR-Code-Inhalt besteht aus mehreren Feldern, die durch ein Semikolon in folgender Reihenfolge verkettet werden:

<qr-code-version>;<kassen-seriennummer>;<processType>;<processData>; <transaktions-nummer>;<signatur-zaehler>; <start-zeit>;<log-time>;<sig-alg>;<log-time-format>;<signatur>;<public-key>

865 **Beispiel:**

Auf dem Kassenbon einer Bäckerei befinden sich ein QR-Code (hier nicht abgedruckt) und diverse Klarschriftangaben über den Geschäftsvorfall:

Holzofenbäckerei Specht
Kassenweg 20
50123 Köln

Rechnung
16.09.2021 09:31

Kürbiskernbrötchen 1,5	4,84 €
Scheiben Gouda	
2 St. × 2,42 €	
Latte Macchiato	2,70 €
Café Creme	2,35 €
Kakao 0,5 l	1,90 €
Total	**11,79 €**

---

239 BMF, *https://www.bundesfinanzministerium.de/Content/DE/FAQ/2020-02-18-steuergerechtigkeit-belegpflicht.html* (abgerufen am 04.07.2022).
240 AEAO zu § 146a i. d. F. bis 31.12.2023, Nr. 12.2; AEAO zu § 146a i. d. F. ab 01.01.2024, Nr. 1.19.2 (Abdruck in Anhang 20).
241 Hintergrund war die bis zum 09.08.2021 gültige Regelung, dass alle Angaben auf dem Beleg für jedermann ohne maschinelle Unterstützung lesbar sein mussten. Diese Anforderung ist durch Änderung der KassenSichV entschärft worden.
242 § 6 Satz 2 Nr. 2 und Satz 3 KassenSichV n. F.; DSFinV-K, Version 2.3, Anhang I.

10.5 Belegausgabepflicht

EC-Zahlung	11,79 €
Netto	10,79 €
Umsatz 19 % brutto	2,35 €
MwSt 19 %	0,38 €
Umsatz 7 % brutto	9,44 €
MwSt 7 %	0,62 €
Es bediente Sie	Nelly Fritz
Kassenterminal	3

Inhalt des QR-Codes (hier nicht abgebildet):
V0;pA/eselito++1996KLL;KassenbelegV1;Beleg^2.35_9.44_0.00_0.00_0.00^11.79:Unbar;
1166;2911;2021-09-16T07:26:32.000Z;2021-09-16T07:31:03.000Z;ecdsa-plain-SHA256;
unixTime;7OQCIAy4P9k+7x9saDO0uRZ 4El8QwN+qTgYiv1DIaJIM-WRiuAi
At+saFDGjK2Yi5Cxgy7PprXQ5O0seRgx4ltdpW9REvwA==;BHhWOeis
RpPBTGQ1W4VUH95TXx2GARf8e2NYZXJoInjtGqnxJ8sZ3CQpYgjI+
LYEmW5A37sLWHsyU7nSJUBemyU=

Nach Einlesen des Codes werden die einzelnen Parameter zugeordnet:

QR-Code Versionsnummer	V0
Seriennummer eAS[243]	1993CA-PA/eselito/++1996KLL
processType	Kassenbeleg-V1
processData (hier: mit Zahlart)	Beleg^2.35_9.44_0.00_0.00_0.00^11.79:Unbar
TSE-Transaktionsnummer	1166
TSE-Seriennummer	*fehlt*[244]
TSE-Signaturzähler	2911
TSE-Start	2021-09-16T07:26:32.000Z
TSE-Ende (Log-Time)	2021-09-16T07:31:03.000Z
Signatur-Algorithmus	ecdsa-plain-SHA256
Log-Time-Format	unixTime
TSE-Signatur (Prüfwert)	7OQCIAy4P9k+7x9saDO0uRZ 4El8QwN+qTgYiv1DIaJIM-WRiu AiAt+saFDGjK2Yi5Cxgy7PprXQ5O0seRgx4ltdpW9REvwA==
PublicKey[245]	BHhWOeisRpPBTGQ1W4VUH95TXx2GARf8e2NYZXJoInjtGqnx J8sZ3CQpYgjI+LYEmW5A37sLWHsyU7nSJUBemyU=

---

243 EAS = elektronisches Aufzeichnungssystem.
244 Im QR-Code kann die Seriennummer der TSE aus Platzgründen nicht abgebildet werden. Daher muss der PublicKey enthalten sein. Im Rahmen der Prüfung lässt sich die Seriennummer der TSE daraus errechnen (DSFinV-K, Version 2.3, Anhang I).
245 Öffentlicher Schlüssel, extrahiert aus dem Zertifikat der TSE in base64-Codierung. In der DSFinV-K erfolgt die Abbildung des PublicKey in der Datei „Stamm_TSE". Zu den Sicherheitsüberprüfungen mit AmadeusVerify auf Vollständigkeit und Echtheit der Daten s. Kap. 11.10. Vgl. auch *Teutemacher/Krullmann*, BBK 2021, 829, Tz. 3.2.

866 *Beachte:*
Aufgabe des Amtsträgers ist, die im QR-Code enthaltenen betraglichen Angaben mit denen auf dem eigentlichen Bon abzugleichen (hier: 11,79 €, unbar). Andernfalls kann nicht ausgeschlossen werden, dass es sich um einen „Fake-QR-Code" handelt, der auf den ersten Blick zwar unauffällig erscheint, tatsächlich aber nicht zum Geschäftsvorfall gehört.

867 *Tipp:*
Klarschriftangaben allein können mit der neuen Prüfsoftware der Finanzverwaltung (*AmadeusVerify*)[246] nicht eingelesen werden. Ein solcher Beleg könnte ohne das Meldeverfahren i.S.d. § 146a Abs. 4 AO allenfalls Anhaltspunkte für eine zutreffende Erfassung liefern. Immerhin könnte es sich um „Fake-Daten" handeln, die sich bei bloßer Sichtprüfung regelmäßig nicht als solche enttarnen lassen. Findet der Amtsträger einen Kassenbon ohne QR-Code vor, muss entweder aus dem Aufzeichnungssystem (DSFinV-K) und/oder aus der TSE (EDS) ein Datenexport vorgenommen werden, damit eine belastbare Prüfung erfolgen kann. Eine eventuell vermeidbare Störung des Betriebsablaufs kann in diesen Fällen nicht unterbleiben. Es sollte daher im Eigeninteresse des Stpfl. liegen, *prüfbare* QR-Codes zu generieren und auf dem Beleg auszuweisen. Er könnte davon profitieren, dass der Code im Rahmen eines (verdeckten) Testkaufs unauffällig ist und von einer Kassen-Nachschau (§ 146b AO) abgesehen wird.

10.5.3 Befreiung von der Belegausgabepflicht

868 Bei Verkauf von Waren an eine Vielzahl von nicht bekannten Personen kann die zuständige Finanzbehörde den Stpfl. auf Antrag aus Zumutbarkeitsgründen nach pflichtgemäßem Ermessen von der Belegausgabepflicht befreien, wenn die Funktion der TSE dadurch nicht eingeschränkt wird.[247] Wenngleich vom Gesetzestext nicht gedeckt, gilt dies unter den gleichen Voraussetzungen für Dienstleistungen.[248] Dazu muss der Stpfl. angesichts des Rechtsgrundverweises auf § 148 AO einzelfallbezogen sachliche oder persönliche Härte geltend machen, wobei Kostengründe für sich alleine keine sachliche Härte darstellen.[249]

869 **Mögliche Kriterien zur Befreiung von der Bonpflicht (nicht abschließend):**
- Waren/Dienstleistungen an eine Vielzahl von nicht bekannten Personen.
- Höhere Gewalt (Stromausfall, Wasserschaden, Ausfall der Belegausgabeeinheit usw.).

---

246 Vgl. dazu ausführlich Kap. 11.10.
247 AEAO zu § 146a i.d.F. bis 31.12.2023, Nr. 6.11; AEAO zu § 146a i.d.F. ab 01.01.2024, Nr. 2.5.11 (Abdruck in Anhang 20).
248 §§ 146a Abs. 2 Satz 2 i.V.m. 148 AO, AEAO zu § 146a i.d.F. bis 31.12.2023, Nr. 6.9 und 6.11; AEAO zu § 146a i.d.F. ab 01.01.2024, Nr. 2.5.9 und 2.5.11 (Abdruck in Anhang 20).
249 Vgl. zu den hohen Hürden Sächsisches FG vom 01.04.2020 – 4 V 212/20; vom 03.03.2022 – 4 K 701/20.

10.5 Belegausgabepflicht

- Belegausgabepflicht für den Stpfl. im konkreten Einzelfall unzumutbar (Erschwerung des Betriebsablaufs, Alter und Krankheit des Stpfl. genügen nicht.)[250]
- Kosten für Belegdrucker: Papier (Teilaspekt).
- Abfallvermeidung und nachhaltiger Umgang mit Ressourcen (Teilaspekt).
- Einschätzung anhand der letzten BP/Nachschau.
- Risiko von Steuerausfällen (Betriebsgrößenklasse, inhabergeführter Betrieb?).
- Funktion der TSE wird nicht eingeschränkt.
- Ertrag- und/oder umsatzsteuerfreie Umsätze (z. B. Kassen in NPO oder im hoheitlichen Bereich juristischer Personen des öffentlichen Rechts).
- ausreichendes internes Kontrollsystem (IKS).
- Gerät wird nicht vom Stpfl., sondern vom Kunden bedient (z. B. Bezahlautomat). Einzelfallabhängig kann das Risiko der Nichterfassung von Geschäftsvorfällen hier als geringer eingestuft werden.

Die Befreiung von der Belegausgabepflicht nach § 146a Abs. 2 AO entbindet den Unternehmer nicht vom Anspruch des Kunden auf die Ausstellung einer Quittung i. S. d. § 368 BGB. Unberührt bleibt auch die Verpflichtung, Rechnungen nach §§ 14, 14a UStG oder 144 Abs. 4 AO zu erteilen. 870

Mehrere Versuche, die Belegerteilungspflicht auf politischem Weg zu kippen, blieben bisher erfolglos. 871

1. Die FDP-Fraktion hat im Dezember 2019 den Entwurf eines Gesetzes zur Verhinderung der Bonpflicht für Bäcker eingebracht. Dieser ist im Finanzausschuss des Bundestages mehrfach von der Tagesordnung abgesetzt worden, weil zunächst die Möglichkeiten der Digitalisierung geprüft werden müssten. Nach Beschlussempfehlung und Bericht des Finanzausschusses vom 11.05.2020 wurde der Gesetzentwurf am 20.05.2021 abgelehnt.[251]
2. Der Freistaat Bayern hat gem. § 36 Absatz 2 GO BR in der Entschließung *„Praxisgerechte Ausgestaltung der neuen Bon-Pflicht – Ausnahmen für Kleinbeträge und unbare Geschäfte einführen"* des Bundesrates gefordert, bei unbaren Geschäftsvorfällen per se, sowie bei Warenverkäufen in bar an eine Vielzahl nicht bekannter Personen auf die Belegausgabepflicht zu verzichten, wenn der Kaufpreis 15,00 € brutto nicht übersteigt. Die Entschließung wurde am 13.03.2020 zwecks weiterer Beratungen den zuständigen Ausschüssen zugeleitet.[252]
3. Die AfD forderte von der Bundesregierung, auf die Belegausgabepflicht zu verzichten. Es sei kein Kundeninteresse an der Regelung auszumachen,

---

250 *Drüen* in Tipke/Kruse, AO/FGO, 173. Lfg. 2022, § 148 AO, Rz. 2, 3.
251 BT-Drucks. 19/15768, 19/19068.
252 Vgl. BR-Drucks. 128/20 vom 10.03.2020; BR-Plenarprotokoll, 986. Sitzung am 13.03.2020, TOP 47.

zudem würden Umwelt, Händler und Handwerk entlastet.[253] Die Verpflichtung zur Herausgabe eines Kassenbelegs solle allerdings erhalten bleiben, sofern der Kunde dies im Einzelfall wünsche. Die Vorlage wurde zur federführenden Beratung in den Finanzausschuss überwiesen.

10.5.4 Mindestinhalte von Kassenbelegen

10.5.4.1 Problemstellung

872 Nach § 6 KassenSichV müssen bestimmte Sicherheitsmerkmale auf dem Beleg abgebildet werden, entweder in Klarschrift oder auf freiwilliger Basis in einem QR-Code. Darüber hinaus sind weitere Anforderungen an Belege zu stellen, die sich aus umsatz- und ertragsteuerlichen Regelungen ergeben. Neben der Finanzverwaltung können auch andere Unternehmer oder Privatpersonen in ihrer Eigenschaft als Leistungsempfänger ein berechtigtes Interesse an ordnungsgemäßen Abrechnungsdokumenten haben, z. B.

- zwecks Erfüllung der Beleg-, Journal- und Kontenfunktion;
- als Nachweis für den Betriebsausgaben- und Vorsteuerabzug;[254]
- zur Aufzeichnung des Wareneingangs (§ 143 AO);
- als formelle Voraussetzung für den Bewirtungskostenabzug (§ 4 Abs. 5 Satz 1 Nr. 2 EStG);
- als Nachweis zur Inanspruchnahme von Steuerermäßigungen, z. B. nach § 35a, § 35c EStG;
- zur Geltendmachung von Umtausch- und Garantieansprüchen.

873 Erfahrungen zeigen, dass Belege häufig erst gar nicht ausgegeben werden oder den gesetzlichen Anforderungen nicht entsprechen. Oft fehlt auch der (freiwillige) QR-Code i. S. d. § 6 KassenSichV, obgleich er dem Stpfl. durch eine neue Prüfsoftware der Finanzverwaltung (AmadeusVerify) viel Arbeit und Zeit ersparen könnte. Für Belege aller Couleur, angefangen vom Einzelhandel bis hin zu Bewirtungskostenrechnungen braucht es eine neue Belegkultur, um im Rahmen eines Testkaufs der Finanzverwaltung oder bei vorliegendem Kontrollmaterial nicht „auffällig" zu werden.[255]

10.5.4.2 Matrix: Mindestinhalte von Kassenbelegen

874 Für einen Kurzüberblick werden nachfolgend zunächst die Mindestinhalte an Kassenbelege in tabellarischer Form dargestellt (Matrix), s. Tabelle 14. Ergänzende Hinweise zu einzelnen Belegbestandteilen und ergänzende Angaben aus umsatz- und ertragsteuerlicher Sicht sind in den Randziffern 875 ff. abgedruckt.

---

253 BT-Drucks. 19/29787.
254 Zum zivilrechtlichen Anspruch auf Rechnungen und Rechnungsberichtigungen vgl. Abschn. 14.1. Abs. 5, Abschn. 14.11. Abs. 3 UStAE.
255 Vgl. dazu im Ganzen Kap. 11.10.

10.5 Belegausgabepflicht

Tabelle 14: Mindestinhalte von Kassenbelegen (Matrix)

Verpflichtende Rechnungsbestandteile für Kassen	§33 UStDV (Kleinbetragsrechnung bis 250€)	§14 UStG (Rechnungsbetrag > 250€)	§6 KassenSichV ohne QR-Code	§6 KassenSichV mit QR-Code	Besonderheit: Bewirtungsbeleg bis 2022	Besonderheit: Bewirtungsbeleg ab 2023
Name des leistenden Unternehmers (s. Rz. 875)	X	X	X	X	X	X
Anschrift des leistenden Unternehmers (s. Rz. 876)	X	X	X	X	X	X
Name und Anschrift des Leistungsempfängers (s. Rz. 877)		X			X	X
Steuernummer des leistenden Unternehmers Alternativ: Umsatzsteuer-Identifikationsnummer (s. Rz. 878 f.)		X			X	X
Datum der Beleg-/Rechnungsausstellung (s. Rz. 880)	X	X	X	X	X	X
Fortlaufende Rechnungsnummer (s. Rz. 881)		X			X	X
Menge/Umfang/Art der Leistung (bei Lieferungen: handelsübliche Bezeichnung), ggf. Trinkgeld des Unternehmers (s. Rz. 882)	X	X	X	X	X	X
Zeitpunkt der Leistung (s. Rz. 883 ff.)		X			X	X
Nach Steuersätzen getrennt aufgeschlüsselte Entgelte sowie den jeweiligen Steuersatz mit dem darauf entfallenden Steuerbetrag (ggf. Hinweis auf Steuerbefreiung)		X			X	X
Nach Steuersätzen getrennter Aufdruck der Summe aus Entgelt und jeweiligem Steuerbetrag mit Angabe des Steuersatzes (ggf. Hinweis auf Steuerbefreiung)	X		X	X	X	X

10 Manipulationsschutz ab 01.01.2020 (§ 146a AO)

Zusätzliche Pflichtbestandteile für Kassen mit TSE						
Uhrzeit Start/Ende des Vorgangs (s. Rz. 888 f.)			X	X		
Transaktionsnummer (s. Rz. 890)			X	X		X
Seriennummer des elektronischen Aufzeichnungssystems *oder* Seriennummer der TSE (ab 01.01.2024 sind *beide* Seriennummern anzugeben) (s. Rz. 891 f.)			X	X		X
TSE-Signaturzähler (ab 01.01.2024 auch bei Klarschriftangaben verpflichtend) (s. Rz. 893)				X		
Zeitpunkt der ersten Bestellung (soweit elektronisch aufgezeichnet) (s. Rz. 894)			X	X		
ProcessType (Art des Vorgangs), z. B. Kassenbeleg, Bestellung und andere Vorgänge (s. Rz. 895)				X		
ProcessData (Daten des Vorgangs) beim Kassenbeleg einschl. Beträge je Zahlungsart mit definierter Formatierung (s. Rz. 896, 898)				X		
Signaturalgorithmus (für Zwecke der Prüfwertberechnung) (s. Rz. 897)				X		
LogTime Format			X			
Prüfwert/Signatur (ab 01.01.2024 auch bei Klarschriftangaben verpflichtend) (s. Rz. 899)				X		
PublicKey (öffentlicher Schlüssel) (s. Rz. 900)				X		
Versionsnummer des QR-Codes (aktuell V0, Stand 01.04.2024)				X		
Hinweis bei nicht (vollständig) zertifizierter TSE, Ausfall der TSE (s. Rz. 901)			X	X		X

(Quelle: *Achilles/Diekmann*, BBP 2022, 120)

10.5 Belegausgabepflicht

Erläuterungen zu einzelnen Zeilen der Matrix:

Name des leistenden Unternehmers

Der Name des leistenden Unternehmers ist gem. § 6 Satz 1 Nr. 1 KassenSichV zwingend anzugeben. Im Rahmen der Belegausgabepflicht nach § 146a Abs. 2 AO wurden die Anforderungen des Umsatzsteuerrechts insoweit übernommen. Auch nach § 14 Abs. 4 Satz 1 Nr. 1 UStG muss eine Rechnung den vollständigen Namen des leistenden Unternehmers enthalten. Das gilt auch für Kleinbetragsrechnungen i. S. d. § 33 UStDV. Dabei sollte auf die korrekte, offizielle Firmierung unter Angabe der Rechtsform geachtet werden. Den Anforderungen ist genügt, wenn sich auf Grund der in die Rechnung aufgenommenen Bezeichnung der Name desjenigen, der die Leistung erbracht hat, eindeutig und unverwechselbar feststellen lässt. Fehlt die Angabe des Rechnungsausstellers, liegt keine rückwirkend berichtigungsfähige Rechnung vor.[256]

875

Für die in § 14 Abs. 4 Satz 1 Nr. 1 UStG vorgeschriebenen Angaben können Abkürzungen, Buchstaben, Zahlen oder Symbole verwendet werden, wenn ihre Bedeutung in der Rechnung oder in anderen Unterlagen eindeutig festgelegt ist. Andere Unterlagen i. d. S. müssen gem. § 31 Abs. 3 UStDV sowohl beim Aussteller als auch beim Empfänger der Rechnung vorhanden sein.

Anschrift des leistenden Unternehmers

Die obigen Ausführungen zum Namen des leistenden Unternehmers gelten für die Anschrift entsprechend. Die Angabe eines Postfachs, einer Großkunden- oder c/o-Adresse ist ausreichend.[257] Wenngleich aus umsatzsteuerlicher Sicht nicht erforderlich[258], ist bei Filialunternehmen zusätzlich die Angabe der Betriebsstätte sinnvoll, um ein elektronisches Aufzeichnungssystem eindeutig zuordnen zu können.[259] Bei Bewirtungskostenbelegen ist die Angabe der Betriebsstätte zwingend, da die schriftliche Angabe des Ortes der Bewirtung gesetzliches Tatbestandsmerkmal des § 4 Abs. 5 Satz 1 Nr. 2 EStG ist. Unrichtige oder ungenaue Angaben, die keinen Rückschluss auf den Ort der Leistungserbringung und eine mögliche Steuerpflicht ermöglichen, genügen den Anforderungen nicht.[260]

876

---

256 § 31 Abs. 2 UStDV; BMF vom 18.09.2020 – III C 2 S 7286-a/19/10001:001, BStBl. I 2020, 976, Rz. 16 ff.
257 Abschn. 14.5. Abs. 2 UStAE.
258 Vgl. Abschn. 14.5. Abs. 2 Sätze 3 und 4 UStAE.
259 Vgl. AEAO zu § 146a i. d. F. bis 31.12.2023, Nr. 9.1.4 und 9.2.4; AEAO zu § 146a i. d. F. ab 01.01.2024, Nr. 1.16.1.4 und 1.16.2.4 (Abdruck in Anhang 20); Abschn. 14.5. Abs. 4 UStAE.
260 BFH vom 01.03.2018 – V R 18/17, BStBl. II 2021, 644; BMF, Schreiben vom 09.09.2021, BStBl. I 2021, 1593.

Name und Anschrift des Leistungsempfängers

877 Selbst wenn grundsätzlich eine Aufzeichnungsverpflichtung für Namen und Anschrift des Leistungsempfängers/Vertragspartners besteht[261], impliziert dies nicht automatisch die Verpflichtung, die Angaben auf den Beleg zu übernehmen, insbesondere nicht bei Kleinbetragsrechnungen. Zwingend aufzutragen sind die Angaben jedoch, soweit der Vorsteuer- oder Betriebsausgabenabzug des Leistungsempfängers dies erfordert oder der Leistungsempfänger ein berechtigtes Interesse daran hat (vgl. nur §§ 33, 35a, 35c EStG). Insbesondere für den Vorsteuerabzug i. S. d. § 15 UStG muss auf eine korrekte Firmierung unter Angabe der Rechtsform geachtet werden. Bei Bewirtungskostenrechnungen > 250,00 € muss der Leistungsempfänger bereits nach § 14 Abs. 4 UStG benannt sein, wobei ein entsprechender handschriftlicher Zusatz durch den Gastwirt ausreichend ist. Fehlen Angaben zum Leistungsempfänger, obwohl sie erforderlich gewesen wären, liegt keine rückwirkend berichtigungsfähige Rechnung vor. Das gilt nicht für Kleinbetragsrechnungen.[262]

Die zusätzliche Angabe einer Kundennummer auf dem Beleg erscheint grundsätzlich sinnvoll, wird gesetzlich aber nicht gefordert.

Hinweis:

Leistungsempfänger haben die erfassungsgerechte Aufbereitung der Buchungsbelege in Papierform oder die entsprechende Übernahme von Beleginformationen aus elektronischen Belegen sicherzustellen. Das gilt insbesondere bei Fremdbelegen, da der Stpfl. im Allgemeinen keinen Einfluss auf die Gestaltung der ihm zugesandten (buchungsbegründenden) Eingangsrechnungen hat.[263] Das Anbringen von Buchungsvermerken, farblichen Markierungen etc. darf keinen Einfluss auf die Lesbarmachung und die Beweisfunktion des Originalzustands haben.[264] Besteht die Vermutung des Leistungsempfängers, an einer Steuerhinterziehung beteiligt zu sein, ist § 25f UStG zu beachten, um die eigene Vorsteuerabzugsberechtigung oder Umsatzsteuerbefreiung nicht zu gefährden.

Steuernummer des leistenden Unternehmers

878 Mit Ausnahme von Kleinbetragsrechnungen i. S. d. § 33 UStDV[265] ist in Rechnungen die dem leistenden Unternehmer vom Finanzamt erteilte Steuernummer anzugeben, alternativ die Umsatzsteuer-Identifikationsnummer (s. Rz. 879). Das gilt auch im Fall der Gutschrift. Bei Vermittlungsumsätzen in fremdem Namen und für fremde Rechnung ist die Steuernummer des tatsächlich leistenden Unternehmers anzugeben (z. B. Mineralölgesellschaft, Reiseunternehmen, chemische Reinigung bei Agenturumsätzen). Die Angabe der Steuernummer ist auch erforderlich, wenn über steuerfreie Umsätze abgerechnet wird oder die Umsatzsteuer nach § 19 UStG nicht erhoben wird. Hat das Finanzamt eine neue

---

261 Vgl. dazu im Einzelnen Kap. 4.2.1.11.
262 BMF vom 18.09.2020 – III C 2 S 7286-a/19/10001 :001, BStBl. I 2020, 976, Rz. 16.
263 GoBD, Rz. 75.
264 GoBD, Rz. 123. Rz. 137 ist m. E. analog anzuwenden.
265 Vgl. Abschn. 14.5. Abs. 8 UStAE.

oder eine gesonderte Steuernummer für Zwecke der Umsatzsteuer erteilt (z. B. bei abweichenden Zuständigkeiten nach § 21 AO), ist diese anzugeben.[266]

Umsatzsteuer-Identifikationsnummer (Leistender)

Anstelle der Steuernummer *kann* die nach § 27a UStG vom Bundeszentralamt für Steuern erteilte Umsatzsteuer-Identifikationsnummer (USt-ID) verwendet werden.[267] In den Fällen des § 14a UStG ist die Angabe der USt-ID des Leistenden *und* des Leistungsempfängers zwingend, etwa bei Steuerschuldnerschaft des Leistungsempfängers in einem anderen Mitgliedsstaat, innergemeinschaftlichen Lieferungen und Dreiecksgeschäften. Die USt-ID besteht aus dem Länderkürzel (2 Zeichen) und einer laufenden Nummer (13 Zeichen).

879

Datum der Beleg-/Rechnungsausstellung

Als Identifikationsmerkmal für die chronologische und zeitgerechte Erfassung ist die Angabe des Datums der Beleg-/Rechnungsausstellung zwingend.[268] Bei Bargeschäften ist das Datum regelmäßig identisch mit dem Zeitpunkt des Geschäftsvorfalls[269] (Datum des Umsatzes). Zur gesonderten Aufzeichnung des Rechnungsdatums im Zusammenhang mit Wareneingängen bei gewerblichen Unternehmern vgl. § 143 Abs. 3 Nr. 1 AO.

880

Fortlaufende Rechnungsnummer

Rechnungen i. S. d. §§ 14, 14a UStG erfordern eine fortlaufende Nummer mit einer oder mehreren Zahlenreihen, die zur Identifizierung der Rechnung vom Rechnungsaussteller einmalig vergeben wird (§ 14 Abs. 4 Satz 1 Nr. 4 UStG). Das gilt aus umsatzsteuerlicher Sicht zwar nicht für Kleinbetragsrechnungen (Abschn. 14.5. Abs. 14 UStAE), auf fortlaufende Nummerierungen kann zur Erfüllung des Vollständigkeitsgebots (Belegsicherung) aber grundsätzlich nicht verzichtet werden.[270] Auch für Zwecke der Buchung ist eine eindeutige Belegnummer zur Erfüllung der Journalfunktion und zur Ermöglichung der Kontenfunktion zu erfassen oder bereit zu stellen.[271]

881

Besondere Bedeutung kommt der fortlaufenden Nummerierung im Rahmen der Rechnungsberichtigung[272] zu, da die Berichtigung durch ein Dokument erfolgen muss, dass spezifisch und eindeutig auf die (ursprüngliche) Rechnung Bezug nimmt.[273] Dies ist regelmäßig der Fall, wenn in diesem Dokument die fortlaufende Nummer der ursprünglichen Rechnung angegeben ist. Zu weiteren

---

266 Abschn. 14.5 Abs. 5 UStAE.
267 § 14 Abs. 4 Satz 1 Nr. 2 UStG.
268 § 146 Abs. 1 Satz 1 AO, § 14 Abs. 4 Satz 1 Nr. 3 UStG, § 33 Satz 1 Nr. 2 UStDV, § 6 Satz 1 Nr. 2 KassenSichV, § 34 Abs. 1 Satz 1 Nr. 2 UStDV.
269 GoBD, Rz. 77 unter Stichwort „Belegdatum".
270 GoBD, Rz. 77 unter Stichwort „Eindeutige Belegnummer".
271 GoBD, Rz. 77, 94.
272 § 14 Abs. 6 Nr. 5 UStG, § 31 Abs. 5 UStDV.
273 BFH vom 22.01.2020 – XI R 10/17, BStBl. II 2020, 601.

Einzelheiten vgl. Abschn. 14.11. UStAE. Zur Wahlfreiheit des Unternehmers bei Bildung der Rechnungsnummer vgl. Abschn. 14.5. Abs. 10 ff. UStAE.

Menge/Umfang/Art der Leistung

882 Vgl. dazu ausführlich Kap. 4.2.1 ff.

Zeitpunkt der Leistung

a) Datum

883 Zur verpflichtenden Aufzeichnung des Leistungsdatums im elektronischen Aufzeichnungssystem vgl. Kap. 4.2.1.10.

Auf dem Beleg ist die Angabe des Datums einer Lieferung oder sonstigen Leistung auch in Fällen der (sofortigen) Barzahlung zwingend[274], selbst dann, wenn das Ausstellungsdatum der Rechnung (§ 14 Abs. 4 Satz 1 Nr. 3 UStG) mit dem Zeitpunkt der Lieferung oder der sonstigen Leistung übereinstimmt; in diesen Fällen genügt eine Angabe wie z. B. *„Leistungsdatum entspricht Rechnungsdatum".*[275] Auf Klarschriftangaben kann verzichtet werden, wenn die Information im QR-Code im Format der DSFinV enthalten ist. Auf einen Lieferschein kann verwiesen werden, wenn der Leistungszeitpunkt daraus ersichtlich ist.[276]

Entspricht das Leistungsdatum nicht dem Rechnungsdatum, sollten idealerweise Beginn und Ende des Leistungszeitraum abgedruckt werden. Vereinfachend kann nach § 31 Abs. 4 UStDV der Kalendermonat angegeben werden, in dem die Leistung ausgeführt wurde. Der Kalendermonat als Leistungszeitraum kann sich aus dem Ausstellungsdatum der Rechnung ergeben, wenn nach den Verhältnissen des jeweiligen Einzelfalls zweifelsfrei davon auszugehen ist, dass die Leistung in dem Monat bewirkt wurde, in dem die Rechnungsstellung erfolgte. Zweifel daran bestehen insbesondere, wenn das Zusammenfallen von Rechnungs- und Leistungsdatum nicht branchenüblich ist, der Rechnungsaussteller eine zeitnahe Abrechnung nicht regelmäßig durchführt oder bei der konkreten Leistung sonstige Zweifel am Zusammenfallen der Daten bestehen.[277]

Fehlen die in § 14 Abs. 4 Satz 1 Nr. 6 UStG bezeichneten Angaben über den Zeitpunkt des Umsatzes, kann der Unternehmer dieses Merkmal einer ordnungsgemäßen Rechnung anhand sonstiger Geschäftsunterlagen (z. B. des Lieferscheins) ergänzen oder zweifelsfrei nachweisen.[278]

b) Uhrzeit des Umsatzes

884 Zu unterscheiden sind die vom elektronischen Aufzeichnungssystem bereitgestellte Uhrzeit und die von der technischen Sicherheitseinrichtung (TSE) gene-

---

274 § 146 Abs. 1 Satz 1 AO, § 14 Abs. 4 Satz 1 Nr. 6 UStG.
275 BFH vom 17. 12. 2008 – XI R 62/07, BStBl. II 2009, 432.
276 Abschn. 14.5. Abs. 16 UStAE.
277 BFH vom 01. 03. 2018 – V R 18/17, BStBl. II 2021, 644; BFH vom 15. 10. 2019 – V R 29/19, BStBl. II 2021, 646.
278 § 31 Abs. 1 UStDV; BMF, Schreiben vom 09. 09. 2021, BStBl. II 2021, 1593.

10.5 Belegausgabepflicht

rierte Uhrzeit. Im Idealfall findet man auf dem Beleg daher zwei unterschiedliche Uhrzeiten.

1. Uhrzeit des elektronischen Aufzeichnungssystems

Die lokale Uhrzeit in elektronischen Aufzeichnungssystemen wird maschinell generiert, sodass der Abdruck keinen zusätzlichen Aufwand des Stpfl. erfordert. Sie kann regelmäßig den Kopf- oder Fußzeilen eines Kassenbelegs entnommen werden. 885

2. Uhrzeit der technischen Sicherheitseinrichtung (TSE)

Von der lokalen Uhrzeit unter 1. zu unterscheiden ist die nach den Vorgaben des BSI generierte koordinierte Weltzeit eines Vorgangs i.S.d. § 146a AO (UTC-Time[279]), die je nach mitteleuropäischer Sommer- oder Winterzeit um eine oder zwei Stunden von der lokalen Zeit abweicht. Trotz grundsätzlich verpflichtender Verwendung der UTCTime auf dem Beleg[280] rechnen einige Kassenhersteller diese in die lokale Zeit um, was den Abgleich zwischen den Kasseneinzeldaten nach DSFinV-K und den Inhalten der TAR-Files in unnötiger Weise erschwert. Fällt die technische Sicherheitseinrichtung z.B. bei Stromlosigkeit aus, steht die UTCTime nicht zur Verfügung. Dann müssen die Zeitangaben vom elektronischen Aufzeichnungssystem bereitgestellt werden.[281] Zur Dokumentation der Uhrzeit in Papieraufzeichnungen, falls Aufzeichnungssystem *und* TSE ausfallen, vgl. Kap. 4.2.1.10. 886

Ein Ausfall der TSE (z.B. Defekt, Verbindungsunterbrechung) muss dazu führen, dass die Zeitführung im Sicherheitsmodul neu startet. Der Ausfall muss dadurch erkennbar werden, dass die TSE die Zeit auf Unix time 0 („epoch"), sprich den 01.01.1970, 00:00:00 Uhr in der Zeitzone UTC-0, (zurück)stellt. Erst wenn die Sicherheitseinrichtung sich auf die korrekte Zeit aktualisiert hat, dürfen wieder Transaktionen mit der TSE abgesichert werden.[282] 887

Uhrzeit Start/Ende des Vorgangs

a) Zeitpunkt des Vorgangsbeginns

Auf Kassenbelegen ist der Zeitpunkt des Vorgangsbeginns i.S.d. § 2 Satz 2 Nr. 1 KassenSichV anzugeben.[283] In Fällen der (freiwilligen) Verwendung des QR-Codes im Format der DSFinV-K muss er aus dem QR-Code auslesbar sein, 888

---

279 UTC=Coordinated Universal Time. Sie findet u.a. Verwendung in der Raumfahrt und in der Schifffahrt. Im Sicherheitsmodul muss die Zeit immer in der Zeitzone UTC-0 (Zulu-Zeit) geführt werden (BSI TR-03153-1, Version 1.1.0, Kap. 9.5.1).
280 BSI TR-03151, Version 1.0.1, Kap. 3.1.
281 AEAO zu § 146a i.d.F. bis 31.12.2023, Nr. 7.3; AEAO zu § 146a i.d.F. ab 01.01.2024, Nr. 1.14.3 (Abdruck in Anhang 20).
282 BSI TR-03153-1, Version 1.1.0, Kap. 9.5.6.
283 § 6 Satz 1 Nr. 2 KassenSichV, AEAO zu § 146a i.d.F. bis 31.12.2023, Nr. 5.4, unter 2. und Nr. 3.6.3; AEAO zu § 146a i.d.F. ab 01.01.2024, Nr. 2.4.4 unter 2. und 2.2.3.3 (Abdruck in Anhang 20).

10 Manipulationsschutz ab 01.01.2020 (§ 146a AO)

ebenso wie das verwendete Log-Time-Format (z. B. unixTime).[284] Bei Klarschriftangaben ist der Andruck des Log-Time-Formats entbehrlich.

Grundsätzlich ist jeweils der Zeitpunkt entscheidend, zu dem das elektronische Aufzeichnungssystem den Vorgang startet. Erzeugung und Bereitstellung der Daten erfolgen durch das Sicherheitsmodul.[285] Der Zeitpunkt der Absicherung (Log time) wird von der TSE unter Signierung zurückgeliefert und ist nach den Vorgaben gem. ISO 8601 im Format „YYYY-MM-DDThh:mm:ss.fffZ" darzustellen. Zu bestehenden Erleichterungen bei Nutzung komplexer Systeme (z. B. bei Verbundwaagen oder Kassensystemen in der Gastronomie) siehe Rz. 894.

b) Zeitpunkt der Vorgangsbeendigung

889   Entsprechend dem Vorgangsbeginn ist der Zeitpunkt der Vorgangsbeendigung i. S. d. § 2 Satz 2 Nr. 6 KassenSichV anzugeben.[286] Die unter a) getroffenen Aussagen zum QR-Code sowie zum Log-Time-Format gelten entsprechend. Vor einer Belegausgabe oder zum Zeitpunkt eines Kassenabschlusses ist der Vorgang zwingend zu beenden. Erzeugung und Bereitstellung des Zeitpunkts erfolgen durch das Sicherheitsmodul, auch bei Vorgangsabbruch.[287]

Transaktionsnummer

890   Kassenbelege müssen mit einer eindeutigen und fortlaufenden Transaktionsnummer i. S. d. § 2 Satz 2 Nr. 2 KassenSichV versehen sein.[288] Generiert wird sie durch das Sicherheitsmodul.[289] In Fällen der (freiwilligen) alternativen Verwendung des QR-Codes muss die Angabe aus dem Code auslesbar sein.[290] Auf die Klarschriftangabe kann dann verzichtet werden.

Hinweis:
Eine fehlende Transaktionsnummer auf dem Beleg kann auf einen (ggf. kurzfristigen) Ausfall der TSE hindeuten.[291]

---

284 § 6 Sätze 2 u. 3 KassenSichV i. V. m. DSFinV-K, Version 2.3, Anhang I Nr. 2.
285 AEAO zu § 146a i. d. F. bis 31.12.2023, Nr. 3.2.4 und 3.2.5; AEAO zu § 146a i. d. F. ab 01.01.2024, Nr. 1.12.2.4, 1.12.2.5, 2.2.3.3, 2.4.4 (Abdruck in Anhang 20).
286 § 6 Satz 1 Nr. 2 KassenSichV, AEAO zu § 146a i. d. F. bis 31.12.2023, Nr. 5.4, unter 2. und Nr. 3.6.3.; AEAO zu § 146a i. d. F. ab 01.01.2024, Nr. 1.12.2.4, 1.12.2.5, 2.2.3.3, 2.4.4 (Abdruck in Anhang 20).
287 AEAO zu § 146a i. d. F. bis 31.12.2023, Nr. 3.2.4; AEAO zu § 146a i. d. F. ab 01.01.2024, Nr. 1.12.2.4 (Abdruck in Anhang 20).
288 § 6 Satz 1 Nr. 4 KassenSichV, AEAO zu § 146a i. d. F. bis 31.12.2023, Nr. 5.4, unter 4. und Nr. 3.5; AEAO zu § 146a i. d. F. ab 01.01.2024, Nr. 2.4.4 unter 4. und 2.2.2 (Abdruck in Anhang 20).
289 AEAO zu § 146a i. d. F. bis 31.12.2023, Nr. 3.2.4; AEAO zu § 146a i. d. F. ab 01.01.2024, Nr. 1.12.2.4 (Abdruck in Anhang 20).
290 § 6 Sätze 2 u. 3 KassenSichV i. V. m. DSFinV-K vom 04.03.2022, Version 2.3, Anhang I Nr. 2.
291 Siehe dazu im Einzelnen AEAO zu § 146a i. d. F. bis 31.12.2023, Nr. 7; AEAO zu § 146a i. d. F. ab 01.01.2024, Nr. 1.14 und Nr. 2.7 (Abdruck in Anhang 20).

10.5 Belegausgabepflicht

Seriennummer des elektronischen Aufzeichnungssystems

Bei Klarschriftangaben auf dem Beleg verlangt § 6 Satz 1 Nr. 6 KassenSichV in der bis zum 31.12.2023 gültigen Fassung die Angabe der Seriennummer des elektronischen Aufzeichnungssystems *oder* alternativ die Seriennummer des Sicherheitsmoduls. Ab **01.01.2024** sind beide Seriennummern anzugeben (§ 6 Satz 1 Nr. 6 KassenSichV n. F.). In Fällen der (freiwilligen) Verwendung des QR-Codes muss die Seriennummer des elektronischen Aufzeichnungssystems auch vor dem 01.01.2024 zwingend im QR-Code enthalten sein.[292] Anzugeben ist die nach § 2 Satz 2 Nr. 8 KassenSichV protokollierte Seriennummer.[293] Als Eingabe in der DSFinV-K (Datei Stamm_Kassen) wird die Seriennummer des elektronischen Aufzeichnungssystems erwartet, die nach § 146a Abs. 4 AO an die Finanzverwaltung zu melden ist, sobald das elektronische Meldeverfahren eingerichtet ist (voraussichtlich 2025). Zu beachten ist, dass die Übergabe der Seriennummer an die TSE auf die von der TSE akzeptierten Zeichen beschränkt ist.[294]

891

Seriennummer der zertifizierten technischen Sicherheitseinrichtung

Bei Klarschriftangaben auf dem Beleg verlangt § 6 Satz 1 Nr. 6 KassenSichV in der bis zum 31.12.2023 gültigen Fassung die Angabe der Seriennummer der TSE *oder* alternativ die Seriennummer des elektronischen Aufzeichnungssystems. Ab **01.01.2024** sind beide Seriennummern anzugeben (§ 6 Satz 1 Nr. 6 KassenSichV n. F.).

892

Gemäß AEAO zu § 146a[295] ist auf dem Beleg die nach § 2 Satz 2 Nr. 8 KassenSichV protokollierte Seriennummer anzugeben.

In Fällen der (freiwilligen) alternativen Verwendung des QR-Codes muss die Seriennummer der TSE zwingend aus dem Code auslesbar sein.[296] Zwar kann die Seriennummer hier aus Platzgründen nicht abgebildet werden, lässt sich aus dem ebenfalls enthaltenen PublicKey aber errechnen, was für Prüfzwecke der Finanzverwaltung ausreichend ist.

TSE-Signaturzähler

Das Sicherheitsmodul legt u. a. einen fortlaufenden Signaturzähler fest[297], der bei Klarschriftangaben erst ab 01.01.2024 zwingend auf dem Beleg auszuweisen

893

---

292 § 6 Sätze 2 u. 3 KassenSichV i. V. m. DSFinV-K vom 04.03.2022, Version 2.3, Anhang I Nr. 2.
293 AEAO zu § 146a i. d. F. bis 31.12.2023, Nr. 5.4 unter 6., Satz 2; AEAO zu § 146a i. d. F. ab 01.01.2024, Nr. 2.4.4 unter 6., Satz 2 (Abdruck in Anhang 20).
294 BSI TR-03153-1, Version 1.1.0, Kap. 9.3.1 i. V. m. BSI TR-03151-1, Version 1.1.0, Anhang „clientID character restriction".
295 AEAO zu § 146a i. d. F. bis 31.12.2023, Nr. 5.4 unter 6. bzw. i. d. F. ab 01.01.2024, Nr. 2.4.4 unter 6. (Abdruck in Anhang 20).
296 § 6 Sätze 2 u. 3 KassenSichV n. F. i. V. m. DSFinV-K vom 04.03.2022, Version 2.3, Anhang I Nr. 2.
297 AEAO zu § 146a i. d. F. bis 31.12.2023, Nr. 3.2.4; AEAO zu § 146a i. d. F. ab 01.01.2024, Nr. 1.12.2.4 (Abdruck in Anhang 20).

ist.[298] In Fällen der (freiwilligen) Verwendung des QR-Codes muss der Signaturzähler aus dem Code auslesbar sein.[299] Der Signaturzähler muss auch dann um +1 erhöht werden, wenn die Prüfwerterstellung nicht erfolgreich war.[300]

Zeitpunkt der ersten Bestellung

894 Bestellvorgänge können als eigenständige Transaktionen in der TSE abgesichert werden. Besteht eine hinreichende Wahrscheinlichkeit, dass es aufgrund einer Bestellung zu einem Geschäftsvorfall kommt, ist der Vorgangsstart auszulösen. Das ist z. B. dann der Fall, wenn aufgrund der Bestellung Leistungen vorbereitet werden oder Ware produziert wird (BMF-FAQ). Vgl. auch GoBD, Rz. 16, 47. Zur Absicherung von Bestellvorgängen z. B. in der Gastronomie, ist erforderlich, dass die DSFinV-K-Daten ein Kriterium enthalten (z. B. Tischnummer), über das ein inhaltlicher Zusammenhang hergestellt werden kann. Tischverlegungen oder Split-Rechnungen bei getrennter Zahlung der Gäste müssen sich über die Datei „Bonkopf_AbrKreis" nachvollziehen lassen.[301] Andernfalls ließen sich die Geschäftsvorfälle nicht in ihrer Entstehung und Abwicklung verfolgen, d. h. von der/den Bestellung/en bis hin zur Rechnungsstellung.

Wird die Erleichterungsregel der Nr. 2.7.2 DSFinV-K i. V. m. Anhang H, Version 2.3 in Anspruch genommen (z. B bei lang anhaltenden Bestellvorgängen in der Gastronomie oder beim sog. „Durchbedienen" mit Verbundwaagen an Fleisch-, Wurst- und Käsetheken), muss der Startzeitpunkt der ersten Bestellung zusätzlich auf dem Beleg abgedruckt werden.[302] Hieran fehlt es in der Praxis häufig, was sich auch daran erkennen lässt, dass auf dem Kassenbon abgedruckte Start- und Beendigungszeitpunkte der Transaktion maximal wenige Sekunden auseinanderliegen.

Dienen Verbundwaagen während eines Vorgangs lediglich der Erfassung von (Zwischen-)Wiegeergebnissen, kann aufgrund eichrechtlicher Besonderheiten als Startzeitpunkt des Vorgangs der Startzeitpunkt des Bezahlvorgangs am jeweiligen elektronischen Aufzeichnungssystem mit Kassenfunktion genutzt werden.[303]

Die genannten Grundsätze gelten auch bei Verwendung des (freiwilligen) QR-Codes. Der Startzeitpunkt muss dann in Klarschrift ausgewiesen werden, eine Abbildung im QR-Code ist aktuell nicht vorgesehen. Zur kritischen Würdigung siehe Rz. 987.

---

298 § 6 Satz 1 Nr. 7 KassenSichV n. F.
299 § 6 Sätze 2 u. 3 KassenSichV n. F. i. V. m. DSFinV-K vom 04.03.2022, Version 2.3, Anhang I Nr. 2.
300 BSI TR-03153-1, Version 1.1.0, Kap. 9.1.
301 DSFinV-K, Version 2.3, Tz. 3.1.2.2.
302 AEAO zu § 146a i. d. F. ab 01.01.2024, Nr. 2.2.3.6.2 (Abdruck in Anhang 20).
303 AEAO zu § 146a i. d. F. bis 31.12.2023, Nr. 3.6.3; AEAO zu § 146a i. d. F. ab 01.01.2024, Nr. 2.2.3.3 (Abdruck in Anhang 20).

10.5 Belegausgabepflicht

ProcessType (Art des Vorgangs)

Bei Verwendung von Klarschriftangaben wird nicht gefordert, die Art des Vorgangs (z. B. „Kassenbeleg-V1") im Belegdruck angegeben. Da er aber ohnehin protokolliert wird, bedeutet es keinen großen Aufwand, sich an dieser Stelle „compliant" zu verhalten. In Fällen der (freiwilligen) Verwendung des QR-Codes muss die Angabe zwingend aus dem Code auslesbar sein.[304]

895

ProcessData (Daten des Vorgangs)

Bei Verwendung von Klarschriftangaben werden die Daten des Vorgangs im Belegdruck nicht gefordert. Da sie aber ohnehin protokolliert werden, bedeutet es keinen großen Aufwand, sich an dieser Stelle „compliant" zu verhalten. In Fällen der (freiwilligen) alternativen Verwendung des QR-Codes muss die Angabe zwingend aus dem Code auslesbar sein.[305]

896

Signaturalgorithmus

Bei Verwendung der Klarschriftangaben ist der Belegdruck des im Einzelfall verwendeten Signaturalgorithmus[306], z. B. ecdsa-plain-SHA224, nicht erforderlich. In Fällen der (freiwilligen) alternativen Verwendung des QR-Codes muss die Angabe aus dem Code auslesbar sein.[307]

897

Zahlart(en)

Nach § 2 Satz 2 Nr. 5 KassenSichV ist die Zahlungsart[308] zwar zu protokollieren, auf dem Beleg aber nicht zwingend auszuweisen (vgl. § 6 KassenSichV). Da die Daten ohnehin protokolliert werden, bedeutet es keinen großen Aufwand, sich an dieser Stelle „compliant" zu verhalten. Daraus ergeben sich auch Vereinfachungen für Angehörige steuerberatender Berufe, die den Beleg ggf. als Buchungsbeleg des Leistungsempfängers in die Finanzbuchhaltung übernehmen müssen.

898

Im Rahmen der *Aufzeichnung* der Zahlarten muss mindestens zwischen „bar" und „unbar" unterschieden werden.[309] Zur Erfüllung der Anforderungen an die Trennung zwischen baren und unbaren Zahlungen im Sinne einer „genügenden Kennzeichnung" ist dies ausreichend.[310] Die in der Praxis häufig vorgefundene Handhabung, zunächst sämtliche Einnahmen über „bar" zu erfassen und die

---

304 § 6 Sätze 2 u. 3 KassenSichV n. F. i. V. m. DSFinV-K vom 04.03.2022, Version 2.3, Anhang I Nr. 2.
305 § 6 Sätze 2 u. 3 KassenSichV n. F. i. V. m. DSFinV-K vom 04.03.2022, Version 2.3, Anhang I Nr. 2.
306 Siehe Glossar, Anhang 1.
307 § 6 Sätze 2 u. 3 KassenSichV n. F. i. V. m. DSFinV-K vom 04.03.2022, Version 2.3, Anhang I Nr. 2.
308 Redaktionelle Änderung ab 01.01.2024: Zahlungsart*en* (s. § 2 Satz 2 Nr. 5 KassenSichV n. F.).
309 GoBD, Rz. 55; AEAO zu § 146, Nr. 2.1.3.
310 GoBD, Rz. 55, 79; DSFinV-K vom 04.03.2022, Version 2.3, Tz. 2.5 und Anhang D ZAHLART_TYP.

10 Manipulationsschutz ab 01.01.2020 (§ 146a AO)

Gesamteinnahmen bei Erstellung des Tagesabschlusses anhand des Ausdrucks aus dem Kartenzahlungsgerät zu korrigieren (Darstellung als Minusbetrag im Kassenbuch), war schon immer kritisch. Spätestens mit Einführung des § 146a AO bzw. Nutzung der DSFinV-K ist diese Methode unzulässig geworden.

Für die nach § 2 Satz 2 Nr. 5 KassenSichV erforderliche Protokollierung der Zahlart sind vorgesehen[311]:

- **Zahlart „Bar"**
  Die Zahlart „Bar" bildet alle Bargeldbewegungen innerhalb einer Kasse ab.
- **Zahlart „Unbar"**
  Die Zahlart „Unbar" bildet alle Sachverhalte ohne Bargeldbewegung ab. Sie kann als zusammenfassende Form für alle unbaren Zahlarten verwendet werden, insbesondere wenn elektronische Aufzeichnungssysteme die unbaren Zahlarten nicht weiter differenzieren können.
- **Zahlart „Keine"**
  Die Zahlart „Keine" steht für Vorgänge, die mit keiner Zahlung abgeschlossen werden (z. B. Lieferscheine, Bestellungen, vollständig mit Ein- oder Mehrzweckgutscheinen bezahlte Leistungen).
- **Zahlart „ECKarte"**
  Sie stellt alle über die Verwendung einer EC-Karte vereinnahmten bzw. verausgabten Zahlungen dar. Der Begriff „EC-Karte" in der DSFinV-K steht für „Debit-Karten" (also insbesondere girocard, Maestro, V-Pay etc.).
- **Zahlart „Kreditkarte"**
  Die Zahlart „Kreditkarte" stellt alle über die Verwendung einer Kreditkarte vereinnahmten bzw. verausgabten Zahlungen dar.
- **Zahlart „ElZahlungsdienstleister"**
  Sie stellt alle über elektronische Zahlungsdienstleister vereinnahmten bzw. verausgabten Zahlungen dar, sofern diese nicht als Zahlarten „ECKarte", „Kreditkarte" oder „Guthabenkarte" erfasst werden.
- **Zahlart „Guthabenkarte"**
  Bei der Zahlart „Guthabenkarte" werden alle Zahlungen erfasst, die mit einem zuvor auf ein entsprechendes Medium aufgeladenem Guthaben getätigt werden.

> *Hinweis:*
> Guthabenkarten sind bloße Zahlungsmittel, da sie jederzeit und voraussetzungslos gegen den ursprünglich gezahlten oder noch nicht verwendeten Betrag zurückgetauscht werden können. Sofern dies nicht möglich ist, handelt es sich um eine Gutscheinkarte. Aus umsatzsteuerlicher Sicht ergeben sich Gestaltungsspielräume insbesondere durch Verwendung von Guthabenkarten anstelle von Umsatzsteuer auslösenden Einzweck-Gutscheinen.[312]

---

[311] DSFinV-K vom 04.03.2022, Version 2.3, Anhang D ZAHLART_TYP.
[312] Vgl. § 3 Abs. 13 UStG, Abschn. 3.17 Abs. 1 UStAE; DSFinV-K vom 04.03.2022, Version 2.3, Anhang D ZAHLART_TYP.

10.5 Belegausgabepflicht

Hinweis:

In einem umfassenden Papier[313] hat die EU-Kommission den ihr angeschlossenen Staaten am 28.06.2023 einen (bisher nur in englischer Sprache vorliegenden) Vorschlag zur **Einführung eines digitalen Euro** unterbreitet, der mit Ausnahme von Betrieben mit unter 10 Mitarbeitern oder einem Umsatz von weniger als 2 Millionen Euro allgemein als Zahlungsmittel akzeptiert werden müsste. Der digitale Euro hätte die Besonderheit, dass die Anonymität ebenso wie bei Barzahlungen gewährleistet bliebe (vorbehaltlich spezialgesetzlicher Aufzeichnungspflichten der Identität, z. B. nach GWG). Im Fall der Einführung des digitalen Euro müsste diese als weitere Zahlart in die DSFinV aufgenommen werden. Die künftige Entwicklung bleibt abzuwarten.

Prüfwert/Signatur

Zwar ist der Prüfwert nach § 2 Satz 2 Nr. 7 KassenSichV zu protokollieren, auf dem Beleg aber erst ab 01.01.2024 in Klarschrift auszuweisen.[314] In Fällen der (freiwilligen) alternativen Verwendung des QR-Codes muss die Angabe zwingend aus dem Code auslesbar sein.[315] 899

Die Prüfwertberechnung durch das Sicherheitsmodul erfordert zahlreiche Datenfelder (Input). Vgl. dazu im Einzelnen die in der Technische Richtlinie BSI TR-03153-1, Kap. 3.5.4, abgedruckte Tabelle.

PublicKey (öffentlicher Schlüssel)

Bei Verwendung der Klarschriftangaben ist der Abdruck des PublicKey[316] auf dem Beleg nicht erforderlich. In Fällen der (freiwilligen) alternativen Verwendung des QR-Codes muss die Angabe dagegen aus dem Code auslesbar sein.[317] Hintergrund ist, dass im QR-Code die Seriennummer der TSE aus Platzgründen nicht abgebildet werden kann. Daher muss der PublicKey enthalten sein, weil sich die Seriennummer der TSE daraus errechnen lässt (s. unter Stichwort „Seriennummer der TSE"). 900

---

313 Proposal for a REGULATION OF THE EUROPEAN PARLIAMENT AND OF THE COUNCIL on the establishment of the digital euro. Abruf unter *https://finance.ec.europa.eu/system/files/2023-06/230628-proposal-digital-euro-regulation_en.pdf* (abgerufen am 05.07.2023).
314 § 6 Satz 1 Nr. 7 KassenSichV n. F.
315 § 6 Sätze 2 u. 3 KassenSichV n. F. i. V. m. DSFinV-K vom 04.03.2022, Version 2.3, Anhang I Nr. 2.
316 Öffentlicher Schlüssel, extrahiert aus dem Zertifikat der TSE in base64-Codierung; vgl. Glossar, Anhang 1.
317 § 6 Sätze 2 u. 3 KassenSichV n. F. i. V. m. DSFinV-K vom 04.03.2022, Version 2.3, Anhang I Nr. 2.

Hinweis:

Bei Einsatz von Kryptographietechniken ist sicherzustellen, dass die verschlüsselten Unterlagen im DV-System in entschlüsselter Form zur Verfügung stehen. Werden Signaturprüfschlüssel verwendet, sind die eingesetzten Schlüssel aufzubewahren. Die Aufbewahrungspflicht endet, wenn keine der mit den Schlüsseln signierten Unterlagen mehr aufbewahrt werden müssen.[318]

Hinweis auf Ausfall der TSE

901 Kann das elektronische Aufzeichnungssystem ohne die funktionsfähige zertifizierte technische Sicherheitseinrichtung weiterbetrieben werden, muss der Ausfall der TSE auf dem Beleg ersichtlich sein. Dies kann durch die fehlende Transaktionsnummer oder durch eine sonstige eindeutige Kennzeichnung erfolgen.[319]

Soweit der Ausfall lediglich die zertifizierte technische Sicherheitseinrichtung betrifft, wird es nicht beanstandet, wenn das elektronische Aufzeichnungssystem bis zur Beseitigung des Ausfallgrundes weiterhin genutzt wird. Die grundsätzliche Belegausgabepflicht bleibt vom Ausfall unberührt, auch wenn nicht alle für den Beleg erforderlichen Werte durch die zertifizierte technische Sicherheitseinrichtung zur Verfügung gestellt werden. Die Belegangaben zu Datum und Uhrzeit müssen in diesem Fall vom elektronischen Aufzeichnungssystem bereitgestellt werden.[320]

Hinweis:

Die Dokumentationspflicht für TSE-Ausfälle gilt auch, wenn der Stpfl. von der Belegausgabepflicht nach § 146a Abs. 2 i. V. m. § 148 AO befreit wurde.[321]

Zusätzliche Pflichtangaben aus umsatzsteuerlicher Sicht

902 Einzelfallabhängig sind ergänzende Angaben auf dem Beleg erforderlich, die bei Bedarf in der DSFinV-K (Datei „Stamm_USt") durch den jeweiligen Kassenhändler individuell angelegt werden müssen[322]. Dazu gehören z. B. Hinweise auf[323]

---

318 GoBD, Rz. 134.
319 AEAO zu § 146a i. d. F. bis 31.12.2023, Nr. 7.2; AEAO zu § 146a i. d. F. ab 01.01.2024, Nr. 1.14.2 (Abdruck in Anhang 20).
320 AEAO zu § 146a i. d. F. bis 31.12.2023, Nr. 7.3; AEAO zu § 146a i. d. F. ab 01.01.2024, Nr. 1.14.3 (Abdruck in Anhang 20).
321 Vgl. dazu AEAO zu § 146a i. d. F. bis 31.12.2023, Nr. 6.9-6.11; AEAO zu § 146a i. d. F. ab 01.01.2024, Nr. 2.5.9-2.5.11 (Abdruck in Anhang 20).
322 DSFinV-K vom 04.03.2022, Version 2.3, Tz. 3.2.6.
323 Keine abschließende Auflistung. So wird z. B. auf die Besonderheiten der innergemeinschaftlichen Lieferung neuer Fahrzeuge hier nicht eingegangen. Vgl. dazu §§ 14a Abs. 4, 1b Abs. 2 und 3, 2a, 6a UStG.

- eine Steuerbefreiung.[324]
- Skonto-, Boni- und andere Rabattvereinbarungen.[325]
- Umsatzsteuer-Identifikationsnummer des Leistungsempfängers bei Ausführung innergemeinschaftlicher Lieferungen oder sonstiger Leistungen an einen Unternehmer in einem anderen EU-Mitgliedsstaat.[326]
- Steuerschuldnerschaft des Leistungsempfängers.[327]
- Sonderregelungen bei Reiseleistungen nach § 25 UStG.[328]
- Anwendung der Differenzbesteuerung nach § 25a UStG.[329]
- innergemeinschaftliches Dreiecksgeschäft.[330]
- die Aufbewahrungspflicht des Leistungsempfängers bei steuerpflichtiger Werklieferung oder sonstiger Leistung im Zusammenhang mit einem Grundstück, die an einen Nichtunternehmer oder an einen Unternehmer, der die Leistung für seinen nichtunternehmerischen Bereich verwendet, erbracht wird.[331]
- grenzüberschreitende Beförderung von Personen im Luftverkehr.[332]
- Gesellschaft als Leistungsempfänger bei Adressierung der Rechnung an einen Gesellschafter.[333]

Tipp: 903
Liegen die Voraussetzungen des § 19 UStG vor, erscheint ein **Hinweis auf die Kleinunternehmerschaft** sinnvoll. Wenngleich rechtlich nicht verpflichtend, weil es sich nicht um eine Steuerbefreiung handelt, empfiehlt sich eine entsprechende Klarstellung, z. B. durch den Zusatz

---

324 § 14 Abs. 4 Nr. 8 UStG, § 33 Satz 1 Nr. 4 UStDV; AEAO zu § 146a i.d.F. bis 31.12.2023, Nr. 5.4 unter 5.; AEAO zu § 146a i.d.F. ab 01.01.2024, Nr. 2.4.4 unter 5. (Abdruck in Anhang 20); GoBD, Rz. 79. Wünschenswert, aber regelmäßig nicht erforderlich ist, dass die angewendete Vorschrift des UStG oder der MwStSystRL exakt genannt wird. Angaben in umgangssprachlicher Form sind ausreichend, z. B. „Ausfuhr" (Abschn. 14.5. Abs. 20 UStAE).
325 Die Angabe „x% Skonti bei Zahlung bis ..." genügt den Anforderungen des § 14 Abs. 4 Satz 1 Nr. 7 UStG. Unter weiteren Voraussetzungen ist auch die schriftliche Dokumentation in einem gesonderten Dokument zulässig (Abschn. 14.5. Abs. 19 UStAE).
326 § 14a Abs. 1 und Abs. 3 UStG. Im Rahmen der Buchung ist die Umsatzsteuer-Identifikationsnummer zur Erfüllung der Journalfunktion und zur Ermöglichung der Kontenfunktion zu erfassen oder bereit zu stellen (GoBD, Rz. 78, 94).
327 §§ 13b, § 14a Abs. 5, 7 UStG.
328 Erforderliche Angabe nach § 14a Abs. 6 UStG: „Sonderregelung für Reisebüros"
329 Erforderliche Angabe nach § 14a Abs. 6 UStG: „Gebrauchtgegenstände/Sonderregelung" oder „Kunstgegenstände/Sonderregelung" oder „Sammlungsstücke und Antiquitäten/Sonderregelung"
330 §§ 25 Abs. 2 i. V. m. 14a Abs. 7 UStG.
331 §§ 14 Abs. 4 Satz 1 Nr. 9, Abs. 2 Satz 1 Nr. 1, 14b Abs. 1 Satz 5 UStG. Der Hinweis ist nicht erforderlich, soweit mit einer Kleinbetragsrechnung i. S. d. § 33 UStDV abgerechnet wird (Abschn. 14.5. Abs. 23 UStAE).
332 § 26 Abs. 3 UStG i. V. m. § 34 Abs. 1 Satz 1 Nr. 5 UStDV, Abschn. 14.7. Abs. 3 UStAE.
333 Abschn. 15.2a. Abs. 3 UStAE.

> „Der Rechnungsaussteller ist Kleinunternehmer nach § 19 UStG. Die Umsatzsteuer wird weder erhoben noch gesondert ausgewiesen."

Andernfalls kann der fehlende Steuerausweis beim Rechnungsempfänger zu Rückfragen (z. B. im Rahmen der Rechnungseingangskontrolle) und Zahlungsverzögerungen führen.

Entsprechendes gilt z. B. für Ausnahmetatbestände hinsichtlich des Steuersatzes. Beispielhaft genannt seien bestimmte Leistungen gemeinnütziger Körperschaften, die unter weiteren Voraussetzungen dem ermäßigten Steuersatz unterliegen, während für gleiche Leistungen nicht gemeinnütziger Unternehmen der Regelsteuersatz gilt (vgl. § 12 Abs. 2 Nr. 8 UStG).

Zusätzliche Pflichtangaben aus ertragsteuerlicher Sicht

904 Einzelfallabhängig sind nachfolgende Hinweise auf dem Beleg erforderlich:

- Höhe der Arbeitskosten bei Handwerkerleistungen für Renovierungs-, Erhaltungs- und Modernisierungsmaßnahmen i. S. d. § 35a Abs. 3 und 5 EStG und bei energetischen Maßnahmen i. S. d. § 35c EStG.
- Höhe der Arbeitskosten und Adresse des begünstigten Objekts für energetische Maßnahmen bei zu eigenen Wohnzwecken genutzten Gebäuden gem. § 35c Abs. 4 EStG.

Freiwillige Belegangaben

905 Als freiwillige Belegangaben kommen z. B. in Betracht:

- Angaben zur Fälligkeit von Forderungen.[334]
- Kontaktdaten des leistenden Unternehmers (Telefonnummer, Domain, E-Mail, Öffnungszeiten etc.).
- Name oder Mitarbeiter-ID des Kassierpersonals.[335]
- Hinweise zu Allgemeinen Geschäftsbedingungen (AGB).
- Zimmernummern im Beherbergungsgewerbe.
- Fristen für Umtausch/Reklamation.
- Etc.

906 *Tipp:*

Außer-Haus-Verkäufe sollten schon immer mit Hinblick auf die Trennung der Entgelte ausreichend kenntlich gemacht sein. Inzwischen kommt eine weitere Problematik auf alle Beteiligten zu. Nach **§§ 33, 34 Verpackungsgesetz** (VerpackG2) sind Anbieter von Speisen und Getränken seit 01.01.2023 verpflichtet, neben Einwegverpackungen aus Kunststoff oder mit einem Kunststoffanteil alternativ Mehrwegverpackungen anzubieten (eigene oder Pfandsystem), aber

---

[334] GoBD, Rz. 79. Auf dem Beleg ist die Angabe einer Zahlungsfrist nicht zwingend erforderlich.

[335] Gemeint ist die auch innerhalb der DSFinV-K vorzunehmende Kennung der Person, die den Geschäftsvorfall erfasst, z. B. „Bediener 3". Unabhängig vom Abdruck auf dem Beleg besteht nach diesseitiger Auffassung eine Aufzeichnungspflicht bereits zur Erfüllung der Anforderungen an das interne Kontrollsystem (IKS).

10.5 Belegausgabepflicht

auch mitgebrachte Transportbehältnisse der Kunden zu akzeptieren. Für kleine Betriebe mit bis zu 5 Mitarbeitern und einer Verkaufsfläche bis zu 80 Quadratmetern gelten Vereinfachungen.[336] Die Art der verwendeten Verpackung aufzuzeichnen und auf den Kassenbeleg zu übernehmen, erscheint jedenfalls als sinnvolle Maßnahme, um auf Verschiebungen der Entgelte von 7 % auf 19 % im Rahmen von Kalkulationen reagieren zu können. Ferner kann angemessen auf denkbare Beschwerden der Kunden reagiert werden, die ihre eigene Verpackung mitgebracht haben (Temperatur, Geschmack, Verunreinigung u. ä.).

10.5.5 Aufbewahrung von Rechnungen

Werden Rechnungen mithilfe elektronischer oder computergestützter Kassensysteme oder Registrierkassen erteilt, ist es hinsichtlich der erteilten Rechnungen i. S. d. § 33 UStDV (Kleinbetragsrechnungen) ausreichend, wenn ein Doppel der Ausgangsrechnung (Kassenbeleg) aus den unveränderbaren digitalen Aufzeichnungen reproduziert werden kann, die auch die übrigen Anforderungen der GoBD erfüllen. Aufbewahrungspflichten nach anderen Gesetzen bleiben unberührt. Für Zeiträume bis zum 31.12.2021 wird es nicht beanstandet, wenn die Aufbewahrungspflicht nach der bisherigen Regelung in Abschn. 14b.1 Abs. 1 Satz 2 UStAE erfüllt wird.[337] Zur Aufbewahrung von Rechnungen im Inland vgl. allgemein § 14b UStG, zur elektronischen Aufbewahrung im übrigen Gemeinschaftsgebiet § 14b Abs. 4 UStG, zur elektronischen Aufbewahrung außerhalb des Gemeinschaftsgebiets (Drittland) § 14b Abs. 5 UStG i. V. m. § 146 Abs. 2b AO.

907

10.5.6 Branchenspezifische Sonderfälle

Wie bereits ausgeführt, ist dem am Geschäftsvorfall Beteiligten **in unmittelbarem zeitlichem Zusammenhang** mit dem Geschäftsvorfall ein Beleg zur Verfügung zu stellen. Dies wirft Probleme für bestimmte Berufsgruppen auf.

908

Beispiel 1 (Friseur):

A betreibt einen Friseursalon in Moers und erfasst ihre Umsätze mit Hilfe einer PC-Kasse. Dienstags ist ihre Angestellte C in einem Seniorenheim tätig. Ferner verkauft A selbst hergestellte Produkte auf diversen Messeveranstaltungen. Wegen räumlicher und organisatorischer Trennung ist für die Umsätze im Seniorenheim das Führen einer OLK mit Einzelaufzeichnungen in Papierform zulässig (AEAO zu § 146, Nr. 2.2.3). Die Belegausgabepflicht nach § 146a AO entfällt. Die Umsätze dürfen nicht im elektronischen Aufzeichnungssystem nacherfasst werden. Das gilt entsprechend für die Messeumsätze.

909

Beispiel 2 (Gastronomie):

E ist Inhaber eines Imbissbetriebs in Osterfeld (mit Pizza-Taxi). Seine Umsätze erfasst er über eine Registrierkasse.

910

---

336 Näheres kann unter *https://www.dehoga-bundesverband.de/branchenthemen/mehrwegangebotspflicht/* abgerufen werden (abgerufen am 06.02.2022).
337 BMF vom 16.11.2021 – III C 2 – S 7295/19/10001 :001, BStBl. I 2021, 2329.

Bei Auslieferung von Speisen und Getränken („Pizza-Taxi") muss der Kassenbeleg vorab erstellt und an den Kunden übergeben werden.[338] Bei (ggf. teilweiser) Nichtannahme der Ware müssen die betroffenen Geschäftsvorfälle nach Rückkehr in den Betrieb storniert werden. Nachträgliche Berichtigungen können auch bei Änderung der Zahlart (bar/unbar) oder Vereinnahmung von Trinkgeldern durch den Unternehmer erforderlich werden. Sofern der Kunde nicht ausdrücklich auf seinen Anspruch auf Ausstellung eines zutreffenden Belegs besteht (§ 146a Abs. 2 AO, § 14 Abs. 2 Satz 1 Nr. 2 Satz 2 UStG[339], § 368 BGB), erscheint unzumutbar, den Kunden zwecks Übergabe eines berichtigten Kassenbelegs erneut aufzusuchen. Eine Weisung des BMF im AEAO zu § 146a, hilfsweise in den FAQ, wäre wünschenswert und könnte zu mehr Rechtssicherheit beitragen. In jedem Fall sollte die tatsächliche Übung in einer Verfahrensdokumentation beschrieben sein.

911 Nach Nr. 2.2.3 AEAO zu § 146 wird es nicht beanstandet, wenn der Stpfl. für einen *räumlich oder organisatorisch abgrenzbaren Bereich* aus technischen Gründen oder aus Zumutbarkeitserwägungen seine Umsätze nicht über ein vorhandenes elektronisches Aufzeichnungssystem, sondern über eine offene Ladenkasse erfasst, wenn im Übrigen die Voraussetzungen des § 146 Abs. 1 Satz 3 AO vorliegen. Für die in die offene Ladenkasse eingehenden Umsätze ist kein Antrag auf Befreiung von der Belegausgabepflicht erforderlich. sie ergibt sich bereits aus dem Gesetz.

10.5.7 Besonderheiten bei Non-Profit-Organisationen (NPO)

912 § 146a AO sieht keine Erleichterungen für gemeinnützige Körperschaften oder karitative Einrichtungen vor. Dass ggf. ehrenamtlich tätige Mitarbeiter die elektronischen Aufzeichnungssysteme bedienen, ist ohne Bedeutung. Gerade im Bereich der Gemeinnützigkeit kommt es darauf an, mit Hinblick auf den Nachweis der tatsächlichen Geschäftsführung den steuerlichen Ordnungsvorschriften (§§ 145–147 AO) entsprechende Aufzeichnungen zu führen. Ob Zuwiderhandlungen gegen die Belegausgabepflicht als Verstoß gegen die Anforderungen an die tatsächliche Geschäftsführung zu sehen ist und damit ggf. zum Entzug der Gemeinnützigkeit führen, ist von den Gesamtumständen abhängig und im Einzelfall zu prüfen.[340]

---

338 So auch *Bellinger*, BBK 2020, 18.
339 Verpflichtung zur Ausstellung innerhalb von sechs Monaten nach Ausführung der Leistung.
340 Vgl. Anfrage des Abg. Dr. *Erik Schweickert* u. a. FDP/DVP und Stellungnahme des Ministeriums für Finanzen zu den Auswirkungen der Belegausgabepflicht auf Vereine und karitative Einrichtungen, Landtag von Baden-Württemberg, 16. Wahlperiode, Drucks. 16/7689 vom 04.02.2020.

Tipp: 913

Handelt es sich bei den mit einem elektronischen Aufzeichnungssystem erfassten Umsätzen um ertrag- und umsatzsteuerfreie Einnahmen, bspw. in steuerfreien Zweckbetrieben[341] oder im hoheitlichen Bereich juristischer Personen des öffentlichen Rechts, könnte ein Antrag auf Befreiung von der Belegerteilungspflicht nach § 148 AO in Betracht gezogen werden.

Zu weiteren Einzelheiten in Bezug auf die Ordnungsmäßigkeit der Kassenführung im Umfeld der NPO vgl. Kap. 4.4. 914

10.6 Mitteilungspflicht für elektronische Aufzeichnungssysteme

Wer aufzeichnungspflichtige Geschäftsvorfälle oder andere Vorgänge mit Hilfe eines elektronischen Aufzeichnungssystems (eAS) im Sinne der §§ 146a AO i.V.m. § 1 Satz 1 KassenSichV erfasst, hat u.a. das eAS dem nach den §§ 18 bis 20 zuständigen Finanzamt nach amtlich vorgeschriebenem Datensatz durch Datenfernübertragung zu melden. Vorgesehen sind die Meldearten Anmeldung, Abmeldung und Korrektur.[342] Zu den meldepflichtigen Systemen im Einzelnen vgl. Tabelle 15 (Rz. 918). 915

Die Mitteilung an das zuständige Finanzamt hat elektronisch über das Programm „Mein ELSTER" oder über kompatible eigene oder Drittanbieter-Software über die entsprechende Schnittstelle (ERiC[343]) zu erfolgen. Eine wirksame Erfüllung der Mitteilungspflicht nach § 146a Abs. 4 AO ist grds. nur auf diesem Weg möglich.[344] Formlose Meldungen sind grundsätzlich wirkungslos; in besonders gelagerten Ausnahmefällen könnte § 150 Abs. 8 AO (analog) zur Anwendung kommen. Beauftragt der Stpfl. einen Dritten, die meldepflichtigen Daten an die Finanzverwaltung zu übermitteln (z.B. Kassendienstleister/Steuerberater), hat der Auftragnehmer zusätzliche Aufzeichnungs-, Aufbewahrungs- und Auskunftspflichten zu beachten (vgl. § 87d AO). 916

Mit BMF-Schreiben vom 06.11.2019[345] und 18.08.2020[346] ist die Mitteilungsverpflichtung bis zum Einsatz einer elektronischen Übermittlungsmöglichkeit aus- 917

---

341 Vgl. exemplarisch für Einnahmen eines Museums § 5 Abs. 1 Nr. 9 KStG, § 4 Nr. 20a UStG.
342 AEAO zu § 146a i.d.F. bis 31.12.2023, Nr. 9.1.3; AEAO zu § 146a i.d.F. ab 01.01.2024, Nr. 1.16.1.3 (Abdruck in Anhang 20).
343 Elster Rich Client. Nach Beantragung und Einrichtung eines Zugangs zum Hersteller-/Entwicklerbereich über ELSTER stellt ERiC eine C-Bibliothek mit Schnittstellenspezifikation zur Verfügung, um das Meldeverfahren kostenlos in die eigene Software implementieren zu können. ERiC plausibilisiert die im Meldeverfahren erforderlichen Daten und übermittelt sie verschlüsselt an die Finanzverwaltung. Bei erfolgreicher Meldung wird ein Übertragungsprotokoll (PDF) erstellt, das zur Verfahrensdokumentation genommen werden sollte.
344 AEAO zu § 146a i.d.F. ab 01.01.2024, Nr. 1.16.1 (Abdruck in Anhang 20).
345 BStBl. I 2019, 1010. Abdruck in Anhang 5a.
346 BStBl. I 2020, 656. Abdruck in Anhang 5b.

gesetzt worden. Der Bundesrechnungshof (BRH) sah hierin keine Rechtsgrundlage und hat sich entsprechend kritisch geäußert.[347] Anstelle der seitens des BRH geforderten Papierlösung wurde § 146a Abs. 4 AO durch das Wachstumschancengesetz geändert. Die Meldepflicht ist seither *gesetzlich* bis zum Einsatz der elektronischen Übermittlungsmöglichkeit ausgesetzt (voraussichtlich bis 2025).

Die Erhebung der fachlichen Anforderungen wurde länderübergreifend abgestimmt und liegt seit Oktober 2019 vor. Zuständig für die Programmierung ist das Land Hessen. Im Oktober 2023 begann unter Federführung der Arbeitsgruppe KOMET[348] in den Finanzämtern Wiesbaden und Gießen die Pilotierungsphase. Aktuell ist davon auszugehen, dass die Datenbank zur Meldung elektronischer Aufzeichnungssysteme für den flächendeckenden Einsatz frühestens Anfang 2025 einsatzbereit sein wird.[349] Zur Datenübermittlung wird der Stpfl. auf zahlreiche Felder der DSFinV-K/-TW zurückgreifen können. Einige Kassenhersteller arbeiten bereits an entsprechender Schnittstellen-Software zur Datenübermittlung. Damit werden auch fehleranfällige Medienbrüche vermieden.

918 Nach derzeitigem Stand (01.04.2024) müssen vermutlich nur die Aufzeichnungssysteme gemeldet werden, die sich zum Stichtag der Übermittlungsmöglichkeit im Bestand des Stpfl. befinden. Für die Prüfungsdienste der Finanzverwaltung wäre das unbefriedigend, weil für die Prüfungszeiträume 2020–2024 insoweit keine Meldedaten zur Verfügung stünden. Entsprechende Dokumentationen sollten aufgrund weiterer steuerlicher Anforderungen dennoch zeitnah und fortlaufend geführt werden.

---

347 *Bundesrechnungshof*, Abschließende Mitteilung an das Bundesministerium der Finanzen über die Prüfung „Verfahren, Möglichkeiten und Wirksamkeit der Kassen-Nachschau nach § 146b AO" vom 04.10.2023 – VIII 3/VIII 4 2020 – 0323; Abruf unter *https://www.bundesrechnungshof.de/SharedDocs/Downloads/DE/Berichte/2023/kassen-nachschau-volltext.html*, abgerufen am 07.12.2023.
348 Konsens Mitteilung elektronische Aufzeichnungssysteme.
349 Anderslautende Prognosen zur Fertigstellung der Datenbank, zuletzt in BT-Drucks. 19/27565 vom 15.03.2021, Antwort auf Frage 17, sind damit überholt.

10.6 Mitteilungspflicht für elektronische Aufzeichnungssysteme

Tabelle 15: Meldepflichtige und nichtmeldepflichtige Systeme (§ 146a Abs. 4 AO)

Meldepflichtige Systeme	Nichtmeldepflichtige Systeme
– Elektronische Aufzeichnungssysteme gem. § 1 Satz 1 KassenSichV. – Kurzfrist-Leihgeräte (z. B. für Oktoberfeste). – Kassen-Software/-Apps. – Barzahlungsmodule (z. B. Warenwirtschaft, Praxissoftware in Heilberufen).	– Systeme gem. Negativkatalog in § 1 Satz 2 KassenSichV. – Registrierkassen, die unter die Übergangsregelung des Art. 97 § 30 Abs. 3 EGAO fielen (AEAO zu § 146a i.d.F. bis 31.12.2023, Nr. 2.2.3). – Elektronische Aufzeichnungssysteme *ohne* Kassenfunktion, die in Verbundsystemen mit einem oder mehreren elektronischen Aufzeichnungssystemen *mit* Kassenfunktion i. S. d. § 1 Satz 1 KassenSichV verbunden wurden.[351] – Elektronische Aufzeichnungssysteme und TSEn, die auf Vorrat angeschafft wurden.[352] – Demo-Systeme, mit denen keine steuerwirksamen Geschäftsvorfälle erfasst werden (z. B. Ausstellungskassen, Kassen für Schulungszwecke).

(Quelle: Eigene Darstellung)

Zur Meldepflicht von Taxametern und Wegstreckenzählern s. Synopse zur Kassensicherungsverordnung (Abdruck in Anhang 17) und Nichtbeanstandungsregel des BMF vom 13.10.2023 (Abdruck in Anhang 6).

Für Kassen(systeme) und TSEn sind der Meldung zahlreiche Angaben beizustellen.[353] Vgl. dazu Tabelle 16 (Stand 01.04.2024). Um die aus unterschiedlichsten Quellen stammenden Daten rechtzeitig zum Start des Meldeverfahrens zur Verfügung zu haben, können die „Datensammler" in den Anhängen 13 und 14 genutzt werden. Sie eignen sich auch als Bestandteile einer Verfahrensdokumentation oder zur ggf. auszugsweisen Übergabe an den für eine Außenprüfung oder Nachschau zuständigen Amtsträger der Finanzbehörde.

---

351 AEAO zu § 146a i.d.F. bis 31.12.2023, Nr. 9.2.4; AEAO zu § 146a i.d.F. ab 01.01.2024, Nr. 1.16.2 i.V.m. Nr. 2.6 (Abdruck in Anhang 20).
352 Während § 146a Abs. 4 Satz 2 AO den Stpfl. zwar zur Meldung innerhalb eines Monats nach Anschaffung des Aufzeichnungssystems verpflichtet, stellt § 146a Abs. 1 Satz 1 Nr. 4-8 AO auf deren tatsächliche Verwendung ab.
353 AEAO zu § 146a i.d.F. bis 31.12.2023, Nr. 9.2; AEAO zu § 146a i.d.F. ab 01.01.2024, Nr. 1.16.2 (Abdruck in Anhang 20).

Tabelle 16: Meldepflichtige Daten bei Kassensystemen (§ 146a Abs. 4 AO)

Stammdaten	Felder gesamt	davon (teils bedingte) Pflichtfelder	Herkunft
Stpfl./Betriebsstätten	57	36	Stpfl.
Elektronisches Aufzeichnungssystem	12	9	Kassenhersteller/-dienstleister
Technische Sicherheitseinrichtung	9	6	TSE-Anbieter
gesamt	78	51	

(Quelle: Eigene Darstellung)

921 Es gilt die sog. „Bruttomethode auf Betriebsstättenebene". Auch bei nur punktuellen späteren Korrekturen ist der vollständige Datenbestand der jeweils betroffenen Betriebsstätte zu melden. Jede validierte Meldung löst ein Protokoll über die (erfolgreiche) Datenübermittlung in ELSTER aus, das zur Verfahrensdokumentation genommen werden sollte.

922 Auch ohne gesetzliche Verpflichtung erscheint ratsam, in den Fällen der In- und Außerbetriebnahme sowie der Veräußerung oder des Erwerbs einer „Gebraucht-TSE" deren Zählerstände festzuhalten[354] (Signaturzähler, Transaktionszähler). Abzuwarten bleibt, welche entsprechenden Eingabefelder die elektronische Meldung in ihrer abschließenden Fassung vorsieht.

923 In Fällen der beabsichtigten **Außerbetriebnahme** oder **Entsorgung** einer TSE unterscheidet das BSI zwischen sicherheitsrelevanten und nicht sicherheitsrelevanten Gründen. Abhängig vom Einzelfall

- muss/darf/sollte das Schlüsselpaar im Sicherheitsmodul deaktiviert oder gelöscht werden,
- muss in sicherheitsrelevanten Situationen das Zertifikat der TSE gesperrt werden.

Der Hersteller muss dem Nutzer der TSE eine Anleitung bereitstellen, wie und unter welcher Kontaktadresse er in sicherheitsrelevanten Situationen die Sperrung der TSE auslösen kann.[355]

924 Auch wenn das Meldeverfahren grundsätzlich sinnvoller Bestandteil des gesamten Sicherheitskonzepts ist, weist es eine erhebliche Schwäche auf. Denn seitens der Finanzverwaltung ist nicht geplant, ein zentrales Melderegister für elektronische Aufzeichnungssysteme einerseits und technische Sicherheitseinrichtungen andererseits aufzubauen. Erst im Zeitpunkt der Meldung an die Finanzverwaltung wird die TSE mit dem elektronischen Aufzeichnungssystem bzw. dem Stpfl. „verheiratet".[356] Da TSE-Hersteller und Kassenhersteller (oder -dienstleister) keinerlei Meldepflichten gegenüber der Finanzverwaltung unter-

---

354 So auch BSI TR-03153-1, Version 1.1.0, Kap. 3.9.2.
355 BSI TR-03153-1, Version 1.1.0, Kap. 3.9.4.
356 BSI TR-03153-1, Version 1.1.0, Kap. 3.9.2.1.

liegen³⁵⁷, ist das Kontrollgefüge an dieser Stelle nicht ausreichend. Die Gefahr „schwarzer Kassen" bleibt damit real.

Gemäß **Referentenentwurf zum WachstumschancenG**³⁵⁸ war zunächst beabsichtigt, ab 01.01.2027 die Meldepflicht auf technische Sicherheitseinrichtungen i.S.d. § 146a AO zu beschränken, d.h. die Meldepflichten für elektronische Aufzeichnungssysteme selbst aufzuheben. Für Amtsträger der Finanzverwaltung wären mit einer solchen Regelung sinnvolle Prüfungsvorbereitungen und damit eine qualifizierte, ermessensgerechte Fallauswahl einschl. Fallabsetzungen deutlich erschwert gewesen, insbesondere weil Angaben zur TSE allein keinerlei Rückschlüsse auf Art und Anzahl der im Unternehmen eingesetzten elektronischen Aufzeichnungssysteme zulassen. Vor diesem Hintergrund ist zu begrüßen, dass die geplanten Änderungen im verabschiedeten **Gesetz** nicht mehr enthalten sind. 925

> *Hinweis:*
> Verstöße gegen die Mitteilungspflicht können weder als Straftat noch als Ordnungswidrigkeit sanktioniert werden. Die Anwendung von Zwangsmitteln nach §§ 328 ff. AO ist jedoch zulässig.³⁵⁹ 926

10.7 Dokumentation technischer Störungen

Stpfl. machen sich nur selten im Vorfeld darüber Gedanken, wie mit technischen Problemen oder gar einem Totalausfall des elektronischen Aufzeichnungssystems (eAS), der zertifizierten technischen Sicherheitseinrichtung (TSE) oder der Druck- oder Übertragungseinheit zur Belegausgabe umgegangen werden muss. Der AEAO zu § 146a differenziert zwischen verschiedenen Szenarien, die es zu beachten gilt, um die Ordnungsmäßigkeit der Kassenführung nicht zu gefährden. Insbesondere technische Probleme in der Kommunikation zwischen elektronischem Aufzeichnungssystem und technischer Sicherheitseinrichtung werden den Prüfungsdiensten bei Testkäufen oder aus vorliegendem Kontrollmaterial spätestens im Rahmen der Ausübung ihrer Datenzugriffsrechte gewahr.³⁶⁰ Störungen sind daher ausreichend zu dokumentieren. 927

---

357 Vgl. ausführlich *Engelen/Höpfner*, DStR 2020, 1985, unter 3.2.
358 Entwurf eines Gesetzes zur Stärkung von Wachstumschancen, Investitionen und Innovation sowie Steuervereinfachung und Steuerfairness (Wachstumschancengesetz), Bearbeitungsstand 14.07.2023, Artikel 12, 16, 44 Abs. 6. Abruf unter *https:// www.bundesfinanzministerium.de/Content/DE/Gesetzestexte/Gesetze_ Gesetzesvorhaben/Abteilungen/Abteilung_IV/20_Legislaturperiode/2023-07-17-Wachstumschancengesetz/1-Referentenentwurf.pdf?__blob=publicationFile&v=2* (abgerufen am 15.08.2023).
359 AEAO zu § 146a i.d.F. bis 31.12.2023, Nr. 12.2; AEAO zu § 146a i.d.F. ab 01.01.2024, Nr. 1.19.2 (Abdruck in Anhang 20). 12.2.; *Märtens* in Gosch, AO/FGO, 171. Lfg. 2022, § 146a, Rz. 41, 48.
360 Dokumentation in der DSFinV-K, Datei TSE_Transaktionen, Feld TSE_TA_Fehler (vgl. DSFinV-K, Version 2.3 vom 04.03.2022, Tz. 3.1.2.5).

10.7.1 Ausfall des elektronischen Aufzeichnungssystems

928 Bei Ausfall eines elektronischen Aufzeichnungssystems durch Stromausfälle oder sonstige technische Defekte sind während dieser Zeit Aufzeichnungen auf Papier zulässig und notwendig, entweder durch

- Einzelaufzeichnungen *oder*
- summarische Aufzeichnungen mittels Kassenbericht, soweit dies nach § 146 Abs. 1 Satz 3 AO gesetzlich zugelassen ist. Die Aufzeichnungspflichten bei Verwendung einer offenen Ladenkasse gelten insoweit entsprechend.[361] Zumindest letzteres erfordert im Zeitpunkt des Ausfalls eine sofortige Geldzählung zur Dokumentation des Anfangsbestands für den Kassenbericht.

929 Ein Ausfall gilt nur dann als solcher, wenn das System vorher störungsfrei in Betrieb war. Selbstverständlich gilt auch bewusstes Ausschalten nicht als Ausfall. Bei jeglichen Ausfällen oder technischen Störungen sind unverzüglich, d. h. ohne schuldhaftes Zögern, Maßnahmen zu treffen, um die Anforderungen des § 146a AO schnellstmöglich wieder einzuhalten.

930 Die Ausfallzeit des Vorsystems ist zu dokumentieren. Dabei genügt, wenn die Ausfallzeit automatisiert durch das elektronische Aufzeichnungssystem festgehalten wird. Bei vollumfänglichem Ausfall entfällt für diesen Zeitraum die Belegausgabepflicht i. S. d. § 146a Abs. 2 AO. Eine konkretisierende Regelung, bei welchen Ausfallzeiten dem Finanzamt künftig „Außerbetriebnahme" i. S. d. Meldepflicht des § 146a Abs. 4 AO zu melden ist, existiert anders als z. B. in Österreich[362], derzeit nicht (Stand 21. 10. 2023). Rechnungen über Kassenreparaturen sind aufbewahrungspflichtige Unterlagen, die zu Beweiszwecken vorgelegt werden müssen.[363]

931 Zur Vermeidung von Datenverlusten sollte rechtzeitig an Backups gedacht werden, um die Ordnungsmäßigkeit der Kassenführung nicht zu gefährden[364], das gilt auch und insbesondere bei Migrationen[365] oder beim Austausch der Hardware. Aufzeichnungs- und aufbewahrungspflichtige Daten (einschließlich Metadaten, Stammdaten, Bewegungsdaten und der erforderlichen Verknüpfungen) müssen unter Beachtung der steuerlichen Ordnungsvorschriften (vgl. §§ 145–147 AO) quantitativ und qualitativ gleichwertig in eine neue Datenbank, in ein Archivsystem oder in ein anderes System überführt werden, um die gleichen Auswertungen der aufzeichnungs- und aufbewahrungspflichtigen Daten so vornehmen zu können, als wären die Daten noch im Produktivsys-

---

361 AEAO zu § 146, Nr. 3.2 und 3.3.
362 Meldung spätestens nach 24-stündigem Ausfall binnen einer Woche gem. § 17 Abs. 1 RKSV i. V. m. Erlass zur Einzelaufzeichnungs-, Registrierkassen- und Belegerteilungspflicht vom 23.12.2019, Tz. 3.6, Abruf unter *https://findok.bmf.gv.at/findok?execution=e1s2* (abgerufen am 21. 10. 2023).
363 AEAO zu § 146, Nr. 2.1.6.
364 Vgl. GoBD, Rz. 103, 104.
365 Siehe Glossar, Anhang 1.

tem.³⁶⁶ Andernfalls ist die ursprüngliche Hard- und Software des Produktivsystems vorzuhalten.³⁶⁷ Schwierigkeiten bei der Umsetzung können ggf. über einen Antrag nach § 148 AO gelöst werden.

10.7.2 Ausfall der technischen Sicherheitseinrichtung (TSE)

Ausfallzeiten der TSE und deren Gründe (z. B. Defekt, Verbindungsunterbrechung o. a. Vorfälle, die zu fehlender Signatur führen) sind automatisiert durch das elektronische Aufzeichnungssystem oder händisch zu dokumentieren. Das elektronische Aufzeichnungssystem darf (bzw. muss bei Belegausgabepflicht) trotz Ausfalls der TSE weiter genutzt werden. Die grundsätzliche Belegausgabepflicht bleibt vom Ausfall der TSE unberührt, auch wenn nicht alle für den Beleg erforderlichen Werte durch die TSE zur Verfügung gestellt werden. Die Belegangaben zu Datum und Uhrzeit müssen in diesem Fall vom elektronischen Aufzeichnungssystem bereitgestellt werden. Auf dem Beleg ist der Ausfall ersichtlich zu machen, entweder durch die fehlende Transaktions-Nr. oder durch eine sonstige eindeutige Kennzeichnung. Im Fall eines Ausfalls kann bei ausreichendem Datenvolumen der Hotspot eines Mobiltelefons oder Tablets genutzt werden. Eine konkretisierende Regelung, bei welchen Ausfallzeiten dem Finanzamt künftig „Außerbetriebnahme" i. S. d. Meldepflicht des § 146a Abs. 4 AO zu melden ist, existiert anders als z. B. in Österreich³⁶⁸, derzeit nicht (Stand 21. 10. 2023).

932

10.7.3 Ausfall der Druck-/Übertragungseinheit

Fällt nur die Druck-/Übertragungseinheit aus, ist das elektronische Aufzeichnungssystem weiter zu nutzen. Für den Zeitraum der Störung entfällt die Belegausgabepflicht. Um keinen Verdachtsmoment aufkommen zu lassen, empfiehlt sich eine geeignete Unterrichtung der Kunden und das Angebot zur Erstellung handschriftlicher Quittungen. Denn ungeachtet der seit 01. 01. 2020 bestehenden Belegerteilungspflicht besteht seit jeher ein gesetzlich verankerter Anspruch auf Belegerteilung. Der Gläubiger hat gegen Empfang der Leistung auf Verlangen ein schriftliches Empfangsbekenntnis (Quittung) zu erteilen. Hat der Schuldner ein rechtliches Interesse, dass die Quittung in anderer Form erteilt wird, so kann er die Erteilung in dieser Form verlangen (§ 368 BGB). Umsatzsteuerliche Rechnungserteilungspflichten bleiben unberührt.

933

> *Tipp:*
> Als Hilfestellung im Unternehmen dient das in **Anhang 9** abgedruckte Dokumentationsblatt unter Darstellung von Handlungsanweisungen.

934

---

366 GoBD, Rz. 142.
367 Zu weiteren Einzelheiten siehe GoBD, Rz. 143, 144.
368 Meldung spätestens nach 24-stündigem Ausfall binnen einer Woche gem. § 17 Abs. 1 RKSV i. V. m. Erlass zur Einzelaufzeichnungs-, Registrierkassen- und Belegerteilungspflicht vom 23. 12. 2019, Tz. 3.6, Abruf unter *https://findok.bmf.gv.at/findok?execution=e1s2* (abgerufen am 21. 10. 2023).

10 Manipulationsschutz ab 01.01.2020 (§ 146a AO)

10.8 Anpassung der Verfahrensdokumentation

935 Aus der verpflichtenden Verwendung zertifizierter Sicherheitskomponenten sowie der Datenstandardisierung durch die jeweilige DSFinV erwachsen Erleichterungen in Bezug auf die Erstellung von Verfahrensdokumentationen.[369] So kann auf die detaillierte Beschreibung der jetzt standardisierten Teile (Sicherung der Kasseneinzeldaten, Schnittstellen, Datensicherheit, Datenformate) künftig weitgehend verzichtet werden (BMF-FAQ).[370] Ein Verweis auf die Standards und einer Erklärung, dass sie eingehalten werden, reicht aus. Auch Maßnahmen zur Unveränderbarkeit von Kassenaufzeichnungen müssen nicht mehr in der bisher geforderten Tiefe beschrieben werden (DFKA-FAQ[371]).

936 *Tipp:*
Der DFKA e.V. stellt Hilfen zur Anfertigung einer Verfahrensdokumentation auf seiner Homepage bereit:
- *Muster-Verfahrensdokumentation Version 2.0 (Stand August 2020),*
- *Beiblatt „Ergänzende Prozessbeschreibung zur Technischen Sicherheitseinrichtung bei elektronischen Aufzeichnungssystemen" (Stand August 2020).[372]*

10.9 Nichtbeanstandungsregeln des Bundes (bis 30.09.2020)

937 Gemäß BMF-Schreiben vom 06.11.2019[373] und 18.08.2020[374] wurde zur Umsetzung einer flächendeckenden Aufrüstung elektronischer Aufzeichnungssysteme (eAS) im Sinne des § 146a AO nicht beanstandet, wenn die betroffenen Geräte und Module längstens bis zum 30.09.2020 noch nicht über eine zertifizierte technische Sicherheitseinrichtung verfügen. Aufgeschoben wurde zudem die Pflicht zur Meldung elektronischer Aufzeichnungssysteme nach § 146a Abs. 4 AO bis zum Einsatz einer elektronischen Übermittlungsmöglichkeit. Die Belegausgabepflicht nach § 146a Abs. 2 AO sowie die Bußgeldvorschriften des § 379 AO, u.a. das Verbot des gewerbsmäßigen Bewerbens und In-Verkehr-Bringens (§ 146a Abs. 1 Satz 5 AO) wurden dagegen nicht ausgesetzt.

---

369 Vgl. dazu grundlegend Kap. 5.
370 Abruf unter *https://www.bundesfinanzministerium.de/Content/DE/FAQ/2020-02-18-steuergerechtigkeit-belegpflicht.html* (abgerufen am 20.10.2023).
371 DFKA e.V., Neue gesetzliche Anforderungen für Kassensysteme, Stand 28.09.2020, Abruf unter *https://dfka.net/recht/neue-gesetzliche-anforderungen-fuer-kassensysteme* (abgerufen am 20.10.2023).
372 Version V2.0 vom August 2020; abrufbar unter *www.dfka.net/Muster-VD-Kasse* (abgerufen am 20.10.2023). Aktuell wird an einer Neufassung gearbeitet (Stand 27.12.2023).
373 BStBl. I 2019, 1010; Anhang 5a.
374 BStBl. I 2020, 656; Anhang 5b.

10.10 Nichtbeanstandungsregeln der Länder (bis 31.03.2021)

Hinweis: 938
Im Anwendungserlass zu § 146a, Nr. 11.2 wird das Inverkehrbringen bzw. Bewerben von Aufzeichnungssystemen mit Anbindungsmöglichkeit an eine TSE unabhängig von der TSE selbst erlaubt. Somit konnten Systeme *mit* TSE-Aufrüstungsmöglichkeit auch nach dem 01.01.2020 in Verkehr gebracht werden, selbst wenn die erforderliche TSE noch nicht implementiert ist. Erstaunlich ist, dass die Bußgeldvorschrift des § 379 Abs. 1 AO durch die Nichtbeanstandungsregel des BMF vom 06.11.2019 nicht ebenfalls auf den 30.09.2020 hinausgeschoben wurde. Nach diesseitiger Auffassung sind gleichwohl Bußgelder nicht gerechtfertigt, soweit die „Verstöße" aufgrund von Nichtbeanstandungsregeln geduldet wurden.

Zu den unter bestimmten Voraussetzungen gewährten Erleichterungen der Länder über den 30.09.2020 hinaus s. Kap. 10.10. 939

Zur Nichtbeanstandungsregelung für Taxameter und Wegstreckenzähler vom 13.10.2023 s. Anhang 6. 940

10.10 Nichtbeanstandungsregeln der Länder (bis 31.03.2021)

Dem Ansinnen der Verbände, eine pandemiebedingte Verlängerung der Nichtbeanstandungsregeln zu erreichen, hatte das BMF mit Schreiben vom 30.06.2020 eine Absage erteilt. Die Verbände haben ihre Mitglieder daraufhin aufgerufen, bei Belastungen durch die Corona-Pandemie und Mehraufwand durch die kurzfristige Absenkung der Umsatzsteuersätze Anträge auf individuelle Erleichterungen nach § 148 AO stellen. Sehr kurzfristig haben die Bundesländer darauf reagiert, wohl auch, um eine Antragsflut in den Finanzämtern zu vermeiden. Nach und nach schufen 15 Bundesländer eigene „Nichtbeanstandungsregeln", indem sie unter bestimmten Voraussetzungen die Frist zur Implementierung der TSE bis längstens 31.03.2021 verlängerten. Lediglich Bremen entpuppte sich als „gallisches Dorf". Allgemein gehalten wird die fehlende Aufrüstung der elektronischen Aufzeichnungssysteme in den anderen 15 Bundesländern nicht beanstandet, wenn 941

– die TSE bis zum 30.09.2020 (tlw. bis zum 31.08.2020) bestellt, der Einbau aber nicht fristgerecht möglich war *oder*
– der Einbau einer cloud-basierten TSE vorgesehen, eine solche jedoch nachweislich noch nicht verfügbar war

und die entsprechenden Nachweise der Verfahrensdokumentation beigefügt wurden. Im Rahmen von Außenprüfungen und Nachschauen sind Sonderregelungen der einzelnen Bundesländer zu beachten, die im Ergebnis zu einem föderalen Flickenteppich führten.[375] So mussten in einigen Bundesländern detaillierte Meldungen über die Kassensysteme abgeben werden, in anderen wurden Fristverlängerungen u.a. davon abhängig gemacht, dass in den letzten

---

375 *Achilles/Danielmeyer*, RET 4/2020, 18 (19); *Schäperclaus/Hanke*, BBK 2020, 876.

10 Manipulationsschutz ab 01.01.2020 (§ 146a AO)

10 Jahren kein Steuerstrafverfahren gegen den Antragsteller eingeleitet worden ist, das mit einer Verurteilung oder Geldauflage abgeschlossen wurde.

942 Erwartungsgemäß ist das BMF den Länderregelungen mit Schreiben vom 18.08.2020[376] entgegengetreten und hielt unter Verweis auf § 21a Absatz 1 FVG an der Frist bis 30.09.2020 fest. Zu den Reaktionen der Länder siehe nachfolgende Tabelle 17 (rechte Spalte unter „Hinweise"). Stpfl. in den betroffenen 15 Bundesländern dürften damit bis zum Außerkrafttreten der in ihrem Bundesland verfügten Billigkeitsregelung am 31.03.2021 Vertrauensschutz genießen, wenn sie die Voraussetzungen dafür erfüllt haben. Über den 31.03.2021 hinaus konnten ausschließlich einzelfallbezogene, ausreichend begründete Anträge nach § 148 AO zu einer weiteren Fristverlängerung führen.[377] Zu „Fallstricken" im Zusammenhang mit den Nichtbeanstandungsregeln siehe Rz. 943 ff.

---

[376] BMF vom 18.08.2020 – IV A 4 – S 0319/20/10002 :003, DOK 2020/0794005, BStBl. I 2020, 656, Anhang 5b.
[377] Siehe dazu Kap. 10.11.

10.10 Nichtbeanstandungsregeln der Länder (bis 31.03.2021)

Tabelle 17: Nichtbeanstandungsregeln der Länder (§ 146a AO)

Bundesland	Verlängerung bis längstens 31. März 2021	Besondere Regelungen zur Nachweispflicht	Antragsverfahren	Hinweise
Baden-Württemberg Ministerium für Finanzen Baden-Württemberg Pressemitteilung vom 10.07.2020 Erlass 3-S031.9/4 vom 10.07.2020	– wenn der Unternehmer die erforderliche Anzahl an TSE bei einem Kassenfachhändler oder einem anderen Dienstleister nachweislich bis zum 30. September 2020 verbindlich bestellt oder in Auftrag gegeben hat oder – der Einbau einer cloudbasierten TSE vorgesehen, eine solche jedoch nachweislich noch nicht verfügbar ist.	Die Voraussetzungen sind durch eine entsprechende Dokumentation festzuhalten, der Verfahrensdokumentation zur Kassenführung beizufügen, für die Dauer der gesetzlichen Aufbewahrungsfristen vorzuhalten und auf Verlangen vorzulegen.	Die Billigkeitsmaßnahme gilt bei Vorliegen aller Voraussetzungen als gewährt. Ein gesonderter Antrag ist nicht erforderlich. Bereits vor Bekanntgabe des Erlasses gestellte Anträge gelten als bewilligt, wenn die genannten Voraussetzungen erfüllt sind.	Baden-Württemberg hält trotz des BMF-Schreibens vom 18.08.2020 an der verlängerten Frist fest (s. Schreiben des Ministeriums der Finanzen Baden-Württemberg vom 11.09.2020).
Bayern Bayerisches Staatsministerium der Finanzen und für Heimat Presseinformation vom 10.07.2020 Erlass 33 – S 0319 -1/2 vom 10.07.2020	– wenn der Unternehmer die erforderliche Anzahl an TSE bei einem Kassenfachhändler oder einem anderen Dienstleister nachweislich bis zum 30. September 2020 verbindlich bestellt oder in Auftrag gegeben hat oder – der Einbau einer cloud-basierten TSE vorgesehen, eine solche jedoch nachweislich noch nicht verfügbar ist.	Die erforderlichen Nachweise sind der Verfahrensdokumentation zur Kassenführung beizufügen und für die Dauer der gesetzlichen Aufbewahrungsfrist vorzuhalten.	Ein gesonderter Antrag bei den Finanzämtern ist hierfür nicht erforderlich.	Bayern hält trotz des BMF-Schreibens vom 18.08.2020 an der verlängerten Frist fest (s. Schreiben des Bayerischen Staatsministeriums der Finanzen und für Heimat vom 14.09.2020).

339

10 Manipulationsschutz ab 01.01.2020 (§ 146a AO)

Bundesland	Verlängerung bis längstens 31. März 2021	Besondere Regelungen zur Nachweispflicht	Antragsverfahren	Hinweise
Berlin Senatsverwaltung für Finanzen Allgemeinverfügung der Senatsverwaltung für Finanzen vom 22.07.2020; Veröffentlichung im Amtsblatt Berlin, Nr. 32 vom 31.07.2020, Seite 4141.	– wenn der Einbau der TSE bis zum 30.08.2020 mit einem konkreten Termin beauftragt wurde und – eine Firma, die die TSE anbietet oder den Einbau vornimmt, bestätigt hat, dass die Umrüstung nicht bis zum 30.09.2020 möglich ist und – der Einbau spätestens bis zum 31.03.2021 erfolgt – alle sonstigen Verpflichtungen des § 146a müssen eingehalten werden und – für die Veranlagungszeiträume 2010-2020 darf kein Straf- oder Ordnungswidrigkeitsverfahren wegen Steuerhinterziehung bzw. Steuergefährdung vorliegen, das mit einer Verurteilung, einem Strafbefehl, einer Auflage oder einem Bußgeldbescheid abgeschlossen wurde.		Ein gesonderter Antrag ist nicht erforderlich.	Berlin hält trotz des BMF-Schreibens vom 18.08.2020 an der Allgemeinverfügung vom 22.07.2020 fest. Das gilt nicht für Stpfl., die bisher untätig geblieben oder bereits negativ aufgefallen sind (s. Pressemitteilung Nr. 20-018 der Senatsverwaltung für Finanzen vom 23.09.2020).

10.10 Nichtbeanstandungsregeln der Länder (bis 31.03.2021)

Bundesland	Verlängerung bis längstens 31. März 2021	Besondere Regelungen zur Nachweispflicht	Antragsverfahren	Hinweise
Brandenburg Ministerium der Finanzen und für Europa des Landes Brandenburg Verfügung vom 28.07.2020	– wenn der Unternehmer die erforderliche Anzahl an TSE bei einer Kassenfachhandlung, einem Kassenhersteller oder einem anderen Dienstleister im Kassenbereich nachweislich bis zum 31.08.2020 mit dem fristgerechten Einbau der TSE beauftragt hat und – vom Auftragnehmer schriftlich versichert wird, dass der Einbau bis zum 30.09.2020 nicht durchgeführt werden konnte und – vom Auftragnehmer ein konkreter Einbautermin in das elektronische Aufzeichnungssystem benannt wurde (spätestens 31.03.2021). Bei geplantem Einsatz einer cloudbasierten TSE muss der fristgerechte Einsatz bis zum 31.03.2021 spätestens bis 31.08.2020 nachweislich in Auftrag gegeben worden sein. Zusätzliche Voraussetzungen für die Inanspruchnahme der Fristverlängerung: – alle übrigen bereits erfüllbaren Anforderungen des § 146a AO (insbesondere Belegausgabepflicht) beachtet werden und – für die Veranlagungszeiträume 2010-2020 wurde kein Straf- oder Ordnungswidrigkeitsverfahren wegen Steuerhinterziehung bzw. Steuergefährdung durchgeführt, das mit einer Verurteilung, einem Strafbefehl, einer Auflage oder einem Bußgeldbescheid abgeschlossen wurde.	Das Vorliegen der Voraussetzungen ist durch eine entsprechende Dokumentation nachzuweisen, die der Verfahrensdokumentation zur Kassenführung beizufügen und für die Dauer der gesetzlichen Aufbewahrungsfrist vorzuhalten ist. Auf Verlangen ist sie z.B. im Rahmen von Nachschauen oder steuerlichen Außenprüfungen vorzulegen.	Bei Vorliegen der Voraussetzungen bis auf den dem Aufrüstungstermin folgenden Tag gilt die Billigkeitsmaßnahme als stillschweigend gewährt. Ein gesonderter Antrag ist nicht erforderlich. Bereits vor Bekanntgabe des Erlasses gestellte Anträge gelten als bewilligt, wenn die genannten Voraussetzungen erfüllt sind.	Brandenburg hält trotz des BMF-Schreibens vom 18.08.2020 an der Verfügung vom 28.07.2020 fest (s. Pressemitteilung des Ministeriums der Finanzen und für Europa des Landes Brandenburg vom 16.09.2020).

10 Manipulationsschutz ab 01.01.2020 (§ 146a AO)

Bundesland	Verlängerung bis längstens 31. März 2021	Besondere Regelungen zur Nachweispflicht	Antragsverfahren	Hinweise
Bremen	Pflicht zur Verwendung der TSE spätestens ab 01.10.2020. Es gilt weiterhin die Nichtbeanstandungsregel gem. BMF-Schreiben vom 06.11.2019, IV A 4 – S 0319/19/10002 :01, DOK 2019/0891800 bzw. deren Neufassung vom 18.08.2020, IV A 4 – S 0319/20/10002 :003 DOK 2020/0794005		Frist über den 30. September 2020 hinaus erfordert einen individuellen Antrag des Stpfl. (§ 148 AO).	
Hamburg Freie und Hansestadt Hamburg I Finanzbehörde Presseinformation vom 10.07.2020 Erlass S 0319 – 2020/003 -51 vom 10.07.2020	– wenn durch geeignete Unterlagen belegbar ist, dass die erforderliche Anzahl an TSE bis zum 30. September 2020 bei einem Kassenfachhändler, einem Kassenhersteller oder einem anderen Dienstleister im Kassenbereich verbindlich bestellt oder der Einbau der TSE beauftragt worden ist oder – der Einbau einer cloudbasierten TSE vorgesehen, eine solche aber noch nicht verfügbar ist. Die Nichtverfügbarkeit ist durch geeignete Dokumente nach-zuweisen. Der Einsatz der cloudbasierten oder einer anderen TSE muss auch in diesen Fällen bis zum 31. März 2021 sichergestellt werden.	Die genannten Nachweise sind im Rahmen der allgemeinen Aufbewahrungsfristen aufzubewahren und auf Verlangen vorzulegen.	Die Billigkeitsmaßnahme gilt bei Vorliegen der Voraussetzungen als gewährt. Ein gesonderter Antrag ist nicht erforderlich.	Hamburg hält trotz des BMF-Schreibens vom 18.08.2020 am Erlass vom 10.07.2020 fest (Schreiben Freie und Hansestadt Hamburg vom 11.09.2020, Az. S 0319 – 2020/003 -51)

10.10 Nichtbeanstandungsregeln der Länder (bis 31.03.2021)

Bundesland	Verlängerung bis längstens 31. März 2021	Besondere Regelungen zur Nachweispflicht	Antragsverfahren	Hinweise
Hessen Hessisches Ministerium der Finanzen Presseinformation vom 10.07.2020 Erlass S0316 A-002/10-II61/1 vom 10.07.2020	– wenn der Steuerpflichtige bis spätestens 30.09.2020 eine TSE verbindlich bestellt oder einen Kassenfachhändler, einen Kassenhersteller oder einen anderen Dienstleister im Kassenbereich verbindlich mit dem fristgerechten funktionsfertigen Einbau der TSE in das eAS beauftragt haben oder – der Einbau einer cloudbasierten TSE beabsichtigt ist, eine solche jedoch noch nicht verfügbar ist. Die Nichtverfügbarkeit ist durch geeignete Dokumente nachzuweisen. Der funktionsfertige Einbau einer TSE muss auch in diesen Fällen sichergestellt werden.	Erforderliche Nachweise sind im Rahmen der allgemeinen Aufbewahrungsfristen aufzubewahren und auf Verlangen der Finanzverwaltung vorzulegen. Ergänzend wies der Leiter der Abteilung Steuern und Finanzmarktrecht des Hessischen Ministeriums der Finanzen den Präsidenten der Steuerberaterkammer Hessen in einer Unterredung am 15.09.2020 noch auf das Folgende hin: „Der Steuerpflichtige könne als erforderlichen Nachweis dafür, dass der fristgerechte funktionsfertige Einbau der TSE in das elektronische Aufzeichnungssystem bis zum 30.09.2020 trotz rechtzeitiger verbindlicher Beauftragung oder Bestellung nicht erfolgen konnte, einen entsprechenden Einzelbeleg des Kassenfachhändlers, Kassenherstellers oder Dienstleisters im Kassenbereich verwenden. Ein solcher Nachweis sei ferner erforderlich, wenn die TSE zwar rechtzeitig vor dem 30.09.2020 beim Steuerpflichtigen vorhanden ist, allerdings nicht fristgerecht funktionsfertig in das elektronische Aufzeichnungssystem eingebaut werden kann."	Die Billigkeitsmaßnahme gilt bei Vorliegen der genannten Voraussetzungen als gewährt. In dem entsprechenden Umfang ist ein gesonderter Antrag nach §§ 146a, 148 AO nicht erforderlich.	Das Hessische Ministerium der Finanzen hat den Zentralverband des Deutschen Handwerks (ZDH) am 15.09.2020 darüber informiert, dass der Erlass vom 10.07.2020 auch vor dem Hintergrund des BMF-Schreibens vom 18.08.2020 weiter uneingeschränkt gilt.

10 Manipulationsschutz ab 01.01.2020 (§ 146a AO)

Bundesland	Verlängerung bis längstens 31. März 2021	Besondere Regelungen zur Nachweispflicht	Antragsverfahren	Hinweise
Mecklenburg-Vorpommern Finanzministerium Mecklenburg-Vorpommern Informationsblatt zur Umstellung der Kassensysteme (Stand 17.07.2020)	– wenn bis spätestens 30. September 2020 ein Kassenfachhändler, ein Kassenhersteller oder ein anderer Dienstleister im Kassenbereich mit dem fristgerechten Einbau einer TSE nachweislich beauftragt worden ist oder – bei geplantem Einsatz einer cloudbasierten TSE der fristgerechte Einsatz nachweislich bis zum 30. September 2020 beauftragt wurde.	Die Nachweise sind mit der Verfahrensdokumentation zur Kassenführung nach den allgemeinen Aufbewahrungsfristen aufzubewahren und auf Verlangen vorzulegen.	Die Erleichterung gilt bei Vorliegen der Voraussetzungen als gewährt.	Mecklenburg-Vorpommern hält trotz des BMF-Schreibens vom 18.08.2020 am Informationsblatt vom 17.07.2020 fest (Schreiben des Finanzministerium MV vom 17.09.2020 an die Verbände und Kammern des Landes MV). Vorsorglich wird im genannten Schreiben darauf hingewiesen, dass die nachgeordneten Dienststellen angehalten wurden, ab Oktober 2020 vermehrt Kassen-Nachschauen durchzuführen.

10.10 Nichtbeanstandungsregeln der Länder (bis 31.03.2021)

Bundesland	Verlängerung bis längstens 31. März 2021	Besondere Regelungen zur Nachweispflicht	Antragsverfahren	Hinweise
Niedersachsen Landesamt für Steuern Niedersachsen Presseinformation vom 10.07.2020 Informationsblatt zur TSE-Verlängerung (Stand 10.07.2020)	– wenn ein Kassenfachhändler, ein Kassenhersteller oder ein anderer Dienstleister mit dem fristgerechten Einbau einer TSE spätestens bis zum 31. August 2020 beauftragt wurde und dieser schriftlich versichert, dass der Einbau bis zum 30. September nicht möglich ist und es muss eine verbindliche Aussage vorliegen, bis wann das eAS mit einer TSE ausgestattet sein wird (spätestens bis zum 31. März 2020) – wenn beim geplanten Einsatz einer cloudbasierten TSE spätestens bis zum 31. August 2020 der fristgerechte Einsatz beauftragt wurde und durch geeignete Unterlagen dokumentiert wird, dass die TSE mangels Verfügbarkeit bis zum 30. September 2020 noch nicht eingesetzt werden konnte. Die Implementierung ist schnellstmöglich, spätestens bis zum 31. März 2021 abzuschließen.	Die Voraussetzungen sind durch eine entsprechende Dokumentation nachzuweisen, die der Verfahrensdokumentation zur Kassenführung beizufügen und für die Dauer der gesetzlichen Aufbewahrungsfrist vorzuhalten ist. Sie ist auf Verlangen, z. B. im Rahmen von Nachschauen und Prüfungen vorzulegen. Eine Eigenbescheinigung des/der Steuerpflichtigen ist nicht als ausreichend anzusehen.	Die Billigkeitsmaßnahme gilt bei Vorliegen der genannten Voraussetzungen als gewährt, wenn die bereits erfüllbaren Anforderungen des § 146a AO beachtet werden (insbes. Belegausgabepflicht). Das gilt auch für Anträge auf Fristverlängerung, die vor dem 10.07.2020 gestellt worden sind.	Mit Informationsschreiben vom 11.09.2020 wird klarstellend darauf hingewiesen, dass die Allgemeinverfügung vom 10.07.2020 weiterhin uneingeschränkt Gültigkeit besitzt.
Nordrhein-Westfalen Ministerium der Finanzen Nordrhein-Westfalen Presseinformation vom 10.07.2020 Erlass S 0316a – 1 – V A 5 vom 10.07.2020	– wenn durch geeignete Unterlagen (z. B. Bestellnachweise) belegt werden kann, dass das Unternehmen bis spätestens 30.09.2020 die Umrüstung bzw. den Einbau einer TSE bei einem Kassen-hersteller oder Dienstleister beauftragt hat oder – im Fall einer beabsichtigten cloudbasierten TSE die Nichtverfügbarkeit durch geeignete Dokumente des Kassenherstellers oder Dienstleisters (z. B. Zertifizierungsantrag, Mitteilungen BSI) nachgewiesen wird.	Die Erfüllung der genannten Voraussetzungen ist durch eine entsprechende Dokumentation nachzuweisen, die der Verfahrensdokumentation zur Kassenführung beizufügen und für die Dauer der gesetzlichen Aufbewahrungsfrist vorzuhalten ist.	Ein gesonderter Antrag ist nicht erforderlich.	Mit Schreiben vom 11.09.2020 wird darauf hingewiesen, dass der Erlass vom 10.07.2020 weiterhin uneingeschränkt gilt.

10 Manipulationsschutz ab 01.01.2020 (§ 146a AO)

Bundesland	Verlängerung bis längstens 31. März 2021	Besondere Regelungen zur Nachweispflicht	Antragsverfahren	Hinweise
Rheinland-Pfalz Ministerium der Finanzen Rheinland-Pfalz Allgemeinverfügungen der Finanzämter vom 27.07.2020	– wenn der Steuerpflichtige bis spätestens 31.08.2020 einen Kassenfachhändler, einen Kassenhersteller oder einen anderen Dienstleister im Kassenbereich mit dem Einbau einer TSE verbindlich beauftragt und von diesem eine Bestätigung eingeholt, dass eine Implementierung bis zum 30.09.2020 nicht möglich ist oder – der Steuerpflichtige hat den Einbau einer cloudbasierten TSE vorgesehen.	Die Dokumentation der Zugehörigkeit zu den genannten Fallgruppen sowie die erforderlichen Nachweise sind der Verfahrensdokumentation zur Kassenführung beizufügen und für die Dauer der gesetzlichen Aufbewahrungsfrist aufzubewahren. Die Dokumentation und Nachweise sind auf Verlangen, z. B. im Rahmen von Nachschauen und Prüfungen, vorzulegen.	Die Bewilligung der Allgemeinverfügung des jeweiligen Finanzamtes gilt unmittelbar gegenüber allen Steuerpflichtigen, die unter eine der beiden Fallgruppen fallen, soweit das Finanzamt örtlich zuständig ist. Sie steht unter der aufschiebenden Bedingung, dass der jeweilige Steuerpflichtige nach Ergehen der Allgemeinverfügung gegenüber dem Finanzamt schriftlich oder elektronisch anzeigt, dass die Voraussetzungen einer der beiden Fallgruppen erfüllt. Auf der Homepage des Landesamts für Steuern sind für alle rheinland-pfälzischen Finanzämter die Allgemeinverfügungen sowie ein Vordruck eingestellt. Bereits vor der Allgemeinverfügung gestellte Anträge finden mit der Allgemeinverfügung ihre Erledigung. Soweit die Voraussetzungen der Allgemeinverfügung erfüllt sind, wird den Anträgen in Form und nach Maßgabe der Allgemeinverfügung stattgegeben. Ansonsten werden diese mit der Allgemeinverfügung abgelehnt.	Mit Schreiben vom 16.09.2020, Az. S 0316-a#2018/0002-0401 447, hat das Ministerium der Finanzen Rheinland-Pfalz die Verbände darüber informiert, dass die rheinland-pfälzische Regelung vom 27.07.2020 weiterhin Bestand hat.

10.10 Nichtbeanstandungsregeln der Länder (bis 31.03.2021)

Bundesland	Verlängerung bis längstens 31. März 2021	Besondere Regelungen zur Nachweispflicht	Antragsverfahren	Hinweise
Saarland Ministerium für Finanzen und Europa des Saarlandes Pressemitteilung vom 14.07.2020	– wenn der Unternehmer vor dem 30.09.2020 einen Kassenfachhändler, Kassenhersteller oder einen anderen Dienstleister im Kassenbereich mit dem fachgerechten Einbau einer TSE beauftragt hat und – der Dienstleister schriftlich versichert hat, dass der Einbau einer TSE bis zum 30.09.2020 nicht möglich ist oder – der Unternehmer vor dem 30.09.2020 einen Kassenfachhändler, Kassenhersteller oder einen anderen Dienstleister im Kassenbereich mit dem Einsatz einer cloudbasierten TSE-Lösung beauftragt hat und – durch geeignete Unterlagen dokumentieren kann, dass die TSE mangels Verfügbarkeit bis zum 30.09.2020 noch nicht eingesetzt werden konnte.	Die Unterlagen (Bestellung der TSE und Bestätigung des Dienstleisters) sind zur Verfahrensdokumentation der Kassenführung zu nehmen und aufzubewahren. Es reicht aus, die Unterlagen aufzubewahren und im Fall einer Kassen-Nachschau oder einer Außenprüfung dem Prüfer nach Aufforderung vorzulegen.	Ein Antrag des Unternehmers ist nicht erforderlich. Ist bereits ein Antrag gestellt worden und die Voraussetzungen werden erfüllt, dann gilt der Antrag als genehmigt. Ein gesonderter Bescheid ergeht in diesen Fällen nicht.	Das Ministerium für Finanzen und Europa des Saarlandes hat dem Zentralverband des Deutschen Handwerks mitgeteilt, dass an der Pressemitteilung trotz des BMF-Schreibens vom 18.08.2020 weiterhin festgehalten wird.
Sachsen Sächsisches Staatsministerium der Finanzen Medieninformation vom 15.07.2020 Schreiben vom 17.07.2020, Az. 33-S 0315/11/2-2020/47961	– wenn der Einbau einer TSE bis zum 31.08.2020 nachweislich in Auftrag gegeben wurde oder – der Einbau einer cloudbasierten TSE vorgesehen, eine solche aber noch nicht verfügbar ist (Nichtverfügbarkeit ist durch geeignete Dokumente nachzuweisen).	Die Nachweise zur Beauftragung bzw. mangelnden Verfügbarkeit sind im Rahmen der allgemeinen Aufbewahrungsfristen aufzubewahren und auf Verlangen vorzulegen.	Ein gesonderter Antrag ist nicht erforderlich.	Das Staatsministerium der Finanzen hat am 16.09.2020 zur Klarstellung schriftlich mitgeteilt, dass der Erlass trotz des BMF-Schreibens vom 18.08.2020 weiter uneingeschränkt gilt.

Bundesland	Verlängerung bis längstens 31. März 2021	Besondere Regelungen zur Nachweispflicht	Antragsverfahren	Hinweise
Sachsen-Anhalt Ministerium der Finanzen Sachsen-Anhalt Erlass 43-S 0316 a-5/23/42928/2020 vom 17.07.2020	– wenn bis spätestens 30. September 2020 ein Kassenfachhändler, ein Kassenhersteller oder ein anderer Dienstleister im Kassenbereich mit dem fristgerechten Einbau einer TSE nachweislich beauftragt worden ist oder – bei geplantem Einsatz einer cloudbasierten TSE spätestens bis zum 30. September 2020 der fristgerechte Einsatz nachweislich beauftragt wurde.	Die Nachweise sind mit der Verfahrensdokumentation zur Kassenführung nach den allgemeinen Aufbewahrungsfristen aufzubewahren und auf Verlangen vorzulegen. Der Nachweis kann durch einen Einzelbeleg des Kassenfachhändlers, Kassenherstellers oder Dienstleisters erbracht werden. Ein solcher Nachweis ist auch erforderlich, wenn die TSE zum 30.09.2020 zwar beim Stpf. vorhanden ist, aber noch nicht fristgerecht funktionsfertig im elektronischen Aufzeichnungssystem verbaut wurde (s. dazu ergänzende Erläuterungen im Erlass vom 17.07.2020).	Die Billigkeitsmaßnahme gilt bei Vorliegen der Voraussetzungen als gewährt. Ein gesonderter Antrag ist nicht erforderlich.	Das Ministerium der Finanzen Sachsen-Anhalt hat die Finanzämter und Verbände mit Erlass vom 18.09.2020 darüber unterrichtet, dass es an seinem Erlass vom 17.07.2020 unverändert festhält (Az. 43-S 0316 a-5/33/54781/2020).

10.10 Nichtbeanstandungsregeln der Länder (bis 31.03.2021)

Bundesland	Verlängerung bis längstens 31. März 2021	Besondere Regelungen zur Nachweispflicht	Antragsverfahren	Hinweise
Schleswig-Holstein Finanzministerium SH Erlass VI 328 – S 0319 – 006, 36488/2020 vom 10.07.2020	– wenn bis spätestens 30.09.2020 ein Kassenfachhändler, ein Kassenhersteller oder ein anderer Dienstleister im Kassenbereich mit dem fristgerechten Einbau einer TSE nachweislich beauftragt worden ist oder – der Steuerpflichtige bei einem geplanten Einsatz einer cloudbasierten TSE den fristgerechten Einsatz bis zum 30.09.2020 nachweislich beauftragt hat.	Die Nachweise sind mit der Verfahrensdokumentation zur Kassenführung nach den allgemeinen Aufbewahrungsfristen aufzubewahren und auf Verlangen vorzulegen.	Die Billigkeitsmaßnahme gilt bei Vorliegen der Voraussetzungen als gewährt. Ein gesonderter Antrag ist nicht erforderlich.	Auf Anfrage des Zentralverbands des Deutschen Handwerks teilte das Finanzministerium des Landes Schleswig-Holstein am 17.09.2020 schriftlich mit, dass der Erlass vom 10. Juli 2020 (VI 328 – S 0319 – 006, 36488/2020) trotz des BMF-Schreibens vom 18.08.2020 weiterhin Gültigkeit besitzt.
Thüringen Thüringer Finanzministerium Medieninformation Nr. 56/2020 vom 22.07.2020 Allgemeinverfügungen der Finanzämter	– wenn der Steuerpflichtige die erforderliche Anzahl an TSE bis spätestens zum 30.09.2020 bei einem Kassenfachhändler, einem Kassenhersteller oder einem anderen Dienstleister im Kassenbereich verbindlich bestellt hat oder den fristgerechten Einbau der TSE verbindlich beauftragt hat oder – den Einbau einer cloudbasierten TSE vorgesehen hat.	Die Nachweise sind der Verfahrensdokumentation zur Kassenführung beizufügen und für die Dauer der gesetzlichen Aufbewahrungsfrist aufzubewahren.	Ein gesonderter Antrag ist dafür nicht erforderlich, das Vorliegen einer dieser Voraussetzungen ist lediglich gegenüber dem Finanzamt formlos oder mittels eines gesonderten Vordrucks zu erklären. Hinweis des Finanzamts auf dem amtlichen Vordruck: Die zeitliche Bewilligung bis zum 31.03.2021 gilt automatisch. Eine gesonderte Rückmeldung des Finanzamts zu dieser Anzeige ist nicht vorgesehen und erfolgt nur dann, wenn die Bewilligung für den angezeigten Einzelfall nicht gelten soll bzw. widerrufen wird.	Das Thüringer Finanzministerium hat am 16.09.2020 mitgeteilt, dass der Erlass betreffend die Verlängerung der Nichtbeanstandung von Kassen ohne zertifizierte technische Sicherheitseinrichtung trotz des BMF-Schreibens vom 18.08.2020 weiter erhalten bleibt (Medieninformation Nr. 72/2020).

(Quelle: Eigene Darstellung)

943 Vielfach übersehen wurde, dass die Nichtbeanstandungsregeln kein Freibrief sind bzw. waren – es kommt auf die Bauart des elektronischen Aufzeichnungssystems an. Denn das Zusammenspiel des BMF-Schreibens vom 26.11.2010 zur Aufbewahrung digitaler Unterlagen bei Bargeschäften[378], des § 146a AO und der Nichtbeanstandungsregel(n) des Bundes und der Länder führt dazu, dass bestimmte Aufzeichnungssysteme schon seit geraumer Zeit nicht mehr verwendet werden durften:

Abbildung 23: Prüfschema zur Aufrüstungsverpflichtung für PC- und App-Kassen (§ 146a AO)

(Quelle: Eigene Darstellung)

944 Komplexer wird die Prüfung, wenn der Stpfl. eine **bis zum 31.12.2019 angeschaffte Registrierkasse** eingesetzt hat. Hier konnte die Übergangsregel des Art. 97 § 30 Abs. 3 EGAO einen längeren Dispens, längstens bis 31.12.2022 gewähren.[379]

---

378 Anhang 3.
379 Hinweis auf Kap. 10.2.6.

10.10 Nichtbeanstandungsregeln der Länder (bis 31.03.2021)

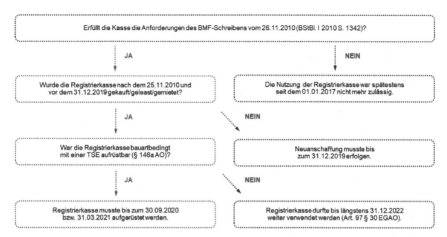

Abbildung 24: Prüfschema zur Aufrüstungsverpflichtung für Registrierkassen (§ 146a AO)
(Quelle: Eigene Darstellung)

> *Beachte:*
> Wurde eine **Registrierkasse erst nach dem 31.12.2019 angeschafft**, war sie zwingend mit einer TSE aufzurüsten. Die „Gnadenfrist" des Art. 97 § 30 EGAO für sog. Bestandskassen greift hier nicht. Soweit eine Aufrüstung bei diesen Kassen bauartbedingt nicht möglich gewesen sein sollte, durfte der Stpfl. sie von Beginn an nicht verwenden. Bestehende Nichtbeanstandungsregeln des Bundes und der Länder sind auf solche Kassen nicht anwendbar.

945

> **Beispiel:**
> Gregor D. (GD) erwarb in 2009 eine Registrierkasse, die er im Jahr 2011 i.S.d. BMF-Schreibens vom 26.11.2010 umrüstete. Eine Aufrüstung mit der TSE war bauartbedingt nicht möglich.

946

Nach Auffassung der Finanzverwaltung durfte GD die Kasse längstens bis zum 31.12.2019 einsetzen, da er sie vor dem 26.11.2010 angeschafft hat.

> **Fortsetzung Beispiel (1. Abwandlung):**
> GD hat die Kasse im Dezember 2019 an Tom N. (TN) verkauft.
> Die Kasse durfte von TN bis zum 31.12.2022 verwendet werden, da *er* sie im gesetzlich vorgesehenen Zeitraum bis 31.12.2019 angeschafft hat.

947

> **Fortsetzung Beispiel (2. Abwandlung):**
> GD hat die Kasse im Juni 2020 an TN verkauft.
> Die Kasse durfte auch von TN nicht mehr verwendet werden, da er sie erst nach dem 31.12.2019 angeschafft hat.

948

949 *Tipp:*
Seit dem 01.01.2020 ist besondere Vorsicht bei Erwerb und Verkauf *gebrauchter* elektronischer Aufzeichnungssysteme durch den Stpfl. geboten, sowohl als Einzelwirtschaftsgut als auch im Wege einer Geschäftsveräußerung im Ganzen. Der Verkauf wäre beim Veräußerer m.E. zwar nicht bußgeldbewehrt, weil er das Aufzeichnungssystem nicht *gewerbsmäßig* i.S.d. § 379 Abs. 1 Nr. 6 AO in Verkehr bringt. Vertragsabhängig sind jedoch ggf. **Regressansprüche** des Erwerbers denkbar, wenn dieser feststellt, dass er das Aufzeichnungssystem nicht oder nur zeitlich befristet nutzen darf/durfte. Grundsätzlich ist von derartigen Investitionen abzuraten. In den Kassen befinden sich historische Daten des Vorbesitzers (z.B. Grundprogrammierung, GT-Speicher), die zu Streitigkeiten im Rahmen einer BP führen können.[380] Bei der Anschaffung gebrauchter Kassen sollte zumindest ein Total-Reset durchgeführt werden, auch darf keinesfalls vergessen werden, die Organisationsunterlagen des Rechtsvorgängers i.S.d. § 147 Abs. 1 Nr. 1 AO ebenfalls zu übernehmen, um nicht von vornherein die Ordnungsmäßigkeit der Kassenführung zu gefährden.[381] Zu **Erwerb und Veräußerung einer TSE** s. Kap. 10.13.3.

10.11 Fristverlängerung nach § 148 AO (ab 01.04.2021)

950 Fristverlängerungen über den 31.03.2021 (im Bundesland Bremen über den 30.09.2020) hinaus konnten nur einzelfallabhängig und auf Antrag bewilligt werden, wenn die Voraussetzungen des § 148 AO erfüllt waren. Entsprechende Anträge der Stpfl. durften nach diesseitiger Auffassung nur genehmigt werden, wenn die Verwendung der technischen Sicherheitseinrichtung i.S.d. § 146a AO Härten mit sich brachte und die Besteuerung durch die Erleichterung nicht beeinträchtigt wurde (§ 148 Satz 1 AO). Beide Voraussetzungen sind gleichrangig und mussten kumulativ vorliegen. Exemplarische Fälle dafür sind z.B.

- erhebliche Liquiditätsschwierigkeiten aufgrund der Pandemie[382],
- regionale Folgen der Flutkatastrophe,
- nachgewiesene Lieferengpässe, insbesondere bei Cloud-TSE,
- Implementierung erzeugt unzumutbaren Aufwand (z.B. bei unmittelbar bevorstehender Betriebsaufgabe aus Altersgründen)[383].

---

380 Vgl. *Burkhard*, DStZ 2005, 268.
381 Vgl. FG Münster vom 16.05.2013 – 2 K 3030/11 E,U, EFG 2014, 86.
382 Ggf. kommt entsprechende Anwendung des § 150 Abs. 8 AO in Betracht. Dabei ist nach diesseitiger Auffassung jedoch zu berücksichtigen, dass die Aufwendungen für Anschaffungen und Erweiterungen von elektronischen Aufzeichnungssystemen i.S.d. § 146a AO im Rahmen der „Corona-Überbrückungshilfe III" unter weiteren Voraussetzungen förderfähig waren; vgl. FAQs zur Corona-Überbrückungshilfe für kleine und mittelständische Unternehmen, Frage 2.4, Tabelle Nr. 14, abrufbar unter *https://www.ueberbrueckungshilfe-unternehmen.de/UBH/Navigation/DE/Dokumente/ FAQ/Ueberbrueckungshilfe-III/ueberbrueckungshilfe-lll.html* (abgerufen am 21.10.2023). Zur steuerlichen Behandlung der Kosten der erstmaligen Implementierung einer zertifizierten technischen Sicherheitseinrichtung für Kassen(systeme) vgl. Anhang 15a, für Taxameter und Wegstreckenzähler Anhang 15b.
383 Ggf. kommt entsprechende Anwendung des § 150 Abs. 8 AO in Betracht.

10.11 Fristverlängerung nach § 148 AO (ab 01.04.2021)

Voraussetzung für die Inanspruchnahme einer über den 31.03.2021 hinaus gewährten Frist war zunächst, dass der Stpfl. die Nichtbeanstandungsregeln des Bundes[384] sowie die im jeweiligen Bundesland geltende „Nichtbeanstandungsregel"[385] beachtet hat. Insbesondere musste der Einbau der TSE rechtzeitig beauftragt und die dazugehörigen Unterlagen zur Verfahrensdokumentation genommen worden sein.[386] Ferner war die Belegausgabepflicht zu beachten, auch wenn nicht sämtliche Mindestinhalte i.S.d. § 6 KassenSichV auf dem Beleg abgebildet wurden. Waren bereits diese Voraussetzungen nicht erfüllt, war der Antrag grundsätzlich abzulehnen, da der Stpfl. sich erkennbar nicht bzw. nicht kontinuierlich um die Einhaltung der ihm obliegenden Aufzeichnungs- und Aufbewahrungspflichten nach den §§ 146a, 147 AO bemüht hat.

951

Soweit dem Verf. bekannt, wurden in begründeten Fällen Fristverlängerungen – abhängig vom Bundesland teils sehr großzügig – bis längstens 30.09.2021 gewährt. Unzureichende Anträge oder verletzte Mitwirkungspflichten gingen regelmäßig zu Lasten des Antragstellers. Alter und Krankheit des Stpfl. rechtfertigten regelmäßig keine Erleichterung.[387] Auch dauerhafte Erleichterungen kamen nicht in Betracht[388]; ausgebrachte Bewilligungen waren daher ermessensgerecht zu befristen. Der Stpfl. musste dazu unter Vorlage geeigneter Nachweise erläutern, bis wann er die TSE aller Voraussicht nach gesetzeskonform implementiert hat. Hierzu eigneten sich vor allem schriftliche Prognosen der Kassenhersteller, Kassendienstleister oder anderer Dienstleister über das geplante Roll-out-Verfahren.

952

Rückwirkend kann eine solche Erleichterung nur ausgesprochen werden, wenn sie bei rechtzeitigem Antrag bewilligt worden wäre. Hierbei sind in **Ausübung des Ermessens** (§ 5 AO) insbesondere die Grundsätze der Gleichmäßigkeit der Besteuerung, der Verhältnismäßigkeit der Mittel, der Erforderlichkeit, der Zumutbarkeit, der Billigkeit und von Treu und Glauben sowie das Willkürverbot und das Übermaßverbot zu beachten.[389] Entsprechende Ermessenserwägungen, die zur Ablehnung rückwirkend gestellter Anträge führen, sind dem Stpfl. mitzuteilen und aktenkundig zu machen. Dabei können auch anonymisierte Vergleichsbetriebe herangezogen werden, die die TSE bereits im Einsatz hatten. Entscheidungserheblich können zudem in der Vergangenheit durchgeführte Außenprüfungen oder Nachschauen sein. Vor allem in Schätzungsfällen, in denen erhebliche Verstöße gegen steuerliche oder außersteuerliche Normen festgestellt wurden, sind rückwirkend gestellte Anträge nach diesseitiger Auffas-

953

---

384 Kap. 10.9.
385 Kap. 10.10.
386 Einige Bundesländer sahen eine großzügige Handhabung vor, z.B. bei pandemiebedingten Verzögerungen oder kurzfristiger Änderung der Planungen (Umstellung von beabsichtigter Cloud-TSE auf Hardware-TSE).
387 BFH vom 14.07.1954 – II 63/53 U, BStBl. III 1954, 253; kritisch *Dißars* in Schwarz/Pahlke, AO/FGO, 211. Lfg. 2023, § 148 Rz. 10.
388 AEAO zu § 148, Satz 2.
389 AEAO zu § 4, Nr. 4, zu § 5, Nr. 1.

sung abzulehnen. Das gilt erst Recht bei Einleitung von Steuerstraf- oder Ordnungswidrigkeitenverfahren.

954 Bei rückwirkender Bewilligung wird die Ordnungsmäßigkeit der Kassen(buch)führung nachträglich hergestellt mit der Folge, dass im Umfang der Erleichterungen bezogen auf den Rückwirkungszeitraum kein formeller Mangel vorliegt und eine Sanktionierung nach § 379 AO ausscheidet.

10.12 Sonderfälle im Umfeld der Nichtbeanstandungsregeln

955 Durch die verworrene Rechtslage in den einzelnen Bundesländern werden sich in kommenden Außenprüfungen, Nachschauen und Gerichtsverfahren Fragestellungen ergeben, zu denen sich – soweit ersichtlich – bisher weder Bund noch Länder geäußert haben (Stand 01.04.2024). Die weitere Entwicklung bleibt abzuwarten.

956 **Beispiele:**
- Veräußerung einer Gebrauchtkasse (ggf. in ein anderes Bundesland).
- Verlegung Betrieb/Geschäftssitz in ein anderes Bundesland.
- Umwandlungen, z.B. von Einzelunternehmen in GmbH oder Verschmelzungen, ggf. auf Unternehmen in anderem Bundesland.
- Firmenzentrale in Bundesland X, Filialbetriebe in Bundesländern Y, Z.[390]
- Stpfl. hatte eine Cloud-TSE geplant, entscheidet sich aus objektiv nachvollziehbaren Gründen aber später für eine Hardware-TSE, z.B. aufgrund dauerhafter WLAN-Störungen, Verzögerungen im Zertifizierungsverfahren, Unerfüllbarkeit der Anforderungen an den Umgebungsschutz[391].

10.13 Anschaffung und Veräußerung einer TSE

10.13.1 Marktüberblick

957 Erstmals am 20.12.2019 wurden TSE-Zertifikate für Hardware-TSE ausgestellt. Die ersten technischen Sicherheitseinrichtungen konnten damit kurz vor Jahreswechsel 2019/2020 an die Kassenhersteller ausgeliefert werden. Für Cloud-TSE lagen am 18.02.2021 die ersten Zertifikate vor. Über den jeweils aktuellen Stand der Zertifizierungen informiert das Bundesamt für Sicherheit in der Informationstechnik (BSI) auf seiner Homepage.[392]

---

[390] Vgl. *Schäperclaus/Hanke*, BBK 2020, 877 (883).
[391] Glossar, Anhang 1.
[392] Technische Sicherheitseinrichtungen für elektronische Aufzeichnungssysteme, Abruf unter *https://www.bsi.bund.de/DE/Themen/Unternehmen-und-Organisationen/ Standards-und-Zertifizierung/Zertifizierung-und-Anerkennung/Listen/Zertifizierte-Produkte-nach-TR/Technische_Sicherheitseinrichtungen/TSE_node.html* (abgerufen am 21.10.2023). Die hier gelisteten Zertifikate erheben keinen Anspruch auf Vollständigkeit, weil Antragsteller der Veröffentlichung ihrer Produkte widersprechen können.

10.13 Anschaffung und Veräußerung einer TSE

Tipp:
Technische Fragen zur TSE werden vom BSI unter der E-Mail-Adresse *registrierkassen@bsi.bund.de* beantwortet. Fragestellungen zur DSFinV-K können unter der E-Mail-Adresse *IVA4@bmf.bund.de* an das BMF gerichtet werden.

10.13.2 Steuerliche Behandlung der Aufwendungen für elektronische Aufzeichnungssysteme sowie Implementierung von TSE, DSFinV-K und DSFinV-TW

Zur Nutzungsdauer von Computerhardware und Software zur Dateneingabe und -verarbeitung im Allgemeinen s. BMF-Schreiben vom 22.02.2022.[393]

Zur Frage der steuerlichen Behandlung der Aufwendungen für Implementierung der TSE sowie der einheitlichen digitalen Schnittstelle s. Anhang 15a für Kassen(systeme) bzw. Anhang 15b für EU-Taxameter und Wegstreckenzähler.

Hinweis:
Unter weiteren Voraussetzungen waren die Aufwendungen für Anschaffungen und Erweiterungen von elektronischen Aufzeichnungssystemen i.S.d. § 146a AO im Rahmen der **„Corona-Überbrückungshilfe III"** förderfähig.[394]

10.13.3 Veräußerung und Erwerb einer gebrauchten TSE

Die Veräußerung einer TSE oder eines Kassensystem mit implementierter TSE an einen Dritten ist grundsätzlich zulässig. Der Veräußerer hat die Außerbetriebnahme, der Erwerber die Anschaffung innerhalb eines Monats an die zuständige Finanzbehörde zu melden, sobald das elektronische Meldeverfahren i.S.d. § 146a Abs. 4 AO bereit steht.[395]

Neben der zwingenden Sicherung der vorhandenen TSE-Daten durch den Veräußerer muss der Erwerber (und möglichst auch der Veräußerer) den Stand des Transaktionszählers und des Signaturzählers dokumentieren.[396] Idealerweise werden die Angaben in einem Übertragungsvertrag festgehalten. Zudem gilt es Folgendes zu beachten: Der berechtigte Administrator soll mit einer einzigartigen Kennung (UserID) identifiziert werden können.[397] Zu diesem Zweck soll für noch nicht initialisierte TSE eine PIN[398] zur Nutzerauthentifizierung sowie ein

---

[393] BMF vom 22.02.2022 – IV C 3 – S 2190/21/10002 :35, BStBl. I 2022, 187. Auf klassische Registrierkassen, Taxameter und Wegstreckenzähler ist das BMF-Schreiben nicht anwendbar.
[394] Vgl. FAQs zur Corona-Überbrückungshilfe für kleine und mittelständische Unternehmen, Frage 2.4, Tabelle Nr. 14, Abruf unter *https://www.ueberbrueckungshilfe-unternehmen.de/UBH/Navigation/DE/Dokumente/FAQ/Ueberbrueckungshilfe-III/ueberbrueckungshilfe-lll.html* (abgerufen am 21.10.2023).
[395] Siehe dazu Kap. 10.6; Anhang 14 (Ausfüllhilfe).
[396] BMF, *https://www.bundesfinanzministerium.de/Content/DE/FAQ/2020-02-18-steuergerechtigkeit-belegpflicht.html* (abgerufen am 04.07.2022).
[397] Gem. BSI TR-03153-1, Version 1.1.0, Kap. 5.3.2 müssen die User-Konten „admin" und „timeadmin" zwingend PIN-geschützt sein.
[398] Personal Identification Number.

PUK[399] zwecks Entsperrung bei aufeinanderfolgenden Falscheingaben vergeben werden. Bei Veräußerung einer gebrauchten TSE sind dem Erwerber deshalb UserID, PIN und PUK zugänglich zu machen.[400] Ist der Administrator der Kassendienstleister, müssen die Angaben dort erfragt werden. Je nach TSE-Anbieter muss die PIN mindestens 5 oder 8 Stellen, die PUK mindestens 6 oder 10 Stellen aufweisen.

10.14 Bußgeld bei Verstößen gegen § 146a AO

964 Wer gegen § 146a AO i.V.m. der KassenSichV verstößt, sieht sich zahlreichen Bußgeldtatbeständen gegenüber. Wenn eine unzulässige Handlung nicht bereits nach § 378 AO (leichtfertige Steuerverkürzung) geahndet werden kann, können wegen der in § 379 Abs. 1 AO katalogisierten Steuerordnungswidrigkeiten Geldbußen festgesetzt werden. Deren Festsetzung ist nicht davon abhängig, ob tatsächlich ein Verkürzungserfolg eingetreten ist. Ausreichend ist, dass der Stpfl. durch sein Verhalten vorsätzlich oder leichtfertig eine Steuerverkürzung oder die Erlangung nicht gerechtfertigter Steuervorteile „ermöglicht". Abhängig vom Verschulden und der Schwere des Mangels kann zunächst auch eine bloße **Verwarnung** ein geeignetes Mittel sein.

965 **Tabelle 18:** Bußgeldtatbestände bei Verstößen gegen § 146a AO und Höhe der Sanktionierung (§ 379 AO)

§ 379 (1)	Tatbestand	Geldbuße
Nr. 1	Ausstellung tatsächlich unrichtiger Belege	max. 5.000 €
Nr. 2	Inverkehrbringen von Belegen gegen Entgelt	max. 5.000 €
Nr. 3	Falsch- oder Nichtaufzeichnung oder -verbuchung von buchungs- oder aufzeichnungspflichtigen Geschäftsvorfällen oder Betriebsvorgängen, auch durch Dritte	max. 25.000 €
Nr. 4	Nichtverwendung oder nicht richtige Verwendung eines elektronischen Aufzeichnungssystems i.S.d. § 146 Abs. 1 Satz 1 AO	max. 25.000 €
Nr. 5	Aufzeichnungssysteme nicht oder nicht richtig schützen (TSE)	max. 25.000 €
Nr. 6	Nicht konforme Systeme (elektronische Aufzeichnungssysteme, Software für elektronische Aufzeichnungssysteme, technische Sicherheitseinrichtung) gewerbsmäßig bewerben oder in Verkehr bringen	max. 25.000 €
Nr. 7	Unterlage nach § 147 Abs. 1 Nr. 1 bis 3 oder 4 nicht oder nicht für die vorgeschriebene Dauer aufbewahren[401]	max. 25.000 €

---

399 Personal Unblocking Key.
400 Zur erstmaligen Initialisierung vgl. Technical Guideline BSI TR-03151 Secure Element API (SE API), Tz. 4.1 f.
401 Eingefügt durch DAC7-Umsetzungsgesetz vom 20.12.2022, BGBl. I 2022, 2730. Anwendung auf alle am 01.01.2023 anhängigen Verfahren (Art. 97 § 37 Abs. 1 EGAO). Bei der Vorschrift dürfte sich häufig das Nachweisproblem ergeben, ob die betreffende Unterlage jemals angefertigt wurde bzw. vorhanden war, z.B. bei Arbeitsanweisungen und sonstigen Organisationsunterlagen.

§ 379 (1)	Tatbestand	Geldbuße
-	Verstöße gegen die Meldepflicht	-
-	Verstöße gegen die Belegausgabepflicht	-

(Quelle: Eigene Darstellung)

Durch das DAC7-Umsetzungsgesetz vom 20.12.2022[402] sind weitere Bußgeldtatbestände in § 379 Abs. 2 AO aufgenommen worden, die zu einer Verschärfung der Rechtslage im Umfeld der Datenzugriffsrechte geführt haben. Danach handelt auch ordnungswidrig, wer vorsätzlich oder leichtfertig 966

– einer vollziehbaren Anordnung nach § 147 Abs. 6 Satz 1 AO zuwiderhandelt (§ 379 Abs. 2 Nr. 1h AO n. F.), belegt mit Geldbuße bis zu 25.000 €,
– entgegen § 147 Abs. 6 Satz 2 Nr. 1 AO n. F. Einsicht nicht, nicht richtig oder nicht vollständig gewährt (§ 379 Abs. 2 Nr. 1i AO n. F.), belegt mit Geldbuße bis zu 25.000 €,

jeweils belegt mit Geldbußen bis 25.000 €. Ohne Bedeutung ist, ob die Handlungen zu einer Steuerverkürzung oder Erlangung nicht gerechtfertigter Steuervorteile geführt oder eine solche ermöglicht haben.

Bei im Katalog des § 379 genannten Verletzungen sind die Beschäftigten der Finanzverwaltung angehalten, die für Straf- und Bußgeldsachen zuständige Stelle zu unterrichten.[403] 967

> Beachte: 968
> Zivilrechtlich drohen bei Verstößen gegen § 379 Abs. 1 Nr. 6 AO zusätzlich wettbewerbsrechtliche Unterlassungs- oder Schadenersatzansprüche von Mitbewerbern.[404]

10.15 Datenzugriffsrechte ab 01.01.2020

Datenzugriffe durch die Finanzverwaltung sind bereits seit Einführung des § 147 Abs. 6 AO am 01.01.2002 Alltag im Prüfungsgeschäft. Durch Aufnahme des § 146a in die Abgabenordnung haben sich die Datenzugriffsrechte der Finanzverwaltung in Abhängigkeit von der Art des Verwaltungsverfahrens (Außenprüfung, Kassen-Nachschau, Umsatzsteuer-Nachschau), der Art des elektronischen Aufzeichnungssystems und dem Prüfungszeitraum signifikant verändert. Siehe dazu im Einzelnen Kap. 12. 969

10.16 Im Dschungel der Kassenführung – wo finde ich was?

Hinweis auf Anhang 18 (Fundstellenkatalog inkl. Verlinkungen). 970

---

402 BGBl. I 2022, 2730.
403 AEAO zu § 146a i.d.F. bis 31.12.2023, Nr. 11.3; AEAO zu § 146a i.d.F. ab 01.01.2024, Nr. 1.19.3 (Abdruck in Anhang 20).
404 Zu den Einzelheiten wird auf die einschlägigen Regelungen im Gesetz gegen den unlauteren Wettbewerb (UWG) verwiesen.

10.17 Evaluierung des Gesetzes zum Schutz vor Manipulationen an digitalen Grundaufzeichnungen

971 Der Titel des Gesetzes beinhaltet bereits seine Zielsetzung: Es sollen die sensiblen und wertvollen (steuerlichen) Grundaufzeichnungen vor Manipulationen geschützt werden. Damit einhergehend soll die Sicherung der Wettbewerbsgleichheit, der Schutz steuerehrlicher Konkurrenten und der effiziente und gerechte Steuervollzug gewährleistet werden. Grundsätzlich existieren im steuerlichen Risikomanagement im Erlösbereich drei Risikofelder.[405]

1. **Primärrisiko**: Nichterfassung des Geschäftsvorfalls.
2. **Sekundärrisiko**: Ein aufgezeichneter Geschäftsvorfall wird gelöscht oder im Nachgang nicht nachvollziehbar manipuliert bzw. verändert.
3. **Tertiärrisiko**: Der Geschäftsvorfall ist ordnungsgemäß erfasst, wird jedoch falsch übertragen und somit unrichtig in die Steuerdeklaration übernommen.

972 Für diese Risikofelder musste der Gesetzgeber geeignete Maßnahmen entwickeln, gesetzlich verankern und damit das Risiko möglicher Steuerausfälle minimieren. Derart einschneidende Maßnahmen müssen den Risikofeldern nicht nur wirksam begegnen, sie sollten möglichst auch auf breite Akzeptanz stoßen und die Beteiligten zur Einhaltung der gesetzlichen Vorgaben animieren. Auch wenn das Kassengesetz auf den ersten Blick wirksam scheint, so existieren an einigen Stellen Optimierungspotentiale[406], die im Zuge der **Evaluierung des Kassengesetzes im Jahr 2025** in die Überlegungen einbezogen werden sollten:

973 1. In Deutschland existiert keine gesetzliche Verpflichtung zur Nutzung eines elektronischen Aufzeichnungssystems i.S.d. §146a AO. Damit besteht die Möglichkeit, durch Führung offener Ladenkassen oder Flucht/Rückkehr zur offenen Ladenkasse[407] („Downsizing") u.a. die gesetzlich verankerte Einzelaufzeichnungspflicht über den Ausnahmetatbestand des §146 Abs. 1 Satz 3 AO zu umgehen. Dem ließe sich durch eine allgemeine Registrierkassenpflicht[408] unter Berücksichtigung von Umsatzgrenzen[409] (Kleinunternehmer-Regelung) oder Ausnahmetatbeständen für bestimmte Berufsgruppen (z.B. Marktschreier, Losverkäufer) begegnen. Durch Einführung einer Betragsgrenze wäre zudem das potenzielle Risikofeld auf einen niedrigen Um-

---

[405] Vgl. und ausführlich dazu *Huber*, StBp 2009, 154.
[406] Der nachfolgende Katalog wurde gemeinsam mit *Viktor Rebant* entwickelt. *Viktor Rebant*, LL.B. ist Manager im Bereich Tax Technology und berät an den Schnittstellen zwischen IT und Steuerrecht. Der Katalog erhebt keinen Anspruch auf Vollständigkeit.
[407] So bereits *Kläne/Thünemann*, StBp 2017, 239, 242.
[408] Vgl. dazu entsprechende Überlegungen in BT-Drucks. 18/10667, S. 21.
[409] Denkbar wäre ein Gleichlauf mit den Umsatzgrenzen des §19 UStG (Kleinunternehmerschaft).

10.17 Evaluierung des Gesetzes zum Schutz vor Manipulationen

satzbereich beschränkt.[410] Zur Kritik an der offenen Ladenkasse i. S. d. § 146 Abs. 1 Satz 3 AO vgl. ausführlich Kap. 7.6.

2. Einführung einer Bargeldobergrenze, wie bereits in vielen anderen Ländern üblich, um auch an der Stelle das potenzielle Risikofeld auf einen gewissen Transaktionsbereich zu beschränken. Ein gutes Beispiel sind Immobilientransaktionen, bei denen seit dem 28.12.2022 keine Barzahlungen mehr möglich sind (Sanktionsdurchsetzungsgesetz II[411]). Insofern erscheint nicht konsequent, z. B. eine bare Anzahlung auf eine Immobilie i. H. v. 10.000 € trotz bestehender Anzeigepflichten der Notariate zu untersagen, während die Anschaffungskosten für Kraftfahrzeuge, Einbauküchen oder andere hochpreisige (Luxus-)Güter wie Uhren, Schmuck, Yachten u. v. m. weiterhin in unbegrenzter Höhe mit Bargeld beglichen werden können.

3. Verpflichtung zur Annahme von EC- und Kreditkartenzahlungen, sobald ein System i. S. d. § 146a AO i. V. m. § 1 KassenSichV genutzt wird. Die Verpflichtung sollte auch bei Einsatz offener Ladenkassen gelten, sofern keine allgemeine oder antragsgebundene Erleichterung nach § 148 AO gewährt wird. Flankierend muss eine Regelung für den Ausfall von Kartenterminals geschaffen werden.

4. Je nach Plattform- oder Client-Server-Architektur ist die SMAERS[412]-Einheit an bestimmter Stelle zu verorten.[413] Die Prüfbarkeit des Umgebungsschutzes[414] und der damit zusammenhängenden Verortung der SMAERS-Einheit stellt sich für Prüfungsdienste i. d. R. als schwierig dar, da hierfür ein sehr tiefes technisches Verständnis erforderlich ist. Zudem fehlt es an rechtlicher Eindeutigkeit, nach welcher Rechtsgrundlage bspw. der Router abgetrennt werden dürfte, um die entsprechenden Prüfungen vorzunehmen.

5. Die Belegausgabepflicht nach § 146a Abs. 2 AO war ein guter erster Schritt zusammen mit den Belegangaben des § 6 KassenSichV, um dem Primärrisiko zu begegnen. Jedoch weist sie in ihrer aktuellen Umsetzung einige Schwachstellen auf, die in Zukunft geschlossen werden sollten. So fehlt es der Belegausgabepflicht an Akzeptanz in den Unternehmen, da sie in den meisten Fällen ins Leere läuft, weil vor allem in niedrigpreisigen Gewerbezweigen kaum ein Kunde den Beleg annehmen möchte. Ferner kann sie in klassischen Buffet-Fällen leicht umgangen werden.[415] Vor diesem Hintergrund sollte mindestens eine gesetzliche Verpflichtung zum automatisierten Belegdruck (händischer Anstoß des Belegdrucks ist aktuell ausreichend) oder zur automatisierten elektronischen Bereitstellung eingeführt werden, was nicht als Verschärfung der Rechtslage gesehen werden kann, sondern die tatsächli-

---

410 Vgl. *Rebant*, RET 3/2021, 67.
411 BGBl. I 2022, 2606.
412 Glossar, Anhang 1.
413 Vgl. BSI Klarstellungen und Anwendungshinweise zu BSI TR-03153 Nr. 2.1 und 2.2.
414 Glossar, Anhang 1.
415 Vgl. *Rebant*, RET 3/2021, 69.

978 6. Die unterlassene Belegausgabe i. S. d. § 146a Abs. 2 AO kann weder als Straftat noch als Ordnungswidrigkeit sanktioniert werden, was die Nichteingabe von Umsätzen in Branchen, in denen regelmäßig kein Bon erwartet oder verlangt wird (z. B. Eisdielen, Fast-Food-Restaurants, Bäckereien, Indoor-Spielplätze, u. v. a.), zu einfach macht. Nach Auffassung der Finanzverwaltung kann die Nichtausgabe „nur" als Indiz dafür gewertet werden, dass den Aufzeichnungspflichten nicht entsprochen wurde.[416] Zulässig wäre zudem die Anwendung von Zwangsmitteln nach §§ 328 ff. AO. § 379 AO bleibt unberührt, was zum paradoxen Ergebnis führt, dass Stpfl., die *leichtfertig* unrichtige Belege ausstellen, bußgeldrechtlich schlechter gestellt werden als diejenigen, die sich *vorsätzlich* über die Belegausgabepflicht hinwegsetzen. Daher sollte eine Sanktionierungsmöglichkeit bei Verstoß gegen die Belegausgabepflicht i. S. d. § 146a Abs. 2 AO in § 379 AO verankert werden. Hier wären – ähnlich der Regelungen im Straßenverkehrsrecht – beschleunigte Bußgeldverfahren, aber auch Verwarnungsgelder denkbar. Unbefriedigend ist zudem die Regelung: „Enthält ein ausgegebener Beleg nicht alle in § 14 Abs. 4 Satz 1 UStG aufgeführten Pflichtangaben, gilt dies nicht als Ordnungswidrigkeit im Sinne des § 26a Abs. 2 Nr. 1 UStG."[417]

979 7. Ergänzend könnte die Belegausgabepflicht um eine Belegannahme-/mitnahmepflicht des Kunden erweitert werden. Damit würden sowohl Unternehmen als auch Kunden gleichermaßen für die Thematik sensibilisiert werden.[418] Damit es an keinem rechtlichem Durchsetzungsmittel fehlt, könnte eine fehlende Belegmitnahme als Bußgeldtatbestand sanktioniert werden, wie es in vielen Ländern bereits üblich ist. Im Umfeld elektronischer Belegausgaben könnte eine Belegannahmepflicht auch als Antriebsmotor für die Digitalisierung fungieren, da beim Kunden „Leidensdruck" entsteht und dadurch Raum für Innovation geschaffen wird.[419]

980 8. Denkbar wäre auch eine Verpflichtung zum Abdruck der TSE-Daten auf sämtlichen Belegen, die als Werbungskosten, Betriebsausgaben oder Sonderausgaben steuermindernd geltend gemacht werden. Bisher besteht eine solche Regelung nur für Bewirtungskosten, die zudem nicht gesetzlich verankert ist.[420] Eine solche Regelung würde automatisch zu mehr Akzeptanz beim

---

416 BMF-FAQ, Abruf unter *https://www.bundesfinanzministerium.de/Content/DE/FAQ/2020-02-18-steuergerechtigkeit-belegpflicht.html* (abgerufen am 21.10.2023).
417 Abschn. 14.5 Abs. 1 UStAE.
418 Vgl. dazu den unterhaltsamen Werbesport der schwedischen Finanzverwaltung, Abruf unter *https://vimeo.com/33212390* (abgerufen am 21.10.2023).
419 Vgl. *Rebant*, RET 3/2021, 69.
420 BMF, Schreiben vom 30.06.2021– IV C 6 – S 2145/19/10003 :003, BStBl. I 2021, 908 (Abdruck in Anhang 19). Vgl. zur fehlenden gesetzlichen Verankerung der Verwaltungsauffassung FG Berlin-Brandenburg vom 08.11.2021 – 16 K 11381/18, EFG 2022, 575. Die hiergegen eingelegte Nichtzulassungsbeschwerde wurde mit BFH vom 30.08.2022 – VI B 3/22 als unzulässig verworfen.

Bürger führen, den Beleg mitzunehmen. Andererseits würde es „TSE-Totalverweigerer" im Kreis der Unternehmerschaft[421] zur Implementierung einer TSE animieren, um keine Wettbewerbsnachteile zu erleiden, weil Kunden ihre Kaufentscheidung (auch) anhand des Belegausgabeverhaltens und der Belegqualität treffen würden. Im Gegenzug müssten Vertrauensschutzregelungen, u. a. im Umfeld der §§ 4 Abs. 4, 9 Abs. 1, 33 Abs. 4 EStG oder der §§ 15 UStG i. V. m. 25f UStG geschaffen werden.

9. Einführung einer Sanktionierungsmöglichkeit bei Verstoß gegen die Meldepflicht i. S. d. § 146a Abs. 4 AO in § 379 AO. 981

10. Etablierung eines zentralen Registers, um Abgleiche zwischen elektronischen Aufzeichnungssystemen und technischen Sicherheitseinrichtung (TSE) zu ermöglichen. Das Meldeverfahren i. S. d. § 146a Abs. 4 AO ist grundsätzlich ein sinnvoller Bestandteil des neuen Gesamtsicherheitskonzepts, jedoch weist es eine erhebliche Schwäche auf, denn seitens der Finanzverwaltung ist nicht geplant, ein zentrales Melderegister für elektronische Aufzeichnungssysteme einerseits und TSE andererseits aufzubauen. Erst im Zeitpunkt der Meldung an die Finanzverwaltung wird die TSE mit dem Aufzeichnungssystem „verheiratet".[422] Sowohl TSE- und Kassenhersteller (oder -dienstleister) unterliegen keinerlei Meldepflichten[423], wodurch das Kontrollgefüge an dieser Stelle nicht ausreichend ist. Die Gefahr der „schwarzen Kasse" bzw. der Manipulationstechniken „Double Till" oder „Phantomkasse" bleiben damit weiterhin real und ggf. unentdeckt. 982

11. Zahlreiche Regelungen sind ausschließlich in norminterpretierenden Verwaltungsanweisungen (z. B. AEAO), den BMF-FAQ[424] oder den BSI-FAQ[425] geregelt. Während norminterpretierende Verwaltungsanweisungen nur für die Finanzverwaltung Bindungswirkung entfalten, sind die genannten FAQ sogar nur „Orientierungshilfen" i. S. v. Empfehlungen.[426] Die Entscheidung im Einzelfall bleibt dem zuständigen Finanzamt vorbehalten. Zwar sind die FAQ grundsätzlich sehr zu begrüßen, da sie Vertrauen schaffen und schnell und unkompliziert veröffentlicht werden können. Angestrebt werden sollte jedoch, diese in die Normenhierarchie einzugliedern. Im Übrigen fehlt es den FAQ leider an einer Änderungshistorie, was Finanzverwaltung, Kassen- 983

---

421 Einer Umfrage unter dem DFKA e. V. angeschlossenen Kassenfachhändlern zufolge soll der prozentuale Anteil nicht umgerüsteter Kassen bei rd. 5 % liegen (Stand März 2023). Tatsächlich dürfte die „Dunkelziffer" höher liegen.
422 BSI TR-03153 Nr. 3.5.1.
423 Vgl. ausführlich *Engelen/Höpfner*, DStR 2020, 1985, unter 3.2.
424 Abruf unter *https://www.bundesfinanzministerium.de/Content/DE/FAQ/2020-02-18-steuergerechtigkeit-belegpflicht.html* (abgerufen am 11.02.2023).
425 Abruf unter *https://www.bsi.bund.de/DE/Themen/Unternehmen-und-Organisationen/Standards-und-Zertifizierung/Schutz-vor-Manipulation-an-digitalen-Grundaufzeichnungen/Fragen-und-Antworten/fragen-und-antworten_node.html* (abgerufen am 21.10.2023).
426 Vgl. hierzu insbesondere AEAO zu § 4 n. F.

10 Manipulationsschutz ab 01.01.2020 (§ 146a AO)

herstellern und Steuerbürgern erschwert, sich über Änderungen und Änderungszeitpunkte gezielt zu informieren.

984 12. Harmonisierung der Datenzugriffsrechte für Außenprüfungen, USt-Nachschauen und Kassen-Nachschauen, auch unter Berücksichtigung des Gesetzes zur Umsetzung der Richtlinie (EU) 2021/514 des Rates vom 22. März 2021 zur Änderung der Richtlinie 2011/16/EU über die Zusammenarbeit der Verwaltungsbehörden im Bereich der Besteuerung und zur Modernisierung des Steuerverfahrensrechts (Stichwort DAC 7). Aktuell existiert ein Flickenteppich, der folgende Dreiklang-Prüfung erfordert:

   i. In welchem der drei Verfahren befinde ich mich?
   ii. Welches Aufzeichnungssystem nutze ich?
   iii. In welchem Prüfungszeitraum befinde ich mich?

Je nach Einzelfall kann lediglich ein Anrecht auf Papierunterlagen bestehen, was nicht zielführend sind, da häufig erst mit der Ausübung des Datenzugriffsrechts Manipulationen zutage gefördert werden. Aktuell muss bei Kassen-Nachschauen in eine Außenprüfung übergeleitet werden, um auch den Datenbestand zu erhalten, auf den der Amtsträger mangels einheitlicher digitaler Schnittstelle keinen Zugriff hat (z.B. Schankanlagen, Geldspielgeräte u.a.). Vgl. dazu im Einzelnen Rz. 1154 (Tabelle 21).

985 13. Wünschenswert, aber kaum umsetzbar, wäre eine Zertifizierung des Gesamtsystems vor Ort. Dem bestehenden Grundsatz der Technologieoffenheit folgend ist es Aufgabe der Kassen- und TSE-Hersteller, (Software-)Lösungen zu entwickeln und in einer Art und Weise zu implementieren, die den gesetzlichen Anforderungen einschl. der BSI-Vorgaben in Form technischer Richtlinien (TR) und CC-Schutzprofile (SMAERS, CSP)[427] entsprechen.[428] Ob die Anforderungen beim Stpfl. vor Ort tatsächlich vollständig umgesetzt wurden, wird der Stpfl. aufgrund der Komplexität der technischen Systeme und Sicherheitseinrichtungen kaum selbst prüfen können.

986 14. Ist eine Zertifizierung nicht mehr vollumfänglich konform zu den Schutzprofilen PP-SMAERS oder PP-CSP, besteht per Regelung zur übergangsweisen Aufrechterhaltung der Zertifizierung in begründeten Ausnahmefällen die Möglichkeit der Rückkehr in einen hinreichend zertifizierten Regelbetrieb bzw. eine geordnete Außerbetriebnahme der jeweiligen TSE.[429] Zur Planungssicherheit ist an dieser Stelle eine gesetzliche Vertrauensschutzregelung überlegenswert, die ermöglicht, sich auf eine erteilte „Betriebserlaubnis" bis zum Ablauf der ursprünglichen Gültigkeitsdauer berufen zu

---

427 Glossar, Anhang 1.
428 Kritisch *Wagner*, RET 1/2022, 85; *Wagner*, RET 3/2022, 60; *Bron/Schroeder*, BB 2022, 279.
429 BSI TR-03153-1, Version 1.1.0, Kap. 8.2.5 i.V.m. BSI TR-03153-2.

10.17 Evaluierung des Gesetzes zum Schutz vor Manipulationen

können (Bestandsschutz).[430] Andernfalls sollten zumindest längere Übergangsfristen bei Versionsänderungen geschaffen werden,

15. Es fehlt an einer klaren gesetzlichen Regelung, dass „Bestellungen" zwingend mit der *Uhrzeit der ersten Bestellung* zu erfassen sind, z. B. in der Gastronomie (vgl. dazu auch Rz. 894). Bestellungen" werden häufig nicht oder nur handschriftlich auf einem **„Kellner-Block"** (Bestellzettel) aufgenommen und erst dann in die Kasse eingegeben, wenn der Gast/Kunde seinen Zahlwunsch äußert (auf den TSE-Sicherheitsmerkmalen des Bons zumeist erkennbar an der kurzen Zeitdifferenz zwischen TSE-Start und TSE-Ende). Fraglich ist mit Blick auf die Zielsetzung des § 146a AO, ob die steuerlichen Ordnungsvorschriften auch dann noch eingehalten werden, wenn die Bestellzettel als **Primäraufzeichnung** nach Übertrag in das elektronische Aufzeichnungssystem vernichtet werden.[431] Ungeachtet dessen liegt auf der Hand, dass die sofortige Erfassung bereits beim Bestellvorgang möglichem Betrug durch deliktisch handelnde Mitarbeiter vorbeugt. Im Friseur-/Kosmetikgewerbe ließe sich zudem über die Uhrzeiten ein sicherer Abgleich mit dem Terminkalender vornehmen, um vermeintliche Schätzungsbefugnisse dem Grunde oder der Höhe nach zu beseitigen.

987

16. Die Anzahl der Kassen-Nachschauen muss deutlich erhöht werden.[432] Während Niedersachsen mit rd. 3.000 jährlichen Nachschauen vorbildlich vorangeht, liegt die Anzahl in Sachsen bei unter 100, in Thüringen bei 0.[433] Die bundesweit insgesamt geringe Prüfungsdichte bringt Wettbewerbsverzerrungen mit sich, weil Unehrliche (Dumping-)Preise anbieten, die ehrliche Stpfl. nicht halten können. Anstatt fiskalisierte Kassen unter erheblichem Zeitaufwand zu prüfen, erscheinen flächendeckende Testkäufe sinnvoll, um nach einem möglichst festgelegten Prüfkonzept tatsächliche Bonierung, Belegausgabepflicht, Mindestinhalte von Kassenbons unter Einsatz von AmadeusVerify sowie die Einhaltung der Meldepflicht (sobald eingerichtet) zu prüfen. Um Ermittlungen auf einen Minimalaufwand reduzieren zu können, sollte der Abdruck des QR-Codes verpflichtend werden. Dies würde auch der ursprünglichen Vorausschau des Gesetzgebers gerecht, nach der die Maßnahmen nur einen Zeitaufwand von 30 Minuten in Anspruch neh-

988

---

430 Ähnlich einer „TÜV-Plakette" für Kraftfahrzeuge.
431 Vgl. GoBD, Rz. 47: „Jede nicht durch die Verhältnisse des Betriebs oder des Geschäftsvorfalls zwingend bedingte Zeitspanne zwischen dem Eintritt des Vorganges und seiner laufenden Erfassung in Grund(buch)aufzeichnungen ist bedenklich. [... Bei zeitlichen Abständen zwischen der Entstehung eines Geschäftsvorfalls und seiner Erfassung sind daher geeignete Maßnahmen zur Sicherung der Vollständigkeit zu treffen."
432 Ebenfalls kritisch: *Bundesrechnungshof,* Abschließende Mitteilung an das Bundesministerium der Finanzen über die Prüfung „Verfahren, Möglichkeiten und Wirksamkeit der Kassen-Nachschau nach § 146b AO" vom 04.10.2023 – VIII 3/VIII 4 2020 – 0323; Abruf unter
https://www.bundesrechnungshof.de/SharedDocs/Downloads/DE/Berichte/2023/kassen-nachschau-volltext.html, abgerufen am 07.12.2023.
433 DSTG Magazin, Ausgabe November 2023, S. 8.

10 Manipulationsschutz ab 01.01.2020 (§ 146a AO)

men sollten. Ergeben sich in einer solchen Prüfung keine Auffälligkeiten, könnte von einer Kassen-Nachschau aufgrund geringen Risikopotentials abgesehen werden. In diesem Zuge ließen sich auch offene Ladenkassen ohne Einzelaufzeichnungen auffinden, die aus Sicht der Finanzverwaltung nicht als „Kasse des Vertrauens" gelten.

989   17. § 147 Abs. 1 Nr. 1 AO normiert eine *Aufbewahrungs*pflicht für die zum Verständnis von Büchern und Aufzeichnungen erforderlichen Arbeitsanweisungen und sonstigen Organisationsunterlagen. Die Pflicht zur Anfertigung solcher Unterlagen wird von der Finanzverwaltung seit 1978 (!) in zahlreichen Verwaltungsanweisungen gefordert, zuletzt in den aktuellen GoBD. Wünschenswert wäre eine gesetzliche Verpflichtung zur *Anfertigung* genannter Unterlagen, die sich in § 145 oder § 146 AO verorten ließe. Deren Formulierung sollte den Wortlaut der GoBD, Rz. 155 einfließen lassen.

990   18. Mangels ausdrücklicher Erwähnung in Gesetzen und Verordnungen (vgl. nur § 146a AO, § 4 KassenSichV, 147b AO) werden die DSFinV-K und die DSFinV-TW auch in der Richterschaft teilweise nur als Vewaltungsanweisung angesehen. Eine gesetzliche Klarstellung wäre wünschenswert. Ungeachtet dessen wird häufig übersehen, dass insbesondere aus der DSFinV-K zahlreiche Angaben ersichtlich sind, die voraussichtlich 2025 für das elektronische Meldeverfahren (§ 146a Abs. 4 AO) benötigt werden. Unterschätzt wird zudem häufig, dass die vollumfängliche Nutzung der DSFinV-K klassische Kassenbücher entbehrlich macht, da sämtliche Bareinnahmen, Barausgaben, Geldtransit, PE und NE bereits darüber erfasst werden können.

991   19. Die Kassen-Nachschau (§ 146b AO) berechtigt den Amtsträger, *Geschäftsgrundstücke* und *Geschäftsräume* des Stpfl. zu betreten. Die Rechtsauffassung der Finanzverwaltung, dass darunter auch *Fahrzeuge* (z. B. Taxen, Mietwagen, Food-Trucks) fallen[434], ist in der Literatur umstritten. Eine gesetzliche Klarstellung in § 146b AO wäre wünschenswert.

992   20. Veröffentlichungen des BSI in englischer Sprache mögen in der EDV-Welt üblich sein und potentiellen ausländischen TSE-Mitbewerbern den Zugang zur Rechtslage in Deutschland erleichtern. Aus Sicht der Anwender, der Angehörigen der steuerberatenden Berufe und der Finanzverwaltung steht das BSI nach diesseitiger Auffassung in der Bringschuld, Übersetzungen in die deutsche Sprache anzubieten (vgl. § 87 AO).

21. Nach derzeitigem Stand (01.04.2024) müssen vermutlich nur die Aufzeichnungssysteme gemeldet werden, die sich zum Stichtag der Übermittlungsmöglichkeit im Bestand des Stpfl. befinden (vgl. dazu ausführlich Kap. 10.6). Für die Prüfungsdienste der Finanzverwaltung wäre das unbefriedigend, weil für die Prüfungszeiträume 2020–2024 insoweit keine Meldedaten zur Verfügung stünden. Entsprechende Dokumentationen sollten aufgrund

---

434   Vgl. zu dieser Thematik Kap. 11.8.5.

weiterer steuerlicher Anforderungen dennoch zeitnah und fortlaufend geführt werden.

11 Kassen-Nachschau (§ 146b AO)

11.1 Allgemeines

Als Reaktion auf manipulative Handlungen ist mit dem Gesetz zum Schutz vor Manipulationen an digitalen Grundaufzeichnungen vom 22.12.2016[1] mit Wirkung ab 01.01.2018 in § 146b AO die Kassen-Nachschau gesetzlich eingeführt worden.[2] Die Nachschau räumt der Finanzverwaltung ein behördliches Kassenaufsichtsrecht ein. Als eigenständiges und steuerartenübergreifendes Instrument der Steuerkontrolle soll sie der gegenwartsbezogenen, zeitnahen Aufklärung steuererheblicher Sachverhalte im Zusammenhang mit der ordnungsgemäßen Erfassung und Verbuchung von Geschäftsvorfällen mittels elektronischer Aufzeichnungssysteme und offener Ladenkassen dienen.[3] Zudem dient die Nachschau der Sicherung der Wettbewerbsgleichheit und dem Schutz steuerehrlicher Konkurrenten.[4] Zur Konkretisierung des § 146b AO hat das BMF am 29.05.2018 eine Ergänzung des Anwendungserlasses zur Abgabenordnung (AEAO) erlassen.[5] In Zweifelsfällen kann sich die Auslegung des § 146b AO auch an den zur Umsatzsteuer-Nachschau (§ 27b UStG) und zur Lohnsteuer-Nachschau (§ 42g EStG) ergangenen BMF-Schreiben[6] orientieren, da die Kassen-Nachschau von der Intention her ähnlich ausgestaltet ist.[7] Zu kritischen Fragen im Umfeld des § 146b AO vgl. Kap. 10.17.

Als besonderes Verfahren hat sich die Kassen-Nachschau auf die Prüfung der Ordnungsmäßigkeit der Kassenaufzeichnungen vor Ort und der ordnungsgemäßen Übernahme der Kassenaufzeichnungen in die Buchführung[8] zu beschränken.[9]

§ 146b Abs. 1 AO bestimmt, dass

- zur Prüfung der Ordnungsmäßigkeit der Aufzeichnungen und Buchungen von Kasseneinnahmen und Kassenausgaben
- die damit betrauten Amtsträger der Finanzbehörde[10]

---

1 BGBl. I 2016, 3152.
2 § 146b AO i. V. m. Art. 97 § 30 Abs. 2 Satz 1 EGAO.
3 BT-Drucks. 18/10667, 3, 18; BR-Drucks. 407/16, 18.
4 *Bleschick*, DB 2018, 2390.
5 BMF vom 29.05.2018 – IV A 4 – S 0316/13/10005 :054, BStBl. I 2018, 699, zuletzt geändert durch BMF vom 04.11.2021 – IV A 4 – S 0310/19/10001 :003, BStBl. I 2021, 2156.
6 BMF vom 23.12.2002, IV B 2 – S 74/20 – 415/02, BStBl. I 2002, 1447 zur Umsatzsteuer-Nachschau; BMF vom 16.10.2014, IV C 5 – S 2386/09/10002, BStBl. I 2014, 408 zur Lohnsteuer-Nachschau.
7 *Dißars*, NWB 2016, 1572 (1575).
8 Die Prüfung der Übernahme von Kassenaufzeichnungen in die Buchführung wird regelmäßig nur in den Räumlichkeiten eines Angehörigen der steuerberatenden Berufe möglich sein.
9 BT-Drucks. 18/9535, 23; AEAO zu § 146b, Nr. 1.
10 Kritisch dazu *Dißars* in Schwarz/Pahlke, AO/FGO, 211. Lfg. 2023, § 146b Rz. 6.

- ohne vorherige Ankündigung und außerhalb einer Außenprüfung,
- während der üblichen Geschäfts- und Arbeitszeiten
- Geschäftsgrundstücke oder Geschäftsräume von Stpfl. betreten können,
- um Sachverhalte festzustellen, die für die Besteuerung erheblich sein können (Kassen-Nachschau).

995 Das Instrument der Kassen-Nachschau ist keine Außenprüfung.[11] Die Vorschriften für Außenprüfungen (§ 193 AO) und die Betriebsprüfungsordnung (BpO) gelten nach ihrem eindeutigen Wortlaut deshalb nicht (vgl. § 1 BpO).

996 Kassen-Nachschauen können nur im Geltungsbereich der AO, d.h. im Inland, vorgenommen werden.[12] Sie werden grundsätzlich ohne Voranmeldung durchgeführt.[13] In besonderen Ausnahmefällen können sie vorher angekündigt werden, etwa wenn bekannt ist, dass sich notwendige Unterlagen nicht vor Ort befinden. Vgl. zum Ort der Aufbewahrung ausführlich Kap. 4.3.5.

997 Mehrfache Nachschauen in unregelmäßigen Zeitabständen beim gleichen Stpfl. sind zulässig, ohne dass zwischen den einzelnen Überprüfungen ein Mindestabstand eingehalten werden muss.[14] Die Kosten der Nachschau trägt der Stpfl.[15]

998 Die Kassen-Nachschau hat dafür gesorgt, dass für formelle und materielle Kassenmängel oder gar bewusste Manipulationen ein deutlich höheres Entdeckungsrisiko besteht. Besonders die Grundsätze der Zeitgerechtheit und Geordnetheit i.S.d. § 146 Abs. 1 AO erlangen größere praktische Relevanz, da der Stpfl. seine Kassenaufzeichnungen nicht mehr unentdeckt Tage später „nacharbeiten" oder gar von einem Angehörigen der steuerberatenden Berufe erstellen lassen kann, wie es leider häufig Gang und Gäbe ist. Gerade mit Hinblick auf den Schutz ehrlicher Stpfl. ist die Nachschau ein notwendig gewordener Schritt in Richtung effizienter und gerechter Steuervollzug. Aber auch – und das darf nicht übersehen werden – ein intensiver Eingriff in die betriebliche Sphäre, der von allen (!) Beteiligten Augenmaß und Fingerspitzengefühl einfordert.[16]

999 Feststellen lässt sich, dass die Bundesländer teils unterschiedliche Herangehensweisen an Kassen-Nachschauen haben. Einzelne Bundesländer führen keine oder nur wenige mit hoher Intensität durch, andere setzen bevorzugt auf Quantität und somit eher auf flächendeckende Signal- und Präventivwirkung. Zur Kritik des Bundesrechnungshofs an nicht ausreichender Prüfungsdichte und fehlenden Sanktionierungsmöglichkeiten s. *Bundesrechnungshof*, Abschließende Mitteilung an das Bundesministerium der Finanzen über die Prüfung

---

11 AEAO zu § 146b, Nr. 2 und 7.
12 *Märtens* in Gosch, AO/FGO, 171. Lfg. 2022, § 146b, Rz. 7.
13 AEAO zu § 146b, Nr. 2.
14 *Bleschick*, DB 2018, 2390 (2392) m.w.N.
15 Siehe Kap. 11.8.15.
16 *Achilles*, DB 2018, 18 (26).

"Verfahren, Möglichkeiten und Wirksamkeit der Kassen-Nachschau nach § 146b AO" vom 04.10.2023 – VIII 3/VIII 4 2020–0323.[17]

11.2 Kombi-Nachschau

Die Kassen-Nachschau kann (zeitgleich) in Kombination mit anderen Verwaltungsverfahren durchgeführt werden, soweit sich dies im Einzelfall anbietet, z.B.

- Umsatzsteuer-Nachschau (§ 27b UStG).
- Lohnsteuer-Nachschau (§ 42g EStG).
- Prüfung durch Polizei- oder Zollbehörden (Finanzkontrolle Schwarzarbeit).[18]
- Prüfung durch Kommunen.[19]
- Prüfung durch Sozialversicherungsträger.

Jedoch müssen für jedes Verwaltungsverfahren die jeweils geltenden tatbestandlichen Voraussetzungen vorliegen, da es sich verfahrensrechtlich um eigenständige Nachschauen bzw. Prüfungen handelt.[20]

11.3 Anlassbezogene Kassen-Nachschau

11.3.1 Anlässe für eine Nachschau

Die Kassen-Nachschau setzt weder einen konkreten Anlass noch Verdachtsmomente voraus.[21] Im Rahmen des Auswahlermessens können neben dem Ziel der Betrugsbekämpfung und dem Risiko von Steuerausfällen auch Erwägungen der Wirtschaftlichkeit und Zweckmäßigkeit eine Rolle spielen.[22] Der im Einzelfall maßgebliche Grund für die Nachschau braucht dem Stpfl. nicht offenbart zu werden. Häufige Anlässe für die Durchführung von Nachschauen sind:

- Auffälligkeiten im Rahmen der Bearbeitung der Steuererklärungen (innerer oder äußerer Betriebsvergleich[23], fehlende Mittel zur Bestreitung des Lebensunterhalts),
- Branchenprüfungen,
- Auffälligkeiten in Umsatzsteuer-Voranmeldungen (z.B. Umsatzschwankungen, Umsatzeinbrüche),

---

17 Abruf unter *https://www.bundesrechnungshof.de/SharedDocs/Downloads/DE/Berichte/2023/kassen-nachschau-volltext.html*, abgerufen am 07.12.2023.
18 Vgl. §§ 3 SchwarzArbG, 15 MiLoG.
19 Vgl. §§ 29 GewO, 22 GastG; BFH vom 05.11.2019 – II R 14/17 u. II R 15/17 zur Spielvergnügungssteuer-Nachschau in Hamburg.
20 *Drüen* in Tipke/Kruse, AO/FGO, 173. Lfg. 2022, § 146b AO Rz. 3, m.w.N.
21 *Drüen* in Tipke/Kruse, AO/FGO, 173. Lfg. 2022, § 146b AO Rz. 13; anderer Ansicht *Märtens* in Gosch, AO/FGO, 171. Lfg. 2022, § 146b AO Rz. 14.
22 Vgl. AEAO zu § 88, Nr. 1.
23 Zur Definition aus Sicht der Finanzverwaltung s. BMF, Schreiben vom 05.09.2023, BStBl. I 2023, 1582.

- Kontrollmaterial (Kassenmanipulation an bestimmten Kassensystemen[24], anonyme oder offene Anzeigen[25], auffällige Quittungen, Info-/Zwischenrechnungen, auffällige Bewirtungskostenbelege, Anzeigen über Verstöße gegen die Belegausgabepflicht, Anzeigen bei Verdacht der Geldwäsche),
- zufällige Beobachtungen, z. B. Hinweisschild „Hier nur Barzahlung", Einräumung von Rabatten bei Barzahlung,
- festgestellte Mängel im Rahmen einer vorhergehenden BP, u. a. zwecks Kontrolle, ob die Mängel abgestellt wurden,
- hohe Umsätze von Start-Ups vor dem Hintergrund des Geldwäschegesetzes[26],
- Sammlung von Informationen zur Fallauswahl im Rahmen des Risikomanagements, zur Vorbereitung einer geplanten BP[27] oder ggf. Fallabsetzung,
- Zufallsauswahl[28],
- Erhebungen über Gästezahlen (Beobachtung sog. Foodcourts[29] für Zwecke der zutreffenden Trennung der Entgelte, Anzahl der Gäste in „All you can eat"-Restaurants),
- Überprüfung der Einzelaufzeichnungspflichten nach §§ 22 UStG, 145, 146 AO, 146a AO oder nach außersteuerlichen Vorschriften i. V. m. § 140 AO (z. B. §§ 238 ff. HGB),
- Kontrolle der zertifizierten technischen Sicherheitseinrichtung (TSE) und der Belegausgabepflicht ab 01.01.2020 (§ 146a AO),
- Hilfestellung in Neugründungsfällen (Präventiv-Wirkung)[30], umgangssprachlich als „Begrüßungs-Nachschau" bezeichnet,
- Fehlende, unvollständige oder unplausible Meldung eines elektronischen Aufzeichnungssystems (§ 146 Abs. 4 AO)[31],
- Nebeneinander papierbasierter und elektronischer Aufzeichnungen, wenn Erfassung und Absicherung „vorläufiger" Papieraufzeichnungen mittels TSE gefährdet sind (z. B. bei Nutzung sog. „Kellner-Blocks"[32]).

---

24 *Teutemacher*, BBK 2017, 1160 (1161).
25 Der Name des Anzeigenerstatters unterliegt dem Steuergeheimnis (§ 30 Abs. 2 Nr. 1a AO; BFH-Urteil vom 08.02.1994, BStBl. II 1994, 552). Gleiches gilt für die wortgetreue Offenbarung des Inhalts einer anonymen Anzeige (BFH-Beschluss vom 28.12.2006, BFH/NV 2007, 853). Zu datenschutzrechtlichen Vorgaben vgl. Art. 15, 23 Abs. 1i DSGVO, §§ 32c Abs. 1 Nr. 1 i. V. m. 32b Abs. 1 Satz 1 Nr. 2 AO).
26 Vgl. §§ 2 Abs. 1 Nr. 16 i. V. m. § 1 Abs. 9, § 4 Abs. 5 Nr. 1, §§ 5, 6, 10, 11 Abs. 4, 12 Abs. 1 GwG, Anlage 2 Satz 1 Nr. 1e i. V. m. § 15 GwG. Der Verzicht auf die Abgabe monatlicher Umsatzsteuer-Voranmeldungen bei Existenzgründern/StartUps erscheint vor diesem Hintergrund kontraproduktiv.
27 BT-Drucks. 18/10667, 29.
28 Vgl. AEAO zu § 88, Nr. 3; *Märtens* in Gosch, AO/FGO, 171. Lfg. 2022, § 146b, Rz. 14.
29 Vgl. dazu ausführlich *Herold*, GStB 2022, 75.
30 *Teutemacher*, BBK 2017, 1160 (1161).
31 Die Meldung ist voraussichtlich erst ab 2025 möglich. Zu den Einzelheiten vgl. Kap. 10.6.
32 Vgl. Rz. 894, 987.

11.3 Anlassbezogene Kassen-Nachschau

– Überprüfung von Angaben des Stpfl. bei Anträgen auf Erleichterungen, z. B. auf
  – erleichterte Trennung der Entgelte (§ 63 Abs. 4 UStDV),
  – Genehmigung der Führung einer offenen Ladenkasse ohne Einzelaufzeichnungen (§ 146 Abs. 1 Satz 3 AO),
  – Nebeneinander von Registrierkasse und offener Ladenkasse[33] oder auf
  – Befreiung von der Belegausgabepflicht i. S. d. § 146a Abs. 2 AO.

Auf die Rechtsform des Unternehmens kommt es ebenso wenig an wie auf die Art der Gewinnermittlung.[34] Dass beim Stpfl. Bargeschäfte anfallen und Kassenaufzeichnungen i. S. d. §§ 146, 146a AO erforderlich sind, genügt.[35] Mithin können Kleinunternehmer i. S. d. § 19 UStG ebenso Subjekt einer Kassen-Nachschau werden wie Konzernbetriebe, juristische Personen des öffentlichen Rechts im Rahmen ihrer Betriebe gewerblicher Art (BgA) und Non-Profit-Organisationen (NPO).[36] Regelmäßig nehmen die einzelnen Finanzbehörden eine risikoorientierte Fallauswahl vor. Dem entsprechend stehen inhabergeführte Betriebe eher im Fokus als Filial-, Groß- oder Konzernbetriebe, in denen überwiegend Fremdpersonal eingesetzt und ein ausreichendes internes Kontrollsystem (IKS) vorhanden ist. Auch die Erfüllung der Meldepflicht für elektronische Aufzeichnungssysteme (§ 146a Abs. 4 AO) wird künftig entscheidungserhebliches Kriterium für Nachschauen werden. Stpfl. in den Barzahlungsbranchen, die kein elektronisches Aufzeichnungssystem melden, werden eher in den Blickwinkel der Finanzbehörden geraten als Stpfl., deren Aufzeichnungssystem einschließlich zertifizierter technischer Sicherheitseinrichtung gemeldet wird.[37] Gleiches wird bei Meldungen über Ausfall oder Außerbetriebnahme elektronischer Aufzeichnungssysteme gelten, und zwar

a) zur Prüfung der Richtigkeit der Meldung und/oder
b) um Feststellungen zur Ordnungsmäßigkeit papiergeführter „Ersatz"-Aufzeichnungen zu treffen.[38]

1003

Nicht zuletzt um willkürliche Handlungen der befugten Amtsträger zu vermeiden, wird in die abschließende Entscheidung über die Durchführung oder Nichtdurchführung einer Nachschau – wie bei Außenprüfungen – regelmäßig der zuständige (Haupt-)Sachgebietsleiter einzubeziehen sein.

1004

---

33 *Schumann*, AO-StB 2018, 246 (249). Vgl. zu dieser Thematik auch Kap. 7.5.
34 *Achilles*, DB 2018, 18 (19); gleicher Ansicht *Kulosa*, SAM 1/2017, 9 (22); zweifelnd *Rätke*, BBK 2017, 1009 (1015); ablehnend *Levenig*, BBK 2018, 615 (625).
35 Gleicher Ansicht *Niewerth* in Lippross/Seibel, Basiskommentar Steuerrecht, 103. Lfg. 2017, § 146b AO Rz. 9.; *Bleschick*, DB 2018, 2390 (2392).
36 Vgl. § 4 KStG. Siehe dazu auch Kap. 4.4.
37 So auch *Desens*, FR 2017, 507 (511) m. w. N.
38 Vgl. Kap. 10.7.

11.3.2 Vermeidung einer Nachschau

1005 Wenngleich sich eine Nachschau nicht per se vermeiden lässt, kann das Risiko eines Prüfungsaufgriffs vermindert werden. Um einer Meldung zur Kassen-Nachschau durch den zuständigen Sachbearbeiter der Veranlagungsstelle zu entgehen, können und sollten Stpfl. und Angehörige steuerberatender Berufe z. B.

- Termine und Fristen einhalten,
- Nachfragen des Finanzamts in einem Umfang beantworten, der eine Prüfung der aufgeworfenen Fragen an Amtsstelle ermöglicht,
- freiwillige, grundsätzlich nicht aufzeichnungs- und aufbewahrungspflichtige Unterlagen vorgelegen, soweit sie sich für die Plausibilisierung der erklärten Umsätze und Gewinne eignen[39],
- Datenverdichtungen vermeiden, um von vornherein einen tieferen Einblick in das Unternehmen zu gewähren (z. B. nur ein Konto *Erlöse* statt einzeln aufgeschlüsselter Erlöskonten)[40],
- neben der E-Bilanz ggf. Kontennachweise einreichen[41],
- auffällige Positionen in der Bilanz/GuV oder EÜR bereits im Rahmen der Veranlagung erläutern (z. B. Gründe für Umsatzeinbrüche oder gesunkene Rohgewinnaufschlagsätze),
- Rohgewinnaufschlagsätze, Halbrein- und Reingewinne im Rahmen innerer und äußerer Betriebsvergleiche[42] überwachen (jährlich und unterjährig),
- das Finanzamt ggf. informieren, falls der Betrieb konsequent (!) auf „cashless payment" unter Deaktivierung der Barzahlungsfunktion in der Software umgestellt wurde.

11.4 Unzulässigkeit einer Kassen-Nachschau

1006 Eine Kassen-Nachschau kann auch dann noch durchgeführt werden, wenn bereits die Vermutung einer Steuerstraftat besteht. Nicht mehr zulässig ist sie, wenn die Grenze zum strafrechtlichen Anfangsverdacht i. S. d. § 152 StPO überschritten ist. In diesem Fall darf das Instrument der Nachschau nicht dazu genutzt werden, die Rechte des Stpfl., die ihm in einem Strafverfahren zuteilwerden, zu umgehen.[43] Ergibt sich ein Anfangsverdacht erst während der Durchführung der Nachschau, ist vor Überleitung in eine Außenprüfung die

---

39 Vgl. dazu ausführlich Kap. 13.8.
40 So wird in Apotheken immer öfter das Konto „Erlöse aus hochpreisigen Artikeln" verwendet, da diese erheblichen Einfluss auf die Rohgewinnaufschläge haben.
41 Mit der E-Bilanz (§ 5b EStG) werden häufig weniger Informationen an die Finanzverwaltung übermittelt als zuvor in Papierform.
42 Zur Definition aus Sicht der Finanzverwaltung s. BMF, Schreiben vom 05.09.2023, BStBl. I 2023, 1582.
43 Vgl. FG Hamburg vom 11.04.2018 – 6 K 44/17 zur Zulässigkeit einer Umsatzsteuer-Nachschau. Siehe auch BMF vom 23.12.2002 – IV B 2 – S 7420 – 415/02, BStBl. I 2002, 1447.

zuständige Straf- und Bußgeldsachenstelle einzuschalten (vgl. § 10 BpO). Andernfalls drohen Verwertungsverbote. Hinreichende Dokumentationen auf Seiten der Amtsträger erscheinen daher unverzichtbar.[44]

11.5 Betraute Amtsträger

Die Nachschau muss von einem damit betrauten Amtsträger durchgeführt werden. Werden Probleme im Rahmen der Nachschau erwartet, sollte sie von zwei Amtsträgern durchgeführt werden, z. B. bei Nachschauen zur Nachtzeit in Bars oder im Rotlichtmilieu, ferner bei Vermutung hoher Bargeldbestände. Nach § 7 AO sind Amtsträger u. a. Beamte ohne Rücksicht auf Art und Inhalt der gewöhnlich ausgeübten Tätigkeit[45] oder Verwaltungsangestellte im Betriebsprüfungsaußendienst[46]. Wirken Verwaltungsangestellte lediglich als Hilfskräfte bei öffentlichen Aufgaben mit, z. B. als Registratur- oder Schreibkräfte, gelten sie nicht als Amtsträger.[47] Dass die Zuständigkeiten in den Bundesländern unterschiedlich geregelt sind, zeigt die mögliche Bandbreite der mit der Nachschau betrauten Personen.[48] Allein sinnvoll erscheint nur, Betriebsprüfer[49] oder speziell geschulte Amtsträger der sog. „betriebsnahen Veranlagung"[50] mit der Durchführung zu betrauen, weil nur diese Personengruppe die Nachschau nötigenfalls in eine Außenprüfung überleiten kann.[51] Der Einsatz von Kassenspezialisten ist zweckmäßig und zur Minimierung zeitlicher und monetärer Lasten geboten.[52] 1007

Wird eine andere als die für die Besteuerung zuständige Behörde mit der Durchführung einer Nachschau beauftragt, z. B. bei Filialbetrieben in anderen Zuständigkeitsbereichen, kann die andere Behörde mit der Nachschau beauftragt werden. § 195 Satz 2 AO ist insoweit entsprechend anzuwenden.[53] Den sachlichen und zeitlichen Umfang der Nachschau bestimmt die beauftragende Behörde. Die Gründe für die Beauftragung sind dem Stpfl. mitzuteilen[54], z. B. räumliche Nähe, Zugehörigkeit des Stpfl. zu einem Unternehmensverbund, Auswahl eines besonders qualifizierten Branchenprüfers. Nach (strittiger) Auffassung des FG Münster soll neben Ausführungen zum Entschließungsermessen auch darzule- 1008

---

44 Vgl. dazu *Teutemacher*, PStR 2023, 155 (mit anschaulichem Beispiel).
45 AEAO zu § 7, Nr. 2.
46 Zu den Voraussetzungen s. § 26 BpO.
47 AEAO zu § 7, Nr. 3.
48 Kritisch *Dißars* in Schwarz/Pahlke, AO/FGO, 211. Lfg. 2023, § 146b AO Rz. 6.
49 § 2 Abs. 2 BpO lässt den Einsatz der Betriebsprüfungsstellen für „andere Tätigkeiten mit Prüfungscharakter" ausdrücklich zu.
50 Vgl. § 4 Abs. 4a BpO; AEAO zu § 85, Nr. 3.
51 Amtsträger i. S. d. § 146b AO und Prüfer i. S. d. § 197 AO können die gleiche Person sein. Gegen die Bestimmung des Amtsträgers ist grundsätzlich kein Rechtsbehelf gegeben; BFH vom 15.05.2009 – IV B 3/09, BFH/NV 2009, 1401. Bei einem Wechsel der Zuständigkeit kann es sinnvoll sein, die Kassen-Nachschau abzuschließen und eine eigenständige Außenprüfung (Betriebs- oder Umsatzsteuer-Sonderprüfung) anzuordnen.
52 *Drüen* in Tipke/Kruse, AO/FGO, 173. Lfg. 2022, § 146b AO Rz. 11.
53 AEAO zu § 146b, Nr. 2.
54 AEAO zu § 195 analog.

gen sein, warum gerade das ausgewählte FA mit den Prüfungshandlungen beauftragt wurde (Auswahlermessen).[55]

11.6 Betroffene Systeme

1009 Gegenstand der Nachschau können manuell oder elektronisch geführte Kassenaufzeichnungen von Stpfl. sein, bei denen im Rahmen einer land- und forstwirtschaftlichen, gewerblichen oder selbständigen Tätigkeit Kasseneinnahmen und/oder Kassenausgaben anfallen. Betroffen sind sämtliche Haupt-, Neben- und Unterkassen einschließlich der technischen Sicherheitseinrichtung(en) i. S. d. § 146a AO. Unbeachtlich ist, ob sie der Finanzverwaltung bereits bekannt waren oder erst im Zuge der Nachschau bekannt wurden.[56]

11.6.1 Manuelle Kassenführung

1010 Der Nachschau unterliegen auch sämtliche Arten manueller Kassenführung, in denen keine technischen Hilfsmittel eingesetzt werden.[57] Dazu gehören

- *offene* Ladenkassen
  - mit Einzelaufzeichnungen (z. B. unter Anfertigung händischer Quittungen),
  - ohne Einzelaufzeichnungen (retrograde Ermittlung der Tageslosung mit Kassenberichten),
  - in Form mechanischer Registrierkassen,
  - als Ausgaben-/Festbestandskasse,
  - Vertrauenskassen i. S. d. AEAO zu § 146 Nr. 3.4[58]
- *geschlossene* Ladenkassen (manuelle Geldeinwurfgeräte, Vertrauenskassen i. S. d. AEAO zu § 146 Nr. 3.4 als verschlossene Behältnisse).[59]

11.6.2 Elektronische Kassenführung

1011 § 146b AO enthält keine Aufzählung[60], welche elektronischen Systeme von der Nachschau betroffen sein können. Klarstellend regelt § 146b Abs. 1 Satz 2 AO nur, dass der Nachschau „auch" die Prüfung des ordnungsgemäßen Einsatzes eines elektronischen Aufzeichnungssystems nach § 146a Abs. 1 unterliegt.[61] Die Nachschau kann sich deshalb auf jedes Aufzeichnungsmedium erstrecken, in

---

55 FG Münster vom 28.06.2021 – 1 K 3391/20 AO; Revision anhängig unter Az. VIII R 18/21.
56 *Schumann*, AO-StB 2018, 246 (247).
57 AEAO zu § 146b, Nr. 1.
58 *Achilles*, DB 2018, 18 (20); *Schumann*, AO-StB 2018, 246 (247).
59 *Achilles*, DB 2018, 18 (20); *Schumann*, AO-StB 2018, 246 (247).
60 Anders § 1 Verordnung zur Bestimmung der technischen Anforderungen an elektronische Aufzeichnungs- und Sicherungssysteme im Geschäftsverkehr (Kassensicherungsverordnung – KassenSichV) vom 26.09.2017, BGBl. I 2016, 3152.
61 Ab 01.01.2020; bei Nichtaufrüstbarkeit von Kassen(systemen) mit einer TSE spätestens ab 01.01.2023.

dem Kasseneinnahmen und Kassenausgaben aufgezeichnet oder gebucht werden. Mithin können neben Registrierkassen, elektronischen oder computergestützten Kassensystemen und App-Systemen z. B. auch Waagen mit Registrierkassenfunktion, Taxameter[62], Wegstreckenzähler, Waren- und Dienstleistungsautomaten, Pfandautomaten, Fahrscheinautomaten oder Geldspielgeräte Gegenstand einer Nachschau werden.[63] Gleiches gilt für andere vor-, neben- und nachgelagerte Systeme, soweit die Vorlage der Bücher und Aufzeichnungen zur Feststellung der ordnungsmäßigen Erfassung und Buchung von Kasseneinnahmen und Kassenausgaben erheblich ist (z. B. Unterlagen betreffend Warenwirtschaftssysteme, Schankanlagen, Flottenmanagementsysteme, Schrankenanlagen etc.). Ohne Bedeutung ist, ob die Kasse als Haupt-, Neben- oder Unterkasse geführt wird. Das verwendete Gerät muss sich auch nicht im wirtschaftlichen oder zivilrechtlichen Eigentum des Stpfl. befinden (z. B. Miete, Leasing, Leihe). Ausreichend ist, dass es tatsächlich vom betroffenen Stpfl. zur Erfassung von Kasseneinnahmen und/oder Kassenausgaben eingesetzt wird.[64]

Auch Kontoauszüge können vorlagepflichtig sein.[65] Fraglich ist indes, ob zwingend Bargeld im klassischen Sinne vereinnahmt werden muss, um „Kassenaufzeichnungen" im Rahmen einer Kassen-Nachschau kontrollieren zu können. Sogenannte „Kassenfunktion" haben nach Verwaltungsauffassung auch elektronisches Geld (z. B. Geldkarten, virtuelle Konten, Bonuspunktesysteme von Drittanbietern) oder an Geldes statt vor Ort angenommene Gutscheine, Guthabenkarten, Bons und dergleichen.[66] Um etwa in sog. „Cash-free-Unternehmen" verfahrensrechtlichen Streitigkeiten aus dem Weg zu gehen, kann eine Umsatzsteuer-Nachschau nach § 27b UStG vorzugswürdig sein. 1012

11.7 Vorermittlungen und Fallauswahl

11.7.1 Allgemeines

Im Vorfeld einer Nachschau bietet sich dem Amtsträger die Möglichkeit, Akten einzusehen, Nachforschungen im Internet anzustellen oder – ohne vorherige 1013

---

62 *Hartwig*, DB 2018, Beilage Nr. 2 zu Heft 41 vom 12. 10. 2018, 47, weist darauf hin, dass vom Datenzugriffsrecht auf Taxameter auch die dort erfassten Arbeitszeiten betroffen sind. Nach diesseitiger Auffassung gilt das für die Kassen-Nachschau nur insoweit, als die Arbeitszeiten für die Überprüfung der Ordnungsmäßigkeit der Kassenaufzeichnungen erheblich sind.
63 Vgl. auch *Schumann*, AO-StB 2018, 246 (247). Zu den Anforderungen der Finanzverwaltung an den Datenabruf über sog. Auslesestreifen s. *Krullmann/Marrek*, BBK 2021, 1064.
64 Vgl. BT-Drucks. 18/9535, 23; GoBD, Rz. 20, 21.
65 Zwar sind Kontoauszüge keine Kassenaufzeichnungen i. S. d. § 146b Abs. 1 Satz 1 AO, deren Vorlage kann zur Prüfung der ordnungsmäßigen Erfassung einzelner Vorgänge (z. B. Geldtransit, EC-Karten-Umsätze) jedoch unabdingbar sein. Die Erfassung des Geldtransits im Kassenbericht oder – bei Gewinnermittlung nach §§ 4 Abs. 1, 5 EStG – im Kassenbuch ist obligatorisch (Belegpflicht).
66 AEAO zu § 146a, Nr. 1.2, Abs. 2.

Legitimation – verdeckte Beobachtungen und Ermittlungen[67] (sog. „stille" Nachschau) durchzuführen, etwa zwecks

- Ermittlung der betrieblichen Abläufe,
- Inaugenscheinnahme vorhandener Kassen[68] und Kartenerfassungsgeräte,
- Beobachtungen zur Handhabung der Kassen[69] einschließlich des Belegausgabeverhaltens[70], die das FA auch positiv in ihre Beurteilung einfließen lassen kann. Das gilt auch für Schätzungen.[71]
- Mitnahme von Informationsmaterial, Speisekarten, Preislisten, Flyern,
- Gäste- und Sitzplatzzählungen (z. B. in „All you can eat"-Restaurants),
- Anfertigung von Fotografien (z. B. Aushänge im Schaufenster, Aushänge nach den Vorschriften der PAngV),
- Durchführung eines oder mehrerer Testkäufe,
- etc.

1014 Verdeckte Beobachtungen sind grundsätzlich zulässig.[72] Sie führen noch nicht zum Beginn der Nachschau. Solche Beobachtungen dienen der sinnlichen Wahrnehmung von steuerlich relevanten Gegenständen, Zuständen und Vorgängen[73] und haben sich auf das zulässige Maß zu beschränken. Eine Bespitzelung mittels einer stabilen Position in den Geschäftsräumen des Stpfl. oder die Stationierung eines verdeckten Beobachters über einen Zeitraum, der über denjenigen eines gewöhnlichen Kunden hinausgeht, soll nicht zulässig sein.[74] Ausnahmen gelten, wenn sich die Aufklärung bestimmter Sachverhalte anders nicht bewerkstelligen lässt (z. B. Gästezählungen in „All you can eat" – Restaurants, Beobachtungen während der Einlasszeiten einer Open-Air-Veranstaltung). Verdeckte Ermittlungen und Testkäufe müssen nicht am gleichen Tag wie

---

[67] Inaugenscheinnahme gem. §98 AO; wohl ablehnend *Geuenich/Rbib*, NWB 2018, 2724 (2728).
[68] Vgl. hierzu *Achilles*, DB 2018, 2454 (2459), Tz. VI.2: „Handelt es sich um eine nichtaufrüstbare Kasse i. S. d. BMF-Schreibens vom 26.11.2010 (BStBl. I, 1342), bekommt ein mit verdeckten Beobachtungen betrauter Amtsträger der Finanzbehörde die Nichtordnungsmäßigkeit der Bücher und Aufzeichnungen quasi auf dem silbernen Tablett serviert."
[69] Bei erwiesener Nicht- oder Falschaufzeichnung von Umsätzen in elektronischen Aufzeichnungssystemen drohen Bußgelder bis zu 25.000 € (§ 379 Abs. 1 Satz 1 Nr. 3, 4 i. V. m. Abs. 4 AO); zweifelnd *Schumann*, AO/StB 2017, 151 (157). Verstöße gegen die ab 01.01.2020 geltende Belegausgabepflicht sind nicht strafbewehrt.
[70] Ablehnend *Rätke* in Klein, AO, § 146b Rz. 5: „Nicht überprüft werden kann die Erfüllung der Belegausgabepflicht iSv § 146a II, da in Abs 1 S 2 des § 146b auf § 146a II nicht Bezug genommen wird." M. E. ohne Bedeutung, da die Erfüllung der Belegausgabepflicht naturgemäß vor Beginn der Nachschau im Wege der Inaugenscheinnahme überprüft wird.
[71] BFH vom 28.11.2023 – X R 3/22, Rz. 104.
[72] AEAO zu § 146b Nr. 4; anderer Ansicht *Geuenich*, NWB 2017, 786 (793).
[73] *Seer* in Tipke/Kruse, AO/FGO, 173. Lfg. 2022, Vor § 193 AO Rz. 18.
[74] *Bleschick*, DB 2018, 2390 (2396); *Märtens* in Gosch, AO/FGO, 171. Lfg. 2022, § 146b AO Rz. 22: „Überschreitung des Widmungszwecks der Geschäftsräume".

die Kassen-Nachschau erfolgen.[75] Mehrfachbesuche sind möglich.[76] Ohne Vorlage des Dienstausweises verbietet sich insbesondere das Betreten nicht öffentlich zugänglicher Räume oder Auskunftsersuchen an Mitarbeiter. Fragen nach dem Geschäftsinhaber, Geschäftsführer oder Filialleiter sind jedoch zulässig.

In Zeiten fortschreitender Digitalisierung wird sich auch die Finanzverwaltung vermehrt öffentlich zugänglicher Informationsquellen bedienen. Vorrangig Domains der Stpfl., Google, Facebook, Meta, XING, LinkedIn und andere Social Media Dienste sind eine lohnenswerte Fundgrube für die Prüfungsdienste. Nicht selten lassen sich Hinweise auf ggf. nicht versteuerte Einnahmen finden, z. B. aus Sonderveranstaltungen in der Gastronomie, Versteigerungen oder individuellen Gesundheitsleistungen bei Angehörigen der Heilberufe. 1015

Von Google veröffentlichte Diagramme über Stoß- und Wartezeiten, Besucherzahlen und übliche Besuchsdauer im zu prüfenden Unternehmen lassen sich den Kassendaten gegenüberstellen, um Auffälligkeiten zu erkennen. Verglichen werden können z. B. Balkendiagramme (s. Abbildung 25) mit aus dem Kassensystem ausgelesenen Stundenberichten, der Anzahl der Kassenbons und/oder der Kunden. Auffälligkeiten begründen für sich allein genommen noch keine Schätzungsbefugnis, können abhängig von den Gesamtumständen des Einzelfalls aber als Indiz für nicht ordnungsgemäße Aufzeichnungen herangezogen werden. 1016

---

75 AEAO zu § 146b, Nr. 4.
76 *Teutemacher*, BBK 2017, 1160 (1163).

11 Kassen-Nachschau (§ 146b AO)

Abbildung 25: Balkendiagramm zur Auslastung eines Unternehmens
(Quelle: Google, Abruf unter *https://support.google.com/business/answer/6263531?hl=de* (abgerufen am 21.10.2023))

11.7.2 Testkäufe

1017 Testkäufe sind zulässig[77], ohne dass sich der Amtsträger ausweisen muss.[78] Teils werden sie kritisch betrachtet, da es an einer gesetzlichen Legitimierung fehlen soll. Dies wird damit begründet, dass sie zwar im AEAO zu § 146b als zulässige Maßnahme genannt sind, dies durch den Gesetzestext jedoch nicht gedeckt sei. Die Meinung geht fehl, weil sich die Zulässigkeit bereits aus § 98 AO (Inaugenscheinnahme) ergibt, der auch im Rahmen von Nachschauen Anwendung findet. Für viele Prüfungsdienste sind Testkäufe deshalb auch kein Neuland. Bereits vor Einführung der Kassen-Nachschau wurde diese Möglichkeit der Sachverhaltsermittlung praktiziert. Durch Einführung der neuen Prüfsoftware *AmadeusVerify*[79] kommt Testkäufen inzwischen eine besonders hohe Bedeutung zu, die sich auch zugunsten des Stpfl. auswirken kann. Testkäufe können wertvolle Erkenntnisse im „Echtbetrieb" liefern, bspw.

– als Berechnungsgrundlage für Nachkalkulationen (Portionsgrößen)[80],

---

77 BT-Drucks. 18/9535, 22.
78 BR-Drucks. 407/16, 19.
79 Kap. 11.10.
80 FG Niedersachsen vom 02.09.2004 – 10 V 52/04; FG Hamburg vom 01.09.2004 – I 187/04; BFH vom 06.05.2011 – V B 8/1; FG Münster vom 17.09.2010 – 4 K 1412/07 G, U, EFG 2011, 506 zur Größe von Kugeln und Portionierern in Eisdielen.

- als Vorbereitungsmaßnahme für eine Kassen-Nachschau[81] oder eine langfristig geplante Außenprüfung (Kontrollmaterial),
- Kontrolle tatsächlicher Bonierung, Einhaltung der Belegausgabepflicht und Prüfung des Belegs auf Mindestinhalte nach § 6 KassenSichV sowie ertrag- und umsatzsteuerliche Pflichtangaben[82],
- als Hinweis auf unzutreffende Trennung der Entgelte (z. B. bei „Sparmenüs" in der Systemgastronomie[83], Verzehr an Ort und Stelle, Außer-Haus-Verkauf).

Testkäufe sind immer gegenwartsbezogene Momentaufnahmen und können nicht unreflektiert auf vergangene Zeiträume übertragen werden. Einzelfallabhängig ist zu prüfen, ob sie als repräsentativ angesehen werden können[84] und – falls bejahend – (auch) Rückschlüsse auf andere Zeiträume zulassen. Beispielhaft seien veränderte betriebliche Abläufe, neue Preislisten, Rezepturen, veränderte Portionsgrößen oder Änderungen des Warensortiments genannt. 1018

11.8 Durchführung der Nachschau

11.8.1 Beginn der Nachschau

Die Kassen-Nachschau beginnt mit Erscheinen und Legitimation des betrauten Amtsträgers. Von dem Zeitpunkt an ist der Stpfl. zur Mitwirkung im Rahmen der Kassen-Nachschau verpflichtet. Die Nachschau gilt auch als begonnen, wenn dem Amtsträger das Betreten der Grundstücke und Räume oder die Auskunftserteilung verweigert wird. Der Beginn hemmt den Ablauf der Festsetzungsfrist nach § 171 Abs. 4 AO nicht.[85] Bestehen Zweifel an der Identität des Stpfl., sollte der Amtsträger ihn bitten, sich mit einem Personalausweis, Führerschein o.ä. auszuweisen. Bloße Testkäufe oder (verdeckte) Beobachtungen der Kassen und ihrer Handhabung führen noch nicht zum Beginn der Nachschau.[86] Derartige Handlungen sind als Inaugenscheinnahme anzusehen (vgl. § 98 AO), die ohne Pflicht zur Vorlage eines Dienstausweises zulässig ist.[87] 1019

---

81 Vgl. FG Hamburg vom 30.08.2022 – 6 K 47/22; die eingelegte Nichtzulassungsbeschwerde ist unter dem Az. XI B 93/22 anhängig.
82 Eine tabellarische Aufstellung von Pflichtangaben und freiwilligen Angaben auf einem Beleg ist in Kap. 10.5.4 abgedruckt.
83 Vgl. BFH vom 03.04.2013 – V B 125/12, BStBl. II 2013, 973. Zur Anwendbarkeit der sog. „Food and Paper"-Methode vgl. FG Baden-Württemberg vom 09.11.2022 – 12 K 3098/19, Rev. XI R 19/23.
84 Peters, DStR 2017, 1953 (1956).
85 AEAO zu § 146b, Nr. 8.
86 AEAO zu § 146b, Nr. 4.
87 AEAO zu § 146b, Nr. 4.

1020 *Hinweis:*
Der Kassenbetrieb des Stpfl. darf nicht über Gebühr und länger als erforderlich lahmgelegt oder behindert werden.[88] Der Grundsatz der Verhältnismäßigkeit darf nicht verletzt werden – insbesondere dürfen keine nennenswerten Umsatzeinbußen oder erhebliche Störungen des Geschäftsbetriebs entstehen. Es gilt das Gebot des geringstmöglichen Eingriffs in den laufenden Kassenbetrieb.[89]

11.8.2 Abwesenheit des Steuerpflichtigen

1021 Ist der von der Kassen-Nachschau betroffene Stpfl., sein gesetzlicher Vertreter (§ 34 AO) oder ein von diesen Personen ausdrücklich bestimmter Vertreter (z. B. Betriebs- oder Filialleiter) nicht anwesend, sollte telefonisch Kontakt aufgenommen und gebeten werden, sich innerhalb angemessener Wartezeit in den Geschäftsräumen einzufinden oder einen anwesenden Vertreter zu benennen, mit dem die Nachschau (oder auch nur Teile der Nachschau) durchgeführt werden können. Geschieht dies nicht innerhalb einer angemessenen Wartezeit, können anwesende Personen zur Mitwirkung bei der Kassen-Nachschau aufgefordert werden, von denen angenommen werden kann, dass sie über alle wesentlichen[90] Zugriffs- und Benutzungsrechte des Kassensystems verfügen. Diese Personen sollen dann die Pflichten des Stpfl. zu erfüllen haben, soweit sie dazu rechtlich und tatsächlich in der Lage sind (§ 35 AO).[91]

1022 Die Durchführung einer solchen Nachschau mit Dritten wird in der Literatur teils (konkludent) zustimmend, teils kritisch kommentiert.[92] Vor diesem Hintergrund empfehlen sich nicht zuletzt zum (arbeitsrechtlichen) Schutz der Mitarbeiter klare Anweisungen an das Personal in einer **Nachschau-Anweisung**.[93] Dabei sind auch die Vorgaben des IKS sowie datenschutzrechtliche Belange zu beachten.[94] Datenschutzrechtlichen Bedenken lässt sich ggf. mit passwortgeschützten Dateien und Datenträgern begegnen (z. B. Übergabe eines geschützten Datenträgers durch den Mitarbeiter, telefonische Bekanntgabe des Passworts oder Bekanntgabe per E-Mail durch den Stpfl.). Nach diesseitiger Auffassung ist mit dem Sinn und Zweck der unangekündigten Nachschau nicht vereinbar, sämtliche Maßnahmen bei Abwesenheit des Stpfl. oder eines Vertreters per se abzubrechen. Vielmehr erscheint auch dann möglich, zumutbar und erforderlich, ein elektronisches Aufzeichnungssystem im Beisein eines Mitarbeiters einer Systemprüfung zu unterziehen, Testbelege erstellen zu lassen oder

---

88 *Märtens* in Gosch, AO/FGO, 171. Lfg. 2022, § 146b, Rz. 21.
89 *Drüen* in Tipke/Kruse, AO/FGO, 173. Lfg. 2022, § 146b Rz. 5.
90 Was unter „wesentlich" zu verstehen ist, hat der Gesetzgeber leider offengelassen. Auch im AEAO finden sich hierzu keine hilfreichen Ausführungen.
91 AEAO zu § 146b, Nr. 4.
92 Zustimmend für Filialleiter/in *Hartwig*, DB 2018, Beilage Nr. 2 zu Heft 41 vom 12.10.2018; darüber hinaus auch für Buchhalter/in, Kassenleiter/in *Schumann*, AO-StB 2018, 246 (250); differenzierend *Achilles*, DB 2018, 18 (20); *Teutemacher*, BBK 2018, 274 (276), 626 (628); *Bleschick*, DB 2018, 2390 (2397); ablehnend *Bellinger*, BBK 2018, 280 (283) mit umfangreichen Ausführungen.
93 Vgl. dazu auch Kap. 5.9.4.
94 GoBD, Tz. 100 ff.; § 64 BDSG; *Bellinger*, BBK 2018, 280 (284).

11.8 Durchführung der Nachschau

einen Kassensturz durchzuführen.[95] Andernfalls würde dem (nicht anwesenden) Stpfl. ausreichend Gelegenheit gegeben, z. B.

- Kassenbücher oder Kassenberichte der Vortage nachzuschreiben,
- Kassenprogrammierungen kurzfristig zu ändern (z. B. Trainingsspeicher),
- für Zwecke eines Kassensturzes „passend zu machen, was noch nicht passend ist".[96]

Problematisch erscheint, dass Mitarbeiter i. d. R. nicht über die *wesentlichen* Zugriffs- und Benutzungsrechte verfügen dürfen. Bereits die Anforderungen an ein wirksames IKS stehen dem entgegen. Anders verhält es sich, wenn dem Amtsträger bekannt wird, dass der Stpfl. keine eigenen Kenntnisse über die Bedienung und Funktionsweise des verwendeten Kassensystems besitzt. Dann sind qua Gesetz diejenigen um Mitwirkung zu ersuchen, die über die entsprechenden Kenntnisse verfügen.[97]

1023

Tipp:
Werden der Finanzverwaltung keine Unterlagen bereitgestellt, entfällt der Überraschungseffekt der Nachschau mit der Folge, dass das Risiko einer BP steigt. Mithin ist überlegenswert, dem Amtsträger zumindest einen Teil der angeforderten Unterlagen vom Mitarbeiter übergeben zu lassen (z. B. Verfahrensdokumentation, Kassenaufzeichnungen der Vortage), um im Verfahren der Nachschau zu bleiben. Auch ein Kassensturz als wichtiges Kontrollinstrument kann mit dem Mitarbeiter durchgeführt werden, ebenso könnte eine Einweisung in die Bedienelemente des Kassensystems erfolgen (was wird wie boniert). Alle weiteren Unterlagen könnten später vom Stpfl. nachgereicht werden. Ein Mustervordruck für die Kassen-Nachschau mit Mitarbeitern, der ausgefüllt zur Verfahrensdokumentation genommen werden kann, ist in **Anhang 16** abgedruckt.

1024

11.8.3 Teilnahmerecht der Angehörigen steuerberatender Berufe

Auf Verlangen des Stpfl. können Angehörige steuer- und rechtsberatender Berufe an der Nachschau teilnehmen. Allerdings besteht keine Verpflichtung für den Amtsträger, die Feststellung besteuerungserheblicher Sachverhalte bis zu deren Erscheinen zurückzustellen. Vom betroffenen Stpfl. wird das als Nachteil angesehen werden, weil er allein neben der Nachschau an sich auch mit der (kurzfristigen) Einlegung und Begründung eines Rechtsbehelfs häufig überfordert sein wird.[98]

1025

11.8.4 Antrag auf zeitliche oder räumliche Verlegung

Eine zeitliche Verlegung der Nachschau kommt nur aus wichtigem Grund in Betracht. Das gilt umso mehr, als der mit der Nachschau beabsichtigte Überraschungseffekt nicht ausgehebelt werden darf. Gründe für eine Verlegung sind z. B.:

1026

---

95 Gleicher Ansicht *Bellinger*, BBK 2018, 280 (286).
96 *Achilles*, DB 2018, 18 (20, 21).
97 Vgl. AEAO zu § 93, Tz. 1.2.3.
98 Vgl. *Geuenich/Rbib*, NWB 2018, 2724 (2731).

- Unmöglichkeit der Nachschau wegen beträchtlicher Betriebsstörungen durch Umbau oder höhere Gewalt,
- Erkrankung des Stpfl. oder des für Auskünfte maßgeblichen Betriebsangehörigen[99],
- Erscheinen des Amtsträgers zur Unzeit.[100]

1027 Hohes Kundenaufkommen ist kein Grund für die Verlegung einer Nachschau, der Amtsträger sollte aber möglichst vermeiden, die Nachschau in Stoßzeiten durchzuführen. Anträgen auf Verlegung kann ggf. unter Auflage stattgegeben werden, z.B. Erledigung von Vorbereitungsarbeiten zwecks zügiger Abwicklung der Nachschau.[101] Sind die zwingend in den Geschäftsräumen durchzuführenden Arbeiten (z.B. Kassensturz, Systemprüfung) abgeschlossen und stehen objektive Beschaffenheit der Räume, betriebsübliche Verhältnisse oder arbeitsrechtliche Grundsätze der Fortführung der Nachschau, z.B. zur Auswertung der Daten, in den Geschäftsräumen entgegen, ist sie mit Zustimmung des Stpfl. in den Wohnräumen, ansonsten an Amtsstelle fortzuführen. In besonders gelagerten Ausnahmefällen kommen auch andere Orte in Betracht, etwa die Räumlichkeiten eines Angehörigen der rechtsberatenden Berufe[102], nicht zuletzt zur Prüfung der Übernahme der Kassenaufzeichnungen des Stpfl. in die Buchführung.

11.8.5 Betretungsrecht

11.8.5.1 Geschäftsgrundstücke und -räume

1028 Im Rahmen der Kassen-Nachschau dürfen grundsätzlich nur (inländische) Geschäftsgrundstücke[103] und Geschäftsräume[104] im Geltungsbereich des Grundgesetzes[105] betreten werden, die gewerblich, beruflich oder im Rahmen der Einkünfte aus land- und forstwirtschaftlicher Tätigkeit genutzt werden. Entscheidend ist die Nutzung zu geschäftlichem Zweck – darunter fallen u.a. die dem Publikumsverkehr eröffneten Räume, ebenso Warenlager, Werkstätten und Archive.[106] Unschädlich ist, wenn die Grundstücke und Räume im Besitz oder

---

99 § 5 Abs. 5 BpO analog.
100 Vgl. FG Düsseldorf vom 14.10.1992 – 5 K 144/90, EFG 1993, 64 zur unangekündigten Inaugenscheinnahme eines Arbeitszimmers um 19:40 Uhr.
101 § 5 Abs. 5 BpO analog.
102 *Achilles*, DB 2018, 18 (21); gleicher Ansicht *Bleschick*, DB 2018, 2390 (2393); wohl ablehnend: *Rätke* in Klein, AO, 14. Aufl. 2018, § 146b Rz. 6.
103 Vgl. *Bleschick*, DB 2018, 2390 (2393) m.w.N.: „Der Begriff des Grundstücks ist in einem nicht technischen, weiten Sinn zu verstehen und nicht mit dem sachrechtlichen Grundstücksbegriff identisch. Zum Grundstück zählen neben abgrenzbaren Teilen der Erdoberfläche u.a. auch Binnengewässer." Den Grundstücksbegriff erfüllen m.E. auch Seegebiete und Häfen, die in den Geltungsbereich des Grundgesetzes fallen.
104 Vgl. *Bleschick*, DB 2018, 2390 (2393) m.w.N.: „Geschäftsräume sind allseitig umschlossene Bauwerke, die geschäftlich genutzt werden. Der Raum kann auch unter der Erdoberfläche liegen (Keller, Bergwerksstollen etc.). Eine Bewohnbarkeit der Räume ist nicht erforderlich."
105 *Gersch* in Klein, AO, 14. Aufl. 2018, § 1 AO Rz. 17.
106 *Bleschick*, DB 2018, 2390 (2393).

Eigentum einer anderen Person stehen[107], deren tatsächliche Nutzung ist ausreichend (Miete, Pacht, Leihe). Das gilt auch für Schiffe, umschlossene Betriebsvorrichtungen, Marktstände[108] oder andere Orte, an denen steuererhebliche Sachverhalte verwirklicht werden.[109] Unter den Begriff des Geschäftsraums sollen nach Ansicht der Finanzverwaltung auch Fahrzeuge fallen, die im Rahmen der o. g. Einkunftsarten genutzt werden[110], z. B. Taxen, Mietwagen, Campingwagen, Reisebusse (z. B. bei Getränkeverkauf durch den Unternehmer oder angestellte Fahrer[111]). Allerdings ist die Ausweitung auf Fahrzeuge per Verwaltungsanweisung nicht unumstritten.[112]

Das Betreten muss dazu dienen, Sachverhalte in engem, unmittelbarem Bezug zu Kasseneinnahmen und Kassenausgaben festzustellen, die für die Besteuerung erheblich sein können.[113] Ein Durchsuchungsrecht i. S. d. Art. 13 Abs. 2 Grundgesetz gewährt die Nachschau nicht. Insbesondere verbietet es sich, verschlossene Schränke[114] und Behältnisse zu öffnen, selbst wenn darin eine „Zweitkasse" vermutet wird.[115] Auch Taschenkontrollen sind unzulässig[116], ebenso wie Leibesvisitationen. Das bloße Betreten oder Besichtigen der Grundstücke und Räume stellt noch keine Durchsuchung dar.[117] Wird das Betretungsrecht behindert, können Zwangsmittel angewendet werden.[118]

1029

11.8.5.2 Wohnräume

Wohnräume dürfen gegen den Willen des Inhabers nur zur Verhütung dringender Gefahren für die öffentliche Sicherheit und Ordnung betreten werden. Dies kann der Fall sein, wenn sich anhand einer in die Wohnung verbrachten Kasse Rückschlüsse auf die Urheberschaft oder die Vertriebswege von Manipulationssoftware gewinnen ließen – aber auch dann ist der Amtsträger nicht zum Durchsuchen, sondern nur zum Betreten der Wohnräume berechtigt.[119] Ge-

1030

---

107 AEAO zu § 146b, Nr. 3.
108 Gleicher Ansicht *Bleschick*, DB 2018, 2390 (2393).
109 Analoge Anwendung § 99 AO; s.a. BMF vom 16.10.2014, BStBl. I 2014, 408 zur Lohnsteuer-Nachschau.
110 AEAO zu § 146b, Nr. 3; *Schumann*, AO-StB 2018, 246 (250).
111 Vgl. dazu OFD Koblenz vom 20.10.1987, Steuerliche Behandlung von Getränkeverkäufen durch Fahrer von Reisebussen, S 7104/S 7100/S 2331 A – St 51 2/St 33 2, UR 1988, 26.
112 Vgl. *Bleschick*, DB 2018, 2390 (2393), dortige Fn. 55; ablehnend *Märtens* in Gosch, AO/FGO, 171. Lfg. 2022, § 146b AO, Rz. 16 unter Hinweis auf BFH vom 08.11.2005 – VII B 249/05, BFH/NV 2006, 151 zu § 210 Abs. 2 AO. Siehe zu dieser Thematik auch Kap. 12.2 (Matrix der Datenzugriffsrechte).
113 AEAO zu § 146b, Nr. 3.
114 *Leonard* in Bunjes, UStG, 16. Aufl. 2017, § 27b Rz. 17.
115 *Drüen* in Tipke/Kruse, AO/FGO, 173. Lfg. 2022, § 146b AO Rz. 20; *Märtens* in Gosch, AO/FGO, 171. Lfg. 2022, § 146b AO Rz. 18.
116 *Bleschick*, DB 2018, 2390 (2394).
117 AEAO zu § 146b, Nr. 3.
118 *Bleschick*, DB 2018, 2390 (2394); anderer Ansicht *Dißars* in Schwarz/Pahlke, AO/FGO, 211. Lfg. 2023, § 146b AO Rz. 12.
119 *Märtens* in Gosch, AO/FGO, 171. Lfg. 2022, § 146b AO Rz. 25.

schützte Räume sind auch Ferienwohnungen und Wohnräume fremder Dritter, die nur vorübergehend vom Stpfl. genutzt werden, etwa die der Gastgeberin einer Schmuck-Party. Häusliche Arbeitszimmer sind dagegen der beruflichen oder betrieblichen Sphäre zuzuordnen.[120] Erhält der Amtsträger Zutritt zu Wohnräumen, ist größtmögliche Rücksichtnahme auf die Belange aller Bewohner geboten, ferner hat der Amtsträger für die Einhaltung des Steuergeheimnisses (§ 30 AO) Sorge zu tragen.

11.8.5.3 Gemischt genutzte Räume

1031 Gemischt genutzte Räume, die als notwendiges oder gewillkürtes Betriebsvermögen aktiviert sind, dürfen betreten werden. Bei gemischt genutzten Räumen im Privatvermögen wird es zunächst auf die primäre Widmung ankommen.[121] Überwiegt der Wohnanteil, wird das Recht des Betretens nicht zwingend gesperrt.[122] Betretungsrecht besteht zumindest für Zugangswege zu Geschäftsräumen, Arbeitszimmern oder Büros, die nur durch Betreten der überwiegend zu Wohnzwecken genutzten Räume erreichbar sind (z.B. Flur oder Durchgangszimmer zu Praxisräumen in einem ansonsten privat genutzten Einfamilienhaus).[123]

11.8.5.4 Geschäftsgrundstücke Dritter

1032 Nach diesseitiger Auffassung besteht ein allgemeines Betretungsrecht für Zugangswege, die auch von Dritten (z.B. Lieferanten, Postboten, Kunden) ohne Berechtigungskontrolle unwidersprochen als Verkehrswege genutzt werden dürfen, etwa Foyers, Flure und Treppen eines Geschäftskomplexes in fremdem Eigentum.[124] Eines ausdrücklichen Einverständnisses des Eigentümers bedarf es nicht.[125]

11.8.5.5 Geschäfts- und Arbeitszeiten

1033 Die Kassen-Nachschau ist grundsätzlich während der üblichen Geschäfts- und Arbeitszeiten durchzuführen. Die Üblichkeit wird nicht von der Branchenüblichkeit, sondern von den realen Geschäfts- und Arbeitszeiten des betroffenen

---

120 Gleicher Ansicht *Drüen* in Tipke/Kruse, AO/FGO, 173. Lfg. 2022, § 146b AO Rz. 22; Anderer Ansicht *Leipold* in Sölch/Ringleb, Umsatzsteuer, Stand: Oktober 2022, § 27b Rz. 18; *Rätke* in Klein, AO, 14. Aufl. 2017, § 146b Rz. 6; differenzierend *Bleschick*, DB 2018, 2390 (2393, 2396 f.); *Märtens* in Gosch, AO/FGO, 171. Lfg. 2022, § 146b AO Rz. 16.
121 *Dißars* in Schwarz/Pahlke, AO/FGO, 211. Lfg. 2023, § 146b AO Rz. 9 m.w.N.; ablehnend *Bleschick*, DB 2018, 2390 (2393) für eine Küche mit Arbeitsecke.
122 Analoge Anwendung BMF, Schreiben vom 23.12.2002, BStBl. I 2002, 1447 zur Umsatzsteuer-Nachschau.
123 *Seer* in Tipke/Kruse, AO/FGO, 173. Lfg. 2022, § 99 Rz. 6.
124 Gleicher Ansicht *Drüen* in Tipke/Kruse, AO/FGO, 173. Lfg. 2022, § 146b AO Rz. 19.
125 *Bleschick*, DB 2018, 2390 (2393).

Betriebs bestimmt.[126] Dann ist eine Nachschau auch zur Nachtzeit möglich.[127] Der Begriff der Arbeitszeiten ist weiter gefasst als der Begriff der Geschäftszeiten i. S. v. Öffnungszeiten.[128] Nachschauen können deshalb auch außerhalb dieser Zeiten vorgenommen werden, wenn im Unternehmen schon oder noch gearbeitet wird.[129] Eine Nachschau zur Unzeit ist nur zulässig, wenn der Stpfl. diese außerhalb des vorgegebenen Zeitkorridors (ggf. konkludent) billigt.[130] Grundsätzlich ist dem nicht nur angesichts der geringsten Eingriffsintensität in den laufenden Geschäftsbetrieb zuzustimmen. Damit wird auch den Bedenken zahlreicher Verbände und Institutionen in puncto „Gefahr der Schädigung des Ansehens" Rechnung getragen[131], in sensiblem Umfeld auch der Privatsphäre der Kunden.[132] Gegen eine Nachschau außerhalb der Öffnungszeiten spricht die (berechtigte) Sorge der Stpfl. vor Kriminellen, die den Versuch unternehmen könnten, sich mit gefälschten Dokumenten Zutritt zur Unzeit zu verschaffen. Außergewöhnliche Früh-, Spät- und Wochenendschichten sollen außerhalb der üblichen Geschäfts- und Arbeitszeiten liegen.[133]

11.8.6 Legitimation des Amtsträgers

11.8.6.1 Dienstausweis

Eine Beobachtung der Kassen und ihrer Handhabung in Räumlichkeiten, die der Öffentlichkeit zugänglich sind, ist ohne Pflicht zur Vorlage eines Dienstausweises zulässig.[134] Das gilt auch für Testkäufe.[135] Sobald der mit der Nachschau betraute Amtsträger

1034

– Geschäftsräume betreten will, die der Öffentlichkeit nicht zugänglich sind,
– dazu auffordert, das elektronische Aufzeichnungssystem zugänglich zu machen,

---

126 *Märtens* in Gosch, AO/FGO, 171. Lfg. 2022, § 146b AO Rz. 17; anderer Ansicht *Dißars* in Schwarz/Pahlke, AO/FGO, 211. Lfg. 2023, § 146b AO Rz. 8.
127 *Wagner* in Brandis/Heuermann, Ertragsteuerrecht, 164. Lfg. 2023, § 42g EStG Rz. 29 zur Lohnsteuer-Nachschau.
128 *Achilles*, DB 2018, 18; gleicher Ansicht *Geuenich/Rbib*, NWB 2018, 2724 (2727).
129 AEAO zu § 146b, Nr. 3; anderer Ansicht *Dißars* in Schwarz/Pahlke, AO/FGO, 211. Lfg. 2023, § 146b AO Rz. 8; *Drüen* in Tipke/Kruse, AO/FGO, 173. Lfg. 2022, § 146b AO Rz. 19; kritisch *Bellinger*, BBK 2018, 280 (282).
130 Gleicher Ansicht *Bleschick*, DB 2018, 2390 (2394).
131 Beispielhaft sei hier nur die Unterbrechung des Geschäftsbetriebs zwecks Durchführung eines Kassensturzes im Beisein der anwesenden Kundschaft erwähnt.
132 Man möge sich vorstellen, wie der mit einer Kassen-Nachschau in einer Table-Dance-Bar betraute Amtsträger morgens um 05:00 Uhr seinem Nachbarn begegnet, weil er sich an die üblichen Geschäftszeiten zu halten hat. Die Ausweitung auf Vor- und Nach-Arbeitszeiten erscheint daher auch zum Schutz der Kundschaft sachgerecht.
133 *Drüen* in Tipke/Kruse, AO/FGO, 173. Lfg. 2022, § 146b AO Rz. 19.
134 BT-Drucks. 18/9535, 22; kritisch *Geuenich*, NWB 2017, 786 (793 f.).
135 BT-Drucks. 18/9535, 22; kritisch *Geuenich*, NWB 2017, 786 (793 f.).

- dazu aufgefordert, Aufzeichnungen, Bücher sowie die für die für die Führung des elektronischen Aufzeichnungssystems erheblichen sonstigen Organisationsunterlagen vorzulegen,
- Einsichtnahme in die digitalen Daten oder deren Übermittlung über die einheitliche digitale Schnittstelle verlangt,
- dazu aufgefordert, Auskünfte zu erteilen,

hat er sich auszuweisen.[136] Wird die Kassen-Nachschau mit Einverständnis des Stpfl. durchgeführt, ohne dass der Amtsträger sich ausgewiesen hat, soll dies kein Verwertungsverbot auslösen, da es an einem Ursachenzusammenhang zwischen Verfahrensmangel und den gewonnenen Erkenntnissen fehle.[137]

1035 Nach diesseitiger Auffassung muss der Dienstausweis unter analoger Anwendung des §29 BpO die Bezeichnung der ausstellenden Landesfinanzverwaltung oder der ausstellenden Finanzbehörde, ein Lichtbild des Inhabers, den Vor- und Familiennamen des Amtsträgers, eine laufende Nummer, die Gültigkeitsdauer und die Befugnisse des Inhabers enthalten.[138] Der Stpfl. kann und sollte den Ausweis in Augenschein nehmen, um sich einen Eindruck von der Echtheit zu verschaffen. Er hat aber kein Recht, sich eine Kopie davon anzufertigen.[139]

11.8.6.2 *Erfordernis einer formalen Anordnung*

1036 Wenngleich im Gesetz nicht erwähnt, stellt die Anordnung der Nachschau (Prüfungsauftrag) einen Verwaltungsakt i.S.d. §118 AO dar (Duldungsbescheid) dar, der keiner bestimmten Form bedarf. Mündliche Bekanntgabe ist ausreichend (§119 Abs.2 Satz 1 AO). Ein mündlicher Verwaltungsakt ist schriftlich zu bestätigen, wenn hieran ein berechtigtes Interesse besteht und der Betroffene dies unverzüglich verlangt (§119 Abs.2 Satz 2 AO). Gleichwohl entspricht es wie bei Umsatz- oder Lohnsteuer-Nachschauen tatsächlicher Übung der Finanzverwaltung, den Duldungsbescheid aus Gründen des Rechtsschutzes und der Rechtssicherheit schriftlich zu erlassen und bei Beginn der Nachschau bekanntzugeben. Diese Verfahrensweise ist sinnvoll, da nur bei Schriftform dem Stpfl. gegenüber eindeutig dokumentiert wird, dass er die Nachschau zu dulden hat und deren Wirkungen (z.B. Ausschluss der Selbstanzeige) „ab jetzt" eintreten.[140] Hier muss auch berücksichtigt werden, dass das Recht zur sofortigen Durchführung der Nachschau einer Überprüfung durch den Stpfl. zugänglich sein muss.[141] Er hat zur Prüfung der Frage, ob er die Nachschau *sofort* duldet, Anrecht auf ein hohes Maß an Authentizität und Integrität des Verwaltungsakts,

---

136 Allgemeiner Grundsatz aus §198 AO; AEAO zu §146b Nr.4; vgl. auch §371 Abs.2 Nr.1 Buchst. e AO.
137 *Bleschick*, DB 2018, 2390 (2394) m.w.N.
138 Erst im Fall der Überleitung in eine Außenprüfung ist §29 BpO anwendbar. Es erscheint daher unvermeidbar, einen Ausweis mit den dort genannten Mindestinhalten bereits für die Nachschau zu verwenden.
139 *Achilles/Pump*, Lexikon der Kassenführung, 1. Aufl. 2018, 205.
140 Vgl. *Dißars* in Schwarz/Pahlke, AO/FGO, 211.Lfg. 2023, §146b AO Rz. 7.
141 So auch *Bellinger*, BBK 2018, 280 (283).

erst Recht vor dem Hintergrund der sofortigen Herausgabeverpflichtung von (u. U. sensiblen) Daten, z. B. Kunden- oder Patientendaten, Meldeadressen oder Kontoverbindungen. Die Vorlage des Dienstausweises allein vermag das nicht zu leisten.[142]

Für diese Zwecke muss der schriftliche Verwaltungsakt mindestens erkennen lassen: 1037

- die ausstellende Behörde,
- die Rechtsgrundlage der Maßnahme,
- den Namen des Amtsträgers,
- den Namen und die Anschrift des Steuerpflichtigen.

Ebenfalls in den Prüfungsauftrag aufgenommen werden sollten, wenngleich mündliche Bekanntgabe genügt: 1038

- die von der Nachschau tangierten Steuerarten,
- der zu prüfende Zeitraum.

Zu Beweiszwecken gilt das insbesondere mit Hinblick auf Wirkung und Reichweite einer ggf. strafbefreienden Selbstanzeige. Datum, Uhrzeit und Ort der Nachschau können ergänzend aufgenommen oder müssen anderweitig in den Handakten des Amtsträgers dokumentiert werden. Die Anordnung ist mit einer Rechtsbehelfsbelehrung zu versehen.[143] Ferner sind dem Stpfl. aus dem allgemeinen Rechtschutzgedanken heraus Hinweise mit den sich aus der Nachschau ergebenden wesentlichen Rechten und Pflichten zu erteilen.[144] Wie er trotz aller Vorkehrungen Authentizität und Integrität der ihm vorgelegten Dokumente prüfen kann, ist nach wie vor offen.[145] Derzeit besteht nur die Möglichkeit, sich in Zweifelsfällen mit der Geschäftsstelle der zuständigen Finanzbehörde in Verbindung zu setzen, um sich über die Rechtmäßigkeit der Kassen-Nachschau Gewissheit zu verschaffen. Bei Kassen-Nachschauen zur Abend- oder Nachtzeit existiert diese Möglichkeit nicht (z. B. bei einer Nachschau in Gastronomiebetrieben). Aus Sicherheitsgründen kann im Zweifelsfall die zuständige Polizeibehörde hinzugezogen werden. 1039

11.8.6.3 Zeitraum der Nachschau

Der Zeitraum der Nachschau liegt im pflichtgemäßen Ermessen der Finanzbehörde.[146] Soweit bekannt, hat sich der Gesetzgeber bisher nur dahingehend eingelassen, dass Amtsträger sich bei Verwendung einer offenen Ladenkasse die Aufzeichnungen **der Vortage** vorlegen lassen können.[147] Weitere Konkretisie- 1040

---

142 *Achilles*, DB 2018, 18 (22); so im Ergebnis auch *Teutemacher*, BBK 2018, 626 (628).
143 *Achilles*, DB 2018, 18 (22); str.
144 Gleicher Ansicht *Teutemacher*, BBK 2018, 626 (628).
145 Vgl. zur nicht unberechtigten Sorge der Verbände das Schreiben des DIHT, ZDH u. a. vom 22.05.2017 an das Bundesfinanzministerium, Rz. III (1).
146 AEAO zu § 146b, Nr. 5.
147 BT-Drucks. 18/9535, 22.

rungen sind weder dem Gesetzestext noch dem AEAO zu entnehmen.[148] Ob für den gewählten Zeitraum schon eine Steuererklärung oder Steueranmeldung vorliegt, ist unbeachtlich. Die Unbestimmtheit des Gesetzes fördert folgendes Problem zutage: Der Amtsträger hat die Aufgabe, eine Aussage über die Ordnungsmäßigkeit der Kassenführung zu treffen. Das erfordert die Prüfung der Frage, ob die Buchungen und die sonst erforderlichen Aufzeichnungen einzeln, vollständig, richtig, zeitgerecht, geordnet und unveränderbar vorgenommen wurden.[149] Während sich die Einhaltung der Einzelaufzeichnungsverpflichtung[150], der Geordnetheit, Zeitgerechtheit[151] und Unveränderbarkeit[152] mit den Unterlagen eines kurzen Zeitraums – ggf. eingeschränkt – prüfen lassen, erscheint das für die Verifikation der Vollständigkeit und Richtigkeit nicht möglich. Zeigt doch die Erfahrung, dass häufig erst der Einsatz moderner Prüfungsmethoden (z.B. Schnittstellenverprobung[153], Summarische Risikoprüfung[154], Chi-Quadrat-Test) erste Anhaltspunkte auf Vollständigkeit oder Verkürzung der Einnahmen liefert. Dazu aber bedarf es ausreichender Datenmengen. Fraglich ist, ob schon aus diesem Grund von vornherein ein ausreichend langer Zeitraum zu wählen ist, der die Anwendung dieser Methoden zulässt. Nicht zuletzt durch die Pandemie fehlen noch belastbare Auswertungen, in welchem Umfang sich die Amtsträger im Rahmen ihres Ermessens auf die Prüfung weniger Tage beschränken oder eher größere Zeiträume wählen, die ein zuverlässigeres Bild über die Ordnungsmäßigkeit i.S.d. § 158 AO gewährleisten. Soweit in der Literatur ersichtlich, wird überwiegend ein gegenwartsbezogener Zeitraum von bis zu sechs Monaten als noch zulässig erachtet.[155] Einzelfallabhängig dürften längere Zeiträume ermessensgerecht sein, denn mangels gesetzlicher Regelung ergeben sich Grenzen des zeitlichen Umfangs nur aus dem verfassungsrechtlichen Übermaßverbot.[156] Die Kassen-Nachschau darf nach diesseitiger Auffassung jedoch nicht dazu genutzt werden, den Stpfl. seiner weitergehenden Rechte, die er im Rahmen einer Außenprüfung hätte, zu beschneiden. Bei Prüfungszeiträumen von über einem Jahr erscheint das Instrument der (abgekürzten) Außenprüfung jedenfalls das geeignetere Mittel, da dem Stpfl. in diesem Verwaltungsverfahren erhöhter Rechtsschutz gewährt wird, z.B. durch An-

---

148 Kritisch dazu *Liepert/Sahm*, BB 2016, 1313 (1315).
149 § 146 Abs. 1 und 4 AO.
150 Soweit nicht § 146 Abs. 1 Satz 3 AO eingreift.
151 Vgl. *Henn*, DB 2015, 2660.
152 Vgl. *Henn*, DB 2015, 2660.
153 Kap. 13.6.11. Siehe dazu auch *Webel/Danielmeyer*, StBp 2015, 353; *Becker/Danielmeyer/Neubert/Unger*, DStR 2016, 2983.
154 Kap. 13.6.8. Siehe dazu auch *Wähnert*, DB 2016, 2627.
155 *Bellinger*, BBK 2018, 280 (286); *Schumann*, AO-StB 2018, 246; differenzierend *Hartwig*, DB 2018, Beilage Nr. 2 zu Heft 41, 44: „Da alle drei Nachschauarten allerdings dahingehend ausgerichtet sind, die zum Zeitpunkt der Nachschau vorherrschenden tatsächlichen Verhältnisse zu prüfen, für diese i.d.R. auch noch keine Steuerfestsetzung erfolgt ist, wird sich die jeweilige Prüfung im Rahmen einer Nachschau zumeist auf den aktuellen Monat beziehen. [...] Hinsichtlich der Prüfung digitaler Daten [...] kann allerdings durchaus auch ein längerer Zeitraum in Betracht kommen."
156 *Märtens* in Gosch, AO/FGO, 171. Lfg. 2022, § 146b AO Rz. 21.

spruch auf eine Schlussbesprechung und auf einen Prüfungsbericht. In der Praxis werden spätestens mit Einführung der neuen Prüfsoftware *AmadeusVerify*[157] voraussichtlich eher zeitnahe und kürzere Besteuerungszeiträume geprüft. Wünschenswert ist eine gesetzliche, hilfsweise eine für die Prüfungsdienste der Finanzverwaltung verbindliche untergesetzliche Festlegung des (maximal zulässigen) Prüfungszeitraums in § 146b Abs. 1 AO. Zur Vermeidung von Rechtsstreitigkeiten sollten Amtsträger Aussagen zur Verhältnismäßigkeit längerer Prüfungszeiträume dokumentieren und dem Stpfl. über die Anordnung der Nachschau bekanntgeben.

Eine erst spätere „**Erweiterung**" der Nachschau, etwa von wenigen Tagen auf mehrere Monate, ist gesetzlich nicht vorgesehen.[158] Dann kommt nur die Überleitung in eine (ggf. zeitnahe) Außenprüfung i. S. d. §§ 4, 4a BpO auf Grundlage der vorliegenden Steueranmeldungen und -erklärungen in Betracht. Das gilt auch, wenn Unterlagen vorgelegt oder vorgefunden werden, die außerhalb des angeordneten Zeitraums der Nachschau liegen[159], so z.B. bei unterlassenen Datentrennungen (DSFinV-K, TAR-Archiv) oder Zufallsfunden. Vgl. dazu Kap. 11.12.3. 1041

11.8.7 Vorlage von Unterlagen und Erteilung von Auskünften

11.8.7.1 Rechtslage ab 01.01.2018

Die von der Kassen-Nachschau betroffenen Stpfl. haben dem mit der Kassen-Nachschau betrauten Amtsträger auf Verlangen Aufzeichnungen, Bücher sowie die für die Kassenführung erheblichen sonstigen Organisationsunterlagen über die der Nachschau unterliegenden Sachverhalte und Zeiträume vorzulegen und Auskünfte zu erteilen, soweit dies zur Feststellung der Erheblichkeit nach Abs. 1 geboten ist (§ 146b Abs. 2 Satz 1 AO). Daraus ergibt sich unmittelbar die Pflicht des Stpfl., an der Sachverhaltsaufklärung mitzuwirken.[160] Bei Nichtanwesenheit des Stpfl. gelten die Mitwirkungspflichten für Personen i. S. d. Nr. 4 Satz 2 des AEAO zu § 146b entsprechend.[161] Der mit der Nachschau beauftragte Amtsträger ist nicht verpflichtet, die Entgegennahme von Büchern, Aufzeichnungen und Unterlagen zu quittieren. 1042

Auskunfts- und Vorlageverlangen müssen den Ermessensgrundsätzen des § 5 AO entsprechen, insbesondere notwendig, verhältnismäßig und zumutbar sein. Liegt eine gesetzliche Vertretung vor oder benennt der Stpfl. Erfüllungsgehilfen aus seiner betrieblichen Sphäre als Ansprechpartner, sind deren Namen aktenkundig zu machen. An weitere Personen soll erst herangetreten werden, wenn die Sachverhaltsaufklärung durch den Stpfl. als Beteiligten nicht zum Ziel führt oder keinen Erfolg verspricht (§ 93 Abs. 1 Satz 3 AO) und das Auskunftsersuchen 1043

---

157 Kap. 11.10.
158 Da es sich um keine Außenprüfung handelt, sind die §§ 4 Abs. 3, 5 Abs. 2 BpO weder anwendbar noch übertragbar.
159 Wohl anderer Ansicht *Bleschick*, DB 2018, 2390 (2395).
160 § 93 AO; AEAO zu § 146b, Nr. 5.
161 AEAO zu § 146b, Nr. 5.

dem Besteuerungsinteresse dienlich ist.[162] Entsprechende Anfragen können sich insbesondere an Kassenpersonal, an Kassenaufsichten oder Kassenhersteller richten. Davon können auch ehemalige GmbH-Geschäftsführer[163], Steuerberater[164] oder Mitarbeiter des Stpfl. betroffen sein. Die Auskunftspflicht Dritter erstreckt sich auch auf elektronisch gespeicherte Daten.[165]

1044 Neben Aufzeichnungen in Papierform bedarf es bei Einsatz datenverarbeitender Systeme der Vorlage der digitalen Grundaufzeichnungen (Einzeldaten) sowie einer aussagekräftigen Verfahrensdokumentation[166], insbesondere der Bedienungsanleitungen, der Programmieranleitungen[167] und der Datenerfassungsprotokolle über durchgeführte Programmänderungen. Im Übrigen ist das BMF-Schreiben vom 26.11.2010 zur Aufbewahrung digitaler Unterlagen bei Bargeschäften[168] zu beachten, soweit es im geprüften Zeitraum noch Gültigkeit entfaltet.

1045 Soweit vorlagepflichtige Aufzeichnungen oder Bücher in elektronischer Form vorliegen, ist der Amtsträger berechtigt, diese einzusehen (am Bildschirm oder ggf. als Ausdruck), die Übermittlung von Daten über die einheitliche digitale Schnittstelle zu verlangen oder zu verlangen, dass Buchungen und Aufzeichnungen maschinell auswertbar nach den Vorgaben der einheitlichen digitalen Schnittstelle zur Verfügung gestellt werden (§ 146b Abs. 2 Satz 2 AO[169]). Aus dem Gesetzeswortlaut folgt, dass der mit der Nachschau betraute Amtsträger alternativ oder kumulativ

– ein Einsichtsrecht hat, jedoch ohne Anrecht auf Nutzung des DV-Systems i. S. d. GoBD, Rz. 165 (Nur-Lesezugriff)[170] oder
– die Daten anfordern und auswerten kann (Z3-Zugriff analog, vgl. GoBD, Rz. 167).

---

162 BFH vom 23.10.1990 – VIII R 1/86, BStBl. II 1991, 277.
163 Die Verpflichtung zur Auskunftserteilung besteht auch nach Abberufung des Geschäftsführers und Beendigung des Anstellungsvertrags fort; vgl. § 666 BGB i. V. m. §§ 675, 611 BGB; BGH vom 22.06.2021 – II ZR 140/20, unter III., m. w. N.
164 FG Schleswig-Holstein vom 12.10.2015 – 2 V 95/15, EFG 2016, 1: Zurückbehaltungsrechte des Steuerberaters an einem Datenträger gegenüber dem Mandanten (§§ 66 StBerG, 273 BGB) stehen dem nicht entgegen. Vgl. dazu auch *Wacker*, DStR 2022, 1172.
165 FG Berlin-Brandenburg vom 26.08.2014 – 13 V 13165/14.
166 Vgl. *Henn*, DB 2016, 254.
167 In der Regel wird der Stpfl. aus Gründen des Urheberrechts nicht über eine Programmieranleitung verfügen. Ggf. steht der Finanzbehörde diese aber schon zur Verfügung (in NRW über sog. „KTZ-WIKI") oder kann im Wege eines Auskunftsersuchens beim Kassenhersteller angefordert werden.
168 BStBl. I 2010, 1342.
169 Das Datenzugriffsrecht gem. § 147 Abs. 6 AO gilt nicht. Deshalb war es erforderlich, der Finanzbehörde über § 146b Abs. 2 Satz 2 AO ein eigenständiges Datenzugriffsrecht für die Kassen-Nachschau einzuräumen.
170 Kritisch *Teutemacher*, BBK 2018, 274 (277).

11.8 Durchführung der Nachschau

Das mittelbare Datenzugriffsrecht (Z2-Zugriff, GoBD, Rz. 166 analog) steht dem Amtsträger nicht zu.[171] Im Interesse zügiger Sachverhaltsaufklärung kann es freiwillig eingeräumt werden. 1046

Beim Nur-Lesezugriff ist der Stpfl. verpflichtet, die eingesehenen Daten auf Anforderung des Amtsträgers ausdrucken (§ 147 Abs. 5 AO)[172], jedoch ist das Verlangen nach Anfertigung umfangreicher Ausdrucke unverhältnismäßig.[173] Vollständige Farbwiedergabe ist nur erforderlich, wenn der Farbe Beweisfunktion zukommt. Können Ausdrucke nicht oder nicht in der erforderlichen Qualität zur Verfügung gestellt werden oder verweigert der Stpfl. den Ausdruck oder ist die Anforderung unverhältnismäßig, kann der Amtsträger Daten geringeren Umfangs am Bildschirm abfotografieren oder – insbesondere bei großen Datenmengen – im Wege der Daten(träger)überlassung anfordern. 1047

> *Beachte:* 1048
> Die Vorgaben der einheitlichen digitalen Schnittstelle i. S. d. § 4 KassenSichV waren erst ab 01.01.2020 zu beachten.[174] Daraus lässt sich nicht herleiten, dass der Zugriff mittels Datenträgerüberlassung (sog. Z3-Zugriff[175]) erst ab 01.01.2020 möglich gewesen wäre. § 146b Abs. 2 Satz 2 AO war vom 01.01.2018 bis 31.12.2019[176] mit der Maßgabe anzuwenden, dass keine Datenübermittlung über die einheitliche digitale Schnittstelle verlangt werden konnte oder dass die Daten auf einem maschinell auswertbaren Datenträger nach den Vorgaben der einheitlichen digitalen Schnittstelle zur Verfügung gestellt werden müssen.[177] Sofern in seltenen Einzelfällen eine digitale Schnittstelle vor dem 01.01.2020 vorhanden war, konnte mit Zustimmung des Stpfl. eine Datenübermittlung über die einheitliche Schnittstelle erfolgen.[178]

Zu den vorlagepflichtigen Unterlagen gehören die nach steuerlichen oder außersteuerlichen Vorschriften zu führenden Bücher und sonst erforderlichen Aufzeichnungen, darüber hinaus alle Unterlagen, die zum Verständnis und zur Überprüfung der für die Besteuerung gesetzlich vorgeschriebenen Aufzeichnungen im Einzelfall von Bedeutung sind.[179] Darunter fallen auch Terminkalender, soweit ihnen nicht nur eine rein organisatorische Bedeutung zukommt.[180] Der Stpfl. muss geeignete Vorkehrungen treffen, die ihn jederzeit dazu befähigen, die geforderten Datenbestände qualitativ und quantitativ unverzüglich lesbar und maschinell auswertbar zur Verfügung zu stellen. Liegen Daten in der **Cloud**, prüfen die mit der Nachschau beauftragten Amtsträger auch den Stand- 1049

---

171 Davon unberührt bleibt die Verpflichtung, den Amtsträger ggf. in den Z1-Zugriff einzuweisen.
172 Gleicher Ansicht *Märtens* in Gosch, AO/FGO, 171. Lfg. 2022, § 146b AO Rz. 27; anderer Ansicht *Drüen* in Tipke/Kruse, § 146b AO Rz. 29; *Bleschick*, DB 2018, 2390 (2398).
173 So auch *Rätke* in Klein, AO, 14. Aufl. 2018, § 147 AO Rz. 49.
174 Art. 97, § 30 Abs. 2 Satz 2 EGAO; bei Nichtaufrüstbarkeit spätestens ab 01.01.2023.
175 Vgl. GoBD, Rz. 167.
176 Bei Nichtaufrüstbarkeit längstens bis 31.12.2022.
177 EGAO Art. 97, § 30 Abs. 2 Satz 2; AEAO zu § 146b, Nr. 5.
178 AEAO zu § 146b, Nr. 5; *Märtens* in Gosch, AO/FGO, 171. Lfg. 2022, § 146b AO Rz. 6.
179 BFH vom 24.06.2009 – VIII R 80/06, BStBl. II 2010, 452.
180 Vgl. FG Rheinland-Pfalz vom 24.08.2011 – 2 K 1277/10, EFG 2012, 10.

1050 Nicht vorlagepflichtige oder geschützte Daten sind dem Zugriff der Finanzbehörde durch rechtzeitige Einrichtung einer „**Prüfer-Rolle**" zu entziehen. Dem Stpfl. steht insoweit das Erstqualifikationsrecht der vorlagepflichtigen Daten zu.[181] Dem Amtsträger kommt anschließend das Zweitqualifikationsrecht zu, wobei er vermeintlich fehlende Daten nachträglich anfordern kann. Eine unterlassene Trennung zwischen vorlagepflichtigen und nicht vorlagepflichtigen Aufzeichnungen berechtigt weder zur Verweigerung des gesamten Datenbestands noch resultieren daraus Verwertungsverbote.[182] Es ist Aufgabe des Stpfl., seine Datenbestände so zu organisieren, dass bei einer zulässigen Einsichtnahme in vorlagepflichtige Unterlagen keine gesetzlich geschützten Bereiche tangiert werden können (z.B. bei Ärzten, Apothekern, Rechtsanwälten, Steuerberatern etc.).[183]

Der Beginn des Absatzes lautet: ort des Servers und die Voraussetzungen zur Verlagerung der Buchführung ins EU-Ausland bzw. ins Drittland (vgl. Rz. 237 bis 244).

1051 *Beachte:*
Elektronische Aufzeichnungssysteme sind keine „Selbstbedienungsläden". Kassenauslesungen können nur mit (ggf. konkludenter) Zustimmung des Stpfl. oder seines Vertreters erfolgen. Die Verweigerung der Auslesung stellt jedoch eine schwerwiegende Verletzung der Mitwirkungspflicht dar, die in der Regel zur Überleitung in eine Außenprüfung führen wird. Verschafft sich der Amtsträger die Daten bewusst unzulässig, können Verwertungsverbote die Folge sein.[184]

11.8.7.2 Rechtslage ab 01.01.2020

1052 Einzelfallabhängig hat ein mit der Nachschau betrauter Amtsträger seit dem 01.01.2020, spätestens ab 01.01.2023[185], weitere Rechte:

- Überprüfung der Belegausgabepflicht bei elektronischen Aufzeichnungssystemen (§ 146a Abs. 2 Satz 1 AO) einschließlich Prüfung des Belegs auf seine Mindestinhalte i.S.d. § 6 KassenSichV und weiterer umsatz- und ertragsteuerlicher Pflichtangaben,
- Prüfung der Voraussetzungen bei Antrag auf Befreiung von der Belegausgabepflicht (§ 146a Abs. 2 Satz 2 AO),
- Übermittlung bzw. Herausgabe der Daten nach den Vorgaben der einheitlichen digitalen Schnittstelle unter Berücksichtigung geltender Nichtbeanstandungsregeln des Bundes und der Länder[186],

---

181 Die Erstqualifikation der Daten unterliegt als Vorbehaltsaufgabe den Angehörigen der steuerberatenden Berufe (§ 33 StBerG).
182 *Achilles*, DB 2018, 18 (23).
183 Vgl. nur §§ 102, 104 AO, 203 StGB.
184 *Drüen* in Tipke/Kruse, AO/FGO, 173. Lfg. 2022, § 147 AO Rz. 85; *Bleschick*, DB 2018, 2390 (2397).
185 Vgl. Kap. 10.2.6 (Übergangsregel für nicht mit TSE aufrüstbare Registrierkassen in Art. 97 § 30 Abs. 3 EGAO).
186 Vgl. dazu ausführlich Kap. 12.

11.8 Durchführung der Nachschau

- Vorlagepflicht des Zertifikats über die zertifizierte technische Sicherheitseinrichtung i. S. d. § 146a Abs. 1 AO[187].

Abweichend von Außenprüfungen werden bei Kassen-Nachschauen teils andere Tatbestandsmerkmale für Art und Umfang des Datenzugriffs verwendet (z. B. „Einsichtnahme" oder „nach den Vorgaben der einheitlichen digitalen Schnittstelle"), die zu anderen Rechtsfolgen führen. So folgt aus dem Wortlaut des § 146b Abs. 2 AO, dass Amtsträgern zwar Einsichtnahme in elektronische und papierbasierte Aufzeichnungen, Bücher und Organisationsunterlagen zu gewähren ist. Das bedeutet aber nicht, dass der Finanzverwaltung diese Unterlagen auch im Wege der Daten(träger)überlassung zur Verfügung stünden. Im Rahmen der Daten(träger)überlassung haben Amtsträger in einer Kassen-Nachschau grundsätzlich nur Anspruch auf 1053

- Aufzeichnungen aus dem elektronischen Aufzeichnungs-/Archivierungssystem im **Format der DSFinV-K**. 1054
Dabei handelt es sich um CSV-Dateien mit beschreibender index.xml-Datei nach Übersetzung aus dem JSON-Format.[188] Soweit nicht bereits bekannt, sollte der Kassendienstleister um Auskunft ersucht werden, in welchem der beiden Standards (CSV, JSON) die Daten vorgehalten und ob sie bei Erscheinen des Amtsträgers in angemessener Zeit ins CSV-Format konvertiert werden können. Zu den mit Taxametern und Wegstreckenzählern generierten elektronischen Aufzeichnungen vgl. Kap. 12.

- Abgesicherte Anwendungsdaten der TSE (sog. **TAR-Files**) zur Verifikation der Protokollierung[189]. 1055
Der Zugriff auf die TAR-Files allein ermöglicht mangels Einzeldaten keine umfängliche Prüfung. So werden z. B. nur die Summen der Bons, getrennt nach USt-Sätzen gespeichert.

> *Beachte:* 1056
> Da die Lebenszeit hardware-basierter TSE (USB-Stick, SD-Karte) endlich ist (Defekt, Diebstahl[190] usw.), sind regelmäßige Backups ein Muss. Beim Datenzugriff auf die TSE genügt nicht, die auf dem Speichermedium vorhandenen Daten „nur" zu kopieren, da die gesicherten Anwendungsdaten erst beim Export entschlüsselt werden und das vorgegebene TAR-Archiv erzeugt wird.[191] Zur Vorbereitung möglicher Prüfungshandlungen empfiehlt sich ein Test beider Exporte (DSFinV, TAR-Files), ggf. gemeinsam mit dem IT-Dienstleister. In diesem Zug kann auch getestet werden, ob ein bestimmter, eingeschränkter Zeitraum extrahiert werden könnte. Das Verfahren sollte dokumentiert und entsprechende Exportanleitungen zur Verfahrensdokumentation genommen werden.

---

187 AEAO zu § 146b, Nr. 5.
188 Vgl. AEAO zu § 146a i.d.F. bis 31.12.2023, Nr. 4.2; AEAO zu § 146a i.d.F. ab 01.01.2024, Nr. 1.13.2 (Abdruck in Anhang 20).
189 AEAO zu § 146a i.d.F. bis 31.12.2023, Nr. 4.1; AEAO zu § 146a i.d.F. ab 01.01.2024, Nr. 1.13.1 (Abdruck in Anhang 20).
190 Diebstahl erfordert einen Antrag des Stpfl. beim TSE-Hersteller, das Zertifikat zu sperren (BSI TR-3153-1, Version 1.1.0, Appendix A.3).
191 *Teutemacher/Krullmann*, BBK 2021, 822.

TSE-Hersteller sind dem BSI gegenüber verpflichtet, **Hilfsmittel** zur Verfügung zu stellen, damit der Datenexport der TAR-Dateien mit allen regulären Inhalten auch ohne Aufzeichnungssystem durchgeführt werden kann (Exportanleitung, Software). Vgl. dazu Kap. 11.10.3, unter b).

11.8.7.3 Ort der Aufbewahrung

1057 Zum Ort der Aufbewahrung vgl. ausführlich Kap. 4.3.5.

11.8.7.4 Durchsetzung der Vorlagepflichten

1058 Auskunfts- und Vorlageverlangen sind grundsätzlich mit Zwangsmitteln (§§ 328 ff. AO) durchsetzbar, sofern keine Mitwirkungsverweigerungsrechte bestehen. Die Festsetzung von Verzögerungsgeldern ist nach dem ausdrücklichen Wortlaut des § 146 Abs. 2c AO nicht möglich, hierzu bedarf es der Überleitung in eine Außenprüfung.

11.8.8 Systemprüfung

1059 Zur Prüfung der Ordnungsmäßigkeit der Kassenführung wird es im Regelfall unabdingbar sein, eine Systemprüfung im Sinne einer Funktionsprüfung vorzunehmen. Dazu sind Testbonierungen einschließlich der Generierung von Berichten nötig und zulässig, etwa zur Prüfung der Frage,

- ob Funkboniersysteme ordnungsmäßig arbeiten und alle Transaktionen im Datenbestand enthalten sind,
- ob spurenlose Änderungen oder Löschungen möglich sind (vgl. § 146 Abs. 4 AO), z. B. durch Eingabe von Test-Umsätzen und -Stornierungen.

1060 Die Bedienung des Kassensystems sollte nicht durch den Amtsträger, sondern nach seinen Vorgaben durch den Stpfl. oder einen von ihm beauftragten Dritten erfolgen. Dabei handelt es sich nicht um die Ausübung des Datenzugriffsrechts nach § 146b Abs. 2 Satz 2 AO, sondern um eine Inaugenscheinnahme nach § 98 AO. Belege, Stornobuchungen[192] und Berichte sind zu kopieren oder zu scannen und zu den Handakten des Prüfers zu nehmen. Die Originale verbleiben beim Stpfl., um die „Test-Geschäftsvorfälle" auch später noch, etwa im Rahmen einer BP, einwandfrei identifizieren zu können.

11.8.9 Kassensturz

1061 Zur Prüfung der Ordnungsmäßigkeit von Kassenaufzeichnungen kann der Amtsträger einen sog. „Kassensturz" verlangen, da die Kassensturzfähigkeit (Soll-Ist-Abgleich) ein wesentliches Element der Nachprüfbarkeit von Kassenaufzeichnungen jedweder Form darstellt.[193] Der AEAO zu § 146b geht über die Gesetzesbegründung zu § 146b AO hinaus, wonach der Amtsträger zur Prüfung der Kassensturzfähigkeit (nur) bei offenen Ladenkassen einen Kassensturz ver-

---

192 Siehe hierzu die Auflistung verschiedener Stornotypen in Anhang 4.
193 AEAO zu § 146b, Nr. 1, m. w. N.

langen kann.[194] Es erschließt sich indes nicht, warum in der Gesetzesbegründung nur die offenen Ladenkassen genannt wurden. Sollte damit die offene Ladenkasse ohne Einzelaufzeichnungen[195] gemeint sein (summarische Ermittlung der Tageslosung mit Kassenberichten), kann der Kassensturz nur zu gesicherten Erkenntnissen führen, wenn er vor Öffnung des Geschäfts oder nach Geschäftsschluss durchgeführt wird. Untertägig wird das Ziel eines Kassensturzes systembedingt vielfach nicht erreicht.[196] Anders verhält es sich bei Verwendung offener Ladenkassen mit Einzelaufzeichnungen oder elektronischer Aufzeichnungssysteme. Hier ist ein (untertägiger) Kassensturz vielversprechender und ebenfalls zulässig.[197] Ob ein Kassensturz verlangt wird, ist eine Ermessensentscheidung, bei der die Umstände im Einzelfall zu berücksichtigen sind.[198] Im Zuge der Ermessensausübung zu berücksichtigende Faktoren sind u. a.

– Kassenfehlbeträge,
– fehlende Belege über Geldverschiebungen/Geldtransit,
– unübliches Entnahme- und Einlageverhalten *oder*
– außergewöhnlich hohe Kassenbestände.

Ein Kassensturz während der umsatzstärksten Zeit ist i. d. R. unverhältnismäßig.[199] Wird der Kassensturz vor Geschäftsöffnung oder nach Geschäftsschluss (und nach Zählung und Dokumentation des Endbestands durch den Stpfl.) durchgeführt, darf die Abstimmung der Kasse zu keinen undokumentierten Differenzen führen. Erfolgt der Kassensturz dagegen im laufenden Geschäftsbetrieb, sind Differenzen, etwa durch Wechselgeldfehler, in geringem Umfang unschädlich. Ein untertägiger „Permanent-Abgleich" zwischen Kassen-Soll und Kassen-Ist kann nicht gefordert werden.[200] Erfahrungsgemäß fördert ein Kassensturz unter Hinzuziehung aktueller Belege und Aufzeichnungen häufig (teils gravierende) Mängel zutage:

1062

– Die Kasse wurde lediglich rechnerisch geführt. Kassen-Soll und Kassen-Ist sind nur selten und ohne Protokollierung oder nie abgeglichen worden.
– Kassenbestände wurden nur rechnerisch außergewöhnlich hochgehalten, indem Privatentnahmen bewusst nicht aufgezeichnet wurden („künstlicher" Kassenbestand zur Vermeidung von Kassenfehlbeträgen).
– Dokumentierte Bargeldbestände verteilen sich auf mehrere Aufbewahrungsorte (weitere Kassen, Safe), Geldverschiebungen wurden aber weder beleg-

---

194 BT-Drucks. 18/9535, 22; BR-Drucks. 407/16, 19.
195 Davon abzugrenzen sind offene Ladenkassen mit Einzelaufzeichnungen (z. B. Quittungen).
196 *Achilles*, DB 2018, 18 (24).
197 Gleicher Ansicht für elektronische Aufzeichnungssysteme *Schumann*, AO-StB 2017, 151 (157); *Teutemacher*, BBK 2017, 1160 (1165).
198 AEAO zu § 146b, Nr. 1.
199 *Bleschick*, DB 2018, 2390 (2395); gleicher Ansicht wohl *Teutemacher*, BBK 2018, 274 (275).
200 *Achilles*, DB 2018, 18 (24).

mäßig noch in weiteren Grund(buch)aufzeichnungen, z. B. in Nebenkassenbüchern, festgehalten.
- Kasseneinnahmen aus unbaren Geschäftsvorfällen werden nicht gesondert erfasst.
- Fiktive Bareinlagen zur Vermeidung von Kassenfehlbeträgen (Luftbuchungen).

1063 Nimmt der Amtsträger den Kassensturz während der Öffnungszeiten vor, ist der laufende Geschäftsbetrieb kurzzeitig zu unterbrechen. Sodann zählt der Stpfl. oder ein von ihm beauftragter Dritter das Bargeld getrennt nach Münzen und Scheinen. Der Amtsträger überwacht den Zählvorgang und dokumentiert dessen Ergebnis in einem Zählprotokoll. Er darf keinesfalls selbst in Berührung mit dem Bargeld kommen, um über jeden Verdacht erhaben zu sein. Soweit möglich, sollte ein Zeuge, ggf. ein zweiter Amtsträger oder der Steuerberater, der Auszählung beiwohnen, um die korrekte Durchführung der Zählung und die rechnerische Richtigkeit des Additionsergebnisses prüfen und bestätigen zu können.

1064 Offen ist die Frage, wie mit Grund(buch)aufzeichnungen und betrieblichen Bargeldbeständen umzugehen ist, die sich außerhalb der Geschäftsräume befinden (z. B. Safe einschl. Nebenkassenbuch in der Wohnung des Stpfl.).[201] Dann ist für die Prüfung der Hauptkasse zumindest die Vorlage der Belege über den Geldtransit unabdingbar.[202] Ob auch das Nebenkassenbuch und die im Safe aufbewahrten betrieblichen Bargeldbestände (sofort) in Augenschein genommen werden müssen, wird unter dem Aspekt der Zumutbarkeit, der Verdunkelungsgefahr und der räumlichen Nähe des Betriebs zur Wohnung im konkreten Einzelfall zu entscheiden sein.

1065 *Beachte:*
Bei *Gewinnermittlung nach § 4 Abs. 3 EStG* ist grundsätzlich kein Kassensturz möglich, da vereinnahmtes Geld sofort Privatvermögen wird. Die Gewinnermittlung nach § 4 Abs. 3 EStG kennt grundsätzlich keine Bestände. Wird die Tageslosung jedoch mit Hilfe eines retrograden Kassenberichts erstellt, stehen die dort aufgezeichneten Bestände auch für einen Kassensturz zur Verfügung.[203]

11.8.10 Agenturkassen

1066 Aufgrund fehlender Regelung kann die Kassen-Nachschau zu verfahrensrechtlichen Problemen führen, wenn sog. Agenturgeschäfte vorkommen (z. B. chemische Reinigung mit externen Annahmestellen). Verschärft wird die Problematik, falls die Annahmestelle nicht im Zuständigkeitsbereich des für die Nachschau des Hauptbetriebs zuständigen Finanzamts liegt. Grundsätzlich dürfte kein Betretungsrecht für die Annahmestelle bestehen, da es sich nicht um die

---

[201] Vgl. Schreiben der Verbände DIHT, ZDH u. a. vom 22.05.2017 an das Bundesfinanzministerium, Rz. III (4).
[202] Vgl. BFH vom 02.02.1982 – VIII R 65/80, BStBl. II 1982, 409.
[203] FG Sachsen vom 04.04.2008 – 5 V 1035/07.

Geschäftsräume des Stpfl. handelt. Weitere Problematiken ergeben sich aus der Verpflichtung zur Wahrung des Steuergeheimnisses (§ 30 AO), ferner aus der ggf. fehlenden Trennung von Eigen- und Fremdgeldern. Will die Finanzbehörde solche Agenturkassen prüfen, erscheint es sinnvoll, auch für den Betrieb der Annahmestelle eine Kassen-Nachschau anzuordnen, ggf. mit Hilfe eines Prüfungsauftrags unter analoger Anwendung des § 195 Satz 2 AO. Anders verhält es sich, wenn es sich physisch um eine „Geschäftskasse des Stpfl." handelt, deren Führung oder Bedienung er der Annahmestelle übertragen hat (Sachverhaltsfrage). Hier besteht Betretungsrecht, da es sich nach dem Wortlaut der Gesetzesbegründung nur *grundsätzlich* um Geschäftsräume *des Stpfl.* handeln muss.

Unter diese Sachverhaltsgestaltung fällt auch der Betrieb eines Geld- oder Warenspielautomaten in einer Gaststätte.[204] Provisionsabrechnungen über sog. Wirteanteile werden i. d. R. unbar abgerechnet, sie unterliegen damit nicht der Kassen-Nachschau. Um auch an solche Unterlagen zu gelangen, ist das Instrument der Umsatzsteuer-Nachschau (§ 27b UStG) vorzugswürdig. 1067

11.8.11 Anfertigung von Fotografien und Scans

Das Fotografieren oder Scannen von Unterlagen zu Dokumentationszwecken ist zulässig[205], soweit dies für die Besteuerung erheblich und von der Kassen-Nachschau gedeckt ist. Fotografiert werden dürfen u. a. elektronische Aufzeichnungssysteme einschl. deren Typenschilder, Monitore bzw. Bildschirmansichten bei Ausübung von Datenzugriffsrechten, ferner abzulesende Summendaten und Einstellungen, z. B. Parameter einer Registrierkasse. Fotografien sind zwingend anzufertigen, wenn dem optischen Eindruck Entscheidungsrelevanz zukommt, etwa bei Wahrnehmung einer dem Finanzamt bisher unbekannten Kasse. 1068

Unterlagen in **Papierform** müssen grundsätzlich kopiert, fotografiert oder gescannt werden. Der Amtsträger darf sie nicht im Original mitnehmen – § 146b AO gewährt ihm nur das Einsichts-, nicht das Wegnahmerecht.[206] Aus der Sphäre des Stpfl. dürfen die Unterlagen nur entfernt werden, wenn er zustimmt oder Gefahr im Verzug besteht. Kassenbons aus Testkäufen werden häufig bewusst im Unternehmen liegen gelassen, weil deliktisch handelnde Personen gerade solche Umsätze löschen. Der Amtsträger wird und darf den Beleg vorher fotografieren, weil er zivilrechtlich Eigentümer des Bons geworden ist. Im Rahmen der Anfertigung von Fotografien im Allgemeinen ist das Verbot der Verletzung von Persönlichkeitsrechten zu beachten, sodass Stpfl., Mitarbeiter und Kunden nicht abgelichtet werden dürfen. Wenngleich der Amtsträger dem Steuergeheimnis (§ 30 AO) unterliegt, dürfen Betriebs- und Geschäftsgeheimnisse nur bildlich festgehalten werden, wenn dem Bild Beweiskraft zukommt und anderweitige Möglichkeiten des „Festhaltens" nicht zur Verfügung stehen. Im 1069

---

204 *Teutemacher*, BBK 2017, 1160 (1164).
205 AEAO zu § 146b, Nr. 6; gleicher Ansicht *Bleschick*, DB 2018, 2390 (2394).
206 *Teutemacher*, BBK 2018, 274 (278); *Schumann*, AO-StB 2018, 246 (250); *Bleschick*, DB 2018, 2390 (2398).

Zweifel wird dem Prüfungsklima nicht abträglich sein, den Stpfl. um Gestattung zu ersuchen.

1070 Fotografien und Scans sind grundsätzlich mit **dienstlichen Geräten** anzufertigen und unterliegen dem Steuergeheimnis. Ihre unbefugte Offenbarung oder Verwertung kann strafrechtliche Folgen nach sich ziehen (vgl. § 355 StGB).[207]

11.8.12 Kosten einer Nachschau

1071 Die Kosten der Kassen-Nachschau trägt der Stpfl. (§ 146b Abs. 2 Satz 3 AO), insbesondere seine Personalkosten, ebenso Papier-, Kopier- und Stromkosten.[208] Personal-, Reise-, und Schulungskosten der Finanzverwaltung können selbstverständlich ebenso wenig auf den Stpfl. abgewälzt werden[209] wie Aufwendungen der Finanzverwaltung im Rahmen von Testkäufen.

11.8.13 Was darf der Prüfer – was darf er nicht?

1072 Tabelle 19 gibt einen Überblick über zulässige und unzulässige Handlungen des mit der Kassen-Nachschau beauftragten Amtsträgers.

Tabelle 19: Kassen-Nachschau: Was darf der Prüfer – was darf er nicht?

Was darf der Prüfer?	Was darf er nicht?
Nachschau während der üblichen Geschäfts- und Arbeitszeiten	Betriebsstörungen über Gebühr (Drüen, in: Tipke/Kruse, § 146b Rz. 5; Märtens, in: Gosch, AO/FGO, § 146b, Rz. 21) Erscheinen zur Unzeit
Betreten der Geschäftsräume	Betreten von Wohnräumen (grds.) Öffnen verschlossener Schränke und Behältnisse/Durchsuchungen/Taschenkontrolle Verletzung des Steuergeheimnisses (§ 30 AO) ggü. anwesenden Kunden
Fragen und Auskunftsersuchen stellen	Fragen und Auskunftsersuchen ohne Vorlage des Dienstausweises
Einsichtnahme in Papierunterlagen	Wegnahme ohne Einverständnis des Stpfl. (Ausnahme: Gefahr im Verzug)
Kassensturz	Bargeldberührung
Anfertigung von Scans und Fotografien	Verwendung privater Geräte, Verletzung von Persönlichkeitsrechten
Einsichtnahme in das elektronische Aufzeichnungssystem (Z1-Zugriff), Mitnahme des Datenträgers (Z3-Zugriff)	Unzulässige Beschaffung von Daten gegen Wissen oder Wollen des Stpfl. (Kasse ist kein „Selbstbedienungsladen")

---

207 Zu weiteren Rechten und Pflichten bei der Anfertigung von Fotografien aus Verwaltungssicht s. a. OFD Magdeburg v. 20.02.2012, UR 2012, 655 (ergangen zur Umsatzsteuer-Nachschau).
208 *Drüen* in Tipke/Kruse, AO/FGO, 173. Lfg. 2022, § 146b AO Rz. 30; *Märtens* in Gosch, AO/FGO, 171. Lfg. 2022, § 146b AO Rz. 29.
209 So auch *Bleschick*, DB 2018, 2390 (2398) m. w. N.

Was darf der Prüfer?	Was darf er nicht?
	Im Rahmen einer Kassen-Nachschau vor Ort muss die Seriennummer leicht ablesbar bzw. zuordenbar sein. Befindet sie sich innerhalb eines Gehäuses, ist der mit der Nachschau beauftragte Amtsträger nicht zur selbständigen Öffnung des Geräts befugt.
System- und Verfahrensprüfung	Umprogrammierung des Kassensystems
Beobachtung Kundenfrequenz und Kundenanzahl	„Dauerbeobachtung"
Inaugenscheinnahme vorhandener Kassen und Kartenerfassungsgeräte, Beobachtung zur Handhabung der Kassen einschl. Prüfung des Belegausgabeverhaltens	
Testkäufe	
Anwendung von Zwangsmitteln (§§ 328 ff. AO)	Festsetzung von Verzögerungsgeld (§ 146 Abs. 2c AO)
Einleitung einer Nachschau bei vagen Vermutungen	Einleitung einer Nachschau bei strafrechtlichem Anfangsverdacht[210]

(Quelle: Eigene Darstellung)

11.9 Übergang zur Außenprüfung

Sofern Anlass zu Beanstandungen der Kassenaufzeichnungen, -buchungen oder der zertifizierten technischen Sicherheitseinrichtung besteht, kann der Amtsträger nach § 146b Abs. 3 AO im Rahmen seines Ermessens ohne vorherige Prüfungsanordnung zur Außenprüfung (§ 193 AO) übergehen.[211] Gleiches gilt, wenn der Stpfl. seinen Mitwirkungspflichten nicht nachkommt[212] oder die Nachschau insgesamt ablehnt.[213] Schließlich dürfen „Totalverweigerer" nicht bessergestellt werden als Stpfl., die ihren Duldungs- und Mitwirkungspflichten nachkommen.[214]

1073

> *Hinweis:*
> Abzulehnen ist die im Urteil des Finanzgerichts Hamburg vom 30.08.2022 vertretene Rechtsauffassung, dass die Nichtübergabe angeforderter Unterlagen im Zeitpunkt der Kassen-Nachschau von der Wirkung her ähnlich zu beurteilen sei

1074

---

210 FG Hamburg vom 11.04.2018 – 6 K 44/17. Anmerkung: Ergibt sich der Anfangsverdacht nach § 152 StPO erst im Verlauf einer Kassen-Nachschau, ist vor Überleitung in eine Außenprüfung § 10 Abs. 1 BpO zu beachten. Vgl. dazu auch *Teutemacher*, PStR 2023, 155.
211 AEAO zu § 146b, Nr. 6; BT-Drucks. 18/10667, 18.
212 Analoge Anwendung BMF vom 23.12.2002, BStBl. I 2002, 1447 zur Umsatzsteuer-Nachschau.
213 Gleicher Ansicht *Dißars* in Schwarz/Pahlke, AO/FGO, 211. Lfg. 2023, § 146b AO Rz. 12.
214 *Achilles*, DB 2018, 18 (25).

wie die Versagung des Zutritts zu den Büroräumen des Steuerpflichtigen.²¹⁵ Pflicht und berechtigtes Interesse eines Stpfl., seine Unterlagen bei Abwesenheit im Rahmen eines internen Kontrollsystems vor unbefugten Zugriffen zu schützen, vermag für sich allein genommen keine sofortige Überleitung in eine Außenprüfung rechtfertigen. Die Möglichkeit des Übergangs wird sicher nicht dadurch verwirkt, dass der Prüfer dem Stpfl. zunächst eine Chance einräumt, angeforderte Unterlagen in angemessener Zeit und ohne schuldhaftes Zögern nachzureichen.

1075 Regelmäßig geboten ist der Übergang zur Außenprüfung, wenn die sofortige Sachverhaltsaufklärung zweckmäßig erscheint und anschließend die gesetzlichen Folgen der Außenprüfung eintreten sollen²¹⁶, z. B.
- Beginn der Ablaufhemmung nach § 171 Abs. 4 AO;
- Geltung der Änderungssperre gem. § 173 Abs. 2 AO;
- Aufhebung des Vorbehalts der Nachprüfung gem. § 164 Abs. 3 AO;
- Möglichkeit des Antrags auf Erteilung einer verbindlichen Zusage gem. § 204 ff. AO;
- Auslösen weiterer Sperrgründe für Selbstanzeigen i. S. d. § 371 Abs. 2 AO.

1076 § 146b Abs. 3 AO ist keine Norm mit Bestrafungscharakter, insbesondere weil der Stpfl. nicht schlechter gestellt wird als wenn er eine „normale" Prüfungsanordnung nach § 193 AO erhalten hätte.²¹⁷

1077 **Anlässe für die Überleitung in eine Außenprüfung können sein:**
- Kassenvorgänge sind *formell* nicht richtig aufgezeichnet worden und können deshalb zu Steuerverkürzungen bei einer oder mehrerer Steuerarten führen[218];
- Kassenvorgänge sind *materiell* nicht richtig aufgezeichnet worden;
- Dokumentationsunterlagen wie aufbewahrungspflichtige Betriebsanleitung oder Protokolle nachträglicher Programmänderungen können nicht vorgelegt werden[219];
- die Richtigkeit der Bücher und Aufzeichnungen lässt sich ohne Übergang zur Außenprüfung nicht abschließend feststellen, sodass weitere Ermittlungen erforderlich sind[220] (auch: Anwendung statistischer und/oder stochastischer

---

215 FG Hamburg vom 30.08.2022 – 6 K 47/22, NZB XI B 93/22. Im entschiedenen Fall war nur der im Zeitpunkt der Nachschau nicht anwesende Geschäftsführer im Besitz des Büroschlüssels.
216 AEAO zu § 146b, Nr. 6.
217 FG Hamburg vom 30.08.2022 – 6 K 47/22; NZB XI B 93/22.
218 *Drüen* in Tipke/Kruse, AO/FGO, 173. Lfg. 2022, § 146b AO Rz. 34; *Bleschick*, DB 2018, 2390 (2399).
219 AEAO zu § 146b, Nr. 6.
220 *Bleschick*, DB 2018, 2390 (2399).

Prüfungsmethoden, die im Rahmen einer Nachschau aufgrund des geringeren Datenmaterials nicht aussagekräftig oder nicht zuverlässig sind)[221];
- der Stpfl. oder sein gesetzlicher Vertreter kommt den ihm obliegenden Mitwirkungspflichten (z. B. Einräumung des Datenzugriffsrechts, Vorlage von Unterlagen) nicht nach oder torpediert die Nachschau insgesamt (Totalverweigerung)[222];
- drohende Festsetzungsverjährung (vgl. § 171 Abs. 4 AO);
- Gefahr von Verdunkelungshandlungen[223].

In die Ermessenserwägungen sind u. a. Zeitaufwand, steuerlicher Erfolg, Gleichheitsgesichtspunkte und der Grundsatz der Verhältnismäßigkeit einzubeziehen. Die Überleitung ist unter Angabe von Datum und Uhrzeit in den Handakten des Prüfers zu dokumentieren.[224] Nicht zuletzt mit Hinblick auf ggf. gerichtliche Auseinandersetzungen müssen auch die Erwägungen für den Übergang zur Außenprüfung hinreichend dargelegt und dokumentiert werden (§ 121 AO). Für die Frage der Überleitung unmaßgeblich ist, ob es sich um streitige oder unstreitige Feststellungen handelt.[225] Der Stpfl. ist unter Angabe der Gründe, des Prüfungszeitraums und des Prüfungsumfangs schriftlich auf den Übergang hinzuweisen.[226] Bei einem sofortigen Übergang zur Außenprüfung ersetzt der schriftliche Übergangshinweis die Prüfungsanordnung.[227] Gegen diese sog. „Übergangsanordnung" als Sonderform der Prüfungsanordnung (= Verwaltungsakt i. S. d. § 118 AO)[228] kann Einspruch erhoben werden[229], der nur bei Aussetzung der Vollziehung (§§ 361 AO, § 69 FGO) aufschiebende Wirkung entfaltet. Für die Überleitung gelten die Grundsätze zur Prüfungsanordnung (§§ 196, 197 AO) nebst notwendiger Inhalte entsprechend. Eine bereits vorbereitete und mitgebrachte Übergangsanordnung kann ermessensgerecht sein, da die Verwendung von Formularen zum Verwaltungsalltag gehört und unproblematisch ist, wenn die im Einzelfall tragenden Ermessenserwägungen entsprechend – ggf. handschriftlich – ergänzt werden.[230] Eine solche Ergänzung kann wegen der verfahrensrechtlichen Beweisfunktion nicht mündlich erfolgen.[231] Die Überleitung ist *dem Stpfl.*, ggf. seinem Empfangsbevollmächtigten bekannt-

1078

---

221 *Achilles*, DB 2018, 18 (20).
222 *Achilles*, DB 2018, 18 (25).
223 *Bleschick*, DB 2018, 2390 (2399) unter Hinweis auf *Hoyer* in Gosch, § 210 AO Rz. 23.
224 AEAO zu § 146b, Nr. 6.
225 FG Hamburg vom 30. 08. 2022 – 6 K 47/22.
226 § 146b Abs. 3 Satz 2 AO; AEAO zu § 146b, Nr. 6.
227 AEAO zu § 146b, Nr. 6.
228 Zum Regelungsgehalt vgl. §§ 173 Abs. 2, 171 Abs. 4, 200 AO.
229 FG Hamburg vom 11. 04. 2018 – 6 K 44/17, EFG 2018, 1146.
230 Vgl. zur Lohnsteuer-Nachschau *Jahn* in Lademann, EStG, 272. Lfg. 2022, § 42g EStG Rz. 86; anderer Ansicht *Hilbert* in Herrmann/Heuer/Raupach, EStG/KStG, 315. Lfg. 2023, § 42g EStG Rz. 50.
231 *Drüen* in Tipke/Kruse, AO/FGO, 173. Lfg. 2022, § 146b AO Rz. 35; *Märtens* in Gosch, AO/FGO, 171. Lfg. 2022, § 146b AO Rz. 30.

zugeben; eine Bekanntgabe an Personen i. S. d. Nr. 4 Satz 2 AEAO zu § 146b ist nicht zulässig.

1079 Mit Übergang zur Außenprüfung ist die Kassen-Nachschau beendet.

1080 Den Umfang der Außenprüfung bestimmt die Finanzbehörde nach pflichtgemäßem Ermessen (§ 4 Abs. 1 BpO). Anders als § 197 Abs. 1 AO i. V. m. § 5 Abs. 4 BpO sieht § 146b AO keine Frist zwischen der Bekanntgabe der Überleitung und dem Prüfungsbeginn vor. Im Anschluss an die Überleitung kann auch eine ergänzende Prüfungsanordnung für Steuerarten, die bisher nicht Gegenstand der Kassen-Nachschau waren, z. B. Schenkungsteuer oder Kapitalertragsteuer, erlassen werden (vgl. § 5 Abs. 2 BpO).[232] Dem Stpfl. sollte jedoch Gelegenheit gegeben werden, die für eine Vollprüfung erforderlichen Unterlagen innerhalb angemessener Fristen beizubringen (vgl. dazu auch §§ 147 Abs. 6, 197 AO). Darauf gerichtete Vorlageersuchen können mit der Prüfungsanordnung verbunden werden.[233] Ergibt sich im Verlauf der Nachschau der Verdacht einer Steuerstraftat (Anfangsverdacht i. S. d. § 152 StPO), ist vor Überleitung die zuständige Straf- und Bußgeldsachenstelle einzuschalten.[234]

1081 Aus praktischen Erwägungen heraus ist die Überleitung nicht unproblematisch. Der Amtsträger kann die Einkommen- oder Körperschaftsteuer für den im Rahmen der Nachschau begutachteten Zeitraum nicht ohne weiteres zur Vollprüfung anordnen, weil die Steuererklärungen i. d. R. nicht vorliegen (können). Die Anordnung einer Umsatzsteuer-Sonderprüfung für aktuelle Zeiträume unter Rückgriff auf die Umsatzsteuer-Voranmeldungen erscheint daher eher geeignet. Der zeitnahen BP (§ 4a BpO) unter Anordnung einer oder mehrerer gegenwartsnaher Besteuerungszeiträume ist der Vorzug zu geben, wenn anschließend auch die gesetzlichen Folgen eintreten sollen (z. B. §§ 164 Abs. 3, 173 Abs. 2 AO). Als weitere Alternative kommt in Betracht, die Kassen-Nachschau abzuschließen, um zu einem späteren Zeitpunkt eine (ggf. abgekürzte) Außenprüfung anzuordnen.[235] Dem stünde § 146b AO nicht entgegen, da er § 193 AO weder sperrt noch Bindungswirkung für eine spätere Außenprüfung entfaltet. Die Zulässigkeit ergibt sich dann unmittelbar bereits aus der steuerlich relevanten Betätigung des Stpfl., der Einkünfte aus freiberuflicher Tätigkeit, aus Gewerbebetrieb oder aus Land- und Forstwirtschaft erzielt.

---

232 Gleicher Ansicht *Bleschick*, DB 2018, 2390 (2400).
233 § 197 Abs. 3 AO i. d. F. des DAC7-Umsetzungsgesetzes vom 20. 12. 2022, BGBl. I 2022, 2730. Zum Anwendungszeitpunkt vgl. Art. 97 § 37 Abs. 1 EGAO.
234 § 10 Abs. 1 BpO analog.
235 Nach § 7 BpO ist eine Außenprüfung auf das Wesentliche abzustellen. Ihre Dauer ist auf das notwendige Maß zu beschränken. Vor diesem Hintergrund kommt auch eine abgekürzte Außenprüfung i. S. d. § 203 AO in Betracht.

11.10 AmadeusVerify – die neue Prüfsoftware der Finanzverwaltung

11.10.1 Einführung

Nicht zuletzt zur Schonung von Personalressourcen hat die Finanzverwaltung Interesse daran, Kassen-Nachschauen in möglichst kurzer Zeit durchzuführen. So sollen mit einer neuen Prüfsoftware Stpfl., die sich nicht an das bestehende Regelwerk halten, effizienter und schneller entdeckt werden. Stellvertretend für alle Bundesländer initiierte Nordrhein-Westfalen deshalb eine Ausschreibung zur Beschaffung eines Prüfprogramms, mit dem die Finanzverwaltung vorrangig im Rahmen von Kassen-Nachschauen die Integrität und Authentizität von elektronischen Aufzeichnungen, die nach §146a AO i.V.m. mit der Kassen-SichV durch eine zertifizierte technische Sicherheitseinrichtung abgesichert worden sind, prüfen kann. Im April 2021 erhielt die Fa. Gastro-MIS GmbH, Gräfelfing, den Zuschlag für eine Lösung, die sie bereits im Jahr 2019 für den Eigenbedarf entwickelte.[236] Anders als viele andere Prüfprogramme der Finanzverwaltung ist *AmadeusVerify* – ebenso wie die Prüfsoftware IDEA – frei erhältlich, sodass Unternehmen und Angehörige steuerberatender Berufe Prüfungen der Aufzeichnungen auf Gesetzeskonformität vorbeugend selbst durchführen können. In der Vollversion wird eine *Desktop*-Variante[237] und eine *API-Verify as a service* zur Integration in Kassen-Software und Archivsysteme angeboten. Zur schnellen Belegprüfung einschließlich PKI-Abfrage stehen ergänzende *Apps* (Android/iOS) zur Verfügung.

Im Anschluss an die bundesweite Erprobungsphase bis Anfang 2022 ist der flächendeckende Einsatz in der Finanzverwaltung inzwischen angelaufen. Die auf dienstlichen Mobilfunkgeräten (App) und Notebooks (Desktop-Version) installierte Software bietet mehrere Prüfschritte, die je nach Intention des Amtsträgers alternativ oder kumulativ angewendet werden können.

11.10.2 Prüfung von Kassenbelegen

Regelmäßig beginnen Ermittlungsmaßnahmen mit einem Testkauf, mit dem zunächst Feststellungen darüber getroffen werden, ob

- der Umsatz boniert *und*
- der Belegausgabepflicht nach §146a Abs. 2 AO unaufgefordert nachgekommen wird.

---

236 *Till*, RET 05/2021, 18.
237 Versionsstand am 29.06.2022: 2.6.3.

1085 Weist der Kassenbeleg einen QR-Code aus, kommt die neue Prüfsoftware bereits an dieser Stelle zum Einsatz. Per App[238] auf dem dienstlichen Mobiltelefon/Tablet oder per Desktop-Version über die Webcam des Prüfer-Notebooks wird der Code zur Überprüfung der nach § 6 KassenSichV notwendigen **Belegangaben** eingelesen, unabhängig davon, ob es sich um elektronische[239] oder Papierbelege handelt. Zu den weiteren inhaltlichen Anforderungen an Belege s. Kap. 10.5.4.

1086 Im Idealfall erhält der Anwender die Rückmeldung, dass die technischen Anforderungen eingehalten wurden. Fehlerhafte QR-Codes werden entsprechend quittiert. Neben dem Einlesen des QR-Codes sind weitere Prüfungen sinnvoll, z. B.

- Formalprüfung des Bons (§§ 6 KassenSichV, 14 UStG, 31, 33 UStDV),
- Materielle Prüfung, z. B. Trennung der Entgelte bei
  - „Sparmenüs" in der Systemgastronomie[240],
  - Verzehr an Ort und Stelle oder Außer-Haus-Verkauf,
  - Floristik-Unternehmen,
- Aussagekraft verwendeter Warengruppen in Ansehung umsatz- und ertragsteuerlicher Anforderungen.

1087 Zusätzliche Aufgabe des Amtsträgers ist, die im QR-Code enthaltenen betraglichen Angaben der ProcessData (hier: Zahlbetrag des Kunden) per Sichtprüfung mit den Angaben auf dem Kassenbon abzugleichen. Damit soll ausgeschlossen werden, dass es sich um einen „Fake-Code" handelt, der zwar auf den ersten Blick unauffällig erscheint, tatsächlich aber nicht zum Geschäftsvorfall gehört.

---

238 Frei verfügbare Apps zur Prüfung von QR-Codes lassen sich im App-Store finden, die zwar keine detaillierten Auswertungsmöglichkeiten bieten, jedoch erste Anhaltspunkte auf die Ordnungsmäßigkeit bzw. Nichtordnungsmäßigkeit (*DF QR-Code-Checker, fiskalcheck, AmadeusVerify, TSE Belegcheck*). TSE-herstellerabhängig kann auch eine Browser-Variante genutzt werden, die über *https://kassen-qr-code-test.de* abrufbar ist (abgerufen am 21. 10. 2023).
239 PDF-Datei unter Einbettung eines Datensatzes im JSON-Format.
240 Vgl. BFH vom 03.04.2013 – V B 125/12, BStBl. II 2013, 973. Zur Anwendbarkeit der sog. „Food and Paper"-Methode vgl. FG Baden-Württemberg vom 09.11.2022 – 12 K 3098/19, Rev. XI R 19/23.

11.10 AmadeusVerify – die neue Prüfsoftware der Finanzverwaltung

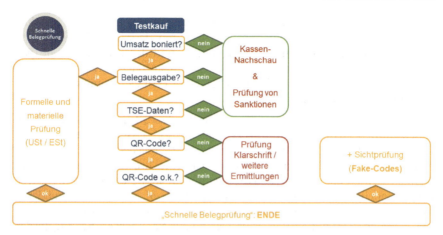

Abbildung 26: Ablaufschema einer Belegprüfung mit *AmadeusVerify*
(Quelle: Eigene Darstellung)

Beachte: 1088

Der hier in Rede stehende QR-Code ist nicht zu verwechseln mit dem QR-Code, der auf dem Kassendisplay zu sehen ist und nur auf einen digitalen Bon verlinkt. Erst wenn der Link geöffnet wird, erhält man eine PDF-Datei unter Einbettung eines JSON-Datensatzes, die sich mittels *AmadeusVerify* validieren lässt.

Beratungshinweis: 1089

Der Stpfl. ist gesetzlich nicht verpflichtet, den QR-Code abzubilden. Es genügt, die Belegangaben des § 6 KassenSichV in Klarschrift anzudrucken. Da Klarschriftangaben mit *AmadeusVerify* jedoch nicht eingelesen werden können, sollte auf dem Kassenbon schon im Eigeninteresse des Stpfl. ein *prüfbarer* QR-Code abgebildet werden. In der DSFinV-K wird eine Kantenlänge von mindestens **3 cm** und eine Druckauflösung von mindestens **300 dpi** empfohlen. Inhaltlich werden 12 Angaben nach den Vorgaben der DSFinV-K erwartet.[241]

Wenn die Belegverifikation funktioniert, die Integrität und Authentizität der Aufzeichnungen durch den Amtsträger prüfbar ist und der Beleg auch im Übrigen in formeller und materieller Hinsicht beanstandungsfrei ist, kann der Amtsträger entscheiden, seine Vorermittlungen abzubrechen bzw. von einer Kassen-Nachschau abzusehen. Dies bietet sich insbesondere im Rahmen flächendeckender Nachschauen zur Fallauswahl (BP) an. Dass der Stpfl. die Kontrollmaßnahme in diesem Fall nicht mal wahrgenommen hat, zeigt den großen Vorteil „prüfungsfähiger" Kassenbons. Bei fehlenden, fehlerhaften oder nicht einlesbaren QR-Codes ist das nicht möglich, da die Pflichtangaben auf Kassenbelegen i.S.d. § 6 KassenSichV große Zahlenkolonnen (z.B. Prüfwert, Signaturzähler, Seriennummern, Beginn und Ende von Transaktionen usw.) erzeugen. Dann kann der Bon ohne das Meldeverfahren (§ 146a Abs. 4 AO) allenfalls Anhalts- 1090

---

[241] Zur Definition des QR-Codes für maschinell prüfbare Kassenbelege s. DSFinV-K vom 04.03.2022, Version 2.3, Anhang I Nr. 2.

punkte für eine zutreffende Erfassung liefern. Fehlende oder auffällige QR-Codes werden deshalb in der Regel dazu führen, dass zur weiteren Prüfung aus dem elektronischen Aufzeichnungssystem und der TSE ein Datenexport vorgenommen werden muss. Eventuelle Störungen oder Verzögerungen des Betriebsablaufs lassen sich in diesen Fällen nicht vermeiden, müssen sich aber im Rahmen der Verhältnismäßigkeit bewegen.

1091 Erfahrungen zeigen, dass Stpfl. sich auf abgedruckte QR-Codes nicht blind verlassen können. Zu deren Prüfung frei verfügbare Apps lassen sich im App-/Play-Store finden (*DF QR-Code-Checker*[242], *fiskalcheck*[243], *AmadeusVerify*[244], *TSE Belegcheck*[245]). TSE-herstellerabhängig kann auch eine Browser-Variante genutzt werden.[246] Die genannten Produkte bieten zwar keine detaillierten Auswertungsmöglichkeiten, jedoch erste Anhaltspunkte auf die Ordnungsmäßigkeit bzw. Nichtordnungsmäßigkeit. Führen entsprechende Tests zu Fehlerhinweisen, sollte der Kassendienstleister umgehend zur **Nachbesserung** aufgefordert werden. Aus Sicht der Prüfungsdienste können Fehlerhinweise allein nicht zur Annahme formeller Mängel führen. Zu den Mindestinhalten von Kassenbelegen vgl. auch Tabelle 14, Rz. 874.

1092 Im Rahmen eines Testkaufs wird auch damit zu rechnen sein, dass der Amtsträger sich einen Überblick über weitere Vor- und Nebensysteme (z. B. Schankanlagen, Waren- und Dienstleistungsautomaten etc.) oder offene Ladenkassen verschafft, um zu entscheiden, ob der Fall insgesamt „nachschauwürdig" ist. Entscheidet er sich im Rahmen seines Ermessens für die **Einleitung einer Kassen-Nachschau**, erfolgen u. a. mithilfe der Prüfsoftware *AmadeusVerify* die nachstehend genannten Prüfschritte, sofern das elektronische Aufzeichnungssystem mit einer TSE bzw. der einheitlichen digitalen Schnittstelle (EDS) ausgestattet bzw. aufgerüstet ist.

1093 *Tipp:*
Neben der Belegprüfung unmittelbar vor Ort lassen sich mit *AmadeusVerify* auch andere in den Finanzämtern eingehende Belege überprüfen, z. B.
– Kopien von Bewirtungskostenrechnungen, die bei einer anderen BP zu den Akten genommen wurden,
– Nachweise, die im Rahmen der Einkünfte aus nichtselbständiger Arbeit (§ 19 EStG) oder aus Vermietung und Verpachtung (§ 21 EStG) eingereicht wurden,
– Nachweise im Zuge des Abzugs außergewöhnlicher Belastungen (§ 33 EStG) oder haushaltsnaher oder energetischer Dienstleistungen (§ 35a, c EStG)

---

242 Anbieter ist die DF Deutsche Fiskal GmbH, Berlin.
243 Anbieter ist die fiskaly GmbH, Wien (Österreich).
244 Anbieter ist die Gastro-MIS GmbH, Gräfelfing.
245 Anbieter ist die Leaf Systems GmbH, Mannheim.
246 Anbieter ist die ERGO SOFT Softwareentwicklung GmbH, Unterföhring. Abruf unter *https://kassen-qr-code-test.de* (abgerufen am 27. 12. 2023).

11.10 AmadeusVerify – die neue Prüfsoftware der Finanzverwaltung

eingereicht wurden. Das Kontrollgefüge könnte erheblich engmaschiger werden, weil *AmadeusVerify* nicht zwingend im Unternehmen eingesetzt werden muss, um geeignete Prüfungsfälle zu generieren. Auch vor diesem Hintergrund sollte Beleginhalten erhöhte Aufmerksamkeit geschenkt werden.[247]

11.10.3 Optionale Prüfschritte unter Ausübung von Datenzugriffsrechten

a) Überprüfung der Kassendaten im Format der DSFinV-K nach Export aus der Kasse oder dem Back-Office und Übergabe an den Amtsträger

Liegen Daten des Aufzeichnungssystems im JSON-Format gem. der Taxonomie des DFKA e. V. vor, müssen sie vor Übergabe an den Amtsträger verlustfrei ins Format der DSFinV-K konvertiert werden (CSV-Dateien, wahlweise als.zip). Inhaltliche Veränderungen, Verdichtungen oder Einschränkungen der maschinellen Auswertbarkeit im Zuge der Konvertierung sind unzulässig.[248] Zur Sicherstellung reibungsloser Nachschauen sollte die je nach Datenmenge u. U. zeitaufwändige Exportfunktion getestet und eine entsprechende Anleitung zur Verfahrensdokumentation genommen werden. 1094

b) Überprüfung der zertifizierten TSE durch Export der dort gespeicherten Daten, ggf. Konvertierung und Übergabe sog. TAR-Archive an den Amtsträger.

Auch die TAR-Archive können von *AmadeusVerify* eingelesen werden, um nach Auswahl vorgegebener Prüffilter in die Prüfung der TSE einzusteigen. Nach Einlesen der Daten kann sich der Prüfer über farblich markierte Vierecke (rot, gelb, grün), die z. B. die Anzahl der Lücken im Signaturzähler oder der Chronologieverstöße anzeigen, einen schnellen Überblick über Ordnungsmäßigkeit oder Nichtordnungsmäßigkeit der Aufzeichnungen verschaffen. Weitere Detailprüfungen sind möglich, z. B. Schnittstellen-Verprobungen (SSV) zwischen den DSFinV-K-Daten und den TAR-Files. Die Eingrenzung der TAR-Files auf den der Kassen-Nachschau unterliegenden Zeitraum kann mit einigem Aufwand für den Stpfl. verbunden sein. TAR-Files sind ZIP-Archiven ähnlich, enthalten im Gegensatz zu diesen aber kein Inhaltsverzeichnis. Kenntnisse über den Inhalt erhält man nur nach Einlesen der gesamten Datei. Dem Stpfl. obliegt, seine Daten im Rahmen des Erstqualifikationsrechts ggf. gemeinsam mit dem Steuerberater (vgl. § 33 StBerG) zu selektieren. Können vorlagepflichtige Daten nicht separiert werden, muss der Stpfl. den kompletten Datenbestand bereitstellen. Hier sollte Rücksprache mit dem IT-Dienstleister gehalten, die Exportfunktion rechtzeitig getestet und eine Exportanleitung zur Verfahrensdokumentation genommen werden. 1095

TSE-Hersteller sind verpflichtet, dem BSI kostenfrei **Hilfsmittel**, z. B. Exportanleitungen, ggf. ein Hilfstool (Software) einschließlich verständlicher Anleitung, 1096

---

247 Hinweis auf Kap. 10.5.4.
248 GoBD, Rz. 129, 135.

zur Verfügung zu stellen, damit der Datenexport der TAR-Dateien mit allen regulären Inhalten[249] auch ohne Aufzeichnungssystem durchgeführt werden kann. Die Verpflichtung umfasst aktivierte und deaktivierte Sicherheitsmodule. Hierbei kann es zusätzlich möglich sein, sowohl alle Aufzeichnungen zu einem konkreten aufgezeichneten Vorgang als auch alle Aufzeichnungen innerhalb eines konkreten Intervalls von Transaktionsnummern bzw. eines konkreten Intervalls von Absicherungszeitpunkten zu exportieren. Die Hilfsmittel müssen im Rahmen des Zertifizierungsverfahrens an das BSI übergeben, von diesem auf Funktionsfähigkeit getestet und an die Finanzbehörden weitergeleitet werden.[250] Inwieweit Stpfl. in den Besitz der genannten Hilfsmittel kommen, werden erst künftige Erfahrungen zeigen.

c) Prüfung der Gültigkeit der Zertifikate

1097 Mittels *AmadeusVerify* oder anhand von Vertragsunterlagen oder Angaben in der Verfahrensdokumentation kann geprüft werden, welche TSE der Stpfl. implementiert hat, ob dem Hersteller die erforderlichen (Teil-)Zertifizierungen zuerkannt wurden und ob die Zertifikate gültig sind.

d) PKI-Prüfung

1098 Im Rahmen der Prüfung mit AmadeusVerify erfolgt die Prüfung der Echtheit und Gültigkeit der Zertifikate mit Hilfe des sog. PKI[251]-Abgleichs durch Abfrage bei den PKI-Betreibern Telekom, Fiskaly (DARZ) oder D-Trust, alternativ über eine Proxy[252]-PKI der Gastro-MIS GmbH. Beim jeweiligen PKI-Betreiber sind die Zertifikate sowie die zugeordnete TSE-Seriennummer gespeichert. Die zur Prüfung verwendeten Verschlüsselungsverfahren beruhen auf der Verwendung öffentlicher und privater Schlüssel.

1099 Die PKI ist eine streng hierarchische Anordnung von Zertifikaten in einer Kette, die dem sicheren und einfachen Austausch von Zertifikaten einander nicht bekannter Kommunikationspartner dient, bestehend aus

1. **Root-Zertifikat (Wurzel-Zertifikat)**,
   Das Stamm-Zertifikat dient als Vertrauensanker der PKI und wird – mit dem zugehörigen Schlüsselpaar – von einer der o. g. vertrauenswürdigen Stellen (CA[253]) erstellt. Im Root-Zertifikat ist der öffentliche Schlüssel (Public Key) enthalten. Es muss ebenso wie alle vom Root-CA ausgestellten Sub-CA-Zertifikate grundsätzlich persönlich dem BMF oder einer vom BMF benannten

---

249 Vgl. Technischen Richtlinie BSI TR-03153-1, Version 1.1.0, Kap. 5.2 i.V.m. BSI TR-03151-1, Version 1.1.0.
250 BSI TR-03153-1, Version 1.1.0, Kap. 3.8, 10.6, 9.12.1.
251 Public Key Infrastructure. Die BSI TR-03145-5 beinhaltet spezifische Anforderungen an Public Key Infrastrukturen für Technische Sicherheitseinrichtungen. Für allgemeine Informationen zur PKI s. Glossar, Anhang 1.
252 Glossar, Anhang 1.
253 Certification Authority.

11.10 AmadeusVerify – die neue Prüfsoftware der Finanzverwaltung

Stelle übergeben werden.[254] Verliert das Root-Zertifikat seine Vertrauenswürdigkeit und wird gesperrt, besteht Anzeigepflicht gegenüber dem BSI und dem BMF.[255]

2. **Intermediate-Zertifikat (Zwischen-Zertifikat)**,
3. **Leaf-Zertifikat**
Vom Root-/Wurzelzertifikat der vertrauenswürdigen Stelle wird ein Intermediate-Zertifikat (Zwischenzertifikat) ausgestellt, welches die Ausstellung weiterer, untergeordneter Zertifikate (Leaf-Zertifikat) für den Kunden ermöglicht. Letzterem wird die einmalig vergebene Seriennummer der TSE zugeordnet.

Die im Rahmen des kryptographischen Verfahrens verwendeten Schlüssel bestehen aus einem öffentlichen und einem (geheimen) privaten Schlüssel (Public Key, Private Key).[256] Der öffentliche Schlüssel dient der Verschlüsselung von Daten und der Überprüfung der Signatur. Er ist Bestandteil des auf dem Beleg aufgedruckten QR-Codes bzw. findet sich bei Klarschriftangaben meist unter der Bezeichnung *PublicKey* wieder. Der private (geheime) im Sicherheitsmodul der TSE abgelegte nicht zugängliche Schlüssel dient der Erzeugung der Signatur sowie der Entschlüsselung der mit dem öffentlichen Schlüssel verschlüsselten Daten.

1100

In dem aus der TSE exportierten TAR-Archiv ist eine Datei mit der Dateiendung „.pem" enthalten, in der grundsätzlich die o. g. drei Zertifikate der Kette enthalten sind. Der Dateiname entspricht der Seriennummer der TSE. Im Rahmen der PKI-Prüfung sind zwei Fallgestaltungen zu unterscheiden (PKI-Prüfung Zertifikat/PKI-Prüfung TSE-Seriennummer).

1101

Die **PKI-Prüfung des übergebenen Zertifikats** mit der Prüfsoftware *AmadeusVerify* beginnt mit der Vollständigkeitsprüfung der Kette (online). Kann der PKI-Betreiber ermittelt werden, wird versucht, das Zertifikat abzufragen oder zu ermitteln, ob es ggf. zurückgezogen worden ist. Bei erfolgreicher Prüfung gibt *AmadeusVerify* den Hinweis „PKI meldet gültiges Zertifikat" aus. Kann der PKI-Betreiber nicht ermittelt werden oder ist eine Online-Prüfung nicht möglich, wird der Hinweis „PKI nicht erreichbar" ausgegeben oder – bei einem Zertifikatssperrlistenvermerk[257] – das Zertifikat als „nicht valide" angezeigt. Sofern die Firewall die für die Abfrage notwendigen Ports sperrt, ist eine indirekte Online-Abfrage über den Gastro-MIS-Proxy[258] möglich. Eine entsprechende Einstellmöglichkeit stellt *AmadeusVerify* im Dialogfenster „PKI-Anzeige" bereit.

1102

---

254 BSI TR-03153-1, Version 1.1.0, Kap. 7.3.1; BSI-TR 03145-5; BMF-Schreiben vom 27.03.2023, BStBl. I 2023, 608.
255 BSI TR-03153-1, Version 1.1.0, Kap. 7.3.5; BSI-TR 03145-5; BMF-Schreiben vom 07.07.2023, BStBl. I 2023, 1470.
256 Glossar, Anhang 1.
257 Certificate-Revocation-List (CRL).
258 Glossar, Anhang 1.

1103 Zur Prüfung des QR-Codes auf dem Beleg ist die **PKI-Prüfung über die TSE-Seriennummer** erforderlich. Hierbei wird bei allen PKI-Betreibern abgefragt, ob bezogen auf den Zeitpunkt der Signierung der dabei verwendeten TSE-Seriennummer ein Zertifikat zugeordnet werden kann.[259]

1104 *Hinweis:*
Die vollständige Zertifizierung einer TSE erfordert den Durchlauf eines mehrstufigen Verfahrens (vgl. dazu im Einzelnen Kap. 10.4.4). Kann die vollständige Zertifizierung nicht nachgewiesen werden, riskiert der Stpfl. die Annahme eines formellen, ggf. gewichtigen Mangels und die Festsetzung von Bußgeldern nach § 379 AO.

e) Überleitung der Daten in die Prüfsoftware IDEA

1105 Soweit der Prüfer sich anhand der unter a) – d) dargestellten Prüfschritte noch kein sicheres Bild über die Ordnungsmäßigkeit verschaffen konnte, sind weitere Analysen anzustellen. Dazu können die Daten in die **Prüfsoftware IDEA** exportiert werden.

1106 *Hinweis:*
Bei Nutzung einer **Registrierkasse**, die unter die inzwischen ausgelaufene **Übergangsregel des Art. 97 § 30 Abs. 3 EGAO** fällt, soll der Amtsträger nach Auffassung der Verwaltung auch im Rahmen einer Kassen-Nachschau verlangen können, dass die elektronischen Daten nach seinen Vorgaben auf einem maschinell auswertbaren Datenträger zur Verfügung gestellt werden.[260] Die Verwaltungsanweisung ist sachgerecht, ob sie gesetzlich noch gedeckt ist, begegnet Bedenken, da § 146b AO die Daten(träger)überlassung seit dem 01.01.2020 nur nach den Vorgaben der einheitlichen digitalen Schnittstelle zulässt. Das Recht auf Einsichtnahme im Rahmen der Nachschau sowie das Recht auf Daten(träger)überlassung im Rahmen einer Außenprüfung (vgl. § 147 Abs. 6 AO) bleiben unberührt.

f) Prüfung technischer Anforderungen (SMAERS, Umgebungsschutz)

1107 Welche weiteren Ermittlungen die Prüfungsdienste künftig am Gesamtsystem durchführen, z. B. Prüfungen

– ob für das Betriebssystem (am Einsatzort der SMAERS[261]) noch der Support gewährleistet ist und ein ausreichender Schutz vor Schadsoftware besteht,
– ob der Stpfl. die Anforderungen an den sog. Umgebungsschutz[262] erfüllt,
– ob sich die SMAERS-Komponente in der operativen Umgebung des elektronischen Aufzeichnungssystems befindet (vgl. dazu die nachfolgend in **Abb. 27** beispielhaft dargestellten TSE-Architekturen),

---

259 Weitere Einzelheiten können unter *https://support.gastro-mis.de/support/solutions/articles/36000292894-pki-anzeige-und-prüfung* abgerufen werden (abgerufen am 10.11.2023).
260 BMF vom 04.11.2021 – IV A 4 – S 0310/19/10001 :003, BStBl. I 2021, 2156; AEAO zu § 146b, Nr. 5 Satz 7.
261 Glossar, Anhang 1.
262 Glossar, Anhang 1.

- welche Eingabegeräte, z. B. Handhelds, auch autark im Offline-Modus funktionieren und damit selbst an eine TSE anzubinden sind,

bleibt abzuwarten. Noch fehlt es an einem einheitlichen, bundesweiten Prüfkonzept. Die bisherigen Erfahrungen zur Kassen-Nachschau geben jedenfalls Anlass zur Vermutung, dass die Bundesländer bereits aufgrund ihrer personellen Ressourcen unterschiedlichste Wege einschlagen werden. Wenngleich das Rechtsinstitut der Inaugenscheinnahme (§ 98 AO) „technische Prüfungen" grundsätzlich erlauben dürfte, erscheinen sie ohne dafür ausgebildetes Fachpersonal oder Hinzuziehung externer Sachverständiger (vgl. § 96 i. V. m. § 99 Abs. 1 AO) kaum durchführbar.

11 Kassen-Nachschau (§ 146b AO)

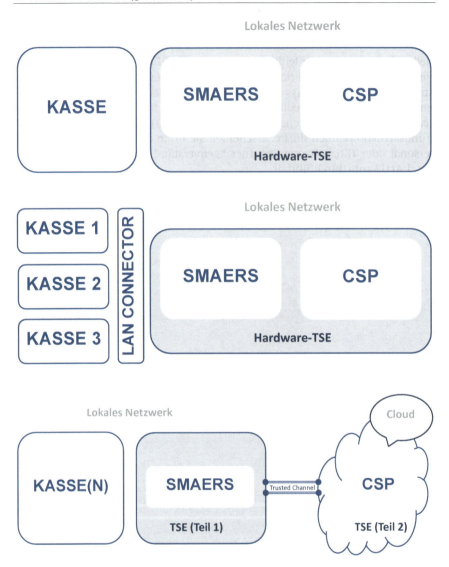

Abbildung 27: TSE-Architekturen (SMAERS/CSP)
(Quelle: Eigene Darstellung)

1108 *Hinweis:*
Aufgrund der Technologieoffenheit ist es zwar Aufgabe der Kassen- und TSE-Hersteller, Lösungen zu entwickeln und zu implementieren, die den gesetzlichen Anforderungen, insbesondere den Technischen Richtlinien und Schutzprofilen

des BSI, entsprechen.²⁶³ Ob Anforderungen tatsächlich aber auch vor Ort vollumfänglich umgesetzt wurden, wird der Stpfl. als letztlich Verantwortlicher für die Einhaltung der steuerlichen Ordnungsvorschriften kaum selbst prüfen können.

11.10.4 Prüfung weiterer Vor- und Nebensysteme und offener Ladenkassen

Einzelfallabhängig wird geprüft werden, ob weitere elektronische oder papierbasierte Aufzeichnungen in die Kassen-Nachschau einbezogen werden und inwieweit unter „kassenscharfer" Trennung²⁶⁴ Datenzugriffsrechte in den Grenzen des § 146b AO bestehen. Vgl. hierzu die in Rz. 1154 abgedruckte Übersicht (Tabelle 21). 1109

11.11 Selbstanzeige (§ 371 AO)

Im Fall der Selbstanzeige tritt Straffreiheit nicht ein, wenn ein Amtsträger der Finanzbehörde zur Kassen-Nachschau erschienen ist und sich ausgewiesen hat (§ 371 Abs. 2 Satz 1 Nr. 1 Buchst. e AO). Die Sperrwirkung greift für die Dauer der Nachschau²⁶⁵ und (nur) für die der Nachschau unterliegenden Steuerarten und Sachverhalte.²⁶⁶ Im Vergleich zur Umsatz- oder Lohnsteuer-Nachschau ist die Sperrwirkung bei der Kassen-Nachschau weitreichender, da sie sich auf mehrere Steuerarten erstreckt. „Verdeckte" Beobachtungen oder Testkäufe vor Ort führen noch nicht zur Sperrwirkung – der Stpfl. soll Gewissheit darüber haben, dass er einer Nachschau unterliegt.²⁶⁷ Das gilt auch für Geschäftsführer von Kapitalgesellschaften. 1110

Zur Sperrwirkung kommt es (noch) nicht, wenn der für die Hinterziehung Verantwortliche über die Nachschau nicht unterrichtet ist, weil sich der Amtsträger nur gegenüber einem Mitarbeiter ausgewiesen hat. Die Sperrwirkung tritt auch nicht in dem Zeitpunkt ein, in dem der Mitarbeiter den Stpfl. über die Kassen-Nachschau in Kenntnis setzt.²⁶⁸ 1111

11.12 Abschluss der Kassen-Nachschau

11.12.1 Ergebnislose Kassen-Nachschau

Werden ausschließlich verdeckte Beobachtungen oder Testkäufe durchgeführt, ohne dass der Amtsträger sich ausweist, besteht gegenüber dem Stpfl. keine 1112

---

263 Kritisch *Wagner*, RET 1/2022, 85, *Wagner*, RET 3/2022, 60; *Bron/Schroeder*, BB 2022, 279.
264 Vgl. BFH vom 26.02.2018 – X B 53/17, BFH/NV 2018, 820.
265 *Geuenich*, NWB 2017, 786 (795).
266 *Drüen* in Tipke/Kruse, AO/FGO, 173. Lfg. 2022, § 146b AO Rz. 7.
267 BT-Drucks. 18/3018, 22 f.; *Seer* in Tipke/Kruse, AO/FGO, 173. Lfg. 2022, § 371 AO Rz. 92.
268 Anderer Ansicht *Bleschick*, DB 2018, 2390 (2391): „Allerdings tritt die Sperrwirkung in dem Zeitpunkt ein, in dem der Mitarbeiter den Stpfl. über die Kassen-Nachschau in Kenntnis setzt. Hier dürften aber erhebliche Nachweisprobleme bestehen."

Informationspflicht über eine ergebnislose Kassen-Nachschau. Anders verhält es sich, wenn sich der Amtsträger mit seinem Ausweis zu erkennen gegeben hat, weil im Fall einer ergebnislosen Nachschau die Möglichkeit der strafbefreienden Selbstanzeige wiederauflebt. Um dies auch nach außen zu dokumentieren, ist – wenngleich gesetzlich nicht vorgesehen – ein (schriftlicher) Hinweis über die ergebnislose Nachschau an den Stpfl. erforderlich.[269] Zumindest muss der Stpfl., ggf. mündlich, über den weiteren Ablauf in Kenntnis gesetzt werden.

1113 Erkenntnisse aus einer ergebnislosen Nachschau sind durchaus noch einer späteren Verwertung zugänglich. Wurden Unterlagen lediglich überschlägig zur qualifizierten Fallauswahl gesichtet, steht dies einer intensiven Prüfung desselben Zeitraums im Rahmen einer späteren Außenprüfung nicht entgegen.[270]

11.12.2 Änderung von Besteuerungsgrundlagen

1114 Werden Aufzeichnungen und Buchungen von Kasseneinnahmen und Kassenausgaben beanstandet, können die Steuerarten und Zeiträume geändert werden, die von den Folgen der Nichtordnungsmäßigkeit betroffen sind (Steuer- und Feststellungsbescheide im Berichtigungsverbund[271]).

1115 Die §§ 201 und 202 AO sind im Rahmen der Kassen-Nachschau nicht anwendbar. Mithin ist weder eine Schlussbesprechung abzuhalten noch ergeht ein Prüfungsbericht, allerdings ist dem Stpfl. rechtliches Gehör zu gewähren (§ 91 AO).[272] Dringt er mit seinem Begehren nicht durch, muss er aufgrund der Nachschau ergangene Bescheide anfechten. Eine unterbliebene Anhörung kann nach Erlass des Steuerbescheides nachgeholt werden (§ 126 Abs. 1 Nr. 3 AO). Unter den Voraussetzungen der § 126 Abs. 3 i. V. m. § 110 AO ist Wiedereinsetzung in den vorigen Stand zu gewähren.[273] Ist ein Steuer- oder Feststellungsbescheid nach § 164 AO unter dem Vorbehalt der Nachprüfung ergangen, muss diese Nebenbestimmung nach Durchführung der Kassen-Nachschau nicht aufgehoben werden.[274] Die Änderungssperre des § 173 Abs. 2 AO findet keine Anwendung.[275] Nach Abschluss einer Kassen-Nachschau eingehende Anträge auf verbindliche Zusage (§ 204 AO) sind wegen Unzulässigkeit abschlägig zu bescheiden.[276]

---

269 So wohl auch *Geuenich/Rbib*, NWB 2018, 2724 (2729); anderer Ansicht *Schumann*, AO-StB 2018, 246 (249): Keine Unterrichtungspflicht, weil im Rahmen der Nachschau gesicherte Sachverhalte im Rahmen künftiger Verwaltungsverfahren berücksichtigt werden könnten und sich prospektive Aussagen deshalb verbieten würden.
270 So wohl auch *Drüen* in Tipke/Kruse, AO/FGO, 173. Lfg. 2022, § 146b AO Rz. 12.
271 Zum Bsp. Einkommen- oder Körperschaftsteuer, Gewinn- und Verlustfeststellungen, Umsatzsteuer, Gewerbesteuer; gleicher Ansicht *Schumann*, AO-StB 2018, 246 (247) m. w. N.; *Drüen* in Tipke/Kruse, § 146b AO Rz. 10; *Bleschick*, DB 2018, 2390 (2391).
272 AEAO zu § 146b, Nr. 7.
273 *Schumann*, AO-StB 2018, 256 (251) unter Hinweis auf BFH vom 13.12.1984 – VIII R 19/81, BStBl. 1985 II, 601.
274 Bei einer beanstandungslosen Kassen-Nachschau *kann* der Vorbehalt der Nachprüfung aber ggf. aufgehoben werden; *Hartwig*, DB 2018, Beilage Nr. 2 zu Heft 41, 44.
275 AEAO zu § 146b, Nr. 8.
276 AEAO zu § 146b, Nr. 8.

Für aktuelle Besteuerungsabschnitte sind geänderte (Umsatzsteuer-)Bescheide für die betroffenen Voranmeldungszeiträume zu erlassen, aus ertragsteuerlicher Sicht kommt häufig nur die Änderung von Vorauszahlungsbescheiden in Betracht.

1116

> *Praxishinweis:*
> Nach den bisherigen Erfahrungen wird von den geschilderten Änderungsmöglichkeiten vergleichsweise wenig Gebrauch gemacht, regelmäßig wird in eine Außenprüfung für vergangene Besteuerungszeiträume übergeleitet, für die bereits Steuer- oder Feststellungserklärungen vorliegen. Feststellungen im Rahmen einer Nachschau lassen Rückschlüsse auf die tatsächliche Übung in der Vergangenheit jedoch nur insoweit zu, als sich die betrieblichen Abläufe sich nicht verändert haben.[277]

1117

11.12.3 Auswertung von Zufallsfunden

Kassen-Nachschauen sind ausschließlich auf die Ordnungsmäßigkeit der Aufzeichnungen und Buchungen von Kasseneinnahmen und Kassenausgaben gerichtet. Fraglich ist, ob aufgrund von Zufallsfunden auch außerhalb des Berichtigungsverbunds liegende Bescheide geändert oder erstmalig erlassen werden dürfen. Anders als die Regelungen des §27b Abs. 4 UStG zur Umsatzsteuer-Nachschau sowie des §42g Abs. 5 EStG zur Lohnsteuer-Nachschau sieht §146b AO gerade nicht vor, dass die in der Kassen-Nachschau festgestellten Verhältnisse auch für andere Steuerarten ausgewertet dürfen. Nach diesseitiger Auffassung besteht für außerhalb des Berichtigungsverbunds liegende Feststellungen zwar keine Prüfungskompetenz, gleichwohl sperrt §146b Abs. 1 Satz 1 AO nicht die Auswertung eventueller Zufallsfunde.[278]

1118

> **Beispiele:**
> a) Bei Prüfung der Barausgaben der B GmbH stellt der Amtsträger verdeckte Gewinnausschüttungen (vGA) i.S.d. §8 Abs. 3 Satz 2 KStG fest. Die Änderung der Bescheide ist zulässig, selbst wenn die Ordnungsmäßigkeit der Kassenführung nicht beanstandet wird.
> b) In den Kassenaufzeichnungen des Einzelunternehmens A sind außergewöhnlich hohe Bareinlagen aufgezeichnet worden, die ihm unstreitig von einem nahen Angehörigen geschenkt wurden. Eine entsprechende Mitteilung an die Schenkungsteuerstelle ist zulässig und geboten. Die Sperrwirkung für eine strafbefreiende Selbstanzeige tritt zwar nicht nach §371 Abs. 2 Nr. 1 Buchst. e AO, jedoch nach §371 Abs. 2 Nr. 2 AO[279] ein.

1119

---

277 *Schumann*, AO-StB 2018, 246 (247), m.w.N.
278 *Achilles*, DB 2018, 18 (26).
279 Nach §371 Abs. 2 Nr. 2 AO tritt Straffreiheit nicht ein, wenn eine der Steuerstraftaten im Zeitpunkt der Berichtigung, Ergänzung oder Nachholung ganz oder zum Teil bereits entdeckt war und der Täter dies wusste oder bei verständiger Würdigung der Sachlage damit rechnen musste.

c) Der Amtsträger stellt fest, dass das eingesetzte Personal im Missverhältnis zu den aus der GuV ersichtlichen Löhnen steht. Wenn ein Anfangsverdacht für illegale Beschäftigung besteht[280], können die Informationen zur weiteren Veranlassung an die zuständigen Stellen (Lohnsteuer-Außenprüfung, Straf- und Bußgeldsachenstelle, Finanzkontrolle Schwarzarbeit FKS) weitergegeben werden.

1120 Darüber hinaus können sich weitere für die Finanzverwaltung interessante Zufallsfunde ergeben, z. B.
- Hinweise auf betrieblich oder privat genutzte PKW,
- Aktivierung von zufällig gesehenen Wirtschaftsgütern,
- Vollstreckungsmöglichkeiten bei rückständigen Steuern.

11.12.4 Datenlöschung nach Abschluss der Nachschau

1121 Nach Abschluss der Kassen-Nachschau ist die fortwährende Speicherung von Daten des Stpfl. nur zulässig, *soweit* sie zur Durchführung des Besteuerungsverfahrens noch benötigt werden[281], z. B. für eine geplante Außenprüfung. Ggf. sind Teillöschungen zu veranlassen. In jedem Fall zu löschen sind die Rohdaten des Steuerpflichtigen.

1122 Im Falle einer ergebnislosen Nachschau müssen die Daten sofort gelöscht werden. Überlassene Datenträger sind aus Datenschutzgründen möglichst persönlich und gegen Empfangsbekenntnis an den Stpfl. oder einem von ihm benannten Vertreter zurückzugeben. Wird die Rückgabe seitens des Stpfl. für nicht erforderlich gehalten, ist der Datenträger sachgerecht zu vernichten.

11.13 Rechtsbehelfe

11.13.1 Einspruch

1123 Ergreift der Amtsträger eine Maßnahme, die den Stpfl. zu einem bestimmten Tun, Dulden oder Unterlassen verpflichten soll, liegt ein Verwaltungsakt i. S. d. § 118 AO vor[282], insbesondere bei Aufforderung,
- das Betreten der nicht öffentlich zugänglichen Geschäftsräume zu dulden,
- Aufzeichnungen, Bücher sowie die für die Kassenführung erheblichen sonstigen Organisationsunterlagen vorzulegen,
- ihm das Datenzugriffsrecht einzuräumen,
- Auskünfte zu erteilen.

1124 Im Rahmen der Kassen-Nachschau schriftlich oder mündlich ergangene Verwaltungsakte können nach § 347 Abs. 1 Satz 1 Nr. 1 AO mit dem Einspruch

---

280 Vgl. SchwarzArbG vom 23. 07. 2004, BGBl. I 2004, 1842.
281 BFH vom 16. 12. 2014 – VIII R 52/12, BStBl. II 2023, 61. Vgl. dazu auch § 29b, c AO.
282 AEAO zu § 146b, Nr. 5.

angefochten werden.²⁸³ Insoweit unterscheidet sich die Nachschau von der Außenprüfung, in der Auskunfts- und Vorlageverlangen häufig als (nicht selbständig anfechtbare) Vorbereitungshandlungen anzusehen sind, die i. d. R. von der Prüfungsanordnung gedeckt sind.²⁸⁴ Der Amtsträger ist berechtigt und verpflichtet, schriftliche Einsprüche entgegen zu nehmen oder mündliche Einsprüche als Niederschrift aufzunehmen. Mangels aufschiebender Wirkung hindert ein Einspruch die Durchführung der Nachschau nur bei Aussetzung der Vollziehung des Verwaltungsakts (§§ 361 AO, 69 FGO).²⁸⁵ Für die Entscheidung über den Antrag auf Aussetzung der Vollziehung können die Prüfungshandlungen untergebrochen werden.

Das bloße Betreten öffentlich zugänglicher Grundstücke und Räume ist als „schlichtes Verwaltungshandeln" (Realakt) weder mit Einspruch anfechtbar²⁸⁶ noch mit Zwangsmitteln durchsetzbar.²⁸⁷ Anders verhält es sich, wenn der Amtsträger den Stpfl. auffordert, das Betreten nicht öffentlich zugänglicher Räume zu dulden.²⁸⁸ 1125

Für die Anfechtung der Mitteilung des Übergangs zur Außenprüfung gelten die Grundsätze für die Anfechtung einer Außenprüfungsanordnung entsprechend.²⁸⁹ 1126

11.13.2 Anfechtungsklage

Neben dem Einspruch ist die Anfechtungsklage nach § 40 Abs. 1 Alt. 1 FGO statthaft. Da die Kassen-Nachschau ohne vorherige Ankündigung erfolgt, kann sie verfahrensrechtlich im Vorhinein nicht verhindert werden.²⁹⁰ 1127

11.13.3 Fortsetzungsfeststellungsklage

Mit Abschluss der Kassen-Nachschau werden Rechtsbehelfe (Einspruch, Anfechtungsklage) gegen die Anordnung der Nachschau unzulässig. Insoweit kommt lediglich eine Fortsetzungs-Feststellungsklage in Betracht (§ 100 Abs. 1 Satz 4 FGO). Sind die Ergebnisse der Nachschau in einem Steuerbescheid berücksichtigt worden, muss auch dieser angefochten werden, um ein steuerliches Verwertungsverbot zu erlangen.²⁹¹ In der Praxis hat die Fortsetzungsfeststellungsklage eher geringe Bedeutung.²⁹² 1128

---

283 AEAO zu § 146b, Nr. 9.
284 Vgl. *Franke*, AO-StB 2017, 230.
285 AEAO zu § 146b, Nr. 9.
286 Analoge Anwendung BMF vom 16. 10. 2014, BStBl. I 2014, 408 zur Lohnsteuer-Nachschau.
287 *Dißars* in Schwarz/Pahlke, AO/FGO, 211. Lfg. 2023, § 146b AO Rz. 12.
288 Analoge Anwendung des Abschn. 27b.1 Abs. 8 UStAE.
289 AEAO zu § 146b, Nr. 9 i. V. m. AEAO zu § 196.
290 *Bleschick*, DB 2018, 2390 (2400) m. w. N.
291 AEAO zu § 146b, Nr. 9.
292 *Bleschick*, DB 2018, 2390 (2400) m. w. N.

11.14 Zwangsgeld

1129 Ergreift der Amtsträger eine Maßnahme, die den Stpfl. zu einem bestimmten Tun, Dulden oder Unterlassen verpflichten soll, liegt ein Verwaltungsakt i. S. d. § 118 AO vor[293], der grundsätzlich mit Zwangsmitteln (§§ 328 ff. AO) durchsetzbar ist. Das gilt nicht, sofern Mitwirkungsverweigerungsrechte bestehen oder der Stpfl. dem Verdacht einer Straftat ausgesetzt ist und sich durch die weitere Mitwirkung selbst belasten würde (§ 393 Abs. 1 Satz 2 AO). Unmittelbarer Zwang i. S. d. § 331 AO kommt nur in besonders gelagerten Ausnahmefällen in Betracht.

---

293 AEAO zu § 146b, Nr. 5.

12 Datenzugriffsrechte der Finanzverwaltung
12.1 Allgemeine Grundsätze

Stpfl. lassen sich bei der Anschaffung elektronischer Aufzeichnungssysteme vordergründig durch betriebs- und personalwirtschaftliche Überlegungen leiten (Möglichkeit betriebswirtschaftlicher Auswertungen, Steuerung und Kontrolle des Personals etc.). Dass auch die Finanzverwaltung ein berechtigtes Interesse an digitalen Einzelaufzeichnungen aus diesen Systemen hat, wird oft nicht bedacht. Zwar erfolgt die Anschaffung eines elektronischen Aufzeichnungssystems (mit Ausnahme von zwingend einzubauenden Taxametern und Wegstreckenzählern) auf freiwilliger Basis. Die damit aufgezeichneten Geschäftsvorfälle sind gleichwohl keine freiwilligen, sondern zumutbare und aufbewahrungspflichtige Grund(buch)aufzeichnungen i. S. d. § 147 Abs. 1 Nr. 1 AO.[1]   1130

Sind aufzeichnungs- und aufbewahrungspflichtige Unterlagen i. S. d. § 147 Abs. 1 AO mit Hilfe eines Datenverarbeitungssystems[2] erstellt worden, hat die Finanzbehörde im Rahmen einer **Außenprüfung**[3] das Recht, Einsicht in die gespeicherten Daten zu nehmen und das Datenverarbeitungssystem zur Prüfung dieser Unterlagen zu nutzen. Sie kann auch verlangen, dass die Daten nach ihren Vorgaben maschinell ausgewertet zur Verfügung gestellt oder in einem maschinell auswertbaren Format an sie übertragen werden.[4]   1131

Der neue, „verunglückte" wohl auf einem Redaktionsversehen beruhende Wortlaut des § 147 Abs. 6 AO dürfte die Finanzverwaltung *nicht* berechtigen, vom Datenzugriffsrecht nach § 147 Abs. 6 Satz 1 Nr. 2 und Nr. 3 auch außerhalb einer Außenprüfung Gebrauch zu machen, etwa im Veranlagungsverfahren. Obgleich sich dies bei strenger Lesart der Norm begründen ließe, gewollt war eine solche Verschärfung der Rechtslage offenkundig nicht.[5]   1132

Von § 147 Abs. 6 AO sind insbesondere Daten der Finanzbuchhaltung, der Anlagenbuchhaltung, der Lohnbuchhaltung und weiterer Vor- und Nebensysteme[6] betroffen. Durch die mit Wirkung vom 01.01.2002 eingeführte Norm als Anpas-

---

1   BFH vom 16.12.2014 – X R 42/13, BStBl. II 2015, 519.
2   Zur Definition von Datenverarbeitungssystemen auch Sicht der Finanzverwaltung vgl. GoBD, Rz. 20.
3   Z. B. Betriebsprüfung, Umsatzsteuer-Sonderprüfung, Steuerfahndungsprüfung.
4   § 147 Abs. 6 AO i. d. F. des DAC7-Umsetzungsgesetzes vom 20.12.2022, BGBl. I 2022, 2730.
5   Ausweislich der Gesetzesbegründung soll es sich bei den Änderungen nur um rechtliche und sprachliche Klarstellungen handeln (BT-Drucks. 20/3436 v. 19.09.2022 und 20/4228 v. 02.11.2022). Vgl. auch AEAO zu § 147, Nr. 5 unter Verweis auf die unverändert geltenden Regelungen der GoBD, BMF-Schreiben vom 28.11.2019, Rz. 158 ff., BStBl. I 2019, 1269 (Selbstbindung der Verwaltung). Vgl. dazu Klarstellung des BMF in den GoBD vom 11.03.2024, Rz. 159, BStBl. I 2024, 374.
6   Zum Bsp. Registrier-, PC- und App-Kassen, Taxameter, Wegstreckenzähler, Waagen, Warenwirtschaftssysteme, Dokumenten-Managementsysteme, Waren- und Dienstleistungsautomaten, u. v. m.

sung an fortgeschrittene technologische (Auswertungs-)Möglichkeiten wird der sachliche Umfang der Außenprüfung (§ 194 AO) weder erweitert noch eingeschränkt, er wird durch die Prüfungsanordnung bestimmt.[7] Die Aufforderung der Finanzverwaltung an den Stpfl., den Datenzugriff zu dulden, stellt einen Verwaltungsakt i. S. d. § 118 AO dar, der mit dem Einspruch angefochten werden kann.[8] Kein geltender Einwand ist, dass die Prüfung auch mit Papierbelegen möglich sei.[9] Abhängig von Art und Umfang des Datenzugriffs können mehrere, gesonderte Verwaltungsakte vorliegen.[10] Um nicht die Prüfungsanordnung an sich streitig zu stellen, kann die Anforderung vorlagepflichtiger Daten in einem gesonderten Verwaltungsakt erfolgen.[11] Mündliche Anforderung ist zulässig und nur schriftlich zu bestätigen, wenn hieran ein berechtigtes Interesse besteht und die betroffene Person dies unverzüglich verlangt (§ 119 Abs. 2 Satz 2 AO).

1133 Die Befugnisse aus dem Datenzugriffsrecht nach § 147 Abs. 6 AO stehen der Finanzbehörde nur in Bezug auf Unterlagen zu, die der Stpfl. nach § 147 Abs. 1 AO aufzubewahren hat.[12] Der sachliche Umfang der Aufbewahrungspflicht in § 147 Abs. 1 AO wird grundsätzlich begrenzt durch die Reichweite der zugrunde liegenden Aufzeichnungspflicht. Die Pflicht zur Aufbewahrung von Unterlagen ist akzessorisch. Das heißt, sie setzt stets eine Aufzeichnungspflicht voraus und besteht grundsätzlich nur im Umfang der Aufzeichnungspflicht.[13] Dieser unterliegen auch alle Unterlagen und Daten, die zum Verständnis und zur Überprüfung der gesetzlich vorgeschriebenen Aufzeichnungen von Bedeutung sind. Nicht dazu gehören Unterlagen und Daten, die private, nicht aufzeichnungspflichtige Vorgänge betreffen, ebenso Unterlagen und Daten, die „freiwilligen"[14], also über die gesetzliche Pflicht hinaus reichenden Aufzeichnungen zuzuordnen sind. Soweit sich für sie eine Aufbewahrungspflicht nicht aus anderen Gesetzen ergibt, können sie vom Stpfl. jederzeit vernichtet oder gelöscht werden.[15] § 147 Abs. 1 Nr. 5 AO ist mit dieser Maßgabe einschränkend auszulegen. Daraus folgt, dass die Finanzverwaltung keine Datenzugriffsrechte auf Unterlagen geltend machen kann, die als „freiwillige Unterlagen zwar in digitaler Form vorhanden sind, aber vom Stpfl. nicht aufbewahrt werden müssen. Davon unberührt bleibt die Verpflichtung, die Unterlagen in den Grenzen der dem Stpfl. obliegenden Mitwirkungspflichten in Papierform vorzulegen. Vgl. dazu ausführlich Kap. 13.8.3 f.

---

7 Vgl. § 196 AO, § 5 BpO; GoBD, Rz. 158; FG Münster vom 16.05.2008 – 6 K 879/07, EFG 2008, 1592.
8 BFH vom 24.06.2009 – VIII R 80/06, BStBl. II 2010, 452; FG Hamburg vom 08.02.2021 – 2 V 111/20.
9 BFH vom 26.09.2007 – I B 53/07, BStBl. II 2008, 415; BFH vom 12.11.2009 – IV B 66/08, BFH/NV 2010, 671.
10 BFH vom 08.04.2008 – VIII R 61/06, BStBl. II 2009, 579.
11 Vgl. § 5 Abs. 3 Satz 2 BpO zu den Mindestinhalten einer Prüfungsanordnung.
12 Vgl. BFH vom 26.09.2007 – I B 53, 54/07, BStBl. II 2008, 415.
13 BFH vom 24.06.2009 – VIII R 80/06, BStBl. II 2010, 452.
14 Siehe dazu ausführlich Kap. 13.8.
15 BFH vom 24.06.2009 – VIII R 80/06, BStBl. II 2010, 452.

12.1 Allgemeine Grundsätze

Die pauschale Aufforderung zur „Überlassung eines Datenträgers nach GDPdU" an einen Berufsgeheimnisträger mit Gewinnermittlung nach § 4 Abs. 3 EStG verstand der BFH jüngst als unbegrenztes und damit unverhältnismäßiges Vorlageverlangen aller elektronisch gespeicherten Daten.[16] Zur Vermeidung von Rechtsstreitigkeiten dieser Art empfiehlt sich auf Seiten der Finanzbehörden, bei Ausübung des Datenzugriffs darauf hinzuweisen, dass nur die aufzeichnungs- und aufbewahrungspflichtigen Unterlagen i. S. d. § 147 Abs. 1 AO vorzulegen sind, ggf. eingeschränkt auf bestehende Datenzugriffsrechte des jeweiligen Verwaltungsverfahrens.[17] Weitergehende Konkretisierungen seitens der Prüfungsdienste sind weder erforderlich noch möglich. Einerseits ist dem FA bei Anforderung der Daten – zumindest bis zur Umsetzung der Meldepflicht i. S. d. § 146a Abs. 4 AO – regelmäßig nicht bekannt, welche(s) elektronische(n) Aufzeichnungssystem(e) der Stpfl. nutzt, welche Daten er mit Hilfe dieser Geräte erzeugt und welche er als Berufsgeheimnisträger schwärzen kann oder sogar muss (vgl. §§ 102, 104 AO, 203 StGB). Ferner obliegt in erster Linie dem Stpfl. das Erstqualifikationsrecht seiner Daten (GoBD, Rz. 161), ggf. mit Unterstützung eines Angehörigen der steuerberatenden Berufe (Vorbehaltsaufgabe gem. § 33 StBerG).

1134

Allgemeine Auskunftsrechte des Amtsträgers (§§ 88, 199 Absatz 1 AO) und Mitwirkungspflichten des Stpfl. (§§ 90, 200 AO, GoBD, Rz. 171) bleiben unberührt.[18] Vom Datenzugriffsrecht zu unterscheiden sind insbesondere Vorlageverlangen nach § 200 Abs. 1 Satz 2 AO. Hiernach ist ein Stpfl. im Rahmen der Außenprüfung u. a. zur Vorlage von Aufzeichnungen, Büchern, Geschäftspapieren und anderen Urkunden zwecks Einsichtnahme und Prüfung verpflichtet.[19] Auch Unterlagen, für die keine Aufbewahrungspflicht besteht, sind in den Grenzen der Mitwirkungspflichten vorzulegen, soweit sie vorhanden und typischerweise erwartbar sind.[20] Anders als im Fall des Datenzugriffsrechts nach § 147 Abs. 6 AO kann dieser Pflicht durch bloße Vorlage von Unterlagen in Papierform Genüge getan werden.[21]

1135

Hinweis:

1136

Das Recht, nach § 146 Abs. 5 Satz 1 AO eine bestimmte Form der Aufzeichnung und der Aufbewahrung zu wählen, ist ausgeübt, wenn der Stpfl. sich entschieden hat, Aufzeichnungen sowohl in Papierform als auch in elektronischer Form zu führen und wenn er die notwendigen Unterlagen ebenfalls in beiden Formen aufbewahrt. In diesem Fall erstreckt sich die Pflicht zur Aufbewahrung nach § 147 Abs. 1 AO auf sämtliche Aufzeichnungen und Unterlagen. Wenn ein Stpfl. aufzeichnungs- und aufbewahrungspflichtige Unterlagen aus der „Papierwelt" in

---

16 BFH vom 07.06.2021 – VIII R 24/18, BStBl. I 2023, 63.
17 So etwa bei der Kassen-Nachschau begrenzt auf Kasseneinnahmen und Kassenausgaben; seit 01.01.2020 im Format der einheitlichen digitalen Schnittstelle, vgl. § 146b Abs. 1 und Abs. 2 AO.
18 GoBD, Rz. 162, 171.
19 BFH vom 28.10.2009 – VIII R 78/05, BStBl. II 2010, 455, unter II.3.b.
20 BFH vom 28.10.2009 – VIII R 78/05, BStBl. II 2010, 455, unter II.3.c und II.4.d.
21 BFH vom 12.02.2020 – X R 8/18, BFH/NV 2020, 1045.

die „elektronische Welt" überführt, treten die digitalen Daten an die Stelle der Originale[22] und werden damit i.d.R. vom Datenzugriffsrecht der Finanzverwaltung erfasst.[23] Zum ersetzenden Scannen vgl. GoBD, Rz. 130, 136 ff.

1137 Bei Ausübung des Rechts auf Datenzugriff stehen der Finanzbehörde im Rahmen von **Außenprüfungen** drei gleichberechtigte Möglichkeiten zur Verfügung, von denen sie im Rahmen ihres Ermessens und unter Berücksichtigung des Grundsatzes der Verhältnismäßigkeit alternativ oder kumulativ Gebrauch machen kann.

1138 **Tabelle 20:** Datenzugriffsrechte in der Außenprüfung (§ 147 Abs. 6 AO)

Art des Zugriffs	Person	Hilfsmittel	Umfang der Prüfung
Unmittelbarer Datenzugriff (Z1)	Nur-Lesezugriff durch den Amtsträger	Nutzung der vorhandenen Hard- u. Software des Stpfl. (Finanzbuchhaltung, elektronisches Aufzeichnungssystem)	Lesen und analysieren der Daten unter Nutzung der im DV-System vorhandenen Auswertungsmöglichkeiten (z. B. Filtern, Sortieren)
Mittelbarer Datenzugriff (Z2)	Nur-Lesezugriff mit Unterstützung des Stpfl. oder eines von ihm beauftragten Dritten		
Daten(träger)überlassung (Z3)	Datenübermittlung oder Überlassung eines maschinell lesbaren und auswertbaren Datenträgers durch den Stpfl. oder einen von ihm beauftragten Dritten	Nutzung der Daten für eigene Auswertungen	Lesen und analysieren der Daten auf dem Prüfer-Laptop unter Nutzung von in der Finanzverwaltung eingesetzter Analysesoftware (z. B. IDEA, SRP, MS Power BI etc.)

(Quelle: Eigene Darstellung)

1139 Ein Rangverhältnis der Zugriffsmethoden wird durch §147 Abs.6 AO nicht vorgegeben.

Aufgrund der geringsten Eingriffsintensität in den Arbeitsalltag der Stpfl. sollte der Datenzugriff jedoch möglichst per Daten(träger)überlassung (Z3) erfolgen. Insbesondere wenn ein Berufsgeheimnisträger i.S.d. § 102 AO für den Z1- oder Z2- Zugriff keine Datentrennung oder keine Zugriffsbeschränkung im Rahmen eines Zugriffsberechtigungskonzepts eingerichtet hat (sog. „Prüfer-Rolle"), bekäme die Finanzverwaltung ansonsten Einblicke in geschützte Daten. Dann sollte der Z3-Zugriff erst Recht das bevorzugte Mittel der Wahl sein.[24] Das Einle-

---

22 Zur Vernichtung von Originaldokumenten nach deren Archivierung aus handelsrechtlicher Sicht s. IDW RS FAIT 3, Tz. 81 f.; Muster-Verfahrensdokumentation der Bundessteuerberaterkammer und des Deutschen Steuerberaterverbandes e.V. zur Digitalisierung und elektronischen Aufbewahrung von Belegen inkl. Vernichtung der Papierbelege.
23 BFH vom 26.09.2007 – I B 53–54/07, BStBl. II 2008, 415.
24 Vgl. FG Münster vom 07.11.2014 – 14 K 2901/13 AO zur fehlenden Verpflichtung eines Apothekers, ein „Excel-Modul" für den Z3-Datenzugriff zu erwerben, wenn er dem Prüfer den Z1- und Z2-Datenzugriff gewährt; hier: fehlerhafte Ausübung des Ermessens. Zum Datenzugriffsrecht in Apotheken s. ausführlich *Achilles/Wittmeier*, Kassenführung in Apotheken, 1. Aufl. 2021 und Kap. 14 unter Stichwort: „Apotheke".

sen muss ohne Installation von Fremdsoftware auf den Rechnern der Finanzbehörde möglich sein. Im Falle verschlüsselter Daten muss spätestens bei der Datenübernahme auf die Systeme der Finanzverwaltung die Entschlüsselung möglich sein. In bestimmten Prüfungsfällen kann aber auch der Z1- oder Z2-Zugriff sinnvoller sein, z. B. in Konzernprüfungen. Gleiches gilt bei der öffentlichen Hand. Anlassbezogen könnten dann selbstverständlich Teilbereiche mittels Z3-Zugriffs geprüft werden, z. B. Bargeldeinnahmen kommunaler Schwimmbäder, Parkscheinautomaten, o. ä.

> *Beachte:* 1140
> Sofern noch nicht mit einer Außenprüfung begonnen wurde, ist es im Falle eines Systemwechsels oder einer Auslagerung von aufzeichnungs- und aufbewahrungspflichtigen Daten aus dem Produktivsystem in ein anderes Datenverarbeitungssystem ausreichend, wenn nach Ablauf des fünften Kalenderjahres, das auf die Umstellung oder Auslagerung folgt, nur noch der Z3-Zugriff zur Verfügung gestellt wird (§ 147 Abs. 6 Satz 5 AO).

Die Pflicht zur Übermittlung der Daten ergibt sich aus den dem Stpfl. obliegenden Mitwirkungspflichten[25] Dabei ist die Rechtmäßigkeit der Aufforderung zur Datenträgerüberlassung nicht abhängig von einer unterschriebenen Bescheinigung, in der der Amtsträger bestätigt bzw. bestätigen soll, dass er den Datenträger so aufbewahren werde, dass er vor unbefugtem Zugriff geschützt ist, dass er ihn weder kopieren noch die auf ihn enthaltenen Daten in einer sonstigen Form vervielfältigen werde und ihn nach dem Prüfungsende wieder zurückgeben werde. Den schützenswerten Interessen des Stpfl. wird bereits durch die geltende Rechtslage und insbesondere durch das Steuergeheimnis nach § 30 AO hinreichend Rechnung getragen.[26] 1141

Die gelebte Praxis, Daten bereits mit der Prüfungsanordnung, d. h. vor „offiziellem" Prüfungsbeginn anzufordern, lässt § 197 Abs. 3 AO seit dem 01.01.2023 ausdrücklich zu. Vorabanforderungen musste schon immer besondere Beachtung geschenkt werden, weil sie Einfluss auf den Ablauf der Verjährungsfristen nehmen können. So stellt die Fristberechnung i. S. d. § 171 Abs. 4 AO auf den Beginn der Außenprüfung ab. Zu welchem Zeitpunkt sie als begonnen gilt, ist von der Rechtsprechung bisher uneinheitlich entschieden worden.[27] 1142

Online-Zugriffe auf das DV-System des Stpfl. sind der Finanzbehörde grundsätzlich verwehrt (GoBD, Rz. 165). Abweichend davon kann die Finanzbehörde 1143

---

25 §§ 200 Abs. 1 Satz 2 i. V. m. 147 Abs. 6 AO.
26 FG Thüringen vom 20.04.2005 – III 46/05, EFG 2005, 1406.
27 Vgl. zum Zeitpunkt des Prüfungsbeginns z. B. FG Niedersachsen vom 08.05.2019 – 4 K 240/18; anderer Ansicht BFH vom 26.04.2017 – I R 76/15; FG Rheinland-Pfalz vom 12.06.2019 – 2 K 1277/18, nachfolgend BFH vom 04.03.2020 – VIII B 140/19; FG Hessen vom 19.01.2021 – 8 K 1612/17, 8 K 822/20. Zur Verwaltungsauffassung vgl. AEAO zu § 198 Nr. 1. Nach diesseitiger Auffassung ist der AEAO in Bezug auf Datenübermittlung, Datenauswertung sowie Aktenstudium im Zeitraum zwischen Bekanntgabe der Prüfungsanordnung und tatsächlichem Prüfungsbeginn unscharf und sollte auch mit Blick auf § 197 Abs. 3 AO n. F. überarbeitet werden.

im übrigen Gemeinschaftsgebiet elektronisch aufbewahrte Rechnungen per Online-Zugriff einsehen, herunterladen und verwenden (§ 14b Abs. 4 UStG).

1144 Als mit dem DAC7-Umsetzungsgesetz neu eingeführte Sonderform des Z3-Zugriffs ist auch das Bereitstellen der Daten auf einer geschützten **Datenaustauschplattform** der Finanzverwaltung, z. B. *FinDrive NRW, HessenDrive, FinDrive-SH, SecureBox Bayern,* nun ausdrücklich zulässig.[28] Die Überlassung eines physischen Datenträgers ist diesen Fällen nicht erforderlich.

1145 Ausschließlich Kassenbonsummen, Salden oder Tagesabschlüsse zur Verfügung zu stellen, genügt den Anforderungen des Gesetzgebers nicht.[29] Neben den Daten müssen auch die relevanten Teile der Verfahrensdokumentation auf Verlangen zur Verfügung gestellt werden können, die einen vollständigen Systemüberblick ermöglichen und für das Verständnis des DV-Systems erforderlich sind. Dazu gehört auch ein Überblick über alle im DV-System vorhandenen Informationen, die aufzeichnungs- und aufbewahrungspflichtige Unterlagen betreffen, z. B. Beschreibungen zu Tabellen, Feldern, Verknüpfungen und Auswertungen. Diese Angaben sind erforderlich, damit die Finanzverwaltung das durch den Stpfl. ausgeübte Erstqualifikationsrecht prüfen und Aufbereitungen für die Daten(träger)überlassung erstellen kann.[30]

1146 Für **Kassen-Nachschauen** gilt § 147 Abs. 6 AO nicht.[31] Abweichend von Außenprüfungen werden für Nachschauen i. S. d. §§ 146b AO teils andere Tatbestandsmerkmale für Art und Umfang der Datenzugriffsrechte verwendet (z. B. *„Einsichtnahme"* oder *„nach den Vorgaben der einheitlichen digitalen Schnittstelle"*), die zu anderen Rechtsfolgen führen. So hat der Amtsträger im Rahmen der Kassen-Nachschau nur verminderte Zugriffsrechte, die zudem auf die Prüfung der Kasseneinnahmen und Kassenausgaben beschränkt sind (vgl. § 146b Abs. 2 AO). Auch eine § 147 Abs. 6 Satz 5 AO vergleichbare Regelung existiert für Nachschauen nicht, was aufgrund der Zeitnähe einer Nachschau eher ein theoretisches Problem sein dürfte.

1147 Bezogen auf Umfang und Formate vorzulegender Daten können sich abhängig von der Art des elektronischen Aufzeichnungssystems, des Prüfungszeitraums und des Verwaltungsverfahrens seit dem 01.01.2020, spätestens ab 01.04.2021[32], unterschiedlichste Datenzugriffsrechte auf Kassen beim Stpfl. ergeben.

1148 Vorzulegen sind im Regelfall:
1. Aufzeichnungen aus dem elektronischen Aufzeichnungs-/Archivierungssystem im Format der **DSFinV-K** (Vorlage in Form von CSV-Dateien einschließ-

---

28 Vgl. dazu ausführlich *Kowallik*, DB 2022, 975.
29 GoBD, Rz. 161.
30 GoBD, Rz. 160.
31 Vgl. nur AEAO zu § 146b, Nr. 7.
32 Soweit die zuständige Finanzbehörde keine einzelfallabhängige Fristverlängerung über den 01.04.2021 hinaus gewährt hat, z. B. bei Nichtverfügbarkeit einer cloudbasierten TSE.

12.1 Allgemeine Grundsätze

lich zusätzlicher index.xml-Datei, ggf. nach Übersetzung aus dem JSON-Format)[33].

2. Abgesicherte Anwendungsdaten (sog. **TAR-Files**) zur Verifikation der Protokollierung[34].

Es genügt nicht, die Speichereinheit der TSE nur zu kopieren, da die gesicherten Anwendungsdaten erst beim Export entschlüsselt werden und das vorgegebene Dateiformat (TAR-Archivdatei) erzeugt wird.[35] Eine Exportanleitung sollte zur Verfahrensdokumentation genommen werden. Ferner ist empfehlenswert, den Export ggf. gemeinsam mit einem Angehörigen der steuerberatenden Berufe und dem Kassendienstleister vorab zu testen, um die Daten im Prüfungsfall ohne Verzögerungen zur Verfügung stellen zu können.

Hinweis: 1149

TSE-Hersteller sind dem BSI gegenüber verpflichtet, **Hilfsmittel** wie Exportanleitung und ggf. Hilfstools (Software) einschließlich deren Beschreibung zur Verfügung zu stellen, damit der Datenexport der TAR-Dateien mit allen regulären Inhalten auch ohne Aufzeichnungssystem durchgeführt werden kann. Für weitere Informationen s. Kap. 11.10.3, unter b).

3. Daten aus anderen Datenverarbeitungssystemen[36], die (noch) nicht dem Anwendungsbereich des § 146a Abs. 1 i. V. m. § 1 Satz 1 KassenSichV unterliegen (z. B. Waren- und Dienstleistungsautomaten, Warenwirtschaftssysteme[37], Schankanlagen, Schrankenanlagen, Flottenmanagementsysteme, Terminkalender, elektronische Reservierungssysteme wie Open Table u. v. a.).[38] Die hierfür akzeptierten Datenformate können den ergänzenden Informationen des Bundesfinanzministeriums zur Datenträgerüberlassung vom 28.11.2019 entnommen werden.[39] Alternativ bleibt dem Stpfl. unbenommen, die **DSFinV-K auf freiwilliger Basis** nutzen und die Daten aus dem elektroni-

---

33 AEAO zu § 146a i. d. F. bis 31.12.2023, Nr. 4.2; AEAO zu § 146a i. d. F. ab 01.01.2024, Nr. 1.13.2 (Abdruck in Anhang 20). Der Kassenhersteller sollte dazu befragt werden, nach welchem der beiden Standards (CSV, JSON) die Kasseneinzeldaten aufgezeichnet werden.
34 AEAO zu § 146a i. d. F. bis 31.12.2023, Nr. 4.1; AEAO zu § 146a i. d. F. ab 01.01.2024, Nr. 1.13.1 (Abdruck in Anhang 20). Der Zugriff auf die TAR-Files allein ermöglicht keine umfängliche Prüfung. Es werden keine Einzeldaten, sondern nur der jeweilige Rechnungsgesamtbetrag, aufgeschlüsselt nach Zahlarten und USt-Sätzen gespeichert.
35 *Teutemacher/Krullmann*, BBK 2021, 822 (823).
36 Zur Definition der Begrifflichkeit aus Sicht der Finanzverwaltung s. GoBD, Rz. 20.
37 Zur Rechtmäßigkeit der Datenanforderung der Verkaufsdatei eines Warenwirtschaftssystems vgl. FG Sachsen-Anhalt vom 15.01.2013 – 1 V 580/12; FG Sachsen-Anhalt vom 23.05.2013 – 1 K 396/12, nachfolgend BFH vom 16.12.2014 – X R 29/13: Mit der Anforderung der „Verkaufsdatei (Kassenzeile, Einzeldaten, Bewegungsdatei)" bzw. der „Daten aus dem Warenwirtschaftssystem zu den Einzelverkäufen (Verkaufsdatenbank)" verstößt das Finanzamt nicht gegen das Übermaßverbot.
38 Vgl. AEAO zu § 146a i. d. F. bis 31.12.2023, Nr. 4.3; AEAO zu § 146a i. d. F. ab 01.01.2024, Nr. 1.13 i. V. m. Nr. 2.3 (Abdruck in Anhang 20).
39 Mit Wirkung ab 01.04.2024 sind die Neuregelungen im BMF-Schreiben vom 11.03.2024, BStBl. I 2024, 374, zu beachten.

schen Aufzeichnungssystem wie unter 1. beschrieben bereitzustellen. Das ist insofern sinnvoll, als dass es das Handling des Datenzugriffs auf allen Seiten erleichtert.

1150 *Hinweis:*

Vor dem Hintergrund erhöhter Sicherheit bei Nutzung technischer Sicherheitseinrichtungen könnten sich Betriebsprüfungen und Nachschauen künftig verstärkt auf Systeme konzentrieren, die (noch) nicht unter den Anwendungsbereich des § 146a Abs. 1 i. V. m. § 1 Satz 1 KassenSichV fallen (s. Kap. 10.2.7). Für die Finanzverwaltung bietet sich an, die Richtigkeit und Vollständigkeit der damit generierten Daten durch Schnittstellenverprobungen (SSV) zu untersuchen.[40] Der Datenzugriff ist grundsätzlich jedoch nur insoweit zulässig, soweit Unterlagen nach § 147 Abs. 1 AO mit Hilfe dieses Systems erstellt worden sind (vgl. Wortlaut § 147 Abs. 6 Satz 1 AO). Alternativ kommt Inaugenscheinnahme der Zählwerke in Betracht (§§ 92, 98, 200 AO).

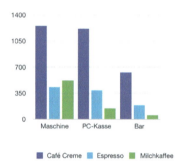

BESCHREIBUNG	MASCHINE	PC-KASSE	BAR
Café Creme	1257	1216	630
Espresso	433	390	192
Milchkaffee	521	147	58

Abbildung 28: Schnittstellenverprobung von Kasseneinzeldaten und Daten des Zählwerks einer Barista-Kaffeemaschine
(Quelle: Eigene Darstellung)

Während Café Creme und Espresso unauffällig sind (Anzahl lt. Maschine entspricht in etwa der Anzahl lt. PC-Kasse, davon ca. 50 % Barzahlung), ist beim Milchkaffee auffällig, dass nur vergleichsweise wenige davon in der PC-Kasse erfasst worden sind. Zudem liegt der Anteil der Barzahlungen hier nur bei etwa 30 % der erfassten Getränke.

1151 Kassenaufzeichnungen, die mit Hilfe von **Tabellenkalkulationsprogrammen** erstellt worden sind, fehlt es mit Hinblick auf die geforderte Unveränderbarkeit i. S. d. § 146 Abs. 4 AO zwar regelmäßig an der Ordnungsmäßigkeit, gleichwohl können auch solche Aufzeichnungen den Datenzugriffsrechten der Finanzverwaltung unterliegen. Gleiches gilt für mit Hilfe von Tabellenkalkulationsprogrammen erstellte Ausgangsrechnungen und für sonstige Daten, die der Stpfl. in den Grenzen seiner Mitwirkungspflichten vorlegen muss.

---

40 Vgl. Kap. 13.6.11; *Webel/Danielmeyer*, StBp 2015, 353; *Becker/Danielmeyer/Neubert/Unger*, DStR 2016, 2983.

Beachte: 1152

Viele Stpfl. erstellen ihre Handels- und Geschäftsbriefe oder ihre Ausgangsrechnungen mit Hilfe üblich gebräuchlicher Tabellenkalkulations- oder Textverarbeitungsprogramme als „bessere Schreibmaschine" (z. B. MS Excel oder MS Word). Unter Zumutbarkeitsgesichtspunkten wird von der Finanzverwaltung nicht beanstandet, wenn der Stpfl. dafür eine Maske (Dokumentenvorlage) verwendet, diese beim nächsten, neuen Dokument überschreibt und die in Papierform abgesandten Dokumente nur in Papierform aufbewahrt.[41] In diesen Fällen entfällt das Datenzugriffsrecht.[42] Werden die Dokumente jedoch tatsächlich in elektronischer Form aufbewahrt, z. B. in einem File- oder Dokumentenmanagementsystem, ist eine ausschließliche Aufbewahrung in Papierform nicht mehr zulässig. Werden Handels- oder Geschäftsbriefe mit Hilfe eines Fakturierungssystems oder ähnlicher Anwendungen erzeugt, sollen die vorgenannten Erleichterungen nicht gelten.[43]

12.2 Matrix der Datenzugriffsrechte (§§ 147 Abs. 6, 146b AO, 27b UStG)

Abhängig von der Art des Aufzeichnungssystem, dem jeweiligen Verwaltungsverfahren (§§ 147 Abs. 6 AO, § 27b UStG oder 146b AO) und dem betroffenen Prüfungszeitraum stehen der Finanzverwaltung die in der nachfolgenden Matrix dargestellten Methoden des Datenzugriffs zur Wahl, von denen sie unter Beachtung der gesetzlichen Vorschriften und dem Grundsatz der Verhältnismäßigkeit alternativ oder kumulativ Gebrauch machen kann.[44] Für die hier nicht berücksichtigte **Spielvergnügungssteuer-Nachschau** sind Spezialregelungen vorrangig.[45] 1153

Die nachfolgende tabellarische Übersicht (Tab. 21) lässt befürchten, dass Datenzugriffsrechte vermehrt zu verfahrensrechtlichen Auseinandersetzungen führen werden. Allgemeingültige, gesetzliche Regelungen über alle Verfahrensarten hinweg wären daher wünschenswert.[46] 1154

---

41 GoBD, Rz. 119, 120.
42 GoBD, Rz. 133.
43 GoBD, Rz. 119, 120. Zur Abgrenzung zwischen handelsüblichen Tabellenkalkulations- oder Textverarbeitungsprogrammen und „ähnlichen Anwendungen" i. S. d. der GoBD, Rz. 120 s. FG Niedersachsen vom 03.06.2021 – 11 K 87/20.
44 FG Baden-Württemberg vom 07.11.2012, EFG 2013, 268; FG Münster vom 07.11.2014 – 14 K 2901/13 AO, zur fehlenden Verpflichtung eines Apothekers, ein „Excel-Modul" für den Z3-Datenzugriff zu erwerben, wenn er dem Prüfer den Z1- und Z2-Datenzugriff gewährt; hier: fehlerhafte Ausübung des Ermessens.
45 Vgl. z. B. zur Spielvergnügungssteuer-Nachschau in Hamburg § 11 Abs. 2 HmbSpVStG; s. dazu auch BFH vom 19.02.2018 – II B 75/16; BFH vom 05.11.2019 – II R 14/17, II R 15/17.
46 Vgl. zu dieser Thematik Kap. 10.17. Zum Sonderfall der Sicherstellung und Beschlagnahme von Datenträgern im Rahmen von Steuerfahndungsprüfungen vgl. *Krullmann/Teutemacher*, AO-StB 2022, 196.

12 Datenzugriffsrechte der Finanzverwaltung

Tabelle 21: Matrix der Datenzugriffsrechte in Abhängigkeit von Aufzeichnungssystem, Prüfungszeitraum und Verwaltungsverfahren

Art des Zugriffs	Zugriff auf	Außenprüfung § 147 Abs. 6 AO	Umsatzsteuer-Nachschau § 27b Abs. 2 UStG	Kassen-Nachschau § 146b Abs. 2 AO
Zugriff bei Außenprüfungen (GoBD, Rz. 165) bzw. Recht auf Einsichtnahme bei Nachschauen	Finanzbuchhaltung und andere Systeme mit aufzeichnungs- und aufbewahrungspflichtigen Daten (z. B. Anlagenbuchhaltung, Warenwirtschaft, Waren- und Dienstleistungsautomaten)	Zugriff unter Nutzung der vorhandenen Hard- u. Software des Stpfl. einschl. der vorhandenen Auswertungsmöglichkeiten (z. B. Filtern, Sortieren). Soweit gesetzlich verpflichtend, sind die Vorgaben einheitlicher digitaler Schnittstellen zu beachten (§ 147b AO, DSFinV-K, DSFinV-TW, TAR-Archive).	Zugriff unter Nutzung des DV-Systems, soweit erforderlich. Soweit gesetzlich verpflichtend, sind die Vorgaben einheitlicher digitaler Schnittstellen zu beachten (§ 147b AO, DSFinV-K, DSFinV-TW, TAR-Archive). Bei Taxen und Mietwagen ist jedoch fraglich, ob sie als „Räume" i. S. d. § 27b Abs. 1 UStG angesehen werden können.	Zugriff durch Einsichtnahme (Nutzung des DV-Systems gesetzlich nicht verankert). Soweit gesetzlich verpflichtend, sind die Vorgaben einheitlicher digitaler Schnittstellen zu beachten (§ 147b AO, DSFinV-TW, TAR-Archive). Bei Taxen und Mietwagen ist jedoch fraglich, ob sie als „Geschäftsräume" i. S. d. § 146b Abs. 1 AO angesehen werden können. Gemäß Verwaltungsauffassung erstreckt sich das „Betretungsrecht" auch auf gewerblich genutzte Fahrzeuge wie Taxen und Mietwagen (AEAO zu § 146b Nr. 3 Satz 2).
	Elektronische Kassensysteme einschl. App-Systeme, elektronische Registrierkassen, Waagen mit Registrierkassenfunktion			
	Taxameter und Wegstreckenzähler			
	Geldspielgeräte, Unterhaltungsautomaten			
Zugriff bei Außenprüfungen (GoBD, Rz. 166) bzw. Recht auf Einsichtnahme unter Hilfestellung des Stpfl. oder eines Dritten bei Nachschauen	Finanzbuchhaltung und andere Systeme mit aufzeichnungs- und aufbewahrungspflichtigen Daten (z. B. Anlagenbuchhaltung, Warenwirtschaft, Waren- und Dienstleistungsautomaten)	Maschinelle Auswertungen nach den Vorgaben der Finanzbehörde durch den Stpfl. oder beauftragten Dritten mit anschließendem Nur-Lesezugriff. Soweit gesetzlich verpflichtend, sind die Vorgaben einheitlicher digitaler Schnittstellen zu beachten (§ 147b AO, DSFinV-K, DSFinV-TW, TAR-Archive).	Zugriff optional. Soweit gesetzlich verpflichtend, sind die Vorgaben einheitlicher digitaler Schnittstellen zu beachten (§ 147b AO, DSFinV-K, DSFinV-TW, TAR-Archive). Bei Taxen und Mietwagen ist jedoch fraglich, ob sie als „Räume" i. S. d. § 27b Abs. 1 UStG angesehen werden können. Bei gewünschtem „Z2"-Zugriff und fehlender Mitwirkungsbereitschaft des Stpfl. ist ein Übergang zur Außenprüfung – vorrangig als USt-Sonderprüfung – zulässig (vgl. § 27b Abs. 2 Satz 2 UStG i. V. m. Abschn. 27b.1 Abs. 5 Satz 12, Abs. 9 UStAE).	Kein Zugriff. „Z2"-Zugriffe sind bei Kassen-Nachschauen gesetzlich nicht verankert.
	Elektronische Kassensysteme einschl. App-Systeme, elektronische Registrierkassen, Waagen mit Registrierkassenfunktion			
	Taxameter und Wegstreckenzähler			
	Geldspielgeräte, Unterhaltungsautomaten			

12.2 Matrix der Datenzugriffsrechte (§§ 147 Abs. 6, 146b AO, 27b UStG)

Art des Zugriffs	Zugriff auf	Außenprüfung § 147 Abs. 6 AO	Umsatzsteuer-Nachschau § 27b Abs. 2 UStG	Kassen-Nachschau § 146b Abs. 2 AO
Zugriff bei Außenprüfungen[47] **(GoBD, Rz. 167) bzw. Datenträgerüberlassung bei Nachschauen**	Finanzbuchhaltung und andere Systeme mit aufzeichnungs- und aufbewahrungspflichtigen Daten (z. B. Anlagenbuchhaltung, Warenwirtschaft[48], Waren- und Dienstleistungsautomaten)	Zugriff unter Lesen und analysieren der Daten auf dem Prüfer-Laptop durch Nutzung von in der Finanzverwaltung eingesetzter Analysesoftware (z. B. Amadeus-Verify, IDEA, SRP, MS Power BI, etc.). Sobald gesetzlich verpflichtend, sind die Vorgaben der jeweiligen einheitlichen digitalen Schnittstelle zu beachten (§ 147b AO).	Kein Zugriff. Vgl. Wortlaut des § 27b Abs. 2 UStG. Datenträgerüberlassungen sind gesetzlich nicht vorgesehen. Bei gewünschtem „Z3"-Zugriff ist eine Außenprüfung, vorrangig als USt-Sonderprüfung, erforderlich.	Zugriffsrecht vom 01.01.2018 – 31.12.2019. Seit 01.01.2020 kein Zugriffsrecht mangels einheitlicher digitaler Schnittstelle (vgl. Wortlaut des § 146b Abs. 2 AO). Bei gewünschtem „Z3"-Zugriff ist eine Außenprüfung, ggf. als USt-Sonderprüfung, erforderlich. Sobald gesetzlich verpflichtend, besteht Datenzugriffsrecht nach den Vorgaben der jeweiligen einheitlichen digitalen Schnittstelle (§ 147b AO).
	Elektronische Kassensysteme einschl. App-Systeme, Waagen mit Registrierkassenfunktion **(ohne TSE)**	Zugriff unter Lesen und analysieren der Daten auf dem Prüfer-Laptop durch Nutzung von in der Finanzverwaltung eingesetzter Analysesoftware (z. B. IDEA, SRP, MS Power BI, etc.)	Kein Zugriff (vgl. Wortlaut des § 27b Abs. 2 UStG). Datenträgerüberlassungen sind gesetzlich nicht vorgesehen.	Zugriffsrecht vom 01.01.2018 – 31.12.2019 gemäß § 30 Abs. 2 Satz 2 EGAO.
	Elektronische Kassensysteme einschl. App-Systeme, Registrierkassen, Waagen mit Registrierkassenfunktion i. S. d. § 1 Absatz 1 Satz 1 KassenSichV **(mit TSE)**	Zugriff unter Lesen und analysieren der Daten auf dem Prüfer-Laptop durch Nutzung von in der Finanzverwaltung eingesetzter Analysesoftware (z. B. IDEA, SRP, MS Power BI, etc.). Soweit gesetzlich verpflichtend, sind die Vorgaben der einheitlichen digitalen Schnittstelle zu beachten (DSFinV-K, TAR-Archive).	Bei gewünschtem „Z3"-Zugriff ist eine Außenprüfung, ggf. als USt-Sonderprüfung, erforderlich.	Seit 01.01.2020 Zugriff nach den Vorgaben der einheitlichen digitalen Schnittstelle unter Beachtung der Nichtbeanstandungsregeln des Bundes und der Länder.
	Registrierkassen i. S. d. § 1 Abs. 1 Satz 1 KassenSichV i. V. m. Art. 97 § 30 Abs. 3 EGAO (sog. „Übergangskassen" ohne TSE)			Zugriffsrecht vom 01.01.2018 – 31.12.2019. Vom 01.01.2020 – 31.12.2022 kein Zugriff mangels einheitlicher digitaler Schnittstelle.[49] Nach dem 31.12.2022 dürfen die Kassen nicht mehr verwendet werden.

---

[47] Neben der klassischen Datenträgerüberlassung (z. B. per DVD, USB-Stick) lässt § 147 Abs. 6 i. d. F. des Gesetzes zur Umsetzung der Richtlinie (EU) 2021/514 des Rates vom 22. März 2021 zur Änderung der Richtlinie 2011/16/EU über die Zusammenarbeit der Verwaltungsbehörden im Bereich der Besteuerung und zur Modernisierung des Steuerverfahrensrechts vom 20.12.2022 (BGBl. 2022 I S. 2730) nunmehr auch ausdrücklich zu, die Daten zu „übertragen". Die Regelung kann auf alle am 01.01.2023 anhängigen Verfahren angewendet werden (Art. 97 § 37 Abs. 1 EGAO). Eine entsprechende gesetzliche Regelung für Nachschauen existiert aktuell nicht, kann mit Zustimmung des Amtsträgers und des Stpfl. nach diesseitiger Auffassung jedoch analog angewendet werden.

[48] Zur Rechtmäßigkeit der Datenanforderung der Verkaufsdatei eines Warenwirtschaftssystems vgl. FG Sachsen-Anhalt, Beschluss vom 15.01.2013 – 1 V 580/12; FG Sachsen-Anhalt, Urteil vom 23.05.2013 – 1 K 396/12, nachfolgend BFH-Urteil vom 16.12.2014 – X R 29/13: Mit der Anforderung der „Verkaufsdatei (Kassenzeile, Einzeldaten, Bewegungsdatei)" bzw. der „Daten aus dem Warenwirtschaftssystem zu den Einzelverkäufen (Verkaufsdatenbank)" verstößt das Finanzamt nicht gegen das Übermaßverbot.

[49] Vgl. Wortlaut des § 146b Abs. 2 AO. Zur abweichenden Auffassung der Finanzverwaltung vgl. AEAO zu § 146b, Nr. 5.

12 Datenzugriffsrechte der Finanzverwaltung

Art des Zugriffs	Zugriff auf	Außenprüfung § 147 Abs. 6 AO	Umsatzsteuer-Nachschau § 27b Abs. 2 UStG	Kassen-Nachschau § 146b Abs. 2 AO
Zugriff bei Außenprüfungen (GoBD, Rz. 167) bzw. Daten(träger)überlassung bei Nachschauen	Taxameter, die nicht als EU-Taxameter i. S. d. § 1 Abs. 2 Nr. 1 KassenSichV i. d. F. ab 01.01.2024 gelten (sog. Alt-Taxameter mit nationaler Bauartzulassung)	Zugriff unter Lesen und analysieren der Daten auf dem Prüfer-Laptop durch Nutzung von in der Finanzprüfung eingesetzter Analysesoftware (z. B. IDEA, SRP, MS Power BI, etc.).	Kein Zugriff (vgl. Wortlaut des § 27b Abs. 2 UStG). Datenträgerüberlassungen sind gesetzlich nicht vorgesehen. Bei gewünschtem „Z3"-Zugriff ist eine Außenprüfung, ggf. als USt-Sonderprüfung, erforderlich.	Seit 01.01.2020 kein Zugriff mangels einheitlicher digitaler Schnittstelle (vgl. Wortlaut des § 146b Abs. 2 AO). Bei gewünschtem „Z3"-Zugriff ist eine Außenprüfung, ggf. als USt-Sonderprüfung erforderlich.
	EU-Taxameter i. S. d. § 1 Abs. 2 Nr. 1 KassenSichV i. d. F. ab 01.01.2024, die nicht oder erst nach dem 31.12.2020 mit der INSIKA-Technik ausgerüstet wurden (vgl. auch § 9 KassenSichV i. d. F. ab 01.01.2024)	Soweit gesetzlich verpflichtend, sind die Vorgaben der einheitlichen digitalen Schnittstelle zu beachten (DSFinV-TW, TAR-Archive).		Vom 01.01.2020 – 31.12.2023 kein Zugriff mangels einheitlicher digitaler Schnittstelle (vgl. Wortlaut des § 146b Abs. 2 AO). Zugriff für Besteuerungszeiträume ab 01.01.2024 nach den Vorgaben der einheitlichen digitalen Schnittstelle. Für den Zeitraum vom 01.01.2024 – 31.12.2025 ist die Nichtbeanstandungsregelung des BMF zu beachten.[50]
	EU-Taxameter i. S. d. § 1 Abs. 2 Nr. 1 KassenSichV i. d. F. ab 01.01.2024, die vor dem 01.01.2021 mit der INSIKA-Technik ausgerüstet wurden (EU-Taxameter i. S. d. § 9 Abs. 1 KassenSichV i. d. F. ab 01.01.2024)	Zugriff unter Lesen und analysieren der Daten auf dem Prüfer-Laptop durch Nutzung von in der Finanzverwaltung eingesetzter Analysesoftware (z. B. IDEA, SRP, MS Power BI, etc.). Soweit gesetzlich verpflichtend, sind die Vorgaben der einheitlichen digitalen Schnittstelle zu beachten (DSFinV-TW, TAR-Archive).		Vom 01.01.2020 – 31.12.2025 kein Zugriff mangels einheitlicher digitaler Schnittstelle.[51] Zugriff spätestens für Besteuerungszeiträume ab 01.01.2026 nach den Vorgaben der jeweiligen einheitlichen digitalen Schnittstelle, es sei denn, die TSE wird auf freiwilliger Basis früher implementiert. Das gilt nicht, sofern das EU-Taxameter aus dem Fahrzeug, in das es am 01.01.2021 eingebaut war, ausgebaut und in ein neues Fahrzeug eingebaut wird (§ 9 Abs. 2 KassenSichV). In diesen Fällen ist der Zugriff nach den Vorgaben der einheitlichen digitalen Schnittstelle frühestens ab 01.01.2024, spätestens ab dem Zeitpunkt des Einbaus in ein neues Fahrzeug einzuräumen.[52]

---

50 BMF, Schreiben vom 13.10.2023 – IV D 2 – S 0319/20/10002 :010, BStBl. I 2023, 1718 (Abdruck in Anhang 6).
51 Vgl. Wortlaut des § 146b Abs. 2 AO. Bei gewünschtem „Z3"-Zugriff ist eine Außenprüfung, ggf. als Umsatzsteuer-Sonderprüfung, erforderlich.
52 Die Nichtbeanstandungsregel gem. BMF-Schreiben vom 13.10.2023 – IV D 2 – S 0319/20/10002 :010, BStBl. I 2023, 1718 (Abdruck in Anhang 6) ist nach ihrem eindeutigen Wortlaut in diesen Fällen nicht anwendbar. Fraglich ist, ob diese Rechtsfolge gewollt war oder es sich nur um ein redaktionelles Versehen handelt.

12.2 Matrix der Datenzugriffsrechte (§§ 147 Abs. 6, 146b AO, 27b UStG)

Art des Zugriffs	Zugriff auf	Außenprüfung § 147 Abs. 6 AO	Umsatzsteuer-Nachschau § 27b Abs. 2 UStG	Kassen-Nachschau § 146b Abs. 2 AO
Zugriff bei Außenprüfungen (GoBD, Rz. 167) bzw. Daten(träger)überlassung bei Nachschauen	Wegstreckenzähler (WSZ)	Zugriff unter Lesen und analysieren der Daten auf dem Prüfer-Laptop durch Nutzung von in der Finanzverwaltung eingesetzter Analysesoftware (z. B. IDEA, SRP, MS Power BI, etc.). Soweit gesetzlich verpflichtend, sind die Vorgaben der einheitlichen digitalen Schnittstelle zu beachten (DSFinV-TW, TAR-Archive).	Kein Zugriff (vgl. Wortlaut des § 27b Abs. 2 UStG). Datenträgerüberlassungen sind gesetzlich nicht vorgesehen. Bei gewünschtem „Z3"-Zugriff ist eine Außenprüfung, ggf. als USt-Sonderprüfung, erforderlich.	Im Zeitraum 01.01.2020 – 30.06.2024 kein Zugriffsrecht mangels einheitlicher digitaler Schnittstelle. Frühestens ab 01.07.2024 Zugriff nach den Vorgaben der einheitlichen Schnittstelle auf WSZ, die seit diesem Zeitpunkt neu in den Verkehr gebracht werden.[53] Für den Zeitraum vom 01.07.2024 – 31.12.2025 ist in Einzelfällen die Nichtbeanstandungsregelung des BMF zu beachten.[54]
	Geldspielgeräte, Unterhaltungsautomaten	Zugriff unter Lesen und analysieren der Daten auf dem Prüfer-Laptop durch Nutzung von in der Finanzverwaltung eingesetzter Analysesoftware (z. B. IDEA, SRP, MS Power BI, etc.). Bei freiwilliger Implementierung der DSFinV-K Zugriff nach deren Vorgaben (vgl. zu dieser Möglichkeit DSFinV-K vom 04.03. 2022, Version 2.3, Tz. 2.6).	Kein Zugriff (vgl. Wortlaut des § 27b Abs. 2 UStG). Datenträgerüberlassungen sind gesetzlich nicht vorgesehen. Bei gewünschtem „Z3"-Zugriff ist eine Außenprüfung, ggf. als USt-Sonderprüfung, erforderlich.	Kein Zugriff mangels einheitlicher digitaler Schnittstelle. Ausnahme: Freiwillige Nutzung der DSFinV-K (vgl. zu dieser Möglichkeit DSFinV-K vom 04.03. 2022, Version 2.3, Tz. 2.6).

(Quelle: Eigene Darstellung)

---

53 § 10 KassenSichV; BMF-Schreiben vom 11.03.2024, BStBl. I 2024, 367. Hinweis: In der Datenbank *Measuring Instruments Certificates* der Physikalisch-Technischen Bundesanstalt (PTA) sind bereits drei Wegstreckenzähler mit digitalen Schnittstellen aufgeführt, die konformitätsbewertet am Markt verfügbar sind (Stand 31.12.2023).

54 BMF, Schreiben vom 13.10.2023 – IV D 2 – S 0319/20/10002 :010, BStBl. I 2023, 1718. Denkbarer Einzelfall ist die Übertragung eines gebrauchten WSZ von einem auf einen anderen Unternehmer. Für Neugeräte vgl. § 146a Abs. 1 AO (Verbot des gewerbsmäßigen In-Verkehr-Bringens).

12 Datenzugriffsrechte der Finanzverwaltung

1155 **Online-Zugriffe** auf das DV-System des Stpfl. sind der Finanzbehörde grundsätzlich verwehrt (GoBD, Rz. 165). Abweichend davon kann die Finanzbehörde im übrigen Gemeinschaftsgebiet elektronisch aufbewahrte Rechnungen per Online-Zugriff einsehen, herunterladen und verwenden (§ 14b Abs. 4 UStG).

1156 Als Sonderform des Z3-Zugriffs ist das Bereitstellen der Daten auf einer geschützten **Datenaustauschplattform** der Finanzverwaltung, z. B. *FinDrive NRW, HessenDrive, FinDrive-SH, SecureBox Bayern* zulässig.[55] Die Überlassung eines physischen Datenträgers ist diesen Fällen nicht erforderlich.

1157 Sofern noch nicht mit einer Außenprüfung begonnen wurde, ist es im Fall eines **Wechsels des Datenverarbeitungssystems** oder im Fall der **Auslagerung von aufzeichnungs- und aufbewahrungspflichtigen Daten** aus dem Produktivsystem in ein anderes Datenverarbeitungssystem ausreichend, wenn der Stpfl. nach Ablauf des fünften Kalenderjahres, das auf die Umstellung oder Auslagerung folgt, diese Daten ausschließlich auf einem maschinell lesbaren und maschinell auswertbaren Datenträger vorhält (§ 147 Abs. 6 Satz 5 AO). Dies gilt für aufzeichnungs- und aufbewahrungspflichtige Daten, deren Aufbewahrungsfrist bis zum 01.01.2020 noch nicht abgelaufen ist.[56]

1158 *Tipp:*
Laufend aktualisierte Urteile und Beschlüsse der Gerichtsbarkeit zu den Datenzugriffsrechten finden sich in der Übersicht über die Rechtsprechung zum Datenzugriff der Oberfinanzdirektionen NRW und Karlsruhe, die im juris Fachportal Steuerrecht, Fachinformationssystem Bp NRW, eingestellt ist.

12.3 Ort des Datenzugriffs

1159 Infolge kryptographischer Sicherung der Prüfer-Notebooks bestand nach hier vertretener Auffassung seit jeher das Recht, die (importierten) Daten vom Prüfungsort zu entfernen und an Aufenthaltsorten auszuwerten, die für dienstliche Zwecke aufgesucht wurden. Dazu gehört auch das häusliche Arbeitszimmer (Heimarbeitsplatz), soweit dem Amtsträger gestattet war, dort seine Dienstgeschäfte zu verrichten, das Steuergeheimnis gewahrt und datenschutzrechtliche Vorgaben eingehalten wurden. § 200 Absatz 2 Satz 1 AO i. V. m. § 6 Satz 3 BpO 2000 stand dem nicht entgegen, sondern ließ diese Möglichkeit als Ausnahmefall ausdrücklich zu. Anderslautende Entscheidungen des BFH, nach denen die Finanzbehörde die Herausgabe aufzeichnungs- und aufbewahrungspflichtiger Unterlagen zur Speicherung und Auswertung auf dienstlichen Notebooks nur verlangen konnte, wenn Datenzugriff und Auswertung in den Geschäftsräumen des Stpfl. oder in den Diensträumen der Finanzverwaltung stattfanden[57], waren

---

55 Vgl. dazu ausführlich *Kowallik*, DB 2022, 975.
56 Art. 97 § 19b Abs. 2 EGAO.
57 BFH vom 16.12.2014 – VIII R 52/12, BStBl. II 2023, 61; BFH vom 07.06.2021 – VIII R 24/18, BStBl. II 2023, 63.

angesichts der täglichen Praxis der Außendienste nicht umsetzbar.[58] Das gilt insbesondere,
- wenn in den Geschäfts- oder Wohnräumen des Stpfl. kein geeigneter Arbeitsplatz zur Verfügung stand,
- wenn dem Amtsträger temporär kein geeigneter Dienstraum zur Verfügung stand (z. B. Pool-Arbeitsplatz),
- soweit (Schluss-)Besprechungen in den Räumlichkeiten von Angehörigen der steuerberatenden Berufe stattfanden,
- in Zeiten der Pandemie (z. B. bei Quarantäne, Kontaktbeschränkungen, Homeoffice-Pflicht).

Der Gesetzgeber hat inzwischen auf die nicht praxisgerechte Rechtsprechung des BFH reagiert und eine entsprechende Gesetzesänderung erwirkt.[59] 1160

Dagegen soll die Mitnahme eines Datenträgers (z. B. USB-Stick) aus der Sphäre des Stpfl. weiterhin nur mit seinem Einverständnis erfolgen.[60] Spätestens nach Bestands- bzw. Rechtskraft der aufgrund einer Außenprüfung ergangenen Steuerbescheide besteht für den Amtsträger die Pflicht, den überlassenen Datenträger zurück zu geben und die Daten auf seinem Notebook zu löschen.[61] 1161

12.4 Aufbewahrung der Daten bei Dritten

Unter weiteren Voraussetzungen können elektronisch gespeicherte Daten auch bei Dritten angefordert werden.[62] Teilt der Stpfl. der Finanzbehörde mit, dass sich seine Daten bei einem Dritten befinden, so hat der Dritte 1162
- der Finanzbehörde Einsicht in die für den Stpfl. gespeicherten Daten zu gewähren oder
- diese Daten nach den Vorgaben der Finanzbehörde maschinell auszuwerten oder
- ihr nach ihren Vorgaben die für den Stpfl. gespeicherten Daten in einem maschinell auswertbaren Format zu übertragen.[63]

Nach §§ 97 i. V. m. 104 Abs. 2 AO kann die Herausgabe von Daten auch vom früheren Steuerberater verlangt werden. Zurückbehaltungsrechte gem. § 66 StBerG bzw. § 273 BGB gegenüber dem Mandanten stehen dem nicht entgegen.[64] Sollen Daten bei einer in § 3 und § 4 Nr. 1 und 2 StBerG bezeichneten Person im Rahmen einer Außenprüfung eingesehen werden, hat der damit betraute Amtsträger sein Erscheinen in angemessener Frist anzukündigen 1163

---

58 Vgl. OFD Karlsruhe vom 15.10.2018 – S 1445 – St 422; *Herrfurth*, StuB 2022, 286.
59 Vgl. §§ 147 Abs. 7, Art. 97 § 37 Abs. 1 EGAO, 200 Abs. 2 AO i. d. F. des DAC7-Umsetzungsgesetzes vom 20.12.2022, BGBl. I 2022, 2730.
60 GoBD, Rz. 168.
61 GoBD, Rz. 169; BFH vom 16.12.2014 – VIII R 52/12, BStBl. II 2023, 61.
62 FG Berlin-Brandenburg vom 26.08.2014 – 13 V 13165/14.
63 § 147 Abs. 6 Satz 2 AO.
64 FG Schleswig-Holstein vom 12.10.2015 – 2 V 95/15.

(§ 147 Abs. 6 Satz 4 AO). Obgleich die **Kassen-Nachschau** keine Außenprüfung und § 147 Abs. 6 AO mithin nicht anwendbar ist, kann die Regelung analog angewendet werden, soweit die Ziele der unangekündigten Nachschau dadurch nicht konterkariert werden.[65]

1164 Bei entsprechenden Anfragen haben Kassendienstleister oder Cloud-Anbieter grundsätzlich den gesamten Datenbestand bereitzustellen. Sie dürfen Daten nicht eigenmächtig, sondern nur nach den Vorgaben des Stpfl., dem das Erstqualifikationsrecht, ggf. gemeinsam mit einem Angehörigen der steuerberatenden Berufe (Vorbehaltsaufgabe i. S. d. § 33 StBerG) obliegt, auf ein Extrakt reduzieren.

12.5 Aufbewahrung der Hardware bei Systemwechseln

1165 Im Falle eines Systemwechsels (z. B. Abschaltung Altsystem, Datenmigration), einer Systemänderung oder einer Auslagerung von aufzeichnungs- und aufbewahrungspflichtigen Daten (vgl. GoBD, Rz. 3 bis 5) aus dem Produktivsystem ist es nur dann nicht erforderlich, die ursprüngliche Hard- und Software des Produktivsystems über die Dauer der Aufbewahrungsfrist vorzuhalten, wenn die folgenden Voraussetzungen erfüllt sind:

a) Die aufzeichnungs- und aufbewahrungspflichtigen Daten (einschließlich Metadaten[66], Stammdaten, Bewegungsdaten und der erforderlichen Verknüpfungen) müssen unter Beachtung der Ordnungsvorschriften (vgl. §§ 145 bis 147 AO) quantitativ und qualitativ gleichwertig in ein neues System, in eine neue Datenbank, in ein Archivsystem oder in ein anderes System überführt werden.

b) Das neue System, das Archivsystem oder das andere System muss in quantitativer und qualitativer Hinsicht die gleichen Auswertungen der aufzeichnungs- und aufbewahrungspflichtigen Daten ermöglichen als wären die Daten noch im Produktivsystem.

1166 Andernfalls ist die ursprüngliche Hard- und Software des Produktivsystems – neben den aufzeichnungs- und aufbewahrungspflichtigen Daten – für die Dauer der Aufbewahrungsfrist vorzuhalten. Auf Antrag des Stpfl. können Erleichterungen gewährt werden.[67] Erleichterungen per Gesetz wurden mit dem III. Bürokratieentlastungsgesetz vom 22. 11. 2019[68] in § 147 Abs. 6 AO aufgenommen:

„Sofern noch nicht mit einer Außenprüfung begonnen wurde, ist es im Fall eines Wechsels des Datenverarbeitungssystems oder im Fall der Auslagerung von aufzeichnungs- und aufbewahrungspflichtigen Daten aus dem Produktivsystem in eine anderes Datenverarbeitungssystem ausreichend, wenn der Stpfl. nach Ablauf

---

65 So auch *Schumann*, AO-StB 2017, 151 (158); *Becker*, BBK 2017, 143.
66 Glossar, Anhang 1.
67 GoBD, Rz. 143 i. V. m. § 148 AO.
68 BGBl. I 2019, 1746.

des 5. Kalenderjahres, das auf die Umstellung oder Auslagerung folgt, diese Daten ausschließlich auf einem maschinell lesbaren und maschinell auswertbaren Datenträger vorhält."[69]

Die Neuregelung gilt für aufzeichnungs- und aufbewahrungspflichtige Daten, deren Aufbewahrungsfrist bis zum 01.01.2020 noch nicht abgelaufen ist.[70] Davon unberührt bleibt die Verpflichtung, **Kasseneinzeldaten** (Einzelaufzeichnungen) und **Verfahrensdokumentation** wie bisher 10 Jahre aufzubewahren.

1167

Im Rahmen eines funktionsfähigen internen Kontrollsystems (IKS) muss bei Veränderungen auch geprüft werden, inwieweit das eingesetzte DV-System noch dem dokumentierten System entspricht.[71] Regelmäßig werden Änderungen in der Beschreibung des IKS erforderlich sein.

1168

> *Beachte:*
> Die Einführung der technischen Sicherheitseinrichtung (TSE) gem. § 146a AO hat zu zahlreichen Systemwechseln geführt. Daraus könnte sich ein neuer Prüfungsansatz der Finanzverwaltung ergeben. Das gilt vor allem für noch am Markt befindliche Registrierkassen, die spätestens zum 31.12.2022 hätten ausgetauscht werden müssen.[72] Weil die Vernichtung von Altgeräten unumkehrbar ist, sollte Kontakt mit versierten IT-Fachleuten und einem Angehörigen der steuerberatenden Berufe aufgenommen werden, die bei der gesetzeskonformen Aufbewahrung der Daten Hilfestellung leisten können. Über den sog. „GoBD-Export" hinaus ist die Sicherung der gesamten **Original-Datenbank** ratsam.

1169

Aufbewahrungs- und vorlagepflichtige Unterlagen sollten nach ihrer Entstehung oder ihrem Eingang im Unternehmen möglichst umgehend von nicht aufbewahrungs- und vorlagepflichtigen Unterlagen getrennt werden. Leider fehlt häufig entsprechende Unterstützung des Softwareanbieters. *Wargowske/Werner* weisen zutreffend darauf hin, dass eine erst spätere Trennung zumindest aus wirtschaftlichen Gründen nahezu unmöglich sein wird.[73]

1170

12.6 Gewinnermittlung nach § 4 Abs. 3 EStG

Eine ordnungsgemäße Einnahmeüberschussrechnung gemäß § 4 Abs. 3 EStG setzt nach ständiger Rechtsprechung lediglich voraus, dass die Höhe der Betriebseinnahmen bzw. der Betriebsausgaben durch Belege nachgewiesen wird; eine förmliche Aufzeichnungspflicht besteht hingegen nicht.[74] Aufzeichnungen können daher nur insoweit gefordert werden, als sie zum Verständnis und zur Überprüfung der für die EÜR geltenden außersteuerlichen oder steuerlichen Gesetze von Bedeutung sind, steuerlich z.B. nach § 4 Abs. 3 Satz 5, Abs. 7 EStG

1171

---

69 Vgl. auch GoBD, Rz. 164, 167 bis 170.
70 Art. 97 § 19b Abs. 2 EGAO.
71 GoBD, Rz. 101.
72 Vgl. Art. 97 § 30 EGAO.
73 *Wargowske/Werner*, RET 5.2022, 71 (74).
74 Vgl. nur BFH vom 12.12.2017 – VIII R 6/14, BFH/NV 2018, 606, Rz. 54, m.w.N.

und nach § 22 UStG.[75] Grundsätzlich ausgeschlossen ist, dass die Finanzverwaltung mittels Datenzugriffs nach § 147 Abs. 6 AO Einsicht in Unterlagen verlangen kann, die zwar vorhanden sind, aber vom Stpfl. nicht aufbewahrt werden müssen.[76] Anders als bei Papierbelegen werden keine Mitwirkungspflichten i. S. d. § 200 AO verletzt, wenn freiwillig angefertigte elektronische Unterlagen nicht elektronisch zur Verfügung gestellt werden.[77]

12.7 Berufsgeheimnisträger

12.7.1 Allgemeines

1172 Zu den Aufgaben eines Berufsgeheimnisträgers i. S. d. § 102 AO (u. a. Rechtsanwälte, Notare, Steuerberater, Ärzte) gehört, seine Datenbestände so zu organisieren, dass er einerseits seinen öffentlich-rechtlichen Verpflichtungen gegenüber der Finanzverwaltung nachkommen kann, andererseits keine gesetzlich geschützten Bereiche tangiert werden.[78] Welche konkreten Angaben bzw. Unterlagen verlangt werden können, ist im Wege einer Güterabwägung zwischen der Schweigepflicht der Berufsgeheimnisträgers und der Gleichmäßigkeit der Besteuerung unter Berücksichtigung des Prinzips der Verhältnismäßigkeit zu entscheiden.[79] Das Gesetz schützt das Vertrauensverhältnis zwischen dem Berufsgeheimnisträger und seinem Mandanten bzw. Patienten, insbesondere seine Identität und die Tatsache seiner Beratung, soweit der Berufsgeheimnisträger nicht nach § 102 Abs. 3 AO von seiner Schweigepflicht entbunden wird.[80] Für den Schutz des Vertrauensverhältnisses oder seine Gefährdung macht es keinen Unterschied, in welchem Steuerrechtsverhältnis es zu einer Offenbarung der mandanten- bzw. patientenbezogenen Informationen gegenüber der Finanzverwaltung kommt. § 102 AO gilt deshalb für eigene Steuersachen des Berufsträgers sowie für gegen ihn gerichtete Auskunftsersuchen im Besteuerungsverfahren eines Dritten.[81] Eingeschlossen ist das Recht, die Vorlage von Urkunden zu verweigern.[82]

1173 Grundsätzlich können Finanzbehörden die Vorlage der zur Prüfung erforderlichen Unterlagen in neutralisierter Form verlangen.[83] Berufsgeheimnisträger sind berechtigt, bei Vorlage von Papierunterlagen die geschützten Bereiche zu schwärzen oder bei Ausübung des Datenzugriffsrechts die geschützten Daten zu

---

75 Vgl. BFH vom 24. 06. 2009 – VIII R 80/06, BStBl. II 2010, 452; BFH vom 12. 07. 2017 – X B 16/17, BFH/NV 2017, 1204, Rz. 58 ff.; BFH vom 12. 02. 2020 – X R 8/18, BFH/NV 2020, 1045.
76 BFH vom 24. 06. 2009 – VIII R 80/06, BStBl. II 2010, 452, unter II.1.b aa.
77 BFH vom 12. 02. 2020 – X R 8/18, BFH/NV 2020, 1045.
78 GoBD, Rz. 172; AEAO zu § 146, Nr. 1.3.
79 BFH vom 26. 02. 2004 – IV R 50/01, BStBl. II 2004, 502; FG Baden-Württemberg vom 16. 11. 2011 – 4 K 4819/08, EFG 2012, 577.
80 BFH vom 08. 04. 2008 – VIII R 61/06, BStBl. II 2009, 579.
81 LfSt Bayern vom 28. 03. 2012 – S 0251.1.1 – 2/1 St 42, DStR 2012, 1610.
82 § 104 Abs. 1 Satz 1 AO.
83 BFH vom 28. 10. 2009 – VIII R 78/05, BStBl. II 2010, 455.

unterdrücken, z. B. durch Einrichtung eines geeigneten Zugriffsberechtigungssystems (Datentrennung) oder durch „digitales Schwärzen" der geschützten Informationen.[84] Dabei ist darauf zu achten, dass die schützenswerten Informationen sowohl in den Einzelaufzeichnungen als auch in der Finanzbuchhaltung und auf Kontoauszügen unkenntlich gemacht werden.

Allerdings darf die Anonymisierung bzw. Unterdrückung oder Filterung von Daten nicht dazu führen, dass die Überprüfung der steuerlichen Verhältnisse eines Berufsgeheimnisträgers auf Vollständigkeit und Richtigkeit unmöglich gemacht wird. Daher müssen zumindest eindeutige Verknüpfungen zwischen den Buchungen und den zugehörigen Belegen bestehen (Belegnummer, Index, o.ä.). Ferner müssen sich aus den vorgelegten Unterlagen Möglichkeiten ergeben, die Art der erbrachten Leistung des Unternehmers festzustellen und umsatzsteuerlich zutreffend einzuordnen.[85] So muss etwa bei einem Arzt die Abgrenzung zwischen umsatzsteuerfreien und umsatzsteuerpflichtigen Leistungen trotz Anonymisierung der Patientennamen möglich bleiben (vgl. § 4 Nr. 14 UStG). Andernfalls könnte das Gebot der gleichmäßigen Besteuerung i. S. v. Art 3 GG, § 85 AO beeinträchtigt sein, weil sich Angehörige bestimmter Berufsgruppen nur unter Berufung auf eine bestehende Verschwiegenheitspflicht generell der Überprüfung ihrer im Besteuerungsverfahren gemachten Angaben entziehen könnten.[86] Verweigert z. B. ein Arzt Auskünfte über Diagnosen und Behandlungsmethoden, kann nach den Grundsätzen der objektiven Feststellungslast die Umsatzsteuerbefreiung nicht gewährt werden, soweit Anhaltspunkte für steuerpflichtige Leistungen an Patienten gegeben sind.[87] Ist dem FA die Prüfung steuermindernder Tatsachen verwehrt, weil der Berufsgeheimnisträger die Einsicht in seine Unterlagen unter Hinweis auf seine Verschwiegenheitspflicht verweigert, geht dies zu Lasten des Berufsträgers.[88]

1174

Kommt der Stpfl. der gebotenen Trennung seiner Datenbestände nicht nach, kann die Finanzbehörde den Zugriff auf die Daten im vorliegenden Bestand verlangen, § 203 Abs. 1 Nr. 3 StGB (vgl. Rz. 1177 ff.) steht dem nicht entgegen.[89]

1175

Hinweis:

1176

In Bewirtungskostenbelegen darf ein Stpfl. die Namen der bewirteten Person(en) selbst dann nicht schwärzen, wenn er Berufsgeheimnisträger ist. Andernfalls kann der Betriebsausgabenabzug versagt werden, da es sich um eine steuermindernde Tatsache handelt und dem Finanzamt die Prüfung der betrieblichen Veranlassung der Bewirtung möglich sein muss.[90] Beabsichtigt die Finanzbehörde,

---

84 BFH vom 08.04.2008 – VIII R 61/06, BStBl. II 2009, 579; AEAO zu § 146, Nr. 1.3.
85 BFH vom 18.02.2008 – V B 35/06, BFH/NV 2008, 1001.
86 BFH vom 08.04.2008 – VIII R 61/06, BStBl. II 2009, 579.
87 BFH vom 18.02.2008 – V B 35/06, BFH/NV 2008, 1001.
88 BFH vom 14.05.2002 – IX R 31/00, BStBl. II 2002, 712 betr. Vorlage eines Fahrtenbuchs.
89 FG Baden-Württemberg vom 16.11.2011 – 4 K 4819/08, EFG 2012, 577.
90 BFH vom 26.02.2004 – IV R 50/01, BStBl. II 2004, 502.

im Rahmen der Außenprüfung eines Berufsgeheimnisträgers Kontrollmitteilungen zu fertigen, ist der Stpfl. vorher zu informieren, um ihm die Möglichkeit gerichtlichen Rechtsschutzes zu eröffnen.[91]

12.7.2 Verstöße gegen § 203 Strafgesetzbuch (StGB)

1177 Im Umgang mit sensiblen Mandanten- oder Patientendaten und -informationen müssen Berufsgeheimnisträger immer im Blick behalten, dass sie sich nicht selbst gemäß § 203 Strafgesetzbuch (StGB) strafbar machen, indem sie Berufsgeheimnisse offenbaren. Sie handeln rechtswidrig, wenn sie vertrauliche Informationen oder Geheimnisse ihrer Kunden weitergeben, die ihnen im Rahmen ihrer beruflichen Tätigkeit anvertraut worden sind. Verstöße können mit Geld- oder Freiheitsstrafe geahndet werden.

1178 Die etwa in der Berufspraxis der Ärzte und Apotheker übliche Weitergabe vertraulicher Informationen an Dritte, z.B. an Abrechnungsstellen, Steuerberater oder Rechtsanwälte ist unproblematisch, da diese als berufsmäßige Gehilfen (§ 203 Abs. 3 Satz 1 StGB) eingruppiert werden und durch ihre Arbeit aktiv an der beruflichen Tätigkeit des Geheimnisträgers mitwirken. Sie ordnen Sachverhalte rechtlich ein und ziehen die nötigen Schlussfolgerungen oder kümmern sich beispielsweise um Rechnungsstellung, laufende Buchführung oder Abrechnungen mit Dritten. Regelmäßig sind Berufsgeheimnisträger auf die Hilfestellung dieser Personen angewiesen. Um im Zeitalter der Digitalisierung und des Outsourcings für alle Betroffenen strafrechtliche Sicherheit zu schaffen, ist auch unbedenklich, wenn sonstige Personen über die klassischen Berufsgehilfen hinaus tätig werden, vorausgesetzt ihre Unterstützung ist erforderlich (vgl. § 203 Abs. 3 Satz 2 StGB). Dazu gehören u.a. IT-Dienstleister oder sonstige unterstützende Personen, die z.B. Hilfestellungen im Rahmen der Aktenarchivierung oder -vernichtung anbieten.

1179 An Dienstleister und andere Hilfspersonen werden die gleichen Maßstäbe wie an die Berufsgeheimnisträger selbst gestellt. Sie können sich ebenso strafbar machen (vgl. § 203 Abs. 4 Nr. 2 StGB), wenn sie Informationen nicht vertraulich behandeln. Empfehlenswert ist eine sorgfältige Auswahl externer Dienstleister sowie die Vereinbarung separater Verschwiegenheitsverpflichtungen.

1180 Betriebsprüfer oder Angehörige der Finanzverwaltung sind im § 203 StGB nicht namentlich erwähnt und gelten demnach nicht als Hilfspersonen nach § 203 StGB. Ihnen gegenüber sind Kunden- oder Patientendaten vertraulich zu behandeln. Eine Offenlegung oder Überlassung von Daten ist unter Beachtung der genannten Vorschrift in höchstem Maße bedenklich, soweit der Berufsgeheimnisträger nicht ausdrücklich von seiner Schweigepflicht entbunden wurde. Es empfiehlt sich daher, frühzeitig dafür Sorge zu tragen, dass vorlagepflichten Unterlagen bei entsprechenden Auskunfts- und Vorlageersuchen in neutrali-

---

91 AEAO zu § 194, Nr. 7; BFH vom 08.04.2008 – VIII R 61/06, BStBl. II 2009, 579; FG Berlin-Brandenburg vom 04.04.2022 – 7 V 7031/22, EFG 2022, 1000; FG Berlin-Brandenburg vom 27.02.2023 – 7 K 7160/21.

12.8 Verwertungsverbot

Der Stpfl. oder ein von ihm beauftragter Dritter hat dafür Sorge zu tragen, dass er dem Amtsträger nur die aufzeichnungs- und aufbewahrungspflichtigen Daten überlässt.[92] Denn auch versehentlich überlassene Daten, z. B. nicht aufzeichnungs- oder aufbewahrungspflichtige, personenbezogene oder dem Berufsgeheimnis (§ 102 AO) unterliegende Daten dürfen von Amtsträgern verwendet werden. Es bestehen keine Verwertungsverbote für versehentlich überlassene Daten.[93] Eines vorherigen Hinweises auf das Auskunftsverweigerungsrecht bedarf es nicht.[94] Nimmt ein Berufsgeheimnisträger die für die Erfüllung seiner Verpflichtungen erforderliche Trennung seiner Daten nicht vor, hindert das die Finanzbehörde nicht, den Zugriff auf die Daten im vorliegenden Bestand zu verlangen.[95] Ohne Rücksicht auf ein Verschulden des Stpfl. stellt die unterlassene Trennung der Daten keinen Grund dar, auf das Datenzugriffsrecht zu verzichten. Im Rahmen der Ermessensausübung können Z1- und Z2-Zugriffe aber vorzugswürdig sein.

1181

12.9 Datenlöschung

Die Speicherung der Daten auf den dienstlichen Notebooks der Prüfungsdienste über den tatsächlichen Abschluss der Außenprüfung hinaus ist durch § 147 Abs. 6 AO nur gedeckt, soweit und solange sie für Zwecke des Besteuerungsverfahrens noch zur Verfügung stehen müssen, z. B. bis zum Abschluss eines Rechtsbehelfs-/Klageverfahrens.[96] Daten endgültig erledigter Fälle sind einschließlich Rohdaten, Datenaufbereitungen, Auswertungen und sonstiger Berechnungen (z. B. Kalkulationen) zu löschen.

1182

12.10 Vorbereitungsmaßnahmen des Steuerpflichtigen

Zur Vorbereitung auf Datenzugriffe der Finanzverwaltung muss der Stpfl. seine Datenverarbeitungssysteme[97] identifizieren, mit Hilfe derer er Geschäftsvorfälle und andere Vorgänge im Unternehmen abbildet. Anschließend hat er die in DV-Systemen enthaltenen Daten nach Maßgabe der steuerlichen und außersteuerlichen Aufzeichnungs-, Aufbewahrungs- und Vorlagepflichten zu qualifi-

1183

---

92 FG Rheinland-Pfalz vom 20.01.2005 – 4 K 2167/04, EFG 2005, 667.
93 GoBD, Rz. 172.
94 BFH vom 01.02.2001 – XI B 11/00, BFH/NV 2001, 811.
95 FG Baden-Württemberg vom 16.11.2011 – 4 K 4819/08, EFG 2012, 577; FG Rheinland-Pfalz vom 20.1.2005 – 4 K 2167/04, EFG 2005, 667.
96 BFH vom 16.12.2014 – VIII R 52/12, BStBl. II 2023, 61. Vgl. dazu auch §§ 29b, c AO.
97 Zur Definition der Begrifflichkeit aus Sicht der Finanzverwaltung vgl. GoBD, Rz. 20.

zieren (**Erstqualifikationsrecht**) und für den Datenzugriff in geeigneter Form bereitzuhalten.[98]

1184 Bei unzutreffender Qualifizierung von Daten kann die Finanzbehörde im Rahmen ihres Ermessens verlangen, dass der Stpfl. den Datenzugriff auf tatsächlich aufgezeichnete und aufbewahrte Daten nachträglich gewährt.[99] Ist dies z. B. nicht möglich, weil die Daten gelöscht wurden, oder verweigert der Stpfl. den Datenzugriff, gehen die daraus entstehenden Unsicherheiten regelmäßig zu seinen Lasten. Hier zeigt sich, welch enorme Bedeutung der Primärdatenqualität zukommt, weil sich Fehler im Nachhinein nicht mehr heilen lassen.

1185 *Hinweis:*
Die Ausübung des Erstqualifikationsrechts stellt eine Vorbehaltsaufgabe des Steuerberaters i. S. d. § 33 StBerG dar.

1186 Ist die Erstqualifikation vorlagepflichtiger Daten erfolgt, empfiehlt sich ein **Test der Exportfunktionen**, ggf. gemeinsam mit dem Kassendienstleister. In diesem Zug kann auch überprüft werden, ob sich ein vom Amtsträger bestimmter, eingeschränkter Zeitraum problemlos extrahieren ließe. In jedem Fall empfiehlt sich, verständliche Exportanleitungen zur Verfahrensdokumentation zu nehmen. Zur Pflicht der TSE-Hersteller, geeignete Hilfsmittel für den Datenexport zur Verfügung zu stellen, vgl. Kap. 11.10.3, unter b). Weil die Lebenszeit hardware-basierter TSE endlich ist (Defekt, Diebstahl[100] usw.), sollte insbesondere hier an regelmäßige Backups gedacht werden.

12.11 Kosten des Datenzugriffs

1187 Kosten des Datenzugriffs sind vom Stpfl. zu tragen.[101] Wer aufzubewahrende Unterlagen in der Form einer Wiedergabe auf Bildträgern oder auf anderen Datenträgern vorlegt, ist verpflichtet, auf seine Kosten diejenigen Hilfsmittel zur Verfügung zu stellen, die erforderlich sind, um die Unterlagen lesbar zu machen. Auf Verlangen der Finanzbehörde hat der Stpfl. auf seine Kosten die Unterlagen unverzüglich ganz oder teilweise auszudrucken oder ohne Hilfsmittel lesbare Reproduktionen beizubringen.[102] Dazu gehören bspw. Aufwendungen für die Anschaffung von Datenträgern wie DVDs oder USB-Sticks, Kosten für die Übermittlung von Daten oder Datenträgern aus einem Abrechnungszentrum, Aufwendungen für die Konvertierung von Daten in ein auswertbares Format oder Lohnkosten, die dem Stpfl. im Zusammenhang mit Datenzugriffen entstehen.[103] Der Grundsatz der Wirtschaftlichkeit rechtfertigt nicht den Einsatz einer Soft-

---

98 BFH vom 16.12.2014 – X R 42/13, BStBl. II 2015, 519; GoBD, Rz. 161.
99 GoBD, Rz. 161.
100 Diebstahl der TSE erfordert einen Antrag des Stpfl. beim TSE-Hersteller, das Zertifikat zu sperren (BSI TR-03153-1, Version 1.1.0, Appendix A.3).
101 § 147 Abs. 6 Satz 3 AO.
102 147 Abs. 5 AO, GoBD, Rz. 156.
103 Zum Bsp. Lohnkosten für eigene Arbeitnehmer oder Kassendienstleister bei Z2-Datenzugriffen.

12.11 Kosten des Datenzugriffs

ware, die den Anforderungen an den Datenzugriff zuwider läuft oder nur teilweise genügt und damit den Datenzugriff verhindert oder einschränkt. Die zur Herstellung des Datenzugriffs erforderlichen Kosten muss ein Stpfl. genauso in Kauf nehmen wie alle anderen Aufwendungen, die die Art seines Betriebes mit sich bringt.[104] Zur Vorlage von Disketten aus einem Buchführungsprogramm, das weder CDs noch IDEA-fähige Daten erstellen kann, vgl. FG Münster, Urteil vom 15.01.2013 – 13 K 3764/09 (EFG 2013, 638). Bei verschlüsselten Daten(trägern) sollten Passwörter separat mitgeteilt werden, z. B. per Brief oder E-Mail.

---

104 Einschränkend FG Münster vom 07.11.2014 – 14 K 2901/13 AO, EFG 2015, 262: „Ermessensgerecht wäre etwa gewesen, die mit dem Erwerb des Zusatzmoduls tatsächlich entstehenden Kosten zu ermitteln und gegen die mit der von dem Finanzamt begehrten Datenträgerüberlassung einhergehenden Vorteile für die Außenprüfung abzuwägen."

13 Schätzung der Besteuerungsgrundlagen
13.1 Einführung

Abgesehen von Zeiträumen während der Pandemie war in den vergangenen Jahren eine steigende Anzahl von Betriebsprüfungen und Kassen-Nachschauen in bargeldintensiven Betrieben zu beobachten. Das birgt erhebliches Risikopotenzial für den Steuerpflichtigen. Sieht er die Kassenführung eher als beschwerliche Nebenpflicht an, können Umsatz- und Gewinnschätzungen[1] zu empfindlichen und teils existenzbedrohenden Steuernachzahlungen für mehrere Jahre führen – sei es aufgrund der Nichtvorlage von Unterlagen, die sich bei einem Dritten befinden (z. B. beim Kassendienstleister), des endgültigen Verlustes von vorlagepflichtigen Aufzeichnungen und Belegen, nur stiefmütterlicher Behandlung der Kassenaufzeichnungen oder unzureichender Kenntnisse über geltendes Recht. Vor allem bei bewussten Manipulationen an Kassensystemen drohen weitere teils existenzbedrohende, wenn nicht existenzvernichtende Konsequenzen, z. B.

1188

– Einleitung von Steuerstrafverfahren bei Steuerhinterziehung[2] und gewerbsmäßiger oder bandenmäßiger Schädigung des Umsatzsteueraufkommens[3],
– strafrechtliche Verfolgung nach den Vorschriften des Strafgesetzbuchs (StGB) bei bewusster Manipulation (Fälschung technischer Aufzeichnungen, Beweismittelunterdrückung, Urkundenfälschung),
– Existenzgefährdung durch Verlust von Betriebserlaubnissen, Konzessionen und Approbationen (z. B. bei Gaststätten[4], bei Ärzten[5], im Taxi- und Mietwagen-Gewerbe[6] oder in Apotheken[7]),
– Gewerbeuntersagungsverfahren[8],
– Rückzahlung von Existenzgründungszuschüssen,
– Rückzahlung von Leistungen nach SGB II,

---

1 § 162 AO, ggf. in Verbindung mit 158 AO.
2 § 369 ff. (auch gegen Kassendienstleister bei Mittäterschaft).
3 §§ 26b i. V. m. 26c UStG.
4 Vgl. nur Bayerischer Verwaltungsgerichtshof, Beschluss vom 07.11.2022 – 22 ZB 22.278.
5 Vgl. nur Oberverwaltungsgericht NRW vom 03.02.2020 – 13 A 296/19.
6 Vgl. § 30 Abs. 4 Nr. 2 AO, §§ 13 Abs. 1 Nr. 2, 25 PBefG, § 1 Abs. 1 Nr. 2d PBZugV.
7 VG Aachen vom 06.07.2018 – 7 K 5905/17 zum Entzug einer Apothekenbetriebserlaubnis; VG Aachen vom 10.01.2019 – 5 K 4827/17 und VG Ansbach vom 14.12.2021 – AN – 4 K 20.02757 zu den vergleichsweisen höheren Anforderungen an den Entzug einer Approbation.
8 Vgl. §§ 33c, 34a–34f, 35, 38 Gewerbeordnung (GewO); §§ 15 Abs. 2 i. V. m. § 4 Abs. 1 Gaststättengesetz (GastG); § 30 Abs. 4 Nr. 5 AO; BMF vom 19.12.2013, BStBl. I 2014, 19.

- Festsetzung von Bußgeldern[9],
- Versagung des Vorsteuerabzugs und der Steuerbefreiung bei Beteiligung an einer Steuerhinterziehung (25f UStG)[10],
- Festsetzung von Verzögerungsgeldern[11],
- Wettbewerbsrechtliche Abmahnungen und/oder Bußgeld bei Verstoß gegen die Preisangabenverordnung (PAngV),[12]
- Ausspruch fristloser Kündigung gegenüber deliktisch handelnden Mitarbeitern,[13]
- Haftungsinanspruchnahme von Kassendienstleistern oder deren Vertriebsmitarbeitern in Fällen der Beihilfe zur Steuerhinterziehung.[14]

1189 Spätestens seit dem richtungsweisenden Urteil des BFH vom 25.03.2015[15] zur Anwendbarkeit mathematisch-statistischer Methoden im Rahmen digitaler Betriebsprüfungen ist der Trend erkennbar, dass sich Finanzgerichte und BFH intensiver mit Schätzungen der Finanzverwaltung beschäftigen und dabei tief ins Zahlenwerk einsteigen. Dass Mängel in der Kassenführung nur unzureichend dokumentiert wurden und Steuerbürger gleichwohl mit einem gewissen Automatismus pauschale Sicherheitszuschläge hinnehmen mussten, scheint seither der Vergangenheit anzugehören. Vor diesem Hintergrund sind Finanzverwaltung und Angehörige der steuerberatenden Berufe gehalten, sich intensiv mit den Vorgaben des BFH auseinanderzusetzen.

> *Tipp:*
> Zu einer chronologisch gegliederten Auflistung aktueller Rechtsprechung s. **Tabelle 23** (Rz. 1375). Aufgrund der nur kurzen Halbwertzeit von Normen im Umfeld der Kassenführung sollte bei Einsichtnahme in einzelne Urteile und Beschlüsse auf die jeweiligen Streitjahre geachtet werden. Ferner ist stets zu hinterfragen, ob einzelne Entscheidungen in Zeiten der zertifizierten technischen Sicherheitseinrichtung i. S. d. § 146a AO noch anwendbar sind.

13.2 Schätzungsvermeidung im Vorfeld – nehmen Sie sich aus dem Fokus!

13.2.1 Transparenz im Veranlagungsverfahren

1190 Schätzungen vollziehen sich regelmäßig im Verlauf von Außenprüfungen oder Nachschauen. So banal es klingt, wer seinem zuständigen Finanzamt erst gar keinen Anlass bietet, in den Prüfungsgeschäftsplan aufgenommen zu werden,

---

9 Zum Bsp. §§ 379 AO, 26a UStG, 56 GwG.
10 Vgl. BMF vom 15.06.2022 – III C 5 – S 7429-b/21/10003 :001, BStBl. I 2022, 1001.
11 § 146 Abs. 2c AO.
12 Vgl. Gesetz zur Novellierung der PAngV vom 12.11.2021, BGBl. I 2021, 4921, gültig ab 28.05.2022.
13 BAG vom 27.09.2022 – 2 AZR 508/21, DB 2023, 78. Hier: Kassiervorgänge mit dauerhaft geöffneter Schublade.
14 FG Münster vom 29.06.2022 – 9 V 3002/21 U,K; *Teutemacher*, PStR 2023, 34.
15 BFH vom 25.03.2015 – X R 20/13, BStBl. II 2015, 743.

13.2 Schätzungsvermeidung im Vorfeld – nehmen Sie sich aus dem Fokus!

wird sich mit Schätzungen eher weniger befassen müssen als der „auffällige" Steuerbürger. Vor diesem Hintergrund sollten allgemein bekannte Prüfungsanlässe im Blick gehalten werden, um erst gar nicht in den Fokus der Finanzbehörden zu geraten.[16] Wenngleich sich Nachschauen oder Betriebsprüfungen nicht per se vermeiden lassen, kann doch das Risiko vermindert werden z.B. durch

- Einhaltung von Fristen und Terminen,
  - Steuererklärungen, USt-Voranmeldungen etc.,
  - Meldung elektronischer Aufzeichnungssysteme einschl. Ausfall und Außerbetriebnahme (§ 146a AO)[17],
  - rechtzeitige und transparente Nacherklärungen i.S.d. § 153 AO[18],
  - etc.
- Vermeidung von Auffälligkeiten bzw. deren Erläuterung bereits im Rahmen der Anfertigung von Steuererklärungen und Auskunftsersuchen der Finanzverwaltung, z.B.
- Beantwortung von Nachfragen des Finanzamts in einem Umfang, der eine Prüfung der in Rede stehenden Sachverhalte an Amtsstelle ermöglicht,
- Vorlage freiwilliger, grundsätzlich nicht aufzeichnungs- und aufbewahrungspflichtiger Unterlagen, soweit sie sich zur Plausibilisierung der erklärten Umsätze und Gewinne eignen,[19]
- Vermeidung von Datenverdichtungen, um von vornherein tiefere Einblicke in das Unternehmen zu gewähren (z.B. Verwendung eines Sammelkontos *Umsatzerlöse* statt einzeln aufgeschlüsselter Erlöskonten)[20],
- ggf. (freiwillige) Vorlage von Kontennachweisen neben der E-Bilanz[21],
- Erläuterung auffälliger Positionen in der Bilanz/GuV, EÜR oder in Umsatzsteuer-Voranmeldungen bereits im Rahmen der Abgabe von Steuererklärungen und Voranmeldungen, z.B. Gründe für Umsatzschwankungen, Umsatzeinbrüche oder gesunkene Rohgewinnaufschlagsätze,

---

16 Ausnahme: „Zufallsauswahl".
17 Siehe Anhang 9 (Dokumentation technischer Störungen bei Verwendung von Kassen(systemen) i.S.d. § 146a AO).
18 Zur Anzeige- und Berichtigungspflicht bei Prüfungsfeststellungen nach einer Außenprüfung in Steuererklärungen und Steueranmeldungen i.S.d. § 150 Abs. 1 Satz 3 AO, die nicht Gegenstand der Außenprüfung waren, vgl. § 153 Abs. 4 AO i.d.F. des DAC7-Umsetzungsgesetzes vom 20.12.2022, BGBl. I 2022, 2730. Zum Anwendungszeitpunkt der Neuregelung s. Art. 97 § 37 Abs. 2 Satz 1 und Art. 97 § 30 EGAO.
19 Vgl. dazu ausführlich Kap. 13.8.
20 So wird in Apotheken immer häufiger das Konto „Erlöse aus hochpreisigen Artikeln" verwendet, da sog. „Hochpreiser" erheblichen Einfluss auf die Rohgewinnaufschläge haben.
21 Mit der E-Bilanz (§ 5b EStG) werden häufig weniger Informationen an die Finanzverwaltung übermittelt als zuvor in Papierform.

- regelmäßige Überwachung der Rohgewinnaufschlagsätze, Halbrein- und Reingewinne im Rahmen eigener innerer und äußerer Betriebsvergleiche[22] (jährlich und unterjährig),
- Erläuterung (ggf. auch nur scheinbar) fehlender Mittel zur Bestreitung des Lebensunterhalts,
- Nutzbarmachung von § 150 Abs. 7 AO.

13.2.2 Vorsorgemaßnahmen im Betrieb

1191 Im Unternehmen sollte vor dem Hintergrund verdeckter Beobachtungen im Vorfeld von Kassen-Nachschauen vermieden werden, den Prüfern eine Einladungskarte auf dem Silbertablett zu überreichen.

1192 **Negativbeispiele**:
- Verwendung „historischer" Registrierkassen ohne Einzeldatenspeicherung[23],
- Verwendung bestimmter elektronischer Aufzeichnungssysteme, die unter Vorbehalt bestehender Nichtbeanstandungsregeln[24] seit dem 01.01.2020 nicht mehr verwendet werden dürfen[25],
- Manipulative Erstellung von Zwischenrechnungen („Info-Rechnungen"),
- Anfertigung auffälliger Quittungen oder Bewirtungskostenbelege,
- Verstöße gegen Einzelaufzeichnungspflichten (§§ 146 Abs. 1 Satz 1, 146a Abs. 1 AO, 22 UStG i. V. m. 63 ff. UStDV; außersteuerliche Einzelaufzeichnungspflichten),
- Verstöße gegen die Belegausgabepflicht (§ 146a Abs. 2 AO),
- Nichteingabe von Umsätzen in elektronische Aufzeichnungssysteme,
- Nebeneinander von elektronischen Aufzeichnungssystemen und offener Ladenkasse[26],
- hohe Umsätze von Start-Ups im Licht des Geldwäschegesetzes[27],

---

22 Zur Definition aus Sicht der Finanzverwaltung s. BMF, Schreiben vom 05.09.2023, BStBl. I 2023, 1582.
23 Hier genügt den Prüfungsdiensten meist ein Blick auf die Typenbezeichnung, um nicht mehr zulässige Systeme zu identifizieren.
24 Siehe dazu Kap. 10.9 und 10.10.
25 Dabei handelt es sich um elektronische oder computergestützte Kassensysteme, die bauartbedingt nicht mit einer TSE aufgerüstet werden können oder, soweit es sich um Registrierkassen handelt, nicht mit einer TSE aufgerüstet werden können und die Voraussetzungen der Übergangsregel des Art. 97 § 30 Abs. 3 EGAO nicht erfüllen. Diese Geräte fallen aus dem Anwendungsbereich der Nichtbeanstandungsregel des BMF vom 06.11.2019 heraus und mussten zum 01.01.2020 aus dem Verkehr genommen werden; vgl. dazu ausführlich *Achilles/Danielmeyer*, RET 4/2020, 18 (20 f.).
26 Vgl. AEAO zu § 146, Nr. 2.2.3; FG Hamburg vom 16.01.2018 – 2 V 304/17 zu den Einzelaufzeichnungspflichten einer Eisdiele; *Schumann*, AO-StB 2018, 246 (249).
27 Der Verzicht des Gesetzgebers auf die Abgabe monatlicher Umsatzsteuer-Voranmeldungen bei Existenzgründern/StartUps ab 01.01.2021 erscheint vor diesem Hintergrund kontraproduktiv.

13.2 Schätzungsvermeidung im Vorfeld – nehmen Sie sich aus dem Fokus!

– Nichtverwendung und/oder fehlende Meldung des elektronischen Aufzeichnungssystems bzw. der zertifizierten technischen Sicherheitseinrichtung i. S. d. § 146a AO (TSE)[28].

Tipp: 1193
Ohne auf sämtliche Anforderungen an die Ordnungsmäßigkeit von Büchern und Aufzeichnungen an dieser Stelle eingehen zu können, sollten gewisse „**Mindest-Standards**" im Betrieb überprüft werden, z. B.
– artikelgenaue Führung von Einzelaufzeichnungen, soweit keine Erleichterung in Betracht kommt (z. B. nach § 146 Abs. 1 Satz 3 AO oder § 148 AO)[29],
– Herstellung der Grund(buch)aufzeichnungsfunktion (Belegsicherung, Unverlierbarkeit der Geschäftsvorfälle)[30],
– sachlich und rechnerisch zutreffende Erstellung des im Einzelfall geforderten Tagesabschlusses, abhängig von Art der Kassenführung und Gewinnermittlungsart[31],
– Sicherstellung der Kassensturzfähigkeit durch regelmäßigen Abgleich von Kassen-Soll und Kassen-Ist[32].

13.2.3 Verzicht auf Bargeld

Als sehr wirksamer Schutz gegen Schätzungen der Finanzverwaltung erscheint 1194
der vollständige Verzicht auf Bargeld („cashless payment"). Inzwischen gibt es einige Musterbeispiele, in denen diese Umstellung nach anfänglichen Schwierigkeiten problemlos funktioniert.[33] Als zusätzlicher monetärer Vorteil erweist sich, dass Kassensysteme, an denen ausschließlich mit Debit- oder Kreditkarte gezahlt werden kann und das Barzahlungsmodul der Software herstellerseitig deaktiviert ist, keine Anbindung an eine TSE erfordern. Zu den weiteren Einzelheiten vgl. Kap. 1.7 und 10.2.

13.2.4 Erstellung aussagekräftiger Belege (AmadeusVerify)

Über eine neue, bundesweit eingesetzte Software namens *AmadeusVerify* kön- 1195
nen sich die Prüfungsdienste mittels eines Testkaufs und Einlesen eines QR-Codes einen schnellen Überblick über die ordnungsmäßige Funktion der technischen Sicherheitseinrichtung i. S. d. § 146a AO verschaffen. Wenn die Belegverifikation funktioniert, die Integrität und Authentizität der Aufzeichnungen durch den Amtsträger prüfbar ist und der Beleg auch im Übrigen in formeller und materieller Hinsicht beanstandungsfrei ist, kann der Amtsträger ent-

---

28 Die Möglichkeit zur elektronischen Meldung der Aufzeichnungssysteme nach § 146a Abs. 4 AO wird voraussichtlich frühestens Anfang 2025 bestehen. Siehe dazu Kap. 10.6.
29 Siehe dazu Kap. 4.2.1.
30 Siehe dazu Kap. 2.1.3. Nach ständiger BFH-Rechtsprechung sind Bücher und Aufzeichnungen ohne Grund(buch)aufzeichnungsfunktion ohne Beweiskraft und mithin wertlos.
31 Siehe dazu Kap. 6.1.
32 Siehe dazu Kap. 6.18.
33 Siehe dazu Kap. 1.7.

scheiden, seine Vorermittlungen abzubrechen bzw. von einer Kassen-Nachschau abzusehen. Damit wird auch die Gefahr gebannt, dass es zu einer Überleitung in eine Außenprüfung kommt. Weitere Einzelheiten können dem Kap. 11.10. entnommen werden. Zum Mindestinhalt der Belege aus Sicht der Abgabenordnung sowie ertrag- und umsatzsteuerlicher Beleganforderungen vgl. **Tabelle 14**, Rz. 874 (Matrix).

13.3 Schätzungsanlässe

1196 *Soweit* die Finanzbehörde die Besteuerungsgrundlagen nicht ermitteln oder berechnen kann, hat sie sie zu schätzen. Dabei sind alle Umstände zu berücksichtigen, die für die Schätzung von Bedeutung sind (§ 162 Abs. 1 AO). Zu schätzen ist insbesondere dann,

- wenn der Stpfl. über seine Angaben keine ausreichenden Aufklärungen zu geben vermag oder
- weitere Auskünfte oder eine Versicherung an Eides statt verweigert oder seine Mitwirkungspflicht nach § 90 Abs. 2 AO verletzt,
- wenn der Stpfl. Bücher oder Aufzeichnungen, die er nach den Steuergesetzen zu führen hat, nicht vorlegen kann,[34]
- wenn die Buchführung oder die Aufzeichnungen der Besteuerung nicht nach § 158 Abs. 2 AO zugrunde gelegt werden können[35] oder
- wenn tatsächliche Anhaltspunkte für die Unrichtigkeit oder Unvollständigkeit der vom Stpfl. gemachten Angaben zu steuerpflichtigen Einnahmen oder Betriebsvermögensmehrungen bestehen und der Stpfl. die Zustimmung nach § 93 Abs. 7 Satz 1 Nr. 5 AO nicht erteilt (§ 162 Abs. 2 AO).

13.4 Beweiskraft der Buchführung (§ 158 AO)

1197 Der häufigste Grund für Schätzungen ist die fehlende Beweiskraft der Buchführung. Als gesetzliche Beweisregel ist § 158 AO das Einfallstor für Schätzungen. Dort heißt es seit dem 01.01.2023:

„(1) Die Buchführung und die Aufzeichnungen des Steuerpflichtigen, die den Vorschriften der §§ 140–148 entsprechen, sind der Besteuerung zugrunde zu legen.

---

[34] Die gleiche Rechtsfolge ergibt sich, wenn der Stpfl. die Unterlagen „nicht vorlegen will", BFH vom 28.10.2015 – X R 47/13, Rz. 17. Zur Festsetzung von Zwangsgeld in diesen Fällen vgl. §§ 328 ff. AO.
[35] Vgl. AEAO zu § 158 i. d. F. vom 11.03.2024, BStBl. I 2024, 370.

(2) Absatz 1 gilt nicht,

1. *soweit nach den Umständen des Einzelfalls Anlass besteht, die sachliche Richtigkeit zu beanstanden oder*
2. *soweit die elektronischen Daten nicht nach der Vorgabe der einheitlichen digitalen Schnittstellen des § 41 Absatz 1 Satz 7 des Einkommensteuergesetzes in Verbindung mit § 4 Absatz 2a der Lohnsteuer-Durchführungsverordnung, des § 146a oder des § 147b in Verbindung mit der jeweiligen Rechtsverordnung zur Verfügung gestellt werden."*

Beachte: 1198
§ 158 AO in der bisherigen Fassung wurde durch Art. 3 Nr. 15 des sog. **DAC7-Umsetzungsgesetzes** vom 20. 12. 2022[36] geändert und ist auf alle am **01. 01. 2023** anhängigen Verfahren anzuwenden.[37]

§ 158 Abs. 1 und Abs. 2 Nr. 1 AO n. F. erfordern – unverändert zu der bis 1199
31. 12. 2022 anzuwendenden Fassung des § 158 AO – eine **zweistufige Prüfung**: Zunächst ist die Ordnungsmäßigkeit der Bücher und Aufzeichnungen am Maßstab der steuerlichen Ordnungsvorschriften zu prüfen. Die Prüfung umfasst sämtliche Bücher und Aufzeichnungen in Papier- und EDV-gestützter Form. Der Regelungsbereich des § 158 AO beschränkt sich nicht nur auf die handelsrechtliche und steuerliche Buchführung, sondern auf alle Bücher und Aufzeichnungen, die für Zwecke der Besteuerung von Bedeutung sind, mithin auch auf § 22 UStG i. V. m. §§ 63–68 UStDV sowie auf außersteuerliche Unterlagen, die für das Steuerrecht nutzbar gemacht werden können (vgl. § 140 AO). § 158 AO ist auch bei Gewinnermittlung nach § 4 Abs. 3 EStG einschlägig.[38]

Entscheidend ist das Gesamtbild aller Umstände im Einzelfall. Die Finanzverwaltung entscheidet dabei nach ihrer freien, aus dem Gesamtergebnis des Verfahrens gewonnenen Überzeugung (freie Beweiswürdigung).[39] Bücher und Aufzeichnungen können trotz einzelner Mängel aufgrund der Gesamtwertung (noch) als formell ordnungsmäßig erscheinen. Es ist nicht auf die formale Bedeutung der Mängel, sondern auf deren sachliches Gewicht abzustellen.[40] Eine Schätzung ist jedenfalls gerechtfertigt, wenn es sich um wesentliche Mängel handelt, die die sachliche Unrichtigkeit der geführten Bücher und Aufzeichnungen erkennen lassen.[41] Ernsthafte Zweifel an der Richtigkeit des Buchführungs- 1200

---

36   Gesetz zur Umsetzung der Richtlinie (EU) 2021/514 des Rates vom 22. März 2021 zur Änderung der Richtlinie 2011/16/EU über die Zusammenarbeit der Verwaltungsbehörden im Bereich der Besteuerung und zur Modernisierung des Steuerverfahrensrechts vom 20. 12. 2022, BGBl. I 2022, 2730.
37   Art. 97 § 37 Abs. 1 EGAO.
38   BFH vom 26. 02. 2014 – XI R 25/02, BStBl. II 2004, 599; BFH vom 12. 07. 2017 – X B 16/17, Rz. 58 ff. Vgl. dazu jedoch anhängige Rev. BFH III R 14/22.
39   BFH vom 14. 12. 2011 – XI R 5/10, BFH/NV 2012, 1921 m. w. N.; BFH vom 14. 08. 2018 – XI B 2/18, BFH/NV 2019, 1. Zu den Ausnahmen in Einzelfällen vgl. Seer in Tipke/Kruse, AO/FGO, 173. Lfg. 2022, § 158 AO Rz. 3.
40   BFH vom 14. 12. 2011 – XI R 5/10, BFH/NV 2012, 1921 m. w. N.
41   BFH vom 17. 11. 1981 – VIII R 174/77, BStBl. II 1982, 430.

ergebnisses genügen.⁴² Weist die Buchführung wesentliche formelle Mängel auf, d. h. gravierende Verstöße gegen die tragenden Grundsätze ordnungsgemäßer Buchführung, gehen damit regelmäßig sachliche bzw. materielle Mängel einher, die die Beweisvermutung des § 158 AO erschüttern. Bestehen nur kleinere formelle Mängel, sind sie punktuell zu berichtigen, soweit dies möglich ist und die Mängel Auswirkungen auf das Buchführungsergebnis haben. Aus Bagatellfehlern ergibt sich prinzipiell noch keine Schätzungsbefugnis. Anders verhält es sich bei einer Vielzahl kleinerer Mängel, die in ihrer Summe Anlass geben, die sachliche Richtigkeit der Besteuerungsgrundlagen anzuzweifeln.⁴³

1201 Werden Bücher und Aufzeichnungen nach dem Gesamtbild aller Umstände des Einzelfalls als formell ordnungsmäßig eingestuft, *sind* sie der Besteuerung zugrunde zu legen, insoweit besteht kein Ermessensspielraum (sog. Gesetzesbefehl). Die gesetzliche Vermutung der Richtigkeit i. S. d. § 158 Abs. 1 u. Abs. 2 Nr. 1 AO n. F. verliert ihre Wirksamkeit, wenn im Rahmen einer Einzelfallprüfung⁴⁴ oder nach Durchführung geeigneter Verprobungsmethoden unwahrscheinlich ist, dass das ausgewiesene Ergebnis mit den tatsächlichen Verhältnissen übereinstimmt. Bei mit an Sicherheit grenzender Wahrscheinlichkeit (sog. Regelbeweismaß) der sachlichen Unrichtigkeit besteht Schätzungsnotwendigkeit nach § 162 AO.

1202 Durch Einfügung des § 158 Abs. 2 Nr. 2 AO n. F. verlieren Bücher und Aufzeichnungen seit dem 01.01.2023 auch den Vertrauensvorschuss des § 158 Abs. 1 AO n. F., *soweit* der Stpfl. die elektronischen Daten nicht nach der Vorgabe der einheitlichen digitalen Schnittstelle des § 146a AO i. V. m. der KassenSichV als dazugehörige Rechtsverordnung zur Verfügung stellt. Die Regelung des Absatzes 2 Nr. 2 stellt damit nicht auf ordnungswidrige Grundaufzeichnungen, sondern allein auf die Verletzung von Datenzugriffsrechten der Finanzverwaltung ab.⁴⁵

Nach ständiger Rechtsprechung für Streitjahre bis 31.12.2022 sind solche jedoch auch schon vor dem 01.01.2023 häufig als gravierende Mängel eingestuft worden. Insoweit deutet § 158 Abs. 2 Nr. 2 AO n. F. auf eine Klarstellung hin, die Stpfl. dazu animieren sollte, verstärktes Augenmerk auf ihre Datenexporte zu legen. Denn die Nichtvorlage der Daten im geforderten Format führt nunmehr qua Gesetz zu nicht mehr und nicht weniger als zu einer **Beweislastumkehr**. Wenngleich theoretisch denkbar, dürfte dem Stpfl. in der Praxis allerdings schwerfallen, die Richtigkeit und Vollständigkeit seiner Geschäftsvorfälle anderweitig nachzuweisen.

1203 Die bisherige Aussage des Gesetzgebers, dass bei Implementierung und ordnungsmäßiger Nutzung der technischen Sicherheitseinrichtung eine gesetzliche

---

42 BFH vom 25.03.2015 – X R 20/13, BStBl. II 2015, 743.
43 BFH vom 02.12.2008 – X B 69/08 m. w. N.
44 Zum Bsp. durch Beweis über Kontrollmaterial, dass bestimmte Geschäftsvorfälle nicht erfasst sind.
45 Vgl. zu den Datenzugriffsrechten im Einzelnen Kap. 12.

13.4 Beweiskraft der Buchführung (§ 158 AO)

Vermutung der Richtigkeit der Kassenaufzeichnungen besteht[46], ist durch § 158 Abs. 2 Nr. 2 AO überholt. Das Zusammenspiel zwischen § 158 Abs. 2 Nr. 2 AO n. F., § 4 KassenSichV[47] sowie § 147 Abs. 6 AO für Außenprüfungen, § 146b AO für Kassen-Nachschauen und § 27b UStG für Umsatzsteuer-Nachschauen sowie die Reichweite in Bezug auf eine mögliche Verwerfung der Bücher und Aufzeichnungen („soweit") wird die Gerichtsbarkeit sicher noch beschäftigen. Zur Auffassung der Finanzverwaltung siehe BMF, Schreiben vom 11.03.2024, BStBl. I 2024, 370.

Liegt ein Beanstandungsanlass i. S. d. § 158 AO vor, hat die Finanzbehörde mangels Rechtsfolgeermessen nach dem Wortlaut des § 162 Abs. 1 Satz 1 und Abs. 2 AO zu schätzen (Schätzungszwang). Zu schätzen ist auch dann, wenn erhebliche Schwierigkeiten bei Berechnung der Besteuerungsgrundlagen zu erwarten sind. Dabei sind alle Umstände zugunsten und zuungunsten des Stpfl. zu berücksichtigen, die für die Schätzung von Bedeutung sind.[48] Zu den Anforderungen des BFH an die Dokumentation der Mängel siehe Kap. 13.5.4.

1204

Beachte:
Schätzungszwang ist nicht gleichzusetzen mit steuerlichem Mehrergebnis. Denn auch eine formell ordnungswidrige Buchführung kann durchaus sachlich richtige Ergebnisse ausweisen.[49] Daher hat eine Schätzung regelmäßig zu unterbleiben, wenn die im Einzelfall angewandte(n) Schätzungsmethode(n) zu keinen oder nur geringfügigen im Unschärfebereich liegenden Abweichungen vom Buchführungsergebnis führt. Die Festsetzung von Bußgeldern i. S. d. § 379 AO bleibt unberührt. Bei schweren Buchführungsmängeln können allerdings selbst dann Sicherheitszuschläge gerechtfertigt sein, wenn eine Nachkalkulation zu keinen Differenzen führt.[50]

1205

Das eigentliche Schätzungsverfahren unterliegt einer durch den BFH vorgegebenen Systematik, die sich in drei Stufen vollzieht:

1206

1. Stufe: Herstellung der Schätzungsbefugnis dem Grunde nach.
2. Stufe: Auswahl einer geeigneten Schätzungsmethode.
3. Stufe: Methodisch und rechnerisch zutreffende Anwendung der Schätzungsmethode.[51]

Beim Ziel einer methodisch und rechnerisch zutreffenden Schätzung stößt man erfahrungsgemäß an Grenzen, weil nicht alle Parameter mit an Gewissheit grenzender Sicherheit festgestellt werden können, ohne immensen Aufwand auf beiden Seiten zu betreiben. Für die Gastronomie exemplarisch genannt sei nur die Ermittlung sämtlicher Rezepturen, für die Friseurbranche der Shampoo-

1207

---

46 BT-Drucks. 18/9535, 18.
47 Einheitliche digitale Schnittstelle.
48 §§ 162 Abs. 1 Satz 2, 199 Abs. 1 AO.
49 BFH vom 17.11.1981 – VIII R 174/77, BStBl. II 1982, 430, BFH vom 25.03.2015 – X R 20/13, BStBl. II 2015, 743.
50 FG Düsseldorf vom 26.03.2012 – 6 K 2749/11, K,G,U,F.
51 Vgl. *Kulosa*, DB 2015, 1797; *Kulosa*, SAM 2017, 9.

Verbrauch je Haarwäsche. Letztlich wird man kaum vermeiden können, sich über wesentliche Schätzungsparameter zu verständigen („Verhandlungssache").[52] Dafür bietet sich das Rechtsinstitut der sog. tatsächlichen Verständigung an.[53]

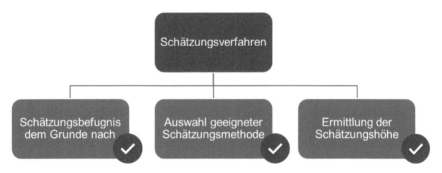

Abbildung 29: Mindestanforderungen an Schätzungen
(Quelle: Eigene Darstellung)

13.5 Schätzungsbefugnis dem Grunde nach

13.5.1 Schätzung bei formell ordnungsmäßigen Büchern und Aufzeichnungen!?

1208 Wie oben ausgeführt, wird formell ordnungsmäßigen Büchern und Aufzeichnungen ein Vertrauensvorschuss gewährt (§ 158 Abs. 1 AO n. F.), gleichzeitig begründet die Vorschrift eine widerlegbare Vermutung zugunsten ihrer sachlichen Richtigkeit (§ 158 Abs. 2 Nr. 1 AO n. F.). Die Vermutung der Richtigkeit einer formell ordnungsgemäßen Buchführung verliert ihre Wirkung spätestens dann, wenn nach Verprobungen (und ggf. weiteren Erkenntnissen) unwahrscheinlich ist, dass das ausgewiesene Buchführungsergebnis mit den tatsächlichen Verhältnissen übereinstimmt.[54] An diesen Nachweis sind strenge Anforderungen zu stellen. Er kann regelmäßig nur über die Prüfung einzelner Geschäftsvorfälle (als Beweis mit der höchsten Beweiskraft)[55], über beweiskräftige Nachkalkulationen[56] oder detaillierte Geldverkehrsrechnungen[57] gelingen. Ein bloßer Manipulationsverdacht genügt nicht[58], ebenso vermag ein Zeitreihen-

---

52 *Kulosa*, DB 2015, 1797 (1799).
53 Kap. 13.12.
54 AEAO zu § 158; *Seer* in Tipke/Kruse, AO/FGO, 173. Lfg. 2022, § 158 AO Rz. 14.
55 *Seer* in Tipke/Kruse, AO/FGO, 173. Lfg. 2022, § 158 AO Rz. 15 m. w. N.
56 BFH vom 17.11.1981 – VIII R 174/77, BStBl. II 1982, 430.
57 FG Saarland vom 25.02.2008 – 1 K 2037/04, ungebundene Mittel unterhalb des Sozialhilfesatzes; Regelsätze als Grundlage von Schätzungen.
58 Siehe dazu FG Rheinland-Pfalz vom 24.08.2011 – 2 K 1277/10.

vergleich allein eine ordnungsmäßige Buchführung nicht zu entkräften.[59] Zu Schätzungsunschärfen s. Kap. 13.6.14.

Äußere Betriebsvergleiche anhand der amtlichen Richtsatzsammlung[60] können die Richtigkeitsvermutung nur ausnahmsweise widerlegen, wenn die Abweichung eine erhebliche Größenordnung aufweist und damit deutlich außerhalb des Unschärfebereichs liegt. Gleiches gilt bei geringeren Abweichungen, wenn zusätzlich konkrete Umstände oder Hinweise hinzukommen, aus denen sich ergibt, dass die Angaben des Stpfl. nicht stimmen können oder der Stpfl. selbst Unredlichkeiten eingesteht. Außergewöhnlich niedrige Rohgewinnaufschläge können bei Geltendmachung beachtlicher Gründe das Ergebnis des Stpfl. durchaus möglich erscheinen lassen.[61] Beachtenswert ist, dass dem äußeren Betriebsvergleich nicht in allen Branchen die gleiche Beweiskraft zukommen soll.[62] Ggf. müssen weitere Anhaltspunkte hinzutreten, die das ausgewiesene Buchführungsergebnis als unzutreffend erscheinen lassen, z. B. fehlende Mittel zur Bestreitung des Lebensunterhalts.[63]

1209

13.5.2 Schätzung bei formell nicht ordnungsmäßigen Büchern und Aufzeichnungen

Bei Buchführungs- und Aufzeichnungsmängeln ist nicht auf die formale Bedeutung der Mängel, sondern auf deren sachliches Gewicht abzustellen.[64] Weist die Buchführung wesentliche formelle Mängel auf, d. h. gravierende Verstöße gegen die tragenden Grundsätze ordnungsgemäßer Buchführung, gehen damit auch immer sachliche bzw. materielle Mängel einher, die die Beweisvermutung des § 158 AO erschüttern. Bestehen Zweifel an der sachlichen Richtigkeit, ist allerdings zu prüfen, ob sie durch anderweitige zumutbare Ermittlungen ausgeräumt werden können[65] (Gebot der Ausschöpfung von Beweismitteln).[66] Erst wenn eine sichere Feststellung der Besteuerungsgrundlagen trotz finanzbehördlicher Ausschöpfung aller möglichen, zumutbaren Ermittlungen nicht möglich ist, statuiert § 162 Abs. 1 AO eine **gesetzliche Beweismaßreduzierung auf eine größtmögliche Wahrscheinlichkeit**.[67] Das ausgewiesene Ergebnis ist nicht zu übernehmen, soweit die Beanstandungen reichen. Ist nur die sachliche Richtigkeit von Teilen der Buchführung zu beanstanden, so folgt daraus grund-

1210

---

59 BFH vom 25.03.2015 – X R 20/13, BStBl. II 2015, 743; BFH vom 12.07.2017 – X B 16/17; ebenso *Bleschick*, DStR 2017, 426; *Krumm*, DB 2017, 1105 (1109 ff.); anderer Ansicht wohl *Seer* in Tipke/Kruse, AO/FGO, 173. Lfg. 2022, § 158 AO Rz. 21a.
60 Zur Anwendbarkeit vor dem Hintergrund anhängiger BFH-Verfahren s. Kap. 13.6.10.
61 *Seer* in Tipke/Kruse, AO/FGO, 173. Lfg. 2022, § 158 AO Rz. 17 m. w. N.
62 Vgl. dazu *Huber*, StBp 2002, 199 (200) unter Einteilung der Fälle in vier Gruppen.
63 BFH vom 24.11.1993 – X R 12/89; FG München vom 14.10.2004 – 15 K 959/02.
64 BFH vom 17.11.1981 – VIII R 174/77, BStBl. II 1982, 430; BFH vom 14.12.2011 – XI R 5/10, BFH/NV 2012, 1921 m. w. N.
65 BFH vom 24.06.1997 – VIII R 9/96, BStBl. II 1998, 51; BFH vom 14.12.2011 – XI R 5/10, BFH/NV 2012, 1921.
66 Vgl. §§ 162 Abs. 1, 88 Abs. 2, 90 Abs. 1 Satz 2 AO.
67 *Seer* in Tipke/Kruse, AO/FGO, 173. Lfg. 2022, § 162 AO Rz. 2 m. w. N.

sätzlich nicht die Verwerfung der gesamten Buchführung.[68] Noch verwertbare Teile der Buchführung sind zu berücksichtigen bzw. einzubeziehen; das ausgewiesene Buchführungsergebnis ist durch Zuschätzung in Form einer Ergänzungs- oder Teilschätzung richtig zu stellen.[69] Eine Vollschätzung an Stelle einer Zuschätzung kommt dagegen in Betracht, wenn sich die Buchführung in wesentlichen Teilen als unbrauchbar erweist[70] oder insgesamt kein Vertrauen verdient.[71]

13.5.3 Mängel der Buchführung

13.5.3.1 Abgrenzung zwischen formellen und materiellen Mängeln

1211 Zu Recht unterscheidet *Drüen* in Tipke/Kruse, AO/FGO, § 146, Rz. 72 nicht mehr zwischen den in der Praxis häufig verwendeten Begrifflichkeiten der formellen und materiellen Mängel. Insbesondere Aussagen dahingehend, dass formelle Mängel für sich allein genommen grundsätzlich keine Auswirkung auf die Steuerschuld haben, während materielle Mängel eine solche nach sich ziehen, sind so nicht haltbar.

1212 **Beispiel:**
Der Stpfl. vergisst die Eintragung einer Privatentnahme aus der Kasse i. H. v. 100 Euro.
Nutzt er zur Erfassung seiner Betriebseinnahmen ein elektronisches Aufzeichnungssystem, hat die vergessene Privatentnahme als *„formeller* Mangel" keine Auswirkung auf seine Tageslosung. Werden die Einnahmen dagegen im Rahmen der Führung einer offenen Ladenkasse mittels retrogradem Kassenbericht ermittelt, führt der formale Mangel systembedingt zu einer Verkürzung der Betriebseinnahmen und damit zugleich zu einem *materiellen* Mangel.

1213 Formelle Mängel führen mithin nicht zwangsläufig zu materiellen Mängeln. Materielle Mängel, z. B. die Nichterfassung oder manipulative Löschung von Geschäftsvorfällen, haben dagegen auch immer die Eigenschaft formeller Mängel, weil gegen steuerliche oder außersteuerliche Aufzeichnungspflichten verstoßen wurde. Handelt es sich um wesentliche formelle Mängel oder eine Vielzahl unwesentlicher formeller Mängel, lassen Rechtsprechung und Literatur oft den Schluss erkennen, die geführten Bücher und Aufzeichnungen seien (zugleich) materiell fehlerhaft.

1214 Nach alledem kommt es im Rahmen der Prüfung von Büchern und Aufzeichnungen weniger darauf an, ob formelle oder materielle Mängel vorliegen, sondern ob sie wesentlich sind und im Rahmen freier Beweiswürdigung in der

---

68 BFH vom 13.07.2010 – V B 121/09; BFH vom 12.07.2017 – X B 16/17.
69 BFH vom 13.10.1976 – I R 67/75, BStBl. II 1977, 260; FG Saarland vom 23.05.2006 – 1 K 476/02.
70 AEAO zu § 158.
71 BFH vom 15.04.1999 – IV R 68/98, BStBl. II 1999, 481.

Gesamtschau dazu führen, das aus den Büchern und Aufzeichnungen ersichtliche Gesamtergebnis
- wie erklärt zu übernehmen,
- punktuell zu berichtigen oder
- die Bücher und Aufzeichnungen ganz oder teilweise zu verwerfen.

In die Entscheidung ist einzubeziehen, welche Bedeutung der Kasse bzw. den Bareinnahmen im jeweils zu beurteilenden Betrieb zukommt.

1215

13.5.3.2 Wesentliche Mängel

In der Vergangenheit hat die Rechtsprechung u. a. nachfolgende Mängel als wesentliche Mängel eingestuft und die Schätzungsbefugnis grundsätzlich bejaht:

1216

- Buchung der Tageseinnahmen ohne Beleg, sofern das Kassenbuch nicht als Kassenbericht geführt wird,[72]
- unvollständige Belegaufbewahrung oder Nichtaufbewahrung sonstiger Unterlagen,[73]
- fehlende Belege über Bankeinzahlungen aus ausgewiesenen Kassenbeständen (Geldtransit),[74]
- fehlende Eigenbelege über Privatentnahmen und -einlagen,[75]
- fehlende Protokollierung von Stornobuchungen,[76]
- fehlende Tagesendsummenbons bei summenspeicherbasierten Registrierkassen,[77]
- nur buchmäßige Führung der Kasse,[78]
- Nichtverbuchung, lückenhafte Verbuchung oder unvollständige Aufzeichnung der Kasseneinnahmen,[79]
- doppelte Vergabe von Rechnungsnummern,[80]
- bewusste Falschbuchungen größeren Umfangs,[81]
- nachträgliche Aufzeichnung von Geschäftsvorfällen,[82]

---

[72] *Drüen* in Tipke/Kruse, AO/FGO, 173. Lfg. 2022, § 146 AO Rz. 29, 75 m. w. N.
[73] *Drüen* in Tipke/Kruse, AO/FGO, 173. Lfg. 2022, § 146 AO Rz. 75a m. w. N.
[74] *Drüen* in Tipke/Kruse, AO/FGO, 173. Lfg. 2022, § 146 AO Rz. 29 m. w. N.
[75] *Drüen* in Tipke/Kruse, AO/FGO, 173. Lfg. 2022, § 146 AO Rz. 75 m. w. N.; kritisch *Wiethölter*, StBp 2003, 130; *Schlegel*, NWB 2012, 396.
[76] *Drüen* in Tipke/Kruse, AO/FGO, 173. Lfg. 2022, § 146 AO Rz. 29 m. w. N.
[77] *Drüen* in Tipke/Kruse, AO/FGO, 173. Lfg. 2022, § 146 AO Rz. 75 m. w. N.
[78] *Drüen* in Tipke/Kruse, AO/FGO, 173. Lfg. 2022, § 146 AO Rz. 75 m. w. N.
[79] *Drüen* in Tipke/Kruse, AO/FGO, 173. Lfg. 2022, § 146 AO Rz. 75, 75a m. w. N.
[80] *Drüen* in Tipke/Kruse, AO/FGO, 173. Lfg. 2022, § 146 AO Rz. 75a m. w. N.
[81] *Drüen* in Tipke/Kruse, AO/FGO, 173. Lfg. 2022, § 146 AO Rz. 75a m. w. N.
[82] *Drüen* in Tipke/Kruse, AO/FGO, 173. Lfg. 2022, § 146 AO Rz. 75 m. w. N.

- Aufzeichnung der Kasseneinnahmen erst nach 14 Tagen oder sogar nur einmal im Monat,[83]
- Nachbuchung von Kasseneinnahmen nach Entdeckung der Unvollständigkeit oder erst im Klageverfahren,[84]
- nicht zeitgerechte Verbuchung von Entnahmen und Einlagen mit nur geschätzten Beträgen ohne Belege,[85]
- laufende Entnahme kleinerer Beträge, die periodisch in einer Summe gebucht werden,[86]
- nicht zeitgerechte Verbuchung von Entnahmen und Einlagen aufgrund ungeordneter Belegsammlungen,[87]
- nicht chronologisch fortlaufend geführte Kassenbücher,[88]
- nachträgliche Rekonstruktion anhand gesammelter Belege,[89]
- Neuanlage infolge Stornierungen, Verschmutzungen usw. unübersichtlich gewordener Buchführung,[90]
- Erfolgswirksame Aus- oder Einbuchung nicht aufklärbarer Differenzbeträge größeren Umfangs,[91]
- Einsatz eines Kassenführungsprogramms, das gezielt Manipulationen ermöglicht oder diese (wegen eines Defekts) nicht auszuschließen vermag[92], sofern ein Sachverständigengutachten den Verdacht nicht beseitigen kann,[93]
- Einsatz standardmäßiger Tabellenkalkulationsprogramme (Excel, Numbers[94], u. a.)[95],
- Radierungen und Überschreibungen mit TippEx,[96]
- nach Zahl und Größe bedeutende Kassenfehlbeträge,[97]

---

83 *Drüen* in Tipke/Kruse, AO/FGO, 173. Lfg. 2022, § 146 AO Rz. 29 m.w. N.
84 *Drüen* in Tipke/Kruse, AO/FGO, 173. Lfg. 2022, § 146 AO Rz. 29, 75 m.w. N. Der formelle Mangel entfällt nicht, weil das Buchführungsergebnis im Anschluss an die Nachbuchung materiell zutreffend ist oder sein könnte. Beruhen Nachbuchungen auf vorheriger versehentlicher Nichtbuchung, kann der Mangel einzelfallabhängig jedoch als nicht wesentlich erscheinen.
85 *Drüen* in Tipke/Kruse, AO/FGO, 173. Lfg. 2022, § 146 AO Rz. 29 m.w. N.
86 *Drüen* in Tipke/Kruse, AO/FGO, 173. Lfg. 2022, § 146 AO Rz. 75 m.w. N.
87 *Drüen* in Tipke/Kruse, AO/FGO, 173. Lfg. 2022, § 146 AO Rz. 29 m.w. N.
88 *Drüen* in Tipke/Kruse, AO/FGO, 173. Lfg. 2022, § 146 AO Rz. 75 m.w. N.
89 *Drüen* in Tipke/Kruse, AO/FGO, 173. Lfg. 2022, § 146 AO Rz. 75a m.w. N.
90 *Drüen* in Tipke/Kruse, AO/FGO, 173. Lfg. 2022, § 146 AO Rz. 75a m.w. N.
91 *Drüen* in Tipke/Kruse, AO/FGO, 173. Lfg. 2022, § 146 AO Rz. 75 m.w. N.
92 *Drüen* in Tipke/Kruse, AO/FGO, 173. Lfg. 2022, § 146 AO Rz. 29, 75 m.w. N.
93 Vgl. BFH vom 23.02.2018 – X B 65/17.
94 FG Münster vom 20.12.2019 – 4 K 541/16 E,G,U,F.
95 *Drüen* in Tipke/Kruse, AO/FGO, 173. Lfg. 2022, § 146 AO Rz. 75 m.w. N.; vgl. aber Kap. 12.1 zu Besonderheiten bei Verwendung zur Rechnungserstellung.
96 *Drüen* in Tipke/Kruse, AO/FGO, 173. Lfg. 2022, § 146 AO Rz. 75a m.w. N.
97 *Drüen* in Tipke/Kruse, AO/FGO, 173. Lfg. 2022, § 146 AO Rz. 29, 75 m.w. N.

- fehlende Verbuchung von Geldverschiebungen zwischen verschiedenen Kassen des Stpfl.,[98]
- nur mit Schwierigkeiten nachprüfbarer Kassenbestand,[99]
- Verbindung des Kassenkontos mit einem anderen Konto.[100]

13.5.3.3 Mängel im Zusammenhang mit Verfahrensdokumentationen

Eine fehlende oder ungenügende Verfahrensdokumentation stellt nach Auffassung der Finanzverwaltung grundsätzlich einen Mangel mit sachlichem Gewicht dar. In Bezug auf die Schätzungsbefugnis aus Sicht der Finanzverwaltung wurde im AEAO zu § 158 in der bis zum 10.03.2024 geltenden Fassung ausgeführt:

„Die gesetzliche Vermutung der Richtigkeit der Kassenbuchführung erfordert, dass ein schlüssiger Nachweis hinsichtlich der Unveränderbarkeit der Einzelbuchungen und deren Zusammenführung bei der Erstellung steuerlicher Abschlüsse geführt werden kann."

1217

In den GoBD, Rz. 155 finden sich weitere Erläuterungen zur Schätzungsbefugnis aus Sicht der Finanzverwaltung:

1218

„Nur soweit eine fehlende oder ungenügende Verfahrensdokumentation die Nachvollziehbarkeit und Nachprüfbarkeit nicht beeinträchtigt, liegt kein formeller Mangel mit sachlichem Gewicht vor, der zum Verwerfen der Buchführung führen kann."

Die doppelte Verneinung lässt offen, was dem Stpfl. bei einer nicht vorhandenen oder nicht vollständigen Verfahrensdokumentation konkret droht. Die Arbeitsgemeinschaft für wirtschaftliche Verwaltung (AWV e.V.) schreibt insoweit zutreffend:

1219

„Formuliert man ‚positiv', könnte folgende Formulierung entstehen: Soweit eine fehlende oder ungenügende Verfahrensdokumentation die Nachvollziehbarkeit und Nachprüfbarkeit beeinträchtigt, liegt ein formeller Mangel mit sachlichem Gewicht vor, der zum Verwerfen der Buchführung führen kann. Insbesondere bleibt unklar:

- *unter welchen Umständen eine fehlende oder ungenügende Verfahrensdokumentation die Nachprüfbarkeit beeinträchtigt und*
- *unter welchen Bedingungen genau dann die Buchführung verworfen werden kann."*[101]

Soweit ersichtlich, ist das höchstrichterlich bisher lediglich für den Fall fehlender Protokolle bei einem programmierbaren Kassensystem eindeutig entschieden worden. Danach stellt das Fehlen der aufbewahrungspflichtigen Betriebsanleitung sowie der Protokolle nachträglicher Programmänderungen einen for-

1220

---

98 *Drüen* in Tipke/Kruse, AO/FGO, 173. Lfg. 2022, § 146 AO Rz. 75 m.w.N.
99 *Drüen* in Tipke/Kruse, AO/FGO, 173. Lfg. 2022, § 146 AO Rz. 75 m.w.N.
100 *Drüen* in Tipke/Kruse, AO/FGO, 173. Lfg. 2022, § 146 AO Rz. 75 m.w.N.
101 AWV e.V., GoBD-Ein Praxisleitfaden für Unternehmen, Version 2.0, S. 162.

mellen Mangel dar, dessen Bedeutung dem Fehlen von Tagesendsummenbons bei einer Registrierkasse oder dem Fehlen von Kassenberichten bei einer offenen Ladenkasse gleichsteht und der daher grundsätzlich schon für sich genommen zu einer Hinzuschätzung berechtigt.[102] Weitere Beispiele, in denen mängelbehaftete Verfahrensdokumentationen Auswirkungen auf die Schätzungsbefugnis haben:

- Organisationsunterlagen von Registrierkassen werden nicht oder nur unvollständig vorgelegt,[103]
- Protokolle über nachträgliche Programmänderungen/Umprogrammierungen fehlen,[104]
- fehlende Programmidentität – das Soll-Verfahren entspricht nicht dem Ist-Verfahren,[105]
- fehlende oder nicht dokumentierte Kontrollen im Rahmen des IKS,
- Daten, Datensätze und elektronische Dokumente werden nicht ausreichend geschützt und können daher nicht mehr vorgelegt werden.[106]

1221 Dem Verf. ist keine Gerichtsentscheidung bekannt, in dem das Fehlen einer Verfahrensdokumentation oder einer nicht ausreichenden Verfahrensdokumentation für sich allein genommen tragender Grund für eine Schätzung war. Meist beruhen Schätzungen auf weiteren formellen und/oder materiellen Mängeln. Wenn jedoch das Fehlen des Programmierprotokolls als Teilelement einer Verfahrensdokumentation nach Ansicht des BFH genügt, um das Vertrauen in die Buchführung zu erschüttern, erscheint es äußerst risikobehaftet, sogar für sämtliche Abläufe im Unternehmen auf eine solche zu verzichten. Die Forderung nach Anfertigung von Unterlagen zur Verfahrensdokumentation hat auch in der Literatur ein allgemein zustimmendes Echo gefunden. Indes strittig und nicht abschließend geklärt ist, welchen Umfang eine solche Dokumentation aufzuweisen hat.[107]

1222 Fehlen Unterlagen zur Verfahrensdokumentation, ist zunächst das **Gebot der Ausschöpfung von Beweismitteln** (§ 90 Abs. 1 Satz 2 AO) zu beachten. Was der

---

102 BFH vom 25.03.2015 – X R 20/13, BStBl. II 2015, 743. Zu weiteren Entscheidungen s. *Henn*, DB 2016, 254 (255), dortige Fn. 13–17.
103 FG Bremen vom 17.01.2007 – 2 K 229/04(05); FG München vom 29.10.2009 – 15 K 219/07; FG Münster vom 26.07.2012 – 4 K 2071/09 E, U; FG Münster vom 16.05.2013 – 2 K 3030/11 E, U; FG Hessen vom 24.02.2014 – 4 V 84/13; FG Hessen vom 24.03.2014 – 4 K 2340/12; FG Köln vom 06.06.2018 – 15 V 754/17; FG Hamburg vom 13.08.2018 – 2 V 216/17; FG Berlin-Brandenburg vom 13.12.2018 – 7 V 7137/18.
104 FG Sachsen vom 15.10.2015 – 4 V 513/14; FG Hamburg vom 08.01.2018 – 2 V 144/17.
105 *Henn*, DB 2016, 254 (259 f.).
106 GoBD, Rz. 104.
107 Siehe dazu im Einzelnen *Brete*, DStR 2019, 258 mit Replik von *Hruschka*, DStR 2019, 260; *Bleschick*, steuertip vom 13.06.2019, Beilage 24/19; *Peters*, DB 2018, 2846; *Peters*, DB 34/2019 vom 26.08.2019, M4-M5; *Loll*, NWB 2015, 2242; *Schäfer/Bohnenberger*, StB 2019, 131; *Goldshteyn/Thelen*, DStR 2015, 326; *Kulosa*, SAM 2017, Ausgabe 1, 9.

13.5 Schätzungsbefugnis dem Grunde nach

Stpfl. ggf. mündlich bis zum Abschluss eines erstinstanzlichen Verfahrens aufklären kann, muss nicht zwingend verschriftlicht sein. Ergänzend können Z1- oder Z2-Zugriffe auf das Vorsystem, Betriebsbesichtigungen, Befragungen von Mitarbeiten oder Auskunftsersuchen an Kassendienstleister für die nötige Transparenz und Nachvollziehbarkeit der Geschäftsvorfälle sorgen. Je komplexer die Organisations- und EDV-Strukturen sind, umso höher sind die Anforderungen an Erstellung und Tiefe der Verfahrensdokumentation in Bezug auf Nachvollziehbarkeit und Nachprüfbarkeit der Bücher und Aufzeichnungen. Einzelne Lücken können unbeachtlich sein, eine vollständige Dokumentation aller Betriebsabläufe erscheint ohnehin kaum möglich.

> *Tipp:*
> Bei Kleinstunternehmen, die ihren Gewinn durch Einnahmen-Überschussrechnung ermitteln, ist die Erfüllung der Anforderungen an die Aufzeichnungen nach Verwaltungsmeinung regelmäßig auch mit Blick auf die Unternehmensgröße zu bewerten.[108] Damit kommt die Finanzverwaltung diesen Betrieben auch in Bezug auf die Erstellung von Verfahrensdokumentationen in allen offenen Fällen[109] angemessen entgegen.

1223

13.5.3.4 Bedeutung von Programmierprotokollen

Steuerrechtler und Informatiker sprechen häufig eine andere Sprache. Wohl auch deshalb wird die Forderung nach Programmierprotokollen immer wieder kontrovers diskutiert, nicht zuletzt, weil bis heute eine klare Definition des Geforderten fehlt. Jedenfalls hat sich die Finanzverwaltung bisher nicht dazu geäußert, wie sie sich ein „Programmierprotokoll" im Einzelnen vorstellt und welche Inhalte daraus ersichtlich sein müssen.[110] Nach Auffassung des FG Münster handelt es sich um die Dokumentation der Programmierung (Ersteinrichtung und Änderungen), nicht um die Daten selbst.[111] Das FG Köln sieht dazu etwa Angaben über Bediener, Zugriffsrechte, Waren(gruppen) mit Preisen, Druck- und Exporteinstellungen etc. als erforderlich an.[112]

1224

Die Protokolle über den Programmierzustand, beginnend **ab Werksauslieferung** über die Ersteinrichtung vor Ort und ggf. über spätere Änderungen der Kassenprogrammierung sind aufbewahrungspflichtige Unterlagen, deren Fehlen die Finanzverwaltung grundsätzlich zur Schätzung der Besteuerungsgrundlagen berechtigt (gravierender formeller Mangel).[113]

Der BFH unterscheidet hinsichtlich der Dokumentationsanforderungen zwischen

1225

---

108 GoBD, Rz. 15. Zur Neufassung mit Wirkung ab 01.04.2024 siehe BMF, Schreiben vom 11.03.2024, BStBl. I 2024, 374.
109 Siehe dazu GoBD, Rz. 183, 184.
110 Kritisch *Reckendorf*, BBK 2017, 796.
111 Vgl. FG Münster vom 29.03.2017 – 7 K 3675 E,G,U, Rz. 56.
112 FG Köln vom 06.06.2018 – 15 V 754/18, EFG 2018, 1688.
113 BFH vom 25.03.2015 – X R 20/13, BStBl. II 2015, 743; zu geeigneten Ersatzunterlagen s. BFH vom 11.01.2017 – X B 104/16; FG Köln vom 06.06.2018 – 15 V 754/18, EFG 2018, 1688. Zur Konkretisierung s. Rz. 1232.

- der **Firmware-Dokumentation** einer Kasse, die sich regelmäßig in der Bedienungsanleitung des Herstellers widerspiegelt, einerseits *und*
- den **unternehmensspezifischen, individuellen Einstellungen** der Kasse durch den Stpfl. oder den Kassendienstleister (Anm.: häufig als „Customizing" bezeichnet) andererseits.[114]

Der Hersteller muss (schriftlich) dokumentieren, welche Informationen zusätzlich zu den Einzelaufzeichnungen erforderlich sind, um sie vollständig progressiv und retrograd prüfen zu können.[115] Ferner muss – ggf. aus ergänzenden Teilen der Verfahrensdokumentation – erkennbar sein, dass alle Informationen, die in den Verarbeitungsprozess eingeführt wurden (Beleg, Grundaufzeichnung, Buchung), nicht mehr unterdrückt oder ohne Kenntlichmachung überschrieben, gelöscht, geändert oder verfälscht werden können.[116] Dabei kommt dem Internen Kontrollsystem -IKS- erhebliche Bedeutung zu.[117] Wird die – durch den Stpfl. i.d.R. nicht veränderbare – Firmware der Kasse durch den Kassenhersteller/-dienstleister geändert, z.B. durch Aufspielen eines Updates, ist das entsprechende Änderungsprotokoll eine nach § 147 Abs. 1 Nr. 1 AO aufbewahrungspflichtige Unterlage. Fehlt das Protokoll, ist dieser Mangel gesondert zu gewichten.

1226 Betriebsindividuelle Änderungen durch den Nutzer der Kasse oder einen mit Änderungen beauftragten Kassendienstleister, z.B. Bedienereinstellungen, Artikel-, Preis- oder Steuersatzänderungen etc. („Customizing"), sind ebenfalls durch Erstellung entsprechender Protokolle über die vorgenommenen Einstellungen einschl. des Zeitpunkts der Änderungen zu dokumentieren. Ersichtlich müssen auch Programmierungen über das Unterdrücken von Daten beim Ausdruck des Tagesendsummenbons sein (z.B. Agenturgeschäfte, Trainingsspeicher), auch um die Aussagekraft des Bons beurteilen zu können, soweit er als Buchungsbeleg i.S.d. § 147 Abs. 1 Nr. 4 AO Verwendung findet.

1227 Zudem muss ggf. dokumentiert werden, ob und ich welchem Umfang ein Update der Firmware zu anschließenden Änderungen beim „Customizing" geführt hat, z.B. bei Firmware-Änderungen, die betriebsindividuelle Einstellungen des Stpfl. in den Ursprungszustand zurückversetzt haben und in dessen Folge Umprogrammierungen durch den Stpfl. oder den Kassendienstleister erforderlich machten.[118]

---

114 BFH vom 28.11.2023 – X R 3/22.
115 *Reckendorf*, BBK 2017, 796 (801).
116 GoBD, Rz. 108 ff.
117 Vgl. ausführlich Kap. 5.9.
118 BFH vom 28.11.2023 – X R 3/22.

13.5 Schätzungsbefugnis dem Grunde nach

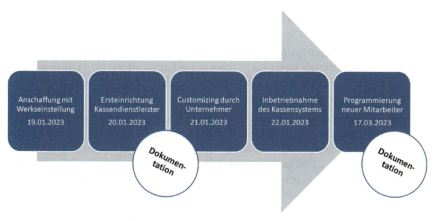

Abbildung 30 Dokumentation der Einrichtung eines Kassensystems
(Quelle: Eigene Darstellung)

Mit „Programmierprotokollen" ganz sicher nicht gemeint sind die Quellcodes, die einen Umfang von mehreren Millionen Zeilen ausmachen können.[119] Durch die steuerliche Brille gesehen sind mit „Programmierprotokollen" daher auch eher „Einrichtungs- oder Konfigurationsprotokolle" und – mit Hinblick auf Datenflüsse/Prozeduren – ergänzende Programmablaufpläne oder ER-Diagramme gemeint.[120] Die Verwendung der Begrifflichkeit „Programmierprotokoll" erscheint im hier vorliegenden Kontext missverständlich und sollte möglichst vermieden werden. Aufzeichnungs-, aufbewahrungs- und vorlagepflichtig sind mithin Unterlagen, aus denen ersichtlich ist, wie und zu welchem Zeitpunkt die Einrichtung des elektronischen Aufzeichnungssystems erfolgte und ob die Einzelaufzeichnungen vollständig und korrekt erfasst und weiterverarbeitet wurden.[121] Das Zusammenspiel von Einzelaufzeichnungen und deren programmierter Weiterverarbeitung muss letztlich dazu führen, dass ein sachverständiger Dritter die Geschäftsvorfälle im Rahmen einer System- und Verfahrensprüfung in angemessener Zeit nachverfolgen bzw. die Einzeldaten sowie deren Zusammenführung bei Erstellung der Abschlüsse ohne Kenntnis einer Programmiersprache verstehen kann.[122] Ohne entsprechende (historisierte) Protokolle wird kaum möglich sein, Vertrauen in die Ordnungsmäßigkeit der vorgelegten Bücher und Aufzeichnungen zu gewinnen.[123]

1228

Die genannten Protokolle sind nicht zwingend in Papierform vorzulegen, Aufbewahrung und Vorlage in elektronischer Form sind ausreichend.[124] Liegen die Protokolle nicht (mehr) vor, kann u.U. beim Kassenhersteller eine Sicherung

1229

---

119 Vgl. *Bellinger*, DB 2019, 1292 (1294 f.).
120 Vgl. GoBD, Rz. 5.
121 Vgl. *Reckendorf*, BBK 2017, 796 (800) unter III.1.; *Anders/Rühmann*, BBK 2013, 627.
122 Vgl. § 145 Abs. 1 AO; § 158 AO; AEAO zu § 158 Satz 8.
123 Vgl. FG München vom 29.10.2009 – 15 K 219/07.
124 BFH vom 23.02.2018 – X B 65/17.

der Programmierung angefordert werden, etwa bei Programmierung per Laptop.[125]

1230 Kein Anlass für Schätzungen besteht nach Auffassung des BFH, wenn trotz fehlender Protokolle die Kasse nicht manipulierbar ist oder trotz Manipulierbarkeit als Regelfall (insbesondere bei Access-Datenbanken)[126] tatsächlich keine Manipulationen vorgenommen wurden.[127]

1231 **Nichtmanipulierbare Systeme** sah der BFH bei Registrierkassen älterer, sehr einfacher Bauart als möglich an.[128] Ob die Rechtsprechung auf moderne Kassen übertragbar ist, hat er offengelassen, sieht die Frage aber als grundsätzlich bedeutsam an.[129] *Wulf/Schüller* sehen eine gewisse Wahrscheinlichkeit, dass der BFH eine aufwändige Manipulierbarkeit komplexer Kassensysteme ähnlich entlastend für den Stpfl. einordnen wird wie die ggf. bestehende Nichtmanipulierbarkeit eines einfachen Systems.[130] Die bloße Verwendung **objektiv manipulierbarer Systeme** allein soll noch keine Schätzungsbefugnis auslösen, stellen den Stpfl. aber vor erhebliche Nachweisprobleme[131], einerseits hinsichtlich der Frage, ob er Kenntnis von der Manipulierbarkeit hatte, anderseits ob er manipulative Einstellmöglichkeiten tatsächlich genutzt hat. Dass er seine Kassendaten trotz objektiver Manipulierbarkeit tatsächlich nicht manipuliert hat, kann ggf. durch Vorlage der Datenbank, Einholung eines Sachverständigengutachtens oder Zeugenaussagen des Kassenherstellers nachgewiesen werden.[132] Ein Sachverständigengutachten dürfte in Verdachtsfällen zumeist erforderlich sein. Wenn der Stpfl. tatsächlich manipuliert hat, wird er über die manipulativen Eingriffe kaum ein entsprechendes Protokoll vorlegen.[133] Das gilt insbesondere bei gebraucht erworbenen Kassensystemen, weil hier erfahrungsgemäß keine ausreichenden Dokumentationen vorgelegt werden (können), obwohl sie auch in diesen Fällen zwingend erforderlich sind.[134]

1232 Die Verwendung eines objektiv manipulierbaren Systems stellt grundsätzlich einen formellen, gravierenden Mangel dar, da die Gewähr für die Vollständigkeit der Aufzeichnungen entfällt. Unter Anwendung von Verhältnismäßigkeits-

---

125 *Teutemacher*, Handbuch zur Kassenführung, 1. Aufl. 2015, 57 ff., 67 f., 109; *Anders/Rühmann*, BBK 2013, 627.
126 Vgl. FG Münster vom 29.03.2017 – 7 K 3675/13 E,G,U; nachfolgend BFH vom 23.02.2018 – X B 65/17.
127 BFH vom 25.03.2015 – X R 20/13, BStBl. II 2015, 743, Rz. 28.
128 Vgl. BFH vom 25.03.2015 – X R 20/13, BStBl. II 2015, 743, Rz. 28.
129 Vgl. BFH vom 23.02.2018 – X B 65/17, BFH/NV 2018, 517, Rz. 36.
130 *Wulf/Schüller*, DB 2019, 328 (334).
131 *Henn*, DB 2016, 254 ff
132 BFH vom 11.01.2017 – X B 104/16, BFH/NV 2017, 561; BFH vom 23.02.2018 – X B 65/17, BFH/NV 2018, 517.
133 Vgl. *Rätke*, BBK 2018, 412 (415). Der Verf. weist zurecht darauf hin, dass es ratsam sein kann, sich vom Kassenhersteller zumindest zusichern zu lassen, dass auf dem Kassensystem keine (versteckte und für den Stpfl. ggf. nicht erkennbare) Manipulationssoftware installiert ist.
134 FG Hamburg vom 04.09.2019 – 6 K 14/19, EFG 2019, 1964 mit Anmerkungen von *Henningfeld*.

13.5 Schätzungsbefugnis dem Grunde nach

und Vertrauensschutzerwägungen kann sich nach jüngerer Rechtsprechung des BFH das Gewicht des Mangels allerdings reduzieren, wenn eine solche Registrierkasse älterer Bauart zur Zeit seiner Nutzung verbreitet und allgemein akzeptiert war und deren tatsächliche Manipulation unwahrscheinlich ist. Überobligatorisch geführte Aufzeichnungen können die Schätzungsbefugnis beschränken, wenn diese eine hinreichende Gewähr für die Vollständigkeit der Tageseinnahmen bieten. Nach Auffassung des BFH soll eine solche Aufzeichnung der tägliche Ausdruck eines nicht manipulierbaren GT-Speichers jedenfalls dann sein, wenn der Z-Zähler beliebig einstellbar ist.[135]

Tipp: 1233

Das „Problem der Programmierprotokolle" ist durch die Standardisierung der Kassendaten und die damit einhergehende höhere Kassensicherheit (§ 146a AO) entschärft.[136] So erfolgt bspw. die Stammdatenhistorisierung in der DFKA-Taxonomie Kassendaten / DSFinV-K automatisch.[137] Auch auf eine detaillierte Beschreibung der standardisierten Teile im Umfeld des § 146a AO (TSE, Schnittstellen, Datenformate) kann im Rahmen der Systemdokumentation verzichtet werden.[138]

13.5.4 Dokumentation der Mängel

Vorgefundene Buchführungs- oder Aufzeichnungsmängel sind in den Arbeitsbögen und im BP-Bericht des Amtsträgers in geeigneter Form zu dokumentieren.[139] Zum einen, weil sie im Rahmen einer eventuellen Anschlussprüfung u. U. schwerer wiegen, wenn der Stpfl. sie trotz entsprechender Hinweise nicht abstellt.[140] Zum anderen ist die umfassende Dokumentation der im Verlauf der BP vorgefundenen Mängel mit Hinblick auf spätere Rechtsstreitigkeiten vor der Finanzgerichtsbarkeit von entscheidender Bedeutung. Nicht selten sprechen Gerichte dem Finanzamt die Schätzungsbefugnis (§§ 158 i. V. m 162 AO) auf Grund nicht ausreichender Dokumentation der Mängel im Nachhinein ab. Sind mehrere Systeme zu prüfen, muss die Dokumentation idealerweise für jedes einzelne System getrennt erfolgen.[141] In Prüferhandakten müssen auch Berechnungsgrundlagen und Auswertungsregeln im Zusammenhang mit der Durchführung mathematisch-statistischer (quantitativer) Prüfungsmethoden (z. B. Summarische Risikoprüfung SRP, Chi^2-Test, Benford´s Law) ausreichend dokumentiert sein.[142] Zur Dokumentationspflicht bei Verstößen gegen norminterpretierende Verwaltungsvorschriften s. Kap. 13.5.5. 1234

---

135 BFH vom 28.11.2023 – X R 3/22.
136 Vgl. dazu *Reckendorf*, BBK 2022, 677.
137 DSFinV-K vom 04.03.2022, Version 2.3, Tz. 3.
138 BMF, https://www.bundesfinanzministerium.de/Content/DE/FAQ/2020-02-18-steuergerechtigkeit-belegpflicht.html (abgerufen am 11.02.2023).
139 GoBD, Rz. 11.
140 FG Münster vom 24.01.2007 – 12 K 2226/05 E.
141 Vgl. IDW RS FAIT 1, Rz. 42.
142 FG Niedersachsen vom 17.11.2009 – 15 K 12031/08.

1235 Je detaillierter die Dokumentation ausfällt, umso eher können sich Dritte ein Bild von den Buchführungsmängeln machen und sie unter freier Beweiswürdigung eigenständig gewichten. Andernfalls sind Schätzungen insbesondere von der Finanzgerichtsbarkeit nicht nachvollziehbar oder hinreichend überprüfbar. Sich aus der Nichtdokumentation ergebende Unsicherheiten gehen zu Lasten der Finanzbehörde[143], weil sie die Feststellungslast für steuererhöhende Tatsachen trägt. Im Zweifel könnte vom Recht auf Akteneinsicht Gebrauch gemacht werden.[144]

13.5.5 Konkrete Angabe der verletzten Rechtsnorm vs. „bloßem" Verstoß gegen Verwaltungsanweisungen

1236 Bei Verstößen gegen norminterpretierende Verwaltungsvorschriften (z.B. GoBD, AEAO u.a. BMF-Schreiben) ist nicht ausreichend, wenn Prüfungsdienste sich allein darauf zurückziehen. Richterinnen und Richter prüfen nicht die Einhaltung von Verwaltungsvorschriften, sondern die Einhaltung der Gesetze und Verordnungen.[145] Um richterlicher Überprüfung standzuhalten, ist deshalb die verletzte Rechtsnorm, gegen die verstoßen wurde, konkret anzugeben.[146]

1237 Bezieht sich die Verletzung auf eine Verwaltungsvorschrift, muss sie sich aus Gesetzen oder Verordnungen ableiten lassen. Steuergesetze sind anhand des Wortlauts, des Zusammenhangs, in welchem die Vorschrift steht, des Zweckes des Gesetzes und der Materialien sowie der Entstehungsgeschichte auszulegen. Die Methoden ergänzen sich; der Wille des Gesetzgebers muss im Gesetz selbst hinreichend Ausdruck gefunden haben. Eigene Wertvorstellungen des Amtsträgers müssen zurücktreten. Nur ausnahmsweise kommt eine vom Wortlaut einer Norm abweichende Auslegung in Betracht, wenn die auf den Wortlaut abgestellte Auslegung zu einem sinnwidrigen Ergebnis führen würde.[147] Hat die Finanzbehörde ein Auswahl- oder Entschließungsermessen, hat sie dieses nach den Vorgaben des § 5 AO auszuüben.

1238 Neben der verletzten Norm sind die Tatsachen anzugeben, aus denen sich die Verletzung ergibt. Nicht ausreichend ist eine unspezifizierte nicht am Einzelfall ausgerichtete Aneinanderreihung von Textbausteinen zu den Anforderungen an eine ordnungsmäßige Kassenbuchführung.[148]

---

143 FG Saarland vom 28.07.1983 – I 280-281/82, EFG 1984, 5.
144 § 78 FGO, Art. 15 DSGVO. Ob und inwieweit sich ein Akteneinsichtsrecht aus Art. 15 DSGVO ergeben kann, ist umstritten. Vgl. zum aktuellen Stand der Rechtsprechung *Wacker*, DStR 2022, 1172 (1174); *Walfort*, beck.digitax 2022, 109, jeweils m.w.N.
145 Vgl. nur BFH vom 24.09.2013 – VI R 48/12; BFH vom 23.04.2015 – V R 32/14; FG Münster vom 25.02.2021 – 5 K 268/20 U,AO, Rz. 33.
146 Vgl. *Peters*, wistra 2019, 217; *Kulosa*, DB 2015, 1797; ablehnend *Nöcker*, NWB 2015, 3548.
147 Vgl. AEAO zu § 4, Nr. 2. Amtsträger der Finanzverwaltung sind daran gebunden.
148 So auch *Peters*, wistra 2019, 217.

Hinweis: 1239
Es gilt der Grundsatz der Selbstbindung der Verwaltung. Wenn aufgrund der geänderten GoBD vom 28.11.2019 für Stpfl. günstigere Regelungen als noch in den GoBD vom 14.11.2014 gelten, können sie sich auch für Zeiträume vor dem 28.11.2019 darauf berufen.[149]

13.6 Schätzungsbefugnis der Höhe nach

13.6.1 Auswahl einer geeigneten Schätzungsmethode

Ist die Schätzungsbefugnis dem Grunde nach hergestellt, folgt (erst) im nächsten Schritt die Auswahl einer geeigneten, möglichst zuverlässigen Schätzungsmethode. Sie steht im pflichtgemäßen Ermessen des Amtsträgers.[150] Vorab in die Überlegungen einzubeziehen ist die Frage, ob die Schätzungsmethode 1240

– technisch korrekt angewendet werden kann,
– zu einem schlüssigen, wirtschaftlich vernünftigen und möglichen Ergebnis führen kann und
– welche Möglichkeiten ggf. zur Verfügung stehen, um das ermittelte Schätzungsergebnis plausibilisieren zu können.

Auch wenn Bücher und Aufzeichnungen des Stpfl. nicht ordnungsmäßig geführt wurden, müssen die dort eingeflossenen Grundlagen (z.B. Wareneingang, Wareneinsatz, Inventurwerte) auf ihre Verwertbarkeit bzw. auf ihren (Rest-)Wahrheitsgehalt untersucht werden, um zum einen zu einem möglichst exakten Schätzungsergebnis zu gelangen, zum anderen, weil nur **verwertbare** Teile der Bücher und Aufzeichnungen als Schätzungsparameter zu berücksichtigen bzw. die Bücher und Aufzeichnungen hinsichtlich nicht verwertbarer Teile zu verwerfen sind. 1241

13.6.2 Vorrangige und nachrangige Schätzungsmethoden

Der BFH sieht die Nachkalkulation (ggf. 30/70-Kalkulation[151]), die Geldverkehrsrechnung und die Vermögenszuwachsrechnung grundsätzlich als vorrangige, genauere und etwa gleichrangig geeignete Schätzungsmethoden an, die weitgehend der Wahlfreiheit des Prüfers oder Richters unterliegen. Grundsätzlich nur nachrangig könnten ungenauere Methoden angewandt werden (z.B. Zeitreihenvergleich, Quantilsschätzung, Richtsatzschätzung, pauschale Sicherheitszuschläge).[152] Der BFH gibt damit grundsätzlich den Schätzungsmethoden Vorrang, die auf betriebsinternen Daten aufsetzen, was zu begrüßen ist, da möglichst alle Umstände einfließen sollen, die für die Schätzung von Bedeutung 1242

---
149 GoBD, Rz. 183.
150 § 5 AO; BFH vom 12.04.1988 – VIII R 154/84, BFH/NV 1989, 636; BFH vom 25.03.2015 – X R 20/13, BStBl. II 2015, 743 (750); BFH vom 03.09.1998 – XI B 209/95, BFH/NV 1999, 290, unter II.2.b.
151 BFH vom 11.01.2017 – X B 104/16, BFH/NV 2017, 561.
152 BFH vom 25.03.2015 – X R 20/13, BStBl. II 2015, 743 (750); BFH vom 12.07.2017 – X B 16/17, BFH/NV 2017, 1204.

sind (§ 162 Abs. 1 Satz 2 AO). Letzteres wird mit ungenauen Schätzungsmethoden kaum gelingen.

1243 Einzelfallabhängig darf sich die Finanzverwaltung je nach Schwere der Mängel aber auch weiterhin vereinfachter Verfahren zur Ermittlung der Zuschätzungen bedienen (z. B. grobe Kalkulationen, Zeitreihenvergleiche[153], überschlägige Geldverkehrsrechnungen oder innere und äußere Betriebsvergleiche, griffweise Schätzungen), wenn vorzugswürdigere Schätzungsmethoden von vornherein ausscheiden.

1244 **Beispiele:**

Unmöglichkeit einer Geldverkehrsrechnung
- bei Kapitalgesellschaften,
- bei fehlender Mitwirkung eines Stpfl. bei der Frage nach Auslandsvermögen,
- bei ungeklärten Darlehen oder Schenkungen, nicht nachgewiesenen Lotto- oder Spielbankgewinnen etc.

Unmöglichkeit einer Ausbeutekalkulation
- bei unvollständigem Wareneinkauf (Schwarzeinkäufe).
- bei „All you can eat" – Restaurants bzw. sog. „Flatrates".
- bei ungeklärten Sachentnahmen in Großfamilien.

1245 Je schwerwiegender die Buchführungsmängel sind oder je mehr ein Stpfl. seine ihm obliegenden Mitwirkungspflichten verletzt, desto gröber darf die Schätzungsmethode ausfallen.[154] Der Stpfl. hat grundsätzlich keinen Anspruch auf die Anwendung einer bestimmten Schätzungsmethode[155], insbesondere dann nicht, wenn sie einen hohen Grad an Komplexität[156] und damit einen unzumutbaren Aufwand für den Betriebsprüfer erfordern würde.[157] Der Amtsträger ist auch nicht verpflichtet, dass gewonnene Schätzungsergebnis durch eine weitere Schätzungsmethode abzusichern.[158] Unbenommen bleibt dem Stpfl., einen anderen Schätzungsbetrag durch Nachweise oder eigene Berechnungen vorzubringen, die geeignet sind, seinen Schätzungsbetrag wahrscheinlicher erschei-

---

153 FG Düsseldorf vom 20.03.2008 – 16 K 4689/06, EFG 2008, 1256; FG Köln vom 27.01.2009 – 6 K 3954/07, EFG 2009, 1092.
154 BFH vom 02.02.1982 – VIII R 65/80, BStBl. II 1982, 409; BFH vom 21.02.1990 – X R 54/87, BFH/NV 1990, 683; BFH vom 16.10.1994 – X R 114/92, BFH/NV 1995, 373.
155 BFH vom 03.09.1998 – XI B 209/95, BFH/NV 1999, 290; BFH vom 25.03.2015 – X R 20/13, BStBl. II 2015, 743, Rz. 60, 61.
156 BFH vom 25.03.2015 – X R 20/13, BStBl. II 2015, 743.
157 BFH vom 08.11.1984 – IV R 33/82, BStBl. II 1985, 352; BFH vom 18.12.1984 – VIII R 195/82, BStBl. II 1986, 226; BFH vom 25.03.2015 – X R 20/13, BStBl. II 2015, 743, Rz. 60, 61.
158 BFH vom 27.01.2009 – X B 28/08, BFH/NV 2009, 717; BFH vom 29.11.2005 – X B 111/05, BFH/NV 2006, 484.

nen zu lassen als den des Amtsträgers.¹⁵⁹ Zur Kostenerstattung eines Gutachtens über eine Nachkalkulation der Einnahmen durch eine Beratungsgesellschaft vgl. Beschluss des FG Münster vom 04.10.2021¹⁶⁰.

> *Hinweis:* 1246
> Um nachrangige Schätzungsmethoden „gerichtsfest" zu machen, müssen Prüfungsdienste ausreichend dokumentieren, warum die auf betriebsinternen Daten beruhenden Schätzungsmethoden nicht durchführbar sind oder nicht zum Ziel einer sachgerechten Schätzung führen.

Nachfolgend sollen die gängigsten Schätzungsmethoden in **Kurzform** vorgestellt werden. 1247

13.6.3 Nachkalkulation/Ausbeutekalkulation

Die Nachkalkulation gehört in die Kategorie der inneren Betriebsvergleiche. Sie dient zum einen als Verprobungsmethode zur Widerlegung der Richtigkeitsvermutung (§ 158 Abs. 1, Abs. 2 Nr. 1 AO), zum anderen als eine von mehreren vorrangig anzuwendenden Schätzungsmethoden mit hoher Aussagekraft. Nachkalkulationen beruhen auf einer oder mehreren Ausgangsparametern, z. B. Wareneinsatz, Materialeinsatz oder Lohn, aus denen der wahrscheinlich erzielte Umsatz errechnet wird. Einerseits führen Nachkalkulationen bei korrekter, sorgfältiger Durchführung zu sehr genauen Ergebnissen, anderseits bei allen Beteiligten zu hohem, manuellem Arbeitsaufwand. Qualitativ wertige, belastbare Kalkulationsergebnisse unterliegen u. a. nachfolgenden Anforderungen: 1248

- exakte Inventuren (Ausnahmen: Gewinn wird nach § 4 Abs. 3 EStG ermittelt und/oder Anfangs- und Endbestände können weitgehend vernachlässigt werden),
- die Bereinigung des Wareneinsatzes um „falschverbuchte" Artikel (z. B. Verpackungsmaterial, Hilfsstoffe, Erwerbsnebenkosten, Schere des Friseurs etc.),
- Kenntnisse über Eigenverbrauch, Verderb, Bruch, Schwund, Schankverluste, Freigetränke, Rezepturen, Mischverhältnisse, Portionsgrößen (z. B. durchschnittliches Gewicht/Schnitzel, Kaffeepulver/Tasse, Kraftstoffverbrauch/100 km, ...),
- eine detaillierte Ermittlung der Verkaufspreise/Aufschlagsätze/Umsatzanteile für die zu kalkulierenden Waren(gruppen) oder Dienstleistungen, ggf. getrennt nach Prüfungsjahren,
- eine Trennung nach In- und Außer-Hausverkäufen, insbesondere bei unterschiedlichen Abgabepreisen,

---

159 FG Bremen vom 17.01.2007 – 2 K 229/04 (5), EFG 2008, 8 mit Anmerkung vom *Wüllenkemper* zu den Funktionen der Nachkalkulation; vgl. auch *Giezek/Rupprecht/Wähnert*, BBK 2017, 616.
160 FG Münster vom 04.10.2021 – 8 Ko 326/21 m. w. N.

13 Schätzung der Besteuerungsgrundlagen

- die Berücksichtigung saisonaler Besonderheiten (z. B. Aufschlagsätze Eisdiele Sommer/Winter),
- die Würdigung von Schätzungsunschärfen (vgl. dazu Kap. 13.6.14).

1249 Wird mit falschen Ausgangsparametern kalkuliert, ergeben sich Hebelwirkungen mit kalkulatorischen Ergebnissen fernab der Realität.

1250 *Beachte:*
Wickelt der Stpfl. Ein- und Verkäufe außerhalb der Buchführung ab, können die Umsätze zwar basierend auf den Einkäufen im Wege der Schätzung ermittelt werden. Die Wareneinkäufe können aber nur gewinnmindernd berücksichtigt werden, sofern der Stpfl. die Gläubiger bzw. Zahlungsempfänger benennt (§ 160 AO).[161]

13.6.4 Schätzung nach Anteilen (30/70-Kalkulation)

1251 Schätzungen erleichternde 30/70-Kalkulationen werden vorwiegend in der Gastronomie mit umfangreichem Speiseangebot verwendet. Diskussionen über Portionsgrößen oder Rezepturen werden damit obsolet. Für den Außer-Hausverkauf eines Speiserestaurants eignet sich die Methode nicht.[162] Gleiches gilt für vereinbarte Pauschalpreise, etwa im Rahmen Hochzeitsfeiern oder sonstigen Events. Diese Umsätze sind auszuscheiden und anderweitig zu kalkulieren, vereinfachend sind Sicherheitsabschläge denkbar.

---

161 *Seer* in Tipke/Kruse, AO/FGO, 173. Lfg. 2022, § 162 AO Rz. 25.
162 FG Münster vom 04.12.2015 – 4 K 2616/14 E,G,U, EFG 2016, 169.

13.6 Schätzungsbefugnis der Höhe nach

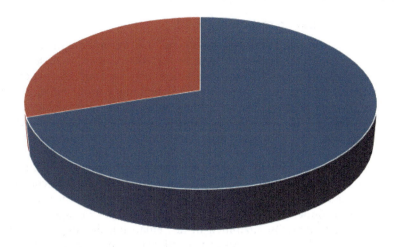

■ Speisen ■ Getränke

Abbildung 31: Schätzung nach Anteilen in der Gastronomie (30/70)
(Quelle: Eigene Darstellung)

Die auf betriebsinternen Daten aufbauende Kalkulationsform beruht auf der Grundlage einer **Getränkekalkulation**, bei der aus der Höhe der kalkulierten Getränkeumsätze Rückschlüsse auf die Höhe der Speiseumsätze gezogen werden. Sie ist grundsätzlich eine geeignete Schätzungsmethode.[163] Dass 30 % des Umsatzes aus Getränkeerlösen besteht, ist (nur) ein Erfahrungswert. Stpfl. und Finanzamt sind aufgefordert, ggf. betriebsindividuelle Anteile aus den Kasseneinzeldaten zu ermitteln, die aufgrund ihrer Hebelwirkung zu höheren oder niedrigen Schätzungen führen können.

Es gilt das Prinzip der Abschnittsbesteuerung, sodass sich in drei Prüfungsjahren durchaus unterschiedliche Anteile ergeben können. Haben sich die Verhältnisse im Prüfungszeitraum nicht oder nur unwesentlich verändert (insbesondere konstantes Speise- und Getränkeangebot, gleichbleibendes Umsatzverhältnis Speisen/Getränke) kann das Ergebnis der Kalkulation eines Jahres (ggf. im Wege der Einigung) analog auf die übrigen Jahre übertragen werden. 1252

Besteht in anderen Branchen als der Gastronomie ein ähnlicher Zusammenhang zwischen Erlösen einzelner Warengruppen, kann die Methode auch hier angewandt werden. Zwischen Zeitungs- und Zigarettenumsätzen einer Trinkhalle (Kiosk) soll dieser Zusammenhang aber nicht bestehen.[164] 1253

---

163 BFH vom 11.01.2017 – X B 104/16, BFH/NV 2017, 561.
164 *Kister*, EFG 2016, 169 (Anmerkungen zum Urteil FG Münster vom 04.12.2015 – 4 K 2616/14 E,G,U).

13.6.5 Geldverkehrsrechnung (GVR)

1254 Geldverkehrsrechnungen (GVR) sind sowohl als Verprobungsmethode zur Widerlegung der Richtigkeitsvermutung des § 158 AO, 2. Hs.[165] (neu: § 158 Abs. 2 Nr. 1 AO) als auch als Schätzungsmethode anerkannt (Doppelfunktion). Sie dienen dem Zweck, Geldströme nachzuvollziehen und damit Fehlbeträge aufzudecken. Da erwirtschaftetes und verbrauchtes Geld aus „irgendeiner Quelle" stammen muss, ist die GVR *grundsätzlich* eine genaue Methode. Auch der BFH sieht sie als eine der vorrangigen Schätzungsmethoden an.[166] Im Rahmen des Ermessens sind betriebliche und private GVR, Gesamt-GVR oder Teil-GVR (z. B. Bargeldverkehrsrechnungen) möglich. Regelmäßig wird von der privaten GVR Gebrauch gemacht, um betriebliche Vorgänge innerhalb eines geschlossenen Buchführungssystems – mit Ausnahme der Entnahmen und Einlagen – außer Acht lassen zu können. Letztere Methode ist schon deshalb vorzugswürdig, weil nicht deklarierte Betriebseinnahmen in der Finanzbuchhaltung naturgemäß gerade nicht erscheinen. Ein Anspruch auf Schätzung durch GVR besteht nicht.[167] Erst Recht besteht kein Anspruch auf Durchführung einer GVR, um eine andere Schätzungsmethode zu untermauern oder zu plausibilisieren.[168]

1255 Hinderlich ist, dass den Prüfungsdiensten meist nicht sämtliche Daten zur Erstellung einer aussagekräftigen GVR zur Verfügung stehen, z. B. weil sich bestimmte Zahlungsströme nur schwer ermitteln lassen wie etwa Auslandssachverhalte oder nicht aufzeichnungspflichtige Vorgänge in der Privatsphäre. Exemplarisch genannt seien Lebenshaltungskosten, Privatkonten, private Darlehen, Schenkungen, Bargeldbestände im Safe, Spielbankgewinne und -verluste, Erbschaften, Vermögensgegenstände im Ausland, Erwerb luxuriöser Möbel, Einbauküchen, Uhren, Schmuck, Kunstgegenstände, kostspielige Hobbys, Urlaubsreisen etc.

1256 Erschwerend tritt hinzu, dass für ein sicheres Bild regelmäßig auch die finanziellen Verhältnisse der (Ehe-)Partner und Kinder in die Berechnungen einbezogen werden müssten. Fehlt es dann – wie so oft – an der nötigen Mitwirkung der Beteiligten, ist die GVR nicht nur zeitaufwändig, sondern auch mit erheblichen Unsicherheiten behaftet. Hinzu kommt, dass nicht nur Geldflüsse, sondern auch Zu- und Abgänge im Vermögen einzubeziehen sind (s. dazu Kap. 13.6.6). Wohl auch deshalb wird die GVR vergleichsweise selten als Schätzungsmethode eingesetzt.

---

165 FG Saarland vom 25.02.2008 – 1 K 2037/04.
166 BFH vom 25.03.2015 – X R 20/13, BStBl. II 2015, 743.
167 BFH vom 21.02.1990 – X R 54/87, BFH/NV 1990, 683.
168 BFH vom 28.04.2014 – X B 12/14, BFH/NV 2014, 1383; BFH vom 03.04.2013 – X B 8/12.

Hinweis: 1257

Hinzuschätzungen bei einer GmbH aufgrund unklarer Mittelherkunft beim Gesellschafter, die durch Bargeldverkehrsrechnungen bei ihm und seiner Ehefrau zutage getreten sind, hat das FG Münster mit Urteil vom 18.05.2022 als rechtswidrig erachtet.[169]

Beachte: 1258

Versuche des Stpfl., die Bestreitung des Lebensunterhalts bspw. durch ebay-Verkäufe, vermeintliche Darlehen aus dem Ausland oder Spielbankgewinne zu belegen, kann weitere Rechtsfolgen auslösen, etwa Versteuerung von Einkünften nach § 23 EStG, Begründung eines Gewerbebetriebs (§ 15 EStG) oder die Einleitung von Steuerstrafverfahren.[170]

Besondere Bedeutung erlangt der Betrachtungszeitraum einer GVR. Während Bargeldverkehrsrechnungen auch für kurze Betrachtungszeiträume anwendbar sind (kaum jemand wird über Monate oder Jahre ohne Bargeld auskommen), werden bei umfangreicheren GVR eher längere Zeiträume zu beurteilen sein. Hier kann sich aus der Verteilung von Fehlbeträgen auf die einzelnen Besteuerungszeiträume sowie aus Verjährungs- und Verzinsungsaspekten (§ 233a AO) weiteres Konfliktpotenzial ergeben.[171]

13.6.6 Vermögenszuwachsrechnung (VZR)

Eine weitere im Hinblick auf schwer aufspürbare Sachverhalte unsichere und aufwändige Methode zur Widerlegung der Richtigkeitsvermutung ist die Vermögenszuwachsrechnung (VZR)[172], die regelmäßig in Kombination mit der GVR durchgeführt werden sollte (sog. „erweiterte GVR"). Auch die VZR ist als (vorrangige) Schätzungsmethode anerkannt.[173] Ähnlich der GVR sind den Ermittlungsmaßnahmen jedoch Grenzen gesetzt, insbesondere seitdem die Vermögensteuer nicht mehr erhoben wird.[174] 1259

---

169 FG Münster vom 18.05.2022 – 10 K 261/17 K,U, Rev. zugelassen.
170 Vgl. BMF-Schreiben zu § 10 BpO vom 31.08.2009, BStBl. I 2009, 829.
171 Vgl. zum Ganzen *Brinkmann*, Schätzungen im Steuerrecht, 6. Aufl. 2023, 280 ff.; *Brinkmann*, Die private Geldverkehrsrechnung, StBp 2007, 325; *Becker*, Außenprüfung digital – Prüfungsmethoden im Fokus (Teil 1), DStR 2016, 1386. Vgl. zu den sog. Deckungsbeitragsrechnungen auch BFH vom 21.02.1974 – I R 65/72, BStBl. II 1974, 591; BFH vom 02.03.1982 – VIII R 225/80, BStBl. II 1984, 504.
172 Vgl. zum Ganzen *Brinkmann*, Schätzungen im Steuerrecht, 6. Aufl. 2023, 288 ff.; BFH vom 02.03.1982 – VIII R 225/80, BStBl. II 1984, 504; BFH vom 07.11.1990 – III B 449/90, BFH/NV 1991, 724.
173 BFH vom 28.05.1986 – I R 265/83, BStBl. II 1986, 732; BFH vom 25.03.2015 – X R 20/13, BStBl. II 2015, 743.
174 In den Beratungen zum Jahressteuergesetz 1997 wurde beschlossen, die Vermögensteuer ab 1997 nicht mehr zu erheben.

13.6.7 Zeitreihenvergleich (ZRV)

1260 Schätzungen nach § 162 AO haben sich in der Vergangenheit häufig am Zeitreihenvergleich (ZRV) ausgerichtet.[175] Mit Urteil vom 25.03.2015 hat sich der BFH umfassend zu den Anforderungen daran geäußert.[176] Im Ergebnis wurde der Finanzverwaltung ein zurückhaltender Umgang mit der Schätzungsmethode des ZRV aufgegeben.

1261 Der entschiedene Fall betraf eine Schank- und Speisewirtschaft, die ihre Gewinne durch BV-Vergleich ermittelt hat. Zur Aufzeichnung der Tageseinnahmen wurde eine elektronische Registrierkasse verwendet, ferner eine offene Ladenkasse zwecks gesonderter Erfassung der Thekeneinnahmen. Folgende Mängel wurden vorgefunden:

- Die Z-Bons vom 01.01.2001 – 16.03.2001 waren zum Teil nicht fortlaufend nummeriert (angeblich „Leerbons", die aber nicht bewiesen werden konnten).
- Die Z-Bons aus dem Jahr 2003 weisen kein Datum auf.
- Es wurden keine Programmierprotokolle vorgelegt. Auch Speisekarten lagen nicht vor. Statt der für die Thekenkasse erforderlichen retrograd aufgebauten Kassenberichte lagen progressiv aufgebaute Kassenbestandsrechnungen vor.
- Die Ermittlung der Warenendbestände erfolgte nicht durch Inventuren, sondern durch Schätzungen des Steuerpflichtigen.
- Bareinlagen im Jahr 2003 i. H. v. 4.164,78 € sind nicht nachgewiesen worden.

1262 Der BFH sah darin formelle Ordnungsmängel von einigem sachlichen Gewicht. Der Nachweis konkreter materieller Mängel der Einnahmenerfassung ließ sich aber nicht führen.

1263 Ausgehend davon stellte der BFH im Grundsatz fest, dass die Finanzverwaltung den allgemein bekannten Umsatzverkürzungen, Doppelverkürzungen und ausgefeilten Manipulationsmethoden mittels Einsatzes von Manipulationssoftware durch Entwicklung und Anwendung moderner Prüfungsmethoden begegnen darf („Waffengleichheit"). Der Zeitreihenvergleich weise aber Besonderheiten auf, die eine Abstufung in seiner Anwendung durch die Finanzbehörden erforderlich machen (Drei-Stufen-Theorie).

1264 Auch bei einer formell und materiell ordnungsmäßigen Buchführung – so der BFH – führe ein Zeitreihenvergleich denklogisch immer zu einem rechnerischen Mehrergebnis gegenüber der Buchführung, da der höchste Rohgewinnaufschlagsatz (RAS) über dem durchschnittlichen RAS liegt und für das gesamte Kalenderjahr angewendet wird. Das ist eine systembedingte Besonderheit, die anderen Schätzungsmethoden wie der Geldverkehrsrechnung oder der Aufschlagkalkulation nicht innewohnt. Mit einem ZRV ließe sich das Ergebnis einer zutreffenden Buchführung im Regelfall bestätigen, nicht aber widerlegen.

---

[175] Zur Erläuterung der Prüfungsmethode s. BMF, Schreiben vom 05.09.2023, BStBl. I 2023, 1594.
[176] BFH vom 25.03.2015 – X R 20/13, BStBl. II 2015, 743.

13.6 Schätzungsbefugnis der Höhe nach

Einer der Schwachpunkte des ZRV sei es, dass technisch fortgeschrittene Manipulationssoftware durchaus in der Lage ist, das Verhältnis zwischen WEK und WUS so zu gestalten, dass die RAS in einem Rahmen schwanken, der von Betriebsprüfern üblicherweise noch für plausibel gehalten wird. Auch die Eignung eines ZRV zur *sicheren* Aufdeckung von Doppelverkürzungen ist bisher nicht geführt worden. Ferner werden die Ergebnisse eines Zeitreihenvergleichs in erheblichem Umfang durch mathematische „Hebelwirkungen" beeinflusst oder verzerrt (insbesondere bei hohen oder niedrigen Aufschlägen am Anfang und am Ende von Zehn-Wochen-Zeiträumen). Eine Verteilung des Wareneinkaufs führe – im Vergleich zu einem korrekt geführten Warenwirtschaftssystem (WaWi) – zu Ungenauigkeiten. In den meisten Betrieben der Bargeldbranche werden WaWi aber gerade nicht verwendet.

1265

Aus dem Rechtsschutzgedanken heraus seien mathematisch-statistische Methoden wegen der umfangreichen Datenmengen für Stpfl., Angehörige der steuerberatenden Berufe und Finanzgerichte nur schwer nachprüfbar. Der Stpfl. verfügt nicht über die gleichen Daten wie die Finanzverwaltung oder ihm fehlt das statistisch-methodische Wissen, um die Ergebnisse des ZRV überprüfen und „Ungereimtheiten" ausräumen zu können. Die Finanzverwaltung befindet sich gegenüber dem Stpfl. damit in einer technisch-rechnerischen Überlegenheit. Daraus ergäben sich folgende Konsequenzen:

1266

– Die Anwendung des ZRV als Schätzungsmethode setzt eine sorgfältige Ermittlung der Tatsachengrundlagen (Ausgangsparameter) voraus.
– Das Verhältnis zwischen WES und WUS muss „betriebstypabhängig" im betrachteten Zeitraum weitgehend konstant oder die Lagerhaltung zu vernachlässigen sein (Prüfung der Umschlaghäufigkeit, Preiskonstanz). Andernfalls haben ZRV keine Aussagekraft.
– Änderungen in der Betriebsstruktur müssen aufgeklärt und berücksichtigt werden.

Sind diese Umstände gegeben, ist der ZRV dem Grunde nach eine geeignete Verprobungsmethode, gegenüber anderen Verprobungsmethoden jedoch nachrangig anzuwenden.[177] Bei Auswahl einer Schätzungsmethode ist ermessensleitend das Ziel, die Besteuerungsgrundlagen durch Wahrscheinlichkeitsüberlegungen so zu bestimmen, dass sie der Wirklichkeit möglichst nahekommen. Kommt eine andere Schätzungsmethode diesem Ziel voraussichtlich näher als der ZRV, ist diese unter Ermessensgesichtspunkten regelmäßig vorzugswürdig. Dem folgend hat der erkennende Senat – abhängig von vorhandenen Mängeln und Ermittlungsmöglichkeiten – verschiedene Abstufungen zur Anwendung des ZRV vorgenommen (Drei-Stufen-Theorie**)**. Sie ist auch auf die Quantilsschätzung[178] im Rahmen der Summarischen Risikoprüfung (SRP) anwendbar.[179]

1267

---

177 Vgl. *Giezek/Wähnert*, BBK 2017, 998.
178 Kap. 13.6.8.
179 Vgl. BFH vom 12.07.2017 – X B 16/17, BFH/NV 2017, 1204.

13 Schätzung der Besteuerungsgrundlagen

Abbildung 32: Prüfschema zur Anwendbarkeit des Zeitreihenvergleichs (Drei-Stufen-Theorie)

(Quelle: Eigene Darstellung)

a) Anwendung bei formell ordnungsgemäßer Buchführung (keine oder geringe Mängel)

1268 Der Nachweis der materiellen Unrichtigkeit kann nicht **allein** mit den Ergebnissen eines Zeitreihenvergleichs geführt werden. Das ist notwendige Folge des Befunds, dass ein ZRV immer rechnerische Mehrergebnisse mit sich bringt. Ein solches Mehrergebnis ist kein hinreichendes Indiz für die unvollständige Erfassung von Betriebseinnahmen.

b) Anwendung bei formell nicht ordnungsgemäßer Buchführung

1269 *Alternative 1: Die materielle Unrichtigkeit wurde nicht konkret nachgewiesen.*

Die Ergebnisse des ZRV lassen aufgrund der methodenbedingten Unsicherheiten noch keinen sicheren Schluss auf das Vorliegen und den Umfang materieller Unrichtigkeiten zu. Sie können aber einen **Anhaltspunkt** für die Höhe der Schätzung bieten, wenn nicht andere Schätzungsmethoden sinnvoll einsetzbar und damit vorrangig anwendbar sind, sprich solche, die auf betriebsinternen Daten aufbauen oder in anderer Weise die individuellen Verhältnisse des Stpfl. berücksichtigen. Nur wenn solche Schätzungsmethoden etwa wegen fehlender Mitwirkung des Stpfl. oder eines zu hohen Grades an Komplexität seiner betrieblichen oder sonstigen finanziellen Verhältnisse nicht sinnvoll einsetzbar sind, können die Ergebnisse des ZRV vorrangig verwendet werden.

Das mit einem ZRV ermittelte Schätzungsergebnis ist zudem stets auf seine Plausibilität anhand der besonderen betrieblichen Verhältnisse des Stpfl. zu prüfen, soweit sie bekannt sind. Bei Zweifeln sind ggf. nennenswerte und damit höhere Abschläge geboten als die bloße Abrundung der Beträge, die sich bei Anwendung des höchsten Zehn-Wochen-Aufschlags ergeben.

1270 *Alternative 2: Die materielle Unrichtigkeit wurde konkret nachgewiesen.*

Steht bereits aus anderen Gründen fest, dass die Buchführung nicht nur formell, sondern auch materiell unrichtig ist (z. B. nicht gebuchte Wareneinkäufe, Kassenfehlbeträge, nachweislich unversteuerte Betriebseinnahmen) und übersteigt

13.6 Schätzungsbefugnis der Höhe nach

die nachgewiesene materielle Unrichtigkeit eine von den Umständen des Einzelfalls abhängige Bagatellschwelle, können die Ergebnisse eines Zeitreihenvergleichs zur Schätzungshöhe herangezogen werden.

Voraussetzungen dafür sind:

a) Der ZRV muss **technisch korrekt** durchgeführt worden sein. Das bedingt zunächst eine sorgfältige Ermittlung der Tatsachengrundlagen (Ausgangsparameter). Dabei sind alle Umstände zu berücksichtigen, die für die Schätzung von Bedeutung sind, z. B.

   – Lieferdatum vorrangig vor Rechnungsdatum,
   – zutreffende Verteilung größeren Einkaufs,
   – Minderung des WES um nachgewiesene oder pauschalierte Sachentnahmen,
   – Berücksichtigung von Bestandsveränderungen, Warenverderb und saisonaler Besonderheiten.
   – Die Übernahme der Buchhaltungsdaten muss frei von Fehlern sein.

b) Das Ergebnis eines ZRV ist selbst im Falle der Verletzung von Mitwirkungspflichten durch den Stpfl. einer **Plausibilitätsprüfung** zu unterziehen, die sich nicht allein auf einen summarischen Vergleich mit den amtlichen Richtsätzen beschränken darf. Sich ergebende Unsicherheiten gehen zwar grundsätzlich zu Lasten des Stpfl., sie schlagen durch die „Hebelwirkung" aber verstärkt auf das Schätzungsergebnis eines ZRV durch.

c) Einzelfallbezogen darf sich **keine andere Schätzungsmethode aufdrängen**, die tendenziell zu genaueren Ergebnissen führt und mit vertretbarem Aufwand einsetzbar ist.

Können die vorstehenden Anforderungen an einen ZRV im Einzelfall nicht beachtet werden, ist zumindest eine Vergleichsrechnung (**Sensitivitätsanalyse**) anzustellen. Diese muss verdeutlichen, welche Auswirkungen die nicht behebbaren Unsicherheiten bei einzelnen Parametern auf die Ergebnisse des Zeitreihenvergleichs haben können. Eine solche Sensitivitätsanalyse gehört zu den formellen Anforderungen, die an die technisch korrekte Durchführung eines ZRV zu stellen ist. Sie ist von Amts wegen durchzuführen, damit alle am Besteuerungsverfahren Beteiligten (Stpfl., Angehörige der steuerberatenden Berufe, Finanzverwaltung, Finanzgerichtsbarkeit) den Umfang der im Einzelfall möglichen Fehlermarge einschätzen können. Die Bandbreite der Fehlermarge ist – abhängig vom Gewicht der formellen und materiellen Mängel – beim Schätzungsergebnis zu berücksichtigen.

1271

Hinweis:

Der BFH hegt Zweifel daran, ob im Rahmen der **Quantilsschätzung** als Schätzungstool der SRP bei 100 gereihten Werten der 20-höchste Aufschlag der Richtige ist und hat daher für ein künftiges Grundsatzverfahren angeregt, ein mathematisch-technisches Sachverständigengutachten zu dieser Frage einzuholen.

1272

13.6.8 Summarische Risikoprüfung (SRP) – mehr als eine Verprobungsmethode?

1273 Die Finanzverwaltung reagiert mit der Summarischen Risikoprüfung (SRP)[180] auf die immer komplexer werdenden Manipulations- und Hinterziehungsmethoden. Über ein mehrperspektivisches Prüfungskonzept („Prüfungsnetz") erhält der Anwender in relativ kurzer Zeit einen visualisierten Überblick über die betriebswirtschaftlichen Daten, kann sich anschließend gezielt mit einzelnen (auffälligen) Zeiträumen befassen, aber auch – zu Gunsten des geprüften Betriebs – zu der Erkenntnis gelangen, dass die Daten plausibel sind. Als Einstieg in eine Prüfung ist die SRP gut geeignet, weil sie bei der Suche nach Indizien für die Ordnungsmäßigkeit oder Nichtordnungsmäßigkeit der Buchführung sinnvoll unterstützt. Ausgehend von einem groben Überblick kann der Prüfer auffällige Positionen oder Zeiträume weiter eingehend untersuchen („vom Groben ins Detail"). Die Excel-basierte Vorlage ist in zwei Teilbereiche gegliedert:

1. Betriebswirtschaftliche Analyse
2. Stochastische Analyse

1274 In der betriebswirtschaftlichen Analyse können u.a. die Tageseinnahmen eines Prüfungszeitraums quartalsweise zum Wareneinkauf ins Verhältnis gesetzt werden. Damit lassen sich z.B. Rohgewinnaufschlagsätze einzelner Quartale eines Jahres miteinander vergleichen, ebenso drei Quartale eines Prüfungszeitraum (z.B. III. Quartal 2021, 2022, 2023).

1275 Auswertungen können sowohl für sämtliche Tageseinnahmen vorgenommen als auch auf einzelne Filialen, Wochentage oder Bediener eingegrenzt werden. Sind die Daten aufbereitet und sämtliche vom Stpfl. substantiiert vorgetragenen Umstände eingearbeitet (z.B. Preisveränderungen, Verteilung größerer Wareneinkäufe), bietet die SRP – neben den althergebrachten Methoden – mit der sog. **Quantilsschätzung** eine Schätzungsmethode, der gegenüber außerbetrieblichen Schätzungsmethoden (z.B. Richtsatzsammlung) der Vorzug zu geben ist. Durch Verwendung der Unternehmensdaten sind alle dokumentierten betrieblichen Besonderheiten berücksichtigt, aus denen ein möglichst repräsentativer (Rest-)Wahrheitsgehalt herausgelesen werden kann.[181] Sodann werden die monatlich ermittelten Rohgewinnaufschlagsätze in eine Rangfolge gebracht. 68 % dieser Daten befinden sich im Rahmen des Mittelwerts +/– der durchschnittlichen Abweichung vom Mittelwert. Jeweils 16 % der Werte sind „Ausreißer", die sich im oberen und unteren Bereich befinden. Mit dem 84-%-Quantil wird der an der obersten Wahrscheinlichkeitsgrenze liegende Schätzungsrahmen er-

---

180 Entwicklung durch Dipl.-Finw. *Andreas Wähnert*, Kiel. Zur Erläuterung der Prüfungsmethode s. BMF, Schreiben vom 05.09.2023, BStBl. I 2023, 1594. Siehe dazu auch unter *www.wikipedia.de*, Stichwort: „Summarische Risikoprüfung", Abruf unter *https://de.wikipedia.org/wiki/Summarische_Risikopr%C3 %BCfung* (abgerufen am 22.10.2023).
181 *Schumann/Wähnert*, Stbg 2012, 537.

mittelt. Bestehende Unsicherheiten deckt die SRP damit ab, dass i. d. R. „nur" das 80-%-Quantil zur Schätzung herangezogen wird.[182]

> *Tipp:*
> Eine ausführliche Anleitung kann dem **Handbuch für Summarische Risikoprüfung (SRP)** entnommen werden, das auf der Homepage des Landes Schleswig-Holstein zum kostenlosen Abruf bereitgestellt wird.[183]

1276

13.6.9 Monetary Unit Sampling (MUS)

Insbesondere für Massendaten nutzt die Finanzverwaltung mit Monetary Unit Sampling (MUS)[184] ein mathematisch-statistisches Stichprobenverfahren, das schon seit geraumer Zeit u. a. in der Wirtschaftsprüfung verwendet wird[185]. Ziel ist, aus großen Datenmengen, z. B. Vorsteuerabzugsbeträge eines Konzerns, durch Stichproben die u. U. wenigen Fehler herauszufiltern. Ergebnisse der Verprobungsmethode können zu punktuellen Berichtigungen oder Teilschätzungen führen. Ist die gezogene Stichprobe dagegen nicht zu beanstanden, kann der Anwender das Prüffeld ad acta legen.[186]

1277

13.6.10 Schätzung nach Amtlicher Richtsatzsammlung

Die amtliche Richtsatzsammlung des BMF ist ein Hilfsmittel (Anhaltspunkt) für die Finanzverwaltung, Umsätze und Gewinne der Gewerbetreibenden zu verproben (Verprobungsmethode) oder zu schätzen (Schätzungsmethode). Obgleich eher ein Relikt aus der Vergangenheit und modernen, digitalen Prüfungsmethoden unterlegen, gilt sie als grundsätzlich anerkanntes Schätzungsinstrument, das auf bundesweiten Erhebungen gleichartiger Betriebe beruht. Das Steuergeheimnis (§ 30 AO) lässt es nicht zu, dem Stpfl. die dort enthaltenen Vergleichsbetriebe namentlich zu benennen. Es schließt aber nicht aus, dass ein Finanzgericht an Hand der für die Vergleichsbetriebe geführten Steuerakten prüft, ob gegen die Zahlen der Vergleichsbetriebe Bedenken bestehen. Dann ist dem Stpfl. Gelegenheit zu geben, zu den (anonymisierten) Vergleichszahlen Stellung zu nehmen.[187]

1278

---

182 Der BFH hegt Zweifel daran, ob der im Rahmen der Quantilsschätzung ermittelte Aufschlag der richtige ist und hat daher für ein künftiges Grundsatzverfahren angeregt, ein mathematisch-technisches Gutachten zu dieser Frage einzuholen.
183 Handbuch für summarische Risikoprüfung, 3. überarbeitete öffentliche Aufl. 2022, Abruf unter *https://www.schleswig-holstein.de/mm/downloads/FM/Handbuch_SRP_Auflage_12.pdf* (abgerufen am 22. 10. 2023).
184 Zur Erläuterung der Prüfungsmethode s. BMF, Schreiben vom 05. 09. 2023, BStBl. I 2023, 1594.
185 Vgl. IDW PS 310, Repräsentative Auswahlverfahren (Stichproben) in der Abschlussprüfung, IDW Life 8/2016, 636.
186 Vgl. dazu ausführlich *Danielmeyer*, Die Digitalisierung der Betriebsprüfung, 1. Aufl. 2021, 83; *Giezek*, Monetary Unit Sampling – Der Einsatz statistischer Verfahren im Rahmen der Jahresabschlussprüfung, 2011; *Giezek/Wähnert/Becker*, StBp 2016, 347.
187 BFH vom 18. 12. 1984 – VIII R 195/82, BStBl. II 1986, 226, Rz. 50; BFH vom 17. 10. 2001 – I R 103/00, BStBl. II 2004, 171; AEAO zu § 30, Nr. 4.4.

1279 Richtsatzschätzungen erfordern, die in den Steuererklärungen ausgewiesenen Umsätze und Gewinne dem Aufbau der Richtsätze entsprechend zu normalisieren, d. h. vergleichbar zu machen, etwa durch Anpassung um unentgeltliche Wertabgaben oder Korrekturen um Einnahmen aus Lotto- und Toto-Annahme oder aus Hilfsgeschäften.[188]

1280 Die Richtsätze bestehen aus einem oberen und einem unteren Rahmensatz sowie einem Mittelsatz. Die Rahmensätze tragen den unterschiedlichen Verhältnissen Rechnung. Darin nicht berücksichtigt sind 10 % der „Ausreißer" nach oben und unten[189] sowie Verlustbetriebe. Der Mittelsatz ist das gewogene Mittel aus den Einzelergebnissen der geprüften Betriebe einer Gewerbeklasse.[190]

1281 Die Richtsätze finden auch auf Stpfl. mit Gewinnermittlung nach § 4 Abs. 3 EStG (EÜR) Anwendung. Zur Vergleichbarkeit sind einzelfallabhängig Anpassungen vorzunehmen, z. B.

- Umrechnung der Einnahmen und Ausgaben von Ist- auf Sollbeträge,
- Neutralisierung der Umsatzsteuer,
- Zuordnung außerordentlicher bzw. periodenfremder Aufwendungen und Erträge zum Jahr der wirtschaftlichen Zugehörigkeit.[191]

1282 *Beachte:*
Auf Großbetriebe kann die Richtsatzsammlung nicht angewendet werden.[192] Aufgrund der Neueinteilung der Betriebsgrößenklassen ab 01.01.2024[193] werden sich künftig jedoch deutlich mehr Betriebe mit Richtsatzschätzungen zu befassen haben als bisher, sofern der BFH in den derzeit anhängigen Revisionsverfahren nicht korrigierend eingreift (s. u.).

1283 Werden gesetzlich vorgeschriebene Aufzeichnungen nur unzureichend oder überhaupt nicht geführt und ist eine Überprüfung der Umsätze und Gewinne in Folge dessen unmöglich[194], ist die Wahrscheinlichkeit, dass Einnahmen nicht erklärt wurden, besonders hoch. In diesen Fällen darf sich das Finanzamt der amtlichen Richtsatzsammlung bedienen und nach den dort ausgewiesenen Richtsätzen schätzen (äußerer Betriebsvergleich).[195] Sie eignet sich als **grobes Schätzungsverfahren**[196] jedoch nur bedingt, sodass nur

- im Ausnahmefall (nachrangiges Schätzungsverfahren) und
- unter Berücksichtigung der Umstände des Einzelfalles

---

188 Vgl. Amtliche Richtsatzsammlung 2021, Vorbemerkungen, Nr. 8.
189 Danielmeyer, StBp 2023, 117.
190 Vgl. Amtliche Richtsatzsammlung 2021, Vorbemerkungen, Nr. 6.
191 Vgl. Amtliche Richtsatzsammlung 2021, Vorbemerkungen, Nr. 4.
192 Vgl. Amtliche Richtsatzsammlung 2021, Vorbemerkungen, Nr. 2.
193 BMF vom 15.12.2022 – IV A 8 – S 1450/19/10001 :003, BStBl. I 2022, 1669.
194 Zum Bsp. bei Vernichtung von Einnahmeursprungsaufzeichnungen, Preislisten etc.
195 Zu den Anforderungen an die Begründung vgl. BGH vom 20.12.2016 – 1 StR 505/16.
196 Vgl. BFH vom 26.04.1983 – VIII R 38/82, BStBl. II 1983, 618; *Seer* in Tipke/Kruse, AO/FGO, Stand: Januar 2017, § 162 AO, Rz. 56; *Buciek* in Gosch, AO/FGO, Stand: Juli 2010, § 162 AO 1977, Rz. 143.

unter Anwendung von Richtsätzen geschätzt werden darf.[197] Das gilt auch bei Gewinnermittlung nach § 4 Abs. 3 EStG. Der Stpfl. hat keinen Anspruch darauf, nach Richtsätzen besteuert bzw. geschätzt zu werden.[198] Die Richtsätze eignen sich auch zur Plausibilisierung von Schätzungsergebnissen nach anderen Methoden, etwa zur Plausibilisierung der Ergebnisse eines ZRV. Ergänzend oder alternativ können Erhebungen des Statistischen Bundesamts herangezogen werden.[199] Vgl. dazu auch Rz. 1290.

Einzelfallabhängig hat die Gerichtsbarkeit Schätzungen unter Anwendung der Amtlichen Richtsatzsammlung über viele Jahre hinweg als zulässig erachtet.[200] Eine Auseinandersetzung, auf welchen Grundlagen und Parametern die Entstehung der Richtsätze beruht und ob diese tatsächlich als Verprobungs- und Schätzungsmethode geeignet sind, erfolgte bisher weitgehend nicht. Etwa seit dem Jahr 2018 jedoch mehrte sich Kritik an der Aussagekraft der Amtlichen Richtsatzsammlung in puncto Transparenz, Aktualität, Repräsentativität und struktureller Unterschiede.[201] So verwundert kaum, dass in diese Richtung tendierende **Revisionsverfahren** inzwischen beim BFH anhängig sind.[202] Zur Klärung der aufgeworfenen Rechtsfragen wurde das BMF gem. § 122 Abs. 2 Satz 3 FGO zunächst zum Beitritt im Revisionsverfahren X R 19/21 aufgefordert.[203] Die Beitrittserklärung erfolgte mit Schreiben des BMF vom 13.04.2023. Auf Anregung des BFH wurde damit gleichzeitig der Beitritt zu den ähnlich gelagerten Revisionsverfahren X R 23/21 und X R 24/21 erklärt. Ausweislich des BFH-Geschäftsberichts 2023 soll noch im Jahr 2024 über die Verfahren entschieden werden.[204] Zum Meinungsbild in der Literatur vgl. nur *Danielmeyer*, StBp 2023, 117; *Neugebauer*, DB 2023, 861; *Beyer*, NWB 2023, 2299; *Bellinger*, StBp 2023, 235; *Achilles/Danielmeyer*, RET, Heft 03/2024, 82.

1284

Man darf mit Spannung erwarten, wie der BFH entscheiden wird, insbesondere hinsichtlich der Frage, ob der erkennende Senat die Richtsatzschätzung unter Änderung der Rechtsprechung insgesamt als ungeeignet betrachtet oder „nur" eine Modifizierung einfordern wird. Dabei muss berücksichtigt werden, dass die Amtliche Richtsatzsammlung nur eine nachrangige Schätzungsmethode ist. Kommen vorrangige Schätzungsmethoden im Einzelfall nicht in Betracht,

1285

---

197 R 4.1 Abs. 2 EStR; BGH vom 20.12.2016 – 1 StR 505/16.
198 Vgl. Amtliche Richtsatzsammlung 2021, Vorbemerkungen, Nr. 1.
199 Abruf unter *www.destatis.de/jahrbuch*. Auf der Homepage stehen branchenspezifische Kennzahlen der Jahrgänge 1952–2019 zum Abruf bereit (abgerufen am 22.10.2023).
200 Vgl. dazu Rechtsprechungsübersicht, Rz. 1375.
201 Vgl. nur *Steinhauff*, AO-StB 2018, 390; *Beyer*, NWB 2018, 2921 f. unter Bezug auf die Antwort der Bundesregierung auf die Kleine Anfrage des Abgeordneten Stefan Keuter und der Fraktion der AfD, BT-Drucks. 19/3987 vom 27.08.2018; BT-Drucks. 19/4238 vom 11.09.2018.
202 BFH-Az. X R 19/21, X R 23/21, X R 24/21, IX R 1/24.
203 BFH-Beschluss vom 14.12.2022 – X R 19/21, BFH/NV 2023, 643.
204 Aus hier nicht bekannten Gründen ist die ursprünglich auf den 17.01.2024 terminierte mündliche Verhandlung aufgehoben worden. Die weitere Entwicklung bleibt abzuwarten.

würde im Fall der Verwerfung der Richtsatzschätzung durch den BFH insbesondere bei Kapitalgesellschaften häufig nur der pauschale Sicherheitszuschlag als „ultima ratio" bleiben. Ob dieser eine Schätzungsmethode darstellt (mit dem geforderten Ziel, der Wirklichkeit möglichst nahe zu kommen), die der Amtlichen Richtsatzsammlung (mit einem gewissen Wahrheitsgehalt) gegenüber vorzugswürdig ist, erscheint mehr als fraglich.

1286 Ungeachtet des Ausgangs dieser Verfahren entspricht schon heute der Auffassung der Finanzverwaltung, dass eine Gewinn- oder Umsatzschätzung bei formell ordnungsmäßigen Büchern und Aufzeichnungen i. d. R. nicht allein darauf gestützt werden kann, dass die erklärten Gewinne oder Umsätze von den Zahlen der Richtsatzsammlung abweichen.[205]

1287 Wird nach Richtsätzen geschätzt, ist die Ermittlung der Höhe der Besteuerungsgrundlagen anhand der Vorgaben in den Vorbemerkungen der Richtsatzsammlung vorzunehmen. Einzelfallabhängig sind Korrekturen erforderlich, weil die Richtsätze auf die Verhältnisse eines Normalbetriebs abstellen (Einzelunternehmen mit Gewinnermittlung durch Bestandsvergleich).[206] Ferner sind ggf. die Besonderheiten des Körperschaftsteuerrechts zu beachten.[207] Da in der Richtsatzsammlung enthaltene Rohgewinnaufschlagsätze auf bundesweite Prüfungsergebnisse zurückgehen, muss die Schätzung erkennen lassen, dass die örtlichen und strukturellen Verhältnisse sowie die betrieblichen und persönlichen Besonderheiten des einzelnen Unternehmens berücksichtigt wurden.[208] Das gilt erst Recht in wirtschaftlichen Krisenzeiten (z. B. Pandemie, Krieg, Energiekrise), die sowohl positive als auch negative Auswirkungen auf die wirtschaftliche Leistungsfähigkeit haben können. Beispielhaft genannt seien Baumärkte, Gartenfachhandel oder Kaminbauer als „Profiteure", wohingegen bspw. die Gastronomie, das Friseur- und Kosmetikhandwerk oder die Taxi- und Mietwagenbranche aufgrund von Schließzeiten und Personalknappheit eher zu den „Verlierern" der Pandemie gezählt werden müssen.[209] Vor diesem Hintergrund hat das BMF zurecht darauf hingewiesen, (wie bisher) auf einen sensiblen Umgang mit der Richtsatzsammlung zu achten. Einzelfallabhängig sind entsprechende Anpassungen vorzunehmen und die gewährten „Spielräume" innerhalb der vorgegebenen Bandbreiten auszunutzen.[210]

1288 Schätzungen nach Richtsätzen sind auch nach Auffassung des Bundesgerichtshofs (BGH) i. d. R. nur zulässig, sofern keine anderen (exakteren) Schätzungsmethoden vorhanden sind. Erst wenn sich eine konkrete Ermittlung oder Schätzung der tatsächlichen Umsätze von vorneherein oder nach entsprechenden

---

205 Vgl. Amtliche Richtsatzsammlung 2021, Vorbemerkungen, Nr. 1.
206 Vgl. Amtliche Richtsatzsammlung 2021, Vorbemerkungen, Nr. 3.
207 Vgl. Amtliche Richtsatzsammlung 2021, Vorbemerkungen, Nr. 3, Nr. 10.3. Zur Schätzung bei Kapitalgesellschaften vgl. Kap. 13.9.
208 Vgl. Amtliche Richtsatzsammlung 2021, Vorbemerkungen, Nr. 10.2.1; BGH vom 20. 12. 2016 – 1 StR 505/16; FG Hamburg vom 08. 12. 2021 – 2 K 50/20.
209 Vgl. dazu ausführlich *Achilles/Danielmeyer*, RET 2024, 82.
210 BMF vom 28. 12. 2022 – IV A 8 – S 1544/19/10001 :003, BStBl. I 2022, 4.

Berechnungsversuchen als nicht möglich erweist, kann im Wege von Pauschalisierungen geschätzt werden.[211] Dabei herrscht **doppelte Begründungspflicht**, d. h. aus den Unterlagen (z. B. Handakten, BP-Bericht, Einspruchsentscheidung, Entscheidungen der Gerichte) muss sich entnehmen lassen, warum sich die wahrscheinlichen Besteuerungsgrundlagen mit vorzugswürdigeren Schätzungsmethoden nicht exakter berechnen ließen.[212] Darüber hinaus besteht auch für den innerhalb der Richtsatzspanne tatsächlich herangezogenen Richtwert Begründungspflicht. Selbst bei Zugrundelegung des Mittelsatzes aus der amtlichen Richtsatzsammlung muss dokumentiert werden, aufgrund welcher Erwägungen gerade dieser gewählt wurde.[213] Zwar handelt es sich bei dem Mittelsatz um das gewogene Mittel aus den geprüften Betrieben einer Gewerbeklasse, weshalb die Anwendung der Mittelsätze bei der Schätzung nach Richtsätzen im Allgemeinen zu dem Ergebnis führt, dass die Schätzung mit der größten Wahrscheinlichkeit den tatsächlichen Verhältnissen am nächsten kommt.[214] Jedoch geht auch die Richtsatzsammlung davon aus, dass ein Abweichen durch besondere betriebliche oder persönliche Verhältnisse begründet sein kann, die nicht durch sog. Entnormalisierungen erfassbar oder ansonsten betragsmäßig feststellbar sind.[215]

---

[211] Vgl. BGH vom 20.12.2016 – 1 StR 505/16 und BGH vom 29.01.2014 – 1 StR 561/13, wistra 2014, 276; BGH vom 28.07.2010 – 1 StR 643/09, NStZ 2011, 233; BGH vom 24.05.2007 – 5 StR 58/07, wistra 2007, 345.
[212] BGH vom 20.12.2016 – 1 StR 505/16; BGH vom 06.04.2016 – 1 StR 523/15, NZWiSt 2016, 354; BGH vom 29.01.2014 – 1 StR 561/13, NStZ 2014, 337; BGH vom 28.07.2010 – 1 StR 643/09, NStZ 2011, 233; BGH vom 24.05.2007 – 5 StR 58/07, wistra 2007, 345.
[213] BGH vom 20.12.2016 – 1 StR 505/16.
[214] Vgl. Amtliche Richtsatzsammlung 2021, Nr. 10.2.1.
[215] Vgl. Amtliche Richtsatzsammlung 2021, Nr. 10.2.1.

13 Schätzung der Besteuerungsgrundlagen

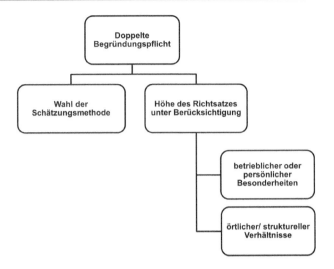

Abbildung 33: Begründunganforderungen an Richtsatzschätzungen
(Quelle: Eigene Darstellung)

1289 Es besteht keine Verpflichtung, sich zugunsten des Stpfl. an den unteren Werten der in der Richtsatzsammlung genannten Spannen orientieren, wenn sich Anhaltspunkte für eine positivere Ertragslage ergeben.[216] Ein Stpfl., der durch die Verletzung von Aufzeichnungs- oder Aufbewahrungspflichten den Anlass für die Schätzung gesetzt hat, hat auch keinen Anspruch darauf, dass im Rahmen eines äußeren Betriebsvergleichs lediglich die Mittelsätze zu Grunde gelegt werden. Letztlich gehen die jeder Schätzung innewohnenden Unsicherheiten zu Lasten des Stpfl. (gemindertes Beweismaß), der dem Finanzamt durch sein pflichtwidriges Verhalten Anlass zur Schätzung gegeben hat.[217]

1290 Dem Stpfl. bleibt unbenommen, einen anderen Schätzungsbetrag durch Nachweise, eigene Berechnungen oder Gutachten vorzubringen, die geeignet sind, seinen Schätzungsbetrag wahrscheinlicher erscheinen zu lassen als den der Finanzbehörde. Vergleichswerte können Statistiken bieten, die zahlreiche Institutionen – teils kostenpflichtig – bereithalten, z. B.:

- Erhebungen des Statistischen Bundesamts.
- Betriebsvergleiche, z. B. der DATEV eG, der Kreditinstitute, der Landes-Gewerbeförderungsstelle des nordrhein-westfälischen Handwerks e.V., etc.
- Gutachten zur Funktionsfähigkeit des Taxigewerbes gem. § 13 Abs. 4 Personenbeförderungsgesetz.
- Jährliche Geschäftsberichte, z. B. des Zentralverbands des Friseurhandwerks, des Bundesverbands Taxi und Mietwagen e.V.

---

216 BGH vom 20.12.2016 – 1 StR 505/16; BGH vom 29.01.2014 – 1 StR 561/13, NStZ 2014, 337; BGH vom 28.07.2010 – 1 StR 643/09, NStZ 2011, 233.
217 FG Münster vom 31.10.2000 – 5 K 6660/98 E, EFG 2001, 401.

Durch eigene Erhebungen verfügen Wirtschaft und Verbände über weitere der Richtsatzsammlung überlegene, repräsentativere und tief gegliederte Umsatz- und Gewinnstatistiken. Meist sind sie nicht allgemein veröffentlicht und bleiben damit „Geheimwissen".

> *Hinweis:* 1291
> Gewinne sind grundsätzlich nach dem Halbreingewinnsatz zu schätzen, soweit die davon abzusetzenden besonderen sachlichen und personellen Betriebsaufwendungen belastbar festgestellt werden können. Plausibilisierend ist zu prüfen, ob der errechnete Gewinn theoretisch hätte erzielt werden können oder über den höchsten Reingewinnsatz gem. Richtsatzsammlung hinausgeht.[218] Letzteres ist nur zulässig, wenn dafür plausible Gründe vorliegen und hinreichend dokumentiert werden.[219]

13.6.11 Schnittstellen-Verprobung (SSV)

Die Finanzverwaltung widmet den offenen Schnittstellen (z. B. bei Anbindung 1292 von Kassen(systemen) an Waagen, Finanzbuchhaltung, Internet-Reservierung) und den bei der Übertragung entstehenden **Medienbrüchen** zunehmende Aufmerksamkeit. Die GoBIT führen hier zurecht aus:[220]

> „Besondere (Ordnungsmäßigkeits-)Risiken treffen auch die Verknüpfung von IT-gestützten und manuellen, nicht automatisierten Abläufen der Buchführung. Speziell die Schnittstellen des IT-gestützten Buchführungssystems nach außen sowie die Schnittstellen innerhalb der eigenen (Teil-)Verarbeitungsprozesse und Module einschließlich manueller Arbeitsschritte bergen Risiken der Ordnungsmäßigkeit, die einer besonderen Beachtung bedürfen."

Die Beantwortung der Frage, ob über den gesamten Verarbeitungsprozess hinweg – einschließlich aller vor-, neben- und nachgelagerten Systeme sowie vorhandener Schnittstellen – die vollständige und richtige Erfassung der Geschäftsvorfälle sichergestellt ist, führt insbesondere beim Einsatz von Verbund- und Mischsystemen zu erhöhtem Arbeits- und Zeitaufwand. Aufgrund denkbarer Manipulationen haben Amtsträger daher verstärkt die Daten vorgelagerter Systeme und deren Übergabe an nachgelagerte Systeme im Blick.[221] Mit zunehmender Komplexität der eingesetzten Systeme sowie der (Massen-)Datenflüsse steigen auch die Mitwirkungs- und Sachaufklärungspflichten des Unternehmers. Das bringt es mit sich, dass Unternehmer möglichst durchgängige digitale Prozesse anstreben sollten (vom Kassenbon in die Buchhaltung) sowie den Nachweis der vollständigen Erfassung und Verbuchung durch aussagekräftige Verfahrensdokumentationen gewährleisten und durch ein wirkungsvolles internes Kontrollsystem (IKS) überwachen müssen. 1293

---

218 BFH vom 20.03.2017 – X R 11/16, BStBl. II 2017, 992; BFH vom 26.02.2018 – X B 53/17, BFH/NV 2018, 820.
219 FG Münster vom 19.06.2015 – 14 K 3865/12 E,U.
220 GoBIT, Präambel, Tz. 15.
221 Vgl. GoBIT, Tz. 3.5, Abs. 8 (zur teilmanuellen Übergabe von Daten aus Warenwirtschaftssystemen).

1294 Schnittstellen-Verprobungen (SSV) sind ein verhältnismäßig junger Ansatz der Finanzverwaltung, die Ordnungsmäßigkeit von Büchern und Aufzeichnungen anhand von Datenabgleichen zwischen verschiedenen Vor-, Neben- und Hauptsystemen zu prüfen.[222]

Abbildung 34: Schnittstellen-Verprobung (SSV)
(Quelle: Eigene Darstellung)

1295 Im Zuge der Abgleiche entstehende Differenzen sind vom Stpfl. aufzuklären. Gelingt ihm das nicht oder nur zum Teil, kann die zunächst als *Verprobungs*methode eingesetzte SSV als *Schätzungs*methode Verwendung finden.

13.6.12 Pauschale Sicherheitszuschläge

1296 Zuschätzungen können auch als griffweise Schätzung in Form pauschaler (Un-)Sicherheitszuschläge vorgenommen werden[223], wenngleich der BFH die Anforderungen daran verschärft hat.[224] Griffweise Schätzungen sind eine nachrangige Schätzungsmethode, deren Ergebnis in einem vernünftigen Verhältnis zu den erklärten oder den nicht verbuchten Umsätzen stehen muss.[225] Der BFH sieht sie im Spektrum der verschiedenen denkbaren Schätzungsmethoden als diejenige, die mit den größten Unsicherheiten behaftet ist und konkreten Tatsachengrundlagen vollständig oder nahezu vollständig entbehrt.[226] Daher ist eine **ausreichende Begründungstiefe** erforderlich, die sich am Maß der Pflichtverletzung des Stpfl. orientieren kann.[227]

1297 Wirtschaftliche Rahmenbedingungen des Stpfl. sind ebenso in die Überlegungen einzubeziehen[228] wie die Frage, ob der Stpfl. die festgesetzten Umsätze und Gewinne überhaupt erzielen konnte.[229] Erforderlich ist eine Abwägung zwischen dem Gewicht der festgestellten Mängel und der Höhe der Hinzuschät-

---

222 Vgl. *Webel/Danielmeyer*, StBp 2015, 353; *Danielmeyer/Neubert/Unger*, StBp 2016, 322; *Becker/Danielmeyer/Neubert/Unger*, DStR 2016, 2983.
223 BFH vom 15.04.2015 – VIII R 49/12.
224 BFH vom 20.03.2017 – X R 11/16, BStBl. II 2017, 992.
225 BFH vom 26.10.1994 – X R 114/92, BFH/NV 1995, 373; BFH vom 13.07.2000 – IV R 55/99, BFH/NV 2001, 3.
226 BFH vom 18.05.2011 – X B 124/10, BFH/NV 2011, 1838.
227 BFH vom 12.12.2017 – VIII R 5/14, BFH/NV 2018, 602, Rz. 45; BFH vom 20.03.2017 – X R 11/16, BStBl. II 2017, 992.
228 BFH vom 26.02.2018 – X B 53/17, BFH/NV 2018, 820.
229 BFH vom 26.02.2018 – X B 53/17, BFH/NV 2018, 820; BFH vom 12.12.2017 – VIII R 5/14, BFH/NV 2018, 602; BFH vom 12.12.2017 – VIII R 5/14, BFH/NV 2018, 606.

zung.[230] Die Rechtsprechung hat Zuschläge zwischen 1 %[231] und 10 % der Umsätze bisher als unproblematisch angesehen[232], abhängig vom Einzelfall können auch höhere Zuschläge gerechtfertigt sein.[233]

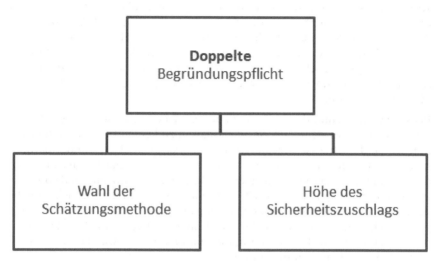

Abbildung 35: Begründungsanforderungen an griffweise Schätzungen
(Quelle: Eigene Darstellung)

Es besteht **doppelte Begründungspflicht**, und zwar hinsichtlich der Auswahl der Schätzungsmethode und der Höhe des gewählten pauschalen Sicherheitszuschlags.[234]

1298

Griffweise Schätzungen sind auf **Plausibilität** zu überprüfen, d. h. die Umsatz- und Gewinnerhöhungen müssen schlüssig, wirtschaftlich möglich und vernünftig, mithin erzielbar gewesen sein.[235] Anhaltspunkte für die Höhe des Zuschlags können bspw. innere und äußere Betriebsvergleiche bieten. **Betriebliche, individuelle Besonderheiten** sind zu berücksichtigen.[236] In die Betrachtung ist auch die Möglichkeit bisher nicht erklärter Wareneinkäufe oder die mögliche Zahlung von Schwarzlohn einzubeziehen. Daraus ergeben sich ggf.

1299

---

230 BFH vom 20.03.2017 – X R 11/17, BStBl. II 2017, 992, Rz. 50 ff.
231 FG Düsseldorf vom 09.09.2013 – 6 K 1838/11 K,G,U,F, zur fehlenden Nachprüfbarkeit des Warenstroms vom Wareneinkauf bis zum Verkauf oder der Inventur wegen nur pauschaler Angaben auf den erstellten Quittungen.
232 FG Münster vom 18.11.1999 – 15 V 6554/99 (10 %); FG Düsseldorf vom 26.03.2012 – 6 K 2749/11 K,G,U,F (8 %–10 %); FG Nürnberg vom 28.03.2013 – 4 K 26/11.
233 BFH vom 05.12.2007, BFH/NV 2008, 587 (20 %); FG München vom 20.05.2008 – 14 V 321/08 (20 %); BFH vom 28.04.2014, BFH/NV 2014, 1383.
234 BFH vom 20.03.2017 – X R XI/17, BStBl. II 2017, 992.
235 BFH vom 26.02.2018 – X B 53/17, BFH/NV 2018, 820.
236 BFH vom 20.03.2017 – X R XI/17, BStBl. II 2017, 992. Vgl. dazu Kap. 13.8.2.

weitere Rechtsfolgen, z. B. Festsetzung von Bußgeldern, Einleitung von Steuerstrafverfahren oder Versagung des Betriebsausgabenabzugs (§ 160 AO).

Es stellt regelmäßig einen **Verfahrensmangel** dar, wenn ein Sicherheitszuschlag festgesetzt wird, ohne dass eine vorherige Sachaufklärung vorgenommen und die griffweise Schätzung auf Schlüssigkeit überprüft wird (Verstoß gegen den Grundsatz der Amtsermittlungspflicht).[237] Ein Verfahrensfehler in Form eines Gehörsverstoßes kann auch geltend gemacht werden, wenn ein Finanzgericht eine griffweise Schätzung nicht auf Plausibilität prüft, obgleich der Kläger substantiiert vorgetragen hat, warum er die angesetzten Umsätze und Gewinne nicht erzielen konnte.[238]

1300 Bei schweren Buchführungsmängeln können Sicherheitszuschläge selbst dann gerechtfertigt sein, wenn eine Nachkalkulation zu keinen Differenzen führt.[239] Möglich sind auch Zuschläge aufgrund einer Nachkalkulation und – darüber hinaus – ein weiterer Sicherheitszuschlag, wenn beide Schätzbeträge nicht auf den gleichen Unsicherheiten basieren.[240] Gleiches gilt, wenn aufgrund von Kontrollmitteilungen (§ 194 Abs. 3 AO) feststeht, dass bestimmte Betriebseinnahmen oder Betriebsausgaben keinen Eingang in die Bücher und Aufzeichnungen gefunden haben und das Ausmaß weiterer unversteuerter Einnahmen insoweit nicht bekannt und nicht oder nur mit unzumutbarem Aufwand ermittelbar ist (Sicherheitszuschlag als ultima ratio).

1301 *Beachte:*
Bemessungsgrundlage für den Sicherheitszuschlag sind regelmäßig die **Bareinnahmen**.[241] Dem entgegenstehend hat das FG Münster kürzlich 1,5 % der **Gesamteinnahmen** als rechtmäßig erachtet.[242]

13.6.13 Schätzung von Trinkgeldern

1302 Werden Trinkgelder des Stpfl. nicht erfasst, sind sie zu schätzen. Aus der Nichtdeklaration von Trinkgeldern (Sparschwein) erwächst jedoch keine Schätzungsbefugnis für die Hauptkasse.[243]

1303 Die Höhe von Trinkgeldern zu ermitteln, erscheint schwierig. Eine aktuelle von *Jägermeister* beauftragte Studie, bei der rd. 1.200 Personen zwischen 18 und 49 Jahren befragt wurden, zeigt z. B., dass

---

237 BFH vom 28.09.2011 – X B 35/11, BFH/NV 2012, 177; BFH vom 26.02.2018 – X B 53/17, BFH/NV 2018, 820; BFH vom 12.12.2017, BFH/NV 2018, 606 (Rz. 63); BFH vom 12.12.2017, BFH/NV 2018, 602 (Rz. 47).
238 BFH vom 26.02.2018 – X B 53/17, BFH/NV 2018, 820; BFH vom 12.12.2017 – VIII R 6/14, BFH/NV 2018, 606; BFH vom 12.12.2017 – VIII R 5/14, BFH/NV 2018, 602.
239 FG Düsseldorf vom 26.03.2012 – 6 K 2749/11, K,G,U,F.
240 FG Saarland vom 15.07.2003 – 1 K 174/00, EFG 2003, 1437.
241 FG Münster vom 20.12.2019 – 4 K 541/16 E,G,U,F.
242 FG Münster vom 18.05.2022 – 10 K 261/17 K,U; Rev. zugelassen.
243 BFH vom 23.02.2018 – X B 65/17, BFH/NV 2018, 517, Rz. 38, Zurückverweisung.

- 92 % der Befragten in einem Restaurant Trinkgeld geben (in Bars dagegen nur 60 %, in Kneipen 54 %, in Clubs 29 %),
- die Trinkgeldhöhe mit dem Rechnungsbetrag variiert. Bei Beträgen unter 20 Euro soll das Trinkgeld im Schnitt bei 14–20 % liegen, bei Beträgen ab 40 Euro soll es prozentual stark abnehmen.

Branchenübergreifend (Gastronomie, Taxifahrer, Barkeeper, Reinigungskräfte, Garderobenpersonal) soll das Trinkgeld bei durchschnittlich 5 % liegen und damit unterhalb der allgemein angenommenen 10 %. In der Gastronomie dürfte das Trinkgeld am höchsten ausfallen. Einer aktuellen Studie der *orderbird GmbH* (Berlin) zufolge lag das durchschnittliche Trinkgeld hier im 1. Quartal 2019 bei 12,29 % und stieg bis zum 1. Quartal 2023 auf 17,69 % des Rechnungsbetrags an.[244] Ungeachtet dessen, ob die genannten Zahlen repräsentativ sind, erscheinen sie jedenfalls plausibel und können ggf. als Verhandlungsgrundlage dienen.

1304

13.6.14 Schätzungsunschärfen

Soll die sachliche Unrichtigkeit formell ordnungsmäßig aufgezeichneter Betriebseinnahmen durch eine Nachkalkulation belegt werden, muss bei nur geringfügiger Abweichung der Nachkalkulation vom Buchführungsergebnis in Erwägung gezogen werden, dass die Abweichung auf Schätzungsunschärfen beruhen kann. Liegt die Abweichung im Unschärfebereich, hat eine Schätzung zu unterbleiben.[245] Da eine Nachkalkulation mit Unsicherheitsfaktoren verbunden ist und ihrem Wesen nach selbst eine Schätzung darstellt („Schätzungsbefugnis durch Schätzung"), müssen an diese hohe Anforderungen gestellt werden.[246] Im Fall exakter Nachkalkulationen können bereits Abweichungen von mehr als 3 % Schätzungen begründen. In anderen Fällen werden Abweichungen von mehr als 10 % der erklärten Umsätze gefordert werden müssen, um Schätzungen bei einer formell ordnungsgemäßen Buchführung zu rechtfertigen.[247] Im Zweifel wird es darauf ankommen, wie exakt die Nachkalkulation angelegt ist (z. B. durch detaillierte Aufgliederung nach Warengruppen, Ermittlung der einzelnen Aufschlagsätze für die unterschiedlichen Warengruppen, Eingehen auf Besonderheiten des Betriebs und veränderte Preissituationen).[248] Da Schätzungen alle Umstände zu berücksichtigen haben, die im Einzelfall von Bedeutung sind, müssen auch solche berücksichtigt werden, die zugunsten des Unternehmers ausschlagen (z. B. Verderb und Schankverluste in Gaststätten, Schlechtwetterphasen in Biergärten, Bruch, Schwund, Diebstahl usw.). Vor diesem Hintergrund empfiehlt sich die Anfertigung und Aufbewahrung „freiwilli-

1305

---

244 Abruf unter *https://gastgewerbe-magazin.de/trotz-inflation-mehr-trinkgeld-als-noch-2019-orderbird-studie-zur-trinkgeldvergabe-47590* (abgerufen am 09.11.2023). Ausgewertet wurden nur Kartenzahlungen.
245 BFH vom 26.04.1983 – VIII R 38/82, BStBl. II 1983, 618.
246 FG Sachsen vom 22.03.2017 – 6 K 575/15; BFH vom 26.10.2017 – 6 K 841/15, EFG 2018, 165.
247 BFH vom 26.04.1983 – VIII R 38/82, BStBl. II 1983, 618 m. w. N.
248 BFH vom 26.04.1983 – VIII R 38/82, BStBl. II 1983, 618 m. w. N.

13 Schätzung der Besteuerungsgrundlagen

ger" Aufzeichnungen sowie die Dokumentation betrieblicher Besonderheiten.[249]

13.6.15 Mitteilung von Kalkulationen in elektronischer Form

1306 Der Stpfl. hat grundsätzlich Anspruch auf Mitteilung von Kalkulationen in elektronischer Form, um ihm die Möglichkeit der Kontrolle einzuräumen. Ein Anspruch auf Überlassung der Programme wie z. B. SRP oder IDEA erwächst daraus nicht.[250] Ebenso hat der Stpfl. keinen Anspruch auf vom Amtsträger erstellte elektronische Daten in veränderbarem Format, z.B. Excel-Dateien, Makros, Formeln.[251] Dem Stpfl. muss aber zumindest Gelegenheit gegeben werden, die Ermittlung der Kalkulationsergebnisse einschließlich der Rechenschritte nachvollziehen zu können.[252] Insoweit besteht grds. **Unterrichtungspflicht** gem. § 199 Abs. 2 AO im Außenprüfungsverfahren, gem. § 364 AO im außergerichtlichen Rechtsbehelfsverfahren und gem. § 75 FGO im Klageverfahren. Einzelfallabhängig könnten sich Auskunftsansprüche zudem aus der DSGVO herleiten lassen.[253]

13.7 Schätzungsrahmen

13.7.1 Allgemeines

1307 Im Rahmen einer Schätzung als Akt wertenden Schlussfolgerns ist von dem Sachverhalt auszugehen, der der Wirklichkeit möglichst nahekommt.[254] Angesetzt werden sollen die Besteuerungsgrundlagen, die innerhalb einer gewissen Bandbreite die größtmögliche Wahrscheinlichkeit für sich haben. Umstände, die zu Gunsten des Stpfl. sprechen, sind zu würdigen, selbst wenn sie weitere Ermittlungen erforderlich machen.[255] Umfangreiche und zeitraubende Ermittlungen brauchen aber nicht angestellt zu werden.[256] Schätzungen sind der Höhe nach nicht zu beanstanden, wenn sich das gewonnene Ergebnis als schlüssig, wirtschaftlich möglich und vernünftig darstellt.[257] Schätzungen dürfen weder Denkgesetzen noch allgemeinen Erfahrungssätzen widersprechen. Das zahlenmäßige Ergebnis ist nachvollziehbar zu dokumentieren und sowohl für den

---

249 Siehe dazu Kap. 13.8.
250 BFH vom 25.07.2016 – X B 213/15, X B 4/16, BFH/NV 2016, 1679.
251 BFH vom 02.11.2000 – X B 39/00, BFH/NV 2001, 610; FG München vom 22.11.2019 – 8 K 1697/18.
252 BFH vom 31.07.1974 – I R 216/72, BStBl. II 1975, 96.
253 Zu Auskunftsansprüchen nach Art. 15 Abs. 3 DSGVO i. V. m. § 32c AO vgl. FG München vom 04.11.2021 – 15 K 118/20; FG Berlin-Brandenburg vom 27.10.2021 – 16 K 5148/20; FG Baden-Württemberg vom 26.07.2021 – 10 K 3159/20, zusammenfassend *Walfort*, beck.digitax 2022, 109 m. w. N.
254 BFH vom 11.03.1999 – V R 78/98; BFH vom 26.02.2002 – X R 59/98, BStBl. II 2002, 450; .
255 Vgl. § 199 Abs. 1 AO.
256 *Seer* in Tipke/Kruse, AO/FGO, 173. Lfg. 2022, § 162 AO Rz. 42.
257 BFH vom 18.12.1984 – VIII R 195/82, BStBl. II 1986, 226; BFH vom 20.03.2017 – X R 11/16, BStBl. II 2017, 992.

13.7 Schätzungsrahmen

Stpfl. als auch für die Gerichtsbarkeit kontrollierbar darzustellen.[258] Ob ein Schätzungsergebnis exakt den tatsächlichen Verhältnissen entspricht, ist regelmäßig ohne Bedeutung. Denn ein genaues Ergebnis kann nur ausnahmsweise und allenfalls zufällig erreicht werden. Unschärfen gehen regelmäßig zu Lasten desjenigen, der Anlass zur Schätzung gegeben hat.[259] Dem Stpfl. bleibt unbenommen, einen anderen Schätzungsbetrag durch eigene Berechnungen oder externe Gutachten[260] vorzubringen, die geeignet sind, seinen Schätzungsbetrag wahrscheinlicher erscheinen zu lassen als den der Finanzbehörde.[261]

Die Wahrscheinlichkeit, dass Betriebseinnahmen nicht ordnungsgemäß versteuert wurden, ist dann besonders hoch, wenn der Inhalt der Buchführung eine materielle Überprüfung des Betriebsergebnisses nicht zulässt.[262] Der Schätzungsrahmen ist daher umso größer, je ungesicherter das Tatsachenmaterial ist, auf dem die Schätzung basiert. Ein Stpfl., der Veranlassung zur Schätzung gibt, hat im Interesse der Gleichmäßigkeit der Besteuerung hinzunehmen, dass die im Wesen jeder Schätzung liegende Unsicherheits- oder Fehlertoleranz gegen ihn ausschlägt und die Finanzverwaltung im Rahmen ihres Schätzungsspielraums je nach Einzelfall bei steuererhöhenden Besteuerungsgrundlagen an der oberen, bei steuermindernden Besteuerungsgrundlagen an der unteren Grenze bleibt.[263]

1308

Wird eine Schätzung erforderlich, weil der Stpfl. seinen Erklärungs-, Mitwirkungs-, Informations- oder Nachweispflichten nicht oder unvollständig genügt, kann sich das Finanzamt an der oberen Grenze des Schätzungsrahmens orientieren, weil der Stpfl. möglicherweise Einkünfte verheimlichen will.[264] Bei groben Verstößen gegen steuerliche Pflichten haben sich Schätzungen an der oberen Grenze des Schätzungsrahmens zu bewegen.[265] Das gilt insbesondere, wenn der Stpfl. in einer Vorprüfung bereits auf Buchführungsmängel oder bestehende Aufzeichnungspflichten hingewiesen wurde und in der Anschlussprüfung die gleichen Mängel festgestellt wurden.[266] Die Obergrenze einer Schätzung wird durch das **Willkürverbot** bestimmt.[267]

1309

---

258 BFH vom 14.12.2011 – XI R 5/10.
259 BMF vom 03.12.2020 – IV B 5 – S 1341/19/10018 :001 DOK 2020/1174240, BStBl. I 2020, 1325, Rz. 70.
260 Zur Kostenerstattung eines Gutachtens über eine Nachkalkulation durch eine Beratungsgesellschaft vgl. FG Münster vom 04.10.2021 – 8 Ko 326/21 m.w.N.
261 FG Bremen vom 17.01.2007 – 2 K 229/04 (5), EFG 2008, 8 mit Anmerkung vom *Wüllenkemper* zu den Funktionen der Nachkalkulation; vgl. auch *Giezek/Rupprecht/Wähnert*, BBK 2017, 616.
262 Zum Bsp. bei Vernichtung von Ursprungsaufzeichnungen, Preislisten etc.
263 BFH vom 26.04.1983 – VIII R 38/82, BStBl. II 1983, 618.
264 BFH vom 01.10.1992 – IV R 34/90, BStBl. II 1993, 259; BFH vom 13.07.2000 – IV R 55/99, BFH/NV 2001, 3.
265 BFH vom 01.10.1992 – IV R 34/90, BStBl. II 1993, 259 m.w.N.
266 Zur Zulässigkeit mehrerer Anschlussprüfungen vgl. FG Köln vom 09.10.2020 – 3 K 2390/18, nachfolgend BFH vom 15.10.2021 – VIII B 130/20.
267 BFH vom 01.10.1992 – IV 34/90, BStBl. II 1993, 259; BFH vom 20.12.2000 – I R 50/00, BStBl. II 2001, 381.

1310 Der Beweisverderber oder Beweisvereiteler darf keinen Vorteil daraus ziehen, dass das Ausmaß seines pflichtwidrigen Verhaltens nicht feststeht (Verbot der Prämierung von Mitwirkungspflichtverletzungen[268]). Aus dem Rechtsgedanken der §§ 444 ZPO i. V. m. 155 FGO heraus darf ihm nicht zu Gute kommen, dass die Finanzbehörde die zutreffenden Besteuerungsgrundlagen nicht ermitteln oder berechnen kann, weil der Stpfl. Tatsachen, die ausschließlich in seiner Wissensphäre liegen, gegenüber der Finanzbehörde nicht preisgibt. Die Schätzung darf mithin nicht dazu führen, dass nachlässige oder gar unehrliche Stpfl. gegenüber pflichtbewussten und ehrlichen Stpfl. bevorzugt werden. Um dies im Rahmen einer Schätzung zu erreichen, sind auch nachteilige Schlüsse und belastende Unterstellungen zulässig.[269]

1311 Im Rahmen einer **Richtsatzschätzung** besteht keine Verpflichtung, sich zugunsten des Stpfl. an den unteren Werten der in der Richtsatzsammlung genannten Spannen orientieren, wenn sich Anhaltspunkte für eine positivere Ertragslage ergeben.[270] Ein Stpfl., der durch die Verletzung von Aufzeichnungs- oder Aufbewahrungspflichten den Anlass für die Schätzung gesetzt hat, hat auch keinen Anspruch darauf, dass im Rahmen eines äußeren Betriebsvergleichs lediglich die Mittelsätze zu Grunde gelegt werden. Letztlich gehen die jeder Schätzung innewohnenden Unsicherheiten zu Lasten des Stpfl. (gemindertes Beweismaß), der dem Finanzamt durch sein pflichtwidriges Verhalten Anlass zur Schätzung gegeben hat.[271] Zu offenen Fragen im Zusammenhang mit Richtsatzschätzungen vgl. Kap. 13.6.10.

1312 *Beachte:*
Wer seine Mitwirkungspflichten nicht erfüllt, hat in Kauf zu nehmen, dass er eventuell über das Maß seiner eigentlichen Steuerschuld hinaus bis zur oberen Grenze des Schätzungsrahmens belastet wird.[272] Grenzen der Schätzung ergeben sich, wenn die Schätzungsergebnisse nach den Umständen des Einzelfalls den oberen Schätzungsrahmen verlassen oder als willkürlich anzusehen sind.[273] Eine Schätzung ist aber nicht schon deswegen unrechtmäßig, weil sie nicht den tatsächlichen Verhältnissen entspricht. Schließlich fehlt in Schätzungsfällen regelmäßig die volle Kenntnis der wahren Gegebenheiten. Abhängig vom Einzelfall darf der für den Stpfl. ungünstigste Sachverhalt zugrunde gelegt werden, solange er noch möglich erscheint. Schätzt die Finanzbehörde allerdings bewusst und willkürlich zum Nachteil des Stpfl. i. S. e. **Strafschätzung**, kann dies zur Nichtigkeit eines Schätzungsbescheides führen.[274]

---

268 *Seer* in Tipke/Kruse, Kommentar zur AO/FGO, 173. Lfg. 2022, § 162 AO Rz. 44; BFH vom 15.02.1989 – X R 16/86, BStBl. II 1989, 462.
269 BFH vom 13.03.1985 – I R 7/81, BStBl. II 1986, 318; BFH vom 15.02.1989 – X R 16/86, BStBl. II 1989, 462.
270 BGH vom 20.12.2016 – 1 StR 505/16; BGH vom 29.01.2014 – 1 StR 561/13, NStZ 2014, 337; BGH vom 28.07.2010 – 1 StR 643/09, NStZ 2011, 233.
271 FG Münster vom 31.10.2000 – 5 K 6660/98 E, EFG 2001, 401.
272 BFH vom 01.12.1998 – III B 78/97, BFH/NV 1999, 741.
273 BFH vom 01.10.1992 – IV R 34/90, BStBl. II 1993, 259.
274 Kap. 13.7.3.

13.7.2 Verschulden des Steuerpflichtigen

Die Einhaltung der steuerlichen und außersteuerlichen Aufzeichnungs-, Aufbewahrungs- und Vorlagepflichten ist höchstpersönliche Aufgabe des Steuerpflichtigen. Bei persönlicher Verhinderung oder Unfähigkeit muss er sich der Hilfe eines sachkundigen Dritten bedienen.[275] Das können Angehörige steuerberatender Berufe, Familienangehörige oder Mitarbeiter sein. Persönliche Gründe wie Alter und Krankheit rechtfertigen regelmäßig keine Erleichterungen.[276] Die Feststellung eines Amtsträgers, dass Grundaufzeichnungen erst nachträglich und damit unter Verstoß gegen die Zeitnähe von einem Angehörigen steuerberatender Berufe geführt wurden, kann straf-, berufs- und haftungsrechtliche Folgen für den Berater auslösen. 1313

Einzelfallabhängig kann bei geringem Verschulden eine Schätzung im mittleren Bereich oder auch an der unteren Grenze des Schätzungsrahmens gerechtfertigt sein. Das gilt nicht in Fällen, in denen sich der Stpfl. ein pflichtwidriges Verhalten Dritter (z. B. Steuerberater[277], Kassendienstleister) zurechnen lassen muss. 1314

Trifft den Stpfl. kein Verschulden, z. B. bei Verlust von Unterlagen aufgrund von Naturkatastrophen, kommt im **Festsetzungsverfahren** ggf. eine abweichende Festsetzung von Steuern aus Billigkeitsgründen nach § 163 AO in Betracht. Unbilligkeit kann sich aus sachlichen oder persönlichen Gründen ergeben. Zur Übertragbarkeit auf die Gewerbesteuer vgl. § 184 Abs. 2 AO. Für Billigkeitsmaßnahmen im **Erhebungsverfahren** ist § 227 AO (Erlass) einschlägig. 1315

Bei **Datenverlusten** wird allerdings zu prüfen sein, ob und inwieweit der Stpfl. (zumutbare) Sicherheitsvorkehrungen unterlassen hat, die den endgültigen Verlust hätten vermeiden können. Zu weiteren Einzelheiten siehe auch Kap. 4.3.10. 1316

13.7.3 Nichtigkeit von Schätzungsbescheiden

Schätzt die Finanzbehörde bewusst und willkürlich zum Nachteil des Stpfl. i. S. e. Strafschätzung, kann dies zur Nichtigkeit des Schätzungsbescheides führen.[278] Die bloße Absicht der Finanzbehörde, den Stpfl. mit einer Strafschätzung zu sanktionieren, löst für sich genommen jedoch noch keine Nichtigkeit nach § 125 AO aus. Hinzukommen muss, dass die Schätzung bei objektiver Betrachtung den durch die Umstände des Einzelfalls gezogenen Schätzungsrahmen verlässt, d. h. objektiv fehlerhaft ist.[279] 1317

---

275 FG Köln vom 27.11.2002 – 12 K 5375/00.
276 AEAO zu § 148 unter Hinweis auf BFH vom 14.07.1954 – II 63/52 U, BStBl. III 1954, 253.
277 Vgl. dazu BGH vom 07.03.1972 – VI ZR 158/70, NJW 1972, 1048.
278 BFH vom 1.10.1992 – IV R 34/90, BStBl. II 1993, 259; vom 20.12.2000 – I R 50/00, BStBl. II 2001, 381; vom 20.12.2000 – I R 50/00, BStBl. II 2001, 381; vom 15.05.2002 – X R 33/99, BFH/NV 2002, 1415; vom 13.10.2003 – IV B 85/02, BStBl. II 2004, 25; vom 21.08.2019 – X R 16/17, BStBl. II 2020, 99; BFH vom 31.05.2017 – I B 102/16.
279 BFH vom 06.08.2018 – X B 22/18, BFH/NV 2018, 1237.

1318 **Beispiele:**
- Schätzung des Gewinns i. H. v. 85 % des Umsatzes im Taxigewerbe.[280]
- Schätzung von Umsatz und Gewinn für ein volles Jahr, obwohl das Gewerbe nachweislich nur in einem Monat ausgeübt worden ist.[281]

13.8 Maßnahmen zur Schätzungsbegrenzung

13.8.1 Schutz durch Aufzeichnungen auf Artikelebene

1319 Erlangt die Finanzverwaltung die Schätzungsbefugnis dem Grunde nach, lassen sich (nur) mit detaillierten Leistungsbezeichnungen[282] die Warenströme sowie die Vollständigkeit der Tageseinnahmen nachweisen (Nachkalkulation unter Berücksichtigung von Wareneingang, Warenausgang, Inventurwerten, Verderb, Schwund, Personalverzehr, Eigenverbrauch etc.). Bei gegebener Schätzungsbefugnis **dem Grunde nach** (§ 158 AO) können Schätzungen so **der Höhe nach** vermieden oder begrenzt werden.

1320 Jede Einzelaufzeichnung erfordert eine ausreichende Bezeichnung des Geschäftsvorfalls mit der nötigen Detailtiefe. Die Finanzverwaltung verlangt grundsätzlich Aufzeichnungen auf Artikelebene. Sowohl zur Nachvollziehbarkeit der Geschäftsvorfälle als auch für den Vorsteuerabzug des Leistungsempfängers (§ 15 UStG) muss die Leistungsbezeichnung eine eindeutige und leicht nachprüfbare Feststellung der Leistung ermöglichen, über die abgerechnet wird. Zu weiteren Einzelheiten vgl. ausführlich Kap. 4.2.1.

---

280 BFH vom 13. 10. 2003 – IV B 85/02, BStBl. II 2004, 25.
281 BFH vom 15. 5. 2002 – X R 33/99, BFH/NV 2002, 1415.
282 Vgl. dazu auch BMF, Schreiben vom 01. 12. 2021 – III C 2 S – 7280-a/19/10002 :001 unter I: „Insgesamt muss die Bezeichnung einer Leistung in der Rechnung sowohl für umsatzsteuerliche Zwecke als auch für die Erfordernisse eines ordentlichen Kaufmanns den Abgleich zwischen gelieferter und in Rechnung gestellter Ware ermöglichen."

Abbildung 36: Nichtaussagekräftige Einzelaufzeichnungen (Negativbeispiel)
(Quelle: Danielmeyer, Die Digitalisierung der Betriebsprüfung, 1. Aufl. 2022, S. 54)

In den abgebildeten Originalbelegen einer Bäckerei wurden insgesamt drei verschiedene belegte Brötchen (7 %) und ein Coffee-To-Go (19 %) erworben. Speisen und Getränke sind der gleichen Warengruppe zugeordnet worden, zudem fehlt der Ausweis der (unterschiedlichen) Steuersätze. Der Nachweis der Vollständigkeit kann mit solchen Daten nicht gelingen.

13.8.2 Berücksichtigung betrieblicher Besonderheiten

Im Rahmen jeder Schätzung sind alle Umstände zu berücksichtigen, die für die Schätzung von Bedeutung sind (§ 162 Abs. 1 Satz 2 AO). Betriebliche Besonderheiten dürfen bei den Fragen nach der Schätzungsbefugnis und der Schätzungshöhe nicht außer Acht gelassen werden.[283] Trägt der Stpfl. substantiiert Gründe vor, warum er bestimmte Umsätze und Gewinne nicht erzielen konnte, haben

1321

---

283 BFH vom 20.03.2017 – X R 11/16, BStBl. II 2017, 992.

13 Schätzung der Besteuerungsgrundlagen

Finanzamt und Finanzgericht sich mit den vorgebrachten Gründen auseinanderzusetzen und deren Würdigung vorzunehmen.[284]

1322 Regelmäßig nehmen individuelle betriebliche Besonderheiten Einfluss auf Umsatz und Gewinn. Beispiele dafür sind (nicht abschließende Aufzählung):

- Größe des Betriebs,
- Lage, Verkehrsanbindung, ggf. eingeschränkte Erreichbarkeit (z. B. durch Straßenbauarbeiten),
- Parkmöglichkeiten,
- Bauliche Mängel,
- Warensortiment (Artikel, hochpreisig, niedrigpreisig),
- Kühl- und Lagermöglichkeiten/Umschlagshäufigkeit,
- Einkauf bestimmter Waren in unregelmäßigen Abständen (z. B. Einkauf von Wein in großen Mengen, hier ist im Rahmen des ZRV eine Verteilung der Ware bis zum nächsten Einkauf erforderlich),
- Öffnungszeiten (verkürzte Öffnungszeiten oder Schließtage),
- Rabattaktionen, Mittagskarten etc.,
- schwankende Einkaufspreise,
- nachteilige Einkaufskonditionen im Vergleich zu ähnlichen Betrieben,
- Eigenverbrauch (ggf. oberhalb der Pauschbeträge für Sachentnahmen),
- Bruch, Verderb, Schwund, Diebstähle,
- Schwarzeinkäufe (ggf. Berücksichtigung als Aufwand, endgültige Minderung des Gewinns jedoch regelmäßig nur unter den Voraussetzungen des § 160 AO),
- Wetterdaten,
- Variierende Umsatzanteile,[285]
- Schwankungen in den Portionsgrößen,
- Ungenauigkeiten durch Gleichsetzung von Wareneinkauf und Wareneinsatz bei Banküberweisung, insbesondere bei Monatssprüngen,
- erhebliche, ggf. unterjährige Preissteigerung oder -senkung im Prüfungszeitraum,[286]
- Saisonale Besonderheiten, u. a. in Zeiten der Pandemie (von Umsatzausfällen im Lock-Down bis zu erheblichen Umsatzsteigerungen durch Verkauf von Gartenzubehör, Mund-/Nase-Bedeckungen usw.),

---

284 Vgl. nur BFH vom 20.03.2017 – X R 11/16, BStBl. II 2017, 992; BFH vom 26.02.2018 – X B 53/17, BFH/NV 2018, 820.
285 Exemplarisch am Beispiel einer Eisdiele: Wechsel der Hauptumsatzträger (hoher Speiseeisverkauf in den Sommermonaten, hoher Heißgetränkeverkauf in den Wintermonaten).
286 Vgl. BFH vom 12.07.2017 – X B 16/17; hier: Preissteigerungen von 26 %.

- Hoher Anteil an Außer-Haus-Verkäufen,[287]
- Bewertung in den sozialen Medien.[288]

Mathematisch eindeutige Unschlüssigkeiten in der Buchführung können zumeist nur durch betriebsindividuelle Besonderheiten schlüssig erklärt werden.[289] Nicht zuletzt in einer Entscheidung des Finanzgerichts Köln zeigt sich die Bedeutung entsprechender Dokumentationen. Können nämlich derartige Gründe plausibel vorgetragen werden und sind sie geeignet, Schwankungen in einem Zeitreihenvergleich zu entkräften, ist die Vermutung des § 158 AO noch nicht widerlegt.[290]

1323

> *Tipp:*
> Gerade beim FG muss berücksichtigt werden, dass die Richterschaft die betrieblichen Besonderheiten, insbesondere die **örtlichen Gegebenheiten** regelmäßig nicht kennt, diese aber durchaus Bedeutung für ihre Entscheidung haben können (§ 96 FGO). Ergeben sich schätzungsmindernde Sachverhalte nicht bereits aus den aktenkundigen Schriftsätzen, müssen sie spätestens im erstinstanzlichen Verfahren beim FG vorgebracht werden. Denn der BFH nimmt als Revisionsgericht lediglich die rechtliche Überprüfung vor, ohne neuen Sachverhalt berücksichtigen zu können.
>
> Idealerweise sollten betrieblichen Abläufe, mögliche Schätzungsparameter sowie Art und Umfang ratsamer Aufzeichnungen rechtzeitig gemeinsam mit dem Mandanten vor Ort ermittelt werden.

1324

13.8.3 Freiwillige Aufzeichnungen

Private und nicht aufzeichnungspflichtige Vorgänge, freiwillige Aufzeichnungen oder über die gesetzliche Pflicht hinausgehende Daten und Unterlagen können vom Stpfl. jederzeit gelöscht oder vernichtet werden, wenn sich eine Aufbewahrungspflicht nicht aus anderen Gesetzen ergibt.[291]

1325

Der sachliche Umfang der Aufbewahrungspflicht in § 147 Abs. 1 AO wird grundsätzlich begrenzt durch die Reichweite der zugrundeliegenden Aufzeichnungspflicht. Damit setzt die Pflicht zur Aufbewahrung und Vorlage von Unterlagen eine Aufzeichnungspflicht voraus und besteht mithin nur in diesem Umfang (Akzessorietät). Neben den außersteuerlichen und steuerlichen Büchern, Aufzeichnungen und Unterlagen zu Geschäftsvorfällen sind alle Unterlagen aufzubewahren, die zum Verständnis und zur Überprüfung der für die Besteuerung gesetzlich vorgeschriebenen Aufzeichnungen im Einzelfall von Bedeutung sind. Für steuerlich bedeutsame Unterlagen ist § 147 Abs. 1 Nr. 5 AO insoweit einschränkend auszulegen.

1326

---

287 In Speisegaststätten geht damit häufig ein geringerer Rohgewinnaufschlagsatz einher (mangels Getränkeverkauf).
288 FG Hamburg, Beschluss vom 08.02.2021 – 2 V 122/20.
289 *Wähnert*, StBp 2012, 241 (243).
290 Vgl. FG Köln vom 27.01.2009 – 6 K 3954/07, EFG 2009, 1092.
291 BFH vom 24.06.2009 – VIII R 80/06, BStBl. II 2010, 452; FG Hessen vom 20.02.2014 – 4 K 1120/12.

1327 Aus dieser Rechtslage resultieren häufig „Aufzeichnungsvermeidungsstrategien". Was rechtlich zulässig ist, erweist sich jedoch oft als Bumerang. Im Rahmen von Schätzungen sind gem. § 162 Abs. 1 Satz 2 AO alle Umstände des Einzelfalls zu berücksichtigen, auch Prüfungsfeststellungen, die sich zugunsten des Stpfl. auswirken (vgl. § 199 Abs. 1 AO). Das gilt auch für freiwillige Aufzeichnungen, die z. B. zur Glaubhaftmachung der sachlichen Richtigkeit von Büchern und Aufzeichnungen geführt wurden. Deren Aufbewahrung und Vorlage vermag etwaige Kalkulationsdifferenzen durchaus zu verringern oder gar „in Luft aufzulösen". Die intensive Auseinandersetzung mit freiwilligen Aufzeichnungen sollte auch für Prüfungsdienste der Finanzverwaltung eine Selbstverständlichkeit sein, damit ihren Schätzungen ein möglichst hoher Wahrheitsgehalt innewohnt und gerichtlichen Überprüfungen standhalten kann.

1328 Datenzugriffsrechte auf freiwillig geführte Unterlagen kann die Finanzverwaltung regelmäßig nicht geltend machen. Ihr stehen die Unterlagen im Rahmen der Mitwirkungspflichten des Stpfl. nach § 200 AO jedoch ggf. in Papierform zu, regelmäßig begrenzt auf typischerweise erwartbare Unterlagen, die vorhanden sind und folglich auch vorgelegt werden können.[292]

1329 Exemplarisch seien nachfolgend Branchen genannt, in denen freiwillige Aufzeichnungen sinnvoll erscheinen, die teils über entsprechende PLU-Tastenbelegung am Kassensystem komfortabel erfasst werden können.

Gastronomiebetriebe

1330 - Happy Hour (Zeitstempel),
- Verderb, Schwund, Diebstahl,
- Stücke je Torte oder Blechkuchen[293],
- Verwendung von Alkohol zur Speisenzubereitung,
- Sachentnahmen, soweit sie oberhalb der in der Amtlichen Richtsatzsammlung veröffentlichten Pauschalentnahmen liegen,
- unerwartete Schließtage, z. B. bei Erkrankung,
- Privat- und Gefälligkeitseinkäufe für Freunde und Verwandte,
- Rezepturen,
- Anteile Mischgetränke/Cocktails[294],
- Speicherung von Items/Subitems gem. DSFinV-K (s. Rz. 118 ff.),
- (freiwillige) Aufzeichnungen über Warenbestände bei Gewinnermittlung nach § 4 Abs. 3 EStG.

---

292 BFH vom 24.06.2009 – VIII R 80/06, BStBl. II 2010, 452, unter II.3.c.; BFH vom 28.10.2009 – VIII R 78/05, BStBl. II 2010, 455; BFH vom 12.02.2020 – X R 8/18, BFH/NV 2020, 1045.
293 Es macht durchaus einen Unterschied, ob der Bäckermeister aus einem Backblech 8x8 (64 Stücke) oder 9x9 (81 Stücke) schneidet. Die kalkulierte Umsatzdifferenz beträgt im Beispielsfall rd. 26 % (!).
294 Vgl. FG Sachsen vom 26.10.2017 – 6 K 841/15, EFG 2018, 165.

Friseur- und Kosmetikbetriebe
- Privat- und Gefälligkeitseinkäufe für Freunde und Verwandte. 1331
- Wareneinsatz für
  - gegenseitige Behandlungen unter Arbeitskollegen,
  - Behandlung von Freunden und Verwandten,
  - Ausbildung, Training, Modelle, Übungsköpfe, etc.,
  - Nachbehandlungen bei Reklamationen,
  - mildtätige Zwecke, z. B. Aktionstag für Obdachlose.
- Diebstahl, Verderb, Schwund.
- (freiwillige) Aufzeichnungen über Warenbestände bei Gewinnermittlung nach § 4 Abs. 3 EStG.
- Gewissenhafte Führung und Aufbewahrung von Terminkalendern (s. Rz. 1455).
- Dokumentation monatlicher Verbrauchswerte.

Taxi- und Mietwagengewerbe

Obwohl für Kalkulationen durchaus bedeutsam, existiert keine rechtliche Grundlage, nach der typische Leerfahrten oder vergebliche Fahrten aufzuzeichnen wären, etwa Kilometerleistungen im Zusammenhang mit 1332

a) der ersten Fahrt zum Halteplatz bei Schichtbeginn,
b) der letzten Fahrt zum Abstellplatz bei Schichtende,
c) Zwischenheimfahrten und Fahrzeugwechsel zwischen dem Fahrpersonal,
d) Fahrten zwecks Wechsel des Halteplatzes,
e) Fahrten zu Tankstellen, Werkstätten und Hauptuntersuchungen,
f) Überführungsfahrten bei Erwerb oder Veräußerung des Fahrzeugs,
g) nicht erhaltenen Einnahmen („Zechpreller"),
h) der Anfahrt zu den Fahrgästen,
i) Rückfahrten zum Halteplatz.

Allerdings sollte zur Beweismittelvorsorge und Plausibilisierung der Betriebseinnahmen eine (schon im eigenen Interesse des Stpfl. liegende) Aufzeichnung solcher Fahrten entweder manuell oder über elektronische Zusatzeinrichtungen, die an das Taxameter angeschlossen werden, erfolgen. Bei händischer Aufzeichnung erscheint zumindest das Festhalten der unter a– g genannten Angaben ohne größeren Zeitaufwand möglich. 1333

Vergleichbares gilt für **Privatfahrten**, insbesondere mit Hinblick auf Verprobungen und Kalkulationen der Finanzverwaltung. Bloße summarische Schätzungen der privaten Fahrleistung am Monats- oder Jahresende sind weder praktisch möglich noch hilfreich. Deklariert der Unternehmer in seinen Gewinnermittlungen und Steuererklärungen keine Privatfahrten[295], dürfte grund- 1334

---

295 Vgl. §§ 6 Abs. 1 Nr. 4 i. V. m. 4 Abs. 5 Nr. 6 EStG.

sätzlich davon auszugehen sein, dass das Fahrzeug nicht privat genutzt wurde. Ein anderslautendes Vorbringen im Rahmen einer Außenprüfung mit dem Ziel der Minimierung von Kalkulationsdifferenzen kann dann regelmäßig als Schutzbehauptung angesehen werden. Dagegen kann eine unerklärlich hohe Anzahl (angeblich) privat gefahrener Kilometer zumindest bei schwacher Ertragslage den Verdacht nahelegen, dass die Allgemeinheit durch eine erhebliche Zahl „schwarz" gefahrener Kilometer durch Hinterziehung von Steuern geschädigt wird und damit einen Anhaltspunkt für die Unzuverlässigkeit des Taxiunternehmers begründen.[296] Auch für **Urlaubsfahrten** sollte entsprechende Beweisvorsorge getroffen werden, z. B. durch

- Genehmigung der Konzessionsbehörde über die vorübergehende Entbindung von der Betriebspflicht (§ 21 Abs. 4 PBefG) *und*
- Aufbewahrung der Belege (Tankbelege, ggf. Zollunterlagen bei Auslandsfahrten).

1335 Durch repräsentative Erhebungen sollten zudem die durchschnittliche Tourlänge bzw. die durchschnittlichen Besetzt-Kilometer je Fahrt ermittelt werden. Dem ermittelten Wert kommt im Rahmen von Kalkulationen erhebliche Hebelwirkung zu.[297]

Markthändler

1336 Zur Plausibilisierung der Tageseinnahmen sollten Aufzeichnungen über die Warenbestückung (Warenauslieferungslisten, Retourenscheine, Lieferscheine o. ä.) vorliegen. Das gilt insbesondere bei fehlendem Wareneinkauf (z. B. Anbaubetriebe, Backbetrieb mit Verkauf von Waren des Vortags auf Wochenmärkten). Ferner sollten Aufzeichnungen über den Verderb angefertigt und aufbewahrt werden.

Terminkalender, Kundenkarteien und andere Organisationsunterlagen

1337 In den Betrieben werden Zeit- und Belegungsnachweise aller Couleur geführt, z. B. Terminkalender, Stundenzettel bei Handwerkern, Listen über Kursteilnehmer in Tanz- und Ballettschulen oder Belegungspläne über Platzvermietungen in Sportcentern. Solche Unterlagen sind aufbewahrungs- und vorlagepflichtig, soweit sie unter § 147 Abs. 1 Nr. 1 AO fallen, Buchungsbelege i. S. d. § 147 Abs. 1 Nr. 4 AO oder sonstige für die Besteuerung bedeutsame Unterlagen i. S. d. § 147 Abs. 1 Nr. 5 AO darstellen. Ergibt sich eine Aufbewahrungspflicht nicht aus diesen Vorschriften, wird die freiwillige Aufbewahrung empfohlen.

---

296 VG Hamburg vom 07.01.2010 – 5 E 3286/09.
297 Ob die durchschnittliche Kilometerleistung je Fahrt z. B. 5 km oder 6 km beträgt, hat als wichtiger Kalkulationsparameter erhebliche Auswirkung auf das Ergebnis einer Nachkalkulation. Hier ist auch zu beachten, ob Flottenmanagementsysteme eingesetzt werden, die regelmäßig zur Verminderung von Leerfahrten bzw. zur Erhöhung der Besetztquote führen.

13.8 Maßnahmen zur Schätzungsbegrenzung

Monatliche Verbrauchswerte

In Unternehmen, in denen Abhängigkeiten zwischen Umsatz und Energiekosten vorliegen (z. B. Friseurbetriebe, Gastronomie), könnten monatliche Verbrauchswerte abgelesen, aufgezeichnet und zwecks Plausibilisierung der Tageseinnahmen vorgelegt werden.[298]

1338

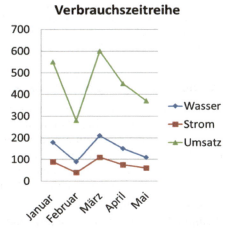

Abbildung 37: Verbrauchszeitreihe bei Abhängigkeiten zwischen Umsatz und Energiekosten
(Quelle: Eigene Darstellung)

Bei den Graphen in Abbildung 37 spricht zunächst einiges für die Ordnungsmäßigkeit der Bücher Aufzeichnungen.

1339

Zu freiwilligen Aufzeichnungen im Rahmen der Anfertigung von Tagesabschlüssen (Zählprotokolle, Schmierzettel) vgl. Kap. 6.3.5.

1340

13.8.4 Führung eines Betriebstagebuchs

Um etwa Lückenanalysen oder „auffällige" Zeitreihenvergleiche der Prüfungsdienste der Prüfungsdienste zu entkräften, bietet sich die Führung eines Betriebstagebuchs an, in dem sich tägliche Besonderheiten dokumentieren lassen, z. B.

1341

- Schließtage
- familiäre Festlichkeiten
- Trauerfälle
- Krankheit
- Begründungen für
- umsatzschwache Tage (z. B. Beeinträchtigung durch Baustelle)

---

298 *Achilles*, Kassenführung in der Gastronomie, 2. Auflage, S. 31.

- umsatzstarke Tage (z. B. Volksfest)
- ungewöhnlich hohen Wareneinsatz (z. B. Ausfall der Kühlung)
- Besonderheiten in Zeiten von Pandemien (zuletzt Coronavirus – SARS-CoV-2)[299]

1342 *Tipp:*
Betriebstagebücher erscheinen zumindest in Unternehmen sinnvoll, in denen man sich im Fall einer Außenprüfung oder Nachschau mit Plausibilitätsprüfungen, Lückenanalysen, Nachkalkulationen und Schätzungen auseinandersetzen muss (z. B. Gastronomie, Friseur, Kosmetik, u. a.). Vgl. dazu das Muster in Anhang 10.

13.8.5 (Nachträgliche) Anfertigung einer Corona-Dokumentation

1343 In Zeiten der Corona-Pandemie sahen sich Betriebe mit kaum überschaubaren behördlichen und regional unterschiedlichen Auflagen konfrontiert, die sich gravierend auf betriebliche Abläufe und damit auf Chancen zur Erzielung von Einnahmen auswirkten. Im Rahmen von Außenprüfungen oder Nachschauen werden die jeweils für den einzelnen Betrieb geltenden Besonderheiten zwangsläufig zu Auffälligkeiten und entsprechenden Nachfragen führen.

1344 Auf mögliche nachteilige Folgen in künftigen Betriebsprüfungen wurde frühzeitig hingewiesen und empfohlen, eine Corona-Dokumentation anzufertigen.[300] Zugegeben – eine weitere Dokumentation war etwas, was krisengeschüttelte Unternehmer seinerzeit nicht unbedingt gebrauchen konnten. Aus dem Verzicht auf eine solche Dokumentation erwächst nun aber die Gefahr, dass sich u. U. nicht mehr ausreichend belegen lässt, in welchen Phasen welche Vorschriften gegolten haben und welche Soforteffekte oder Nachwehen der Ausnahmezustand konkret auf den zu prüfenden Betrieb hatte.

1345 Auf der Homepage des Zentralverbands des Deutschen Handwerks (ZDH) finden sich zahlreiche Hinweise und Verlinkungen auf Gesetze und Verordnungen des Bundes und der Länder, Hygiene- und Arbeitsschutzregelungen diverser Berufsgenossenschaften sowie weitere wertvolle Informationen, die zwecks **Beweisvorsorge** für Prüfungszeiträume ab 2020 bis auf Weiteres noch abgerufen werden könnten.[301]

13.9 Hinzuschätzung bei Kapitalgesellschaften

1346 Grundsätzlich bestehen bei Kapitalgesellschaften in Bezug auf §§ 158 AO i. V. m. 162 AO keine Besonderheiten. Allerdings ist zu prüfen, ob geschätzte Betriebseinnahmen (nur) den Gewinn der Kapitalgesellschaft erhöhen oder als verdeckte Gewinnausschüttung (vGA) zu beurteilen sind. Auf Gesellschaftsebene

---

299 Kap. 13.8.5.
300 *Achilles/Jope*, DB 2020, 1417.
301 Abruf unter *https://www.zdh.de/ueber-uns/fachbereich-steuern-und-finanzen/kassenfuehrung/aktuelles/corona-dokumentation/* (abgerufen am 22. 10. 2023).

13.9 Hinzuschätzung bei Kapitalgesellschaften

spielt das grds. keine große Rolle, denn unabhängig davon, ob Hinzuschätzungen zu einer bilanziellen Erhöhung des Gewinns oder zu einer vGA-bedingten außerbilanziellen Erhöhung des Einkommens führen, im Ergebnis wirken sie sich in gleicher Höhe auf das ertragsteuerlich zu berücksichtigende Einkommen der Gesellschaft aus (§ 8 Abs. 1 und Abs. 3 KStG). Interessant ist die Frage der Behandlung von Hinzuschätzungen deshalb eher in Bezug auf die ertragsteuerlichen Konsequenzen beim Gesellschafter bzw. den Gesellschaftern. Denn nach § 20 Abs. 1 Nr. 1 Satz 1 und Satz 3 EStG gehören zu den Einkünften aus Kapitalvermögen auch sonstige Bezüge aus verdeckten Gewinnausschüttungen einer Kapitalgesellschaft.

Bei einer vGA handelt es sich um eine Vermögensminderung oder eine verhinderte Vermögensmehrung, die durch das Gesellschaftsverhältnis veranlasst ist, sich auf die Höhe des Unterschiedsbetrags i. S. d. § 4 Abs. 1 Satz 1 EStG auswirkt und nicht auf einem den gesellschaftsrechtlichen Vorschriften entsprechenden Gewinnverteilungsbeschluss beruht. Sie muss geeignet sein, beim Gesellschafter einen sonstigen Bezug auszulösen. Ob und in welcher Höhe die vGA beim Gesellschafter tatsächlich zu einem Kapitalertrag nach § 20 Abs. 1 Nr. 1 Satz 2, Nr. 9 oder Nr. 10 Buchstabe a) oder b) führt, spielt auf Ebene der Kapitalgesellschaft ertragsteuerlich (KSt, GewSt) keine Rolle.[302]   1347

Zuschätzungen aufgrund einer Nachkalkulation bei einer Kapitalgesellschaft sind als vGA an die Gesellschafter zu beurteilen, wenn die Nachkalkulation den Schluss zulässt, dass die Kapitalgesellschaft Betriebseinnahmen nicht vollständig gebucht hat und die nicht gebuchten Betriebseinnahmen den Gesellschaftern außerhalb der gesellschaftsrechtlichen Gewinnverteilung zugeflossen sind.[303] Dafür trägt das Finanzamt zwar grundsätzlich die Feststellungslast, die Gesellschafter haben gleichwohl an der Aufklärung des Sachverhalts mitzuwirken und die in ihrer Sphäre und ihrem Wissen liegenden Umstände anzugeben. Insoweit gilt die sog. **sphärenorientierte Beweisrisikoverteilung**. Entsprechendes gilt nach diesseitiger Auffassung für Zuschätzungen aufgrund von Kassenfehlbeträgen.   1348

Lässt sich der Verbleib nicht gebuchter Betriebseinnahmen nicht feststellen (z. B. Verwendung zur Bestreitung von Betriebsausgaben, Verbuchung auf „Schwarzgeldkonten" der Gesellschaft oder Nachweis der Zuwendung an andere Empfänger, auch in Diebstahlsfällen), sieht der BFH dies als hinreichendes Indiz dafür, dass der zusätzliche Gewinn an die Gesellschafter entsprechend ihrer Beteiligungsquote ausgekehrt worden ist.[304] Die Unaufklärbarkeit des Verbleibs geht zu Lasten der Gesellschafter.   1349

---

302 BFH vom 29.04.1987 – I R 176/83, BStBl. II 1983, 733; BFH vom 22.02.1989 – I R 44/85, BStBl. II 1989, 475; BFH vom 14.03.1989 – I R 8/85, BStBl. II 1989, 633; BFH vom 26.06.2013 – I R 39/12, BStBl. II 2014, 174.
303 BFH vom 12.06.2018 – VIII R 38/14.
304 BFH vom 22.09.2004 – III R 9/03, BStBl. II 2005, 160; BFH vom 24.06.2014 – VIII R 54/10; BFH vom 12.06.2018 – VIII R 38/14.

13 Schätzung der Besteuerungsgrundlagen

1350 Durch das Gesellschaftsverhältnis veranlasst ist eine Vermögensminderung oder verhinderte Vermögensmehrung bei der Kapitalgesellschaft auch, wenn sie zugunsten einer nahestehenden Person erfolgt. Sind nicht verbuchte Betriebseinnahmen an eine nahestehende Person geflossen, führt dies ebenfalls zur Annahme einer vGA, abhängig vom Einzelfall zu disquotaler Zurechnung. Die vGA ist stets dem Gesellschafter als Einnahme zuzurechnen, dem die Person nahesteht. Es kommt nicht darauf an, ob der betroffene Gesellschafter selbst einen Vermögensvorteil erlangt hat.[305]

1351 *Hinweis:*
Hinzuschätzungen bei einer GmbH aufgrund unklarer Mittelherkunft beim Gesellschafter, die durch Bargeldverkehrsrechnungen bei ihm und seiner Ehefrau zutage getreten sind, hat das FG Münster mit Urteil vom 18.05.2022 als rechtswidrig erachtet.[306]

1352 Anders als bei Schätzungen aufgrund detaillierter Nachkalkulationen oder Kassenfehlbeträgen führen bloße **Sicherheitszuschläge** aufgrund formell nicht ordnungsmäßiger Kassenführung regelmäßig (nur) zur Erhöhung des Gewinns der Kapitalgesellschaft und nicht zu einem steuerpflichtigen sonstigen Bezug auf Gesellschafterebene. Aus bloßen Nachlässigkeiten in der Kassenführung kann kein Zufluss beim Gesellschafter hergeleitet werden.

1353 *Beachte:*
Werden Zuschätzungen bei einer Kapitalgesellschaft auf die amtliche Richtsatzsammlung gestützt, sind die Besonderheiten des Körperschaftsteuerrechts zu beachten.[307]

13.10 Grundsatz der Abschnittsbesteuerung

1354 Das Finanzamt kann bei festgestellten Buchführungs- oder Aufzeichnungsmängeln in einem Jahr nicht „automatisiert" unterstellen, dass der Gewinn des vorhergehenden oder des Folgejahres ebenfalls durch nichtordnungsmäßige Bücher und Aufzeichnungen ermittelt worden ist.[308] Die Schätzungsbefugnis ist für jeden Besteuerungszeitraum getrennt zu beurteilen und in den Handakten des Prüfers ausreichend zu dokumentieren. Aus der Nichtdokumentation erwachsende Unsicherheiten gehen zu Lasten der Finanzbehörde.[309] Umgekehrt hat der Stpfl. grundsätzlich keinen Vertrauensschutz dahingehend, dass in einer Vor-BP nicht aufgegriffene Mängel in der Folge-BP unbeanstandet bleiben müs-

---

305 BMF vom 20.05.1999, BStBl. I 1999, 514.
306 FG Münster vom 18.05.2022 – 10 K 261/17 K,U, Rev. zugelassen.
307 Vgl. im Einzelnen Amtliche Richtsatzsammlung 2019, Vorbemerkungen, Nr. 8, Nr. 10.
308 FG Münster vom 05.12.2002 – 8 V 5774/02 E,G,U.
309 FG Saarland vom 28.07.1983 – I 280-281/82, EFG 1984, 5.

sen.³¹⁰ Ebenso entfaltet eine sog. Tatsächliche Verständigung (TV)³¹¹ keine Bindungswirkung für nachfolgende Besteuerungszeiträume.³¹²

Wird ein Hinzuschätzungsbetrag zunächst auf mehrere Jahre verteilt, obwohl er nur einem Jahr zuzurechnen ist, ist der Bescheid dieses Jahres nach § 174 Abs. 4 AO änderbar.³¹³ Rechtlich nicht unproblematisch ist die Verteilung von Schätzungsbeträgen vor dem Hintergrund des § 233a AO. 1355

> **Beispiel:** 1356
> Im Rahmen einer BP für die Jahre 2017–2019 sollen pauschale Sicherheitszuschläge i. H. v. 20.000 € pro Jahr festgesetzt werden. Zur Verringerung der Zinsbelastung nach § 233a AO einigt man sich auf Vorschlag des Steuerberaters auf eine Staffelung (2017: 15.000 €, 2018: 20.000 €, 2019: 25.000 €). Kommt es in einem solchen Fall (doch) zur gerichtlichen Auseinandersetzung, wird diese Handhabung einer richterlichen Überprüfung kaum standhalten.

13.11 Grundsatz von Treu und Glauben

Der im Steuerrecht verankerte Grundsatz von Treu und Glauben gilt bei der Frage, ob die Kassenführung den Anforderungen der GoB und der steuerlichen Ordnungsvorschriften genügt, nicht. Der Bundesfinanzhof hat dazu wiederholt entschieden, dass eine unrichtige Handhabung durch die Finanzverwaltung regelmäßig nicht den Anspruch begründen kann, auch in Zukunft unzutreffend besteuert zu werden. Das Finanzamt muss eine als falsch erkannte Rechtsauffassung zum frühestmöglichen Zeitpunkt aufgeben, auch wenn der Stpfl. auf diese Rechtsauffassung vertraut und entsprechende Dispositionen getroffen hat. Das gilt selbst dann, wenn die Finanzbehörde über eine längere Zeitspanne eine rechtsirrige Auffassung vertreten hat, es sei denn, sie hat eine entsprechende Behandlung in den Folgejahren zugesagt.³¹⁴ 1357

13.12 Das Instrument der tatsächlichen Verständigung (TV)

Schätzungsergebnisse bewegen sich meist innerhalb einer gewissen Bandbreite. Einzelfallabhängig kann dann im mittleren, im oberen oder im unteren Bereich geschätzt werden. Es gilt, ein der Wahrheit möglichst nahekommendes Ergebnis zu finden. Geht es um die Nichtversteuerung von Bareinnahmen, stoßen jedoch die Finanzverwaltung mit der ihr obliegenden Aufklärungspflicht (§§ 88, 199 AO) als auch u. U. der Stpfl. mit der ihm obliegenden Mitwirkungspflicht (§§ 90, 200 AO) an Grenzen. Denn gerade im Bargeldgewerbe ist nicht mehr jeder 1358

---
310 BFH vom 21.08.2012 – VIII R 11/11, BStBl. II 2013, 117 m. w. N.
311 Kap. 13.12.
312 FG Saarland vom 26.06.2008 – 1 K 1208/03, EFG 2008, 1742.
313 FG Münster vom 14.09.2021 – 2 K 1155/19 G,F.
314 BFH vom 05.09.2000 – IX R 33/97, BStBl. II 2000, 676; vom 21.08.2012 – VIII R 11/11, BStBl. II 2013, 117 m. w. N.

einzelne Sachverhalt (Geschäftsvorfall) ermittelbar, sodass ein exaktes Schätzungsergebnis allenfalls zufällig erreicht wird.

1359 Seitens des Finanzamts darf die Erwägung eine Rolle spielen, dass die (weitere) Aufklärung dann einen nicht mehr vertretbaren Zeitaufwand erfordern würde. Dabei kann auf das Verhältnis zwischen voraussichtlichem Arbeitsaufwand und steuerlichem Erfolg abgestellt werden. Das Finanzamt darf auch berücksichtigen, in welchem Umfang es sich ggf. noch mit Einspruchs- und Klageverfahren belasten würde, wenn es bei verbleibenden Unsicherheiten zum Nachteil des Stpfl. entscheidet. Insbesondere in Fällen erschwerter Sachverhaltsermittlung dient es unter weiteren Voraussetzungen dann der Effektivität der Besteuerung und dem Rechtsfrieden, wenn sich die Beteiligten über die Annahme eines bestimmten Sachverhalts verbindlich einigen können.[315]

1360 Ausgangspunkt einer TV ist der im Bürgerlichen Gesetzbuch (BGB) verankerte Grundsatz von Treu und Glauben.[316] Die Regularien zu deren Abschluss hat das Bundesfinanzministerium in seinen Schreiben vom 30.07.2008 und 15.04.2019 ausführlich dargelegt.[317] Danach ist eine TV ausschließlich als Folge einer nur unter erschwerten Umständen möglichen Sachverhaltsermittlung zulässig. Sie kommt insbesondere in Fällen in Betracht, in denen nach Erfüllung der Aufklärungspflichten des Finanzamts und der Mitwirkungspflichten des Stpfl. noch **Konkretisierungsspielräume** in puncto

- Schätzungsspielraum,
- Bewertungsspielraum,
- Beurteilungsspielraum *oder*
- Beweiswürdigungsspielraum

verbleiben. Eine TV dient nur der zügigen Erledigung des **Besteuerungsverfahrens**. Zur Verständigung im Strafverfahren vgl. § 257c StPO.[318]

1361 Soweit möglich, soll sich die TV grundsätzlich nur auf einen einzelnen Sachverhalt beziehen. Bei mehreren Sachverhalten sind möglichst mehrere voneinander unabhängige TVs anzustreben. „Paketlösungen" sollen nur dann in Erwägung gezogen werden, wenn eine Klärung der offenen Sachverhaltsfragen nur auf diesem Wege erreichbar scheint. Der Inhalt der TV ist in beweissicherer Form unter Darstellung der Sachlage schriftlich festzuhalten und von den Beteiligten zu unterschreiben. Jeder Beteiligte erhält anschließend eine gleichlautende Ausfertigung. Mit ihren Unterschriften sind die Beteiligten und auf Seiten der Stpfl. deren Gesamtrechtsnachfolger an das in der TV Vereinbarte gebunden. Nur in Ausnahmefällen kann sie angefochten werden, z.B. bei Täuschung oder

---

315 Vgl. AEAO zu § 88; BFH vom 11.12.1984 – VIII R 131/76, BStBl. II 1985, 354.
316 Vgl. §§ 133, 242 BGB.
317 BMF vom 30.07.2008, BStBl. I 2008, 831, ergänzt durch BMF vom 15.04.2019, BStBl. I 2019, 447.
318 Vgl. Gesetz zur Regelung der Verständigung im Strafverfahren vom 29.07.2009, BGBl. I 2009, 2353.

Drohung, ebenso bei Einigung über steuerliche Ergebnisse[319] oder Rechtsfragen. Über die Schätzungsbefugnis *dem Grunde nach* lässt sich mithin nicht im Rahmen einer TV einigen. Ist eine Rechtsfrage – wie die (Hinzu)Schätzungsbefugnis im Rahmen des § 162 AO – jedoch so mit einer Tatsachenfeststellung verquickt, dass eine Verständigung der einen ohne die andere nicht möglich erscheint, ist eine (mittelbare) Verständigung auch über die Rechtsfrage zulässig.[320]

Tipp: 1362
Zur Vermeidung von Formfehlern wird empfohlen, sich vor Abschluss einer TV mit den genannten BMF-Schreiben auseinanderzusetzen.

Zur tatsächlichen Verständigung bei grenzüberschreitenden Sachverhalten s. BMF-Schreiben vom 23.06.2023, BStBl. I 2023 S. 1074. 1363

13.13 Unzulässigkeit von Auflagen im BP-Bericht

Bei Erstellung eines BP-Berichts können dem Stpfl. „Hinweise" über ggf. nichtordnungsmäßige Bücher und Aufzeichnungen gegeben werden, die in Zukunft beachtet werden sollten. Auf das Abstellen von Buchführungs- und Aufzeichnungsmängeln gerichtete Auflagen für die Zukunft können dagegen nicht im Bericht niedergelegt werden; sie sind unzulässig. Dem liegt zugrunde, dass der Bericht kein Verwaltungsakt i.S.d. § 118 AO ist und der Stpfl. mithin keine Möglichkeit hat, sich mit einem Rechtsbehelf gegen eine Auflage zu wehren.[321] Der Stpfl. kann deshalb nur in einem gesonderten Verwaltungsakt außerhalb des Berichts unter Fristsetzung zum Abstellen der Mängel aufgefordert werden. Es sollte selbstverständlich sein, dass die Einhaltung erteilter Auflagen dann zeitnah im Rahmen einer Kassen-Nachschau (§ 146b AO), einer Umsatzsteuer-Nachschau (§ 27b UStG), einer Umsatzsteuer-Sonderprüfung oder einer abgekürzten Außenprüfung (§ 203 AO) überwacht wird. 1364

Auflagen der Finanzbehörde zur Erlangung des Datenzugriffsrechts sind nicht zulässig. Insbesondere kann das FA nach abgeschlossenen Außenprüfungen dem Stpfl. nicht durch Bescheid die „Auflage" erteilen, ab sofort „die im Datensystem des Unternehmens befindlichen digitalen Daten, soweit diese Bestandteile von steuerlich relevanten (und) nach den §§ 140 ff. AO und § 22 UStG aufzeichnungspflichtigen Geschäftsvorfällen sind,... aufzubewahren/zu archivieren und eine Löschung der Daten zu unterlassen". Hierfür fehlt die erforderliche gesetzliche Ermächtigungsgrundlage. Eine solche lässt sich weder aus § 146 Abs. 2, Abs. 5 Satz 2 und 3, § 147 Abs. 1, Abs. 6 Satz 1 und 2 noch § 147a Satz 6 AO entnehmen. Allerdings kann die Nichteinhaltung der steuerlichen Ordnungsvorschriften Sanktionen nach sich ziehen.[322] Kommt der Stpfl. einer (rechtmäßigen) Aufforderung zur Einräumung des Datenzugriffs nach § 147 1365

---
319 Vgl. FG Düsseldorf vom 29.07.2016 – 13 K 2088/14.
320 Niedersächsisches FG, Urteil vom 06.10.2021 – 9 K 188/18.
321 BFH vom 17.07.1985 – I R 214/82, BStBl. II 1986, 21; BFH vom 29.04.1987 – I R 118/83, BStBl. II 1988, 168, Gewährung rechtlichen Gehörs.
322 FG Düsseldorf vom 09.03.2011 – 4 K 3482/10 AO.

Abs. 6 AO nicht nach, droht einerseits die Festsetzung von Verzögerungsgeld nach § 146 Abs. 2c AO[323], andererseits die Schätzung der Besteuerungsgrundlagen nach § 162 AO.[324] Ferner können Bußgelder festgesetzt werden (§ 379 Abs. 2 AO).

13.14 Einleitung von Steuerstrafverfahren – wann besteht ein Anfangsverdacht?

1366 Ergeben sich während einer Außenprüfung zureichende tatsächliche Anhaltspunkte für eine Straftat (§ 152 Abs. 2 StPO), deren Ermittlung der Finanzbehörde obliegt, so ist die für die Bearbeitung der Straftat zuständige Stelle unverzüglich zu unterrichten. Dies gilt auch, wenn lediglich die Möglichkeit besteht, dass ein Strafverfahren durchgeführt werden muss (§ 10 Abs. 1 BpO).[325] § 10 Abs. 1 BpO konkretisiert den in §§ 386 AO, § 152 Abs. 2, 160 und 163 StPO verankerten allgemeinen strafrechtlichen Grundsatz des Legalitätsprinzips.[326]

1367 Bloße Vermutungen lösen noch keine Mitteilungspflicht aus, es müssen „zureichende tatsächliche Anhaltspunkte" für das Vorliegen einer Straftat oder Ordnungswidrigkeit gegeben sein, ohne dass die Schwelle des konkreten Anfangsverdachts i. S. d. § 152 Abs. 2 StPO überschritten sein muss. Für den Betriebsprüfer durchaus eine Gratwanderung, da er sich bei einem **konkreten Anfangsverdacht** i. S. d. § 152 Abs. 2 StPO unter dem Damokles-Schwert der §§ 258, 258a StGB bewegt (Strafvereitelung im Amt).

1368 Wenn die vage Vermutung besteht, dass der Stpfl. ein Manipulationen ermöglichendes Aufzeichnungssystem einsetzt, ist die Schwelle des Anfangsverdachts noch nicht überschritten, da ihm ggf. die Kenntnis über manipulative Einstellmöglichkeiten fehlt oder er ein solches System auch ohne manipulative Einstellmöglichkeiten oder zusätzlich erforderliche Manipulations-Software erworben oder verwendet haben könnte. Zur Schätzungsbefugnis im **Besteuerungsverfahren** in diesen Fällen s. Rz. 1224 ff.[327]

1369 Erläuternd wurden vom Bundesfinanzministerium unter dem 31.08.2009 die gleich lautenden Erlasse der obersten Finanzbehörden der Länder veröffentlicht.[328] Sie geben den Prüfungsdiensten u. a. an ausgewählten, nicht abschließenden Beispielen vor, wie § 10 Abs. 1 BpO im Einzelfall auszulegen ist. Danach besteht gegenüber den zuständigen Bußgeld- und Strafsachenstellen **bspw.** in nachfolgenden Fällen

---

323 FG Nürnberg vom 15.05.2013 – 5 K 950/11.
324 Vgl. nur BFH vom 28.10.2015 – X R 47/13 zur Nichtvorlage von Daten aus einem Warenwirtschaftssystem.
325 § 10 Abs. 1 BpO ist beim Verdacht einer Ordnungswidrigkeit sinngemäß anzuwenden (§ 10 Abs. 2 BpO).
326 § 386 AO: Zuständigkeit der Finanzbehörde bei Steuerstraftaten; § 152 Abs. 2 StPO: Legalitätsgrundsatz; § 160 StPO: Pflicht zur Sachverhaltsaufklärung; § 163 StPO: Aufgaben der Polizei im Ermittlungsverfahren.
327 Vgl. dazu BFH vom 28.11.2023 – X R 3/22.
328 Anwendungsfragen zu § 10 Abs. 1 BpO, BStBl. I 2009, 829.

13.14 Einleitung von Steuerstrafverfahren – Anfangsverdacht

Tabelle 22: Unterrichtungspflicht des Amtsträgers bei strafrechtlichem Anfangsverdacht   1370

(Noch) keine Unterrichtungspflicht	Unterrichtungspflicht
Vorliegen und Auswertung von Kontrollmitteilungen.	Kontrollmaterial hat keinen Niederschlag in der Buchführung gefunden und die Steuer wurde deshalb zu niedrig festgesetzt.

Durchführung von Kalkulationen und Verprobungen, auch wenn diese aufgrund vorhandener Differenzen erfolgen.	– wegen Vorliegens von Kontrollmaterial steht bereits fest, dass Einnahmen nicht vollständig erklärt wurden.
	– Verbleib ungeklärter Differenzen von einigem Gewicht.
	– Erklärung der Differenzen mit ggf. unplausiblen Geldzuflüssen, z. B.
	  – Verwandtendarlehen,
	  – Auslandsdarlehen,
	  – Spielbankgewinne.

Abweichung der Betriebsergebnisse von den amtlichen Richtsatzsammlung.	Neben der Abweichung von der Richtsatzsammlung treten weitere Umstände hinzu.
Rückfragen an den Stpfl. zum objektiv vorliegenden Sachverhalt oder zu Differenzen aufgrund von Verprobungen, Kontrollmaterial, o. ä.	– Nichtaufklärung mit sachgerechten Erwägungen, – nicht rechtzeitige Aufklärung bei offensichtlicher Verzögerungstaktik, – Unaufklärbarkeit.
Formelle oder kleinere materielle Buchführungsmängel.	Tatsächliche Anhaltspunkte sprechen für eine Verkürzung von Einnahmen.

(Quelle: Eigene Darstellung)

Unterrichtungspflicht besteht auch bei nachfolgenden Sachverhalten: 1371

- schwerwiegende Buchführungsmängel, insbesondere auffälliges Fehlen allgemein üblicher Belege,
- ungebundene Privatentnahmen reichen zur Deckung des Lebensunterhaltes offensichtlich nicht aus,
- verschwiegene oder irreführend bezeichnete Bankkonten (fingierte oder fremde Namen),
- wesentlich zu niedrig bewertete Aktiva oder wesentlich zu hoch erklärte Passiva,
- konkrete Verdachtsmomente auf manipulierte oder gefälschte Belege[329],
- Einreichung einer Selbstanzeige, unabhängig vom Verfahrensstadium.

Im Strafverfahren gelten andere Beweislastregeln als im Besteuerungsverfahren. Die Bußgeld- und Strafsachenstelle muss deshalb nicht unterrichtet werden bei offensichtlich fehlendem schuldhaftem und vorwerfbarem Verhalten oder   1372

---

329 Bei Gefahr im Verzug ist ggf. sofort ein Strafverfahren einzuleiten, um Beschlagnahme zu ermöglichen.

bei offensichtlich fehlender Nachweisbarkeit objektiver oder subjektiver Tatbestandsmerkmale („Gewissheit").

1373 Steht bei offensichtlich leichtfertiger Begehensweise (nur) der Verdacht einer Ordnungswidrigkeit im Raum, kann die Unterrichtung der Bußgeld- und Strafsachenstelle unterbleiben, wenn das aufgrund der Tathandlung zu erwartende steuerliche Mehrergebnis insgesamt unter 5.000 € liegt und nicht besondere Umstände hinsichtlich des vorwerfbaren Verhaltens für die Durchführung eines Bußgeldverfahrens sprechen. In Zweifelsfällen sind die Angehörigen der Finanzverwaltung gehalten, frühzeitig und ggf. formlos Kontakt mit der Bußgeld- und Strafsachenstelle aufzunehmen, insbesondere wenn erhebliche Nachzahlungen zu erwarten sind und der Verdacht einer Steuerstraftat nicht offensichtlich ausgeschlossen ist.

13.15 Richterliche Entscheidungen zu Schätzungsfällen (chronologisch/tabellarisch)

1374 Die in Tabelle 23 enthaltene Rechtsprechungsübersicht zu Schätzungsfällen und verwandten Themen beinhaltet jüngste Entscheidungen der Gerichtsbarkeit (FG, BFH, BGH u. a.) in chronologischer Form.[330]

Aufgrund der nur kurzen Halbwertzeit von Normen im Umfeld der Kassenführung sollte bei Einsichtnahme in einzelne Urteile und Beschlüsse auf die jeweiligen Streitjahre geachtet werden. Dabei ist insbesondere zu hinterfragen, ob einzelne Entscheidungen in Zeiten der zertifizierten technischen Sicherheitseinrichtung i. S. d. § 146a AO noch anwendbar sind.

1375 **Tabelle 23:** Rechtsprechungsübersicht zu Schätzungsfällen

Nr.	Entscheidung	Inhalt/Gründe
1	BFH Beschluss vom 13.03.2013 X B 16/12	Auch wenn ein Stpfl., der seinen Gewinn zulässigerweise nach § 4 Abs. 3 EStG ermittelt, zur Führung eines Kassenbuches nicht verpflichtet ist, müssen die von ihm erklärten Betriebseinnahmen auf ihre Vollständigkeit und Richtigkeit überprüfbar sein. Dokumentiert der Stpfl. seine Betriebseinnahmen in Kassenberichten, ist das FA zur Schätzung befugt, wenn diese wiederholt korrigiert und in sich widersprüchlich sind.
2	BFH Beschluss vom 03.04.2013 X B 8/12	Ist nicht feststellbar, woher die Mittel für Einlagen in das Betriebsvermögen stammen, so kann der Schluss gerechtfertigt sein, dass diese aus unversteuerten Einnahmen stammen. Einer Vermögenszuwachs- oder Geldverkehrsrechnung bedarf es dafür nicht.
3	BFH Urteil vom 24.09.2013 VI R 48/12	Keine Bindung der Gerichte an norminterpretierende Verwaltungsvorschriften.

---

330 Die Übersicht erhebt keinen Anspruch auf Vollständigkeit.

13.15 Richterliche Entscheidungen zu Schätzungsfällen

Nr.	Entscheidung	Inhalt/Gründe
4	FG Köln Urteil vom 23.10.2013 4 K 266/10	Minderung der umsatzsteuerlichen Bemessungsgrundlage wegen auf überhöhten Wechselgeldrückgaben beruhenden Kassendifferenzen – Abgrenzung zwischen Kassendifferenzen aufgrund unrichtigen Wechselgeldes und veruntreuten Bargeldherausnahmen.
5	FG Hessen Beschluss vom 24.02.2014 4 V 84/13	Zur Schätzungsbefugnis, wenn ein Asia-Restaurant mit Gewinnermittlung nach § 4 Abs. 3 EStG u.a. die Tagesabschlussbons (Z-Bons) nicht bei jedem Tagesabschluss, sondern nur wochenweise erstellt und in einer Summe im Konto Kasse bucht, die Organisationsunterlagen der Kasse nicht vorlegt, Aufzeichnungen nur teilweise vorlegt sowie seitens der Außenprüfung erhebliche Schwankungen beim Rohgewinnaufschlag und zwischen Lohnaufwand und Wareneinkauf festgestellt werden.
6	FG Rheinland-Pfalz Urteil vom 01.04.2014 5 K 1227/13	Schätzungsbefugnis bei einer Fahrschule. Die steuerrechtliche Aufbewahrungspflicht nach § 147 Abs. 1 und 3 AO umfasst alle Unterlagen und Daten, die zum Verständnis und zur Überprüfung gesetzlich vorgeschriebener Aufzeichnungen von Bedeutung sind. Hierzu gehören insbesondere Unterlagen, die Aussagen über Vorgänge zum Gewinn und seiner Ermittlung enthalten. Branchenspezifische Aufzeichnungspflichten wie die Aufzeichnungspflicht nach § 18 Fahrlehrergesetz sind steuerliche Aufzeichnungspflichten.
7	BFH Beschluss vom 28.04.2014 X B 12/14	Schätzung mittels Zeitreihenvergleich. Ein Vorschlag des Gerichtsprüfers zur Höhe der Schätzung ist für den beim FG entscheidenden Senat nicht bindend.
8	FG Sachsen-Anhalt Urteil vom 22.05.2014 1 K 515/11	Rechtmäßigkeit einer Hinzuschätzung wegen Kassenfehlbeträgen. Abgrenzung der Leistungen eines Partyservices (Regelsteuersatz, ermäßigter Steuersatz).
9	FG Köln Beschluss vom 15.07.2014 6 V 1134/14	Kassenführung mit Excel (Kassenbuch). Unterlassung einer nach § 201 AO gebotenen Schlussbesprechung. Hinzuschätzung von Umsätzen bei einem Lebensmitteleinzelhandel.
10	BFH Urteil vom 16.12.2014 X R 42/13 BStBl. II 2015, 519	Vorlagepflicht für Kasseneinzeldaten einer Apotheke im Rahmen des Datenzugriffsrechts nach § 147 Abs. 6 AO. § 144 AO steht dem nicht entgegen.
11	BFH Urteil vom 16.12.2014 X R 29/13 BFH/NV 2015, 790	Vorlagepflicht für Kasseneinzeldaten einer Apotheke im Rahmen des Datenzugriffsrechts nach § 147 Abs. 6 AO. § 144 AO steht dem nicht entgegen.
12	BFH Zwischenurteil vom 16.12.2014 X R 47/13	Vorlagepflicht für Kasseneinzeldaten einer Apotheke im Rahmen des Datenzugriffsrechts nach § 147 Abs. 6 AO. § 144 AO steht dem nicht entgegen.

13 Schätzung der Besteuerungsgrundlagen

Nr.	Entscheidung	Inhalt/Gründe
13	BFH Urteil vom 16.12.2014 VIII R 52/12[331] BStBl. II 2023, 61	Datenzugriff und Auswertung auf mobilen Geräten der Finanzverwaltung nur in den Geschäftsräumen und an Amtsstelle. Zulässigkeit der Datenspeicherung bis zum Ende des Rechtsbehelfsverfahrens.
14	FG Rheinland-Pfalz Urteil vom 07.01.2015 5 V 2068/14 wistra 2015, 284	Zur Inanspruchnahme des Gehilfen einer Steuerhinterziehung durch Haftungsbescheid: Beihilfe zur Steuerhinterziehung durch den Verkauf von Kassenmanipulationssoftware.
15	FG Münster Beschluss vom 07.01.2015 8 V 1774/14	Werden die Besteuerungsgrundlagen wegen schwerwiegender Mängel in der Buchführung eines Restaurantbetriebes auf der Grundlage eines äußeren Betriebsvergleichs geschätzt, ist dabei eine Überschreitung der höchsten Reingewinnsätze nach der Richtsatzsammlung (hier um bis zu 100 %) nicht zulässig, wenn dafür keine plausiblen Gründe bestehen.
16	FG Nürnberg Urteil vom 12.02.2015 4 K 1034/12 nachfolgend: BFH-Beschluss vom 21.09.2015 – X B 58/15	Bindungswirkung einer tatsächlichen Verständigung. Eine im Rahmen einer steuerlichen Außenprüfung getroffene tatsächliche Verständigung, die sich auf Sachverhaltsfragen bezieht, der Sachverhalt in der Vergangenheit liegt, die Sachverhaltsermittlung erschwert ist (hier: Zuschätzung von Betriebseinnahmen einer Bäckerei wegen fehlender Unterlagen; insbesondere Aufzeichnungen über Bareinnahmen, Kassenstreifen usw.), auf Seiten des Amtes ein für die Entscheidung über die Steuerfestsetzung zuständiger Amtsträger beteiligt ist und die tatsächliche Verständigung nicht zu einem offensichtlich unzutreffenden Ergebnis führt, ist bindend.
17	BFH Beschluss vom 18.03.2015 III B 43/14	Schätzungsbefugnis bei Verstoß gegen Aufzeichnungs- und Aufbewahrungspflichten im Taxigewerbe bei Gewinnermittlung nach § 4 Abs. 3 EStG. Die sich aus § 22 UStG i.V.m. §§ 63 bis 68 UStDV ergebende Pflicht zur Einzelaufzeichnung wirkt unmittelbar auch hinsichtlich der Besteuerung nach dem EStG. Taxiunternehmer haben ihre Bareinnahmen jeweils einzeln aufzuzeichnen. Aufgrund der branchenspezifischen Besonderheiten des Taxigewerbes erfüllen die sogenannten Schichtzettel in Verbindung mit den Angaben, die sich auf dem Kilometerzähler und dem Taxameter des einzelnen Taxis ablesen lassen, die sich aus der Einzelaufzeichnungspflicht ergebenden Mindestanforderungen.

---

[331] Vgl. auch BFH vom 07.06.2021 – VIII R 24/18. Der Gesetzgeber hat inzwischen auf die Rechtsprechung reagiert und eine gesetzliche Regelung eingeführt, vgl. §§ 147 Abs. 7, Art. 97 § 37 Abs. 1 EGAO, 200 Abs. 2 i.d.F. des DAC7-Umsetzungsgesetzes vom 20.12.2022, BGBl. I 2022, 2730.

13.15 Richterliche Entscheidungen zu Schätzungsfällen

Nr.	Entscheidung	Inhalt/Gründe
18	BFH Urteil vom 25.03.2015 X R 20/13 BStBl. II 2015, 743 **Hinweis:** Die hier noch missverständlich ausgedrückte Entscheidung hinsichtlich der Zählprotokolle hat der BFH mit Beschluss vom 16.12.2016 – X B 41/16, BFH/NV 2017, 310, Rz. 26, klargestellt (s. u.).	Anforderungen an die Schätzung mittels eines Zeitreihenvergleichs. Zulässigkeit von Zeitreihenvergleichen als Schätzungsmethode. (hier: Registrierkasse einfacher Bauart) Kein Anspruch des Stpfl. auf Anwendung einer bestimmten Schätzungsmethode (Rz. 61). Zählprotokolle sind nicht verpflichtend (Rz. 27). Die fehlende Datierung vorhandener und lückenlos nummerierter Z-Bons ist ein (nur) geringer Mangel.
19	BFH Urteil vom 15.04.2015 VIII R 49/12	Die bei der Schätzung von Besteuerungsgrundlagen gewonnenen Schätzergebnisse müssen schlüssig, wirtschaftlich möglich und vernünftig sein. Deshalb sind alle möglichen Anhaltspunkte, u. a. auch das Vorbringen des Stpfl. oder eine an sich fehlerhafte Buchführung zu beachten und alle Möglichkeiten auszuschöpfen, um im Rahmen des der Finanzbehörde Zumutbaren die Besteuerungsgrundlagen wenigstens teilweise zu ermitteln. Auf der anderen Seite ist aber auch das Maß der Verletzung der dem Stpfl. obliegenden Mitwirkungspflichten zu berücksichtigen. Deshalb ist es gerechtfertigt, bei einer Pflichtverletzung des Stpfl., insbesondere bei einer nicht ordnungsgemäßen Buchführung, einen Sicherheitszuschlag vorzunehmen. Der Sicherheitszuschlag lässt sich dabei als eine griffweise Schätzung, die in einem vernünftigen Verhältnis zu den erklärten oder nicht erklärten Einnahmen steht, charakterisieren.
20	BFH Urteil vom 23.04.2015 V R 32/14	Bei Stpfl., die ihren Aufzeichnungspflichten nach § 22 Abs. 2 Nr. 3 UStG nicht nachkommen, sind die Sachentnahmen nach § 162 AO zu schätzen. Dabei ist die Schätzung des FA im Klageverfahren in vollem Umfang nachprüfbar. Das FG ist nicht an die vom FA gewählte Schätzungsmethode gebunden, sondern hat eine eigene, selbständige Schätzungsbefugnis. Die Schätzung des FG gehört ebenso wie die Auswahl der Schätzungsmethode zu den tatsächlichen Feststellungen des FG, die den BFH bindet, wenn sie zulässig ist, verfahrensrechtlich einwandfrei zustande gekommen ist und weder gegen anerkannte Schätzungsgrundsätze noch gegen Denkgesetze oder allgemeine Erfahrungssätze verstößt. Anders als bei norminterpretierenden Verwaltungsvorschriften, die für die Gerichte nicht bindend sind, besteht im Bereich des Ermessens, der Billigkeit, der Typisierung und der Pauschalierung eine Selbstbindung der Verwaltung, die grundsätzlich auch von den Gerichten zu beachten ist.

13 Schätzung der Besteuerungsgrundlagen

Nr.	Entscheidung	Inhalt/Gründe
21	FG Münster Urteil v. 19.06.2015 14 K 3865/12 E,U	Schätzung der Einkünfte aus Gewerbebetrieb bei Gebrauchtwagenhandel mittels Internetplattformen (autoscout24.de, ebay.de) und Zeitungsanzeigen. Überschreiten der höchsten Reingewinnsätze nur zulässig, wenn plausible Gründe dafür vorliegen. hier: Begrenzung der Zuschätzung auf den höchsten Reingewinnsatz.
22	BFH Urteil vom 29.07.2015 X R 4/14	Die Finanzbehörde darf sich erst dann unmittelbar an andere Personen als den Beteiligten (sog. Dritte) wenden, wenn sie es im Rahmen einer vorweggenommenen Beweiswürdigung aufgrund konkret nachweisbarer Tatsachen als zwingend ansieht, dass der Versuch der Sachverhaltsaufklärung durch den Beteiligten erfolglos bleiben wird (hier: Datenzugriff).
23	FG Hamburg Urteil vom 17.9.2015 2 K 253/14, EFG 2016, 243	Nichtordnungsmäßigkeit der Kassenführung bei Verstoß gegen § 146 Abs. 4 AO: Eine ordnungsgemäße Kassenbuchführung liegt nicht vor, wenn die Aufzeichnungen erst am Monatsende und mit Hilfe eines handelsüblichen Excel-Programms erstellt werden. Denn eine Nachvollziehbarkeit des ursprünglichen Inhalts einer erfolgten Buchung ist bei durchgeführten Änderungen nicht mehr durch die Aufzeichnungen selbst gegeben.
24	BFH Beschluss vom 21.09.2015 X B 58/15 Vorinstanz FG Nürnberg Urteil vom 12.02.2015 4 K 1034/12	Keine Bindung an tatsächliche Verständigung, die zu offensichtlich unzutreffenden Ergebnissen führt. Enthalten die Grundannahmen oder das Rechenwerk einer tatsächlichen Verständigung logische Fehler, die die Annahme eines offensichtlich unzutreffenden Ergebnisses rechtfertigen, ist Rechtsfolge der Wegfall der Bindungswirkung dieser tatsächlichen Verständigung und damit ihre Unbeachtlichkeit, nicht aber ihre Umdeutung in eine – weiterhin bindende – Vereinbarung, die nun den Inhalt hat, der sich bei isolierter Korrektur der logischen Fehler ergibt. Rüge unterbliebener Sachaufklärung.
25	FG Sachsen-Anhalt Urteil vom 30.09.2015 2 K 376/15 NZB X B 194/15 als unbegründet zurückgewiesen (BFH-Beschluss vom 29.2.2016, X B 194/15, n.v.)	Die Finanzverwaltung darf im Rahmen einer BP einen Apotheker, der eine PC-Kasse verwendet, zur Überlassung der Kassendaten in elektronischer Form auffordern Der Datenzugriff ist zu gewähren.

13.15 Richterliche Entscheidungen zu Schätzungsfällen

Nr.	Entscheidung	Inhalt/Gründe
26	FG Sachsen Beschluss vom 15.10.2015 4 V 513/14	Sicherheitszuschlag i. H. v. 20 % in einem Restaurationsbetrieb: Es ist nicht ernstlich zweifelhaft, dass das Finanzamt bei einem Unternehmer, der vorwiegend Bargeschäfte tätigt, zur Erlös- bzw. Umsatzzuschätzung befugt ist, wenn die Kassenbuchführung wegen gravierender formeller Buchführungsmängel der Besteuerung nicht zugrunde gelegt werden kann, weil die für die PC-Registrierkasse erforderlichen Organisationsunterlagen nicht vorgelegt, insbesondere nicht die Bedienungsanleitung und auch nicht Programmierprotokoll (hier: Erwerb eines gebrauchten Kassensystems).
27	BFH Urteil vom 28.10.2015 X R 47/13	Schätzungsbefugnis bei Nichtvorlage digitaler Grundaufzeichnungen bei einem Waren-wirtschaftssystem mit integrierten PC-Kassen. Die Finanzbehörde ist auch dann zur Schätzung der Besteuerungsgrundlagen berechtigt, wenn die Pflicht zur Überlassung einer bestimmten Datei (hier einer Kassendatei) streitig war, der Stpfl. hierüber – ggf. auch schuldlos – irrte und die Frage erst nach Erlass der Schätzungsbescheide höchstrichterlich geklärt wurde.
28	FG Rheinland-Pfalz Urteil vom 11.11.2015 2 K 2158/13	Bei eingeschränkter Erkenntnisgrundlage zum Umfang nicht verbuchten Wareneinkaufs darf ein auf den gesamten Wareneinsatz angelegter Rohgewinnaufschlagsatz laut Richtsatzsammlung nicht zur Überschreitung des darin nachfolgend ausgewiesenen Reingewinnsatzes führen.
29	FG Hessen Urteil vom 11.11.2015 12 K 791/11	Anforderungen an die Aufzeichnungen bei Leerung geschlossener Ladenkassen (Videokabinen) und Kinoeinnahmen eines Sexshops.
30	FG Münster Urteil vom 04.12.2015 4 K 2616/14 E,G,U EFG 2016, 169	Hinzuschätzung von Umsätzen und Gewinn wegen formeller Mängel der Kassenführung (hier: Programmierprotokolle) bei einem Restaurant mit asiatischem Speisenangebot – Besonderheiten bei zusätzlichem Außerhausverkauf. Die auf betriebsinternen Daten aufbauende Schätzung auf Grundlage einer Getränkekalkulation (sog. „30/70-Methode"), bei der aus der Höhe der kalkulierten Getränkeumsätze Rückschlüsse auf die Höhe der Speiseumsätze gezogen werden, ist grundsätzlich eine geeignete Schätzungsmethode. Für den Außerhausverkauf eignet sie sich nicht.
31	FG Hamburg Urteil vom 18.12.2015 2 K 281/14	Gutachten des Sachverständigenbüros Linne & Krause über die wirtschaftliche Lage des Hamburger Taxigewerbes bieten eine geeignete Schätzungsgrundlage. Schätzungsunsicherheiten gehen zu Lasten des Stpfl., der seine Aufzeichnungspflichten verletzt hat.

13 Schätzung der Besteuerungsgrundlagen

Nr.	Entscheidung	Inhalt/Gründe
32	FG Hamburg Urteil vom 23.02.2016 2 K 31/15 nachfolgend: NZB X B 32/16	Zuschätzung im Rahmen der Außenprüfung eines Dönerrestaurants bei fehlenden Grundaufzeichnungen. Im Zeitpunkt der Außenprüfung festgestellte Umsätze können den zurückliegenden Jahren zugrunde gelegt werden, wenn sich die wirtschaftlichen Verhältnisse zwischenzeitlich nicht wesentlich geändert haben. Stpfl. trifft die Beweislast dafür, dass beispielsweise ein „Döner-Krieg" die Preisgestaltung beeinflusst hat.
33	BGH Beschluss vom 06.04.2016 1 StR 523/15 wistra 2016, 363	Steuerhinterziehung: Schätzung der Besteuerungsgrundlagen bei Steuerverkürzung durch ein Taxi- und Mietwagenunternehmen. Zulässigkeit von Schätzungen im Steuerstrafverfahren.
34	FG Bremen Urteil vom 20.04.2016 1 K 88/13 (6)	Für eine ordnungsgemäße Kassenbuchführung ist erforderlich, dass sich sämtliche Stornobuchungen einwandfrei aus den Unterlagen ergeben und ohne Probleme nachvollziehbar sind (vgl. Beschluss des Niedersächsischen Finanzgerichts vom 02.09.2004 10 V 52/04). Im Hinblick auf § 146 Abs. 4 AO ist zumindest zu fordern, dass nachträgliche Änderungen einmal eingegebener Daten jederzeit nachvollziehbar sind (vgl. Beschluss des FG München vom 04.05.2010 13 V 240/10). Sind in einem Schnellrestaurant Kasseneinnahmen und Kassenausgaben nicht täglich, sondern nur monatlich festgehalten und Tageseinnahmen in großem Umfang storniert worden, ohne dies in der Buchführung nachvollziehbar festzuhalten, sodass die ordnungsgemäße Verbuchung der täglichen Kasseneinnahmen nicht mehr nachprüfbar ist, bildet dies einen besonders schwerwiegenden Mangel der Kassenbuchführung, der die Finanzbehörde zu einer Schätzung gemäß § 162 Abs. 2 AO befugt.
35	FG Niedersachsen Urteil vom 10.05.2016 8 K 175/15 nachfolgend: BFH-Beschluss v. 11.01.2017 X B 104/16	Schätzungsbefugnis bei fehlenden Organisationsunterlagen. Ausbeutekalkulation ist anerkannte Schätzungsmethode.

13.15 Richterliche Entscheidungen zu Schätzungsfällen

Nr.	Entscheidung	Inhalt/Gründe
36	BFH Beschluss v. 25.07.2016 X B 213/15, X B 4/16, BFH/NV 2016, 1679[332]	Der Stpfl. hat grundsätzlich Anspruch auf Mitteilung von Kalkulationen in elektronischer Form, um ihm die Möglichkeit der Kontrolle einzuräumen. Ein Anspruch auf Überlassung der Programme (z. B. SRP, IDEA) erwächst daraus nicht.
37	FG Hamburg Beschluss vom 01.08.2016 2 V 115/16	Auch bei der Einnahmenüberschussrechnung müssen Geschäftsvorfälle fortlaufend, vollständig und richtig verzeichnet werden. Im bargeldintensiven Bereich ist dafür regelmäßig die Führung von Aufzeichnungen ähnlich einem Kassenbuch oder einem Kassenbericht notwendig. Eine veränderbare Excel-Tabelle genügt diesen Anforderungen regelmäßig nicht. Für die Leistungen eines Partyserviceunternehmens gilt der ermäßigte Steuersatz gemäß § 12 Abs. 2 Nr. 1 UStG grundsätzlich nur dann, wenn es sich um reine Lieferung von Standardspeisen handelt. Bei einem erheblichen Dienstleistungsanteil bei der Speisezubereitung bzw. Darreichung (spezielle Fertigung nach Kundenwunsch und Lieferung zu einer bestimmten Zeit) oder zusätzlichen Dienstleistungselementen (z. B. Gestellung von Personal, Mobiliar) kommt der ermäßigte Steuersatz regelmäßig nicht zur Anwendung.
38	FG Berlin-Brandenburg Beschluss v. 24.08.2016 5 V 5089/16 EFG 2017, 12	Fehlende Aufrüstung eines Kassensystems zur Erfüllung der Anforderungen des BMF-Schreibens vom 26.11.2010 als wesentlicher Mangel. Unzulässigkeit der Quantilsschätzung.

---

332 Die Beschlüsse sind nicht verwaltungsseitig veröffentlicht und daher über den entschiedenen Einzelfall hinaus nicht anzuwenden. Gleichwohl muss dem Stpfl. Gelegenheit gegeben werden, die Ermittlung der Kalkulationsergebnisse einschließlich der Rechenschritte nachvollziehen zu können, vgl. BFH vom 31.07.1974 – I R 216/72. Insoweit besteht grundsätzlich Unterrichtungspflicht gem. § 199 Abs. 2 AO im Außenprüfungsverfahren; gem. § 364 AO im außergerichtlichen Rechtsbehelfsverfahren, gem. § 75 FGO im Klageverfahren. Ab 25.05.2018 gilt zudem Art. 15 Abs. 3 DSGVO i.V.m. § 32c AO; vgl. hierzu *Bleschick*, DStR 2018, 1050, *Walfort*, beck.digitax 2022, 109.

Nr.	Entscheidung	Inhalt/Gründe
39	FG Hamburg Beschluss vom 26.08.2016 6 V 81/16	Der Begriff des Belegs ist funktional zu verstehen. Geschäftsvorfälle müssen sich in ihrer Entstehung und Abwicklung anhand von Belegen verfolgen lassen. Die Aufbewahrungspflicht des Stpfl. von Unterlagen und Daten, die zum Verständnis und zur Überprüfung der gesetzlich vorgeschriebenen Aufzeichnungen von Bedeutung sind, umfasst neben Unterlagen in Papierform auch alle Unterlagen in Form von Daten, Datensätzen und elektronischen Dokumenten, die dokumentieren, dass die Ordnungsvorschriften umgesetzt und deren Einhaltung überwacht wurde. Aufzubewahren sind insbesondere die elektronische Journaldatei, in der jede neue Buchung an das Dateiende angefügt wird und Änderungen oder Löschungen nicht möglich sind. Gleiches gilt für Programmierprotokolle, die nachträgliche Änderungen dokumentieren. Bei Vorliegen der Voraussetzungen zur Schätzung von Besteuerungsgrundlagen dem Grunde nach kann zur Durchführung der Schätzung die Methode der Quantilsschätzung angewandt werden (hier: mit erheblichen Abschlägen durch FG). Besonderheit Schwarzeinkäufe.
40	BFH Beschluss v. 13.09.2016 X B 146/15 BFH/NV 2016, 1747	Richtsatzschätzung: Auswahl der Schätzungsmethode steht im Ermessen des FA (§ 5 AO) bzw. des FG (§ 96 FGO). Grundsätzlich hat der Stpfl. keinen Anspruch auf Anwendung einer bestimmten Schätzungsmethode. Es besteht auch keine Verpflichtung, das aufgrund einer (zulässigen) Schätzungsmethode gewonnene Ergebnis durch Anwendung einer weiteren Schätzungsmethode zu überprüfen oder zu untermauern.

13.15 Richterliche Entscheidungen zu Schätzungsfällen

Nr.	Entscheidung	Inhalt/Gründe
41	FG Hamburg Beschluss v. 31.10.2016 2 V 202/16 EFG 2017, 265	Zulässigkeit der Quantilsschätzung. Die elektronische Bereitstellung von Buchführungsdaten umfasst auch die Verpflichtung, Programme zur Lesbarmachung der Daten zur Verfügung zu stellen. Es stellt einen formellen Mangel der Buchführung dar, wenn Handbücher, Programmierprotokolle, die nachträgliche Änderungen dokumentieren, und sonstige Organisationsunterlagen des benutzten Kassensystems nicht vorgelegt werden können (hier: Erwerb eines gebrauchten Kassensystems). Die Methode der Quantilsschätzung ist grundsätzlich geeignet, bei einer nicht ordnungsgemäßen Buchführung unter Heranziehung der betriebseigenen Daten eine Hinzuschätzung vorzunehmen. Da die Quantilsschätzung denklogisch immer zu einem Mehrergebnis führt, bildet sie nur dann eine sachgerechte Schätzungsgrundlage, wenn aus anderen Gründen feststeht, dass die Buchführung nicht nur formell, sondern auch materiell unrichtig ist.
42	BFH Beschluss vom 08.11.2016 I B 137/15 BFH/NV 2017 S. 433	Ein qualifizierter Rechtsanwendungsfehler in Gestalt einer objektiv willkürlichen FG-Entscheidung kann dann gegeben sein, wenn das vom FG gefundene Schätzungsergebnis schlechterdings unvertretbar (wirtschaftlich unmöglich) ist oder krass von den tatsächlichen Gegebenheiten abweicht und wenn in keiner Weise erkennbar ist, dass überhaupt oder welche Schätzungserwägungen angestellt worden sind.
43	BFH Beschluss v. 16.12.2016 X B 41/16 BFH/NV 2017, 310 **Hinweis:** Hinsichtlich der Zählprotokolle Klarstellung des missverständlichen Leitsatzes im BFH-Urteil vom 25.03.2015 – X R 20/13 (s.o.).	Die Ordnungsmäßigkeit der Kassenbuchführung erfordert bei Bareinnahmen, die mittels einer offenen Ladenkasse erfasst werden, einen täglichen Kassenbericht, der auf der Grundlage eines tatsächlichen Auszählens der Bareinnahmen erstellt worden ist. Ein „Zählprotokoll", in dem die genaue Stückzahl der vorhandenen Geldscheine und -münzen aufgelistet wird, ist nicht erforderlich
44	BGH Urteil v. 20.12.2016 1 StR 505/16	Richtsatzsammlung als geeignete Schätzungsgrundlage im Steuerstrafverfahren, wenn andere Schätzungsmethoden nicht in Betracht kommen (Begründungspflicht). Begründungspflicht besteht auch für die Höhe des verwendeten Wertes, dabei sind die örtlichen und betrieblichen Besonderheiten zu berücksichtigen.[333]

---

[333] Siehe dazu kritisch *Beyer*, NWB 2018, 2921 unter Hinweis auf die Antwort der Bundesregierung auf die Kleine Anfrage des Abgeordneten *Stefan Keuter* und der Fraktion der AfD zur Ermittlung der Richtsatzsammlung, BT-Drucks. 19/4238 vom 11.09.2018; BT-Drucks. 19/3987 vom 27.08.2018.

13 Schätzung der Besteuerungsgrundlagen

Nr.	Entscheidung	Inhalt/Gründe
45	FG Berlin-Brandenburg Beschluss vom 09.01.2017 4 V 4255/15 4 V 4265/15 EFG 2017, 537 Beschwerde zum BFH zugelassen (s. BFH-Beschluss vom 18.07.2017 – IV B 4/17, n.v.).	Schätzung bei fehlenden Kassenaufzeichnungen. Zur Zulässigkeit einer Quantilsschätzung bei einem Gaststättenbetrieb mit erheblichen Aufzeichnungsmängeln, u.a. Fehlen sämtlicher Ursprungsaufzeichnungen (Abweichung vom Beschluss des FG Berlin-Brandenburg vom 24.8.2016 – 5 V 5089/16).
46	BFH Beschluss v. 11.01.2017 X B 104/16 BFH/NV 2017, 561 s.a. BFH-Beschluss v. 23.02.2018, X B 65/17	Zulässigkeit von Schätzungen nach der 30/70-Methode (Getränkekalkulation mit anschließender Hochrechnung auf den Gesamtumsatz einer Speisegaststätte). Fehlende Unterlagen zur Dokumentation der Kassenprogrammierung kein Grund zur Beauftragung eines Sachverständigengutachtens. Der Stpfl. kann den Zustand der Programmierung aber anhand geeigneter Ersatzunterlagen darlegen.
47	FG Niedersachsen Beschluss v. 19.01.2017 8 V 155/16	Vorlagepflicht elektronischer Einzeldaten 2 % Hinzuschätzung bei fehlenden Kasseneinzeldaten
48	BFH Beschluss v. 07.02.2017 X B 79/16 BFH/NV 2017, 774	Lücken in der Rechnungsnummernabfolge können eine Schätzung als nötig erscheinen lassen, wenn die Vollständigkeit der Tageseinnahmen nicht mehr als gewährleistet anzusehen ist. Ein pauschaler Sicherheitszuschlag ist wirtschaftlich vernünftig zu wählen.
49	FG Berlin-Brandenburg Beschluss v. 13.02.2017 7 V 7345/16	Zu den Anforderungen an eine ordnungsgemäße Kassenführung bei einer Schubladenkasse eines Friseurs (Geschäftszweig: Haarverlängerung). Schätzung wegen fehlender Ursprungsaufzeichnungen und mangelhaften Kassenberichten. Lose Notizzettel sind nicht ausreichend.
50	BFH Urteil v. 20.03.2017 X R 11/16 BStBl. II 2017, 992 s.a. BFH, Beschluss v. 26.02.2018 – X B 53/17, BFH/NV 2018, 820)	Geldspeicher von Geldeinwurf-Automaten sind Kassen. Daher ist bei ihrer Leerung der Bestand zu zählen und das Ergebnis aufzuzeichnen, um die Kassensturzfähigkeit zu gewährleisten. Auch die griffweise Schätzung in Form eines (Un-)Sicherheitszuschlags muss schlüssig, wirtschaftlich möglich und vernünftig sein; deshalb muss das Ergebnis dieser Schätzung vom FG ausreichend begründet und auf seine Plausibilität hin überprüft werden.
51	FG Sachsen Urteil v. 22.03.2017 6 K 575/15	Grobe, überschlagsmäßige Nachkalkulation ist nicht geeignet, eine Schätzungsbefugnis zu begründen. Da eine Nachkalkulation mit Unsicherheitsfaktoren verbunden ist und ihrem Wesen nach selbst eine Schätzung darstellt („Schätzungsbefugnis durch Schätzung"), müssen an diese hohe Anforderungen gestellt werden.

13.15 Richterliche Entscheidungen zu Schätzungsfällen

Nr.	Entscheidung	Inhalt/Gründe
52	FG Münster Urteil v. 29.03.2017 7 K 3675/13 E,G,U EFG 2017, 846 aufgehoben durch BFH, Beschluss v. 23.02.2018 – X B 65/17 (Zurückverweisung)	Manipulierbarkeit komplexer Kassensysteme: Das Fehlen von Programmierprotokollen für ein programmierbares elektronisches Kassensystem berechtigt jedenfalls bei bargeldintensiven Betrieben (wie hier bei Friseursalons) zu einer Hinzuschätzung von Umsätzen und Einnahmen, wenn eine Manipulation der Kasse nicht ausgeschlossen werden kann. Der bloße Hinweis auf die Datenbank und das Angebot, diese (durch Sachverständige oder den Softwarehersteller) begutachten zu lassen, genügt als substantiierter Beweisantritt nicht. Ein PC-gestütztes Kassensystem, das auf der Software Microsoft Access basiert, kann als manipulationsanfällig angesehen werden. Dabei kommt es nicht darauf an, durch wen oder mit welchem Aufwand dies möglich ist und ob die Kasse tatsächlich manipuliert worden ist.
53	BGH Urteil vom 09.05.2017 1 StR 265/16	Verhängung einer Geldbuße gegen einen Nebenbeteiligten im Steuerstrafverfahren: Minderung der Geldbuße gegen eine sog. Leitungsperson bei Installation eines Compliance-Systems zur Vermeidung von Rechtsverstößen
54	BFH Beschluss v. 31.05.2017 I B 102/16	Strafschätzung
55	FG Berlin-Brandenburg Urteil vom 13.06.2017 6 K 6146/16 EFG 2017, 1859 Nachfolgend BFH-Urteil vom 27.07.2022 – II R 10/19.	Statistikstreifen von Geldspielautomaten gehören zu den sonstigen aufbewahrungspflichtigen Unterlagen i.S.d. § 147 Abs. 1 Nr. 5 AO. Die Löschung der in Geldspielautomaten gespeicherten Einspielergebnisse stellt auch dann einen Verstoß gegen §§ 146 ff. AO dar, wenn die Automaten von der Physikalisch-Technischen Bundesanstalt für den gewerblichen Bereich zertifiziert sind.

13 Schätzung der Besteuerungsgrundlagen

Nr.	Entscheidung	Inhalt/Gründe
56	BFH Beschluss v. 12.07.2017 X B 16/17 BFH/NV 2017, 1204 inhaltsgleich mit Parallelentscheidung vom 18.07.2017 zur Gewinnfeststellung (IV B 4/17, n.v.).	Anforderungen an die Aufzeichnungen bei Gewinnermittlung durch Einnahmen-Überschuss-Rechnung und Verwendung einer offenen Ladenkasse. Der BFH hält die zum Zeitreihenvergleich ergangene Rechtsprechung (insbes. Drei-Stufen-Theorie) auch für die Quantilsschätzung für anwendbar. Im nur summarischen ADV-Verfahren (!) hat er die Quantilsschätzung nicht verworfen, sondern offengelassen, ob sie als Schätzungsmethode geeignet ist. – Zweifel an der fehlenden Grundgesamtheit (nur 36 monatliche Einzelwerte), – Zweifel an der Richtigkeit des 80-%-Quantils (der BFH regt insoweit an, für ein künftiges Grundsatzverfahren ein Sachverständigen-Gutachten einzuholen). Einzelhandelsrechtsprechung kann auch auf Klein-Dienstleister anwendbar sein. Unabhängig von den digitalen Prüfungsmethoden äußerte der BFH auch „versteckte" Kritik an der Gesetzgebung zur offenen Ladenkasse ohne Einzelaufzeichnungen, da sie systembedingt keine Vollständigkeit gewährleisten kann. Allein aus dem Umstand lässt sich jedoch keine Vollschätzung herleiten. Zumindest scheint der BFH in diesem Punkt aber über eine Verschärfung der Rechtsprechung nachzudenken (Rz. 86, 88).
57	BFH Beschluss vom 18.07.2017 IV B 4/17	s. BFH-Beschluss v. 12.07.2017 – X B 16/17, BFH/NV 2017, 1204 (Parallelfall) vorgehend: FG Berlin-Brandenburg vom 09.01.2017 – IV V 4255/15
58	FG Hamburg Beschluss vom 18.07.2017 6 V 119/17	Bei mangelhafter Buchführung kann eine Zuschätzung aufgrund der sog. Quantilsschätzung vorgenommen werden, wenn der Stpfl. keine konkreten Einwendungen erhebt, die eine andere Schätzung begründen könnten.
59	BFH Beschluss vom 23.08.2017 X R 11/16	Schätzung des FG muss für BFH nachvollziehbar sein. (Keine) gesetzliche(n) Vorgaben, wie Kassenaufzeichnungen zu führen sind: Der Stpfl. ist in der Wahl des Aufzeichnungsmittels frei und kann entscheiden, ob er seine Warenverkäufe manuell oder unter Zuhilfenahme technischer Hilfsmittel – wie einer elektronischen Registrier- oder PC-Kasse – erfasst (vgl. im Hinblick auf Warenverkäufe eines Kaufmanns auch Senatsurteil vom 16. Dezember 201 – X R 47/13, BFH/NV 2015, 793).
60	FG Hamburg Urteil vom 29.08.2017 2 K 238/16	Externe Gutachten über die wirtschaftliche Lage im Taxigewerbe können als Schätzungsgrundlage herangezogen werden (hier: Freie und Hansestadt Hamburg, Sachverständigenbüro Linne & Krause).

13.15 Richterliche Entscheidungen zu Schätzungsfällen

Nr.	Entscheidung	Inhalt/Gründe
61	FG München Beschluss vom 06.10.2017 7 V 2008/17	Anforderung an die Kassenbuchführung einer Diskothek – Hinzuschätzung unter Anwendung der Richtsatzsammlung eines anderen Bundeslandes. Schätzungsbefugnis bei fehlenden Ursprungsaufzeichnungen in Bar/Diskothek. Lose Zettelsammlung genügt den Anforderungen an ordnungsmäßige Kassenführung nicht.
62	FG Sachsen Urteil v. 26.10.2017 6 K 841/15 EFG 2018, 165	Hohe Anforderungen an Verprobungsmethoden zur Darlegung der sachlichen Unrichtigkeit. Fehlen einer Schnittstelle für den Datenexport allein nicht ausreichend für Schätzungsbefugnis; Pflicht zum Vorhalten einer Schnittstelle weder im Gesetz noch allgemeingültig in den GDPdU als norminterpretierende Verwaltungsanweisung geregelt.
63	FG Münster Urteil vom 20.11.2017 4 K 2911/13 E,G,U	Vertretbarkeit der Datenverweigerung?
64	FG Rheinland-Pfalz Urteil vom 22.11.2017 2 K 2119/15	Zuschätzungen bei einem Imbissbetrieb: In Fällen, in denen der Stpfl. Waren von geringem Wert an eine Vielzahl nicht bekannter Personen gegen Barzahlung verkauft, hat die Erleichterung bei der Aufzeichnung der Einnahmen erhöhte Anforderungen an die Kassenführung als solche zur Folge.
65	FG Düsseldorf Urteil vom 24.11.2017 13 K 3811/15 G,U 13 K 3812/15 F NZB, Az. BFH IV R 1/18 und 2/18 Nachfolgend: BFH-Urteil vom 16.12.2021, IV R 1/18 (Zurückverweisung)	Ermittlung der Schätzungshöhe anhand von im Müll aufgefundener Z-Bons aus Folge-jahren (besondere Form des internen Betriebsvergleichs).
66	FG Köln Urteil v. 07.12.2017 15 K 1122/16 EFG 2018, 375	Fehlende Verpflichtung zur Vergabe lückenloser Rechnungsnummern bei Gewinnermittlung nach § 4 Abs. 3 EstG.
67	BFH Urteil v. 12.12.2017 VIII R 5/14 BFH/NV 2018, 602 Zurückverweisung an FG Berlin-Brandenburg s. a. BFH-Urteile vom 20.03.2017, X R 11/16 und vom 26.02.2018, X B 53/17	Begründungstiefe pauschaler Sicherheitszuschläge: – Vorrang der Sachaufklärung, – Anforderungen an die Begründung zur Auswahl der Schätzungsmethode und zur Höhe der griffweisen Schätzung. Stellt das FG formelle Fehler bei der Aufzeichnung der Betriebsausgaben fest, hat es schlüssig zu begründen, warum aus diesen Fehlern im konkreten Fall eine Schätzung der Betriebseinnahmen erwachsen soll. Im Wesentlichen inhaltsgleich mit BFH-Urteil v. 12.12.2017, VIII R 6/14, BFH/NV 2018, 606.

13 Schätzung der Besteuerungsgrundlagen

Nr.	Entscheidung	Inhalt/Gründe
68	BFH Urteil v. 12.12.2017 VIII R 6/14 BFH/NV 2018, 606	Im Wesentlichen inhaltsgleich mit BFH-Urteil v. 12.12.2017, VIII R 5/14, BFH/NV 2018, 602.
69	FG Hamburg Beschluss v. 08.01.2018 2 V 144/17	Ordnungsmäßigkeit der Buchführung bei EÜR, hier: Hinzuschätzung bei einem Restaurant mit Lieferservice. Schätzungsbefugnis bei nicht dokumentierten Umprogrammierungen, fehlenden Geldmitteln zur Bestreitung des Lebensunterhaltes, Schwarzeinkäufen, fehlenden Stornobuchungen für drei Jahre und Z-Bons, die nur die Inhouse-Umsätze enthalten, während dessen die Außer-Haus-Umsätze nur monatlich vom Steuerberater verbucht wurden (Erfordernis von Kassen-aufzeichnungen des Fahrers).
70	FG Hamburg Beschluss v. 16.01.2018 2 V 304/17	Voraussetzungen der Schätzung bei §4 Abs. 3 EstG. Einzelaufzeichnungspflicht einer Eisdiele bei Verwendung eines modernen PC-Kassensystems auch für den Fensterbereich.
71	FG München Urteil v. 18.01.2018 10 K 3036/16 Rev. eingelegt Az. BFH X R 8/18 (erl.)	Reichweite der Verpflichtung zur Vorlage von elektronischen Aufzeichnungen bei Einnahmen-Überschussrechnung. Datenzugriff auf Unterlagen, die nach sonstigen Vorschriften aufzuzeichnen und nach §147 Abs. 1 AO aufzubewahren sind.
72	FG Münster Urteil vom 18.01.2018 10 K 3036/16	Datenzugriffsrecht nach §147 Abs. 6 AO nur auf Unterlagen i. S. d. §147 Abs. 1 AO
73	BFH Beschluss v. 19.01.2018 X B 60/17 BFH/NV 2018, 530 Zurückverweisung an FG Düsseldorf	Unterlassene Hinweispflicht des Finanzgerichts auf einen Wechsel der Schätzungsmethode stellt einen reversiblen Verfahrensmangel dar (hier: Wechsel vom ZRV zur Richtsatzschätzung).

13.15 Richterliche Entscheidungen zu Schätzungsfällen

Nr.	Entscheidung	Inhalt/Gründe
74	BFH Beschluss v. 23.02.2018 X B 65/17 BFH/NV 2018, 517, Rz. 36 Zurückverweisung an FG Münster	Bei Programmierprotokollen geht es nicht um die Daten selbst, sondern um die Dokumentation der Programmierung. (Diese) Organisationsunterlagen können auch auf Datenträgern aufbewahrt werden (Rz. 32c). Fehlt es an der Verfahrensdokumentation, handelt es sich um einen schwerwiegenden Mangel, der grundsätzlich zur Hinzuschätzung berechtigt (Anschluss an BFH-Urteil X R 20/13), es sei denn der Stpfl. kann darlegen, dass seine Kasse nicht manipulierbar war oder er erbringt den Nachweis darüber, dass er trotz Manipulationsmöglichkeit keine Manipulationen vorgenommen hat. Der Nachweis kann u. a. beigebracht werden durch – Vorlage der Datenbank, – Einholung eines Sachverständigengutachtens oder – Zeugenaussagen des Kassenherstellers. Die fehlende Manipulierbarkeit sah der BFH bei Registrierkassen älterer, sehr einfacher Bauart als möglich an (vgl. BFH X R 20/13, Rz. 28). Ob die Rechtsprechung auf moderne, beliebig programmierbare Kassen übertragbar ist, hat der BFH offengelassen, sieht die Frage aber als grundsätzlich bedeutsam an (vgl. BFH X B 65/17, Rz. 36).[334] Keine Schätzung der Hauptkasse bei Nichtdeklaration des Trinkgelds (Sparschwein). Fehlergewichtung bei nur teilweise nicht aufbewahrten Gutscheinen
75	BFH Beschluss v. 26.02.2018 X B 53/17 BFH/NV 2018, 820 Zurückverweisung an Hessisches FG s. a. BFH-Urteil vom 20.03.2017, X R 11/16	Grundsatz der „kassenscharfen" Betrachtungsweise. Sachaufklärungspflicht geht der Festsetzung pauschaler Sicherheitszuschläge vor. Begründungspflicht für pauschalen Sicherheitszuschlag. Schätzungsergebnisse müssen schlüssig, wirtschaftlich möglich und vernünftig sein. Es liegt ein Verfahrensfehler vor, wenn sich das FG sich nicht mit der Plausibilität seiner griffweisen Schätzung auseinandergesetzt hat, obwohl der Rechtsbehelfsführer substantiiert vorgetragen hat, dass er die geschätzten Umsätze und Gewinne nicht erzielen kann.

---

[334] *Wulf/Schüller,* DB 2019, 328 (334) unter Tz. III. 5, sehen eine gewisse Wahrscheinlichkeit, dass der BFH eine aufwändige Manipulierbarkeit komplexer Kassensysteme ähnlich entlastend für den Stpfl. einordnen wird wie die Nichtmanipulierbarkeit einfacher Systeme.

13 Schätzung der Besteuerungsgrundlagen

Nr.	Entscheidung	Inhalt/Gründe
76	FG Hamburg Urteil v. 05.03.2018 3 K 205/15 EFG 2018, 1081 NZB, Az. BFH X B 57/18	Hinzuschätzung auf Grund einer Quantilsschätzung im Einzelfall (hier: mehrfach abgesichertes Schätzungsergebnis): Bei erheblichen formellen Mängeln der Aufzeichnungen der Bareinnahmen ist eine Hinzuschätzung auf der Grundlage einer Quantilsschätzung im Einzelfall zulässig, wenn das Ergebnis durch weitere Erkenntnisse (hier: Ergebnisse einer stochastischen Untersuchung) und eine partielle Nachkalkulation gestützt wird und anderweitige Schätzungsmethoden wie eine Geldverkehrsrechnung und eine Ausbeutekalkulation nicht in Betracht kommen.
77	FG Nürnberg Beschluss v. 12.04.2018 2 V 1532/17	Hinzuschätzung von Umsätzen einer Kaffeebar nach BP: Aussetzung der Vollziehung bei nicht ausgeräumten Zweifeln an der Schätzungsbefugnis des Finanzamts. Strichliste in der Gastronomie ein Mangel? Kalkulationsweg muss nachvollziehbar dargestellt und dokumentiert werden.
78	FG Köln Beschluss v. 06.06.2018 15 V 754/18	Schätzung bei fehlenden Organisationsunterlagen eines Mehrfilialbetriebs mit sog. proprietärem Kassensystem (hier: Bäckerei). Zustand der Programmierung im Zeitpunkt der Auslieferung und Inbetriebnahme der Kasse von hoher Bedeutung. Prüfungsmaßstab bei Sicherheitszuschlag 5 %.
79	FG Baden-Württemberg Urteil vom 12.06.2018 8 K 501/17 EFG 2019, 173 Rev. BFH IV R 34/18 (erl.)	Rechtslage zur Erfassung von Bareinnahmen: Fehlen einer gesetzlichen Verpflichtung zur Führung einer elektronischen Registrierkasse führt nicht zu einem strukturellen Vollzugsdefizit.
80	FG München Urteil vom 27.06.2018 1 K 2318/17 nachfolgend: BFH vom 07.06.2021 VIII R 24/18 BStBl. II 2023, 63	Aufforderung zur Überlassung eines Datenträgers nach § 147 Abs. 6 AO muss erkennen lassen, wo Datenzugriff und Auswertung der Daten erfolgen soll und ob, wo und wie lange die Daten vom FA gespeichert werden. Datenerhebung nur in Geschäftsräumen des Stpfl. oder an Amtsstelle; nach Abschluss der BP dürfen die Daten nicht weiter auf dem Laptop des Prüfers, sondern nur noch – ggf. bis zur Beendigung des Rechtsbehelfsverfahrens – an Amtsstelle gespeichert werden.[335]
81	FG Münster Urteil vom 28.06.2018 6 K 1929/15 AO	Vorlagepflicht einer Apotheke für Kasseneinzeldaten in elektronischer Form im Rahmen einer Außenprüfung. Datenzugriffsrecht des Finanzamts – Geltungsbereich von § 144 AO.
82	FG Hamburg Beschluss vom 29.06.2018 2 V 290/17	Die Führung eines Umsatzsteuerhefts allein (hier: Marktbeschicker) erfüllt nicht die Anforderungen an die Aufzeichnungspflichten nach § 4 Abs. 3 EStG.

---

335 Der Gesetzgeber hat inzwischen auf die Rechtsprechung reagiert, vgl. §§ 147 Abs. 7, 200 Abs. 2 i.d.F. des DAC7-Umsetzungsgesetzes vom 20.12.2022, BGBl. I 2022, 2730.

13.15 Richterliche Entscheidungen zu Schätzungsfällen

Nr.	Entscheidung	Inhalt/Gründe
83	BFH Beschluss v. 06.08.2018 X B 22/18 BFH/NV 2018, 1237	Strafschätzung (hier: Abgrenzung zwischen Rechtswidrigkeit und Nichtigkeit sowie zwischen subjektiver und objektiver Willkürmaßnahme): Die bloße Absicht der Finanzbehörde, den Stpfl. durch das Schätzungsergebnis zu sanktionieren („Strafschätzung"), löst für sich genommen noch keine Nichtigkeit der hierauf beruhenden Steuerfestsetzung nach § 125 Abs. 1 AO aus. Hinzukommen muss, dass die Schätzung bei objektiver Betrachtung den durch die Umstände des Einzelfalls gezogenen Schätzungsrahmen verlässt, d. h. objektiv fehlerhaft ist.
84	FG Hamburg Beschluss v. 13.08.2018 2 V 216/17	Döner-Imbiss (hier: Vorlagepflicht für Kasseneinzeldaten, fehlende Programmierunterlagen, fehlende Einzelaufzeichnungen, Doppelverkürzung, Einsatz von Überwachungskameras): Die einzelne Aufzeichnung eines jeden Barumsatzes kann nach Rechtsprechung des BFH für den Stpfl. unzumutbar sein. Entscheidet der Stpfl. sich jedoch für ein modernes PC-Kassensystem, das zum einen sämtliche Kassenvorgänge einzeln und detailliert aufzeichnet und zum anderen auch eine langfristige Aufbewahrung (Speicherung) der getätigten Einzelaufzeichnungen ermöglicht, kann er sich nicht (mehr) auf die Unzumutbarkeit der Aufzeichnungsverpflichtung berufen.
85	BFH Beschluss v. 14.08.2018 XI B 2/18 BFH/NV 2019, 1	Werden Stornierungen in Tagessummenbons (Z-Bons) nicht ausgewiesen, sondern allein die verbleibende Differenz, fehlt es an einer ordnungsgemäßen Kassenführung, die das Finanzamt dazu berechtigt, Hinzuschätzungen vorzunehmen. Amtliche Richtsatzsammlung ist eine zulässige Schätzungsmethode.
86	FG Nürnberg Urteil vom 17.10.2018 5 K 642/18 Gegen die Entscheidung des FG ist NZB beim BFH eingelegt worden, AZ BFH X B 149/18 Zurückverweisung am 30.09.2019	Das Gericht hat bei seiner Überprüfung festgestellt, dass der Hefeeinkauf im Verhältnis zum Mehleinkauf bei einer Bäckerei überdimensioniert gewesen ist. Hieraus hat es geschlussfolgert, dass ein Schwarzeinkauf von Mehl naheliegt und sich daraus wiederum ergab, dass die Umsätze unvollständig deklariert worden sind. In derartigen Fällen kann auch mit Nebenprodukten (hier: Hefe) kalkuliert werden.
87	FG Berlin-Brandenburg Beschluss v. 13.12.2018 7 V 7137/18	Schätzung bei fehlender Verfahrensdokumentation und manipulierten Kassenaufzeichnungen. Erfolglose Beschuldigung eines Dritten (Mitarbeiter).

13 Schätzung der Besteuerungsgrundlagen

Nr.	Entscheidung	Inhalt/Gründe
88	FG Hamburg Beschluss v. 07.02.2019 6 V 240/18	Eine Schätzungsbefugnis des Finanzamts besteht bei überwiegenden Bargeschäften, wenn keine Einzelaufzeichnungen vorgelegt werden und die Tagesendsummenbons keine Stornierungen ausweisen. Die Schätzung kann auf einen externen Betriebsvergleich gestützt werden, wenn das Speiseangebot sehr vielfältig ist, die Relevanz der einzelnen Warengruppen schwer ermittelbar ist und die fehlenden Überprüfungsmöglichkeiten von der Antragstellerin zu vertreten sind. Aufrüstungsverpflichtung gem. BMF-Schreiben vom 26.11.2010.
89	FG Hamburg Beschluss vom 07.02.2019 3 K 205/15	Schätzungsbefugnis bei fehlenden Einzelaufzeichnungen.
90	FG Saarland Beschluss vom 03.04.2019 2 K 1002/16	Grundsätzlich besteht seit dem Inkrafttreten der Verordnung (EU) 2016/679 des Europäischen Parlaments und des Rates vom 27. April 2016 zum Schutz natürlicher Personen bei der Verarbeitung personenbezogener Daten, zum freien Datenverkehr und zur Aufhebung der Richtlinie 95/46/EG (DSGVO, ABl. L 119 vom 4. Mai 2015, S. 1 bis 88) ab 25. Mai 2018 für alle Stpfl. ein gebundener Anspruch auf Akteneinsicht bei der Finanzbehörde. Ein Akteneinsichtsrecht ist zwar nicht ausdrücklich in der DSGVO geregelt. Nach Art. 15 Abs. 1 Halbsatz 2, Abs. 2 DSGVO besteht aber ein Auskunftsanspruch über sämtliche verarbeiteten personenbezogenen Daten. Dies gilt auch für Papierakten mit Informationen zu einer Zeit vor dem 25. Mai 2018 (vgl. Art. 99 Abs. 2 DSGVO). Soweit die Finanzverwaltung beim Akteneinsichtsrecht weiterhin von einem Ermessensanspruch ausgeht, widerspricht dies sowohl vorrangigem Unionsrecht als auch nationalem Recht. Denn nach § 32d Abs. 1 AO besteht ein behördliches Ermessen nur, soweit es an Regelungen in der DSGVO fehlt. Dies ist vorliegend gerade nicht der Fall.[336]
91	BFH Beschluss vom 16.05.2019 XI B 13/19	Leistungsbeschreibung und Vorsteuerabzug bei Waren im Niedrigpreissegment, hier: kein Vorsteuerabzug aus Scheinlieferung; kein Vorsteuerabzug bei Beteiligung an fremder Steuerhinterziehung; Gewährung des Vorsteuerabzugs im Wege des Gutglaubensschutzes; Ausübung des Rechts auf Vorsteuerabzug im Besteuerungszeitraum des Besitzes der Rechnung. Zulässigkeit von Hinzuschätzungen bei Verletzung der Aufzeichnungspflichten des § 22 UStG und bei sonstigen Buchführungsmängeln im Bereich der Umsatzsteuer.

---

336 Vgl. hierzu *Bleschick*, DStR 2018, 1050; *Walfort*, beck.digitax 2022, 109.

13.15 Richterliche Entscheidungen zu Schätzungsfällen

Nr.	Entscheidung	Inhalt/Gründe
92	FG Hamburg Urteil v. 20.05.2019 6 K 109/18 NZB als unbegründet zurückgewiesen (BFH-Beschluss vom 28.08.2019 – X B 86/19, n.v.).	Aufzeichnungen über „rote Kennzeichen" im Gebrauchtwagenhandel. Feststellungen im Strafverfahren binden Finanzamt/Finanzgericht nicht, weil das Besteuerungsverfahren grundsätzlich unabhängig vom Strafverfahren ist.
93	BFH Beschluss v. 28.06.2019 X B 76/18	Begründungstiefe eines (Un-)Sicherheitszuschlags und seine Plausibilitätsprüfung. Auch die griffweise Schätzung in Form eines (Un-)Sicherheitszuschlags muss schlüssig, wirtschaftlich möglich und vernünftig sein. Die hierfür erforderliche Begründung muss jedenfalls eine Plausibilitätsprüfung beinhalten. In diesem Fall führt die fehlende Begründungstiefe nicht zu einer offenkundig objektiv willkürlichen Schätzung.
94	BFH Urteil vom 10.07.2019 XI R 28/18	Handelsübliche Bezeichnung und Vorsteuerabzug bei Waren im Niedrigpreissegment. Zur Frage, welchen Anforderungen Rechnungsangaben zur Bezeichnung der Menge und der Art der gelieferten Gegenstände i.S. des Art. 226 Nr. 6 MwStSystRL genügen müssen, kann sich ein Unternehmer darauf berufen, dass die von ihm verwendeten Bezeichnungen „handelsüblich" i.S.d. § 14 Abs. 4 Satz 1 Nr. 5 UStG sind. Die Tatsacheninstanz muss u.U. unter Zuhilfenahme eines Sachverständigen ermitteln, welche Angabe der Art der gelieferten Gegenstände unter Berücksichtigung von Handelsstufe, Art und Inhalt des Geschäftes und dem Wert der einzelnen Waren handelsüblich ist.
95	BGH 10.07.2019 1 Str 265/18 BBK 10/2020, 453	Steuerhinterziehung und Schätzung nach Richtsatzsammlung.
96	BFH Beschluss v. 16.07.2019 X B 114/18 BFH/NV 2019, 1127 (Zurückverweisung)	Pflicht des FG, die Entscheidung aus dem Gesamtergebnis des Verfahrens zu gewinnen: Ein FG verstößt gegen seine Pflicht, die Entscheidung aus dem Gesamtergebnis des Verfahrens zu gewinnen, wenn es im Urteil ohne nähere Begründung die vom FA vorgenommene Vollschätzung der Einnahmen übernimmt und sich nicht mit der in den Gerichtsakten enthaltenen Stellungnahme des vom FG selbst beauftragten Gerichtsprüfers auseinandersetzt, der mit einer vertretbar- und nachvollziehbaren Begründung zu einer wesentlich geringeren Schätzung als das FA kommt.
97	BFH Beschluss v. 07.08.2019 V B 111/18	Anforderungen an Zeugenvernehmungen im finanzgerichtlichen Prozess. Verstöße gegen Grundsätze ordnungsgemäßer Beweiserhebung können Verfahrensfehler sein, die im Rahmen von NZB (§ 116 Abs. 3 Satz 3 FGO) und Revision (§ 115 Abs. 2 Nr. 3 FGO) geltend gemacht werden können.

13 Schätzung der Besteuerungsgrundlagen

Nr.	Entscheidung	Inhalt/Gründe
98	BFH Beschluss v. 08.08.2019 X B 117/18 BFH/NV 2019, 1219 HFR 2020, 325 mit Anm. Nöcker	Zulässigkeit einer Richtsatzschätzung bei fehlerhafter elektronischer Registrierkasse (hier: fehlende Z-Bons, fehlende Stornierungen). Werden Bareinnahmen mit einer elektronischen Registrierkasse erfasst, erfordert dies auch im Fall der Gewinnermittlung durch Einnahmen-Überschussrechnung die tägliche Erstellung eines Z-Bons. Weisen die Z-Bons technisch bedingt keine Stornierungen aus, liegt ein schwerer formeller Fehler der Kassenaufzeichnungen vor, der die Schätzung der Besteuerungsgrundlagen nötig macht. Die Richtsatzschätzung ist eine anerkannte Schätzungsmethode. Soweit die grundsätzliche Bedeutung der Gewichtung der Richtsatzschätzung in einem Revisionsverfahren überprüft werden soll, bedarf es daher im Nichtzulassungsbeschwerdeverfahren auch der (umfassenden) Darlegung kritischer Literaturansichten.
99	BGH Urteil vom 08.08.2019 1 StR 87/19	Umfang der Steuerhinterziehung in einem Restaurant. Urteilsgründe müssen erkennen lassen, dass die vom Tatrichter gezogenen Schlussfolgerungen nicht nur eine Vermutung darstellen.
100	BFH Beschluss vom 21.08.2019 X B 120/18 BFH/NV 2022, 264 Nachgehend: FG Rheinland-Pfalz Urteil vom 23.03.2021 3 K 1862/19 EFG 2022, 145	Hinweispflicht des Finanzgerichts bei Austausch der Schätzungsmethode: Der Anspruch auf Gewährung rechtlichen Gehörs gebietet einen vorherigen gerichtlichen Hinweis gemäß § 76 Abs. 2 FGO, wenn das FG eine Schätzungsmethode anwenden will, die den bereits erörterten Schätzungsmethoden nicht mehr ähnlich ist oder die Einführung neuen Tatsachenstoffs erforderlich wird. Dies ist u.a. dann der Fall, wenn das FG beabsichtigt, anstelle einer Schätzung anhand eines äußeren Betriebsvergleichs (Richtsatzschätzung) eine griffweise Hinzuschätzung in Gestalt eines – an die betrieblichen Daten des Stpfl. anknüpfenden – Sicherheitszuschlags vorzunehmen.
101	BFH Urteil vom 21.08.2019 X R 16/17 BStBl. II 2020, 99	Unzulässigkeit von Strafschätzungen.
102	FG Hamburg 03.09.2019 2 K 218/18 BBK 11/2020, 502 nachfolgend: NZB, BFH-Beschluss vom 28.05.2020 – X B 12/20 (Zurückverweisung) Nachfolgend: BFH X B 12/20 X R 19/21	Buchführungsmängel in einer Diskothek und Shisha-Bar: Als zulässige Schätzungsmethode ist auch die Ermittlung von Besteuerungsgrundlagen mit einem äußeren Betriebsvergleich, insbesondere mit einem Richtsatzvergleich, anerkannt. Es bestehen keine Bedenken, Rohgewinnaufschlagsätze nach einer speziell auf Diskotheken bezogenen Richtsatzsammlung aus Nordrhein-Westfalen (veröffentlicht im juris Rechtsportal, Fachinfosystem BP NRW) auch auf Hamburger Verhältnisse zu übertragen. Herabsetzung der Schätzung bzw. Aufhebung in Teilbereichen, u.a. mangels ausreichender Dokumentation des Prüfers.

13.15 Richterliche Entscheidungen zu Schätzungsfällen

Nr.	Entscheidung	Inhalt/Gründe
103	FG Hamburg Urteil v. 04.09.2019 6 K 14/19 rkr. EFG 2019, 1964 mit Anmerkungen von Henningfeld	Rechtmäßigkeit von Hinzuschätzungen auf Grundlage des höchsten Rohgewinnaufschlagsatzes des 80-%-Quantils. Bei groben formellen Mängeln in der Kassenbuchführung besteht auch dann eine Schätzungsbefugnis, wenn keine materiellen Buchführungsmängel feststellbar sind. Eine Hinzuschätzung von Umsatzerlösen kann bei fehlenden verlässlichen Schätzungsgrundlagen durch einen inneren Betriebsvergleich anhand der Werte der Richtsatzsammlung des Bundesministeriums der Finanzen als äußerer Betriebsvergleich erfolgen. Notwendigkeit von Programmierprotokollen auch bei gebraucht erworbenen Kassensystemen.
104	BGH Urteil vom 17.09.2019 1 StR 379/19	Tatmehrheit bei Steuerhinterziehung. Schätzungsmethode bei unvollständiger Buchführung.
105	BFH Urteile vom 05.11.2019 II R 14/17 II R 15/17	Recht auf Auslesung von Geldspielautomaten bei Spielvergnügungssteuer-Nachschau nach § 11 HmbSpVStG: Die Spielvergnügungsteuer-Nachschau nach HmbSpVStG ist ohne Anlass zulässig. Die Nachschau erlaubt dem FA die Auslesung der Daten von Spielgeräten mit Hilfe eigener Auslesegeräte sowie deren Speicherung. Die zeitnahe bauartbedingte Löschung des Datenspeichers im Spielgerät hindert die Auswertung der ausgelesenen Daten nicht. Inhaltliche Bedenken gegen die Ausleseergebnisse sind tatsächlich zu würdigen. Hat das FA den Spieleinsatz exakt ermittelt, ist der Ansatz der entsprechenden Bemessungsgrundlage keine Schätzung. Die Anmeldung der Spielvergnügungsteuer steht einer Steuerfestsetzung unter dem Vorbehalt der Nachprüfung gleich. Das HmbSpVStG ist verfassungs- und unionsrechtskonform. Verhältnis des HmbSpVStG zum Datenzugriffsrecht nach § 147 Abs. 6 AO.
106	FG München Urteil vom 22.11.2019 8 K 1697/18 Vgl. BFH-Beschluss vom 02.11.2000 – X B 39/00, BFH/NV 2001, 610	Kein Anspruch des Stpfl. auf von der Außenprüfung erstellte elektronische Daten in veränderbarem Format (z.B. Excel-Dateien, Makros, Formeln)
107	LG Osnabrück Urteil vom 28.11.2019 2 KLs 2/19 nachfolgend BGH, Beschluss vom 01.09.2020 – 1 StR 205/20 (Zurückverweisung)	Haftstrafen für Vertrieb von Manipulationssoftware in China-Restaurants (hier: Beihilfe in 8 Fällen zur Fälschung technischer Aufzeichnungen in Tateinheit mit Steuerhinterziehung).

Nr.	Entscheidung	Inhalt/Gründe
108	FG Münster Urteil vom 20.12.2019 4 K 541/16 E,G,U,F EFG 2020, 325 NZB III B 22/20 am 10.09.2020 als unbegründet zurückgewiesen.	Kassenaufzeichnungen, die über standardmäßige Tabellenkalkulationsprogramme (hier: Numbers für Mac) erstellt werden, erfüllen aufgrund ihrer Veränderbarkeit und der fehlenden Journalfunktion nicht die Voraussetzungen ordnungsgemäßer Kassenführung i. S. d. § 146 AO. Zulässigkeit eines Sicherheitszuschlags bei nichtordnungsmäßiger Kassenführung. Bemessungsgrundlage für Sicherheitszuschlag sind die Bareinnahmen (nicht: Gesamteinnahmen).[337]
109	FG Münster Urteil v. 17.01.2020 4 K 16/16 E,G,U,F EFG 2020, 509 mit Anmerkungen von Dr. Bleschick	Nachweis des Schwarzeinkaufs in einer Pizzeria durch Anfertigung von Kontrollmitteilungen beim Großhändler. Anwendung der Richtsatzschätzung als Schätzungsmethode. Formelle Mängel der Kassenführung lassen keinen sicheren Schluss auf Hinterziehungsvorsatz zu.
110	BFH Urteil vom 12.02.2020 X R 8/18 BFH/NV 2020, 1045	§ 147 Abs. 6 AO akzessorisch zur Aufzeichnungs- und Aufbewahrungspflicht. Bei Gewinnermittlung nach § 4 Abs. 3 EStG sind Aufzeichnungen nur aufzubewahren, soweit dies nach anderen Steuergesetzen, z. B. §§ 4 Abs. 3 Satz 5, Absatz 7 EStG und 22 UStG gefordert ist. Freiwillig geführte Unterlagen und Daten unterliegen nicht dem Datenzugriff nach § 147 Abs. 6 AO. Die Finanzverwaltung kann jedoch gem. § 200 Abs. 1 Satz 2 AO die Vorlage tatsächlich vorhandener Unterlagen in Papierform verlangen, auch wenn diese nicht aufbewahrungspflichtig sind. Soweit steuerliche Pflichten bei Gewinnermittlern nach § 4 Abs. 1 EStG und Gewinnermittlern nach § 4 Abs. 3 EStG auseinanderlaufen, liegt darin kein Verstoß gegen den Grundsatz der Gleichbehandlung i. S. d. Art. 3 Abs. 1 GG.

---

337 Anderer Ansicht FG Münster vom 18.05.2022 – 10 K 261/17 K,U.

13.15 Richterliche Entscheidungen zu Schätzungsfällen

Nr.	Entscheidung	Inhalt/Gründe
111	FG Hamburg 28.02.2020 2 V 129/19 EFG 2020, 891	Der Begriff der „Kasse" im Sinne des § 146 Abs. 1 Satz 2 AO ist weit zu fassen. Auch die Hosentasche kann bei einem Bilanzierenden eine Geschäftskasse darstellen (hier: Gebrauchtwagenhandel). Wickelt der Stpfl. Barverkäufe im Rahmen seiner gewerblichen Tätigkeit dergestalt ab, dass die Kunden den Kaufpreis unmittelbar nach Kaufvertragsschluss in bar begleichen, ist er zur Führung eines Kassenbuchs gem. § 146 Abs. 1 Satz 2 AO verpflichtet. Die nachträgliche Buchung als Entnahme einer Kaufpreisforderung und vermeintliche Vereinnahmung des Bargeldes im Privatvermögen führt nicht dazu, dass keine Bareinnahmen im Sinne des § 146 Abs. 1 Satz 2 AO vorliegen.
112	FG Sachsen Beschluss v. 01.04.2020 4 V 212/20	Einstweiliger Rechtsschutz: Keine Befreiung einer auf einem Hauptbahnhof betriebenen Bäckereifiliale von der Belegausgabepflicht.
113	BFH Beschluss v. 28.05.2020 X B 12/20 Zurückverweisung an FG Hamburg nach NZB	Gehörsverstoß, wenn FG in Ausübung eigener Schätzungsbefugnis für die Beurteilung der Höhe des RAS auf eine nicht allgemein zugängliche nur für den Dienstgebrauch zugängliche Quelle aus dem juris-Rechtsportal (Fachinfosystem BP NRW) zurückgreift, ohne die hieraus entnommenen Erkenntnisse dem Kläger inhaltlich in der gebotenen Weise zugänglich gemacht zu haben. Interne Datenbanken der Finanzverwaltung sind grundsätzlich als Schätzungsgrundlage geeignet.
114	FG Niedersachsen Urteil vom 21.08.2020 3 K 208/18 Revision III R 14/22	Keine Änderung nach § 173 Abs. 1 Nr. 1 AO, wenn bei formellen Mängeln der Kassenführung im Rahmen der Gewinnermittlung nach § 4 Abs. 3 EStG nur eine gewisse Wahrscheinlichkeit dargetan ist, dass Betriebseinnahmen nicht erklärt wurden. Anwendbarkeit des § 158 AO sowohl bei der Gewinnermittlung nach § 4 Abs. 1 EStG als auch § 4 Abs. 3 EStG.
115	FG Hamburg Beschluss vom 08.02.2021 2 V 122/20	Restaurant mit portugiesisch-mediterraner Küche. Gute Lage des Betriebs, positive Bewertung in sozialen Medien unter Darstellung als gut besucht als Kriterium für Anwendung der Mittelsätze der Richtsatzsammlung, wenn keine substantiierten Gründe vorgetragen werden, die eine schlechte Ertragslage nahelegen.
116	FG Münster Urteil vom 25.02.2021 5 K 268/20 U,AO (Rz. 33)	Keine Bindung der Finanzgerichtsbarkeit an Verwaltungsvorschriften (hier: Umsatzsteuer-Anwendungserlass).

Nr.	Entscheidung	Inhalt/Gründe
117	FG Münster Urteil vom 09.03.2021 1 K 3085/17 E,G,U EFG 2021, 904 NZB als unbegründet zurückgewiesen (BFH-Beschluss vom 09.11.2021 – V B 26/21, n.v.).	Geringfügige Mängel in der Kassenführung rechtfertigen keine über die konkreten Auswirkungen dieser Mängel hinausgehenden Hinzuschätzungen. Fehlergewichtung (Nichtverbuchung von 7 Kleinbeträgen). Erhöhte Anforderungen an Entkräftung des Anscheinsbeweises nach § 158 AO. Amtliche Richtsätze grundsätzlich nicht geeignet, eine formell ordnungsmäßige Kassenführung zu entkräften.
118	BGH Beschluss vom 11.03.2021 1 StR 521/20	Amtliche Richtsatzsammlung als Schätzungsmethode im Steuerstrafverfahren
119	FG Münster Urteil vom 18.03.2021 8 K 3612/17 nachfolgend NZB VIII B 51/21 (zurückgewiesen)	Umfangreiches Schwärzen von Kontoauszügen durch Rechtanwalt als schätzungsbegründender Aufzeichnungsmangel.
120	FG Rheinland-Pfalz Urteil vom 23.03.2021 3 K 1862/19 EFG 2022, 145 Rev. BFH X R 23/21 Parallelverfahren zur GewSt und USt: X R 24/21 (vorgehend FG Rheinland-Pfalz, Urteil vom 23.03.2021 – 3 K 1996/20)	Wahl der Schätzungsmethode Schätzung nach amtlicher Richtsatzsammlung zulässig, wenn Ausbeutekalkulation (mangels aussagekräftigem und belastbarem Zahlenwerk) und auch eine Vermögenszuwachsrechnung oder Geldverkehrsrechnung aufgrund mehrerer Einkunftsquellen des Stpfl. nicht zielführend sind.
121	FG Niedersachsen Urteil vom 13.04.2021 12 K 93/18 nachfolgend BFH vom 28.11.2023 – X R 3/22	Bei Verwendung einer objektiv manipulierbaren elektronischen Registrierkasse besteht eine Schätzungsbefugnis dem Grunde nach. Hinzuschätzung der Höhe nach anhand eines durchschnittlichen Tagesumsatzes sowie durchschnittlicher Gästezahlen als grobe, aber (noch) geeignete Schätzungsmethode.
122	FG Nürnberg Urteil vom 14.04.2021 3 K 791/20, n.v. nachfolgend BFH-Beschluss vom 11.11.2022, VIII B 97/21, BFH/NV 2023, 113 (NZB als unbegründet zurückgewiesen).	Schätzung eines pauschalen Unsicherheitsabschlags von den Betriebsausgaben aufgrund nicht vorgelegter Belege auch bei Gewinnermittlung nach § 4 Abs. 3 EStG zulässig.
123	BFH Urteil vom 21.04.2021 XI R 42/20 BStBl. II 2022, 20	Eine Schätzung des Finanzgerichts i.S.d. § 162 Abs. 1 AO ist Tatsachenfeststellung i.S.v. § 118 Abs. 2 FGO, die revisionsrechtlich nur daraufhin überprüft werden kann, ob sie dem Grunde nach zulässig war, in verfahrensfehlerfreier Weise zustande gekommen ist und nicht gegen anerkannte Schätzungsgrundsätze, Denkgesetze oder allgemeine Erfahrungssätze verstößt.

13.15 Richterliche Entscheidungen zu Schätzungsfällen

Nr.	Entscheidung	Inhalt/Gründe
124	FG Münster Urteil vom 29.04.2021 1 K 2214/17 E,G,U,F EFG 2021, 1260	Erfassung von Bareinnahmen in einer Excel-Tabelle für Zwecke des täglichen Kassensturzes bei Verwendung einer elektronischen Registrierkasse kein zwingender Mangel der Kassenführung, wenn ansonsten alle Belege in geordneter Form vorliegen. Offene Ladenkasse ohne Einzelaufzeichnungen führt zwingend zur Pflicht, retrograd aufgebaute Kassenberichte anzufertigen.
125	FG Niedersachsen Urteil vom 03.06.2021 11 K 87/20, rkr.	Keine Hinzuschätzung wegen abstrakter Möglichkeit der Löschung bzw. Änderung von Rechnungen in einer Verwaltungs-Software (Gewinnermittlung nach § 4 Abs. 3 EStG). Allein der Umstand, dass die zum Schreiben der Rechnungen eingesetzte Software „Verwaltungsscout-Business Edition – Rechnung und Buchhaltung" der Firma Scoutsystems Software ausweislich der Programmbeschreibung die Rechnungen zwar automatisch fortlaufend nummeriert, jedoch die Löschung bzw. Änderung einzelner Rechnungen ermöglicht, ohne dies zu dokumentieren, rechtfertigt für sich noch keine Hinzuschätzung nach § 162 AO. Die Grundsätze, die für Kassensysteme entwickelt worden sind, sind insoweit nicht übertragbar.
126	BFH Urteil vom 07.06.2021 VIII R 24/18 BStBl. I 2023, 63	Aufforderung an einen Berufsgeheimträger mit Gewinnermittlung nach § 4 Abs. 3 EStG, zu Beginn der Außenprüfung einen Datenträger nach „GDPdU" zur Verfügung zu stellen, ist rechtswidrig (Anschluss an BFH-Urteil vom 12.02.2020 – X R 8/17, BFH/NV 2020, 1045). Sie ist zudem unverhältnismäßig, wenn nicht sichergestellt ist, dass Datenzugriff und Auswertung nur in den Geschäftsräumen des Stpfl. oder den Diensträumen des FA stattfindet (Bestätigung des Senatsurteils vom 16.12.2014 – VIII R 52/12, BStBl. II 2023, 61).[338]
127	FG Münster Urteil vom 09.06.2021 13 K 3250/19 E EFG 2021, 477 NZB als unzulässig verworfen (BFH-Beschluss vom 17.01.2022 – X B 101/21).	Zur Erfassung von Bareinzahlungen auf betrieblich und privatgenutztem Konto als steuerpflichtige Einnahmen im Wege der Schätzung wegen der Verletzung von Mitwirkungspflichten. Das Finanzamt bzw. das Finanzgericht kann bei Verletzung dieser Pflicht den Sachverhalt ohne weitere Sachaufklärung dahin würdigen, dass in Höhe der unaufgeklärten Kapitalzuführungen nicht versteuerte Einnahmen vorliegen (hier: Ungeklärter Geldzufluss i. H. v. 70.000 € als Betriebseinnahme zu erfassen). § 160 AO ist keine Schätzungsnorm.[339]

---

[338] Der Gesetzgeber hat inzwischen auf die Rechtsprechung reagiert und eine gesetzliche Änderung herbeigeführt, vgl. §§ 147 Abs. 7, 200 Abs. 2, Art. 97 § 37 Abs. 1 EGAO i. d. F. des DAC7-Umsetzungsgesetzes vom 20.12.2022, BGBl. I 2022, 2730.
[339] Vgl. auch BFH vom 24.06.1997 – VIII R 9/96, BStBl. II 1998, 51, Rz. 22.

Nr.	Entscheidung	Inhalt/Gründe
128	FG Münster Urteil vom 28.06.2021 1 K 3391/20 AO Rev. BFH VIII R 18/21	Die zuständige Finanzbehörde kann andere Finanzbehörden mit der Außenprüfung beauftragen, wobei eine Ermessensentscheidung zu treffen ist. Die Prüfungsanordnung, aus welcher sich die Ermessenserwägungen für den Auftrag ergeben müssen, kann sodann von der beauftragten Behörde erlassen werden. Der beauftragten Behörde kommt gleichfalls die Entscheidungskompetenz über einen Einspruch gegen die Prüfungsanordnung zu. Eine ermessensfehlerfreie Entscheidung über die Durchführung einer Auftragsprüfung erfordert nicht nur die Begründung, weshalb die Außenprüfung nicht durch das zuständige Wohnsitz- oder Betriebsstättenfinanzamt, sondern auch, warum sie gerade durch das beauftragte Finanzamt vorgenommen werden soll.
129	FG Baden-Württemberg Urteil vom 26.07.2021 10 K 3159/20 EFG 2021, 1777 NZB X B 109/21	Art. 15 Abs. 1 DSGVO gewährt keinen Anspruch auf Einsicht in die Prüfer-Handakten während einer laufenden BP (entgegen FG Saarland, Beschluss vom 03.04.2019 2 K – 1002/16, EFG 2019, 1217).
130	BFH Urteil vom 26.08.2021 V R 42/20	Nutzung eines Foodcourts in einem Einkaufszentrum („Mall") kann beim Verzehr von Speisen zum Vorliegen einer sonstigen Leistung führen, die der Regelbesteuerung unterliegt, wenn die Nutzungsmöglichkeit dem Speisenanbieter zuzurechnen ist. Für die Annahme einer sonstigen Leistung genügt dabei die Ausgabe von Speisen auf einem Tablett, wenn es typischerweise dazu dient, dem Kunden zu ermöglichen, die von ihm erworbenen Speisen zu einem Verzehrort in der Nähe (hier dem Food-Court) zu bringen und diese dort an einem Tisch mit Sitzmöglichkeit zu verzehren.
131	FG Münster Urteil vom 14.09.2021 2 K 1155/19 G, F	Wird ein Hinzuschätzungsbetrag zunächst auf mehrere Jahre verteilt, obwohl er nur einem Jahr zuzurechnen ist, ist der Bescheid dieses Jahres nach § 174 Abs. 4 AO änderbar.
132	BFH Urteil v. 16.09.2021 IV R 34/18 BFH/NV 2022, 181	Zulässigkeit der offenen Ladenkasse ohne Einzelaufzeichnungen führt im Jahr 2015 nicht zu einem strukturellen Vollzugsdefizit.

13.15 Richterliche Entscheidungen zu Schätzungsfällen

Nr.	Entscheidung	Inhalt/Gründe
133	Niedersächsisches FG Urteil vom 06.10.2021 9 K 188/18	Eine tatsächliche Verständigung über eine Rechtsfrage ist grundsätzlich unwirksam. Ist eine Rechtsfrage – wie die (Hinzu)Schätzungsbefugnis im Rahmen des § 162 AO – jedoch so mit einer Tatsachenfeststellung verquickt, dass eine Verständigung der einen ohne die andere nicht möglich erscheint, ist eine (mittelbare) Verständigung auch über die Rechtsfrage zulässig. Im Friseurhandwerk kommt es vorrangig zum Einsatz eigener Arbeitsleistung, sodass die fehlende Erhöhung des Wareneinsatzes im Rahmen einer Schätzung nicht zum offensichtlich unzutreffenden Ergebnis der Hinzuschätzung von Betriebseinnahmen führen muss.
134	FG München Urteil vom 04.11.2021 15 K 118/20 Zulassung der Revision wegen grundsätzlicher Bedeutung und widerstreitender Entscheidungen der Finanzgerichte (§ 115 Abs. 2 Nr. 1 und 2 FGO).	DSGVO-gestützter Anspruch auf Überlassung einer Kopie der in Datenbanken gespeicherten Daten, jedoch kein Anspruch auf Akteneinsicht. Weitere Beschränkungen auf einzelne Datenbereiche ergeben sich aus §§ 32a–32c AO.
135	FG Berlin-Brandenburg Urteil vom 08.11.2021 16 K 11381/18 EFG 2022, 575 Nachgehend BFH, VI B 3/22, NZB eingelegt	Bei Bewirtungsrechnungen über der Grenze für umsatzsteuerliche Kleinbetragsrechnungen (seit 2017: 250 €) muss der Bewirtende vom Gastwirt auf der Rechnung eingetragen werden, die Eintragung des Namens des Bewirtenden im Bewirtungsformular durch den Bewirtenden selbst genügt nicht (wie BFH). Auch handschriftliche Rechnungen sind formell als Bewirtungsrechnungen ausreichend, die Rechnung des Gastwirts braucht nicht maschinengedruckt sein (entgegen BFH).
136	FG Hamburg Urteil vom 08.12.2021 2 K 50/20	Kann die Buchführung der Besteuerung wegen gravierender Mängel nicht zugrunde gelegt werden und fehlen auch die erforderlichen Daten für eine Geldverkehrsrechnung oder eine Nachkalkulation, kann das Gericht im Rahmen seiner eigenen Schätzungsbefugnis eine Schätzung anhand der Richtsatzsammlung des BMF als externem Betriebsvergleich vornehmen. Der Ansatz eines gewichteten Mittelwerts des Rohgewinnaufschlagsatzes von 230 % (Bandbreite von 186 % bis 376 % in 2014 und 2015 bzw. bis 400 % in 2013) kommt bei einem persischen Spezialitätenrestaurant in Betracht, wenn das Restaurant unter baulichen Mängeln litt, die Verkehrsanbindung durch Straßenbauarbeiten beschränkt war und ein erheblicher Teil der Umsätze im Außer-Haus-Verkauf erwirtschaftet wurde.

13 Schätzung der Besteuerungsgrundlagen

Nr.	Entscheidung	Inhalt/Gründe
137	BFH Urteile vom 16.12.2021 IV R 1/18 IV R 2/18 (Parallelurteil) Zurückverweisung an FG Düsseldorf Vgl. kommentierte Nachricht in NWB 8/2022, 488	FG hat als Tatsacheninstanz zu entscheiden, welcher Schätzungsmethode es sich bedienen will, wenn diese geeignet ist, ein vernünftiges und der Wirklichkeit entsprechendes Ergebnis zu erzielen. Zur Nachvollziehbarkeit der Entscheidung hat das FG darzulegen, dass und wie es seine Überzeugung in rechtlich zulässiger und einwandfreier Weise gewonnen hat. Während einer Durchsuchungsmaßnahme aufgefundene (aktuelle) Z-Bons können nur insoweit als Schätzungsgrundlage für Vorjahre herangezogen werden, als sie als repräsentativ für den gesamten oder einen Teil des Prüfungszeitraums angesehen werden können.
138	BFH Beschluss vom 20.01.2022 X B 132–133/20 BFH/NV 2022, 734	Fehlende Konkretisierungsmöglichkeit von Schätzungsgrundsätzen im Revisionsverfahren: Der allgemeine Grundsatz, dass eine Schätzung solange nicht rechtswidrig ist, als sie den durch Umstände des Einzelfalls gezogenen Schätzungsrahmen nicht verlässt, kann in einem Revisionsverfahren nicht durch feste Regeln weiter konkretisiert werden. Die Schätzung von Besteuerungsgrundlagen ist ein Mittel der Beweiswürdigung und Überzeugungsbildung des FG als Tatsacheninstanz und bindet im Regelfall den BFH gemäß § 118 Abs. 2 FGO.
139	FG Sachsen Urteil vom 03.03.2022 4 K 701/20	Befreiung von der Belegausgabepflicht nach § 146a Abs. 2 AO setzt eine im Rahmen einer Ermessensentscheidung zu beurteilende unbillige Härte im Einzelfall i. S. v. § 148 AO voraus. Bloße Erschwerungen des Betriebsablaufs oder Kostennachteile reichen nicht aus.
140	FG München Beschluss vom 08.03.2022 7 V 2634/21	Gastronomie: Schätzung unter Anwendung eines Rohgewinnaufschlagsatzes (hier: 225 %), der in der unteren Bandbreite des Rahmens laut Richtsatzsammlung liegt (hier: 186–400 %), begegnet keinen Bedenken.
141	FG Münster Urteil vom 23.03.2022 5 K 2093/20 U	Kein Vorsteuerabzug eines Kiosk aus Schwarzeinkäufen ohne Rechnung.
142	OLG Nürnberg Urteil vom 30.03.2022 12 U 1520/19 GmbHR 2022, 752	Der Geschäftsführer einer GmbH, deren wesentliche Aufgabe in der Führung der Geschäfte einer Kommanditgesellschaft besteht, haftet (auch) dieser KG gegenüber gemäß § 43 Abs. 2 GmbHG. Zum Umfang der Pflichten eines Geschäftsführers im Rahmen der internen Unternehmensorganisation (hier: Schaffung von Compliance-Strukturen zur gehörigen Überwachung von Mitarbeitern). Unterlässt der Geschäftsführer eine Unternehmensorganisation, die die Wahrung des Vier-Augen-Prinzips für schadensträchtige Tätigkeiten erfordert, so kann er für hierdurch entstehende Schäden haften.

13.15 Richterliche Entscheidungen zu Schätzungsfällen

Nr.	Entscheidung	Inhalt/Gründe
143	BFH Beschluss vom 05.04.2022 VIII B 42/21	Ob und in welchem Umfang das FA einen freiberuflich tätigen Stpfl. gemäß § 200 Abs. 1 Abs. 1 Sätze 1 und 2 AO zur Herausgabe nicht aufbewahrungspflichtiger Unterlagen (Kontoauszüge eines gemischt genutzten Bankkontos) verpflichten kann, ist eine Ermessensentscheidung, die vom Gericht nur darauf zu überprüfen ist, ob die gesetzlichen Grenzen des Ermessens eingehalten wurden und die Behörde das ihr eingeräumte Ermessen unter Beachtung des Gesetzeszwecks fehlerfrei ausgeübt hat.
144	FG Münster Urteil vom 29.04.2022 10 K 1297/20 G,U,F Rev. III R 28/22	Mit Ausnahme von Tabakwaren keine weitere Hinzuschätzung für Entnahmen sog. „Non-Food-Artikel" zusätzlich zu den Pauschbeträgen für unentgeltliche Wertabgaben für Nahrungsmittel und Getränke, welche in den für die Streitjahre jeweils gültigen amtlichen Richtsatzsammlungen für Sachentnahmen bzw. unentgeltliche Wertabgaben betreffend den Gewerbezweig Nahrungs- und Genussmittel (Einzelhandel) vorgesehen sind.
145	FG Münster Urteil vom 18.05.2022 10 K 261/17 K,U Revision zugelassen.	Keine Hinzuschätzungen bei einer GmbH aufgrund unklarer Mittelherkunft bei ihrem Gesellschafter, die durch Bargeldverkehrsrechnungen bei ihm und seiner Ehefrau zutage getreten sind. Zuschätzung wegen nicht ordnungsmäßiger Kassenführung bei offener Ladenkasse i. H. v. 1,5 % der *Gesamt*umsätze.[340]
146	BFH Beschluss vom 24.05.2022 VIII B 53/21	Die Anordnung einer Außenprüfung ist nach den Vorgaben des Verhältnismäßigkeitsprinzips und des Willkürverbots nicht ermessensfehlerhaft, wenn hinsichtlich der betroffenen Steuerarten und Besteuerungszeiträume der Anfangsverdacht einer Steuerstraftat besteht.
147	FG Baden-Württemberg Urteil vom 02.06.2022 1 K 2740/19	Warum Programmierprotokolle einer Registrierkasse nicht mehr vorgelegt werden, ist für die Berechtigung einer Hinzuschätzung dem Grunde nach i. S. des § 162 AO bzw. des § 96 Abs. 1 Satz 1 FGO ohne Belang. Zur Richtsatzschätzung bei Restaurants mit asiatischem bei Verschleierung von Wareneinsatz, Betriebseinnahmen und Zahlung von Schwarzlöhnen Speiseangebot (hier: Rohgewinnaufschlagsatz 330 %). Aufteilungsschlüssel auf Umsätze zum Regelsteuersatz und ermäßigt zu besteuernde Umsätze bei deutlich über 100 Sitzplätzen (hier: 85 % zu 15 %). Fehlende Programmierprotokolle lassen als formelle Mängel keinen sicheren Schluss auf die Verkürzung von Einnahmen zu. Rohgewinnaufschlagsatz im Jahr 2012 von lediglich 184 % lässt (nur) auf Einnahmeverkürzung schließen.

---

[340] Anderer Ansicht FG Münster vom 20.12.2019 – 4 K 541/16 E,G,U,F: Bemessungsgrundlage eines Sicherheitszuschlags sind die *Bar*einnahmen.

Nr.	Entscheidung	Inhalt/Gründe
148	BFH Beschluss vom 07.06.2022 VIII B 51/21 Vgl. kommentierte Nachricht in NWB 31/2022, 2183	Ob das umfangreiche Schwärzen von Kontoauszügen durch einen Rechtsanwalt zur Vermeidung der Offenlegung von Mandatsverhältnissen vom FA als Umstand herangezogen werden darf, um formelle Buchführungsmängel als Grundlage einer Schätzungsbefugnis zu begründen, betrifft keine Rechtsfrage, die abstrakt beantwortet werden kann, sondern eine Frage des Einzelfalls.
149	FG Münster Beschluss vom 29.06.2022 9 V 3002/21 U,K	Zulässigkeit der Haftungsinanspruchnahme des Vertriebsmitarbeiters eines Kassendienstleisters im Fall der Beihilfe zur Steuerhinterziehung.
150	FG Sachsen-Anhalt Beschluss vom 11.07.2022 5 V 319/21	Zur Erfüllung der Buchführungspflicht müssen alle Taxiunternehmer ungeachtet der Gewinnermittlungsart die Schichtzettel physisch nach den Vorgaben des § 147 Abs. 1 AO aufbewahren. Hiervon kann nur ausnahmsweise dann abgesehen werden, wenn deren Inhalt täglich – und nicht nur in größeren Zeitabständen – unmittelbar nach Auszählung der Tageskasse in das in Form aneinandergereihter Tageskassenberichte geführte Kassenbuch übertragen wird. Bei Vorliegen besonders gravierender Buchführungsverstöße muss der Stpfl. auch etwaige Ungenauigkeiten einer vergröbernden Schätzung hinnehmen. Bei Vorliegen besonders gravierender Buchführungsmängel kommt eine Aussetzung der Vollziehung nicht in Betracht, soweit sich die gerichtliche Schätzung auf der Grundlage der belastbaren Gegenüberstellung zwischen erklärten Erlösen und den mittels beschlagnahmter Unterlagen ermittelten Erlösen an der absoluten Hinzuschätzungsuntergrenze bewegt.
151	BFH Urteil vom 27.07.2022 II R 10/19	Betreiber von Geldspielautomaten im Land Berlin haben für Zwecke der Vergnügungsteuer wenigstens vollständige Zählwerkausdrucke[341] nach Maßgabe des Berliner Vergnügungsteuergesetzes zu erstellen und aufzubewahren. Zählwerkausdrucke unterfallen den aufbewahrungspflichtigen Unterlagen i.S.d. § 147 Abs. 1 Nr. 5 AO.
152	BFH Urteil vom 03.08.2022 X R 32/19	Erweiterung einer nach § 4 Abs. 3 Satz 3 BpO 2000 ersten Anschlussprüfung von einem auf drei Jahre auch ohne besondere Begründung zulässig.
153	FG Köln Urteil vom 04.08.2022[342] 3 K 2129/20	Schätzungsbefugnis bei zusätzlichem Einsatz einer elektronischen Registrierkasse zur Überprüfung handschriftlicher Aufzeichnungen (Nebeneinander mehrerer Systeme)

---

341 Anm.: Zählwerkausdrucke werden häufig auch als „Statistikstreifen" bezeichnet.
342 Das Urteil wird z.T. mit Entscheidungsdatum 04.08.2022 (vgl. StEd 2023, 22, BB 2023, 36) und z.T. mit Entscheidungsdatum 17.12.2022 geführt (vgl. EFG 2023, 196).

13.15 Richterliche Entscheidungen zu Schätzungsfällen

Nr.	Entscheidung	Inhalt/Gründe
154	FG Hamburg Urteil vom 30.08.2022 6 K 47/22 NZB XI B 93/22	Werden bei der Kassen-Nachschau dem Prüfer nicht die erbetenen Unterlagen übergeben, ist dies ein Grund, den Übergang zur BP anzuordnen. Der Betriebsprüfer verwirkt nicht die Möglichkeit des Übergangs, wenn er diesen nicht sofort anordnet, sondern er dem Stpfl. zunächst die Chance einräumt, die Unterlagen nachzureichen. Weitere Voraussetzungen werden in § 146b Abs. 3 AO nicht normiert und sind auch nicht erforderlich. Der Stpfl. ist nicht schlechter gestellt als wenn er eine „normale" Prüfungsanordnung gemäß § 196 AO erhalten hätte. Insbesondere handelt es sich bei dem § 146b Abs. 3 AO nicht um eine Norm mit Bestrafungscharakter. Es ist nicht erforderlich, dass es sich bei den Feststellungen während der Kassen-Nachschau um unstreitige Feststellungen handelt. Es ist nicht die Verpflichtung des Innendienstes oder des Prüfers, der die Kassen-Nachschau gemacht hat, nachträglich eingereichte Unterlagen vollständig außerhalb einer Außenprüfung zu überprüfen. Dies ist Aufgabe einer Außenprüfung. Es ist auch weder Aufgabe des Gerichts vorab im Rahmen der Überprüfung der Übergangsanordnung selbst eine Belegprüfung durchzuführen, noch ist es erforderlich, eine vollständige rechtliche Überprüfung der streitigen Fragen im Rahmen dieses Gerichtsverfahrens vorzunehmen. Eine Grenze ist nur dann erreicht, wenn die Feststellungen des Betriebsprüfers greifbar rechtswidrig sind.
155	BAG Urteil vom 27.09.2022 2 AZR 508/21 DB 2023, 78	Die bewusste Vereinnahmung von Geldern ohne Bonierung durch einen Mitarbeiter ist auch bei geringfügig erscheinenden Beträgen geeignet, einen wichtigen Grund für eine fristlose Kündigung zu bilden (hier: Kassiervorgänge mit offener Schublade).
156	BFH Beschluss vom 11.11.2022 VIII B 97/21 BFH/NV 2023, 113	Kann der Stpfl. im Rahmen der Gewinnermittlung nach § 4 Abs. 3 EStG seine Betriebsausgaben nicht durch Vorlage von Belegen nachweisen, ist das Finanzamt im Wege der Schätzung nach § 162 Abs. 1 Satz 1, Abs. 2 Satz 1 AO zur Vornahme eines pauschalen Unsicherheitsabschlags von den geltend gemachten Aufwendungen befugt. Die Schätzungsbefugnis nach dieser Vorschrift hängt nicht davon ab, dass der Stpfl. zu einer förmlichen Aufzeichnung seiner Betriebseinnahmen und -ausgaben verpflichtet ist (vgl. BFH-Urteil vom 12.12.2017 – VIII R 6/14, BFH/NV 2018, 606).

13 Schätzung der Besteuerungsgrundlagen

Nr.	Entscheidung	Inhalt/Gründe
157	BFH Urteil vom 15.11.2022 VII R 23/19 DB 2023, 1072	Der Geschäftsführer einer GmbH kann sich gegenüber der Haftungsinanspruchnahme nicht darauf berufen, dass er aufgrund seiner persönlichen Fähigkeiten nicht in der Lage gewesen sei, den Aufgaben eines Geschäftsführers nachzukommen. Wer den Anforderungen an einen gewissenhaften Geschäftsführer nicht entsprechen kann, muss von der Übernahme der Geschäftsführung absehen bzw. das Amt niederlegen.
158	FG Köln Urteil vom 17.12.2022[343] 3 K 2129/20	Schätzungsbefugnis bei zusätzlichem Einsatz einer elektronischen Registrierkasse zur Überprüfung handschriftlicher Aufzeichnungen (Nebeneinander mehrerer Systeme)
159	FG Berlin-Brandenburg Urteil vom 27.02.2023 7 K 7160/21	Informiert eine Außenprüferin im Rahmen einer BP bei einem Berufsgeheimnisträger (hier: Rechtsanwaltskanzlei) nicht über ihre Absicht, Kontrollmaterial in Bezug auf Mandanten anzufertigen, unterliegen dennoch gefertigte Kontrollmitteilungen einem Verwertungsverbot.
160	FG Hamburg Urteil vom 23.03.2023 2 K 172/19 Rev. XI R 15/23	Die Befugnisse aus § 147 Abs. 6 AO stehen der Finanzverwaltung nur in Bezug auf solche Unterlagen zu, die der Stpfl. nach § 147 Abs. 1 AO aufzubewahren hat. Auch E-Mails können Handelsbriefe i. S. d. § 147 Abs. 1 Nr. 2 und 3 AO i. V. m. §§ 257 Abs. 2, 343 HGB sein. Rechtswidrige Anforderung eines elektronischen Gesamtjournals, in dem auch nicht nach § 147 Abs. 1 AO aufbewahrungspflichtige E-Mails aufgelistet werden. Eine allgemein formulierte Aufforderung zur Vorlage elektronischer Unterlagen „en bloc" kann, unter Berücksichtigung des Erstqualifikationsrechts des Stpfl., sowohl dem Bestimmtheitsgebot des § 119 AO genügen als auch vom Datenzugriffsrecht nach § 147 Abs. 6 AO gedeckt bzw. verhältnismäßig sein.
161	BFH Beschluss vom 31.05.2023 X B 111/22	Ob Lücken in der Abfolge der Nummern der Ausgangsrechnungen eine Schätzungsbefugnis begründen, ist von den Umständen des Einzelfalls abhängig und damit nicht grundsätzlich bedeutsam. In Schätzungsfällen kann ein – zur Revisionszulassung führender – qualifizierter Rechtsanwendungsfehler gegeben sein, wenn das vom FG gefundene Schätzungsergebnis schlechterdings unvertretbar (wirtschaftlich unmöglich) ist oder krass von den tatsächlichen Gegebenheiten abweicht und in keiner Weise erkennbar ist, dass überhaupt und welche Schätzungserwägungen angestellt worden sind.

---

[343] Das Urteil wird z. T. mit Entscheidungsdatum 04.08.2022 (vgl. StEd 2023, 22, BB 2023, 36) und z. T. mit Entscheidungsdatum 17.12.2022 geführt (vgl. EFG 2023, 196).

13.15 Richterliche Entscheidungen zu Schätzungsfällen

Nr.	Entscheidung	Inhalt/Gründe
162	BGH Beschluss vom 13.06.2023 1 StR 53/23	Einziehung des Wertes von Taterträgen bei Steuerhinterziehung durch Verwendung von Manipulationssoftware bei elektronischem Kassensystem
163	FG München Urteil vom 20.06.2023 5 K 1966/19 EFG 2023, 1750 Rev. XI R 28/23	Prostitutionsumsätze können einem Bordellbetrieb zugerechnet werden, auch wenn die zivilrechtlichen Vereinbarungen mit den Prostituierten keine Wettbewerbsverbote enthalten. Schätzung von Prostitutionsumsätzen eines Bordellbetriebs
164	Hessisches FG Urteil vom 23.06.2023 10 K 98/17 Rev. X R 19/23	Schätzung nach amtlichen Richtsätzen des BMF
165	BFH Beschluss vom 30.06.2023 VIII B 13/22 BFH/NV 2023, 1101	Es ist in der Rechtsprechung des BFH geklärt, dass die Anordnung einer Außenprüfung gegenüber einem Berufsgeheimnisträger auch im Hinblick auf einen mit der Prüfung verbundenen möglichen Schwärzungs- und Anonymisierungsaufwand von Belegen per se weder unverhältnismäßig noch willkürlich ist. Ferner ist in der Rechtsprechung des BFH geklärt, dass über die Frage, ob und in welchem Umfang ein Berufsgeheimnisträger Unterlagen mit mandantenbezogenen Angaben innerhalb der Außenprüfung vorlegen und gegebenenfalls schwärzen muss, im Rahmen der Anfechtung eines konkreten Vorlageverlangens zu entscheiden ist.
166	BFH Beschluss vom 29.08.2023 X B 18-20/23 BFH/NV 2023, 1325	Der Anspruch auf Gewährung rechtlichen Gehörs gebietet es, den Beteiligten vor Erlass der Entscheidung die dem Gericht mitgeteilte mündliche Einschätzung des hierfür zur mündlichen Verhandlung hinzugezogenen gerichtseigenen Prüfers über die Bewertung der Zeugenaussage eines Kassenherstellers in einem Schätzungsfall zur Kenntnis zu bringen, auch wenn der gerichtseigene Prüfer weder förmlich als Sachverständiger beauftragt wurde noch eine schriftliche Stellungnahme abgegeben hat.
167	OLG Karlsruhe Urteil vom 06.09.2023 7 U 162/22, rkr.	Bei der Geltendmachung von Schadensersatzansprüchen infolge von Schätzungsbescheiden der Finanzbehörden muss grundsätzlich der Mandant darlegen, welche Gewinne oder Verluste abweichend von den Besteuerungsgrundlagen der Schätzungsveranlagung tatsächlich entstanden sind. Sofern es ihm mangels Unterlagen nicht möglich ist zu belegen, welcher Gewinn abweichend von den Besteuerungsgrundlagen der Schätzungsveranlagung hätte versteuert werden müssen, bleibt er beweisfällig.

Nr.	Entscheidung	Inhalt/Gründe
168	BFH Urteil vom 28.11.2023 X R 3/22 Zurückverweisung an Niedersächsisches FG	Zur Begründung einer Schätzungsbefugnis dem Grunde und der Höhe nach darf der Tatrichter sich nicht mit der bloßen Benennung formeller oder materieller Mängel begnügen, sondern muss diese auch nach dem Maß ihrer Bedeutung für den konkreten Einzelfall gewichten. Eine Vollschätzung unter vollständiger Verwerfung der Gewinnermittlung des Steuerpflichtigen ist nur zulässig, wenn die festgestellten Mängel gravierend sind. Die Verwendung eines objektiv manipulierbaren Kassensystems stellt grundsätzlich einen formellen Mangel von hohem Gewicht dar, da in einem solchen Fall systembedingt keine Gewähr für die Vollständigkeit der Einnahmenaufzeichnungen gegeben ist. Das Gewicht dieses Mangels kann sich in Anwendung des Verhältnismäßigkeits- und Vertrauensschutzgrundsatzes im Einzelfall auf ein geringeres Maß reduzieren. Das gilt insbesondere dann, wenn das Kassensystem zur Zeit seiner Nutzung verbreitet und allgemein akzeptiert war und eine tatsächliche Manipulation unwahrscheinlich ist. Der in der Verwendung einer solchen objektiv manipulierbaren elektronischen Registrierkasse einfacher Bauart liegende formelle Mangel begründet keine Schätzungsbefugnis, wenn der Steuerpflichtige in überobligatorischer Weise sonstige Aufzeichnungen führt, die eine hinreichende Gewähr für die Vollständigkeit der Einnahmenerfassung bieten. Bei elektronischen Registrierkassen einfacher Bauart werden Funktionen und Stand der festen Programmierung (Firmware) durch die Bedienungsanleitung dokumentiert. Änderungen von Einstellungen der Kasse sind vom Steuerpflichtigen im Zeitpunkt der Vornahme der Änderungen durch Anfertigung entsprechender Protokolle über die vorgenommenen Einstellungen zu dokumentieren (Präzisierung des Senatsurteils vom 25.03.2015 – X R 20/13, BFHE 249, 390, BStBl II 2015, 743, Rz 26 ff.). Übergibt ein Kunde für eine Leistung des Steuerpflichtigen einen Rabattgutschein, auf den nach den Gutscheinbedingungen ein Dritter eine Zahlung an den Steuerpflichtigen leisten soll, fließt dem Steuerpflichtigen bei Gewinnermittlung durch Einnahmen-Überschuss-Rechnung eine Einnahme nicht bereits mit Übergabe des Gutscheins, sondern erst in dem Zeitpunkt zu, in dem der Dritte die Zahlung an den Steuerpflichtigen leistet.

Nr.	Entscheidung	Inhalt/Gründe
169	EuGH Urteil vom 30.01.2024 Rs. C-442/22 HFR 2024, 378	Art. 203 der Richtlinie 2006/112/EG des Rates vom 28. November 2006 über das gemeinsame Mehrwertsteuersystem ist dahin auszulegen, dass in dem Fall, dass ein Arbeitnehmer eines Mehrwertsteuerpflichtigen ohne dessen Wissen und Zustimmung eine falsche Mehrwertsteuerrechnung unter Verwendung der Identität seines Arbeitgebers als Steuerpflichtigen ausstellt, dieser Arbeitnehmer als diejenige Person anzusehen ist, die die Mehrwertsteuer i. S. von Art. 203 ausweist, es sei denn, der Steuerpflichtige hat nicht die zumutbare Sorgfalt an den Tag gelegt, um das Handeln des Arbeitnehmers zu überwachen.

(Quelle: Eigene Darstellung)

13.16 Wenn der Vorbehalt der Nachprüfung (VdN) nicht greift: Achten Sie auf die Berichtigungsvorschriften!

Gemäß Urteil des Niedersächsischen Finanzgerichts vom 21.08.2020[344] soll keine Änderungsmöglichkeit nach **§ 173 Abs. 1 Nr. 1 AO** aufgrund neuer Tatsachen bestehen, wenn bei formellen Mängeln der Kassenführung im Rahmen der Gewinnermittlung nach §4 Abs. 3 EStG nur eine gewisse Wahrscheinlichkeit dargetan ist, dass Betriebseinnahmen nicht erklärt wurden.

Wird ein Hinzuschätzungsbetrag zunächst auf mehrere Jahre verteilt, obwohl er nur einem Jahr zuzurechnen ist, ist der Bescheid dieses Jahres nach **§ 174 Abs. 4 AO** änderbar.[345]

Wurden Umsätze in Änderungsbescheiden zur Umsatz- und Körperschaftsteuer zunächst rechtsirrig als umsatzsteuerpflichtig (und eine Umsatzsteuerverbindlichkeit auslösend) qualifiziert, darf das FA, wenn es dem Rechtsbehelf des Stpfl. gegen den USt-Bescheid dadurch abhilft, dass es die Umsätze steuerfrei belässt, den bestandskräftigen KSt-Bescheid nach **§ 174 Abs. 4 AO** einkommenserhöhend in dem Umfang ändern, in dem es zuvor zu einer Einkommensminderung kam.[346]

13.17 Minimierung des Kostenrisikos im Klageverfahren

Nicht selten werden Schätzungsbescheide bestandskräftig, weil der Stpfl. das Kostenrisiko eines finanzgerichtlichen Verfahrens scheut. Bei subjektiv empfundener „Ungerechtigkeit" lassen sich aber durchaus Wege finden, das Kostenrisiko zu minimieren, z. B.:

---

344 FG Niedersachsen vom 21.08.2020 – 3 K 208/18, EFG 2022, 1669; Revision anhängig unter III R 14/22.
345 FG Münster vom 14.09.2021 – 2 K 1155/19 G,F.
346 BFH vom 17.03.2022 – XI R 5/19.

13 Schätzung der Besteuerungsgrundlagen

- Es wird zunächst nur *ein* Streitjahr und ggf. nur *eine* Steuerart beim FG anhängig gemacht (Hauptsache- oder ADV-Verfahren). Die übrigen Rechtsbehelfe werden unter Abstimmung mit dem zuständigen FA zunächst nicht beschieden. Ggf. kommen förmliche Aussetzung oder Verfahrensruhe nach § 363 AO in Betracht.
- Im Klageverfahren wird ein Termin zur Erörterung des Sach- und Streitstandes und zur gütlichen Beilegung des Rechtsstreits angeregt (§ 79 Abs. 1 Satz 2 Nr. 1 FGO). Je nach Ausgang der Erörterungen kann der Stpfl. (ebenso wie das FA) die weitere Vorgehensweise überdenken.

1380 *Beachte:*

Im Rahmen eines gerichtlichen Verfahrens ist für die Kostenfestsetzung von erheblicher Bedeutung, ob der Stpfl. sich gegen die Schätzung **dem Grunde nach** und/oder gegen die Schätzung **der Höhe nach** wendet. Wendet er sich gegen die Schätzungsbefugnis dem Grunde nach, ist der gesamte Hinzuschätzungsbetrag streitbefangen.[347]

13.18 Anhängige Verfahren (BFH) – wo sich Rechtsbehelfe nachträglich lohnen könnten

1381 **BFH – X R 23/21**

Besteht eine Schätzungsbefugnis gemäß § 162 Abs. 1 und Abs. 2 Sätze 1 und 2 AO auch dann, wenn zwar gravierende formelle Mängel der Buchführung bestehen, der Stpfl. aber meint nachweisen zu können, dass sich derartige Mängel nicht auf die Erfassung der Einnahmen ausgewirkt hätten bzw. mit an Sicherheit grenzender Wahrscheinlichkeit nicht hätten auswirken können?

Stellt die Anwendung der amtlichen Richtsatzsammlung des Bundesministeriums der Finanzen eine taugliche Schätzungsmethode dar?

Vorinstanz: Finanzgericht Rheinland-Pfalz vom 23.03.2021 – 3 K 1862/19

Zulassung durch BFH I Rechtsmittelführer: Steuerpflichtiger

Parallelverfahren BFH – X R 24/21 I Vorinstanz Finanzgericht Rheinland-Pfalz vom 23.03.2021 – 3 K 1996/20 I Zulassung durch BFH I Rechtsmittelführer: Steuerpflichtiger

Das BMF ist den Verfahren nach Aufforderung durch den BFH beigetreten.

1382 **BFH – X R 19/21**

Unter welchen Voraussetzungen ist ein äußerer Betriebsvergleich in Gestalt einer Richtsatzschätzung (BMF-Richtsätze) zulässig?

Vorinstanz: FG Hamburg vom 13.10.2020 – 2 K 218/18

Zulassung durch BFH I Rechtsmittelführer: Steuerpflichtiger

---

347 Vgl. *Peters*, Stbg 2020, 307 (309).

13.18 Anhängige Verfahren (BFH)

Zur Aufforderung des BFH, dem Verfahren beizutreten, vgl. BFH-Beschluss vom 14.12.2022 – X R 19/21, BFH/NV 2022, 643.

BFH – X R 19/23 1383

Unter welchen Voraussetzungen ist ein äußerer Betriebsvergleich in Gestalt einer Richtsatzschätzung (BMF-Richtsätze) zulässig?

Vorinstanz: Hessisches FG vom 23.06.2023 – 10 K 98/17

Zulassung durch FG I Rechtsmittelführer: Steuerpflichtiger

BFH – VIII R 27/17 1384

Ist ein externer Datenschutzbeauftragter gemäß § 141 AO verpflichtet Bücher zu führen?

Vorinstanz: FG München vom 25.07.2017 – 5 K 1403/16

Zulassung durch FG I Rechtsmittelführer: Steuerpflichtiger

BFH – III R 28/22 1385

Fraglich ist, ob abgesehen von Tabakwaren neben den Pauschbeträgen für unentgeltliche Wertabgaben gemäß amtlicher Richtsatzsammlung im Gewerbezweig Nahrungs- und Genussmittel ergänzende Hinzuschätzungen für weitere sog. „Non-Food-Artikel" vorgenommen werden dürfen?

Vorinstanz: FG Münster vom 29.04.2022 – 10 K 1297/20 G,U,F

Zulassung durch FG I Rechtsmittelführer: Verwaltung

BFH – III R 14/22 1386

Der BFH hat hier gleich über mehrere Fragen zu entscheiden, denen eine überraschende Entscheidung des FG Niedersachsen vorausgegangen ist:

1. Führen formelle Mängel bei der Kassenführung im Rahmen der Gewinnermittlung nach § 4 Abs. 3 EStG zu einer neuen Tatsache nach § 173 Abs. 1 Nr. 1 AO, sodass die Aufzeichnungen des Stpfl. nicht gem. § 158 AO der Besteuerung zugrunde zu legen sind?
2. Dürfen bei solchen Mängeln Hinzuschätzungen vorgenommen werden, die zu neuen Tatsachen i.S.d. § 173 Abs. 1 Nr. 1 AO führen?
3. Kann § 158 AO sowohl bei der Gewinnermittlung nach § 4 Abs. 1 EStG als auch bei § 4 Abs. 3 EStG angewandt werden?

Vorinstanz: FG Niedersachsen vom 21.08.2020 – 3 K 208/18

Zulassung durch BFH I Rechtsmittelführer: Verwaltung

BFH – XI R 15/23 1387

Ist die Anforderung der Vorlage von (elektronisch) empfangenen und abgesandten Handels- und Geschäftspapieren sowie sonstiger Unterlagen inklusive eines Gesamtjournals im Rahmen einer Außenprüfung zulässig?

Vorinstanz: Finanzgericht Hamburg vom 23.03.2023 – 2 K 172/19

Zulassung durch FG I Rechtsmittelführer: Verwaltung

14   Branchen-ABC

Apotheke

Apotheker stehen auch dann in der Verpflichtung zur Nutzung einer TSE i. S. d. § 146a AO, wenn sie innerhalb eines komplexen Abrechnungssystems ein Kassenmodul nutzen. Sobald das System in der Lage ist, bare Zahlungsvorgänge zu erfassen und abzuwickeln, fällt dieser Teil – jedoch nicht das gesamte System – unter die Anforderungen des § 146a AO. TSE-Pflicht kann damit auch für ein **Laptop des Apothekers** gelten, wenn er damit etwa aus dem Homeoffice auf die Kassen in der Offizin zugreifen kann.[1]

1388

Häufig besteht Uneinigkeit darüber, welche Daten im Einzelnen aus den Kassen und dem Warenwirtschaftssystem an den mit der Prüfung beauftragten Amtsträger herausgegeben werden müssen. Der Bundesfinanzhof vertritt dazu die Haltung, dass die Vorlagepflicht der Aufzeichnungs- und Aufbewahrungspflicht folgt (Grundsatz der Akzessorietät).[2] Im Rahmen des Erstqualifikationsrechts der Daten ist regelmäßig der Steuerberater einzubeziehen, um die Daten vor der Übergabe an den Amtsträger zu analysieren und ggf. gemeinsam mit dem IT-Dienstleister entsprechend zu separieren.[3]

1389

Apotheker haben für die baren Betriebseinnahmen regelmäßig ein Kassenbuch zu führen. Existieren mehrere Terminals/Schubladen, sind sie im Rahmen der Geldzählung einzeln auszuzählen.[4]

1390

Sofern berufsspezifische Aufzeichnungs- und Aufbewahrungspflichten für die Besteuerung von Bedeutung sind, müssen sie im Rahmen einer BP oder Nachschau auf Anforderung der Finanzverwaltung vorgelegt werden.[5] Verstöße gegen außersteuerliche Buchführungs- und Aufzeichnungspflichten stehen den Verstößen gegen steuerrechtliche Buchführungs- und Aufzeichnungspflichten gleich.[6] Exemplarisch seien genannt[7]:

1391

- Aufzeichnungen über Betäubungsmittel (§§ 12 Abs. 4, 13 Abs. 1-3, 14 Betäubungsmittel-Verschreibungsverordnung – BtMVV –; § 16 Betäubungsmittelgesetz – BtMG)[8].
- Aufzeichnungen über die Abgabe von Gefahrenstoffen gem. § 9 Abs. 2, 3 Chemikalienverbotsverordnung – ChemVerbotsV – (sog. „Giftbuch")

---

1   *Achilles/Danielmeyer*, RET, 4/2020, 18.
2   BFH vom 24. 06. 2009 – VIII R 80/06, BStBl. II 2010, 452.
3   Die sog. Erstqualifikation der Daten gehört im Rahmen seines Auftrags zu den Vorbehaltsaufgaben des Steuerberaters i. S. d. § 33 Steuerberatungsgesetz.
4   Anderer Ansicht *Bellinger*, BBK Nr. 2017, 912 (913).
5   § 147 Abs. 1 Nr. 5 AO i. V. m. § 140 AO.
6   AEAO zu § 140.
7   *Achilles/Wittmeier*, Kassenführung in Apotheken, 1. Aufl. 2021, 25.
8   Anderer Ansicht *Bellinger*, StBp 2013, 278 (281).

14 Branchen-ABC

- ein Bestandsverzeichnis der Medizinprodukte (§ 13 Medizinproduktebetreiber-Verordnung – MPBetreibV)
- Aufzeichnungen über Bezug und Verwendung von versteuertem und steuerfreiem Alkohol (§§ 35, 60 Alkoholsteuerverordnung – AlkStV)
- Aufzeichnungen über den Erwerb und die Abgabe von Blutserum, Plasma o. ä. (§ 17 Abs. 6a Apothekenbetriebsordnung – ApBetrO)[9]
- Protokolle über Rezepturen von Tinkturen etc. (§ 7 Abs. 1a ApBetrO)
- Aufzeichnungen über Tierarzneimittel (§§ 19 Abs. 3 i. V. m. 22 Abs. 1 ApBetrO)
- Aufzeichnungen gem. §§ 4, 7 Abs. 2 Coronavirus-Schutzmasken-Verordnung – SchutzmV – (s. Kap. 3.2.5)
- sonstige Aufzeichnungen nach § 22 ApBetrO[10]

1392 Um im Rahmen einer BP bzw. einer Nachkalkulation belastbares Zahlenmaterial vorlegen zu können, sollte der Wareneinsatz exakt dokumentiert werden und sein Verbrauch bestmöglich nachvollziehbar sein, z. B. für

- den Verkauf von Fertigarzneimitteln (RX),
- die Herstellung von Arzneimitteln anhand individueller Rezepturen[11],
- für sog. OTC[12]-Produkte, insbesondere nicht verschreibungspflichtige Medikamente (Non-RX),
- für sonstige Verkäufe im Rahmen der Freiwahl, z. B.
  - Tees,
  - Kosmetika,
  - Süßwaren,
  - Bücher,
  - andere übliche Drogerie- und Reformhausartikel,
- für den Eigenverbrauch.[13]

1393 Ferner sollten Aufzeichnungen vorliegen über

- verbilligte Veräußerung von Ware (z. B. Sonderaktionen),
- Verderb von Arzneimitteln (z. B. Vernichtungsbescheinigungen),
- abgegebene Streuartikel.

---

9   Anderer Ansicht *Bellinger*, StBp 2013, 278 (281).
10 FG Sachsen-Anhalt vom 15.01.2013 – 1 V 580/12; *Märtens* in Gosch, AO/FGO, 171. Lfg. 2022, § 140, Rz. 34; anderer Ansicht *Bellinger*, StBp 2013, 278 (280, 281).
11 Zum Bsp. Methadon- oder Zytostatika-Zubereitungen; parenterale Ernährung, sonstige Standardrezepturen.
12 D. h. over the counter, Artikel, die nicht rezept-, jedoch apothekenpflichtig sind (sog. Sichtwahl-Artikel).
13 Anders als z. B. im Lebensmitteleinzelhandel oder in der Gastronomie hat das Bundesfinanzministerium für Apotheken keine Pauschbeträge (Jahreswerte) festgelegt. Die Sachentnahmen sind daher individuell zu ermitteln und zeitgerecht zu erfassen (Einzelaufzeichnungspflicht). Zur Wertermittlung kann ggf. die sog. LAUER-TAXE (geschützte Wortmarke) herangezogen werden.

Der Grundsatz der Einzelaufzeichnung erfordert in aller Regel Aufzeichnungen auf Artikelebene (ggf. einschl. PZN[14]), die beim Apotheker gewöhnlich vorliegen. Unter anderem für Zwecke der Preisermittlung müssen zudem Angaben zur Verkaufsart vorliegen (GKV, PKV, Freiverkauf). Abhängig vom einzelnen Geschäftsvorfall erfordern Einzelaufzeichnungen ggf. weitere Angaben, z. B. Aufzeichnungen über Zuzahlungen (Quittungspflicht gem. § 61 V SGB V) oder Währungsangaben und Wechselkurs bei Annahme von Fremdwährung, z. B. bei Apothekenbetrieben im Grenzgebiet oder auf einem Flughafengelände. Ferner können sonstige Rechnungsangaben nach §§ 14, 14 a UStG erforderlich sein. Je detaillierter die Einzelaufzeichnungen geführt werden, umso einfacher lassen sich Vollständigkeit und Richtigkeit der Tageseinnahmen belegen. 1394

Unter Berücksichtigung branchenspezifischer Mindestaufzeichnungspflichten und dem Aspekt der Zumutbarkeit kann auf die Aufzeichnung der **Identität der Kunden** verzichtet werden, wenn er tatsächlich nicht bekannt ist (vgl. GoBD, Tz. 3.2.1). So müssen Kunden beim Einkauf frei verkäuflicher Arzneimittel, Lebensmittel oder Nahrungsergänzungsmittel nicht nach ihrem Namen befragt werden. Anders verhält es sich bei Dienstleistungen (z. B. Vermietung von medizinisch-technischen Hilfsmitteln wie Milchpumpen oder Gehhilfen, Impfungen[15]). Gleiches gilt etwa für Anfertigung und Verkauf von Tinkturen, wenn dafür Kundenkarteien geführt werden. Auch beim Verkauf verschreibungspflichtiger Tierarzneimittel sind Name und Anschrift des Tierhalters festzuhalten. In diesen Fällen sind die Namen aufzuzeichnen, aufzubewahren und der Finanzbehörde vorzulegen, sofern gesetzliche Vorschriften dem nicht entgegenstehen. 1395

Zu den Auskunftsverweigerungsrechten des Apothekers im Allgemeinen s. Kap. 12.7. 1396

Hinweis: 1397
Hat der Apotheker für den **Z1- oder Z2- Datenzugriff** auf seine Kassendaten keine Datentrennung und/oder keine Zugriffsbeschränkung im Rahmen eines Zugriffsberechtigungskonzepts eingerichtet (sog. „Prüfer-Rolle"), bekäme die Finanzverwaltung auch Einblicke in geschützte Daten. In diesen Fällen sollte der Z3-Zugriff das bevorzugte Mittel des Datenzugriffs sein.

Zur Strafbarkeit im Falle der Offenbarung geschützter Daten allgemein s. Kap. 12.7.2. 1398

Besonderes Augenmerk sollte § 203 StGB geschenkt werden. Die in der Berufspraxis gängige Weitergabe vertraulicher Informationen an Dritte, wie Steuerberater, Buchhalter oder Rechtsanwälte ist unproblematisch, da diese Berufsgruppen als berufsmäßige Gehilfen (§ 203 Abs. 3 Satz 1 StGB) eingruppiert werden und durch ihre Arbeit aktiv an der beruflichen Tätigkeit des Apothekers 1399

---

14   Pharmazentralnummer. Aktuell sind in Deutschland knapp über 100.000 PZN gelistet.
15   Seit dem 01.03.2020 laufen in Deutschland Pilotprojekte zur Grippeschutzimpfung in Apotheken.

mitwirken, z. B. im Rahmen der laufenden Buchführung. Als Berufsgeheimnisträger ist der Apotheker regelmäßig auf die Hilfestellung dieser Personen angewiesen. Um im Zeitalter von Digitalisierung und Outsourcing für alle Betroffenen strafrechtliche Sicherheit zu schaffen, ist es auch unbedenklich, wenn sonstige Personen über die klassischen Berufsgehilfen hinaus tätig werden, vorausgesetzt ihre Unterstützung ist erforderlich (vgl. § 203 Abs. 3 Satz 2 StGB). Dazu gehören u. a. IT-Dienstleister, weil sie moderne Unterstützung für Arbeiten im Bereich Rechnungswesen, für Abtretungen von Honoraransprüchen, für die Buchhaltung, die Annahme von Telefonanrufen, Aktenarchivierung bzw. -vernichtung anbieten. An Dienstleister und andere Hilfspersonen werden die gleichen Maßstäbe wie an die Berufsgeheimnisträger selbst gestellt. Sie können sich ebenso strafbar machen (vgl. § 203 Abs. 4 Nr. 2 StGB), wenn sie Informationen nicht vertraulich behandeln. Für Apotheker empfiehlt sich die sorgfältige Auswahl eines externen Dienstleisters. Ggfs. sollten separate Verschwiegenheitsverpflichtungen vertraglich dokumentiert werden, um sich zusätzlich abzusichern. Bei Auswahl der Hilfsperson(en) ist auf fachliche Eignung und Zuverlässigkeit zu achten, vorhandene Zertifikate und Qualifikationsnachweise sollte man sich vorlegen lassen. Weitere Absicherung ist ggfs. durch Referenzkunden oder Selbstauskünfte möglich.

1400 Angehörige der Finanzverwaltung sind im § 203 StGB nicht namentlich erwähnt und gelten demnach nicht als Hilfspersonen. Ihnen gegenüber sind Kundendaten vertraulich zu behandeln. Eine Offenlegung oder Überlassung von Daten ohne Schweigepflichtsentbindung seitens des Kunden ist unter Beachtung des § 203 StGB im höchsten Maße bedenklich. Es empfiehlt sich daher, frühzeitig dafür Sorge zu tragen, dass vorlagepflichtige Unterlagen bei Bedarf in neutralisierter Form zur Verfügung gestellt werden können.

1401 Besonderheiten gelten für eigene Mitarbeiter des Apothekers. Kaufen sie verbilligt in der Apotheke ein, verlangt das eine entsprechende Dokumentation, weil geldwerte Vorteile nur bis zur Höhe von 1.080,00 € als steuer- und sozialversicherungsfrei behandelt werden können.[16] Hier könnten den Prüfungsdiensten der Finanzverwaltung zunächst nur Mitarbeiter-IDs zur Verfügung gestellt werden, um auch diese „Kunden" datenschutzrechtlich soweit als möglich zu schützen. Zwecks Einhaltung der Anforderungen an ein internes Kontrollsystem müssen Mitarbeiterkäufe durch einen Dritten überwacht und autorisiert werden (Vier-Augen-Prinzip).

1402 Gemäß **Coronavirus-Schutzmasken-Verordnung** vom 14.12.2020 (SchutzmV) hatten Anspruchsberechtige im Zeitraum vom 15.12.2020 – 06.01.2021 Gelegenheit, sich kostenlos drei FFP2-Schutzmasken in einer Apotheke ihrer Wahl abzuholen. Für den Zeitraum vom 01.01.2021–15.04.2021 bestanden Ansprüche auf bis zu 12 weitere Schutzmasken. Für die Abgabe der kostenlosen Schutzmasken erhielten Apotheken vom Deutschen Apothekerverband e. V. eine Pauschale aus der Liquiditätsreserve des Gesundheitsfonds über

---

16 Vgl. § 8 Abs. 3 EStG, § 1 Abs. 1 Nr. 1 SvEV.

den Fonds zur Förderung der Sicherstellung des Notdienstes von Apotheken (§ 5 Abs. 1 SchutzmV). Für die bis zu 12 weiteren Schutzmasken erhielt die Apotheke 6,00 € je Schutzmaske einschl. Umsatzsteuer. Die Anspruchsberechtigten hatten bei Abholung dieser Masken einen Eigenanteil von 2,00 € je Abgabe von sechs Schutzmasken zu leisten, der auf den Erstattungsbetrag angerechnet wurde. Dafür hatten die Apotheken mindestens einmal im Monat eine Abrechnung an das für sie zuständige Rechenzentrum zu übermitteln. Steuerlich warf die SchutzmV interessante Fragen auf. Zunächst war dringend zu empfehlen, die FFP2-Masken ins Warenwirtschaftssystem einzupflegen, da die permanente Inventur ansonsten ihre Wirkung verliert.[17] Ferner ist zu beachten, dass jede Maskenabgabe grundsätzlich einzelaufzeichnungs- und belegausgabepflichtig ist (§§ 146 Abs. 1, 146a Abs. 2 AO).

Bloße Strichlisten, die in der Praxis angefertigt wurden, sind streng genommen nicht ausreichend, was aufgrund der Vielzahl der potentiellen Kunden, immerhin rd. 27 Millionen an der Zahl, aber zu praktischen Schwierigkeiten in der Umsetzung führte. Wurden für **zuzahlungsfreie Masken** nur Strichlisten angefertigt, liegen formelle Mängel vor, die jedoch mangels sachlichen Gewichts keine Schätzungsbefugnis des Finanzamts auslösen, wenn

– die Gutschriften aus dem o. g. Fonds ordnungsgemäß versteuert werden,[18]
– der Maskenbestand tagesaktuell im Warenwirtschaftssystem eingepflegt wurde und
– sich keine Anhaltspunkte auf manipulative Handlungen ergeben.

Für **zuzahlungspflichtige Masken** gelten nach diesseitiger Auffassung die allgemeinen Regeln der Einzelaufzeichnungspflicht, der Belegausgabepflicht und der Sanktionierung bei Verstößen.

Apotheker geben Stamm- oder Neukunden gerne eine kleine **Aufmerksamkeit** in Form von Zeitschriften, Taschentüchern, Traubenzucker o. ä. mit auf den Weg. Der Bundesgerichtshof hat hierzu entschieden, dass die Ausgabe von Gutscheinen und Zugaben beim Einlösen rezeptpflichtiger Artikel unzulässig ist.[19] Zulässig seien allenfalls kleinere Zugaben, die als Ausdruck allgemeiner Kundenfreundlichkeit gelten und keinen wirtschaftlichen Wert für den Kunden haben. Wichtig ist eine Unterscheidung zwischen Geschenken[20] und Zugaben, da sie steuerlich unterschiedlich zu beurteilen sind. Bei Aufzeichnungen darüber kann es sich um freiwillige oder um Pflichtaufzeichnungen handeln. Geschenke an Geschäftsfreunde unterliegen besonderen Aufzeichnungspflichten

---

17 *Bellinger*, apotheke-adhoc vom 22.12.2020, *https://www.apotheke-adhoc.de/nachrichten/detail/apothekenpraxis/strichlisten-sind-aufbewahrungspflichtig-dr-bernhard-bellinger-zur-maskenabgabe* (abgerufen am 02.11.2023).
18 Die sog. Schutzmaskenpauschale der Phase 1 (Zeitraum 15.12.2020-06.01.2021) ist umsatzsteuerpflichtig (Niedersächsisches FG, Urteile vom 12.10.2023 – 5 K 45/22, EFG 2023, 1812, mit Anm. Ossinger, Rev. V R 24/23; vom 03.08.2023 – 5 K 136/22, EFG 2023, 1816, rkr.).
19 Vgl. BGH vom 06.06.2019 – I ZR 206/17 und I ZR 60/18.
20 Vgl. Kap. 6.12.6.

(vgl. § 4 Abs. 5 Satz 1 Nr. 1 EStG). Existiert ein **Bonussystem** für Kunden (Bonuskarten, Treuepunkte, Apotheken-Taler etc.)[21], sollte dessen Handling (z. B. Berechtigungen, Kriterien der Ausgabe) exakt in der Verfahrensdokumentation beschrieben werden. Zur Verhinderung von Missbräuchen auf Seiten der Mitarbeiter ist ein entsprechendes internes Kontrollsystem einzurichten. Besonders empfehlenswert sind digital erstellte, personalisierte Aufzeichnungen bei Ausgabe und Einlösung (Name des Kunden, Name des Mitarbeiters), die eine Zuordenbarkeit zum einzelnen Geschäftsvorfall und nachträgliche Abstimmkontrollen durch entsprechende Auswertungsprogramme ermöglichen.

1406 *Tipp:*
Betriebsprüfer legen besonderes Augenmerk auf Geschäftsvorfälle (Waren, Dienstleistungen), die nicht über das Warenwirtschaftssystem laufen. Wie dafür die Vollständigkeit der Tageseinnahmen gewährleistet wird, sollte aus der Verfahrensdokumentation ersichtlich sein. Innerhalb der einzelnen Teile einer Verfahrensdokumentation darf auf bereits vorhandene Dokumente verwiesen werden (sog. mitgeltende Unterlagen). Dazu gehören bspw. Unterlagen über das für Apotheker verpflichtende **Qualitätsmanagementsystem** i. S. d. § 2a ApBetrO.

1407 Besonderer Wert sollte auf eine lückenlose **Inventur** gelegt werden. Sie gilt als essentieller Bestandteil einer ordnungsgemäßen Buchführung gemäß § 240 ff. HGB. Um bei den nahezu täglichen Belieferungen einen Überblick über den Wareneingang zu behalten, empfehlen sich engmaschige Inventurperioden, z. B. mehrfache Durchführung im Jahr im Rahmen der permanenten Inventur bei POS[22]-Systemen. Ohnehin ist stets ein aktuelles Bestandsverzeichnis der Medizinprodukte gemäß § 13 Medizinprodukte-Betreiberverordnung (MPBetreibV) zu führen. Mit Warenwirtschaftssystemen und Kommissionierautomaten sind Inventuren als wichtige und zeitintensive Aufgabe aber meist problemlos erfüllbar. Sie lassen selbst eine tägliche Inventur zu (zur sog. permanenten Inventur s. § 241 Abs. 2 HGB). Inventurdifferenzen sind dem Grunde und der Höhe nach zu dokumentieren und ins Warenwirtschaftssystem zurückzuspiegeln.

1408 *Beachte:*
Mangelhafte Inventuren haben keine unmittelbaren Auswirkungen auf die Ordnungsmäßigkeit der Kassenführung. Gleichwohl können wesentliche Buchführungsmängel vorliegen, z. B. bei Inventur ohne Mengenangaben, nicht unterschriebenen Aufnahmelisten ohne Datum oder Inventur mittels Fotografien, die nur von Sachverständigen des betreffenden Gewerbezweigs in angemessener Frist nachgeprüft werden kann.[23]

---

21 Zur Unzulässigkeit der Gewährung von Vorteilen (Sachzuwendungen) beim Verkauf verschreibungspflichtiger Medikamente s. Urteile des BVerwG vom 09.07.2020 – 3 C 20.18 und 3 C 21.18.
22 Point of Sale.
23 *Drüen* in Tipke/Kruse, AO/FGO, 173. Lfg. 2022, § 146 Rz. 75a m. w. N.

Teilweise werden in Betriebsprüfungen die **Stückelungen**[24] thematisiert, weil der Apotheker hierdurch seine Rohgewinnaufschläge positiv beeinflussen kann. Schließlich haben auch die sog. **„Hochpreiser"** erheblichen Einfluss auf die Rohgewinnaufschläge. Es empfiehlt sich, hierfür in der Finanzbuchhaltung eigene Konten einzureichen (Umsatzerlöse, Wareneinkauf). 1409

Arzt
Siehe Stichwort „Heilberufe" 1410

Augenoptiker
Augenoptiker haben Aufzeichnungen nach dem Medizinproduktegesetz (MPG) zu führen, etwa über Kundennamen und Sehstärke bei Anfertigung einer Korrektionsbrille. Auskunftsverweigerungsrechte stehen dem Optiker insoweit nicht zu. 1411

Im Gläserbereich kommt es durch Bruch und Verschleifen zu Warenverlusten von bis zu 5 %.[25] 1412

Während der Pandemie bestanden in den einzelnen Bundesländern erhebliche Unterschiede hinsichtlich angeordneter Schließzeiten und anderer betrieblicher Einschränkungen, die betriebsbezogen dokumentiert werden sollten. So konnten zeitweise keine körpernahen Dienstleistungen erbracht werden (z. B. Anpassung von Kontaktlinsen). Zudem ließen Reiseeinschränkungen für Touristen (z. B. Wintersportorte, Inselverkehr) zwangsläufig geringere Einnahmen erwarten, z. B. aus dem Verkauf von Sonnenbrillen. Umsatzsteigernd können sich dagegen außergewöhnliche Erlöse durch den Verkauf spezieller Schutzausrüstung ausgewirkt haben. 1413

Auslieferungsfahrer
Die allgemeinen Anforderungen an die Ordnungsmäßigkeit der Kassenführung erfordern, dass Betriebseinnahmen und Betriebsausgaben in einer Weise festzuhalten sind, die die Belegsicherung und Unverlierbarkeit der Geschäftsvorfälle (=Grundaufzeichnungsfunktion) gewährleisten. Dazu bieten sich je nach Beleganfall Hefter, Ordner und eine handschriftliche Liste über die Betriebseinnahmen und Betriebsausgaben an, in der die Geschäftsvorfälle unmittelbar nach ihrer Entstehung festgehalten werden. Diese Aufgaben müssen ggf. an den Fahrer delegiert werden. 1414

Die nachgelagerte, zeitversetzte Erfassung der Kasseneinnahmen und Kassenausgaben in den Räumlichkeiten des Stpfl. liegt in der Natur der Sache. Insoweit hat der BFH zutreffend entschieden, dass es mit Hinblick auf das Merkmal der 1415

---

24 Beispielsweise werden statt einer verordneten Packungsgröße von 100 Tabletten zwei Packungen zu je 50 Tabletten an den Kunden abgegeben. Nach aufgekommener Kritik (Stichwort Sozialversicherungsbetrug) verzichten heute viele Apotheker freiwillig auf „bewusste Stückelungen zur Ertragsteigerung".
25 *Brinkmann*, Schätzungen im Steuerrecht, 6. Aufl. 2023, 1004.

Zeitgerechtheit auf die Ablieferung des Geldes durch den Verkäufer ankommen kann.[26]

Backshop

1416 Siehe Stichwort „Bäckerei"

Bäckerei

1417 Erlöse aus dem Verkauf von Backwaren und Fast-Food zum Verzehr an Ort und Stelle unterliegen dem Regelsteuersatz. Insbesondere wenn neben der Zubereitung standardisierter Produkte Tische und Sitzmöglichkeiten zur Verfügung gestellt werden, stehen im Rahmen einer Gesamtbetrachtung die Dienstleistungselemente im Vergleich zu den Elementen einer Lieferung von Speisen im Vordergrund. Ob Garderoben und Toiletten vorgehalten werden oder ein Kellner-Service eingerichtet ist, spielt keine Rolle.[27]

1418 Durch Artikel I des Corona-Steuerhilfegesetzes vom 19.06.2020[28] wurde mit § 12 Absatz 2 Nr. 15 UStG eine Regelung eingeführt, nach der für die nach dem 30.06.2020 und vor dem 01.07.2021 erbrachten Restaurant- und Verpflegungsdienstleistungen mit Ausnahme der Abgabe von Getränken der ermäßigte Steuersatz der Umsatzsteuer anzuwenden ist.[29] Diese Regelung wurde zunächst bis zum 31.12.2022[30] und sodann bis zum 31.12.2023 verlängert.[31] Eine weitere Verlängerung ließ sich politisch nicht durchsetzen.

Bestattungsunternehmen

1419 In den einzelnen Bundesländern bestanden während der Pandemie erhebliche Unterschiede hinsichtlich der Zulässigkeit von Trauerfeierlichkeiten, die Einfluss auf die Höhe des Umsatzes genommen haben. Zu Nachweiszwecken sollten örtliche Beschränkungen ggf. nachträglich dokumentiert werden.

Bierstand

1420 Zur Aufzeichnung der Betriebseinnahmen z.B. bei Konzertveranstaltungen oder Schützenfesten bieten Kassenhersteller speziell konzipierte elektronische

---

26 BFH vom 31.07.1974 – I R 216/72, BStBl. II 1975, 96. Zum Erfordernis von Kassenaufzeichnungen des Fahrers s. a. FG Hamburg, Beschluss vom 08.01.2018 – 2 V 144/17.
27 FG Münster vom 03.09.2019 – 15 K 2553/16 U; die hiergegen eingelegte Revision wurde als unbegründet zurückgewiesen durch BFH vom 15.09.2021 – XI R 12/21 (XI R 25/19), vgl. auch Abschn. 3.6. UStAE.
28 Gesetz zur Umsetzung steuerlicher Hilfsmaßnahmen zur Bewältigung der Corona-Krise, BGBl. I 2020, 1385.
29 Vgl. dazu auch BMF-Schreiben vom 02.07.2020 – IV A 4 – S 1547/19/10001 :001, 2020/0812428, BStBl. I 2020, 610.
30 Artikel 3 des Dritten Gesetzes zur Umsetzung steuerlicher Hilfsmaßnahmen zur Bewältigung der Corona-Krise (Drittes Corona-Steuerhilfegesetz) vom 10.03.2021, BGBl. 2021 Teil I 2021, 331.
31 Achtes Gesetz zur Änderung von Verbrauchssteuergesetzen (8. VStÄndG) vom 24.11.2022, BGBl. I 2022, 1838; vgl. dazu auch BMF vom 21.11.2022 – III C 2 – S 7030/20/10006 :006, BStBl. I 2022, 1595.

Aufzeichnungssysteme an. Häufig findet man auch Einzelaufzeichnungen in Papierform vor (z. B. durch Strichlisten oder Bonverkauf). Sind die tatbestandlichen Voraussetzungen des § 146 Abs. 1 Satz 3 AO erfüllt, kann insbesondere bei stark frequentierten Veranstaltungen auf Einzelaufzeichnungen verzichtet werden. Zumindest in letztgenannten Fällen sollte das Auszählungsergebnis, z. B. durch mitarbeiterautorisierte Zählprotokolle, untermauert werden. Bestückungs- und Retourenlisten nach Sorten, Anzahl und Volumen von Getränkefässern sind hilfreich und dienen darüber hinaus dem internen Kontrollsystem zur Überwachung der Mitarbeiter.[32] Werden neben Getränken auch Speisen angeboten und können Kunden die Infrastruktur eines Biergartens/Festplatzes mitnutzen (z. B. Bierzeltgarnituren, Toiletten), unterliegt der Speiseverkauf grundsätzlich dem Regelsteuersatz.[33] Für Zeiträume vom 30.06.2020 – 31.12.2023 ist § 12 Abs. 2 Nr. 15 UStG zu beachten. Vgl. hierzu auch Stichwort „Bäckerei".

1421 Bierdeckel oder vergleichbare Strichlisten sind Einzelaufzeichnungen[34], die im Anschluss an den Bezahlvorgang nicht vernichtet werden dürfen. Wenngleich aus hygienischen Gründen durchaus verständlich, steuerlich wird der Gastwirt sich nicht auf Erleichterungen im Rahmen der *Aufbewahrung* berufen können – § 146 Abs. 1 Satz 3 AO regelt lediglich Erleichterungen im Rahmen der *Aufzeichnung*. Will ein Gastwirt Bierdeckel dennoch sanktionslos vernichten, erscheint das allenfalls über eine finanzbehördliche Genehmigung i. S. d. § 148 AO denkbar.[35] Zivilrechtlich stellt der Bierdeckel im Übrigen eine Urkunde dar, der auch die Beweiskraft einer solchen zukommt. Steuerlich kann dem Bierdeckel die Funktion einer Kleinbetragsrechnung (§ 33 UStDV) zukommen, womit seine Vernichtung auch aus diesem Grund unzulässig wäre.

Siehe auch unter Stichwort „Gastronomie" und „Schützenfest".

Chemische Reinigung

1422 Chemische Reinigungen waren unmittelbar über behördliche Anordnungen von der Pandemie betroffen, was zu Umsatzausfällen geführt hat. Mittelbare Auswirkungen ergaben sich z. B. aus dem Umstand, dass gleichsam betroffene Hotel- und Restaurationsbetriebe die Branche nur noch in geringem Umfang in Anspruch genommen hat (Bett-/Tischwäsche). Um im Rahmen von Umsatzverprobungen nicht in Beweisnot zu geraten, sollte eine Dokumentation über Schließzeiten und andere betriebliche Einschränkungen vorgehalten werden. Gleiches gilt für Dokumentationen über kostenlose Reinigungsangebote für

---

32 *Achilles*, DB 2018, 2454 (2458).
33 Niedersächsisches FG vom 24.11.2022 – 5 K 57/22, rkr, EFG 2023, 1816.
34 Anderer Ansicht *Pump*, StBp 2015, 1 (2): Strichlisten allein stellen nichtordnungsgemäße Aufzeichnungen dar, weil sie nicht sämtliche Mindestinhalte von Einzelaufzeichnungen enthalten. Siehe zur nicht ausreichenden Darlegung der Schätzungsbefugnis in dieser Thematik auch FG Nürnberg vom 12.04.2018 – 2 V 1532/17.
35 *Achilles*, DB 2018, 2454 (2458).

medizinische Masken, um umliegende Krankenhäuser und Arztpraxen zu unterstützen.

Cocktailbar

1423 Eine formell ordnungsmäßige Kassenbuchführung ist nicht schon wegen kleinerer Mängel als insgesamt nicht mehr ordnungsgemäß zu verwerfen. Die Richtigkeitsvermutung ist nur entkräftet, wenn das Finanzamt nachweist, dass das Buchführungsergebnis sachlich schlechterdings nicht zutreffen kann; an die Methodik einer solchen Schätzung sind strenge Anforderungen zu stellen. Eine Nachkalkulation kann nur dann eine Schätzungsbefugnis begründen, wenn sie in ihren Einzelheiten nachvollziehbar ist, wozu u. a. eine weitgehende Aufgliederung des Wareneinsatzes und ein genauer Überblick über das Preisgefüge erforderlich sind.[36]

Diskothek

1424 Schwierigkeiten der Erfassung von Betriebseinnahmen bei einer überfüllten Tanzveranstaltung rechtfertigen keinen Verzicht auf Grund(buch)aufzeichnungen.[37]

Ein Gehörsverstoß liegt vor, wenn das FG in Ausübung eigener Schätzungsbefugnis für die Beurteilung der Höhe des RAS auf eine nicht allgemein zugängliche nur für den Dienstgebrauch zugängliche Quelle aus dem juris-Rechtsportal (hier: Fachinfosystem BP NRW) zurückgreift, ohne die hieraus entnommenen Erkenntnisse dem Kläger inhaltlich in der gebotenen Weise zugänglich gemacht zu haben.[38]

Döner-Imbiss

1425 Zeigen diverse Überwachungsvideos in den Betriebsräumen eines Döner-Imbiss für den Zeitraum von einem Monat, dass Mitarbeiter zahlreiche Bezahlvorgänge nicht im Kassensystem erfasst haben, besteht nach den Umständen des Einzelfalls Anlass, die sachliche Richtigkeit der Buchführung des Stpfl. – auch über den Monatszeitraum hinaus – zu beanstanden.[39]

1426 *Tipp:*

*Durch die coronabedingte Gleichschaltung der Umsatzsteuersätze für Speisen im Zeitraum vom 01.07.2020 – 31.12.2023 auf 5 % bzw. 7 % unabhängig vom Ort des Verzehrs, scheint die üblicherweise vorgenommene Trennung der Entgelte per „Außer-Haus-Taste" auf den ersten Blick obsolet. Um über das **Verpackungsmaterial** die Vollständigkeit der Betriebseinnahmen aus Außer-Haus-Verkäufen*

---

36 FG Sachsen vom 26.10.2017 – 6 K 841/15, EFG 2018, 165.
37 FG Berlin-Brandenburg vom 17.03.2009 – 6 K 4146/04 B, EFG 2009, 1514.
38 BFH vom 28.05.2020 – X B 12/20, Zurückverweisung. Im Streitfall ging es um eine Datensammlung zur Prüfung von Diskotheken.
39 FG Hamburg vom 13.08.2018 – 2 V 216/17.

belegen zu können, war deren Nutzung dennoch empfehlenswert.[40] Das gilt vor allem mit Hinblick auf mehrfache „Lock-Down-Zeiträume", die Inhouse-Umsätze untersagten und mithin zu auffälligen Zeitreihenvergleichen führen dürften.

Eisdiele

Auch der Betreiber einer Eisdiele, welcher seinen Gewinn mittels Einnahmenüberschussrechnung ermittelt und nahezu ausschließlich Barumsätze tätigt, ist grundsätzlich jedenfalls dann verpflichtet, jeden einzelnen Umsatz getrennt aufzuzeichnen, wenn er ein modernes PC-gestütztes Kassensystem vorhält und grundsätzlich nutzt. Kann nach Aktenlage festgestellt werden, dass trotz räumlicher Enge dem Personal hinter der Eistheke genügend Raum zur Verfügung stand, um insbesondere das Kassensystem zu erreichen und zu bedienen, sind sämtliche Einzelumsätze darin zu erfassen. Andernfalls wird mit der Folge einer Schätzungsbefugnis die grundsätzliche Verpflichtung zur Einzelaufzeichnung nicht erfüllt.[41] 1427

Zur Ermittlung von Eiskugelgrößen und verwendeten Portionierern im Rahmen von Testkäufen vgl. FG Münster vom 17.09.2010 – 4 K 1412/07 G,U, EFG 2011, 506.

Fahrschule

Nach § 31 FahrlG i. d. F. vom 30.06.2017 (gültig ab 01.01.2018) i. V. m. § 140 AO hat der Inhaber oder der verantwortliche Leiter einer Fahrschule Aufzeichnungen über die Ausbildung der Fahrschüler zu führen, die auch für steuerliche Zwecke aufzubewahren und vorzulegen sind. Die Aufzeichnungen müssen für jeden Fahrschüler Art, Inhalt, Umfang und Dauer der theoretischen und praktischen Ausbildung sowie den Namen der den Unterricht erteilenden Fahrlehrer enthalten. Die Aufzeichnungen sind nach Ablauf des Jahres, in welchem der Unterricht abgeschlossen worden ist, fünf Jahre lang aufzubewahren. Nach Ablauf dieser Frist sind sie von den o. g. Personen unverzüglich zu löschen oder sonst zu vernichten. Es besteht **Vernichtungszwang**, sodass die nach § 147 Abs. 3 Satz 2 AO anzuwendenden längeren Aufbewahrungsfristen nicht gelten (Gesetzeskonkurrenz). Zum Datenzugriffsrecht nach § 147 Abs. 6 AO vgl. FG Rheinland-Pfalz vom 01.04.2014 – 5 K 1227/13. 1428

Hinweis: 1429
Zu den seit dem 28.05.2022 geltenden Dokumentationspflichten vgl. Verordnung zur Novellierung der Preisangabenverordnung – PAngV – vom 12.11.2021.[42] Ungeachtet der PAngV haben Inhaber einer Fahrschulerlaubnis die

---

40 *Achilles/Danielmeyer*, RET 4/2020, 18 (24).
41 FG Hamburg vom 16.01.2018 – 2 V 304/17.
42 BGBl. I 2021, 4921.

vom Fahrschüler zu entrichtenden Entgelte mit den Geschäftsbedingungen durch Aushang bekanntzugeben[43] und aufzubewahren. Verstöße können mit Bußgeld bis 1.000 Euro geahndet werden.[44]

Fitnessstudio

1430   Hat ein Fitnessstudiobetreiber seinen Kunden zu Beginn pandemiebedingter Schließzeiten zugesagt, dass Beitragsfortzahlungen zu einer taggenauen Zeitgutschrift führen, die eine Verlängerung des abgeschlossenen Dauervertrages zur Folge hat, handelt es sich um eine umsatzsteuerpflichtige Anzahlung. Hat der Fitnessstudiobetreiber seinen Kunden dagegen zugesagt, dass bei Beitragsfortzahlung ein Gutschein entsprechend dem ursprünglich gebuchten Leistungsumfang für eine beitragsfreie Zeit, die der Dauer der Schließzeit entspricht, ausgestellt wird, handelt es sich um Anzahlungen auf einen Einzweck-Gutschein. Eine Änderung der Bemessungsgrundlage ist in beiden Fällen nur unter der Voraussetzung des § 17 Abs. 2 Nr. 2 UStG i. V. m. Abschn. 17.1 Abs. 7 Satz 3 UStAE – nämlich der Beitragsrückzahlung – möglich.[45]

Fladenbrot-Bäckerei

1431   In einem Streitfall vor dem Finanzgericht Nürnberg hat der erkennende Senat festgestellt, dass der Hefeeinkauf im Verhältnis zum Mehleinkauf überdimensioniert gewesen ist. Hieraus hat es geschlussfolgert, dass ein Schwarzeinkauf von Mehl naheliegt und die Umsätze offenbar unvollständig deklariert worden seien. In derartigen Fällen könne auch mit Nebenprodukten (hier: Hefe) kalkuliert werden.[46]

Fleischerei

1432   Siehe Stichwort „Metzgerei"

Fotostudio

1433   Fotografen waren unmittelbar über behördliche Anordnungen von der Pandemie betroffen, was zu Umsatzausfällen geführt hat. Mittelbare Auswirkungen ergaben sich z. B. aus dem Umstand, dass ebenfalls Betroffene die Branche in eingeschränktem Umfang in Anspruch genommen hat (Bewerbungsfotos, Fotoaufnahmen in Kindertagesstätten und Schulen, Hochzeitsfeiern usw.). Um im Rahmen von Umsatzverprobungen nicht in Beweisnot zu geraten, sollte eine Dokumentation über Schließzeiten und andere betriebliche Einschränkungen vorgehalten werden.

---

43   § 32 FahrlG n. F.
44   § 56 FahrlG n. F.
45   Finanzministerium Schleswig-Holstein vom 03.12.2020 – VI 3510 – S 7100 – 759. Vgl. aber BFH, Rev. XI R 36/22 und XI R 5/23.
46   FG Nürnberg vom 17.10.2018 – 5 K 642/18. Auf die NZB des Klägers wurde das Urteil aufgehoben, soweit es die Einkommensteuer und den Gewerbesteuermessbetrag 2008 betraf und die Sache insoweit an das FG Nürnberg zurückverwiesen; BFH vom 31.10.2019 – X B 149/18.

Anfertigung und Verkauf von Fotografien unter Einräumung der Verwertungsrechte unterliegen grundsätzlich als einheitliche Leistung dem Regelsteuersatz. Der getätigte Umsatz darf im Interesse eines funktionierenden Mehrwertsteuersystems nicht künstlich aufgespalten werden, um in den Genuss des ermäßigten Steuersatzes nach § 12 Abs. 2 Nr. 7c UStG zu kommen. Der Einräumung der Nutzungsrechte kommt nur untergeordnete Bedeutung zu. Ob der Abnehmer die Werke privat oder kommerziell nutzt, ist unerheblich.[47]

1434

Friseurbetrieb

Friseurbetriebe haben ihre Preise anzugeben, die einschließlich der Umsatzsteuer und sonstiger Preisbestandteile vom Verbraucher zu zahlen sind. Zu diesem Zweck ist in den Geschäftsräumen und soweit vorhanden, zusätzlich im Schaufenster oder im Schaukasten, ein **Preisverzeichnis** anzubringen.[48] Das gilt auch im Fall der Stuhlvermietung. Für steuerliche Zwecke sind die Preisverzeichnisse mit Gültigkeitsangaben zu versehen und 10 Jahre aufzubewahren.[49] Das gilt im Übrigen auch für Sonderaktionen, die in Flyern, Zeitungsannoncen oder sozialen Medien beworben werden. Preisverzeichnisse sind ohne steuerliche Bedeutung, soweit die erforderlichen Aufzeichnungen aus elektronischen Kasseneinzeldaten ersichtlich sind.

1435

Im Friseurgewerbe gilt **Einzelaufzeichnungspflicht**, die sich

1436

– für Kaufleute aus § 238 Abs. 1 HGB und
– für Unternehmer im Sinne des Umsatzsteuerrechts aus den Vorschriften der § 22 UStG i. V. m. § 63 UStDV ergibt, unabhängig von
  – der Art der Gewinnermittlung und
  – der Art des Aufzeichnungsmediums (elektronisches Aufzeichnungssystem, Papieraufzeichnungen).

Die sich aus § 22 UStG ergebende Pflicht zur Einzelaufzeichnung von Einnahmen wirkt unmittelbar auch für andere Steuergesetze, also auch für das Einkommensteuer- und Gewerbesteuergesetz.[50] Auch ein Friseur, der nur wenige Kunden am Tag bedient, unterliegt der Verpflichtung zur Führung von Einzelaufzeichnungen. Zumutbarkeits- oder Praktikabilitätserwägungen stehen dem nicht entgegen.[51]

1437

Aus dem Gebot zur Führung von Einzelaufzeichnungen folgt zunächst die Verpflichtung zu Aufzeichnungen über

1438

---

47 FG Münster vom 25.02.2021 – 5 K 268/20 U, AO.
48 § 12 Preisangabenverordnung (PAngV), BGBl. I 2021, 4921.
49 §§ 147 Abs. 1 Nr. 5 i. V. m. 140 AO.
50 BFH vom 02.03.1982 – VIII R 225/80, BStBl. II 1984, 504; BFH vom 26.02.2004 – XI R 25/02, BStBl. II 2004, 599.
51 FG Köln vom 09.05.2017 – 5 K 727/15; anderer Ansicht *Märtens* in Gosch, AO/FGO, 171. Lfg. 2022, § 146, Rz. 32.2.

- die Identität der Vertragspartner (Name und Anschrift der Kunden),
- den Inhalts des Geschäfts, soweit zumutbar, mit ausreichender Bezeichnung des Geschäftsvorfalls *und*
- die in Geld bestehende Gegenleistung.

1439 Im Rahmen der Einzelaufzeichnungspflicht kann unter Berücksichtigung branchenspezifischer Mindestaufzeichnungspflichten und dem Aspekt der Zumutbarkeit **abhängig vom tatsächlichen Betriebsablauf** auf die Aufzeichnung der Identität des Kunden verzichtet werden (vgl. GoBD, Tz. 3.2.1). Den Friseuren sind i. d. R. große Teile ihrer Kundschaft namentlich bekannt, sodass Einzelaufzeichnungen unter dem Aspekt der Zumutbarkeit zwingend sind und meist auch tatsächlich geführt werden. Insbesondere für sog. „Chemiekunden" werden bereits aus Haftungsgründen Kundenkarteien geführt. Auch im Falle einer **Stuhlvermietung** ist der Name des Vertragspartners bekannt. Friseure können sich in diesen Fällen nicht auf eine Unzumutbarkeit der Aufzeichnung berufen, da sie sie tatsächlich aus innerbetrieblichen Gründen angefertigt haben. Dann sind diese Daten auch aufzubewahren und der Finanzbehörde vorzulegen, sofern gesetzliche Vorschriften dem nicht entgegenstehen.[52]

1440 **Beispiel:**

Tatsächlicher Betriebsablauf	Aufbewahrungs- und Vorlagepflicht der Kundendaten	Hinweis
Führung einer Kundenkartei mit Namen und Anschrift.	ja	AEAO zu § 146, Nr. 2.1.5, letzter Satz.
Kundenname wird im Terminkalender erfasst.	ja	Kunde muss nicht nach der Anschrift befragt werden.
Kundenname ist nicht bekannt (Laufkundschaft).	nein	Kunde muss nicht nach Namen und Anschrift befragt werden.

1441 Ob darüber hinausgehende Kundendaten vorlagepflichtig sind, kann nur jeweils im Einzelfall und unter dem Gesichtspunkt der Nachvollziehbarkeit der Geschäftsvorfälle (Prüfbarkeit) entschieden werden.

1442 *Beispiel:*

In seiner Kundenkartei zeichnet der Friseur die Anschrift und das Geburtsdatum seiner Kunden auf. Zu runden Geburtstagen versendet er Gutscheine über 10,00 €, ferner erhalten Senioren ab dem 70. Lebensjahr eine Ermäßigung von 20 % auf alle Dienstleistungen. Zur Überprüfung der Vollständigkeit der Tages-

---

52 AEAO zu § 146, Nr. 2.1.5; Hinweis: Während der steuerlichen Aufbewahrungsfristen besteht keine Löschungsverpflichtung gem. Datenschutz-Grundverordnung, auch dann nicht, wenn der betroffene Kunde dies verlangen sollte (Art. 17 Abs. 3b DSGVO).

einnahmen ist m.E. in diesem Fall die Vorlage der weiteren Kundendaten erforderlich und verhältnismäßig. Andernfalls wäre die Höhe des erklärten Umsatzes ins unüberprüfbare Ermessen des Stpfl. gestellt.[53]

Für Einzelaufzeichnungen fordert die Finanzverwaltung allgemeingültig mindestens die Dokumentation 1443

- des verkauften, eindeutig bezeichneten Artikels bzw. der der eindeutig bezeichneten Dienstleistung,
- des endgültigen Einzel(verkaufs)preises,
- des dazugehörigen Umsatzsteuersatzes und -betrags,
- der vereinbarten Preisminderungen,
- der Zahlungsart (mindestens Aufzeichnung von bar, unbar),
- des Datums und des Zeitpunktes des Umsatzes,
- der verkauften Menge bzw. Anzahl.[54]

Je detaillierter die Einzelaufzeichnungen geführt werden, umso einfacher lassen sich Vollständigkeit und Richtigkeit der Tageseinnahmen belegen.

Beispiel: 1444

Detailgrad 1	Detailgrad 2	Detailgrad 3
Friseurdienstleistung	Waschen	Haarwäsche
		Kopfmassage
	Damenhaarschnitt	Spitzen schneiden
		Styling
	Färben	Ansatzfärbung
		Foliensträhnen
Warenverkauf	Shampoo	Schuppenshampoo
		Hersteller XXX
		Artikel-Nr. XXX
		250 ml

Werden der Art nach gleiche Waren mit demselben Einzelverkaufspreis in einer **Warengruppe** zusammengefasst, wird dies von der Finanzverwaltung nicht beanstandet, sofern die verkaufte Menge bzw. Anzahl ersichtlich bleibt. Dies gilt entsprechend für Dienstleistungen.[55] In allen anderen Fällen sind detaillierte Einzelaufzeichnungen zu führen. 1445

Mit einem einfachen elektronischen Aufzeichnungssystem lässt sich das Erfordernis detaillierter Einzelaufzeichnungen schon aus technischen Gründen nicht erfüllen, wenn nur wenige **PLU-Tasten** zur Verfügung stehen. Der Grundsatz der Wirtschaftlichkeit rechtfertigt jedoch nicht, dass Grundprinzipien der Ord- 1446

---

53 *Achilles*, Kassenführung in Friseurbetrieben, 1. Aufl. 2018, 54.
54 AEAO zu § 146, Nr. 2.1.3.
55 AEAO zu § 146, Nr. 2.1.3.

nungsmäßigkeit verletzt werden. Die zur Vermeidung einer solchen Gefährdung erforderlichen Kosten muss der Stpfl. genauso in Kauf nehmen wie alle anderen Aufwendungen, die die Art seines Betriebs mit sich bringt.[56] Allerdings besteht keine Verpflichtung zur Nutzung eines elektronischen Aufzeichnungssystems. Es ist mithin auch zulässig, wenn der Stpfl. auf die elektronische Aufzeichnung verzichtet, um stattdessen detaillierte Einzelaufzeichnungen in Papierform zu führen (Bedienerzettel). Ob es ausreichend wäre, detaillierte Bedienerzettel anzufertigen, aufzubewahren und deren Inhalte über Warengruppen im elektronischen Aufzeichnungssystem zusammenzufassen, erscheint denkbar, ist bisher aber nicht höchstrichterlich geklärt.

1447 Im Regelfall wird die Rechnung des Friseurs einen Gesamtbetrag von 250,00 € nicht übersteigen (Kleinbetragsrechnung i. S. d. § 33 UStDV). In diesen Fällen muss der Nettobetrag nicht ausgewiesen werden. Es genügt, den Bruttobetrag und den angewendeten Steuersatz anzugeben. Werden nur Papieraufzeichnungen geführt, genügt nach diesseitiger Auffassung die Angabe des Datums, auf die Angabe der Uhrzeit kann verzichtet werden (siehe dazu aber Kap. 4.2.1.9). Davon unberührt bleibt das Erfordernis, die Bedienerzettel in chronologischer Reihenfolge abzulegen.

1448 Abhängig vom einzelnen Geschäftsvorfall erfordern die Einzelaufzeichnungen ggf. weitere Angaben, z. B. Aufzeichnungen über

- Trinkgelder des Unternehmers[57],
- Währungsangaben und Wechselkurs bei Annahme von Fremdwährung, z. B. bei Friseurbetrieben im Grenzgebiet oder auf einem Flughafengelände.

1449 Ferner können sonstige Rechnungsangaben nach §§ 14, 14a UStG erforderlich sein, z. B. bei Verkauf und Versand von Haarteilen, Perücken oder Pflegeprodukten. Der Versand ins Ausland erfordert weitere Dokumentationspflichten.

1450 Ebenso wie für Dienstleistungen gilt auch für den **Warenverkauf** des Friseurs als zumutbar, detaillierte Einzelaufzeichnungen zu führen. Die in § 146 Abs. 1 Satz 3 AO normierte Erleichterung, nach der bei Verkauf von Ware unter weiteren Voraussetzungen auf Einzelaufzeichnungen verzichtet werden kann, ist auf das Friseurgewerbe nicht übertragbar. Etwas anderes kann gelten, wenn der Verkaufsbereich räumlich und organisatorisch vom Dienstleistungsbereich getrennt ist (z. B. bei Messeverkauf). Für diesen Nachweis trägt der Stpfl. die Feststellungslast.[58]

1451 Werden neben Friseurdienstleistungen und dem Verkauf von Handelswaren weitere Serviceleistungen angeboten (z. B. Getränkeverkauf im eigenen Namen), sind die damit erzielten Erlöse einzeln aufzuzeichnen, auch wenn die Betriebseinnahmen über eigens dafür eingerichtete Neben- und Unterkassen erfasst werden. Die summarische Erfassung der Tageslosung mittels offener

---

56 BFH vom 26.03.1968 – IV 63/63, BStBl. II 1968, 527, GoBD, Rz. 29.
57 Siehe dazu Kap. 6.10.
58 AEAO zu § 146, Nr. 2.2.3.

Ladenkasse ohne Einzelaufzeichnungen (Kassenbericht) ist nicht zulässig. Ausnahmen sind nur denkbar, wenn der Verkauf räumlich oder organisatorisch eindeutig abgrenzbar und eine Einzelaufzeichnung technisch nicht möglich oder unzumutbar ist.[59] Diese Voraussetzungen könnten in einem benachbarten räumlich getrennten Café vorliegen, nicht aber bei Getränkeverkauf innerhalb des Salons.

Einzelaufzeichnungspflicht gilt auch, wenn Artikel im Namen und für Rechnung eines Dritten veräußert werden (z. B. Schmuckwaren, Bekleidung, Accessoires, Dekorationsartikel). Handelt es sich um **Agenturgeschäfte**, sind Betriebseinnahme und deren Weiterleitung an den Dritten buchhalterisch als durchlaufende Posten zu behandeln. Diesem Umstand trägt die DSFinV-K dahingehend Rechnung, dass es möglich ist, mehrere Agenturen für eine Kasse zu definieren und zu referenzieren. Die Stammdaten des Auftraggebers werden in der Datei „Stamm_Agenturen.csv" erfasst. In der Einzelbewegung kann für jede Positionszeile die Agenturzuordnung durch die Angabe der AGENTUR_ID vorgenommen werden. Bei Berechnung der Umsatzsteuer-Zahllast können die Agenturumsätze ausgenommen werden. Bei dieser Handhabung lassen sich die von der Agentur zu verbuchenden Summen korrekt ermitteln. Im Rahmen des Kassenabschlusses werden die Agenturumsätze für Zwecke der Verbuchung von den übrigen Umsätzen getrennt aufsummiert. 1452

Eine Sonderform der Kassenführung bilden sog. **geschlossene Ladenkassen** wie etwa Sonnenbänke oder Warenautomaten (Getränke, Süßigkeiten, Zigaretten). Auch sie gehören zu den Vorsystemen i. S. d. GoBD, Rz. 20, wenn mit ihrer Hilfe aufzeichnungspflichtige Daten erfasst, erzeugt, empfangen, übernommen, verarbeitet, gespeichert oder übermittelt werden. Zu den Aufzeichnungspflichten im Ganzen vgl. Kap. 8. 1453

Freiwillige Aufzeichnungen sind hilfreich, um im Bedarfsfall bestimmte Sachverhalte nachweisen oder glaubhaft machen zu können. Vgl. dazu mit zahlreichen Beispielen Rz. 1331. Auch Tage oder Zeiträume, an denen keine oder nur sehr geringe Einnahmen erzielt wurden (schlechte Ertragslage), sollten besonders dokumentiert werden, um bei einer BP oder Kassen-Nachschau nicht in Beweisnot zu kommen. Notizen über abweichende Öffnungszeiten, Ausfallzeiten der Mitarbeiter, Einschränkungen durch Baustellen etc. können hilfreich werden, weil die Finanzverwaltung dank moderner Prüftechniken Lücken oder Schwankungen in den Tageseinnahmen schnell erkennt. Ob der Friseur nach Jahren noch diesbezügliche Fragen des Amtsträgers beantworten kann, erscheint ohne entsprechende Aufzeichnungen fraglich.[60] 1454

Einer Entscheidung des Finanzgerichts Rheinland-Pfalz zufolge unterliegen **Terminkalender** nicht den Aufbewahrungspflichten eines Friseurs.[61] Im entschiedenen Fall führte das Gericht aus, dass Terminbücher weder unter die 1455

---

59 AEAO zu § 146, Nr. 2.2.3.
60 Vgl. Betriebstagebuch (Muster), Anhang 10.
61 FG Rheinland-Pfalz vom 24.08.2011 – 2 K 1277/10, EFG 2012, 10.

aufbewahrungspflichtigen Unterlagen nach § 147 Abs. 1 Nr. 1 AO noch unter die sonstigen für die Besteuerung bedeutsamen Unterlagen i. S. d. § 147 Abs. 1 Nr. 5 AO fielen; ihnen sei lediglich organisatorische Bedeutung beizumessen, etwa zur effizienten Personalsteuerung, Vermeidung von Wartezeiten oder Vergabe von Kundenterminen. Dennoch erscheint es zweckmäßig, erstellte Terminbücher vor der Vernichtung zu bewahren. Denn im entschiedenen Fall hatte der Stpfl. seine ihm obliegenden Einzelaufzeichnungspflichten auf andere Weise erfüllt, nämlich durch Festhalten jedes einzelnen Umsatzes im Kassenbuch. Bei dieser Art der Aufzeichnung hatte das Gericht auch aufgrund durchgeführter Verprobungen (Nachkalkulation, innerer und äußerer Betriebsvergleich) keinen Anlass gesehen, die Richtigkeit der ausgewiesenen Umsätze und Gewinne anzuzweifeln. Sind dagegen ausschließlich im Terminkalender Namen der Kunden festgehalten oder andere für die Besteuerung bedeutsame Aufzeichnungen angefertigt worden (z. B. Aufzeichnungen über Betriebseinnahmen), sind sie nicht mehr von nur organisatorischer Bedeutung. In diesem Fall handelt es sich um aufbewahrungspflichtige Einnahmeursprungsaufzeichnungen.[62] Gerade im Fall einer Schätzung können Terminkalender unter Umständen erhebliches Gewicht erlangen, das bei plausiblen Eintragungen auch zu Gunsten des Stpfl. ausschlagen kann. Es wird daher empfohlen, die Terminkalender grundsätzlich immer aufzubewahren und – bei Bedarf – vorzulegen. Zu den Verprobungsmöglichkeiten anhand des Terminkalenders siehe Rz. 1457.

1456 **Mobile Friseure**, die ohne Begründung einer gewerblichen Niederlassung oder außerhalb einer solchen von Haus zu Haus oder auf öffentlichen Straßen oder an anderen öffentlichen Orten Umsätze ausführen, haben für umsatzsteuerliche Zwecke *zusätzlich* zu den sonst erforderlichen Kassenaufzeichnungen ein Steuerheft nach amtlich vorgeschriebenem Vordruck zu führen (§ 22 Abs. 5 UStG). Nach § 68 Abs. 1 UStDV sind Unternehmer davon befreit,

– wenn sie im Inland eine gewerbliche Niederlassung besitzen und ordnungsgemäße Aufzeichnungen nach § 22 UStG i. V. m. den §§ 63–66 UStDV führen (Anmerkung: Die Befreiung wird von der Finanzbehörde bescheinigt; vgl. § 68 Abs. 2 UStDV);

– soweit sie aufgrund gesetzlicher Vorschriften verpflichtet sind, Bücher zu führen, oder ohne eine solche Verpflichtung (freiwillig) Bücher führen.

1457 **Vergleichswerte zu Verprobungszwecken.** Die in den amtlichen Richtsatzsammlungen ausgewiesenen Rohgewinne i. H. v. rd. 90 % decken sich in etwa mit eigenen Zahlen des Friseurhandwerks. Gemäß einem „Betriebsvergleich Friseurhandwerk 2014" der Landes-Gewerbeförderungsstelle des nordrhein-westfälischen Handwerks e. V. belaufen sich die Materialkosten auf durchschnittlich 10,2 % des Umsatzes. Der Anteil des Warenverkaufs am Gesamtumsatz liegt bei ca. 5 %. Im Jahr 2019 betrug der durchschnittliche Umsatz in Damensalons 54,97 €, männliche Kunden investierten 21,84 € je Friseurbe-

---

62 Übersehen von *Levenig*, BBK 2018, 615 (624) unter Tz. III.6.

such.⁶³ Bei Vergleichsberechnungen im jeweils zu beurteilenden Betrieb müssen Ausschläge nach oben oder unten erklärbar sein (z. B. Schwerpunkt Herren-/Damenfach, Preisgestaltung usw.), andernfalls sollten betriebsinterne Besonderheiten baldmöglichst beleuchtet und ggf. dokumentiert werden.

Pandemiebedingt sind die Preise für Friseurdienstleistungen seit April 2020 erheblich angestiegen, z. b. weil nach den geltenden Arbeitsschutzstandards keine Trockenhaarschnitte mehr angeboten werden durften und teils sog. Hygienepauschalen berechnet worden sind.   1458

Im Friseurhandwerk kommt es vorrangig zum Einsatz eigener Arbeitsleistung, sodass die fehlende Erhöhung des Wareneinsatzes im Rahmen einer Schätzung nicht zum offensichtlich unzutreffenden Ergebnis der Hinzuschätzung von Betriebseinnahmen führen muss.⁶⁴   1459

Gastronomie

Wenngleich keine Verpflichtung zur Nutzung elektronischer Aufzeichnungssysteme besteht⁶⁵, sind sie zumindest in Speiselokalen kaum noch wegzudenken (sog. faktische Registrierkassenpflicht). Denn Voraussetzung für den Betriebsausgabenabzug beim Leistungsempfänger ist eine maschinell erstellte und mit einer laufenden Registriernummer versehene Rechnung oder bei üblicherweise unbar gezahlten, höheren Bewirtungsaufwendungen eine manuell erstellte Rechnung unter Beifügung des Zahlungsbelegs.⁶⁶   1460

Soweit nicht von § 146 Abs. 1 Satz 3 AO Gebrauch gemacht wird, sind möglichst detaillierte Aufzeichnungen auf Artikelebene gefordert. Werden der Art nach gleiche Waren mit demselben Einzelverkaufspreis in einer Warengruppe zusammengefasst, wird dies von der Finanzverwaltung nicht beanstandet, sofern die verkaufte Menge bzw. Anzahl ersichtlich bleibt. Dies gilt entsprechend für Dienstleistungen.⁶⁷ Abhängig vom jeweiligen Geschäftsvorfall erfordern Einzelaufzeichnungen ggf. weitere Angaben, z. B. Aufzeichnungen über erhaltenes Trinkgeld des Unternehmers, Währungsangaben und Wechselkurs bei Annahme von Fremdwährung, z. B. bei Gaststätten im Grenzgebiet oder auf einem Flughafengelände. Ferner können sonstige Rechnungsangaben nach §§ 14, 14a UStG erforderlich sein, z. B. bei Familienfeiern oder Cateringumsätzen.   1461

Die **Herausgabe eines Freigetränks** ist ein Geschäftsvorfall und damit einzelaufzeichnungspflichtig.⁶⁸ Freigetränke sind anlassbezogen zu beurteilen. Bei geschäftlicher Veranlassung (z. B. Geschäftsjubiläum, Lokalrunden) handelt es sich um Werbeaufwand des Gastwirts. Liegt dem Ausschank dagegen ein priva-   1462

---

63   Zentralverband des Friseurhandwerks, Jahresbericht 2019/2020 unter Hinweis auf Erfolgsvergleichsanalysen (EVA Wella/Unternehmensberatung Peter Zöllner).
64   Niedersächsisches FG, Urteil vom 06.10.2021 – 9 K 188/18.
65   Vgl. BFH vom 20.03.2017 – X R 11/16, BStBl. II 2017, 992, Rz. 38.
66   BMF vom 21.12.1994, BStBl. I 1995, 855, Tz. 2; BMF vom 30.06.2021 – IV C 6 – S 2145/19/10003 :003, BStBl. I 2021, 908 (Abdruck in Anhang 19).
67   AEAO zu § 146, Nr. 2.1.3.
68   AEAO zu § 146a i. d. F. vom 01.01.2024, Nr. 1.10.1 m. w. N. (Abdruck in Anhang 20).

ter Anlass zu Grunde (z. B. Geburtstag, Hochzeit), liegen Privatentnahmen des Gastwirts vor.[69]

1463   Erzielt ein Gastwirt Umsätze, die verschiedenen Steuersätzen unterliegen (7 %, 19 %), muss er im Falle des § 146 Abs. 1 Satz 3 AO einen Antrag auf erleichterte Trennung der Entgelte stellen. Die Finanzverwaltung darf das vereinfachte Verfahren nur gestatten, wenn der Unternehmer zur Erfassung der Betriebseinnahmen kein elektronisches Aufzeichnungssystem nutzt und ihm die Trennung der Entgelte nach Steuersätzen nicht zuzumuten ist.[70] Genehmigungen sind schriftlich unter Vorbehalt des Widerrufs zu erteilen. Die Anwendung des Verfahrens kann auf einen in der Gliederung des Unternehmens gesondert geführten Betrieb beschränkt werden (§ 63 Abs. 4 UStDV). Liegt die Genehmigung nicht vor, kann eine dennoch vom Stpfl. vorgenommene erleichterte Trennung der Bemessungsgrundlagen aus Billigkeitsgründen anerkannt werden, wenn das angewandte Verfahren bei rechtzeitiger Beantragung hätte zugelassen werden können.[71] Das BMF hat sich umfangreich zur Frage geäußert, in welchen Fällen der Regelsteuersatz bzw. der ermäßigte Steuersatz in der Gastronomie anzuwenden ist (Abschn. 3.6. UStAE). Dabei ist die befristete Anwendung des ermäßigten Steuersatzes für nach dem 30. 06. 2020 und vor dem 01. 01. 2024 erbrachten Restaurant- und Verpflegungsdienstleistungen (mit Ausnahme der Abgabe von Getränken) zu beachten.

1464   *Tipp:*

Je nach Umständen des Einzelfalls empfiehlt sich,
- eine Abwägung zwischen pro und contra „offene Ladenkasse ohne Einzelaufzeichnungen (Kassenberichte)" vorzunehmen,
- bei Zweifeln über die Anwendbarkeit des § 146 Abs. 1 Satz 3 AO ggf. einen Antrag auf Erleichterung nach § 148 AO zu stellen,
- wenn Kassenberichte geführt werden, die (zusätzliche) Aufbewahrung von Strichlisten, Bierdeckeln, Zählprotokollen oder ähnlichen Uraufzeichnungen, die eine Überprüfung der Kassenführung ermöglichen[72] und das ausgezählte Ergebnis in seiner Beweiskraft stärken.

1465   **Beispiel:**

A ist Inhaber einer kleinen Trattoria in München. Sämtliche Speisen werden auch außer Haus angeboten (Pizza-Taxi und Partyservice). Daneben unterhält er einen Verkaufsstand auf verschiedenen Volksfesten in der umliegenden Region. Aufzeichnungen führt er ausschließlich in Papierform, ein elektronisches Aufzeichnungssystem ist nicht vorhanden. Die Aufzeichnungen sind wie folgt zu führen:

---

69   FG Hamburg vom 06.09.1982 – V 89/81, EFG 1983, 110.
70   § 63 Abs. 4 Satz 1 UStDV i. V. m. Abschn. 22.6 Abs. 1 UStAE.
71   Abschn. 22.6 Absatz 1 UStAE.
72   FG Berlin-Brandenburg vom 17.03.2009 – 6 K 4146/04 B zur Schwierigkeit der Erfassung von Bareinnahmen in einer Diskothek.

Pizza-Taxi (Warenverkauf)	Die angefertigten Einzelaufzeichnungen (Artikel, Preis, Name und Anschrift des Kunden) sind aufbewahrungs- und vorlagepflichtig.[73]
Erbringung von Dienstleistungen in der Trattoria (In-house-Verzehr)	Angefertigte Einzelaufzeichnungen (Bestellzettel) sind aufbewahrungs- und vorlagepflichtig. Name und Anschrift des Kunden brauchen grundsätzlich nicht aufgezeichnet zu werden.
Partyservice	Es besteht Einzelaufzeichnungspflicht (mit Namen und Anschrift).
Verkaufsstand	Die summarische Ermittlung der Tageseinnahmen mittels Kassenberichten ist unter den Voraussetzungen des § 146 Abs. 1 Satz 3 AO möglich. Die Richtigkeit der rechnerisch ermittelten Tageslosung sollte durch Anfertigung von Strichlisten[74] und Zählprotokollen untermauert werden.

Bewirtungskostenbelege sind Rechnungen, die gem. § 147 Abs. 1 Nr. 3 AO der Aufbewahrungspflicht unterliegen. Bereits seit dem 01.01.1995 muss eine Bewirtungskostenrechnung maschinell erstellt und registriert werden, um beim Leistungsempfänger im Rahmen des Betriebsausgabenabzugs berücksichtigt werden zu können.[75] Das ist nicht erforderlich, wenn es sich um eine größere Veranstaltung handelt, die unbar gegen separate Rechnungserteilung bezahlt wird.

1466

Rechnungen über Bewirtungsaufwendungen müssen den Namen des Bewirtenden enthalten. Im Regelfall wird eine Bewirtungskostenrechnung des Gastwirts einen Gesamtbetrag von 250,00 Euro nicht übersteigen (Kleinbetragsrechnung i.S.d. § 33 UStDV). In diesen Fällen genügt es, den Bruttobetrag und den angewendeten Steuersatz anzugeben. Ist der Name des Gastes nicht bekannt, ist der Gastronom nicht verpflichtet, ihn danach zu fragen. Bei Rechnungsbeträgen über 250,00 Euro muss der Name des Kunden dagegen durch den Gastwirt aufgetragen werden.[76] Ein handschriftlicher Vermerk ist ausreichend.[77] Ein Doppel des Bewirtungskostenbelegs ist aufzubewahren und im Rahmen von Außenprüfungen oder Nachschauen vorzulegen. Dem Gastwirt steht kein Auskunftsverweigerungsrecht darüber zu, auf welchen Namen er den Bewirtungskostenbeleg ausgestellt hat (§ 102 AO). Auf Seiten des einladenden Unternehmers besteht ebenfalls eine Aufbewahrungs- und Vorlagepflicht. Er darf die

1467

---

73 FG Münster vom 23.06.2010 – 12 K 2714/06 E,U. So im Ergebnis auch BFH vom 28.11.2023 – X R 3/22, Rz. 99, m. w. N.
74 Siehe dazu FG Nürnberg vom 12.04.2018 – 2 V 1532/17.
75 Zuletzt BMF vom 30.06.2021 – IV C 6 – S 2145/19/10003 :003, BStBl. I 2021, 908 m.w.N. (Abdruck in Anhang 19); anderer Ansicht FG Berlin-Brandenburg vom 08.11.2021 – 16 K 11381/18, EFG 2022, 575. Das FG begründete seine Auffassung mit der fehlenden gesetzlichen Grundlage. Die eingelegte Nichtzulassungsbeschwerde wurde als unzulässig verworfen; BFH vom 30.08.2022 – VI B 3/22.
76 BFH vom 18.04.2012 – X R 57/09, BStBl. II 2012, 770.
77 BMF vom 30.06.2021 – IV C 6 – S 2145/19/10003 :003, BStBl. I 2021, 908 (Abdruck in Anhang 19).

Namen der bewirteten Person nicht schwärzen, selbst wenn er ein Berufsgeheimnisträger i. S. d. § 102 AO ist. Andernfalls kann der Betriebsausgabenabzug versagt werden, da es sich um eine steuermindernde Tatsache handelt. Deshalb darf dem Finanzamt die Prüfung der betrieblichen Veranlassung nicht verwehrt werden.[78] Das gilt auch für Journalisten, die Angaben zu Anlass und Teilnehmern einer Bewirtung in der Regel nicht unter Berufung auf das Pressegeheimnis verweigern dürfen.[79]

1468 **Inforechnungen** (auch Vorabrechnungen, Zwischenrechnungen) sind häufig im Gastronomiegewerbe vorzufinden („offener Tisch"). Die Erstellung von Inforechnungen ist zulässig. Sie dienen als Abrechnungsgrundlage mit dem Gast, um vorab zu erfragen, wer die Rechnung bezahlt (ggf. Split-Rechnung) und wie der offene Betrag beglichen wird (bar, EC, Kreditkarte, Gutschein), um anschließend die zutreffenden Eingaben im Kassensystem vornehmen zu können.

Nicht selten wurden Inforechnungen manipulativ eingesetzt, indem die Geschäftsvorfälle nach Barzahlung gelöscht wurden. Die Erfassung oder Verarbeitung von tatsächlichen Geschäftsvorfällen darf jedoch nicht unterdrückt werden. So ist z. B. eine Bon- oder Rechnungserteilung ohne Registrierung der bar vereinnahmten Beträge (Abbruch des Vorgangs) in einem DV-System unzulässig.[80] Derartige Vorgänge werden durch Testkäufe und verdeckte Beobachtungen im Rahmen der Kassen-Nachschau verstärkt in den Fokus der Finanzverwaltung geraten. Mit Hinblick darauf, dass die ausgewiesene Umsatzsteuer treuhänderisch vereinnahmt wird (und man als Gast davon ausgeht, dass sie an den Fiskus abgeführt wird), sollten derartige Belege allein auch von Gästen nicht akzeptiert werden.

1469 Insbesondere vor Einführung der technischen Sicherheitseinrichtung i. S. d. § 146a AO wurden sog. Proforma-Rechnungen entweder nach den Wünschen des Gastes ausgestellt (Gefälligkeitsrechnungen, um erhöhte Betriebsausgaben beim Kunden zu fingieren) oder aber ohne Wissen des Gastes genutzt, um tatsächlich erzielte Erlöse ohne Erfassung im Kassenspeicher bzw. im Tagesendsummenbon zu kassieren. Für Amtsträger ist es geradezu ein „Hauptgewinn", wenn derartige Belege als Kontrollmaterial zur Verfügung stehen und damit feststellt wird, dass der Belegaussteller Einnahmen am Fiskus vorbei gewirtschaftet hat.

1470 Die in der Gastronomie noch immer häufig anzutreffenden **Bierdeckel** oder **Strichlisten** werden im Anschluss an den Bezahlvorgang häufig vernichtet, insbesondere wenn die Tageseinnahmen (ausschließlich) durch einen retrograd aufgebauten Kassenbericht ermittelt werden. Diese Vorgehensweise ist unzulässig. Wenngleich aus hygienischen Gründen durchaus verständlich, wird der Gastwirt sich steuerrechtlich nicht auf die Unzumutbarkeit der *Aufbewahrung*

---

78 BFH vom 26.02.2004 – IV R 50/01, BStBl. II 2004, 502.
79 BFH vom 15.01.1998 – IV R 81/96, BStBl. II 1998, 263.
80 GoBD, Rz. 43. Zur Aufzeichnung von Belegabbrüchen bei Verwendung der TSE s. DSFinV-K, Version 2.2 vom 24.06.2020, Anhang B unter „AVBelegabbruch".

berufen können – § 146 Abs. 1 Satz 3 AO regelt lediglich Erleichterungen im Rahmen der *Aufzeichnung*. Will ein Gastwirt Bierdeckel oder Strichlisten sanktionslos vernichten, erscheint das allenfalls über eine finanzbehördliche Genehmigung i. S. d. § 148 AO denkbar.[81]

Tipp: 1471
Teils werden Strichlisten allein als nicht ordnungsmäßige Aufzeichnungen angesehen, da sie ertragsteuerlich nicht sämtliche Mindestinhalte einer Einzelaufzeichnung enthalten.[82] Gleichwohl sind sie aussagekräftiger als ein Kassenbericht, insbesondere wenn die Erlöse nach Stunden ersichtlich sind.[83] Sie sollten daher im Anwendungsbereich des § 146 Abs. 1 Satz 3 AO nach Möglichkeit angefertigt und dann auch aufbewahrt werden, um das Ergebnis des Kassenberichts (Tageslosung) zu untermauern bzw. prüfbar zu machen.[84] Zu diesem Zweck ist auch die Anfertigung und Aufbewahrung von Zählprotokollen ratsam, wenngleich nicht verpflichtend.

Eine Sonderform der Kassenführung in der Gastronomie stellen sog. **geschlossene Ladenkassen** dar. Hierunter fallen z. B. Kassenbehälter in Tischfußballgeräten (Kicker), in Billardtischen oder Warenautomaten (Süßigkeiten, Zigaretten). Vgl. dazu ausführlich Kap. 8. 1472

Private und nicht aufzeichnungspflichtige Vorgänge, **freiwillige Aufzeichnungen** oder über die gesetzliche Pflicht hinausgehende Daten und Unterlagen können vom Stpfl. jederzeit gelöscht oder vernichtet werden, wenn sich eine Aufbewahrungspflicht nicht aus anderen Gesetzen ergibt. Gerade solche Unterlagen helfen jedoch, um im Bedarfsfall bestimmte Sachverhalte nachweisen oder glaubhaft machen zu können. Zu Beispielen freiwilliger Aufzeichnungen in der Gastronomie im Einzelnen s. Rz. 1330. 1473

Reservierungsbücher sind vorlagepflichtige Unterlagen, soweit sie für die Besteuerung von Bedeutung sind (§ 147 Abs. 1 Nr. 5 AO) und Ihnen nicht nur eine ausschließlich organisatorische Bedeutung beizumessen ist, etwa zur effizienten Personalsteuerung. So sah das Finanzgericht München im entschiedenen Einzelfall den Reservierungskalender als aufbewahrungspflichtige Unterlage an.[85] Ungeachtet einer möglichen Aufbewahrungspflicht können Reservierungsbücher erhebliches Gewicht erlangen, das bei plausiblen Eintragungen auch zu Gunsten des Stpfl. ausschlagen kann. Das gilt insbesondere bei Schätzungen, die auf einer sog. **Tischkalkulation** aufbauen. Ggf. empfiehlt sich freiwillige Aufbewahrung. 1474

Bei reinen **Geldwechselvorgängen** wird häufig die sog. K/V-Taste benutzt (Kein Verkauf). Das führt im Rahmen der Auswertung von Kassendaten nicht selten zu Diskussionen darüber, ob es sich tatsächlich um solche handelte oder die 1475

---
81 *Achilles*, DB 2018, 2454 (2458).
82 Vgl. stellvertretend *Pump*, StBp 2015, 1 (2).
83 Vgl. das anschauliche Beispiel in *Danielmeyer*, Die Digitalisierung der Betriebsprüfung, 1. Aufl. 2022, S. 51.
84 Vgl. FG Berlin-Brandenburg vom 17.03.2009 – 6 K 4146/04 B.
85 FG München vom 17.11.2011 – 13 V 357/11.

Taste manipulativ eingesetzt wurde (Vereinnahmung von Bargeld ohne Registrierung), insbesondere wenn dadurch Lücken in laufenden Sequenznummern entstehen. *Brinkmann* empfiehlt zu Recht, die Taste möglichst zu sperren und den Geldwechselvorgang erst vorzunehmen, wenn die Kasse für den Bezahlvorgang des nächsten Kunden ohnehin geöffnet wird.[86]

1476 Zur Besteuerung der Restaurationsumsätze in der Silvesternacht 31.12.2023/01.01.2024 s. BMF-Schreiben vom 21.12.2023 – III C 2 – S 7220/22/10001 :009, BStBl. I 2024, 90.[87]

1477 Zur Aufteilung der Bemessungsgrundlagen bei sog. **Business-Packages** im Hotelgewerbe vgl. Abschn. 12.16 Abs. 12 Satz 2 UStAE. Zur Aufteilung bei sog. **Kombiangeboten** (z. B. Buffet, All-Inclusive-Angebote aus Speisen und Getränken) vgl. Abschn. 10.1 Abs. 12 UStAE.

1478 Gastronomische Betriebe waren besonders von den Auswirkungen der Pandemie betroffen. Um Fehlinterpretationen zu vermeiden, sollten Schließzeiten oder andere behördliche Einschränkungen, aber auch Erleichterungen, ausreichend dokumentiert worden sein (z. B. Bestuhlungspläne, Arbeitsschutzregeln, Sondernutzungserlaubnisse zum Betrieb der Außengastronomie). Gleiches gilt für Rückgaben oder Spenden von Fassbier aufgrund Ablaufs des Mindesthaltbarkeitsdatums.[88]

Goldschmied

1479 Siehe Stichwort „Juwelier"

Heilberufe

1480 Wird eine heilberufliche Tätigkeit als Kaufmann kraft Rechtsform ausgeübt (§ 6 HGB), folgt daraus die Pflicht zur Führung eines Kassenbuchs. Derartige Konstellationen ergeben sich meist nur in Zusammenhang mit dem Betrieb von Krankenhäusern, Kliniken, Kurheimen oder medizinischen Versorgungszentren.

1481 Katalogberufe oder ähnliche Berufe i. S. d. § 18 EStG sind überwiegend Einnahmeüberschussrechner nach § 4 Abs. 3 EStG und daher grundsätzlich nicht verpflichtet, ein Kassenbuch zu führen. Nach ständiger Rechtsprechung des BFH besteht bei Gewinnermittlung nach § 4 Abs. 3 EStG auch keine Geschäftskasse im klassischen Sinne. Betriebseinnahmen gehen sofort ins Privatvermögen über. Für Einnahmeüberschussrechner gelten daher vereinfachte Dokumentationspflichten, insbesondere besteht keine Verpflichtung, Kassenbestände festzuhalten. § 4 Abs. 3 EStG schreibt als reine Gewinnermittlungsnorm lediglich

---

86 *Brinkmann*, Schätzungen im Steuerrecht, 4. Aufl. 2017, 207.
87 Vgl. dazu ausführlich *Rondorf*, NWB 2023, 3441.
88 Einige Brauereien haben das Mindesthaltbarkeitsdatum verlängert, um der Vernichtung von Fassbier entgegenzuwirken, s. dazu *https://www.zeit.de/news/2021-03/18/brauer-verlaengern-fassbier-haltbarkeit* (abgerufen am 25.10.2023).

vor, dass der Gewinn durch den Überschuss der Betriebseinnahmen über die Betriebsausgaben zu ermitteln ist. Zu weiteren Einzelheiten s. Kap. 9.

Bestehende **außersteuerliche Aufzeichnungspflichten** macht sich das Steuerrecht über §147 Abs.1 Nr.5 i.V.m. §140 AO nutzbar. Exemplarisch seien genannt: 1482

– Ärztliche Unterlagen, z.B. Verordnungen über Krankenhausbehandlungen oder Heilmittel, Patientenakten, Dokumente über Gesundheitsuntersuchungen zur Früherkennung von Krankheiten und sonstige ärztliche Unterlagen[89],
– Aufzeichnungen über Betäubungsmittel[90],
– Aufzeichnungen über Röntgen-/Strahlenbehandlungen[91].
– Aufzeichnungspflichten der Augenoptiker über Kundennamen und Sehstärke nach den Regelungen des Medizinproduktegesetzes,

soweit diese vorlagepflichtig sind. Bestehende Auskunftsverweigerungsrechte und -pflichten, etwa bei Ärzten, Zahnärzten, psychologischen Psychotherapeuten[92], Kinder- und Jugendlichenpsychotherapeuten oder Hebammen (vgl. §§102, 104 AO, §203 StGB) sind zu beachten.[93]

Edelmetallbestände, die etwa bei Zahnärzten, Röntgenärzten und Internisten vorgehalten und weiterveräußert werden, müssen exakt nachvollziehbar sein. Finanzbehörden wissen um die Manipulationsanfälligkeit in diesem Bereich und stellen gelegentlich Auskunftsersuchen an die Scheideanstalten. Es empfiehlt sich, detaillierte Aufstellungen über Zugänge, Abgänge und aktuelle Bestände vorzuhalten.[94]

Um im Rahmen einer Außenprüfung oder Nachschau belastbares Zahlenmaterial vorlegen zu können, sollte der **Wareneinsatz** ausreichend dokumentiert sein, u.a. 1483

– der Materialverbrauch für
  – Übungszwecke (Verbände, Schulung von Mitarbeitern),
  – den persönlichen Bedarf,
  – pandemiebedingte Spenden an Krankenhäuser, Feuerwehren etc. (Atemschutzmasken, Desinfektionsmittel etc.),
– durch Aufzeichnungen über Verderb von Medikamenten und Handelsware,
– durch (freiwillige) Aufzeichnungen über Warenbestände bei Gewinnermittlung nach §4 Abs.3 EStG.

---

89 Siehe dazu §10 Abs.3 Berufsordnung, §630f Abs.3 BGB, §57 Abs.2 Bundesmantelvertrag-Ärzte.
90 Siehe dazu §8 Abs.5 Betäubungsmittel-Verschreibungsverordnung.
91 Siehe dazu §§28 Abs.3, 37–41 Röntgenverordnung, §§42 Abs.1, 85 Abs.3 Strahlenschutzverordnung.
92 Ab 01.09.2020 auch *Psychotherapeuten* gem. Gesetz zur Reform der Psychotherapeutenausbildung vom 15.11.2019, BGBl.I 2019, 1604.
93 Vgl. dazu im Einzelnen Kap. 12.7.
94 *Achilles/Wittmeier*, Kassenführung in Heilberufen, 1. Aufl. 2020, 27f.

1484 Im Zuge von Außenprüfungen nehmen die Finanzämter immer häufiger die sog. **individuellen Gesundheitsleistungen** (IGeL) ins Visier. Dabei handelt es sich um Heilbehandlungen, die von den einschlägigen Kostenträgern nicht übernommen werden, weil sie im Leistungskatalog der gesetzlichen Krankenversicherung (GKV) nicht enthalten sind. Dazu gehören u. a. die Bereiche:

Früherkennung	Freizeit, Urlaub, Sport	Kosmetik	Service
Zusatzuntersuchungen	Reisemedizinische Beratung	ästhetische Operationen	Untersuchungen zum Berufseinstieg
(ergänzende) Ultraschalluntersuchung	Impfungen	Entfernung von Tätowierungen	
ergänzende Krebsfrüherkennung	sportmedizinische Beratungen		
Knochendichtemessung			

Finanzämter ermitteln häufig bereits im Vorfeld, welche Leistungen der Heilberufler neben seinen originären Tätigkeiten anbietet, z. B. im Internet oder sozialen Netzwerken. Werden entsprechende Einnahmen nicht oder nicht vollständig erklärt, drohen Schätzungen und die Einleitung von Steuerstrafverfahren.[95] Schätzungen nach amtlichen Richtsatzsammlungen scheiden in Heilberufen regelmäßig aus.[96]

1485 Die Pflicht zur Führung von Einzelaufzeichnungen folgt aus § 146 Abs. 1, § 146a AO und § 22 UStG i. V. m. § 63 UStDV. Die umsatzsteuerliche Aufzeichnungsverpflichtung wirkt auch für die Einkommensteuer.[97] Das gilt auch für individuelle Gesundheitsleistungen (IGeL), Rezeptgebühren usw. Werden neben klassischen heilberuflichen Behandlungen Verkaufstätigkeiten ausgeübt oder sonstige Dienstleistungen erbracht (z. B. Verkauf von Kontaktlinsen, Hautpflegeprodukten, Durchführung von Nichtraucherkursen etc.), sind Betriebseinnahmen aus diesen Tätigkeiten ebenfalls einzeln aufzuzeichnen, auch wenn sie über eigens dafür eingerichtete Neben- und Unterkassen erfasst werden sollten. Schließlich gilt Einzelaufzeichnungspflicht auch bei Führung separater Ausgabenkassen zwecks Verwendung der zugeführten Gelder für den täglichen Praxisbedarf (Reinigungsmittel, Getränke, Süßwaren für Kinder usw.).[98]

1486 **Beispiel:**
Ein nichtbuchführungspflichtiger Heilpraktiker erstellt für jeden Kunden einen Beleg, aus dem der Patientenname, die erbrachte Behandlung und das vereinnahmte Entgelt hervorgehen. Die Belege bewahrt er chronologisch nach dem Tag des Geldeingangs in einem Stehordner auf. Die Erfüllung der Grundaufzeichnungsfunktion verlangt eine fortlaufende Nummerierung, die tägliche Heftung

---

95 *Achilles/Wittmeier*, Kassenführung in Heilberufen, 1. Aufl. 2020, 50 f.
96 Siehe dazu für einen Augenarzt FG Düsseldorf vom 13.04.2010 – 13 K 3064/07 F.
97 BFH vom 16.02.2006 – X B 57/05, BFH/NV 2006, 940.
98 *Achilles/Wittmeier*, Kassenführung in Heilberufen, 1. Aufl. 2020, 39 f.

der Belege mitsamt Additionsstreifen (oder entsprechender Zusammenstellung) und zumindest die Eintragung der Tagessumme in eine handschriftliche Liste, auf einem Kassenkonto oder (freiwillig) in einem Kassenbuch.[99]

Beachte: 1487
Im Rahmen der Einnahmeüberschussrechnung kommt ein Kassensturz nur in Betracht, soweit (ggf. freiwillig) tatsächlich Kassenbestände festgehalten werden.

Seit dem 01.01.2020, spätestens zum 31.03.2021[100] sind elektronische Aufzeichnungssysteme mit einer zertifizierten technischen Sicherheitseinrichtung (TSE) i.S.d. § 146a AO zu schützen. Darunter fallen auch Kassenmodule komplexer Softwaresysteme. Sobald das System in der Lage ist, bare Zahlungsvorgänge zu erfassen und abzuwickeln, fällt dieser Teil – jedoch nicht das gesamte System – unter die Anforderungen des § 146a AO.[101] Vgl. zur TSE ausführlich Kap. 10. 1488

Mit Blick auf die **Umsatzsteuer** sind Heilbehandlungen im Bereich der Humanmedizin, die im Rahmen der Ausübung der Tätigkeit als Arzt, Zahnarzt, Heilpraktiker, Physiotherapeut, Hebamme oder einer ähnlichen heilberuflichen Tätigkeit durchgeführt werden, umsatzsteuerfrei (§ 4 Nr. 14a UStG). Die Steuerbefreiung gilt nicht für im eigenen Unternehmen (wieder)hergestellte Zahnprothesen und kieferorthopädischen Apparate (z.B. Zahnspangen). Von der Steuerbefreiung ebenfalls ausgenommen sind Tätigkeiten, die nicht Teil eines konkreten, individuellen, der Diagnose, Behandlung, Vorbeugung und Heilung von Krankheiten oder Gesundheitsstörungen dienenden Leistungskonzeptes sind. Deshalb gelten z.B. folgende Tätigkeiten nicht als steuerbefreite Heilbehandlungsleistungen: 1489

- schriftstellerische Tätigkeit (auch für ärztliche Fachzeitschriften),
- Lehrtätigkeiten,
- Lieferung von Hilfsmitteln, z.B. Kontaktlinsen, Schuheinlagen,
- Erstellung von Gutachten über das Sehvermögen, über Berufstauglichkeit oder in Versicherungsangelegenheiten,
- Einstellungsuntersuchungen,
- kosmetische Leistungen der Podologen (Fußpflege),
- ästhetisch-plastische Operationen, soweit ein therapeutisches Ziel nicht im Vordergrund steht (Schönheitsoperationen),

---

99 BFH vom 16.02.2006 – X B 57/05, BFH/NV 2006, 940; BFH vom 13.03.2013 – X B 16/12, BFH/NV 2013, 902; BFH vom 02.09.2008 – V B 4/08; FG Sachsen vom 04.04.2008 – 5 V 1035/07; FG Saarland vom 13.01.2010, EFG 2010, 772; FG Saarland vom 21.06.2012 – 1 K 1124/10, EFG 2012, 1816.
100 Im Bundesland Bremen bis zum 30.09.2020 (s. Kap. 10.9 und 10.10).
101 *Achilles/Danielmeyer*, Die Kassenführung im Spannungsfeld von TSE, Corona und Mehrwertsteuersenkung, RET 4/2020, 18 (20); *Achilles/Wittmeier*, Kassenführung in Heilberufen, 1. Aufl. 2020, 109.

- Supervisionsleistungen,
- Ausstellung von Todesbescheinigungen.

1490 Auch Leistungen zur Prävention und Selbsthilfe im Sinne des § 20 SGB V, die keinen unmittelbaren Krankheitsbezug haben, weil sie z. B. lediglich den allgemeinen Gesundheitszustand verbessern, sind grundsätzlich von der Steuerbefreiung ausgeschlossen. Allerdings gibt es Ausnahmen im Einzelfall.[102] Auch der Zahnarzt muss sich mit solchen Abgrenzungsfragen beschäftigen. So ist eine professionelle Zahnreinigung als Prophylaxe-Leistung steuerfrei, nicht dagegen das sog. Bleaching aus ästhetischen Gründen, es sei denn, dass damit negative Folgen einer vorherigen steuerfreien Heilbehandlung beseitigt werden.[103]

1491 Der Schutz der Patientennamen im Rahmen bestehender Auskunftsverweigerungsrechte und -pflichten (§§ 102, 104 AO, 203 StGB) darf nicht dazu führen, dass die zuständige Finanzbehörde an gesetzmäßiger Besteuerung gehindert ist.[104] So muss die Abgrenzung zwischen umsatzsteuerfreien und umsatzsteuerpflichtigen Leistungen[105] trotz Anonymisierung der Patientennamen möglich bleiben. Andernfalls können in Anspruch genommene Umsatzsteuerbefreiungen nicht gewährt werden, soweit tatsächlich Anhaltspunkte für steuerpflichtige Leistungen an Patienten vorliegen.[106] Werden Patientennamen nicht (digital) geschwärzt, kann der Amtsträger verlangen, den gesamten Datenbestand einschließlich der Patientendaten zu übergeben.[107] Letzteres sollte vor allem angesichts möglicher Rechtsfolgen i. S. d. § 203 StGB unbedingt vermieden werden.[108] Vgl. dazu ausführlich Kap. 12.7.

1492 *Beachte:*
Nach herrschender Meinung steht anderen als den in § 102 AO genannten Personenkreisen kein Auskunftsverweigerungsrecht zu (z. B. Heilpraktikern, Physiotherapeuten).[109] Während der steuerlichen Aufbewahrungsfristen existiert auch **keine Löschungsverpflichtung** gem. Datenschutz-Grundverordnung (DSGVO), selbst dann nicht, wenn der betroffene Patient dies verlangen sollte.[110]

1493 **Hilfsgeschäfte** eines Heilberuflers fallen nicht unter die Steuerbefreiung des § 4 Nr. 14a UStG, können aber nach § 4 Nr. 28 UStG von der Umsatzsteuer befreit sein.

---

102 Vgl. nur BFH vom 26.08.2014 – XI R 19/12, BStBl. II 2015, 310 zur möglichen Steuerfreiheit eines Raucherentwöhnungsseminars; BFH vom 07.07.2005 – V R 23/04, BStBl. II 2005, 904 zur möglichen Steuerfreiheit bei Ernährungsberatungen.
103 BFH vom 19.03.2015 – V R 60/14, BStBl. II 2015, 946.
104 BFH vom 08.04.2008 – VIII R 61/06, BStBl. II 2009, 579.
105 Vgl. § 4 Nr. 14 und Nr. 28 UStG.
106 BFH vom 18.02.2008 – V B 35/06, BFH/NV 2008, 1001.
107 Vgl. BFH vom 28.10.2009 – VIII R 78/05; FG Baden-Württemberg vom 16.11.2011 – 4 K 4819/08; FG Rheinland-Pfalz vom 20.01.2005 – 4 K 2167/04.
108 *Achilles/Wittmeier*, Kassenführung in Heilberufen, 1. Aufl. 2020, 70 f.
109 *Brinkmann*, Schätzungen im Steuerrecht, 5. Aufl. 2020, Seite 449.
110 Art. 17 Abs. 3b DSGVO; *Achilles/Wittmeier*, Kassenführung in Heilberufen, 1. Aufl. 2020, 70.

Beispiel: 1494
Physiotherapeutin Julia O. in Duisburg verkauft ihre Massageliege, die ihr seit mehreren Jahren treue Dienste geleistet hat. Da sie die Liege ausschließlich für steuerfreie Tätigkeiten verwendete, wird auch das Hilfsgeschäft gem. § 4 Nr. 28 UStG umsatzsteuerfrei gestellt.

Soweit in heilberuflichen Unternehmen Umsatzsteuer anfällt, unterliegen die 1495 betroffenen Lieferungen und sonstigen Leistungen grundsätzlich dem Regelsteuersatz von 19 % (bzw. 16 % im Zeitraum vom 01.07.2020 – 31.12.2020). Abweichend davon gilt für bestimmte Lieferungen und sonstige Leistungen der ermäßigte Steuersatz i. H. v. 7 % (bzw. 5 % im Zeitraum vom 01.07.2020 – 31.12.2020), z. B. für

– im eigenen Unternehmen (wieder)hergestellte Zahnprothesen und kieferorthopädische Apparate wie etwa Zahnspangen,
– schriftstellerische Tätigkeiten (z. B. bei Veröffentlichung eines Fachbeitrags),
– bestimmte medizinische Apparate, Hilfs- und Nahrungsmittel gem. Anlage 2 zu § 12 Abs. 2 UStG (Liste der dem ermäßigten Steuersatz unterliegenden Gegenstände).

Heilpraktiker
Siehe Stichwort „Heilberufe" 1496

Hotel
Meldescheine im Beherbergungsgewerbe sind vom Tag der Anreise des Gastes 1497 ein Jahr aufzubewahren und innerhalb von drei Monaten nach Ablauf der Aufbewahrungspflicht zu vernichten.[111] § 147 Abs. 3 Satz 2 AO steht der Vernichtung nicht entgegen; es besteht Vernichtungszwang.[112] Zur Erfüllung der Einzelaufzeichnungspflicht und zur Nachprüfbarkeit der Bücher und Aufzeichnungen sind ungeachtet dessen Aufzeichnungen über die Identität der Hotelgäste unter Angabe der jeweiligen Zimmernummer und der Belegungszeiträume aufzubewahren und vorzulegen. Auskunftsverweigerungsrechte bestehen nicht.

Vor dem Hintergrund eines Urteils des OLG Celle[113], in dem einem Hotelbetrei- 1498 ber eine Entschädigung für die Absage einer geplanten Hochzeitsfeier aufgrund der Corona-Pandemie zugesprochen wurde, kommt dem Reservierungsbuch als steuerlich bedeutsame Unterlage (§ 147 Abs. 1 Nr. 5 AO) erhebliches Gewicht zu. In Außenprüfungen sollte daher verstärkt darauf geachtet werden, ob derartige

---
111 § 30 Abs. 4 Bundesmeldegesetz. Aktuell geplante Änderungen zur Abschaffung der Meldepflicht für deutsche Staatsangehörige bleiben abzuwarten (Stand 01.10.2023).
112 *Henn/Kuballa*, NWB 2017, 2648 (2659).
113 OLG Celle vom 02.12.2021 – 2 U 64/21. Das Urteil wurde auf die Revision der Klägerin hin mit BGH vom 11.01.2023 – XII ZR 101/21 aufgehoben und die Sache zurückverwiesen.

Einnahmen vorliegen und wie diese erfasst (Rechnung, Kassensystem) und umsatzsteuerlich behandelt wurden (Regelbesteuerung, ermäßigter Steuersatz, nicht steuerbarer Schadenersatz). Ist das Reservierungsbuch nicht mehr vorhanden oder wird nicht vorgelegt, können sich Anhaltspunkte auf derartige Zahlungen aus Entschädigungszahlungen des Hotelbetriebs an Musiker, Künstler, Catering-Dienstleister o. ä. ergeben.

Imbissstube

1499 Siehe die Stichworte „Gastronomie" und „Döner-Imbiss"

Juwelier

1500 Juweliere und Goldschmiede sind grundsätzlich zur Einzelaufzeichnung ihrer Betriebseinnahmen verpflichtet, insbesondere für Einzelanfertigungen von Schmuckgegenständen im Kundenauftrag und Umsätze im Zusammenhang mit der Einschmelzung von Schmuckgegenständen.[114] Das gilt erst Recht bei Berührungspunkten zum Geldwäschegesetz (GwG), z.B. bei einer Bareinnahme ab 10.000 €.[115] Die bewusste Zerlegung von Geschäftsvorfällen in Teil-Geschäftsvorfälle mit dem Ziel der Umgehung des GwG ist unzulässig. Mehrere Transaktionen einer Person oder Transaktionen in engem zeitlichem Zusammenhang, zwischen denen eine Verbindung zu bestehen scheint, sind zusammenzurechnen (sog. Smurfing).[116]

Kosmetikstudio

1501 Auf die Ausführungen unter dem Stichwort „Friseurbetrieb" wird hingewiesen. Betriebliche Besonderheiten sind zu berücksichtigen.

1502 Zur Erfüllung der Einzelaufzeichnungspflicht reicht eine nur summarische Ermittlung der Tageseinnahmen, getrennt nach „Behandlung" und „Verkauf" nicht aus, wenn die dazugehörigen Einzelbelege nicht vorliegen.[117]

1503 Während der Pandemie bestanden in den einzelnen Bundesländern erhebliche Unterschiede hinsichtlich angeordneter Schließzeiten und anderer betrieblicher Einschränkungen. Großteils waren ausschließlich medizinisch indizierte Behandlungen zulässig, andere körpernahe Dienstleistungen untersagt, was erheblichen Einfluss auf die Umsatzsituation hatte. Entsprechende Dokumentationen sollten für den Fall einer Außenprüfung vorgelegt werden können. Waren aufgrund behördlich angeordneter Schließungen aufgrund der Pandemie Kosmetika nicht mehr verkaufsfähig (z.B. kurz vor Ablauf des Mindesthaltbarkeitsdatums) oder nicht mehr marktgängig und wurden diese deshalb ge-

---

114 FG Düsseldorf vom 15.04.2008 – 10 K 4875/05 U.
115 Vgl. §§ 2 Abs. 1 Nr. 16 i.V.m. § 1 Abs. 9, § 4 Abs. 5 Nr. 1, §§ 5, 6, 10, 11 Abs. 4, 12 Abs. 1 GwG, Anlage 2 Satz 1 Nr. 1e i.V.m. § 15 GwG.
116 § 1 Abs. 5 GwG.
117 FG Saarland vom 21.06.2012 – 1 K 1124/10, EFG 2012, 1816.

spendet, galten hinsichtlich der steuerrechtlichen Behandlung Billigkeitsregelungen.[118]

Kraftfahrzeug-Reparaturwerkstatt

Kfz-Reparaturwerkstätten unterliegen grundsätzlich der Einzelaufzeichnungspflicht. Je nach Betriebsstruktur kann für einzelne Betriebsbereiche § 146 Abs. 1 Satz 3 AO greifen, wenn die Voraussetzungen dafür vorliegen.[119] Das Fehlen der Auftragszettel soll entbehrlich sein[120], was m. E. kritisch zu sehen ist, weil Geschäftsvorfälle von ihrer Entstehung bis zur Abwicklung nachvollziehbar sein müssen (§ 145 Abs. 1 AO). 1504

In von der Pandemie betroffenen Prüfungszeiträumen könnten sich Umsatzverschiebungen ergeben, da das Bundesministerium für Verkehr und digitale Infrastruktur (BMVI) am 27.03.2021 in Aussicht gestellt hat, eine Fristüberschreitung bei Hauptuntersuchungen von bis zu vier Monaten vorübergehend bußgeldfrei zu stellen (Sonderregelung ohne Rechtsanspruch des Fahrzeughalters). 1505

Markthandel

Markthändler unterliegen hinsichtlich ihrer ertragssteuerlichen Aufzeichnungspflichten keinen Besonderheiten. Umsatzsteuerlich gilt (zusätzlich): 1506

Unternehmer, die ohne Begründung einer gewerblichen Niederlassung oder außerhalb einer solchen von Haus zu Haus oder auf öffentlichen Straßen oder an anderen öffentlichen Orten Umsätze ausführen, haben ein Steuerheft nach amtlich vorgeschriebenem Vordruck zu führen (§ 22 Abs. 5 UStG). Nach § 68 Abs. 1 UStDV sind Unternehmer davon befreit, 1507

- wenn sie im Inland eine gewerbliche Niederlassung besitzen und ordnungsgemäße Aufzeichnungen nach § 22 UStG i. V. m. den §§ 63-66 UStDV führen (Anmerkung: Die Befreiung wird von der Finanzbehörde bescheinigt; vgl. § 68 Abs. 2 UStDV);
- soweit ihre Umsätze nach den Durchschnittssätzen für land- und forstwirtschaftliche Betriebe besteuert werden;
- soweit sie mit Zeitschriften und Zeitungen handeln;
- soweit sie aufgrund gesetzlicher Vorschriften verpflichtet sind, Bücher zu führen, oder ohne eine solche Verpflichtung Bücher führen.

---

118 Vgl. dazu § 3 Abs. 1b UStG i. V. m. Abschn. 10.6 Abs. 1 UStAE. Zum Ansatz einer geminderten Bemessungsgrundlage bei nur noch eingeschränkter Verkehrsfähigkeit s. BMF vom 18.03.2021 – III C 2 – S 7109/19/10002 :001, DOK 2021/0251308; Abschn. 10.6 Abs. 1a UStAE. Zu flankierenden Billigkeitsregeln bei Spenden an gemeinnützige Organisationen im Zusammenhang mit der Corona-Krise im Einzelhandel für den Zeitraum vom 01.03.2020 – 31.12.2021 s. BMF vom 18.03.2021 – III C 2 – S 7109/19/10002:001.
119 BFH vom 09.10.1958 – Az. IV 119/57, differenzierend BFH vom 07.12.2010 – III B 199/09, BFH/NV 2011, 411.
120 FG Niedersachsen vom 17.11.2009 – 15 K 12031/08.

1508 Ein Muster des Umsatzsteuerheftes (Vordruckmuster USt 1 G) kann dem BMF-Schreiben vom 30.03.2020[122] entnommen werden.

1509 Will der Markthändler vor Schätzungen gefeit sein, kann man ihm nicht zuletzt aufgrund täglich schwankender Preise (z.B. bei Blumen, Obst, Gemüse) und/oder verbilligter Abgabe von Waren vor Marktschluss nur die Führung von Einzelaufzeichnungen empfehlen. Betreiber gewöhnlicher Marktstände unterliegen neben der Prüfung des § 146 Abs. 1 Satz 3 AO auch einer Zumutbarkeitsprüfung aus umsatzsteuerlicher Sicht. In die Prüfung sind die Regeln zur erleichterten Trennung der Entgelte i.S.d. § 63 Abs. 4 UStDV einzubeziehen. Das Umsatzsteuerheft allein genügt keinesfalls.[123] Auch ein **Marktschreier** mit ständig wechselnder Zusammenstellung der an den Kunden abgegebenen Waren muss zumindest retrograd aufgebaute Kassenberichte anfertigen.

1510 Zur Plausibilisierung der Tageseinnahmen sollten Aufzeichnungen über Warenbestückung (Warenauslieferungslisten, Lieferscheine, o.ä.) und Retourenlisten vorliegen. Das gilt insbesondere bei fehlendem Wareneinkauf (z.B. Anbaubetriebe, Backbetrieb mit Verkauf von Filialware des Vortags auf Wochenmärkten). Ferner sollten Aufzeichnungen über den Verderb angefertigt und aufbewahrt werden.[124]

1511 *Tipp:*
Kommt es zur Schätzung der Besteuerungsgrundlagen, kann ein Abschlag vom durchschnittlichen Rohgewinnaufschlag der Betriebe mit festem Ladenlokal gerechtfertigt sein.[125]

1512 Zur Verwendung von Waagen mit/ohne Speicherfunktionen s. Kap. 7.5.1 f.

Marktschreier

1513 Siehe Stichwort „Markthandel"

Metzgerei

1514 In Metzgereien wird ein Kunde häufig an mehreren Waagen-/Kassensystemen gleichzeitig bedient. Zur Abbildung solcher Geschäftsvorfälle, die sich über mehrere Aufzeichnungssysteme erstrecken (sog. „Durchbedienen") vgl. DSFinV-K vom 04.03.2022, Version 2.3, Tz. 2.7 mit weiteren Fundstellen.

Mietwagenunternehmen

1515 Zur Definition der in Mietwagen (ohne Fahrpersonal) verbauten Wegstreckenzähler (WSZ) s. Rz. 782-784.

---

[122] BMF-Schreiben vom 30.03.2020 – III C 3 – S 7532/20/10001 :001, DOK 2020/0309229.
[123] FG Hamburg vom 29.06.2018 – 2 V 290/17. Vgl. auch Kap. 2.1.2 zu den Anforderungen an Aufzeichnungen.
[124] *Achilles/Pump*, Lexikon der Kassenführung, 1. Auflage, 117.
[125] FG Hamburg vom 18.12.2012 – 1 K 172/10.

Mit Schreiben vom 11.03.2024[126] stellt das BMF die aus seiner Sicht bestehenden Anforderungen an Aufzeichnungen im Mietwagengewerbe dar. Danach sind *allgemeine Daten je Schicht bzw. Abrechnungstag* in nachfolgendem Umfang aufzuzeichnen: 1516

- Name des Fahrers und Ordnungsnummer des Fahrzeugs.
- Kilometerstand laut Tachometer (arbeitstäglich bei Fahrtbeginn).
- Daten der Summierwerke i. S. d. AEAO zu § 146a, Nr. 4.2.3.1 (mindestens arbeitstäglich).
- Summe der Gesamteinnahmen nach Zahlungsarten (Anm.: mindestens Unterscheidung in bar/unbar erforderlich).
- Schichtdauer bei Arbeitnehmern (Datum und Uhrzeiten).

Bei angestellten Fahrern sind zudem die Aufzeichnungspflichten nach § 16 Abs. 2 ArbZG, § 17 MiLoG, § 41 EStG i. V. m. § 4 LStDV zu beachten. 1517

Die geforderten *(Mindest-)Einzeldaten je Geschäftsvorfall* müssen soweit wie möglich und/oder gesetzlich gefordert elektronisch mit dem Wegstreckenzähler erfasst werden und folgende Inhalte aufweisen: 1518

- Fahrtbeginn und Fahrtende (Datum/Uhrzeit).
- Fahrttyp (Tariffahrt oder sonstige Fahrt).
- Zurückgelegte Strecke (bei Tariffahrten).
- Gesamteinnahme, bestehend aus Fahrpreis, ggf. Trinkgeld (soweit aufzeichnungspflichtig).
- Umsatzsteuersatz (ab 250 € auch den Betrag).
- Zahlungsart[127].

Das gilt entsprechend für Mietwagenunternehmer, die von der Nutzung eines WSZ nach § 43 Abs. 1 der Verordnung über den Betrieb von Kraftfahrunternehmen im Personenverkehr (BOKraft) befreit sind.

Werden im Wegstreckenzähler zulässiger Weise nicht alle Daten erfasst, sind zum Nachweis der Vollständigkeit zusätzliche händische Aufzeichnungen in chronologischer Abfolge erforderlich. Alternativ können gesonderte elektronische Vorsysteme genutzt werden. Siehe dazu auch Rz. 784. 1519

Eingesetzte Wegstreckenzähler fallen gem. § 1 Abs. 2 Nr. 2 KassenSichV n. F. in den Anwendungsbereich des § 146a AO, soweit sie nach dem 01.07.2024 neu in den Verkehr gebracht werden.[128] Den Anforderungen entsprechende Geräte sind lt. der Datenbank *Measuring Instruments Certificates* der Physikalisch-Technischen Bundesanstalt (PTA) vorhanden und konformitätsbewertet am Markt verfügbar. Der Anwendungsregel in § 10 KassenSichV bedarf es insoweit nicht mehr. 1520

---

126 BMF-Schreiben vom 11.03.2024, BStBl. I 2024, 367.
127 Anm: Es ist mindestens eine Unterscheidung in bar/unbar erforderlich.
128 § 10 KassenSichV; BMF-Schreiben vom 11.03.2024, BStBl. I 2024, 367.

1521 Für Wegstreckenzähler, die nach dem 01.07.2024 erstmalig in Verkehr gebracht werden, gelten die Aufzeichnungspflichten i.S.d. AEAO zu § 146a, Nr. 4.

1522 Im Juni 2022 sollte die Zweite Verordnung zur Änderung der KassenSichV auf den Weg gebracht werden. Darin vorgesehen war u.a., dass auch App-basierte Systeme, die die Funktion eines WSZ übernehmen, in den Anwendungsbereich der KassenSichV fallen. Hintergrund dafür war, dass durch das Gesetz zur Modernisierung des Personenbeförderungsrechts vom 16.04.2021 (BGBl. I S. 822) in § 30 Abs. 1 Satz 2 der Verordnung über den Betrieb von Kraftfahrunternehmen im Personenverkehr (BOKraft) aufgenommen wurde, dass Wegstreckenzähler nicht mehr unbedingt als physische Geräte verbaut, sondern auch als App-basierte Systeme in den Fahrzeugen eingesetzt werden können. Aufgrund eines Maßgabevorbehalts hat der Bundesrat seine Zustimmung zur beabsichtigten Änderung verwehrt.[129] Die Aufnahme der App-Systeme erfolgte daraufhin über den AEAO zu § 146a i.d.F. ab 01.01.2024, Nr. 1.4.

1523 Unter weiteren Voraussetzungen kann auch nach dem 01.07.2024 die am 13.10.2023 veröffentlichte Nichtbeanstandungsregel des BMF[130] in Anspruch genommen werden, z.B. bei einmaliger Veräußerung eines WSZ durch einen Mietwagenunternehmer (sog. Hilfsgeschäft). Dann wird nicht beanstandet, wenn ein WSZ bis zum 31.12.2025 noch nicht mit einer TSE ausgerüstet ist und Meldepflichten i.S.d. § 146a Abs. 4 AO noch nicht erfüllt werden. Das gilt nicht bei *gewerbsmäßigem* Inverkehrbringen, etwa bei regelmäßiger Veräußerung durch Händler (vgl. § 146a Abs. 1 AO, letzter Satz).

1524 Ggf. bestehende Belegausgabepflichten nach § 146a Abs. 2 AO i.V.m. § 8 Abs. 3 u. 4 KassenSichV bleiben unberührt.

1525 Zur Anfertigung einer Verfahrensdokumentation sowie zu deren Aufbewahrung im Allgemeinen vgl. Kap. 5. Zu den aufbewahrungspflichtigen Organisationsunterlagen gehören auch Unterlagen zum Einsatzort und Einsatzzeitraum des jeweils genutzten Wegstreckenzählers.

1526 Freiwillige Aufzeichnungen im Mietwagengewerbe, denen im Rahmen von Verprobungen und Nachkalkulationen erhebliche Bedeutung zukommt, werden ausführlich in Kap. 13.8.3 unter dem Stichwort *„Taxi- und Mietwagengewerbe"* behandelt. Zu den Datenzugriffsrechten auf WSZ unter Berücksichtigung der DSFinV-TW s. Kap. 12 und Tabelle 21 (Rz. 1154). Zur steuerlichen Behandlung der Kosten für die erstmalige Implementierung der TSE einschl. einheitlicher digitaler Schnittstelle s. BMF, Schreiben vom 30.08.2023 (Abdruck in Anhang 15b).

---

129 Vgl. BT-Drucks. 20/2185 v. 09.06.2022; 20/2618 v. 06.07.2022.
130 BMF vom 13.10.2023, BStBl. I 2023, 1718 (Abdruck in Anhang 6).

Nagel-Studio

Die Ausführungen unter dem Stichwort „Friseurbetrieb" können mit Ausnahme der dort genannten Richtsätze weitgehend analog angewandt werden. Betriebliche Besonderheiten sind zu berücksichtigen. 1527

Pizza-Taxi

Sämtliche Umsätze sind einzelaufzeichnungspflichtig. Auf § 146 Abs. 1 Satz 3 AO kann der Stpfl. sich nicht berufen, da er naturgemäß Papieraufzeichnungen oder elektronische Aufzeichnungen für jeden Kunden anfertigen muss, aus denen Name, Anschrift, Artikelbezeichnungen und Preise hervorgehen. „Pizza-Zettel" sind in der Regel zugleich Kleinbetragsrechnungen (§ 33 UStDV).[131] Wird ein elektronisches Aufzeichnungssystem i.S.d. § 146a AO i.V.m. § 1 Kassen-SichV genutzt, herrscht seit dem 01.01.2020 Belegausgabepflicht. 1528

Beispiel: 1529
Enzo P. ist Inhaber einer kleinen Pizzeria in Osterfeld (mit Pizza-Taxi). Seine Umsätze erfasst er über eine Registrierkasse. Eine mobile Kasse für die Erfassung von Einnahmen beim Kunden vor Ort besitzt er nicht.

Lösung:
Seit dem 01.01.2020 besteht Belegausgabepflicht. Bis zu einer abschließenden Weisung kann und sollte nach diesseitiger Auffassung nach österreichischem Vorbild verfahren werden. Dort gilt:
„Mobil getätigte Umsätze können vorab in der Registrierkasse erfasst und die Belege gleichzeitig mittels Registrierkasse ausgestellt werden. Bei Ausfolgung der Ware außerhalb der Betriebsstätte wird dem Kunden der bereits ausgestellte Beleg anlässlich der Barzahlung erteilt. Erfolgt kein Verkauf dieser Produkte, können diese ausgestellten Belege bei Rückkehr in die Betriebsstätte in der Registrierkasse storniert werden."[132]

Für vor Ort erhaltene Trinkgelder lassen sich nach diesseitiger Auffassung nachfolgende Lösungen vertreten: 1530

a) Trinkgelder der Arbeitnehmer sollten mit Blick auf die jederzeitige. Kassensturzfähigkeit des Kellner-Portemonnaies bereits vor Ort vom Bargeldbestand des Stpfl. getrennt werden. Vgl. dazu auch Rz. 512.

b) Trinkgelder der Unternehmer führen im Fall der Nachbonierung im Ladenlokal des Stpfl. zur (erneuten) Belegausgabepflicht i.S.d. § 146a Abs.2 AO, allerdings erscheint abwegig, die Lieferanschrift zwecks Übergabe des Trinkgeld-Belegs erneut anzufahren. Alternativ kann daher von der Möglichkeit Gebrauch gemacht werden, erhaltene Trinkgelder einzeln in Papieraufzeich-

---

131 FG Münster vom 23.06.2010 – 12 K 2714/06 E,U. So im Ergebnis auch BFH vom 28.11.2023 – X R 3/22, Rz. 99, m. w. N.
132 BMF Österreich, *https://www.wko.at/service/steuern/Registrierkassenpflicht---FAQ.html*; Frage Nr. 31 (abgerufen am 05.02.2023).

nungen festzuhalten[133], bei Geschäftsschluss zu addieren (auf der Ursprungsaufzeichnung oder mittels Additionsstreifen) und anschließend händisch im Kassenbuch oder in vergleichbaren Grundaufzeichnungen bei Gewinnermittlung nach § 4 Abs. 3 EStG als Betriebseinnahme zu erfassen. Die umsatzsteuerliche Aufteilung ist anteilig anhand der gelieferten Speisen und Getränke vorzunehmen, weil das Trinkgeld als Nebenleistung das Schicksal der Hauptleistung teilt (ermäßigter Steuersatz für Speisen/Regelsteuersatz für Getränke). Das Aufteilungsgebot gilt entsprechend für Anfahrtspauschalen.

Pizzeria

1531   Siehe die Stichworte „Gastronomie" und „Pizza-Taxi".

1532   Die in den amtlichen Richtsatzsammlungen des BMF für Pizzerien ausgewiesenen Vergleichswerte sind maßgebend, soweit überwiegend Pizzagerichte und Teigwaren im Warenangebot enthalten sind. Andernfalls gelten die Richtsätze für Gast-, Speise- und Schankwirtschaften und/oder Imbissbetriebe. Ggf. sind Interpolationen erforderlich.

Psychotherapeut

1533   Siehe Stichwort „Heilberufe"

Reisegewerbetreibende

1534   Reisegewerbetreibende sind gemäß § 22 Abs. 5 UStG grundsätzlich zur Führung eines Umsatzsteuerheftes verpflichtet.[134]

Schausteller

1535   Schausteller erbringen mit ihren Fahrgeschäften Dienstleistungen mit der Folge, dass § 146 Abs. 1 Satz 3 AO aufgrund des nur kurzen Kundenkontakts übertragbar sein soll.[135] Das nachfolgende Beispiel verdeutlicht, dass der AEAO an dieser Stelle kritisch in Frage gestellt werden muss.

1536   **Beispiel:**

Schausteller A betreibt ein Riesenrad. Für die Benutzung erhebt er gestaffelte Preise wie folgt:

Preisliste	Erwachsene	Kinder/Jug. unter 18 Jahre	Happy Hour 13–14 Uhr
1 Chip	2,00 €	1,50 €	1,00 €
5 Chips	9,00 €	7,00 €	6,00 €

---

133 Vgl. AEAO zu § 146, Nr. 2.2.3.
134 Ein Muster des Umsatzsteuerheftes (Vordruckmuster USt 1 G) kann dem BMF-Schreiben vom 30.03.2020 – III C 3 – S 7532/20/10001 :001, DOK 2020/0309229, BStBl. I 2020, 505, entnommen werden.
135 AEAO zu § 146, Nr. 2.2.6.

Preisliste	Erwachsene	Kinder/Jug. unter 18 Jahre	Happy Hour 13–14 Uhr
10 Chips	17,00 €	13,00 €	11,00 €
15 Chips	24,00 €	18,00 €	16,00 €
20 Chips	30,00 €	22,00 €	20,00 €

Am Abend zählt A einen Kassenendbestand i. H. v. 4.638,00 €, trägt jedoch 400,00 € weniger in den Kassenbericht ein:

Kassenbericht	22.09.2022
Endbestand 22.09.2022	4.238,00 €
+ Ausgaben	145,50 €
./. Bareinlagen	200,00 €
./. Bestand 21.09.2022	2.139,00 €
Tageslosung	2.044,50 €

Bereits auf den ersten Blick wird ersichtlich, dass die summarisch mittels Kassenbericht errechnete Tageseinnahme für einen sachverständigen Dritten weder durch (beweiskräftige) Verprobungen[136] noch sonst in irgendeiner Weise nachprüfbar ist. Die Versteuerung scheint vielmehr ins beliebige Ermessen des Stpfl. gestellt zu sein. Bei formell (scheinbar) ordnungsmäßigem Kassenbericht bleibt die Steuerhinterziehung i. H. v. 400,00 € entdeckungslos. Das ist anderen Stpfl. unter Gleichheitsgesichtspunkten nur schwer zu vermitteln.[137]

1537 Zur umsatzsteuerlichen Behandlung von Eintrittsgeldern ortsgebundener Schausteller (Freizeitparks) vgl. EuGH vom 09.09.2021[138].

Schützenfest

1538 Wird der Ausschank auf einem Schützenfest von einer steuerbefreiten Körperschaft durchgeführt (vgl. § 5 Abs. 1 Nr. 9 KStG), unterliegt die Dokumentation den gleichen Voraussetzungen, denen auch andere Stpfl. unterliegen. Es gibt keinen Rechtssatz dahingehend, dass steuerbefreite Körperschaften den steuerlichen Ordnungsvorschriften der §§ 145–148 AO nicht oder nur eingeschränkt unterliegen. Siehe dazu Kap. 4.4.

1539 Zu allgemeinen Ausführungen s. Stichwort „Bierstand".

Sonnenstudio

1540 Als Kalkulationsparameter im Rahmen einer Verprobung oder Schätzung können abhängig vom verwendeten System die Betriebsstunden aus der Steuerungseinheit des elektronischen Aufzeichnungssystems ausgelesen werden, ferner aus in den Sonnenbänken implementierten Mikrochips. Bei älteren Systemen lassen sich ggf. Zählerstände in Augenschein nehmen. Steuerlich bedeut-

---

136 Die Prüfung der sachlichen Richtigkeit (§ 158 Abs. 2 Nr. 1 AO) ist weder über den Stromverbrauch noch über andere Parameter möglich.
137 *Achilles*, DB 2018, 2454 (2458).
138 EuGH vom 09.09.2021 – C-406/20, Phantasialand, DStR 2021, 2199.

same und mithin aufbewahrungs- und vorlagepflichtige Unterlagen i. S. d. § 147 Abs. 1 AO sind Abokarten, Kundenkarteien oder Gutscheinbücher. Aufzeichnungspflichten über notwendige Röhrenwechsel können der Verordnung zum Schutz vor schädlichen Wirkungen künstlicher ultravioletter Strahlung vom 20.07.2011 (UV-Schutz-Verordnung – UVSV)[139] entnommen werden.

Straßenhändler

1541 Siehe Stichwort „Markthandel"

Tankstelle

1542 Über Benzineinkäufe werden häufig Sammelrechnungen erstellt. Insbesondere vor dem Hintergrund der Belegausgabepflicht nach § 146a AO ist darauf zu achten, dass die Umsatzsteuer nicht doppelt ausgewiesen wird (§ 14c UStG).

1543 Zur TSE-Pflicht i. S. d. § 146a AO für Tanksäulen vgl. Rz. 751.

Tattoo- und Piercing-Studio

1544 Auf die Ausführungen unter dem Stichwort „Friseurbetrieb" wird hingewiesen. Mit Ausnahme der dort genannten Richtsätze können sie für Tattoo- und Piercing-Studios weitgehend analog angewandt werden. Betriebliche Besonderheiten sind zu berücksichtigen.

Taxiunternehmen

Rechtslage bis 28.12.2016

1545 Nach Auffassung des BMF sollen zwecks Erfüllung der Aufzeichnungspflichten im Taxigewerbe die sog. „Schichtzettel" mit nachfolgenden Mindestangaben ausreichend gewesen sein:
- Name und Vorname des Fahrers,
- Schichtdauer unter Angabe des Datums, des Schichtbeginns und des Schichtendes[140],
- Summe der Total- und Besetztkilometer lt. Taxameter,
- Anzahl der Touren laut Taxameter,
- Summe der Einnahmen laut Taxameter,
- Kilometerstand laut Tachometer (bei Schichtbeginn und Schichtende),
- Einnahme für Fahrten ohne Nutzung des Taxameter,
- Zahlungsart (z. B. bar, EC-Cash, ELV, Kreditkarte),
- Summe der Gesamteinnahmen,
- Angaben über Lohnabzüge der angestellten Fahrer,
- Angaben von sonstigen Abzügen, z. B. Verrechnungsfahrten,

---

139 BGBl. I 2011, 1412.
140 Zu diesen Aufzeichnungen ist der Stpfl. schon nach § 17 MiLoG verpflichtet.

- Summe der verbleibenden Resteinnahmen,
- Summe der an den Unternehmer abgelieferten Beträge,
- Kennzeichen der Taxe[141].

Dieser am 26.11.2010 veröffentlichten Rechtsauffassung der Verwaltung[142] lag das sog. „Schichtzettel-Urteil"[143] und ein BFH-Beschluss vom 07.02.2007[144] zugrunde, nach der Betriebseinnahmen auch im Taxigewerbe grundsätzlich einzeln aufzuzeichnen seien. Der BFH urteilte seinerzeit, dass im Bereich des Taxigewerbes die sog. Schichtzettel in Verbindung mit den Angaben, die sich auf dem Kilometerzähler und dem Taxameter des einzelnen Taxis ablesen lassen, den sich aus der Einzelaufzeichnungspflicht ergebenden Mindestanforderungen genügen. Damit würde den branchenspezifischen Besonderheiten dieses Gewerbes ausreichend Rechnung getragen. Die Schichtzettel seien Einnahmeursprungsaufzeichnungen; sie enthielten Angaben, aus denen sich die Höhe der Umsätze und damit auch der Betriebseinnahmen unmittelbar ergäbe.

1546

Hinweis:
Eine steuerrechtliche Verpflichtung zur Führung von Schichtzetteln implizierte die Rechtsprechung nicht. Der BFH sah den Schichtzettel nur als Erleichterung an, die der Taxiunternehmer nicht in Anspruch zu nehmen braucht, wenn er stattdessen jeden Geschäftsvorfall einzeln aufzeichnet.[145]

1547

Dabei wurde sowohl von der vorgenannten BFH-Rechtsprechung als auch vom BMF übersehen, dass die alleinige Führung von Schichtzetteln oder gar die Tageslosungsermittlung durch Auszählung zwangsläufig zu inakzeptablen Fehlberechnungen der Umsatzsteuer führte, soweit der Unternehmer neben ermäßigten Umsätzen im sog. Tarifgebiet auch steuerfreie Umsätze oder Umsätze zum Regelsteuersatz erzielt hat.[146] Ohne Anspruch auf Vollständigkeit verdeutlichen bereits wenige beispielhafte Geschäftsvorfälle die missliche Lage:

1548

- **Zuschläge** im Nachttarif, für Gepäckbeförderung, für die Inanspruchnahme von Großraum-Taxen oder die Mitnahme von Haustieren werden zwar im Taxameter erfasst, für Zwecke des Schichtzettels jedoch nur summarisch ausgelesen. Da Zuschläge umsatzsteuerlich das Schicksal der Hauptleistung tei-

1549

---

141 Zusätzlich zum amtl. Kennzeichen empfahl sich, die sog. Ordnungsnummer (ON) der Taxe aufzuführen.
142 BStBl. I 2010, 1342; Anhang 3.
143 BFH vom 26.02.2004 – XI R 25/02, BStBl. II 2004, 599. Ergänzender Hinweis: Das Urteil betrifft die Streitjahre 1990–1992 und beinhaltet daher naturgemäß nicht die in den vergangenen zwei Jahrzehnten eingetretenen Veränderungen, hier insbesondere die Einführung des Datenzugriffsrechts nach § 147 Abs. 6 AO zum 01.01.2002, die Anwendung der Europäische Messgeräterichtlinien (MID) 2004/22/EG u. 2014/32/EU oder das Gesetz zum Schutz vor Manipulationen an digitalen Grundaufzeichnungen.
144 BFH vom 07.02.2007 – V B 161/05, V B 162/05, BFH/NV 2007, 1208.
145 BFH vom 18.03.2015 – III B 43/14, BFH/NV 2015, 978; BFH vom 02.06.2017 – X B 107/16.
146 Vgl. § 12 Abs. 2 Nr. 10b UStG.

len, wird die zutreffende Trennung der Entgelte (steuerfrei, 5 %/7 % oder 16 %/19 %) im Fall der Auslesung einer Gesamtsumme unmöglich. Insoweit liegt ein materieller Mangel vor, der einzelfallabhängig rechtfertigt, ermäßigt versteuerte Nebenleistungen anteilig im Wege der Schätzung in regelbesteuerte und ggf. steuerfreie Leistungen umzuqualifizieren.

1550 – Prüfungserfahrungen zeigen, dass **Trinkgelder der Unternehmer** nicht oder nur summarisch *außerhalb* des Taxameters aufgezeichnet werden. Trinkgeld teilt jedoch das Schicksal der Hauptleistung, eine Zuordnung zum einzelnen Umsatz (steuerfrei, 5%/7% oder 16%/19%) ist im Nachhinein nicht mehr möglich. Auch insoweit liegen materielle Mängel vor, welche die Schätzungsbefugnis für Einnahmen aus Trinkgeldern oder die Möglichkeit einer anderweitigen Aufteilung der Entgelte im Schätzungswege eröffnen.

1551 – Umsatzsteuerlich begünstigt ist nach § 12 Abs. 2 Nr. 10 UStG ausschließlich die **Personen**beförderung. Boten-/Kurierfahrten oder Tierbeförderungen unterliegen dagegen dem Regelsteuersatz. Der Regelsteuersatz ist auch für gemeindeübergreifende Personenbeförderungen anzuwenden, wenn die Beförderungsstrecke mehr als 50 Kilometer beträgt. „Handelsüblichen" Schichtzetteln können diese Besonderheiten nicht entnommen werden.

1552 – **Grenzüberschreitender Taxiverkehr** führt bei fehlenden Einzelaufzeichnungen zur Unbestimmbarkeit der auf das In- und Ausland entfallenden Streckenabschnitte und damit zur Nichtaufteilbarkeit der anzuwendenden Steuersätze (materieller Mangel).

1553 – Für sog. **Warte- und Doppelfahrten** ist der zutreffende Steuersatz ohne Einzelaufzeichnungen nicht feststellbar.

Beispiel:
Fahrgast A lässt sich vom Taxiunternehmer B von Duisburg nach Düsseldorf bringen (einfache Entfernung 27 km). A bittet B, dort kurz auf ihn zu warten, um ihn anschließend zum Ausgangspunkt zurückzufahren. Während die einfache Fahrt mit dem ermäßigten Steuersatz zu versteuern gewesen wäre, führt die „Wartefahrt" zur Zusammenrechnung der Strecken (54 km). Die Betriebseinnahme für Hin- und Rückfahrt ist einheitlich dem Regelsteuersatz zu unterwerfen.[147]

1554 Bereits die hier genannten Geschäftsvorfälle untermauern die seit jeher eingeschränkte Aussagekraft eines Schichtzettels. Mithin ließ sich die Aufzeichnung jedes einzelnen Geschäftsvorfalls bis einschließlich 28.12.2016 allenfalls vermeiden, wenn ein Antrag auf erleichterte Trennung der Entgelte gestellt und dieser von der zuständigen Finanzbehörde bewilligt wurde.[148] Solche Anträge wurden jedoch regelmäßig nicht gestellt. Ohne Antrag und Bewilligung ergibt

---

147 BFH vom 24.10.1990 – V B 60/89, BFH/NV 1991, 562; BFH vom 31.05.2007 – V R 18/05; BFH vom 17.07.2007 – V R 68/05, BStBl. II 2008, 208.
148 § 63 Abs. 4 UStDV, Abschn. 22.6. Abs. 17 UStAE.

sich schon aus umsatzsteuerlichen Gründen die Konsequenz, dass jede Fahrt im Taxigewerbe einzeln aufzuzeichnen ist. Gemäß §§ 145 Abs. 1 AO, 22 Abs. 2 Nr. 1 UStG i.V.m. § 63 Abs. 1 UStDV muss das Gesamtwerk der elektronischen und papiergeführten Aufzeichnungen insgesamt so beschaffen sein, dass es einem sachverständigen Dritten innerhalb angemessener Zeit möglich ist, einen Überblick über die Geschäftsvorfälle bzw. die Umsätze des Unternehmens (und die abziehbaren Vorsteuern) zu erhalten. Dass summarisch geführte Schichtzettel diese Anforderungen noch nie gewährleisten konnten, ist evident. Längstens für Besteuerungszeiträume bis zum 28. 12. 2016 wird der Stpfl. sich allerdings auf das o. g. BMF-Schreiben vom 26. 11. 2010 berufen können. Umsatzsteuerliche Korrekturen dürften dennoch im Schätzungswege zulässig sein, sofern dem Stpfl. keine erleichterte Trennung der Entgelte bewilligt wurde.[149]

Rechtslage seit 29. 12. 2016

Mit Inkrafttreten des Gesetzes zum Schutz vor Manipulationen an digitalen Grundaufzeichnungen regelt § 146 Abs. 1 Satz 1 AO klarstellend, dass **sämtliche** Betriebseinnahmen im Taxigewerbe **einzeln** aufzuzeichnen sind. Das umfasst

- Fahrten unter Nutzung des Taxameters (i. d. R. Tariffahrten innerhalb des Pflichtfahrgebietes i. S. d. für die jeweilige Gemeinde geltenden Taxiordnung) *und*
- Fahrten ohne Nutzung des Taxameters, soweit dies personenbeförderungsrechtlich nach dem Personenbeförderungsgesetz (PBefG) und der Verordnung über den Betrieb von Kraftfahrunternehmen im Personenverkehr (BOKraft) zulässig ist, z. B. Fahrten außerhalb des Pflichtfahrgebietes einschl. sog. Festpreisfahrten sowie Krankenbeförderungs- und Kurierfahrten.

Mangels Warenverkauf ist die Ausnahmeregelung des § 146 Abs. 1 Satz 3 AO tatbestandlich nicht erfüllt und auf das Taxigewerbe mithin nicht anwendbar. Auch die Erleichterung, die im AEAO zu § 146, Nr. 2.2.6 für **Dienstleistungen** geschaffen wurde, lässt sich für Taxiunternehmer nicht nutzbar machen. Spätestens seit dem 29. 12. 2016 sind deshalb nicht nur arbeitstäglich[150] die Zählwerksdaten des Taxameters sowie die Kilometerstände des Fahrzeugs festzuhalten, sondern auch detaillierte Einzelaufzeichnungen über jede Fahrt unter Angabe des Fahrers und des Fahrzeugs (Ordnungsnummer, ggf. amtl. Kennzeichen). Näheres regelt das BMF-Schreiben vom 11.03.2024, BStBl. I 2024, 367.

Werden im elektronischen Aufzeichnungssystem lediglich die Fahrten im Pflichtfahrgebiet erfasst, sind zum Nachweis der Vollständigkeit zusätzliche

---

149 *Diekmann/Achilles/Gehm*, BBP 2023, 55. *Gehm* vertritt im genannten Artikel eine abweichende Rechtsauffassung. Vgl. dazu auch *Rätke* in: Klein, AO, 16. Aufl. 2022, § 146 Rz. 35; *Görke* in Hübschmann/Hepp/Spitaler, AO/FGO, 271. Lfg. 2022, § 146 AO Rz 34.
150 Im Interesse eines funktionierenden internen Kontrollsystems (IKS) sind schichtbezogene Aufzeichnungen je Fahrer vorzugswürdig. Zum IKS im Allgemeinen vgl. Kap. 5.9.

händische Aufzeichnungen der übrigen Fahrten in chronologischer[151] **Abfolge der Geschäftsvorfälle** erforderlich.[152] Alternativ können **andere elektronische Vorsysteme** genutzt werden. Zur Erfüllung der Einzelaufzeichnungspflichten sind ggf. Korrekturen erforderlich (z. B. Festpreisfahrten außerhalb des Pflichtfahrgebiets oder Krankenfahrten bei eingeschaltetem Taxameter, nicht erhaltene Einnahmen von „Zechprellern"). Bei nicht zwingend im Taxameter aufzuzeichnenden Fahrten sind aus Gründen der Nachvollziehbarkeit auch Abfahrts- und Zielort aufzuzeichnen. Nach dem 28. 12. 2016 geführte Schichtzettel können die nach den §§ 238 HGB, § 146 Abs. 1 Satz 1 AO, 22 UStG i. V. m. 63 UStDV zu führenden Einzelaufzeichnungen allenfalls ergänzen, aber nicht ersetzen.[153]

1557   *Hinweis:*
Abschn. 22.6 Abs. 17 UStAE zur erleichterten Trennung der Entgelte im Taxigewerbe erscheint obsolet. Es besteht kein Anlass, Erleichterungen für umsatzsteuerliche Aufzeichnungen zu gewähren, wenn Einzelaufzeichnungen bereits aus ertragsteuerlichen Gründen zwingend sind.[154]

1558 In der Praxis wird die Frage nach der Zulässigkeit von Schichtzetteln oft unentschieden bleiben können, weil meist weitere formelle oder materielle Mängel hinzutreten, die in der Gesamtschau die Schätzungsbefugnis eröffnen. Prüfungserfahrungen zeigen zudem, dass durch aussagekräftige Verprobungen, detaillierte Nachkalkulationen[155], erwiesene Doppelverkürzungen[156] oder Abgleiche mit vorliegendem Kontrollmaterial die Vermutung der sachlichen Richtigkeit erschüttert ist.[157] Auf formelle Mängel kommt es dann nicht mehr an.[158] Zur Geeignetheit von Richtsatzschätzungen im Taxigewerbe siehe *Achilles/Danielmeyer*, RET, Heft 03/2024, 82.

1559 Durchschriften tatsächlich ausgestellter Rechnungen einschl. der Kleinbetragsrechnungen i. S. d. § 33 UStDV sind aufbewahrungspflichtig, es sei denn, die Belege sind unveränderbar und reproduzierbar elektronisch gespeichert. Zusätzlich sind fahrerbezogene Aufzeichnungen nach § 16 Abs. 2 ArbZG, § 17 MiLoG, § 41 EStG i. V. m. § 4 LStDV zu führen.

---

151 Zur Chronologie vgl. BFH vom 26.03.1968 – IV 63/63, BStBl. II 1968, 527, BFH vom 01.10.1969 – I R 73/66, BStBl. II 1970, 45; *Märtens* in Gosch, AO/FGO, 171. Lfg. 2022, § 146, Rz. 15 m. w. N.
152 *Diekmann/Achilles/Gehm*, BBP 2023, 55. Gehm vertritt im genannten Artikel eine abweichende Rechtsauffassung.
153 So auch *Brinkmann*, Schätzungen im Steuerrecht, 6. Aufl. 2022, Rz. 1033.
154 *Diekmann/Achilles/Gehm*, BBP 2023, 55.
155 Zum Bsp. anhand des Benzineinkaufs, der Laufleistungen oder der Lohnaufwendungen.
156 Bei Anfertigung von Nachkalkulationen und Anwendung weiterer Tools zur Umsatzverprobung treten nicht selten Mehrfachverkürzungen zutage (Umsatz, Treibstoff, Löhne, Tacho-Justierungen).
157 § 158, 2. Halbsatz AO a. F.; § 158 Abs. 2 Nr. 1 AO n. F.
158 Siehe dazu im Einzelnen Kap. 13.5.1.

Ungeachtet neuer Belegausgabepflichten i.S.d. KassenSichV in der ab 01.01.2024 geltenden Fassung sind Taxifahrer seit jeher gesetzlich zur Mitführung von **Quittungsformularen** im Fahrzeug verpflichtet. Auf Wunsch des Fahrgastes sind ordnungsmäßige Quittungen auszustellen; deren Durchschriften stellen zumutbare und aufbewahrungspflichtige Einzelaufzeichnungen dar. Zuzahlungen bei Krankenfahrten sind zwingend zu quittieren und aufzubewahren.[159] In Kenntnis der Rechtslage ist gleichwohl an der Tagesordnung, Quittungen entweder nicht auszustellen oder nicht aufzubewahren, Durchschriften herstellerseits erst gar nicht vorgesehen sind, umsatzsteuerlich falsche Beträge quittiert werden (z.B. Gesamtsumme einschl. Trinkgeld des Arbeitnehmers) oder der für die Beförderung im Einzelfall geltende Umsatzsteuersatz nicht oder falsch angegeben wird.[160] Diese Behandlung birgt erhebliche Risiken und Nachteile: 1560

- formeller Mangel aufgrund der Nichtaufbewahrung,
- hohe Entdeckungswahrscheinlichkeit durch Kontrollmaterial aus anderen Betriebsprüfungen und Nachschauen,
- Gefährdung des Vorsteuerabzug des Fahrgastes,
- Bußgeldfestsetzungen (vgl. §§ 379 AO, 26a UStG).

Rechtslage ab 01.01.2024

Taxameter galten schon immer als elektronische Aufzeichnungssysteme.[161] Durch die Verordnung zur Änderung der KassenSichV vom 30.07.2021 gelten EU-Taxameter[162] ab 01.01.2024 als elektronische Aufzeichnungssysteme im Sinne des § 146a AO. Deren Aufnahme in den Anwendungsbereich des § 1 KassenSichV ist zu begrüßen, da (auch) in der Taxibranche seit etlichen Jahren Vollzugsdefizite bestehen und immense Steuerausfälle zu beklagen sind. Unbefriedigend bleibt, dass aufgrund außersteuerlicher Vorgaben (PBefG, BOKraft, kommunale Taxiordnungen) weiterhin nur eine Teilmenge der Geschäftsvorfälle zwingend mit dem Taxameter zu erfassen ist. Unverändert mangelt es an einer Rechtsgrundlage, wonach Taxameter **jeden** Geschäftsvorfall elektronisch protokollieren müssen. Zudem stellt sich die Frage, ob der zutreffende Umsatzsteuersatz aus den nach § 7 KassenSichV aufzuzeichnenden Daten ermittelbar ist.[163] 1561

Zu den Änderungen im Einzelnen vgl. § 1 Abs. 2 Nr. 1, § 7 und § 9 KassenSichV i.d.F. ab 01.01.2024 (Abdruck in Anhang 17), AEAO zu § 146a i.d.F. ab 01.01.2024, Tz. 3 (Abdruck in Anhang 20) und BMF-Schreiben vom 11.03.2024, BStBl. I 2024, 367. Für EU-Taxameter gilt die DSFinV-TW, für andere (z.B. „Alt-Geräte") gelten die bisherigen Regelungen des Datenzugriffs fort. 1562

---

159 §§ 140 AO i.V.m. 61 SGB V.
160 Zur Anwendung der Steuersätze vgl. § 12 Abs. 2 Nr. 10 UStG.
161 AEAO zu § 146, Nr. 2.1.4; GoBD, Rz. 20.
162 Zur Definition eines EU-Taxameters s. Rz. 775 ff.
163 *Diekmann/Achilles/Gehm*, BBP 2023, 55.

1563 Das BMF hat am 13.10.2023 eine Nichtbeanstandungsregelung (Abdruck in Anhang 6) erlassen, nach der die Pflicht zur Implementierung der TSE zwar umgehend zu erfüllen ist, zur Umsetzung einer flächendeckenden Aufrüstung grundsätzlich jedoch nicht beanstandet wird, wenn ein EU-Taxameter bis zum **31.12.2025** noch nicht mit einer TSE ausgerüstet ist und Meldepflichten i.S.d. § 146a Abs. 4 AO und § 9 Abs. 3 KassenSichV noch nicht erfüllt werden. Ggf. bestehende Belegausgabepflichten nach § 146a Abs. 2 AO i.V.m. § 7 Abs. 3 u. 4 KassenSichV bleiben unberührt.

1564 Im Besonderen zu beachten ist, dass bestimmte mit der sog. INSIKA[164]-Technik ausgerüstete „Fiskaltaxameter" i.S.d. § 9 KassenSichV nicht in den Genuss der Nichtbeanstandungsregelung vom 13.10.2023 (a.a.O.) kommen, wenn das EU-Taxameter ausgebaut und in ein neues Fahrzeug eingebaut wird. In diesen Fällen ist es *sofort* mit der TSE auszustatten (Hinweis auf Anhang 17). Fraglich ist, ob diese Rechtsfolge gewollt war oder es sich um ein redaktionelles Versehen handelt.

1565 Im Juni 2022 sollte die Zweite Verordnung zur Änderung der KassenSichV auf den Weg gebracht werden.[165] Vorgesehen war u.a.,
- dass EU-Taxameter, die vor dem 01.01.2022 (derzeit 01.01.2021) mit der INSIKA-Technik ausgerüstet wurden, nunmehr erst ab 01.01.2028 (derzeit 01.01.2026) auf die technische Sicherheitseinrichtung i.S.d. § 146a AO umgerüstet werden müssen. Von der INSIKA-Übergangsregel des § 9 KassenSichV sollten damit auch Stpfl. profitieren, die ihre EU-Taxameter erst im Zeitraum 01.01.2021 – 31.12.2021 mit der INSIKA-Technik ausgestattet hatten. Dies sollte auch im Falle eines Fahrzeugwechsels gelten, sodass der Stpfl. auch in diesen Fällen den vollen Übergangszeitraum bis 01.01.2028 hätte ausschöpfen können,
- dass auch App-basierte Systeme, die die Funktion eines EU-Taxameters übernehmen, in den Anwendungsbereich der KassenSichV fallen.[166]

Aufgrund eines Maßgabevorbehalts hat der Bundesrat seine Zustimmung zu den beabsichtigten Änderungen verwehrt.[167] Eine Klarstellung hinsichtlich der App-Systeme erfolgte sodann über den AEAO zu § 146a i.d.F. ab 01.01.2024, Nr. 1.3.

---

164 Glossar, Anhang 1.
165 Vgl. BT-Drucks. 20/2185 v. 09.06.2022; 20/2618 v. 06.07.2022.
166 Hintergrund dafür war, dass durch das Gesetz zur Modernisierung des Personenbeförderungsrechts vom 16. April 2021 (BGBl. I S. 822) in § 28 Abs. 1 Satz 2 der Verordnung über den Betrieb von Kraftfahrunternehmen im Personenverkehr (BOKraft) aufgenommen wurde, dass Taxameter nicht mehr unbedingt als *physische* Geräte verbaut, sondern auch als App-basierte Systeme in den Fahrzeugen eingesetzt werden können.
167 Vgl. BR-Drucks. 353/1/22 v. 01.09.2022; 353/22 B v. 16.09.2022.

14 Branchen-ABC

Weitere Hinweise und Prüfungsschwerpunkte im Taxigewerbe

Freiwillige Aufzeichnungen im Taxigewerbe, denen im Rahmen von Verprobungen und Nachkalkulationen erhebliche Bedeutung zukommt, werden ausführlich in Kap. 13.8.3 unter dem Stichwort *„Taxi- und Mietwagengewerbe"* behandelt. 1566

Zur Anfertigung einer **Verfahrensdokumentation** im Allgemeinen vgl. Kap. 5. 1567

Zu den **Datenzugriffsrechten** auf Taxameter unter Berücksichtigung der DSFinV-TW s. Kap. 12 und Tabelle 21 (Rz. 1154). 1568

Zur steuerlichen Behandlung der **Kosten für die erstmalige Implementierung der TSE** einschl. einheitlicher digitaler Schnittstelle s. BMF,-Schreiben vom 30.08.2023 (Abdruck in Anhang 15b). 1569

Zum Umsatzsteuersatz für **Beförderungen aus der Nachtschicht vom 30.06.2020 auf den 01.07.2020** vgl. BMF-Schreiben vom 30.06.2020, BStBl. I 2020, 1129, Rz. 41. 1570

Zur umsatzsteuerlichen **Buchung von Beförderungsleistungen** vgl. *Eckert*, BBK 2022, 114. 1571

> *Beachte:* 1572
>
> Liegen erhebliche Verstöße gegen Aufzeichnungs-, Aufbewahrungs- oder Vorlagepflichten vor, kann die Finanzverwaltung bei der zuständigen Konzessionsbehörde eine sog. **Zuverlässigkeitsprüfung** anregen.[168] Wird die Unzuverlässigkeit des Taxiunternehmers festgestellt, kann dies zum Entzug der Konzession führen.[169]

Textileinzelhandel

Die Finanzverwaltung fordert grds. Aufzeichnungen auf Artikelebene. Sowohl zur Nachvollziehbarkeit der Geschäftsvorfälle als auch für den Vorsteuerabzug des Leistungsempfängers (§ 15 UStG) muss die Leistungsbezeichnung eine eindeutige und leicht nachprüfbare Feststellung der Leistung ermöglichen, über die abgerechnet wird (handelsübliche Bezeichnung). Die pauschale Kategorisierung einer Warengruppe oder Gattung genügt grds. nicht, vielmehr ist eine Konkretisierung erforderlich, um die Leistung eindeutig identifizieren zu können. Im Textileinzelhandel genügt die Angabe „Hose" oder „Jacke" nicht. Weitere Angaben wie Marke, Modelltyp, Größe, Farbe, Material, Artikel- oder Chargennummer müssen hinzutreten, um den Leistungsgegenstand identifizieren und die Warenströme nachverfolgen zu können. Nur detaillierte Leistungsbezeichnungen bieten die Gewähr für die Vollständigkeit der Tageseinnahmen, bei Bilanzierenden etwa durch zuverlässigen Abgleich mit den Inventurwerten. Werden Einzelaufzeichnungen auf Papier geführt, können sie unter Zumutbarkeitsgesichtspunkten ggf. geringer ausfallen als Artikelbezeichnungen/-beschreibungen in elektronischen Systemen. Allerdings akzeptiert die Finanzver- 1573

---

168 § 30 Abs. 4 Nr. 2 AO i. V. m. § 25 PBefG.
169 § 1 Abs. 1 Nr. 2 Buchst. d PBZugV; § 13 Abs. 1 Nr. 2 PBefG.

waltung, wenn der Art nach gleiche Waren oder Dienstleistungen mit demselben Einzelpreis in einer Warengruppe zusammengefasst werden und die verkaufte Menge bzw. Anzahl ersichtlich bleibt.[170] Die Einrichtung von Waren- oder Dienstleistungsgruppen für Artikel mit unterschiedlichen Einzelverkaufspreisen ist dagegen grds. nicht zulässig.

1574 Waren aufgrund der Corona-Pandemie und damit einhergehender betrieblicher Einschränkungen bestimmte Textilien nicht mehr verkaufsfähig oder nicht mehr marktgängig und wurden diese deshalb gespendet, gelten hinsichtlich der steuerrechtlichen Behandlung Billigkeitsregelungen.[171]

Textilreinigung

1575 Siehe Stichwort „Chemische Reinigung"

Zahnarzt

1576 Siehe Stichwort „Heilberufe"

Zauberkünstler

1577 Umsätze in Form von Darbietungen auf dem Gebiet der Zauberei und der Ballonmodellage können dem ermäßigten Steuersatz nach §12 Abs. 2 Nr. 7 Buchst. a UStG unterliegen, wenn der Stpfl. eine einer Theatervorführung vergleichbare Darbietung aufführt, die er als eigenschöpferische Leistung in einem theaterähnlichen Rahmen erbringt. Das soll nicht der Fall sein bei Auftritten als Nikolaus.[172]

---

170 AEAO zu § 146, Nr. 2.1.3.
171 Vgl. dazu § 3 Abs. 1b UStG i. V. m. Abschn. 10.6 Abs. 1 UStAE. Zum Ansatz einer geminderten Bemessungsgrundlage bei nur noch eingeschränkter Verkehrsfähigkeit s. BMF vom 18.03.2021 – III C 2 – S 7109/19/10002:001, DOK 2021/0251308; Abschn. 10.6 Abs. 1a UStAE. Zu flankierenden Billigkeitsregeln bei Spenden an gemeinnützige Organisationen im Zusammenhang mit der Corona-Krise im Einzelhandel für den Zeitraum vom 01.03.2020 bis 31.12.2021 s. BMF vom 18.03.2021 – III C 2 – S 7109/19/10002:001.
172 FG Münster vom 26.11.2020 – 5 K 2414/19 U.

Anhang

Anhang 1: Glossar

API (Application Programming Interface)	Ein Application Programming Interface ist eine dokumentierte Software-Schnittstelle, mit deren Hilfe ein Software-System bestimmte Funktionen eines anderen Software-Systems nutzen kann. Im Kontext des § 146a AO dient die Schnittstelle der Sicherung der Authentizität und Integrität von Grundaufzeichnungen durch digitale Signaturen.
Authentizität	Eigenschaft, die gewährleistet, dass ein Kommunikationspartner tatsächlich derjenige ist, der er vorgibt zu sein. Bei authentischen Informationen ist sichergestellt, dass sie von der angegebenen Quelle erstellt wurden. Der Begriff wird nicht nur verwendet, wenn die Identität von Personen geprüft wird, sondern auch bei IT-Komponenten oder Anwendungen.[1]
Autorisierung	Prüfung der Berechtigung zu einer bestimmten Aktion
CA (Certificate Authority)	Zertifizierungsstelle zur Herausgabe digitaler (kryptographischer) Zertifikate
Cloud/Cloud Computing	Cloud Computing bezeichnet das dynamisch an den Bedarf angepasste Anbieten, Nutzen und Abrechnen von IT-Dienstleistungen über ein Netz. Angebot und Nutzung dieser Dienstleistungen erfolgen dabei ausschließlich über definierte technische Schnittstellen und Protokolle. Die im Rahmen von Cloud Computing angebotenen Dienstleistungen umfassen das komplette Spektrum der Informationstechnik und beinhalten Infrastrukturen (Rechenleistung, Speicherplatz), Plattformen und Software.[2] Unterschieden wird in: – Software as a service (SaaS): Bereitstellung von Anwendungsprogrammen. – Platform as a service (PaaS): Bereitstellung einer Plattform zum Betrieb eigener Softwarelösungen. – Infrastructure as a service (IaaS): Bereitstellung von Speicherkapazitäten oder Rechenleistung in einem Rechenzentrum.
Common Criteria (CC)	Mit den Common Criteria for Information Technology Security Evaluation (kurz: Common Criteria) [CC] wurde ein internationaler Standard (ISO 15408) für die Bewertung und Zertifizierung der Sicherheit von Computersystemen geschaffen, so dass Komponenten oder Systeme nicht in verschiedenen Ländern mehrfach zertifiziert werden müssen. Die Common Criteria, in deren Entwicklung unter anderem die europäischen IT-Sicherheitskritierien (ITSEC) eingeflossen sind, sehen verschiedene Vertrauenswürdigkeitsstufen (Evaluation Assurance Level) vor. Hierbei exis-

---

1 Quelle: BSI, IT-Grundschutz-Kompendium 2023, Glossar, *https://www.bsi.bund.de/SharedDocs/Downloads/DE/BSI/Grundschutz/Kompendium/IT_Grundschutz_Kompendium_Edition2023.pdf?__blob=publicationFile&v=4#download=1* (abgerufen am 26.10.2023).
2 Quelle: BSI, Cyber-Glossar, *https://www.bsi.bund.de/DE/Service-Navi/Cyber-Glossar/cyber-glossar_node.html* (abgerufen am 27.07.2022).

Anhang 1: Glossar

	tieren die Stufen „EAL1" (funktionell getestet) bis „EAL7" (formal verifizierter Entwurf und getestet), durch die bestimmte Anforderungen im Hinblick auf folgende Aspekte definiert werden: – Konfigurationsmanagement, – Auslieferung und Betrieb, – Entwicklung, – Handbücher, – Lebenszyklus-Unterstützung, – Testen, – Schwachstellenbewertung. Die Anforderungen an die Vertrauenswürdigkeit sind derart gestaffelt, dass in einer Stufe EAL(n) jeweils mindestens die Anforderungen der Stufe EAL(n-1) gefordert werden.[3]
CSP (Cryptographic Service Provider)	Neben der SMAERS handelt es sich beim Common Criteria Schutzprofil **CSP** um eine als Kryptokern verwendete Sicherheitskomponente, die über eine gesicherte Schnittstelle (Trusted Channel) Daten von der SMAERS-Komponente erhält, um unter Sicherstellung von Authentizität, Integrität und Vertraulichkeit mit kryptographischen Verfahren die Signatur zu erstellen (Signaturerstellungseinheit einschl. **Signaturzähler**). CSP kann räumlich getrennt von der SMAERS betrieben werden, z. B. im Nachbarraum oder in der Cloud.
CSV	engl.: comma-separated values
Hashwert	s. Hashfunktion
Hashfunktion	Eine Hashfunktion dient der Reduzierung von Zeichen beliebiger Länge in eine kleinere, kompakte Form (Hashwert). In der Kryptographie dienen sie der Signierung von Nachrichten bzw. der Sicherstellung der Datenintegrität. Hashfunktionen und Verfahren zur Berechnung der Prüfwerte und Zertifikate, die zur Verifikation von Prüfwerten eingesetzt werden, müssen die krytographischen Anforderungen der Technischen Richtlinie BSI TR-03116-5 erfüllen.[4]
Inkrementierung	Art der Datensicherung. Bei einer inkrementellen Datensicherung werden nur die Daten gesichert, die sich nach der letzten Sicherung geändert haben. Das bietet den Vorteil, dass die Sicherung relativ unaufwändig ist.
INSIKA®	INSIKA® ist eine eingetragene Marke der Anwendervereinigung Dezentrale Mess-Systeme e. V. und steht als Abkürzung für die sog. Integrierte Sicherheitslösung für messwertverarbeitende Kassensysteme. Sie dient vorrangig als Manipulationsschutz im Taxi- und Mietwagengewerbe, insbesondere in Hamburg und Berlin. Für weitere Informationen s. *www.insika.de*.
Integrität	Integrität bezeichnet die Sicherstellung der Korrektheit (Unversehrtheit) von Daten und der korrekten Funktionsweise von Systemen. Wenn der Begriff Integrität auf „Daten" angewendet wird, drückt er aus, dass die Daten vollständig und unverändert

---

[3] Quelle: BSI, Cyber-Glossar, *https://www.bsi.bund.de/DE/Service-Navi/Cyber-Glossar/cyber-glossar_node.html* (abgerufen am 27.07.2022).

[4] Quelle: BSI-TR 03153-1, Kap. 7.1.

	sind. In der Informationstechnik wird er in der Regel aber weiter gefasst und auf „Informationen" angewendet. Der Begriff „Information" wird dabei für „Daten" verwendet, denen je nach Zusammenhang bestimmte Attribute wie z. B. Autor oder Zeitpunkt der Erstellung zugeordnet werden können. Der Verlust der Integrität von Informationen kann daher bedeuten, dass diese unerlaubt verändert, Angaben zum Autor verfälscht oder Zeitangaben zur Erstellung manipuliert wurden.[5]
JPEG	engl.: Joint Photographic Experts Group
LAN-Connector	Software zur sicheren Verbindung lokal vernetzter Kassen(systeme)/TSE
Logdatei	(Ereignis-)Protokolldatei zur Nachvollziehbarkeit bestimmter Aktionen (z. B. Transaktionen, Prozesse)
Metadaten	Daten, die (ergänzende) Informationen über Eigenschaften anderer Daten enthalten, z. B. Name und Änderungsdatum einer Datei. Die Aufbewahrungspflicht ergibt sich aus den GoBD. Danach müssen neben den Daten zum Geschäftsvorfall selbst auch alle für die Verarbeitung erforderlichen Tabellendaten (Stammdaten, Bewegungsdaten, Metadaten wie z. B. Grund- oder Systemeinstellungen, geänderte Parameter), deren Historisierung und Programme gespeichert sein (vgl. GoBD, Rz. 89).
Migration	Übertragung von Daten aus einer Umgebung in eine andere Umgebung einschließlich der dazu nötigen technischen Anpassungen. Dabei darf nur das Format, nicht aber der Inhalt der übertragenen Informationen verändert werden. Formatänderungen sind nicht zulässig, soweit sie die maschinelle Auswertbarkeit einschränken (vgl. IDW RS FAIT 1, Tz. 101).
Öffentlicher Schlüssel	s. Public Key
PKI	engl.: Public Key Infrastructure Hierarchisches System zur Ausstellung, Verteilung und Prüfung von digitalen, kryptographischen Zertifikaten.[6]
PNG	engl.: Portable Network Graphics
Private Key	Privater Schlüssel als Teil eines kryptographischen Schlüsselpaares, auf den nur der Inhaber des Schlüsselpaares zugreifen kann. Er wird in einem Personal Security Environment aufbewahrt und verwendet, um digitale Signaturen zu erstellen oder Daten zu entschlüsseln.[7]
Privater Schlüssel	s. Private Key

---

5   Quelle: BSI, IT-Grundschutz-Kompendium 2023, Glossar, *https://www.bsi.bund.de/ SharedDocs/Downloads/DE/BSI/Grundschutz/Kompendium/IT_Grundschutz_ Kompendium_Edition2023.pdf?__blob=publicationFile&v=4#download=1* (abgerufen am 26.10.2023).
6   Allgemeine Hintergrundinformationen können unter *https://www.bsi.bund.de/DE/Themen/Oeffentliche-Verwaltung/Elektronische-Identitaeten/Public-Key-Infrastrukturen/public-key-infrastrukturen.html* abgerufen werden (abgerufen am 27.12.2023).
7   Quelle: BSI, Cyber-Glossar, *https://www.bsi.bund.de/DE/Service-Navi/Cyber-Glossar/ cyber-glossar_node.html* (abgerufen am 27.07.2022).

Anhang 1: Glossar

Proxy	Ein Proxy ist eine Art Stellvertreter in Netzen. Er nimmt Daten von einer Seite an und leitet sie an eine andere Stelle im Netz weiter. Mittels eines Proxys lassen sich Datenströme filtern und gezielt weiterleiten.[8]
Public Key	Öffentlicher Schlüssel als Teil eines kryptographischen Schlüsselpaares, der öffentlich bekannt und frei zugänglich ist. Er ist meist Teil eines Zertifikates und wird neben der Prüfung digitaler Signaturen auch verwendet, um Daten für eine bestimmte Person zu verschlüsseln. Nur diese Person kann im Anschluss mit dem zugehörigen, nur ihr bekannten, privaten Schlüssel die Daten wieder entschlüsseln.[9] Der Hersteller einer TSE muss dem Stpfl. ein Zertifikat über den öffentlichen Schlüssel der TSE für die Prüfwertverifikation bereitstellen. Dieses muss Dritten die Erkennung ermöglichen, ob der Schlüssel für die Prüfwertverifikation zu dem Sicherheitsmodul der zertifizierten TSE gehört und die Authentizität der gesicherten Aufzeichnungen sichergestellt ist.[10]
Public Key Infrastruktur	s. PKI
QR-Code	Zweidimensionaler Code zur binären Darstellung kodierter Daten mittels schwarzen/weißen Punkten und Quadraten.
Seriennummer der TSE	Hashwert des im Zertifikat enthaltenen öffentlichen Schlüssels für die Verifikation der Prüfwerte. Die zu verwendende Hashfunktion wird von der Technischen Richtlinie BSI TR-03116-5 festgelegt.[11]
Seriennummer des elektronischen Aufzeichnungssystems	Die Seriennummer eines elektronischen Aufzeichnungssystems i. S. v. § 146a AO i. V. m. § 1 Satz 1 KassenSichV muss von dessen Hersteller eindeutig vergeben werden. Zusammen mit der Information über den Hersteller wird das Aufzeichnungssystem hierdurch eindeutig repräsentiert.[12] Zur leichten und einwandfreien Prüfbarkeit erforderlich ist, dass die in den Stammdaten der DSFinV-K verwendete Seriennummer[13] mit der auf dem Beleg ausgewiesenen Seriennummer (§ 6 KassenSichV) übereinstimmt. Nach Auffassung der Finanzverwaltung handelt es sich bei der Seriennummer des elektronischen Aufzeichnungssystems um eine einmalige Zeichenfolge, die der eindeutigen Identifizierung eines Exemplars aus einer Serie dient.[14] Sie ist von der Seriennummer der TSE sowie der Zertifizierungs-ID zu unterscheiden.[15]

---

8 Quelle: BSI, Cyber-Glossar, *https://www.bsi.bund.de/DE/Service-Navi/Cyber-Glossar/cyber-glossar_node.html* (abgerufen am 27.07.2022).
9 Quelle: BSI, Cyber-Glossar, *https://www.bsi.bund.de/DE/Service-Navi/Cyber-Glossar/cyber-glossar_node.html* (abgerufen am 27.07.2022).
10 Quelle: BSI TR-03153-1, Version 1.1.0, Kap. 7.3.
11 Technische Richtlinie BSI TR-03153, Kap. 7.5; AEAO zu § 146a i. d. F. bis 31.12.2023, Nr. 3.6.2; AEAO zu § 146a i. d. F. ab 01.01.2024, Nr. 2.2.3.2 (Abdruck in Anhang 20).
12 BSI TR-03153, Version 1.0.1, Kap. 7.5; BSI TR-03153-1, Version 1.1.0, Kap. 9.3.1.
13 Vgl. dortige Tz. 3.2.3 zu Master-Kassen; Tz. 3.2.4 zu Slave-Kassen.
14 AEAO zu § 146a i. d. F. bis 31.12.2023, Nr. 3.6.1; AEAO zu § 146a i. d. F. ab 01.01.2024, Nr. 2.2.3.1 (Abdruck in Anhang 20).
15 AEAO zu § 146a i. d. F. bis 31.12.2023, Nr. 9.2.5; AEAO zu § 146a i. d. F. ab 01.01.2024, Nr. 1.16.2.5 (Abdruck in Anhang 20).

	Es ist zu beachten, dass die Übergabe der Seriennummer an die TSE auf die von der TSE akzeptierten Zeichen beschränkt ist.[16] Die korrekte Definition der Seriennummer des elektronischen Aufzeichnungssystems wirft insbesondere bei PC- und App-Systemen Probleme auf, da Gerät und Software nicht fest aneinander gekoppelt sind.[17] Vor diesem Hintergrund ist unklar, ob die Seriennummer der Hardware oder der Software gemeldet werden muss.[18] Bei Software- oder App-Lösungen ist nur die Seriennummer oder der eindeutige Lizenzschlüssel der Software sinnvoll (DFKA-FAQ).[19] Damit lässt sich auch ein Wechsel der Seriennummer bei Hardwaretausch vermeiden. Bei **Eigenentwicklungen** von Software(modulen) mit Kassenfunktion, z. B. innerhalb einer ERP-Landschaft, gilt der Entwickler als Hersteller im o. g. Sinne. Er hat eine eindeutige, in der Ziffernfolge wahlfreie, jedoch unveränderbare Seriennummer(n) dann selbst festzulegen und in die Stammdaten der DSFinV-K zu übernehmen. Die Beschreibung der Verkennzifferung und die Dokumentation der verwendeten Seriennummern ist in der Verfahrensdokumentation des Stpfl. niederzulegen und zu versionieren. Im Rahmen einer Kassen-Nachschau vor Ort muss die Seriennummer leicht ablesbar bzw. zuordenbar sein. Befindet sie sich innerhalb eines Gehäuses, ist der mit der Nachschau beauftragte Amtsträger nicht zur selbständigen Öffnung des Geräts befugt.
Signatur	Eine digitale Signatur (=Unterschrift) besteht aus Daten in elektronischer Form. Die Signatur wird an andere elektronische Daten angeschlossen, um den Verfasser von Informationen klar zu identifizieren bzw. zu belegen, dass die Daten nach dem Signieren nicht mehr verändert wurden.[20]
Signaturalgorithmus	Schlüsselpaar, das zur Realisierung *digitaler Signaturen*, zur Vereinbarung *geheimer Schlüssel* oder zur asymmetrischen *Verschlüsselung* verwendet werden kann, bestehend aus *privatem* und *öffentlichem Schlüssel*.[21]

---

16 BSI TR-03153-1, Version 1.1.0, Kap. 9.3.1 i. V. m. BSI TR-03151-1, Version 1.1.0, Anhang „clientID character restriction".
17 Vgl. Stellungnahme des DFKA e. V. vom 12.04.2017 zum Referentenentwurf der KassenSichV, Tz. 2, Abruf unter *https://dfka.net/wp-content/uploads/2017/04/DFKA-zur-KassenSichV-E-2017-04.pdf* (abgerufen am 30.05.2021).
18 So bereits *Becker*, BBK 3/2017, 116, Tz. 2.7.3.
19 DFKA e. V., Neue gesetzliche Anforderungen für Kassensysteme, Stand 28.09.2020, Abruf unter *https://dfka.net/recht/neue-gesetzliche-anforderungen-fuer-kassensysteme* (abgerufen am 11.01.2023). In der DSFinV-K erfolgt die Abbildung der Softwarebezeichnung und der verwendeten Version in der Datei cashregister.csv, unter KASSE_SW_BRAND und KASSE_SW_VERSION.
20 Quelle: BSI, Cyber-Glossar, *https://www.bsi.bund.de/DE/Service-Navi/Cyber-Glossar/cyber-glossar_node.html* (abgerufen am 27.07.2022).
21 Quelle: BSI, Cyber-Glossar, *https://www.bsi.bund.de/DE/Service-Navi/Cyber-Glossar/cyber-glossar_node.html* (abgerufen am 27.07.2022).

Anhang 1: Glossar

SMA	Sicherheitsmodulanwendung: Teil des Sicherheitsmoduls, der den Kryptokern (CSP) um anwendungsspezifische Funktionen erweitert.
SMAERS (Security Module Application for Electronic Record Keeping Systems)	Schutzprofil nach Common Criteria, das auch synonym als englischer Ausdruck für die Sicherheitsmodulanwendung (SMA) selbst verwendet wird.[22] Die SMAERS-Komponente ist ein hard- oder softwarebasiertes Sicherheitsmodul, das die abzusichernden Daten einer Transaktion aufbereitet, insbesondere den Transaktionszähler enthält und mit dem CSP (Signaturerstellungseinheit) kommuniziert bzw. den Signaturprozess auslöst. Bei „fernverbundener" TSE muss dies über eine gesicherte Schnittstelle erfolgen (sog. Trusted Channel). Die SMAERS-Komponente muss stets in der Einsatzumgebung des elektronischen Aufzeichnungssystems betrieben werden, in aller Regel mithin in den Geschäftsräumen des Stpfl.
TAR (tape archiver)	Packprogramm, mit dem verschiedene Daten/Objekte eines Dateisystems in einzige Datei geschrieben werden (Endung der Datei: .tar).
Umgebungsschutz	Schutz zur Verhinderung von Angriffen des Integrators der TSE (Stpfl.) auf die SMAERS durch Trusted Platform Module (TPM) oder vergleichbaren Schutz (sog. Hardware-Anker) als Auflage des BSI an den zertifizierten Betrieb einer TSE. Befindet sich die SMAERS in der Einsatzumgebung des Stpfl., erfordert der Umgebungsschutz ein Rechte- und Rollen-Konzept vor Ort, das dem Stpfl. auch bei entsprechender Fachkenntnis und krimineller Energie administrative Rechte entzieht, womit entsprechende Angriffsversuche auf die SMAERS technisch verhindert werden. Bei fehlender Umsetzung des Umgebungsschutzes soll der Stpfl. eine nicht gesetzeskonforme TSE nutzen. Problematisch ist, dass dem Stpfl. die Anforderungen an den Umgebungsschutz i. d. R. nicht bekannt sind. Welche Rechtsfolgen die Finanzverwaltung daraus zieht, bleibt abzuwarten.
UTC	Coordinated Universal Time (koordinierte Weltzeit)
Validierung	Eignungsprüfung einer Software bezogen auf ein zuvor festgelegtes Anforderungsprofil.
Verzeichnisdienst	Hinweis auf BSI TR-03153-1, Version 1.1.0, Kap. 7.3.2
Zeitstempel	Elektronische Bescheinigung einer (vertrauenswürdigen) Stelle, dass ihr bestimmte elektronische Daten zu einem bestimmten Zeitpunkt vorgelegen haben. Es ist dabei im Allgemeinen nicht erforderlich, dass diese Stelle den Inhalt der Daten zur Kenntnis nimmt.[23]
Zertifikat	Der Begriff Zertifikat wird in der Informationssicherheit in verschiedenen Bereichen mit unterschiedlichen Bedeutungen verwendet. Im hier verwendeten Kontext handelt es sich um Schlüsselzertifikate als elektronische Bescheinigung, mit der Signatur-

---

22 BSI TR-03153-1, Version 1.1.0, Kap. 1.4.
23 Quelle: BSI, Cyber-Glossar, *https://www.bsi.bund.de/DE/Service-Navi/Cyber-Glossar/cyber-glossar_node.html* (abgerufen am 27.07.2022).

	prüfschlüssel einer Person zugeordnet werden. Bei digitalen Signaturen wird ein Zertifikat als Bestätigung einer vertrauenswürdigen dritten Partei benötigt, um nachzuweisen, dass die zur Erzeugung der Digitalen Signatur eingesetzten kryptographischen Schlüssel wirklich zu dem Unterzeichnenden gehören. In den Technischen Richtlinien des BSI und diversen BMF-Schreiben wird unterschieden in Root-, Intermediate- und Leaf-Zertifikate.[24]

---

24 Vgl. zur Zertifizierung im Einzelnen Kap. 10.4.4.

Anhang 2: BMF-Schreiben vom 09.01.1996 – 1. Kassenrichtlinie

Bundesministerium der Finanzen

– VV DEU BMF 1996-01-09 IV A 8-S 0310-5/95 –

BStBl. I 1996, 34

Verzicht auf die Aufbewahrung von Kassenstreifen bei Einsatz elektronischer Registrierkassen[1]

Nach R 29 Abs. 7 Satz 4 EStR 1993 ist eine Aufbewahrung von Registrierkassenstreifen, Kassenzetteln, Bons und dergleichen (Kassenbeleg) im Einzelfall nicht erforderlich, wenn der Zweck der Aufbewahrung in anderer Weise gesichert und die Gewähr der Vollständigkeit der vom Kassenbeleg übertragenen Aufzeichnungen nach den tatsächlichen Verhältnissen gegeben ist. Nach Satz 5 der Richtlinienregelung sind die vorgenannten Voraussetzungen hinsichtlich der Registrierkassenstreifen regelmäßig erfüllt, wenn Tagesendsummenbons aufbewahrt werden, die die Gewähr der Vollständigkeit bieten und den Namen des Geschäfts, das Datum und die Tagesendsumme enthalten. Unter Bezugnahme auf das Ergebnis der Erörterungen mit den obersten Finanzbehörden der Länder gilt dazu folgendes:

Beim Einsatz elektronischer Registrierkassen kann im Regelfall davon ausgegangen werden, dass die „Gewähr der Vollständigkeit" i. S. des R 29 Abs. 7 Satz 4 EStR 1993 dann gegeben ist, wenn die nachstehend genannten Unterlagen aufbewahrt werden. In diesem Fall kann auch bei elektronischen Registrierkassensystemen auf die Aufbewahrung von Kassenstreifen, soweit nicht nachstehend aufgeführt, verzichtet werden.

1. Nach § 147 Abs. 1 Nr. 1 AO sind die zur Kasse gehörenden Organisationsunterlagen, insbesondere die Bedienungsanleitung, die Programmieranleitung, die Programmabrufe nach jeder Änderung (u. a. der Artikelpreise), Protokolle über die Einrichtung von Verkäufer-, Kellner- und Trainingsspeichern u. ä. sowie alle weiteren Anweisungen zur Kassenprogrammierung (z. B. Anweisungen zum maschinellen Ausdrucken von Proforma-Rechnungen oder zum Unterdrücken von Daten und Speicherinhalten) aufzubewahren.

2. Nach § 147 Abs. 1 Nr. 3 AO sind die gem. R 21 Abs. 7 Sätze 12 und 13 EStR 1993 mit Hilfe von Registrierkassen erstellten Rechnungen aufzubewahren.

3. Nach § 147 Abs. 1 Nr. 4 AO sind die Tagesendsummenbons mit Ausdruck des Nullstellungszählers (fortlaufende sog. „Z-Nummer" zur Überprüfung der

---

[1] Aufgehoben für Steuertatbestände, die nach dem 31.12.2016 verwirklicht werden; BMF vom 26.11.2010, BStBl. I 2010, 1342 (Abdruck in Anhang 3).

Vollständigkeit der Kassenberichte), der Stornobuchungen (sog. Managerstorni und Nach-Stornobuchungen, Retouren, Entnahmen sowie der Zahlungswege (bar, Scheck, Kredit) und alle weiteren im Rahmen des Tagesabschlusses abgerufenen Ausdrucke der EDV-Registrierkasse (z.B. betriebswirtschaftliche Auswertungen, Ausdrucke der Trainingsspeicher, Kellnerberichte, Spartenberichte) im Belegzusammenhang mit dem Tagesendsummenbon aufzubewahren.

Darüber hinaus ist die Vollständigkeit der Tagesendsummenbons durch organisatorische oder durch programmierte Kontrollen sicherzustellen.

Anhang 3: BMF-Schreiben vom 26.11.2010 – 2. Kassenrichtlinie

Bundesministerium der Finanzen

– VV DEU BMF 2010-11-26 IV A 4-S 0316/08/10004-07 –

BStBl. I 2010, 1342

Aufbewahrung digitaler Unterlagen bei Bargeschäften[1]

Im Einvernehmen mit den obersten Finanzbehörden der Länder gilt zur Aufbewahrung der mittels Registrierkassen, Waagen mit Registrierkassenfunktion, Taxametern und Wegstreckenzählern (im Folgenden: Geräte) erfassten Geschäftsvorfälle Folgendes:

Seit dem 01. Januar 2002 sind Unterlagen i.S.d. § 147 Abs. 1 AO, die mit Hilfe eines Datenverarbeitungssystems erstellt worden sind, während der Dauer der Aufbewahrungsfrist jederzeit verfügbar, unverzüglich lesbar und maschinell auswertbar aufzubewahren (§ 147 Abs. 2 Nr. 2 AO). Die vorgenannten Geräte sowie die mit Ihrer Hilfe erstellten digitalen Unterlagen müssen seit diesem Zeitpunkt neben den „Grundsätzen ordnungsmäßiger DV-gestützter Buchführungssysteme (GoBS)" vom 7. November 1995 (BStBl. I, 738) auch den „Grundsätzen zum Datenzugriff und zur Prüfbarkeit digitaler Unterlagen (GDPdU)" vom 16. Juli 2001 (BStBl. I, 415) entsprechen (§ 147 Abs. 6 AO). Die Feststellungslast liegt beim Steuerpflichtigen. Insbesondere müssen alle steuerlich relevanten Einzeldaten (Einzelaufzeichnungspflicht) einschließlich etwaiger mit dem Gerät elektronisch erzeugter Rechnungen i.S.d. § 14 UStG unveränderbar und vollständig aufbewahrt werden. Eine Verdichtung dieser Daten oder ausschließliche Speicherung der Rechnungsendsummen ist unzulässig. Ein ausschließliches Vorhalten aufbewahrungspflichtiger Unterlagen in ausgedruckter Form ist nicht ausreichend. Die digitalen Unterlagen und die Strukturinformationen müssen in einem auswertbaren Datenformat vorliegen.

Ist die komplette Speicherung aller steuerlich relevanten Daten – bei der Registrierkasse insbesondere Journal-, Auswertungs-, Programmier- und Stammdatenänderungsdaten – innerhalb des Geräts nicht möglich, müssen diese Daten unveränderbar und maschinell auswertbar auf einem externen Datenträger gespeichert werden. Ein Archivsystem muss die gleichen Auswertungen wie jene im laufenden System ermöglichen.

Die konkreten Einsatzorte und -zeiträume der vorgenannten Geräte sind zu protokollieren und diese Protokolle aufzubewahren (§ 145 Abs. 1 AO; § 63 Abs. 1 UStDV). Einsatzort bei Taxametern und Wegstreckenzählern ist das Fahrzeug, in dem das Gerät verwendet wurde. Außerdem müssen die Grundlagenaufzeich-

---

1 Aufgehoben mit BMF-Schreiben vom 11.03.2024, BStBl. I 2024, 367, Tz. V.

nungen zur Überprüfung der Bareinnahmen für jedes einzelne Gerät getrennt geführt und aufbewahrt werden. Die zum Gerät gehörenden Organisationsunterlagen müssen aufbewahrt werden, insbesondere die Bedienungsanleitung, die Programmieranleitung und alle weiteren Anweisungen zur Programmierung des Geräts (§ 147 Abs. 1 Nr. 1 AO).

Soweit mit Hilfe eines solchen Geräts unbare Geschäftsvorfälle (z. B. EC-Cash, ELV-Elektronisches Lastschriftverfahren) erfasst werden, muss aufgrund der erstellten Einzeldaten ein Abgleich der baren und unbaren Zahlungsvorgänge und deren zutreffende Verbuchung im Buchführungs- bzw. Aufzeichnungswerk gewährleistet sein.

Die vorgenannten Ausführungen gelten auch für die mit Hilfe eines Taxameters oder Wegstreckenzählers erstellten digitalen Unterlagen, soweit diese Grundlage für Eintragungen auf einem Schichtzettel im Sinne des BFH-Urteils vom 26. Februar 2004, XI R 25/02 (BStBl. II, 599) sind. Im Einzelnen können dies sein:

- Name und Vorname des Fahrers
- Schichtdauer (Datum, Schichtbeginn, Schichtende)
- Summe der Total- und Besetztkilometer laut Taxameter
- Anzahl der Touren lt. Taxameter
- Summe der Einnahmen lt. Taxameter
- Kilometerstand lt. Tachometer (bei Schichtbeginn und -ende)
- Einnahme für Fahrten ohne Nutzung des Taxameters
- Zahlungsart (z. B. bar, EC-Cash, ELV – Elektronisches Lastschriftverfahren, Kreditkarte)
- Summe der Gesamteinnahmen
- Angaben über Lohnabzüge angestellter Fahrer
- Angaben von sonstigen Abzügen (z. B. Verrechnungsfahrten)
- Summe der verbleibenden Resteinnahmen
- Summe der an den Unternehmer abgelieferten Beträge
- Kennzeichen der Taxe

Dies gilt für Unternehmer ohne Fremdpersonal entsprechend.

Soweit ein Gerät bauartbedingt den in diesem Schreiben niedergelegten gesetzlichen Anforderungen nicht oder nur teilweise genügt, wird es nicht beanstandet, wenn der Stpfl. dieses Gerät längstens bis zum 31. 12. 2016 in seinem Betrieb weiterhin einsetzt. Das setzt aber voraus, dass der Stpfl. technisch mögliche Softwareanpassungen und Speichererweiterungen mit dem Ziel durchführt, die in diesem Schreiben konkretisierten gesetzlichen Anforderungen zu erfüllen. Bei Registrierkassen, die technisch nicht mit Softwareanpassungen und Speichererweiterungen aufgerüstet werden können, müssen die Anforderungen des BMF-Schreibens vom 09. Januar 1996 weiterhin vollumfänglich beachtet werden.

Das BMF-Schreiben zum „Verzicht auf die Aufbewahrung von Kassenstreifen bei Einsatz elektronischer Registrierkassen" vom 09. Januar 1996 (BStBl. I, 34) wird im Übrigen hiermit aufgehoben.

Anhang 4: Arten von Storni

Jede Art von Korrektur- und Stornobuchungen[1] muss auf die ursprüngliche Buchung rückbeziehbar sein.[2] Die von Stpfl. teils vorgetragene Behauptung, Stornobuchungen seien in ihrem Betrieb nicht vorgekommen, vermag nicht zu überzeugen. Menschliche und technische Fehler in der Kassierung sind an der Tagesordnung. Der Behauptung, Storni hätte es im üblichen Prüfungszeitraum von drei Jahren nicht gegeben, kann deshalb nur wenig Glauben geschenkt werden.[3] Das gilt vor allem, wenn die Kasse (auch) von ungelernten Service- oder Aushilfskräften bedient wird.[4] Fehlen jegliche Stornobuchungen, deutet dies auf einen bewussten Eingriff in das System der Kasse hin.[5]

Die Berechtigung zu Stornobuchungen sollte in der Verfahrensdokumentation (IKS/Kassieranweisung) beschrieben sein („wer darf was?"). Folgende Einteilung lässt sich vornehmen:

Sofort-Storno

Im klassischen Sinn handelt es sich um die sofortige Korrektur eines falsch gebongten *Artikels* noch vor dem Druck des Kassenbons, die nach bisheriger Rechtslage nicht aufzeichnungspflichtig war. Mit Implementierung der TSE werden Sofort-Storni automatisiert als „anderer Vorgang" aufgezeichnet.

Zeilenstorno

Der Zeilenstorno funktioniert ähnlich dem Sofort-Storno mit dem Unterschied, dass nach der zu stornierenden, falsch gebuchten Ware oder Dienstleistung schon weitere Artikel erfasst wurden.

Postenstorno

Unter Postenstorni werden die Warenrücknahmen (Retouren) erfasst. Es muss darauf geachtet werden, dass ein Postenstorno mit dem gleichen Umsatzsteuersatz wie der ursprüngliche Erlös erfasst wird.

Manager-Storno (Chef-Storno)

Hierbei handelt es sich um „beliebige" Stornierungen im Nachhinein (ohne Bezug zu bestimmten Registrierungen oder Mitarbeitern). Es liegt in der Natur der Sache, dass der Stpfl. bei deliktischer Verwendung keine Papierbelege darüber anfertigt. Bei Verwendung der TSE i. S. d. § 146a AO erfolgt automatisch eine entsprechende Aufzeichnung.

---

1 Weitere Bezeichnungen: Übertippung, Reduktion.
2 GoBD, Rz. 64.
3 FG Hamburg vom 08. 01. 2018 – 2 V 144/17.
4 FG Niedersachsen vom 02. 09. 2004 – 10 V 52/04.
5 FG Münster vom 16. 05. 2013 – 2 K 3030/11 E,U, EFG 2014, 86.

Anhang 4: Arten von Storni

Bonabbruch

Ein Bonabbruch kommt vor, wenn der Bon bereits gedruckt wurde, die zur Zahlung eingesetzte EC- oder Kreditkarte aber keine Deckung aufweist oder der Kunde feststellt, dass er sein Geld vergessen hat. Häufig lässt sich der Bon „parken". Kommt der Kunde später zwecks Bezahlung zurück, kann der Bon wieder aktiviert, gedruckt und als bezahlt ins Kassensystem übernommen werden. Derartige Vorgänge sollten in der Verfahrensdokumentation beschrieben werden.

Zur Aufzeichnung von Belegabbrüchen (ohne tatsächliche Zahlung) bei Verwendung der TSE s. DSFinV-K, Version 2.3 vom 04.03.2022, Anhang B unter „AVBelegabbruch".

Bonstorno/Nachstorno

Der Bonstorno ist eine aufzeichnungspflichtige Korrektur nach Abschluss der Registrierung/Buchung, d.h. nach Erstellung des Bons. Er wird z.B. verwendet, wenn ein Kunde sein Geld vergessen hat oder ein nicht geschäftsfähiges Kind einen Artikel kauft und die Eltern dieses Rechtsgeschäft rückgängig machen. Der Ursprungsbeleg bleibt unverändert, die Dokumentation erfolgt durch einen separaten Stornobeleg mit negativem Vorzeichen und Referenzierung auf den Ursprungsbeleg. Zu den Einzelheiten der Aufzeichnung s. DSFinV-K, Version 2.3 vom 04.03.2022, Tz. 4.2.2.

Aus umsatzsteuerlicher Sicht gehört eine Stornorechnung zum Bereich der Rechnungskorrekturen. Ebenso wie für Rechnungen gelten auch für Rechnungskorrekturen die gesetzlichen Pflichtangaben nach §14 Abs.4 UStG. Die Stornierung und ihre Neuerteilung kann Rückwirkung entfalten. Dem Leistungsempfänger obliegt die Feststellungslast dafür, dass aus der ursprünglichen Rechnung kein Vorsteuerabzug geltend gemacht bzw. ein solcher aufgrund des Stornos rückgängig gemacht worden ist.[6]

---

[6] BMF vom 18.09.2020 – III C 2 – S 7286-a/19/10001 :001, BStBl. I 2020, 976, Rz. 30.

Anhang 5a: BMF-Schreiben vom 06.11.2019 – Nichtbeanstandungsregelung bei Verwendung elektronischer Aufzeichnungssysteme

Bundesministerium der Finanzen
– IV A 4-S 0319/19/10002:001, 2019/0891800 –
BStBl. I 2019, 1010

Nichtbeanstandungsregelung bei Verwendung elektronischer Aufzeichnungssysteme im Sinne des § 146a AO ohne zertifizierte technische Sicherheitseinrichtung nach dem 31. Dezember 2019

Unter Bezugnahme auf das Ergebnis der Erörterung mit den obersten Finanzbehörden der Länder gilt Folgendes:

Durch das Gesetz zum Schutz vor Manipulationen an digitalen Grundaufzeichnungen vom 22. Dezember 2016 (BGBl., 3152) ist § 146a AO eingeführt worden, wonach ab dem 1. Januar 2020 die Pflicht besteht, dass jedes eingesetzte elektronische Aufzeichnungssystem im Sinne des § 146a Absatz 1 Satz 1 AO i. V. m. § 1 Satz 1 KassenSichV sowie die damit zu führenden digitalen Aufzeichnungen durch eine zertifizierte technische Sicherheitseinrichtung zu schützen sind.

Unter Bezugnahme auf das Ergebnis der Erörterungen mit den obersten Finanzbehörden der Länder gilt für die Verwendung elektronischer Aufzeichnungssysteme im Sinne des § 146a Absatz 1 Satz 1 AO i. V. m. § 1 Satz 1 KassenSichV ohne zertifizierte technische Sicherheitseinrichtung nach dem 31. Dezember 2019 Folgendes:

Die technisch notwendigen Anpassungen und Aufrüstungen sind umgehend durchzuführen und die rechtlichen Voraussetzungen unverzüglich zu erfüllen. Zur Umsetzung einer flächendeckenden Aufrüstung elektronischer Aufzeichnungssysteme im Sinne des § 146a AO wird es nicht beanstandet, wenn diese elektronischen Aufzeichnungssysteme längstens bis zum 30. September 2020 noch nicht über eine zertifizierte technische Sicherheitseinrichtung verfügen.

Die Belegausgabepflicht nach § 146a Absatz 2 AO bleibt hiervon unberührt.

Die digitale Schnittstelle der Finanzverwaltung für Kassensysteme – DSFinV-K – findet bis zur Implementierung der zertifizierten technischen Sicherheitseinrichtung, längstens für den Zeitraum der Nichtbeanstandung, keine Anwendung.

Von der Mitteilung nach § 146a Absatz 4 AO ist bis zum Einsatz einer elektronischen Übermittlungsmöglichkeit abzusehen. Der Zeitpunkt des Einsatzes der elektronischen Übermittlungsmöglichkeit wird im Bundessteuerblatt Teil I gesondert bekannt gegeben.

Dieses Schreiben wird im Bundessteuerblatt Teil I veröffentlicht.

Anhang 5b: BMF-Schreiben vom 18.08.2020 – Nichtbeanstandungsregelung bei Verwendung elektronischer Aufzeichnungssysteme

Bundesministerium der Finanzen
– IV A 4-S 0319/20/10002:003, 2020/0794005 –
BStBl. I 2020, 656

Nichtbeanstandungsregelung bei Verwendung elektronischer Aufzeichnungssysteme im Sinne des § 146a AO ohne zertifizierte technische Sicherheitseinrichtung nach dem 31. Dezember 2019 und Anwendungserlass zur Abgabenordnung zu § 148

Abgabenordnung

Neuveröffentlichung der Nichtbeanstandungsregelung bei Verwendung elektronischer Aufzeichnungssysteme im Sinne des § 146a AO ohne zertifizierte technische Sicherheitseinrichtung nach dem 31. Dezember 2019 sowie des Anwendungserlasses zur Abgabenordnung zu § 148

Aus gegebenem Anlass wird auf die Geltung des nachfolgend abgedruckten BMF-Schreibens vom 6. November 2019 – IV A 4 – S 0319/19/10002 :001, DOK 2019/0891800 – (BStBl I, 1010) hingewiesen:

„Durch das Gesetz zum Schutz vor Manipulationen an digitalen Grundaufzeichnungen vom 22. Dezember 2016 (BGBl., 3152) ist § 146a AO eingeführt worden, wonach ab dem 1. Januar 2020 die Pflicht besteht, dass jedes eingesetzte elektronische Aufzeichnungssystem im Sinne des § 146a Absatz 1 Satz 1 AO i. V. m. § 1 Satz 1 KassenSichV sowie die damit zu führenden digitalen Aufzeichnungen durch eine zertifizierte technische Sicherheitseinrichtung zu schützen sind.

Unter Bezugnahme auf das Ergebnis der Erörterungen mit den obersten Finanzbehörden der Länder gilt für die Verwendung elektronischer Aufzeichnungssysteme im Sinne des § 146a Absatz 1 Satz 1 AO i. V. m. § 1 Satz 1 KassenSichV ohne zertifizierte technische Sicherheitseinrichtung nach dem 31. Dezember 2019 Folgendes:

Die technisch notwendigen Anpassungen und Aufrüstungen sind umgehend durchzuführen und die rechtlichen Voraussetzungen unverzüglich zu erfüllen. Zur Umsetzung einer flächendeckenden Aufrüstung elektronischer Aufzeichnungssysteme im Sinne des § 146a AO wird es nicht beanstandet, wenn diese elektronischen Aufzeichnungssysteme längstens bis zum 30. September 2020 noch nicht über eine zertifizierte technische Sicherheitseinrichtung verfügen.

Die Belegausgabepflicht nach § 146a Absatz 2 AO bleibt hiervon unberührt.

Die digitale Schnittstelle der Finanzverwaltung für Kassensysteme – DSFinV-K – findet bis zur Implementierung der zertifizierten technischen Sicherheitseinrichtung, längstens für den Zeitraum der Nichtbeanstandung, keine Anwendung.

Anhang 5b: Nichtbeanstandungsregelung (2020)

Von der Mitteilung nach § 146a Absatz 4 AO ist bis zum Einsatz einer elektronischen Übermittlungsmöglichkeit abzusehen. Der Zeitpunkt des Einsatzes der elektronischen Übermittlungsmöglichkeit wird im Bundessteuerblatt Teil I gesondert bekannt gegeben."

Aus gegebenen Anlass wird überdies auf die Geltung des Anwendungserlasses zur Abgabenordnung zu § 148 hingewiesen:

„Die Bewilligung von Erleichterungen kann sich nur auf steuerrechtliche Buchführungs-, Aufzeichnungs- und Aufbewahrungspflichten erstrecken. § 148 AO lässt eine dauerhafte Befreiung von diesen Pflichten nicht zu. Persönliche Gründe, wie Alter und Krankheit des Steuerpflichtigen, rechtfertigen regelmäßig keine Erleichterungen (BFH-Urteil vom 14.7.1954, II 63/53 U, BStBl III, 253). Eine Bewilligung soll nur ausgesprochen werden, wenn der Stpfl. sie beantragt."

Die im BMF-Schreiben vom 6. November 2019 genannte Frist erlaubt eine Nichtbeanstandung längstens bis zum 30. September 2020. Das BMF-Schreiben tritt nicht am 30. September 2020 außer Kraft, sondern ist weiterhin gültig und damit zu beachten.

Der Anwendungserlass zur Abgabenordnung zu § 148 ist eine fachliche Weisung im Sinne des § 21a Absatz 1 FVG und stellt u. a. klar, dass eine Bewilligung von Erleichterungen im Regelfall nur auf Antrag ausgesprochen werden darf.

Von den oben genannten fachlichen Weisungen abweichende Erlasse bedürfen der Abstimmung nach § 21a Absatz 1 FVG zwischen dem Bundesministerium der Finanzen und den obersten Finanzbehörden der Länder.

Dieses Schreiben wird im Bundessteuerblatt Teil I veröffentlicht.

Anhang 6: BMF-Schreiben vom 13.10.2023 – Nichtbeanstandungsregelung bei Verwendung von EU-Taxametern und Wegstreckenzählern ohne zertifizierte technische Sicherheitseinrichtung nach dem 31. Dezember 2023

Bundesministerium der Finanzen
– IV D 2 – S 0319/20/10002 :010, 2023/0969715 –
BStBl. I 2023, 1718

Nichtbeanstandungsregelung bei Verwendung von EU-Taxametern und Wegstreckenzählern ohne zertifizierte technische Sicherheitseinrichtung nach dem 31. Dezember 2023

Nach Erörterung mit den obersten Finanzbehörden der Länder gilt Folgendes:

Für die Verwendung von EU-Taxametern und Wegstreckenzählern im Sinne des § 146a Absatz 1 Satz 1 AO i. V. m. § 1 Absatz 2 KassenSichV, die nicht unter § 9 KassenSichV fallen, ohne zertifizierte technische Sicherheitseinrichtung gilt Folgendes:

Die technisch notwendigen Anpassungen und Aufrüstungen sind umgehend durchzuführen und die rechtlichen Voraussetzungen unverzüglich zu erfüllen. Zur Umsetzung einer flächendeckenden Aufrüstung wird es nicht beanstandet, wenn diese elektronischen Aufzeichnungssysteme längstens bis zum 31. Dezember 2025 noch nicht über eine zertifizierte technische Sicherheitseinrichtung verfügen.

Die Belegausgabepflicht nach § 146a Absatz 2 AO bleibt hiervon unberührt.

Die digitale Schnittstelle der Finanzverwaltung für EU-Taxameter und Wegstreckenzähler – DSFinV-TW – findet bis zur Implementierung der zertifizierten technischen Sicherheitseinrichtung, längstens für den Zeitraum der Nichtbeanstandung, keine Anwendung.

Die Meldeverpflichtung nach § 9 Absatz 3 KassenSichV für die Inanspruchnahme der Übergangsregelung für EU-Taxameter mit INSIKA-Technologie findet ebenfalls längstens für den Zeitraum der Nichtbeanstandung keine Anwendung.

Von der Mitteilung nach § 146a Absatz 4 AO ist bis zum Einsatz einer elektronischen Übermittlungsmöglichkeit abzusehen. Der Zeitpunkt des Einsatzes der elektronischen Übermittlungsmöglichkeit wird im Bundessteuerblatt Teil I gesondert bekannt gegeben.

Dieses Schreiben wird im Bundessteuerblatt Teil I veröffentlicht.

Anhang 7: Buchungsbeleg zur Dokumentation von Kassendifferenzen

Kassendifferenzen (Buchungsbeleg)

Datum	_____		
Kassen-Soll	_____ €		
Kassen-Ist	_____ €		
Differenz	_____ €		
Ausgleich der Differenz durch		☐ AN	☐ UN
Ursache(n):	☐ Wechselgeldfehler		
	☐ Annahme von Falschgeld		
	☐ Diebstahl		
	☐ Trinkgeld	☐ AN	☐ UN
	☐ Privatentnahme	☐ Privateinlage	
	☐ Fehlerfassung bar/unbar (Verwechselung Taste)		
	☐ Bonierfehler		
	☐ Sonstiger Grund:		
Belegausgabe	☐ ja		
	☐ nein		
Verbuchung	☐ umsatzsteuerwirksam		
	☐ umsatzsteuerneutral		
Autorisierung	_____		
	Datum/ Unterschrift		
Kontierungsvermerk			
Autorisierung	_____		
	Datum/ Unterschrift		

Anhang 8: Trinkgeld-Vereinbarung (Muster)

Trinkgeld-Vereinbarung

Unternehmen:	
Version:	
Erstellt/geändert am:	

Vorbemerkungen

Steuerfreie Trinkgelder an Arbeitnehmer brauchen grundsätzlich weder in handschriftlichen Aufzeichnungen noch in der Registrierkasse des Arbeitgebers aufgezeichnet zu werden.[1] Werden Trinkgelder der Arbeitnehmer jedoch nicht getrennt von den übrigen Kasseneinnahmen aufbewahrt, sollen nach Verwaltungsauffassung Vereinnahmung und Verausgabung zur Gewährleistung der Kassensturzfähigkeit zu dokumentieren sein. Dies ist umstritten, insbesondere weil § 4 Abs. 2 Nr. 4 LStDV eine Verpflichtung zur Aufzeichnung im Lohnkonto ausdrücklich verneint. Dennoch hat das BMF seine Auffassung erst kürzlich wiederholt: Sofern Trinkgelder elektronisch erfasst und in den Geldbestand der Kasse aufgenommen werden, sind auch diese Aufzeichnungen mit TSE abzusichern (BMF-FAQ). Vor diesem Hintergrund sollten Trinkgelder direkt bei Vereinnahmung vom betrieblichen Kassenbestand separiert werden.

Trinkgelder des Stpfl. einschließlich der für ihn unentgeltlich mitarbeitenden Familienangehörigen sind ertragsteuerpflichtig.[2] Sie sind zudem der Umsatzsteuer zu unterwerfen, wenn zwischen der Zahlung und der Hauptleistung des Unternehmers eine innere Verknüpfung besteht. Als umsatzsteuerpflichtige Nebenleistungen sind sie im Kassenendbestand bzw. in der Tageslosung zu berücksichtigen. Hinsichtlich des Umsatzsteuersatzes (i. d. R. 5/7 % oder 16/19 %) teilt das Trinkgeld das Schicksal der Hauptleistung. Gesonderte Aufzeichnungen sind ratsam, da die nicht getrennte Verbuchung von Trinkgeldern und Umsatzerlösen Auswirkung auf den erklärten Rohgewinnaufschlagsatz hat (!).

Gibt der Arbeitgeber sein Trinkgeld an Angestellte weiter, führt dies zu Betriebseinnahmen beim Arbeitgeber und zu steuer- und sozialversicherungspflichtigem Arbeitslohn beim Arbeitnehmer.

Anweisung

Vor dem Hintergrund der oben dargestellten Rechtslage gelten folgende Trinkgeld-Regelungen im Unternehmen:

---

1 FG Köln vom 27.01.2009, EFG 2009, 1092.
2 *Assmann*, Besteuerung des Hotel- und Gaststättengewerbes, 6. Aufl. 2011, Rz. 1408.

Anhang 8: Trinkgeld-Vereinbarung (Muster)

A) Trinkgeld des Unternehmers (getrennte Regelungen nach bar/unbar):

B) Trinkgeld der Arbeitnehmer (getrennte Regelungen nach bar/unbar):

C) „Pool"-Trinkgeld (getrennte Regelungen nach bar/unbar):

Datum/Unterschrift(en) Verantwortlicher Mitarbeiter

Die Vereinbarung ist Teil der im Unternehmen geltenden Verfahrensdokumentation.

Optional: Eine Ausfertigung der beiderseitig unterschriebenen Vereinbarung wird zu den arbeitsvertraglichen Unterlagen des Mitarbeiters genommen.

Anhang 9: Dokumentation technischer Störungen bei Verwendung von Kassen(systemen) i. S. d. § 146a AO

I. Stammdatenblatt[1]

Unternehmen I Firma

Elektronisches Aufzeichnungssystem (eAS)

Einsatzort
Zentrale I Filiale I Zweigstelle

Hardware
Hersteller I Typ I Modell I Betriebssystem I Seriennummer

Software
Hersteller I Typ I Modell I Seriennummer I Version

Technische Sicherheitseinrichtung (TSE)
Hersteller I Art der TSE
Seriennummer

Druck- und Übertragungseinheit
Bon-/Rechnungsdrucker
Hersteller I Typ I Modell I Seriennummer

Übertragungseinheit bei elektr. Belegausgabe
Hersteller I Typ I Modell I Version

II. Hinweise

Ausfall des elektronischen Aufzeichnungssystems (eAS)

Ausfallzeiten und deren Gründe müssen dokumentiert werden. Dabei genügt, wenn die Ausfallzeit automatisiert durch das eAS festgehalten wird. Bei vollumfänglichem Ausfall des eAS entfällt für diesen Zeitraum die Belegausgabepflicht i. S. d. § 146a Abs. 2 AO.

Cloudbasierte Kassensysteme können bei Ausfall der Internetverbindung weiter genutzt werden, wenn sie auch offline die erforderlichen Einzelaufzeichnungen ermöglichen. In allen anderen Fällen sind

- handschriftliche Einzelaufzeichnungen oder
- soweit gesetzlich zulässig, retrograd aufgebaute Kassenberichte zu führen.[2] In diesem Fall ist zur Gewährleistung der Kassensturzfähigkeit sowie zum Nach-

---

1 Bei umfangreicher Peripherie ggf. mehrere Stammdatenblätter anlegen.
2 Vgl. § 146 Abs. 1 Satz 3 AO.

weis der Vollständigkeit der Tageseinnahmen im Zeitpunkt des Ausfalls des eAS eine **sofortige Geldzählung** (= Anfangsbestand) erforderlich.

Ausfall der technischen Sicherheitseinrichtung (TSE)

Ausfallzeiten der TSE und deren Gründe sind automatisiert durch das eAS oder händisch zu dokumentieren. Das eAS darf (bzw. muss bei bestehender Belegausgabepflicht) trotz Ausfalls der TSE weiter genutzt werden. Als Ausfall gilt jeder Vorfall, der zur Nichterstellung der Signatur führt.

Der Ausfall der TSE muss auf dem Beleg ersichtlich sein, entweder durch die fehlende Transaktions-Nr. oder durch eine sonstige eindeutige Kennzeichnung. Die grundsätzliche Belegausgabepflicht bleibt vom Ausfall der TSE unberührt, auch wenn nicht alle für den Beleg erforderlichen Werte durch die TSE zur Verfügung gestellt werden. Die Belegangaben zu Datum und Uhrzeit müssen in diesem Fall vom eAS bereitgestellt werden.

Eine Nachsignierung der Vorgänge ist nicht zulässig.[3]

Soweit vorhanden, darf im Falle einer Störung auf eine zweite TSE zugegriffen werden (BMF-FAQ). Procedere und Fehlerbehandlungsmethoden müssen nachvollziehbar in der Verfahrensdokumentation beschrieben werden.

Ausfall der Druck- bzw. Übertragungseinheit

Fällt nur die Druck-/Übertragungseinheit aus, ist das eAS weiter zu nutzen. Für den Zeitraum der Störung entfällt die Belegausgabepflicht.

Um keinen „Verdachtsmoment" aufkommen zu lassen, dass die Belegausgabepflicht willentlich nicht beachtet wird, empfiehlt sich eine geeignete Unterrichtung der Kunden und das Angebot zur Erstellung handschriftlicher Quittungen (§ 368 BGB).

III. Störungsdokumentation

Ausfall/Störung

☐ des elektronischen Aufzeichnungssystems (eAS)

☐ der technischen Sicherheitseinrichtung (TSE)

☐ des Bon-/Rechnungsdruckers

☐ der Übertragungseinheit bei elektr. Belegausgabe

☐ Sonstiges:

---

3   Vgl. BT-Drucks. 19/15672 vom 04.12.2019, Unterpunkt 15, 16.

Anhang 9: Dokumentation technischer Störungen von Kassen(systemen)

Datum/Uhrzeit

von _____

bis _____

Gründe:

Beschreibung der Fehlerbehandlung:

Hinweise:
Bei jeglichen Ausfällen oder technischen Störungen sind unverzüglich (d. h. ohne schuldhaftes Zögern) Maßnahmen zu treffen, um die Anforderungen des § 146a Abgabenordnung schnellstmöglich wieder einzuhalten. Eingeleitete Maßnahmen können unter dem Punkt „Beschreibung der Fehlerbehandlung" dokumentiert werden (z. B. Beauftragung eines Technikers, Nutzung Hotspot des Mobiltelefons/Tablets).
Rechnungen über die Schadensbehebung (z. B. Reparatur, Austausch der Hardware, Software-Update) sind aufbewahrungs- und vorlagepflichtig.[4]
Eine Regelung, ab welchem Zeitpunkt dem Finanzamt „Außerbetriebnahme" i. S. d. § 146a Abs. 4 Nr. 8 Abgabenordnung zu melden ist, existiert derzeit nicht (Stand: 01.04.2024).

---

[4] AEAO zu § 146, Nr. 2.1.6.

Anhang 10: Betriebstagebuch (Muster)

Betriebstagebuch Datum:		
Wareneinsatz	Aufmerksamkeiten I Zugaben I Geschenke	
	Reklamation (Warenumtausch, Warenrücknahme)	
	Warendiebstahl	
	Personalverzehr	
	Happy Hour I Freigetränke	
	Sachspenden	
	Unentgeltliche Wertabgaben (Eigenverbrauch)	
	Verderb, Bruch, Schwund	
Störungen des Betriebsablaufs	Ausfallzeiten der Mitarbeiter	
	Abweichende Öffnungszeiten (Krankheit I private Feierlichkeiten I Trauerfälle)	
	Kundenerreichbarkeit (z. B. Baustellen)	
	Defekte (z. B. Ausfall der Strom, Gas-, Wasserversorgung, Störung Kassensystem, Schankanlage etc.)	
Sonstige Gründe für eine durchschnittlich schlechtere Ertragslage	Rabattaktionen I Personalrabatt I Zechprellerei I etc.	
	Wetterverhältnisse	
Gründe für eine durchschnittlich bessere Ertragslage	Stadtfest I Volksfest I Wetterverhältnisse I etc.	
Bargeldverkehr	Ausländische Zahlungsmittel (Fremdwährung, Umrechnung)	Umrechnung in €
	Diebstahl (Geld) I Unterschlagung I Untreue	
	Annahme von Falschgeld I Trickbetrug	
Trinkgeld des Stpfl./Trinkgeld-Pool		Anteil Stpfl. bei Pool:

Anhang

Betriebstagebuch Datum:	
Sonstiges	Gutscheinverkauf I Einlösung von Gutscheinen I etc.

Anhang 11: Fallstudie Offene Ladenkasse (Aufgabe)

Vorbemerkungen

Am 26.08.2021 haben Sie die Gaststätte „Zum Apotheker" in Düsseldorf vom Vorbesitzer Bino Bellini übernommen (Eröffnung: 27. August 2021). Die Gewinnermittlung erfolgt nach § 4 Abs. 3 EStG (EÜR). Unterstellen Sie aus Vereinfachungsgründen, dass Anträge auf

- erleichterte Trennung der Entgelte (§ 63 Abs. 4 UStDV) und
- Berechnung der Steuer nach vereinnahmten Entgelten (§ 20 Abs. 1 Satz 1 Nr. 1 UStG)

gestellt und vom zuständigen Finanzamt antragsgemäß bewilligt wurden. Im Rahmen der erleichterten Trennung der Entgelte entfallen 72 % der Umsätze auf Speisen, 28 % auf Getränke.

Die Kassenendbestände haben Sie täglich unmittelbar nach Geschäftsschluss durch Zählung der Euro-Scheine und -münzen ermittelt und das Auszählungsergebnis (Summe) in freiwillig geführten Zählprotokollen festgehalten. Sie betragen am

27.08.2021	1.832,50 €
28.08.2021	2.326,10 €
29.08.2021	2.431,50 €
30.08.2021	2.922,80 €
31.08.2021	12.885,70 €

Ein elektronisches Aufzeichnungssystem besitzen Sie nicht.

Aufgabenstellung

Ermitteln Sie bitte unter Berücksichtigung der nachfolgenden Sachverhalte durch Anfertigung retrograd aufgebauter Kassenberichte für den Zeitraum vom

27.08.2021–31.08.2021

zunächst die einzelnen **Tageslosungen (brutto).** Anschließend sollen die in der Umsatzsteuer-Voranmeldung für August 2021 anzugebenden **Nettoumsätze**, getrennt nach Regelsteuersatz (19 %) und ermäßigtem Steuersatz (7 %) berechnet werden. Vorsteuerbeträge i. S. d. § 15 UStG sollen nicht ermittelt werden.

Soweit nicht anders angegeben, sind vereinnahmte Trinkgelder Ihnen zuzurechnen.

Geschäftsvorfälle

27.08.2021

Betrieblich veranlasste Wareneinkäufe i. H. v. 2.523,10 € in einem Großmarkt haben Sie unbar über Ihr Privatkonto bezahlt.

Sie erwerben noch schnell einen Kassenbehälter für 59,95 € im naheliegenden Schreibwarenhandel, den Sie aus Ihrem privaten Portemonnaie bezahlen. In der Hektik der bevorstehenden Geschäftseröffnung lassen Sie den Kassenbon versehentlich im Auto liegen.

Kurz bevor die ersten Gäste eintreffen, legen Sie 1.000,00 € Wechselgeld in den Kassenbehälter ein, die Sie gegen 09:30 Uhr in zwei Teilbeträgen bei Ihrer Hausbank abgehoben haben. Ein Teilbetrag von 400,00 € entstammt dem Privatkonto, der Restbetrag wurde vom Geschäftskonto abgehoben.

Am Mittag betritt ein junges Paar die Gaststätte, um Ihre Schnitzel zu testen. Vor Begleichung der Rechnung wird Ihnen ein 2-für-1-Gutschein vorgelegt, den Sie zu Werbezwecken in der Tageszeitung abdrucken ließen. Den Rechnungsbetrag i. H. v. 39,10 € kürzen Sie um die Kosten für ein Gericht i. H. v. 15,00 €. Einschließlich Trinkgeld zahlen Ihre Gäste daraufhin 26,00 € (bar).

Nachdem Sie eine alte Kühltheke des Vorbesitzers erfolgreich in der Zeitung inseriert haben, kommt der Erwerber abends vorbei und nimmt sie für 200,00 € in bar mit.

28.08.2021

Zur Betankung Ihres privaten Kraftfahrzeugs entnehmen Sie 80,00 € aus der Kasse.

Nachdem Sie getankt haben, fahren Sie zur Druckerei, um die neuen Speisekarten abzuholen. Sie beabsichtigen, die entstandenen Fahrtkosten als Betriebsausgabe geltend zu machen (60 km á 0,30 € = 18,00 €).

Da Sie den Kaufpreis für die Ladeneinrichtung noch nicht vollständig bezahlt haben, steht Bino Bellini abends an Ihrem Tresen und verlangt die ausstehende Restforderung i. H. v. 3.000,00 €. Sie rufen sofort einen Freund an, der umgehend vorbeikommt und Ihnen das Geld leiht. Nachdem Sie Bino Bellini noch auf ein Glas Altbier eingeladen haben, verlässt dieser – um 3.000,00 € reicher – glücklich die Gaststätte.

Am Abend zahlt ein Gast seine Rechnung i. H. v. 82,50 € per Scheck (Einlösung bei Ihrer Hausbank am Folgetag). Für den guten Service bedankt er sich mit einem 5,00 € – Schein, den Sie in Ihrer Hosentasche verschwinden lassen. Samt Ihrem Trinkgeld landet die Hose am nächsten Tag in der Waschmaschine.

29.08.2021

Sie entnehmen 600,00 € aus dem Kassenbehälter, um diese noch am gleichen Tag auf Ihr Geschäftskonto einzuzahlen.

Sie erhalten eine Warenlieferung. Den Rechnungsbetrag i. H. v. 1.121,99 € zahlen Sie bar.

Ein Gast erwirbt einen Gutschein über Speisen und Getränke i. H. v. 100,00 €.

30.08.2021

Zwecks Erfüllung Ihrer Pflichten als Unternehmer erwerben Sie ein Handbuch für Existenzgründer zum Preis von 39,80 €. Sie zahlen mit einem Geschenkgutschein über 30,00 €, den Sie anlässlich Ihres Geburtstags von einer Freundin bekommen haben. Den Differenzbetrag entnehmen Sie noch am gleichen Tag aus dem Kassenbehälter.

Zufällig finden Sie den Beleg über die Anschaffung des Kassenbehälters im Handschuhfach wieder (s. Sachverhalt 27.08.2021). Sie nehmen sich 59,95 € aus dem Kassenbehälter und heften den Beleg zu Ihren Buchhaltungsunterlagen.

Gegen 21:00 Uhr haben Sie den stadtbekannten Entertainer *Amadeus Fairyway* zum Essen bei einem befreundeten Gastwirt eingeladen, um mit ihm das morgige Event in Ihrer Gaststätte durchzusprechen. Die Bewirtungskostenrechnung in Höhe von 64,30 € möchten Sie in Ihrer Gewinnermittlung als Betriebsausgabe geltend machen. Einschließlich Trinkgeld zahlen Sie dem Kellner kurz nach Mitternacht aus Ihrem privaten Portemonnaie 70,00 €.

31.08.2021

Am Morgen heften Sie die Bewirtungskostenrechnung von gestern ab und nehmen sich den Rechnungsbetrag i. H. v. 64,30 € aus dem Kassenbehälter.

Da Sie ohnehin zur Bank müssen, entnehmen Sie 200,00 € aus dem betrieblichen Safe, um diese auf dem Weg zum Einkauf auf ihr Geschäftskonto einzuzahlen.

Abends ist der Essener Turn- und Sportverein TSE 2020 e. V. bei Ihnen zu Gast (geschlossene Gesellschaft). Dafür kaufen Sie im Großhandel Speisen und Getränke für insgesamt 3.639,70 € ein. Den Betrag zahlen Sie per Mastercard (Privatkonto). Mittags sind Sie zurück im Betrieb und nehmen sich das Geld aus dem Kassenbehälter.

Für die abendlichen Feierlichkeiten hat ein damit beauftragtes Unternehmen ein großes Partyzelt auf dem Grundstück aufgebaut. Als Dank überreichen Sie den Monteuren 100,00 € Trinkgeld aus dem Kassenbehälter und einen Kasten Altbier. Dafür fertigen Sie entsprechende Eigenbelege an, die einer der Monteure anschließend quittiert.

Am späten Abend zahlt Ihnen die Vorsitzende des TSE 2020 e. V. 11.000,00 € in bar, bestehend aus den folgenden Einzelpositionen:

Anhang 11: Fallstudie Offene Ladenkasse (Aufgabe)

Speisen und Getränke pauschal	9.000,00 €
Auftritt *Amadeus Fairyway*	1.800,00 €
Trinkgeld (Kellnerinnen)	200,00 €
gesamt	**11.000,00 €**

Den Betrag legen Sie in die Kasse.

Das zwischen Ihnen und *Amadeus Fairyway* vereinbarte Honorar i. H. v. 1.500,00 € reichen Sie noch am späten Abend an ihn weiter.

Anschließend erstellen Sie den Tageskassenbericht. Da Ihre Kellnerinnen schon übermüdet nach Hause geradelt sind, werden Sie ihnen das Trinkgeld i. H. v. 200,00 € erst am Folgetag auszahlen können.

Anhang 12: Fallstudie Offene Ladenkasse (Lösung)

A) Ermittlung der Tageslosungen (brutto)

Kassenbericht vom	27.08.2021	28.08.2021	29.08.2021	30.08.2021	31.08.2021
fortlaufende Nr.	1	2	3	4	5
Kassenbestand bei Geschäftsschluss	1.832,50 €	2.326,10 €	2.431,50 €	2.922,80 €	12.885,70 €
Ausgaben im Laufe des Tages					
Wareneinkäufe und Warennebenkosten			1.121,99 €		3.639,70 €
Geschäftsausgaben					
Restkaufpreis an Paul Pils		3.000,00 €			
Handbuch Existenzgründer				9,80 €	
Bewirtungskosten					64,30 €
Trinkgeld Monteure					100,00 €
Honorar Amadeus Fairyway					1.500,00 €
Geschäftsausgaben gesamt	*- €*	*3.000,00 €*	*- €*	*9,80 €*	*1.664,30 €*
Privatentnahmen					
Betankung privates Kfz		80,00 €			
Kassenbehälter				59,95 €	
Privatentnahmen gesamt	*- €*	*80,00 €*	*- €*	*59,95 €*	*- €*
Sonstige Ausgaben					
Geldtransit Geschäftskonto			600,00 €		
Sonstige Ausgaben gesamt	*- €*	*- €*	*600,00 €*	*- €*	*- €*
Zwischensumme	1.832,50 €	5.406,10 €	4.153,49 €	2.992,55 €	18.189,70 €
abzüglich Kassenbestand des Vortages	- €	1.832,50 €	2.326,10 €	2.431,50 €	2.922,80 €
Kasseneingang	1.832,50 €	3.573,60 €	1.827,39 €	561,05 €	15.266,90 €
abzüglich sonstige Einnahmen					
Privateinlage	400,00 €				
Geldtransit (Geschäftskonto)	600,00 €				
Darlehen (Freund)		3.000,00 €			
sonstige Einnahmen gesamt	*1.000,00 €*	*3.000,00 €*	*- €*	*- €*	*- €*
Einnahmen (Tageslosung)	832,50 €	573,60 €	1.827,39 €	561,05 €	15.266,90 €

Anhang 12: Fallstudie Offene Ladenkasse (Lösung)

B) Berechnungen für Zwecke der Umsatzsteuer-Voranmeldung (August 2021)

Umsatzsteuerliche Korrekturen	27.08.2021	28.08.2021	29.08.2021	30.08.2021	31.08.2021	BMG (USt)
Übertrag Tageslosung	832,50 €	573,60 €	1.827,39 €	561,05 €	15.266,90 €	
Umsatzsteuerliche Korrekturen						
Einnahme Kühltheke	- 200,00 €					
Einnahme Scheckzahlung		82,50 €				
Einnahme Trinkgeld		5,00 €				
Einnahme Verzehrgutschein			- 100,00 €			
Einnahme für Auftritt Amadeus Fairyway					- 1.800,00 €	
Trinkgeld der Kellnerinnen					- 200,00 €	
Umsatzsteuerliche Korrekturen gesamt	*- 200,00 €*	*87,50 €*	*- 100,00 €*	*- €*	*- 2.000,00 €*	
Bruttoumsatz Speisen und Getränke	**632,50 €**	**661,10 €**	**1.727,39 €**	**561,05 €**	**13.266,90 €**	
Aufteilung (Trennung der Entgelte):						
Bruttoumsatz Speisen 7 %	455,40 €	475,99 €	1.243,72 €	403,96 €	9.552,17 €	
Nettoumsatz Speisen 7 %	425,61 €	444,85 €	1.162,36 €	377,53 €	8.927,26 €	**11.338 €**
Bruttoumsatz Getränke 19 %	177,10 €	185,11 €	483,67 €	157,09 €	3.714,73 €	
zzgl. Einnahme Kühltheke (19 %)	200,00 €					
zzgl. Einnahme für Amadeus Fairyway (19 %)					1.800,00 €	
Bruttoumsatz 19 % gesamt	377,10 €	185,11 €	483,67 €	157,09 €	5.514,73 €	
Nettoumsatz 19 % gesamt	316,89 €	155,55 €	406,44 €	132,01 €	4.634,23 €	**5.645 €**

Anhang 13: Muster-Datenblatt Verfahrensdokumentation und Meldeverfahren

Das nachfolgende Datenblatt soll Sie dabei unterstützen, eine **Verfahrensdokumentation** zur ordnungsmäßigen Kassenführung zu erstellen. Es kann als Dach- oder Masterdokument Verwendung finden, was den Vorteil bietet, dass bei Änderungen nicht die einzelnen Teile der Verfahrensdokumentation selbst, sondern nur das Datenblatt geändert und versioniert werden muss. Als „**Datensammler**" dient es zugleich der Bündelung von Stammdaten unterschiedlichster Herkunft, die für das Meldeverfahren nach § 146a Abs. 4 AO benötigt werden.[1] Schließlich bietet sich das Datenblatt – ggf. auszugsweise – zur Übergabe an den/die mit einer **Außenprüfung** oder **Kassen-Nachschau** beauftragten Amtsträger an.

Ergänzend enthält es Hinweise zur Erstellung einer Kassieranweisung sowie Beispiele für sog. „mitgeltende Unterlagen".

Inhaltsverzeichnis

1.	Versionierung
2.	Grunddaten des Unternehmens
3.	Ergänzende Angaben
4.	Mitarbeiter
5.	Zuständigkeiten
5.1	Steuerberatung
5.2	Rechtsberatung/Notariat
5.3	Interne/externe Systemadministratoren (EDV)
5.4	Interne/externe Systemadministratoren (Kassensystem)
5.5	Interne/externe Systemadministratoren (TSE)
5.6	Datenschutzbeauftragter
5.7	Sonstige Personen
6.	Zuständigkeiten der Mitarbeiter
7.	Datenübermittler im Meldeverfahren (§ 146a Abs. 4, § 87d AO)
8.	Elektronische Datenverarbeitung (EDV)
9.	Kassen(systeme) und Peripherie
9.1	Elektronisches Aufzeichnungssystem (eAS) – Kassensystem
9.2	Technische Sicherheitseinrichtung (TSE)
9.3	EC-/Kreditkartenterminal
9.4	Hard- und Software zur Erfüllung der Belegausgabepflicht
10	Organisationsunterlagen zum Kassensystem (Verfahrensdokumentation)
11.	Hinweise zur Erstellung einer Kassieranweisung und Rechteverwaltung
12.	Mitgeltende Unterlagen

---

1 Vgl. Kap. 10.6.

Anhang 13: Muster-Datenblatt Verfahrensdokumentation

1. Versionierung

Versionsnummer
erstellt/geändert am
durch

2. Grunddaten des Unternehmens

Name[2]	Natürliche Person (Name, Vorname)
	Firma (§§ 17 HGB ff.)
	Personenvereinigung
	Sonstige
Namensvorsatz/Namenszusatz (Natürliche Person)	
Anrede (Natürliche Person)	
Titel (Natürliche Person)	
Geburtsdatum (Natürliche Person)	
Adresse Straße I Hausnummer I Hausnummernzusatz I Anschriftenzusatz I PLZ I Ort I Land (Ausland)[3]	

3. Ergänzende Angaben

Sitz/Ort der Geschäftsleitung (§ 11 AO)	
Zuständigkeiten der Geschäftsleitung (von/bis)[4] (z. B. für Inhaber, Geschäftsführer, Abteilungsleiter, Filialleiter, Prokurist, Ständiger Vertreter i. S. d. § 13 AO)	
Telefon	
Telefon (mobil)	
Telefax	
E-Mail	
URL I Homepage	
Facebook/Meta	
Instagram	
LinkedIn	

---

[2] Für nicht natürliche Personen wird im Meldeverfahren nach § 146a Abs. 4 AO eine detaillierte Auswahl nach Rechtsformen vorgegeben.
[3] Ländercode gem. DIN EN ISO 3166, ALPHA-2.
[4] Ggf. auf gesondertem Blatt je Organisationseinheit/Betriebsstätte.

Anhang 13: Muster-Datenblatt Verfahrensdokumentation

XING	
andere:	
Öffnungszeiten	Montag:
	Dienstag:
	Mittwoch:
	Donnerstag:
	Freitag:
	Samstag:
	Sonntag:
Schließtage/Regelung an Feiertagen	
Rechtsform des Unternehmens	
Handels-, Genossenschafts-, Vereins- oder Partnerschaftsregistereintrag	Registergericht
	Datum der Eintragung
	Nummer der Eintragung
Gesellschaftsvertrag/Satzung	Datum I Urkundenrolle (UR)
Verbundene Unternehmen	
Beteiligungsverhältnisse	
Angaben zu Organschaften	
Branche/Unternehmenszweck	
Betriebsstätte(n)[5] § 12 AO I § 41 Abs. 2 EStG (ggf. gesondertes Blatt verwenden)	Anzahl eAS je Betriebsstätte[6]
von/bis	
Art der Gewinnermittlung (Bilanzierung I EÜR)	
Zuständiges Finanzamt Name I Adresse	
Steuernummer	Bundeslandspezifische Steuernummer
	Bundeseinheitliche ELSTER-Steuernummer[7]
Identifikationsnummer Natürliche Person I § 139b AO	

---

[5] Der Begriff der Betriebsstätte gilt auch im Rahmen der §§ 13, 18 EStG. Bewegliche Geschäftseinrichtungen mit vorübergehend festem Standort, z. B. fahrbare Verkaufsstätten mit wechselndem Standplatz (z. B. Marktwagen, Foodtruck) können als Betriebsstätten i. S. d. § 12 AO anzusehen sein (AEAO zu § 12, Nr. 2). Zu Holzhütten auf einem Weihnachtsmarkt s. BFH v. 17.09.2003 – I R 12/02, BStBl. II 2004, 396.

[6] Im Meldeverfahren nach § 146a Abs. 4 AO sind *alle* elektronischen Aufzeichnungssysteme (eAS) anzugeben, auch bei Verbundsystemen, die nur über *eine* TSE abgesichert werden.

[7] Bei Verwendung der ERiC-Schnittstelle wird die aus 13 Ziffern bestehende bundeseinheitliche ELSTER-Steuernummer benötigt. Zur hierfür erforderlichen Konvertierung der bundeslandspezifischen Steuernummer steht eine Umrechnungshilfe unter *https://www.ueberbrueckungshilfe-unternehmen.de/DE/Infothek/Steuernummer-Umrechner/steuernummer-umrechner.html* bereit.

Anhang 13: Muster-Datenblatt Verfahrensdokumentation

Wirtschafts-Identifikationsnummer Wirtschaftlich Tätige I § 139c AO	Wirtschafts-Identifikationsnummer Unterscheidungsmerkmal (§ 139c Abs. 5a AO)
USt-Identifikationsnummer § 27a UStG	
Betriebsnummer der Sozialversicherung	
Bankverbindung(en) Kontoinhaber I IBAN I BIC	

4. Mitarbeiter

Anzahl gesamt	
davon	
in Vollzeit beschäftigt	
geringfügig Beschäftigte/Minijobber	
Praktikanten	
Auszubildende	
mitarbeitende Familienangehörige (entgeltlich)	
mitarbeitende Familienangehörige (unentgeltlich)	
Sonstige	

5. Zuständigkeiten

5.1 Steuerberatung

Name/Vorname/Firma	
Anschrift	
Telefon	
Telefon (mobil)	
Ansprechpartner	
Beschreibung der Zuständigkeiten (z. B. laufende Buchhaltung, Jahresabschluss, etc.)	
Beschreibung des Austauschs (z. B. Pendelordner mit Papierbelegen, Unternehmen online, Taxonomie, DSFinV-K, etc.)	

5.2. Rechtsberatung/Notariat

Name/Vorname/Firma	
Anschrift	
Telefon	
Telefon (mobil)	
Ansprechpartner	
Sonstiges	

5.3. Interne/externe Systemadministratoren (EDV)

Name/Vorname/Firma	
Anschrift	
Telefon	
Telefon (mobil)	
Ansprechpartner	
Sonstiges	

5.4 Interne/externe Systemadministratoren (Kassensystem)

Name/Vorname/Firma	
Anschrift	
Telefon	
Telefon (mobil)	
Ansprechpartner	
Sonstiges	

5.5 Interne/externe Systemadministratoren (TSE)

Name/Vorname/Firma	
Anschrift	
Telefon	
Telefon (mobil)	
Ansprechpartner	
TSE-Hersteller	
Sonstiges	

5.6 Datenschutzbeauftragter

Name/Vorname/Firma	
Anschrift	
Telefon	
Telefon (mobil)	
Ansprechpartner	
Sonstiges	

5.7 Sonstige Personen

Name/Vorname/Firma	
Anschrift	
Telefon	
Telefon (mobil)	
Ansprechpartner	
Zuständigkeit für	

Anhang 13: Muster-Datenblatt Verfahrensdokumentation

6. Zuständigkeiten der Mitarbeiter

Art der Tätigkeit	Zuständige Person(en)	Zeitraum (von/bis)
Erfassung der Geschäftsvorfälle einschl. Erstellung von Kassenbons (vgl. dazu detailliert Datenblatt, Unterpunkt 11)		
Erstellung des Tagesabschlusses (z. B. Z-Bon, Geldzählung, ggf. Zählprotokoll, Erfassung von Kassendifferenzen)		
Erstellung des Kassenbuchs Papierform/elektronisch		
Erstellung sonstiger Ausgangsrechnungen		
Überwachung des Zahlungseingangs		
Mahnwesen		
Kontrolle der Eingangsrechnungen (Papier/E-Rechnung)		
Bezahlung der Eingangsrechnungen		
Scannen der Eingangsrechnungen (soweit zutreffend)		
Sichtung und Bearbeitung des Posteingangs (Papier)		
Sichtung und Bearbeitung der E-Mails		
Sichtung und Bearbeitung der Kontoauszüge		
Datenkontrolle und Datensicherung (z. B. Kassenbuch, elektronisches Aufzeichnungssystem, TSE)		

7. Datenübermittler im Meldeverfahren (§ 146a Abs. 4, 87d AO)

Name/Vorname/Firma	
Anschrift	
Telefon	
Telefon (mobil)	
Ansprechpartner	
Sonstiges	

Anhang 13: Muster-Datenblatt Verfahrensdokumentation

8. Elektronische Datenverarbeitung (EDV)

Art	Hersteller/Bezeichnung/Modell/Anzahl
Registrierkasse I PC-Kassensystem I App I Software I Sonstige (ggf. gesondertes Blatt verwenden)	
Elektronisches Kassenbuch	
Warenwirtschaft	
Finanzbuchhaltung	
Anlagenbuchhaltung	
Lohnbuchhaltung	
Kartenzahlungssysteme	
Fakturierung	
Zeiterfassung	
Archivsysteme (z. B. Kassenarchiv)	
Dokumenten-Management-Systeme (DMS)	
Sonstige (z. B. elektronische Terminkalender, Schankanlagen, Waren- und Dienstleistungsautomaten, etc.)	

9. Kassen(systeme) und Peripherie

Bei mehreren Aufzeichnungssystemen/Geräten sollten die Angaben *für jedes Gerät separat* dokumentiert und möglichst fortlaufend nummeriert werden.

9.1 Elektronisches Aufzeichnungssystem (eAS) – Kassensystem

Art des verwendeten eAS[8]	
Datum der Anschaffung[9]	
Datum der Zurverfügungstellung (z. B. bei Zentralbeschaffung)	
Datum der Inbetriebnahme	
Datum der Außerbetriebnahme[10]	Gründe
Hersteller	
Modell-/Typenbezeichnung	
Seriennummer[11]	

---

8 Eine Auswahl zur Art des eAS wird im Meldeverfahren vorgegeben.
9 Als Anschaffung gelten auch Leihe oder Miete (Verschaffung der Verfügungsmacht). Anzugeben ist das Lieferdatum, nicht das Datum der Rechnung.
10 Unter Außerbetriebnahme fällt auch der Untergang oder das Abhandenkommen. Unklar ist noch, wie bei längeren Ausfällen des eAS zu verfahren bzw. nach welcher Störungszeit Außerbetriebnahme zu melden ist.
11 Die Seriennummer ist herstellerabhängig. Gefordert wird eine eindeutige Identifikation. Vgl. AEAO zu § 146a i.d.F. vom 01.01.2024, Nr. 2.2.3.1. Bei Software- oder App-Lösungen ohne Seriennummer kann der Lizenzschlüssel der Software zu verwenden sein. Weitere Vorgaben bleiben abzuwarten.

Anhang 13: Muster-Datenblatt Verfahrensdokumentation

Versionsnummer (Software)	
Einsatzort/Betriebsstätte	

9.2 Technische Sicherheitseinrichtung (TSE)

Datum der Anschaffung[12]		
Hersteller		
Bauart/Bauform USB I SD I microSD I Cloud		
Art der TSE[13]		
Seriennummer[14]		
Versionsnummer (Software)		
Ablaufdatum der TSE		
Zertifizierungs-ID[15]		
Gültigkeit des Zertifikats		
Einsatzort		
Einsatzzeiten	Installation am	
	Inbetriebnahme I Aktivierung am	
	Außerbetriebnahme[16] I Deaktivierung am	
	Veräußerung am	Zählerstand des Transaktionszählers:
		Zählerstand des Signaturzählers:

9.3 EC-/Kreditkartenterminal

Datum der Anschaffung	
Hersteller	
Modell-/Typenbezeichnung	
Seriennummer	
Einsatzort	
Einsatzzeit	von/bis
Vernetzung mit dem Kassensystem: LAN I WLAN I Bluetooth	Einfache Schnittstelle
	Bidirektionale Schnittstelle
	Keine Vernetzung I Sonstiges

---

12 Anzugeben ist das Lieferdatum, nicht das Datum der Rechnung.
13 Zusammensetzung aus Zertifizierungs-ID und Seriennummer der TSE.
14 Die Anforderungen an die Seriennummer ergeben sich aus Kap. 9.3 der Technischen Richtlinie BSI TR-03153-1.
15 Die Zertifizierungs-ID wird durch das BSI vergeben und besitzt das Format *BSI-K-TR-nnnn-yyyy*. Bei *nnnn* handelt es sich um eine vierstellige Nummerierung, *yyyy* gibt eine Jahreszahl an.
16 Unter Außerbetriebnahme fällt auch der Untergang oder das Abhandenkommen. Unklar ist noch, wie bei längeren Ausfällen der TSE zu verfahren bzw. nach welcher Störungszeit Außerbetriebnahme zu melden ist.

9.4 Hard- und Software zur Erfüllung der Belegausgabepflicht (§ 146a Abs. 2 AO)

Datum der Anschaffung	
Hersteller	
Modell-/Typenbezeichnung	
Seriennummer	
Einsatzort	
Einsatzzeit	von/bis
Vernetzung mit dem Kassensystem über: LAN I WLAN I Bluetooth	

10. Organisationsunterlagen zum Kassensystem (Verfahrensdokumentation)

Unterlage	liegt vor/liegt nicht vor/Ablageort
Bedienungsanleitung/Benutzerhandbuch[17]	
Beschreibung der Datenbank, der Systemprozeduren, der Tabellen und Felder sowie deren Verknüpfungen untereinander (ggf. Rücksprache mit Kassenhersteller)	
Programmierhandbuch/-anleitung	
Ersteinrichtungsprotokoll unter Angabe der Versions-Nr.	
Änderungsprotokoll(e) unter Angabe der Versions-Nr.	
Nachweise über vollständige Zertifizierung der TSE (ggf. Rücksprache mit TSE-Anbieter)	

---

[17] Nach Auffassung des BFH beinhaltet die Bedienungsanleitung die Dokumentation der – ggf. nicht veränderbaren – Firmware des elektronischen Aufzeichnungssystems. Firmware-Updates sind dokumentationspflichtig (BFH vom 28.11.2023 – X R 3/22).

Anhang 13: Muster-Datenblatt Verfahrensdokumentation

Unterlage	liegt vor/liegt nicht vor/Ablageort
Anleitungen zum Datenzugriff für Außenprüfungen und Nachschauen a) Exportanleitung für TAR-Files (TSE)[18] b) Exportanleitung für Einzelaufzeichnungen des Vorsystems (für Kassensysteme spätestens seit 01.01.2023 im Format der Digitalen Schnittstelle der Finanzverwaltung für Kassensysteme -DSFinV-K-)	
Beschreibung des Zusammenspiels der Vorgänge bei **Schnittstellen** zu anderen Systemen (z. B. Warenwirtschaft, Zeiterfassung, Terminkalender, u. a.) oder zu externer Peripherie (z. B. Bondrucker, Kartenzahlungsgeräte); ggf. unter Verwendung eines Organigramms	

Soweit erforderlich, sollte die Tabelle um Organisationsunterlagen verwendeter Peripheriegeräte (z. B. Kartenlesegeräte, Bondrucker etc.) erweitert werden.

11. Hinweise zur Erstellung einer Kassieranweisung und Rechteverwaltung

a) Allgemeines

Aus den Unterlagen zur Verfahrensdokumentation muss ersichtlich sein, wie und von welcher Person bzw. von welchen Personen die einzelnen Geschäftsvorfälle (z. B. Dienstleistung, Warenverkauf, Gutscheinverkauf und -einlösung, durchlaufende Posten, Trinkgeld, u. a.) zu erfassen sind. Das „wie" ergibt sich in der Regel aus der Bedienungsanleitung als mitgeltende Unterlage.

Zum „wer" ist zu dokumentieren, welchen Bedienern voll umfängliche oder nur eingeschränkte Rechte im Zusammenhang mit der Bedienung des Kassensystems zustehen. Die nachfolgenden Fragestellungen können helfen, eine verbindliche Kassieranweisung im Rahmen des internen Kontrollsystems (IKS) zu erstellen.

- Wer darf welche Kasse bedienen?
- Wie und wann haben An- und Abmeldungen am Kassensystem zu erfolgen?
- Wie ist mit zugeteilten Schlüsseln oder Codes umzugehen?
- Ist dem Mitarbeiter nur ein zu seiner Aufgabenbewältigung notwendiger Zugriff auf elektronische Daten und Papierdokumente eingeräumt worden?
- Darf privates Geld mit in den Verkaufsraum gebracht werden?
- Wie hat sich der Bediener zu verhalten, wenn er seinen Arbeitsplatz verlässt?
- Wie hat sich der Bediener gegen Falschgeld oder Trickbetrug zu schützen?

---

18 Zur Pflicht der TSE-Hersteller, geeignete Hilfsmittel für den Datenexport zur Verfügung zu stellen, vgl. Kap. 11.10.3, unter b).

Anhang 13: Muster-Datenblatt Verfahrensdokumentation

- Dürfen Schubladen ohne Kassiervorgang geöffnet werden (Null-Bon oder KV-Taste)?[19]
- Welche Rechte und Pflichten haben Mitarbeiter im Rahmen der Preisermittlung?
- Wie und von wem sind Personalkäufe/Rabatte zu dokumentieren?
- Können verlustbringende Geschäftsvorfälle auftreten und, falls bejahend, dürfen diese ohne ausdrückliche Zustimmung des Unternehmers eingegangen werden?
- Wie sind Reklamationen zu behandeln (z.B. Nachbesserung bei Dienstleistungen, Warenumtausch, Retouren gegen Gutschein oder Geldrückgabe)?
- Wie sind höhere Geldbestände zu sichern (z.B. Tresor, Geldbombe)?
- Welche Sicherungsmaßnahmen sind bei Verwendung von EC- und Kreditkartenzahlungen einschließlich kontaktloser Bezahlmethoden erforderlich?
- Was ist bei Reklamation des Rückgeldes/versehentlich liegen gelassenem Rückgeld zu veranlassen?
- Darf bei Freunden und Verwandten kassiert werden?
- Wie und von wem sind Personalkäufe/Rabatte zu dokumentieren?
- Wie sind Bonuspunkte/Bonuskarten zu behandeln?
- Wie sind Wechselgeldvorgänge zu behandeln (z.B. Tausch Scheine/Münzen)?
- Was ist bei Verkauf und Einlösung von Gutscheinen zu beachten?
- Wie sind Leergut-Rücknahmen zu erfassen (ertrag- und umsatzsteuerlich)?
- Wer darf stornieren, ggf. bis zu welchem Betrag? Wie ist mit Storno-Bons zu verfahren?
- In welchem Behältnis sind Trinkgelder aufzubewahren?
- Welche Arbeiten sind beim Kassenabschluss zu verrichten?
- Wie sind Differenzen zwischen Kassen-Soll und Kassen-Ist zu behandeln? Wer gleicht sie wie aus?
- Wie wird die ordnungsgemäße Trennung der Entgelte (7%/19%) gewährleistet?
- Wie hat sich der Bediener bei einer technischen Störung zu verhalten (elektronisches Aufzeichnungssystem, TSE, Belegdrucker, Abbruch der Internetverbindung)?
- Welche Anweisungen bestehen zur Belegausgabepflicht?
- Welche Vorgänge müssen ggf. zusätzlich handschriftlich dokumentiert werden?
- Welche ggf. freiwilligen Aufzeichnungen des Stpfl. sind auf Mitarbeiter delegiert worden (z.B. Führung eines Betriebstagebuchs)?
- ggf. weitere individuell auf den Betrieb zugeschnittene Regelungen.

---

19 Lösen derartige Vorgänge eine interne Vorgangs-ID im Kassensystem aus, sollten sie zur Vollständigkeitsprüfung der Aufzeichnungen in der DSFinV-K abgebildet werden.

Anhang 13: Muster-Datenblatt Verfahrensdokumentation

b) Rechteverwaltung

Tätigkeit	Unternehmer	Mitarbeiterin A	Mitarbeiter B	Auszubildende
Erfassung von Umsätzen	x	x	x	-
Stornierungen	x	in Vertretungsfällen	-	-
Gewährung von Rabatten	x	x (bis max. 15 %)	-	-
Abwicklung von Personalkäufen	x	in Vertretungsfällen	-	-
Freie Preisermittlung	x	in Vertretungsfällen	-	-
Trainingsbuchungen	-	-	-	x
X-Abschlag	x	x	x	-
Z-Abschlag	x	in Vertretungsfällen	-	-
Privatentnahmen	x	-	-	-
Geldtransit	x	in Vertretungsfällen	-	-
Erstellung des Kassenbuchs	x	in Vertretungsfällen	-	-
Herausgabe von Unterlagen im Fall einer Kassen-Nachschau	x	in Vertretungsfällen gem. gesonderter Anweisung	-	-
Änderungen auf Programmierebene	x	-	-	-
usw.				

12. Mitgeltende Unterlagen

Die Verfahrensdokumentation ist kein isoliertes Dokument. Zahlreiche Prozessbeschreibungen sind in den Unternehmen häufig bereits vorhanden. Zulässig und ausreichend ist, in der Verfahrensdokumentation auf solche Unterlagen zu verweisen, **z. B.**

- Anwenderhandbücher
- Arbeits-/Organisationsanweisungen
- Berechtigungskonzepte
- Berichte gemäß verschiedener IDW-Prüfstandards, z. B. über die Prüfung des Archivsystems
- Freigaberichtlinien
- IT-Sicherheitskonzept
- Organigramme/Konzernstrukturen

- Verträge, z. B. bei
  - Outsourcing
  - Inanspruchnahme von Sicherheitsdiensten (Geldtransporte)
  - Erwerb oder Veräußerung einer Gebraucht-TSE[20]
- Kassieranweisung einschl. Rechteverwaltung[21]
- Verhaltensregeln bei der Kassen-Nachschau („Nachschau-Anweisung")[22]
- Unterlagen eines Qualitätsmanagementsystems (QMS)[23]
- Verfahrensdokumentation des Steuerberaters (Finanzbuchhaltung)
- Verfahrensdokumentation des Softwareanbieters
- Verfahrensdokumentation weiterer Vorsysteme (z. B. Waage, Schankanlage)
- Unterlagen aus Datenschutzmanagementsystemen, die für Zwecke der DSGVO erstellt wurden (z. B. Löschkonzept, Unterlagen nach Art. 30 i. V. m. 32 DSGVO)[24]
- Unterlagen nach DIN EN ISO 9001[25]
- Herstellerdokumentationen/Konzepte der TSE-Schutzprofile i. S. d. Technischen Richtlinie BSI TR-03153-1 Anhang A, Kap. 3.1 i. V. m. BSI-CC-SUP-SMA[26] (Provisionierungskonzept, Umgebungsschutzkonzept-, Updatekonzept, CSP-Konfigurationskonzept)[27]
- Dokumentationsunterlagen i. S. d. § 87c AO bei Verwendung nicht amtlicher Datenverarbeitungsprogramme für das Besteuerungsverfahren[28]

---

20 Kap. 10.13.3.
21 Vgl. dazu Anhang 13, Tz. 11.
22 Vgl. dazu das Muster in Anhang 16, das als Anlage zur Kassieranweisung genommen werden kann.
23 Die Implementierung eines QMS kann verpflichtend sein (vgl. z. B. für Apotheken § 2a ApBetrO).
24 Zu dieser Thematik lesenswert ist die umfangreiche Broschüre „Die DSGVO – Hinweise für kleine und mittlere Unternehmen", abrufbar bei der AWV – Arbeitsgemeinschaft für wirtschaftliche Verwaltung e. V. unter *www.awv-net.de/DSGVO-KMU* (abgerufen am 25.10.2023).
25 *Henn*, DB 2016, 254 (257).
26 Supporting Document for Common Criteria Protection Profile SMAERS, Version 1.0. Noch unklar ist, welche Bedeutung dem Dokument in Bezug auf die Ordnungsmäßigkeit von Aufzeichnungen zukommt (Stand 01.12.2023).
27 In den Dokumentationen müssen zumindest Angaben zum Laufzeitverhalten, zu den Anforderungen an einen stabilen und störungsfreien Betrieb und zur Kapazität und Zuverlässigkeit des Speichermediums einer TSE enthalten sein. Zu den Konzepten der Schutzprofile, die TSE-Hersteller im Zuge des Zertifizierungsverfahrens vorzulegen haben, vgl. Kap. 10.4.4.
28 Programmbeschreibung, Programmauflistung, Protokoll über den letzten durchgeführten Testlauf.

Anhang 13: Muster-Datenblatt Verfahrensdokumentation

- Unterlagen zum Risikomanagement, zur Risikoanalyse und -bewertung und zu internen Sicherungsmaßnahmen i. S. d. §§ 4-6, 8 des Geldwäschegesetzes (GwG)[29]
- Unterlagen zum Umgebungsschutz[30]
- Unterlagen im Zusammenhang mit den Nichtbeanstandungsregeln für Kassensysteme (Bestellung TSE, bundeslandabhängig ggf. Bestätigung des Kassenherstellers) einschließlich beantragter/gewährter Fristverlängerungen über den 31. 03. 2021 hinaus[31]
- Lieferscheine des Kassendienstleisters[32]
- Dokumente über gesetzliche oder behördliche Einschränkungen während der Pandemie (ggf. als Screenshot)
- Arbeitsschutzstandards der Berufsgenossenschaft/Gefährdungsbeurteilung, etwa bei Auswirkung auf das Kassier- und Bedienerverhalten

---

29 Zu Beginn und Dauer der Aufbewahrungsfrist vgl. § 8 Abs. 4 GwG i. V. m. § 147 Absätze 1, 3 und 4 AO.
30 Glossar, Anhang 1.
31 Siehe dazu umfassend Tabelle 17 (Rz. 942).
32 Erfolgt ein Backup des Kassensystems (z. B. Programmänderung, Änderung der Oberfläche etc.), erhält der Unternehmer grundsätzlich einen aufbewahrungspflichtigen „Lieferschein" mit den erforderlichen Angaben.

Anhang 14: Meldepflichtige Daten i. S. d. § 146a Abs. 4 AO für Kassen(systeme); Ausfüllhilfe

Die nachfolgende Tabelle dient als Hilfestellung zur Aufnahme meldepflichtiger Daten vor Ort im Betrieb des Unternehmens. Sie ersetzt nicht den amtlichen, elektronischen Vordruck. Vgl. dazu AEAO zu § 146a i. d. F. bis 31. 12. 2023, Nr. 9.2; AEAO zu § 146a i. d. F. ab 01. 01. 2024, Nr. 1.16.2 (Abdruck in Anhang 20).

1. Angaben zu elektronischen Aufzeichnungssystemen (eAS)

Art des verwendeten eAS[1]	
Datum der Anschaffung[2]	
Datum der Zurverfügungstellung (z. B. bei Zentralbeschaffung)	
Datum der Inbetriebnahme	
Datum der Außerbetriebnahme[3]	
	Gründe
Hersteller	
Modell-/Typenbezeichnung	
Seriennummer[4]	
Versionsnummer (Software)	
Einsatzort Betriebsstätte	

---

1 Eine Auswahl zur Art des eAS wird im Meldeverfahren vorgegeben.
2 Als Anschaffung gelten auch Leihe oder Miete (Verschaffung der Verfügungsmacht). Anzugeben ist das Lieferdatum, nicht das Datum der Rechnung.
3 Unter Außerbetriebnahme fällt auch der Untergang oder das Abhandenkommen. Unklar ist noch, wie bei längeren Ausfällen des eAS zu verfahren bzw. nach welcher Störungszeit Außerbetriebnahme zu melden ist.
4 Die Seriennummer ist herstellerabhängig. Gefordert wird eine eindeutige Identifikation. Vgl. AEAO zu § 146a i. d. F. vom 01.01.2024, Nr. 2.2.3.1. Bei Software- oder App-Lösungen ohne Seriennummer kann der Lizenzschlüssel der Software zu verwenden sein. Weitere Vorgaben bleiben abzuwarten.

Anhang 14: Meldepflichtige Daten

2. Angaben zur Technischen Sicherheitseinrichtung (TSE)

Datum der Anschaffung[5]		
Hersteller		
Bauart/Bauform USB I SD I microSD I Cloud		
Art der TSE[6]		
Seriennummer[7]		
Versionsnummer (Software)		
Ablaufdatum der TSE		
Zertifizierungs-ID[8]		
Gültigkeit des Zertifikats		
Einsatzort		
Einsatzzeiten	Installation am	
	Inbetriebnahme I Aktivierung am	
	Außerbetriebnahme[9] I Deaktivierung am	
	Veräußerung am	Zählerstand Transaktionszähler:
		Zählerstand Signaturzähler:

Zu weiteren erforderlichen Angaben im Meldeverfahren s. Kap. 10.6 und Anhang 13.

---

5   Anzugeben ist das Lieferdatum, nicht das Datum der Rechnung.
6   Zusammensetzung aus Zertifizierungs-ID und Seriennummer der TSE.
7   Die Anforderungen an die Seriennummer ergeben sich aus Kap. 9.3 der Technischen Richtlinie BSI TR-03153-1.
8   Die Zertifizierungs-ID wird durch das BSI vergeben und besitzt das Format *BSI-K-TR-nnnn-yyyy*. Bei *nnnn* handelt es sich um eine vierstellige Nummerierung, *yyyy* gibt eine Jahreszahl an.
9   Unter Außerbetriebnahme fällt auch der Untergang oder das Abhandenkommen. Unklar ist noch, wie bei längeren Ausfällen der TSE zu verfahren bzw. nach welcher Störungszeit Außerbetriebnahme zu melden ist.

Anhang 15a: BMF-Schreiben vom 21.08.2020 – Steuerliche Behandlung der Kosten der erstmaligen Implementierung einer zertifizierten technischen Sicherheitseinrichtung

Bundesministerium der Finanzen
– IV A 4-S 0316-a/19/10006:007, IV C 6-S 2134/19/10007:003 –
BStBl. I 2020, 1047

Gesetz zum Schutz vor Manipulationen an digitalen Grundaufzeichnungen vom 22. Dezember 2016 – Steuerliche Behandlung der Kosten der erstmaligen Implementierung einer zertifizierten technischen Sicherheitseinrichtung

Durch das Gesetz zum Schutz vor Manipulationen an digitalen Grundaufzeichnungen vom 22. Dezember 2016 (BGBl., 3152) ist § 146a AO eingeführt worden, wonach seit dem 1. Januar 2020 die Pflicht besteht, dass jedes eingesetzte elektronische Aufzeichnungssystem im Sinne des § 146a Absatz 1 Satz 1 AO i. V. m. § 1 Satz 1 KassenSichV sowie die damit zu führenden digitalen Aufzeichnungen durch eine zertifizierte technische Sicherheitseinrichtung (TSE) zu schützen sind.

Zur Frage der steuerlichen Behandlung der Kosten der Implementierung von TSE und der einheitlichen digitalen Schnittstelle nach § 4 KassenSichV gilt unter Bezugnahme auf das Ergebnis der Erörterung mit den obersten Finanzbehörden der Länder Folgendes:

1. TSE

Die aus einem Sicherheitsmodul, einem Speichermedium und einer einheitlichen digitalen Schnittstelle bestehenden TSE werden in verschiedenen Ausführungen angeboten. Das Sicherheitsmodul gibt der TSE dabei ihr Gepräge.

Zu den TSE-Ausführungen gehören z. B. USB-Sticks oder (micro)SD-Karten. Darüber hinaus werden auch Ausführungen angeboten, bei denen die TSE in ein anderes Gerät, z. B. Drucker oder elektronisches Aufzeichnungssystem, verbaut wird. Schließlich gibt es noch Hardware zur Einbindung mehrerer TSE über ein lokales Netzwerk (sog. „LAN-TSE" oder Konnektoren) und sog. Cloud-TSE.

Eine TSE stellt sowohl in Verbindung mit einem Konnektor als auch als USB-Stick, (micro)SD-Card u. ä. ein selbständiges Wirtschaftsgut dar, das aber nicht selbständig nutzbar ist. Die Aufwendungen für die Anschaffung der TSE sind daher zu aktivieren und über die betriebsgewöhnliche Nutzungsdauer von drei Jahren abzuschreiben. Ein Sofortabzug nach § 6 Absatz 2 EStG oder die Bildung

Anhang 15a: Kosten der erstmaligen Implementierung (TSE)

eines Sammelpostens nach § 6 Absatz 2a EStG scheiden mangels selbständiger Nutzbarkeit aus.

Nur wenn die TSE direkt als Hardware fest eingebaut wird, geht ihre Eigenständigkeit als Wirtschaftsgut verloren. Die Aufwendungen sind als nachträgliche Anschaffungskosten des jeweiligen Wirtschaftsguts zu aktivieren, in das die TSE eingebaut wurde, und über dessen Restnutzungsdauer abzuschreiben. Laufende Entgelte, die für sog. Cloud-Lösungen zu entrichten sind, sind regelmäßig sofort als Betriebsausgaben abziehbar.

2. Einheitliche digitale Schnittstelle

Die einheitliche digitale Schnittstelle umfasst die Schnittstelle für die Anbindung der TSE an das elektronische Aufzeichnungssystem sowie die digitale Schnittstelle der Finanzverwaltung für Kassensysteme (DSFinV-K).

Die Aufwendungen für die Implementierung der einheitlichen digitalen Schnittstelle sind Anschaffungsnebenkosten des Wirtschaftsgutes „TSE".

3. Vereinfachungsregelung

Aus Vereinfachungsgründen wird es nicht beanstandet, wenn die Kosten für die nachträgliche erstmalige Ausrüstung bestehender Kassen oder Kassensysteme mit einer TSE und die Kosten für die erstmalige Implementierung der einheitlichen digitalen Schnittstelle eines bestehenden elektronischen Aufzeichnungssystems in voller Höhe sofort als Betriebsausgaben abgezogen werden.

Dieses Schreiben wird im Bundessteuerblatt Teil I veröffentlicht.

Anhang 15b: BMF-Schreiben vom 30. 08. 2023 – Steuerliche Behandlung der Kosten der erstmaligen Implementierung einer zertifizierten technischen Sicherheitseinrichtung bei EU-Taxametern und Wegstreckenzählern

Bundesministerium der Finanzen
– IV D 2 – S 0316-a/19/10006 :037 –

BStBl. I 2023, 1579

Steuerliche Behandlung der Kosten der erstmaligen Implementierung einer zertifizierten technischen Sicherheitseinrichtung bei EU-Taxametern und Wegstreckenzählern

Durch Artikel 2 der Verordnung zur Änderung der Kassensicherungsverordnung vom 30. Juli 2021 (BGBl. I S. 3295) wurde der Anwendungsbereich des § 1 Kassensicherungsverordnung auch auf EU-Taxameter und Wegstreckenzähler ausgeweitet. Damit sind diese elektronischen Aufzeichnungssysteme sowie die damit zu führenden digitalen Aufzeichnungen durch eine zertifizierte technische Sicherheitseinrichtung (TSE) zu schützen.

Zur Frage der steuerlichen Behandlung der Kosten der erstmaligen Implementierung von TSE und der einheitlichen digitalen Schnittstelle nach § 4 Kassen-SichV bei EU-Taxametern und Wegstreckenzählern gilt nach Erörterung mit den obersten Finanzbehörden der Länder Folgendes:

1. TSE

Hinsichtlich der Wirtschaftsguteigenschaft einer TSE und der Abschreibung gelten die Regelungen des BMF-Schreibens vom 21. August 2020 (BStBl I S. 1047) entsprechend.

2. Einheitliche digitale Schnittstelle

Die einheitliche digitale Schnittstelle umfasst die Schnittstelle für die Anbindung der TSE an das elektronische Aufzeichnungssystem sowie die digitale Schnittstelle der Finanzverwaltung für EU-Taxameter und Wegstreckenzähler (DSFinV-TW).

Die Aufwendungen für die Implementierung der einheitlichen digitalen Schnittstelle sind Anschaffungsnebenkosten des Wirtschaftsgutes „TSE".

3. Vereinfachungsregelung

Aus Vereinfachungsgründen wird es nicht beanstandet, wenn die Kosten für die nachträgliche erstmalige Ausrüstung bestehender EU-Taxameter oder Wegstreckenzähler mit einer TSE und die Kosten für die erstmalige Implementierung der einheitlichen digitalen Schnittstelle eines bestehenden elektronischen Aufzeichnungssystems in voller Höhe sofort als Betriebsausgaben abgezogen werden.

Dieses Schreiben wird im Bundessteuerblatt Teil I veröffentlicht.

Anhang 16: Anweisung zur Kassen-Nachschau bei Abwesenheit des Unternehmers (Muster)

Unternehmen:	
Version:	
Erstellt/geändert am:	

Erklärung

Soweit ich, _____, ein gesetzlicher Vertreter (§ 34 AO) oder ein ausdrücklich von mir bestimmter Vertreter (z. B. Betriebs- oder Filialleiter) nicht anwesend sind, bitte ich um telefonische Kontaktaufnahme, um mich in den Geschäftsräumen einfinden oder einen anwesenden Vertreter benennen zu können, mit dem die Nachschau (ggf. teilweise) durchgeführt werden kann. Nach Auffassung der Finanzverwaltung soll die Nachschau auch mit Personen durchgeführt werden können, von denen angenommen wird, dass sie über wesentliche Zugriffs- und Benutzungsrechte des Kassensystems verfügen.[1]

Vor diesem Hintergrund, den Vorgaben zum internen Kontrollsystem (GoBD, Tz. 100 ff.) und datenschutzrechtlichen Belangen gilt für die Mitarbeiter in dem Fall, dass ich telefonisch nicht erreichbar bin, das Folgende:

a) Die Nachschau ist abzubrechen (ggf. streichen).

b) Sonstiges:

_____
Datum/Unterschrift(en) Verantwortlicher Mitarbeiter

Die Erklärung ist Teil der im Unternehmen geltenden Verfahrensdokumentation.[2]

---

[1] § 35 AO; AEAO zu § 146b, Nr. 4. Was unter „wesentlich" zu verstehen ist, hat der Gesetzgeber leider offengelassen; auch im AEAO zu § 146b finden sich hierzu keine hilfreichen Ausführungen. Die Durchführung einer Nachschau mit Dritten wird in der Literatur teils (konkludent) zustimmend, teils kritisch kommentiert. Zustimmend für Filialleiter/in: *Hartwig*, DB 2018, Beilage Nr. 2 zu Heft 41 vom 12.10.2018; darüber hinaus auch für Buchhalter/in, Kassenleiter/in: *Schumann*, AO-StB 2018, 246 (250); differenzierend: *Achilles*, DB 2018, 18 (20); *Teutemacher*, BBK 2018, 274 (276), 626 (628); *Bleschick*, DB 2018, 2390 (2397); ablehnend: *Bellinger*, BBK 2018, 280 (283).

[2] Optional kann eine Ausfertigung der beiderseitig unterschriebenen Erklärung zu den arbeitsvertraglichen Unterlagen des Mitarbeiters genommen werden.

Anhang 17: Synopse zur Kassensicherungsverordnung – was gilt in welchem Zeitraum?

Verordnung zur Bestimmung der technischen Anforderungen an elektronische Aufzeichnungs- und Sicherungssysteme im Geschäftsverkehr (Kassensicherungsverordnung – KassenSichV) vom 26. September 2017[1], geändert durch Verordnung zur Änderung der Kassensicherungsverordnung vom 30.07.2021[2]

Änderungen sind *kursiv/fett* dargestellt.

---

[1] BGBl. I 2017, 3515.
[2] BGBl. I 2021, 3295.

Anhang 17: Synopse zur Kassensicherungsverordnung

Ursprungsfassung	Änderungen	
Gültig vom 01.01.2020 bis 09.08.2021	Gültig vom 10.08.2021 – 31.12.2023[3]	Gültig ab 01.01.2024[4]
Auf Grund des § 146a Absatz 3 Satz 1 der Abgabenordnung, der durch Artikel 1 Nummer 3 des Gesetzes vom 22. Dezember 2016 (BGBl. I S. 3152) eingefügt worden ist, verordnet das Bundesministerium der Finanzen im Einvernehmen mit dem Bundesministerium des Innern und des Bundesministerium für Wirtschaft und Energie und unter Wahrung der Rechte des Bundestages:	Auf Grund des § 146a Absatz 3 Satz 1 der Abgabenordnung, **der durch Artikel 194 der Verordnung vom 19. Juni 2020 (BGBl. I S. 1328)** *geändert worden ist*, verordnet das Bundesministerium der Finanzen im Einvernehmen mit dem Bundesministerium des Innern, für Bau und Heimat und dem Bundesministerium für Wirtschaft und Energie und unter Wahrung der Rechte des Bundestages:	Auf Grund des § 146a Absatz 3 Satz 1 der Abgabenordnung, der durch Artikel 194 der Verordnung vom 19. Juni 2020 (BGBl. I S. 1328) geändert worden ist, verordnet das Bundesministerium der Finanzen im Einvernehmen mit dem Bundesministerium des Innern, für Bau und Heimat und dem Bundesministerium für Wirtschaft und Energie und unter Wahrung der Rechte des Bundestages:
§ 1 Elektronische Aufzeichnungssysteme	§ 1 Elektronische Aufzeichnungssysteme	§ 1 Elektronische Aufzeichnungssysteme
Elektronische Aufzeichnungssysteme im Sinne des § 146a Absatz 1 Satz 1 der Abgabenordnung sind elektronische oder computergestützte Kassensysteme oder Registrierkassen. Fahrscheinautomaten, Fahrscheindrucker, elektronische Buchhaltungsprogramme, Waren- und Dienstleistungsautomaten, Geldautomaten, Taxameter und Wegstreckenzähler sowie Geld- und Warenspielgeräte gehören nicht dazu.	Elektronische Aufzeichnungssysteme im Sinne des § 146a Absatz 1 Satz 1 der Abgabenordnung sind elektronische oder computergestützte Kassensysteme oder Registrierkassen. Nicht als elektronische Aufzeichnungssysteme gelten 1. Fahrscheinautomaten und Fahrscheindrucker, 2. **Kassen- und Parkscheinautomaten der Parkraumbewirtschaftung sowie Ladepunkte für Elektro- oder Hybridfahrzeuge**,[5] 3. elektronische Buchhaltungsprogramme, 4. Waren- und Dienstleistungsautomaten, 5. Taxameter und Wegstreckenzähler, 6. Geldautomaten sowie 7. Geld- und Warenspielgeräte.	(1) Elektronische Aufzeichnungssysteme im Sinne des § 146a Absatz 1 Satz 1 der Abgabenordnung sind elektronische oder computergestützte Kassensysteme oder Registrierkassen. Nicht als elektronische Aufzeichnungssysteme gelten 1. Fahrscheinautomaten und Fahrscheindrucker, 2. Kassen- und Parkscheinautomaten der Parkraumbewirtschaftung sowie Ladepunkte für Elektro- oder Hybridfahrzeuge, 3. elektronische Buchhaltungsprogramme, 4. Waren- und Dienstleistungsautomaten, 5. Geldautomaten sowie 6. Geld- und Warenspielgeräte. [6](2) Als elektronische Aufzeichnungssysteme im Sinne des § 146a *Absatz 1 Satz 1 der Abgabenordnung gelten ebenfalls* *1. Taxameter im Sinne des Anhangs IX der Richtlinie 2014/32/EU des Europäischen Parlaments und des Rates vom 26. Februar 2014 zur Harmonisierung der Rechtsvorschriften der Mitgliedstaaten über die Bereitstellung von Messgeräten auf dem Markt (ABl. L 96 vom 29.3.2014, S. 149, L 13 vom 20.1.2016, S. 57), die durch die Richtlinie 2015/13 (ABl. L 3 vom 7.1.2015, S. 42) geändert worden ist, in der jeweils geltenden Fassung (EU-Taxameter) und* *2. Wegstreckenzähler.*

3 Vgl. Art. 1 i. V. m. Art. 3 Abs. 1 der Verordnung zur Änderung der Kassensicherungsverordnung.
4 Vgl. Art. 2 i. V. m. Art. 3 Abs. 2 der Verordnung zur Änderung der Kassensicherungsverordnung.
5 Anmerkung: Im Interesse der Rechtssicherheit und im Vorgriff auf die geänderte KassenSichV hat das BMF diese Geräte bereits vorab von der TSE-Pflicht suspendiert (BMF-Schreiben vom 03.05.2021 – IV A 4 – S 0319/21/10001 :001, BStBl. I 2021 S. 679). Weitere Änderungen des § 1 KassenSichV waren lediglich redaktioneller Art und sind hier nicht gesondert markiert worden.
6 Einfügung des Absatzes 2 unter gleichzeitiger Herausnahme der Taxameter und Wegstreckenzähler aus dem Katalog des Absatzes 1.

Anhang 17: Synopse zur Kassensicherungsverordnung

Ursprungsfassung	Änderungen	
Gültig vom 01.01.2020 bis 09.08.2021	Gültig vom 10.08.2021 – 31.12.2023[3]	Gültig ab 01.01.2024[4]
§ 2 Protokollierung von digitalen Grundaufzeichnungen Für jede Aufzeichnung eines Geschäftsvorfalls oder anderen Vorgangs im Sinne des § 146a Absatz 1 Satz 1 der Abgabenordnung muss von einem elektronischen Aufzeichnungssystem unmittelbar eine neue Transaktion gestartet werden. Die Transaktion hat zu enthalten: 1. den Zeitpunkt des Vorgangbeginns, 2. eine eindeutige und fortlaufende Transaktionsnummer, 3. die Art des Vorgangs, 4. die Daten des Vorgangs, 5. die Zahlungsart, 6. den Zeitpunkt der Vorgangsbeendigung oder des Vorgangsabbruchs, 7. einen Prüfwert sowie 8. die Seriennummer des elektronischen Aufzeichnungssystems oder die Seriennummer des Sicherheitsmoduls. Die Zeitpunkte nach Satz 2 Nummer 1 und 6, die Transaktionsnummer nach Satz 2 Nummer 2 und der Prüfwert nach Satz 2 Nummer 7 werden manipulationssicher durch das Sicherheitsmodul festgelegt. Die Transaktionsnummer muss so zu beschaffen sein, dass Lücken in Transaktionsaufzeichnungen erkennbar sind.	**§ 2 Protokollierung von digitalen Grundaufzeichnungen** Für jede Aufzeichnung eines Geschäftsvorfalls oder anderen Vorgangs im Sinne des § 146a Absatz 1 Satz 1 der Abgabenordnung muss von einem elektronischen Aufzeichnungssystem unmittelbar eine neue Transaktion gestartet werden. Die Transaktion hat zu enthalten: 1. den Zeitpunkt des Vorgangbeginns, 2. eine eindeutige und fortlaufende Transaktionsnummer, 3. die Art des Vorgangs, 4. die Daten des Vorgangs, 5. die Zahlungsart, 6. den Zeitpunkt der Vorgangsbeendigung oder des Vorgangsabbruchs, 7. einen Prüfwert sowie 8. die Seriennummer des elektronischen Aufzeichnungssystems oder die Seriennummer des Sicherheitsmoduls. Die Zeitpunkte nach Satz 2 Nummer 1 und 6, die Transaktionsnummer nach Satz 2 Nummer 2 und der Prüfwert nach Satz 2 Nummer 7 werden manipulationssicher durch das Sicherheitsmodul festgelegt. Die Transaktionsnummer muss so zu beschaffen sein, dass Lücken in Transaktionsaufzeichnungen erkennbar sind.	**§ 2 Protokollierung von digitalen Grundaufzeichnungen** Für jede Aufzeichnung eines Geschäftsvorfalls oder anderen Vorgangs im Sinne des § 146a Absatz 1 Satz 1 der Abgabenordnung muss von einem elektronischen Aufzeichnungssystem unmittelbar eine neue Transaktion gestartet werden. Die Transaktion hat zu enthalten: 1. den Zeitpunkt des Vorgangbeginns, 2. eine eindeutige und fortlaufende Transaktionsnummer, 3. die Art des Vorgangs, 4. die Daten des Vorgangs, 5. die Zahlungsart**en**, 6. den Zeitpunkt der Vorgangsbeendigung oder des Vorgangsabbruchs, 7. einen Prüfwert sowie 8. die Seriennummer des elektronischen Aufzeichnungssystems **und** die Seriennummer des Sicherheitsmoduls. Die Zeitpunkte nach Satz 2 Nummer 1 und 6, die Transaktionsnummer nach Satz 2 Nummer 2 und der Prüfwert nach Satz 2 Nummer 7 werden manipulationssicher durch das Sicherheitsmodul festgelegt. Die Transaktionsnummer muss so zu beschaffen sein, dass Lücken in Transaktionsaufzeichnungen erkennbar sind.
§ 3 Speicherung der Grundaufzeichnungen (1) Die Speicherung der laufenden Geschäftsvorfälle oder anderen Vorgänge im Sinne des § 146a Absatz 1 Satz 1 der Abgabenordnung muss vollständig, unverändert und manipulationssicher auf einem nichtflüchtigen Speichermedium erfolgen. (2) Die gespeicherten Geschäftsvorfälle oder anderen Vorgänge im Sinne des § 146a Absatz 1 Satz 1 der Abgabenordnung müssen als Transaktionen so verkettet werden, dass Lücken in den Aufzeichnungen erkennbar sind. (3) Werden die gespeicherten digitalen Grundaufzeichnungen ganz oder teilweise von einem elektronischen Aufzeichnungssystem in ein externes elektronisches Aufbewahrungssystem übertragen, so muss sichergestellt werden, dass die Verkettung aller Transaktionen nach Absatz 2 und die Anforderungen an die einheitliche digitale Schnittstelle nach § 4 erhalten bleiben.	**§ 3 Speicherung der Grundaufzeichnungen** (1) Die Speicherung der laufenden Geschäftsvorfälle oder anderen Vorgänge im Sinne des § 146a Absatz 1 Satz 1 der Abgabenordnung muss vollständig, unverändert und manipulationssicher auf einem nichtflüchtigen Speichermedium erfolgen. (2) Die gespeicherten Geschäftsvorfälle oder anderen Vorgänge im Sinne des § 146a Absatz 1 Satz 1 der Abgabenordnung müssen als Transaktionen so verkettet werden, dass Lücken in den Aufzeichnungen erkennbar sind. (3) Werden die gespeicherten digitalen Grundaufzeichnungen ganz oder teilweise von einem elektronischen Aufzeichnungssystem in ein externes elektronisches Aufbewahrungssystem übertragen, so muss sichergestellt werden, dass die Verkettung aller Transaktionen nach Absatz 2 und die Anforderungen an die einheitliche digitale Schnittstelle nach § 4 erhalten bleiben.	**§ 3 Speicherung der Grundaufzeichnungen** (1) Die Speicherung der laufenden Geschäftsvorfälle oder anderen Vorgänge im Sinne des § 146a Absatz 1 Satz 1 der Abgabenordnung muss vollständig, unverändert und manipulationssicher auf einem nichtflüchtigen Speichermedium erfolgen. (2) Die gespeicherten Geschäftsvorfälle oder anderen Vorgänge im Sinne des § 146a Absatz 1 Satz 1 der Abgabenordnung müssen als Transaktionen so verkettet werden, dass Lücken in den Aufzeichnungen erkennbar sind. (3) Werden die gespeicherten digitalen Grundaufzeichnungen ganz oder teilweise von einem elektronischen Aufzeichnungssystem in ein externes elektronisches Aufbewahrungssystem übertragen, so muss sichergestellt werden, dass die Verkettung aller Transaktionen nach Absatz 2 und die Anforderungen an die einheitliche digitale Schnittstelle nach § 4 erhalten bleiben.

Anhang 17: Synopse zur Kassensicherungsverordnung

Ursprungsfassung	Änderungen	
Gültig vom 01.01.2020 bis 09.08.2021	Gültig vom 10.08.2021 – 31.12.2023[3]	Gültig ab 01.01.2024[4]
(4) Eine Verdichtung von Grundaufzeichnungen in einem elektronischen Aufbewahrungssystem ist für die Dauer der Aufbewahrung nach § 147 Absatz 3 der Abgabenordnung unzulässig, wenn dadurch deren Lesbarkeit nicht mehr gewährleistet ist.	(4) Eine Verdichtung von Grundaufzeichnungen in einem elektronischen Aufbewahrungssystem ist für die Dauer der Aufbewahrung nach § 147 Absatz 3 der Abgabenordnung unzulässig, wenn dadurch deren Lesbarkeit nicht mehr gewährleistet ist.	(4) Eine Verdichtung von Grundaufzeichnungen in einem elektronischen Aufbewahrungssystem ist für die Dauer der Aufbewahrung nach § 147 Absatz 3 der Abgabenordnung unzulässig, wenn dadurch deren Lesbarkeit nicht mehr gewährleistet ist.
§ 4 Einheitliche digitale Schnittstelle	§ 4 Einheitliche digitale Schnittstelle	§ 4 Einheitliche digitale Schnittstelle
Die einheitliche digitale Schnittstelle ist eine Datensatzbeschreibung für den standardisierten Datenexport aus dem Speichermedium nach § 3 Absatz 1 und dem elektronischen Aufbewahrungssystem zur Übergabe an den mit der Kassen-Nachschau oder Außenprüfung betrauten Amtsträger der Finanzbehörde. Sie stellt eine einheitliche Strukturierung und Bezeichnung der nach § 146a Absatz 1 der Abgabenordnung aufzuzeichnenden Daten in Datenschema und Datenfelderbeschreibung für die Protokollierung nach § 2 und die Speicherung nach § 3 sicher. Dies gilt unabhängig vom Programm des Herstellers.	Die einheitliche digitale Schnittstelle ist eine Datensatzbeschreibung für den standardisierten Datenexport aus dem Speichermedium nach § 3 Absatz 1, *der Anbindung an das elektronische Aufzeichnungssystem* und dem elektronischen Aufbewahrungssystem zur Übergabe an den mit der Kassen-Nachschau oder Außenprüfung betrauten Amtsträger der Finanzbehörde. Sie stellt eine einheitliche Strukturierung und Bezeichnung der nach § 146a Absatz 1 der Abgabenordnung aufzuzeichnenden Daten in Datenschema und Datenfelderbeschreibung für die Protokollierung nach § 2 und die Speicherung nach § 3 sicher. *Die einheitliche digitale Schnittstelle für den standardisierten Export aus dem Speichermedium nach § 3 Absatz 1 und die einheitliche digitale Schnittstelle für den standardisierten Export aus dem elektronischen Aufzeichnungssystem können getrennt voneinander erstellt und veröffentlicht werden.* Dies gilt unabhängig vom Programm des Herstellers.	Die einheitliche digitale Schnittstelle ist eine Datensatzbeschreibung für den standardisierten Datenexport aus dem Speichermedium nach § 3 Absatz 1, der Anbindung an das elektronische Aufzeichnungssystem und dem elektronischen Aufbewahrungssystem zur Übergabe an den mit der Kassen-Nachschau oder Außenprüfung betrauten Amtsträger der Finanzbehörde. Sie stellt eine einheitliche Strukturierung und Bezeichnung der nach § 146a Absatz 1 der Abgabenordnung aufzuzeichnenden Daten in Datenschema und Datenfelderbeschreibung für die Protokollierung nach § 2 und die Speicherung nach § 3 sicher. Die einheitliche digitale Schnittstelle für den standardisierten Export aus dem Speichermedium nach § 3 Absatz 1 und die einheitliche digitale Schnittstelle für den standardisierten Export aus dem elektronischen Aufzeichnungssystem können getrennt voneinander erstellt und veröffentlicht werden.
§ 5 Anforderungen an die technische Sicherungseinrichtung	§ 5 Anforderungen an die technische Sicherheitseinrichtung	§ 5 Anforderungen an die technische Sicherheitseinrichtung
Das Bundesamt für Sicherheit in der Informationstechnik legt im Benehmen mit dem Bundesministerium der Finanzen in Technischen Richtlinien und Schutzprofilen die technischen Anforderungen an das Sicherheitsmodul, das Speichermedium und die einheitliche digitale Schnittstelle sowie die organisatorischen Anforderungen zur Vergabe der Seriennummer des elektronischen Aufzeichnungssystems fest. Die jeweils aktuellen Versionen werden im Bundessteuerblatt Teil I und auf der Internetseite des Bundesamts für Sicherheit in der Informationstechnik veröffentlicht.	Das Bundesamt für Sicherheit in der Informationstechnik legt im Benehmen mit dem Bundesministerium der Finanzen in Technischen Richtlinien und Schutzprofilen die technischen Anforderungen an 1. *die digitale Schnittstelle, soweit diese den standardisierten Export aus dem Speichermedium und die Anbindung der zertifizierten technischen Sicherheitseinrichtung an das elektronische Aufzeichnungssystem betreffen,* 2. *das Sicherheitsmodul und* 3. *das Speichermedium.* Die jeweils aktuellen Versionen werden im Bundessteuerblatt Teil I und auf der Internetseite des Bundesamts für Sicherheit in der Informationstechnik veröffentlicht.	Das Bundesamt für Sicherheit in der Informationstechnik legt im Benehmen mit dem Bundesministerium der Finanzen in Technischen Richtlinien und Schutzprofilen die technischen Anforderungen fest an 1. die digitale Schnittstelle, soweit diese den standardisierten Export aus dem Speichermedium und die Anbindung der zertifizierten technischen Sicherheitseinrichtung an das elektronische Aufzeichnungssystem betreffen, 2. das Sicherheitsmodul und 3. das Speichermedium. Die jeweils aktuellen Versionen werden im Bundessteuerblatt Teil I und auf der Internetseite des Bundesamts für Sicherheit in der Informationstechnik veröffentlicht.

Anhang 17: Synopse zur Kassensicherungsverordnung

Ursprungsfassung	Änderungen	
Gültig vom 01.01.2020 bis 09.08.2021	Gültig vom 10.08.2021 – 31.12.2023[3]	Gültig ab 01.01.2024[4]
§ 6 Anforderungen an den Beleg Ein Beleg muss mindestens enthalten: 1. den vollständigen Namen und die vollständige Anschrift des leistenden Unternehmers, 2. das Datum der Belegausstellung und den Zeitpunkt des Vorgangbeginns im Sinne des § 2 Satz 2 Nummer 1 sowie den Zeitpunkt der Vorgangsbeendigung im Sinne des § 2 Satz 2 Nummer 6, 3. die Menge und die Art der gelieferten Gegenstände oder den Umfang und die Art der sonstigen Leistung, 4. die Transaktionsnummer im Sinne des § 2 Satz 2 Nummer 2, 5. das Entgelt und den darauf entfallenden Steuerbetrag für die Lieferung oder sonstige Leistung in einer Summe sowie den anzuwendenden Steuersatz oder im Fall einer Steuerbefreiung einen Hinweis darauf, dass für die Lieferung oder sonstige Leistung eine Steuerbefreiung gilt und 6. die Seriennummer des elektronischen Aufzeichnungssystems oder die Seriennummer des Sicherheitsmoduls. Die Angaben auf einem Beleg müssen für jedermann ohne maschinelle Unterstützung lesbar sein. Ein Beleg kann in Papierform oder mit Zustimmung des Belegempfängers elektronisch in einem standardisierten Datenformat ausgegeben werden.	**§ 6 Anforderungen an den Beleg** Ein Beleg muss mindestens enthalten: 1. den vollständigen Namen und die vollständige Anschrift des leistenden Unternehmers, 2. das Datum der Belegausstellung und den Zeitpunkt des Vorgangbeginns im Sinne des § 2 Satz 2 Nummer 1 sowie den Zeitpunkt der Vorgangsbeendigung im Sinne des § 2 Satz 2 Nummer 6, 3. die Menge und die Art der gelieferten Gegenstände oder den Umfang und die Art der sonstigen Leistung, 4. die Transaktionsnummer im Sinne des § 2 Satz 2 Nummer 2, 5. das Entgelt und den darauf entfallenden Steuerbetrag für die Lieferung oder sonstige Leistung in einer Summe sowie den anzuwendenden Steuersatz oder im Fall einer Steuerbefreiung einen Hinweis darauf, dass für die Lieferung oder sonstige Leistung eine Steuerbefreiung gilt und 6. die Seriennummer des elektronischen Aufzeichnungssystems oder die Seriennummer des Sicherheitsmoduls. *Die Angaben nach Satz 1 müssen* 1. *für jedermann ohne maschinelle Unterstützung lesbar oder* 2. *aus einem QR-Code auslesbar sein. Der QR-Code nach Satz 2 Nummer 2 hat der digitalen Schnittstelle der Finanzverwaltung (DSFinV), die für die jeweils zugehörige Art des Aufzeichnungssystems vorgeschrieben ist, zu entsprechen. Die digitale Schnittstelle wird auf der Internetseite des Bundeszentralamtes für Steuern, in der jeweils geltenden Fassung veröffentlicht.*	**§ 6 Anforderungen an den Beleg** Ein Beleg muss mindestens enthalten: 1. den vollständigen Namen und die vollständige Anschrift des leistenden Unternehmers, 2. das Datum der Belegausstellung und den Zeitpunkt des Vorgangbeginns im Sinne des § 2 Satz 2 Nummer 1 sowie den Zeitpunkt der Vorgangsbeendigung im Sinne des § 2 Satz 2 Nummer 6, 3. die Menge und die Art der gelieferten Gegenstände oder den Umfang und die Art der sonstigen Leistung, 4. die Transaktionsnummer im Sinne des § 2 Satz 2 Nummer 2, 5. das Entgelt und den darauf entfallenden Steuerbetrag für die Lieferung oder sonstige Leistung in einer Summe sowie den anzuwendenden Steuersatz oder im Fall einer Steuerbefreiung einen Hinweis darauf, dass für die Lieferung oder sonstige Leistung eine Steuerbefreiung gilt, 6. die Seriennummer des elektronischen Aufzeichnungssystems **sowie die Seriennummer des Sicherheitsmoduls** *und* 7. **den Prüfwert im Sinne des § 2 Satz 2 Nummer 7 und den fortlaufenden Signaturzähler, der vom Sicherheitsmodul festgelegt wird.** Die Angaben nach Satz 1 müssen 1. für jedermann ohne maschinelle Unterstützung lesbar oder 2. aus einem QR-Code auslesbar sein. Der QR-Code nach Satz 2 Nummer 2 hat der digitalen Schnittstelle der Finanzverwaltung (DSFinV), die für die jeweils zugehörige Art des Aufzeichnungssystems vorgeschrieben ist, zu entsprechen. Die digitale Schnittstelle wird auf der Internetseite des Bundeszentralamtes für Steuern, in der jeweils geltenden Fassung veröffentlicht.

Anhang 17: Synopse zur Kassensicherungsverordnung

Ursprungsfassung	Änderungen	
Gültig vom 01.01.2020 bis 09.08.2021	Gültig vom 10.08.2021 – 31.12.2023[3]	Gültig ab 01.01.2024[4]
§ 7 Zertifizierung	**§ 7 Zertifizierung**	**§ 7 Anforderungen an EU-Taxameter**[7]
(1) Für die Zertifizierung technischer Sicherheitseinrichtungen gelten §§ 9 des BSI-Gesetzes sowie die BSI Zertifizierungs- und Anerkennungsverordnung vom 17. Dezember 2014 (BGBl. I S. 2231) in der jeweils geltenden Fassung. Die Prüfung und Bewertung kann auch durch vom Bundesamt für Sicherheit in der Informationstechnik anerkannte sachverständige Stellen erfolgen, die zugleich gemäß der Verordnung (EG) Nr. 765/2008 des Europäischen Parlaments und des Rates vom 9. Juli 2008 über die Vorschriften für die Akkreditierung und Marktüberwachung im Zusammenhang mit der Vermarktung von Produkten und zur Aufhebung der Verordnung (EWG) Nr. 339/93 des Rates (ABl. L 218 vom 13.8.2008, S. 30) in der jeweils geltenden Fassung akkreditiert sind.	(1) Für die Zertifizierung technischer Sicherheitseinrichtungen gelten § 9 des BSI-Gesetzes sowie die BSI Zertifizierungs- und Anerkennungsverordnung vom 17. Dezember 2014 (BGBl. I S. 2231) in der jeweils geltenden Fassung. Die Prüfung und Bewertung kann auch durch vom Bundesamt für Sicherheit in der Informationstechnik anerkannte sachverständige Stellen erfolgen, die zugleich gemäß der Verordnung (EG) Nr. 765/2008 des Europäischen Parlaments und des Rates vom 9. Juli 2008 über die Vorschriften für die Akkreditierung und Marktüberwachung im Zusammenhang mit der Vermarktung von Produkten und zur Aufhebung der Verordnung (EWG) Nr. 339/93 des Rates (ABl. L 218 vom 13.8.2008, S. 30) in der jeweils geltenden Fassung akkreditiert sind.	(1) *Die §§ 2 und 6 Satz 1 sind auf EU-Taxameter nicht anzuwenden.*
(2) Die Kosten einer Zertifizierung trägt der Antragsteller. Die BSI-Kostenverordnung vom 3. März 2005 (BGBl. I S. 519), die durch Artikel 3 Absatz 1 des Gesetzes vom 18. Juli 2016 (BGBl. I S. 1666) aufgehoben wird, in der jeweils geltenden Fassung ist bis zu ihrem Außerkrafttreten anzuwenden.	(2) Die Kosten einer Zertifizierung trägt der Antragsteller. *Die Besondere Gebührenverordnung BMI vom 2. September 2019 (BGBl. I S. 1359) in der jeweils geltenden Fassung ist anzuwenden.*	(2) Mit dem Umschalten von der Betriebseinstellung „Kasse" auf die Betriebseinstellung „Frei" muss unmittelbar eine neue Transaktion im Sicherheitsmodul gestartet werden. Die Transaktion bei EU-Taxametern hat zu enthalten: 1. die Zählwerksdaten, die allgemeinen Daten, die Preisdaten einer Fahrt und die Tarifdaten im Sinne des Anhangs IX Nummer 4 der Richtlinie 2014/32/EU, 2. den Zeitpunkt der Beendigung der Betriebseinstellung „Kasse", 3. eine eindeutige und fortlaufende Transaktionsnummer sowie 4. einen Prüfwert. Die Daten nach Satz 2 Nummer 2 bis 4 werden manipulationssicher durch das Sicherheitsmodul festgelegt. Die Transaktionsnummer muss so beschaffen sein, dass Lücken in den Transaktionsaufzeichnungen erkennbar sind.

[7] Der bisherige § 7 „Zertifizierung" wird § 11.

Anhang 17: Synopse zur Kassensicherungsverordnung

Ursprungsfassung	Änderungen
Gültig vom 01.01.2020 bis 09.08.2021	Gültig vom 10.08.2021 – 31.12.2023[3]
	Gültig ab 01.01.2024[4]
	(3) Bei EU-Taxametern hat der Beleg mindestens zu enthalten: 1. die allgemeinen Daten und die Preisdaten einer Fahrt im Sinne des Anhangs IX Nummer 4 der Richtlinie 2014/32/EU, 2. den Zeitpunkt der Beendigung der Betriebseinstellung „Kasse" nach Absatz 2 Satz 2 Nummer 2, 3. die Transaktionsnummer nach Absatz 2 Satz 2 Nummer 3, 4. den Prüfwert nach Absatz 2 Satz 2 Nummer 4 und 5. die Seriennummer des Sicherheitsmoduls. § 6 Satz 2 bis 4 gilt entsprechend. Ein Beleg kann in Papierform oder mit Zustimmung des Belegempfängers elektronisch in einem standardisierten Datenformat ausgegeben werden. (4) Verfügt ein EU-Taxameter nicht über einen Belegdrucker, so kann der Beleg außerhalb des EU-Taxameters in Papierform oder mit Zustimmung des Belegempfängers elektronisch in einem standardisierten Datenformat ausgegeben werden. Die Ausstellung des Belegs kann zu einem späteren Zeitpunkt nach dem Geschäftsvorfall und gegenüber einem nicht an dem Geschäftsvorfall unmittelbar Beteiligten geschehen. Die umsatzsteuerlichen Anforderungen an eine Rechnung bleiben unberührt.
§ 8 Inkrafttreten	§ 8 Anforderungen an Wegstreckenzähler
Diese Verordnung tritt am Tag nach der Verkündung in Kraft.	(1) Die §§ 2 und 6 Satz 1 sind auf Wegstreckenzähler nicht anzuwenden.
	(2) Die Transaktion bei Wegstreckenzählern hat 1. die Zählwerksdaten und die allgemeinen Daten nach § 7 Absatz 2 Satz 2 Nummer 1, 2. die Preisdaten einer Fahrt nach § 7 Absatz 2 Satz 2 Nummer 1, 3. eine eindeutige und fortlaufende Transaktionsnummer sowie 4. einen Prüfwert zu enthalten. Die Daten nach Satz 1 Nummer 1 und 2 sind nur aufzuzeichnen, soweit diese durch den Wegstreckenzähler erzeugt werden. Die Daten nach Satz 1 Nummer 3 und 4 werden manipulationssicher durch das Sicherheitsmodul festgelegt. Die Transaktionsnummer muss so beschaffen sein, dass Lücken in den Transaktionsaufzeichnungen erkennbar sind.
§ 8 Inkrafttreten	
Diese Verordnung tritt am Tag nach der Verkündung in Kraft.	Diese Verordnung tritt am Tag nach der Verkündung in Kraft.

Anhang 17: Synopse zur Kassensicherungsverordnung

Ursprungsfassung	Änderungen
Gültig vom 01.01.2020 bis 09.08.2021	Gültig vom 10.08.2021 – 31.12.2023[3]
	Gültig ab 01.01.2024[4]
	(3) Bei Wegstreckenzählern hat der Beleg mindestens zu enthalten:
	1. die allgemeinen Daten und die Preisdaten einer Fahrt nach § 7 Absatz 3 Satz 1 Nummer 1, soweit diese durch den Wegstreckenzähler erzeugt werden,
	2. die Transaktionsnummer nach Absatz 2 Satz 1 Nummer 3,
	3. den Prüfwert nach Absatz 2 Satz 1 Nummer 4 und
	4. die Seriennummer des Sicherheitsmoduls.
	§ 6 Satz 2 bis 4 gilt entsprechend. Ein Beleg kann in Papierform oder mit Zustimmung des Belegempfängers elektronisch in einem standardisierten Datenformat ausgegeben werden.
	(4) Bei Wegstreckenzählern kann der Beleg durch eine dem Gesetz entsprechende Aufzeichnung des Geschäftsvorfalls ersetzt werden, wenn keine digitale Schnittstelle vorhanden ist. Ist eine digitale Schnittstelle vorhanden, gilt § 7 Absatz 4 sinngemäß.
	§ 9 Übergangsregel für EU-Taxameter mit INSIKA-Technik[8]
	(1) Soweit ein EU-Taxameter vor dem 1. Januar 2021 mit der INSIKA-Technik ausgerüstet wurde, ist § 7 für dieses EU-Taxameter erst ab dem 1. Januar 2026 anzuwenden.
	(2) Absatz 1 gilt nicht, sofern das EU-Taxameter aus dem Fahrzeug, in das es am 1. Januar 2021 eingebaut war, ausgebaut und in ein neues Fahrzeug eingebaut wird.
	(3) Das Vorliegen der Voraussetzungen nach den Absätzen 1 und 2 ist dem zuständigen Finanzamt bis zum 31. Januar 2024 mitzuteilen. Sofern ein Fall des Absatzes 2 nach dem 1. Januar 2024 vorliegt, ist dieser dem zuständigen Finanzamt innerhalb eines Monats mitzuteilen.

8 Technische Komponente der Integrierten Sicherheitslösung für messwertverarbeitende Kassensysteme, die seit geraumer Zeit in Taxen und Mietwagen eingesetzt wird. Nach Schätzungen des Statistischen Bundesamtes gibt es in Deutschland rd. 54.000 Taxis. Davon sollen rd. 13.600 Fahrzeuge mit der INSIKA-Technik ausgestattet sein. In den Bundesländern Hamburg und Berlin kann von einer flächendeckenden Ausstattung ausgegangen werden (vgl. BT-Drucks. 20/2185 vom 06.07.2022, Begründung A) Allgemeiner Teil unter VI.4.2.

Anhang 17: Synopse zur Kassensicherungsverordnung

Ursprungsfassung	Änderungen	
Gültig vom 01.01.2020 bis 09.08.2021	Gültig vom 10.08.2021 – 31.12.2023[3]	Gültig ab 01.01.2024[4]
		§ 10 Anwendungszeitpunkt für Wegstreckenzähler
		Für Wegstreckenzähler ist § 8 ab dem Tag anzuwenden, an dem
		1. mindestens drei voneinander unabhängige Unternehmen Wegstreckenzähler am Markt anbieten, die über eine geeignete digitale Schnittstelle im Sinne der Kassensicherungsverordnung verfügen, und
		2. eine Konformitätsbewertungsstelle nach § 13 oder § 14 des Mess- und Eichgesetzes die Konformität der Wegstreckenzähler nach Nummer 1 mit den Anforderungen des Mess- und Eichgesetzes feststellt.
		Der Zeitpunkt nach Satz 1 ist durch das Bundesministerium der Finanzen im Bundessteuerblatt Teil I bekannt zu geben. Die Sätze 1 und 2 gelten für Wegstreckenzähler, die ab dem in Satz 1 veröffentlichten Zeitpunkt neu in den Verkehr gebracht werden."
		§ 11 Zertifizierung[9]
		(1) Für die Zertifizierung technischer Sicherheitseinrichtungen gelten § 9 des BSI-Gesetzes sowie die BSI Zertifizierungs- und Anerkennungsverordnung vom 17. Dezember 2014 (BGBl. I S. 2231) in der jeweils geltenden Fassung. Die Prüfung und Bewertung kann auch durch vom Bundesamt für Sicherheit in der Informationstechnik anerkannte sachverständige Stellen erfolgen, die zugleich gemäß der Verordnung (EG) Nr. 765/2008 des Europäischen Parlaments und des Rates vom 9. Juli 2008 über die Vorschriften für die Akkreditierung und Marktüberwachung im Zusammenhang mit der Vermarktung von Produkten und zur Aufhebung der Verordnung (EWG) Nr. 339/93 des Rates (ABl. L 218 vom 13.8.2008, S. 30) in der jeweils geltenden Fassung akkreditiert sind
		(2) Die Kosten einer Zertifizierung trägt der Antragsteller. Die Besondere Gebührenverordnung BMI vom 2. September 2019 (BGBl. I S. 1359) in der jeweils geltenden Fassung ist anzuwenden.

---

9 Der bisherige § 7 KassenSichV wurde in § 11 KassenSichV verankert.

Anhang 18: Im Dschungel der Kassenführung – wo finde ich was?

Einleitend sind zunächst einige hilfreiche Kontaktdaten aufgeführt. Die nachfolgend thematisch/chronologisch gegliederten Fundstellen sollen dem Leser einen Überblick und schnellen Zugriff auf Dokumente im Umfeld der Kassenführung ermöglichen. Anregungen und Ergänzungen nimmt der Verfasser gerne per E-Mail an *info@kassenschreiber.de* entgegen.

Gliederung

Kontaktdaten	Rz. 2
Gesetze und Verordnungen	Rz. 3
Grundsätze ordnungsmäßiger Buchführung	Rz. 4
Muster-Verfahrensdokumentationen	Rz. 5
Technische Sicherheitseinrichtung (§ 146a AO)	Rz. 6
Digitale Schnittstellen der Finanzverwaltung	Rz. 7
Betriebsprüfung	Rz. 8
– Allgemeines	Rz. 9
– Richtsatzsammlung und Vergleichszahlen	Rz. 10
– Pauschbeträge für Sachentnahmen	Rz. 11
– Einordnung in Betriebsgrößenklassen	
Kassen-Nachschau (§ 146b AO)	Rz. 12
Straf- und Bußgeldverfahren	Rz. 13
Ertragsteuer	Rz. 14
Umsatzsteuer	Rz. 15
Lohnsteuer	Rz. 16
Datenschutz-Grundverordnung (DSGVO)	Rz. 17
TaxTech-Tools	Rz. 18
Verschiedenes	Rz. 19

Kontaktdaten

Adressat	Fragestellung/Thema	E-Mail
BMF	DSFinV-K/DSFinV-TW	*IVA4@bmf.bund.de*
BSI	TSE und Zertifizierungsverfahren	*registrierkassen@bsi.bund.de*
DFKA e. V.	Interessante Fragen für den FAQ des DFKA. Die Fragen werden gesichtet und bei Geeignetheit an das BMF adressiert.	*faq@dfka.net*

Anhang 18: Wo finde ich was?

3 Gesetze und Verordnungen

Datum	Inhalt	Fundstelle
22.12.2016	Gesetz zum Schutz vor Manipulationen an digitalen Grundaufzeichnungen	BStBl. I 2017, 21
26.09.2017	Verordnung zur Bestimmung der technischen Anforderungen an elektronische Aufzeichnungs- und Sicherungssysteme im Geschäftsverkehr (Kassensicherungsverordnung – KassenSichV)	BStBl. I 2017, 1310
30.07.2021	Verordnung zur Änderung der Kassensicherungsverordnung	BStBl. I 2021, 1458
20.12.2022	Gesetz zur Umsetzung der Richtlinie (EU) 2021/514 des Rates vom 22. März 2021 zur Änderung der Richtlinie 2011/16/EU über die Zusammenarbeit der Verwaltungsbehörden im Bereich der Besteuerung und zur Modernisierung des Steuerverfahrensrechts	BStBl. I 2023, 82
15.03.2024	Gesetzentwurf der Bundesregierung Entwurf eines Vierten Gesetzes zur Entlastung der Bürgerinnen und Bürger, der Wirtschaft sowie der Verwaltung von Bürokratie (Viertes Bürokratieentlastungsgesetz)	Link[1]
27.03.2024	Gesetz zur Stärkung von Wachstumschancen, Investitionen und Innovation sowie Steuervereinfachung und Steuerfairness (Wachstumschancengesetz)	BGBl. I 2024, Nr. 108

4 Grundsätze ordnungsmäßiger Buchführung

Datum	Quelle	Inhalt	Fundstelle
13.07.1992	BMF	Bekämpfung des Schwarzeinkaufs; hier: Aufzeichnung des Warenausgangs gem. § 144 AO	BStBl. I 1992, 490
07.11.1995	BMF	Grundsätze ordnungsmäßiger DV-gestützter Buchführungssysteme (GoBS)[2]	BStBl. I 1995, 738
09.01.1996	BMF	Verzicht auf die Aufbewahrung von Kassenstreifen bei Einsatz elektronischer Registrierkassen[3]	BStBl. I 1996, 34
16.07.2001	BMF	Grundsätze zum Datenzugriff und zur Prüfbarkeit digitaler Unterlagen (GDPdU)[4]	BStBl. I 2001, 415

---

1 *https://dserver.bundestag.de/brd/2024/0129-24.pdf* (abgerufen am 20.04.2024).
2 Aufgehoben durch BMF-Schreiben vom 16.07.2001, BStBl. I 2001, 415.
3 Aufgehoben für Steuertatbestände, die nach dem 31.12.2016 verwirklicht werden; BMF-Schreiben vom 26.11.2010, BStBl. I 2010, 1342.
4 Aufgehoben durch BMF-Schreiben vom 14.11.2014, BStBl. I 2014, 1450.

Anhang 18: Wo finde ich was?

Datum	Quelle	Inhalt	Fundstelle
26.11.2010	BMF	Aufbewahrung digitaler Unterlagen bei Bargeschäften[5]	BStBl. I 2010, 1342
13.10.2012	Arbeitsgemeinschaft für wirtschaftliche Verwaltung e. V. (AWV)	Grundsätze ordnungsmäßiger Buchführung beim IT-Einsatz (GoBIT, Entwurfsfassung)	Link[6]
14.11.2014	BMF	Grundsätze zur ordnungsmäßigen Führung und Aufbewahrung von Büchern, Aufzeichnungen und Unterlagen in elektronischer Form sowie zum Datenzugriff (GoBD)[7] Ergänzende Informationen zur Datenträgerüberlassung	BStBl. I 2014, 1450
19.06.2018	BMF	Anwendungserlass zu § 146[8]	BStBl. I 2018, 706
29.06.2018	BMF	Buchung von EC-Kartenumsätzen in der Kassenführung – IV A 4 – S 0316/13/10003-09	DStR 2018, 1975
28.11.2019	BMF	Grundsätze zur ordnungsmäßigen Führung und Aufbewahrung von Büchern, Aufzeichnungen und Unterlagen in elektronischer Form sowie zum Datenzugriff (GoBD)[9] Ergänzende Informationen zur Datenträgerüberlassung[10]	BStBl. I 2019, 1269
03.12.2020	BMF	Verwaltungsgrundsätze 2020	BStBl. I 2020, 1325
2021	Bitkom e. V.	GoBD-Checkliste für Dokumentenmanagement-Systeme, Version 2.1	Link[11]
05.07.2021	BMF	Anwendungsregelung zur Änderung des § 141 Absatz 1 Satz 1	BStBl. I 2021, 903

---

5   Aufgehoben durch BMF-Schreiben vom 11.03.2024, BStBl. I 2024, 367.
6   *https://www.awv-net.de/upload/pdf/GoBIT_Entwurf_V_5_0_2012_10_13_final.pdf* (abgerufen am 26.10.2023).
7   Zur Neufassung s. BMF-Schreiben vom 28.11.2019, BStBl. I 2019, 1269.
8   Zuletzt geändert mit BMF-Schreiben vom 12.01.2022 – BStBl. I 2022, 82.
9   Gültig ab 01.01.2020. Es wird nicht beanstandet, wenn der Stpfl. die neuen Grundsätze auf Besteuerungszeiträume anwendet, die vor dem 01.01.2020 enden. Zur Ursprungsfassung der GoBD s. BMF, Schreiben vom 14.11.2014, BStBl. I 2014, 1450.
10 *https://www.ihk-muenchen.de/ihk/documents/Recht-Steuern/Steuerrecht/2019-11-28-GoBD-Ergaenzende-Informationen-zur-Datentraegerueberlassung.pdf* (abgerufen am 25.10.2023). Zur Neufassung ab 01.04.2024 s. BMF-Schreiben vom 11.03.2024, BStBl. I 2024, 374.
11 *https://www.bitkom.org/Bitkom/Publikationen/GoBD-Checkliste-fuer-Dokumentenmanagement-Systeme* (abgerufen am 25.10.2023).

Anhang 18: Wo finde ich was?

Datum	Quelle	Inhalt	Fundstelle
		Nr. 1 Abgabenordnung durch das Abzugsteuerentlastungsmodernisierungsgesetz	
25.10.2021	BMF	Einzelaufzeichnungspflicht nach § 146 Abs. 1 Satz 1 AO; Nutzung von Aliasbescheinigungen nach § 5 Absatz 6 ProstSchG	BStBl. I 2021, 1870
19.01.2023	Peters, Schönberger & Partner mbB (PSP)	Die GoBD in der Praxis – Ein Leitfaden für die Unternehmenspraxis –, Version 4.0	Link[12]
2023 (nicht datiert)	BMF	Wachstumschancengesetz – Einführung der obligatorischen elektronischen Rechnung; Zulässigkeit der Formate XRechnung und ZUGFeRD GZ III C 2 – S 7287-a/23/10001 :007 DOK 2023/0922192	Link[13]
Dezember 2023	Arbeitsgemeinschaft für wirtschaftliche Verwaltung e. V. (AWV)	GoBD – Ein Praxisleitfaden für Unternehmen – Version 2.2 (Stand Dezember 2023)	Link[14]
05.02.2024	BMF	Änderung des Anwendungserlasses zur Abgabenordnung (AEAO) Hier: Aufhebung der Nr. 6 des AEAO zu § 147	BStBl. I 2024, 177
11.03.2024	BMF	Grundsätze zur ordnungsmäßigen Führung und Aufbewahrung von Büchern, Aufzeichnungen und Unterlagen in elektronischer Form sowie zum Datenzugriff (GoBD); Änderung aufgrund verschiedener gesetzlicher Änderungen[15] Ergänzende Informationen zur Datenüberlassung[16]	BStBl. I 2024, 374

---

12 *https://www.psp.eu/assets/pdfs/gobd_psp_leitfaden.pdf* (abgerufen am 25.10.2023).
13 *https://www.dstv.de/wp-content/uploads/2023/10/BMF_2023-0922192-R.pdf* (abgerufen am 25.10.2023).
14 *https://www.awv-net.de/front_content.php?idart=4764&idcat=107&changelang=1* (abgerufen am 20.12.2023).
15 Gültig ab 01.04.2024.
16 Gültig ab 01.04.2024. Bestimmte Datenformate werden ab dem 01.01.2025 nicht mehr unterstützt (vgl. dazu die angegebene Fundstelle, dortige Tz. 5).

Anhang 18: Wo finde ich was?

Datum	Quelle	Inhalt	Fundstelle
11.03.2024	BMF	Aufzeichnung und Aufbewahrung von Geschäftsvorfällen und anderen steuerlich relevanten Daten bei Taxi- und Mietwagenunternehmen	BStBl. I 2024, 367
11.03.2024	BMF	Gesetz zur Umsetzung der Richtlinie (EU) 2021/514 des Rates vom 22. März 2021 zur Änderung der Richtlinie 2011/16/EU über die Zusammenarbeit der Verwaltungsbehörden im Bereich der Besteuerung und zur Modernisierung des Steuerverfahrensrechts vom 20. Dezember 2022; Änderung des Anwendungserlasses zu § 158 AO[17]	BStBl. I 2024, 370
26.03.2024	Peters, Schönberger & Partner mbB (PSP)	Die GoBD in der Praxis – Ein Leitfaden für die Unternehmenspraxis –, Version 4.2	Link[18]

---

17 Neufassung mit Wirkung vom 11.03.2024.
18 *https://www.psp.eu/assets/pdfs/gobd_leitfaden_version_4.2_rz.pdf* (abgerufen am 31.03.2024).

Anhang 18: Wo finde ich was?

5 **Muster-Verfahrensdokumentationen**

Datum	Quelle	Inhalt	Fundstelle
19.10.2015	Arbeitsgemeinschaft für wirtschaftliche Verwaltung e. V. (AWV)	Muster-Verfahrensdokumentation zur Belegablage, Version 1.0	Link[19]
29.11.2019	Bundessteuerberaterkammer (BStBK) und Deutscher Steuerberaterverband e. V. (DStV)	Muster-Verfahrensdokumentation zum ersetzenden Scannen, Version 2.0	Link[20]
August 2020	Deutscher Fachverband für Kassen- und Abrechnungssystemtechnik im bargeld- und bargeldlosen Zahlungsverkehr e.V. (DFKA)	Muster-Verfahrensdokumentation zur ordnungsmäßigen Kassenführung (inkl. Beiblatt zur TSE)	Link[21]
ohne	Jens Damas	Muster-Verfahrensdokumentation für Ärzte und Zahnärzte	Link[22]

---

19 *https://www.awv-net.de/fachergebnisse/themenfokus5/musterverfahrensdoku/musterverfahrensdokumentation.html* (abgerufen am 25.10.2023).
20 Abruf für Verbandsmitglieder unter *www.stbdirekt.de* (StBdirekt-Nr. 208918). Ergänzend dazu kann ein FAQ-Katalog abgerufen werden (StBdirekt-Nr. 373302). Er bietet u.a. Antworten auf Fragen zur Einführung des sog. Mobilen Scannens und ergänzt insoweit die Muster-VD vom 29.11.2020.
21 *https://dfka.net/Muster-VD-Kasse/* (abgerufen am 25.10.2023).
22 Die VD kann per E-Mail an *jens.damas@me.com* kostenlos angefordert werden (Stichwort: „Verfahrensdokumentation – Standard des Arbeitskreises").

Technische Sicherheitseinrichtung (§ 146a AO)

Datum	Quelle	Inhalt	Fundstelle
12.06.2018	BMF	Bekanntmachung eines Hinweises auf die Veröffentlichung Technischer Richtlinien des Bundesamtes für Sicherheit in der Informationstechnik; „BSI TR-03153 Technische Sicherheitseinrichtung für elektronische Aufzeichnungssysteme"; „BSI TR-03151 Secure Element API (SE API)"; BSI TR-03116 Kryptographische Vorgaben für Projekte der Bundesregierung Teil 5 – Anwendungen der Secure Element API"	BStBl. I 2018, 701
28.02.2019	BMF	Bekanntmachung eines Hinweises auf die Veröffentlichung geänderter Technischer Richtlinien des Bundesamtes für Sicherheit in der Informationstechnik; „BSI TR-03153 Technische Sicherheitseinrichtung für elektronische Aufzeichnungssysteme, Version 1.0.1"; „BSI TR-03151 Secure Element API (SE API), Version 1.0.1"; „BSI TR-03116 Kryptographische Vorgaben für Projekte der Bundesregierung Teil 5 – Anwendungen der Secure Element API, Stand 2019"[23]	BStBl. I 2019, 206
06.11.2019	BMF	Nichtbeanstandungsregelung bei Verwendung elektronischer Aufzeichnungssysteme im Sinne des § 146a AO ohne zertifizierte technische Sicherheitseinrichtung nach dem 31. Dezember 2019	BStBl. I 2019, 1010
17.06.2019	BMF	Anwendungserlass zu § 146a AO[24]	BStBl. I 2019, 518

---

[23] Hinsichtlich BSI TR-03116-5 teilweise aufgehoben durch BMF-Schreiben vom 17.08.2021, BStBl. I 2021, 1041 und vom 24.02.2022, BStBl. I 2022, 179. Vollständig aufgehoben mit BMF-Schreiben vom 29.06.2023, BStBl. I 2023, 1075.

[24] Zuletzt geändert mit BMF-Schreiben vom 04.11.2021, BStBl. I 2021, 2156. Neufassung mit BMF-Schreiben vom 30.06.2023 (s. dort).

Anhang 18: Wo finde ich was?

Datum	Quelle	Inhalt	Fundstelle
16.12.2019	BMF	Bekanntmachung eines Hinweises auf die Veröffentlichung von Ergänzungen zu den Technischen Richtlinien des Bundesamtes für Sicherheit in der Informationstechnik; „BSI TR-03153 Technische Sicherheitseinrichtung für elektronische Aufzeichnungssysteme, Version 1.0.1"; „BSI TR-03151 Secure Element API (SE API), Version 1.0.1"; „BSI TR-03116 Kryptographische Vorgaben für Projekte der Bundesregierung Teil 5 – Anwendungen der Secure Element API, Stand 2019"[25]	BStBl. I 2020, 58
31.01.2020	BMF	Bekanntmachung eines Hinweises auf die Veröffentlichung geänderter Technischer Richtlinien des Bundesamtes für Sicherheit in der Informationstechnik; BSI TR-03116, Kryptographische Vorgaben für Projekte der Bundesregierung Teil 5 – Anwendungen der Secure Element API, Stand 2020[26]	BStBl. I 2020, 207
07.08.2020	BMF	Bekanntmachung eines Hinweises auf die Veröffentlichung geänderter Schutzprofile des Bundesamtes für Sicherheit in der Informationstechnik; „Schutzprofil „Sicherheitsmodulanwendung für elektronische Aufzeichnungssysteme" BSI-CC-PP-0105-V2-2020, Version 1.0"	BStBl. I 2020, 655
18.08.2020	BMF	Nichtbeanstandungsregelung bei Verwendung elektronischer Aufzeichnungssysteme im Sinne des § 146a AO ohne zertifizierte technische Sicherheitseinrichtung nach dem 31. Dezember 2019 und Anwendungserlass zur Abgabenordnung zu § 148	BStBl. I 2020, 656

---

25 Aufgehoben durch BMF-Schreiben vom 29.06.2023, BStBl. I 2023, 1075.
26 Aufgehoben durch BMF-Schreiben vom 17.08.2021, BStBl. I 2021, 1041.

Anhang 18: Wo finde ich was?

Datum	Quelle	Inhalt	Fundstelle
03.05.2021	BMF	Übergangsregel bis zur Aufnahme von Kassen- und Parkscheinautomaten der Parkraumbewirtschaftung sowie Ladepunkte für Elektro- und Hybridfahrzeuge in die Ausnahmetatbestände der Kassensicherungsverordnung	BStBl. I 2021, 679
26.07.2021	BMF	Bekanntmachung eines Hinweises auf die Veröffentlichung der Technischen Richtlinie des Bundesamtes für Sicherheit in der Informationstechnik; „BSI TR-03153-2 Regelung zur übergangsweisen Aufrechterhaltung der gesetzlich erforderlichen Zertifizierung von Technischen Sicherheitseinrichtungen in begründeten Ausnahmefällen	BStBl. I 2021, 1034
17.08.2021	BMF	Bekanntmachung eines Hinweises auf die Veröffentlichung geänderter Technischer Richtlinien des Bundesamtes für Sicherheit in der Informationstechnik; BSI TR-03116, Kryptographische Vorgaben für Projekte der Bundesregierung Teil 5 – Anwendungen der Secure Element API, Stand 2021[27]	BStBl. I 2021, 1041
24.02.2022	BMF	Bekanntmachung eines Hinweises auf die Veröffentlichung geänderter Technischer Richtlinien des Bundesamtes für Sicherheit in der Informationstechnik; „BSI TR-03116 Kryptographische Vorgaben für Projekte der Bundesregierung Teil 5 – Anwendungen der Secure Element API, Stand 2022"[28]	BStBl. I 2022, 179

---

27 Aufgehoben durch BMF-Schreiben vom 24.02.2022, BStBl. I 2022, 179.
28 Aufgehoben durch BMF-Schreiben vom 29.06.2023, BStBl. I 2023, 1075.

Anhang 18: Wo finde ich was?

Datum	Quelle	Inhalt	Fundstelle
08.07.2022	BMF	Bekanntmachung eines Hinweises auf die Veröffentlichung des Bundesamtes für Sicherheit in der Informationstechnik; Auslaufen des Zertifikats BSI-K-TR-0491-2021 der „Bundesdruckerei D-TRUST TSE, Version 1.0" der cv cryptovision GmbH	BStBl. I 2022, 1170
13.10.2022	BMF	Übergangsregelung für den Einsatz der TSE Version 1 der Firma cv cryptovision GmbH, vertrieben unter dem Namen D-TRUST TSE-Modul	BStBl. I 2022, 1436
16.03.2023	BMF	Übergangsregelung für den Einsatz der TSE Version 1 der Firma cv cryptovision GmbH, vertrieben unter dem Namen D-TRUST TSE-Modul; Verlängerung und Ausdehnung der Übergangsregelung	BStBl. I 2023, 606
24.03.2023	BMF	Bekanntmachung eines Hinweises auf die Veröffentlichung der Technischen Richtlinie des Bundesamtes für Sicherheit in der Informationstechnik; „BSI TR-03145-5 Specific requirements for a Public Key Infrastructure for Technical Security Systems, Version 1.0.0"[29]	BStBl. I 2023, 607
27.03.2023	BMF	Übermittlung von Root- und Intermediate-Zertifikaten aufgrund der BSI TR-03145 Teil 5	BStBl. I 2023, 608
29.06.2023	BMF	Bekanntmachung eines Hinweises auf die Veröffentlichung Technischer Richtlinien des Bundesamtes für Sicherheit in der Informationstechnik	BStBl. I 2023, 1075
30.06.2023	BMF	Neufassung des Anwendungserlasses zu § 146a	BStBl. I 2023, 1076
07.07.2023	BMF	Mitteilung des Widerrufs von Root-Zertifikaten aufgrund der BSI TR-03145 Teil 5	BStBl. I 2023, 1470

29　Aufgehoben durch BMF-Schreiben vom 29.06.2023, BStBl. I 2023, 1075.

Anhang 18: Wo finde ich was?

Datum	Quelle	Inhalt	Fundstelle
13.10.2023	BMF	Nichtbeanstandungsregelung bei Verwendung von EU-Taxametern und Wegstreckenzählern ohne zertifizierte technische Sicherheitseinrichtung nach dem 31.12.2023	BStBl. I 2023, 1718
29.12.2023	BMF	Bekanntmachung eines Hinweises auf die Veröffentlichung der Technischen Richtlinien des Bundesamtes für Sicherheit in der Informationstechnik	BStBl. I 2024, 27
Lfd.	BSI	Übersicht über Technische Richtlinien für Technische Sicherheitseinrichtungen elektronischer Aufzeichnungssysteme	Link[30]
Lfd.	BSI	Information zur TSE-Zertifizierung	Link[31]
Lfd.	BSI	Zertifizierte Produkte	Link[32]
Lfd.	BSI	Schutz vor Manipulation an digitalen Grundaufzeichnungen (FAQ)	Link[33]
Lfd.	BMF	Das Kassengesetz für mehr Steuergerechtigkeit (FAQ)	Link[34]

---

30 *https://www.bsi.bund.de/DE/Themen/Unternehmen-und-Organisationen/Standards-und-Zertifizierung/Schutz-vor-Manipulation-an-digitalen-Grundaufzeichnungen/schutz-vor-manipulation-an-digitalen-grundaufzeichnungen_node.html* (abgerufen am 25.10.2023).

31 *https://www.bsi.bund.de/DE/Themen/Unternehmen-und-Organisationen/Standards-und-Zertifizierung/Schutz-vor-Manipulation-an-digitalen-Grundaufzeichnungen/Informationen-zur-Zertifizierung/informationen-zur-zertifizierung_node.html* (abgerufen am 25.10.2023).

32 *https://www.bsi.bund.de/DE/Themen/Unternehmen-und-Organisationen/Standards-und-Zertifizierung/Zertifizierung-und-Anerkennung/Listen/Zertifizierte-Produkte-nach-TR/Technische_Sicherheitseinrichtungen/TSE_node.html* (abgerufen am 25.10.2023).

33 *https://www.bsi.bund.de/DE/Themen/Unternehmen-und-Organisationen/Standards-und-Zertifizierung/Schutz-vor-Manipulation-an-digitalen-Grundaufzeichnungen/Fragen-und-Antworten/fragen-und-antworten_node.html* (abgerufen am 25.10.2023).

34 *https://www.bundesfinanzministerium.de/Content/DE/FAQ/2020-02-18-steuergerechtigkeit-belegpflicht.html* (abgerufen am 25.10.2023).

Anhang 18: Wo finde ich was?

7 Digitale Schnittstellen der Finanzverwaltung

Datum	Quelle	Inhalt	Fundstelle
04.03.2022	BZSt	Digitale Schnittstelle der Finanzverwaltung für Kassensysteme (DSFinV-K), Version 2.3	Link[35]
21.04.2022	BMF	Bekanntmachung eines Hinweises auf die Veröffentlichung der aktuellen Version der Digitalen Schnittstelle der Finanzverwaltung für Kassensysteme (DSFinV-K); DSFinV-K in der Version 2.3	BStBl. I 2022, 575
21.08.2023	BZSt	Digitale Schnittstelle der Finanzverwaltung für EU-Taxameter und Wegstreckenzähler (DSFinV-TW), Version 1.0	Link[36]
13.09.2023	BMF	Bekanntmachung eines Hinweises auf die Veröffentlichung der aktuellen Version der Digitalen Schnittstelle der Finanzverwaltung für EU-Taxameter und Wegstreckenzähler, Version 1.0.	BStBl. I 2023, 1580
ohne	BZSt	Digitale Schnittstelle der Finanzverwaltung für Kassensysteme (DSFinV-K), Version 2.4	Link[37]
12.01.2024	BMF	Bekanntmachung eines Hinweises auf die Veröffentlichung der aktuellen Version der Digitalen Schnittstelle der Finanzverwaltung für Kassensysteme (DSFinV-K); DSFinV-K in der Version 2.4	BStBl. I 2024, 176

---

35 *https://www.bzst.de/DE/Unternehmen/Aussenpruefungen/DigitaleSchnittstelleFinV/digitaleschnittstellefinv_node.html* (abgerufen am 25.10.2023).
36 *https://www.bzst.de/DE/Unternehmen/Aussenpruefungen/DigitaleSchnittstelleTaxameter/digitaleSchnittstelleTaxameter_node.html* (abgerufen am 25.10.2023).
37 *https://www.bzst.de/DE/Unternehmen/Aussenpruefungen/DigitaleSchnittstelleFinV/digitaleschnittstellefinv.html* (abgerufen am 26.02.2024). Die DSFinV-K in der Version 2.4 beinhaltet redaktionelle Änderungen und Anpassungen an die Neufassung des AEAO zu § 146a ab dem 1. Januar 2024. Inhaltliche Änderungen zur Version 2.3 erfolgten nicht. Deshalb ist eine Anwendung der DSFinV-K in der Version 2.3 ausreichend und Systeme müssen nicht an die Fassung 2.4 angepasst werden.

Anhang 18: Wo finde ich was?

Betriebsprüfung
Allgemeines 8

Datum	Quelle	Inhalt	Fundstelle
30.07.2008	BMF	Tatsächliche Verständigung über den der Steuerfestsetzung zugrunde liegenden Sachverhalt	BStBl. I 2008, 831
24.10.2013	BMF	Hinweise auf die wesentlichen Rechte und Mitwirkungspflichten des Steuerpflichtigen bei der Außenprüfung (§ 5 Abs. 2 Satz 2 BpO 2000)	BStBl. I 2013, 1264
15.04.2019	BMF	Tatsächliche Verständigung – Beteiligung des für die Steuerfestsetzung zuständigen Amtsträgers; Ergänzung des BMF-Schreibens vom 30. Juli 2008 – IV A 3 – S 0223/07/10002 -, BStBl. I S. 831	BStBl. I 2019, 447
10.03.2022	Andreas Wähnert[38]	Handbuch für die summarische Risikoprüfung, 3. überarbeitete öffentliche Auflage	Link[39]
05.09.2023	BMF	Zusammenstellung der in der steuerlichen Außenprüfung zu verwendenden betriebswirtschaftlichen Begriffe	BStBl. I 2023, 1582
05.09.2023	BMF	Automationsgestützte quantitative Prüfungsmethoden in der steuerlichen Außenprüfung	BStBl. I 2023, 1594

Richtsatzsammlung und Vergleichszahlen 9

Datum	Quelle	Inhalt	Fundstelle
08.07.2019	BMF	Richtsatzsammlung 2018	BStBl. I 2019, 605
20.01.2021	BMF	Richtsatzsammlung 2019	BStBl. I 2021, 198
20.12.2021	BMF	Richtsatzsammlung 2020	BStBl. I 2022, 4
28.11.2022	BMF	Richtsatzsammlung 2021	BStBl. I 2022, 1609
28.11.2022	BMF	Anwendung der Richtsatzsammlung in wirtschaftlichen Krisensituationen; Begleitschreiben zur Richtsatzsammlung	BStBl. I 2022, 1608

---

38 Finanzamt für Zentrale Prüfungsdienste (ZPD) Kiel.
39 *https://www.schleswig-holstein.de/mm/downloads/FM/Handbuch_SRP_Auflage_12.pdf* (abgerufen am 25.10.2023).

Anhang 18: Wo finde ich was?

Datum	Quelle	Inhalt	Fundstelle
10.08.2023	BMF	Richtsatzsammlung 2022	BStBl. I 2023, 1516
ohne	Statistisches Bundesamt	Statistische Jahrbücher (letztmalig 2019)	Link[40]

10 **Pauschbeträge für Sachentnahmen**

Datum	Quelle	Inhalt	Fundstelle
13.12.2017	BMF	Pauschbeträge für Sachentnahmen (Eigenverbrauch) 2018	BStBl. I 2017, 1618
12.12.2018	BMF	Pauschbeträge für Sachentnahmen (Eigenverbrauch) 2019	BStBl. I 2018, 1395
02.12.2019	BMF	Pauschbeträge für Sachentnahmen (Eigenverbrauch) 2020	BStBl. I 2019, 1287
27.08.2020	BMF	Pauschbeträge für Sachentnahmen (Eigenverbrauch) 2020; Befristete Anwendung des ermäßigten Steuersatzes der Umsatzsteuer für Restaurant- und Verpflegungsdienstleistungen	BStBl. I 2020, 867
11.02.2021	BMF	Pauschbeträge für Sachentnahmen (Eigenverbrauch) 2021	BStBl. I 2021, 264
15.06.2021	BMF	Pauschbeträge für Sachentnahmen (Eigenverbrauch) 2021; Befristete Anwendung des ermäßigten Steuersatzes der Umsatzsteuer für Restaurant- und Verpflegungsdienstleistungen	BStBl. I 2021, 811
20.01.2022	BMF	Pauschbeträge für Sachentnahmen (Eigenverbrauch) 2022; Befristete Anwendung des ermäßigten Steuersatzes der Umsatzsteuer für Restaurant- und Verpflegungsdienstleistungen	BStBl. I 2022, 137
21.12.2022	BMF	Pauschbeträge für Sachentnahmen (Eigenverbrauch) 2023; Befristete Anwendung des ermäßigten Steuersatzes der Umsatzsteuer für Restaurant- und Verpflegungsdienstleistungen	BStBl. I 2023, 52
12.02.2024	BMF	Pauschbeträge für unentgeltliche Wertabgaben (Sachentnahmen) für das Kalenderjahr 2024	BStBl. I 2024, 286

---

40 *https://www.destatis.de/DE/Themen/Querschnitt/Jahrbuch/_inhalt.html#sprg247568* (abgerufen am 25.10.2023).

Einordnung in Betriebsgrößenklassen 11

Datum	Quelle	Inhalt	Fundstelle
13.04.2018	BMF	Einordnung in Größenklassen gem. § 3 BpO 2000; Festlegung neuer Abgrenzungsmerkmale zum 1. Januar 2019	BStBl. I 2018, 614
20.04.2022	BMF	Einordnung in Größenklassen gem. § 3 BpO 2000; Wirtschaftszweige/Gewerbekennzahlen (GKZ) 2022	BStBl. I 2022, 583
15.12.2022	BMF	Einordnung in Größenklassen gem. § 3 BpO 2000; Festlegung neuer Abgrenzungsmerkmale zum 1. Januar 2024	BStBl. I 2022, 1669

Kassen-Nachschau (§ 146b AO) 12

Datum	Quelle	Inhalt	Fundstelle
29.05.2018	BMF	Anwendungserlass zu § 146b AO[41]	BStBl. I 2018, 699
14.04.2021	DFKA e. V.[42]	Elektronischer Kassen-Beleg-Standard (EKaBS)	Link[43]
04.10.2023	BRH	Abschließende Prüfungsmitteilung an das Bundesministerium der Finanzen: Verfahren, Möglichkeiten und Wirksamkeit der Kassen-Nachschau nach § 146b AO	Link[44]
Lfd.	Gastro-MIS GmbH	Support *AmadeusVerify*	Link[45]

---

41   Zuletzt geändert mit BMF-Schreiben vom 04.11.2021, BStBl. I 2021, 2156.
42   Deutscher Fachverband für Kassen- und Abrechnungssystemtechnik im bargeld- und bargeldlosen Zahlungsverkehr e. V.
43   *https://dfka.net/wp-content/uploads/2021/04/EKaBS-Elektronischer-Kassen-Beleg-Standard_1.0.0_Stand_14.04.2021.pdf* (abgerufen am 25.10.2023).
44   Abruf unter *https://www.bundesrechnungshof.de/SharedDocs/Downloads/DE/Berichte/2023/kassen-nachschau-volltext.html*, abgerufen am 07.12.2023.
45   *https://support.gastro-mis.de/support/solutions/folders/36000228230* (abgerufen am 25.10.2023).

Anhang 18: Wo finde ich was?

13 Straf- und Bußgeldverfahren

Datum	Quelle	Inhalt	Fundstelle
31.08.2009	BMF	Anwendungsfragen zu § 10 Abs. 1 BpO	BStBl. I 2009, 829
13.11.2013	BMF	Merkblatt über die Rechte und Pflichten von Steuerpflichtigen bei Prüfungen durch die Steuerfahndung nach § 208 Abs. 1 Nr. 3 AO	BStBl. I 2013, 1458
01.12.2019	Gleichlautende Erlasse	Anweisungen für das Straf- und Bußgeldverfahren (Steuer) – AStBV (St) 2020	BStBl. I 2019, 1142
14.03.2022	Gleichlautende Erlasse	Anweisungen für das Straf- und Bußgeldverfahren (Steuer) – AStBV (St) 2022	BStBl. I 2022, 251
04.01.2023	Gleichlautende Erlasse	Anweisungen für das Straf- und Bußgeldverfahren (Steuer) – AStBV (St) 2023	BStBl. I 2023, 103
16.10.2023	Gleichlautende Erlasse	Anweisungen für das Straf- und Bußgeld-verfahren (Steuer) – AStBV (St) 2023/2024	BStBl. I 2023, 1798

14 Ertragsteuer

Datum	Quelle	Inhalt	Fundstelle
19.02.2019	BMF	Bilanzsteuerrechtliche Beurteilung vereinnahmter und verausgabter Pfandgelder; Aufhebung des BMF-Schreibens vom 13. Juni 2005 (BStBl. I S. 715)	BStBl. I 2019, 210
21.08.2020	BMF	Steuerliche Behandlung der Kosten der erstmaligen Implementierung einer zertifizierten technischen Sicherheitseinrichtung	BStBl. I 2020, 1047
08.12.2020	BMF	Bilanzsteuerrechtliche Beurteilung vereinnahmter und verausgabter Pfandgelder; Vereinfachungs- und Anwendungsregelung	BStBl. I 2020, 1367
26.02.2021	BMF	Nutzungsdauer von Computerhardware und Software zur Dateneingabe und –verarbeitung	BStBl. I 2021, 298
30.06.2021	BMF	Steuerliche Anerkennung von Aufwendungen für die Bewirtung von Personen aus geschäftlichem Anlass in einem Bewirtungsbetrieb als Betriebsausgaben	BStBl. I 2021, 908

Anhang 18: Wo finde ich was?

Datum	Quelle	Inhalt	Fundstelle
22.02.2022	BMF	Nutzungsdauer von Computerhardware und Software zur Dateneingabe und –verarbeitung	BStBl. I 2022, 187
30.08.2023	BMF	Steuerliche Behandlung der Kosten der erstmaligen Implementierung einer zertifizierten technischen Sicherheitseinrichtung bei EU-Taxametern und Wegstreckenzählern	BStBl. I 2023, 1579

Umsatzsteuer 15

Datum	Quelle	Inhalt	Fundstelle
17.01.2017	BMF	Umsatzsteuerbefreiung nach § 4 Nr. 12 UStG bei stundenweiser Überlassung von Hotelzimmern	BStBl. I 2017, 104
12.04.2017	BMF	Umsatzsteuerrechtliche Behandlung von Saunaleistungen in Schwimmbädern; Aufteilung eines Gesamtentgelts	BStBl. I 2017, 710
13.07.2017	BMF	Änderung der Bemessungsgrundlage bei Preisnachlässen und Preiserstattungen außerhalb unmittelbarer Leistungsbeziehungen; Überarbeitung des Abschnitts 17.2 UStAE	BStBl. I 2017, 992
15.11.2017	BMF	§ 33 der Umsatzsteuer-Durchführungsverordnung (UStDV) – Rechnungen über Kleinbeträge	BStBl. I 2017, 1518
07.12.2018	BMF	Angabe der vollständigen Anschrift in einer Rechnung im Sinne des § 14 Abs. 4 Satz 1 Nr. 1 UStG; Veröffentlichung der Entscheidungen XI R 20/14, V R 25/15 und V R 28/16	BStBl. I 2018, 1401
02.01.2019	BMF	Anwendung des ermäßigten Steuersatzes auf von Mietwagenunternehmen durchgeführte Krankenfahrten (Abschnitt 12.13 Abs. 8 Satz 4 UStAE)	BStBl. I 2019, 17
23.05.2019	BMF	Anwendung des ermäßigten Steuersatzes für gemeinnützige, mildtätige und kirchliche Einrichtungen (Abschnitt 12.9 Abs. 13 Sätze 3, 5 und 6 UStAE)	BStBl. I 2019, 510
18.12.2019	BMF	Umsatzsteuerrechtliche Behandlung von Saunaleistungen in Schwimmbädern; Aufteilung eines Gesamtentgelts	BStBl. I 2019, 1396

Anhang 18: Wo finde ich was?

Datum	Quelle	Inhalt	Fundstelle
21.01.2020	BMF	Absenkung des Steuersatzes für die Beförderung von Personen im Schienenbahnenverkehr	BStBl. I 2020, 197
30.06.2020	BMF	Befristete Absenkung des allgemeinen und ermäßigten Umsatzsteuersatzes zum 01. Juli 2020	BStBl. I 2020, 584
30.06.2020	BMF	Befristete Absenkung des ermäßigten Umsatzsteuersatzes für Restaurations- und Verpflegungsdienstleistungen zum 01. Juli 2020; Änderung der Abschnitte 10.1 und 12.16 Abs. 12 UStAE	BStBl. I 2020, 610
31.08.2020	BMF	Merkblatt zur Umsatzbesteuerung von grenzüberschreitenden Personenbeförderungen mit Omnibussen, die nicht in der Bundesrepublik Deutschland zugelassen sind	BStBl. I 2020, 929
30.09.2020	BMF	Anwendbarkeit des ermäßigten Steuersatzes auf Fährleistungen (Abschn. 12.13 Abs. 11 UStAE)	BStBl. I 2020, 982
02.11.2020	BMF	Umsatzsteuerliche Behandlung von Einzweck- und Mehrzweck-Gutscheinen; Gutschein-Richtlinie (EU) 2016/1065 vom 27. Juni 2016; Gesetz zur Vermeidung von Umsatzsteuerausfällen beim Handel mit Waren im Internet und zur Änderung weiterer steuerlicher Vorschriften vom 11. Dezember 2018	BStBl. I 2020, 1121
04.11.2020	BMF	Befristete Absenkung des allgemeinen und ermäßigten Umsatzsteuersatzes zum 01. Juli 2020 und deren Anhebung zum 01. Januar 2021	BStBl. I 2020, 1129
12.11.2020	BMF	§ 4 Nr. 20 UStG und § 12 Abs. 2 Nr. 7 Buchstabe a UStG; umsatzsteuerliche Begünstigung von Theateraufführungen und vergleichbaren Darbietungen ausübender Künstler	BStBl. I 2020, 1265
16.12.2020	BMF	Aussetzung der Pflicht zur monatlichen Übermittlung von Voranmeldungen in Neugründungsfällen	BStBl. I 2020, 1379

Anhang 18: Wo finde ich was?

Datum	Quelle	Inhalt	Fundstelle
12.03.2021	BMF	Umsatzsteuerliche Behandlung von Dienstleistungen durch Apotheken; Grippeschutzimpfungen und Sichtvergaben von Substitutionsmitteln	BStBl. I 2021, 380
18.03.2021	BMF	Umsatzsteuerrechtliche Beurteilung von Sachspenden; Bemessungsgrundlage bei Sachspenden	BStBl. I 2021, 384
18.03.2021	BMF	Umsatzsteuerrechtliche Beurteilung von Sachspenden; Keine Umsatzbesteuerung von Sachspenden von Einzelhändlern an steuerbegünstigte Organisationen vom 1. März 2020 bis zum 31. Dezember 2021	BStBl. I 2021, 628
22.04.2021	BMF	Mitbenutzungsrecht an Verzehrvorrichtungen Dritter; BFH-Urteil V R 15/17 vom 3. August 2017	BStBl. I 2021, 712
03.06.2021	BMF	Ermäßigter Umsatzsteuersatz für Restaurations- und Verpflegungsdienstleistungen; Verlängerung des zeitlichen Anwendungsbereichs des BMF-Schreibens vom 2. Juli 2020 (III C 2 – S 7030/20/10006 :006, BStBl. I S. 610)	BStBl. I 2021, 777
02.07.2021	BMF	Umsatzsteuerrechtlich begünstigter Verkehr mit Taxen auch ohne Personenkraftwagen; BFH-Urteil vom 13.11.2019, V R 9/18, BStBl. II 2021 S. 540	BStBl. I 2021, 918
07.09.2021	BMF	Umsatzsteuerliche Rechnungsangaben und Vorsteuerabzug; Verwendung eines Aliasnamens und einer Zustellanschrift nach dem ProstSchG	BStBl. I 2021, 1591
09.09.2021	BMF	Vorsteuerabzug – Angabe des Leistungszeitpunkts bzw. -zeitraums in der Rechnung; BFH-Urteile vom 1. März 2018, V R 18/17, und vom 15. Oktober 2019, V R 29/19 (V R 44/16)	BStBl. I 2021, 1593
05.11.2021	BMF	Bemessungsgrundlage bei Umsätzen aus Geldspielgeräten mit Gewinnmöglichkeit	BStBl. I 2021, 2223

Anhang 18: Wo finde ich was?

Datum	Quelle	Inhalt	Fundstelle
16.11.2021	BMF	Aufbewahrung von Rechnungen nach § 14b UStG; Erfüllung der umsatzsteuerlichen Anforderungen bei elektronischen oder computergestützten Kassensystemen oder Registrierkassen	BStBl. I 2021, 2329
01.12.2021	BMF	Leistungsbeschreibung nach § 14 Abs. 4 Satz 1 Nr. 5 UStG; Handelsübliche Bezeichnung nach dem BFH-Urteil vom 10. Juli 2019, XI R 28/18	BStBl. I 2021, 2486
26.04.2022	BMF	Umsatzsteuerrechtliche Behandlung der Gewährung von Zugangsberechtigungen zu sog. Flughafenlounges	BStBl. I 2022, 655
15.06.2022	BMF	Umsatzsteuer: Versagung des Vorsteuerabzugs und der Steuerbefreiung bei Beteiligung an einer Steuerhinterziehung (§ 25f UStG)	BStBl. I 2022, 1001
22.06.2022	BMF	Ermäßigter Steuersatz für Leistungen einer gemeinnützigen Einrichtung (§ 12 Abs. 2 Nr. 8 Buchstabe a UStG); Änderung des Abschnitts 12.9 UStAE	BStBl. I 2022, 1004
21.11.2022	BMF	Ermäßigter Umsatzsteuersatz für Restaurations- und Verpflegungsdienstleistungen; Verlängerung des zeitlichen Anwendungsbereichs des BMF-Schreibens vom 2. Juli 2020, BStBl. I S. 610, bis zum 31. Dezember 2023	BStBl. I 2022, 1595
13.12.2022	BMF	Umsatzsteuerbefreiung nach § 4 Nr. 14 Buchstabe a und b UStG; Abgabe von Medikamenten	BStBl. I 2022, 1683
11.01.2023	BMF	Umsatzsteuerliche Behandlung von Gebühren als durchlaufender Posten oder Leistungsentgelt; BFH-Urteil vom 3. Juli 2014, V R 1/14	BStBl. I 2023, 179
27.01.2023	BMF	Merkblatt zur Umsatzbesteuerung in der Bauwirtschaft (USt M 2)	BStBl. I 2023, 305
02.02.2023	BMF	Verlängerung der Übergangsregelung zu § 2b UStG mit dem JStG 2022; Temporäre Billigkeitsregelung für einen unberechtigten Steuerausweis nach § 14c UStG	BStBl. I 2023, 321

Datum	Quelle	Inhalt	Fundstelle
24.03.2023	BMF	Umsatzsteuerbefreiung nach § 4 Nr. 15 Buchstabe b UStG für Umsätze aus der Aufnahme und Verpflegung von Begleitpersonen und der Verpflegung von Mitarbeitern; Veröffentlichung des BFH-Urteils vom 16. Dezember 2015	BStBl. I 2023, 627
18.04.2023	BMF	Unrichtiger oder unberechtigter Steuerausweis (§ 14c UStG) – Folgen aus dem BFH-Urteil vom 26. Juni 2019 – XI R 5/18; Ausweis eines negativen Betrages und Verweis auf weitere Dokumente in einer Abrechnung	BStBl. I 2023, 776
22.05.2023	BMF	Umsatzbesteuerung der öffentlichen Hand – § 2b UStG; Anwendungsfragen bei der dezentralen Besteuerung von Organisationseinheiten der Gebietskörperschaften Bund und Länder (§ 18 Abs. 4f und 4g UStG)	BStBl. I 2023, 803
21.12.2023	BMF	Auslaufen der ermäßigten Besteuerung von Restaurant- und Verpflegungsdienstleistungen gemäß § 12 Absatz 2 Nummer 15 Umsatzsteuergesetz; Einführung einer Nichtbeanstandungsregel für die Silvesternacht	BStBl. I 2024, 90
27.02.2024	BMF	Ausweis einer falschen Steuer in Rechnungen an Endverbraucher; Folgen aus den Urteilen des BFH vom 13. Dezember 2018 – V R 4/18 und des EuGH vom 8. Dezember 2022, C-378/21	BStBl. I 2024, 361

Lohnsteuer

Datum	Quelle	Inhalt	Fundstelle
12.12.2017	BMF	Anrufungsauskunft nach § 42e EStG	BStBl. I 2017, 1656

Anhang 18: Wo finde ich was?

17 **Datenschutz-Grundverordnung (DSGVO)**

Datum	Quelle	Inhalt	Fundstelle
2022	Arbeitsgemeinschaft für wirtschaftliche Verwaltung e. V. (AWV)	Die DSGVO – Hinweise für kleine und mittlere Unternehmen (Online-Ausgabe 2022)	Link[46]

18 **TaxTech-Tools**

Datum	Quelle	Inhalt	Fundstelle
Lfd.	Peters, Schönberger & Partner mbB (PSP)	TAXPUNK TaxTech-Lösungen, Prompt Engineering, ChatGPT-Leitfaden u. v. m.	Link[47]
Lfd.	IDW Verlag GmbH	SOLON-X Digitale Lösungen für Wirtschaftsprüfer und Steuerberater	Link[48]

19 **Verschiedenes**

Datum	Quelle	Inhalt	Fundstelle
2013	OECD	Umsatzverkürzung mittels elektronischer Kassensysteme	Link[49]
2017	OECD	Technische Lösungen zur Bekämpfung von Steuerhinterziehung und Steuerbetrug	Link[50]
11.11.2019	BMF	Bestimmungen über Aufbewahren und Aussondern von Unterlagen der Finanzverwaltung (AufbewBest-FV)	BStBl. I 2019, 1213
13.01.2023	BMF	Steuergeheimnis; Mitteilungen der Finanzbehörden zur Durchführung dienstrechtlicher Maßnahmen bei Beamten und Richtern	BStBl. I 2023, 182

---

46 *https://www.awv-net.de/fachergebnisse/schriftenverzeichnis/rechtsaspekte-der-it/die-dsgvo-hinweise-fuer-kleine-und-mittlere-unternehmen-onlineausgabe43223-w.html* (abgerufen am 25.10.2023).
47 *https://www.taxpunk.de* (abgerufen am 25.10.2023).
48 *https://solon-x.de* (abgerufen am 25.10.2023).
49 *https://www.oecd.org/ctp/crime/Sales_suppression_German_website.pdf* (abgerufen am 27.12.2023).
50 *https://www.oecd.org/tax/crime/technology-tools-to-tackle-tax-evasion-and-tax-fraud-DE.pdf* (abgerufen am 27.12.2023).

Datum	Quelle	Inhalt	Fundstelle
28.06.2023	EU-Kommission	Vorschlag zum europaweiten Erhalt des Bargelds vom 28.06.2023 (in englischer Sprache)	Link[51]
2023	BSI	IT-Grundschutz-Kompendium – Werkzeug für Informationssicherheit (Edition 2023)	Link[52]
Lfd.	Zentralverband des Deutschen Handwerks (ZDH)	Corona-Dokumentation einschl. Gesetzen und Verordnungen des Bundes und der Länder	Link[53]
Lfd.	Walczak Warenautomaten GmbH & Co. KG	Vendinglexikon	Link[54]
Lfd.	Deutscher Hotel- und Gaststättenverband e. V. (DEHOGA Bundesverband)	Mehrwegangebotspflicht seit Januar 2023 – was Gastronomen jetzt wissen müssen (Abruf zahlreicher Merkblätter und Hilfestellungen)	Link[55]

---

51 Proposal for a REGULATION OF THE EUROPEAN PARLIAMENT AND OF THE COUNCIL on the legal tender of euro banknotes and coins; *https://economy-finance.ec.europa.eu/system/files/2023-06/COM_2023_364_1_EN_ACT_part1_v6.pdf* (abgerufen am 25.10.2023).
52 *https://www.bsi.bund.de/DE/Themen/Unternehmen-und-Organisationen/Standards-und-Zertifizierung/IT-Grundschutz/IT-Grundschutz-Kompendium/itgrundschutzKompendium.html* (abgerufen am 25.10.2023).
53 *https://www.zdh.de/ueber-uns/fachbereich-steuern-und-finanzen/kassenfuehrung/aktuelles/corona-dokumentation/* (abgerufen am 25.10.2023).
54 *https://www.walczak-gmbh.de/vendinglexikon* (abgerufen am 25.10.2023).
55 *https://www.dehoga-bundesverband.de/branchenthemen/mehrwegangebotspflicht/* (abgerufen am 25.02.2024).

Anhang 19: Steuerliche Anerkennung von Aufwendungen für die Bewirtung von Personen aus geschäftlichem Anlass in einem Bewirtungsbetrieb als Betriebsausgaben

BMF-Schreiben vom 30.06.2021
– IV C 6 – S 2145/19/10003 :003, BStBl. I 2021 S. 908

Unter Bezugnahme auf das Ergebnis der Erörterungen mit den obersten Finanzbehörden der Länder gilt zur steuerlichen Anerkennung des Betriebsausgabenabzugs von Aufwendungen für die Bewirtung im Sinne des § 4 Absatz 5 Satz 1 Nummer 2 EStG in Verbindung mit R 4.10 Absatz 5 bis 9 EStR Folgendes:

1 Der Abzug von angemessenen Bewirtungsaufwendungen als Betriebsausgaben erfordert nach § 4 Absatz 5 Satz 1 Nummer 2 Satz 2 EStG vom Steuerpflichtigen einen schriftlichen Nachweis über Ort, Tag, Teilnehmer und Anlass der Bewirtung sowie die Höhe der Aufwendungen. Die zum Nachweis von Bewirtungsaufwendungen erforderlichen schriftlichen Angaben müssen zeitnah gemacht werden (vgl. BFH vom 25. März 1988 – III R 96/85 – BStBl II S. 655). Hierfür wird regelmäßig ein formloses Dokument (sog. Bewirtungsbeleg als Eigenbeleg) erstellt. Dieser Eigenbeleg ist vom Steuerpflichtigen zu unterschreiben (vgl. BFH vom 15. Januar 1998 – IV R 81/96 – BStBl II S. 263). Bei Bewirtung in einem Bewirtungsbetrieb ist zum Nachweis die Rechnung über die Bewirtung beizufügen; dabei genügen auf dem Eigenbeleg Angaben zum Anlass und zu den Teilnehmern der Bewirtung (§ 4 Absatz 5 Satz 1 Nummer 2 Satz 3 EStG, R 4.10 Absatz 8 Satz 2 EStR). Die Rechnung muss, soweit im Folgenden nichts Anderes geregelt ist, nach R 4.10 Absatz 8 Satz 8 EStR den Anforderungen des § 14 UStG genügen. Sie muss maschinell erstellt und elektronisch aufgezeichnet sein. Bei Rechnungen mit einem Gesamtbetrag bis zu 250 Euro (Kleinbetragsrechnungen) müssen mindestens die Anforderungen des § 33 UStDV erfüllt sein.

1. Inhalt der Bewirtungsrechnung

1.1 Name und Anschrift des leistenden Unternehmers (Bewirtungsbetrieb)

2 Die Rechnung muss den vollständigen Namen und die vollständige Anschrift des leistenden Unternehmers (Bewirtungsbetrieb) enthalten. Dies gilt auch bei Kleinbetragsrechnungen (§ 33 UStDV). Den Anforderungen ist genügt, wenn sich auf Grund der in der Rechnung aufgenommenen Bezeichnungen der Name und die Anschrift eindeutig feststellen lassen (§ 31 Absatz 2 UStDV).

1.2 Steuernummer oder Umsatzsteuer-Identifikationsnummer

3 Die Rechnung muss die dem leistenden Unternehmer (Bewirtungsbetrieb) vom Finanzamt erteilte Steuernummer oder die ihm vom Bundeszentralamt für Steuern erteilte Umsatzsteuer-Identifikationsnummer enthalten. Dies gilt nicht bei Kleinbetragsrechnungen.

1.3 Ausstellungsdatum

4 Die Rechnung muss das Ausstellungsdatum enthalten. Dies gilt auch bei Kleinbetragsrechnungen.

1.4 Rechnungsnummer

5 Die Rechnung muss eine fortlaufende Nummer enthalten, die zur Identifizierung der Rechnung vom Rechnungsaussteller einmalig vergeben worden ist. Dies gilt nicht bei Kleinbetragsrechnungen. Verpflichtende Angaben nach § 6 Kassensicherungsverordnung (KassSichV), wie z. B. die Angabe einer Transaktionsnummer, bleiben unberührt.

1.5 Leistungsbeschreibung

6 Die Rechnung muss zu der Bewirtungsleistung die Menge und die Art (handelsübliche Bezeichnung) der gelieferten Gegenstände oder den Umfang und die Art der sonstigen Leistung enthalten. Dies gilt auch für Kleinbetragsrechnungen. Buchstaben, Zahlen oder Symbole, wie sie für umsatzsteuerliche Zwecke ausreichen (§ 31 Absatz 3 UStDV), genügen für den Betriebsausgabenabzug nicht. Bewirtungsleistungen sind im Einzelnen zu bezeichnen; die Angabe „Speisen und Getränke" und die Angabe der für die Bewirtung in Rechnung gestellten Gesamtsumme reichen nicht. Bezeichnungen wie z. B. „Menü 1", „Tagesgericht 2" oder „Lunch-Buffet" und aus sich selbst heraus verständliche Abkürzungen sind jedoch nicht zu beanstanden.

1.6 Leistungszeitpunkt (Tag der Bewirtung)

7 Für den Betriebsausgabenabzug von Bewirtungsaufwendungen muss der Leistungszeitpunkt (Tag der Bewirtung) angegeben werden. Dies gilt auch bei Kleinbetragsrechnungen. Ein Verweis auf das Ausstellungsdatum (siehe Rdnr. 4) z. B. in der Form „Leistungsdatum entspricht Rechnungsdatum" ist ausreichend. Handschriftliche Ergänzungen oder Datumsstempel reichen nicht aus.

1.7 Rechnungsbetrag

8 Die Rechnung muss den Preis für die Bewirtungsleistungen enthalten. Ein ggf. vom bewirtenden Steuerpflichtigen zusätzlich gewährtes Trinkgeld kann durch die maschinell erstellte und elektronisch aufgezeichnete Rechnung zusätzlich ausgewiesen werden. Wird das Trinkgeld in der Rechnung nicht ausgewiesen, gelten für den Nachweis von Trinkgeldzahlungen die allgemeinen Regelungen über die Feststellungslast, die beim bewirtenden Steuerpflichtigen liegt. Der Nachweis kann z. B. dadurch geführt werden, dass das Trinkgeld vom Empfänger des Trinkgeldes auf der Rechnung quittiert wird.

1.8 Name des Bewirtenden

9 Nach R 4.10 Absatz 8 Satz 4 EStR muss die Rechnung auch den Namen des bewirtenden Steuerpflichtigen enthalten; dies gilt nicht, wenn der Gesamtbetrag der Rechnung 250 Euro nicht übersteigt. Es bestehen jedoch bei einem Rechnungsbetrag über 250 Euro keine Bedenken, wenn der leistende Unternehmer (Bewirtungsbetrieb) den Namen des bewirtenden Steuerpflichtigen handschriftlich auf der Rechnung vermerkt.

2. Erstellung der Bewirtungsrechnung

10 Verwendet der Bewirtungsbetrieb ein elektronisches Aufzeichnungssystem mit Kassenfunktion i. S. d. § 146a Abs. 1 AO i. V. m. § 1 KassenSichV, werden für den Betriebsausgabenabzug von Aufwendungen für eine Bewirtung von Personen aus geschäftlichem Anlass nur maschinell erstellte, elektronisch aufgezeichnete und mit Hilfe einer zertifizierten technischen Sicherheitseinrichtung (TSE) abgesicherte Rechnungen anerkannt. Der Bewirtungsbetrieb ist in diesen Fällen nach § 146a Absatz 2 AO verpflichtet, mit dem elektronischen Aufzeichnungssystem mit Kassenfunktion Belege über die Geschäftsvorfälle zu erstellen. Der zu erstellende Beleg, der die Angaben gemäß § 6 KassenSichV enthält, stellt bei einem Rechnungsbetrag bis 250 Euro eine ordnungsgemäße Rechnung im Sinne des § 14 UStG i. V. m. § 33 UStDV dar. Rechnungen in anderer Form, z. B. handschriftlich erstellte oder nur maschinell erstellte, erfüllen die Nachweisvoraussetzungen des Satzes 1 nicht; die darin ausgewiesenen Bewirtungsaufwendungen sind vollständig vom Betriebsausgabenabzug ausgeschlossen.

11 Der bewirtende Steuerpflichtige kann im Allgemeinen darauf vertrauen, dass die ihm erteilte Rechnung vom Bewirtungsbetrieb maschinell ordnungsgemäß erstellt und aufgezeichnet worden ist, wenn der von dem elektronischen Aufzeichnungssystem mit Kassenfunktion ausgestellte Beleg mit einer Transaktionsnummer, der Seriennummer des elektronischen Aufzeichnungssystems oder der Seriennummer des Sicherheitsmoduls versehen wurde. Diese Angaben können auch in Form eines QR Codes dargestellt werden.

Anhang 19: Bewirtungskosten als Betriebsausgaben

12   Fällt die zertifizierte technische Sicherheitseinrichtung (TSE) aus, darf nach AEAO zu § 146a Nr. 7.2 und 7.3 das elektronische Aufzeichnungssystem weiterbetrieben werden, wenn der Ausfall auf dem Beleg z. B. durch eine fehlende Transaktionsnummer oder durch eine sonstige eindeutige Kennzeichnung ersichtlich ist. Für entsprechend ausgestellte Belege über Bewirtungsaufwendungen ist der Betriebsausgabenabzug grundsätzlich zulässig.

13   Werden Bewirtungsleistungen zu einem späteren Zeitpunkt als dem Tag der Bewirtung in Rechnung gestellt und unbar bezahlt (z. B. bei der Bewirtung eines größeren Personenkreises im Rahmen einer geschlossenen Veranstaltung) oder sind in dem bewirtenden Betrieb ausschließlich unbare Zahlungen möglich, ist die Vorlage eines Belegs eines elektronischen Aufzeichnungssystems mit Kassenfunktion, der die Angaben nach § 6 KassenSichV beinhaltet, nicht zwingend erforderlich. In diesem Fall ist der Rechnung der Zahlungsbeleg über die unbare Zahlung beizufügen.

14   Werden für Gäste eines Unternehmens Verzehrgutscheine ausgegeben, gegen deren Vorlage die Besucher auf Rechnung des Unternehmens in einem Bewirtungsbetrieb bewirtet werden, reicht für den Betriebsausgabenabzug die Vorlage der Abrechnung über die Verzehrgutscheine aus.

3. Digitale oder digitalisierte Bewirtungsrechnungen und -belege
Für die vollständige elektronische Abbildung der Nachweisvoraussetzungen gilt Folgendes:

15   Der Eigenbeleg wird vom Steuerpflichtigen digital erstellt oder digitalisiert (digitaler oder digitalisierter Eigenbeleg). Die erforderliche Autorisierung ist durch den Steuerpflichtigen durch eine elektronische Unterschrift oder eine elektronische Genehmigung der entsprechenden Angaben zu gewährleisten; die Angaben dürfen im Nachhinein nicht undokumentiert geändert werden können.

16   Die Rechnung über die Bewirtung in einem Bewirtungsbetrieb kann dem Steuerpflichtigen bereits in digitaler Form übermittelt werden (digitale Bewirtungsrechnung). Eine Bewirtungsrechnung in Papierform kann vom Steuerpflichtigen digitalisiert werden (digitalisierte Bewirtungsrechnung).

17   Ein digitaler oder digitalisierter Eigenbeleg muss digital mit der Bewirtungsrechnung zusammengefügt oder durch einen Gegenseitigkeitshinweis auf Eigenbeleg und Bewirtungsrechnung verbunden werden. Eine elektronische Verknüpfung (z. B. eindeutiger Index, Barcode) ist zulässig. Die geforderten Angaben können auch in digitaler Form auf der digitalen oder digitalisierten Bewirtungsrechnung angebracht werden.

18   Die Nachweiserfordernisse des § 4 Absatz 5 Satz 1 Nummer 2 Satz 2 und 3 EStG sind als erfüllt anzusehen, wenn
   – der Steuerpflichtige zeitnah einen elektronischen Eigenbeleg mit den gesetzlich erforderlichen Angaben erstellt oder die gesetzlich erforderlichen Angaben zeitnah auf der digitalen oder digitalisierten Bewirtungsrechnung elektronisch ergänzt,
   – der Zeitpunkt der Erstellung oder Ergänzung im Dokument elektronisch aufgezeichnet wird,
   – das erstellte Dokument oder die Ergänzung der Bewirtungsrechnung vom Steuerpflichtigen digital signiert oder genehmigt wird,
   – der Zeitpunkt der Signierung oder Genehmigung elektronisch aufgezeichnet wird,
   – das erstellte Dokument – in Fällen des § 4 Absatz 5 Satz 1 Nummer 2 Satz 3 EStG zusammen mit der digitalen oder digitalisierten Bewirtungsrechnung (z. B. durch einen gegenseitigen Verweis) – oder die ergänzte Bewirtungsrechnung elektronisch aufbewahrt wird und
   – bei den genannten Vorgängen die Grundsätze zur ordnungsmäßigen Führung und Aufbewahrung von Büchern, Aufzeichnungen und Unterlagen in elektronischer Form sowie zum Datenzugriff (GoBD) des BMF-Schreibens vom 28. November 2019 (BStBl I S. 1269, insbesondere Rzn. 36 ff., 45 ff., 58 ff., 107 ff., 125 ff., 130 ff., 136 ff. und 156 ff.) erfüllt und die

jeweils angewandten Verfahren in der Verfahrensdokumentation beschrieben (Rz. 151 ff. der GoBD) werden.

4. Bewirtungen im Ausland

19 § 4 Absatz 5 Satz 1 Nummer 2 EStG unterscheidet nicht, ob die Bewirtung im Inland oder im Ausland stattgefunden hat. Die dort genannten Anforderungen gelten daher auch bei Auslandsbewirtungen. Die Anforderungen der R 4.10 Absatz 5 bis 9 EStR sind grundsätzlich auch bei Bewirtungen im Ausland zu erfüllen. Wird jedoch glaubhaft gemacht, dass eine detaillierte, maschinell erstellte und elektronisch aufgezeichnete Rechnung nicht zu erhalten war, genügt in Ausnahmefällen die ausländische Rechnung, auch wenn sie diesen Anforderungen nicht voll entspricht. Liegt im Ausnahmefall nur eine handschriftlich erstellte ausländische Rechnung vor, hat der Steuerpflichtige glaubhaft zu machen, dass im jeweiligen ausländischen Staat keine Verpflichtung zur Erstellung maschineller Belege besteht.

5. Anwendungsregelung

20 Dieses Schreiben ersetzt das BMF-Schreiben vom 21. November 1994 (BStBl I S. 855) und ist in allen offenen Fällen mit der Maßgabe anzuwenden, dass die im jeweiligen Veranlagungszeitraum maßgeblichen Betragsgrenzen des § 33 UStDV zu beachten sind. Für bis zum 31. Dezember 2022 ausgestellte Belege über Bewirtungsaufwendungen ist der Betriebsausgabenabzug unabhängig von den nach der KassenSichV geforderten Angaben zulässig. Führen die Regelungen in diesem Schreiben über die nach der KassenSichV geforderten Angaben hinaus im Vergleich zu den Regelungen im Schreiben vom 21. November 1994 (a. a. O.) zu erhöhten Anforderungen an die Nachweisführung, sind diese verpflichtend erst für Bewirtungsaufwendungen vorauszusetzen, die nach dem 1. Juli 2021 anfallen.

Anhang 20: AEAO zu § 146a AO (Neufassung ab 01.01.2024)

> **Vorbemerkung:**
> *Mit Schreiben vom 28.06.2022 wurde den Verbänden Gelegenheit gegeben, zur Neufassung des AEAO zu § 146a vorab Stellung zu nehmen.*[1] *Kontrovers diskutierte Kernthemen des Entwurfs waren*
> - *Verortung der SMAERS (SMA) bei cloud-basierten (verteilten) Systemen,*
> - *Betrieb von Cloud-Lösungen im Offline-Modus (Notfall-Szenarien),*
> - *Zulässigkeit der Nachsignierung von Aufzeichnungen einschl. Übergangsregelungen und zeitlicher Befristung.*
>
> *In den veröffentlichten ab 01.01.2024 geltenden AEAO zu § 146a haben die genannten Inhalte keinen Eingang gefunden.*

BMF-Schreiben vom 30.06.2023
– IV D 2 – S 0316-a/20/10003 :006, BStBl. I 2023 S. 1076.

Durch das Gesetz zum Schutz vor Manipulationen an digitalen Grundaufzeichnungen vom 22. Dezember 2016 (BGBl. S. 3152) ist § 146a AO eingeführt worden (Ordnungsvorschrift für die Buchführung und Aufzeichnung mittels elektronischer Aufzeichnungssysteme).

Unter Bezugnahme auf das Ergebnis der Erörterungen mit den obersten Finanzbehörden der Länder wird im Anwendungserlass zur Abgabenordnung vom 31. Januar 2014 (BStBl I S. 290), der zuletzt durch das BMF-Schreiben vom 23. Januar 2023 (BStBl I S. 184) geändert worden ist, mit Wirkung vom 1. Januar 2024 die Regelung zu § 146a AO wie folgt gefasst:

„AEAO zu § 146a – Ordnungsvorschriften für die Buchführung und für Aufzeichnungen mittels elektronischer Aufzeichnungssysteme; Verordnungsermächtigung:

Inhaltsübersicht

1. Allgemeines und Begriffsdefinitionen
    1.1 Elektronische Aufzeichnungssysteme
    1.2 Elektronische oder computergestützte Kassensysteme oder Registrierkassen
    1.3 EU-Taxameter

---

[1] BMF vom 28.06.2022 – IV A 4 – S 0316-a/20/10003 :005, DOK 2022/0646306. Die Verbände hatten Gelegenheit, sich bis zum 03.08.2022 hierzu zu äußern.

1.4 Wegstreckenzähler
1.5 Systeme, die nach § 1 Satz 2 KassenSichV nicht als elektronische Aufzeichnungssysteme i. S. d. § 146a AO gelten
1.6 Schutz durch eine TSE (§ 146a Abs. 1 Satz 2 AO)
1.7 Schutzziele
1.8 Vorgang
1.9 Transaktion
1.10 Geschäftsvorfälle
1.11 Andere Vorgänge
1.12 Die TSE
    1.12.1 Anforderungen an die TSE
    1.12.2 Komponenten der TSE
    1.12.3 Protokollierung von Vorgängen durch die TSE
1.13 Einheitliche digitale Schnittstelle für steuerliche Außenprüfungen und Nachschauen
1.14 Ausfall der TSE
1.15 Elektronische Aufbewahrung der Aufzeichnungen
1.16 Mitteilungspflicht nach § 146a Abs. 4 AO
    1.16.1 Allgemeines
    1.16.2 Angaben zur Mitteilung
    1.16.3 Korrekturmöglichkeit
1.17 Zertifizierung
1.18 Verbot des gewerbsmäßigen Bewerbens und In-Verkehr-Bringens nach § 146a Abs. 1 Satz 5 AO
1.19 Rechtsfolgen bei Verstoß gegen § 146a AO

2. Kassen und Kassensysteme
   2.1 Sachlicher und zeitlicher Anwendungsbereich
      2.1.1 Sachlicher Anwendungsbereich
      2.1.2 Zeitlicher Anwendungsbereich
   2.2 Der Einsatz einer TSE in Kassen(systemen)
      2.2.1 Anwendungs- und Protokolldaten
      2.2.2 Ablauf der Protokollierung
      2.2.3 Begriffsdefinitionen zur Protokollierung
   2.3 Einheitliche digitale Schnittstelle für steuerliche Außenprüfungen und Nachschauen bei Kassen(systemen)
   2.4 Anforderungen an den Beleg
   2.5 Belegausgabe
   2.6 Angaben zur Mitteilung bei Kassen(systemen)
   2.7 Ausfall der TSE bei Kassen(systemen)

Anhang 20: AEAO zu § 146a AO (Neufassung ab 01.01.2024)

3. EU-Taxameter
  3.1 Sachlicher und zeitlicher Anwendungsbereich
    3.1.1 Sachlicher Anwendungsbereich
    3.1.2 Zeitlicher Anwendungsbereich
  3.2 Der Einsatz einer TSE im EU-Taxameter
    3.2.1 Anwendungs- und Protokolldaten
    3.2.2 Ablauf der Absicherung und Protokollierung
    3.2.3 Begriffsdefinitionen zur Protokollierung
  3.3 Einheitliche digitale Schnittstelle für steuerliche Außenprüfungen und Nachschauen bei EU-Taxametern
  3.4 Anforderungen an den Beleg
  3.5 Belegausgabe
  3.6 Ausfall der TSE bei EU-Taxametern
  3.7 Mitteilungspflicht in den Fällen des § 9 KassenSichV
4. Wegstreckenzähler
  4.1 Sachlicher und zeitlicher Anwendungsbereich
    4.1.1 Sachlicher Anwendungsbereich
    4.1.2 Zeitlicher Anwendungsbereich
  4.2 Der Einsatz einer TSE im Wegstreckenzähler
    4.2.1 Anwendungs- und Protokolldaten
    4.2.2 Ablauf der Absicherung und Protokollierung
    4.2.3 Begriffsdefinitionen zur Protokollierung
  4.3 Einheitliche digitale Schnittstelle für steuerliche Außenprüfungen und Nachschauen bei Wegstreckenzählern
  4.4 Anforderungen an den Beleg
  4.5 Belegausgabe
  4.6 Ausfall der TSE bei Wegstreckenzählern

1. Allgemeines und Begriffsdefinitionen

1.1 Elektronische Aufzeichnungssysteme

Zur Definition elektronischer Aufzeichnungssysteme vgl. AEAO zu § 146, Nr. 2.1.4.

Alle elektronischen Aufzeichnungssysteme müssen – wie bisher – den allgemeinen Ordnungsmäßigkeitsgrundsätzen entsprechen (vgl. BMF-Schreiben vom 28.11.2019, BStBl I S. 1269).

1.2 Elektronische oder computergestützte Kassensysteme oder Registrierkassen

Die in § 1 Abs. 1 Satz 1 KassenSichV genannten „elektronischen oder computergestützten Kassensysteme oder Registrierkassen" sind für den Verkauf von Waren oder die Erbringung von Dienstleistungen und deren Abrechnung spezialisierte elektronische Aufzeichnungssysteme, die „Kassenfunktion" haben.

Kassenfunktion haben elektronische Aufzeichnungssysteme dann, wenn diese der Erfassung und Abwicklung von zumindest teilweise baren Zahlungsvorgängen dienen können. Dies gilt auch für vergleichbare elektronische, vor Ort genutzte Zahlungsformen (elektronisches Geld wie z. B. Geldkarte oder virtuelle (Kunden-)Konten) sowie an Geldes statt vor Ort angenommener Gutscheine, Guthabenkarten, Bons und dergleichen.

Eine Aufbewahrungsmöglichkeit des verwalteten Bargeldbestandes (z. B. Kassenlade) ist nicht erforderlich.

Sofern ein elektronisches Aufzeichnungssystem mit Kassenfunktion die Erfordernisse der „Mindestanforderungen an das Risikomanagement – MaRisk" und der „Bankaufsichtlichen Anforderungen an die IT" (BAIT) der Bundesanstalt für Finanzdienstleistungsaufsicht in der jeweils geltenden Fassung erfüllt und von einem Kreditinstitut i. S. d. § 1 Abs. 1 KWG betrieben wird, unterliegt dieses nicht den Anforderungen des § 146a AO.

1.3 EU-Taxameter

Ein Taxameter fällt nach § 1 Abs. 2 Nr. 1 KassenSichV dann in den Anwendungsbereich des § 146a AO, wenn dieses konformitätsbewertet ist nach Anhang IX der Richtlinie 2014/32/EU des Europäischen Parlaments und des Rates vom 26. 2. 2014 zur Harmonisierung der Rechtsvorschriften der Mitgliedstaaten über die Bereitstellung von Messgeräten auf dem Markt (ABl. L 96 vom 29. 3. 2014, S. 149; L 13 vom 20. 1. 2016, S. 57), die durch die Richtlinie 2015/13 (ABl. L 3 vom 7. 1. 2015, S. 42) geändert worden ist, („MID") in der jeweils geltenden Fassung („EU-Taxameter"). Das elektronische Aufzeichnungssystem „EU-Taxameter" besteht sowohl aus dem Fahrpreisanzeiger, weiteren Aufzeichnungssystemen, die neben dem Taxameter i. S. d. MID in dem Gehäuse integriert sind, als auch aus dem Wegstreckensignalgeber.

Sofern anstelle eines beleuchtbaren Fahrpreisanzeigers ein zugelassenes App-basiertes System nach § 28 Abs. 1 Satz 2 der Verordnung über den Betrieb von Kraftfahrunternehmen im Personenverkehr (BOKraft) eingesetzt wird, so besteht das elektronische Aufzeichnungssystem aus dem App-basierten System und dem Wegstreckensignalgeber.

Gesonderte Aufzeichnungssysteme außerhalb des EU-Taxameters i. S. d. § 1 Abs. 2 Nr. 1 KassenSichV, die z. B. zur Abrechnung oder Weiterverarbeitung der Daten des EU-Taxameters dienen, sind nicht Teil des EU-Taxameters. Bei diesen Systemen ist zu prüfen, ob diese ein elektronisches Aufzeichnungssystem mit Kassenfunktion i. S. d. AEAO zu § 146a, Nr. 1.2 darstellen.

1.4 Wegstreckenzähler

Ein Wegstreckenzähler fällt nach § 1 Abs. 2 Nr. 2 KassenSichV dann in den Anwendungsbereich des § 146a AO, wenn er nach einem vom BMF im Bundessteuerblatt veröffentlichten Datum neu in den Verkehr gebracht wurde.

Wegstreckenzähler sind Messgeräte, welche die vom Kraftfahrzeug zurückgelegte, durch Abrollen von Fahrzeugrädern bestimmten Umfangs gemessene Wegstrecke anzeigen. Das Aufzeichnungssystem „Wegstreckenzähler" besteht aus einem Anzeiger, weiteren Aufzeichnungssystemen, die neben dem konformitätsbewerteten Wegstreckenzähler in dem Gehäuse integriert sind, als auch aus Wegstreckensignalgeber. Sofern zwischen dem Anzeiger und Wegstreckensignalgeber sog. zwischengeschaltete Einrichtungen, wie z. B. Signalverstärker, Impulsteiler, Impulsfilter, Steuergeräte, Kommunikationsadapter oder Wegstreckensignalkonverter, eingesetzt werden, ist die zwischengeschaltete Einrichtung auch Teil des Aufzeichnungssystems „Wegstreckenzähler".

Sofern anstelle eines beleuchtbaren Anzeigers ein zugelassenes App-basiertes System nach § 30 Abs. 1 Satz 2 der BOKraft eingesetzt wird, besteht das elektronische Aufzeichnungssystem aus dem App-basierten System und dem Wegstreckensignalgeber.

Anhang 20: AEAO zu § 146a AO (Neufassung ab 01.01.2024)

Gesonderte Aufzeichnungssysteme außerhalb des Wegstreckenzählers i. S. d. § 1 Abs. 2 Nr. 2 KassenSichV, die z. B. zur Abrechnung oder Weiterverarbeitung der Daten des Wegstreckenzählers dienen, sind nicht Teil des Wegstreckenzählers. Bei diesen Systemen ist zu prüfen, ob diese ein elektronisches Aufzeichnungssystem mit Kassenfunktion i. S. d. AEAO zu § 146a, Nr. 1.2 darstellen.

1.5 **Systeme, die nach § 1 Abs. 1 Satz 2 KassenSichV nicht als elektronische Aufzeichnungssysteme i. S. d. § 146a AO gelten**

1.5.1 Fahrscheinautomaten und Fahrscheindrucker

Fahrscheinautomaten sind Selbstbedienungsautomaten und werden sowohl im öffentlichen Personenverkehr, insbesondere bei S-, U- und Stadtbahnen oder im Linienbusverkehr, als auch bei Eisenbahngesellschaften zum Verkauf von Fahrscheinen eingesetzt.

Fahrscheindrucker sind ggf. mobile Endgeräte, die ausschließlich dazu in der Lage sind, Fahrausweise zu verkaufen. Hierbei kommt es nicht darauf an, welche Art von Fahrkarten (Einzelfahrten, Zeitkarten oder ein erhöhtes Beförderungsentgelt) verkauft werden, sondern nur, dass die mobilen Endgeräte nicht in der Lage sind, andere Vorgänge als den Fahrkartenverkauf abzuwickeln oder darüber hinaus nur solche Vorgänge erfassen können, die nicht zu einem anderen kassenrelevanten oder kassensturzrelevanten Vorgang gehören oder zu diesem werden könnten. Ein Fahrscheindrucker kann nur dann nicht einer anderweitigen Nutzung dienen, wenn die Erfassung und Abwicklung von anderen steuerlich relevanten Geschäftsvorfällen als den Verkauf von Fahrscheinen (z. B. Verkauf von Eintrittskarten) bereits durch die installierte Software nicht möglich ist.

1.5.2 Kassen- und Parkscheinautomaten der Parkraumbewirtschaftung sowie Ladepunkte für Elektro- oder Hybridfahrzeuge

Kassen- und Parkscheinautomaten der Parkraumbewirtschaftung sowie Ladepunkte für Elektro- oder Hybridfahrzeuge sind Geräte, die der Bezahlung und Inanspruchnahme des zur Verfügung gestellten Parkraums sowie der aufgeladenen Strommenge dienen.

1.5.3 elektronische Buchhaltungsprogramme

Elektronische Buchhaltungsprogramme erfüllen hinsichtlich der Erfassung barer Geschäftsvorfälle keine Grundaufzeichnungsfunktion. In das elektronische Buchhaltungsprogramm werden lediglich die ggf. täglich saldierten Bareinnahmen und Barausgaben übertragen und gebucht, die in einem Kassensystem, Kassenbuch oder Kassenbericht aufgezeichnet wurden.

1.5.4 Waren- und Dienstleistungsautomaten

Bei Dienstleistungsautomaten im Sinne des § 1 Abs. 1 Satz 2 Nr. 4 KassenSichV handelt es sich um Automaten, die gegenüber Kunden und Kundinnen, ohne Zutun von Mitarbeitenden, durch einen selbständigen technischen Vorgang eine Dienstleistung erbringen und deren Abrechnung ermöglichen (z. B. Waschsalonautomaten oder Zugangssysteme bei öffentlich zugänglichen WC-Anlagen). Automatische Zugangssysteme ohne Verbindung zu einem Abrechnungs- bzw. Bezahlsystem sind bereits nach § 1 Abs. 1 Satz 1 KassenSichV nicht mit einer zertifizierten technischen Sicherheitseinrichtung (TSE) zu schützen, da sie keine Kassenfunktion haben.

Bei Warenautomaten im Sinne des § 1 Abs. 1 Satz 2 Nr. 4 KassenSichV handelt es sich um Automaten, die nach dem Bezahlvorgang, ohne Zutun von Mitarbeitenden, automatisch einen selbstständigen technischen Vorgang ausführen und hierdurch die Ware zur Verfügung stellen (z. B. Zigaretten- oder Getränkeautomat).

1.5.5 Geldautomaten

Geldautomaten sind technische Anlagen, die ein Betreiber bereitstellt, damit ein Nutzer Bargeld von einem Zahlungskonto abheben, auf ein Zahlungskonto einzahlen, auf ein anderes Zahlungskonto überweisen und/oder die Barauszahlung an einen Dritten veranlassen kann. Dabei ist es ausreichend, wenn die technische Anlage bereits über eine der genannten Funktionen verfügt.

1.5.6 Geld- und Warenspielgeräte

Geld- und Warenspielgeräte sind Geräte, die über eine gültige Bauartzulassung nach §§ 11 bis 16 der Verordnung über Spielgeräte und andere Spiele mit Gewinnmöglichkeit (SpielV) verfügen.

1.6 Schutz durch eine TSE (§ 146a Abs. 1 Satz 2 AO)

Grundsätzlich ist jedes eingesetzte elektronische Aufzeichnungssystem i. S. d. § 146a AO i. V. m. § 1 Abs. 1 Satz 1 und Abs. 2 KassenSichV sowie die damit zu führenden digitalen Aufzeichnungen durch eine TSE zu schützen. Werden mehrere einzelne elektronische Aufzeichnungssysteme (z. B. Verbundwaagen, Bestellsysteme ohne Abrechnungsteil, App-Systeme) mit einem System i. S. v. § 146a AO i. V. m. § 1 Abs. 1 Satz 1 oder Abs. 2 KassenSichV verbunden, dann wird es nicht beanstandet, wenn die damit zu führenden digitalen Aufzeichnungen mit einer TSE geschützt werden, die alle im Verbund befindlichen elektronischen Aufzeichnungssysteme gemeinsam nutzen.

Ein elektronisches Aufzeichnungssystem oder eine Gruppe elektronischer Aufzeichnungssysteme muss bei störungsfreier Verwendung genau einer TSE zugeordnet sein.

1.7 Schutzziele

Die Regelungen des § 146a AO sollen für digitale Grundaufzeichnungen, die mittels elektronischem Aufzeichnungssystem i. S. d. § 146a AO i. V. m. § 1 Abs. 1 Satz 1 oder Abs. 2 KassenSichV geführt werden, Folgendes sicherstellen:

– deren Integrität,
– deren Authentizität
– und deren Vollständigkeit.

1.8 Vorgang

Der Begriff des Vorgangs i. S. d. KassenSichV ist nachfolgend als ein zusammengehörender Aufzeichnungsprozess zu verstehen, der bei Nutzung oder Konfiguration eines elektronischen Aufzeichnungssystems eine Protokollierung durch die TSE auslösen muss (vgl. § 2 sowie § 7 Abs. 2 und § 8 Abs. 2 KassenSichV). Ein Vorgang kann einen oder mehrere Geschäftsvorfälle sowie andere Vorgänge umfassen (vgl. AEAO zu § 146a, Nr. 1.10 und Nr. 1.11). Aus Gründen der besseren Lesbarkeit wird der Begriff „Vorgang" im Folgenden als Oberbegriff für Geschäftsvorfälle und andere abzusichernde Vorgänge genutzt.

1.9 Transaktion

Im Rahmen der Protokollierung eines Vorgangs (vgl. AEAO zu § 146a, Nr. 1.12.3) muss innerhalb der TSE mindestens eine Transaktion erzeugt werden. Während der Begriff „Vorgang" sich auf die Abläufe im elektronischen Aufzeichnungssystem bezieht, beschreibt der Begriff „Transaktion" die innerhalb der TSE erfolgenden Absicherungsschritte (mindestens bei Vorgangsbeginn und -ende) zum Vorgang im jeweiligen Aufzeichnungssystem.

Anhang 20: AEAO zu § 146a AO (Neufassung ab 01.01.2024)

1.10 Geschäftsvorfälle

1.10.1 Geschäftsvorfälle sind alle rechtlichen und wirtschaftlichen Vorgänge, die innerhalb eines bestimmten Zeitabschnitts den Gewinn bzw. Verlust oder die Vermögenszusammensetzung in einem Unternehmen dokumentieren oder beeinflussen bzw. verändern (z. B. zu einer Veränderung des Anlage- und Umlaufvermögens sowie des Eigen- und Fremdkapitals führen; vgl. auch Rz. 16 des BMF-Schreibens vom 28.11.2019, BStBl I S. 1269).

1.10.2 Beispiele für Geschäftsvorfälle, die bei elektronischen Aufzeichnungssystemen i. S. d. AEAO zu § 146a, Nr. 1.2 bis 1.4 vorkommen können: Eingangs-/Ausgangs-Umsatz, nachträgliche Stornierung eines Umsatzes, Trinkgeld (Unternehmer, Arbeitnehmer), Gutschein (Ausgabe, Einlösung), Privatentnahme, Privateinlage, Wechselgeld-Einlage, Lohnzahlung aus der Kasse, Geldtransit.

1.11 Andere Vorgänge

1.11.1 Unter anderen Vorgängen sind Aufzeichnungsprozesse zu verstehen, die nicht durch einen Geschäftsvorfall, sondern durch andere Ereignisse im Rahmen der Nutzung des elektronischen Aufzeichnungssystems ausgelöst werden und zur nachprüfbaren Dokumentation der zutreffenden und vollständigen Erfassung der Geschäftsvorfälle notwendig sind. Hierunter fallen beispielsweise Trainingsbuchungen, Sofort-Stornierung eines unmittelbar zuvor erfassten Vorgangs, Belegabbrüche, erstellte Angebote, nicht abgeschlossene Geschäftsvorfälle (z. B. Bestellungen).

1.11.2 Nicht alle in einem elektronischen Aufzeichnungssystem verwalteten Vorgänge sind für die Erreichung der Schutzziele erforderlich. Für die Erreichung der Schutzziele nicht erforderliche Vorgänge müssen nicht abgesichert werden (z. B. Bildschirmeinstellung heller/dunkler; Überwachung der Prozessor-Temperatur etc.).

1.11.3 Abzusichernde Funktionsaufrufe (Systemfunktionen) und Ereignisse innerhalb der TSE (Audit-Daten) werden in der BSI TR-03153-1 definiert.

1.12 Die TSE

1.12.1 Anforderungen an die TSE

1.12.1.1 Die Anforderungen an die TSE werden nach § 146a Abs. 3 Satz 3 AO i. V. m. § 5 Satz 1 KassenSichV durch das Bundesamt für Sicherheit in der Informationstechnik (BSI) festgelegt. Die Architektur der TSE wird durch § 146a AO i. V. m. der KassenSichV, die Architektur der einzelnen Bestandteile wird durch die Technischen Richtlinien und Schutzprofile des BSI festgelegt.

1.12.1.2 Vorgaben zu den einzelnen Bestandteilen der TSE sind insbesondere in folgenden Technischen Richtlinien festgelegt (vgl. auch BMF-Schreiben vom 29.6.2023, BStBl I S. 1075):

– BSI TR-03153 Technische Sicherheitseinrichtung für elektronische Aufzeichnungssysteme Teil 1: Anforderungen an die Technische Sicherheitseinrichtung, Version 1.1.0
– BSI TR-03153 Regelung zur übergangsweisen Aufrechterhaltung der gesetzlich erforderlichen Zertifizierung von Technischen Sicherheitseinrichtungen in begründeten Ausnahmefällen Teil 2, Version 1.0.0,
– BSI TR-03151 Secure Element API (SE API) Part 1: Interface Definition, Version 1.1.0,
– BSI TR-03151 Secure Element API (SE API) Part 2: Interface Mapping, Version 1.1.0,
– BSI TR-03145 Secure CA Operation Part 5: Specific requirements for a Public Key Infrastructure for Technical Security Systems, Version 1.0.1,
– BSI TR-03116 Kryptographische Vorgaben für Projekte der Bundesregierung Teil 5 – Anwendungen der Secure Element API, Stand 2023.

Anhang 20: AEAO zu § 146a AO (Neufassung ab 01.01.2024)

1.12.2 Komponenten der TSE

1.12.2.1 Das BSI hat in den Technischen Richtlinien Mindestanforderungen an eine TSE festgelegt. Dabei wurde – soweit möglich – auf technische Vorgaben verzichtet.

1.12.2.2 Mindestvorgaben werden in den Technischen Richtlinien lediglich zu den einzelnen Komponenten einer TSE (Sicherheitsmodul, Speichermedium und einheitliche digitale Schnittstelle) geregelt.

1.12.2.3 Das Sicherheitsmodul muss nach § 146a Abs. 1 AO i. V. m. § 2, § 7 Abs. 2 oder § 8 Abs. 2 KassenSichV die sichere Protokollierung von Vorgängen (vgl. AEAO zu § 146a, Nr. 1.8) gewährleisten. Durch die Technische Richtlinie BSI TR-03153-1 wird die Architektur des Sicherheitsmoduls vorgegeben (vgl. AEAO zu § 146a, Nr. 1.12.1.2).

1.12.2.4 Nach § 2 Satz 1 bzw. § 7 Abs. 2 Satz 1 ggfs. i. V. m. § 8 Abs. 2 KassenSichV wird festgelegt, dass jeder Vorgang mindestens eine Transaktion in der TSE mit mehreren Protokollierungsschritten auslöst.

Das Sicherheitsmodul erzeugt folgende Daten (Protokolldaten):
- Zeitpunkt des Vorgangsbeginns sowie Zeitpunkt der Vorgangsbeendigung (auch bei Vorgangsabbruch)
- eindeutige und fortlaufende Transaktionsnummer
- Prüfwert (vgl. Kapitel 3.5.4 der BSI-TR 03153-1)
- Seriennummer der TSE
- Signaturzähler

Es kann optionale Protokolldaten hinzufügen. Bei der Beschreibung des Ablaufs der Protokollierung (vgl. AEAO zu § 146a, Nr. 2.2.2, 3.2.2 bzw. 4.2.2) wird auf die Anwendungsdaten und auf die Protokolldaten im Einzelnen näher eingegangen.

1.12.2.5 Die Zeitpunkte für Vorgangsbeginn und -ende (vgl. AEAO zu § 146a, Nr. 2.2.3.3, 3.2.3.2 bzw. 4.2.3.2) müssen von dem Sicherheitsmodul bereitgestellt werden. Hinsichtlich der Zeitquelle sind die Vorgaben der Schutzprofile des BSI zu beachten.

1.12.2.6 Das Speichermedium TSE muss den Anforderungen des Kapitels 6 der Technischen Richtlinie BSI TR-03153-1 entsprechen. Insbesondere müssen die sichere Speicherung der abgesicherten Anwendungsdaten (Log-Nachrichten) sowie deren Export ermöglicht werden.

1.12.2.7 Nicht erforderlich ist eine physikalische Identität von Sicherheitsmodul und Speichermedium. Das Speichermedium kann z. B. sowohl in Form eines herkömmlichen Datenträgers (Speicherkarte o.ä.) als auch mit einer Cloud-Speicherung erfüllt werden. § 146 Abs. 2a und 2b AO bleibt unberührt.

1.12.2.8 Das BSI hat in Kapitel 5 der Technischen Richtlinie BSI TR-03153-1 zwei Bestandteile der einheitlichen digitalen Schnittstelle der TSE definiert:
- Einbindungsschnittstelle
- Exportschnittstelle der TSE

1.12.2.9 Die Einbindungsschnittstelle nach Kapitel 5.1 der Technischen Richtlinie BSI TR-03153-1 dient der Integration der TSE in das elektronische Aufzeichnungssystem (z. B. der Kommunikation des Sicherheitsmoduls mit dem elektronischen Aufzeichnungssystem). Die Mindest-Funktionalitäten sind abschließend aufgeführt.

1.12.2.10 Die Exportschnittstelle muss eine Exportfunktion bieten, die Ausgabedateien in definierter Form erzeugt (Kapitel 5.2 der Technischen Richtlinie BSI TR-03153-1). Der Export erfolgt in TAR-Archiven. Darin enthalten sind die abgesicherten Anwendungsdaten (Log-Nachrichten) in einem vorgeschriebenen Format sowie die zur Verifikation der Prüfwerte notwendigen Zertifikate.

Anhang 20: AEAO zu § 146a AO (Neufassung ab 01.01.2024)

1.12.3 **Protokollierung von Vorgängen durch die TSE**

Als Protokollierung einer Transaktion wird der Prozess bezeichnet, mit dem die TSE die Anwendungs- und Protokolldaten eines Vorgangs gegen nachträgliche, unerkannte Veränderungen schützt sowie Existenz und Herkunft der Aufzeichnung zu einem bestimmten Zeitpunkt bestätigt.

1.13 **Einheitliche digitale Schnittstelle für steuerliche Außenprüfungen und Nachschauen**

1.13.1 Die im AEAO zu § 146a, Nr. 1.12.2.10 beschriebenen abgesicherten Anwendungsdaten müssen im Rahmen einer steuerlichen Außenprüfung oder Nachschau dem Amtsträger zur Verifikation der Protokollierung zur Verfügung gestellt werden.

1.13.2 Darüber hinaus müssen alle mit dem elektronischen Aufzeichnungssystem aufgezeichneten Daten in einem maschinell auswertbaren Format zur Verfügung gestellt werden. Die für elektronische Aufzeichnungssysteme i. S. d. § 146a Abs. 1 Satz 1 AO i. V. m. § 1 Abs. 1 Satz 1 und Abs. 2 KassenSichV erforderlichen Daten sowie Formate werden in der „Digitalen Schnittstelle der Finanzverwaltung für elektronische Aufzeichnungssysteme" (DSFinV) definiert. Diese wird über das Internetportal des Bundeszentralamtes für Steuern (BZSt) veröffentlicht.

1.14 **Ausfall der TSE**

1.14.1 Ausfallzeiten und -grund einer TSE sind zu dokumentieren (vgl. AEAO zu § 146, Nr. 2.1.6). Diese Dokumentation kann auch automatisiert durch das elektronische Aufzeichnungssystem erfolgen.

1.14.2 Kann das elektronische Aufzeichnungssystem ohne die funktionsfähige TSE weiterbetrieben werden, muss dieser Ausfall auf einem eventuellen Beleg ersichtlich sein. Dies kann durch die fehlende Transaktionsnummer oder durch eine sonstige eindeutige Kennzeichnung erfolgen.

1.14.3 Soweit der Ausfall lediglich die TSE betrifft, wird es nicht beanstandet, wenn das elektronische Aufzeichnungssystem bis zur Beseitigung des Ausfallgrundes weiterhin genutzt wird. Die grundsätzliche Belegausgabepflicht bleibt von dem Ausfall unberührt, auch wenn nicht alle für den Beleg erforderlichen Werte (vgl. AEAO zu § 146a, Nr. 2.4.4, 3.4.3 bzw. 4.4.3) durch die TSE zur Verfügung gestellt werden. Die Belegangaben zu Datum und Uhrzeit müssen in diesem Fall von dem elektronischen Aufzeichnungssystem bereitgestellt werden.

1.14.4 Der Unternehmer hat unverzüglich die jeweilige Ausfallursache zu beheben, Maßnahmen zu deren Beseitigung zu treffen und dadurch sicherzustellen, dass die Anforderungen des § 146a AO schnellstmöglich wieder eingehalten werden.

1.15 **Elektronische Aufbewahrung der Aufzeichnungen**

1.15.1 Nach § 3 Abs. 2 KassenSichV müssen die gespeicherten Geschäftsvorfälle oder andere Vorgänge im Sinne des § 146a Abs. 1 Satz 1 AO als Transaktionen so verkettet sein, dass Lücken in den Aufzeichnungen erkennbar sind. Die Verkettung ergibt sich aus der von der TSE verwalteten Transaktionsnummer sowie aus dem Signaturzähler.

1.15.2 Die Überführung der abgesicherten Anwendungsdaten aus der TSE in ein Aufbewahrungssystem ist zulässig, sofern dieses einen späteren Export der Daten nach der in Kapitel 5.2 der Technischen Richtlinie BSI TR-03153-1 vorgeschriebenen Form ermöglicht (TAR-Files in definierter Form). Nach diesem Export können die Daten auf dem Speichermedium der TSE gelöscht werden. Es müssen zu diesem Zweck die in den Technischen Richtlinien aufgeführten Datenfelder auch im Aufbewahrungssystem vorgehalten werden. Zur Erhaltung der Verkettung ist die vollständige Archivierung der Log-Nachrichten aller Absicherungsschritte (Start, Update und Beendigung des Vorgangs) erforderlich.

1.15.3　Das Aufbewahrungssystem muss den Datenexport im jeweils zu verwendenden DSFinV-Format (vgl. AEAO zu § 146a, Nr. 1.13, 2.3, 3.3 bzw. 4.3) ermöglichen, sofern über die abgesicherten Anwendungsdaten aus der TSE hinaus auch die übrigen Daten des Aufzeichnungssystems in das Aufbewahrungssystem überführt werden. Die Pflichten nach § 147 AO bleiben unberührt.

1.15.4　Eine Verdichtung von Grundaufzeichnungen in dem Aufbewahrungssystem ist für die Dauer der Aufbewahrung nach § 147 Abs. 3 AO unzulässig.

1.16.　Mitteilungspflicht nach § 146a Abs. 4 AO

1.16.1　Allgemeines

Die Mitteilungspflicht nach § 146a Abs. 4 AO gilt für elektronische Aufzeichnungssysteme i. S. d. § 146a Abs. 1 Satz 1 AO i. V. m. § 1 Abs. 1 Satz 1 und Abs. 2 KassenSichV.

Die Mitteilung an das zuständige Finanzamt hat elektronisch über das Programm „Mein ELSTER" oder über kompatible eigene oder Drittanbieter-Software über die entsprechende Schnittstelle (ERiC) zu erfolgen. Eine wirksame Erfüllung der Mitteilungspflicht nach § 146a Abs. 4 AO ist grundsätzlich nur auf diesem Weg möglich.

1.16.1.1　Mitteilende Person

Steuerpflichtige, die mitzuteilende elektronische Aufzeichnungssysteme verwenden, haben die Mitteilungspflicht nach § 146a Abs. 4 AO zu erfüllen. Diese Mitteilungspflicht kann auch durch eine bevollmächtigte Person erfüllt werden.

1.16.1.2　Zeitpunkt der Mitteilung

Die Mitteilung nach § 146a Abs. 4 Satz 2 AO ist innerhalb eines Monats nach Anschaffung oder Außerbetriebnahme des mitzuteilenden elektronischen Aufzeichnungssystems zu erstatten. Zum Datum der Anschaffung vgl. AEAO zu § 146a, Nr. 1.16.2.6. Unter Außerbetriebnahme fällt auch der Untergang oder das Abhandenkommen des elektronischen Aufzeichnungssystems.

Auf das BMF-Schreiben vom 6. 11. 2019 (BStBl I S. 1010) wird hingewiesen.

1.16.1.3　Meldeart

Für die Anmeldung, die Abmeldung und die Korrekturmeldung zu (einzelnen) mitzuteilenden elektronischen Aufzeichnungssystemen einer Betriebsstätte (vgl. AEAO zu § 146a, Nr. 1.16.1.4.) existiert eine einheitliche Meldeart. Die Intention einer Meldung (anmelden, abmelden, korrigieren) ergibt sich aus den im Einzelfall übermittelten Daten.

1.16.1.4　Betriebsstätte

Das mitzuteilende elektronische Aufzeichnungssystem ist grundsätzlich einer Betriebsstätte eindeutig zuzuordnen. Die Abgabe einer Mitteilung hat getrennt für jede Betriebsstätte zu erfolgen. Es sind bei jeder Mitteilung, gleich der Intention einer Meldung (vgl. AEAO zu § 146a, Nr. 1.16.1.3), stets alle elektronischen Aufzeichnungssysteme einer Betriebsstätte in der einheitlichen Mitteilung zu übermitteln.

Bei Taxametern oder Wegstreckenzählern ist bei der Bezeichnung der Betriebsstätte auch das jeweilige Kfz-Kennzeichen des Fahrzeuges mitzuteilen.

1.16.2　Angaben zur Mitteilung

1.16.2.1　Ordnungskriterium

Der Steuerpflichtige hat im Zuge der Mitteilungspflicht nach § 146a Abs. 4 AO als eindeutiges Zuordnungskriterium seine Steuernummer mitzuteilen. Er kann zusätzlich seine Identifikationsnummer gemäß § 139b AO übermitteln. Nach der Einführung der Wirtschafts-Identifikationsnummer gemäß § 139c AO ist diese zu übermitteln.

Anhang 20: AEAO zu § 146a AO (Neufassung ab 01.01.2024)

1.16.2.2 Art der TSE

Die Art der TSE nach § 146a Abs. 4 Satz 1 Nr. 3 AO setzt sich aus der Zertifizierungs-ID sowie der Seriennummer der TSE zusammen.

Die Anforderungen an die Seriennummer der TSE ergibt sich aus Kapitel 9.3 der Technischen Richtlinie BSI TR-03153-1.

Die Zertifizierungs-ID wird durch das BSI vergeben und besitzt folgendes Format: BSI-K-TR-nnnn-yyyy. Hierbei bedeutet nnnn eine vierstellige Nummerierung, yyyy eine vierstellige Jahreszahl.

1.16.2.3 Art des verwendeten elektronischen Aufzeichnungssystems

Eine Auswahl zur Art des verwendeten elektronischen Aufzeichnungssystems wird im Meldeverfahren vorgegeben.

1.16.2.4 Anzahl der insgesamt eingesetzten elektronischen Aufzeichnungssysteme

Die Anzahl der insgesamt eingesetzten elektronischen Aufzeichnungssysteme je Betriebsstätte ist zu übermitteln.

Jedes einzelne verwendete elektronische Aufzeichnungssystem ist in jeder Mitteilung zu der jeweiligen Betriebsstätte aufzuführen (vgl. AEAO zu § 146a, Nr. 1.16.1.3. und 1.16.1.4). Sollten in Verbundsystemen mehrere Geräte mit einer TSE verbunden sein, so ist jedes einzelne verwendete Gerät dem Finanzamt mitzuteilen.

1.16.2.5 Seriennummer des verwendeten elektronischen Aufzeichnungssystems

Die Seriennummer des elektronischen Aufzeichnungssystems ist zu übermitteln. Sie ist herstellerabhängig und von der Seriennummer der TSE sowie der Zertifizierungs-ID zu unterscheiden.

Die Seriennummer muss jedes elektronische Aufzeichnungssystem i. S. d. § 146a AO i. V. m. § 1 Abs. 1 Satz 1 und Abs. 2 KassenSichV eines Herstellers eindeutig identifizieren (vgl. AEAO zu § 146a, Nr. 2.2.3.1).

1.16.2.6 Datum der Anschaffung

Das Datum der Anschaffung ist zu übermitteln. Werden elektronische Aufzeichnungssysteme nicht erworben, sondern z. B. geleast oder geliehen, ist statt des Anschaffungsdatums das Datum des Leasingbeginns/Beginn des Leihvertrags/Beginn der Zurverfügungstellung zu übermitteln. Die §§ 145 ff. AO bleiben unberührt.

1.16.2.7 Datum der Außerbetriebnahme

Das Datum der Außerbetriebnahme eines elektronischen Aufzeichnungssystems ist zu übermitteln.

1.16.3 Korrekturmöglichkeit

1.16.3.1 Eine zu einem elektronischen Aufzeichnungssystem (einer Betriebsstätte) fehlerhaft abgegebene Mitteilungen ist zu korrigieren. Die Korrektur muss nach Kenntnis des Fehlers unverzüglich, spätestens aber bis zum Ablauf der Frist nach § 146a Abs. 4 Satz 2 AO erfolgen. Hierzu ist das elektronische Aufzeichnungssystem eindeutig zu identifizieren und sind die bisher falsch gemeldeten Angaben mit den richtigen Angaben zu ersetzen. Die korrigierende Meldung hat alle elektronischen Aufzeichnungssysteme (der jeweiligen Betriebsstätte) zu enthalten (vgl. AEAO zu § 146a, Nrn. 1.16.1.3. und 1.16.1.4).

1.16.3.2 Bei der Meldung falscher Angaben zu einer Betriebsstätte hat eine entsprechende Korrektur zu erfolgen. Die hinsichtlich der Angaben zur Betriebsstätte korrigierte Meldung hat ebenfalls alle elektronischen Aufzeichnungssysteme (mit unveränderten Angaben) der betroffenen Betriebsstätte zu enthalten (vgl. AEAO zu § 146a, Nrn. 1.16.1.3. und 1.16.1.4).

Anhang 20: AEAO zu § 146a AO (Neufassung ab 01.01.2024)

1.17		**Zertifizierung**
		Das Verfahren zur Zertifizierung ist in § 11 KassenSichV i. V. m. Kapitel 8 sowie Anhang A der BSI TR-03153-1, BMF-Schreiben vom 28. 2. 2019, BStBl I S. 206, geregelt. Darüber hinaus besteht auch die Möglichkeit einer Übergangszertifizierung nach § 11 KassenSichV i. V. m. BSI TR-03153-2 (BMF-Schreiben vom 26. 7. 2021, BStBl I S. 1034).
1.18		**Verbot des gewerbsmäßigen Bewerbens und In-Verkehr-Bringens nach § 146a Abs. 1 Satz 5 AO**
1.18.1		Es ist verboten, Soft- oder Hardware zu bewerben oder in Verkehr zu bringen, die die Anforderungen des § 146a AO nicht erfüllen. Bewerben ist jede schriftliche oder mündliche Äußerung, die dazu dient, jemanden zum Einsatz von Soft- oder Hardware zu bewegen. Unter In-Verkehr-Bringen ist jede Handlung zu verstehen, durch die Soft- oder Hardware aus der Verfügungsgewalt einer Person in die Verfügungsgewalt einer anderen Person gelangt.
1.18.2		Elektronische Aufzeichnungssysteme mit Anbindungsmöglichkeit an eine TSE und die TSE können unabhängig voneinander beworben oder In-Verkehr gebracht werden.
1.19		**Rechtsfolgen bei Verstoß gegen § 146a AO**
1.19.1		Die Befolgung der Ordnungsvorschrift § 146a AO kann nicht durch einen Verwaltungsakt angeordnet oder durch Zwangsmaßnahmen nach §§ 328 ff. AO erzwungen werden.
1.19.2		§ 146a Abs. 2 Satz 1 AO (Belegausgabepflicht) und § 146a Abs. 4 AO (Mitteilungspflicht) sehen Handlungspflichten vor. §§ 328 ff. AO bleiben unberührt.
1.19.3		Die Ahndung einer Verletzung nach § 146a Abs. 1 Satz 1, 2 oder 5 AO kann als Ordnungswidrigkeit nach § 379 Abs. 1 Satz 1 AO erfolgen.
1.19.4		Wird festgestellt, dass die nach § 146a Abs. 1 Satz 1, 2 oder 5 AO bestehenden Verpflichtungen nicht erfüllt sind, soll die für Straf- und Bußgeldsachen zuständige Stelle unterrichtet werden.
2.		**Kassen und Kassensysteme**
2.1		**Sachlicher und zeitlicher Anwendungsbereich**
2.1.1		**Sachlicher Anwendungsbereich**
		Der sachliche Anwendungsbereich der Pflicht zum Einsatz einer TSE wird durch § 146a Abs. 1 Satz 2 AO i. V. m. § 1 Abs. 1 KassenSichV begrenzt (§ 146a Abs. 3 Satz 1 Nr. 1 AO). Unabhängig davon unterliegen jedoch alle elektronischen Aufzeichnungssysteme der Einzelaufzeichnungspflicht nach § 146 Abs. 1 Satz 1 AO. Die in § 1 Abs. 1 Satz 1 KassenSichV genannten elektronischen Aufzeichnungssysteme müssen neben den allgemeinen Ordnungsmäßigkeitsgrundsätzen die besonderen Vorschriften des § 146a AO beachten. § 1 Abs. 1 Satz 2 KassenSichV grenzt elektronische Aufzeichnungssysteme ab, die ausdrücklich nicht in den Anwendungsbereich des § 146a AO fallen.
2.1.2		**Zeitlicher Anwendungsbereich**
		§ 146a AO gilt erstmals für Kalenderjahre, die nach dem 31. 12. 2019 beginnen.
2.2		**Der Einsatz einer TSE in Kassen(systemen)**
		Soweit nachfolgend nichts Anderes geregelt ist, gelten die Ausführungen unter Nr. 1.12.

Anhang 20: AEAO zu § 146a AO (Neufassung ab 01.01.2024)

2.2.1 Anwendungs- und Protokolldaten

2.2.1.1 In den Prozess der Protokollierung fließen Anwendungsdaten aus dem elektronischen Aufzeichnungssystem zusätzlich zu den bereits von der TSE gelieferten Protokolldaten ein (vgl. AEAO zu § 146a, Nr. 1.12.2.4).

2.2.1.2 Im Einzelnen bestehen die abgesicherten Anwendungsdaten aus folgenden Informationen:
- Anwendungsdaten (Seriennummer des elektronischen Aufzeichnungssystems, Art des Vorgangs, Daten des Vorgangs)
- Protokolldaten (Seriennummer der TSE, Zeitpunkt der Absicherung, eindeutige und fortlaufende Transaktionsnummer, Signaturzähler, Optionale Protokolldaten)
- Prüfwert

2.2.2 Ablauf der Protokollierung

Die Protokollierung (vgl. § 2 KassenSichV) erfolgt in drei Schritten:

1. Beginn der Protokollierung:
   Das Aufzeichnungssystem muss unmittelbar mit Beginn eines aufzuzeichnenden Vorgangs die Protokollierung des Vorgangs in der TSE starten (vgl. Kapitel 3.5.1 der Technischen Richtlinie BSI TR-03153-1). Dabei erfolgen u. a. zwingend die Vergabe einer eindeutigen und fortlaufenden Transaktionsnummer, die Erhöhung des Signaturzählers sowie die Erzeugung eines Prüfwertes durch die TSE.
2. Aktualisierung der Protokollierung:
   Spätestens 45 Sekunden nach einer Änderung der Daten des Vorgangs ist die Aktualisierung der Transaktion durch die TSE erforderlich (vgl. Kapitel 3.5.2 der Technischen Richtlinie BSI TR-03153-1 i. V. m. BSI TR-03116-5). Die Erzeugung eines Prüfwertes durch die TSE ist optional. Die Transaktionsnummer bleibt erhalten und der Signaturzähler wird bei jeder Aktualisierung mit Prüfwertberechnung um den Wert 1 erhöht.
3. Beendigung der Protokollierung:
   Bei Beendigung des Vorgangs ist die Transaktion innerhalb der TSE zu beenden (vgl. Kapitel 3.5.3 der Technischen Richtlinie BSI TR-03153-1). Dabei erfolgt zwingend die Erzeugung eines Prüfwertes durch die TSE. Die Transaktionsnummer bleibt erhalten und der Signaturzähler wird um den Wert 1 erhöht. Erst bei diesem Protokollierungsschritt wird der Zeitpunkt der Beendigung des Vorgangs in die Protokolldaten aufgenommen.

Anschließend werden die zum Ausdruck eines Belegs i. S. d. § 6 KassenSichV erforderlichen Protokolldaten dem elektronischen Aufzeichnungssystem übermittelt (vgl. AEAO zu § 146a, Nr. 2.4).

2.2.3 Begriffsdefinitionen zur Protokollierung

2.2.3.1 Seriennummer des elektronischen Aufzeichnungssystems

Die Seriennummer eines elektronischen Aufzeichnungssystems muss von dessen Hersteller eindeutig vergeben werden. Die Seriennummer ist eine Zeichenfolge, die zur eindeutigen Identifizierung eines Exemplars aus einer Serie dient. Zusammen mit der Information über den Hersteller wird das jeweilige elektronische Aufzeichnungssystem hierdurch eindeutig repräsentiert (vgl. Kapitel 9.3.1 der Technischen Richtlinie BSI TR-03153-1). Zur Mitteilung nach § 146a Abs. 4 AO vgl. AEAO zu § 146a, Nr. 1.16.2.5.

2.2.3.2 Seriennummer der TSE

Als Seriennummer der TSE muss der Hashwert des im Zertifikat enthaltenen öffentlichen Schlüssels für die Verifikation der Prüfwerte verwendet werden. Die zu verwendende Hashfunktion wird von der Technischen Richtlinie BSI TR-03116-5 festgelegt

Anhang 20: AEAO zu § 146a AO (Neufassung ab 01.01.2024)

(vgl. Kapitel 9.3.2 der Technischen Richtlinie BSI TR-03153-1). Sofern der Hersteller eine Prüfsumme nach Appendix B der BSI TR-03153-1 verwendet, ist die Prüfsumme Teil der Seriennummer. Zur Mitteilung nach § 146a Abs. 4 AO vgl. AEAO zu § 146a, Nr. 1.16.2.2.

2.2.3.3 Zeitpunkt des Vorgangsbeginns bzw. der Vorgangsbeendigung

Grundsätzlich ist jeweils der Zeitpunkt entscheidend, zu dem das elektronische Aufzeichnungssystem einen Vorgang startet oder beendet. Vor einer Belegausgabe oder zum Zeitpunkt eines Kassenabschlusses ist der Vorgang zwingend zu beenden. Dienen z. B. miteinander verknüpfte Waagen (sog. Verbundwaagen) während eines Vorgangs lediglich der Erfassung von (Zwischen-)Wiegeergebnissen, wird es aufgrund der eichrechtlichen Besonderheiten nicht beanstandet, wenn als Beginn des Vorgangs der Beginn des Bezahlvorgangs an dem jeweiligen elektronischen Aufzeichnungssystem mit Kassenfunktion abgesichert wird.

2.2.3.4 Optionale Protokolldaten

Dieses Datenfeld wurde geschaffen, um künftige Änderungen (z. B. aufgrund technischer Entwicklung) in der TSE abbilden zu können.

2.2.3.5 Art des Vorgangs

Die Technischen Richtlinien wurden bzgl. der fachlichen Inhalte der abzusichernden Daten bewusst allgemein gehalten. Eine Absicherung kann für verschiedenste Arten von Daten erfolgen. Über die Art des Vorgangs kann eine Unterscheidung der Struktur der abzusichernden Inhalte gewährleisten werden.

2.2.3.6 Daten des Vorgangs

Der Inhalt der Daten des Vorgangs kann je nach Art des Vorgangs unterschiedlich definiert werden. Die Datenstruktur für elektronische Aufzeichnungssysteme mit Kassenfunktion wird in der „Digitalen Schnittstelle der Finanzverwaltung für Kassensysteme" – DSFinV-K definiert. Diese wird über das Internetportal des BZSt veröffentlicht (vgl. AEAO zu § 146a, Nr. 2.3). Nähere Erläuterungen zur technischen Abbildung der Daten sind in dem Anhang I der DSFinV-K definiert.

2.2.3.6.1 Art des Vorgangs „Kassenbeleg"

Für alle abgeschlossenen Vorgänge, die zu einer Belegausgabe nach § 146a Abs. 2 AO führen müssen, ist die Art des Vorgangs „Kassenbeleg" zu nutzen. Dies gilt auch für abgeschlossene Vorgänge, die Geschäftsvorfälle abbilden, an denen nur der Unternehmer selbst beteiligt ist (z. B. Eigenbelege über Ein- oder Auszahlungen).

In den Daten des Vorgangs sind folgende Daten abzubilden:
– Vorgangstyp (Feld BON_TYP in der DSFinV-K)
– Bruttoumsatz je Steuersatz (Felder BRUTTO/UST_SATZ in der DSFinV-K)
– Zahlbetrag je Zahlart (Felder ZAHLART_BETRAG/ZAHLART_TYP in der DSFinV-K)

Über diese Daten werden der Gesamtumsatz abgesichert und eine Kassensturzfähigkeit mit den Daten der TSE gewährleistet. Hierfür entfallen die nach 45 Sekunden anfallenden Updates der abzusichernden Daten innerhalb der TSE. Nähere Erläuterungen zur technischen Abbildung der Daten sind in der DSFinV-K definiert.

2.2.3.6.2 Art des Vorgangs „Bestellung"

Langanhaltende Bestellvorgänge (z. B. in der Gastronomie) werden als eigenständige Vorgänge realisiert. Deshalb sind diese über die Art des Vorgangs „Bestellung" abzubilden. In den Daten des Vorgangs sind folgende Daten abzubilden:
– Menge (Feld MENGE in der DSFinV-K)
– Bezeichnung der Ware bzw. der Leistung (Feld ARTIKELTEXT in der DSFinV-K)
– Preis pro Einheit (Feld BRUTTO in der DSFinV-K)

Die Art des Vorgangs „Bestellung" ist auch zu nutzen, wenn innerhalb des Aufzeichnungssystems Bestellungen bis hin zur Rechnung/Zahlung in einem Vorgang abgebildet werden. Der Grundsatz, dass jeder Vorgang im Aufzeichnungssystem einer Transaktion in der TSE entsprechen muss, findet in diesem Fall eine Ausnahme. Die Erstellung der Rechnung bzw. der Bezahlvorgang sind über die Art des Vorgangs „Kassenbeleg" abzusichern.

Wird die Erleichterungsregelung der Nr. 2.7.2 DSFinV-K in Anspruch genommen, muss der Start-Zeitpunkt der ersten Bestellung zusätzlich auf dem Beleg abgedruckt werden.

Nähere Erläuterungen zur technischen Abbildung der Daten sind in der DSFinV-K definiert (vgl. DSFinV-K – Tz. 2.7 und Anhang H).

2.2.3.6.3 Art des Vorgangs „SonstigerVorgang"

Die TSE kann zur Absicherung jeglicher Daten genutzt werden. Wenn ein Aufzeichnungssystem z. B. Kassenladenöffnungen ohne vorherige Bedienungen (oder Bedieneranmeldungen usw.) abbilden und absichern soll, kann als Art des Vorgangs „SonstigerVorgang" genutzt werden. Diese Art des Vorgangs kommt in Betracht, wenn es sich weder um einen belegartigen Vorgang noch um Funktionsaufrufe (Systemfunktionen) und Ereignisse (Audit-Daten) der TSE handelt.

Bei „SonstigerVorgang" werden keine fachlichen Vorgaben zum Inhalt der Daten des Vorgangs definiert.

2.3 Einheitliche digitale Schnittstelle für steuerliche Außenprüfungen und Nachschauen bei Kassen(systemen)

Ergänzend zu AEAO zu § 146a, Nr. 1.13 gilt Folgendes: Für elektronische oder computergestützte Kassensysteme oder Registrierkassen (vgl. AEAO zu § 146a, Nr. 1.2) gilt die DSFinV-K. Fällt nur ein Teilbereich der Daten eines komplexen Softwaresystems unter die DSFinV-K, bleibt die Verpflichtung zur Verfügungstellung weiterer Daten aus anderen Teilbereichen des Systems (z. B. Warenwirtschaft) unberührt.

Die Vorgaben der DSFinV-K gelten nicht für gesonderte Systeme i. S. d. AEAO zu § 146a, Nr. 1.3 Abs. 3 und Nr. 1.4 Abs. 4. Hier sind die Vorgaben der DSFinV-TW (vgl. 3.3 bzw. 4.3) zu beachten.

2.4. Anforderung an den Beleg

2.4.1 Die erforderlichen Mindestangaben auf einem Beleg i. S. d. § 146a AO sind in § 6 KassenSichV geregelt. Alle Angaben müssen für jedermann ohne maschinelle Unterstützung lesbar oder aus einem QR-Code auslesbar und auf dem Papierbeleg oder in dem elektronischen Beleg enthalten sein. Der QR-Code hat der DSFinV-K zu entsprechen (vgl. DSFinV-K – Anhang I Tz. 2.).

2.4.2 Die Belegausgabepflicht nach § 146a Abs. 2 AO gilt unbeschadet anderer gesetzlicher Vorschriften.

2.4.3 Die umsatzsteuerlichen Vorschriften an eine Rechnung (insbesondere § 14 Abs. 4 UStG) bleiben unberührt. Ist die Erstellung einer Rechnung nach umsatzsteuerlichen Vorschriften nicht erforderlich, muss dennoch ein Beleg nach den Anforderungen des § 6 KassenSichV erstellt werden.

2.4.4 Der Beleg muss mindestens folgende Angaben enthalten:

1. Den vollständigen Namen und die vollständige Anschrift des leistenden Unternehmers (vgl. § 6 Satz 1 Nr. 1 KassenSichV).
2. Das Datum der Belegausstellung und den Zeitpunkt des Vorgangsbeginns sowie den Zeitpunkt der Vorgangsbeendigung (vgl. AEAO zu § 146a, Nr. 2.2.3.3)
3. Die Menge und die Art der gelieferten Gegenstände oder den Umfang und die Art der sonstigen Leistung (vgl. auch AEAO zu § 146, Nr. 2.1.3).

Anhang 20: AEAO zu § 146a AO (Neufassung ab 01.01.2024)

4. Die Transaktionsnummer i. S. d. § 2 Satz 2 Nr. 2 KassenSichV (vgl. AEAO zu § 146a, Nr. 2.2.2)
5. Das Entgelt und den darauf entfallenden Steuerbetrag für die Lieferung oder sonstige Leistung in einer Summe sowie den anzuwendenden Steuersatz oder im Fall einer Steuerbefreiung einen Hinweis darauf, dass für die Lieferung oder sonstige Leistung eine Steuerbefreiung gilt.
Erfordert ein Geschäftsvorfall (vgl. AEAO zu § 146a, Nr. 1.10) nicht die Erstellung einer Rechnung i. S. d. § 14 UStG, sondern einen sonstigen Beleg (z. B. Lieferschein), wird nicht beanstandet, wenn dieser Beleg nicht den unter § 6 Satz 1 Nr. 5 KassenSichV geforderten Steuerbetrag enthält.
6. Die Seriennummer des elektronischen Aufzeichnungssystems sowie die Seriennummer des Sicherheitsmoduls. Auf dem Beleg ist die nach § 2 Satz 2 Nr. 8 KassenSichV protokollierte Seriennummer anzugeben (vgl. AEAO zu § 146a, Nr. 2.2.3.1 und 2.2.3.2).
7. Betrag je Zahlungsart
8. Signaturzähler
9. Prüfwert

Die vorgenannten Daten werden mit Ausnahme der Nr. 1, des Datums der Belegausstellung, der Nr. 3 sowie im Fall einer Steuerbefreiung des Hinweises darauf, dass für die Lieferung oder sonstige Leistung eine Steuerbefreiung gilt, entweder als Daten des Vorgangs zur Absicherung an die TSE übergeben oder durch die TSE festgelegt. Die Nachvollziehbarkeit der Absicherung auf dem Beleg erfordert daher, dass diese Daten in dem Format auf den Beleg gedruckt werden, in dem sie von der TSE an das elektronische Aufzeichnungssystem zurückgeliefert wurden. Nachträgliches Runden, Abschneiden oder Verändern dieser Daten ist unzulässig. Es wird nicht beanstandet, wenn ein als UnixTime gelieferter Zeitstempel als Coordinated Universal Time (UTC) ohne zusätzliche Zeitzone ausgegeben wird.

Sofern ein QR-Code gemäß Anhang I der DSFinV-K anstelle der für jedermann ohne maschinelle Unterstützung lesbaren Daten verwendet wird, gelten die vorgenannten Anforderungen als erfüllt.

2.5 Belegausgabe

2.5.1 Die Belegausgabepflicht hat derjenige zu befolgen, der Geschäftsvorfälle mit Hilfe eines elektronischen Aufzeichnungssystems i. S. d. § 146a Abs. 1 Satz 1 AO erfasst.

2.5.2 Der Beleg kann nach § 6 Satz 5 KassenSichV elektronisch oder in Papierform zur Verfügung gestellt werden. Dies setzt voraus, dass die Transaktion (vgl. AEAO zu § 146a, Nr. 1.9) vor Bereitstellung des Belegs abgeschlossen wird.

2.5.3 Eine elektronische Bereitstellung des Belegs bedarf der Zustimmung des Kunden. Die Zustimmung bedarf dabei keiner besonderen Form und kann auch konkludent erfolgen. Ein elektronischer Beleg gilt als bereitgestellt, wenn dem Kunden die Möglichkeit der Entgegennahme des elektronischen Belegs gegeben wird. Unabhängig von der Entgegennahme durch den Kunden ist der elektronische Beleg in jedem Fall zu erstellen.

2.5.4 Die Sichtbarmachung eines Belegs an einem Bildschirm des Unternehmers (Terminal/Kassendisplay) allein, ohne die Möglichkeit der elektronischen Entgegennahme nach Abschluss des Vorgangs, reicht nicht aus.

2.5.5 Ein Beleg i. S. v. § 6 KassenSichV ist nur für Geschäftsvorfälle auszugeben, an denen ein Dritter beteiligt ist. Von der Belegausgabepflicht sind z. B. Entnahmen und Einlagen ausgenommen.

2.5.6 Eine elektronische Belegausgabe muss in einem standardisierten Datenformat (z. B. JPG, PNG oder PDF) erfolgen, d. h. der Empfang und die Sichtbarmachung eines elektronischen Belegs auf dem Endgerät des Kunden müssen mit einer kostenfreien Standardsoftware möglich sein. Es bestehen keine technischen Vorgaben wie der Beleg zur Entgegennahme bereitgestellt oder übermittelt werden muss. Es ist z. B. zulässig, wenn der Kunde unmittelbar über eine Bildschirmanzeige (z. B. in Form eines QR-Codes) den elektronischen Beleg entgegennehmen kann. Eine Übermittlung kann auch z. B. als Download-Link, per Near-Field-Communication (NFC), per E-Mail oder direkt in ein Kundenkonto erfolgen.

2.5.7 Die Ausgabe des Belegs muss in unmittelbarem zeitlichem Zusammenhang mit der Beendigung des Vorgangs erfolgen. Dies gilt unabhängig davon, ob der Beleg in Papierform oder elektronisch bereitgestellt wird.

2.5.8 Bei der Zurverfügungstellung eines Papierbelegs reicht das Angebot zur Entgegennahme aus, wenn zuvor der Beleg erstellt und ausgedruckt wurde. Eine Pflicht zur Annahme des Belegs durch den Kunden sowie zur Aufbewahrung besteht nicht. Es besteht keine Aufbewahrungspflicht des Belegausstellers für nicht entgegengenommene Papierbelege.

2.5.9 Nach § 146a Abs. 2 Satz 2 AO kann bei einem Verkauf von Waren an eine Vielzahl von nicht bekannten Personen auf Antrag und mit Zustimmung der zuständigen Behörde nach § 148 AO aus Zumutbarkeitsgründen nach pflichtgemäßem Ermessen von einer Belegausgabepflicht abgesehen werden. Die Möglichkeit der Befreiung besteht unter den gleichen Voraussetzungen auch bei Dienstleistungen.

Eine Befreiung i. S. d. § 148 AO kann nur für den jeweiligen Einzelfall beantragt und gewährt werden. Eine Befreiung kommt nur dann in Betracht, wenn nachweislich eine sachliche Härte für den einzelnen Steuerpflichtigen besteht. Die mit der Belegausgabepflicht entstehenden Kosten stellen für sich allein keine sachliche Härte im Sinne des § 148 AO dar.

2.5.10 Die Befreiung von der Belegausgabepflicht nach § 146a Abs. 2 AO entbindet den Unternehmer nicht von dem Anspruch des Kunden auf die Ausstellung einer Quittung (§ 368 BGB).

2.5.11 Die Befreiung von der Belegausgabepflicht setzt voraus, dass durch die Unterdrückung der Belegausgabe die Funktion der TSE nicht eingeschränkt wird.

2.6 Angaben zur Mitteilung bei Kassen(systemen)

Ergänzend zu AEAO zu § 146a, Nr. 1.16.2 gilt Folgendes: Sofern einzelne elektronische Aufzeichnungssysteme ohne Kassenfunktion mit einem elektronischen Aufzeichnungssystem mit Kassenfunktion im Sinne von § 146a AO i. V. m. § 1 Abs. 1 Satz 1 KassenSichV verbunden wurden, ist nur das elektronische Aufzeichnungssystem mit Kassenfunktion und nicht die damit verbundenen elektronischen Aufzeichnungssysteme ohne Kassenfunktion mitteilungspflichtig.

2.7 Ausfall der TSE bei Kassen(systemen)

Ergänzend zu AEAO zu § 146a, Nr. 1.14 gilt Folgendes: Die Belegausgabepflicht nach § 146a Abs. 2 AO entfällt lediglich bei einem vollumfänglichen Ausfall des Aufzeichnungssystems oder bei Ausfall der Druck- oder Übertragungseinheit. Bei Ausfall der Druck- oder Übertragungseinheit für den elektronischen Beleg muss das Aufzeichnungssystem i. S. d. § 146a Abs. 1 Satz 1 AO i. V. m. § 1 Abs. 1 Satz 1 KassenSichV weiterhin genutzt werden.

3. EU-Taxameter

3.1 Sachlicher und zeitlicher Anwendungsbereich

3.1.1 Sachlicher Anwendungsbereich

Die in AEAO zu § 146a, Nr. 1.3 definierten EU-Taxameter unterliegen der Verpflichtung nach § 146a Abs. 1 Satz 1 und 2 AO. Der Verpflichtung zur Aufzeichnung

Anhang 20: AEAO zu § 146a AO (Neufassung ab 01.01.2024)

unterliegen insbesondere alle Geschäftsvorfälle und andere Vorgänge, die in den Betriebseinstellungen „Frei", „Besetzt" und „Kasse" durchgeführt werden. Unabhängig davon unterliegen alle Geschäftsvorfälle der Einzelaufzeichnungspflicht nach § 146 Abs. 1 Satz 1 AO, ggfs. außerhalb des EU-Taxameters.

3.1.2 Zeitlicher Anwendungsbereich

Die Verpflichtung nach § 146a Abs. 1 Satz 1 und 2 AO gilt für alle EU-Taxameter ab dem 1.1.2024. Dies gilt unabhängig davon, wann sie in den Verkehr gebracht oder erstmalig eingesetzt wurden.

Die Verpflichtung gilt jedoch nicht, soweit das EU-Taxameter vor dem 1.1.2021 mit der INSIKA-Technik ausgerüstet wurde und unter die Regelung des § 9 KassenSichV fällt.

In diesem Fall gilt die Verpflichtung nach § 146a Abs. 1 Satz 1 und 2 AO spätestens ab dem 1.1.2026.

Es gelten jedoch die Anforderungen des § 7 KassenSichV, ab dem Zeitpunkt, ab dem das EU-Taxameter aus dem Fahrzeug, welches vor dem 1.1.2021 mit der INSIKA-Technik ausgestattet wurde, ausgebaut und in ein neues Fahrzeug eingebaut wird.

3.2 Der Einsatz einer TSE im EU-Taxameter

3.2.1 Anwendungs- und Protokolldaten

3.2.1.1 In den Prozess der Protokollierung fließen Anwendungsdaten aus dem EU-Taxameter zusätzlich zu den bereits von der TSE gelieferten Protokolldaten ein (vgl. AEAO zu § 146a, Nr. 1.12.2.4).

3.2.1.2 Im Einzelnen bestehen die abgesicherten Daten aus folgenden Informationen:
- Anwendungsdaten (Art des Vorgangs, Daten des Vorgangs)
- Protokolldaten (Seriennummer der TSE, Zeitpunkt der Absicherung, eindeutige und fortlaufende Transaktionsnummer, Signaturzähler, Optionale Protokolldaten)
- Prüfwert

3.2.2 Ablauf der Absicherung und Protokollierung

Die Absicherung erfolgt über die Aufzeichnung von Transaktionen (vgl. Technische Richtlinie BSI TR-03153-1). Hierbei besteht jede Transaktion aus den zwei Schritten startTransaction und finishTransaction. Die Einzelheiten zum Aufbau der processType und processData sind in der DSFinV-TW Anhang B (vgl. AEAO zu § 146a, Nr. 3.2.3.5) zu finden. Nachfolgende Vorgänge sind abzusichern:

3.2.2.1 Einschalten des EU-Taxameters

Mit dem Einschalten des EU-Taxameters ist eine Transaktion in der TSE durch Aufruf der Funktion startTransaction, mit der Art des Vorgangs „Einschalten" zu starten (vgl. Technische Richtlinie BSI TR-03153-1). Dabei werden keine Vorgangsdaten abgesichert.

Unmittelbar im Anschluss ist der TSE-Vorgang durch die finishTransaction zu beenden. Dabei sind Informationen zum System, die Zählwerksdaten (vgl. AEAO zu § 146a, Nr. 3.2.3.1) sowie die allgemeinen Daten (vgl. AEAO zu § 146a, Nr. 3.2.3.1) an die TSE zu übergeben.

Wenn im EU-Taxameter kein Vorgang „Einschalten" existiert, ist dieser zu einem festgelegten Zeitpunkt oder Ereignis geschäftstäglich auszulösen.

3.2.2.2 Betriebseinstellung "Frei"

Zu Beginn der Betriebseinstellung „Frei" (vgl. Anhang IX der MID „Betriebseinstellung") sind der TSE im Rahmen einer startTransaction die Art des Vorgangs „Frei" sowie als Daten des Vorgangs die gesamte vom Taxi zurückgelegte Wegstrecke (vgl. Anhang IX der MID Tz. 15.1) zu übergeben.

Anhang 20: AEAO zu § 146a AO (Neufassung ab 01.01.2024)

Bei Beendigung der Betriebseinstellung „Frei" ist durch das EU-Taxameter im Rahmen einer finishTransaction die Art des Vorgangs „Frei" sowie als Daten des Vorgangs die gesamte vom Taxi zurückgelegte Wegstrecke (vgl. Anhang IX der MID Tz. 15.1) zu übergeben.

3.2.2.3 Fahrtbeleg

Mit Wechsel von der Betriebseinstellung „Frei" auf „Besetzt" (z. B. Beginn einer Personenbeförderung) ist eine Transaktion in der TSE durch Aufruf der Funktion startTransaction mit der Art des Vorgangs „Fahrtbeleg" zu starten. Dabei werden keine Vorgangsdaten abgesichert.

Bei Beendigung der Fahrt und dem Wechsel von der Betriebseinstellung „Kasse" auf „Frei" ist die gestartete Transaktion, mit der Art des Vorgangs „Fahrtbeleg", mit dem Aufruf der Funktion finishTransaction zu beenden. In diesem Protokollierungsschritt werden

– das Präfix T,
– die Taxi-Kennung und Tarif-Kennung,
– der Fahrttyp,
– die Preisdaten der Fahrt (vgl. AEAO zu § 146a, Nr. 3.2.3.1) und
– das Entgelt je Umsatzsteuersatz

in die Vorgangsdaten aufgenommen.

Sofern das EU-Taxameter Kassenfunktion (vgl. AEAO zu § 146a, Nr. 1.2) hat, sind aus Vereinfachungsgründen die Vorgaben des III. Teils des AEAO zu § 146a zu beachten und das Entgelt je Zahlungsart und Währung zusätzlich mit der finishTransaction an die TSE zu übergeben. Insoweit ist die zusätzliche Beachtung der Vorgaben des II. Teils des AEAO zu § 146a nicht erforderlich.

Mit Beendigung des Vorgangs „Fahrtbeleg" werden dem Belegdrucker die folgenden Anwendungs- und Protokolldaten i. S. d. § 7 Absatz 3 KassenSichV übermittelt:

– die Taxi-Kennung, Tarif-Kennung und die Preisdaten einer Fahrt im Sinne des Anhangs IX Nr. 4 der MID,
– der Zeitpunkt der Beendigung der Betriebseinstellung „Kasse" in Form des Zeitstempels der finishTransaction-Log-Nachricht der Transaktion mit der Art des Vorgangs „Fahrtbeleg",
– die Transaktionsnummer der Transaktion mit der Art des Vorgangs „Fahrtbeleg",
– der Prüfwert der finishTransaction-Log-Nachricht der Transaktion mit der Art des Vorgangs „Fahrtbeleg",
– die Seriennummer der TSE und
– das Entgelt je Umsatzsteuersatz.

Für den Fall, dass das Entgelt je Zahlungsart und Währung abzusichern sind, sind diese zusätzlich auf dem Beleg aufzunehmen.

3.2.2.4 Sonstiger Vorgang

Die TSE kann zur Absicherung jeglicher Daten genutzt werden. Diese Art des Vorgangs kommt in Betracht, wenn keine andere Art des Vorgangs geeignet ist und es sich auch nicht um Funktionsaufrufe (Systemfunktionen) und Ereignisse (Audit-Daten) der TSE handelt.

Bei „SonstigerVorgangTW" werden keine fachlichen Vorgaben zum Inhalt der Daten des Vorgangs definiert.

3.2.2.5 Weitere Absicherungsschritte

Neben den vorgenannten Betriebseinstellungen kann es weitere Funktionen bzw. Modi geben. Diese sind nur mit der TSE abzusichern, sofern diese genutzt werden. Hierunter fallen beispielsweise:

Anhang 20: AEAO zu § 146a AO (Neufassung ab 01.01.2024)

1. Fahreranmeldung und Fahrerabmeldung
   Mit Start der Fahreranmeldung oder Fahrerabmeldung ist eine Transaktion in der TSE durch Aufruf der Funktion startTransaction, mit der Art des Vorgangs „Fahrer" zu starten. Dabei werden keine Vorgangsdaten abgesichert.
   Unmittelbar im Anschluss ist der Vorgang „Fahrer" durch die finishTransaction zu beenden. Dabei sind die Fahrermeldung (Fahreranmeldung oder Fahrerabmeldung) und die Fahrerkennung (z. B. Fahrernummer oder Fahrername) an die TSE zu übergeben.
2. Pause
   Bei Beginn der Einstellung „Pause" (z. B. Mittagspause) sind der TSE im Rahmen einer startTransaction die Art des Vorgangs „Pause" sowie als Daten des Vorgangs die gesamte vom Taxi zurückgelegte Wegstrecke (vgl. Anhang IX der MID Tz. 15.1) zu übergeben.
   Bei Beendigung der Einstellung „Pause" ist durch das EU-Taxameter im Rahmen einer finishTransaction die Art des Vorgangs „Pause" sowie als Daten des Vorgangs die gesamte vom Taxi zurückgelegte Wegstrecke (vgl. Anhang IX der MID Tz. 15.1) zu übergeben.
3. Ausschalten des EU-Taxameters
   Mit dem Ausschalten des EU-Taxameters ist eine Transaktion in der TSE durch Aufruf der Funktion startTransaction, mit der Art des Vorgangs „Ausschalten" zu starten. Dabei werden keine Vorgangsdaten abgesichert.

Unmittelbar im Anschluss ist der Vorgang durch die finishTransaction zu beenden. Dabei sind Informationen zum System, die Zählwerksdaten (vgl. AEAO zu § 146a, Nr. 3.2.3.1) sowie die allgemeinen Daten (vgl. AEAO zu § 146a, Nr. 3.2.3.1) an die TSE zu übergeben.

3.2.3 Begriffsdefinitionen zur Protokollierung

3.2.3.1 Zählwerksdaten, die allgemeinen Daten, die Preisdaten einer Fahrt sowie die Tarifdaten

Hinsichtlich der Definition der Zählwerksdaten wird auf Nr. 15.1 des Anhanges IX der MID und hinsichtlich der allgemeinen Daten, der Preisdaten sowie der Tarifdaten auf Nr. 4 des Anhanges IX der MID verwiesen. Hinsichtlich des Umfangs der verwendeten Daten wird auf Anhang B der DSFinV-TW verwiesen.

3.2.3.2 Zeitpunkt des Vorgangsbeginns bzw. der Vorgangsbeendigung

Grundsätzlich ist jeweils der Zeitpunkt entscheidend, zu dem das elektronische Aufzeichnungssystem einen Vorgang startet oder beendet. Vor einer Belegausgabe ist der Vorgang zwingend zu beenden.

3.2.3.3 Optionale Protokolldaten

Dieses Datenfeld wurde geschaffen, um künftige Änderungen (z. B. aufgrund technischer Entwicklung) in der TSE abbilden zu können.

3.2.3.4 Art des Vorgangs

Die Technischen Richtlinien des BSI wurden bzgl. der fachlichen Inhalte der abzusichernden Daten bewusst allgemein gehalten. Eine Absicherung kann für verschiedenste Arten von Daten erfolgen. Über die Art des Vorgangs kann eine Unterscheidung der Struktur der abzusichernden Inhalte gewährleistet werden.

3.2.3.5 Daten des Vorgangs

Der Inhalt der Daten des Vorgangs kann je nach Art des Vorgangs unterschiedlich definiert werden. Die Datenstruktur für elektronische Aufzeichnungssysteme i. S. d. § 146a AO i. V. m. § 1 Abs. 2 Nr. 1 KassenSichV wird in der „Digitalen Schnittstelle der Finanzverwaltung für EU-Taxameter und Wegstreckenzähler" – DSFinV-TW definiert.

Diese wird über das Internetportal des BZSt veröffentlicht (vgl. AEAO zu § 146a, Nr. 3.3). Nähere Erläuterungen zur technischen Abbildung der Daten sind in dem Anhang B der DSFinV-TW definiert.

3.3 Einheitliche digitale Schnittstelle für steuerliche Außenprüfungen und Nachschauen bei EU-Taxametern

Ergänzend zu AEAO zu § 146a, Nr. 1.13 gilt Folgendes:

Für EU-Taxameter (vgl. AEAO zu § 146a, Nr. 1.3) gilt die DSFinV-TW.

3.4 Anforderungen an den Beleg

3.4.1 Die erforderlichen Mindestangaben auf einem Beleg i. S. d. § 146a AO sind in § 7 Abs. 3 KassenSichV geregelt. Alle Angaben müssen für jedermann ohne maschinelle Unterstützung lesbar oder aus einem QR-Code auslesbar und auf dem Papierbeleg oder in dem elektronischen Beleg enthalten sein. Der QR-Code hat der DSFinV-TW zu entsprechen. Sofern das EU-Taxameter Kassenfunktion hat, sind aus Vereinfachungsgründen die Vorgaben des III. Teils des AEAO zu § 146a zu beachten und das Entgelt je Zahlungsart und Währung zusätzlich auf dem Beleg aufzunehmen.

3.4.2 Die umsatzsteuerlichen Vorschriften an eine Rechnung (insbesondere § 14 Abs. 4 UStG) bleiben unberührt. Erstellte Belege haben den Anforderungen des § 7 Abs. 3 KassenSichV zu entsprechen.

3.4.3 Der Beleg muss mindestens folgende Angaben enthalten:
1. den vollständigen Namen und die vollständige Anschrift des leistenden Unternehmers (vgl. § 31 Abs. 2 UStDV),
2. die allgemeinen Daten und die Preisdaten der Fahrt i. S. d. Anhangs IX Nr. 4 der MID (vgl. auch AEAO zu § 146, Nr. 3.2.3.1),
3. den Zeitpunkt der Beendigung der Betriebseinstellung „Kasse" nach § 7 Abs. 2 Satz 2 Nr. 2 KassenSichV,
4. die Transaktionsnummer i. S. d. § 7 Abs. 2 Satz 2 Nr. 3 KassenSichV (vgl. AEAO zu § 146a, Nr. 3.2.1.2),
5. den Prüfwert (vgl. § 7 Abs. 2 Satz 2 Nr. 4 KassenSichV),
6. die Seriennummer der TSE und
7. das Entgelt und den darauf entfallenden Steuerbetrag für die Lieferung oder sonstige Leistung in einer Summe sowie den anzuwendenden Steuersatz oder im Fall einer Steuerbefreiung einen Hinweis darauf, dass für die Lieferung oder sonstige Leistung eine Steuerbefreiung gilt.

Sofern das EU-Taxameter Kassenfunktion hat, sind zusätzlich die Angaben nach AEAO zu § 146a, Nr. 2.4.4 Nr. 7 anzugeben.

3.5 Belegausgabe

3.5.1 Sofern das EU-Taxameter über einen Belegdrucker verfügt und die Fahrt im EU-Taxameter zu erfassen (vgl. AEAO zu § 146a, Nr. 3.1.1) ist, ist die Belegausgabepflicht nach § 146a Abs. 2 AO zu erfüllen. Der Beleg ist bei Wechsel von der Betriebseinstellung „Kasse" in die Betriebseinstellung „Frei" zu erstellen. Verfügt das EU-Taxameter nicht über einen Belegdrucker, so besteht keine Belegausgabepflicht.

3.5.2 Ein Beleg kann nach § 7 Abs. 3 Satz 3 KassenSichV elektronisch oder in Papierform zur Verfügung gestellt werden.

3.5.3 AEAO zu § 146a, Nr. 2.5.3 bis 2.5.8 gelten entsprechend.

3.5.4 Sofern das EU-Taxameter über einen Belegdrucker verfügt, kann eine Befreiung i. S. d. § 148 AO nur für den jeweiligen Einzelfall beantragt und gewährt werden. Eine Befreiung kommt nur dann in Betracht, wenn nachweislich eine sachliche Härte für den einzelnen Steuerpflichtigen besteht. Die mit der Belegausgabepflicht entstehen-

Anhang 20: AEAO zu § 146a AO (Neufassung ab 01.01.2024)

den Kosten stellen für sich allein keine sachliche Härte im Sinne des § 148 AO dar. AEAO zu § 146a, Nr. 2.5.10 und 2.5.11 gelten entsprechend.

3.5.5 Wird ein Beleg in den Fällen, in denen das EU-Taxameter über keinen Belegdrucker verfügt, erstellt, so gelten bei Belegen in Papierform, die direkt im Fahrzeug erstellt werden, die Beleganforderungen nach AEAO zu § 146a, Nr. 3.4.43 Nr. 2 bis 6 nicht. In den übrigen Fällen sind die Beleganforderungen nach AEAO zu § 146a, Nr. 3.4.34 zu beachten. Die umsatzsteuerlichen Vorschriften an eine Rechnung (insbesondere § 14 Abs. 4 UStG) bleiben unberührt.

3.6 Ausfall der TSE bei EU-Taxametern

Ergänzend zu AEAO zu § 146a, Nr. 1.14 gilt für den Fall, dass das EU-Taxameter über einen Belegdrucker verfügt, AEAO zu § 146a, Nr. 2.7 entsprechend.

3.7 Mitteilungspflicht in den Fällen der Übergangregelung für EU-Taxameter mit INSIKA-Technik nach § 9 KassenSichV

Sofern ein EU-Taxameter die Voraussetzungen des § 9 Abs. 1 KassenSichV erfüllt und die Übergangsregelung in Anspruch genommen werden soll, so ist dieses dem zuständigen Finanzamt bis zum 31. 1. 2024 schriftlich oder elektronisch mitzuteilen.

Im Gegensatz zum Mitteilungsverfahren nach § 146a Abs. 4 AO erfolgt die Mitteilung nach § 9 KassenSichV nicht nach amtlich vorgeschriebenem Vordruck, sondern formlos. Das elektronische Mitteilungsverfahren für Mitteilungen nach § 146a Abs. 4 AO ist daher hier nicht zu nutzen.

Vom Unternehmer sollen für jedes Fahrzeug, für das die Übergangsregelung in Anspruch genommen wird, folgende Informationen mitgeteilt werden:

– Fahrzeug-Ident-Nummer
– Ordnungsnummer
– Seriennummer des EU-Taxameters (über die Seriennummer muss jedes elektronische Aufzeichnungssystem eindeutig identifizierbar sein)
– Seriennummer der TIM-Karte
– Datum der Ausrüstung des EU-Taxameters mit der INSIKA-Technik

Sofern das Fahrzeug und das EU-Taxameter einschließlich der INSIKA-Technik auf eine andere Person übergehen (z. B. durch Gesamtrechtsnachfolge oder Veräußerung) und der Erwerber die Übergangsregelung ebenfalls in Anspruch nehmen möchte, so soll der Erwerber die Inanspruchnahme innerhalb eines Monats nach Erwerb dem zuständigen Finanzamt mitteilen. Hierbei sind auch die vorgenannten Angaben zu machen.

Sofern das mit der INSIKA-Technik ausgestatte EU-Taxameter nach dem 1. 1. 2024 ausgebaut wird und damit ein Fall des § 9 Abs. 2 KassenSichV vorliegt, ist dieses dem zuständigen Finanzamt innerhalb eines Monats nach Ausbau schriftlich oder elektronisch mitzuteilen.

4. Wegstreckenzähler

4.1 Sachlicher und zeitlicher Anwendungsbereich

4.1.1 Sachlicher Anwendungsbereich

Der Verpflichtung nach § 146a Abs. 1 Satz 1 und 2 AO unterliegen alle Wegstreckenzähler, die nach einem mit gesonderten BMF-Schreiben veröffentlichten Datum neu in Verkehr gebracht wurden.

Der Verpflichtung zur Aufzeichnung unterliegen insbesondere alle Geschäftsvorfälle und andere Vorgänge, die in den Betriebseinstellungen „Frei", „Besetzt" und „Kasse" durchgeführt werden.

Unabhängig davon unterliegen jedoch alle Geschäftsvorfälle der Einzelaufzeichnungspflicht nach § 146 Abs. 1 Satz 1 AO, ggfs. außerhalb des Wegstreckenzählers.

Die Pflicht zur Einzelaufzeichnung gilt auch, sofern eine Befreiung vom Erfordernis eines Wegstreckenzählers nach § 43 Abs. 1 BOKraft durch die Genehmigungsbehörden erteilt wurde.

4.1.2 Zeitlicher Anwendungsbereich

Hierzu wird auf ein gesondert zu veröffentlichendes BMF-Schreiben verwiesen.

4.2 Der Einsatz einer TSE im Wegstreckenzähler

4.2.1 Anwendungs- und Protokolldaten

4.2.1.1 In den Prozess der Protokollierung fließen Anwendungsdaten aus dem Wegstreckenzähler zusätzlich zu den bereits von der TSE gelieferten Protokolldaten ein (vgl. AEAO zu § 146a, Nr. 1.12.2.4).

4.2.1.2 Im Einzelnen bestehen die abgesicherten Daten aus folgenden Informationen:
– Anwendungsdaten (Art des Vorgangs, Daten des Vorgangs)
– Protokolldaten (Seriennummer der TSE, Zeitpunkt der Absicherung, eindeutige und fortlaufende Transaktionsnummer, Signaturzähler, Optionale Protokolldaten)
– Prüfwert

4.2.2 Ablauf der Absicherung und Protokollierung

Die Absicherung erfolgt über die Aufzeichnung von Transaktionen (vgl. Technische Richtlinie BSI TR-03153-1). Hierbei besteht jede Transaktion aus den zwei Schritten startTransaction und finishTransaction. Die Einzelheiten zum Aufbau der processType und processData sind in der DSFinV-TW Anhang B (vgl. AEAO zu § 146a, Nr. 4.2.3.5) zu finden.

Nachfolgende Vorgänge sind abzusichern:

4.2.2.1 Einschalten des Wegstreckenzählers

Mit dem Einschalten des Wegstreckenzählers ist eine Transaktion in der TSE durch Aufruf der Funktion startTransaction, mit der Art des Vorgangs „Einschalten" zu starten (vgl. Technische Richtlinie BSI TR-03153-1). Dabei werden keine Vorgangsdaten abgesichert.

Unmittelbar im Anschluss ist der TSE-Vorgang durch die finishTransaction zu beenden. Dabei sind Informationen zum System, die Daten der Summierwerke (vgl. AEAO zu § 146a, Nr. 4.2.3.1) sowie die allgemeinen Daten (vgl. AEAO zu § 146a, Nr. 4.2.3.1) an die TSE zu übergeben.

Wenn im Wegstreckenzähler kein Vorgang „Einschalten" existiert, ist dieser zu einem festgelegten Zeitpunkt oder Ereignis geschäftstäglich auszulösen.

4.2.2.2 Betriebseinstellung "Frei"

In der Betriebseinstellung „Frei" erfolgt keine Wegstreckenmessung; die Anzeige für die Wegstrecke, sowie ggf. zusätzlich vorhandene Anzeigen für ein Entgelt pro Kilometer und für einen Preis müssen frei bleiben oder den Wert Null anzeigen. Zu Beginn der Betriebseinstellung „Frei" sind der TSE im Rahmen einer startTransaction die Art des Vorgangs „Frei" sowie als Daten des Vorgangs die gesamte vom Mietkraftfahrzeug zurückgelegte Wegstrecke, die entsprechend der eichrechtlichen Vorgaben von Summierwerken aufgezeichnet wird, zu übergeben. Bei Beendigung der Betriebseinstellung „Frei" ist durch das Mietkraftfahrzeug im Rahmen einer finish-Transaction die Art des Vorgangs „Frei" sowie als Daten des Vorgangs die gesamte vom Mietkraftfahrzeug zurückgelegte Wegstrecke, die entsprechend der eichrechtlichen Vorgaben von Summierwerken aufgezeichnet wird, zu übergeben.

4.2.2.3 Fahrtbeleg

Mit Wechsel von der Betriebseinstellung „Frei" auf „Besetzt" (Betriebseinstellung, in der die zurückgelegte Wegstrecke gemessen wird), z. B. Beginn einer Personenbeförderung, ist eine Transaktion in der TSE durch Aufruf der Funktion startTransaction mit der Art des Vorgangs „Fahrtbeleg" zu starten. Dabei werden keine Vorgangsdaten abgesichert.

Bei Beendigung der Fahrt und dem Wechsel von der Betriebseinstellung „Kasse" (Betriebseinstellung in der die Wegstreckenmessung deaktiviert ist und in der der Fahrpreis angezeigt wird) auf „Frei" ist die gestartete Transaktion mit der Art des Vorgangs „Fahrtbeleg" mit dem Aufruf der Funktion finishTransaction zu beenden.

In diesem Protokollierungsschritt werden

- das Präfix W,
- die allgemeinen Daten (vgl. AEAO zu § 146a, Nr. 4.2.3.1),
- der Fahrttyp,
- die Preisdaten der Fahrt (vgl. AEAO zu § 146a, Nr. 4.2.3.1) und
- das Entgelt je Umsatzsteuersatz

in die Vorgangsdaten aufgenommen.

Sofern der Wegstreckenzähler Kassenfunktion (vgl. AEAO § 146a, Nr. 1.2) hat, sind aus Vereinfachungsgründen die Vorgaben des IV. Teils des AEAO zu § 146a zu beachten und das Entgelt je Zahlungsart und Währung zusätzlich mit der finishTransaction an die TSE zu übergeben. Insoweit ist die zusätzliche Beachtung der Vorgaben des II. Teils des AEAO zu § 146a nicht erforderlich.

Mit Beendigung des Vorgangs „Fahrtbeleg" werden dem Belegdrucker die folgenden Anwendungs- und Protokolldaten i. S. d. § 8 Absatz 3 KassenSichV übermittelt:

- die Preisdaten einer Fahrt,
- der Zeitpunkt der Beendigung der Betriebseinstellung „Kasse" in Form des Zeitstempels der finishTransaction-Log-Nachricht der Transaktion mit der Art des Vorgangs „Fahrtbeleg",
- die Transaktionsnummer der Transaktion mit der Art des Vorgangs „Fahrtbeleg",
- der Prüfwert der finishTransaction-Log-Nachricht der Transaktion mit der Art des Vorgangs „Fahrtbeleg",
- die Seriennummer der TSE und
- das Entgelt je Umsatzsteuersatz.

Für den Fall, dass das Entgelt je Zahlungsart und Währung abzusichern sind, sind diese zusätzlich auf dem Beleg aufzunehmen.

4.2.2.4 Sonstiger Vorgang

Die TSE kann zur Absicherung jeglicher Daten genutzt werden. Diese Art des Vorgangs kommt in Betracht, wenn keine andere Art des Vorgangs geeignet ist und es sich auch nicht um Funktionsaufrufe (Systemfunktionen) und Ereignisse (Audit-Daten) der TSE handelt.

Bei „SonstigerVorgangTW" werden keine fachlichen Vorgaben zum Inhalt der Daten des Vorgangs definiert.

4.2.2.5 Weitere Absicherungsschritte

Neben den vorgenannten Betriebseinstellungen kann es weitere Funktionen bzw. Modi geben. Diese sind nur mit der TSE abzusichern, sofern diese genutzt werden. Hierunter fallen beispielsweise:

Anhang 20: AEAO zu § 146a AO (Neufassung ab 01.01.2024)

1. Fahreranmeldung und Fahrerabmeldung

    Mit Start der Fahreranmeldung oder Fahrerabmeldung ist eine Transaktion in der TSE durch Aufruf der Funktion startTransaction, mit der Art des Vorgangs „Fahrer" zu starten. Dabei werden keine Vorgangsdaten abgesichert.

    Unmittelbar im Anschluss ist der Vorgang „Fahrer" durch die finishTransaction zu beenden. Dabei sind die Fahrermeldung (Fahreranmeldung oder Fahrerabmeldung) und die Fahrerkennung (z. B. Fahrernummer oder Fahrername) an die TSE zu übergeben.

2. Pause

    Bei Beginn der Einstellung „Pause" (z. B. Mittagspause) sind der TSE im Rahmen einer startTransaction die Art des Vorgangs „Pause" sowie als Daten des Vorgangs die gesamte vom Mietkraftfahrzeug zurückgelegte Wegstrecke, die entsprechend der eichrechtlichen Vorgaben von Summierwerken aufgezeichnet wird, zu übergeben.

    Bei Beendigung der Einstellung „Pause" ist durch das EU-Taxameter im Rahmen einer finishTransaction die Art des Vorgangs „Pause" sowie als Daten des Vorgangs die gesamte vom Mietkraftfahrzeug zurückgelegte Wegstrecke, die entsprechend der eichrechtlichen Vorgaben von Summierwerken aufgezeichnet wird, zu übergeben.

3. Ausschalten des Wegstreckenzählers

    Mit dem Ausschalten des Wegstreckenzählers ist eine Transaktion in der TSE durch Aufruf der Funktion startTransaction, mit der Art des Vorgangs „Ausschalten" zu starten. Dabei werden keine Vorgangsdaten abgesichert. Unmittelbar im Anschluss ist der Vorgang durch die finishTransaction zu beenden. Dabei sind Informationen zum System, die Daten der Summierwerke (vgl. AEAO zu § 146a, Nr. 4.2.3.1) sowie die allgemeinen Daten (vgl. AEAO zu § 146a, Nr. 4.2.3.1) an die TSE zu übergeben.

4.2.3 Begriffsdefinitionen zur Protokollierung

4.2.1.3 Daten der Summierwerke, die allgemeinen Daten sowie die Preisdaten einer Fahrt

Die Daten der Summierwerke sind die nach den eichrechtlichen Vorgaben vorhandenen nicht rückstellbaren Zähler zu verschiedenen Wegstrecken, Fahrpreisen und Fahrgastübernahmen. Die allgemeinen Daten sind die Konstante des Wegstreckensignalgebers, das Datum der Sicherung, die Kennung des Mietwagens (entspricht der Ordnungsnummer des Fahrzeugs), die Echtzeit sowie die Preisstufen. Die Preisdaten einer Fahrt sind die Daten nach § 8 Abs. 2 Nr. 2 KassenSichV, soweit diese durch den Wegstreckenzähler erzeugt werden. Hinsichtlich des Umfangs der verwendeten Daten wird auf Anhang B der DSFinV-TW verwiesen.

4.2.3.2 Zeitpunkt des Vorgangsbeginns bzw. der Vorgangsbeendigung

Grundsätzlich ist jeweils der Zeitpunkt entscheidend, zu dem das elektronische Aufzeichnungssystem einen Vorgang startet oder beendet. Vor einer Belegausgabe ist der Vorgang zwingend zu beenden.

4.2.3.3 Optionale Protokolldaten

Dieses Datenfeld wurde geschaffen, um künftige Änderungen (z. B. aufgrund technischer Entwicklung) in der TSE abbilden zu können.

4.2.3.4 Art des Vorgangs

Die Technischen Richtlinien des BSI wurden bzgl. der fachlichen Inhalte der abzusichernden Daten bewusst allgemein gehalten. Eine Absicherung kann für verschiedenste Arten von Daten erfolgen. Über die Art des Vorgangs kann eine Unterscheidung der Struktur der abzusichernden Inhalte gewährleistet werden.

Anhang 20: AEAO zu § 146a AO (Neufassung ab 01.01.2024)

4.2.3.5 Daten des Vorgangs

Der Inhalt der Daten des Vorgangs kann je nach Art des Vorgangs unterschiedlich definiert werden. Die Datenstruktur für elektronische Aufzeichnungssysteme i. S. d. § 146a AO i. V. m. § 1 Abs. 2 Nr. 2 KassenSichV wird in der DSFinV-TW definiert. Diese wird über das Internetportal des BZSt veröffentlicht (vgl. AEAO zu § 146a, Nr. 4.3). Nähere Erläuterungen zur technischen Abbildung der Daten sind in dem Anhang B der DSFinV-TW definiert.

4.3 Einheitliche digitale Schnittstelle für steuerliche Außenprüfungen und Nachschauen bei Wegstreckenzählern

Ergänzend zu AEAO zu § 146a, Nr. 1.13 gilt Folgendes:

Für Wegstreckenzähler (vgl. AEAO zu § 146a, Nr. 1.4) gilt die DSFinV-TW.

4.4 Anforderungen an den Beleg

4.4.1 Die erforderlichen Mindestangaben auf einem Beleg i. S. d. § 146a AO sind in § 8 Abs. 3 KassenSichV geregelt. Alle Angaben müssen für jedermann ohne maschinelle Unterstützung lesbar oder aus einem QR-Code auslesbar und auf dem Papierbeleg oder in dem elektronischen Beleg enthalten sein. Der QR-Code hat der DSFinV-TW zu entsprechen. Sofern der Wegstreckenzähler Kassenfunktion hat, sind aus Vereinfachungsgründen die Vorgaben des IV. Teils des AEAO zu § 146a zu beachten und das Entgelt je Zahlungsart und Währung zusätzlich auf dem Beleg aufzunehmen.

4.4.2 Die umsatzsteuerlichen Vorschriften an eine Rechnung (insbesondere § 14 Abs. 4 UStG) bleiben unberührt. Erstellte Belege haben den Anforderungen des § 8 Abs. 3 KassenSichV zu entsprechen.

4.4.3 Der Beleg muss mindestens folgende Angaben enthalten:

1. den vollständigen Namen und die vollständige Anschrift des leistenden Unternehmers (vgl. § 31 Abs. 2 UStDV),
2. die Preisdaten der Fahrt (vgl. auch AEAO zu § 146a, Nr. 4.2.3.1),
3. die Transaktionsnummer i. S. d. § 8 Abs. 2 Satz 1 Nr. 3 KassenSichV (vgl. AEAO zu § 146a, Nr. 4.2.1.2),
4. den Prüfwert (vgl. § 8 Abs. 2 Satz 1 Nr. 4 KassenSichV),
5. die Seriennummer der TSE und
6. das Entgelt und den darauf entfallenden Steuerbetrag für die Lieferung oder sonstige Leistung in einer Summe sowie den anzuwendenden Steuersatz oder im Fall einer Steuerbefreiung einen Hinweis darauf, dass für die Lieferung oder sonstige Leistung eine Steuerbefreiung gilt.

Sofern der Wegstreckenzähler Kassenfunktion hat, sind zusätzlich die Angaben nach AEAO zu § 146a, Nr. 2.4.4 Nr. 7 anzugeben.

4.5 Belegausgabe

4.5.1 Sofern der Wegstreckenzähler über einen Belegdrucker verfügt und die Fahrt im Wegstreckenzähler zu erfassen ist (vgl. AEAO zu § 146a Nr. 4.1.1), ist die Belegausgabepflicht nach § 146a Abs. 2 AO zu erfüllen. Der Beleg ist bei Wechsel von der Betriebseinstellung „Kasse" in die Betriebseinstellung „Frei" zu erstellen. Verfügt der Wegstreckenzähler nicht über einen Belegdrucker, so besteht keine Belegausgabepflicht.

4.5.2 Ein Beleg kann nach § 8 Abs. 3 Satz 3 KassenSichV elektronisch oder in Papierform zur Verfügung gestellt werden.

4.5.3 AEAO zu § 146a, Nr. 2.5.3 bis 2.5.8 gelten entsprechend.

4.5.4 Sofern der Wegstreckenzähler über einen Belegdrucker verfügt, kann eine Befreiung i. S. d. § 148 AO nur für den jeweiligen Einzelfall beantragt und gewährt werden. Eine

Anhang 20: AEAO zu § 146a AO (Neufassung ab 01.01.2024)

Befreiung kommt nur dann in Betracht, wenn nachweislich eine sachliche Härte für den einzelnen Steuerpflichtigen besteht. Die mit der Belegausgabepflicht entstehenden Kosten stellen für sich allein keine sachliche Härte im Sinne des § 148 AO dar. AEAO zu § 146a Nr. 2.5.10 und 2.5.11 gelten entsprechend.

4.5.5 Wird ein Beleg in den Fällen, in denen der Wegstreckenzähler über keinen Belegdrucker verfügt, erstellt, so gelten bei Belegen in Papierform, die direkt im Fahrzeug erstellt werden, die Beleganforderungen nach AEAO zu § 146a, Nr. 4.4.3 Nr. 2 bis 5 nicht. In den übrigen Fällen sind die Beleganforderungen nach AEAO zu § 146a, Nr. 4.4.3 zu beachten. Die umsatzsteuerlichen Vorschriften an eine Rechnung (insbesondere § 14 Abs. 4 UStG) bleiben unberührt.

4.6 Ausfall der TSE bei Wegstreckenzählern

Ergänzend zu AEAO zu § 146a, Nr. 1.14 gilt für den Fall, dass der Wegstreckenzähler über einen Belegdrucker verfügt, AEAO zu § 146a, Nr. 2.7 entsprechend.

Literaturverzeichnis

ABDA, Die Apotheke, Zahlen Daten Fakten 2020, *https://www.abda.de/aktuelles-und-presse/publikationen* (abgerufen am 24.01.2021)

Achilles, Kassenführung in bargeldintensiven Unternehmen, 1. Auflage 2014

Achilles, Kassenführung – Bargeschäfte sicher dokumentieren, 2. Auflage 2018

Achilles, Kassenführung in der Gastronomie, 1. Auflage 2018

Achilles, Kassenführung in der Gastronomie, 2. Auflage 2020

Achilles, Kassenführung in der Gastronomie, 3. Auflage 2023

Achilles, Kassenführung in Friseurbetrieben, 1. Auflage 2018

Achilles, Kassen-Nachschau nach § 146b AO, DB 2018, 18

Achilles, Einzelaufzeichnungspflicht: Theorie und Praxis im Licht des AEAO zu § 146, DB 2018, 2454

Achilles, AEAO zu § 146a – Manipulationsschutz für elektronische Aufzeichnungssysteme auf der Zielgerade? DB 2019, 1920

Achilles/Danielmeyer, Amtliche Richtsatzsammlung – Too important to fall, RET, Heft 3/2024, 82

Achilles/Danielmeyer, Die Kassenführung im Spannungsfeld von TSE, Corona und Mehrwertsteuersenkung, RET, Heft 4/2020, 18

Achilles/Diekmann, Anforderungen an mit Registrier- und PC-Kassen erstellte Rechnungen (mit Checkliste), BBP 2021, 120

Achilles/Jope, Corona-Dokumentation – Checkliste zur Vermeidung von Fehlinterpretationen in der Bp, DB 2020, 1417

Achilles/Jope, Neufassung der Kassen-FAQ zur TSE-Pflicht für Automaten – Klarstellungen durch das BMF, kritische Würdigung und weiterhin offene Zweifelsfragen, BBK 2021, 1012

Achilles/Pump, Lexikon der Kassenführung, 1. Auflage 2018

Achilles/Rebant, Elektronische Kassenführung – auf den Punkt gebracht, 1. Auflage 2024

Achilles/Wittmeier, Kassenführung in Heilberufen, 1 Auflage 2020

Achilles/Wittmeier, Kassenführung in Apotheken, 1. Auflage 2021

Amadeus360/Stefanie Milcke, Restaurant 2.0 – Strategien, Tipps und Tricks für die Gastronomie von morgen, 1. Auflage 2021

Anders/Rühmann, Aufbewahrungspflicht für Protokolle zur Kassenprogrammierung, BBK 2013, 627

Arbeitsgemeinschaft für wirtschaftliche Verwaltung e.V. (AWV), Entwurf der Grundsätze ordnungsmäßiger Buchführung beim IT-Einsatz vom 13.10.2012 (GoBIT), *https://www.awv-net.de/upload/pdf/GoBIT_Entwurf_V_5_0_2012_10_13_final.pdf* (abgerufen am 04.12.2022)

Arbeitsgemeinschaft für wirtschaftliche Verwaltung e.V. (AWV), Die DSGVO – Hinweise für kleine und mittlere Unternehmen, 2. Auflage 2022, *www.awv-net.de/DSGVO-KMU* (abgerufen am 25.10.2023)

Literaturverzeichnis

Arbeitsgemeinschaft für wirtschaftliche Verwaltung e. V. (AWV), GoBD – Ein Praxisleitfaden für Unternehmen, Version 2.1, *www.awv-net.de* (abgerufen am 04.12.2022)

Arbeitsgemeinschaft für wirtschaftliche Verwaltung e. V. (AWV), Handreichung für KMU: Dokumentation steuerlich relevanter betrieblicher Besonderheiten, *www.awv-net.de* (abgerufen am 25.06.2022)

Assmann, Besteuerung des Hotel- und Gaststättengewerbes, 6. Auflage 2011

Bauer, Die neue Preisangabenverordnung (PAngV), DB 2022, 1444

Becker, Außenprüfung digital – Prüfungsmethoden im Fokus (Teil 1), DStR 2016, 1386

Becker, Das Kassengesetz auf dem Gabentisch – und was nun? BBK 2017, 116

Becker, Die Kassensicherungsverordnung (KassenSichV) – Eine vertane Chance, BBK 2017, 803

Becker/Danielmeyer/Neubert/Unger, „Digitale Offensive" der Finanzverwaltung: Die Schnittstellen-Verprobung, DStR 2016, 2983

Bellinger, Bargeldlose Zahlungen mit EC-Karten im Rahmen der Kassenführung – Retrograde und progressive Prüfbarkeit als hinreichende Kriterien, BBK 2017, 369

Bellinger, Sind mehrere Kassen eines Betriebs einzeln auszuzählen? BBK 2017, 912

Bellinger, Ergänzung des Anwendungserlasses zur AO um die Kassen-Nachschau – Eine praxisnahe Kommentierung des BMF-Entwurfs, BBK 2018, 280

Bellinger, Das Kassengesetz 2016 aus Sicht der Steuerberatung, DB 2019, 1292

Bellinger, Belegausgabepflicht bei Einsatz eines Warenwirtschaftssystems – Zweifelsfragen zur neuen Bonpflicht nach § 146a Abs. 2 AO, BBK 2020, 18

Bellinger, Steht die Richtsatzsammlung als Hinzuschätzungsgrundlage vor dem Aus? – Zum Beschluss des BFH vom 14.12.2022 – X R 19/21, StBp 2023, 235

Beyer, Ist die Richtsatzsammlung eine repräsentative Datenbasis?, NWB 2018, 2921

Beyer, Richtsatzsammlung auf dem Prüfstand des BFH, Eignung der amtlichen Richtsatzsammlung als Schätzungsgrundlage – ein Update, NWB 2023, 2299

Bleschick, Der kalkulierte Beanstandungsanlass: Kein Nachweis von Mehrergebnissen durch die Summarische Risikoprüfung – Würdigung der Summarischen Risikoprüfung und deren Vergleich mit den etablierten Schätzungsmethoden, DStR 2017, 426

Bleschick, Überprüfung elektronischer Daten im Besteuerungsverfahren durch den Außenprüfer, DStR 2018, 1050 (Teil I); DStR 2018, 1105 (Teil II)

Bleschick, Die Kassen-Nachschau – Grenzen und Rechtsschutzmöglichkeiten, DB 2018, 2390

Bleschick, Verfahrensdokumention: Viel Lärm um fast nichts, steuertip vom 13.06.2019, Beilage 24/19

Blümich, Kommentar zum EStG, Loseblattsammlung

Brete, Das Märchen von der Verfahrensdokumentation, DStR 2019, 258 mit Replik von Hruschka, DStR 2019, 260

Brinkmann, Die private Geldverkehrsrechnung, StBp 2007, 325
Brinkmann, Schätzungen im Steuerrecht, 4. Auflage 2017
Brinkmann, Schätzungen im Steuerrecht, 5. Auflage 2020
Brinkmann, Schätzungen im Steuerrecht, 6. Auflage 2023
Bron/Schroeder, Der Einsatz elektronischer Aufzeichnungssysteme i. S. d. § 146a AO unter besonderer Berücksichtigung technischer Sicherheitseinrichtungen, BB 2022, 279
Bundesrechnungshof, Abschließende Mitteilung an das Bundesministerium der Finanzen über die Prüfung „Verfahren, Möglichkeiten und Wirksamkeit der Kassen-Nachschau nach § 146b AO" vom 04. 10. 2023, *https://www.bundesrechnungshof.de/SharedDocs/Downloads/DE/Berichte/2023/kassennachschau-volltext.html* (abgerufen am 07. 12. 2023)
Bunjes, Kommentar zum UStG, 16. Auflage 2017
Bunjes, Kommentar zum UStG, 21. Auflage 2022
Bundesministerium der Finanzen, Fragen und Antworten zum Kassengesetz, *https://www.bundesfinanzministerium.de/Content/DE/FAQ/2020-02-18-steuergerechtigkeit-belegpflicht.html* (abgerufen am 08. 09. 2023)
Bundessteuerberaterkammer (BStBK), Hinweise der Bundessteuerberaterkammer für ein steuerliches innerbetriebliches Kontrollsystem – Steuer-IKS
Bundesverband Informationswirtschaft, Telekommunikation und neue Medien e. V. (Bitkom e. V.), GoBD-Checkliste für Dokumentenmanagement-Systeme, Version 2.1", *https://www.bitkom.org/Bitkom/Publikationen/GoBD-Checkliste-fuer-Dokumentenmanagement-Systeme* (abgerufen am 08. 09. 2023)
Burkhard, Wie werden elektronische Registrierkassen umgangen? DStZ 2005, 268
Damas, Die praxisgerechte Verfahrensdokumentation – Ein Umsetzungsbeispiel für Zahnärzte und Ärzte, StBp 2019, 291
Damas, Verfahrensdokumentation, IKS und Tax-Compliance-Management: Hintergründe, Missverständnisse, Folgerungen, DB 2020, 1536
Danielmeyer, Der Anwendungserlass für elektronische Aufzeichnungssysteme (§ 146a AO) – Anmerkungen zum BMF-Schreiben vom 17. 6. 2019, StuB 2019, 589
Danielmeyer, Die Digitalisierung der Betriebsprüfung, 1. Auflage 2022
Danielmeyer, Die Renaissance der Richtsatzschätzung, StBp 2023, 117
Danielmeyer, GoBD-Konformität von Unternehmens-Software als Leitlinie, BBK 2023 S. 452
Danielmeyer/Neubert/Unger, Praxiserfahrungen zu Vorsystemen – Prüffeld visualisierte Schnittstellen-Verprobung, StBp 2016, 322
Danielmeyer/Neubert/Unger, Anforderungen an die elektronische Verfahrensdokumentation betrieblicher Prozesse, AO-StB 2019, 125
Desens, Neuer Schutz vor Manipulationen an digitalen Grundaufzeichnungen, FR 2017, 507
DFKA e. V., Musterverfahrensdokumentation zur Kassenführung, *https://dfka.net/muster-vd-kasse* (abgerufen am 08. 09. 2023)

DFKA e. V., Neue gesetzliche Anforderungen für Kassensysteme, *https://dfka.net/recht/neue-gesetzliche-anforderungen-fuer-kassensysteme* (abgerufen am 08.09.2023)

Diekmann, Erfüllt der Schichtzettel im Taxigewerbe die Einzelaufzeichnungspflicht? BBP 2020, 21

Diekmann/Achilles/Gehm, Kontroverse: Pro und Contra: Schichtzettel im Taxigewerbe schon immer ein Mangel (!?), BBP 2023, 55

Dißars, Maßnahmen zur Verhinderung von digitalen Kassenmanipulationen – Die wesentlichen Neuregelungen des Referentenentwurfs im Überblick, NWB 2016, 1572

Drüen/Dübeler, Zum Schutz elektronischer Aufzeichnungssysteme i. S. d. § 146a AO durch zertifizierte technische Sicherheitseinrichtungen, Ubg 2022, 569 (572).

ECC Köln/Concardis, Besser bargeldlos als Bargeld los – Potenziale digitaler Zahlungsverfahren im Mittelstand, Studie 2019; Kostenfreier Erwerb möglich bei Anmeldung zum Newsletter unter *https://www.concardis.com/newsletter* (abgerufen am 08.09.2023)

Eckert, Umsatzsteuerliche Buchungen von Beförderungsleistungen, BBK 2022, 114

Engelen/Höpfner, Ausgewählte Zweifelsfragen zu § 146a iVm der KassenSichV und ihre ordnungswidrigkeitsrechtlichen Konsequenzen, DStR 2020, 1985

Franke, Verwaltungsaktqualität eines Auskunfts- bzw. Vorlageverlangens einer Betriebsprüfung, AO-StB 2017, 230

Fietz/Brohl, Umsatzsteuerliche Behandlung von E-Charging, NWB 2023, 2682

Gehm, Steuerhinterziehung durch Manipulationssoftware bei elektronischem Kassensystem, BBP 2023, 181

Geuenich, Digitale Kassensysteme: Verschärfte Compliance-Anforderungen ab 2020 – Handlungsbedarf durch das Gesetz zum Schutz vor Kassenmanipulationen, NWB 2017, 786

Geuenich/Rbib, Verwaltungsregeln für die (digitale) Kassenprüfung vor Ort, NWB 2018, 2724

Giezek, Stichprobenerhebung von Währungseinheiten – Der Einsatz statistischer Verfahren im Rahmen der Jahresabschlussprüfung, 1. Aufl. 2011

Giezek/Rupprecht/Wähnert, Wie sicher muss ein Verprobungsergebnis sein? BBK 2017, 616

Giezek/Wähnert, Schätzungsmethoden der Betriebsprüfung im Vergleich, BBK 2017, 998

Giezek/Wähnert/Becker, Anwendung des Monetary Unit Sampling (MUS) in der steuerlichen Betriebsprüfung – Qualifizierte Untersuchung und Bewertung von Stichproben, StBp 2016, 347

Goldshteyn/Thelen, Extra fiscum recta doctrina non est? – Kritische Anmerkungen zu den GoBD und ihrer Rechtsqualität, DStR 2015, 326

Gosch, AO/FGO, 171. Lfg. 2022

Gosch, Kommentar zur AO und zur FGO, 171. Lfg. 2022

Greulich/Riepold, Digitalisierung von Geschäftsprozessen im Rechnungswesen, 2. Auflage 2018

Groß/Matheis/Lindgens, Rückstellung für Kosten des Datenzugriffs, DStR 2003, 924

Groß/Lindgens/Zöller/Brand/Heinrichshofen, Experten erläutern die GoBD, Was bedeutet Zeitgerechtheit? 2015, *https://www.psp.eu/assets/pdfs/beitrag_expertenerlaeuterungen_gobd_zeitgerechtheit.pdf* (abgerufen am 08.09.2023)

Groß/Lindgens/Zöller/Brand/Heinrichshofen, Experten erläutern die GoBD – Was bedeutet progressive und retrograde Prüfbarkeit? 2016, *https://www.psp.eu/assets/pdfs/beitrag_expertenerlaeuterungen_gobd_pruefbarkeit_final.pdf* (abgerufen am 08.09.2023)

Groß/Lindgens/Zöller/Brand/Heinrichshofen, Experten erläutern die GoBD, Was bedeutet Unveränderbarkeit? 2016, *https://www.psp.eu/assets/pdfs/beitrag_expertenerlaeuterungen_gobd_unveraenderbarkeit_final.pdf* (abgerufen am 08.09.2023)

Groß/Lindgens/Zöller/Brand/Heinrichshofen, Experten erläutern die GoBD, Was bedeutet Verfahrensdokumentation? 2016, *https://www.psp.eu/assets/pdfs/beitrag_expertenerlaeuterungen_gobd_verfahrensdokumentation_final_.pdf* (abgerufen am 08.09.2023)

Hage/Hoffmann/Sinne, Geschenke – nicht immer ist eine Pauschalversteuerung nach § 37b EStG vorzunehmen, Stbg 2023, 181

Hamminger, Pflichten des Geschäftsführers in der internen Unternehmensorganisation, NWB 2023, 829

Hartwig, Steuerliche Außenprüfung: Nachschauen als Instrumente der Außenprüfung, DB Beilage 2018, Nr. 02, Heft 41 vom 12.10.2018, 43

Henn, GoBD-Zweifelsfragen: Erfassung in Grundbüchern oder Grundaufzeichnungen sowie zeitgerechte Buchungen und Aufzeichnungen, DB 2015, 2660

Henn, Verfahrensdokumentation nach den GoBD, DB 2016, 254

Henn, Die GoBD 2019 (GoBD 2.0) – ein sinnvolles Update? DB 2019, 1816

Henn/Kuballa, Aufbewahrung elektronischer Unterlagen – Wie sind die steuerlichen Anforderungen in der Praxis umzusetzen? NWB 2017, 2648

Herold, Neues aus der Gastronomie: „Foodcourts" erbringen Restaurationsumsätze, GStB 2022, 75

Herrfurth, Datenzugriff und Datenträgerüberlassung im Rahmen der Betriebsprüfung bei Einnahmen-Überschussrechnern – Praxishinweise zum BFH-Urteil vom 07.06.2021 – VIII R 24/18, StuB 2022, 286

Herrmann/Heuer/Raupach, EStG/KStG, 315. Lfg. 2023

Hilbert, „Ein Prosit dem Trinkgeld!" Zur steuerrechtlichen Behandlung freiwilliger Kundenzahlungen, BBK 2018, 667

Huber, Weiterentwickelte und neue Methoden der Überprüfung, Verprobung und Schätzung, StBp 2002, 199 (Teil 1)

Huber, Gedanken zur Zukunft des steuerlichen Risikomanagements im Erlösbereich, StBp 2014, 153

Huber/Reckendorf/Zisky, Die Unveränderbarkeit der (Kassen-)Buchführung nach § 146 Abs. 4 AO im EDV-Zeitalter und INSIKA, BBK 2013, 567

Hülsberg/Fassbach, Die Versicherbarkeit von Compliance-Risiken im Lichte der strengen Organhaftung, WPg 2023, 479.

IDW e. V., Institut der Wirtschaftsprüfer – Fachausschuss für Informationstechnologie, IDW Stellungnahmen zur Rechnungslegung: Grundsätze ordnungsmäßiger Buchführung bei Einsatz von Informationstechnologie (IDW RS FAIT 1) vom 24.09.2002, Wpg 2002, 1157, FN-IDW 11/2002, 649

IDW e. V., Institut der Wirtschaftsprüfer – Fachausschuss für Informationstechnologie, IDW Stellungnahmen zur Rechnungslegung: Grundsätze ordnungsmäßiger Buchführung bei Einsatz von Electronic Commerce (IDW RS FAIT 2) vom 29.09.2003, Wpg 2003, 1258, FN-IDW 11/2003, 559

IDW e. V., Institut der Wirtschaftsprüfer – Fachausschuss für Informationstechnologie, IDW Stellungnahmen zur Rechnungslegung: Grundsätze ordnungsmäßiger Buchführung beim Einsatz elektronischer Archivierungsverfahren (IDW RS FAIT 3) vom 11.07.2006, Wpg 2006, 1465, FN-IDW 11/2006, 768; Wpg Supplement 4/2015, 48, FN-IDW 10/2015, 538

IDW e. V., Institut der Wirtschaftsprüfer – Fachausschuss für Informationstechnologie, IDW Stellungnahmen zur Rechnungslegung: Anforderungen an die Ordnungsmäßigkeit und Sicherheit IT-gestützter Konsolidierungsprozesse (IDW RS FAIT 4) vom 08.08.2012, Wpg Supplement 4/2012, 115, FN-IDW 10/2012, 552

IDW e. V., Institut der Wirtschaftsprüfer – Fachausschuss für Informationstechnologie, IDW Stellungnahmen zur Rechnungslegung: Grundsätze ordnungsmäßiger Buchführung bei Auslagerung von rechnungslegungsrelevanten Prozessen und Funktionen einschließlich Cloud Computing (IDW RS FAIT 5) vom 04.11.2015, IDW Life 2016, 35

IDW e. V., Institut der Wirtschaftsprüfer – Fachausschuss für Informationstechnologie: Prüfungshinweis IDW PH 9.860.4 (07.2021): Die Prüfung der Einhaltung der Grundsätze der ordnungsmäßigen Führung und Aufbewahrung von Büchern, Aufzeichnungen und Unterlagen in elektronischer Form sowie zum Datenzugriff (GoBD-Compliance) vom 14.06.2021, IDW Life 8/2021, 865, aktualisiert durch IDW PH 9.860.4 (08.2023) vom 17.08.2023, IDW Life 10/2023, 897

Jansen, Einzelaufzeichnung – Anforderungen und aktuelle Praxisprobleme, StBp 2022, 214

Jesgarzewski, Zulässige und unzulässige Überwachung im Arbeitsleben – Möglichkeiten und Grenzen des offenen und verdeckten Kameraeinsatzes durch Arbeitgeber, NWB 2024, 483

Jope/Teutemacher, Artikelgenaue Programmierung oder Verdichtung nach Warengruppen in elektronischen Aufzeichnungssystemen?, BBK 2023, 543

Kamps, Streit um Schätzung, Verprobung und Kassenführung insbesondere bei bargeldintensiven Geschäftsbranchen in der Betriebsprüfung, Stbg 2017, 201

Kister, EFG 2016, 169 unter „Anmerkungen".

Kläne/Thünemann, Von der Kassenrichtlinie zum Kassengesetz, StBp 2017, 239

Klein, AO, 14. Auflage 2018

Kowallik, Datenaustauschplattformen der Steuerverwaltungen für Prüfungsanfragen in Außenprüfungen, DB 2022, 975

Krüger, Aufhebung einer Anrufungsauskunft gem. § 42e EStG, DB 2022, 26

Krullmann/Marrek, Ermittlung und Buchung von Umsatzerlösen aus Geldspielgeräten, Anforderungen der Finanzverwaltung an den Datenabruf über sog. Auslesestreifen, BBK 2021, 1064

Krullmann/Teutemacher, Der Datenzugriff der Steuerfahndung im Rahmen von Fahndungsprüfungen, AO-StB 2022, 196

Krumm, Rechtsfragen der digitalen Betriebsprüfung (Summarische Risikoprüfung), DB 2017, 1105

Kulosa, Mathematisch-statistische Schätzungsmethoden in der Betriebsprüfung, DB 2015, 1797

Kulosa, Neue Vorgaben der Rechtsprechung zur Kassenbuchführung und zu Schätzungsmöglichkeiten der Finanzverwaltung, SAM 2017, 9

Lademann, EStG, 272. Lfg. 2022

Landes-Gewerbeförderungsstelle des nordrhein-westfälischen Handwerks e. V., Betriebsvergleich Friseurhandwerk 2014

Levenig, Fallstricke bei der Kassen- und Buchführung in der Gastronomie, BBK 2018, 615

Liepert/Sahm, Einzelaufzeichnungspflicht bei Kassen – Referentenentwurf des Gesetzes zum Schutz vor Manipulationen an digitalen Grundaufzeichnungen, BB 2016, 1313

Lippross/Seibel, Basiskommentar Steuerrecht, 134. Lfg. 2022

Loll, Die GoBD – Tauglicher Maßstab für die Ordnungsmäßigkeit der Buchführung? NWB 2015, 2242

Lüngen/Resing, Ordnungsgemäße Kassenführung beim Betrieb von Warenautomaten, StBp 2015, 300

Neugebauer, Beitrittsaufforderung: BMF-Richtsätze als geeignete Schätzungsgrundlage, DB 2023, 861

Nöcker, Zeitreihenvergleich im Gleitschlitten versus Programmierprotokolle der Registrierkasse, NWB 2015, 3548

Nöcker, Anmerkungen zur Ordnungsmäßigkeit der Kassenbuchführung – Aussagen des BFH in der Information der OFD Karlsruhe vom 31. 10. 2016, NWB 2017, 492

Oberfinanzdirektion Frankfurt vom 16. 03. 2022, Informationen zur Ordnungsmäßigkeit der Kassenbuchführung und elektronischer Aufzeichnungssysteme – S 0316 A-010-St 3a, juris.

Oberfinanzdirektion Koblenz vom 20. 10. 1987, Steuerliche Behandlung von Getränkeverkäufen durch Fahrer von Reisebussen, UR 1988, 26

Oberfinanzdirektion Magdeburg vom 20. 02. 2012, Fotografieren im Rahmen einer Umsatzsteuer-Nachschau, UR 2012, 655

OECD-Bericht 2013, Umsatzverkürzung mittels elektronischer Kassensysteme; Originaltitel: Electronic sales suppression: A threat to tax revenue

OECD-Bericht 2017, Technische Lösungen zur Bekämpfung von Steuerhinterziehung und Steuerbetrug

Oldiges, Kostenloses E-Charging im Einzelhandel – Umsatzsteuerliche Folgen, DStR 2021, 1988

Literaturverzeichnis

Oldiges/Brockerhoff, Was haben Online-Lieferdienste aus Umsatzsteuersicht in Deutschland zu beachten? Praxishinweise für Online-Lieferdienste, DStR 2022, 1084

Peters, Aktuelles aus der digitalen Betriebsprüfung, DStR 2017, 1953

Peters, Aus der digitalen Betriebsprüfung: Datenzugriff und Verfahrensdokumentation, DB 2018, 2846

Peters, Brauche ich eine Verfahrensdokumentation?, DB 34/2019, M4-M5

Peters, Voraussetzungen und Grenzen von Schätzungsbefugnissen im steuerlichen bzw. finanzgerichtlichen Verfahren, wistra 2019, 217

Peters, Erfolgreich im finanzgerichtlichen Verfahren, Stbg 2020, 307

Peters, Kein zwingender Mangel in der Kassenführung bei Verwendung einer Excel-Tabelle für einen täglich durchgeführten Kassensturz, jurisPR-SteuerR 43/2021 Anm. 1

Peters, Ordnungsmäßigkeit der Kassenführung bei Nutzung einer elektronischen Registrierkasse und Führung von Excel-Kassenberichten, DB 2021, 1776

Peters, Schönberger & Partner mbB (PSP), GoBD Leitfaden: Die GoBD in der Praxis – Ein Leitfaden für die Unternehmenspraxis – Version 3.2 (2020), *https://www.psp.eu/assets/pdfs/gobd_psp_leitfaden.pdf* (abgerufen am 16.09.2020)

Peters, Schönberger & Partner mbB (PSP), GoBD Leitfaden: Die GoBD in der Praxis – Ein Leitfaden für die Unternehmenspraxis – Version 4.0 (2023), *https://www.psp.eu/assets/pdfs/gobd_psp_leitfaden.pdf* (abgerufen am 08.09.2023)

Pieske-Kontny, Die ertrag- und umsatzsteuerliche Behandlung von Geschenken, StBp 2021, 190

Prätzler, Umsatzsteuer: Einführung der Pflicht zur elektronischen Rechnungsstellung ab 01.01.2025 durch das Wachstumschancengesetz, StuB 2024, 329

Pump, Der teure Verzicht auf Verwendung einer Registrierkasse, DStZ 2014, 648

Pump, Die Einzelaufzeichnungspflicht von Barerlösen bei offenen Ladenkassen bei Umsatzsteuer und Einkommensteuer – Kryptische Rechtsprechung und der Einsatz von Registrierkassen, StBp 2015, 1

Pump, Unnötige Fehlerquellen durch die Kassenführung mit der Schubladenkasse, StBp 2016, 199

Pump, Weg von der offenen Ladenkasse – Manuelle Kassenführung, Datev-Magazin 1/2017, 29

Pump, Die offene Ladenkasse mit Kassenbericht im bargeldintensiven Betrieb und § 22 UStG, StBp 2017, 150

Pump, Die Einzelaufzeichnungspflichten des § 146 AO n.F. als Ende der offenen Ladenkasse, StBp 2017, 213

Pump, § 146 Abs. 1 Satz 3 AO als systembedingte Ursache von Vollschätzungen, StBp 2020, 120

Pump, Ist der Antrag gem. § 148 AO auf Befreiung von der Einzelaufzeichnungspflicht sinnvoll?, StBp 2022, 287

Pump/Heidl, Die Kassenführung der Marktbeschicker als Problem von Rechtsprechung, Gesetzgeber und Rechtsverordnungen – Problemverursachung durch retrograde Kassenberichte, StBp 2019, 213

Rätke, Gibt es eine Aufzeichnungspflicht für die Kasse bei der EÜR? – Anmerkungen zum BFH-Beschluss vom 12.7.2017, BBK 2017, 1009

Rätke, Manipulation, Manipulationsverdacht und Manipulationsgefahr bei Registrierkassen, BBK 2018, 412

Rebant, Das KassenG auf dem Prüfstand: Sind die Maßnahmen des Gesetzgebers wirksam gegen Manipulationen, RET 3/2021, 61

Reckendorf, Kassenprüfungen und Zeitreihenvergleich in der Praxis – Das Spannungsfeld von Registrierkassen und Betriebsprüfungen, BBK Sonderausgabe 2016, 12

Reckendorf, Was sind eigentlich Programmierprotokolle? – Adäquater Manipulationsschutz für Kassensysteme, Trugbild oder nur ein großes Missverständnis? BBK 2017, 796

Reckendorf, Programmierprotokolle für die Kassenführung beim Einsatz einer TSE? – Vom Ende eines Phantoms, BBK 2022, 677

Röhricht/Graf von Westphalen, HGB, 5. Aufl. 2019

Rondorf, Ermäßigter Umsatzsteuersatz in der Gastronomie läuft zum Jahresende 2023 aus – Hintergründe und Folgerungen für die Besteuerungspraxis, NWB 2023, 3441

Schäfer/Bohnenberger, Die Verfahrensdokumentation – Erforderlich, freiwillig oder unnötig, StBp 2019, 131

Schäperclaus/Hanke, Flickenteppich für Kassensysteme und technische Sicherheitseinrichtungen, BBK 2020, 876

Schönfeld/Plenker, Lexikon für das Lohnbüro, 63. Auflage 2021

Schumann, Das neue Kassengesetz 2016, AO-StB 2017, 151

Schumann, § 146b AO – Regelungen und Anwendungsfragen zur Kassen-Nachschau, AO-StB 2018, 246

Schumann, Änderung der Kassensicherungsverordnung – Erweiterungen und Anpassungen zum Schutz elektronischer Aufzeichnungssysteme, AO-StB 2021, 328

Schumann/Wähnert, Die Quantilsschätzung – Schätzung anhand eines objektivierten Leistungsfähigkeitsmaßes, Stbg 2012, 537

Schwarz/Pahlke, AO/FGO, 211. Lfg. 2023

Seeck/Wackerbeck, Aberkennung der Gemeinnützigkeit – Wenn die rote Linie überschritten ist, DStR 2022, 633

Sölch/Ringleb, Umsatzsteuer, 96. Lfg. 2023

Steinhauff, Kritische Fragen zur Richtsatzsammlung als Schätzungsbasis, AO-StB 2018, 390

Teutemacher, Handbuch zur Kassenführung, 1. Auflage 2015

Teutemacher, Die Kassen-Nachschau kommt! – Die neue Form der „Feldüberwachung" durch die Finanzverwaltung, BBK 2017, 1160

Teutemacher, Handbuch zur Kassenführung, 2. Auflage 2018

Teutemacher, Einfügung von § 146b AO zur Kassen-Nachschau in den AEAO, BBK 2018, 274

Teutemacher, Handbuch zur Kassenführung, 3. Auflage 2020

Teutemacher, Aktuelles zu Kassenprüfungen der Finanzverwaltung, AO-StB 2020, 123

Teutemacher, Wie Vertriebsmitarbeiter von Kassenunternehmen in den Fokus des FA geraten, PStR 2023, 34

Teutemacher, Kassen-Nachschau: Wird die neue Form der Kassen-Nachschau vermehrt zu Steuerstrafverfahren führen?, PStR 2023, 155

Teutemacher/Krullmann, Datenzugriffe und Prüfungsoptionen im Rahmen einer Kassen-Nachschau, BBK 2021, 822

Teutemacher/Krullmann, Verfahrensdokumentation zur Kassenführung bei elektronischen Aufzeichnungssystemen, BBK 2022, 405

Till, Kassenprüfung 2.0 – Auftakt zu mehr Steuergerechtigkeit, RET, 05/2021, 18

Tipke/Kruse, AO/FGO, 173. Lfg. 2022

Wacker, Vorlagepflichten und Zurückbehaltungsrechte im Spannungsverhältnis von Finanzverwaltung, Mandant und Steuerberater, DStR 2022, 1172

Wacker/Högemann, Überhöhte Anforderungen der Finanzverwaltung an die Kassenführung, BBK 2013, 621

Wagner, Das „Kassengesetz", seine Umsetzung und der Teufel im Detail, RET 1/2022, 84

Wagner, Kassengesetz und kein Ende – Nutzern einer Cloud-TSE drohen weitere Vorgaben und Investitionsbedarfe, RET 3/2022, 60

Wähnert, Die Ziffernanalyse als Bestandteil zeitgemäßer Prüfungsansätze, StBp 2012, 241

Wähnert, Zeitgemäße Datenanalyse der Betriebsprüfung – Das Datenprüfungsnetz „Summarische Risikoprüfung (SRP)", DB 2016, 2627

Wähnert, Missverständnisse zur Quantilsschätzung – Schätzungen mit IT-gestützten, quantitativen Methoden, DStR 2022, 1470

Walfort, Auskunftsrecht und Vorlageanspruch nach Art. 15 DSGVO im Rahmen von Außenprüfungen, beck.digitax 2022, 109

Wargowske/Werner, Der Zugriff auf die elektronischen Daten in der steuerlichen Außenprüfung – Ein Leitfaden für die Praxis, RET 5/2022. 71

Webel/Danielmeyer, Schnittstellenverprobung elektronischer Betriebsverwaltungen – das kommende Standardprüffeld? StBp 2015, 353

Wolfgramm/Redeker, Verwertbarkeit verdeckt aufgenommener Überwachungsvideos bei Diebstahlsvorwurf; nachträgliche Betriebsratsanhörung bei Verdachtskündigung, DB 2021, 1541

Wulf/Schüller, Vorgaben des BFH zur Kassenbuchführung und Schätzungsbefugnisse des FA im digitalen Zeitalter, DB 2019, 328

Zentralverband des Deutschen Handwerks (ZDH), „Corona-Dokumentation", Stand: 30.03.2021, *www.zdh.de/fileadmin/Oeffentlich/Steuern_und_Finanzen/ Themen/Kassenfuehrung/2021/20210330_05-07_ZDH_Corona_ Dokumentation_Muster.pdf* (abgerufen am 08.09.2023)

Zimmermann/Wrede/Ludwig, Währungsumrechnung in der Handels- und Steuerbilanz, NWB 2022, 1839

Stichwortverzeichnis

Die Zahlen verweisen auf Randnummern.

Zahlen

1-Cent-Verkäufe 364

2. Kassenrichtlinie, Auswirkungen der TSE auf die Gültigkeit 299

2-für-1-Gutschein 94, 496

30/70-Kalkulation 1251 ff., 1375

A

ABC der Aufbewahrungsfristen 222 f.

Abgeleitete Buchführungspflicht 58 ff., 74

Abrechnungsdienstleister 172

Abschnittsbesteuerung 1252, 1354 ff.

Abweichende Festsetzung aus Billigkeitsgründen 99

Access 35, 715, 1230

Additionsstreifen 676

Agenturgeschäft 504, 1066, 1452

Agenturkasse, Kassen-Nachschau 1066 f.

Akteneinsicht 1235

Akzessorietät 224 f.

Aliasnamen 15
- Prostitution 161

Alkohol (Speisenzubereitung) 1330

Allgemeine Beschreibung *siehe* Verfahrensdokumentation

Allgemeine Geschäftsbedingungen 905

All-in-One-System 35, 715

Alter des Stpfl. 98

AmadeusVerify 867, 1082 ff., 1195
- Support 12

Amtliche Richtsatzsammlung 1370
- Anhängige Verfahren 1381
- Schätzungsmethode 1278 ff., 1375
- Schätzungsrahmen 1311
- Steuerstrafverfahren 1375
- Verprobungsmethode 1278

Amtsermittlungsgrundsatz 311

Amtsermittlungspflicht 1299

Amtsträger 1007
- Legitimation 1019

Analogieschlüsse 76

Änderungshistorie 206

Android 35, 716

Anfahrtspauschale 1530

Anfangsbestand 928

Anfangsverdacht 1006, 1366 ff.
- Illegale Beschäftigung 1119
- Kassen-Nachschau 1080

Anfechtungsklage *siehe* Kassen-Nachschau

Anhängige Verfahren (BFH) 1381 ff.

Anonyme Anzeige 1002

Anonymisierung 1174

Anrufbeantworter 304

Anrufungsauskunft 541, 16

Anschlussprüfung 1309
siehe auch Prüfungsanordnung

Anwenderdokumentation *siehe* Verfahrensdokumentation

Apotheke 1388 ff.
- Automatisierte Ausgabestation 757
- Warenautomat 661, 757

Apothekenbetriebserlaubnis 1188

Apotheken-Taler 1405

App-Kasse 35 f.
- Definition 716
Approbation 1188
Arbeitsschutzstandard 1458
Arbeitszimmer 1030
Archivierung 347 ff.
- Medium 76
Archivsystem 346, 931
Arzneimittel 1392
- Hochpreiser 1409
- Stückelung 1409
Arzt *siehe* Heilberufe
Audit-Event *siehe* Event
Aufbewahrung
- A. bei Dritten 232 ff.
- A. im Inland 228 f.
- A. in einem oder mehreren Drittstaaten 240 ff.
- A. in einem oder mehreren Mitgliedstaaten der EU 237 ff.
- A. in Wohnräumen 230 f.
- Bild- und Datenträger 226 f.
- E-Mail 76
- Hard- und Software 1165
- Rechnungsdoppel 28
- *siehe auch* Ordnungsvorschriften
Aufbewahrung digitaler Unterlagen bei Bargeschäften (BMF) 75
Aufbewahrungsfristen 218 ff.
- ABC der A. 222 f.
- Verfahrensdokumentation 342 f.
Auflade- und Entnahmeterminals für Geldkarten 760
Auflage 683, 1364 f.
Aufrundung 466
Aufrüstungsverpflichtung 22, 1375
Aufzeichnungen, Definition 45
Aufzeichnungsmittel
- Arten 1 ff.
- Wahlfreiheit 1
Aufzeichnungspflichten
- branchenspezifische A. 94 f.

- Einkommensteuer 91
- Gewinnermittlung nach § 4 Abs. 3 EStG 671 ff.
- Reisegewerbe 88 ff.
- Umsatzsteuer 85 ff.
Aufzeichnungsvermeidungsstrategie 1327
Augenoptiker 1411 ff.
Ausbeutekalkulation *siehe* Nachkalkulation
Außenprüfung, Beginn 1142
Außer-Haus 94, 651, 906, 1251, 1322, 1426
Ausgabenbeleg 569
- A. von Freunden und Verwandten 571
Ausgabenkasse 569 ff., 771
- Elektronisches Aufzeichnungssystem 572
- Wiederauffüllung 570
Auskunftsersuchen 1044
Auskunftsverweigerungsrecht, Bewirtungskostenrechnung 156
Auslandsdarlehen 1370
Auslandssachverhalt 1255
Auslesestreifen *siehe* Statistikstreifen
Auslieferungsfahrer 90, 1375, 1414
Automatenaufsteller 94
Automatenware 668
Automatisches Zugangssystem 755
Autorisierung 201, 408, 422, 553
- Geldzählung 452

B

Bäcker 1330
Bäckerei 1375, 1417 ff.
- Hefeeinkauf 1375
Backshop *siehe* Bäckerei
Backup 343, 931, 1056
- TAR-Archiv 809
Bagatellfehler 1200

Stichwortverzeichnis

BAIT 773
Ballettschule 1337
Bankbuch 47
Barausgaben 41
Barcode 6
Bargeldlose Unternehmen 37 ff., 1194
- Technische Sicherheitseinrichtung 772
Bargeldobergrenze 974
Batteriefach 18
Bauartzulassung 733
Baumarkt 1287
Baustelle 1341
Bedienerzettel 676, 1446
Bedienungsanleitung 309, 326
Bedienungszuschlag 530
Beförderung, Nebenleistung 137
Begrüßungs-Nachschau *siehe* Kassen-Nachschau
Beherbergungsgewerbe 94
Belegabbruch 704
Belegausgabepflicht 977
- Befreiung 868 ff.
- Geldtransit 551
- Pizza-Taxi 910
- Privateinlage 551
- Privatentnahme 551
- *siehe auch* TSE
Belegfunktion 109, 415, 1375
Belegnummer 408
Belegprinzip 105
Belegsicherung, Ablagekorb 675
Belegungsplan 1337
Benchmarking 352
Benennung des Zahlungsempfängers 1250
Benford's Law 367 f.
Benutzerhandbuch 326
Benutzer-ID 261
Berichtigungsvorschriften 1376 ff.

Berufsgeheimnisträger 168 ff., 1375
- Anfertigung von Kontrollmitteilungen 1176
- Bewirtungskosten 168, 1176
- Datentrennung 169
- Datenzugriff 1134
- Datenzugriffsrecht 1172 ff.
- Erstqualifikationsrecht 1134
- Kontrollmitteilungen 171
- Strafrechtliche Aspekte 172 ff.
- Verstoß gegen § 203 StGB 1177 ff.
- Verwertungsverbot 1181
Beschlagnahme 1371
Beschlagnahmtes Geld 595
Bespitzelung 1014
Best Practises 317
Bestattungsunternehmen 1419
Bestellung 704, 894, 987
Bestellzettel 3, 94, 651, 987
- Floristik 434
Bestimmtheitsgebot 733, 1375
Bestückungsliste 652
Bestuhlungsplan 1478
Betäubungsmittel 1391
Betrieb gewerblicher Art 766
Betriebliche Abläufe 102, 314
Betriebliche Besonderheiten 1321 ff.
Betriebsausgabe, Erfassung (DSFinV-K) 817
Betriebsausgaben
- Erfassung im elektronischen Aufzeichnungssystem 818
- Unsicherheitsabschlag 1375
Betriebsbesichtigung 311
Betriebsdokumentation *siehe* Verfahrensdokumentation
Betriebsgrößenklasse 1282
- Fundstellen 11
Betriebstagebuch 1341 f.
Betriebsveranstaltung 94

Betriebswirtschaftliche Analyse (SRP) 1273
Beweiskraft der Buchführung 48, 1197 ff.
Beweislastumkehr 1202
Beweismaßreduzierung 1210
Beweismittel, Gebot der Ausschöpfung von B. 1210, 1222
Beweismittelunterdrückung 687, 1188
Beweisrisikoverteilung 1348
Beweiswürdigung 1214
Bewirtungsbeleg 1
Bewirtungskosten
– Berufsgeheimnisträger 168, 1176
– Journalist 1467
– Trinkgeld 542
Bezahlautomat 736, 752, 761, 869
Bierdeckel 3, 652, 689, 1421, 1470
Biergarten 689
Bierstand 622, 1420 f.
Bildschirmeinstellung 706
Bildträger 227
Billard 661
Bleaching 1490
Blechkuchen 1330
Bleistift 202
Blu-ray 45, 227
Blutserum 1391
BMF-FAQ 75
BMF-Schreiben, Bedeutung 70
Bonabbruch 381
Boni 142
Bonkopf 814
Bonpos 814
Bonreste 381
Bonuspunkte 711
Bonussystem 1405
Bonverkauf 1420

Boten 565 f.
Branchen-ABC 1388 ff.
Briefmarkenhändler 67
Brieftasche 10
Bücher, Definition 44
Buchführungs- und Aufzeichnungspflichten 43 ff.
– außersteuerliche 92 f.
– Begriffsdefinitionen 44 ff.
– Handelsrecht 54 ff.
– Steuerrecht 58 ff.
Buchführungsdatenschnittstellenverordnung 742
Buchhaltungsprogramme *siehe* Elektronisches Buchhaltungsprogramm
Buchungsbeleg 898
– Aufbewahrung 215
Buchungsdatum 415
Buchungskette 204
Buchungstext 408, 414 ff.
Buffet 1477
Bürgerbüro 764
Bußgeld
– B. bei Verstößen gegen § 144 AO 80
– B. nach AO 964 ff.
– B. nach GwG 1188
– B. nach PAngV 139, 1188, 1429
– B. nach UStG 28
Business-Package 1477

C

Campingplatz 754
Cash-free 772
cashless payment 1005, 1194
  siehe auch Bargeldlose Unternehmen
Catering 1461
Change-Management 366
Chef-Storno

Chemische Reinigung
– Agenturkasse 1066
– Corona 1422
China-Restaurant 1375
Chi-Quadrat-Test 367
Chronologische Aufzeichnung 48
Clearingstelle 255
click & collect 774
Cocktail 1330
Cocktailbar
Computer-Wurm 31
COM-Verfahrensbeschreibung 223
Continuous Monitoring *siehe* Digitale Bonanalyse
Corona *siehe* Pandemie
Corona-Dokumentation 386, 1343 ff., 19
cryptovision *siehe* Zertifizierung
CSP 763
CSP-Konfigurationskonzept 834
CSV-Datei 815
Customizing 326, 729

D

D&O-Versicherung 96
Dart 661, 754
Data-Stream Disabler Software 689
Dateisystem 207, 418
Datenaustauschplattform 1144
Datenbankprozeduren 332
Datenbanktabellen 332
Datenexport
– Exportanleitung 825
– Hilfstool 825
Datensatzbeschreibung 334
Datensatznummer 185
Datenschutzmanagementsystem
Datentrichter 292
Datenverlust 262, 1316

Datenzugriffsrecht 1130 ff.
– Aufbewahrung der Daten bei Dritten 1162 ff.
– Aufbewahrung der Hardware bei Systemwechseln 1165 ff.
– Außenprüfung 1131
– Berufsgeheimnisträger 1172 ff.
– Datenlöschung nach Verfahrensabschluss 1182
– Datenverweigerung 1375
– Ergänzende Informationen (BMF) 75
– Erstqualifikationsrecht 1183
– Gewinnermittlung nach § 4 Abs. 3 EStG 1171
– Hilfsmittel 1149
– Kassen-Nachschau 1146
– Kosten 1187
– Matrix 1153 ff.
– Mitnahme eines Datenträgers 1161
– Online-Zugriff 1143
– Ort des Datenzugriffs 1159 ff.
– Primärdatenqualität 1184
– Tabellenkalkulationsprogramm 208, 1151
– Verwertungsverbot 1181
– Vorbereitungsmaßnahmen 1183 ff.
Datum 145 ff.
– Buchungsdatum 415
– Diebstahl von Bargeld 468
– Festschreibung 204
– Geschäftsvorfall 408
– Privateinlage 553
– Privatentnahme 553
– Scheckzahlung 573
Dauerfristverlängerung 190
Demo-Version 689
Diebstahl 260, 351, 457
– Betriebsausgabe 467
– Daten des Stpfl. 357
– Familienangehörige 468
Diebstahlsicherung 261
Dienstausweis, Merkmale des D. 1035

Dienstleistung, Definition 746
Dienstleistungsautomat 743 ff.
Differenzbesteuerung 902
Digitale Bonanalyse 352, 381 ff.
- Langzeituntersuchungen 382
Digitale Lohnschnittstelle (DLS) 76
Digitale Schnittstelle der Finanzverwaltung für Kassensysteme *siehe* TSE
Digitaler Euro 898
Diskette 1187
Diskothek 1375
Dokumentationsunterlagen i. S. d. § 87c AO *siehe* Verfahrensdokumentation
Dokumenten-Management-System 209, 288, 417, 1152
Dokumentenvorlage 1152
Döner-Imbiss 1375
Doppelverkürzung 81, 1265
Double Till 689
Downsizing 14, 604, 690
Drei-Stufen-Theorie 1263, 1267
DSFinVBV 742
DSFinV-K
- Freiwillige Nutzung 734
- Nutzung auf freiwilliger Basis 1149
DSGVO 167, 309, 861, 1235, 1306, 1375, 17
- Aktenvernichter 167
Durchbedienen 762, 894
Durchlaufende Posten 503 f.
Durchstreichung 201
Durchsuchung 1029

E

EAN 6, 127
ebay 1258
E-Bilanz 76

EC- und Kreditkarten 486 ff.
- Aufbewahrung der Belege 250 ff.
- Behandlung am Bilanzstichtag 488
- Bidirektionale Schnittstelle 6
E-Charging 740
Edelmetall 1482
EEPROM 18
Ehrenamtliche Mitarbeiter 912
Ehrenamtliches Kassierpersonal 265
Eigenbeleg 110, 278, 548 ff., 631
Eigenverbrauch 86
Einbindungsschnittstelle 805
Eingabehilfe 717
Einheitliche digitale Schnittstelle *siehe* TSE
Einkaufswagen 571
Einnahme des Augenscheins 27
Einrichtungsanleitung 310
Einrichtungsprotokoll *siehe* Programmierprotokoll
Einsatzumgebung 763
Einwegverpackung 906
Einzahlungsbeleg 556
Einzelaufzeichnung, Verdichtung 177 ff.
Einzelaufzeichnungsmodul 814
Einzelaufzeichnungspflicht
- Gewinnermittlung nach § 4 Abs. 3 EStG 677 f.
- nach AO 121 ff.
- nach UStG 124 ff.
- Prüfschema 602
- *siehe auch* Ordnungsvorschriften
Einzelverkaufspreis 121, 137
Einzweckgutschein 490
Eisdiele 639, 1017, 1375
EKaBS 858
Elektronische Aufzeichnungssysteme
- Anschaffung auf Vorrat 918
- Ausgabenkasse 572

Stichwortverzeichnis

Elektronisches Buchhaltungsprogramm, Kassenfunktion 741 f.
Elektronisches Kassenbuch, Kassenfunktion 712
E-Mail
- Buchungsbeleg 76
- Datenzugriffsrecht 1375
- Handels- oder Geschäftsbrief 76, 330
- Transportmittel 76

Embedded-Lösung 720
Entdeckungsrisiko 649
EPROM 18 f.
Erbschaft 1255
ER-Diagramm 336
E-Rechnung 856
ERFA-Kreis 352
Erfüllungsgehilfe 97
Erlass 99
Ermessen 1237
Ernährungsberatung 1490
Ersetzendes Scannen 247
Erstqualifikationsrecht 1050, 1145, 1164, 1183
EVA-DTS-Standard 662
Event 706
Excel *siehe* Tabellenkalkulationsprogramm
Existenzgründungszuschuss 1188
Exportanleitung 1149
  siehe auch Datenexport
Exportschnittstelle 807

F

Fahrgeschäft 620
Fahrscheinautomat 735 f.
Fahrscheindrucker 735 f.
Fahrschule 154, 1375, 1428 f.
Fahrtkostenerstattung 223
Fake-Account 689
Fakturaprogramm 47
Faktura-System 712
Falschbuchung 1216
Falschgeld 457, 666, 750
Fälschung technischer Aufzeichnungen 687, 1188, 1375
Familienfeier 94, 1461
Fehlerbehandlungsverfahren 334
Fehlermarge 1271
Fehlertoleranz 1308
Fehlgeldentschädigung 463 f.
Fehlmengen 369
Feinstaubplakette 766
Fensterverkauf 639
Fernbedienung 719
Fernglas an Aussichtspunkten 754
Festbestandskasse *siehe* Ausgabenkasse
Festschreibung 204
FFP2-Schutzmaske 1402
File-System 207, 1152
Filialbetrieb 1008
Filialkasse 444 ff.
- Dezentrale Kassenführung 444
- Zentrale Kassenführung 444

Finanzkontrolle Schwarzarbeit 1000, 1119
Fingerprint 355
Firewall 261
Firmware 31, 720
Fiskaldrucker 718
Fitnessstudio 1430
Fladenbrot-Bäckerei 1431
Flashspeicher 18
Flatrate 1244
Fleischerei *siehe* Metzgerei
Flipper 661
Floristik 434

Flottenmanagementsystem 1149, 1335
Flughafenlounge 15
Flyer 95
Food and Paper-Methode 1086
Foodcourt 1002, 1375
Fortsetzungsfeststellungsklage *siehe* Kassen-Nachschau
Fotoautomat 747, 754
Fotostudio 1433 f.
Frankiermaschine, Bestand zum Abschlussstichtag 594
Freiberufler 214
Freigabeverfahren 339
Freigetränk 846, 1462
Freiwillige Aufzeichnungen 1325 ff.
– Betriebstagebuch 1341 f.
– Corona-Dokumentation 1343 ff.
Freiwillige Führung von Büchern 66
Freizeitpark 1537
Fremdbeleg 110
Fremdwährung 498 ff.
– Bilanzierung zum Abschlussstichtag 594
Friseur 909, 1375, 1435 ff.
– Getränke 1451
– Mobiler Friseur 1456
– Stuhlvermietung 1435
Fristlose Kündigung 1188
Führerscheinstelle 764
Funkboniersystem 6
Funktionstrennung 355
Fußpflege *siehe* Podologe

G

Garantieanspruch 872
Garderobe 621
siehe auch Trinkgeld
Gartenfachhandel 1287

Gastronomie 1460 ff.
– Freiwillige Aufzeichnungen
GDPdU 75
Gebindegröße 122
Gebrauchtkasse 1375
– Programmierprotokoll 1375
Gebrauchtwagenhandel 1375
– Rote Kennzeichen 1375
Gebührenautomat 766
Gebührenkasse 761
– Hoheitlicher Bereich 764
Geburtsdatum 166, 1442
Gefahr im Verzug 1371
Gefälligkeitseinkauf 1330 f.
Gegenleistung 113, 137 ff.
Gehörsverstoß 1299
Geldauflage 941
Geldautomat 768 f.
Geldbörse 10
Geldbuße *siehe* Bußgeld
Geldkarte 760
Geldspielautomat 1375
Geldspielgerät 661, 770
– Umsatzsteuer 15
Geldtransit 556 ff., 1216
– Eigenbeleg 548
– Musterbeleg 550
Geldverkehrsrechnung 1244, 1254 ff., 1375
Geldverschiebungen 441, 561
Geldwäschegesetz 152
– Zerlegung von Geschäftsvorfällen 1500
Geldwechsel 442, 561, 1475
Geldzählmaschine 455
Geldzählung 436 ff., 653
– Autorisierung 452
Gemeinnützigkeit *siehe* Non-Profit-Organisation

Genehmigungs- und Kontrollmatrix 281

Geordnetheit *siehe* Ordnungsvorschriften

Geräteidentifikationsnummer 127

Gerätemiete 750

Gerichtsprüfer 1375

Gesamtkasse 447

Geschäftsgeheimnis 354

Geschäftskasse
- Erfordernis 10 f.
- Gewinnermittlung nach § 4 Abs. 3 EStG 672

Geschäftsveräußerung im Ganzen 949

Geschäftsvorfall
- Definition 700
- Interner G. 548
- Lebenszyklus 302
- Typen 701
- Zeitpunkt der Entstehung 279

Geschenkartikel 117

Geschenke 564

Geschlossene Ladenkasse 661 ff., 744
- Elektronische Systeme 662
- Manuelle Systeme 663 f.
- Sonderfälle 666 ff.
- Umstellung auf bargeldlose Zahlungsmethoden 666
- Vertrauenskasse 665
- Zigarrenbox 669

Gesellschafter-Verrechnungskonto 41

Gesetz zum Schutz vor Manipulationen an digitalen Grundaufzeichnungen 682
- Evaluierung 971 ff.

Gesetzesrang 70

Gesperrte Guthaben 595

Gesprächsprotokoll 403

Getränkeautomat 748

Getränkekalkulation 419, 1251, 1375

Getränkekarte *siehe* Speise- und Getränkekarte

Getränkeverkauf in Reisebussen 1028

Gewerbeuntersagungsverfahren 1188

Gewinnermittlung nach § 4 Abs. 3 EStG
- Anwendbarkeit des § 158 AO 1386
- *siehe auch* Aufzeichnungspflichten

Gewohnheit 69

GoBD 75
- Anwendungszeitraum 77

GoBIT 73

GoBS 75

Goldschmied *siehe* Juwelier

Golfballautomat 661

Google 1016

Grand Total 18, 590, 1232
- Unterdrückung 29

Gratisabgabe 652

Griffweise Schätzung *siehe* Sicherheitszuschlag

Grippeschutzimpfung 1395, 15

Grundaufzeichnungsfunktion *siehe* Grundbuchfunktion

Grundbuchfunktion 46 ff.
- Erfüllung der G. durch Boten/Auslieferungsfahrer 566
- Erfüllung der G. im Vorsystem 52
- Grundbuchersatzfunktion 47
- Kassenbuch 408

Grundsätze ordnungsmäßiger Buchführung 67 ff.
- Definition 67 ff.
- Handelsrecht 73
- Steuerrecht 74 ff., 103 ff.
- Verantwortung 96 ff.

GTIN 6, 127

GT-Speicher 1232

Gutachten 1375
- Handelsüblichkeit von Warenbezeichnungen 1375
- Nachkalkulation einer Beratungsgesellschaft 1245
- Quantilsschätzung 1375
- Taxiunternehmen 1375
- Zustand der Kassenprogrammierung 1375

Guthabenkarte 497, 711, 898

Gutschein 490 ff., 1430, 15
- Auswirkung auf ZRV 494
- WC-Anlage 753

Gutscheinbuch 496

Gutscheine, Aufbewahrung 1375

Gutscheinkarte 898

Gutschrift 846

H

Haftung 1188
- Geschäftsführer 374, 1375
- Kassendienstleister 1375
- Vereinsvorstand 272
- Vertriebsmitarbeiter des Kassendienstleisters 1375

Handelsbrauch 69

Handelsübliche Bezeichnung 115, 124

Handheld 6

Handwerkerleistung 904

Happy Hour 1330

Hausdetektiv 364

Hebamme 1482

Hefeeinkauf 1431

Heilberufe 1480 ff.
- Hilfsgeschäfte 1493
- Kassenmodul 712
- Umsatzsteuer 1489

Heilpraktiker 1486, 1492

Heißmangel 320

Herstellerdokumentation 795
  siehe auch Verfahrensdokumentation

Hilfsperson 98

Hilfstool *siehe* Datenexport

Hochpreiser 1190

Hochzeitsfeier 1251, 1433
- Reservierungsbuch 1498

Hohe Kassenbestände *siehe* Kassenbestand

Hosentasche 1375

Hotel 94, 1497 ff.
- Software 712
- Umsatzsteuer 15

Hotspot 932

Hygienepauschale 1458

I

IDW PH 9.860.4 (07.2021) 73

IDW PS 261 386

IDW PS 340 291

IDW PS 860 73

IDW PS 880 386

IDW PS 951 386

IDW PS 980 386

IDW RS FAIT 1 73

IDW RS FAIT 2 73

IDW RS FAIT 3 73

IDW RS FAIT 4 73

IDW RS FAIT 5 73

IGeL *siehe* Individuelle Gesundheitsleistung

Illegale Beschäftigung 1119

IMEI-Nummer 127

Impfung 1395

Inaugenscheinnahme 1013
- Zählwerk 1150

Individuelle Gesundheitsleistung 1484

Indoor-Spielplatz 516, 978

Infektionsschutzgesetz 167
Inforechnung 689, 1468
Inhalt des Geschäfts 113
INSIKA 1564
Insolvenzverwalter 96
Intermediate-Zertifikat, PKI 1099
Interne Revision 352
Internes Kontrollsystem 351 ff.
– Angemessenheit 360
– Auswirkung auf § 153 AO 387
– Automatisierte Kontrollen 365
– Detektivische Kontrollen 364
– Frühwarnsignale 384
– Geburtsstunde 15
– Hilfestellungen zum Aufbau 385
– Hinweise der Bundessteuerberaterkammer 360
– Kontinuität 360
– Manuelle Kontrollen 369
– Nachvollziehbarkeit 360
– Präventive Kontrollen 362
– Risikoadäquanz 360
– Verantwortlichkeit 360
– Zugriffsbeschränkung 375 ff.
Interoperabilitätsanforderungen (BSI) 791, 841
Inventur 67
– Verwertbarkeit für Schätzungen 1241
Investitions-Richtlinie 281
iOS 35, 716
Irish Pub 419
Irrtum 97
IT-Grundschutz-Kompendium 386

J
Jägermeister-Studie 1303
Journal Source 774
Journalrolle 18, 27
JSON-Datei 815, 1094, 1148
JukeBox 754
Jumper 689
Juwelier 94, 1500

K
K/V-Taste 442, 1475
Kaffeebar 1375
Kalkulationsdifferenz 1327
Kaminbauer 1287
Kartenpfand *siehe* Pfandgeld
Kassen- und Parkscheinautomat der Parkraumbewirtschaftung 737 ff.
Kassenabschlussmodul 814
Kassenanfangsbestand 440
– Neugründung 440
Kassenauslesung, Beweiswert 29
Kassenautomat *siehe* Bezahlautomat
Kassenbehälter 10
– Verplombung 664
– Verschlossener K. 563
Kassenbeleg
– Aufbewahrung 907
– Matrix (Mindestinhalte) 874 ff.
Kassenbericht 426 ff.
– Berechnungsschema 430
– Formerfordernisse 432, 633
– Punktuelle Einzelaufzeichnungspflichten 433 ff.
– Systemgerechter K. 424
– Systemwidriger K. 424
– Unzulässigkeit bei Gewinnermittlung nach § 4 Abs. 3 EStG? 655 f.
Kassenbestand
– Astronomische Höhe 581
– Berührung von Bargeld durch Amtsträger 587
– Beschlagnahmtes Geld 595
– Bilanzausweis 594 ff.
– Gesperrte Guthaben 595
– Hohe Kassenbestände 547
– Mehrere Aufbewahrungsorte 580
– Negativer K. 472

- Permanent-Abgleich 586
- Zählintervall 436

Kassenbestandsrechnung 410, 423 ff.
- Berechnungsschema 410

Kassenbuch 408 ff.
- Berechnungsschema 410
- Form 408
- Gewinnermittlung nach § 4 Abs. 3 EStG 675

Kassendifferenz 457 ff.
- Fehlersaldierte K. 439

Kassenfehlbeträge 472 ff., 484 f.
- Auflösung 477 ff.
- Echte K. 475
- Unechte K. 476
- Untertägige K. 484 f.

Kassenfunktion 711
- Elektronisches Kassenbuch 712

Kassenhersteller 345
- Zeugenaussage 1375

Kassen-Klon 689

Kassenkonto 596 ff., 1216
- Funktion 597
- Gewinnermittlung nach § 4 Abs. 3 EStG 676
- Kontenrahmen 596

Kassenlade
- Geldverschiebung 561
- Wechselnde K. 443

Kassenminus-Prüfung 179

Kassen-Nachschau 993 ff.
- Abend- oder Nachtzeit 1039
- Abwesenheit des Steuerpflichtigen 1021 ff.
- Agenturkasse 1066 f.
- AmadeusVerify 1082 ff.
- Amtsträger 1007 f.
- Änderung von Besteuerungsgrundlagen 1114 ff.
- Anfechtungsklage 1127
- Anlässe 1002 ff.
- Anordnung 1036 ff.
- Aussetzung der Vollziehung 1124
- Begrüßungs-Nachschau 43, 1002
- Betretungsrecht 1028 ff.
- Betroffene Systeme 1009 ff.
- Datenlöschung nach Abschluss 1121 f.
- Datenzugriffsrecht 1146
- Dienstausweis 1034 f.
- Einspruch 1123 ff.
- Ergebnislose Nachschau 1112 f.
- Erscheinen zur Unzeit 1026, 1033
- Erteilung von Auskünften 1042 ff.
- Erweiterung 1041
- Fahrzeuge 1028
- Fallauswahl 1013 ff.
- Fortsetzungsfeststellungsklage 1128
- Fotografien 1068 ff.
- Geschäfts- und Arbeitszeiten 1033
- Kassensturz 1061 ff.
- Kombi-Nachschau 1000 f.
- Kosten 1071
- Prüfkonzept 1107
- Recht auf Teilnahme des StB 1025
- Rechtliches Gehör 1115
- Rechtsbehelfe 1123 ff.
- Selbstanzeige 1110 f.
- Systemprüfung 1059 f.
- Testkauf 1017 f.
- Totalverweigerer 1073
- Übergang zur Außenprüfung 1073 ff.
- Übermaßverbot 1040
- Überraschungseffekt 231
- Umgebungsschutz
- Unzulässigkeit 1006
- Verdeckte Beobachtungen 1014
- Verhalten des Amtsträgers 1072
- Verlegung 1026 f.
- Vermeidung 1005
- Vorermittlungen 1013 ff.
- Vorlage von Unterlagen 1042 ff.
- Zeitpunkt des Beginns 1019 f.
- Zeitraum 1040 f.
- Zufallsfunde 1118 ff.

– Zwangsgeld 1129
– Zwangsmittel 1058
Kassensicherungsverordnung 693
Kassensturz 1022
– Gewinnermittlung nach § 4 Abs. 3 EStG 1065
– Kassen-Nachschau 1061 ff.
Kassensturzfähigkeit 579 ff.
– Gewinnermittlung nach § 4 Abs. 1 EStG 579 ff.
– Gewinnermittlung nach § 4 Abs. 3 EStG 588
– Wiederherstellung 481
Kassenverluste 467 ff.
– Gewinnermittlung nach § 4 Abs. 3 EStG 471
– Korrekturbuchung 470
– Schadenersatz 470
Kassieranweisung 327, 378 ff.
– Teil des Arbeitsvertrags 380
Katalogberuf 1481
Kaufmann 54
– Ist-Kaufmann 56
– Kann-Kaufmann 56
– Kaufmann kraft Rechtsform 56
Kaugummiautomat 665, 743
Kellnerbericht 590
Kellner-Block 689, 987, 1002
Kellnerschlüssel 376
Kicker 661, 754
Kiosk 1253
Kleinbetragsrechnung, Nummerierung 182
Kleingeld 181
Kleinunternehmerschaft 903
Kombiangebot 1477
KOMET 917
Kommissionierautomat 1407
Konfigurationsprotokoll *siehe* Programmierprotokoll

Kontaktdaten des leistenden Unternehmers 905
Kontenrahmen 198
Kontierung 188, 408, 414 ff.
– Handschrift 421
Kontoauszug 47, 1012, 1375
Kontrollmaterial 1002
Kontrollmitteilung 1370
– Berufsgeheimnisträger 171, 1176
Kontrollpflicht 96
Konvertierung 815, 1094
– Kosten 1187
Konzert 1420
– Garderobe 621
Konzession 1188
– Entzug im Taxigewerbe 1572
Körpernahe Dienstleistungen 1503
Korruption 351
Kosmetikstudio 1501 ff.
Kosten im Klageverfahren 1379 f.
Kraftfahrzeug-Reparaturwerkstatt 94, 1504 ff.
Kraftfahrzeug-Waschanlage 744
Krankenfahrt 1560
– Umsatzsteuer 15
Krankheit 98
Kreditinstitut (TSE) 773
Kryptographie 900
Kryptographieverfahren 76
Kryptokern 796, 833, 841
Kryptowährung 502
Kühlung 1341
Kundenkartei 1440
Kundenkontakt 112
Kundenkontaktdaten *siehe* Pandemie
Künstliche Intelligenz 7
Kursgewinn 500
Kursverlust 500

745

Kurszettel 499
KV-Taste 381, 689

L
Ladepunkte für Elektro- und Hybridfahrzeuge 740
Lagerhaltung 1266
LAN-Connector 7
Laptop 1388
LAUER-TAXE 1392
Laufkundschaft 676
 siehe auch Name des Kunden
Leaf-Zertifikat, PKI 1099
Lebensunterhalt 582, 1190, 1209, 1258, 1371, 1375
– Sozialhilfesatz 1208
Leerbon 1261
Leergutautomat 258
Leibesvisitation 1029
Leihgerät 727
Leitungs- und Organisationsverantwortung 313
Lieferdienst 774
Lieferschein 223, 883
– Artikelbezeichnungen 122
– Aufbewahrung 248 f.
Liquidator 96
Lohnsteuer-Nachschau 993
Lose Zettel siehe Zettelwirtschaft
Lotto-Annahmestelle 320, 1279
Lottogewinn 1244
Lückenanalyse 1341 f.
Luftbuchung 195, 476, 580, 1062

M
Managerschlüssel 376
Manipulation 210, 682 ff., 1188, 1230, 1375
– Beispiele 689
– Manipulationsverdacht 1208, 1216
– Manipulierbare Systeme 1231

– Microsoft Access 1375
– Nichtmanipulierbare Systeme 1231
– OECD-Berichte 688
– Strafrechtlicher Anfangsverdacht 1368
Mankogeld siehe Fehlgeldentschädigung
MaRisk 773
Markthandel 1506 ff.
Marktschreier siehe Markthandel
Marktstand 766
Masterdokument siehe Verfahrensdokumentation
Master-Slave 814
Mechanische Registrierkasse 15 ff.
– mit Druckwerk 16
– ohne Druckwerk 17
Mechanischer Automat 743
Medienbruch 283, 818, 1292
Medikament 15
 siehe auch Arzneimittel
Medizinproduktegesetz 160, 1411
Mehrere Kassen 441 ff.
– Geldverschiebungen 561
Mehrergebnis 1205
– Zeitreihenvergleich 1264
Mehrweg-Geschirr siehe Verpackung
Mehrzweckgutschein 490
Meldeschein 94, 155, 223, 1497
Mengenangabe 122
Messe 1450
Metadaten 931
Metergeld siehe Trinkgeld
Methadon 1392
Metzgerei 1514
Mietwagen 1515 ff.
Migration 931, 1165
Mikrofilm 227
Milchpumpe 1395
Mitarbeiterbetrug 1375

Mitarbeiter-ID 175, 905, 1401
Mitbestimmungsrecht 384
Mitgeltende Unterlagen *siehe* Verfahrensdokumentation
Mittelherkunft 552
– Gesellschafter einer GmbH 1257
Mobile Endgeräte, Definition 717 ff.
Monatssumme 178
Monetary Unit Sampling 1277
Münzgeld 181
Münzrestbetrag 465
Musikautomat 754
Muster-Verfahrensdokumentationen 396 ff.
– Ärzte und Zahnärzte 397
– Ersetzendes Scannen 397
– Geordnete Belegablage 397
– Muster-Datenblatt 398

N

Nachbuchung 1216
Nachbuchung von Betriebseinnahmen 585, 599 f.
Nacherklärung 1190
Nachkalkulation 1244, 1248 ff.
– Anforderungen 1248
– Schätzungsunschärfe 1305
Nachschau-Anweisung 1022
Nachsignierung *siehe* TSE
Nachtbetrieb 193
Nachvollziehbarkeit *siehe* Ordnungsvorschriften
Nagel-Studio 1527
Name des Kunden 148 ff.
– Anonymisierung bei Berufsgeheimnisträgern 169
– Bewirtungskosten 1467
– Bewirtungskostenrechnung 156
– Gutschein 495
– Laufkundschaft 1440
– Mitarbeiter als Kunde 174

– Offene Ladenkasse 622
– Tierhalter 1395
Name des Mitarbeiters 323
– Nennung in der Verfahrensdokumentation 323
Naturkatastrophe 1315
Near-Field-Communication 853
Nebeneinander von OLK und elektronischem Aufzeichnungssystem *siehe* Offene Ladenkasse
Nebenkasse 594
Nebenleistung 137
Netzinfrastruktur 332
Newsletter 330
Nichtbeanstandungsregeln *siehe* TSE
Nichtigkeit von Schätzungsbescheiden *siehe* Schätzung der Besteuerungsgrundlagen
Nikolaus 1577
NL-Taste 689
Non-Profit-Organisation 263 ff., 912 ff.
Norminterpretierende Verwaltungsvorschrift 70
Notbetrieb bei Ausfall des elektronischen Aufzeichnungssystems 643 ff.
Numbers *siehe* Tabellenkalkulationsprogramm
Nummerierung 182 ff.
– Kassenbericht 432

O

OECD-Bericht 19
Offene Ladenkasse 12 ff., 601 ff.
– Abwehrberatung 648
– Anwendbarkeit auf Dienstleistungen 619 ff.
– Anwendbarkeit auf Warenverkäufe 618
– Gefahr der Überbesteuerung 651 ff.
– Kritische Betrachtung 646 ff.

- Nebeneinander von OLK und elektronischem Aufzeichnungssystem 637 ff., 1375
- Notbetrieb bei Ausfall des elektronischen Aufzeichnungssystems 643 ff.
- OLK mit Einzelaufzeichnungen 607 ff.
- OLK ohne Einzelaufzeichnungen 612 ff.
- Risikopotenzial 649
- Strukturelles Vollzugsdefizit 649
- Taschenrechner 3
- Trennung der Entgelte 624 f.
- Verfahrensdokumentation 399 f.
- Waagen mit Registrierkassenfunktion 641
- Waagen ohne Registrierkassenfunktion 642

Offline-Modus 697, 1107

Omnibus 15

Omnibusfahrer *siehe* Trinkgeld

Online-Bestellsystem 134 ff.
- Trinkgeld 536

Online-Lieferdienst 774

Online-Shop 774

Online-Zugriff *siehe* Datenzugriffsrecht

Ordnungskriterium 415

Ordnungssystem 48

Ordnungsvorschriften 74, 103 ff.
- Aufbewahrung 214 ff.
- Dokumentation der Umsetzung 216
- Einzelaufzeichnungspflicht 111 ff.
- Geordnetheit 196 ff.
- Nachvollziehbarkeit 105 ff.
- Progressive und retrograde Prüfbarkeit 105
- Richtigkeit 188
- Übersichtlichkeit 103 f.
- Unveränderbarkeit 200 ff.
- Vollständigkeit 180 ff.

- Wahrheit 195
- Zeitgerechtheit 189 ff.

Organigramm 322

Orientierungshilfe zu § 146a AO und zur KassenSichV *siehe* BMF-FAQ

Originäre Buchführungspflicht 62 ff., 74

OTC-Produkt 1392

Outsourcing 97

P

Paketlösung 1361

Palette 122

Pandemie 1287
- Hamsterkäufe 83
- Kundenkontaktdaten 167
- Lock-Down 1322

Papieraufzeichnungen

Parkraumbewirtschaftung 737 ff.

Parkscheinautomat, Datenzugriff 1139

Parkuhr 738

Partyservice 94, 1375

Passwort 261, 1187

Pauschbeträge für Sachentnahmen, Fundstellen 10

Payback 711

PC-Kasse 35 f.
- Definition 715

Personalbeköstigung 652

Personalnummer 323, 404

Personalverzehr 1319

Pfandautomat 759

Pfandgeld 575 ff.
- Aufbewahrung der Pfandbons 258
- Bilanzsteuerrechtliche Beurteilung 14
- E-Food 576
- Kartenpfand (Stadion) 578
- Umsatzsteuersatz 577

Phantomware 689

Pharmazentralnummer (PZN) 127
Physiotherapeut 1492
Physische Aufbewahrungspflicht 223
Piercing-Studio 1544
PIN 355, 963
Pizza-Taxi 535, 651, 1528 ff.
– Anfahrtspauschale 1530
– Belegausgabepflicht 910
Pizzeria 1375, 1531 f.
PKI
– Intermediate-Zertifikat 1099
– Leaf-Zertifikat 1099
– Root-Zertifikat 1099
Planlose Sammlung 50
Plasma 1391
Platzhalter 202
Plausibilitätsprüfung 1270
PLU, Freiwillige Aufzeichnungen 1329
PLU-Bericht *siehe* Warengruppenbericht
PLU-Taste 131, 1446
Podologe 1489
Point of Sale 31, 720
Portokasse 569
Positivtestat 344
Postwertzeichen 594
Präsentkorb 117
Preisangabenverordnung 95, 139, 1188
Preiskonstanz 1266
Preisliste 223, 376, 1283, 1308
Preisminderung 121, 137, 142 f.
Preisverzeichnis 1429, 1435
Primäraufzeichnung 987
Primärdatenqualität 405, 1184
Privat verauslagte Aufwendungen 567 f.
Privatärztliche Verrechnungsstelle 172

Privateinlagen 553 ff.
– Dokumentation der Mittelherkunft 552
– Musterbeleg 550
– Unechter Kassenfehlbetrag 476
– Ungeklärte Einlagen 1375
Privatentnahmen 553 ff.
– Musterbeleg 550
– Zusammenfassung am Monatsende 555
processData 708
processType 708
Produktivsystem 346, 931, 1165
Proforma-Rechnung 1469
Programmidentität 303, 1220
– Schätzungsbefugnis bei fehlender P. 1220
Programmieranleitung 326, 1044
Programmierhandbuch 326
Programmierprotokoll 1224 ff., 1375
– Ersatzunterlagen 1375
– Gebrauchtkasse 1375
– Zeitpunkt der Auslieferung 1375
Programmierschlüssel 376
Programmiersprache 108, 1228
Progressive Prüfbarkeit *siehe* Ordnungsvorschriften
Proprietäre Kasse *siehe* Registrierkasse
Prostituiertenschutzgesetz 161
Prostitution, Schätzung 1375
Provisionierungskonzept 834
Provisionsabrechnungen 223
Prozentuale Rabattierung 143
Prozessbeschreibung 273
Prozessdokumentation 273
Prozessor-Temperatur 706
Prüfer-Rolle 1050, 1139

Prüfungsanordnung
- Anschlussprüfung 1375
- Beauftragung anderer Behörde 1375

Psychotherapeut 1482
siehe auch Heilberufe

PUK 963

Punktekarte 711

PZN 1394

Q

QR-Code 864 ff.
- Belegübermittlung 853
- Fake 866, 1087

Qualitätsmanagementsystem 343

Quantilsschätzung 1267, 1275, 1375

Quittung 223, 550, 850, 933, 1560

Quittungspflicht 1394

R

Rabattfreibetrag 175

Radierung 201, 1216
- Elektronisches Radierverbot 203

RAM-Speicher 18

Rasur 201

Raucherentwöhnungsseminar 1490

Rechnung
- Kontrollfunktion 124
- Thermopapier 247

Rechnungsausgangsbuch 47

Rechnungseingangsbuch 47

Rechnungsnummer
- Doppelvergabe 1216
- Fortlaufende Nummerierung 180, 182 ff.
- Kleinbetragsrechnung 182
- Schätzungsbefugnis 186
- Vergabesystematik 180

Rechteverwaltung

Rechtsprechungsübersicht (Schätzung) 1374

Referenzierung 774

Regelbeweismaß 1201

Registrierkasse
- Abfragemöglichkeiten 590
- Berichte 590
- Definition 8, 720 ff.
- Kassenauslesung 29 f.
- Klassifizierung 721
- Mechanische R. 15 ff.
- mit Einzelaufzeichnungen 31 ff.
- ohne Einzelaufzeichnungen 18 ff.
- Physische Aufbewahrungspflicht 29 f.
- Proprietäre Kasse 31, 720
- Rechenhilfe 13, 640
- Rechtslage 01.01.2002–25.11.2010 20 f.
- Rechtslage 26.11.2010–31.12.2016 22 ff.
- Rechtslage ab 01.01.2017 26 ff.
- Rechtslage ab 01.01.2020 684, 710, 724 ff.
- Rechtslage ab 01.01.2023 726
- Rechtslage ab 01.01.2017 721
- summenspeicherbasierte R. 18, 30

Registrierkassenpflicht 1, 649
- faktische R. 1

Regressanspruch 949

Reisegewerbe 88 ff., 1534

Reiseleistung 902

Reklamation 905, 1331

Rekonstruktion 1216

Releasewechsel 344

Remote-Zugriff 712

Reparatur 930

Reporting an die Führungsebene 358

Reservierungsbuch 1474

Reservierungssystem 1149

Reset 949

Restore-Test 261

Retourenliste 652

Retrograde Prüfbarkeit *siehe* Ordnungsvorschriften
Review-Prozess 303, 390
Richtigkeit *siehe* Ordnungsvorschriften
Richtsatzsammlung, Fundstellen 9
Root-Zertifikat, PKI 1099
Rundung 181, 456, 466
- R. für gemeinnützige Zwecke *siehe* Aufrundung

S

Sachentnahmen
- Aufzeichnung 564
- Non-Food-Artikel 1385
- Tabakwaren 1385

Sachlogische Prozesse 296
Sachverständige 1107
Sachverständigengutachten 1216, 1231
- Quantilsschätzung 1272
- *siehe auch* Gutachten

Sachverständiger Dritter 103, 1228
Safe 556, 562 f.
- Handschriftliche Liste 562

Saldierung 553
Sammelrechnung 857, 1542
Satellit 719
Sauna, Umsatzsteuer 15
Schankanlage 6, 1149
Schankverlust 1305
Schätzung der Besteuerungsgrundlagen 1188 ff.
- Anhängige Verfahren (BFH) 1381 ff.
- Berücksichtigung betrieblicher Besonderheiten 1321 ff.
- Beweiskraft der Buchführung 1197 ff.
- Dokumentation der Mängel 1234 f.
- Formelle Mängel 1211
- Grundsatz der Abschnittsbesteuerung 1354 ff.
- Grundsatz von Treu und Glauben 1357
- Kapitalgesellschaften 1346 ff.
- Mängel der Buchführung 1211 ff.
- Materielle Mängel 1211
- Mitteilung von Kalkulationen in elektronischer Form 1306
- Nichtigkeit von Schätzungsbescheiden 1317 f.
- Non-Profit-Organisation 268
- Örtliche Gegebenheiten 1324
- Rechtsprechungsübersicht 1374
- Schätzungsanlässe 1196
- Schätzungsbefugnis dem Grunde nach 1208 ff.
- Schätzungsbefugnis der Höhe nach 1240 ff.
- Schätzungsbegrenzung 1319 ff.
- Schätzungsmethode(n) s. dort 1240 f.
- Schätzungsrahmen 1307 ff.
- Schätzungsunschärfen 1305
- Schätzungsverfahren 1206
- Schätzungsvermeidung 1190 ff.
- Schutz durch freiwillige Aufzeichnungen 1325 ff.
- Strafschätzung 1312
- Tatsächliche Verständigung 1358 ff.
- Verfahrensdokumentation 1217
- Verlust von Unterlagen 259 ff.
- Verstoß gegen Verwaltungsanweisungen 1236 ff.
- Wesentliche Mängel 1216
- Willkürverbot 1309

Schätzungsbefugnis
- Rechnungsnummer 186
- Verfahrensdokumentation 401

Schätzungsmethode(n)
- Interne Datenbanken der Finanzverwaltung 1375
- Schätzung von Trinkgeld 1302 ff.
- Vorrangige/nachrangige S. 1242 ff.
- Wechsel der S. 1375

751

Schätzungsunschärfen *siehe* Schätzung der Besteuerungsgrundlagen
Schätzungszwang 1205
Schaufenster 139
Schaukasten 139
Schausteller 1535 ff.
Scheckzahlung 573 f.
Schenkung 110, 1119
Schichtzettel 1545
Schienenbahnenverkehr, Umsatzsteuer 15
Schlechtwetter 1305
Schließfach 594
Schließtage 1341
Schlussbesprechung 1375
Schlüsselverzeichnis 334
Schmier- oder Bestechungsgelder 539
Schmierzettel 454
Schmuck-Party 1030
Schnittblumen 122
Schnittstellen zu anderen Systemen 334
Schnittstellen-Verprobung 135, 1095, 1150, 1292 ff.
Schönheitsoperation 1489
Schrankenanlage 1149
Schreibmaschine 1152
Schreibmaterial 202
Schriftbild 421 f.
Schriftfarbe 421
Schuhkarton 104
Schuhkarton-Prinzip 50
Schulkiosk 622
Schützenfest 1420, 1538 f.
Schutzmaske 1391
SchutzmV 1402

Schwarzeinkäufe 1244, 1375
– Discounter 81
– Doppelverkürzung 81
Schwärzen von Unterlagen 169, 1375
Schwarzgeld, Verdeckte Gewinnausschüttung 1349
Schwarzlohn 1299
Schwimmbad 15
Screenshot 330
Second-Hand-Shop 433, 634
Selbstanzeige 1036, 1110 f., 1371
– Überleitung in eine Außenprüfung 1075
Selbstbindung der Verwaltung 1239
Self-Scanning-System 6
Sensitivitätsanalyse 1271
Seriennummer
– Elektronisches Aufzeichnungssystem 891
– Technische Sicherheitseinnrichtung 892
– Technische Sicherheitseinrichtung
Sexshop 1375
Shampoo 1207
Shisha-Bar 1375
Sicherheitsabschlag 1375
Sicherheitsmodul *siehe* TSE
Sicherheitszuschlag 1296 ff.
– Bemessungsgrundlage 1375
Signaturprüfschlüssel 900
Signaturzähler 796, 893
Sign-Pad 255
Simulation
– Betriebsprüfung 352, 405
– Kassen-Nachschau 352, 405
Skilift 735
Skonti 142
Slave *siehe* Master-Slave
SMAERS 763
SMS 304

Smurfing 152, 1500
Snooker 661
Sofort-Storno 704
Sondernutzungserlaubnis 1478
Sondernutzungsgebühr 766
Sonnenbank 661, 1453
Sonnenstudio 754, 1540
Spar-Menü 142, 1086
Sparschwein 594
Speichermedium *siehe* TSE
Speise- und Getränkekarte
– Aufbewahrungsfrist 223
– Trennung der Entgelte 140
Spendensiegel 271
Spesenkasse 569
Spielbankgewinn 1244, 1258, 1370
Spielvergnügungssteuer 1000
Spielvergnügungssteuer-Nachschau 1153, 1375
Split-Rechnung 894, 1468
Split-System 35, 715
Sportcenter 1337
Sprachnachricht 304
SQL 35, 715
SRAM-Speicher 18
Stammdaten 206, 931
Stammdatenmodul 814
Statistikstreifen 94, 1375
– Auslesestreifen (Geldspielgerät) 594
Statistisches Bundesamt 1283
Steuergeheimnis 19
Steuerheft *siehe* Umsatzsteuerheft
Steuerkontrollsystem 388 ff.
Steuersatz, Gemeinnützige Körperschaften 903

Steuerstrafverfahren 1366 ff.
– Exkulpation 387
– Exkulpation durch Verfahrensdokumentation 313
Stochastische Analyse (SRP) 1273
Stochastische Auswertung 367
Storni Anhang 4
Strafschätzung 1317, 1375
  siehe auch Schätzung der Besteuerungsgrundlagen
Strafvereitelung im Amt 1367
Strafverfahren
– Verständigung im S. 1360
– *siehe auch* Steuerstrafverfahren
Straßenhändler *siehe* Markthandel
Straßenverkehrsamt 764
Strichliste 652, 1375, 1470
– FFP2-Maske 1403
Stromausfall 18
Strukturelles Vollzugsdefizit 649
Stuhlvermietung 1435
Stuhlvermietung (Friseur) 1439
Stundenbericht 590, 1016
Stundenlohnzettel 223
Summarische Risikoprüfung 1273 ff.
Systemdokumentation 729
  siehe auch Verfahrensdokumentation
System-Event *siehe* Event
Systemprüfung 108, 304, 355, 1059 f.
Systemwechsel 373, 1165

T
Tabellenkalkulationsprogramm 208, 417 ff., 1151, 1216
– Ausdrucke 208
– Journalfunktion 208, 417
– Numbers 417
Table Dance Bar 533, 1033
Tablet 710
Tacho-Justierung 1558

Tagesabschluss 406 ff., 484 ff.
- Bilanzierung 407
- EÜR 407

Tagesendsummenbon 1216
siehe auch Z-Bon

Tankautomat 751

Tankfahrzeuge 786

Tanksäule 751

Tankstelle 1542 f.

Tanzschule 1337

Tanzveranstaltung 50

TAR-Archiv 807
- AmadeusVerify 1095
- Aufbewahrungsfrist 223
- Auslagerung der Daten 801
- Beschreibung der Archivierungsprozesse 348

Taschenkontrolle 1029

Taschenrechner 3

Taste ins Nichts 689

Tatbestandsirrtum 733

Tatsächliche Verständigung 1358 ff., 1375
- Besteuerungsverfahren 1358 ff.
- Grenzüberschreitende Sachverhalte 1363
- Strafverfahren 1360

Tattoo-Studio 1544

Tauschvorgänge *siehe* Geldwechsel

Taxameter 4, 775 ff.

Taxiunternehmen 1545 ff.
- Gutachten des Sachverständigenbüros Linne & Krause 1375
- *siehe auch* Taxameter

TaxTech-Lösungen 351

TaxTech-Tool 18

Technische Sicherheitseinrichtung *siehe* TSE

Technische Störungen 927 ff.
- Druck-/Übertragungseinheit 933 f.

- Elektronisches Aufzeichnungssystem 928 ff.
- TSE 932

Technische Systemdokumentation *siehe* Verfahrensdokumentation

Technologieoffenheit 101

Terminkalender 1049, 1149, 1440, 1455
- Abgleich TSE 987

Testat 344 ff.
- Kassenbuch 411

Testbetrieb *siehe* TSE

Testkauf 364, 1017 f.
- Eisdiele 1427

Testumgebung 345

Textileinzelhandel 1573 f.

Textilreinigung *siehe* Chemische Reinigung

Theater 15
- Garderobe 621

Thermobeleg 369

Thermopapier 245 ff.
- Z-Bon 593

Tierarzneimittel 1391, 1395

Tinktur 1391, 1395

Tipp-Ex 201, 1216

Tischbericht 590

Tischfußballautomat 754

Tischkalkulation 1474

Tischnummer 894

Torte 1330

Total-Reset 949

Touchscreen 35

Trainingsbuchung 704 f.

Trainingsschlüssel 376

Trainingsspeicher 326, 1022, 1226

Transaktion 787
- Definition 702
- Verkettung 800

Transaktionszähler 796

Stichwortverzeichnis

Transparenz der Datenwege 53, 107
Transportfunktion 454
Trauerfeier 1419
Trennung der Entgelte 624
- Merkblatt der Finanzverwaltung 87
- Offene Ladenkasse 624 f.
Treppengeld *siehe* Trinkgeld
Tresor *siehe* Safe
Treu und Glauben 1357
Treuepunkte 1405
Trinkgeld 505 ff.
- Behandlung beim Arbeitnehmer 508 ff.
- Behandlung beim Trinkgeldgeber 542 ff.
- Behandlung beim Unternehmer 519 ff.
- Belohnungen des Arbeitgebers 538
- Eigenbeleg 549
- Garderobe 531
- Gesundheitsdienst 545
- Höhe nach Branchen 1303
- Metergeld 537
- Notarassessor 534
- Omnibusfahrer 540
- Online-Bestellsystem 536
- Pizza-Taxi 535, 1530
- Pool 525 ff.
- Postbote 537
- Rechtsfolgen nichtordnungsmäßiger Dokumentation 546
- Schätzung 1302 ff.
- Sparschwein 525
- Spielbank 532
- Table Dance Bar 533
- Treppengeld 537
- Trinkgeldverwaltung 515
Trojaner 31, 720
TSE 682
- Abrechnung per Gutschrift 846
- Anschaffung auf Vorrat 918
- Anwendungszeitpunkte 684
- Anzahl im Unternehmen 787 ff.
- Architektur 791 ff., 1107
- Aufbewahrungsfrist 223
- Außerbetriebnahme 923
- Ausgenommene Systeme (Negativabgrenzung) 732 ff.
- Ausnahmeregeln für Verbundsysteme 790
- Befreiung 788 f.
- Belegausgabepflicht 846 ff., 1375
- Bestandsschutz 842, 986
- Betroffene Aufzeichnungssysteme 710 ff.
- BMF-Schreiben 6
- Bußgeld 964 ff.
- Client-Server-Modell 792
- Cloud-TSE 791 f.
- Datenlöschung 801
- Diebstahl 1056
- Diebstahl der TSE 1056
- Digitale Schnittstelle der Finanzverwaltung für EU-Taxameter und Wegstreckenzähler 811
- Digitale Schnittstelle der Finanzverwaltung für Kassensysteme 810
- Einbindungsschnittstelle 805
- Einheitliche digitale Schnittstelle 804 ff.
- Ertragsteuerliche Behandlung 14
- Events 699
- Exportschnittstelle 807
- Funktionsweise 791 ff.
- Gebraucht-TSE 962 f.
- Geschäftsvorfall 700
- Hardware-TSE 791
- Konnektor 792
- Kryptokern 833, 841
- LAN-TSE 792
- Laufzeitverhalten
- Marktüberblick 957 f.
- Mehrplatz-TSE 792
- Nachsignierung 697
- Netzwerk-TSE 792
- Nichtbeanstandungsregel (Bund) 937 ff.

- Nichtbeanstandungsregeln (Länder) 941 ff.
- Nichtbeanstandungsregeln (Sonderfälle) 955 f.
- Online-TSE 792
- PIN 806
- Plattform-Modell 792
- Protokollierung 819
- PUK 806
- Rechtliche Grundlagen 691 ff.
- Schutzprofile 833, 841
- Schutzprofil-Konzepte 834
- Sicherheitsmodul 796 ff., 833, 841
- Speichermedium 799 ff.
- Steuerliche Behandlung der Aufwendungen 959 ff.
- Störung 787
- Störungsfreie Verbindung 793
- Technische Prozesse 699, 706
- Testbetrieb 827
- Transaktion 699, 702
- Trusted Channel 796
- Typen 791 ff.
- Übergangsregel für Registrierkassen 724 ff.
- UserID 806
- Verteilung SMAERS/CSP 1107
- Vorgang 699, 702, 704
- Wahlfreiheit 793
- Zeitquelle 798
- Zertifizierung 822 ff.

Typenbezeichnung 27

U

Übergangsregel für Registrierkassen *siehe* TSE

Überklebung 201

Überschreibung 201, 1216

Übersichtlichkeit *siehe* Ordnungsvorschriften

Überwachungsverschulden 98

Uhrzeit 145 ff., 1447
- Handschriftlich erstellte Belege 146
- Technischer Vorgang 706

- Terminkalender 147
- U. der ersten Bestellung 987

Umgebungsschutz

Umgebungsschutzkonzept 834

Umsatzsteuer, Fundstellen 15

Umsatzsteuerbetrag 144

Umsatzsteuerheft 89, 1508, 1534

Umsatzsteuer-Identifikationsnummer

Umsatzsteuer-Nachschau 993, 1012

Umsatzsteuersatz 144
- Mehrweg-Geschirr 577
- Pfandgeld 577

Umsatzsteuer-Sonderprüfung 1081

Umschlaghäufigkeit 1266

Umtausch 872, 905

Unauffindbarkeit 260

Unsicherheitsabschlag 571, 1375

Unterhaltungsautomat 758

Unterkasse 594

Unterrichtungspflicht des Amtsträgers 1306

Unterschlagung 351, 471

Unterschrift 255

Unveränderbarkeit, Ordnungsvorschriften 200 ff.

Update 344, 373

Updatekonzept 834

Urkundenfälschung 687, 1188

UserID 963

V

Validierung

Vending-Automat 749

Verantwortung 96 ff.

Verbindliche Auskunft 344

Verbuchung 53

Verbundsystem 763, 790

Verbundwaage 894

Verdeckte Beobachtungen *siehe* Kassen-Nachschau
Verdeckte Gewinnausschüttung 1119, 1346
Verderb, Vernichtungsbescheinigung 1393
Verdichtung 1190
Verfahrensdokumentation 273 ff.
- Allgemeine Beschreibung 320 ff.
- Amtsermittlungsgrundsatz 311
- Änderungshistorie 301, 339
- Anpassung nach Implementierung der TSE 935 f.
- Anwenderdokumentation 326 ff.
- Archivierungsprozess 348
- Aufbewahrung auf Datenträgern 306
- Aufbewahrungsfrist 342 f.
- Auskunft aus dem Gedächtnis 310
- Best Practises 317, 352
- Betriebsdokumentation 338 ff.
- Buchungsbeleg als Teil der V. 343
- Dachdokument 398
- Datensatzbeschreibung 334
- Datensicherung (Beschreibung) 339
- Detailtiefe 294
- Dokumentationstechnik 305, 333
- Dokumentationsunterlagen i. S. d. § 87c AO
- Eigenschutz des Stpfl. 316
- E-Mail als Teil der V. 330
- ER-Diagramm 336
- Ersetzendes Scannen 320
- Exportanleitung 809
- FAQ-Katalog als Teil der V. 330
- Förderprogramme 405
- Formale Gestaltung 305, 333
- Genehmigungs- und Kontrollmatrix 281
- Generierung von Betriebseinnahmen durch neue Beratungsfelder 405
- Geordnete Belegablage 320
- Haftung 404
- Haftungsrisiken 402 ff.
- Handels- und Geschäftsbriefe als Teil der V. 343
- Herstellerdokumentation 787
- Hinweispflicht des Steuerberaters 315
- Historische Entwicklung 273 ff.
- Innenleben des Aufzeichnungssystems 293
- Internes Kontrollsystem 351 ff.
- Investitions-Richtlinie 281
- Kassieranweisung 327, 378 ff.
- Lebenszyklus eines Geschäftsvorfalls 302
- Masterdokument 308
- Mitgeltende Unterlagen 309, 393 ff.
- Muster 396 ff.
- Muster-Datenblatt 308, 398
- Muster-Verfahrensdokumentationen 5
- Nachschau-Anweisung 329
- Newsletter als Teil der V. 330
- Offene Ladenkasse 399 f.
- Programmidentität 303
- Prozesskette 277
- Qualitätsmanagementsystem als Teil der V. 343
- Rechteverwaltung
- Review-Prozess 303
- Sachlogische Prozesse 296
- Schätzungsbefugnis 401, 1217 ff.
- Schnittstellen-Beschreibung 332
- Selbsterklärende Verfahrensabläufe 310
- Standardisierung 340
- Technische Systemdokumentation 332 ff.
- Testat 344 ff.
- Verantwortung 404
- Verschriftlichung 310
- Verweise 321
- Visualisierung 334
- Visuelle Darstellung 295

– Vorteile 313 ff.
– Wissenstransfer 313
Vergabesystematik 180
Verkehrsanschauung 69
Verlust von Unterlagen 97, 259 ff.
– Flutkatastrophe 262
Vermögensteuer 1259
Vermögenszuwachsrechnung 1259, 1375
Vernichtung 97, 260, 1136, 1169, 1283, 1308
Vernichtungszwang 1428, 1497
Verpackung 137, 906
– Umsatzsteuersatz 577
Verpackungsgesetz 906
Verpackungsmaterial 1426
Verplombung 664
Verschmutzung 1216
Verschulden des Steuerpflichtigen 1313 ff.
Versteigerung 1015
Vertrauenskasse 3, 193, 661, 665
Vertrauensvorschuss, Gewinnermittlung nach § 4 Abs. 3 EStG 674
Verwaltungsanweisung 70
Verwaltungsgrundsätze 2020 84
Verwaltungs-Software 1375
Verwandtendarlehen 1370
Verwarnung 683, 964
Verwertungsverbot 171, 1006, 1050 f., 1128, 1181
– Fehlende Legitimation 1034
Verzehrkarten 131
Verzögerungsgeld 1058
Verzögerungstaktik 1370
Videokabine (Erotikmarkt) 758
Videoüberwachung 364
Virenschutzprogramm 261
Virtuelle Konten 711

Visitenkartenautomat 754
Volksfest 1341
Vollständigkeit *siehe* Ordnungsvorschriften
Vollständigkeitserklärung 600
Vollständigkeitsmerkmal 180
Vollzugsdefizit 1375
Vorgang, Definition 702
Vorgangsabbruch 889

W
Waage
– Belegausgabepflicht 853
– mit Registrierkassenfunktion 641
– ohne Registrierkassenfunktion 642
Wahrheit *siehe* Ordnungsvorschriften
Währung 408
– Fremdwährung 498 ff.
– Kryptowährung 502
– Umrechnung 499
Warenausgang, Aufzeichnung 79 ff.
Warenausgangsbuch 79
Warenauswurf 662
Warenautomat 661, 743 ff.
– Apotheke 661
– Mechanischer W. 665
– Zeitgerechtheit 194
Warenbestandskontrolle 364
Warenbestückung 662
Wareneingang, Aufzeichnung 78
Wareneingangsbuch 78
Wareneingangskontrolle 369
Warengruppen 116
– Zulässigkeit 130 f.
Warengruppenbericht 590
Warenspielgerät 770
Warenwirtschaftssystem 178, 712, 788, 816, 1149, 1265, 1293
Waschsalon 747, 752

Stichwortverzeichnis

WC-Anlage 620, 752
- Wertgutschein 753
Webshop *siehe* Online-Shop
Wechselgeld
- Fehler 457
- Überhöhte Herausgabe 463
Wegstreckenzähler 4, 780 ff.
Weißung 201
Wertstoffhof 764
Wesentliche Mängel 1216
Wettbewerbsneutralität 344
WhatsApp 304
Wiegesysteme 132 f.
Winterreifen 733
Wirteanteil 94, 667
WORM-Medien 205

Z

Zahlart 121
Zahlen- und Buchstabencodes 376
Zählprotokoll 448 ff., 1063
- Elektronisches Z. 453
Zählwerk 1150
Zählwerkausdruck *siehe* Statistikstreifen
Zahnarzt *siehe* Heilberufe
Zahnreinigung 1490
Zapper 689
Zauberkünstler 1577
Z-Bon 589 ff.
- Art der Abfrage 590
- Auffinden im Mülleimer 1375
- Aussagekraft 591 f.
- Inhalt 589 f.
- Kettenbericht 589
- Thermopapier 593
- Wirkung der Abfrage 590
Zechpreller 1332
Zeitgerechtheit *siehe* Ordnungsvorschriften

Zeitpunkt der ersten Bestellung *siehe* Uhrzeit
Zeitquelle *siehe* TSE
Zeitreihenvergleich 1243, 1260 ff.
- Drei-Stufen-Theorie 1263
- Unschlüssigkeit 1323
Zeitungsannonce 95
Zeitzonenbericht 590
Zerlegung von Geschäftsvorfällen 152
Zertifikat
- Entscheidungskriterium zur Kassenauswahl 346
- Kassenbuch 411
- TSE-Konformitätszertifizierung 828
Zertifizierung
- Befristete Übergangsregelung 843
- cryptovision (Übergangsregel) 829
- Gesamtsystem 985
- Rezertifizierung 839
- Übergangsweise Aufrechterhaltung 842
Zettelwirtschaft 104, 607, 675, 1375
Zeugenvernehmung 1375
Ziffernanalyse 367
Zigarettenautomat 748
Zimmernummer 905
Zufallsauswahl 1002
Zufallsfunde 1118 ff.
Zugabe 1405
Zugangskontrolle 261
Zugangssystem *siehe* Automatisches Zugangssystem
Zugriffsberechtigungen 376
Zugriffsbeschränkung *siehe* Internes Kontrollsystem
Zugriffskontrolle 261
Zugriffsrecht 344
Zulassungsstelle 764
Zurückbehaltungsrecht 1043, 1163
Zwangsgeld 1129

Zwangsmittel 683
Zweckbetrieb 267
Zwischenaufzeichnung 191, 454
Zwischenräume, in fortlaufenden
 Aufzeichnungen 202

Zwischenrechnung 689
Zytostatika 1392
Z-Zähler 19

Zum Autor

Dipl.-Finanzwirt (FH) Gerd Achilles ist seit vielen Jahren Betriebsprüfer des Landes NRW. In dieser Eigenschaft ist er überwiegend mit Betriebsprüfungen im Bargeldgewerbe befasst. Daneben ist er Mitglied des Dozententeams für Kassenführung in der Oberfinanzdirektion NRW und Gastdozent für Risikomanagement bei Bargeschäften an der Bundesfinanzakademie.

Außerhalb der Finanzverwaltung ist er als Autor von Fachbüchern und diversen Publikationen tätig. Seit vielen Jahren unterrichtet er die Themen Kassenführung, Verfahrensdokumentation und Schätzung der Besteuerungsgrundlagen für zahlreiche Steuerberaterverbände, Industrie- und Handelskammern und private Steuerakademien. Damit die Themen auch an der Basis ankommen, liegen ihm Schulungen bei Mandanten, Unternehmerinnen und Unternehmern besonders am Herzen.